Steffen Fleßa
Systemisches Krankenhausmanagement

Steffen Fleßa

Systemisches Krankenhausmanagement

2., aktualisierte und erweiterte Auflage

DE GRUYTER
OLDENBOURG

ISBN 978-3-11-075300-4
e-ISBN (PDF) 978-3-11-075310-3
e-ISBN (EPUB) 978-3-11-075318-9

Library of Congress Control Number: 2022932646

Bibliografische Information der Deutschen Nationalbibliothek
Die Deutsche Nationalbibliothek verzeichnet diese Publikation in der Deutschen
Nationalbibliografie; detaillierte bibliografische Daten sind im Internet über
http://dnb.dnb.de abrufbar.

© 2022 Walter de Gruyter GmbH, Berlin/Boston
Einbandabbildung: Natali_Mis/iStock/Getty Images Plus
Satz: Integra Software Services Pvt. Ltd.
Druck und Bindung: CPI books GmbH, Leck

www.degruyter.com

Vorwort zur zweiten Auflage

Die Dynamik des Krankenhauswesens ist beeindruckend und herausfordernd. Nachdem die DRGs stabil eingeführt waren, kamen die PEPPs. Kurze Zeit später wurden die Pflegekosten in den aG-DRGs ausgegliedert, was nicht nur administrative Anforderungen an die Krankenhäuser stellte, sondern die Türe für umfassende Diskussionen über eine vollständige Umstrukturierung oder gar Abschaffung der DRGs öffnete. Es ist im Moment nicht absehbar, ob DRGs mit einer Sockelfinanzierung zur Sicherstellung der Versorgung ausgestattet werden, ob auch der ärztliche Dienst in ein Budget übergeführt wird oder ob vielleicht doch irgendwann die Monistik wiederkommt. Die Krankenhausfinanzierung ist dabei so essentiell für alle betrieblichen Prozesse, dass diese Änderungen das komplette systemische Krankenhausmanagement betreffen dürften.

In den wenigen Jahren seit der ersten Auflage dieses Lehrbuches sind aber auch weitere, tiefgreifende Änderungen eingetreten bzw. haben sich laufende Prozesse verstärkt. Beispielsweise ist die gesellschaftliche Wahrnehmung der Versorgungsfunktion von Krankenhäusern wieder gestiegen. Anfang des neuen Jahrtausends wurden Krankenhäuser in der öffentlichen Diskussion vor allem als Kostentreiber adressiert. Das primäre politische Ziel war es deshalb, Kosten zu sparen, Betten abzubauen und letztlich Krankenhausstandorte zu schließen. Diese Stimmung hat sich in den letzten Jahren verändert. Es wurde immer häufiger erkannt, dass Krankenhäuser nicht nur Kosten verursachen (so wie jeder andere Leistungserbringer auch), sondern vor allen Dingen einen Mehrwert für die Gesellschaft schaffen, indem sie Gesundheitsdienstleistungen erzeugen, die von der Bevölkerung nach wie vor als essentiell bewertet werden. Krankenhäuser sind keine Konsumtiv-, sondern Produktbetriebe. Deshalb haben sich auch in den letzten Jahren zahlreiche Bürgerinitiativen gegründet, die gegen die Schließung von Krankenhäusern tätig wurden. Die Bürger weigern sich dagegen, Krankenhäuser ausschließlich als Kostenfaktor oder „Luxus" zu sehen, den man beispielsweise im ländlichen Raum beliebig beschneiden kann. Stattdessen wird ihr Beitrag für die Daseinsvorsorge zunehmend erkannt und betont.

Auch die Covid-19 Pandemie hat einen Beitrag dazu geleistet, den Wert einer verlässlichen Krankenhausversorgung zu schätzen. Während vorher häufig die angeblichen „Überkapazitäten" beklagt wurden, mauserten sich diese schnell zu „Notfallkapazitäten", in die die Krankenhäuser während der Höhepunkte der Corona-Wellen hineinwachsen konnten. Gleichzeitig wurden Engpässe, z. B. in der Personalausstattung von Intensivstationen, sehr deutlich. Unzureichende Kapazitäten belasteten nun nicht mehr nur das Personal und die Führung der Krankenhäuser, sondern fand Aufmerksamkeit in Presse, Politik und Gesellschaft.

Dabei ist völlig unumstritten, dass eine rationale, d. h. Verschwendung vermeidende Leistungserstellung im Krankenhaus ein ethisches Gebot ist. Jede Ineffizienz vergeudet Ressourcen, die den Patienten und der Gesellschaft dienen könnten. Deshalb ist die Anwendung betriebswirtschaftlicher Methoden der Effizienzmessung und -

https://doi.org/10.1515/9783110753103-202

steigerung im Krankenhaus nach wie vor ein ethischer Imperativ. Ohne Kenntnisse und Anwendung der Krankenhausbetriebslehre werden alle Stakeholder schlechter gestellt, d. h., ein Krankenhaus kann seinen Patienten und Mitarbeitern sowie der Öffentlichkeit bei gegebenen Ressourcen nur dann bestmöglich dienen, wenn es jede Ressource effizient einsetzt.

Diese wenigen Beispiele sollen genügen, um aufzuzeigen, dass eine Aktualisierung des Lehrbuchs „Systemisches Krankenhausmanagement" notwendig ist. Ich lege hiermit eine vollständig aktualisierte und ergänzte Auflage vor mit der Hoffnung, dass die Leser in diesem Buch die notwendigen Fakten, aber vor allem auch eine systemische Herangehensweise finden, um ihre Krankenhausbetriebe nach ihren eigenen Zielen und in Verantwortung gegenüber ihren Stakeholdern zu führen. Gerade die angedeutete Dynamik verlangt jedoch, über die aktuellen Fakten hinauszugehen und Strukturen, Relationen und Prozesse zu erkennen, d. h. die Regelhaftigkeit, die der aktuellen Situation zu Grunde liegt und langfristig gültig sind. Deshalb ist eine systemische Herangehensweise gerade bei hoher Dynamik wichtig, denn schon bei Drucklegung werden einige Fakten überholt sein, aber die systemischen Zusammenhänge bleiben bestehen. Deshalb liegt der Schwerpunkt dieser neuen Auflage nach wie vor auf der Entwicklung einer wissenschaftlichen Krankenhausbetriebslehre, wobei die einzelnen Teilgebiete stets in ihren Interdependenzen betrachtet werden müssen. Ich hoffe, dass diese Aktualisierung und Ergänzung einen weiteren Schritt in Richtung der Entwicklung der Branchenlehre der Krankenhausbetriebslehre beiträgt.

Auch diese Auflage wäre nie ohne die Unterstützung von Kollegen, Mitarbeitern und Studierenden entstanden. Die Anregungen durch Diskussionen, Seminar-, Master- und Diplomarbeiten und natürlich vor allem durch Dissertationen sowie gemeinsame Artikel sind kaum über zu bewerten. Auch die vertrauensvolle Zusammenarbeit mit Kliniken, Rettungsdiensten, Krankenkassen sowie der Landesregierung hat diese Überarbeitung beflügelt. Deshalb bin ich allen Partnern von Herzen dankbar für die gute Zusammenarbeit, aus der viele Anregungen und Informationen geflossen sind.

Weiterhin bitte ich um Verständnis, dass in diesem Buch aus Gründen der besseren Lesbarkeit das generische Maskulinum verwendet wird. Während der Überarbeitung hatte ich bereits versucht, eine geschlechtergerechte Sprache umzusetzen, habe diese Änderungen jedoch wieder verworfen, da die Texte doch deutlich komplizierter wurden. Selbstredend sind jeweils alle Geschlechteridentitäten gemeint.

Die Covid-19 Pandemie hat die existentielle Bedeutung funktionsfähiger und effizienter Krankenhäuer für jeden sichtbar gezeigt. Mehr denn je benötigt unsere Gesellschaft qualifizierte Ärzte, Pflegende, Therapeuten, Administratoren und zahlreiche andere Fachkräfte des Gesundheitswesens. Damit sie mit gegebenen Ressourcen eine bestmögliche Patientenbehandlung erzielen können, benötigen wir ein systemisches Management. Hierzu möchte diese neue Auflage einen Beitrag leisten.

Greifswald, im Januar 2022   Steffen Fleßa

Vorwort zur ersten Auflage

Krankenhäuser sind äußerst komplexe Systeme, die aus zahlreichen Abteilungen bestehen, heterogene Berufsgruppen koordinieren und schwierige Behandlungsprozesse durchführen. In der Realität sind alle Elemente, Funktionen und Prozesse vielfältig und intensiv miteinander verknüpft, sodass Veränderungen an einer Stellschraube stets zahlreiche Neben-, Rück- und Folgewirkungen haben. Zusätzlich ist das Krankenhaus in eine komplexe und dynamische Umwelt eingebunden, die eine ständige Achtsamkeit und Anpassung erfordert. Ein Management von Abteilungen, Patientenpfaden oder betrieblichen Funktionen greift deshalb stets zu kurz, wenn es nicht die Komplexität, Dynamik und Unsicherheit des Gesamtsystems berücksichtigt. Das zielführende Krankenhausmanagement muss deshalb ein systemisches Management sein.

Vor 25 Jahren war es möglich, Krankenhäuser wie eine große Bürokratie zu führen. Das primäre Ziel war dabei die Einhaltung von Regeln, die für die einzelnen Teilsysteme entwickelt wurden. Seither hat sich die Krankenhausführung rasant entwickelt, wobei ich zwei Stufen unterscheiden möchte: das „Denken in Wirtschaftlichkeit" und das „Denken im System". Mit der Einführung des Gesundheitsstrukturgesetzes (GSG) im Jahre 1993 und insbesondere durch die Implementierung pauschalierter Entgelte auf Basis der Diagnosis Related Groups (DRG) wurde es notwendig, die Effizienz der Krankenhausleistung zu beachten, d. h., wirtschaftlich zu denken. Ein Überleben unter den neuen Bedingungen war nur möglich durch die Anwendung moderner Methoden aus der Betriebswirtschaftslehre. Qualitätsmanagement, Logistik, Marketing, Führung, Controlling etc. gehören heute zum Handwerkszeug jedes Krankenhausmanagers.

So wichtig dieser erste Schritt war, so wenig hinreichend ist er für eine nachhaltige Existenzsicherung des Krankenhauses im 21. Jahrhundert. Das Krankenhausmanagement muss nicht nur separat die einzelnen betriebswirtschaftlichen Instrumente beherrschen, sondern vor allem das Krankenhaus als komplexes, dynamisches und stochastisches System begreifen, bei dem alle Elemente interdependent und in ihr demografisches, epidemiologisches, soziales und ökonomisches Umsystem eingeflochten sind. Der zweite Schritt zur modernen Krankenhausführung ist ein Denken im System – und die instrumentelle Umsetzung ist ein systemisches Management.

Das vorliegende Buch möchte einen Beitrag leisten, ein systemisches Krankenhausmanagement zu entwickeln. Es geht von der Annahme aus, dass hierfür zwei Voraussetzungen vorliegen müssen: zum einen müssen die betriebswirtschaftlichen Instrumente beherrscht werden. Zum anderen muss ein Verständnis für die Interdependenz der Teilsysteme und des Umsystems entwickelt werden. Es genügt nicht, wenn ein Krankenhausmanager den betriebswirtschaftlichen Instrumentenkasten anwenden kann. Vielmehr muss er das Wesen des Krankenhauses und des Gesundheitssystems verinnerlicht haben. Gleichzeitig nützt die Philosophie systemischen Managements nichts ohne die Beherrschung der Instrumente.

https://doi.org/10.1515/9783110753103-203

Im Folgenden wird ein systemisches Krankenhausmanagement entwickelt. Ausgangspunkt ist hierfür die systemtheoretische Sicht der Betriebswirtschaftslehre, aus der sich alle Teildisziplinen des Systemmodells ableiten. Das gesamte Systemmodell, jedes Element, jeder Prozess und vor allem seine Funktion müssen dabei dem Anspruch der Effizienz als grundlegende Eigenschaft betrieblichen Handelns genügen. Ziel dieser Schrift ist es folglich, ein umfassendes Systemmodell des Krankenhauses zu entwickeln und die Methoden und Erkenntnisse der Allgemeinen Betriebswirtschaftslehre daraufhin zu untersuchen, inwieweit sie einen Beitrag zur Verbesserung der Effizienz im Krankenhaus leisten können. Das Ergebnis ist ein Entwurf eines systemischen Krankenhausmanagements, das in den nächsten Jahren weiterentwickelt werden muss.

Das vorliegende Buch basiert auf dem Werk „Grundzüge der Krankenhausbetriebslehre", welches in zwei Bänden erschienen ist. Es zeigte sich jedoch, dass gerade die Trennung in Bänden dem systemischen Ansatz widerspricht. Deshalb ist die Zusammenführung in einem Buch deutlich besser geeignet, den systemischen Gedanken zu verdeutlichen. Der vorliegende Band stellt jedoch auch eine inhaltliche Erweiterung dar. So wurden einzelne Kapitel ergänzt (z. B. Logistik), aktualisiert (z. B. Krankenhausfinanzierung) und mit neuerer Literatur bereichert. Weiterhin wurden, wo sinnvoll, Übungsaufgaben und Fallstudien ergänzt. Das Ziel eines systemischen Managements soll sich auch in der Lektüre zeigen.

Dieses Buch wäre ohne die Hilfe von vielen Kollegen, Mitarbeitern und Studierenden nicht möglich gewesen. Vor allem möchte ich allen Studierenden unseres Studienschwerpunktes Gesundheitsmanagement sowie des Masterstudiengangs Health Care Management danken, die mit Fragen, Seminar-, Diplom-, Master- und Doktorarbeiten wichtige Anregungen für die Überarbeitung gegeben haben. Einen besonderen Dank schulde ich mehreren „Generationen" von Mitarbeitern, die immer wieder korrigiert, ergänzt und überarbeitet haben. Besonders hervorheben möchte ich die hervorragende Unterstützung von Stefan Nickel, der maßgeblich zum Logistikkapitel beigetragen hat.

Es ist mein Selbstverständnis als Wissenschaftler, dass das vorliegende Werk nur ein erster Schritt in der Entwicklung eines Systemischen Krankenhausmanagements auf Grundlage einer Krankenhausbetriebslehre sein kann. Verbesserungen, Erweiterungen und Anpassungen werden nötig sein. Auf diesen Diskurs freue ich mich. Und ich hoffe, einen Beitrag leisten zu können, der sich sowohl für Praktiker als auch für die Wissenschaft als wichtig erweist.

Greifswald, im Januar 2018   Steffen Fleßa

Inhaltsverzeichnis

1 Einleitung

Krankenhäuser sind sehr komplexe Organisationen. Ihre Aufgaben in der Gesellschaft, das Zusammenwirken ihrer Teilsysteme, die Steuerung der Prozesse sowie die Veränderungen sind so umfassend und dynamisch, dass sie durch einfache Beschreibung oder „Daumenregeln" nicht mehr abgebildet werden können. Komplexität, Dynamik und Unsicherheit erfordern vielmehr eine wissenschaftliche und systemische Vorgehensweise. Eine Sammlung von Erfahrungswerten, Anekdoten und Gebrauchsanweisungen genügt nicht mehr für die Krankenhausführung. Vielmehr ist eine systematische Strukturierung, Definition und Abgrenzung erforderlich, die auf Modellen oder Theorien aufbauen. Vor allem aber muss der Krankenhausbetrieb als komplexe Steuerungseinheit erkannt werden, die mit allen Funktionen, Prozessen, Hierarchien, Austauschbeziehungen und Veränderungen eine systemische Einheit bildet und als solche geführt werden muss. Der kompetente Krankenhausmanager muss deshalb zuallererst seinen Betriebsalltag aus systemischer Sicht reflektieren können. Hierzu bietet die Betriebswirtschaftslehre ein Denk- und Handlungsmodell, das – angemessen auf den Krankenhausbetrieb übertragen – eine zielorientierte Gestaltung des Krankenhausbetriebes erlaubt.

1.1 Erkenntnisobjekt

Das erste Kapitel dieses Lehrbuches legt die Grundlagen zu diesem systemischen Verständnis der Krankenhausbetriebsführung. Hierzu wird zuerst das Erkenntnisobjekt der Betriebswirtschaftslehre diskutiert. Anschließend wird das Krankenhaus als Erfahrungsobjekt der Krankenhausbetriebslehre definiert und in sein Umsystem eingebunden. Das erste Kapitel ist damit grundlegend für das Verständnis aller weiteren Ausführungen.

1.1.1 Wissenschaftstheoretische Grundlagen

Eine Wissenschaft strebt danach, auf methodisch kontrollierte Weise Erkenntnisse über ihr Forschungsobjekt zu gewinnen.[1] Diese Erkenntnisse sollen intersubjektiv nachprüfbar sein, sodass das gewonnene Wissen Allgemeingültigkeit hat, bis es widerlegt wird. Die Betriebswirtschaftslehre ist eine Kulturwissenschaft, d. h., sie untersucht reale Phänomene der menschlichen Gesellschaft; hierbei hat sie jedoch zahlreiche Anknüpfungspunkte zu anderen Wissenschaften. Beispielsweise bedient sie sich oftmals der Sprache der Mathematik (einer Formalwissenschaft), der Tech-

---

[1] Vgl. Schülein und Reitze 2021, S. 8.

https://doi.org/10.1515/9783110753103-001

nik aus der Naturwissenschaft (z. B. Computerwissenschaft) sowie im Rahmen der Wirtschafts- und Unternehmensethik einer metaphysischen Fundierung (vgl. Abb. 1).[2]

Die Krankenhausbetriebslehre als Branchenlehre der Allgemeinen Betriebswirtschaftslehre ist hierbei von großer Interdisziplinarität gekennzeichnet. Sie hat enge Beziehungen zu Medizin, Public Health, Epidemiologie, Volkswirtschaftslehre, Demografie, Soziologie, Psychologie, Mathematik, Informatik, Philosophie (Ethik), Theologie, Geografie, Anlagentechnik und Architektur, d. h. zu Bereichen, die eindeutig anderen Wissenschaftstraditionen zugeordnet sind. Diese Interdisziplinarität stellt eine große Herausforderung für das Krankenhausmanagement dar.

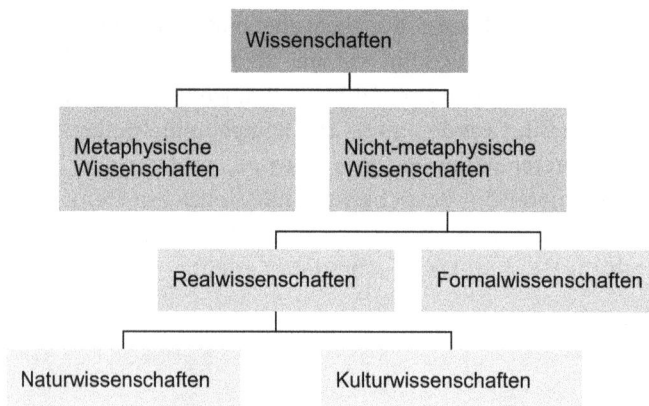

Abb. 1: System der Wissenschaften.[3]

Mehrere Wissenschaften können dasselbe Forschungsobjekt haben. So stellt ein Krankenhaus für einen Arzt einen Ort dar, an dem Menschen durch moderne Medizin geheilt werden. Für einen Ingenieur ist dasselbe Krankenhaus ein technisches Gebilde, für den Theologen ein Ort, an dem ihm Grenzerfahrungen und menschliches Leid begegnen. Der Soziologe sieht im Krankenhaus eine Organisation aus Individuen und Gruppen. Und der Betriebswirt?

Wir werden später noch ausführlicher das Erkenntnis- und Erfahrungsobjekt der Krankenhausbetriebslehre beschreiben. Für den Moment soll genügen, dass der Betriebswirt unter einem Krankenhaus eine Institution versteht, in der Produktionsfaktoren effizient eingesetzt werden, um Gesundheitsdienstleistungen zu produzieren. Das Effizienzkriterium als Erkenntnisobjekt unterscheidet ihn folglich von den anderen Wissenschaften, ohne deren Wert und Bedeutung damit zu schmälern. Wirtschaftswissenschaftler betrachten ihr Untersuchungsobjekt mit einer besonde-

---

[2] Vgl. Wöhe, Döring und Brösel 2020.
[3] Quelle: Eigene Darstellung in Anlehnung an Chalmers 2007.

ren Brille, nämlich der Brille der Effizienz.[4] Fehlt diese Sichtweise, handelt es sich nicht um eine betriebswirtschaftliche Herangehensweise.

Die Analyse kann auf fünf Ebenen erfolgen.[5] Auf der Alltagsebene beschäftigt man sich mit Alltagsproblemen und deren praktischer Lösung, ohne Anspruch auf Allgemeingültigkeit, zeitliche Konstanz oder Reflexion. Ein typisches Problem wäre das korrekte Ausfüllen der Formulare für die Budgetverhandlung des Krankenhauses, zweifelsohne eine wichtige Aufgabe, aber keine wissenschaftliche Herausforderung, weshalb wir in diesem Lehrbuch auch kaum auf dieser Ebene arbeiten.

Auf der angewandt-praktischen Ebene finden sich Betriebsprobleme mit komplexer Struktur, die durchaus eine Herausforderung für den akademischen Krankenhausmanager darstellen. Beispielsweise sind bei der Entwicklung eines Krankenhausinformationssystems für ein bestimmtes Haus sehr viele Substrukturen und Interdependenzen zu berücksichtigen, sodass man sich für dieses konkrete Problem durchaus wissenschaftlicher Methoden bedienen muss. Wir werden immer wieder Beispiele für eine Krankenhausbetriebslehre auf dieser Ebene geben.

Die angewandt-wissenschaftliche Ebene beschäftigt sich mit konkreten Problemlösungen, die eine gewisse Verallgemeinerbarkeit beanspruchen können. Sie umfassen noch nicht alle Krankenhäuser, sind keine grundlegenden Modelle oder bahnbrechenden Theorien der Krankenhausführung. Ihre Abstraktionsstufe erlaubt jedoch trotzdem, bestimmte Fragestellungen und Lösungsansätze auf andere, ähnliche Krankenhäuser oder Teilprobleme zu übertragen. Ein Beispiel wäre die Bewertung der Vor- und Nachteile zentraler versus dezentraler DRG-Kodierung. Es wäre verwegen, hier von einer grundlegenden Theorie der Krankenhausbetriebslehre zu sprechen – trotzdem ist diese Ebene von großer Bedeutung für die Praxis und deshalb von Bedeutung für dieses Lehrbuch.

Die allgemeine Ebene der Wissenschaft werden wir hingegen nur ansatzweise behandeln. Aus unserer Sicht existiert tatsächlich noch keine umfassende Theorie der Krankenhausbetriebswirtschaftslehre, die sowohl abstrakt genug wäre, um einer wissenschaftstheoretischen Prüfung standzuhalten, als auch praktisch genug, um den Anforderungen des Berufsalltags zu genügen.

Die Metaebene der Wissenschaft erhebt sich über die einzelne Disziplin hinaus und bietet einen Rahmen für die Behandlung allgemeiner Phänomene. Die Systemtheorie ist eine derartige Grundlegung, die in fast allen Realwissenschaften große Verbreitung gefunden hat. Sie eignet sich besonders zur Beschreibung und Erklärung komplexer Systeme wie dem Krankenhaus. Die Gliederung dieses Buches sowie das grundlegende Verständnis des Krankenhauses in der Gesellschaft entspringen diesem Denkansatz.

---

4 Vgl. Domschke und Scholl 2008.
5 Vgl. Ritter 2001.

Die angewandt-wissenschaftliche Ebene stellt folglich einen gewissen Schwerpunkt in dieser Arbeit dar. Der Praktiker soll fundiertes Handwerkszeug erlernen, mit dem er Probleme lösen kann. Gleichzeitig sollen Reflexionsgrundlagen für ein verändertes Denken gelegt werden, das sich aus der Alltagsebene abhebt und Strukturen und Prozesse neu überdenken hilft. Hierzu sind vier (sich ergänzende) Konzepte der Theoriebildung notwendig. Erstens wird im Rahmen einer deskriptiven Theorie das Phänomen Krankenhaus beschrieben. Diese Deskription kann durch verbale, grafische oder mathematische Modelle erfolgen. Stets impliziert diese Modellierung eine gewisse Strukturierungs- und Abstraktionsleistung, sodass Komplexität reduziert und Verhalten verständlicher wird.[6]

Zweitens erklärt die positive Theorie die in der deskriptiven Theorie beschriebene Realität. Hier wurden in der Betriebswirtschaftslehre insbesondere Erklärungsansätze für das Verhältnis von Output- zu Inputgrößen (Produktionsfunktionen) diskutiert. Der spezielle Betriebstyp Krankenhaus verlangt jedoch auch eine Erklärung des Verhaltens von Mitarbeitern, Patienten und der Gesellschaft.

Drittens setzt die normative Theorie dieser Beschreibung und Erklärung des Istzustandes Sollzustände bestimmter Größen entgegen. Dies ist nur möglich auf Grundlage eines Werte- und Zielsystems, sodass eine normative Theorie der Krankenhausbetriebslehre über die Systemgrenzen hinaus auf gesellschaftliche Werte und Ziele der Träger schauen muss. Daraus leitet sich, viertens, eine präskriptive Theorie ab, d. h. konkrete Anweisungen, wie die Betriebsziele bestmöglich zu verwirklichen sind.

Die Krankenhausbetriebslehre kann sich nicht mit der Beschreibung, Erklärung oder Wunschvorstellung des Krankenhauses begnügen. Wir müssen vielmehr Lösungsvorschläge unterbreiten, wie die konkreten Probleme zu lösen sind. Die Natur der Probleme ist hierbei sehr unterschiedlich. Einige Probleme lassen sich durch eine ganz einfache Maßnahme, Rechnung oder Umstrukturierung lösen. Andere Probleme erfordern ein völlig neues Denken. Hierbei hat es sich erwiesen, dass ein systemisches Denken hilfreich ist, komplexe und dynamische Systeme zu erfassen und zu gestalten. Dieser Ansatz liegt dem „Systematischen Krankenhausmanagement" zu Grunde, sodass hier eine kurze Einführung in die Allgemeine Systemtheorie folgen soll.

1.1.2 Denken in Systemen: Allgemeine Systemtheorie

Moderne Krankenhäuser sind in der Regel komplexe Unternehmen, die aus vielen Mengen, Teilmengen, Schnittmengen und Vereinigungsmengen von Abteilungen, Funktionen, Mitarbeitern, Prozessen, Zielen und Ergebnissen bestehen. Die einzelnen

---

6 Vgl. Meyer 1996.

Subsysteme sind ausgesprochen interdependent, d. h., eine Aktivität an einem Element hat meist Neben-, Rück- und Folgewirkungen auf zahlreiche andere Elemente und Prozesse. Die Zusammenhänge sind nicht mehr vollständig beschreibbar, d. h., sie sind äußerst komplex und häufig auch nicht mehr vorhersehbar.

Seit Mitte des 20. Jahrhunderts hat sich die Systemtheorie als hilfreiches Instrument zur allgemeinen Darstellung derart komplexer Forschungsobjekte unterschiedlichster Wissenschaften entwickelt.[7] So verwendet der Biologe ähnliche Modelle wie der Informatiker oder der Betriebswirt. Die Systemtheorie bildet heute die allgemein anerkannte Metaebene der Realwissenschaften. Mit ihrer Hilfe können Systeme, wie z. B. der Betrieb, vollständig beschrieben und untersucht werden. Im Folgenden wird die statische Systemtheorie in groben Zügen dargestellt. Die Theorie dynamischer Systeme wird in Kapitel 11 ergänzt.

Die *systemische Sicht* hat den Vorteil, dass Interdependenzen zwischen Teilsystemen bzw. zwischen dem System und seinem Umsystem erkannt und bewertet werden können. Ein systemisches Denken ist deshalb stets ein Denken in komplexen Interdependenzen und turbulenten Dynamiken, das dem Menschen fremd ist. Wir suchen tendenziell einfache oder vereinfachte Lösungen, die der Realität jedoch nicht gerecht werden.[8] Dies führt aber bei komplexen Systemen unweigerlich zu Fehlentscheidungen, d. h., Systeme mit hohen Interdependenzen erfordern auch ein systemisches Denken. Die Betriebswirtschaftslehre[9] muss folglich stets einen systematischen Zugang wählen, um dem modernen Wirtschaftsgeschehen mit seiner Dynamik, Komplexität und Unsicherheit gerecht zu werden. Hierbei ist allerdings in der Realität der Lehre und der Literatur häufig eine Zerstückelung in Funktionallehren erfolgt, die einen Gesamtüberblick über das Fach verhindern. Ziel einer systemischen Betriebswirtschaftslehre ist die explizite Zusammenführung der einzelnen Komponenten zu einem Gesamtsystem aus interdependenten Elementen.

Ein System[10] (vgl. Abb. 2) ist eine geordnete Gesamtheit, bestehend aus einer Menge von Elementen und einer Menge von Relationen zwischen den Elementen der betrachteten Gesamtheit. Entscheidend ist, dass das System mehr ist als die Summe seiner Einzelteile, so wie z. B. der Mensch mehr ist als die Summe seiner Glieder und Organe.

Ein Element ist ein Teil einer betrachteten Gesamtheit, das auf Grund von Zweckmäßigkeitsgründen nicht weiter unterteilt werden soll. Hierbei ist zu bedenken, dass der jeweilige Untersuchungszweck darüber entscheidet, was ein Element

---

7 Vgl. Ropohl 2012.
8 Vgl. Dörner 2008.
9 Es gibt eine große Zahl fundierter und verständlicher Lehrbücher zur Betriebswirtschaftslehre. Soweit nicht anders erwähnt basiert in diesem Buch der Rückgriff auf die Allgemeine Betriebswirtschaftslehre auf den Werken von Wöhe, Döring und Brösel 2020; Domschke und Scholl 2008; Eichhorn 2015; Schmalen und Pechtl 2019; Albach 2009.
10 Siehe hierzu beispielsweise Ropohl 2012.; Willke 2006.

ist. Will man z. B. den Körper eines Menschen beschreiben, kann man die Elemente Rumpf, Arme, Beine und Kopf nennen. Dies genügt. Für einen Arzt ist es jedoch sinnvoll, jedes dieser Elemente selbst wiederum als komplexes System zu betrachten, das selbst aus Einzelteilen besteht, die ebenfalls Elemente des Subsystems sind. So besteht der Kopf aus Ohren, Augen, Mund, Nase, Wangen usw. Diese lassen sich erneut aufteilen. Wie tief die Gliederung erfolgt, hängt vom Untersuchungszweck ab.

Die Menge und Art der Elemente sowie aller zwischen den Elementen herstellbaren materiellen und informationellen Relationen bezeichnen die Struktur eines Systems. Die Struktur muss zweckmäßig sein, d. h., mit Hilfe der Struktur werden die Elemente so einander zugeordnet, dass das System seine Funktion erfüllen kann. Bei offenen Systemen kann man die Funktion allgemein als die Transformation von Input in Output beschreiben. So ist beispielsweise eine Kuh ein Tier, dessen Funktion es ist, aus Gras Milch zu produzieren. Sie transformiert Gras in Milch. Nur solange sie diese Funktion erfüllt, hat sie in den Augen des Landwirts eine Existenzberechtigung.

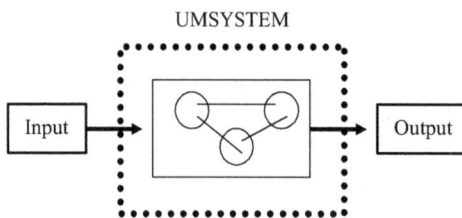

Abb. 2: Modell eines offenen Systems.[11]

Die Wahrnehmung der Funktion setzt voraus, dass die Teile des Systems nicht nur existieren, sondern auch aktiv werden. Sie erfordert die raumzeitliche Realisierung der Aufgabe des Systems. Sie wird als Prozess bezeichnet. So können beispielsweise in einem Kraftfahrzeug alle Einzelteile (Elemente) richtig montiert sein (Struktur), aber trotzdem kann es nicht fahren (Prozess). Auch ein Betrieb kann die richtige Aufbauorganisation (Struktur) und ausreichend Produktionsfaktoren (Elemente) haben und trotzdem keine verkaufbaren Produkte (Funktion) erstellen. Der Prozess, d. h. das tatsächliche Handeln, ist nicht identisch mit Struktur und Elementen.

Das System ist in eine große Zahl von Sachverhalten eingebunden, die zwar nicht zum System selbst gehören, aber unmittelbaren Einfluss darauf ausüben. Diese Sachverhalte werden allgemein als Umsystem bezeichnet. So wird die Milchproduktion der Kuh durch die Qualität der Wiesen, die Niederschläge, Rinderkrankheiten und die Laune des Landwirtes beeinflusst. Der Betrieb wird von den Preisen auf den Beschaffungs- und Absatzmärkten, den Gesetzen oder der Konjunktur be-

---

11 Quelle: Fleßa 2003, S. 25.

einflusst. Diese Einflussfaktoren gehören nicht zum Betrieb, aber sie betreffen ihn. Sie gehören zu seinem Umsystem. Der Transformationsprozess selbst muss gesteuert werden. Zur Veranschaulichung der wichtigsten Komponenten kann ein allgemeines Regelkreismodell verwendet werden (vgl. Abb. 3).

Die Krankenhausbetriebslehre als Branchenlehre der Allgemeinen Betriebswirtschaftslehre ist hierbei von großer Interdisziplinarität gekennzeichnet. Sie hat enge Beziehungen zur Medizin, Public Health, Epidemiologie, Volkswirtschaftslehre, Demografie, Soziologie, Psychologie, Mathematik, Informatik, Philosophie (Ethik), Theologie, Geografie, Anlagentechnik und Architektur, d. h. zu Bereichen, die eindeutig anderen Wissenschaftstraditionen zugeordnet sind. Diese Interdisziplinarität stellt eine große Herausforderung für das Krankenhausmanagement dar.

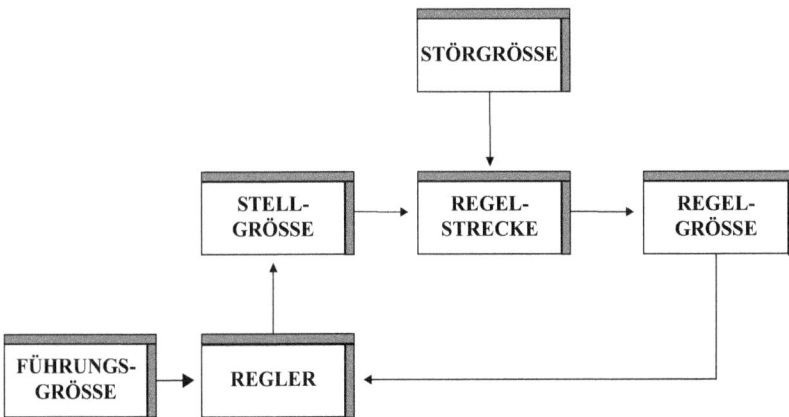

Abb. 3: Regelkreismodell.[12]

Der Regler stellt die Variablen (Stellgrößen) innerhalb gegebener Strukturen ein. So ist ein Wasserhahn ein Regler. Mit seiner Hilfe wird warmes und kaltes Wasser in eine Badewanne gelassen (Regelstrecke). Das Ergebnis ist ein Badewasser mit einer bestimmten Temperatur (Regelgröße). Der Badende überprüft die Temperatur mit Hilfe eines Thermometers. Sollte sie zu warm oder zu kalt sein, verändert er die Stellung der Wasserhähne (kalt/warm), d. h., er gibt ein Feedback von der Regelgröße zum Regler.

In jedem Betrieb gibt es zahlreiche dieser Regelungssysteme. Nehmen wir als Beispiel die Pflege eines älteren Patienten in einem Krankenhaus. Er sollte so behandelt werden, dass er sich nicht wundliegt. Dieses Ziel wird erreicht, indem der Patient regelmäßig fachgerecht gelagert wird und die gefährdeten Stellen vorsorglich eingerieben werden. Sollte trotzdem eine wunde Stelle auftreten, wird die Pfle-

---

12 Quelle: Eigene Darstellung in Anlehnung an Schmalen und Pechtl 2019.

gekraft entsprechende Gegenmaßnahmen ergreifen, um das ursprüngliche Ziel zu erreichen. Sie passt also ihre Aktivitäten an.

Im Folgenden sollen diese grundsätzlichen systemtheoretischen Aussagen auf den Betrieb übertragen werden.[13] Das Umsystem eines Betriebes umfasst unterschiedlichste Komponenten, wie z. B. die Rechts- und Wirtschaftsordnung, die Konjunktur und die Märkte. In Deutschland herrscht eine freiheitlich-demokratische Grundordnung. Institutionen, und somit auch Betriebe, müssen sich letztlich demokratisch legitimieren lassen. Gesetze, wie z. B. das Arbeitsrecht, sind ständige Nebenbedingungen betrieblichen Handelns, die die Aktivitäten des Betriebs einschränken. Nur innerhalb dieser vom Umsystem gegebenen Grenzen können Entscheidungen gemäß dem betrieblichen Zielsystem getroffen werden. Diese Rahmendaten sind Bedingungen, die akzeptiert werden müssen. Sie sind keine Probleme, die gelöst werden können.

Das Umsystem liefert die Inputs (Produktionsfaktoren) und nimmt die Produkte des Betriebes ab. Für das Umsystem hat der Betrieb nur eine Funktion bzw. einen Zweck: die Produktion von Problemlösungen. Dies geschieht durch Transformation von Produktionsfaktoren in Güter. Wenn ein Betrieb diese Funktion nicht mehr erfüllt, ist das Umsystem auch nicht mehr bereit, diesen Betrieb mit ausreichend Produktionsfaktoren zu versorgen. Der Betrieb geht in Konkurs.

Jeder Betrieb muss also seine Funktion im Umsystem erfüllen. In einer freiheitlichen Ordnung entscheidet nicht der Betrieb, ob er Produkte erzeugt, die ihre Einsatzfaktoren wert sind, sondern das Umsystem, d. h. die Abnehmer. Krankenhausmanager müssen hinnehmen, dass in unserem Wirtschaftssystem der Wert ihrer Arbeit am Absatzmarkt gemessen wird, auch wenn dies ihrer Überzeugung widersprechen sollte. Als Alternative bleibt nur, den Betrieb aufzulösen und aus dem Markt auszuscheiden.

Der Betrieb muss seine Funktion für das Umsystem erfüllen, unabhängig davon, welche Ziele der Unternehmer verfolgt. Anhand der Zielsetzung unterscheidet man zwischen Bedarfsdeckern und kommerziellen Unternehmen.[14] Bedarfsdecker sind Betriebe, die der bestmöglichen Versorgung einer bestimmten, außerhalb des Betriebes stehenden Allgemeinheit dienen, deren Bedarfe sie decken. Sie können öffentliche (d. h. im Eigentum von Gebietskörperschaften stehende) Betriebe sein, die das Ziel verfolgen, durch Kollektivleistungen den Nutzen aller Bürger zu steigern. So möchten beispielsweise städtische Krankenhäuser die Bevölkerung der Stadt mit Krankenhausleistungen versorgen. Dies ist nicht nur ihre Funktion, sondern auch ihr oberstes Ziel (Identität von Funktion und Ziel).

Wie wir gesehen haben, müssen auch kommerzielle Unternehmen ihre Funktion erfüllen, denn sonst können sie ihre Leistungen nicht absetzen und werden

---

13 Vgl. Rieckmann 2007.
14 Vgl. Eichhorn 2015.

nicht am Markt überleben. Die Produktion verkaufsfähiger Produkte ist jedoch nicht das oberste Ziel dieser Unternehmen. Die Produkte sind vielmehr eine Maßnahme, um ein anderes Ziel zu erreichen. Dies ist in der Regel die Maximierung des Gewinns. So ist es beispielsweise die Funktion der Haribo-Bären, Kinder (und Erwachsene) froh zu machen – zumindest sagt das die Werbung. Das Ziel der Unternehmensleitung ist jedoch oftmals sehr viel profaner: Es geht darum, die Verkaufszahlen zu steigern, damit am Ende ein Gewinn für die Aktionäre übrig bleibt.

Die Funktion des Betriebs besteht in der Transformation von Produktionsfaktoren in nachgefragte Güter. Abb. 4 zeigt dies schematisch.

Die Inputfaktoren eines Betriebes werden je nach ihrer Beschaffenheit als Arbeit, Betriebsmittel oder Werkstoffe bezeichnet.[15] Arbeit ist der Input an menschlicher Leistung, die sowohl planerisch, organisierend bzw. kontrollierend (dispositive Arbeit) als auch direkt am Produkt (ausführende Arbeit) geschehen kann. Betriebsmittel (z. B. Gebäude, Maschinen) sind notwendig zur Leistungserstellung, werden jedoch nicht bei der Produktion verbraucht. Werkstoffe hingegen werden bei der Produktion aufgebraucht und stehen für keine weiteren Prozesse zur Verfügung (z. B. Treibstoff, Rohstoffe). Die Beschaffung dieser Produktionsfaktoren wird als Einkauf (Betriebsmittel, Werkstoffe) bzw. Akquisition (Arbeit) bezeichnet. Die Rekombination der Produktionsfaktoren nennt man Produktion, wobei das Wort sowohl für Sachgüter als auch für Dienstleistungen verwendet wird. Die Verwertung der Leistung wird als Absatz bezeichnet. Somit ergibt sich der Fluss der Güter im Unternehmen grundsätzlich als Beschaffung – Produktion – Absatz.

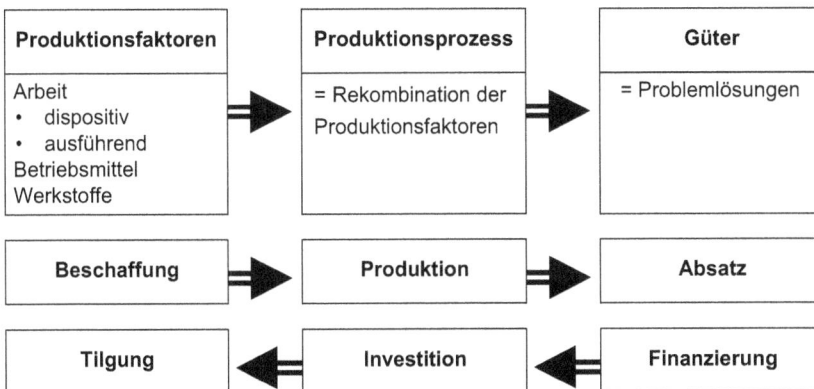

Abb. 4: Leistungs- und finanzwirtschaftlicher Funktionskreis.[16]

15 Vgl. Wöhe, Döring und Brösel 2020.
16 Quelle: Fleßa 2003, S. 29.

Dem güterwirtschaftlichen Strom (Leistungswirtschaft) steht ein Geldstrom (Finanzwirtschaft) gegenüber. Wie ein Spiegelbild bzw. wie die andere Seite einer Münze ist das eine ohne das andere nicht vorstellbar. Beispielsweise führt der Verkauf von Produkten (Absatz) zu einem Zustrom an Geld. Der Fluss von Geld in den Betrieb wird als Finanzierung bezeichnet, wobei sie nicht nur durch den Absatz der Produkte, sondern auch durch die Aufnahme von Krediten erfolgen kann. Die Verwendung des Investitionsvolumens zum Produktionszweck ist eine Investition (im weiteren Sinne), die mit der Produktion im leistungswirtschaftlichen Funktionskreis korrespondiert. Schließlich müssen Schulden zurückbezahlt werden, die z. B. durch den Kauf von Produktionsfaktoren entstehen. Diese Rückzahlung ist die Tilgung und steht spiegelbildlich zur Beschaffung. Leistungswirtschaftliche und finanzwirtschaftliche Sphäre sind folglich Spiegelbilder ein und derselben betrieblichen Realität.

Ein großes Problem der Leistungswirtschaft ist ihre Dokumentation. So wird beispielsweise in der Inventur genau erhoben, welche Betriebsmittel und Werkstoffe zu einem bestimmten Stichtag in einem Unternehmen vorhanden sind. Dies ergibt eine lange Liste unterschiedlichster Objekte mit ganz verschiedenen Skalen: Blech (qm), Tomaten (kg), Bier (Liter) und Gas (m^3) müssten theoretisch aufaddiert werden, um ein Gesamtbild zu ergeben. Dies ist nicht möglich. Deshalb weicht man gerne auf die finanzwirtschaftliche Sphäre aus und erhebt mit Hilfe eines Gewichtungsfaktors den Wert dieser Güter. Der einheitliche Gewichtungsfaktor ist der Preis, sodass sich alle Güter in Geldeinheiten ausdrücken lassen. Das betriebliche Rechnungswesen ist folglich die Dokumentation der finanzwirtschaftlichen Sphäre und damit des ganzen Betriebsgeschehens. Damit erhält die Geldseite bzw. die monetäre Sphäre eine hohe Dominanz. Eigentlich geht es ja darum, in einem Betrieb Problemlösungen zu produzieren. Sachgüter und Dienstleistungen sollen für das Umsystem erstellt werden, aber aus Gründen der einfacheren Erfassung weicht die betriebliche Dokumentation oftmals auf die finanzwirtschaftliche Seite aus und stellt das Geld in den Mittelpunkt.

Zwischen den einzelnen betrieblichen Elementen herrschen bestimmte Beziehungen (Relationen), die einen wirtschaftlichen Einsatz überhaupt erst möglich machen. Sie können materiell, informationell oder personell sein. Der Materialfluss vom Einkaufsmarkt, über die Lagerung und den internen Transport bis hin zum Absatzmarkt ist Untersuchungsgegenstand der Logistik. Die Informationswirtschaft ist bestrebt, die benötigten Informationen zeitnah und präzise zur Verfügung zu stellen. Sie ist häufig EDV-gestützt, um aus der großen Datenmenge die nötigen Informationen, d. h. Antworten auf konkrete Fragen, bereitzustellen.

Da – wie gezeigt wurde – alle betrieblichen Aktivitäten eine monetäre Sphäre betreffen, ist das betriebliche Rechnungswesen der wichtigste Informationslieferant. Das externe Rechnungswesen (z. B. Bilanz, Gewinn- und Verlustrechnung) liefert dabei auch Informationen an Dritte (z. B. das Finanzamt), während das interne Rechnungswesen (z. B. Kosten- und Leistungsrechnung, Betriebsstatistik) primär zur Information und Entscheidungsvorbereitung für die Betriebsmitglieder gedacht ist. Die Aufbauorganisation ist ein Ausdruck personeller Relationen, d. h. die Schaffung einer Hierarchie von Vorgesetzten und Untergebenen.

Die Steuerung des Betriebes wird als Unternehmensführung oder Betriebskybernetik bezeichnet. Oftmals wird sie mit dem Begriff Management als Teilgebiet der Betriebswirtschaftslehre gleichgesetzt. Wie im allgemeinen Systemmodell dargestellt, gehört hierzu die Festlegung von grundlegenden Werten und Zielen. Kein Betrieb kann dieses Zielsystem aus sich heraus entwickeln. Die Persönlichkeiten der Gründer bzw. der Eigentümer haben stets starken Einfluss darauf, welche Leistungen wo und wie erstellt werden.

Der Regelungsprozess erfolgt durch den dispositiven Faktor, d. h. die dispositive menschliche Arbeitsleistung. Sie umfasst die Planung, Organisation, Personalauswahl, Leitung und Kontrolle des Betriebsprozesses. Die Ausübung dieser Tätigkeiten besteht in einem Vorbereiten und Treffen von Entscheidungen unter Zuhilfenahme von Informationen, die sich aus den Beziehungen von menschlicher Arbeit, Betriebsmitteln und Werkstoffen zueinander ergeben.

Schließlich ist der Betrieb nicht statisch, sondern in ein sich ständig änderndes Umsystem eingebunden. Auch der Betrieb muss sich deshalb ändern, was durch die sogenannte Betriebsgenetik oder -dynamik analysiert wird. So wird der Betrieb auf verändertes Nachfrageverhalten durch die Aufnahme neuer Produkte reagieren. Die Aufnahme von Neuerungen (Innovationen) sowie die Analyse von Produktlebenszyklen ist ein wichtiger Teilaspekt der Betriebsdynamik. Manchmal wird im Laufe eines Betriebslebens aber auch ein größerer Einschnitt nötig, so z. B. bei der Verlagerung eines Standortes, bei der Wahl einer anderen Rechtsform oder am künstlichen Lebensende eines Betriebes (Insolvenz).

Abb. 5 gibt ein erweitertes Systemmodell wieder. Aufbauend auf der Mission, der Vision und den Oberzielen des Unternehmens ergeben sich Strategien, wie diese zu erreichen sind. Hierzu werden Strukturen (Elemente und Relationen) aufgebaut, innerhalb derer sich Individual- und Gruppenverhalten abspielen. Das Ergebnis des Produktionsprozesses, der Output, muss in einem möglichst guten Verhältnis zum Input stehen. Das Geschäftsergebnis (Output im Verhältnis zum Input; Output im Verhältnis zu den Zielen) dient dabei als Effizienzmaß.

In der Regel ist diese Effizienzdarstellung jedoch nicht ausreichend, um die Krankenhausrealität zu beschreiben. Der Output eines Krankenhauses, die Gesundheitsdienstleistung, hat vielmehr eine Auswirkung auf den Patienten (Gesundung, Linderung etc.), die nicht mit dem Output des Krankenhauses gleichgesetzt werden kann. Diese Auswirkung auf den Patienten soll als Outcome bezeichnet werden. Gleichzeitig hat der Outcome Auswirkungen auf die gesamte Gesellschaft. Beispielsweise führt die Heilung eines Tuberkulosepatienten zu einer reduzierten Infektionswahrscheinlichkeit für alle Menschen, die mit ihm in Kontakt kommen. Die Heilung eines Patienten mit Leukämie wird ebenfalls Auswirkungen auf die Gesellschaft

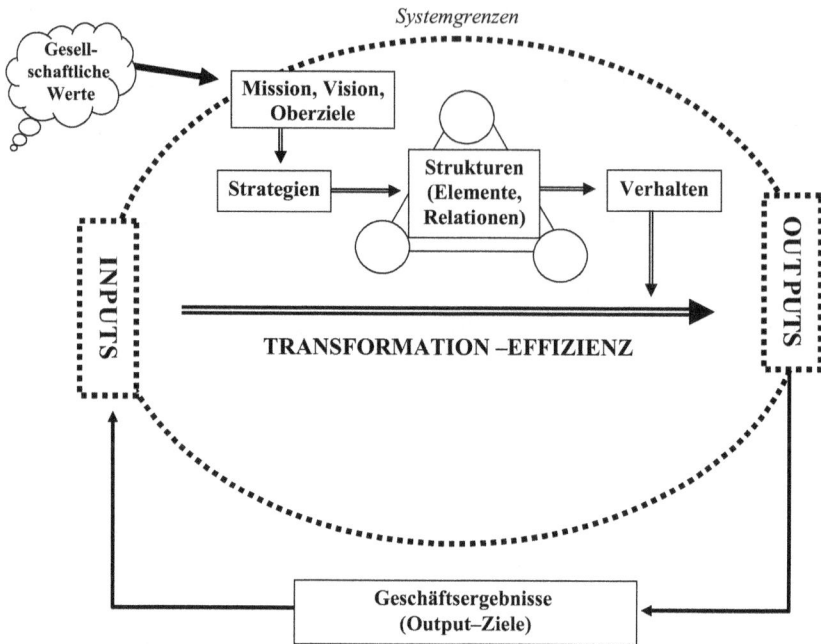

Abb. 5: Erweitertes Systemmodell.[17]

haben, da er seine Rolle als Familienvater,[18] Mitarbeiter, Steuerzahler etc. wieder erfüllen kann. Diese weitergehenden Wirkungen auf die Gesellschaft seien als Impact bezeichnet.

Abb. 6 zeigt das vollständige Systemmodell. Die Eigentümer bzw. Träger der Gesellschaft werden ständig die Geschäftsergebnisse im Blick haben müssen. Auf Dauer kann das Krankenhaus jedoch nur überleben, wenn es seine Funktion in seinem Umsystem erfüllt, d. h., es muss dazu beitragen, dass Menschen gesünder sind als ohne seinen Beitrag. Erfüllt es diesen Existenzgrund nicht, werden die Patienten (Kunden) auf Dauer nicht bereit sein, dieses Krankenhaus mit der Bereitstellung von Inputs zu unterstützen. Die Evaluierung der Funktionserfüllung ist damit eine wichtige Aufgabe der Krankenhausführung.

Schließlich muss jedoch auch der Impact des Krankenhauses betrachtet werden. Eine Gesellschaft ist nur solange bereit, ein Teilelement zu tragen, wie dieses einen positiven Einfluss auf die Gesellschaft hat. Zwar ist die Funktion des Krankenhauses

---

17 Quelle: Eigene Darstellung in Anlehnung an Rieckmann 2000, S. 46.
18 Der Verfasser dieses Lehrbuches hat versucht, den Text möglichst schlank und leicht lesbar zu schreiben. Ausschließlich aus diesem Grund wird auf die Nennung weiblicher Bezeichnungen verzichtet. Der Verfasser ist sich natürlich der großen Bedeutung weiblicher Stakeholder (Mitarbeiter, Patienten etc.) im Gesundheitswesen bewusst.

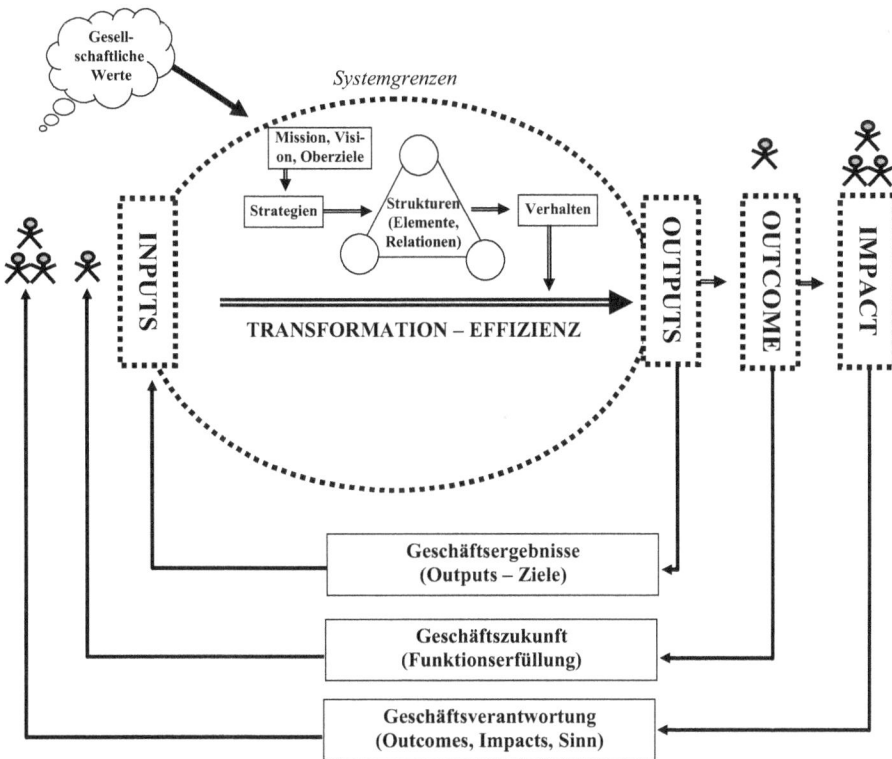

Abb. 6: Vollständiges Systemmodell.[19]

in der Gesellschaft relativ anerkannt, die Schließung von Krankenhäusern zeigt jedoch deutlich, dass die Gesellschaft auf Dauer nicht bereit ist, Krankenhäuser zu erhalten, deren Impact in keinem verantwortbaren Verhältnis zum Input steht. Auch Krankenhäuser müssen folglich die „Sinnfrage" stellen.

Damit kann ein Krankenhaus wie jeder andere Betrieb vollständig durch die Systemkomponenten beschrieben werden (vgl. Tab. 1).

Anhand von Abb. 6 bzw. Tab. 1 wird der Begriff „Systematisches Management" deutlich: Es handelt sich um ein umfassendes, d. h. alle Teilsysteme, Funktionen und Interdependenzen berücksichtigendes Management, das auch die Bearbeitung des Umsystems bewusst einbezieht. Gerade die Veränderung und die Unsicherheit dieser Einflussfaktoren zeichnen ein systematisches Management aus.

---

19 Quelle: Eigene Darstellung in Anlehnung an Rieckmann 2000, S. 46.

Tab. 1: Systemkomponenten.[20]

System		Betrieb
Umsystem		Epidemiologie, Demografie, Rechtsordnung, Wirtschaftsordnung, Konkurrenz, Branche
Funktion	Input	Beschaffung
		Finanzierung
	Output	Absatz
		Tilgung
	Transformation	Produktion
		Investition
	Funktionserfüllung	Effizienz
Elemente		Produktionsfaktoren
Relationen	Materiell	Materialfluss, Logistik
	Informationell	Informationswirtschaft, Kommunikation
		Externes Rechnungswesen
		Controlling
	Strukturell	Aufbauorganisation
Regelung	Führungsgröße	Normativer Rahmen, Ziele, Zielsysteme
	Lenkung	Planung, Organisation, Personalauswahl, Leitung, Kontrolle, Führungskonzeptionen
Dynamik		Lebensphasen, Innovationen, Produktlebenszyklen

Ein erfolgsversprechendes Management in der post-modernen Gesellschaft[21] kann folglich nur ein systematisches Management sein.

1.1.3 Effizienzbegriff

Abb. 6 zeigt, dass der Transformationsprozess im Zentrum betrieblichen Handelns steht. Die Güte, mit der Inputfaktoren in Outputs, Outcomes oder Impacts verwandelt werden, determiniert, ob das Umsystem den Betrieb für sinnvoll erachtet und deshalb weiterhin mit Ressourcen (Inputs) versorgt. Nur wenn der Betrieb rational

---

20 Quelle: Eigene Darstellung.
21 Vgl. Karst und Segler 1996.

handelt, d. h. keine Ressourcen willentlich verschleudert, hat er eine Lebensberechtigung.

Das Rationalprinzip wurde oft unzulänglich verkürzt.[22] Es kann somit nicht genug betont werden: Rationales Handeln heißt nicht, Gewinne zu maximieren. Es bedeutet auch nicht, möglichst viel Geld zu verdienen. Dies ist nur eine von vielen möglichen Ausprägungen des Rationalprinzips. Rationalität heißt vielmehr, das gegebene Ziel mit möglichst wenigen Ressourcen (Minimalprinzip) oder mit gegebenen Ressourcen das gewählte Ziel möglichst gut (Maximalprinzip) zu erreichen.

Ein Betrieb transformiert seine Inputs in Outputs.[23] Rationalität in der Betriebswirtschaftslehre bedeutet, dass die Inputs möglichst gut ausgenutzt werden sollen. Dies lässt sich am einfachsten als Quotient ausdrücken. Die Rationalität ist deshalb nichts weiter als eine Optimierungsaufgabe, der Quotient aus Output und Input soll maximiert werden:

$$\frac{\text{Output}}{\text{Input}} \rightarrow \text{Max!}$$

Diesen einfachen Ausdruck bezeichnet man als Effizienz. Effizienz bedeutet, dass man einen gegebenen Output mit minimalem Input (Minimalprinzip) oder einen möglichst hohen Output mit gegebenem Input (Maximalprinzip) erreichen möchte. Eine Knappheitsüberwindung ist deshalb nur möglich, wenn rational gehandelt wird.

Das Gegenteil von Effizienz ist Verschwendung. Verschwendung ist auch ethisch problematisch, da die verschwendeten Ressourcen nicht mehr für andere zur Verfügung stehen. Wer hingegen das Beste aus seinen Ressourcen macht, gewinnt Freiräume, um anderen zu helfen.

Die Effizienz äußert sich in verschiedenen Ausprägungen. Traditionell interpretiert man Effizienz als Ergiebigkeit oder Produktivität. Man stelle sich eine Eisenbahn vor, die mit 100 kg Kohle 1000 Meter weit fährt. Ein Ingenieur verbessert diese Dampfmaschine, sodass sie mit 100 kg Kohle 1500 Meter weit fährt. Die Ergiebigkeit der Ressource (Kohle) hat sich erhöht, man könnte auch sagen: Die Produktivität hat sich erhöht. Wohl dem, der zwei Ähren wachsen lässt, wo vorher eine wuchs; wohl dem, der ein Auto bauen kann, das nur noch 3 Liter pro 100 km benötigt; wohl dem, der nur noch eine Stunde benötigt, um eine Operation durchzuführen, die vorher vier Stunden in Anspruch nahm: Stets erhöht sich die Produktivität.[24]

Problematisch wird es, wenn nicht nur ein Output und ein Input berücksichtigt werden müssen. Im normalen betrieblichen Geschehen haben wir viele Outputs (verschiedene Produkte, Ausbildung der Mitarbeiter, Ansehen des Betriebes etc.) und viele Inputs (Arbeitskraft der Mitarbeiter, Grundstücke, Gebäude, Umwelt, Ma-

---

22 Vgl. Hahn 1997.
23 Vgl. Domschke und Scholl 2008.
24 Für das Krankenhaus siehe Bouncken, Pfannstiel und Reuschl 2014.

schinen, Fahrzeuge, Geld, ...). Wie sollte man diese nun in eine gemeinsame Effizienzformel bringen?

$$\frac{\text{Alle möglichen Outputs}}{\text{Alle möglichen Iutputs}} \rightarrow \text{Max}$$

Die Addition von Produkten, Ausbildung, Ansehen, und Zukunftschancen zu einer einzigen Zahl dürfte genauso unmöglich sein wie die Addition der Maschinen, Fahrzeugen, Grundstücken, Arbeitskräften etc. Die Ermittlung der Gesamteffizienz eines Betriebes ist deshalb sehr schwierig. Sie verlangt, dass die einzelnen Einsatzfaktoren gewichtet werden, sodass einerseits die Prioritäten klar werden, und andererseits ein einheitliches Skalenniveau entsteht, das eine Addition der Komponenten des Zählers oder des Nenners erlaubt.

$$\frac{\sum_{j=1}^{m} w_j \cdot x_j}{\sum_{i=1}^{n} v_i \cdot y_i} \rightarrow Max!, \text{ mit}$$

x_j Output j, $j = 1 \dots m$
y_i Input i, $i = 1 \dots n$
w_j Gewicht des Outputs j
v_i Gewicht des Inputs i
m Zahl der Outputfaktoren
n Zahl der Inputfaktoren

Es stellt sich folglich bei jeder Effizienzbetrachtung eine Reihe von Problemen: Erstens muss genau bestimmt werden, welche Inputs und welche Outputs wir für relevant halten. Für den einen Betrieb ist der Gewinn ein wichtiger Output (kommerzielle Unternehmen), für den anderen Betrieb ist er kaum relevant (Nonprofit-Organisation). Für den einen stellt die Schonung der Umwelt einen wichtigen Output dar, für den anderen ist dies egal. Das zweite Problem ist die Messung der Inputs und Outputs. Einige Inputs und Outputs können in Kilogramm, Metern, Arbeitsstunden oder Euro ausgedrückt werden. Hier ist eine Messung einfach. In einigen Fällen wird jedoch eine exakte Erfassung unmöglich, z. B. wenn Liebe oder „Wohlfühlen" als Output definiert werden. Drittens müssen die unterschiedlichen Inputs und Outputs der Effizienzfunktion gewichtet werden, wobei die Gewichte relativ subjektiv sind.

Aus diesem Grunde sind rationales Handeln und Effizienz komplex. Einfach ist die Effizienzberechnung nur, wenn die Inputs und Outputs ausschließlich in Geld bewertbar sind. Deshalb beschränken sich die meisten kommerziellen Unternehmen darauf, monetär messbare Größen aufzuzeichnen. Sie bewerten die Inputfaktoren mit ihren Kosten (Faktorpreise) und die Outputfaktoren mit ihren Erlösen (Verkaufspreise). In diesem Fall wird der Effizienzquotient als Wirtschaftlichkeit bezeichnet. Ein Unternehmen handelt wirtschaftlich, wenn es im Verhältnis zu seinen Kosten möglichst hohe Erlöse erhält. Damit reduziert sich das Effizienzproblem,

$$\frac{\sum_{j=1}^{m} p_j \cdot x_j}{\sum_{i=1}^{n} c_i \cdot y_i} \rightarrow Max!,$$

da dieser Quotient auch durch die Differenz von Zähler und Nenner maximiert werden kann:

$$\sum_{j=1}^{m} p_j \cdot x_j - \sum_{i=1}^{n} c_i \cdot y_i \rightarrow Max!, \text{ mit}$$

x_j Output j, $j = 1 \dots m$
y_i Input i, $i = 1 \dots n$
p_j Erlös pro Einheit von Output j [€]
c_i Kosten pro Einheit von Input i [€]
m Zahl der Outputfaktoren
n Zahl der Inputfaktoren

Diese Differenz ist der Gewinn des Betriebs. Kommerzielle Unternehmen können ihre Effizienz ohne größere Schwierigkeiten ermitteln: Je höher ihr Gewinn ist, desto größer ist ihre Effizienz. Unternehmen, die auch nicht-monetär messbare Inputs und Outputs berücksichtigen, haben es immer schwerer, die Effizienz zu ermitteln. Damit ist es auch problematisch zu bestimmen, ob sie überhaupt effizient sind. Sie stehen damit ständig in der Gefahr, ineffizient zu sein.

Fassen wir zusammen: Das Erkenntnisobjekt der Betriebswirtschaftslehre ist das rationale Handeln im Betrieb. Dies bedeutet, dass bei allen Entscheidungen und Handlungen danach gefragt wird, ob die betrieblichen Ziele mit möglichst geringem Mitteleinsatz, bzw. ob mit gegebenem Mitteleinsatz die Ziele möglichst gut erreicht werden. Der Kern der Betriebswirtschaftslehre ist die Effizienz. Eine Krankenhausbetriebslehre muss deshalb für alle Teilsysteme des Betriebs fragen, ob sie effizient sind bzw. wie ihr Ertrag im Verhältnis zum Aufwand verbessert werden kann.

Damit ergeben sich aus dieser Einführung bereits die vollständige Logik systematischen Managements sowie die Gliederung des vorliegenden Buches. Jedes Teilsystem wird beschrieben, erklärt und so gestaltet, dass es seine Aufgabe mit einem möglichst geringen Mittelaufwand erfüllen kann bzw. mit gegebenen Ressourcen eine möglichst hohe Performance erreicht. Dabei ist essentiell, dass das System mehr ist als die Summe seiner Einzelteile, d. h., bei allen Kapiteln und Teilsystemen müssen wir das Gesamtsystem und sein Verhalten im Umsystem stets in Erinnerung behalten.

1.2 Erfahrungsobjekt

Im folgenden Unterkapitel werden wir den Krankenhausbetrieb als Forschungsgegenstand der Krankenhausbetriebswirtschaftslehre eingehend beschreiben. Hierzu leiten wir die Krankenhausbetriebslehre als Branchenlehre der Allgemeinen BWL her und charakterisieren den Betriebstyp. Abschließend untersuchen wir die konkreten Erscheinungsformen des Krankenhausbetriebes.

1.2.1 Krankenhausbetriebslehre als Branchenlehre

Die Krankenhausbetriebslehre ist eine Branchenlehre[25] der Allgemeinen Betriebswirtschaftslehre und versucht, Erkenntnisse des Mutterfaches im Krankenhausbetrieb zu verwenden.[26] Dabei wäre es töricht, Theorien aus der Sachgüterindustrie unreflektiert auf das Krankenhaus zu übertragen, sowie es grundsätzlich problematisch ist, Aussagen aus der kommerziellen BWL auf den Nonprofit-Bereich zu transferieren.[27] Ein Krankenhausmanager sollte deshalb die Grundlagen der Allgemeinen BWL daraufhin untersuchen, welche Teilbereiche für ihn hilfreich sind.

Hierbei ist es zuerst wichtig festzustellen, dass es verschiedene Herangehensweisen an das Phänomen Betrieb gibt. Die Großväter der Betriebswirtschaftslehre waren überwiegend deskriptiv ausgerichtet, wovon die ältere Handelslehre mit ihren blumigen Beschreibungen fremder Länder und ihrer Wirtschaftsgüter zeugt. Schon mit dem Beginn des 20. Jahrhunderts wurde jedoch allgemein anerkannt, dass die Betriebswirtschaftslehre eine Handlungswissenschaft ist, d. h., die präskriptive Theoriebildung überwiegt. Die namhaften Vertreter unterscheiden sich höchstens noch in der Frage, ob die Ziele des Unternehmens als gegeben vorausgesetzt werden können (praktisch-normative BWL) oder ob sie ebenso Inhalt der betriebswirtschaftlichen Analyse sein können (idealistisch-normativ). Für eine junge Branchenlehre in einem Segment, das noch immer überwiegend von Nonprofit-Organisationen geprägt ist, scheint eine grundlegende Analyse der Ziele und damit die Verfolgung einer idealistisch-normativen Betriebswirtschaftslehre deutlich wichtiger als beispielsweise in einer Betriebslehre der Automobilindustrie.

---

25 Vgl. Bellinger 1993.

26 Zur Krankenhausbetriebslehre siehe auch Eichhorn und Schmidt-Rettig 2001; Eichhorn, Seelos und Schulenburg 2000; Trill 2000; Busse, Schreyögg und Stargardt 2017. Zur internationalen Literatur siehe beispielsweise Walshe und Smith 2016.

27 Ein Beispiel für einen ersten Versuch, die Allgemeine Betriebswirtschaftslehre relativ unverändert auf Krankenhäuser zu übertragen, sind die Bücher von Siegfried Eichhorn: Eichhorn 1987; Eichhorn 1977. Sie sind heute primär historisch relevant.

Die unterschiedlichen Konzepte sind in der Geschichte der BWL immer wieder auf-getreten.[28] Unter den Vätern der Betriebswirtschaftslehre sind drei besonders promi-nent. Eugen Schmalenbach (1872–1955) analysierte das Problem der Wirtschaftlichkeit und forderte, dass das wirtschaftliche Handeln nicht allein auf die Gewinnerzielung ausgerichtet sein sollte. Betriebe sollten vielmehr einen Beitrag zur Bedarfsdeckung der Bevölkerung leisten. Hierzu entwickelte er die Instrumente des Rechnungswesens und der Finanzierung weiter – Bereiche also, die für alle Betriebstypen relevant sind und es auch karitativen Organisationen ermöglichen sollten, wirtschaftlich zu handeln.

Heinrich Nicklisch (1876–1946) stellte die Mitarbeiter in den Vordergrund. Er entwickelte Organisationsgesetze, die es den Mitarbeitern ermöglichen sollten, ihre Bedürfnisse (Erhaltung, Gestaltung, Freiheit) zu befriedigen. Für Nicklisch war die Betriebswirtschaftslehre ohne grundlegende Ethik undenkbar. In gewisser Weise entwickelte er eine Utopie gerechten und sozialen betrieblichen Handelns.

Abweichend davon konstruierte Wilhelm Rieger (1878–1971) eine realitätsnahe BWL kommerzieller Unternehmen. Für ihn waren der Gewinn bzw. die Rentabilität das Maß aller Dinge. Gerade darin war er prägend für Generationen von Betriebswirtschaft-lern bis heute, denn die Nonprofit-Organisationen wurden seit dem Zweiten Weltkrieg in der deutschsprachigen betriebswirtschaftlichen Forschung fast vollständig vernach-lässigt. Trotzdem ist es bemerkenswert, dass zwei der namhaftesten Vertreter der deutschsprachigen Betriebswirtschaftslehre sowohl in ihrer ethischen Ausrichtung als auch in ihrem Betriebsbegriff dem Selbstverständnis vieler Krankenhäuser durchaus nahekommen – obwohl man natürlich zugeben muss, dass der größte Teil der deutsch-sprachigen BWL die Krankenhausbetriebslehre überhaupt nicht beachtet hat.

Aus den Vorgängern und verschiedenen Denkschulen haben sich diverse Her-angehensweisen der Betriebswirtschaftslehre entwickelt, die allgemein als faktor-theoretischer, entscheidungstheoretischer, systemtheoretischer, arbeitsorientierter und verhaltensorientierter Ansatz bezeichnet werden. Die Kenntnis dieser Ansätze ist von großem Nutzen für Krankenhausmanager, da sie sich unterschiedlich gut für diesen Betriebstyp eignen.

Als Begründer des faktortheoretischen Ansatzes gilt Erich Gutenberg (1897–1984).[29] Die obige Darstellung des Betriebs als Transformationsprozess von Inputs in Out-puts entspricht seinem Gedankengang. Die Produktion (bei Gutenberg vor allem die Sachgüterproduktion) steht im Vordergrund, der Mensch ist ein Produktions-faktor. Der faktortheoretische Ansatz besticht durch seine Geschlossenheit und seine Konzentration auf die Wirtschaftlichkeit des Unternehmens. Er ist deshalb bis heute die Hauptlinie der deutschsprachigen Betriebswirtschaftslehre. Die meis-ten Lehrbücher folgen Gutenbergs Konzept, die meisten Seminare verwenden be-wusst oder unbewusst seine Herangehensweise.

---

28 Vgl. hierzu Albach 1990.
29 Vgl. Gutenberg 1958.

Krankenhäuser können viel von diesem Ansatz profitieren. Er erlaubt eine klare Ausrichtung auf Kunden, auf Produktionsengpässe und auf die Wertschöpfung. Die insbesondere in gemeinnützigen Betrieben anzutreffende Verschwendung knapper Ressourcen kann zumindest zum Teil darauf zurückgeführt werden, dass zu wenig faktortheoretisch gedacht wird. Auf der anderen Seite muss man sich dessen bewusst sein, dass Gutenberg von einem Sachgüterbetrieb ausgeht. In einem normalen Betrieb dieses Typs betragen die Personalkosten nur ungefähr 20 % der Gesamtkosten, Material- und Anlagenkosten überwiegen. Gleichzeitig wird ein lagerbares, transportierbares und übertragbares Gut erstellt. Krankenhäuser hingegen sind menschenorientierter, müssen es auch sein, da bis zu 70 % ihrer Kosten aus Personalaufwand bestehen und sie ihre Leistungen direkt am Menschen erbringen. Die Übertragung des faktortheoretischen Ansatzes auf die Dienstleistung ist bislang nur zum Teil geglückt.

Betrachtet man das Betriebsgeschehen aus einem anderen Blickwinkel, so kann man den Betriebsalltag als eine große Fülle von Handlungen und vorausgehenden Entscheidungen ansehen. Der von Edmund Heinen (1919–1996)[30] entwickelte entscheidungstheoretische Ansatz stellt deshalb die betrieblichen Entscheidungsprozesse in den Mittelpunkt. Wichtig ist dabei, dass Heinen klar die Mittel und Ziele unterscheidet. Der Betrieb muss zuerst definieren, welche Ziele er wählt. Sein Ansatz stellt eine Kombination des ethischen Ideals von Nicklisch und des faktortheoretischen Ansatzes von Gutenberg dar und ist gleichzeitig ein Vorgriff auf die moderne Unternehmensethik. Aus den Werten der Stakeholder müssen sich konsistent Ziele ableiten lassen. Ist eine Entscheidung über die Ziele gefallen, müssen Maßnahmen ergriffen werden, wie diese Ziele im Betrieb erreicht werden können. Hauptaufgabe der Betriebswirtschaftslehre ist es dabei, Entscheidungsprozesse transparent zu gestalten und Instrumente zu entwickeln, wie zielsystemkonforme Entscheidungen getroffen werden können.

Eine Schule des entscheidungstheoretischen Ansatzes arbeitet sehr formal, insbesondere mathematisch. Obwohl die Arbeitsgruppe „Health Care Management" der Gesellschaft für Operations Research seit 30 Jahren den Einsatz dieser quantitativen Methoden im Krankenhaus forciert, gibt es in der Praxis der Krankenhausführung noch immer erhebliche Vorbehalte gegen dieses formale Vorgehen. Wir werden in diesem Lehrbuch einige Beispiele aufzeigen, wie mathematische Modelle vorteilhaft eingesetzt werden können. Aber auch für die Kritiker ist es nicht zu leugnen, dass die grundsätzliche Herangehensweise des entscheidungstheoretischen Ansatzes von hoher Bedeutung für Krankenhäuser ist: Wir definieren Ziele und entwickeln Strategien, wie diese Ziele bestmöglich erreicht werden können. Und jeder Manager wird bestätigen können, dass Entscheidungsvorbereitung und Entscheiden zu seinen wichtigsten Aufgaben gehören.

---

30 Vgl. Heinen 1976.

Etwa zeitgleich während der 60er-Jahre entwickelte Hans Ulrich (1919–1997) den im sozialen Bereich sehr bekannten und geschätzten systemtheoretischen Ansatz.[31] Die von uns oben gewählte Herangehensweise greift zum Teil auf diesen Ansatz zurück, in dem sie den Regelkreis als Abbild der Betriebsführung verwendet. Tatsächlich stehen die Systemtheorie bzw. die Kybernetik (als Lehre von der Steuerung dynamischer Systeme) im Mittelpunkt dieser Herangehensweise. Ulrich betrachtet die Steuerung eines Unternehmens als produktives und soziales System. Er fügt folglich zu dem Gutenbergschen Ansatz soziale Sachverhalte hinzu und betont den Regelungsbedarf. Ulrich verabschiedet sich bewusst von einem mechanistischen Menschenbild des Produktionsfaktors und sieht den Mitarbeiter als Teil eines sozialen Systems, das es zu regeln, zu lenken und zu leiten gilt.

Der Charme dieses Ansatzes für Krankenhäuser ist offensichtlich. Sie verstehen sich bewusst als soziale Organisationen und betonen die Personalität des Mitarbeiters wie des Kunden. Gleichzeitig führt der systemtheoretische Ansatz zu einer starken Einbeziehung des Umsystems, sodass in turbulenten Zeiten dieser Ansatz sinnvoll ist. Die starke Betonung der Führung ohne Berücksichtigung der technischen Transformationsprozesse lässt diesen Ansatz gerade für Führungskräfte ohne betriebswirtschaftlichen Background attraktiv erscheinen. Die Gefahr dieses Ansatzes besteht jedoch darin, dass Führung zum Selbstzweck wird. Im Gegensatz zu Gutenberg und Heinen stellt Ulrich nicht ausreichend den Betriebszweck dar. Das Unternehmen tendiert zu einem Konsumptivbetrieb, dessen Hauptzweck die Aufrechterhaltung eines gut entlohnten und nicht zu stressigen Arbeitsplatzes werden könnte. Kundenorientierung und Wirtschaftlichkeit gehen in diesem Denken leicht verloren.

Neben diesen Hauptschulen gibt es noch zwei kleinere Denkhaltungen. Als Gegenpol zu den genannten Ansätzen entwickelte der Deutsche Gewerkschaftsbund den arbeitsorientierten Ansatz. Wie zu erwarten, legt er besonderen Wert auf die Arbeitsbedingungen und die Verhaltensweisen der Mitarbeiter. Ziel der BWL solle es sein, die Mitarbeiter zu fördern, ihren Arbeitsplatz zu erhalten, ihr Einkommen zu sichern und zu einer „Humanisierung der Arbeitswelt" beizutragen. Diesem Ansatz immanent ist die Forderung nach einer Veränderung der Wirtschaftsordnung. Seine Bedeutung blieb allerdings gering. Es gelang den Gewerkschaften nicht einmal in ihren eigenen Unternehmen (z. B. Wohnungsbaugenossenschaften, Konsumgenossenschaften), diese Gedanken umzusetzen. Ein wichtiges Ergebnis ist jedoch, dass der Mensch als soziales Wesen auch bei den Anhängern des faktortheoretischen Ansatzes stärker an Gewicht gewann.

Der verhaltensorientierte Ansatz schließlich greift dieses Motiv auf und untersucht das Verhalten des Menschen im Betrieb. Der Mitarbeiter ist nicht mehr der einfache Produktionsfaktor, der nur an seinem Lohn interessiert ist, sondern ein komplexer Bedürfnisbefriediger, der Freude daran hat, sich einzubringen, Ziele zu

---

31 Vgl. Ulrich 1970.

erreichen, einen Beitrag zu einem sinnvollen Ganzen zu leisten und in einer Gruppe eingebunden zu sein.

Die Kenntnis der unterschiedlichen Ansätze ist wichtig, um nicht einer einzelnen Denkschule zu folgen. Gerade für Krankenhausmanager ist die Kombination der Ansätze zielführend. Die Wirtschaftlichkeitsbetrachtung und die klare Kundenorientierung folgen aus dem Gedankengut von Gutenberg. Die Definition von Werten und Zielen sowie die konsistente Ableitung von Maßnahmen zur Zielerreichung im steten Entscheidungsprozess kann von Heinen gelernt werden. Die Dynamik der Umwelt und die Bedeutung der Führung im Leistungsprozess werden von Ulrich betont. Schließlich erfordert sowohl die Bedeutung des Produktionsfaktors menschliche Arbeit als auch die ethische Grundlage der meisten Krankenhäuser eine klare Zuwendung zum Mitarbeiter, was von verhaltensorientierten Ansätzen übernommen werden kann. Die Anhänger Ulrichs müssen also ebenso ihr Denken erweitern wie die klassischen Betriebswirte, die – bewusst oder unbewusst – auf Gutenberg geeicht wurden.

Die unterschiedlichen Ansätze führen auch zu divergierenden Vorstellungen von dem, was eigentlich ein Betrieb ist.[32] Umgangssprachlich redet man vom Betrieb oftmals als technische Einheit, die von der Verwaltung abzugrenzen sei. Da aber das dispositive Element nicht von der operativen Arbeit zu trennen ist, ist diese Abgrenzung nicht zielführend. Dem Ansatz Riegers entspricht die Definition des Betriebs als kommerzielle Einheit, d. h. einer Organisation mit Gewinnerzielungsabsicht. Dies würde jedoch bedeuten, dass der große Sektor der Nonprofit-Organisationen nicht subsumiert werden könnte – ein schwerwiegendes Problem, da in Deutschland derzeit weniger als 30 % der Krankenhäuser eine Gewinnerzielungsabsicht haben.

Dem Ansatz von Gutenberg entspricht die Definition des Betriebs als Organisation zur Deckung von Fremdbedarfen. Ein Betrieb produziert nicht für seinen eigenen Konsum, sondern für seine Abnehmer. Haushalte (= Konsumptiveinheiten) würden hiernach nicht zu den Betrieben gehören.

In diesem Lehrbuch wollen wir die breitest mögliche Definition verfolgen: Ein Betrieb ist der Zusammenschluss von Individuen zum arbeitsteiligen Vollzug von Problemlösungsaufgaben unter wirtschaftlichen Gesichtspunkten. Der Zusammenschluss von Individuen kennzeichnet den Betrieb als Organisation, der Vollzug von Problemlösungsaufgaben als offenes, zweckorientiertes System, wobei die Probleme sowohl in der Bereitstellung von Leistungen für die Systemumwelt bestehen können als auch in der Eigenversorgung. Der Typ der Fremdleistungsbetriebe soll als Unternehmen bezeichnet werden, der Typ der Eigenleistungsbetriebe als Haushalte. Schließlich arbeiten Betriebe unter wirtschaftlichen Gesichtspunkten, d. h., das oben beschriebene Effizienzproprium ist anzuwenden.

---

32 Vgl. Hahn 1997.

Auf Grundlage dieser Definition ist die Betriebswirtschaftslehre sehr allgemein die Lehre vom wirtschaftlichen Handeln im Betrieb.[33] Diese sehr breite Definition umfasst Sachgüter- wie Dienstleistungsbetriebe, Haushalte wie Unternehmen, kommerzielle und gemeinwirtschaftliche Betriebe. Damit offenbart sich aber auch ein Dilemma: Einerseits soll eine Wissenschaft allgemeingültige Aussagen treffen, andererseits ist das Erfahrungsobjekt so heterogen, dass die Allgemeingültigkeit wiederum eingeschränkt werden muss. Die Betriebswirtschaftslehre hilft sich hierbei durch die Entwicklung sogenannter Branchenlehren. Die Allgemeine Betriebswirtschaftslehre untersucht das Allgemeingültige für alle Betriebe, die Branchenlehre die Anwendbarkeit auf und die Besonderheit von Branchen, z. B. dem Krankenhauswesen. Leider ist die Allgemeine Betriebswirtschaftslehre, wie sie uns in Lehrbüchern begegnet, in der Regel nur eine BWL der emissionsfähigen industriellen Großunternehmung, sodass sich die Branchenlehren relativ selbständig entwickelt haben. Die Übertragung einer Erkenntnis aus einer Branche in eine andere darf nie unreflektiert erfolgen. Es wäre völlig falsch, Erkenntnisse aus der Betriebswirtschaft des Haushaltes (z. B. des Staates) auf ein Unternehmen (z. B. ein Krankenhaus) zu übertragen. Ebenso dürfen Modelle der Sachgüterwirtschaft nicht ohne weiteres auf die Dienstleistungsbetriebe transferiert werden.

Es entspricht dem Wesen der Betriebswirtschaftslehre, den Betrieb von seinem Output her zu betrachten. Die Leistung, die er für andere (oder für sich selbst) erzeugt, bestimmt sein Wesen. So offensichtlich dies ist, so häufig ist jedoch gerade im Sozial- und Gesundheitsbereich eine abweichende Auffassung. Viele Krankenhäuser verstehen sich eher von ihrer Tradition, ihrer Trägerschaft oder ihrem Prozess her als von ihren Kunden. Hier ist eine Änderung des Denkens gefragt, der wir in Kapitel 6 nachgehen wollen.

Betrachten wir nun noch einmal genauer, um welchen Betriebstyp es sich beim Krankenhaus handelt. Abb. 7 zeigt eine Übersicht über Betriebstypen. Krankenhäuser sind Produktivbetriebe (= Unternehmen), die sowohl in privater als auch in staatlicher Trägerschaft stehen können. Sie erzeugen Dienstleistungen, wobei dieser Begriff einer ausführlicheren Erläuterung bedarf.

Die Dienstleistungsbetriebswirtschaftslehre ist ein relativ junger und wenig erforschter Zweig der BWL, obwohl ungefähr 2/3 des Sozialprodukts Deutschlands in diesem Segment erzeugt werden.[34] Dementsprechend ist auch die Definition dessen, was eine Dienstleistung ist, nicht vollständig ausgereift. Es gibt enumerative Definitionen, d. h., es wird eine Liste aller Betriebstypen zusammengestellt, die Dienstleistungen erstellen: Handel, Banken, Vermittlung, Pflege etc. Alternativ kann die Dienstleistung auch durch eine Negativdefinition eingegrenzt werden: Dienstleistung ist das Gegenteil von einem Sachgut (und man geht davon aus, dass jeder weiß, was ein Sachgut ist).

---

33 Vgl. Eichhorn 2015.
34 Vgl. Corsten und Gössinger 2015.

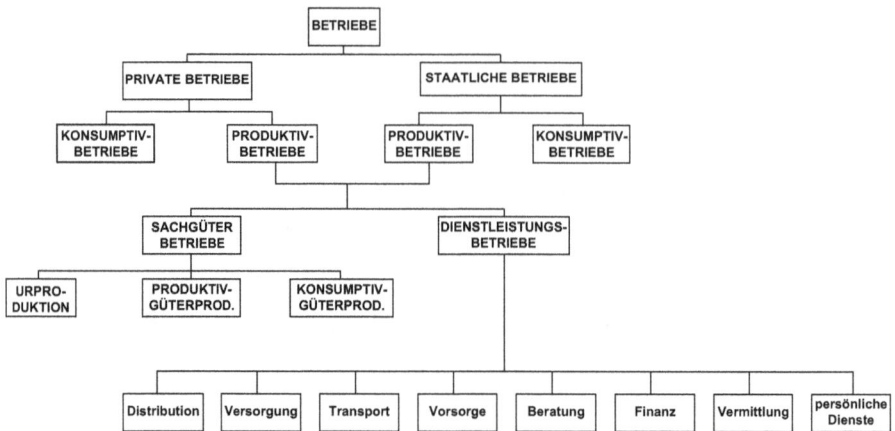

```
                              ┌──────────┐
                              │ BETRIEBE │
                              └──────────┘
              ┌────────────────────┴────────────────────┐
      ┌─────────────────┐                       ┌────────────────────┐
      │ PRIVATE BETRIEBE│                       │ STAATLICHE BETRIEBE│
      └─────────────────┘                       └────────────────────┘
      ┌──────────┴──────────┐              ┌──────────┴──────────┐
┌────────────┐  ┌────────────┐      ┌────────────┐  ┌────────────┐
│ KONSUMPTIV-│  │ PRODUKTIV- │      │ PRODUKTIV- │  │ KONSUMPTIV-│
│  BETRIEBE  │  │  BETRIEBE  │      │  BETRIEBE  │  │  BETRIEBE  │
└────────────┘  └────────────┘      └────────────┘  └────────────┘
```

Abb. 7: Betriebstypologie.[35]

Wir wollen in diesem Lehrbuch einer folgen, d. h. einer Definition aufgrund von Merkmalen, die alle Dienstleistungen gemeinsam haben. Zuerst ist konstitutiv, dass Dienstleistungen Güter sind, d. h. Problemlösungen, die ein Bedürfnis befriedigen können. Im Gegensatz zu Sachgütern sind sie immateriell, nicht lagerbar und nicht transportierbar. Eine wichtige Klasse sind die persönlichen Dienste, die am Menschen selbst erbracht werden, wie z. B. Haareschneiden, Zahnziehen, Maniküre. Sie erfordern die Präsenz des Kunden und seine Teilnahme am Produktionsprozess, weshalb sie auch als kundenpräsenzbedingende Dienstleistungen bezeichnet werden. Gesundheitsdienstleistungen sind grundsätzlich kundenpräsenzbedingende Dienstleistungen, d. h., wenn ich Zahnweh habe, muss ich persönlich den Zahnarzt aufsuchen. Ich kann weder meine Zähne vorbeischicken noch einen Stellvertreter.

Die Dienstleistung kann gemäß obigem Systemmodell anhand ihres Potenzials, ihres Prozesses und ihres Ergebnisses interpretiert werden. Das Potenzial umschreibt die Leistungsfähigkeit, wobei die Erstellung des Potenzials oftmals ein „normaler" Produktionsprozess in Abwesenheit des Kunden ist. Ein Teil der Dienstleistungsbetriebe stellt überwiegend Potenzial für den seltenen Fall des Prozesses zur Verfügung, z. B. die Feuerwehr.

Der Prozess ist die Erstellung des immateriellen Gutes. Aufgrund der fehlenden Lagerfähigkeit fallen Leistungserstellung und -verwertung in Einheit von Ort, Zeit und Handlung zusammen (Uno-Actu-Prinzip). Das Ergebnis ist die Veränderung an Personen oder Objekten, wobei bei Gesundheitsdienstleistungen primär an Veränderungen am Menschen gedacht werden muss. Seltene Ausnahmen (z. B. Überlassung einer Zahnprothese zur Korrektur) sollen hier nicht weiter vertieft werden.

---

35 Quelle: Eigene Darstellung in Anlehnung an Eichhorn 2015.

Seit dem Beginn der industriellen Revolution wuchs der Anteil der Dienstleistungen am Sozialprodukt und an den Erwerbstätigen stetig (vgl. Abb. 8). Vor 150 Jahren war der überwiegende Teil der deutschen Bevölkerung in der Urproduktion (Landwirtschaft, Bergbau, Fischerei) beschäftigt. Ein Viertel der Erwerbstätigen arbeitete im gewerblichen Bereich (Industrie, Handwerk), und nur ein Fünftel verdiente seinen Lebensunterhalt durch Dienstleistungen. Neben dem Handel war auch schon damals der Staatsapparat der wichtigste Arbeitgeber im Dienstleistungssektor. Gesundheitsdienstleistungen wurden überwiegend nicht in Unternehmen, sondern im privaten Haushalt erbracht. Die Großfamilie fing soziale Nöte auf.

Durch die Industrialisierung stieg der Anteil des Gewerbes stark an. Gleichzeitig entwickelte sich jedoch der Bedarf an Dienstleistungen jeglicher Art: Handel, um die vielen neuen Produkte überall absetzen zu können; Verkehr, um Menschen und Produkte transportieren zu können; Nachrichtenübermittlung, um das immer größere Bedürfnis nach Information schnell decken zu können; Kreditinstitute, um den großen Finanzbedarf professionell befriedigen zu können; Versicherungen, um das Bedürfnis nach Sicherheit zu befriedigen, und schließlich auch zahlreiche soziale Dienstleistungen, um das Bedürfnis nach Gesundheit, Anerkennung und Gerechtigkeit zu erfüllen. Seit den 60er-Jahren ist der Anteil des Gewerbes am Sozialprodukt und seit den 70er-Jahren an den Erwerbstätigen rückläufig, während die Dienstleistungen immer bedeutender werden. Man kann zweifelsohne konstatieren, dass die Gesellschaft der Zukunft eine Dienstleistungsgesellschaft sein wird. Dies impliziert,

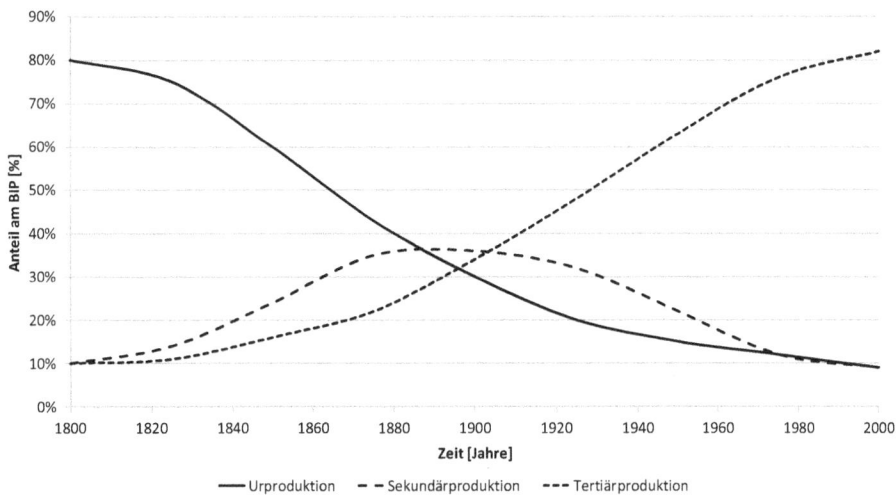

Abb. 8: Der Entwicklungsprozess nach Fourastié.[36]

---

36 Quelle: Eigene Darstellung in Anlehnung an Fourastié 1954.

dass Dienstleistungen derjenige Typ von Güter bzw. Problemlösungen sind, den die Menschen am Beginn des neuen Jahrtausends am meisten benötigen.

Konstitutiv für Gesundheitsdienstleistungen ist weiterhin ihre Eigenschaft als Vertrauensgut. Die Betriebswirtschaftslehre unterscheidet Inspektionsgüter, deren Leistungsdaten vor der Kaufentscheidung messbar sind, Erfahrungsgüter, deren Leistungsdaten erst nach dem Kauf (nach Erfahrung) messbar sind, und Vertrauensgüter, deren Leistungsdaten auch nach dem Kauf nicht vollständig erfassbar sind. Gesundheitsdienstleistungen sind dieser Kategorie zuzurechnen, da die Kaufentscheidung selten anfällt, geringe eigene Erfahrungen vorliegen, vorhandene Erfahrungen aufgrund der geringen Fachkenntnisse nur unzureichend reflektiert werden können und viele Entscheidungen irreversibel sind. Beispielsweise ist die Wahl einer Palliativstation abhängig vom Vertrauen in die Sterbebegleitung – ein Prozess, der weder selbst überprüft noch wiederholt werden kann. Es bleibt auch mit modernem Qualitätsmanagement ein Stück Vertrauen als Entscheidungsgrundlage.

1.2.2 Betriebswirtschaftliches Modell des Krankenhauses

Das Krankenhaus ist folglich ein Betrieb, der Gesundheitsdienstleistungen für persönlich anwesende Patienten erstellt. Der dominante Produktionsfaktor ist die operative menschliche Arbeit. Dies äußert sich einerseits im hohen Anteil der Personalkosten an den Gesamtkosten (60–80 %). Andererseits zeigt sich diese Personaldominanz auch in der kundenpräsenzbedingenden Dienstleistungsproduktion. Der persönlich anwesende Kunde baut ein enges Verhältnis zum Arzt bzw. zur Pflegekraft auf. Das Verhalten des Mitarbeiters beeinflusst den Behandlungserfolg erheblich, und zwar weit über das fachliche Maß hinaus. Seine Ausstrahlung, Wortwahl, Zugewandtheit, Freundlichkeit und sein Geruch entscheiden über das Produktionsergebnis. Gesundheitsdienstleistungen sind damit überwiegend Leistungen von Menschen an Menschen und nur aus dieser Perspektive zu verstehen.

Die Produkte unterscheiden sich erheblich von den Sachgütern. Krankenhausleistungen sind Dienste und Vertrauensgüter mit überwiegend existenzieller Dimension, für die es selten Substitutionsgüter gibt (abgesehen von einer geringen Substitution zwischen kurativer und präventiver Medizin). Ihre Abnehmer sind potenziell alle Menschen, wenn auch die Kontaktwahrscheinlichkeit eines Bürgers pro Jahr mit dem Krankenhaus relativ gering ist bzw. die Kaufhandlung einmalig oder selten ist. Die direkten Kunden des Krankenhauses sind die Patienten; an indirekten Kunden sind die niedergelassenen Ärzte, Krankenkassen, Ministerien etc. zu nennen.

Der Transformationsprozess von Produktionsfaktoren in Produkte kennzeichnet das Krankenhaus als ein Mehrproduktunternehmen (mehrere Diagnosen bzw. Fallgruppen) mit einem mehrstufigen Produktionsprozess (Pflege, Operation, Diagnostik, ...). Es handelt sich mit wenigen Ausnahmen um eine reine Einzelfertigung,

d. h., der Produktionsablauf wird jedes Mal für jeden Patienten neu zusammengestellt. In der Regel durchläuft jeder Patient einen individuellen Diagnose- und Therapieplan, wenn auch gewisse Standards (Klinischer Behandlungspfad) eingehalten werden sollen. Mit wenigen Ausnahmen (z. B. mobiles Röntgengerät auf einer Intensivstation) handelt es sich um eine Werkstattfertigung, bei der der Patient zu den Funktionsstellen gebracht wird.

Eine Besonderheit, die uns in diesem Buch noch ausführlicher beschäftigen wird, ist die Distribution der Leistung. Auf Grund des Uno-Actu-Prinzips ist die Krankenhausleistung stark standortgebunden. Da Kranke und insbesondere Notfälle nur eine gewisse Distanz befördert werden können, ergeben sich relativ klar umgrenzte Einzugsgebiete und unter Umständen regionale Monopole (in Regionen mit geringer Bevölkerungsdichte).

Diese Beschreibung des Krankenhauses durch Rückgriff auf betriebswirtschaftliche Terminologie muss nun in eine Definition führen. Wir wollen dabei rechtliche und betriebswirtschaftliche Definitionen unterscheiden.

1.2.3 Krankenhäuser als Prototyp des Gesundheitsbetriebes

Definition: Krankenhaus
Das Wort Krankenhaus impliziert bereits, dass es sich um eine spezielle Einrichtung zur Pflege von Kranken handelt. Aufschlussreicher ist hingegen die Wortbedeutung des Synonyms Spital, das insbesondere in Süddeutschland und Österreich verwendet wird. Es leitet sich vom lateinischen Hospitium ab, dem Zimmer in der römischen Villa, in dem Gäste begrüßt wurden. Das Spital als Gastzimmer, als Ort, an dem sich Gäste in guter Atmosphäre wohl fühlen sollen – welch ein Anreiz für Krankenhäuser!

Im Mittelalter war das Hospiz zuerst ein Gasthaus, ein Ort der Ruhe für den Pilger und eine Einrichtung zur Erholung von Kranken auf der Pilgerschaft. Später wandelte sich die Bedeutung hin zum Spital als Siechenhaus für Armutsgruppen. Die Reichen gingen nicht ins Spital, denn sie konnten zu Hause gepflegt und von Ärzten behandelt werden. Lediglich für die Armen waren eigene „Bewahranstalten" und „Häuser der Barmherzigkeit" notwendig. Bis zur Mitte des 19. Jahrhunderts waren Krankenhäuser primär keine Heilanstalten für die Gesamtbevölkerung, sondern Aufbewahrungsorte für leidende und sterbende Mittellose.[37]

Obwohl heute Krankenhäuser als moderne Kompetenzzentren für stationäre Medizin anerkannt sind, gibt es durchaus noch abweichende Definitionsmöglichkeiten. Grundlegend ist die Definition des Krankenhausfinanzierungsgesetzes (KHG 1972). Demnach sind Krankenhäuser „Einrichtungen, in denen durch ärztliche und pflege-

---

37 Vgl. Städtler-Mach 1993.

rische Hilfeleistung Krankheiten, Leiden oder Körperschäden festgestellt, geheilt oder gelindert werden sollen oder Geburtshilfe geleistet wird und in denen die zu versorgenden Personen untergebracht und verpflegt werden können" (§ 2 KHG). Diese Definition impliziert, dass Vorsorge- und Rehabilitationseinrichtungen zu den Krankenhäusern zählen. Weiterhin werden Ausbildungsstätten, die mit den Krankenhäusern notwendigerweise verbunden sind, subsumiert.

Abweichend davon unterscheidet § 107 SGB V Krankenhäuser bzw. Vorsorge- und Rehabilitationseinrichtungen. Gemäß § 107 Abs. 1 SGB V sind Krankenhäuser „Einrichtungen, die

1. der Krankenhausbehandlung oder Geburtshilfe dienen,
2. fachlich-medizinisch unter ständiger ärztlicher Leitung stehen, über ausreichende, ihrem Versorgungsauftrag entsprechende diagnostische und therapeutische Möglichkeiten verfügen und nach wissenschaftlich anerkannten Methoden arbeiten,
3. mit Hilfe von jederzeit verfügbarem Pflege-, Funktions- und medizinisch-technischem Personal darauf eingerichtet sind, vorwiegend durch ärztliche und pflegerische Hilfeleistung Krankheiten der Patienten zu erkennen, zu heilen, ihre Verschlimmerung zu verhüten, Krankheitsbeschwerden zu lindern oder Geburtshilfe zu leisten, und in denen
4. die Patienten untergebracht und verpflegt werden können."

Vorsorge- und Rehabilitationseinrichtungen sind folglich keine Krankenhäuser im Sinne des § 107 Abs. 1 SGB V, sondern werden explizit in § 107 Abs. 2 SGB V definiert. Sie sind „Einrichtungen, die

1. der stationären Behandlung der Patienten dienen, um
   (a) eine Schwächung der Gesundheit, die in absehbarer Zeit voraussichtlich zu einer Krankheit führen würde, zu beseitigen oder eine Gefährdung der gesundheitlichen Entwicklung eines Kindes entgegenzuwirken (Vorsorge) oder
   (b) eine Krankheit zu heilen, ihre Verschlimmerung zu verhüten oder Krankheitsbeschwerden zu lindern oder im Anschluss an Krankenhausbehandlung den dabei erzielten Behandlungserfolg zu sichern oder zu festigen, auch mit dem Ziel, einer drohenden Behinderung vorzubeugen, eine Behinderung zu beseitigen, zu bessern oder eine Verschlimmerung zu verhüten oder Pflegebedürftigkeit zu vermeiden oder zu vermindern (Rehabilitation),
2. fachlich-medizinisch unter ständiger ärztlicher Verantwortung und unter Mitwirkung von besonders geschultem Personal darauf eingerichtet sind, den Gesundheitszustand der Patienten nach einem ärztlichen Behandlungsplan vorwiegend durch Anwendung von Heilmitteln einschließlich Krankengymnastik, Bewegungstherapie, Sprachtherapie oder Arbeits- und Beschäftigungstherapie, ferner durch andere geeignete Hilfen, auch durch geistige und seelische Einwirkungen zu verbessern und den Patienten bei der Entwicklung eigener Abwehr- und Heilungskräfte zu helfen."

Da wir hier erstmals das Sozialgesetzbuch (SGB) zitieren, sei ein kurzer Hinweis zum Aufbau dieses grundlegenden Gesetzes erlaubt. Das SGB besteht derzeit aus 12 Büchern, die grundlegende Rechtstatbestände klären und die Säulen der sozialen Sicherheit (Arbeitslosenversicherung, Rentenversicherung, Krankenversicherung, Unfallversicherung, Pflegeversicherung) behandeln.

- Sozialgesetzbuch Erstes Buch – Allgemeiner Teil
- Sozialgesetzbuch Zweites Buch – Grundsicherung für Arbeitsuchende
- Sozialgesetzbuch Drittes Buch – Arbeitsförderung
- Sozialgesetzbuch Viertes Buch – Gemeinsame Vorschriften für die Sozialversicherung
- Sozialgesetzbuch Fünftes Buch – Gesetzliche Krankenversicherung
- Sozialgesetzbuch Sechstes Buch – Gesetzliche Rentenversicherung
- Sozialgesetzbuch Siebtes Buch – Gesetzliche Unfallversicherung
- Sozialgesetzbuch Achtes Buch – Kinder- und Jugendhilfe
- Sozialgesetzbuch Neuntes Buch – Rehabilitation und Teilhabe behinderter Menschen
- Sozialgesetzbuch Zehntes Buch – Sozialverwaltungsverfahren und Sozialdatenschutz
- Sozialgesetzbuch Elftes Buch – Soziale Pflegeversicherung
- Sozialgesetzbuch Zwölftes Buch – Sozialhilfe
- Sozialgesetzbuch Vierzehntes Buch – Soziale Entschädigung

Das SGB entstand Buch für Buch seit 1969. Die Soziale Pflegeversicherung wurde erst zum 01.01.1995 mit Einführung des SGB XI als fünfte Säule der Sozialversicherung in Deutschland eingeführt. Die Träger der Pflegeversicherung sind die Pflegekassen, deren Aufgaben von den Krankenkassen wahrgenommen werden. Seit 1. April 1995 werden Leistungen für die häusliche Pflege übernommen, seit 1. Juli 1996 auch für die stationäre Pflege. Das Sozialgesetzbuch XII trat erst zum 01.01.2005 in Kraft und ordnet die Sozialhilfe. Das frühere Bundessozialhilfegesetz wurde damit in das Sozialgesetzbuch eingeordnet. Das Sozialgesetzbuch XIV wird vollständig erst 2024 in Kraft treten, wobei auf ein SGV XIII verzichtet wurde, da die Zahl 13 von Teilen der Bevölkerung als Unglückszahl angesehen wird.

Für die Krankenhausbetriebslehre ist insbesondere das SGB V relevant, das unter anderem die Finanzierung der Betriebskosten (d. h. ohne Investitionskosten) der Krankenhäuser regelt. Die Ausführungen des SGB V betreffen allerdings nur die gesetzliche Krankenversicherung. Es trat zum 01.01.1989 in Kraft.

Das SGB V gliedert sich in 12 Kapitel. Von großer Bedeutung für die Krankenhausfinanzierung sind insbesondere Kapitel 3 (§§ 11–68) und 4 (§§ 69–149), die die Leistungen der Krankenversicherung bzw. die Beziehungen der Krankenkassen zu den Leistungserbringern regeln. Zu den Leistungen der Krankenversicherung zählen Leistungen zur Verhütung von Krankheiten, Leistungen zur Früherkennung von Krankheiten, Leistungen bei Krankheit (Krankenbehandlung, Krankengeld, Zahnersatz, Fahrkosten). Für Krankenhäuser sind insbesondere die Ausführungen zur Krankenbehandlung relevant. Die Paragraphen 69–149 regeln die Beziehungen zu Ärzten und Zahnärzten, zu Krankenhäusern sowie Vorsorge- und Rehabilitationseinrichtungen, zu den Leistungserbringern von Heil- und Hilfsmitteln sowie zu Apotheken und einigen weiteren Leistungserbringern. Für Krankenhäuser relevant sind insbesondere die Paragraphen 107–113 (Beziehungen zu Krankenhäusern, Vorsorge- und Rehabilitationseinrichtungen) sowie einige Ausführungen zu Schnittpunkten zum ambulanten Bereich (ambulantes Operieren, Integration).

Zweifelsohne ist die Legaldefinition notwendig, um Rechte und Pflichten der Anbieter auf den Gesundheitsmärkten genau zu benennen. Es ist allerdings fraglich, ob diese Herangehensweise für eine Krankenhausbetriebslehre sinnvoll ist. Die Betriebswirtschaftslehre analysiert einen Betriebstyp stets von seinen Leistungen her, aus denen sich dann die Produktionsprozesse, die Produktionsfaktoren, die Finanzierung etc. ableiten. Eine ausschließliche Betrachtung der Definition nach dem Gesetzbuch würde wahrscheinlich Einrichtungen von der Anwendung der Krankenhausbetriebslehre ausschließen, die eindeutig als solche zu verstehen sind und für die diese Branchenlehre von großem Nutzen sein kann. Hier einige Beispiele:

- Der stationäre Vorsorge- und Rehabereich erschließt sich problemlos einer Betrachtung aus Sicht der Krankenhausbetriebslehre.
- Kleinere Betriebsformen, wie z. B. Gesundheitszentren in Entwicklungsländern mit 10–20 Betten, können durchaus Forschungsobjekt der Krankenhausbetriebslehre sein.
- Intensivpflegeheime der stationären Altenpflege weisen eine große Nähe zum Krankenhaus auf, sodass Erkenntnisse der Krankenhausbetriebslehre übertragbar sind.

Auf dieser Grundlage wollen wir das Forschungsobjekt der Krankenhausbetriebslehre sehr breit definieren. Krankenhäuser sind eine Erscheinungsform des Gesundheitsbetriebes. Dieser sei definiert als ein Dienstleistungsbetrieb, der in Einheit von Ort, Zeit und Handlung Gesundheitsdienstleistungen für persönlich anwesende Patienten erzeugt. Das Spezifikum des Krankenhauses ist einerseits die stationäre Leistung, d. h. der Patient verbringt mindestens eine Nacht im Krankenhaus. Hierdurch grenzt sich das Krankenhaus vom ambulanten Gesundheitsbetrieb ab. Anderseits unterscheidet sich das Krankenhaus von der stationären Pflege durch seine (relative) Dominanz der diagnostischen und therapeutischen Dimension.

Noch weitergehend muss man fragen, ob die definitorische Bindung des Begriffs Krankenhaus an die stationäre Versorgung überhaupt noch zeitgemäß ist. Die Hotelfunktion des Krankenhauses kann abgekoppelt und überwiegend in naheliegende Übernachtungsmöglichkeiten verlagert werden, sodass das Krankenhaus als diagnostischer und therapeutischer Leistungsträger auf hohem Niveau erscheint, der im Prinzip nur noch Intensivbetten benötigt. Die ausschließliche Ausrichtung an der Funktionalität, d. h. der diagnostischen und therapeutischen Leistung in Einheit von Ort, Zeit und Handlung, ermöglicht es, Krankenhäuser unabhängig von der Bettenzahl zu verstehen, sodass beispielsweise ein Bettenabbau bei gleichzeitigem Ausbau der ambulanten Kapazität zwar eine Wesensänderung, aber keine niedrigere Leistungsstufe implizieren muss.

Krankenhäuser sind deshalb Dienstleistungsbetriebe, die in Einheit von Ort, Zeit und Handlung Krankheiten auf hohem fachlichem Niveau erkennen, vorbeugen und heilen. Sie haben grundsätzlich eine diagnostische und therapeutische Funktion und in der Regel auch eine Hotelfunktion, die jedoch zunehmend an Bedeutung verliert.

Typologie
Krankenhäuser können nach verschiedenen Kriterien typisiert werden.[38] Die wichtigen Unterscheidungen beziehen sich auf die ärztlich-pflegerische Zielsetzung, die ärztliche Besetzung, die Verweildauer, die Größe, die Versorgungsstufe, die Trägerschaft sowie die Behandlungs- und Pflegeintensität.

Nach der ärztlich-pflegerischen Zielsetzung unterscheidet man Allgemeine Krankenhäuser und Fachkrankenhäuser. Erstere werden in der Regel als Einrichtungen definiert, die die Voraussetzungen von § 2 Nr. 1 KHG und § 107 Abs. 1 SGB V erfüllen (Krankenhäuser), ohne dass eine bestimmte Fachrichtung im Vordergrund steht. Fachkrankenhäuser hingegen sind nach Art der Erkrankung abgegrenzte Einrichtungen, in denen überwiegend in einer Fachdisziplin bestimmte Krankheiten, Leiden oder Körperschäden festgestellt, geheilt oder gelindert werden oder in denen Geburtshilfe geleistet wird. Die Spezialisierung erfolgt entweder nach Krankheiten (z. B. orthopädische Kliniken) oder nach der Behandlungsart (z. B. homöopathische Krankenhäuser).

Nach der ärztlichen Besetzung unterscheidet man Anstaltskrankenhäuser und Belegkrankenhäuser, bei denen der behandelnde Arzt als selbständiger Freiberufler nicht Mitarbeiter des Krankenhauses ist. Der Begriff Anstalt wird in den letzten Jahren zunehmend vermieden, ohne dass hierfür eine treffendere Bezeichnung gefunden wurde.

Belegkrankenhäuser gibt es schon sehr lange. In Deutschland sind sie im 20. Jahrhundert stark zurückgegangen, während in anderen Ländern (z. B. USA) das Belegkrankenhaus noch immer den Prototyp des Krankenhauses darstellt. Der Patient wird von „seinem" Arzt behandelt, der ihn auch ambulant betreut. Neuere Entwicklungen könnten das Belegsystem auch in Deutschland wieder stärken, z. B. die Vermietung von OP-Kapazitäten an niedergelassene Ärzte für ambulante Operationen.[39]

---

38 Vgl. hierzu Eichhorn 1975.
39 Vgl. DKG 2021.

In diesem Zusammenhang ist ein Blick über den Zaun hilfreich. In den USA werden vier Perioden der Krankenhausentwicklung unterschieden.[40] In der „trustee-period" dominierten die Eigentümer eines Krankenhauses, z. B. das Rote Kreuz, eine Kirche oder ein Staat. Der Idealtyp war das Nonnenkrankenhaus, in dem eine Schwester (im doppelten Sinne) die Leitung hatte, natürlich streng von einem Priester überwacht. Diese Phase ist kennzeichnend für eine Periode, in der das Krankenhaus überwiegend eine Pflegeeinrichtung war und die Ärzte geringes Potenzial zur Verbesserung des Gesundheitszustandes der Patienten hatten. Die Fortschritte der Medizin stärkten die Bedeutung der Ärzte, sodass sich die „physician period" anschloss. Zwar wurden die Krankenhäuser oftmals von einem Triumvirat von Chefarzt, Verwaltungsleiter und Pflegedienstleiter geführt, aber de facto war es der Chefarzt mit seiner fachlichen, personellen und finanziellen Potenz, der das Sagen hatte. Oftmals verdiente er das 10fache seiner Kollegen in der Krankenhausleitung – ohne ihn ging keine Entscheidung durch.

Es zeigte sich allerdings, dass eine wirtschaftliche Führung des Krankenhausbetriebes auf dieser Grundlage nicht möglich war. Der Chefarzt hatte selten ausreichend Kompetenz, um einen komplexen Betrieb zu führen. Deshalb entwickelte sich langsam eine „administration period", in der ein professionelles Management die Krankenhäuser unabhängig von Eigentümern und Ärzten leitet. Der Chief Executive Officer (CEO) kann ein Arzt sein – aber dann hat er ein mindestens zweijähriges Aufbaustudium des Krankenhausmanagements erfolgreich abgeschlossen. Der medizinische Chefarzt ist eben nur noch der medizinische Leiter, die Letztverantwortung und -entscheidung liegt beim CEO. Ob sich hieraus noch einmal eine „team period" entwickelt, in der alle Berufsgruppen gleichberechtigt und gleichermaßen kompetent das Krankenhaus leiten, ist noch nicht geklärt.

In Deutschland hat sich diese Entwicklung erst viel später vollzogen. Noch immer werden die meisten Krankenhäuser entweder von einem Chefarzt ohne betriebswirtschaftliche Potenz oder von einem kaufmännischen Geschäftsführer ohne medizinisches Know-how geführt. Die Pflege wird mehr und mehr aus der Führungsverantwortung gedrängt. Erst seit den 1990er-Jahren entwickeln sich langsam interdisziplinäre Studiengänge, wie z. B. Pflegemanagement oder Health Care Management, in denen Fähigkeiten der Krankenhausbetriebslehre zusätzlich zur Grundausbildung in einem medizinischen oder pflegerischen Beruf gelehrt werden. Es bleibt abzuwarten, ob es gelingt, hier in kürzerer Zeit die Führungsebenen deutscher Krankenhäuser zu professionalisieren. Dies könnte auch zu einer neuen Rolle der Belegärzte führen, da Krankenhaus- und Belegärzte, von ihren Verwaltungspflichten entbunden, gemeinsam ihrer eigentlichen Profession nachgehen könnten.

Eine weitere Unterscheidung erfolgt anhand der durchschnittlichen Verweildauer. Sie berechnet sich als Quotient der Bett-Tage und der Patientenzahl. Hierzu nimmt

---

40 Vgl. Schulz und Johnson 1983.

man heute den sogenannten Mitternachtsstatus, d. h. die Zahl der Patienten, die um 24.00 Uhr im Krankenhaus liegen. Früher nahm man den Tagesstatus, sodass die Verweildauer eines Patienten mit n Nächten n + 1 Tage betrug. Wurde beispielsweise ein Patient am Montag aufgenommen und am Donnerstag entlassen, so war er drei Nächte, aber vier Tage im Krankenhaus. Heute entspricht dies drei Bett-Tagen. Die Fallpauschalenvereinbarung (FPV 2021) definiert hier pragmatisch: „Belegungstage sind der Aufnahmetag sowie jeder weitere Tag des Krankenhausaufenthalts ohne den Verlegungs- oder Entlassungstag aus dem Krankenhaus" (FPV § 1 Abs. 7).

Nach der Verweildauer können Krankenhäuser der allgemeinen Krankenversorgung, d. h. Krankenhäuser mit überwiegend kurzer Verweildauer, und Sonderkrankenhäuser unterschieden werden, bei denen eine überwiegend lange Verweildauer zu verzeichnen ist. Lungenheilanstalten sind Sonderkrankenhäuser. Das „normale" Akutkrankenhaus gehört zu den Krankenhäusern der allgemeinen Krankenversorgung.

Eine nicht unumstrittene Klassifizierung erfolgt anhand der Größe.[41] Hiernach unterscheiden wir Kleinstkrankenhäuser (≤50 Betten), Kleinkrankenhäuser (51–200 Betten), mittlere Krankenhäuser (201–400 Betten), größere Krankenhäuser (401–650 Betten) und Großkrankenhäuser (>650 Betten). Umstritten sind nicht nur die Klassengrenzen, sondern vor allem auch die Aussagekraft. So erscheint ein Krankenhaus mit 200 Betten, das nur eine Fachdisziplin (z. B. Orthopädie) hat, als relativ groß, während ein Krankenhaus mit derselben Bettenzahl als klein einzustufen ist, wenn seine Betten auf 5 Abteilungen aufgeteilt sind. Trotzdem erfolgt die Einteilung der Krankenhäuser oft anhand dieses Merkmals.

In Deutschland gibt es noch etwas mehr als 100 Kleinstkrankenhäuser und 700 Kleinkrankenhäuser, d. h., über 40 % der deutschen Krankenhäuser sind diesen Größenklassen zuzuordnen. Für die Versorgung der Bevölkerung auf dem Land, etwa in Flächenländern wie Bayern, sind diese von großer Bedeutung. Würde man sie einfach schließen, müsste die Bevölkerung erhebliche zusätzliche Wege auf sich nehmen. Die Versorgung mit Akutdiensten (Notfallambulanz, Geburtshilfe) wäre in zumutbarer Zeit nicht mehr möglich – wobei allerdings die Frage, was noch zumutbar ist, erstens von der Infrastruktur (z. B. Verfügbarkeit von Privatkraftfahrzeugen, Straßennetz) und zweitens vom gesellschaftlichen Konsens abhängt.

Eine weitere Unterscheidungsmöglichkeit ist die Versorgungsstufe. Hier gibt es in den Bundesländern voneinander abweichende Definitionen. Eine gängige Unterscheidung ist die Gliederung in Ergänzungsversorgung, Grundversorgung, Regelversorgung, Zentralversorgung und Maximalversorgung.

Die Ergänzungsversorgung garantiert eine ortsnahe, einfache Versorgung in Chirurgie und innerer Medizin. Aus dem Versorgungsauftrag ergibt sich eine Größe von in der Regel unter 200 Betten. Die Bettenzahl ist allerdings nur eine Konsequenz der Versorgungsstufe, nicht das Einstufungskriterium. Theoretisch wäre in

---

41 Vgl. Fleßa 2005.

einem städtischen Bereich auch ein Krankenhaus mittlerer Größe auf der Stufe der Ergänzung möglich.

Die Grundversorgung gewährleistet eine ortsnahe allgemeine Versorgung in den Grunddisziplinen Chirurgie, Innere Medizin sowie Gynäkologie/Geburtshilfe. Eventuell wird dieses Spektrum um eine Intensivmedizin sowie um Belegabteilungen (z. B. HNO, Augenheilkunde) erweitert. Aus dem Versorgungsauftrag ergibt sich in der Regel eine Größe zwischen 200 und 350 Betten.

Die Krankenhäuser der Regelversorgung sind für die allgemeine Versorgung in allen Disziplinen verantwortlich. Der Begriff „Regel" weist darauf hin, dass der durchschnittliche Bürger in der Regel keine höheren Krankenhausdienste benötigt. Normalerweise sollten auf dieser Stufe alle Krankheiten behandelt werden können, an denen die Bevölkerungsmehrheit im Laufe ihres Lebens leidet. Subdisziplinen existieren allerdings nicht, Spezialfälle werden überwiesen.

Krankenhäuser der Zentralversorgung umfassen alle Leistungen der Regelversorgung, ergänzt um Spezialversorgung in einigen Disziplinen. So kann beispielsweise die Abteilung für Innere Medizin aufgespalten sein in Schwerpunktabteilungen für Geriatrie, Kardiologie, Nephrologie, Hämatologie, Onkologie, Endokrinologie, Gastroenterologie, Pneumologie, Koloproktologie, Diabetes, Naturheilkunde und Infektionskrankheiten, wobei die Subspezialisierung nie in allen Bereichen vollständig ist. Krankenhäuser dieser Stufe haben gewöhnlich mindestens 750 Betten.

Die Maximalversorger hingegen halten über die komplette Breite der medizinischen Fächer Subspezialisierungen vor, die eine hohe Integration ermöglichen. Beispielsweise benötigt eine Herztransplantation Subspezialisierungen der Chirurgie (Herzchirurgie), der Inneren Medizin (Kardiologie), des Labors, der Reha und der Medizintechnik, die ein Krankenhaus der Zentralversorgung so nicht vorhalten kann. Maximalversorger haben in der Regel über 1000 Betten.

Die Zuordnung von Bettenzahlen zu Versorgungsstufen muss mit Vorsicht erfolgen. Erstens erfolgt die Einteilung in die Versorgungsstufen nicht anhand der Bettenzahl, sondern der Leistungsbreite bzw. -tiefe. Und zweitens hängt die Bettenzahl stark von der Bevölkerungsdichte im Einzugsbereich ab. Ein Ballungsgebiet wie das Ruhrgebiet hat auf jeder Stufe größere Krankenhäuser als ein Flächenland wie z. B. Mecklenburg-Vorpommern, wo selbst die Maximalversorger kleiner sind als manches Krankenhaus der Regelversorgung im Ruhrgebiet. Trotzdem kann innerhalb einer Region die Bettenzahl durchaus ein Indikator für die Versorgungsstufe sein.

Eine weitere Unterteilung nach Versorgungsstufen ist die Kategorisierung nach Orts- und Stadtkrankenhaus, Kreiskrankenhaus, Bezirkskrankenhaus und Fachkrankenhaus. Die jeweiligen Beschreibungen charakterisieren die Einzugsgebiete. Je größer das Einzugsgebiet, desto umfassender auch die Leistungsstufe.

Das Bundesland Bayern hat wiederum eine andere Gliederung gewählt und in seinem Landeskrankenhausplan dokumentiert. Es unterscheidet vier Versorgungsstufen, ergänzt um die Hochschulkliniken. Krankenhäuser der ersten Versorgungsstufe leisten einen Beitrag zur Grundversorgung der Bevölkerung, vor allem in den

Fachrichtungen Chirurgie und/oder Innere Medizin. Krankenhäuser der zweiten Versorgungsstufe stellen die Grundversorgung sicher, d. h., sie müssen die Fachrichtungen Chirurgie und Innere Medizin umfassen. Gynäkologie, Geburtshilfe, HNO, Augenheilkunde, Urologie und Orthopädie können ergänzend hinzutreten, aber es gibt keine Subspezialisierung. Krankenhäuser der dritten Versorgungsstufe haben überörtliche Schwerpunktaufgaben, d. h., sie umfassen alle Fachrichtungen der Krankenhäuser der zweiten Stufe sowie Pädiatrie, Neurologie, Mund-Kiefer-Gesichtschirurgie und Psychiatrie. Krankenhäuser der vierten Versorgungsstufe sind hoch spezialisierte Krankenhäuser mit vollem Leistungsumfang. Die Hochschulkliniken nehmen Aufgaben der vierten Versorgungsstufe wahr, sind jedoch nicht nach dem KHG zu finanzieren.

Auf den ersten Blick erscheint die Bayerische Definition identisch mit den oben beschriebenen Versorgungsstufen. In der Praxis jedoch kann man nicht davon ausgehen, dass ein Krankenhaus, das in Bayern der Versorgungsstufe 2 zugeordnet ist, in anderen Bundesländern automatisch der Grundversorgung zugerechnet werden würde. Gerade für statistische Auswertungen ist diese Uneinheitlichkeit ausgesprochen schwierig.

Krankenhäuser können in öffentlicher, freigemeinnütziger oder privater Trägerschaft sein. Krankenhäuser in öffentlicher Trägerschaft sind Einrichtungen, die von Gebietskörperschaften (Bund, Land, Bezirk, Kreis, Gemeinde) oder von Zusammenschlüssen solcher Körperschaften (Arbeitsgemeinschaften, Zweckverbänden) oder von Sozialversicherungsträgern (Landesversicherungsanstalten, Berufsgenossenschaften) betrieben oder unterhalten werden. Krankenhäuser in freigemeinnütziger Trägerschaft sind Einrichtungen von Trägern der freien Wohlfahrtspflege, Kirchengemeinden, Stiftungen oder Vereine. Als private Krankenhäuser bezeichnet man Einrichtungen, die als gewerbliches Unternehmen einer Konzession nach § 30 Gewerbeordnung bedürfen. Früher dominierten die reinen Formen, heute gibt es zahlreiche Mischungen von Trägern. Statistisch wird bei Einrichtungen mit unterschiedlichen Trägern der Träger angegeben, der überwiegend beteiligt ist oder überwiegend die Geldlasten trägt.

Schließlich können nach der Behandlungs- und Pflegeintensität Akutkrankenhäuser, Langzeitkrankenhäuser und Krankenhäuser für Chronisch-Kranke unterschieden werden. Bei Langzeitkrankenhäusern dominiert die intensive ärztliche Behandlung über längere Zeit, während bei Krankenhäusern für Chronisch-Kranke das ärztliche Element gegenüber der intensiven, langfristigen Pflege in den Hintergrund tritt. Hier ist ein gleitender Übergang zum Intensivpflegeheim vorhanden.

Soweit in diesem Lehrbuch nichts Anderes erwähnt wird, gehen wir stets von einem Allgemeinkrankenhaus aus, d. h. von einem Akutkrankenhaus, das sich in der Grund-, Regel- oder Zentralversorgung an die breite Bevölkerung wendet, kein Belegkrankenhaus ist, eine mittlere Größe und eine relativ kurze durchschnittliche Verweildauer hat. Wir werden aber auch immer wieder explizit auf Fachkrankenhäuser, Belegkrankenhäuser, Einrichtungen für Langzeitkranke, Maximalversorger und Kleinstkrankenhäuser eingehen. Eine Unterscheidung nach dem Träger wird selten vorgenommen, weil es dem Wesen der Betriebswirtschaft entspricht, einen Anbieter nicht nach seiner Intention oder seinen Eigentümern zu betrachten, sondern aus Sicht der Kunden und Leistungen.

1.3 Zusammenfassung

Am Ende jedes Kapitels sollen die Ergebnisse kurz zusammengefasst werden. Weiterhin wird die Bedeutung dieses Kapitels im Gedankenfluss des Buches wiederholt. Das erste Kapitel dient hierbei der Einführung in die Krankenhausbetriebswirtschaftslehre. Grundlegend für unsere Herangehensweise ist das Verständnis des Krankenhauses als offenes System. Hieraus ergibt sich die weitere Gliederung: Das Krankenhaus ist eingebunden in sein Umsystem (Kapitel 2), wird stark von der Finanzierung dominiert (Kapitel 3) und transformiert Produktionsfaktoren (Kapitel 4) im Produktionsprozess (Kapitel 5) zu Leistungen, die als Outputs vermarktet werden müssen (Kapitel 6). Hierzu bedarf es der Unternehmenssteuerung von Menschen (Kapitel 10), Material (Kapitel 9) und Informationen (Kapitel 10). Ein zentrales Koordinationsinstrument hierfür ist das Controlling (Kapitel 8). Bedeutend ist auch die Veränderung der Umsysteme, der Zielsysteme und der innerbetrieblichen Prozesse, was im letzten Kapitel adressiert wird.

Das offene System Krankenhaus ist hierbei äußerst komplex und von hoher Dynamik und Unsicherheit geprägt. Eine Konzentration auf eine Funktionallehre (z. B. Absatz), eine Berufsgruppe (z. B. Ärzte) oder den Status-Quo ist damit zum Scheitern verurteilt. Ein nachhaltiges Krankenhausmanagement muss folglich immer systemisch sein, d. h., alle Elemente innerhalb und außerhalb des Krankenhauses, alle Interdependenzen zwischen diesen Elementen und alle Veränderungen im Zeitablauf berücksichtigen.

Das Erkenntnisobjekt der Krankenhausbetriebslehre ist hierbei die Effizienz im Krankenhausbetrieb. Das Krankenhaus insgesamt sowie alle Teilsysteme werden daraufhin analysiert, ob sie ihre Inputfaktoren bestmöglich in Outputfaktoren transformieren bzw. unter welchen Bedingungen dies möglich ist. Das Krankenhaus selbst wird unabhängig von seiner juristischen Definition als ein Dienstleistungsbetrieb verstanden, der Patienten unter einer gewissen Dominanz des ärztlichen Bereichs mit qualitativ hochwertigen Gesundheitsdienstleistungen versorgt, die in vertragsärztlichen Bereich in Einheit von Ort, Zeit und Handlung sowie mit den notwendigen Verbundvorteilen nicht effizient erstellt werden können. Die stationäre Versorgung ist häufig handlungsleitend, jedoch nicht unbedingt zukunftsrelevant.

2 Umsystemanalyse

2.1 Rahmenmodell

Der Krankenhausbetrieb ist ein Anbieter von Gesundheitsdienstleistungen wie zahlreiche andere, und Gesundheitsdienstleistungen sind eine mögliche Kaufoption von vielen anderen auf den Märkten (wenn auch mit hoher Priorität). Die Nachfrage nach Krankenhausleistungen, die Versorgung mit Inputfaktoren sowie die gesellschaftliche Akzeptanz des Krankenhauses hängen deshalb von zahlreichen Faktoren ab, die grundlegend in Form eines Rahmenmodells dargestellt werden können. Dieses Modell soll im Folgenden entfaltet werden. Daraus ergibt sich die Gliederung dieses Kapitels.

Krankenhäuser produzieren Gesundheitsdienstleistungen, die sie auf Märkten anbieten.[1] Die Leistung des Krankenhauses ist nicht die Gesundheit selbst, sondern in der Regel eine Dienstleistung (= Gesundheitsgut), die sich positiv auf den Gesundheitszustand auswirkt. Diesem Angebot steht die Nachfrage nach dieser Dienstleistung gegenüber, die sich meist auf einen objektiv feststellbaren Mangel an Gesundheit zurückführen lässt. Der naturwissenschaftlich feststellbare Mangel ruft allerdings nicht automatisch ein Bedürfnis nach Gesundheitsleistungen hervor. Der Mangel muss vom Kranken wahrgenommen werden, damit ein Antrieb zur Bedürfnisbefriedigung entsteht. Krankheiten mit hoher Prävalenz werden in vielen Kulturen als normal angesehen, sodass dieser objektive Mangel, wie ihn beispielsweise ein Arzt feststellen könnte, kein Bedürfnis nach Heilung nach sich zieht. Der entscheidende Faktor, ob ein objektiver Mangel, d. h. die Abweichung von objektivierbaren Normen physiologischer Regulation bzw. organischer Funktionen, subjektiv wahrgenommen wird, ist hierbei die Gesundheitserziehung. Andererseits können auch Bedürfnisse bestehen, die auf keinen naturwissenschaftlich feststellbaren Mangel an Gesundheit zurückzuführen sind. In beiden Fällen hat der Arzt eine wichtige Funktion, da er durch seine Untersuchung bzw. Beratung dafür sorgen kann, dass ein objektiver Mangel auch subjektiv empfunden wird, andererseits ein nicht auf einem objektiven Mangel beruhendes, subjektives Bedürfnis abgebaut wird.

Aus Bedürfnissen resultiert ein Bedarf, wenn das Bedürfnis mit konkreten Gütern konfrontiert wird, die der Beseitigung des Mangels dienen können. Dies bedeutet, dass Bedürfnisse im Grunde über alle Zeiten und Kulturen hinweg ähnlich sind, jedoch ganz andere Bedarfe hervorrufen. So haben beispielsweise Erstgebärende im ländlichen Afrika des 19. Jahrhunderts und in Deutschland zu Beginn des 21. Jahrhunderts das gleiche Bedürfnis nach Geburtshilfe. Das konkrete Gut jedoch, auf das die Hoffnung der Bedürfnisbefriedigung gesetzt wird, unterscheidet sich erheblich.

---

1 Vgl. zum ökonomischen Rahmenmodell Lauterbach, Stock und Brunner 2021; Breyer, Zweifel und Kifmann 2012; Sloan und Hsieh 2017; Fleßa und Greiner 2020.

https://doi.org/10.1515/9783110753103-002

Die Afrikanerin meldete den Bedarf für eine traditionelle Hebamme an, die Deutsche wird wohl mit dem Thema Geburt automatisch den Kreißsaal in einer modernen Klinik verbinden.

Der Bedarf an Gesundheitsleistungen wird nur dann zur Nachfrage auf dem Gesundheitsmarkt, wenn genug Kaufkraft vorhanden ist, wenn die Dringlichkeit des Bedarfs im Vergleich zu anderen Bedarfen hoch ist, wenn die Qualität des Angebotsadäquat und die Bedarfsdeckung in zumutbarer Entfernung möglich ist. Es wird allgemein anerkannt, dass der Nutzen, den insbesondere die Behandlung lebensbedrohender Krankheiten bringt, sehr hoch ist und dass deshalb die Nachfrage nach Gesundheitsleistungen hohe Priorität hat. In der konkreten Lebensgefahr zählt nur noch die Behandlung, d. h., alternative Verwendungsmöglichkeiten des Budgets sind irrelevant. Voraussetzung ist hierbei jedoch, dass überhaupt ein ausreichendes Budget des privaten Haushalts für Gesundheitsleistungen besteht bzw. durch Zahlungen der Sozialversicherung unterstützt wird. Die private und gesetzliche Krankenversicherung stellt deshalb ein wichtiges ökonomisches Umsystem dar.

Abb. 9 zeigt noch einmal zusammenfassend das gesundheitsökonomische Rahmenmodell. Ein objektiver Mangel an Gesundheit wird unter Umständen zu einem subjektiven Mangelerlebnis (Bedürfnis), das zum Bedarf wird, wenn es mit konkreten Gütern zur Bedürfnisbefriedigung konfrontiert wird. Der Bedarf wird zur Nachfrage am Markt, wenn die Kaufkraft ausreichend ist, die Qualität des Angebotes stimmt, das Angebot erreichbar ist und der Nutzen für das Individuum hoch genug ist. Auf den Märkten treffen sich Angebot und Nachfrage.

Das Rahmenmodell impliziert die Existenz verschiedener Systeme, die unmittelbaren Einfluss auf das Krankenhaus haben, ohne jedoch zu ihm zu gehören (Umsysteme). Das demografische und epidemiologische Umsystem determinieren grundlegend die Nachfrage nach Krankenhausdiensten. So hängt beispielsweise die Nachfrage nach Geburtshilfe von der Fertilität ab, die Nachfrage nach Dienstleistungen für HIV-Patienten von der Prävalenz dieser Krankheit. Weiterhin ist das ökonomische Umsystem zu beachten. Die Wirtschaftsordnung, das Sozialsystem und die Konjunktur haben Einfluss auf den Krankenhausbetrieb. Die Dichte und Organisation alternativer Gesundheitsdienstleister (z. B. ambulanter Sektor) sind ebenfalls ein wichtiges Umsystem für die Krankenhäuser. Für das einzelne Haus schließlich ist die gesamte Krankenhausbranche mit konkurrierenden und kooperierenden Krankenhäusern ein Umsystem, das es zu beachten gilt.

Die hier zu diskutierenden Umsysteme sind selbst wiederum durch interdependente Relationen aus gesellschaftlichen Werten und Transaktionen miteinander verbunden, sodass sie sich gegenseitig beeinflussen.

KULTUR – RELIGION – ETHIK

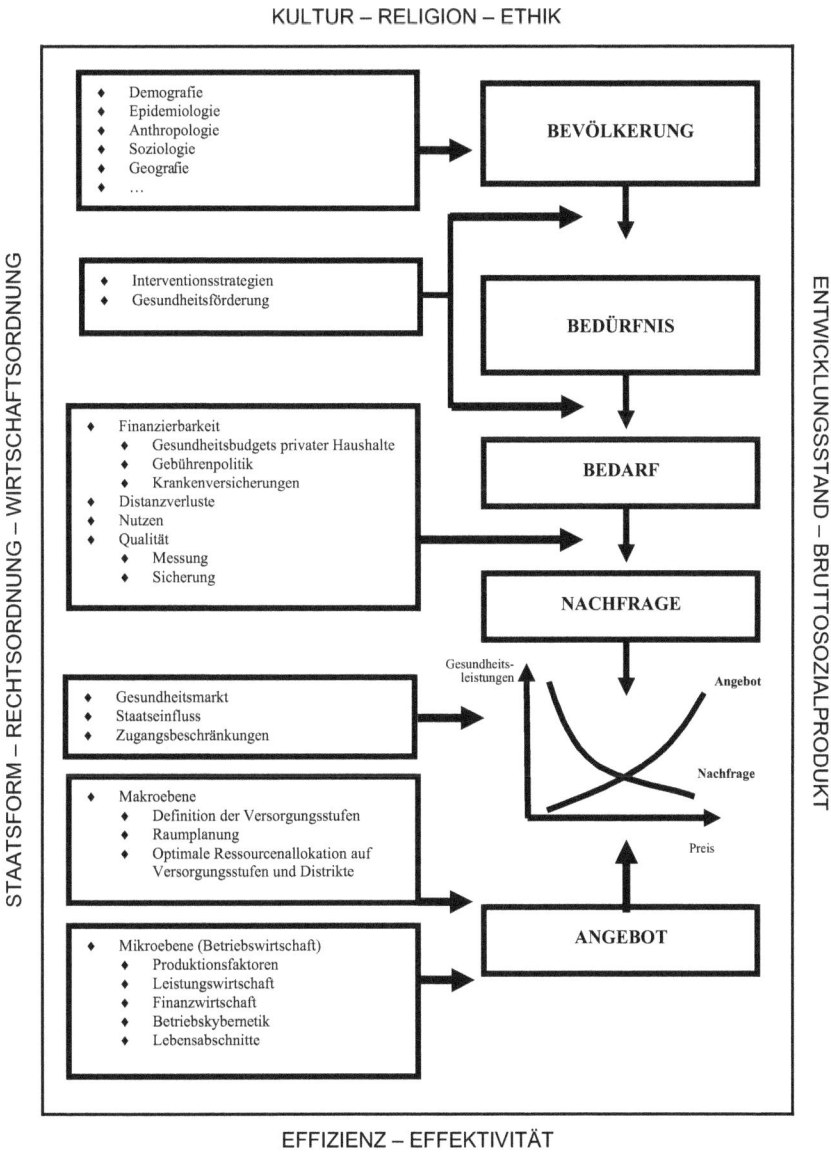

Abb. 9: Das gesundheitsökonomische Rahmenmodell im Überblick.[2]

---

2 Quelle: Fleßa und Greiner 2020.

2.2 Epidemiologische und demografische Grundlagen

Die Demografie ist die Lehre von der Struktur und der Entwicklung der Bevölkerung, die Epidemiologie ist die Lehre von der Entstehung sowie räumlichen und zeitlichen Ausbreitung von Krankheiten.[3] Demografie und Epidemiologie sind deshalb zentral für das Verständnis der Nachfrage nach Krankenhausdienstleistungen.[4] Die demografischen und epidemiologischen Umsysteme stellen zentrale Rahmenbedingungen der Gegenwart und der zukünftigen Entwicklung eines Krankenhauses dar. Bevor wir Veränderungen in Form der Transitionsmodelle diskutieren können, müssen einige grundlegende Größen definiert werden.

2.2.1 Grundlegende Größen

Die primären Einflussgrößen der demografischen Entwicklung sind die Anzahl der Geburten und Sterbefälle. Als Bruttogeburtenrate[5] bezeichnet man den Quotienten aus Lebendgeburten eines Jahres und der Mittjahresbevölkerung desselben Jahres. Als Mittjahresbevölkerung gilt die Bevölkerungszahl zum 30. Juni. Sie ist eine Annäherung der durchschnittlichen Bevölkerungszahl des Jahres. Im Falle einer wachsenden Population unterschätzt die Mittjahresbevölkerung die Durchschnittsbevölkerung, im Falle einer sinkenden Population überschätzt sie sie. Die Bruttogeburtenrate beträgt derzeit in Deutschland knapp 1 %, während sie in manchen Entwicklungsländern bei bis zu 5 % liegt.

Die Bruttogeburtenrate bezieht sich auf die ganze Bevölkerung, d. h. nicht nur auf Frauen im gebärfähigen Alter, sondern auch auf Männer, Kinder und ältere Menschen. Setzt man die Zahl der Lebendgeburten ins Verhältnis zur Zahl der Frauen im gebärfähigen Alter, erhält man die Fertilitätsrate. Wiederum wird die Mittjahrespopulation der Frauen genommen, wobei man normalerweise davon ausgeht, dass Frauen zwischen dem 15. und 45. Lebensjahr gebärfähig sind. Es können auch altersspezifische Fertilitätsraten (z. B. für Frauen im 20. Lebensjahr) ermittelt werden.

Ein weiterer Fruchtbarkeitsparameter ist die humane Nettoreproduktionsrate. Sie gibt die Zahl der Mädchen an, die ein gerade neugeborenes Mädchen im Laufe ihres Lebens gebären wird, wenn sie sich nach dem statistischen Durchschnitt verhält. Abb. 10 bildet als Beispiel die altersspezifische Fertilität in Ost- und Westdeutschland im Jahr 1985 ab. Es zeigt sich sowohl eine starke Differenz zwischen Ost- und Westdeutschland als auch eine erhebliche Altersabhängigkeit der Fertili-

---

3 Vgl. Jansen, Priddat und Stehr 2005; Bonita, Beaglehole, Kjellström, et al. 20013.
4 Vgl. für die breitere Einbindung Schwartz, Walter, Siegrist, et al. 2012.
5 Für diese und alle weiteren Statistiken vgl. http://apps.who.int/gho/indicatorregistry/App_Main/browse_indicators.aspx.

tät. Interessant ist, dass die Nettoreproduktionsraten in beiden früheren deutschen Staaten durchaus nicht stark signifikant unterschiedlich waren. In der DDR kam es vielmehr aufgrund staatlicher Anreize zu einem „Timing-Effekt": Auf die endgültige Kinderzahl einer Frau am Ende ihrer Gebärphase hat die Wahl des Zeitpunkts der Fertilität nur einen geringen Einfluss.

Wie Abb. 11 zeigt, ist die Geburtenhäufigkeit (durchschnittliche Zahl der Kinder je Frau im gebärfähigen Alter) in den neuen Bundesländern nach der Wiederverei-nigung rapide gesunken.[6] Das Minimum lag im Jahr 1995 bei 0,84 und war damit ohne Vergleich. Im gleichen Jahr betrug die Geburtenhäufigkeit in Westdeutschland 1,34. Zweifelsohne zeigten die Unsicherheiten während der 1990er Jahre in den öst-lichen Bundesländern, der Wegzug junger Menschen sowie die allgemeine wirt-schaftliche Lage hier Wirkung. Allerdings liegt auch ein Timing-Effekt vor. Das Ergebnis der Förderung in den 80er-Jahren war ein Babyboom (Honecker-Buckel), der sein Maximum 1980 erreichte und anschließend – auch schon vor der Wiederver-einigung – stark abnahm. Im Jahr 2010 lag die gesamtdeutsche Geburtenhäufigkeit bei 1,41 (wobei die Geburtenhäufigkeit in den neuen Bundesländern erstmals wieder über der Statistik der alten Bundesländer lag) und stieg bis 2014 auf 1,47; sie müsste jedoch etwa bei 2,1 liegen, um eine stabile Bevölkerung zu gewährleisten.

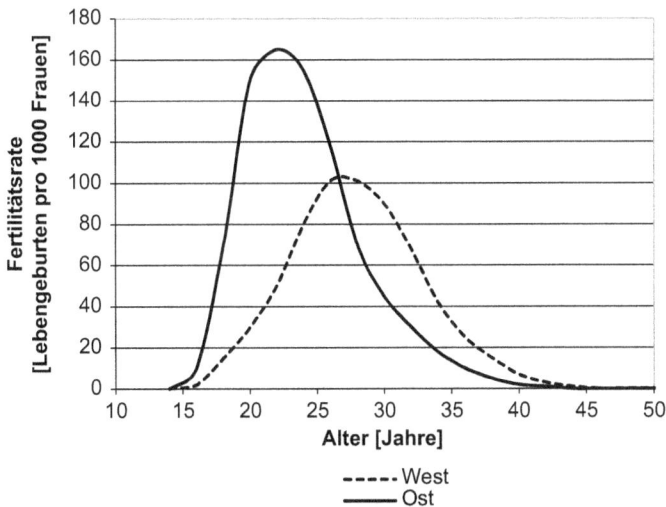

Abb. 10: Fertilitätsraten in Ost- und Westdeutschland 1985.[7]

Der Fruchtbarkeit steht die Sterblichkeit gegenüber. Als Bruttosterberate bezeichnet man die Zahl der Todesfälle eines Jahres im Verhältnis zur Mittjahrespopulation.

6 Vgl. Statistisches Bundesamt 2012.
7 Quelle: Schulze 2009, S. 21–34.

Sie beträgt in Entwicklungsländern bis zu 4 %, während sie in Deutschland bei unter 1 % liegt. Häufig wird die Sterblichkeit auf eine bestimmte Bevölkerungsgruppe bezogen. So stellt die Kindersterblichkeit die Wahrscheinlichkeit dar, die ersten fünf Lebensjahre nicht zu überleben, d. h., die Zahl der Kinder, die vor dem fünften Geburtstag sterben, wird ins Verhältnis zur Zahl der Lebendgeburten gesetzt. Die Säuglingssterblichkeit ist dementsprechend die Wahrscheinlichkeit, das erste Lebensjahr nicht zu überleben. Als Müttersterblichkeit bezeichnet man die Zahl der (schwangerschaftsbedingten) Todesfälle von Müttern im Verhältnis zur Zahl der Lebendgeburten.

Als Mortalität bezeichnet man eine Sterblichkeitskennziffer, die sich auf eine allgemeine Population bezieht (z. B. auf die Gesamtbevölkerung). Analysiert man das Verhältnis der Gestorbenen zu den Erkrankten, spricht man von Fatalität. Die altersspezifische Mortalität der Bevölkerung kann sogenannten Sterbetafeln entnommen werden, die insbesondere in der Versicherungsmathematik eine große Rolle spielen.

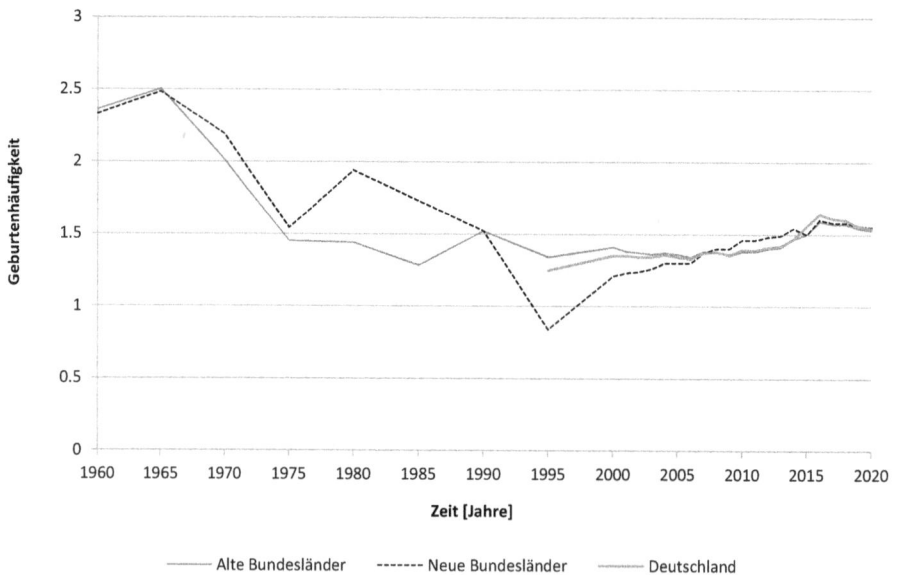

Abb. 11: Entwicklung der zusammengefassten Geburtenziffer nach Kalenderjahren.[8]

Die Lebenserwartung ist das Ergebnis der Sterblichkeit. Sie gibt in der Regel den Erwartungswert des Sterbealters eines Neugeborenen wieder. Es ist allerdings auch möglich, Restlebenserwartungen für höhere Altersstufen zu definieren. Sie entsprechen der Differenz aus dem erwarteten Sterbealter und dem derzeitigen Lebensjahr eines Men-

---

8 Quelle: Destatis 2021.

schen. Je älter ein Mensch bereits ist, desto größer ist die Wahrscheinlichkeit, dass er eine höhere Altersstufe erreicht. Die Lebenserwartung von Männern beträgt 78,6 Jahre, die von Frauen 83,4 Jahre (Sterbetafel 2017/2019).[9]

Fruchtbarkeit, Sterblichkeit und Migration (Zu- und Abwanderung) determinieren die Bevölkerungsentwicklung. Zuerst ergibt sich der bekannte Altersaufbau (Bevölkerungspyramide). Wichtige statistische Größen sind die Jugendquote (Anteil der Bevölkerung unter 15 Jahren) und die Altersquote (Anteil der Bevölkerung mit vollendetem 65. Lebensjahr).

Auch wenn im Jahr 2020 die Zahl der Geburten mit 773.144 deutlich höher lag als noch ein Jahrzehnt zuvor, verstarben im selben Jahr 982.489 Menschen in Deutschland. Auch unter Abzug des Covid-19 Sondereffektes bleibt der dauerhafte Sterbefallüberschuss ein Problem, das auch durch Migration nicht ausgeglichen werden konnte.[10]

Neben den demografischen Kennziffern sind auch einige grundlegende epidemiologische Maßgrößen für Krankenhäuser relevant. Als Prävalenz (Durchseuchung) bezeichnet man die Zahl der Fälle einer Krankheit in einer Periode im Verhältnis zur Mittjahrespopulation in einer Periode. Die Inzidenz ist die Zahl der neuen Fälle in einer Periode im Verhältnis zur Mittjahrespopulation in der Periode. Das Krankheitspanorama, d. h. das Spektrum und die Intensität der Krankheiten einer Bevölkerung, ist eine wichtige Determinante der Nachfrage nach Gesundheitsdienstleistungen.

2.2.2 Transitionsmodelle

Fruchtbarkeit, Sterblichkeit und Krankheitspanorama sind nicht konstant, sondern verändern sich mit der Zeit. Die Führung eines Krankenhauses muss diese Prozesse kennen, um entsprechend strategisch agieren zu können. Die Modelle der demografischen und epidemiologischen Transition erklären diese Entwicklungen.[11]

Abb. 12 zeigt beispielsweise die Bevölkerungspyramiden von Tansania, Thailand, Deutschland und Japan. Tansania ist hierbei ein Beispiel für ein vorindustrielles Land, Thailand steht mitten in der Industrialisierung, Deutschland und Japan haben diesen Prozess überwiegend abgeschlossen. Die Bevölkerungspyramide von Tansania entspricht dem Zustand Deutschlands von 1880, die Pyramide Thailands gibt das Bild der Bevölkerungsstruktur Deutschlands von 1950 wieder.

Da Morbiditäts- und Mortalitätsprofile alter und junger Menschen nicht identisch sind, ist die Nachfrage nach Gesundheitsdienstleistungen vom Entwicklungsstand eines Landes abhängig. Das Modell der demografischen bzw. epidemiologischen Transition erklärt diese Unterschiede.

---

9 Quelle: Destatis 2021.
10 Vgl. Statistisches Bundesamt 2012.
11 Vgl. Meade und Emch 2010.

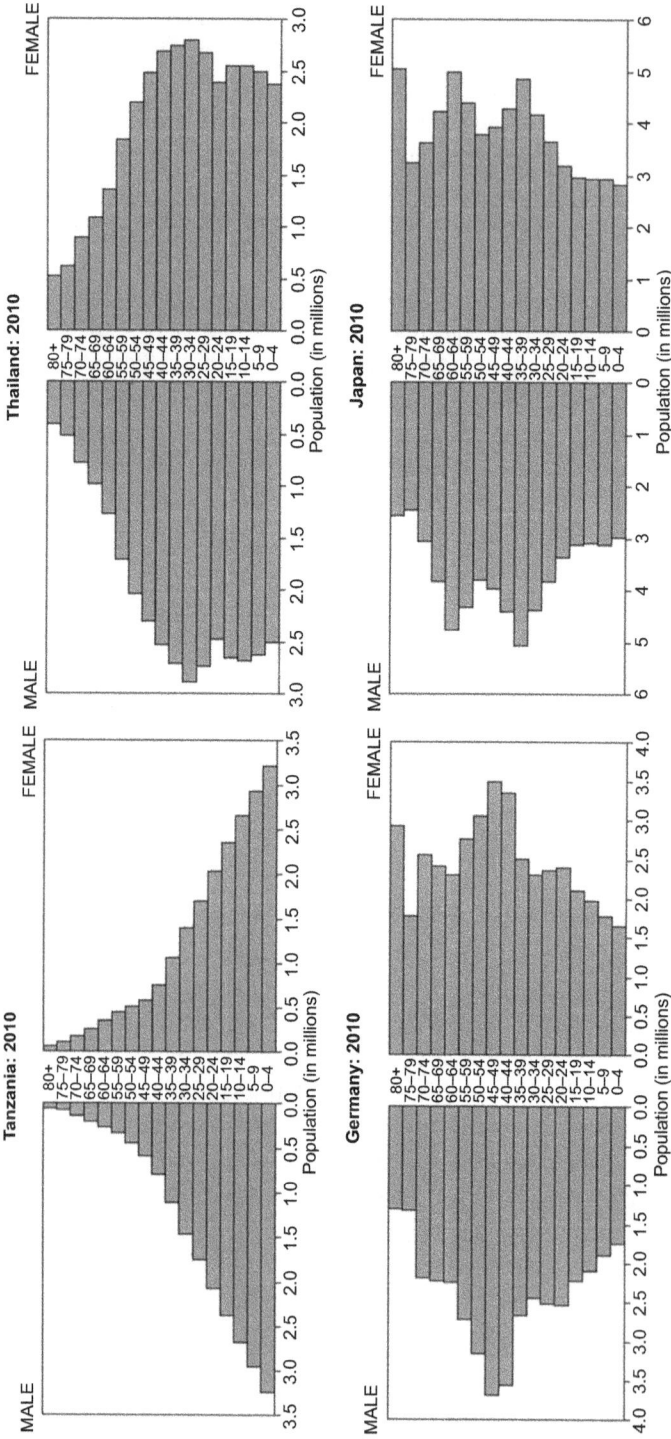

Abb. 12: Bevölkerungspyramiden unterschiedlicher Staaten.[12]

12 Quelle: U.S. Census Bureau 2012.

Mit Hilfe von Zeitreihenanalysen der Fertilität und Mortalität verschiedener Länder in Europa, Nordamerika und im Pazifikraum zeigte Thompson bereits 1929, dass viele Länder während ihrer Wirtschaftsentwicklung ein ähnliches Fruchtbarkeits- und Sterblichkeitsmuster aufwiesen.[13] Ausgehend von einer hohen Fertilität und Mortalität sank im Laufe ihrer wirtschaftlichen Entwicklung sowohl die Fruchtbarkeit als auch die Sterblichkeit. Er bezeichnete dies als Transition und stellte die These auf, dass der Zusammenhang zwischen demografischer und wirtschaftlicher Entwicklung eine allgemeingültige Regel sei. Darauf aufbauend entwickelten Notestein und Blacker die Theorie der demografischen Transition, wie sie in Abb. 13 dargestellt wird.[14]

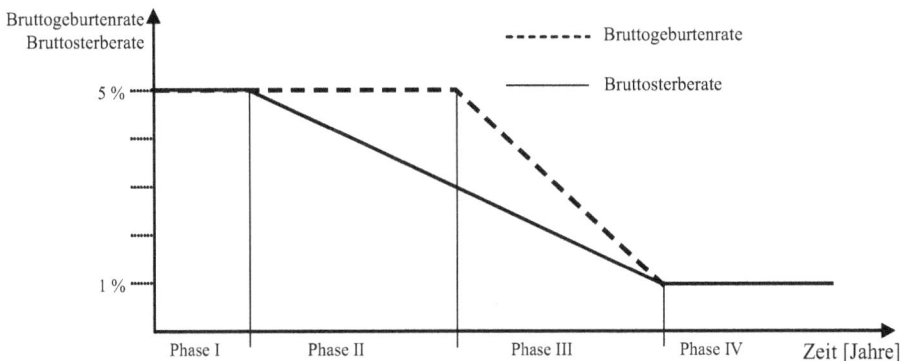

Abb. 13: Demografische Transition.[15]

Phase I: Die Bruttogeburtenrate und Bruttosterberate sind gleich hoch ($\approx 5\,\%$ p. a.), sodass die Bevölkerung kaum wächst. Phase I ist typisch für Agrargesellschaften. Ein Bevölkerungswachstum kann nur durch zusätzliche landwirtschaftliche Nutzflächen oder meliorierte Böden erreicht werden.

Phase II: Die Mortalität beginnt zu sinken, während die Fertilität praktisch konstant bleibt. In einigen Ländern kann die Fruchtbarkeit sogar über den ursprünglichen Wert der Phase I anwachsen. Als Gründe für die sinkende Mortalität werden verbesserte Hygiene, medizinischer Fortschritt sowie erhöhte Zugänglichkeit medizinischer Dienste genannt. Als Konsequenz ergibt sich ein starkes Bevölkerungswachstum, das allerdings nur anhalten kann, wenn zusätzliche Ressourcen für die wachsende Bevölkerung bereitgestellt werden können. Die meisten Länder Mitteleuropas erreichten die zweite Phase der demografischen Transition während der industriellen Revolution, die nicht nur die industrielle, sondern auch die landwirtschaftliche Produktion erhöhte

---

13 Vgl. Thompson 1929.
14 Vgl. Notestein 1945.
15 Quelle: Meade und Emch 2010, S. 151–152.

und damit die Grundlage der Nahrungsmittelversorgung einer ständig steigenden Bevölkerung schuf.

Phase III: Die Mortalität geht weiter zurück, aber auch die Fertilität beginnt abzunehmen. Die Bevölkerung wächst noch immer, jedoch mit abnehmender Rate. Die Gründe für den Fertilitätsrückgang sind zahlreich, so z. B. die zunehmende Urbanisierung, die Einführung der Sozialversicherung sowie die Veränderung kultureller Werte. Die Phasen II, III und IV der demografischen Transition werden von einer ständigen Zunahme der Stadtbevölkerung begleitet, weshalb man auch von einer „mobility transition" spricht,[16] in deren Verlauf die mentale und infrastrukturelle Fähigkeit der Standortverlagerung ständig zunimmt.

Phase IV: In Phase IV sind die Bruttogeburtenrate und Bruttosterberate wieder annähernd identisch, jedoch auf deutlich niedrigerem Niveau als in Phase I ($\approx 1\,\%$ p. a.). Die Bevölkerung bleibt konstant. Die meisten westlichen Länder haben diese Phase erreicht. Man schätzt, dass der Transitionsprozess (vom Beginn der Phase II bis zum Ende der Phase III) ungefähr 80 Jahre dauert.

In den letzten Jahren wurde von manchen Demografen eine fünfte Phase eingeführt, in der die Bruttogeburtenrate geringer ist als die Bruttosterberate. Die Bevölkerung überaltert und sinkt leicht.

Omran analysierte das Krankheitsspektrum in Ländern, die sich in unterschiedlichen Phasen der demografischen Transition befanden.[17] Er stellte fest, dass Infektionskrankheiten in Ländern dominieren, die sich in der ersten oder zweiten Phase der demografischen Transition befinden. Chronisch-degenerative Krankheiten hingegen sind vor allem in entwickelten Ländern die Hauptursachen der Morbidität und Mortalität. Abb. 14, Abb. 15 und Abb. 16 zeigen, wie die Mortalität, die auf Infektionskrankheiten zurückzuführen ist, im Laufe der wirtschaftlichen Entwicklung eines Landes sinkt, während die Sterblichkeit aufgrund von chronisch-degenerativen Krankheiten ansteigt.

In Anlehnung an die demografische Transition bezeichnete Omran den Übergang der Krankheits- und Todesursachen von Infektionskrankheiten zu chronisch-degenerativen Erkrankungen als epidemiologische Transition.[18]

Während der demografischen Transition kommt es zu einer Veränderung des Altersaufbaus einer Gesellschaft. In der zweiten Phase wird die Bevölkerung immer jünger, die Jugendquote steigt von etwa 40 % in der ersten Phase auf bis zu 50 % am Ende der zweiten Phase. Anschließend sinkt sie kontinuierlich, bis sie am Ende der vierten Phase nur noch 15–20 % beträgt. Die gleiche Entwicklung lässt sich anhand des Durchschnittsalters und der Lebenserwartung aufzeigen. Das Durchschnittsalter sinkt von 23 Jahren in der ersten Phase auf 21 Jahre am Ende der zweiten Phase, um anschließend auf über 40 Jahre zu steigen. Die Lebenserwartung

---

16 Vgl. Zelinsky 1971.
17 Vgl. Omran 1971.
18 Vgl. Omran 2005.

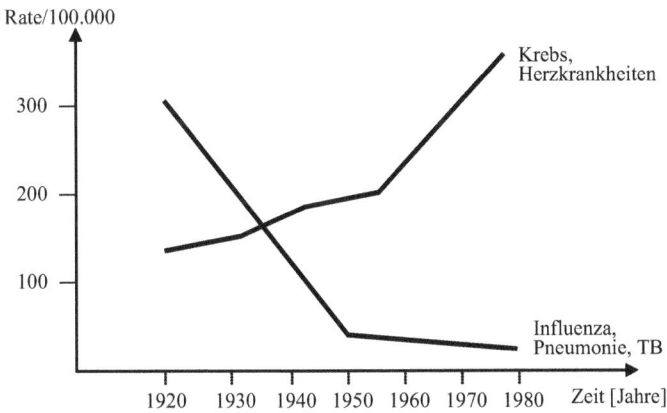

Abb. 14: Mortalitätstransition in North Carolina.[19]

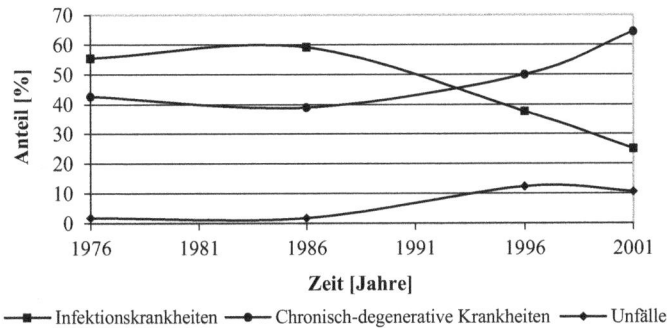

Abb. 15: Entwicklung der Morbidität in Vietnam 1976–2001.[20]

beträgt dementsprechend 38 Jahre in der ersten Phase, 40 Jahre am Ende der zweiten Phase und bis zu 80 Jahre am Ende der Transition. Die Bevölkerung wird folglich älter und der Anteil der Alten steigt.[21]

Der veränderte Altersaufbau induziert ein sich wandelndes Krankheitspanorama. Die Empfänglichkeit für Infektionskrankheiten sinkt in den ersten Lebensjahren stark, da die Immunität ansteigt. Jede überlebte Infektion reduziert das zukünftige Infektionsrisiko. Erwachsene haben deshalb ein deutlich geringeres Risiko, an einer Infektion zu erkranken oder zu sterben, als Kinder. Neugeborene sind Immunitätsschwächlinge. Im hohen Alter sinkt die Immunität wiederum ab, sodass eine höhere Empfänglichkeit gegen Infektionskrankheiten auftritt. Chronisch-degenerative Erkrankungen hingegen

---

19 Quelle: Omran 1977, S. 32.
20 Quelle: Sozialistische Volksrepublik Vietnam 2002.
21 Vgl. Fleßa 1998.

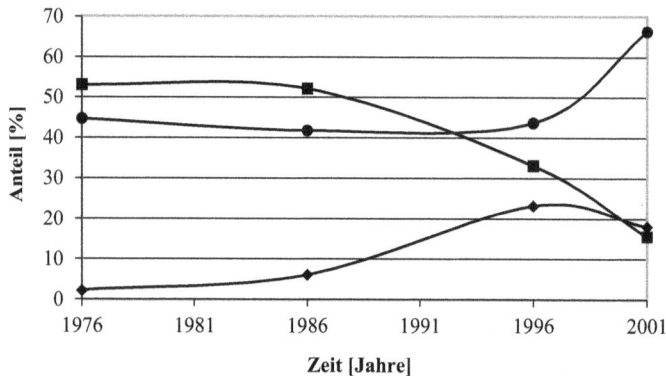

Abb. 16: Entwicklung der Mortalität in Vietnam 1976–2001.[22]

brauchen – wie der Name sagt – einen langfristigen Entwicklungsprozess. Hautkrebs kann z. B. erst Jahrzehnte nach einer schädigenden Strahlung auftreten. Deshalb steigt die Wahrscheinlichkeit einer chronisch-degenerativen Erkrankung im Laufe des Lebens an.

Unter Berücksichtigung der beschriebenen Zusammenhänge verändern sich die gesellschaftliche Morbidität und Mortalität während der Transition. Die Kindersterblichkeit (d. h. der Anteil der Neugeborenen, die das fünfte Lebensjahr nicht überleben) sinkt von fast 30 % auf 1–2 %, die Bruttosterberate sinkt von 5 % auf unter 1 %. Trotzdem beginnt gegen Ende der vierten Phase die Mortalität der Gesamtbevölkerung wieder zu steigen, da sich die Altersstruktur verändert. Die demografische Transition führt zu einer Umformung der Bevölkerungspyramide. Sie gleicht einer Zwiebel, mit wenigen Kindern, vielen Erwachsenen und einer immer größer werdenden Zahl von älteren Menschen, die eine hohe Empfänglichkeit für chronisch-degenerative Krankheiten haben. Eine alternde Bevölkerung wird folglich zu einer erneuten Zunahme der Sterblichkeit führen.

Die zunehmende Alterung der deutschen Bevölkerung erfordert eine ständige Schulung des medizinischen und pflegerischen Personals, den Aufbau spezieller Pflegeeinrichtungen (z. B. Zwischenstufen zwischen Krankenhaus und Pflegeheim bzw. zwischen Krankenhaus und ambulanter Pflege, intermediate care) sowie höhere Ressourcen. Manche Autoren sprechen bereits von einer Geriatrisierung des Krankenhauses – eine Herausforderung, auf die die ärztliche und pflegerische Ausbildung antworten müssen.

---

22 Quelle: Sozialistische Volksrepublik Vietnam 2002.

2.3 Ökonomisches Umsystem

Es würde den Rahmen dieses Lehrbuches weit übersteigen, wollte man die zahlreichen Interdependenzen zwischen dem ökonomischen Umsystem und einem Krankenhaus aufzeigen. Die Kosten und Verfügbarkeit von Betriebsmitteln und Werkstoffen hängen ebenso von der allgemeinen Wirtschaftsentwicklung ab wie die Personalakquisition. Die Konkurrenzfähigkeit der Löhne im Krankenhaus, z. B. einer Pflegekraft, ist eine Funktion des allgemeinen Preisniveaus sowie der Löhne in anderen Branchen.

Von noch größerer Bedeutung ist die Abhängigkeit der Nachfrage von der Kaufkraft der Patienten. Bei medizinisch notwendigen Maßnahmen sind Einkommenselastizität und Preiselastizität tendenziell gering. Man geht davon aus, dass die Quantität der Nachfrage allein durch die medizinische Notwendigkeit (d. h. nicht durch das Einkommen oder den Preis) bedingt ist, da die Zahlungsbereitschaft für diese lebenswichtigen Interventionen groß ist. Bei Gesundheitsdienstleistungen, die nicht unmittelbar der Abwendung von Tod und schweren Leiden dienen, bestehen hingegen hohe Elastizitäten. So sind die Keramikverblendung von Zähnen und die Brustvergrößerung Luxusgüter, deren Nachfrage mit steigendem Einkommen und sinkenden Preisen zunimmt.

Die hohe Zahlungsbereitschaft für medizinisch notwendige Maßnahmen kollidiert unter Umständen mit der Zahlungsfähigkeit der privaten Haushalte. Der Krankenhausaufenthalt ist für das Individuum ein seltenes Ereignis, das im Eintrittsfall jedoch zu einer erheblichen Auszahlung führt. Es ist durchaus möglich, dass das Individuum in einer konkreten, lebensbedrohlichen Situation zwar zahlungsbereit, jedoch nicht zahlungsfähig ist, da der Betrag das Einkommen und Vermögen übersteigen würde. Eine derartige Situation, mit geringer Eintrittswahrscheinlichkeit, relativ geringem Erwartungswert aber hoher Auszahlung im Eintrittsfall, ist typisch für das wichtigste Instrument zur Überwindung der fehlenden Zahlungsfähigkeit: der Versicherung. Das ökonomische Teilumsystem mit der größten Bedeutung für das Krankenhaus ist folglich das Versicherungssystem.

Annähernd die ganze Bevölkerung der Bundesrepublik Deutschland genießt heute Krankenversicherungsschutz. Der überwiegende Teil (87 %) ist gesetzlich versichert, der Rest der Bevölkerung ist privat versichert. Der gesetzlichen Krankenversicherung Deutschlands liegen – stark vereinfacht – folgende Strukturprinzipien zugrunde:[23]
- Kollektives Äquivalenzprinzip: Die Gesetzliche Krankenversicherung (GKV) ist eine Sozialversicherung. Die Einnahmen aller Versicherten eines Jahres werden verwendet, um die Ausgaben aller Versicherten dieses Jahres zu decken.

---

23 Vgl. z. B. Breyer, Zweifel und Kifmann 2012.

- Solidaritätsprinzip: Das kollektive Äquivalenzprinzip impliziert bereits die Solidarität der Stärkeren mit den Schwächeren. Reiche zahlen für Arme, Junge für Alte, Gesunde für Kranke etc.
- Sachleistungsprinzip: Ein weiteres Strukturprinzip ist das Sachleistungsprinzip (vgl. Abb. 17). Dies bedeutet, dass der Versicherte von der Versicherung kein Geld, sondern eine Sachleistung erhält. Das Krankenhaus behandelt den Patienten, ohne dass dieser hierfür bezahlen muss. Der Leistungserbringer erhält sein Entgelt direkt von der Krankenkasse. Im Vergleich hierzu würde ein Privatversicherter in der Regel zuerst den Leistungserbringer bezahlen müssen, um anschließend eine Erstattung von seiner Krankenkasse zu erhalten.
- Selbstverwaltungsprinzip: Die gesetzlichen Krankenversicherungen sind Körperschaften des öffentlichen Rechtes, d. h., sie haben sowohl eine eigene Rechtspersönlichkeit (im Gegensatz z. B. zu Behörden) als auch hoheitliche Rechte (im Gegensatz zu privaten Unternehmen). Der Staat hat keinen direkten Einfluss auf sie, sondern sie werden bis heute von Leitungsgremien geführt, die unter anderem aus Vertretern der Arbeitgeber und Arbeitnehmer besetzt werden.
- Wirtschaftlichkeitsgebot und Beitragssatzstabilität: Die gesetzlichen Krankenversicherungen sind verpflichtet, ihre Leistungen möglichst wirtschaftlich zu produzieren. Oberstes Ziel ist seit Langem die Beitragssatzstabilität.

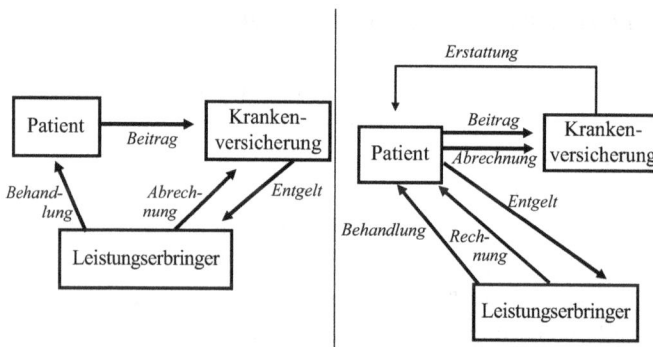

Abb. 17: Sachleistungsprinzip – Geldleistungsprinzip.[24]

Die größten gesetzlichen Krankenversicherungen in Deutschland sind die Ortskrankenkassen (AOK), gefolgt von den Ersatzkassen. Die zahlenmäßig größte Gruppe sind die Betriebskrankenkassen, wobei deren Zahl durch Fusionen ständig abnimmt. Weiterhin gibt es Innungskrankenkassen, landwirtschaftliche Kassen und eine Bundesknappschaft. 2021 (2009) gab es 11 (15) Ortskrankenkassen, 6 (8) Ersatzkassen (Barmer

---

24 Quelle: Fleßa und Greiner 2020.

GEK, Techniker Krankenkasse, DAK-Gesundheit, KKH-Allianz, HEK – Hanseatische Krankenkasse, Handelskrankenkassen – HKK), 78 (138) Betriebskrankenkassen, 6 (13) Innungskrankenkassen, eine (9) landwirtschaftliche Kasse sowie eine Bundesknapp-schaft. Mitte 2021 waren 37 % bei einer Ortskrankenkasse, 38 % bei einer Ersatzkasse und 15 % bei einer Betriebskrankenkasse versichert.[25] Die demografische und ökono-mische Entwicklung bringt die Gesetzliche Krankenversicherung in erhebliche Pro-bleme. Nach dem Prinzip der kollektiven Äquivalenz werden keine Rücklagen für später gebildet (im Gegensatz zur Privatversicherung, bei der jeder Versicherte im Prin-zip für spätere Jahre anspart), und das Einkommen der Krankenkassen hängt allein vom Lohneinkommen der Erwerbstätigen ab. Eine alternde Bevölkerung führt folglich dazu, dass immer weniger Beitragszahler für immer mehr Leistungsempfänger in höheren, kostenintensiven Lebensstufen bezahlen müssen. Gleichzeitig ist der Anteil der Lohneinkommen gesunken und Einkommen aus Vermietung und Ver-pachtung sowie Zinserträge werden bei der Berechnung des Krankenkassenbei-trags nicht berücksichtigt.

Es gibt drei grundsätzliche Möglichkeiten, dieser Schere zu entgehen: Erstens kann der Staat die Sozialversicherung subventionieren (z. B. indem Krankheitskos-ten der Kinder über Steuern finanziert werden). Zweitens können die Beiträge ange-hoben werden, was allerdings volkswirtschaftlich problematisch ist, da dies die Lohnnebenkosten erhöht und damit den Wirtschaftsstandort Deutschland gefähr-det. Drittens können Leistungen eingeschränkt und insbesondere medizinischer Fortschritt von der Leistungserstattung ausgeschlossen werden. Diese drei Alterna-tiven wurden in den letzten Jahren in zahlreichen Gesundheitsreformen unter-schiedlich stark gewählt.

Den ersten der genannten Schritte ging der Staat mit der Verabschiedung des Gesetzes zur „Stärkung des Wettbewerbs in der Gesetzlichen Krankenversicherung" (GKV-WSG 2007)[26], in dem erstmals ein Beitrag des Staates zur Finanzierung der ku-rativen Leistungen der gesetzlichen Krankenkassen festgeschrieben wurde. Abb. 18 zeigt, dass die Staatszuschüsse nicht unmittelbar an die Krankenversicherungen, sondern an den am 01.01.2009 gegründeten Gesundheitsfonds fließen. Der Gesund-heitsfonds wird durch Beiträge der Beitragszahler und Arbeitgeber sowie den Bun-deszuschuss finanziert, wobei im Prinzip allein die Einkommenshöhe und nicht mehr die Wahl der Versicherung einen Einfluss auf die Beitragshöhe hat. Die Gesetz-lichen Krankenversicherungen erhalten eine einheitliche Grundprämie sowie einen Zuschlag, der sich aus der Altersstruktur und dem Krankheitsrisiko ihrer Mitglieder errechnet. Ist dieser Betrag nicht kostendeckend, kann die Versicherung in gewis-sem Rahmen einen Zusatzbetrag von ihren Mitgliedern verlangen.

---

25 Quelle: Bundesministerium für Gesundheit 2021.
26 BGBL 2007, S. 378, inkraftgetreten am 01.04.2007.

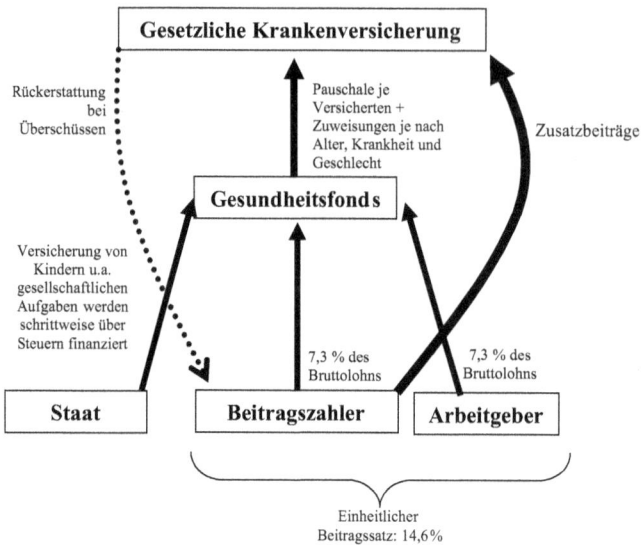

Abb. 18: Struktur des Gesundheitsfonds.[27]

Es kann an dieser Stelle keine ausführliche Würdigung der Probleme der Gesetzlichen Krankenversicherung erfolgen. Der Leser soll jedoch darauf aufmerksam gemacht werden, dass Krankenhäuser in Zukunft wohl kaum mit deutlich verbesserten Entgelten im Bereich der Gesetzlichen Krankenversicherungen rechnen können. Die Beitragssatzstabilität wird immer mehr zum Primat, sodass nicht nur die Forderung nach Wirtschaftlichkeit in den Krankenhäusern erhöht wird, sondern auch die Entgelte absolut sowie im Verhältnis zum allgemeinen Preisniveau und die Leistungsmengen unter Druck geraten.

Abb. 19 zeigt die Entwicklung der Gesundheitsausgaben je Einwohner sowie als Anteil am Bruttoinlandsprodukt. Im Jahr 2019 lagen die Gesundheitsausgaben bei 4944 € pro Einwohner und Jahr. Dies entsprach 11,8 % des Bruttoinlandsprodukts. Eine langfristige überproportionale Steigerung ist kaum zu erwarten, wenn auch die Corona-Pandemie für einige Jahre die Ausgaben nach oben verzerren dürfte. Krankenhäuser müssen deshalb frühzeitig darüber nachdenken, wie sie in anderen Bereichen ausreichend Deckungsbeiträge erwirtschaften. Hier bieten sich z. B. Leistungen an, die außerhalb der gesetzlichen oder privaten Krankenversicherung liegen. Krankenhäuser sind gut beraten, das ökonomische Umsystem daraufhin zu untersuchen, welche Marktnischen sich ihnen bieten. Eine alternde Bevölkerung muss auch mehr aus dem Privatbudget für Prävention, Reha und Wellness ausgeben, um langfristig arbeitsfähig zu bleiben. Krankenhäuser haben hier durchaus

---

27 Quelle: Eigene Darstellung nach GKV-WSG 2007.

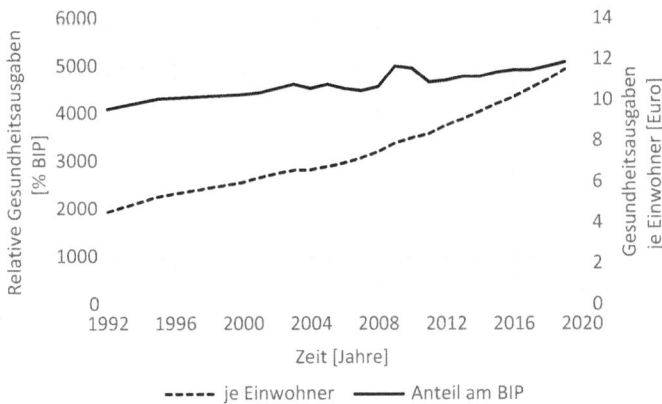

Abb. 19: Gesundheitsausgaben in Deutschland.[28]

einen Wettbewerbsvorteil, wenn es ihnen gelingt, ihr Image als Dienstleistungs-wüste abzubauen und ihre Kompetenz als Gesundheitsexperte darzustellen.

2.4 Struktur des deutschen Krankenhauswesens

Die konkurrierenden Anbieter auf den Gesundheits- und insbesondere Kranken-hausmärkten bilden ein weiteres wichtiges Umsystem für ein Krankenhaus. In diesem Abschnitt sollen die Landeskrankenhausplanung (als Grundlage der Konkurrenzsituation), die aktuellen Einrichtungsstatistiken sowie die zukünftige Ent-wicklung diskutiert werden. Ergänzt werden die Ausführungen durch eine kurze Vor-stellung der wichtigen Institutionen und Organisationen der Branche.

2.4.1 Landeskrankenhausplanung

Die Landeskrankenhausplanung ist eine Raumplanung,[29] d. h., eine bestimmte An-zahl von Krankenhäusern soll so im Raum positioniert werden, dass eine Zielfunk-tion maximiert wird. In der Regel ist diese Zielfunktion eine Kombination der widersprüchlichen Ziele Effizienz und Gerechtigkeit. Einerseits sollen die Kranken-häuser so im Raum verteilt werden, dass die Gesamtkosten der Versorgung miniert werden (Effizienz), andererseits soll eine möglichst gleichmäßige Versorgung der Bevölkerung erreicht werden. Das Effizienzziel führt in der Regel zu einem oder we-

---

28 Quelle: GBE 2021.
29 Vgl. Reichart 2008.

nigen Zentren im Raum, während das Gerechtigkeitsziel viele kleine Krankenhäuser bevorzugt. Die Landeskrankenhausplanung sucht einen Kompromiss zwischen diesen beiden Zielen.[30]

Grundlegend für jede Raumplanung ist die triviale Erkenntnis, dass Distanzen eine wichtige Rolle in der Befriedigung von Bedürfnissen spielen. Leider wird dieser Zusammenhang in den meisten Lehrbüchern der Betriebswirtschaftslehre nicht ausreichend gewürdigt. Dies liegt zum Teil daran, dass die klassische BWL eine Sachgüterlehre ist. Sachgüter können transportiert und gelagert werden, sodass sie – zumindest theoretisch – an einem zentralen Ort unter Ausnutzung der Fixkostendegression und Größendegression produziert und an vielen kleinen Orten vertrieben werden können. Als Fixkostendegression bezeichnet man dabei das Phänomen, dass die Durchschnittskosten eines Produktes mit zunehmender Auslastung eines Aggregates abnehmen, da mit steigender Leistungsmenge jedes Produkt einen kleineren Anteil der festen, d. h. leistungsmengenunabhängigen, Kosten (Fixkosten) tragen muss. Unter Größendegression versteht man das Phänomen, dass die Kosten eines großen Aggregates bei voller Kapazitätsauslastung in der Regel geringer sind als die Kosten mehrerer kleinerer Aggregate mit derselben Gesamtkapazität wie das große Aggregat. Fixkosten- und Größendegression induzieren Konzentrationsprozesse auf wenige, aber große Produktionseinheiten. Die Produkte können gelagert und transportiert werden, sodass für viele Sachgüter die ortsnahe Versorgung trotz zentraler Produktion kein Problem darstellt.

Dienstleistungen hingegen müssen in Einheit von Ort, Zeit und Handlung produziert und konsumiert werden. Eine Lagerung oder ein Transport sind unmöglich.[31] Gesundheitsdienstleistungen sind zusätzlich von der Kundenpräsenz geprägt, d. h., der Patient muss persönlich bei der Dienstleistungserstellung anwesend sein. Dies bedeutet, dass entweder der Dienstleister zum Kunden oder der Kunde zum Dienstleister gebracht werden muss. In jedem Fall sind die Transportwege von großer Bedeutung. Eine ortsnahe Versorgung setzt voraus, dass viele kleine Dienstleistungszentren entstehen, die jedoch hohe Fallkosten haben (Extrem: Kleinstkrankenhaus in jeder Kleinstadt). Hingegen führt die Konzentration auf wenige Zentren zu hohen Distanzen mit geringen Fallkosten.

Die finanziellen Transportkosten sind eine Erscheinungsform der sogenannten Distanzreibung (vgl. Abb. 20). Ganz allgemein kann man feststellen, dass die Zahl der Transaktionen zwischen zwei Elementen mit zunehmender Distanz abnimmt. So telefonieren die meisten Menschen mehr im Ortsnetz als mit anderen Städten oder gar weltweit. Ebenso ist der Transport eines Patienten von Passau nach München häufiger als von Passau nach Hamburg. Fasst man den Kostenbegriff weit, so kann man feststellen, dass die Transaktionskosten mit zunehmender Distanz steigen,

---

30 Vgl. Klauber, Wasem, Friedrich, et al. 2015.
31 Vgl. Bruhn und Meffert 2013.

wobei unter Kosten hier auch die verlorene Zeit während des Transportes, das Risiko eines Unfalls und die psychische Belastung einer weiten Reise zu verstehen sind.

Die beschriebene Beziehung ist jedoch komplexer als der einfache Zusammenhang von Distanz und Transaktionen nahelegt. Zuerst muss die Gravität der Elemente beschrieben werden. Ein Geschäftsmann in Passau telefoniert unter Umständen öfter mit Tokio als mit München, und ein Patient mag auf dem Weg zum Krankenhaus zwei größere Städte überspringen, weil er unbedingt im Deutschen Krebsforschungszentrum behandelt werden möchte. Wie bei der Newton'schen Gravitationsformel entscheidet die Masse der sich anziehenden Körper über die Zahl der Transaktionen.[32]

$$G = C \cdot \frac{M_1 \cdot M_2}{d^\alpha}, \quad \text{mit}$$

G Gravität zwischen zwei Zentren
C Konstante
M_i Masse des Zentrums i (i = 1, 2)
d Distanz zwischen zwei Zentren
α Friktionskonstante

Transaktionen

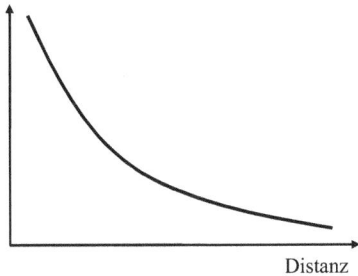

Distanz   **Abb. 20:** Distanzreibungseffekt.[33]

Schließlich ist auch die Bedeutung der Distanz nicht fix, sondern abhängig von der infrastrukturellen wie kulturellen Mobilität. Wie Abb. 21 zeigt, betrug der Lebensradius unserer Großeltern etwa 50 km. Schon die Reise in ein Mittelzentrum war eine Herausforderung. Unsere Eltern reisten innerhalb Deutschlands, und für die heutige junge Generation sind europaweite Reisen selbstverständlich. Die Distanzreibung hängt folglich nicht von der objektiven, sondern von der wahrgenommenen Entfernung ab.

Der Distanzreibungseffekt hat weitreichende Auswirkungen auf die Einzugsgebiete von Krankenhäusern. Erstens nimmt die Nachfrage mit zunehmender Distanz ab, d. h., ein Bedarf wird nicht gestillt. Es gibt die Situation, dass Menschen krank

---

32 Vgl. Gould 2017.
33 Quelle: Eigene Darstellung in Anlehnung an Gould 2017.

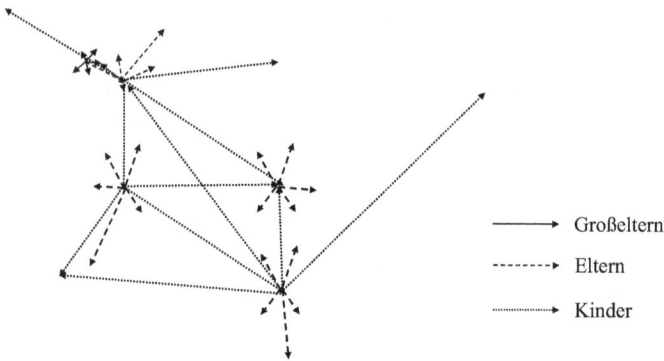

Großeltern

Eltern

Kinder

Abb. 21: Lebensmobilität.[34]

bleiben (oder sterben), weil die Krankenhausdienstleistung zu weit entfernt ist. Zweitens ist es illusorisch zu glauben, dass eine gerechte, d. h. gleichmäßige Versorgung der Bevölkerung in Flächenstaaten möglich ist. Die Bevölkerung der Dörfer wird stets weitere Wege zurückzulegen haben als die städtische Bevölkerung. Drittens ist die Distanzreibung abhängig vom nachgefragten Gut. Sie ist groß für Präventionsgüter, gering für akut lebensnotwendige Behandlungen. Viertens ist die Distanzreibung abhängig von der sozialen Gruppe. Ältere und behinderte Patienten empfinden Distanzen als gravierender. Sie sind oftmals nicht in der Lage, weite Strecken zurückzulegen und haben folglich eine hohe Friktionskonstante. Unter Umständen werden sie von der Versorgung ausgeschlossen, obwohl der Durchschnitt der Bevölkerung die Distanz zu einem Krankenhaus als durchaus angemessen erachtet. Auch in den Städten gibt es Unterschiede. Ältere Menschen wählen Krankenhäuser in ihrer unmittelbaren Umgebung, während mobile Patienten meist aus mehreren Praxen aussuchen.

Das Prinzip der Distanzreibung ist die Grundlage der Krankenhausplanung. Im Basismodell sollen Krankenhäuser auf einer gleichmäßig besiedelten Fläche so verteilt werden, dass die durchschnittliche Distanz der Einzugsbevölkerung zu den Krankenhäusern möglichst gering ist. Die Planungsaufgabe wäre folglich unter diesen sehr vereinfachten Rahmenbedingungen, n Krankenhäuser im Raum zu verteilen und ihre Einzugsbereiche unter der Annahme zu bestimmen, dass die Patienten die Transportwege minimieren möchten. Wie Abb. 22 zeigt, wird ein Patient im Standort X das Krankenhaus A und ein Patient im Standort Y Krankenhaus B bevorzugen. Ein Patient auf der Linie EF ist indifferent zwischen den beiden Standorten. Diese Indifferenzlinie EF ergibt sich als Verbindung der Schnittpunkte der Kreise mit gleichem Radius um die Krankenhäuser.

---

34 Quelle: Eigene Darstellung in Anlehnung an Meade und Emch 2010, S. 153–157.

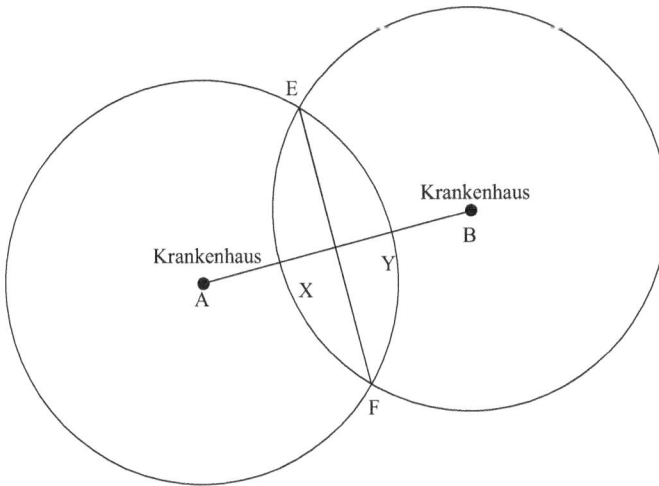

Abb. 22: Entstehung von Einzugsbereichen.[35]

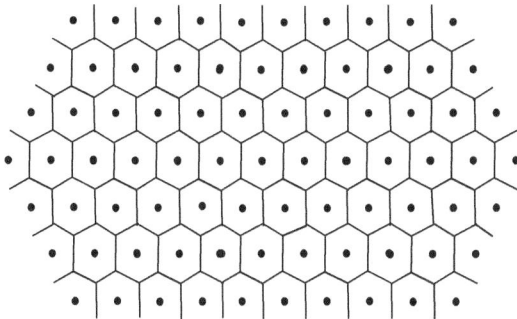

Abb. 23: Hexagone.[36]

Überträgt man dieses Prinzip nun auf n Krankenhäuser im Raum und verteilt sie gleichmäßig, entsteht ein Muster, das Bienenwaben gleicht (vgl. Abb. 23). Diese Hexagone sind tatsächlich der bestmögliche Kompromiss zwischen Gerechtigkeit und Effizienz. Keine andere Verteilung der Krankenhäuser führt zu einer höheren Gleichheit an Anreisedistanzen, wenn auch natürlich nicht jeder Bewohner die gleiche Distanz zu seinem Dienstleistungszentrum hat.

Bei Gütern mit hoher Nachfrage kann ein relativ dichtes Netz von Dienstleistungszentren entstehen, die eine einfache Ausstattung im Sinne einer Grundversorgung haben. Höhere Bedarfe werden in diesen Zentren nicht gedeckt, da die Nachfrage nach

---

35 Quelle: Eigene Darstellung in Anlehnung an Reichart 2008, S. 78.
36 Quelle: Ritter 2001, S. 210.

spezialisierten Dienstleistungen zu gering ist. Es gäbe nun die Alternative, dass sich jedes der Zentren im Raum auf eine Leistung spezialisiert. Tatsächlich ist es jedoch effizienter, dass ein Zentrum sich herausentwickelt, in dem alle Spezialitäten angeboten werden können. Der Vorteil liegt darin, dass die verschiedenen Dienstleistungen dann auf dieselbe Struktur zurückgreifen können und diese nicht in jedem Zentrum aufgebaut werden muss. Auf diese Weise entsteht beispielsweise die zentralörtliche Struktur mit Dörfern, Ober-, Mittel- und Unterzentren (vgl. Abb. 24).

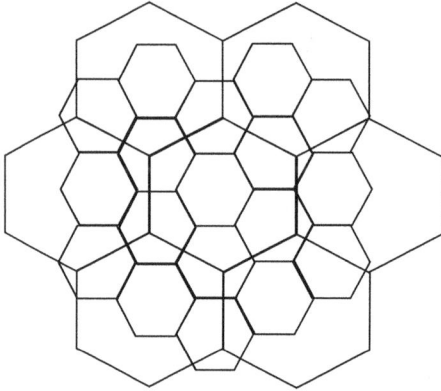

Abb. 24: Hierarchische Einzugsgebiete.[37]

Für das Krankenhauswesen bedeutet dies, dass Krankheiten mit hoher Prävalenz ortsnah in vielen Krankenhäusern behandelt werden sollen. Seltene Krankheiten mit geringer Prävalenz können von dieser Grundversorgung nicht abgedeckt werden. Stattdessen entwickeln sich Krankenhäuser mit Spezialabteilungen, die ihre Patienten aus einem größeren Einzugsbereich beziehen. Dabei ist es sinnvoll, nicht jedem Krankenhaus eine Spezialisierung zuzuordnen, sondern mehrere Spezialisierungen an einem Ort zu haben. So können die verschiedenen Spezialisierungen im Krankenhaus auf dasselbe Labor zurückgreifen, ohne dass es ein Speziallabor in jedem Krankenhaus für jeweils eine Spezialisierung geben muss. Hinzu kommen noch echte Fühlungsvorteile, z. B. durch Überweisung von Patienten zwischen Abteilungen. Es ist effizient, wenn Geburtshilfe und Neonatalintensivstation am selben Zentrum sind. Der Preis für diese Effizienz ist eine Benachteiligung der Kunden aus der Peripherie, die für jede Spezialisierung weit zu fahren haben. Damit entsteht ein mehrstufiges Versorgungssystem, das wir beispielsweise als Grund-, Regel- Zentral- und Maximalversorgung kennzeichnen können. In der Regel umfasst eine Einrichtung der höheren Stufe mehrere Einzugswaben der niedrigeren Stufe – ein Zusammenhang, der von Christaller bereits in den 1930er-Jahren für städtische Dienstleistungen nachgewiesen wurde.

---

37 Quelle: Ritter 2001, S. 211.

In der Regel folgt deshalb die Landeskrankenhausplanung der Raumplanung. Krankenhäuser der Grund- und Regelversorgung sind relativ breit in den Unterzentren gestreut. Eine Maximaldistanz der Erreichbarkeit wurde bislang noch nicht verbindlich definiert, häufig geht man von 30 Minuten PKW-Zeit aus. Krankenhäuser der Zentralversorgung umfassen Spezialisierungen, die sich aufgrund der geringen Krankheitshäufigkeit nicht in jedem Krankenhaus rentieren. Stattdessen werden diese Spezialisierungen zusammengefasst und in den Mittelzentren angesiedelt. Da es Krankheiten gibt, die so selten sind, dass sie einen größeren Raum benötigen als die Einzugsgebiete der Zentralversorger, werden über dieser Ebene noch die Maximalversorger in den Oberzentren angesiedelt. In den meisten Bundesländern gibt es nur 2–6 dieser Maximalversorgerstandorte. Schließlich entwickeln sich – ähnlich den Steuerungszentralen eines Landes – Kompetenzzentren heraus, die teilweise mehrere Bundesländer mit einer ganz speziellen Dienstleistung betreuen, wie z. B. das Cancer Competence Centre in Heidelberg.

In der Regel folgt deshalb die Landeskrankenhausplanung der Raumplanung. Die Bundesländer legen folglich hoheitlich die Versorgungsstruktur in ihren Bundesländern fest. Sie umfasst die Zahl der Krankenhäuser, die Standorte, die Fachabteilungen und die Bettenzahl. Die Bettenzahl wird dabei traditionell nach der Hill-Burton-Formel (analytische Bedarfsformel) berechnet.[38] Danach errechnet sich der Bettenbedarf in Fachabteilung i als

$$B_i = \frac{P \cdot h_i \cdot V_i}{a_i \cdot 1000 \cdot 365}$$

mit

B_i Bettenbedarf in Fachabteilung i im Einzugsbereich
P Bevölkerung im Einzugsbereich
h_i Krankenhaushäufigkeit in Fachabteilung i [pro 1000 Einwohner]
V_i Durchschnittliche Verweildauer in Fachabteilung i
a_i Auslastungsgrad (Belegung) in Fachabteilung i

So benötigt eine Bevölkerung von einer Million Einwohnern 336.000 Pflegetage (Zähler der Hill-Burton-Formel), wenn pro Jahr 48 von 1000 Einwohnern in die Fachabteilung aufgenommen werden und jeder Patient im Durchschnitt sieben Tage im Krankenhaus weilt. Bei einer durchschnittlichen Auslastung von 0,85 ergibt sich damit ein Bettenbedarf von 1083.

Die Hill-Burton-Formel wird noch immer zur Krankenhausplanung verwendet, obwohl sie die Entscheidungsfreiheit der Nachfrager und Anbieter unberücksichtigt lässt. Patienten verhalten sich nicht idealtypisch, sie leben nicht im gleichmäßig besiedelten Raum und haben Vorlieben. Unter Umständen fahren sie lieber in ein

---

38 Vgl. Trambacz 2016.

weiter entfernt liegendes Krankenhaus, da sie den Arzt dort kennen und schätzen. Die Hill-Burton-Formel setzt voraus, dass der Einzugsbereich exakt zu ermitteln ist, damit die Einzugsbevölkerung berechnet werden kann. Dies wäre in der Realität jedoch nur durch umfangreiche Erhebungen der Patientenakten möglich.

Weiterhin garantiert die Berechnung eines Bettenbedarfs nicht, dass sich auch ein Anbieter findet, der diese Bettenzahl bereitstellt. Die Hill-Burton-Formel ist deshalb ein Ansatzpunkt zur Krankenhausplanung, der jedoch durch weiterführende Marktstudien ergänzt werden muss. Es ist lohnenswert, Landeskrankenhauspläne, die teilweise im Internet verfügbar sind, zu analysieren.

2.4.2 Einrichtungen

Die Krankenhausstatistiken werden regelmäßig vom Statistischen Bundesamt als Fachserie 12/Reihe 6 veröffentlicht. Die folgenden Statistiken sollen die Dynamik des Krankenhausmarktes verdeutlichen. Bei allen Ausführungen muss bedacht werden, dass die Ausgaben für stationäre und teilstationäre Leistungen im Jahr 2019 ungefähr 149 Milliarden € betrugen, was ungefähr 36,4 % der gesamten Gesundheitsausgaben ausmacht.[39] Tab. 2 gibt die Entwicklung der wichtigsten Leistungsparameter der Krankenhäuser (Allgemeine Krankenhäuser und Rehabilitationskliniken) in Ost- und Westdeutschland von 1960 bis zur Wiedervereinigung wieder. Sowohl in Ost- als auch in Westdeutschland nahm die Zahl der Krankenhäuser in diesem Zeitraum ab. In Westdeutschland war der stärkste Rückgang in den 70er-Jahren zu verzeichnen (−9,84 %), in Ostdeutschland in den 60er-Jahren (−23,84 %). Insgesamt nahm die Zahl der Krankenhäuser in Ostdeutschland von 1960 bis 1989 stärker ab als in Westdeutschland (−15,48 % vs. −34,43 %).

Die Zahl der Betten stieg in Westdeutschland von 1960 bis 1989 um 14,78 %, wobei in den 60er-Jahren massiv Betten aufgebaut wurden, die dann in den 80er-Jahren teilweise wieder reduziert wurden. In Ostdeutschland wurden hingegen seit 1960 Betten abgebaut, sodass der Bettenbestand um 20,25 % sank. Für Gesamtdeutschland war 1989 ein gegenüber 1960 erhöhter Bettenbestand festzustellen (5,68 %). Die Unterschiede relativieren sich teilweise, da die Bevölkerung in Westdeutschland von 1960 bis 1989 von 55,78 Millionen auf 63,73 Millionen stieg, während sie in Ostdeutschland von 18,39 Millionen auf 16,03 Millionen sank.

Die Zahl der Betten pro Krankenhaus stieg in beiden deutschen Staaten, wobei sowohl 1960 als auch 1989 die Krankenhäuser in Westdeutschland tendenziell kleiner waren als in Ostdeutschland. Mit einem Anstieg von 35,80 % lag die Steigerung in Westdeutschland zwar über dem Wachstum in Ostdeutschland (21,69 %), trotz-

---

39 Statistisches Bundesamt 2021.

dem hatte 1989 das durchschnittliche Krankenhaus in Ostdeutschland 37 % mehr Betten als in Westdeutschland.

Tab. 2: Entwicklung der Krankenhäuser und Bettenzahlen (1960–1989).[40]

		1960	**1970**	**1980**	**1989**
Krankenhäuser	**West**	3.604	3.587	3.234	3.046
	Ost	822	626	549	539
	Total	4.426	4.213	3.783	3.585
Betten	**West**	583.513	683.254	707.710	669.750
	Ost	204.767	190.025	171.895	163.305
	Total	788.280	873.279	879.605	833.055
Betten pro Krankenhaus	**West**	162	190	219	220
	Ost	249	304	313	303
	Total	178	207	233	232

Dramatischer als die Entwicklung der Krankenhauszahlen verlief die Veränderung der Trägerstruktur, zumindest in Ostdeutschland (vgl. Tab. 3). In Westdeutschland blieben die Anteile öffentlicher, freigemeinnütziger und privater Krankenhäuser relativ konstant. Die Zahl öffentlicher Krankenhäuser sank von 1960 bis 1989 von 1385 auf 1046, was einer Reduktion der relativen Bedeutung von 38 % auf 34 % entspricht. Die Zahl der freigemeinnützigen Krankenhäuser sank von 1307 auf 1021. Im Jahr 1960 waren 36 % der Krankenhäuser freigemeinnützig, im Jahr 1989 34 %. Zeitgleich stieg die Zahl der Privatkrankenhäuser von 912 (25 % aller Krankenhäuser) auf 979 (32 % aller Krankenhäuser). Bei der Wiedervereinigung konnte man folglich annähernd von einer Marktstruktur gleichstarker Trägersegmente sprechen.

Die absolute Zahl der Krankenhäuser spiegelt allerdings nicht die Bettenzahl wieder. 1960 waren 56 % der Betten in öffentlichen Krankenhäusern, 37 % in freigemeinnützigen und nur 7 % in privaten Krankenhäusern. Bis 1989 glichen sich diese Zahlen etwas an (50 %, 34 %, 16 %), jedoch lag noch immer das Schwergewicht auf den öffentlichen Häusern.

In der DDR war der Einfluss der freigemeinnützigen und privaten Krankenhäuser bereits vor 1960 stark reduziert worden. In diesem Jahr gab es 679 öffentliche Krankenhäuser (83 % aller Krankenhäuser mit 92 % aller Krankenhausbetten), 88 freigemeinnützige Krankenhäuser (11 % aller Krankenhäuser mit 7 % aller Betten) sowie 55 Privatkrankenhäuser (7 % der Krankenhäuser mit 1 % der Betten). 1989

---

40 Quelle: Deutsche Krankenhausgesellschaft 2011, S. 17–22.

gab es nur noch zwei Privatkrankenhäuser, während die Bedeutung der freigemeinnützigen Krankenhäuser praktisch unverändert geblieben war. Sie stellten 7 % der
Betten und 14 % der Krankenhäuser.

Tab. 3: Entwicklung der Trägerstruktur (1960–1989).[41]

			1960	1970	1980	1989
öffentlich	Zahl	West	1.385	1.337	1.190	1.046
		Ost	679	523	464	462
	Betten	West	326.413	373.137	370.714	333.239
		Ost	189.260	176.536	159.828	151.969
freigemeinnützig	Zahl	West	1.307	1.270	1.097	1.021
		Ost	88	82	80	75
	Betten	West	215.120	249.357	248.717	230.728
		Ost	13.523	12.540	11.711	11.076
privat	Zahl	West	912	980	947	979
		Ost	55	21	5	2
	Betten	West	41.980	60.760	88.279	105.783
		Ost	1.984	1.984	949	260

Abb. 25 zeigt die Entwicklung der Allgemeinen Krankenhäuser (d. h. ohne Vorsorge-
und Rehabilitationseinrichtungen) von 1991 bis 2019. Die Zahl der Krankenhäuser
sank von 2411 auf 1914 (−21 %).[42] Diese Zahl sollte allerdings nicht dahingehend interpretiert werden, dass die Zahl der Krankenhausstandorte in derselben Höhe abgenommen hat. Vielmehr werden fusionierte Krankenhäuser als eine Einrichtung gezählt,
auch wenn sie weiterhin an den bestehenden Standorten tätig sind.

Von 1991 bis 2015 sank die Zahl der Betten von 665.565 auf 494.326 (−25,7 %)
und die Zahl der Betten pro 100.000 Einwohner von 832 auf 595 (−28,5 %). Auffällig
ist, dass die Zahl der Betten stärker zurückging als die Zahl der Krankenhäuser, sodass sich die durchschnittliche Bettenzahl pro Krankenhaus von 276 auf 258 reduzierte. Das Minimum wurde 2009 mit 242 Betten pro Krankenhaus erreicht.

Die Krankenhaushäufigkeit betrug im Jahr 1991 18,2 %. Sie stieg bis zum Jahr 2002
auf 21,1 % an, nahm dann in den ersten Jahren nach der Einführung der Diagnosis
Related Groups ab, um anschließend wieder anzusteigen (2019: 23,4 %). Wie Abb. 26

---

41 Quelle: Deutsche Krankenhausgesellschaft 2011, S. 17–22.
42 Quelle hierzu und in Folgenden: Statistisches Bundesamt 2021.

zeigt, erreichte auch die Fallzahl (1991: 14.576.613) dementsprechend ihren Höhepunkt im Jahr 2002 mit 17.432.272 Einweisungen, sank auf 16.539.398 Fälle im Jahr
2005 und stieg wieder anschließend wieder an. Seit 2015 ist sie etwa konstant und
betrug 2019 19.415.555 Fälle. Die durchschnittliche Verweildauer nahm kontinuierlich
von 14,0 (1991) auf 7,2 (2019) Tage ab. Dadurch ergab sich ein widersprüchlicher
Effekt. Einerseits stieg die Zahl der Krankenhauseinweisungen, andererseits waren
die Patienten kürzere Zeit im Krankenhaus. Tatsächlich überwog der letztgenannte
Effekt, sodass die Zahl der Belegungstage kontinuierlich von 204.204.000 im Jahr
1991 auf 139.267.624 im Jahr 2019 abnahm.

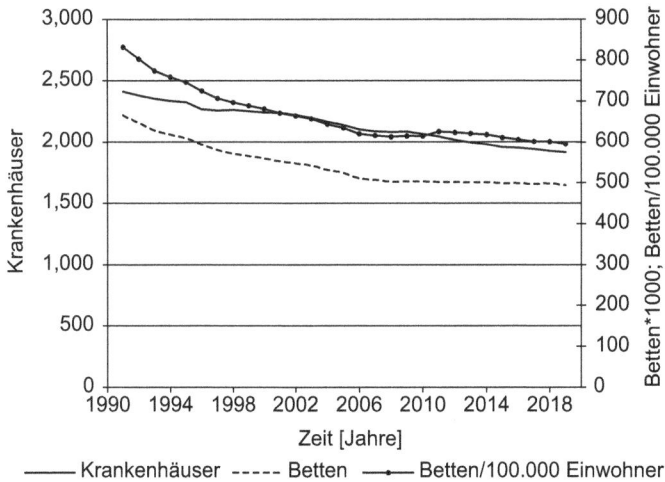

Abb. 25: Entwicklung der Krankenhäuser (1991–2014).[43]

Die Entwicklung der Vorsorge- und Rehabilitationseinrichtungen ist gegenläufig. Ihre
Zahl stieg von 1991 bis 1994 von 1181 auf 1329 Einrichtungen, um seither wieder abzunehmen (1112 in 2019).[44] Die Zahl der aufgestellten Betten erreichte ihr Maximum 1998
mit 190.967 Betten, um dann auf 163.336 zu sinken (2019). Die höchste Patientenzahl
wurde mit 2.096.904 im Jahr 2001 gezählt und ist seither rückläufig (1.993.585 in 2019).
Die Zahl der Pflegetage stieg stark bis 1995, sank dann bis 2005 und stieg seither erneut an. Im Jahr 2019 wurden 50,6 Mio. Pflegetage geleistet. De Verweildauer mit 25,4
Tagen nur sehr gering abnehmend. Vergleicht man Statistiken jedoch mit 1991, so sind
die Veränderungen bemerkenswert (Einrichtungen: −5,8 %; Betten: + 13,3 %; Fallzahl:
+ 35,3 %; Pflegetage: + 10,6 %; Verweildauer: −18,1 %).

Die Entwicklung der Krankenhäuser erfolgte in den einzelnen Bundesländern
unterschiedlich. Wie Abb. 27 zeigt, schwankt die Zahl der Betten in Allgemeinkran-

---

43 Quelle: Statistisches Bundesamt 2021.
44 Vgl. hierzu und im Folgenden Statistisches Bundesamt 2016Statistisches Bundesamt 2021.

kenhäusern pro 100.000 Einwohner zwischen 500 (Baden-Württemberg) und 749 (Bremen) bei einem deutschlandweiten Mittel von 622. Hierbei ist zu beachten, dass die Stadtstaaten ein weit größeres Einzugsgebiet versorgen, als dies ihrer Bevölkerung entspricht. Trotzdem dürfte die stark schwankende Krankenhausbettendichte auch Ausdruck einer unterschiedlichen Gesundheitspolitik der Bundesländer sein.

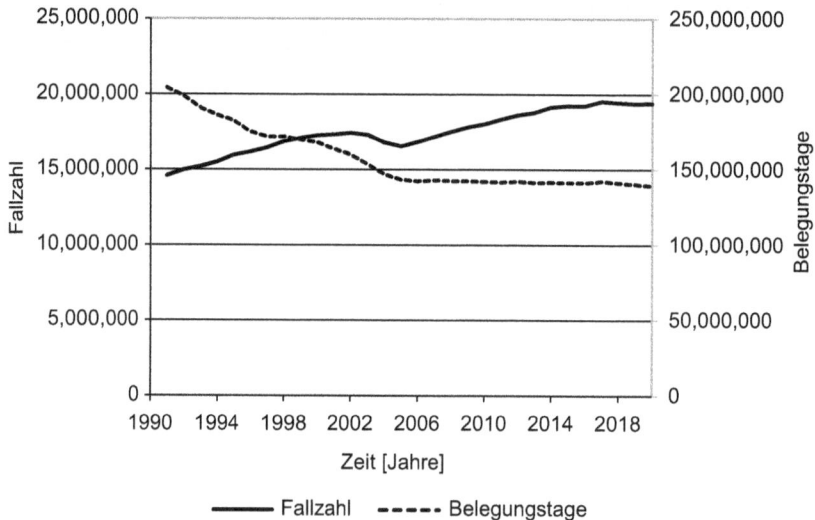

Abb. 26: Entwicklung der Fallzahl und Belegung in Allgemeinkrankenhäusern.[45]

Sehr viel größer sind die Unterschiede in der Bettendichte bei Vorsorge- und Rehabilitationseinrichtungen. Da hier die Distanzreibung geringer ist als bei den Akutkrankenhäusern, spielt die touristische Annehmlichkeit, wie z. B. Klima, Luftqualität, Landschaft, eine größere Rolle. Deshalb haben die Stadtstaaten auch praktisch keine derartigen Einrichtungen (durchschnittliche Bettendichte von Berlin: 17; Hamburg: 18), während Schleswig-Holstein eine Dichte von 366 und Mecklenburg-Vorpommern gar von 655 Betten pro 100.000 Einwohner aufweisen. Bei einer durchschnittlichen Dichte von 204 Betten pro 100.000 Einwohner sind die Stadtstaaten sowie die Bundesländer Nordrhein-Westfalen, Sachsen-Anhalt, Rheinland-Pfalz, Brandenburg und Sachsen unterdurchschnittlich ausgestattet, d. h., es liegt die Vermutung nahe, dass sie Nettoexporteure von Rehapatienten sind.

Abb. 28 zeigt die Zahl der Vollstellen in Allgemeinkrankenhäusern. Im Analysezeitraum haben nie so viele Mitarbeiter in den Allgemeinkrankenhäusern gearbeitet wir im Jahr 2019 (863.868). Von 1991 (875.816) ging die Zahl bis 2006 auf 791.914 (−10 %) zurück, um anschließend wieder anzusteigen. Allerdings ist hier auch seit

45 Quelle: Statistisches Bundesamt 2021.

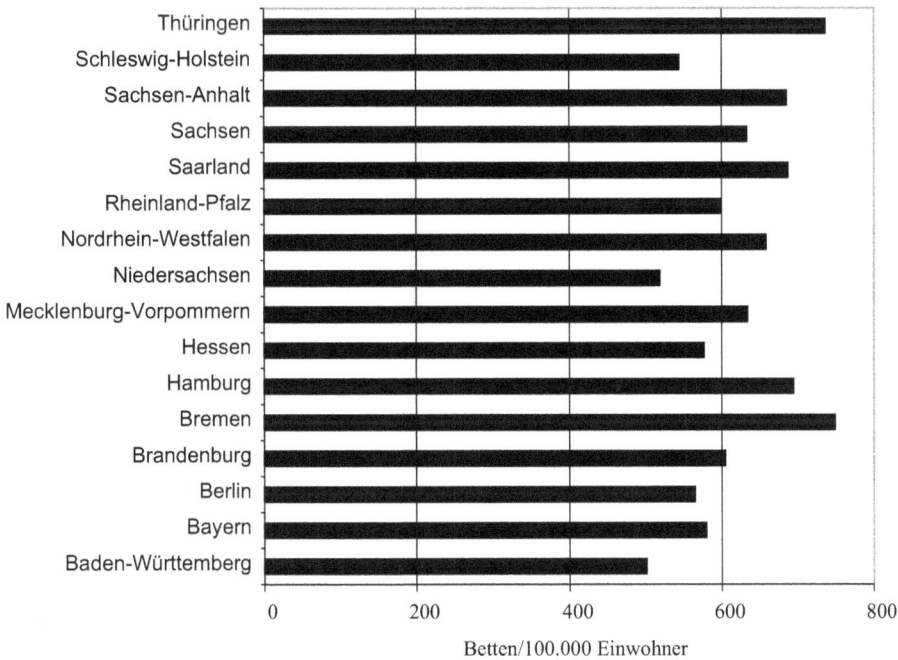

Abb. 27: Bettendichte in Allgemeinkrankenhäusern nach Bundesländern (2019).[46]

2009 eine statistische Bereinigung enthalten, da seither die „Vollkräfte im Jahres-durchschnitt ohne direktes Beschäftigungsverhältnis beim Krankenhaus" erfasst werden, d. h. Mitarbeiter, die zwar funktional dem Krankenhaus zuzuordnen sind, aber keinen Arbeitsvertrag mit dieser Institution haben. Hierzu gehört beispiels-weise die Arbeitnehmerüberlassung („Hire a doctor").

Der Pflegedienst reduzierte sich von 325.000 im Jahr 1991 auf 276.000 im Jahr 2008, um anschließend wieder auf 345.407 (2019) anzuwachsen. Auffällig ist ein leich-ter Anstieg der Zahl der Pflegenden zwischen 1993 und 1995, was primär auf die Um-setzung der Pflegepersonalregelung (PPR) zurückzuführen ist. Der ärztliche Dienst stieg monoton von 95.208 auf 167.952 Vollkräfte (+76 %). Die Wachstumsrate schwankt zwischen 1 und 3 % p. a., Sprünge sind nicht zu erkennen. Die Zahl der Verwaltungs-mitarbeiter stieg vergleichsweise geringfügig auf letztens 65.956, d. h., ungefähr 7,1 % der Mitarbeiter deutscher Allgemeinkrankenhäuser arbeiten in der Verwaltung.

Addiert man die Zahl der Mitarbeiter in den Vorsorge- und Rehabilitationsklini-ken dazu, so betrug 1991 die Zahl der Vollstellen im Krankenhauswesen 953.890 (davon 101.134 ärztlicher Dienst), im Jahr 2019 1.019.491 (davon 176.618 im ärztli-chen Dienst).

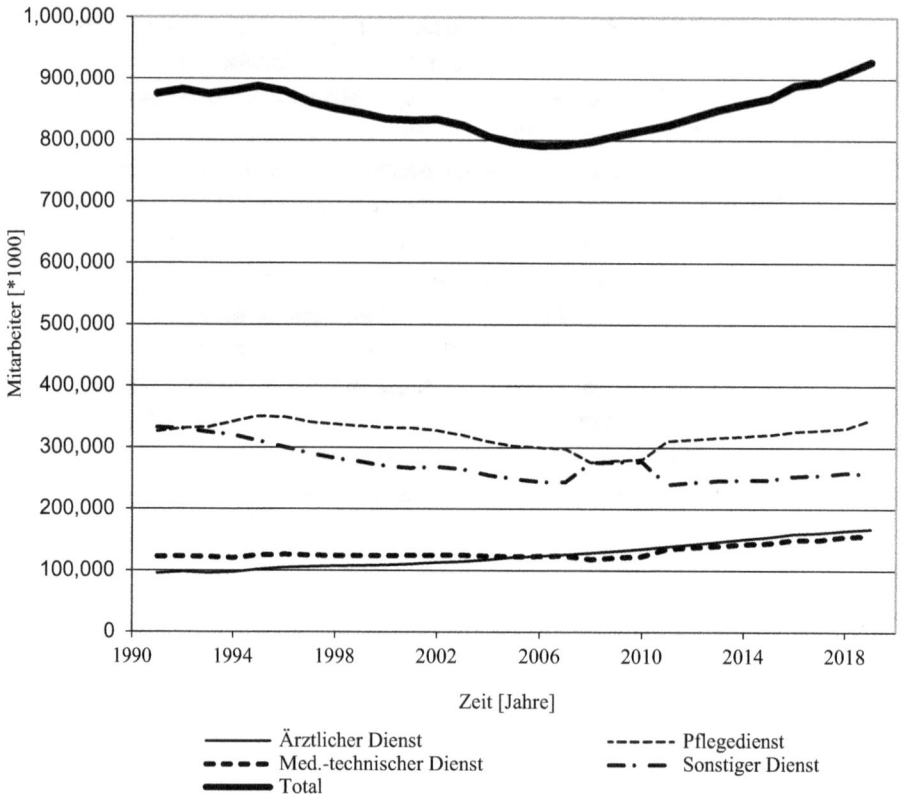

Abb. 28: Personaleinsatz in Allgemeinkrankenhäusern.[47]

Wie Tab. 4 zeigt, gab es im Jahr 2019 1914 Allgemeinkrankenhäuser und 1112 Vorsorge- und Rehabilitationseinrichtungen in Deutschland. Wenn man von den Kleinstkrankenhäusern (die teilweise nur aus einer Abteilung bestehen) absieht, hatten die meisten Allgemeinkrankenhäuser zwischen 200 und 300 Betten, während die Vorsorge- und Rehaeinrichtungen deutlich kleiner waren. Auffällig ist das Segment der Großkrankenhäuser mit mindestens 800 Betten. Es gibt zwar nur 95 Krankenhäuser dieser Klasse, sie stellen jedoch über 20 % der Betten in Allgemeinkrankenhäusern mit durchschnittlich 1216 Betten.

Betrachtet man die Trägerstruktur (vgl. Tab. 5), so fällt auf, dass Allgemeinkrankenhäuser und Vorsorge- und Rehabilitationseinrichtungen unterschiedliche Strukturen aufweisen. In 545 öffentlichen Allgemeinkrankenhäusern waren 235.767 Betten aufgestellt, was einer Bettenzahl von 433 pro Einrichtung entspricht. Der größte Anteil der Allgemeinkrankenhäuser in öffentlicher Trägerschaft (60 %) war

---

47 Quelle: Statistisches Bundesamt 2021. sowie entsprechende Vorjahre.

bereits in eine privatrechtliche Form überführt worden, nur noch 16 % der Einrichtungen in öffentlicher Trägerschaft sind als unselbstständige Anstalten geführt.[48]

Tab. 4: Krankenhäuser nach Größe (2015).[49]

Allgemeinkrankenhäuser				Vorsorge- und Rehakrankenhäuser			
Bettenzahl	Zahl	Betten	Betten/KH	Bettenzahl	Zahl	Betten	Betten/KH
< 50	422	7.396	18	< 50	259	8.022	31
50–99	230	16.672	72	50–99	231	16.823	73
100–149	243	29.504	121	100–149	159	19.597	123
150–199	186	32.266	173	150–199	194	33.863	175
200–299	248	61.816	249	>199	306	86.918	284
300–399	172	58.901	342				
400–499	136	60.238	443				
500–599	95	51.879	546				
600–799	86	59.166	688				
>799	96	116.488	1.213				

Die freigemeinnützigen Allgemeinkrankenhäuser sind durchschnittlich kleiner als die öffentlichen. Die 645 Einrichtungen hatten 162.958 Betten und damit eine Dichte von 253 Betten pro Einrichtung. Unter den Privatkrankenhäusern gibt es noch immer sehr viele Kleinstkrankenhäuser, sodass die 724 privaten Allgemeinkrankenhäuser nur 95.601 Betten und damit eine durchschnittliche Bettenzahl von 132 aufwiesen. Allerdings übernehmen immer mehr Klinikketten gerade auch Großkrankenhäuser, sodass eine stetig steigende Bettenzahl pro Privatkrankenhaus zu verzeichnen ist.

Insgesamt liegt bei der Zahl der Krankenhäuser fast eine Gleichverteilung vor (28 % öffentlich, 34 % freigemeinnützig, 38 % privat), während bei der Bettenzahl noch immer eine starke Dominanz der öffentlichen Träger besteht (48 %, 33 % bzw. 19 % der Betten).

Im Vorsorge- und Rehabilitationssegment sehen die Verhältnisse anders aus. 53 % dieser Einrichtungen sind in privaten Händen, 27 % freigemeinnützig und nur 19 % öffentlich. Private Träger stellen sogar 66 % der Betten (freigemeinnützige Träger 16 %), da sie im Durchschnitt die größeren Einrichtungen haben.

---

48 Das Statistische Bundesamt weißt diese Statistik nur bis 2017 aus.
49 Quelle: Statistisches Bundesamt 2021; Statistisches Bundesamt 2021.

Die letzten Jahre waren von einer verstärkten Privatisierung gekennzeichnet. Im Jahr 1991 waren erst 15 % der Allgemeinkrankenhäuser in privater Trägerschaft,

Tab. 5: Krankenhäuser nach Träger (2019).[50]

	Allgemeinkrankenhäuser			Vorsorge- und Rehakrankenhäuser		
	Zahl	Betten	Betten/ KH	Zahl	Betten	Betten/ KH
Öffentlich	545	235.767	433	223	30.355	136
Freigemeinnützig	645	162.958	253	315	26.500	84
Privat	724	95.601	132	611	108.368	177

im Jahr 2019 waren es 38 %. Der Anteil der freigemeinnützigen Krankenhäuser blieb annähernd konstant (39 % vs. 34 %), sodass man schließen kann, dass die Privatisierungswelle primär zu einem Transfer von öffentlicher zu privater Trägerschaft geführt hat. Anders ist dies bei den Vorsorge- und Rehabilitationseinrichtungen. Hier nahm der Anteil der Privatkrankenhäuser von 60 % auf 53 % ab, während öffentliche und freigemeinnützige Einrichtungen geringfügig zugenommen haben. Betrachtet man allerdings die Bettenzahl, so muss man wiederum feststellen, dass die Bettenzahl pro Einrichtung bei privaten Rehaträgern stärker gestiegen war als bei öffentlichen oder freigemeinnützigen Einrichtungen, was evtl. auf den leichteren Zugang zu Kapital zurückzuführen ist.

Die privaten Klinikketten sind in Größe und Ausrichtung sehr heterogen. Tab. 6 zeigt eine Liste bedeutender Anbieter.

Tab. 6: Private Krankenhausträger (Beispiele).[51]

Name	Rechtsform	Stationäre Betten	Segment
Helios-Kliniken	GmbH	28.380	Akutkrankenhäuser, auch Maximalversorger
Asklepios Kliniken	GmbH	27.090	Akutkrankenhäuser, Reha, Psychiatrie
Sana Kliniken	AG	11.331	Akutkrankenhäuser, Altenheime. Management in fremder Trägerschaft
Ameos	AG	9.000	Akutkrankenhäuser, Pflegeheime, Psychiatrie (Konzern aus der Schweiz)
Rhön-Klinikum	AG	4.617	Akutkrankenhäuser, auch Maximalversorger

---

50 Quelle: Statistisches Bundesamt 2021; Statistisches Bundesamt 2021.
51 Quelle: Heitmann 2021.

Tab. 6 (fortgesetzt)

Name	Rechtsform	Stationäre Betten	Segment
Schön Kliniken	GmbH	3.550	Akutkrankenhäuser
Paracelsus-Kliniken	GmbH & Co. KGaA	1.786	Akutkrankenhäuser und Reha; Entwickler der Praxisklinik (Krankenhaus und hoch spezialisierte Privatpraxen in Ortseinheit); konsequente Übernahme kommunaler Häuser

Die freigemeinnützigen Krankenhäuser (zur Abgrenzung zu öffentlichen Einrichtungen, die selbstverständlich auch gemeinnützig sind) gehören mit wenigen Ausnahmen einem Träger der freien Wohlfahrtpflege. Im Verband der freien Wohlfahrtspflege sind der Deutsche Caritasverband, das Diakonisches Werk der Evangelischen Kirche in Deutschland (EKD), die Zentralwohlfahrtsstelle der Juden in Deutschland, die Arbeiterwohlfahrt, das Deutsche Rote Kreuz sowie der Paritätische Wohlfahrtsverband zusammengeschlossen. Krankenhäuser betreiben insbesondere die Caritas, das Diakonische Werk sowie das Rote Kreuz.

Der Caritasverband wurde 1897 als Verein zur Förderung der katholischen Wohlfahrt gegründet und 1915 in die Katholische Kirche integriert. Im Jahr 2020 gehörten 25.064 Einrichtungen mit 693.082 Mitarbeitern zum Caritasverband. Der katholische Krankenhausverband ist die Dachorganisation von 283 Allgemein- und 54 Reha-Krankenhäusern in Deutschland (2021).[52]

Das Diakonische Werk geht auf die berühmte Rede des Evangelischen Pfarrers Wichern auf dem Kirchentag von 1848 zurück, in der er für mehr „christlich-soziale Wohlfahrt" eintrat. Im Gegensatz zur katholischen Caritas wurde die Diakonie („Innere Mission") nie Teil der offiziellen Amtskirche, wenn auch „Diakonie als Glaubens- und Wesensäußerung der Kirche" selbstverständlich kirchlich gefördert wird. Trotzdem ist der größte Teil der 31.600 diakonischen Einrichtungen mit ihren 599.282 Mitarbeitern rechtlich selbständig und weder gegenüber der jeweiligen Landeskirche noch dem Diakonischen Werk weisungsgebunden.[53] Der Evangelische Krankenhausverband (DEKV) vertritt 201 evangelische Krankenhäuser, wobei nicht alle evangelischen Krankenhäuser Mitglied im DEKV sind.

Das spezifische Zielsystem von Nonprofit-Organisationen und insbesondere von Diakonie und Caritas als bedeutende Träger des Krankenhauswesens wird in Kapitel 7.2.5 diskutiert. An dieser Stelle sei nur darauf verwiesen, dass öffentliche, freigemeinnützige und private Träger unterschiedliche Ausgangssituationen für die zukünftige Entwicklung vorfinden, woraus sich zum Teil die Strukturveränderungen der letzten

---

52 Vgl. Caritas 2021.
53 Vgl. Diakonie 2021.

Jahre erklären. Zum Teil antworten die Nonprofit-Organisationen durch Kooperationen und Klinikverbünde, sodass durchaus große freigemeinnützige Krankenhausträger entstehen, wie z. B. z. B. Agaplesion gAG (6255 Betten), Barmherzige Brüder Trier (BBT-Gruppe, 4227 Betten) sowie St. Franziskus-Stiftung Münster (4110 Betten).[54]

Öffentliche Krankenhäuser sind traditionell als Regiebetriebe Teil der öffentlichen Haushalte. Sie sind damit unflexibel und leiden unter einem beamtenmäßigen Management, das stärker auf die Erfüllung gesetzlicher Vorlagen als auf effiziente Leistungserstellung bedacht ist. Kirchliche Einrichtungen werden oftmals als Vereine geführt, in denen Laien (z. B. Theologen) eine gewichtige Rolle spielen. Traditionell konnten sie diesen Nachteil durch besonders motiviertes Personal (z. B. Nonnen, Diakonissen) ausgleichen, jedoch bricht diese Personalkategorie immer stärker weg.

Im Prinzip müssen weder öffentliche noch freigemeinnützige Einrichtungen an diesen Nachteilen leiden. Die Rechtsform, die Abhängigkeit von der Behörde und auch der Zugang zum Kapitalmarkt können ähnlich gestaltet sein wie bei den privatwirtschaftlichen Trägern. Trotzdem findet man insbesondere bei diesen Trägern häufig noch ineffiziente Verwaltungen und übermäßige Vergangenheitsorientierung.

Der Leser muss sich darüber bewusst sein, dass an dieser Stelle kein wirklich umfassender Überblick über das Krankenhauswesen in Deutschland gegeben werden kann. Zahlreiche Fragen, die einer Vertiefung bedürfen, bleiben offen. So ist z. B. die Analyse der Vergleichsdaten aus europäischen Ländern ausgesprochen aufschlussreich, um die Struktur des deutschen Gesundheitswesens zu bewerten.

2.4.3 Institutionen und Organisationen

Nachdem wir das epidemiologische, demografische und wirtschaftliche Umsystem beschrieben hatten, folgte eine Darstellung der Krankenhausbranche in Deutschland. Jedes Krankenhaus ist mit anderen Krankenhäusern als Konkurrenten und/oder Kooperationspartnern verbunden, sodass diese Häuser ein wichtiges Segment des Umsystems darstellen. Darüber hinaus gibt es jedoch eine Reihe von Institutionen und Organisationen der Krankenhauswirtschaft, die von hoher Bedeutung für die Krankenhausbetriebsführung sind. Diese sollen im Folgenden kurz dargestellt werden. Leider entwickelt sich auch in Deutschland die anglophone Unsitte, alles abzukürzen und nur noch diese Kürzel zu verwenden. So sehr die Vereinfachung einiger sperriger Begriffe zu begrüßen ist, so sehr gewinnt doch diese Abkürzungsmanie ein Eigenleben als „Geheimsprache", die Außenstehenden verschlossen bleibt. Dieses Kapitel kann deshalb auch als Übersetzungshilfe bei den gebräuchlichen Abkürzungen dienen.

Das Krankenhaus ist in sein rechtliches Umsystem eingebunden. In der Regel werden die relevanten Gesetze durch das Bundesministerium für Gesundheit (BMG)

---

54 Heitmann 2021.

(früher: Bundesministerium für Gesundheit und Soziales, BMGS) vorbereitet und durch den Bundestag beschlossen. Allerdings werden Details meistens der sogenannten Selbstverwaltung überlassen. Zur Selbstverwaltung gehören in der Regel die GKV, PKV und DKG sowie evtl. weitere Partner, wie z. B. BÄK und DPR.

GKV (Gesetzliche Krankenversicherung) meint in diesem Zusammenhang in der Regel den Spitzenverband der Gesetzlichen Krankenversicherungen in Deutschland. PKV (Private Krankenversicherung) ist das entsprechende Pendant der privaten Krankenversicherer. Sie können als indirekte Kunden (im Gegensatz zum Patienten als direkten Kunden) gesehen werden, während die DKG (Deutsche Krankenhausgesellschaft) die Interessen der Anbieter (d. h. Krankenhäuser) vertritt.

Die Deutsche Krankenhausgesellschaft e. V. ist der Dachverband der Landeskrankenhausgesellschaften und hat die Krankenhausträger und -verbände als Mitglieder. Ihr Ziel ist die Vertretung der Interessen der Krankenhäuser in Deutschland, sowohl gegenüber der Politik als auch den Krankenkassen. Die DKG darf nicht mit dem DKI (Deutsches Krankenhausinstitut) verwechselt werden, einer kommerziellen Beratungsfirma.

Der Deutsche Pflegerat (DPR) ist die Bundesarbeitsgemeinschaft der Pflegeorganisationen und des Hebammenwesens und verfolgt die Wahrung der Interessen der Pflegenden in der Gesundheitspolitik. Die Bundesärztekammer (BÄK) hat dasselbe Ziel für die Ärzte. Beide Organisationen sind Berufsstandsvertretungen, die wegen der Wichtigkeit ihrer Tätigkeit im Krankenhauswesen regelmäßig in alle Beratungen einbezogen werden.

Seit der Einführung der Diagnosis Related Groups (DRG) sind zwei weitere Institutionen von großer Bedeutung für das Krankenhaus geworden. Der Krankenhaus-Entgelt-Ausschuss (KEA) entscheidet über die Grundstrukturen des Vergütungssystems, insbesondere über die Bewertungsrelationen und die Weiterentwicklung des Systems. Er ist paritätisch besetzt (d. h. halb von GKV/PKV-Vertretern, halb von DKG-Vertretern), hat jedoch nur strategische Aufgaben. Die tägliche Feinarbeit überlässt er dem InEK, dem Institut für das Entgeltsystem im Krankenhaus (umgangssprachlich auch als DRG-Institut bezeichnet).

Das InEK hatte die Aufgabe, das German DRG-System zu entwickeln. Es wird auch in Zukunft benötigt, um das System zu pflegen und an veränderte Anforderungen anzupassen. Ohne dem Kapitel „Finanzierung" vorgreifen zu wollen, seien hier einige Aspekte dieser Systempflege erwähnt: Fallgruppenpflege (Definition der DRG-Fallgruppen, Pflege der Basis-Fallgruppen, Pflege des Schweregrad-Systems), Kodierung (Kodierrichtlinien, Vorschläge für ICD/OPS-Anpassungen) und Kalkulation (Relativgewichte, Zu- und Abschläge). Die Ergebnisse des InEK betreffen in Form der Relativgewichte jedes Krankenhaus, das über DRG abrechnet. Darüber hinaus bietet das InEK auf seiner Homepage eine umfangreiche Sammlung wichtiger Dokumente und Formulare zum DRG-System.

Die Vorschläge des InEK zur Anpassung des ICD- bzw. OPS-Schlüssel werden vom Bundesinstitut für Arzneimittel und Medizinprodukte (BfArM, früher: Deutsches Institut für Medizinische Dokumentation und Information, DIMDI) aufgenommen und umgesetzt.

ICD steht hierbei für die "International Statistical Classification of Diseases and Related Health Problem", einem Klassifizierungswerk der Weltgesundheitsorganisation (WHO), in dem jeder Krankheit ein eindeutiger Schlüssel zugeordnet ist. Das jeweils aktuelle Regelwerk (Version 11 wurde zum 01.01.2022 eingeführt werden, wobei eine fünfjährige Übergangszeit eingeplant ist) muss vom Englischen ins Deutsche übertragen werden, wobei dies nicht eine reine Übersetzung ist, sondern eine Transformation in ein teilweise abweichendes medizinisches System. Weiterhin pflegt das BfArM den Operationen- und Prozedurenschlüssel (OPS) sowie den LOINC (Logical Observation Identifiers Names and Codes), der im Labor eingesetzt wird. Weitere Aufgaben des DIMDI, die vom BfArM übernommen wurden, sind die Bereitstellung eines Arzneimittelinformationssystems (AMIS), Informationen über Medizinprodukte laut Medizinproduktegesetz (MPG), das Lebensmittelmonitoring, das Führen einer GKV-Sozialdatenbank sowie ein Informationssystem zur „gesundheitsökonomischen Evaluation".

Weitere Einrichtungen, die als Segmente des Umsystems des Krankenhauses von Bedeutung sind, sind der Verband der leitenden Krankenhausärzte Deutschlands e. V. (VLK) sowie der Verband der Krankenhausdirektoren Deutschlands e. V. (VKD), die ihre jeweilige Mitgliedergruppe gegenüber anderen Organisationen vertreten und den Erfahrungsaustausch fördern wollen. Selbstverständlich gibt es für viele Spezialgebiete eigene Verbände, wie z. B. den Evangelischen Krankenhausverband.

2.5 Zusammenfassung

Zusammenfassend können wir festhalten, dass das Krankenhaus grundlegend in sein demografisches und epidemiologisches Umsystem eingebunden ist. Seine Patienten spiegeln die Altersstruktur und die Morbidität der Gesellschaft wider. Auch seine Mitarbeiter bezieht das Krankenhaus aus einer Gesellschaft mit einer spezifischen Altersstruktur und Krankheitslast. Das Durchschnittsalter der Belegschaft, sein Krankenstand und auch der Ausfall durch frühzeitigen Tod verdeutlichen die starke Interdependenz der Krankenhausführung mit dem demografischen und epidemiologischen System.

Darüber hinaus ist das Krankenhaus in die ökonomische Wirklichkeit eingebunden. Die Ressourcen, die das Krankenhaus benötigt, müssen anderswo erwirtschaftet werden. Sinkt die Wirtschaftskraft des Umsystems, dann wird dies auch ceteris paribus Auswirkungen auf die Finanzierbarkeit von Krankenhausdienstleistungen haben. Die Wirtschaftsordnung, der Entwicklungsstand, die Konjunktur, die Staatsquote und die Sozialversicherungsquote sind deshalb von großer Bedeutung für ein Krankenhaus in seinem Umsystem.

Weiterhin ist das einzelne Krankenhaus in den Markt an Krankenhausdiensten eingebunden. Es tritt als Partner und/oder Konkurrent zu anderen Krankenhäusern auf. Deshalb ist es wichtig, die anderen Krankenhäuser zu kennen und die Krankenhausbranche insgesamt zu beobachten. Hierzu gehört auch der Aufbau guter Beziehungen zu den Organisationen des Krankenhauswesens.

Schließlich ist das Krankenhaus in mehrfacher Hinsicht in das gesellschaftliche Wertesystem eingebunden. Zum einen leitet es seine eigenen Werte, Ziele und Strategien hieraus ab, zum anderen ist es abhängig von der Bewertung der Gesellschaft, die es letztlich mit Ressourcen versorgt. Würde beispielsweise die überwiegende Mehrheit der Bevölkerung der Meinung sein, dass privatwirtschaftliche Krankenhäuser keine Existenzberechtigung haben, würde diese Einschätzung im Rahmen des demokratischen Prozesses langfristig dieses Segment erheblich bedrängen. Auch kommerzielle Unternehmen sind deshalb davon abhängig, in Einklang mit den gesellschaftlichen Werten zu existieren. Die Kultur der Gesellschaft als Grundlage ihrer Werte und die Reflexion dieser Werte für das Unternehmen sind hierbei wichtig und wird in Kapitel 7.2 diskutiert. Abb. 29 gibt einen zusammenfassenden Überblick über das Systemmodell.

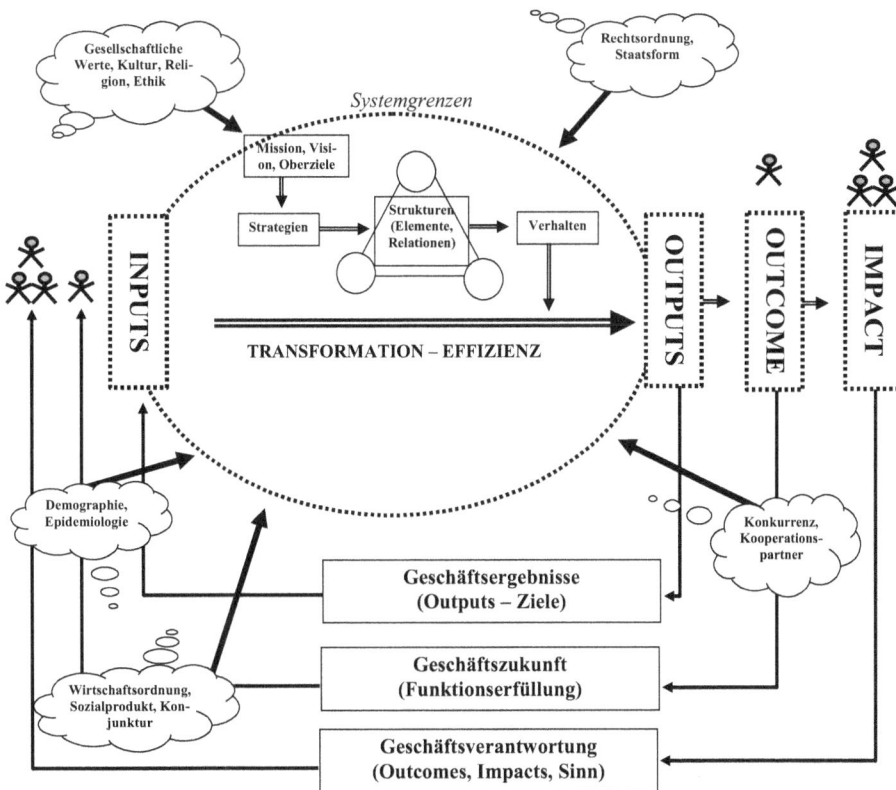

Abb. 29: Vollständiges Systemmodell mit Rahmendaten.[55]

---

55 Quelle: Eigene Darstellung in Anlehnung an Rieckmann 2000, S. 46.

Insgesamt besteht eine große Fülle von notwendigem Rahmenwissen für den Krankenhausmanager. Eine Kombination des Faches Krankenhausbetriebslehre mit Gesundheitsökonomik, Public Health, Epidemiologie und weiteren Nachbarwissenschaften ist empfehlenswert.

2.6 Fallstudie

Aufgabenstellung

Die Nachfrage nach Krankenhausdienstleistungen der Geburtshilfe und der Pädiatrie hat in den letzten Jahrzehnten abgenommen. Dementsprechend sank auch die Auslastung der entsprechenden Abteilungen von Krankenhäusern, sodass ihre Existenz insbesondere in kleineren Einrichtungen im ländlichen Raum gefährdet ist. Die demografische Entwicklung und teilweise auch die Steigerung der Mobilität haben dazu geführt, dass manche Krankenhäuser, die vor 40 Jahren noch 1000 Entbindungen pro Jahr durchführten, nur noch 250 Geburten nachweisen können. Diese geringe Zahl ist sowohl aus Sicht der Qualität der Leistung (insbesondere für komplexe Fälle) als auch der Kosten problematisch.

Abb. 30 zeigt die Pkw-Erreichbarkeit der Krankenhäuser in Greifswald, Wolgast und Anklam im Jahr 2014, bevor Geburtshilfe und Pädiatrie im Krankenhaus Wolgast geschlossen wurden. In den Einzugsregionen dieser drei Standorte lebten insgesamt 185.347 Personen, davon 25.594 Kinder und Jugendliche unter 18 Jahren und 36.085 Frauen im Alter von 15 bis 50 Jahren. 14,9 % der Kinder und Jugendlichen unter 18 Jahren und 13,8 % der Frauen im Alter von 15 bis 50 Jahren benötigen mehr als 20 Minuten Fahrzeit zum nächstgelegenen Krankenhaus.

Tab. 7 zeigt die tatsächlichen Fallzahlen in den Krankenhäusern im Jahr 2014 sowie die Anzahl der Fälle aus den entsprechenden Einzugsregionen.

Aufgabe: Diskutieren Sie, welche Auswirkungen eine Konzentration der Geburtshilfe und Pädiatrie auf ein oder zwei Krankenhäuser haben.

Lösung

Abb. 31 zeigt die Pkw-Fahrzeiten zu den Krankenhäusern bei Erhalt der Standorte für Geburtshilfe und Pädiatrie in Greifswald und Anklam, Abb. 32 bei Erhalt der entsprechenden Standorte Greifswald und Wolgast, Abb. 33 zeigt die resultierenden Pkw-Fahrzeiten, wenn nur der Standort Greifswald betrieben wird.

Bei den Szenarien A (Greifswald und Anklam) und B (Greifswald und Wolgast) ist für alle Orte in der Region eine Abteilung Pädiatrie oder Geburtshilfe innerhalb von 40 Minuten mit dem Pkw erreichbar.

Bei Szenario C (nur Standort Greifswald) haben insbesondere Einwohner der Insel Usedom zum Teil Fahrzeiten über 40 Minuten. Bei den Kindern und Jugendlichen betrifft dies etwa 2060 Personen (etwa 8 % der Einwohner < 18 Jahren in der

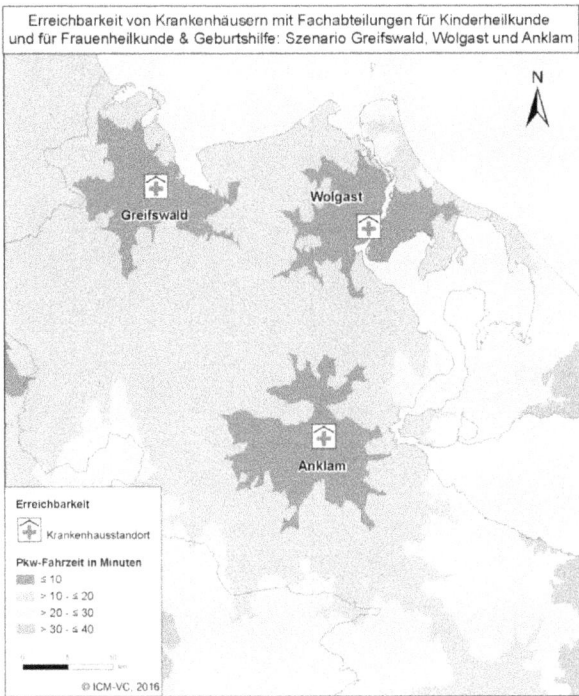

Abb. 30: Zugänglichkeit: Ausgangsbasis.[56]

Tab. 7: Fallzahlen in Vorpommern Pädiatrie und Geburtshilfe 2014.[57]

	Pädiatrie		Geburten	
	im Krankenhaus	im Einzugsbereich	im Krankenhaus	Einzugsbereich
Wolgast	1.057	926	357	203
Anklam	496	898	280	293
Greifswald	1.820	1.192	800	518
Summe	3.373	3.016	1.437	1.014

Untersuchungsregion), bei den Frauen zwischen 15 und 50 Jahren sind etwa 2800 Personen betroffen (etwa 8 %).

Die Abbildungen zeigen deutlich, dass die Veränderung des Umsystems (hier: Demografie) zu einer Veränderung der Ausgangssituation eines Krankenhauses führt.

---

56 Quelle: Fleßa 2020.
57 Quelle: Fleßa 2020.

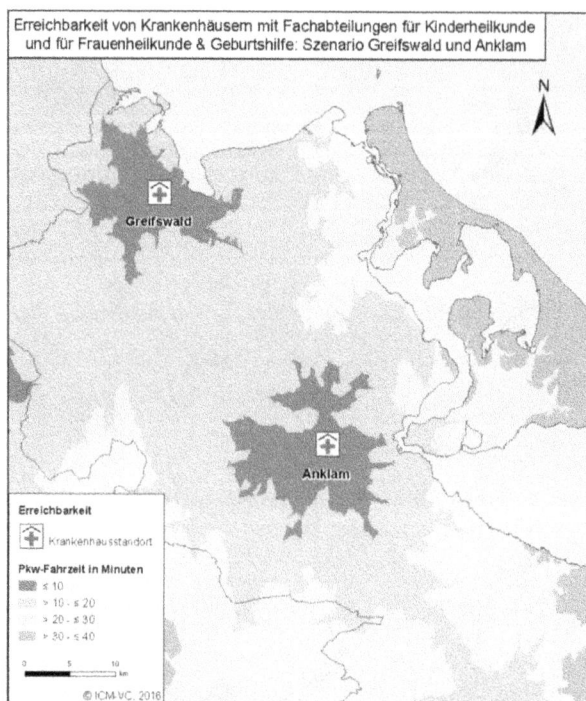

Abb. 31: Zugänglichkeitsszenarium A: Krankenhäuser Greifswald und Anklam.[58]

Ohne eine Kooperation bzw. Konzentration ist nur die Zahl der Geburten und pädiatrischen Fälle am Universitätsklinikum Greifswald ausreichend, um eine gute Qualität auch bei Risikofällen zu gewährleisten. Das sich wandelnde Umsystem verlangt folglich eine Anpassung des Krankenhausmanagements.

---

58 Quelle: Fleßa 2020.

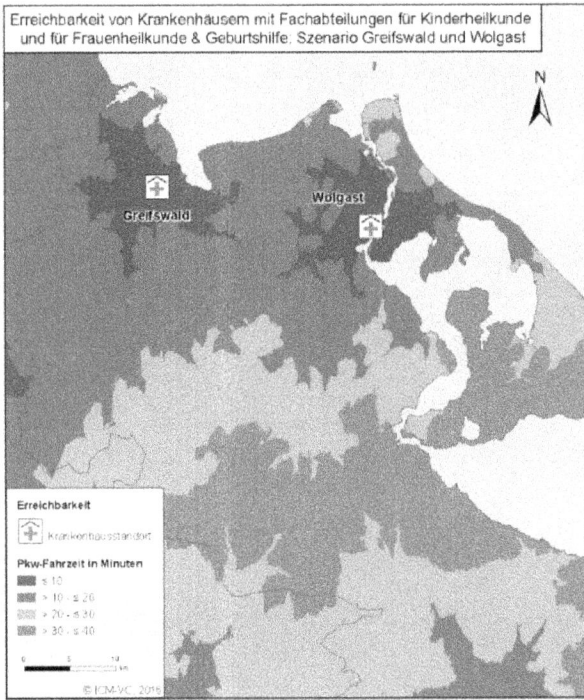

Abb. 32: Zugänglichkeitsszenarium B: Krankenhäuser Greifswald und Wolgast.[59]

---

59 Quelle: Fleßa 2020.

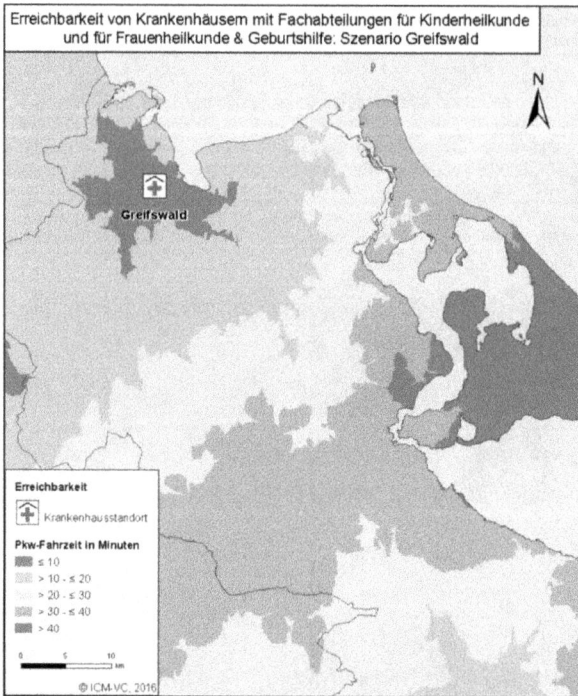

Abb. 33: Zugänglichkeitsszenarium C: nur Krankenhaus Greifswald.[60]

60 Quelle: Fleßa 2020.

3 Finanzierung

Die Dominanz der Entgeltverhandlungen des Krankenhauses mit den gesetzlichen Krankenversicherungen erfordert eine prioritäre Behandlung der Krankenhausfinanzierung. In der Allgemeinen Betriebswirtschaftslehre leiten sich alle Funktionen (z. B. Produktion, Finanzierung, Führung, Rechnungswesen, ...) aus dem Absatz her, sodass die Funktion der Leistungsverwertung oftmals in Lehrbüchern zuerst behandelt wird. Im Krankenhauswesen hingegen dominiert die Finanzierung alle weiteren Funktionen. Ohne eine vertiefte Kenntnis des Finanzierungssystems sind die weiteren Ausführungen dieses Buches nur bruchstückhaft zu verstehen.

Im ersten Teil dieses Kapitels werden die Grundlagen der Finanzierung gelegt. Hierzu werden verschiedene Möglichkeiten diskutiert, wie die Finanzierung eines Gesundheits- und insbesondere Krankenhauswesens grundsätzlich möglich wäre. Im zweiten Teil wird untersucht, wie diese unterschiedlichen Varianten in der Geschichte der Krankenhausfinanzierung umgesetzt wurden. Der zweite Teil endet mit der Einführung der Diagnosis Related Groups (DRGs) als Regelentgeltsystem für deutsche Allgemeinkrankenhäuser. Im dritten Teil wird dieses Klassifizierungssystem grundlegend erörtert, sodass auch die Entgeltverhandlungen nach geltendem Recht zum Zeitpunkt der Drucklegung dieses Lehrbuches diskutiert werden können.

Der Leser muss sich dessen bewusst sein, dass kaum ein anderer Bereich derart raschen Veränderungen unterworfen ist wie das DRG-System und die Entgeltverhandlung. Deshalb kann es nicht das Ziel dieses Lehrbuches sein, eine Berufsfertigkeit zu erzeugen, die sich beispielsweise darin äußern würde, dass der Leser die aktuellen Formulare ausfüllen kann, denn da sich diese in kurzen Zeitabständen ändern, wäre dies ein sinnloses Unterfangen. Ziel des vorliegenden Lehrbuches ist hingegen eine Berufsfähigkeit, die sich in einem grundlegenden Verständnis der Systeme, in der Analysefähigkeit und vor allem in einer Selbstlernfähigkeit äußert, sodass es möglich ist, sich den jeweils aktuellen Stand auf Grundlage des erworbenen Wissens in wenigen Tagen anzueignen.

Das Kapitel über Finanzierung enthält weiterhin im vierten und fünften Teil Aspekte der Finanzierung, die in ähnlicher Form auch aus der Allgemeinen Betriebswirtschaftslehre bekannt sind, jedoch im Krankenhauswesen eine zunehmende Rolle spielen. Hierzu gehören einerseits Social Marketing und Fund Raising (Kap. 3.4), andererseits Finanzierungssurrogate (Kap. 3.5).

3.1 Grundlagen

In den Grundlagen sollen Finanzierungsoptionen ohne Wertung diskutiert werden. Die Frage, ob und wie diese Möglichkeiten umgesetzt sind, spielt nur eine untergeordnete Rolle.

https://doi.org/10.1515/9783110753103-003

3.1.1 Betriebliches Finanzmanagement

Grundsätzlich kann auch im Krankenhaus eine Finanzierungsmatrix aufgestellt werden, wie sie Tab. 8 zeigt.

Tab. 8: Finanzierungsmatrix mit Beispielen.[1]

	Kapitalgeber	
	Eigenfinanzierung	Fremdfinanzierung
Innenfinanzierung	Gewinnthesaurierung	Pensionsrückstellungen
Außenfinanzierung	Eigenkapitaleinlage	Bankkredit

Als Eigenfinanzierung bezeichnet man hierbei die Zuführung neuen Eigenkapitals, als Fremdfinanzierung die Erhöhung des Fremdkapitals. Kommen die zusätzlichen Quellen von außerhalb des Unternehmens, spricht man von Außenfinanzierung, ansonsten von Innenfinanzierung. Bis vor wenigen Jahren spielten diese Finanzierungsformen allerdings kaum eine Rolle. Krankenhäuser wurden bei ihrer Gründung mit Eigenkapital ausgestattet, das meist die Grundstücke und evtl. einige Gebäude umfasste. Eine weitere Zufuhr von flüssigen Eigenmitteln war nicht vorgesehen. Ebenso war die Gewinnthesaurierung kaum von Bedeutung, da ausschließlich die Selbstkosten gedeckt wurden, jedoch keine Gewinne vorgesehen waren. Fremdfinanzierung war zumindest den öffentlichen Krankenhäusern durch das Haushaltsrecht verwehrt, und auch freigemeinnützige Krankenhäuser waren hier sehr zurückhaltend, da die Fremdkapitalzinsen in der Regel nicht als pflegesatzfähige Kosten angerechnet werden konnten. Somit blieb lediglich die bescheidene Innenfinanzierung mit Fremdkapital, d. h., die Finanzierung durch Rückstellungen.

In den letzten Jahren haben sich die Möglichkeiten klassischer Finanzierung erheblich erweitert. Da immer mehr Krankenhäuser privatwirtschaftlich orientiert sind bzw. eine entsprechende Rechtsform haben, steht ihnen das volle Spektrum der allgemeinen Finanzierung offen. Hinzu kommt, dass die Auflösung des Selbstkostendeckungsprinzips sowie die Umstellung des Entgeltsystems auf Fallpauschalen Gewinne zulassen.

Trotzdem kann die klassische Finanzierungsmatrix die Krankenhausfinanzierung nicht vollständig abdecken. Erstens gibt es eine „Zwischenform" des Kapitals, die sich aus Zuschüssen der öffentlichen Hand für den Bau und die Ausstattung von Krankenhäusern ableitet. Sie ist einerseits kein Eigenkapital, da die Zuschüsse im Falle einer Liquidation oder Umwidmung des Krankenhauses (z. B. von Akutkrankenhaus in eine private Klinik für plastische Chirurgie) zurückgezahlt werden müssen.

---

1 Quelle: Domschke und Scholl 2008, S. 235.

Andererseits sind sie kein Fremdkapital, da weder Zinsen noch Tilgung anfallen, falls das Krankenhaus den Verwendungszweck einhält. Zweitens sind etwa ein Drittel der Krankenhäuser in freigemeinnütziger Trägerschaft und haben damit die Möglichkeit der Finanzierung über Spenden oder ähnliche finanzielle Zuflüsse ohne oder mit nur geringer Gegenleistung. Drittens nehmen Venture Capital Fondsmodelle, mezzanine Finanzierungsformen als Zwischenformen von Eigen- und Fremdkapital und Public Private Partnerships immer mehr zu.[2]

Da sich die Finanzierung über Kredite, Eigenkapitalzuführung, Rückstellungen etc. nicht zwischen Krankenhäusern und anderen Betriebstypen unterscheidet, werden wir hier den Schwerpunkt auf die Entgelte legen. Dies soll jedoch nicht darüber hinwegtäuschen, dass gerade die Kreditfinanzierung für Krankenhäuser zunehmend an Bedeutung gewinnt.

3.1.2 Leistungsarten

Abb. 34 gibt einen Überblick über die Leistungen, für die im Gesundheitswesen eine Finanzierung vereinbart werden muss. Grundsätzlich können Leistungen des stationären Sektors, Leistungen des ambulanten Sektors und sonstige Leistungen unterschieden werden. Zu den sonstigen Leistungen gehören beispielsweise die ambulante Pflege, das Transport- und Rettungswesen, die Blutbanken sowie die Bereitstellung von Hilfsmitteln. Diese Leistungen sind zwar nicht im Fokus des traditionellen Krankenhauses, werden jedoch im Rahmen der integrierten Versorgung auch für Krankenhäuser immer wichtiger.

Dies trifft auch auf die Leistungen des ambulanten Sektors zu. Hier können medizinische Leistungen (niedergelassene Ärzte und Zahnärzte), die Arzneimittelversorgung (durch niedergelassene Apotheker) sowie paramedizinische Leistungen (z. B. Psychotherapeuten, Physiotherapeuten, Logopäden, Ergotherapeuten etc.) unterschieden werden. Krankenhäuser verknüpfen sich mit diesen Bereichen immer häufiger, z. B. im Rahmen von Medizinischen Versorgungszentren.

Traditionell liegt der Schwerpunkt des Krankenhauses natürlich im stationären Sektor (vgl. Abb. 35). Hier können Krankenhausleistungen und Leistungen nach SGB V unterschieden werden. Bei den Krankenhausleistungen kann wiederum in die Allgemeine (voll- und teilstationäre) Krankenhausbehandlung sowie die (ärztlichen und nicht-ärztlichen) Wahlleistungen unterschieden werden. Zu den Leistungen nach SGB V gehören das ambulante Operieren, die vorstationäre Krankenhausbehandlung, die nachstationäre Krankenhausbehandlung sowie die Belegärztlichen Leistungen.

Die große Bandbreite von Leistungen eines Krankenhauses impliziert eine große Fülle von Finanzierungsarten und -partnern. In der Regel wird der Schwerpunkt die

---

2 Vgl. Leuschner 2008, S. 18–23.

vollstationäre Krankenhausbehandlung für GKV-Patienten sein, sodass sich die oben beschriebene Dominanz der Entgeltverhandlungen mit der GKV ergibt. Viele Krankenhäuser haben jedoch einen nicht geringen Anteil von Privatpatienten und bieten Chefarztwahl sowie nichtärztliche Wahlleistungen an (Telefon, Fernseher, Zweibettzimmer, Couch, Zustellbett, …). Die Privatkrankenkassen sowie der jeweilige Patient sind damit unmittelbar in die Finanzierung der Leistungen involviert.

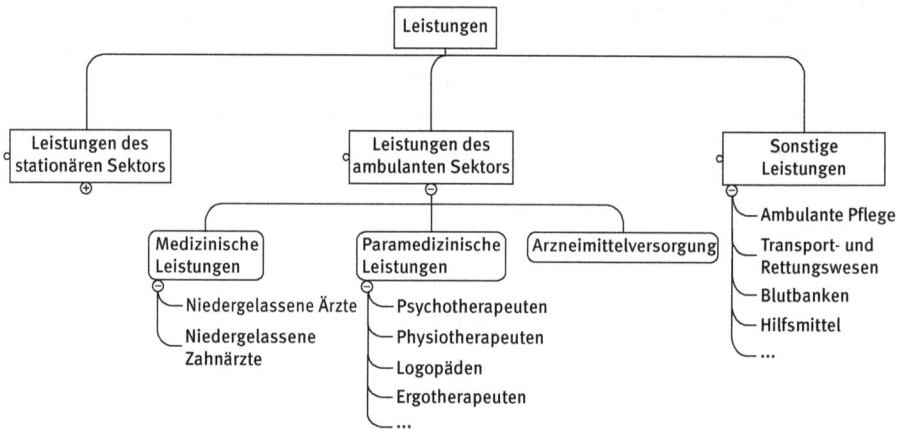

Abb. 34: Leistungen im Gesundheitswesen: Überblick.[3]

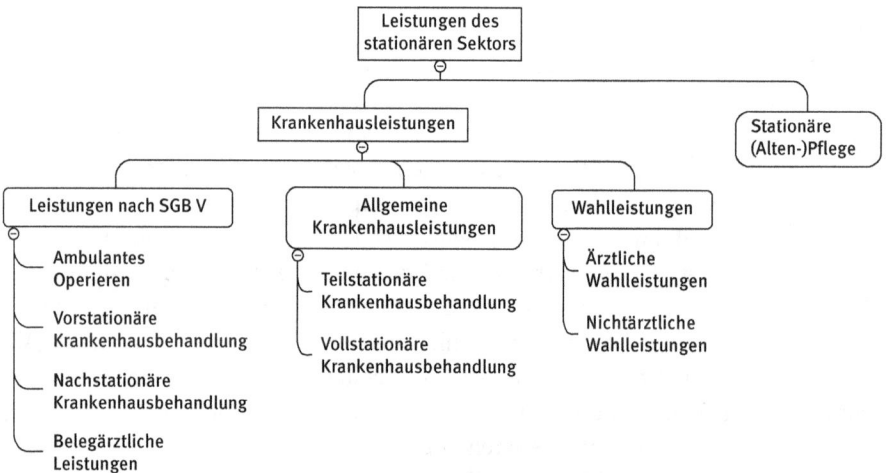

Abb. 35: Leistungen im Gesundheitswesen: Stationärer Sektor.[4]

---

3 Quelle: Eigene Darstellung.
4 Quelle: Eigene Darstellung.

Die meisten Krankenhäuser bieten weiterhin ambulantes Operieren im Krankenhaus nach § 115b SGB V an. Darunter versteht man stationsersetzende Eingriffe, wobei der Patient die Nächte vor und nach dem Eingriff zu Hause verbringt. Es handelt sich folglich um eine Leistung für den ambulanten Sektor, die jedoch im Krankenhaus erbracht wird. Es gibt einen Katalog ambulanter Operationen, der zwischen den Krankenkassen und den Kassenärztlichen Vereinigungen (als Vereinigung der niedergelassenen Ärzte) vereinbart wird.

Eine weitere Besonderheit ist die vorstationäre Krankenhausbehandlung nach § 115a SGB V, die lediglich die medizinische Leistung des Krankenhauses umfasst, jedoch die Hotelleistung ausschließt. In der Regel erfolgt sie, um einen Patienten auf die vollstationäre Krankenhausbehandlung vorzubereiten oder deren Notwendigkeit abzuklären. Sie darf maximal drei Behandlungstage innerhalb von fünf Tagen vor Beginn der stationären Behandlung dauern.

Die nachstationäre Krankenhausbehandlung nach § 115a SGB V ist das Äquivalent für eine Behandlung nach dem Krankenhausaufenthalt. Das Krankenhaus darf – unter Ausschluss der Hotelleistung – entlassene Patienten an maximal sieben Behandlungstagen innerhalb von 14 Tagen nach Beendigung der stationären Krankenhausbehandlung medizinisch betreuen.

In Deutschland gilt bislang noch das Prinzip der getrennten Töpfe, d. h., die Finanzierung des ambulanten und des stationären Sektors sind vollkommen getrennt. Die Aufnahme ambulanter Operationen in den Leistungskatalog eines Krankenhauses impliziert, dass das Krankenhaus aus dem Budget des ambulanten Sektors entgolten wird. Es wird zum Konkurrenten der niedergelassenen Ärzte, die die Operationen (oder die vor- bzw. nachstationäre Betreuung) selbst in ihren Arztpraxen durchführen möchten. Durch die Aktivitäten der Krankenhäuser auf dem ambulanten Sektor verlieren die niedergelassenen Ärzte nicht nur Kunden, sondern erhielten bis zur vertragsärztlichen Vergütungsreform 2009 unter Umständen sogar ein niedrigeres Entgelt für alle anderen Patienten.

Immer mehr Krankenhäuser sind folglich auf dem Markt für ambulante medizinische Leistungen tätig und müssen entsprechende Entgeltverträge schließen. Darüber hinaus wird auch die Grenze zwischen stationärer Krankenbehandlung und stationärer Altenpflege[5] immer fließender. Einige Krankenhäuser haben bereits Stationen für Intermediate Long-term Care aufgebaut, in denen primär ältere Patienten betreut werden, die zwar die medizinisch notwendige Aufenthaltsdauer im Krankenhaus bereits überschritten haben, jedoch noch nicht in die eigene Häuslichkeit oder das Altenheim entlassen werden können. Die stationäre Altenpflege ist folglich ein immer wichtigerer

---

[5] Die Altenpflege erstrebt die Erhaltung bzw. Wiederherstellung der Aktivitäten des täglichen Lebens von älteren Menschen. Die Altenhilfe umfasst darüber hinaus auch die nichtpflegerische Dimension der Förderung und Unterstützung älterer Menschen.

Integrationspartner, dessen Finanzierung nach dem Sozialgesetzbuch XI von der Krankenhausführung zumindest ansatzweise gekannt werden muss.

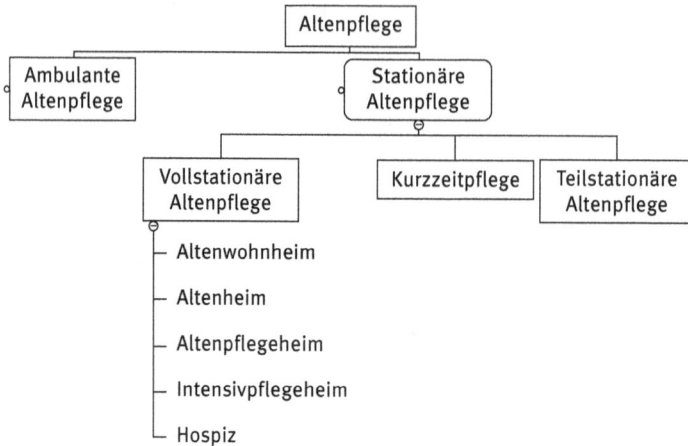

Abb. 36: Altenpflege.[6]

Nach § 14 Abs. I SGB XI gilt als pflegebedürftig, wer wegen einer körperlichen, geistigen
oder seelischen Krankheit oder Behinderung für die gewöhnlichen und regelmäßig
wiederkehrenden Verrichtungen im Ablauf des täglichen Lebens in erheblichem oder
höherem Maße Hilfe benötigt. Diese Hilfebedürftigkeit für die Aktivitäten des täglichen
Lebens (vgl. Pflegedefinition, Kapitel 3.1.4) muss auf Dauer (mindestens 6 Monate) bestehen. Im Prinzip definiert sie sich nicht über das Alter, d. h., es gibt auch pflegebedürftige Kinder, Jugendliche und junge Erwachsene. In der Praxis ist jedoch der
überwiegende Anteil Pflegebedürftiger älter als 60 Jahre. Im Dezember 2013 waren
deutschlandweit 2,63 Millionen Menschen bzw. 3,3 % der Bevölkerung pflegebedürftig
im Sinne des SGB XI. Bei den 75–84-jährigen betrug die Pflegequote 13,9 %, bei
den über 89-jährigen 64,4 %.[7] Pflege ist deshalb ein großer Markt mit wachsender
Bedeutung.

Ein Spezialfall der Pflegeeinrichtung ist das Hospiz, d. h. ein Pflegeheim für
Menschen mit einer Erkrankung, die nach menschlichem Ermessen in kurzer Zeit
zum Tod führen wird. Die Dauerhaftigkeit der Hilfsbedürftigkeit wird hier mit „bis
zum Tod" wiedergegeben.

Abb. 36 gibt einen Überblick über die Formen der Altenpflege. Als teilstationäre
Pflege bezeichnet man insbesondere die Tagespflege, bei der der zu Pflegende die
Nacht in der eigenen Häuslichkeit (z. B. mit seinen Angehörigen) verbringt, je-

6 Quelle: Eigene Darstellung.
7 Quelle: Statistisches Bundesamt 2015.

doch tagsüber in einer Einrichtung betreut wird. Die Kurzzeitpflege beträgt einige Tage bis wenige Monate und gibt in der Regel den pflegenden Angehörigen die Möglichkeit, eine eigene Krankheit oder einen Urlaub zu überbrücken. Das Altenwohnheim hat eine geringe Grundpflege (z. B. Waschen); Spezialpflege (z. B. Verbände wechseln) ist eine Ausnahme. Eine Spezialform des Altenwohnheims ist das Betreute Wohnen, bei dem der Bewohner vollkommen selbständig in seiner Wohnung lebt, im Notfall jedoch auf schnelle Hilfe hoffen kann. Hier überwiegt das Sicherheits- und Gemeinschaftsmotiv.

Das Altenheim bietet gegenüber dem Altenwohnheim eine verbesserte Grund- und Spezialpflege, sodass auch Menschen aufgenommen werden können, die zwar noch nicht pflegebedürftig sind, jedoch bereits häufiger Hilfe benötigen. Je nach der Intensität der Pflege unterscheidet man noch das Altenpflegeheim und das Intensivpflegeheim, wobei bei letzterem der Übergang zur Krankenhausversorgung fließend ist. Primär unterscheidet sich das Intensivpflegeheim vom Krankenhaus durch die Langfristigkeit der Pflegebedürftigkeit. Aus betriebswirtschaftlicher Sicht dürfte der größte Unterschied in der fehlenden Dominanz der ärztlichen Arbeit liegen.

Das Management von modernen, integrierten Krankenhäusern muss folglich nicht nur die Finanzierung der vollstationären Krankenhausleistungen beherrschen, sondern auch der stationären Altenpflege und des ambulanten Sektors. Im Folgenden werden deshalb nicht nur die grundlegenden Finanzierungsoptionen diskutiert, sondern – als Exkurs – auch die Finanzierung des ambulanten Bereichs und der Pflege.

3.1.3 Finanzierungsoptionen

Das Entgeltsystem des Gesundheits- und Sozialwesens kann auf einige Prinzipien zurückgreifen, die für alle Bereiche gelten und durch deren Kombination grundlegende Finanzierungsstrukturen gestaltet werden können. Es handelt sich um die monistische versus duale Finanzierung einerseits, sowie um die Finanzierung durch Pauschalen oder Pflegesätze andererseits. Zusätzlich muss die Bedeutung von Budgets diskutiert werden.

Monistische versus duale Finanzierung

In der Philosophie bezeichnet der Begriff Monistik eine erkenntnistheoretische Einheitslehre, d. h. eine Lehre aus einer Hand. Übertragen auf ein Finanzierungssystem bedeutet dies, dass die Finanzverantwortung sowohl für die Betriebs- als auch für die Investitionskosten lediglich einem Kostenträger zugeordnet ist. So erhält beispielsweise der niedergelassene Arzt sein Entgelt für die Behandlung von GKV-Patienten ausschließlich von den Krankenkassen (wobei die kassenärztlichen Vereinigungen als Kanal fungieren). Krankenhäuser waren in Deutschland bis 1972 monistisch finanziert, d. h., die Krankenversicherer trugen allein die Verantwortung für Betriebs- und Investitionskosten.

Das monistische Prinzip schließt nicht aus, dass die Krankenkassen selbst (bzw. ein sie stützender Gesundheitsfonds) wiederum vom Staat unterstützt werden. Monistik bedeutet deshalb nicht grundsätzlich den Ausschluss des Staates von der Krankenhausfinanzierung, sondern lediglich, dass das Krankenhaus keine direkte Finanzbeziehung zu einer anderen Finanzquelle hat. Dabei bezieht sich die Monistik allein auf die Finanzierung der Allgemeinen Krankenhausleistungen für gesetzlich Versicherte. Es widerspricht der Monistik nicht, wenn Privatversicherte oder Selbstzahler einen gewissen Anteil an der gesamten Krankenhausfinanzierung übernehmen. Weiterhin steht es dem monistischen Prinzip nicht entgegen, wenn Krankenhäuser Kredite auf dem freien Kapitalmarkt aufnehmen, um sich dadurch zu finanzieren. Die Kreditfinanzierung ist immer zeitlich begrenzt, da die Kredite getilgt werden müssen. Letztlich müssen alle Kredite durch Entgelte gedeckt sein, sodass – unter Vernachlässigung der Privatversicherten und Selbstzahler – die gesetzlichen Krankenkassen die letztendlich einzige Finanzquelle sind.

Das Gegenteil zur Monistik ist die Dualistik bzw. das Prinzip der dualen Finanzierung. Wie der Name impliziert, erfolgt bei der Dualistik eine Trennung der Finanzierung in zwei dominante Quellen: die Krankenkassen und der Staat. In der Krankenhausfinanzierung ist die Arbeitsteilung dieser Finanziers derart, dass der Staat die Investitionskosten übernimmt, während die Krankenkassen die laufenden Ausgaben übernehmen. Beide Finanziers haben eine direkte Beziehung zum Krankenhaus.

Die duale Finanzierung wurde in Deutschland 1972 mit dem „Gesetz zur wirtschaftlichen Sicherung der Krankenhäuser und zur Regelung der Krankenhauspflegesätze" (Krankenhausfinanzierungsgesetz, KHG)[8] eingeführt. In den Jahren zuvor hatte die Krankenhausfinanzierung allein auf Basis der Beiträge zur gesetzlichen Krankenversicherung nicht genügt, um mit dem technischen Fortschritt sowie dem allgemeinen Anspruch an die Lebensverhältnisse Schritt zu halten. Es hatte sich ein Investitionsstau gebildet. Der Staat sah sich in der Pflicht, das Sozialstaatsprinzip zu verwirklichen und Verantwortung für die Sicherung der Krankenhausversorgung zu übernehmen.

Die Selbstverpflichtung des Staates zur Finanzierung der Krankenhäuser ist aus der politischen und ökonomischen Situation der 1960er-Jahre zu begründen. Damals herrschte die Vorstellung eines sorgenden Staates, der für die soziale Sicherung seiner Bürger verantwortlich war. Zusätzlich waren praktisch alle Krankenhäuser, für die das KHG galt, staatlich oder quasi-staatliche Nonprofit-Organisationen. Die Krankenhausfinanzierung war auf die Refinanzierung der Selbstkosten ausgerichtet, sodass kein Anreiz bestand, privatwirtschaftliche Krankenhäuser für gesetzlich Versicherte zu

---

8 BGBl 1972, S. 1009, inkraftgetreten am 01.01.1972.

betreiben. Der Staat unterstützte mit der dualen Finanzierung damit primär seine eigenen Einrichtungen oder Krankenhäuser, die in seinem Namen Versorgungsleistungen erstellten.

Wie Abb. 37 zeigt, wäre es grundsätzlich auch möglich gewesen, dass der Staat die Krankenversicherungen refinanziert hätte. Tatsächlich hätte dies aber die Abkehr von der Bismarck'schen Sozialversicherung bedeutet, deren ehernes Gesetz die vollständige finanzielle und politische Unabhängigkeit vom Staat war. Deshalb entschied man sich dafür, die Krankenhäuser direkt zu unterstützen, in dem der Staat die Investitionskosten übernahm.

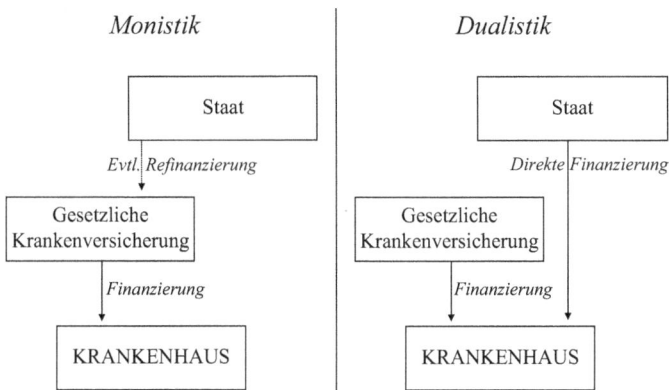

Abb. 37: Prinzip der Monistik und Dualistik.[9]

Der Gesetzestext spricht von Vorhaltekosten, die der Staat zu tragen habe. Der Begriff ist allerdings betriebswirtschaftlich nicht korrekt, da zu den Vorhaltekosten zumindest kurzfristig auch die Personalkosten gehören. Ohne sie ist eine Betriebsbereitschaft nicht zu gewährleisten. Korrekter ist deshalb der Begriff Investitionskosten. Auch die Aufteilung in fixe und variable Kosten trifft das duale Prinzip nicht vollständig, da wiederum Personalkosten überwiegend fixe Kosten im Krankenhaus sind. Sie werden jedoch als laufende Ausgaben von den Krankenkassen getragen. Im Folgenden werden wir deshalb zwischen Investitionskosten und Betriebskosten unterscheiden. Erstere sind vom Staat zu tragen, letztere von den Kassen.

Wie oben bereits kurz erwähnt, vereinfacht Abb. 37 die Krankenhausfinanzierung, da neben dem Staat und der Gesetzlichen Krankenversicherung noch weitere Finanzquellen hinzutreten. Für Krankenhäuser gemäß dem KHG sind diese Quellen jedoch dominant. Die Krankenkassen finanzieren die Krankenhäuser entweder über Pflege-

---

9 Quelle: Fleßa und Greiner 2020.

sätze oder Fallpauschalen (vgl. nächster Abschnitt). Es besteht ein sogenannter „Kontrahierungszwang". Eine gesetzliche Krankenkasse ist danach verpflichtet, mit einem Krankenhaus einen Versorgungsauftrag abzuschließen, wenn dieses Krankenhaus in den Landeskrankenhausplan aufgenommen ist.

Das jeweilige Bundesland stellt diesen Landeskrankenhausplan auf, aus dem sich der Bruttoinvestitionsbedarf (Bettenzahl, Versorgungsstufe, Ausstattung) ergibt. Die Differenz zwischen dem Bruttoinvestitionsbedarf und der vorhandenen Kapazität ist der Nettoinvestitionsbedarf. Wird er vom Land grundsätzlich anerkannt, so wird die Investition in das Investitionsprogramm des Landes aufgenommen. Dementsprechend können Investitionen für die Krankenhauserrichtung, die Erstausstattung und die Wiederbeschaffung von Anlagegütern als Einzelförderung nach § 9 Abs. 1 und 2 KHG vom Staat übernommen werden. Darüber hinaus gewährt der Staat eine Förderung in Form von Pauschalbeträgen für kleine bauliche Maßnahmen unterhalb gewisser Kostengrenzen sowie zur Anschaffung von kurzfristigen Anlagegütern (§ 9 Abs. 3 KHG).

Die Kosten der Beschaffung und Inwertsetzung von Grundstücken werden grundsätzlich nicht vom Staat übernommen, sondern sind vom Träger zu übernehmen. Der Eigentümer (Kommune, Kirche, DRK, ...) muss folglich die Finanzierung der Grundstücke übernehmen, eine Anrechnung entsprechender Opportunitätskosten (entgangene Zinsen) war nicht vorgesehen.

Weitere Finanzierungsoptionen, die in letzter Zeit relevant wurden, waren zur Zeit des Inkrafttretens des KHG ohne Bedeutung. Die Kapitalmarktfinanzierung scheiterte daran, dass Zinsen und Tilgung nicht zu den Selbstkosten addiert werden durften. Finanzierte ein Krankenhaus eine Investition über Kredite, führte dies automatisch zu einem Verlust, der vom Träger zu übernehmen war. Das Prinzip der Selbstkostendeckung führte auch dazu, dass Einnahmen durch Insourcing oder überschussorientierte Betriebsteile (z. B. Kiosk) für die Ermittlung der Pflegesätze von den Gesamtkosten abgezogen wurden. Somit bestand kein Anreiz, diese Einnahmen zu erhöhen. Obwohl den Krankenhäusern nach KHG theoretisch mehrere Finanzquellen offenstanden, kann praktisch von einer zweisäuligen Finanzierung oder eben von einer dualen Finanzierung gesprochen werden.

Im Laufe der Zeit zeigte die duale Finanzierung erhebliche Nachteile. Es kam in den 70er-Jahren zu einer Kostenexplosion im Krankenhauswesen, der nur mit einem Beitragsanstieg der gesetzlichen Krankenversicherungen begegnet werden konnte. Gleichzeitig wurde das Ziel, den Investitionsstau zu bereinigen und nicht mehr neu entstehen zu lassen, verfehlt. Bedingt durch die schlechte Lage der öffentlichen Haushalte, wurde die Investitionsförderung vom Wachstum des Bruttosozialprodukts abgekoppelt, sodass die Krankenhausförderung immer stärker hinter der gesamtwirtschaftlichen Entwicklung zurückblieb. Unterschiedliche Quellen sprechen von einem aktuellen Investitionsstau zwischen 25 und 50 Mrd. €. Die vom InEK durchgeführte Investitionsbewertung (für die Ermittlung von Investitionsbewertungsrelationen) ermittelt ein bundesweites Volumen der Investitionsmittel von etwa sechs Milliarden

Euro jährlich, die realen Investitionen liegen jedoch bei weniger als der Hälfte, d. h., der Investitionsstau wird durch staatliche Mittel allein nie mehr beseitigt werden.[10]

Die Abhängigkeit von der Haushaltslage ist nicht der einzige Nachteil. Ein weiterer Malus der dualen Finanzierung liegt in der Zersplitterung der Entscheidungsfindung. Durch Übertragung der Planungs- und Entscheidungskompetenz der Investitionen auf die Länder kommt es zu einer Einschränkung der betrieblichen Autonomie und des eigenständigen wirtschaftlichen Handelns. Da bei vielen Betriebsmitteln ein Optimum zwischen Anschaffungskosten und Betriebskosten gefunden werden muss, sollte die Investitionsentscheidung in einer Hand liegen. Die Zersplitterung führt dazu, dass das Land Investitionen ablehnt, die sich langfristig durch niedrigere Betriebskosten rentieren würden. Die klassische Rationalisierungsinvestition wird damit tendenziell verhindert.

Die Abhängigkeit von der Haushaltslage in Verbindung mit der Zersplitterung der Entscheidungsfindung führt dazu, dass der jeweils zugängliche Topf geplündert wird. Die Entscheidung für ein Investitionsgut erfolgt nicht auf Grund des Gesamtkostenminimums, sondern der jeweiligen Verhandlungsposition, der Beziehung zur Bürokratie und der politischen Position eines Krankenhauses. Die Investitionsentscheidung wird nicht mehr dann getroffen, wenn sie wirtschaftlich sinnvoll ist, sondern wenn die diskontinuierliche Förderung gerade mal Geld hat, die Beziehungen gerade gut sind oder es sonst einen Grund für erfolgsversprechende Investitionsanträge gibt. Eine langfristige Planung ist damit ausgeschlossen.

Ein weiterer Nachteil besteht darin, dass in den meisten Bundesländern die Abhängigkeit der pauschalen Investitionsförderung von der Bettenzahl des Krankenhauses jeden Anreiz limitiert Betten abzubauen. Der politische Wunsch eines Bettenabbaus wird deshalb vom Krankenhaus konterkariert, da der Bettenabbau sich in geringeren Einnahmen äußern würde.

Abb. 38 zeigt, wie die Fördermittel pro Jahr abgenommen haben. Obwohl in Ostdeutschland noch immer ein erheblicher Nachholbedarf besteht, bis eine gleichwertige Bausubstanz und Ausstattung in Deutschland vorherrscht, gehen auch in den neuen Bundesländern die Investitionen stark zurück.

Die Nachteile der Dualistik veranlassen immer wieder dazu, den Wunsch zu einer Rückkehr zur Monistik zu artikulieren. Im „Gesetz zur Neuordnung der Krankenhausfinanzierung" (Krankenhaus-Neuordnungsgesetz, KHNG)[11] wurde erstmals ein Teilbereich der Investitionsfinanzierung den Krankenkassen übergeben und damit die klassische Dualistik durchbrochen. Die Kassen durften Rationalisierungsinvestitionen finanzieren, wenn dadurch der Pflegesatz entlastet wurde. Das „Gesetz zur Sicherung und Strukturverbesserung der Gesetzlichen Krankenversi-

---

10 Vgl. Rau 2012, S. 249; DKI und BDO 2015.
11 BGBl 1984, S. 1716, inkraftgetreten am 1.1.1985.

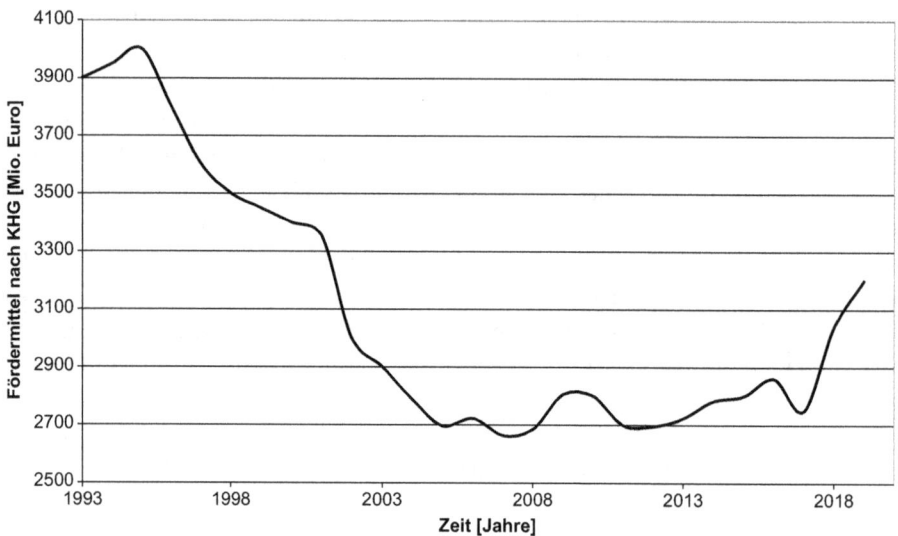

Abb. 38: Fördermittel nach KHG.[12]

cherung" (Gesundheitsstrukturgesetz, GSG)[13] enthielt eine Absichtserklärung, längerfristig eine Hinwendung zu einem monistischen Finanzierungsmodell zu vollziehen. Weiterhin wurde Krankenhäusern ab 1993 gestattet, auch privates Kapital zur Investitionsfinanzierung zu verwenden, wenn dies zu keiner Pflegesatzerhöhung führte, d. h. die Fremdkapitalzinsen durch Einsparungseffekte gedeckt wurden. Damit konnten erstmals Kapitalkosten durch den Pflegesatz gedeckt werden. Weiterhin wurde die Anbindung der pauschalen Fördermittel an die Kriterien Bettenzahl und Versorgungsauftrag des Krankenhauses gemindert, sodass ein wichtiges Hemmnis des Bettenabbaus beseitigt wurde. Rationalisierungsinvestitionen wurden unter bestimmten Voraussetzungen für die Krankenkassen zur Pflichtaufgabe. Im „Zweiten Gesetz zur Neuordnung von Selbstverwaltung und Eigenverantwortung in der gesetzlichen Krankenversicherung" (2. GKV-Neuordnungsgesetz, GKVNOG 2)[14] wurden Kosten für die Instandhaltung von Anlagegütern pauschal über den Pflegesatz finanziert, d. h. ebenfalls das Prinzip der Dualistik durchbrochen.

Der Entwurf der Gesundheitsreform 2000 sah den schrittweisen Übergang zu einer Monistik vor. In der ersten Stufe hätte die Aufhebung der zeitlichen Begrenzung der von den Krankenkassen zu zahlenden Instandhaltungspauschale für Anlagegüter erfolgen sollen. In der zweiten Stufe sollte die pauschale Investitionsförderung (für kleine bauliche Maßnahmen und die Wiederbeschaffung kurzfristiger Anlagegüter)

---

12 Quelle: DKG 2015.
13 BGBl 1992, S. 2266, inkraftgetreten am 01.01.1993.
14 BGBl 1997, S. 1520, inkraftgetreten am 01.07.1997.

ab 2003 von den Ländern auf die Krankenkassen verlagert werden. In der dritten Stufe schließlich hätte ab 2008 auch die Einzelinvestitionsförderung von den Krankenversicherungsträgern übernommen werden sollen. Der Staat wollte seine bisherigen Verpflichtungen beibehalten, jedoch nicht mehr als Finanzier der Krankenhäuser, sondern als Refinanzier der Krankenkassen tätig werden. Der Entwurf der Gesundheitsreform 2000 war allerdings politisch nicht durchsetzbar.

Das „Gesetz zur Stärkung des Wettbewerbs in der gesetzlichen Krankenversicherung" (GKV-WSG 2007) fordert eine Behandlung der Frage, was nach der Konvergenz folgen soll. Eine Option ist erneut die Einführung einer Monistik. Durch die Schaffung des Gesundheitsfonds (vgl. Abb. 18) hat der Staat eine elegante Möglichkeit Krankenkassen zu unterstützen, ohne die Bismarck'sche Trennung von Staat und Sozialversicherung aufzuheben. Abb. 39 zeigt eine Variante der monistischen Finanzierung mit Hilfe eines Gesundheitsfonds.

Im Referentenentwurf zum „Gesetz zum ordnungspolitischen Rahmen der Krankenhausfinanzierung ab dem Jahr 2009" (Krankenhausfinanzierungsreformgesetz 2009, KHRG)[15] wurde die Rückkehr zur Monistik vorgeschlagen. Im Gesetz wurde dies dann zu einer Möglichkeit abgeschwächt. Hierzu wurde in das KHG ein „Entwicklungsauftrag zur Reform der Investitionsfinanzierung" (§ 10) integriert, wonach eine Investitionsförderung durch leistungsorientierte Investitionspauschalen ab dem 1. Januar 2012 (für psychiatrische und psychosomatische Einrichtungen ab dem 1. Januar 2014) ermöglicht werden soll, d. h., die Investitionsförderung könnte in Zukunft durch Zuschläge zu den DRGs erfolgen. Ziel war folglich nicht die Rückkehr zur Monistik in Form eines Zuschlags zur DRG, sondern die Ablösung der Pauschal- und Einzelförderung durch eine einheitliche Investitionspauschale. Das Volumen blieb allerdings unzureichend. Die weiteren Gesetzesinitiativen der letzten Jahre, wie z. B. das „Gesetz zur nachhaltigen und sozial ausgewogenen Finanzierung der Gesetzlichen Krankenversicherung" (GKV-Finanzierungsgesetz, GKV-FinG),[16] das „Gesetz zur Verbesserung der Versorgungsstrukturen in der Gesetzlichen Krankenversicherung" (GKV-Versorgungsstrukturgesetz, GKV-VStG),[17] das „Gesetz zur Stärkung der Versorgung in der gesetzlichen Krankenversicherung" (Versorgungsstärkungsgesetz, GKV-VSG)[18] und das „Gesetz zur Reform der Strukturen der Krankenhausversorgung" (Krankenhausstrukturgesetz, KHSG),[19] gehen nicht explizit auf die Monistik ein, d. h., das Thema ist derzeit nicht prioritär. Es ist aber zu erwarten, dass es bald wieder auf die Tagesordnung kommt, da die Probleme der dualen Finanzierung (insb. die Trennung betrieblicher, synchroner Entscheidungen) unübersehbar sind.

---

15 BGBl 2009, S. 534, inkraftgetreten am 25.03.2009.
16 BGBl 2010, S. 2309, inkraftgetreten am 01.01.2011.
17 BGBl 2011, S. 2983, inkraftgetreten am 01.01.2012.
18 BGBl I 2015, S. 1211, inkraftgetreten am 17.07.2015.
19 BGBl I 2015, S. 2229, inkraftgetreten am 01.01.2016.

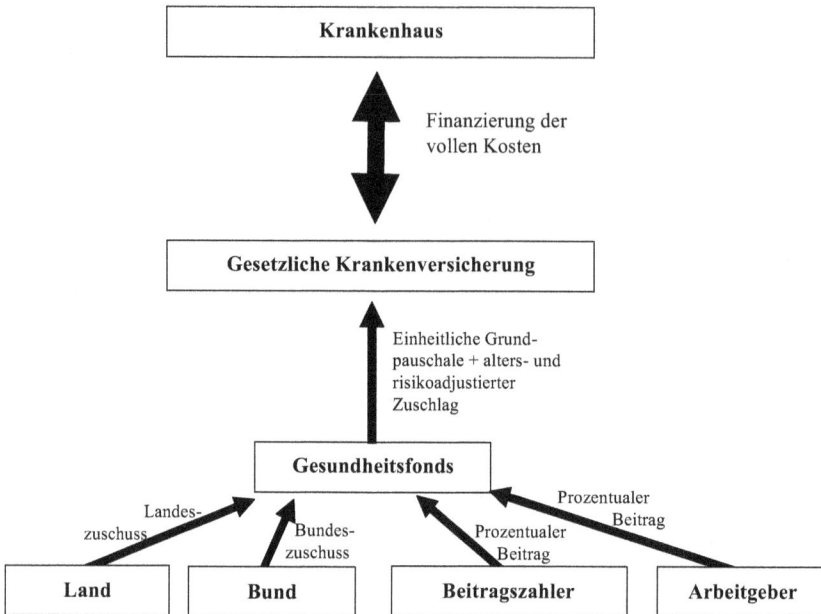

Abb. 39: Monistische Finanzierung und Gesundheitsfonds.[20]

Pflegesätze versus pauschalierte Finanzierung

Sowohl die Monistik als auch die Dualistik müssen weiterhin unterscheiden, ob die grundlegende Leistung des Krankenhauses der Fall oder der Pflegetag ist. Im Prinzip könnte ein Pflegesatz auch für jeden Aufenthaltstag berechnet werden.[21] In der Regel wird jedoch angenommen, dass der Pflegesatz für jeden Tag gleich hoch ist („tagesgleicher Pflegesatz"), auch wenn dies nicht extra erwähnt wird. Er tritt in zwei Varianten auf: dem einheitlichen Pflegesatz und dem differenzierten Pflegesatz. Bei ersterem ist der Pflegesatz für alle Abteilungen eines Krankenhauses gleich hoch, bei letzterem existieren ein einheitlicher Basispflegesatz und je ein Abteilungspflegesatz für alle Abteilungen. Der Basispflegesatz ist ein Entgelt für die Unterbringung und allgemeine Versorgung des Patienten, während der Abteilungspflegesatz das Entgelt für die medizinische bzw. pflegerische Leistung darstellt. Da beispielsweise die Essensversorgung eines Patienten in der Chirurgie und der Hals-Nasen-Ohrenklinik gleich ist, sich jedoch die ärztliche und pflegerische Intensität erheblich unterscheiden, ist es sinnvoll, einen einheitlichen Basispflegesatz und abweichende Abteilungspflegesätze zu vereinbaren. In der Praxis gab es Mischformen. So war auch vor der Einführung des differenzierten Pflegesatzes bereits häufig ein abweichender Pflegesatz für die Inten-

---

20 Quelle: Eigene Darstellung nach GKV-WSG 2007.
21 Vgl. grundlegend Tuschen und Quaas 2001, S. 67.

sivmedizin vereinbart. Ebenso gab es manchmal einen unterschiedlichen Basispflegesatz für die Pädiatrie.

Bis zum 31.12.1985 wurde der Pflegesatz so berechnet, dass er retrospektiv die
Selbstkosten eines sparsam wirtschaftenden und leistungsfähigen Krankenhauses
refinanzieren sollte. Das Krankenhaus sammelte in der Kostenartenrechnung alle
Kosten, addierte sie und teilte sie – Monate nach dem Ende des Pflegesatzzeitraums – durch die Zahl der tatsächlich angefallenen Pflegetage. Dieses Vorgehen
erforderte lediglich ein übersichtliches Selbstkostenblatt und eine Kostenrechnung,
die sich 100%ig aus der Buchhaltung ableiten ließ.

Seit dem 1. Januar 1986 wurde der Pflegesatz prospektiv vereinbart, d. h., der
Pflegesatz wird im Voraus auf Grundlage der Leistungs- und Kostenplanung vereinbart. Dieses Verfahren hatte den großen Vorteil, dass ein sparsam wirtschaftendes
Krankenhaus im Prinzip Gewinne erwirtschaften konnte, wenn seine Durchschnittskosten pro Pflegetag unterhalb des vorher vereinbarten Pflegesatzes blieben. Auf
der anderen Seite stellte es erhebliche Anforderungen an die Planungskapazität des
Krankenhauses. Es musste nicht nur im Voraus abschätzen, wie viele Pflegetage es
leisten würde, sondern auch welche Kosten hierfür anfallen würden. In der Realität
war dies jedoch oftmals kein Problem, weil – anders als das Wort prospektiv sugge-
riert – die Pflegesatzverhandlungen mangels Kapazität bei den Krankenkassen erst
Monate nach Beginn des Pflegesatzzeitraums begonnen wurden. Fand beispielsweise eine Verhandlung für das Jahr erst im September desselben Jahres statt, so
lagen immerhin die Leistungsdaten und Kosten der Monate Januar bis August vor,
sodass sich die Prognose nur auf 4 Monate erstreckte.

Mit dem „Gesetz zur Sicherung und Strukturverbesserung der gesetzlichen
Krankenversicherung" (Gesundheitsstrukturgesetz, GSG) wurde die Aufteilung in
Basis- und Abteilungspflegesatz Pflicht. Bei jeder Buchung musste nicht nur die
Kostenart festgelegt werden, sondern auch die Stelle, an der sie angefallen war:
Kosten der Verwaltung und Hotelleistung waren überwiegend dem Basispflegesatz
zugeordnet, für alle anderen Kosten musste genau die Abteilung angegeben wer-
den. Letztlich wurde ein Betriebsabrechnungsbogen entwickelt, der das Kernstück
der sogenannten Leistungs- und Kalkulationsaufstellung (LKA) darstellt. Dieser
LKA musste für jede Pflegesatzverhandlung erstellt werden.

Abb. 40 zeigt das grundlegende Problem einer Finanzierung nach tagesgleichen Pflegesätzen. Traditionell wurde ein Patient zwei Tage vor einer elektiven Operation einbestellt. Am ersten Tag waren die Kosten hoch, da umfangreiche Diagnostik
und Operationsvorbereitung nötig waren (EKG, Thoraxröntgen, Labor, ...). Der zweite
Tag hatte geringe Kosten, da der Patient in erster Linie im Bett auf die Operation war-
tete. Am dritten Tag entstanden auf Grund der Operation sehr hohe Kosten. Daran
schloss sich eine intensive Pflege an (unabhängig davon, ob der Patient auf der In-
tensiv- oder auf der Normalstation lag), sodass nach der OP besonders hohe Tageskosten zu verzeichnen waren. Je länger der Patient jedoch im Krankenhaus war und

je gesünder er wurde, desto geringer wurden die Tageskosten. Abb. 40 zeigt im ersten Koordinatensystem die Tageskosten und im zweiten den Gesamtkostenverlauf.

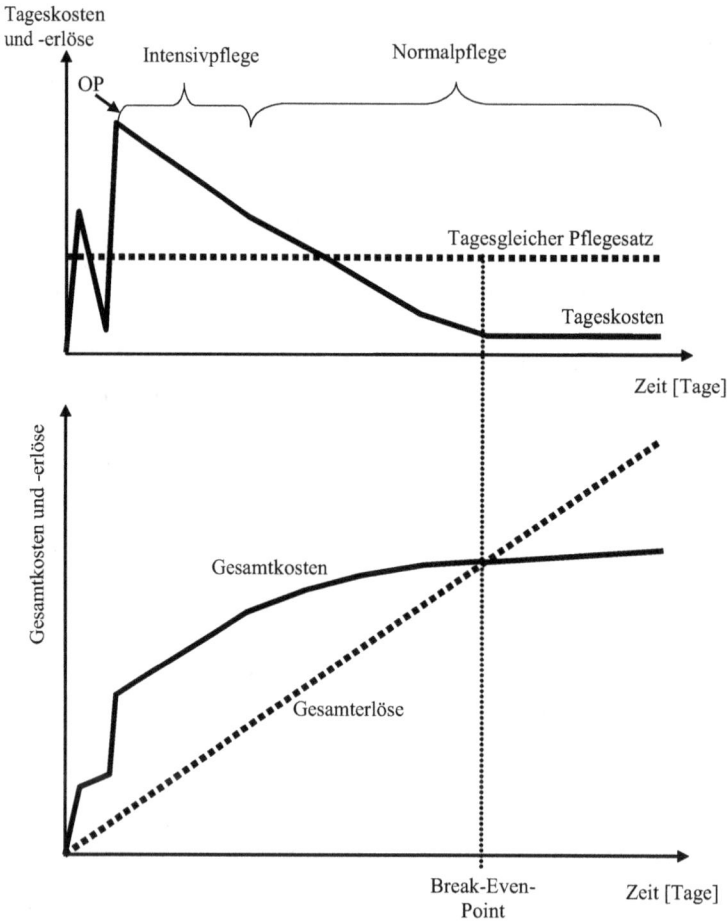

Abb. 40: Kosten und Entgelte bei tagesgleichen Pflegesätzen.[22]

Diesen Kostenverläufen sind die Erlöse entgegenzustellen. Bei tagesgleichen Pflegesätzen (TGPS) ist die Tageserlöskurve eine Horizontale, da der Erlös unabhängig vom Tag ist. Die Gesamterlöse lassen sich damit als eine Gerade mit der Steigung eines Pflegesatzes (genau genommen eine Treppenfunktion, die jedoch hier linearisiert ist) darstellen.

---

22 Quelle: Eigene Darstellung.

Wie das obere Koordinatensystem zeigt, sind die Tageskosten in den ersten Tagen des Aufenthaltes höher als die Tagesentgelte (evtl. mit Ausnahme des 2. Tages). Im Idealfall ist der tagesgleiche Pflegesatz so kalkuliert, dass der Break-Even-Point, d. h. der Punkt, ab dem das Krankenhaus seine Kosten mindestens deckt, der durchschnittliche Entlassungszeitpunkt ist. Entlässt das Krankenhaus den Patienten später, sind die Fallerlöse höher als die Fallkosten, d. h. das Krankenhaus erwirtschaftet einen Überschuss. Das Krankenhaus hat damit ein Interesse, die durchschnittliche Verweildauer zu erhöhen, indem beispielsweise Patienten, die am Freitag entlassen werden könnten, grundsätzlich erst am Montag nach Hause gehen dürfen. Sie verursachen praktisch keine Kosten mehr, bringen aber volle Pflegesätze. Das Prinzip der Pflegesätze führte deshalb zu langen Aufenthaltsdauern und hohen gesamtwirtschaftlichen Kosten. Für das Krankenhaus bestand kein Anreiz für verweildauerverkürzende Investitionen.

Dieser schwerwiegende Nachteil führte dazu, dass seit 1986 stufenweise an der Einführung fallpauschalierter Entgelte gearbeitet wurde. Ein erster Schritt hierzu war die Einführung sogenannter Sonderentgelte mit der Bundespflegesatzverordnung 1986. Wie bereits dargestellt, erfolgte zum 1. Januar dieses Jahres die Umstellung von retrospektiven zu prospektiven Pflegesätzen. Damit wurde auch nicht mehr der Pflegesatz zur maßgeblichen Einheit, sondern das ausgehandelte Budget. Der Nachteil dieser Vorgehensweise bestand unter anderem darin, dass neue, teure und vor allem unvorhersehbare Mehrleistungen nicht im Budget abgedeckt waren und damit zu einer unzumutbaren Belastung für das Krankenhaus führten. Es trug allein das Risiko für unvorhersehbare Veränderungen der Leistungsmengen. Hierbei ist zu beachten, dass es einige wenige Erkrankungen bzw. Begleiterkrankungen gibt, die so schwerwiegend und kostenintensiv sind, dass bereits die Aufnahme von einem oder wenigen zusätzlichen Patienten dieser Diagnose zu einer maßgeblichen Veränderung der Kosten führt. Ein Beispiel hierfür sind die Hämophilen (Bluter), deren Behandlung grundsätzlich deutlich teurer ist, da das Krankenhaus auch die extrem teuren Faktor VIII-Substitute tragen muss. Wird beispielsweise ein Bluter mit der Hauptdiagnose Diabetes aufgenommen, so liegen seine Kosten bei durchschnittlich sieben Aufenthaltstagen um etwa 7000 € höher als die Kosten eines Diabetikers, der nicht an Hämophilie leidet. Bei einem prospektiven Pflegesatz bzw. einem vereinbarten Krankenhausbudget ist die alleinige Abwälzung dieses Risikos auf das Krankenhaus nicht zumutbar. Nur in Ausnahmen wurde den Krankenhäusern die Möglichkeit eingeräumt, die zusätzlich benötigten kostenintensiven Medikamente separat, d. h. neben den Pflegesätzen, abzurechnen.

In der Bundespflegesatzverordnung 1986 wurde deshalb eine „Vereinbarung für Sonderentgelte für besonders teure Leistungen außerhalb des Budgets" vorgesehen, die zusätzlich zum Pflegesatz abzurechnen waren. Beispiele hierfür sind Leistungskomplexe wie z. B. Herzoperationen, Transplantationen und Implantationen von Gelenkendoprothesen. Hierbei ist zu beachten, dass die Gesamtkosten des Krankenhauses für die Berechnung der Pflegesätze um die Gesamtkosten der Leistungen, für die Sonderentgelte verrechnet werden können, zu bereinigen sind. Der Vorgang des Herausrechnens der Kosten für Sonderentgeltleistungen wird als Kostenausgliederung bezeichnet und verkomplizierte die Aufstellung der Leistungs- und Kalkulationsaufstellung erheblich. Im Prinzip hätten die Einzelkosten der Sonderentgeltleistungen kalkuliert werden müssen, was eine Kostenträgerrechnung erfordert hätte. Hierzu waren jedoch die meisten Krankenhäuser nicht in der Lage. In der Praxis wurden deshalb lediglich die geplanten Entgelte für Leistungen nach dem Sonderentgeltkatalog von den Gesamtkosten abgezogen (Erlösabzugsverfahren).

Die Einführung von Sonderentgelten 1986 stellte einen ersten Schritt zur fallpauschalierten Entgeltung dar. Eine bestimmte Leistung wurde einzeln entgolten und nicht mehr auf Tage umgelegt. Das GSG 1993 entwickelte diesen Gedanken weiter und führte für bestimmte Diagnosen Fallpauschalen und Sonderentgelte ein. In der Bundespflegesatzverordnung 1995 erfolgte die Umsetzung dieser politischen Leitlinie in Form der Ausweitung und Neudefinition des Sonderentgeltes. § 11 Abs. 3 BPflV (1995) definierte Sonderentgelte: „Mit den Sonderentgelten wird ein Teil der allgemeinen Krankenhausleistungen für einen in den Entgeltkatalogen nach § 15 Abs. 1 Nr. 1 oder § 16 Abs. 2 bestimmten Leistungskomplex eines Behandlungsfalles vergütet". Es wurde ein bundesweiter Sonderentgelt-Katalog für Krankenhäuser erstellt. Die Punkte wurden deutschlandweit festgelegt, d. h., in Abweichung zum Sonderentgelt nach der BPflV (1986) und der Tradition der individuell zwischen Krankenhaus und GKV ausgehandelten Pflegesätze wurde erstmals ein einheitliches Entgelt für eine bestimmte Leistung festgelegt. Die Punkte unterscheiden zwischen der Versorgung durch eine Hauptabteilung und der belegärztlichen Versorgung.

Das Sonderentgelt war ein zusätzlich zu den Pflegesätzen abzurechnendes Entgelt. Lediglich die Leistungskomplexe, die als Sonderentgelt definiert waren, wurden über Sonderentgelte entgolten. Die restlichen Aufwendungen des Krankenhauses wurden durch tagesgleiche Pflegesätze verrechnet.

Neben den Sonderentgelten führte das GMG 1993 Fallpauschalen ein. „Mit den Fallpauschalen werden die allgemeinen Krankenhausleistungen für einen Behandlungsfall vergütet, für den ein Entgelt in den Entgeltkatalogen nach § 15 Abs. 1 Nr. 1 oder § 16 Abs. 2 bestimmt ist" (BPflV 1995, § 11 Abs. 1). Die Fallpauschale war damit eine völlige Abkehr vom Pflegesatz. Sie sollte nicht nur die Kosten von Operationen oder ähnlichen großen Behandlungskomplexen abdecken, sondern alle Kosten, d. h. auch für Hotelleistungen, Pflege etc.

Die Fallpauschale wurde nach einem Fallpauschalen-Katalog deutschlandweit gleich bepunktet, d. h., eine individuelle Verhandlung entfiel. Die Punkte wurden mit dem bundesländerspezifischen Punktwert multipliziert, um das Entgelt zu berechnen. Krankenhäuser, deren Fallkosten unterhalb der Fallpauschale lagen, konnten einen Überschuss erwirtschaften, Krankenhäuser, deren Kosten darüber lagen, mussten ein Defizit erleiden. Prinzipiell waren die Fallpauschalen so berechnet, dass ein durchschnittliches Krankenhaus bei einem Fall mit durchschnittlicher Verweildauer seine Kosten gerade decken sollte. Krankenhäuser mit unterdurchschnittlichen Kosten konnten damit Gewinne erwirtschaften. Dies sollte insbesondere ein Anreiz für Verweildauerverkürzungen sein.

Abb. 41 zeigt, dass das Fallpauschalen-Entgelt so berechnet ist, dass ein durchschnittliches Krankenhaus bei der Regelverweildauer gerade seine Kosten deckt. Schafft es das Krankenhaus, dass der Patient schneller gesund wird, so wird dies zu einem Überschuss führen, liegt der Patient länger, erleidet das Krankenhaus ein Defizit.

Beim Fallpauschalensystem trägt das Krankenhaus das Risiko schwerer Fälle, die nicht innerhalb der Regelverweildauer entlassen werden können. Um wenigstens extreme Härten abzufangen, wurde eine sogenannte Grenzverweildauer definiert. Ab der Grenzverweildauer durften zusätzlich zur Fallpauschale die regulären Abteilungspflegesätze abgerechnet werden. Liegt beispielsweise ein Patient 20 Tage und die Grenzverweildauer beträgt 18 Tage, so durften die Fallpauschale und 3 Pflegetage abgerechnet werden. Die Grenzverweildauer war folglich als der erste zusätzlich abrechenbare Tag definiert. Der Fallpauschalenkatalog unterschied weiterhin die Grenzverweildauer Intensivpflege von der Grenzverweildauer Normalpflege.

Für die Fallpauschalen mussten einige Sondertatbestände definiert werden. So bezeichnet der Begriff Komplexpauschale eine Fallpauschale, bei der die Leistungen des Akutkrankenhauses und der Rehabilitationsklinik komplett entgolten werden. Dies entspricht der Vorstellung, dass nur die Dienste beider Einrichtungen zusammen eine wirkliche Komplettleistung, einen kompletten Fall ausmachen.

Ein weiterer Sondertatbestand war der Tod während des Aufenthaltes im Krankenhaus. Es wurde festgelegt, dass die Pauschale abrechenbar sein solle, wenn die Hauptleistung erbracht worden war. Starb beispielsweise der Patient nach einer Operation, so fiel die Pauschale vollständig an. Starb er während der Narkoseeinleitung, so hatte das Krankenhaus kein Anrecht auf ein Entgelt.

Ein weiterer Spezialfall war die Aufteilung einer Behandlung in Teilpauschalen, die sogenannten A- und B-Fallpauschalen. Diese Möglichkeit gab es allerdings nur bei Herzoperationen und einigen orthopädischen OPs. Insbesondere bei diesen Eingriffen wurden Patienten regelmäßig zwischen Krankenhäusern höherer und niedrigerer Versorgungsstufe verlegt. Bei einer Verlegung nach der Operation entsteht das Problem der Berechnung, welcher Anteil der Pauschale welcher Klinik zusteht. Einige Pauschalen haben hier bewusst A- und B-Pauschalen aufgegliedert. Die Leistung von der Aufnahme bis zur Wundheilung wurde durch die A-Fallpauschale abgedeckt, der Zeitraum bis zur abschließenden Entlassung von der B-Fallpauschale.

Die Wiederaufnahme nach Entlassung stellte einen weiteren Sondertatbestand dar. Falls ein Patient innerhalb der Regelverweildauer wiederaufgenommen werden musste, standen dem Krankenhaus keine neuen Erlöse zu, es sei denn, die Wiederaufnahme erfolgte aus anderen Gründen.

Tageskosten
und -erlöse

Intensivpflege   Normalpflege

OP

Zeit [Tage]

Gesamterlöse

Gesamtkosten

Regelver-   Zeit [Tage]
weildauer

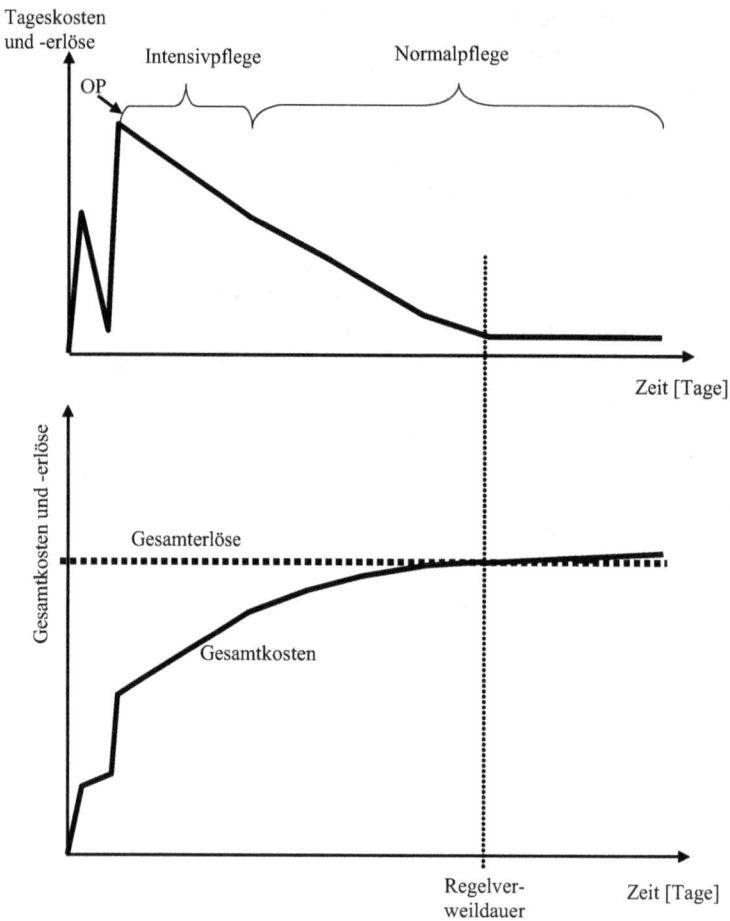

Abb. 41: Kosten und Entgelte bei Fallpauschalen.[23]

Zur Illustration soll das folgende Beispiel dienen: Ein Patient mit koronarer Herzkrankheit wird aufgenommen. Der Fallpauschalen-Katalog enthält folgende Daten:

- Fallpauschale: 9011
- Grenzverweildauer: 17 Tage
- Regelverweildauer: 12,28 Tage
- Grenzverweildauer Intensivpflege: 7 Tage
- Regelverweildauer Intensivpflege: 3,40 Tage
- Punkte: 19.400

---

23 Quelle: Eigene Darstellung.

Szenario 1: Der Patient wird operiert, stirbt zwei Tage nach der OP.
→ Die volle Fallpauschale von 19.400 Punkten wird fällig.

Szenario 2: Der Patient bleibt 5 Tage auf Intensiv, wird nach insgesamt 14 Tagen entlassen.
→ Alle Teilverweildauern sind unterhalb der Grenzverweildauern, d. h., die volle Fallpauschale von 19.400 Punkten wird fällig.

Szenario 3: Der Patient bleibt 4 Tage auf der Intensivstation, er wird nach 20 Tagen entlassen.
→ Die Intensivzeit ist unterhalb der Grenzverweildauer, die Gesamtverweildauer liegt darüber. Es fallen die Fallpauschale und 4 zusätzliche Tage Basispflegesatz und Abteilungspflegesatz an.

Szenario 4: Der Patient bleibt 9 Tage auf Intensiv und wird nach 25 Tagen entlassen
→ Sowohl die Zeit auf der Intensiv- als auch auf der Normalstation überschreiten die Grenzverweildauer. Es fallen die Fallpauschale, 3 Tage Abteilungspflege Intensivmedizin, 6 Tage Abteilungspflegesatz Normalstation und 9 Tage Basispflegesatz an.

Die Fallpauschalen und Sonderentgelte in dieser Ausprägung sind in Deutschland Geschichte. Im letzten Jahr ihrer Gültigkeit (2003) waren 147 Sonderentgelte und 73 Fallpauschalen definiert, wobei zu jeder Fallpauschale auch ein Sonderentgelt existierte. Etwa 30 % der Krankenhauserlöse wurden zuletzt über Fallpauschalen und Sonderentgelte abgerechnet. Die Hauptkritik war, dass die Außerachtlassung von Fallschwere, Begleiterkrankungen und Komplikationen eine grobe Ungerechtigkeit darstellt. Außerdem hatte die Kalkulation der vergleichsweise wenigen und nur für Deutschland festgelegten Entgelte gezeigt, dass es noch mehrere Jahre und hohe finanzielle Ressourcen erfordert hätte, bis das vollständig stationäre Behandlungsspektrum vergütungstechnisch abgebildet worden wäre. Dies führte zu der politischen Entscheidung, ein bereits international existierendes System als Grundlage für die deutsche Krankenhausfinanzierung zu verwenden. Das heute bestehende Entgeltsystem, die Diagnosis Related Groups (DRG), lösten deshalb die Fallpauschalen und Sonderentgelte ab – aber auch sie sind grundsätzlich nur ein pauschaliertes Entgelt.

Budgetierung
Der Begriff Budget bezeichnet einen Finanzplan, der in der Regel die Einnahmen und Ausgaben eines Betriebs oder Betriebsteiles für eine bestimmte Periode prospektiv abschätzt. Im Krankenhaus müssen das interne und das externe Budget unterschieden werden. Das interne Budget ist ein Controllinginstrument und dient primär der Unternehmenskoordination und -steuerung auf Grundlage von Einnahmen- und Ausgabenplänen. Im Zusammenhang mit der Krankenhausfinanzierung ist primär das externe Budget relevant, das mit den gesetzlichen Krankenversiche-

rungen vereinbart wird und seit der Einführung der Bundespflegesatzverordnung (1986) die maßgebliche Erlösform ist. Pflegesätze bzw. DRG-Entgelte haben nur eine Funktion als Abschlagszahlung auf das Budget.

Nach der Variabilität des Budgets auf Veränderungen der grundlegenden Planungsgröße können feste und variable Budgets unterschieden werden. Bei einem festen Krankenhausbudget wird der mit den gesetzlichen Krankenkassen vereinbarte Geldbetrag nicht an Leistungsschwankungen angepasst, die sich früher in einer Abweichung der Pflegetage von den geplanten Pflegetagen äußerte und heute in einer Über- oder Unterschreitung des Case Mix zeigt. Beim flexiblen bzw. variablen Budget verändert sich die Entgeltsumme bei Leistungserhöhung oder -senkung.

Der Grundgedanke des festen Budgets entspricht der traditionellen Vorstellung von einem Gesundheitssystem, das primär den natürlichen Bedarf stillt, der epidemiologisch exakt ermittelt werden kann. Das Krankenhaus bekommt einen Teil dieses Bedarfs zur Stillung zugewiesen (Versorgungsauftrag), sodass die Leistungsmenge fixiert ist. Über- oder Unterschreitungen sind Zufälle, die sich im Laufe der Jahre wieder ausgleichen. Deshalb kann das Budget auch fixiert werden. Der Vorteil fester Budgets besteht darin, dass das Krankenhaus sehr genau planen kann. Da die Leistungsmenge und die Finanzzuflüsse determiniert sind, kann sich das Krankenhaus vollständig auf die Kostenreduktion konzentrieren. Ein effizient arbeitendes Krankenhaus müsste unter diesem Regime in der Lage sein, Gewinne zu erwirtschaften, d. h., es besteht ein Anreiz wirtschaftlich zu arbeiten.

In der Realität führt ein starres Budget jedoch zu keinem wirklichen Kostensenkungsanreiz. Zwar kann eine Kostenreduktion im Jahr t zu einem Gewinn für das Jahr t führen, die niedrigeren Kosten werden jedoch im Jahr t + 1 wahrscheinlich zu einem niedrigeren Gesamtbudget führen. Damit wird der Effizienzgewinn des Jahres t im Jahr t + 1 bestraft. Das Krankenhaus muss im Jahr t + 1 noch wirtschaftlicher arbeiten, um erneut einen Überschuss zu erwirtschaften. Falls dies gelingt, wird das Gesamtbudget im Jahr t + 2 erneut gesenkt. So fällt das Budget von wirtschaftlichen Krankenhäusern Jahr für Jahr ab, ein Phänomen, das treffend als Kellertreppeneffekt bezeichnet wird.

Feste Budgets haben erhebliche Vorteile für die gesetzlichen Krankenversicherungen, können jedoch zu erheblichen Belastungen für die Krankenhäuser führen. Die „Deckelung" führt zu der ethisch problematischen Situation, dass Ende des Jahres das Budget (bzw. die vereinbarte Leistungsmenge) aufgebraucht ist, jedoch noch Patienten auf Behandlung warten. Bei elektiven Eingriffen ist die Feinplanung möglich, bei Notfällen nicht.

Abb. 42 zeigt das Verhältnis von Budget und Abschlagzahlung, hier dargestellt am Beispiel von Pflegesatzerlösen. Nachdem ein Patient entlassen wurde, stellt das Krankenhaus eine Rechnung an seine Krankenkasse und erhält das Produkt aus Pflegetagen und vereinbartem Pflegesatz (bzw. heute die entsprechende DRG). Dieses Entgelt ist allerdings nur eine Abschlagszahlung auf das Budget. Liegt die Leistungsmenge am Jahresende über der geplanten Belegung (bzw. dem Case Mix), so muss bei einem festen Budget die Differenz an die Kassen zurückgezahlt werden.

Liegt sie darunter, so erhält das Krankenhaus den Differenzbetrag. Das Budget wurde so ermittelt, dass das Krankenhaus bei Erreichen der geplanten Leistungsmenge exakt seine Plankosten deckt, d. h. in der geplanten Leistungsmenge schneiden sich Erlösgerade und Plankostenkurve.

Im Gegensatz zum starren Budget reagiert das flexible Budget auf Veränderung der Leistungsmenge, z. B. der Belegung oder des Case Mix. Das flexible Budget wird häufig bevorzugt, da das Risiko von Mehrleistungen nicht mehr vollständig vom Krankenhaus zu tragen ist. Beim starren Budget musste das Krankenhaus auch eine Mehrleistung, die nicht krankenhausbedingt ist, auffangen. Ein weiteres Argument für ein flexibles Budget ist, dass man unterschiedliche Kostenstrukturen durch die Wahl des Fixkostensockels und die Entwicklung der variablen Kosten abbilden kann. Hierbei ist wiederum zu beachten, dass es sich bei dieser Betrachtung ausschließlich um Fixkosten handelt, die von der Krankenkasse zu tragen sind. Fixkosten für Investitionen (Gebäude, Geräte etc.) sind bereits durch die duale Finanzierung ausgesondert.

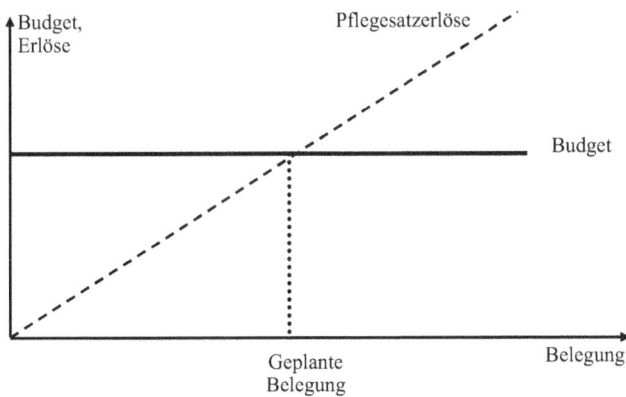

Abb. 42: Starres Budget.[24]

Abb. 43 zeigt das Prinzip des flexiblen Budgets. In einem ersten Schritt wird ein Plankostenverlauf definiert. Hierzu wird der Fixkostenblock ermittelt. Meist geht man davon aus, dass die variablen Kosten konstant sind, sodass die Plankosten konstant steigen. Der Pflegesatz wird so ermittelt, dass das Krankenhaus bei geplanter Leistungsmenge exakt seine Plankosten deckt. Das Budget ist flexibel und sollte exakt den Plankosten entsprechen, sodass das Krankenhaus bei Konstanz der Plankosten nie einen Gewinn oder Verlust machen kann. Nur wenn es gelingt, effizient zu arbeiten und damit die Istkostenkurve unter die Plankostenkurve zu drücken, ist ein Gewinn möglich.

---

24 Quelle: Eigene Darstellung in Anlehnung an Tuschen und Quaas 2001, S. 67; Schlüchtermann 2020.

Wiederum dient der Pflegesatz lediglich als Abschlagszahlung, d. h., die Differenz von Budget und Pflegesatzerlös stellt eine Forderung an oder eine Verbindlichkeit gegen die Gesetzlichen Krankenversicherer dar.

Der Gesetzgeber hat zwei Parameter, mit denen er das flexible Budget variieren kann. Zum einen kann er den Fixkostenanteil verändern, zum anderen die Steigung der Plankostenkurve. 1986 wurde ein flexibles Budget mit konstanten variablen Kosten und einem Fixkostenblock definiert, der 75 % der Gesamtkosten bei Planbelegung betragen sollte. Diese Annahmen sind durchaus realistisch, haben jedoch keine Anreizwirkung. Hat ein Krankenhaus bei Planbelegung höhere Fixkostenanteile als 75 %, so sind seine variablen Kosten geringer. Das Krankenhaus hat damit einen Anreiz zur Leistungsausweitung. Ihr kann man nur durch eine Mengenbeschränkung begegnen. Sind die Fixkosten hingegen geringer als 75 %, so wird das Krankenhaus tendenziell eher weniger Leistung bringen als vereinbart.

Der Gesetzgeber wollte möglichst eine Punktlandung erzwingen. 1997 wurde deshalb für die Budgetberechnung ein Plankostenverlauf mit Fixkosten von 50 % der Gesamtkosten bei Planbelegung zu Grunde gelegt. Die realen Fixkosten dürften bei den meisten Krankenhäusern darüber liegen, sodass die Istkosten bei einer Planunterschreitung über den Plankosten und damit der Budgetlinie liegen, während sie bei einer Überschreitung darunter liegen. Das Krankenhaus hat damit eine Tendenz zur Leistungsausweitung, die Kasse muss die Mengen beschränken.

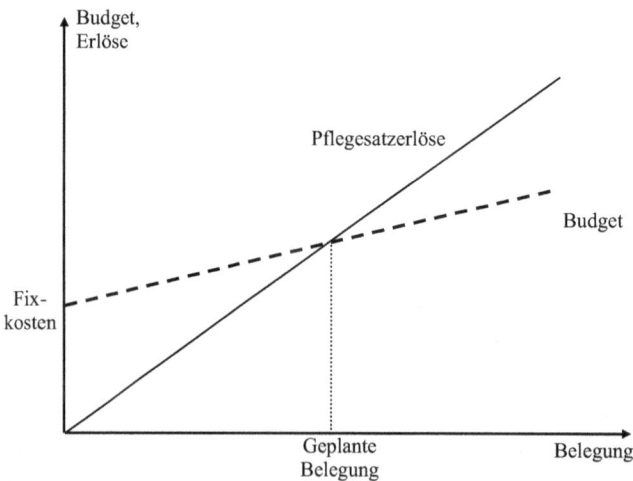

Abb. 43: Prinzip des flexiblen Budgets.[25]

---

25 Quelle: Tuschen und Quaas 2001, S. 78.

Erlöse, Budget, Kosten

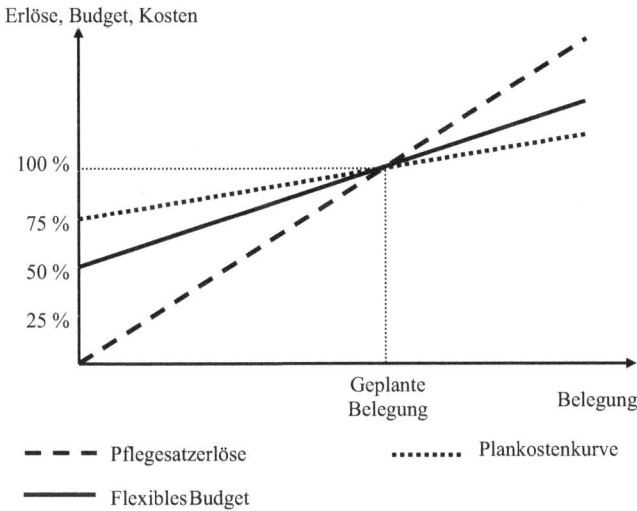

Abb. 44: Flexibles Budget 1997 (vereinfachtes Modell).[26]

Bei einer Unterschreitung erhielt das Krankenhaus eine Nachzahlung von der Krankenkasse, die jedoch in der Regel unterhalb der Plankostenkurve lag. Bei einer Überschreitung würde nach Abb. 44 das Krankenhaus eine Nachzahlung erhalten, die einen Gewinn ermöglicht. Es wurde deshalb eine Lösung gesucht, mit der eine Punktlandung erzwungen werden konnte. Sie bestand darin, dass eine Überschreitung der Planleistung nur noch sehr gering entlohnt wurde, sodass die Budgetlinie in der geplanten Belegung einen „Knick" aufweist. Links von der Planbelegung geht die Kurve von einem Fixkostenanteil von 50 % aus, rechts davon von 95 %. Dies führte zwar zu einigen Härten für die Krankenhäuser, die jedoch nicht so gravierend waren wie im starren Budget und gleichzeitig eine gute Mengen- und Kostendisziplin induzierten. Abb. 45 zeigt diesen Verlauf. Deutlich ist der Knick des flexiblen Budgets zu sehen. Es gibt tatsächlich nur einen Punkt, an dem die Plankostenkurve nicht oberhalb der Budgetlinie liegt: an der Planbelegung.

Das flexible Budget 1999 veränderte die Parameter erneut. Es wurden folgende Vorgaben gemacht:

– bei einer Unterschreitung der Planauslastung erhält das Krankenhaus 40 % des Pflegesatzes für die nicht geleisteten Pflegetage,

– bei einer Überschreitung um weniger als 5 % behält das Krankenhaus 15 % der Erlöse der Pflegetage, die über die Planbelegung hinausgehen,

– beträgt die Überschreitung mehr als 5 %, erhält das Krankenhaus 10 % des Pflegesatzes,

---

26 Quelle: Tuschen und Quaas 2001, S. 78.

- falls die Zahl der abgerechneten Fallpauschalenzahlen die Vereinbarung überschreitet, erhält das Krankenhaus 25 % der Fallpauschale,
- falls die Zahl der abgerechneten Fallpauschalenzahlen die Vereinbarung unterschreitet, erhält das Krankenhaus 40 % der nicht geleisteten Fallpauschalen.

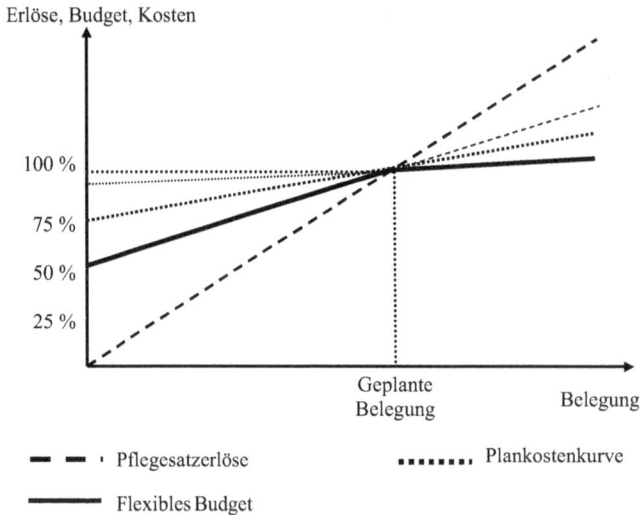

Abb. 45: Flexibles Budget 1997 (reales Modell).[27]

Die Budgetkurve ist damit mehrfach geknickt und erlaubt nur an einem Punkt eine
Kostendeckung: an der Planbelegung. Krankenhäuser mit gut planbaren Leistungen (z. B. Orthopädische Kliniken) konnten sehr genaue Punktlandungen schaffen,
andere hingegen wichen häufig davon ab. Damit wurden die Krankenhäuser einem
hohen Rationalisierungsdruck ausgesetzt, da nur solche Krankenhäuser Gewinne
erwirtschaften können, deren Istkostenkurve vollständig unterhalb der vom Gesetzgeber angenommenen Plankostenkurve liegt.

Auch nach der Einführung der DRGs (siehe Kapitel 3.3) im Jahre 2004 blieb das
Budget die maßgebliche Größe. Wiederum wird ein Budget vereinbart, wobei primär nicht mehr über Finanzmittel als vielmehr über Leistungseinheiten verhandelt
wird, die sich letztlich jedoch auch in Budgets niederschlagen. Wiederum stellt sich
damit die Frage, wie Mehr- oder Mindererlöse ausgeglichen werden. Hierzu regelt §
4 Abs. 3 KHEntgG, dass Mindererlöse zu 20 % und Mehrerlöse zu 65 % ausgeglichen
werden sollen. Erreicht ein Krankenhaus die vereinbarte Leistung nicht, erhält es 20 %
der geplanten, aber nicht erreichten Erlöse. Dieser Betrag ist geringer als die variablen

---

27 Quelle: Tuschen und Quaas 2001, S. 79.

Kosten, d. h., das Krankenhaus hat einen Anreiz, die vereinbarten Leistungen zu erreichen. Überschreiten die Leistungen die vereinbarte Höhe, muss das Krankenhaus 65 % dieser zusätzlichen Erlöse zurückzahlen. Mit 35 % Anteil variabler Kosten bei Planauslastung dürfte eine Kostendeckung jenseits der vereinbarten Leistung möglich sein, ohne jedoch einen größeren Anreiz zur Leistungsausweitung zu geben. Davon abweichend werden spezifische Sätze definiert für Arzneimittel und Medikalprodukte (kein Ausgleich), für Schwerverletzte (25 %), für Fallpauschalen mit einem sehr hohen Sachkostenanteil (individuell vereinbaren) und für teure Fallpauschalen mit einer schwer planbaren Leistungsmenge (insbesondere bei Transplantationen oder Langzeitbeatmung, individuell vereinbaren), sowie während Epidemien (individuell vereinbaren).

Eine Alternative zu diesem Vorgehen wäre die Anwendung eines Globalbudgets für den Krankenhaussektor in Anlehnung an die Vergütung der niedergelassenen Ärzte. So sah beispielsweise der Entwurf zum „Gesetz zur Neuordnung der Krankenhausfinanzierung" (Krankenhaus-Neuordnungsgesetz, 1997) eine landesweite Gesamtvergütung für den Krankenhaussektor vor, die leistungsgerecht auf die Krankenhäuser aufgeteilt werden sollte. Jedes Krankenhaus würde für seine Leistungen zuerst keinen Geldbetrag vergütet bekommen, sondern einen bestimmten Punktwert. Die Summe aller Punktwerte aller Krankenhäuser würde dann in die Berechnung des Basiswertes eingehen, wobei von einem fixen Globalbudget ausgegangen wird. Beträgt beispielsweise das Gesamtbudget 100 Millionen € und die Summe der Punkte aller Krankenhäuser 10 Millionen, so wäre jeder Punkt 10 € wert. Werden mehr Punkte abgerechnet, sinkt der Wert pro Punkt und damit die Erlöse jedes Krankenhauses.

Der Vorteil dieses Systems liegt zum einen darin, dass das Krankenhausbudget garantiert eingehalten wird. Es kommt zu einer freien Entwicklung der Krankenhäuser im Wettbewerb und prinzipiell könnte die Trennung zwischen ambulantem und stationärem Finanztopf aufgehoben werden, sodass man von einem echten Globalbudget des kurativen Gesundheitswesens sprechen könnte. Das System hat jedoch auch erhebliche Nachteile: es gibt keinen Anreiz zum Sparen und die Erlösausweitung kann nur auf Kosten der anderen Krankenhäuser erfolgen. Schwache Partner scheiden aus dem Markt aus, und zwar auch dann, wenn sie für die Versorgung der Bevölkerung notwendig sind.

Zusammenfassend können wir festhalten, dass der Gesundheitspolitik eine große Fülle von Optionen offensteht, wie sie die Krankenhausfinanzierung regeln kann. Im nächsten Kapitel werden wir sehen, wie diese Optionen in der Geschichte der Krankenhausfinanzierung ausgeprägt waren. Zuvor soll jedoch in Exkursen die Finanzierung von Bereichen vertieft werden, die von immer größerer Bedeutung für die Krankenhäuser werden.

3.1.4 Exkurs: Finanzierung der psychiatrischen und psychosomatischen Einrichtungen

Leistungen psychiatrischer und psychosomatischer Einrichtungen wurden 2003 bewusst aus der DRG-Konzeption ausgenommen, da bei ihnen – abweichend zu anderen Erkrankungen – die Verweildauer eine wichtige Leistungskomponente darstellt. Gleichzeitig ist die Verweildauer weniger durch Entscheidungen des Krankenhauses beeinflussbar. Häufig handelt es sich um längere Aufenthalte von Menschen, deren Entlassung zwar möglich ist („keine blutige Entlassung"), jedoch zu erheblichen externen Effekten führen könnte (z. B. Selbstmord, Rückfall etc. etc.). Für diese Patienten schien das Fallpauschalensystem mit seiner starken Konzentration auf eine Verweildauerverkürzung ungeeignet. Trotzdem forderte das Krankenhausfinanzierungsreformgesetz die Schaffung eines „durchgängigen, leistungsorientierten und pauschalierenden Vergütungssystem auf der Grundlage von tagesbezogenen Entgelten für die voll- und teilstationären allgemeinen Krankenhausleistungen von psychiatrischen und psychosomatischen Einrichtungen". Ziel war das „pauschalierende Entgeltsystem Psychiatrie und Psychosomatik" (PEPP)).[28]

Abb. 46 zeigt das Entgelt eines psychiatrischen Falls, wie es sich nach dem „Gesetz zur Einführung eines pauschalierten Entgeltsystems für psychiatrische und psychosomatische Einrichtungen" (Psych-Entgeltgesetz, Psych-EntgG) ergibt.[29] Es wird deutlich, dass das Entgelt degressiv mit der Verweildauer steigt. Der Patient wird einer Fallklasse zugeordnet, für die Stufen und Tagespauschalen einrichtungs-

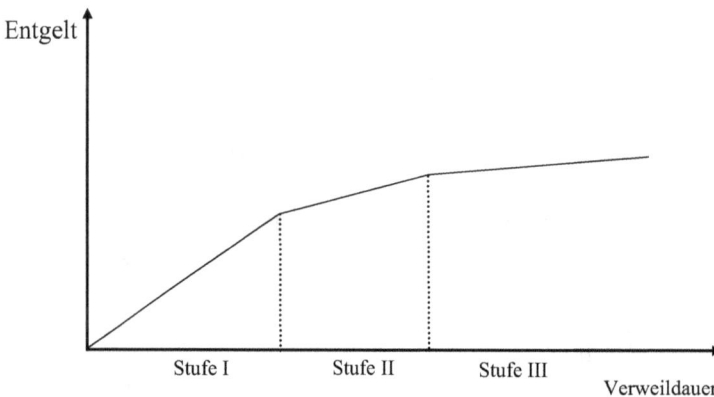

Abb. 46: Entgelt nach PEPP.[30]

28 Vgl. Maier, Heitmann, Rutz, et al. 2015.
29 BGBl 2012, S. 1613, Inkraftgetreten am 01.01.2013.
30 Quelle: Eigene Darstellung.

übergreifend definiert sind. Anstatt der bisher mit jeder Klinik individuell ausgehandelten Budgets mit abteilungsbezogenen tagesgleichen Pflegesätzen werden tagesbezogene Pauschalen gebildet. Das InEK wurde beauftragt, die entsprechenden Relativgewichte festzulegen und laufend weiter zu entwickeln. Eine der DRG vergleichbare Pauschale entsteht hierdurch nicht, da die Verweildauer nach wie vor eine große Rolle für das Entgelt spielt. Allerdings soll dieses System erreichen, dass gleiche Leistung auch gleich entgolten wird.

Der Umstieg sollte stufenweise erfolgen. 2013 und 2014 waren sogenannte Optionsjahre, d. h., Einrichtungen konnten entscheiden, ob sie nach den neuen Pauschalen oder nach den bisherigen Pflegesätzen abrechnen. Ab 2015 war ein verpflichtender Umstieg mit einer fünfjährigen Konvergenzphase von krankenhausindividuellen zu landesweiten Basisfallwerten vorgesehen. Allerdings fiel die Kritik insbesondere von Seiten der psychiatrischen Krankenhäuser so massiv aus, dass die Optionsphase mit dem GKV-Finanzstruktur- und Qualitäts-Weiterentwicklungsgesetz (GKV-FQWG, 2014)[31] erstmalig um zwei Jahre und anschließend mit dem Gesetz zur Weiterentwicklung der Versorgung und Vergütung für psychiatrische und psychosomatische Leistungen (PsychVVG, 2016)[32] erneut um ein Jahr verlängert wurde. Seit dem Jahr 2020 erfolgt die nicht-budgetneutrale Umsetzung als fünfjährige Konvergenzphase.

3.1.5 Exkurs: Finanzierung des ambulanten Bereichs

Viele Krankenhäuser sind heute auch im ambulanten Sektor tätig. Die Notfallambulanz, ambulante Operationen, die klassische Poliklinik und die Medizinischen Versorgungszentren werden aus dem sogenannten „ambulanten Topf" finanziert. Hier treten die Krankenhäuser in Konkurrenz zu den niedergelassenen Ärzten und unterliegen überwiegend den Regularien der Kassenärztlichen Vereinigung (KV).

Bis 1931 schlossen Krankenkassen direkte Verträge mit den ambulanten Leistungserbringern ab. Die Konzentrationsprozesse der Krankenkassen führten jedoch zu einem Machtungleichgewicht. Die Kassen konnten selbständige Ärzte allein schon deshalb diskriminieren, da sie bis 1933 selbst noch in ihren eigenen ambulanten und stationären Einrichtungen Ärzte anstellen durften und somit als direkte Konkurrenz tätig waren. Das Ergebnis war ein Ärztestreik, der erst durch eine Notverordnung des Reichspräsidenten befriedet wurde. Das Einzelvertragssystem wurde aufgehoben und stattdessen ein System von regionalen Kassenärztlichen Vereinigungen aufgebaut. Die Vertragsverhandlung der Kassen erfolgte ab diesem Zeitpunkt nicht mehr mit

---

31 Vgl. BGBl 2014, S. 1133–1147, inkraftgetreten am 01.01.2015.
32 Vgl. BGBl 2016, S. 2986–2997, inkraftgetreten am 01.01.2017.

jedem Arzt individuell, sondern zwangsweise mit der Kassenärztlichen Vereinigung. Im Gegensatz zu den Krankenhäusern, die bis heute individuell mit den Krankenkassen verhandeln und abrechnen, hat der niedergelassene Arzt deshalb heute (mit Ausnahmen) keinen direkten Finanzkontakt zur Kasse. Zwischen die Kasse und den Arzt schlüpft die Kassenärztliche Vereinigung als Interessenverband, Verhandler und Inkassoinstitut. Abb. 47 skizziert dieses System.

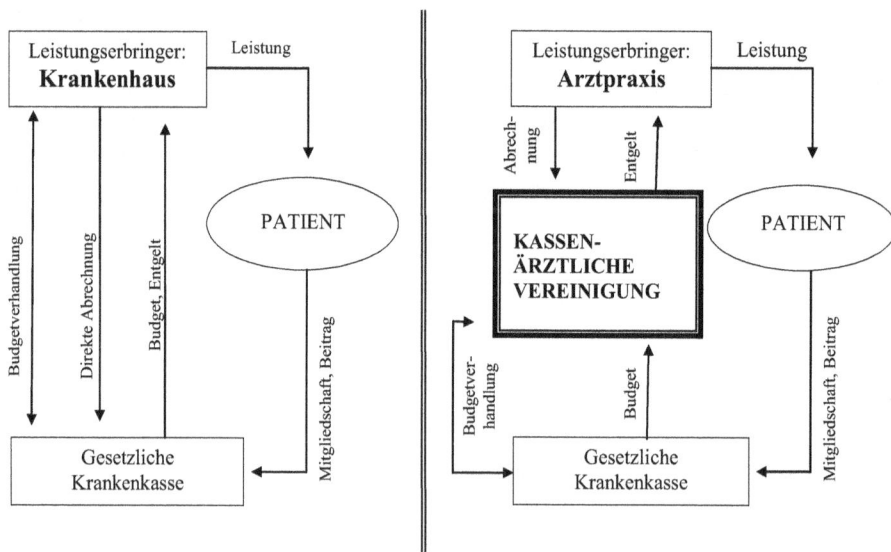

Leistungserbringer: **Krankenhaus** — Leistung — PATIENT — Budgetverhandlung — Direkte Abrechnung — Budget, Entgelt — Gesetzliche Krankenkasse — Mitgliedschaft, Beitrag

Leistungserbringer: **Arztpraxis** — Leistung — Abrechnung — Entgelt — **KASSEN-ÄRZTLICHE VEREINIGUNG** — PATIENT — Budgetverhandlung — Budget — Gesetzliche Krankenkasse — Mitgliedschaft, Beitrag

Abb. 47: Verhandlung und Abrechnung im Krankenhauswesen und von Vertragsärzten.[33]

Die Budgetzuteilung der gesetzlichen Krankenkasse an die KV hat eine befreiende Wirkung, d. h., die KV übernimmt die Sicherstellung der ambulanten Versorgung. Bis Ende 2008 errechnete sich diese Gesamtvergütung als Produkt der Mitgliederzahl einer Krankenkasse in einem bestimmten KV-Gebiet und einer Kopfpauschale, die parallel zur Lohnentwicklung der Versicherten angepasst wurde. Eine besondere oder steigende Krankheitslast wurde nicht berücksichtigt, sodass das Morbiditätsrisiko ausschließlich bei den Ärzten bzw. der KV lag. Das GKV-Wettbewerbsstärkungsgesetz führte dazu, dass ab 01.01.2009 das Morbiditätsrisiko auf die Krankenkassen verlagert wurde, d. h., eine Ausgabensteigerung aufgrund erhöhter Krankheitshäufigkeit und -schwere führt zu einer erhöhten Zuweisung an die KV.

Jeder Arzt, der Kassenpatienten behandeln und seine Leistungen abrechnen möchte, muss Mitglied der Kassenärztlichen Vereinigung sein. Die KV kann die Zulassung verweigern, wenn in einem bestimmten Gebiet bereits eine ausreichend hohe

---

33 Quelle: Fleßa und Greiner 2020.

Anzahl von Ärzten einer Fachgruppe praktiziert. Damit ist auch die Zulassung von Krankenhäusern zur ambulanten Versorgung von der Zustimmung der KV abhängig. Sie wird diese in der Regel verweigern, wenn eine ausreichend hohe Anzahl von niedergelassenen Ärzten in dem entsprechenden Fachgebiet bereits besteht.

Auf dem Höhepunkt der sogenannten Ärzteschwämme gab es zusätzlich eine Fallzahlbegrenzung, d. h., ein zugelassener Arzt durfte nur eine bestimmte Zahl von Patienten betreuen. Der drohende Ärztemangel führte zur Abschaffung der Fallzahlbegrenzung und wird bald auch die Bedarfsberechnung in weiten Landesteilen unnötig machen. Mecklenburg-Vorpommern beispielsweise sucht heute bereits händeringend nach Allgemeinmedizinern, die bereit sind in ländlichen Regionen zu arbeiten.

Die ambulanten und belegärztlichen Leistungen von Patienten, die in der GKV versichert sind, werden gemäß dem Einheitlichen Bewertungsmaßstab (EBM) entgolten, der vom Bewertungsausschuss als Gremium der Kassenärztlichen Vereinigungen und der gesetzlichen Krankenkassen festgelegt wird. Der EBM ist folglich das Vergütungssystem der vertragsärztlichen Versorgung in Deutschland bzw. ein sozialversicherungsrechtliches Verzeichnis, nach dem ambulante (und belegärztliche) Leistungen abgerechnet werden können. Bei der Analyse ist zwischen der Situation vor und nach dem Inkrafttreten des GKV-Wettbewerbsstärkungsgesetz (01.01.2009) zu unterscheiden.

Vor der vertragsärztlichen Vergütungsreform 2009 wurden die Punktsummen aller Ärzte einer Fachgruppe aufsummiert und der entsprechende Honorartopf dieser Fachgruppe durch diese Punktesumme geteilt. Das Ergebnis war der sogenannte Punktwert, d. h. der monetäre Wert eines Punktes einer Fachgruppe. Der Erlös eines Arztes ergab sich dementsprechend als Produkt seiner eigenen Punktesumme mit dem Punktwert seiner Fachgruppe. Die KV wiederum erhielt ihr Budget durch Verhandlungen mit den Landesverbänden der gesetzlichen Krankenkassen. Sie handelten eine Kopfpauschale aus, die für alle gesetzlichen Krankenkassen gilt. Die KV erhielt dann von jeder Kasse die Kopfpauschale multipliziert mit der Zahl der Mitglieder der jeweiligen Krankenkasse.

Die Kosten des ambulanten Sektors sind in den letzten Jahren stetig gestiegen. Will man diesen Zuwachs begrenzen, so muss man zuerst verstehen, welche Ursachen er hat. Grundsätzlich können die Gründe beim Arzt und beim Patienten liegen. Einerseits kann der Patient einen höheren (medizinisch bedingten) Bedarf haben, andererseits kann der Arzt bei konstantem Bedarf mehr Leistungen abrechnen. Letzteres deutet auf eine angebotsinduzierte Nachfrage hin, die sich aus der Doppelrolle des Arztes ableitet. Erstens ist er Anbieter der Gesundheitsdienstleistung, zweitens sagt er dem Patienten, was dieser benötigt. Er determiniert folglich die Nachfrage, die wiederum seine Auslastung und damit seinen Gewinn bestimmt. Es liegt deshalb die Vermutung nahe, dass selbständige Ärzte, um ihren Gewinn zu steigern, durchaus auch solche Leistungen ihren Patienten empfehlen, die medizinisch nicht absolut nötig sind. Tatsächlich nehmen die Kosten der Gesundheitsversorgung mit zunehmender Ärztedichte zu. Dies ist ein Hinweis darauf, dass Ärzte mit wenigen Patienten Leistungen empfehlen und durchführen, die sie nicht durchführen würden, wenn sie ausreichend Patienten hätten.

Angebotsinduzierte Nachfrage kann überwunden werden, wenn eine zusätzlich abgerechnete Leistung keinen zusätzlichen Erlös bedeutet. Deshalb wurden sogenannte Praxisbudgets eingeführt. Ein Praxisbudget ist die Vorgabe eines monetären Wertes der Gesamterlöse einer Praxis, der auch bei Mehrabrechnung nicht überschritten werden darf. Ebenfalls wurden Richtlinien für die Verschreibung von Medikamenten und Heil- und Hilfsmitteln festgelegt. Verschrieb ein Arzt im Durchschnitt seiner Patienten mehr als die Vorgabe erlaubte, war er hierfür regresspflichtig.

Eine sehr hohe Leistungsabrechnung im Jahr 1996 führte zu einem drastischen Punkteverfall und deshalb 1997 zur Einführung der arztgruppenspezifischen und fallzahlabhängigen Obergrenze für die insgesamt von einem Vertragsarzt abrechenbaren Leistungen (Praxisbudget). Das Ergebnis war aus Sicht der Politik und Krankenkassen positiv: Die Zahl der Leistungen pro Patient ging stark zurück, es kam zum Abbau der angebotsinduzierten Nachfrage. Es wurde jedoch auch deutlich, dass der Leistungsanstieg des Jahres 1996 nicht immer auf das Fehlverhalten von Ärzten zurückzuführen war. Vielmehr kann die erhöhte Nachfrage auch morbiditätsbedingt sein. Eine Arztpraxis, die überwiegend ältere Menschen versorgt, wird durch ein Praxisbudget bestraft, obwohl sie sich exakt nach den Regeln verhält. Weiterhin können Epidemien und Wanderungsbewegungen nicht durch Praxisbudgets abgebildet werden.

Es ist deshalb nötig, die zweite Ursache des Kostenanstieges des ambulanten Sektors noch einmal genauer zu untersuchen: den Patienten. Steigt seine Krankheitslast, werden auch die Kosten seiner medizinischen Versorgung steigen. Dies darf dem Arzt nicht angelastet werden, er darf hierfür nicht das finanzielle Risiko tragen. Diese Erkenntnis führte zur Abschaffung des Praxisbudgets zum 1. Juli 2003.

Seit dem 01.01.2009 legt der Bewertungsausschuss auf Bundesebene einen Orientierungspunktwert in Euro fest (2021: 11,1244 Cent). Dieser (manchmal verkürzt als Orientierungswert bezeichnete) Wert wird in den einzelnen KV-Regionen unter Berücksichtigung des Budgets und der erwarteten gesamten EBM-Punkte in einen regionalen Punktwert umgerechnet, sodass sich in Kombination mit dem EMB eine regionale Euro-Gebührenordnung ergibt. Der EBM wird damit zu einer Art Preisverzeichnis. Allerdings nimmt diese Reform den Kassenärztlichen Vereinigungen die Möglichkeit, auf Leistungsausweitung mit geringeren Punktwerten zu reagieren, sodass eine Mengenbegrenzung notwendig wurde: das Regelleistungsvolumen.

In der Reichsversicherungsordnung wurden als Regelleistung diejenigen Leistungen bezeichnet, zu deren Erbringung die Krankenkassen gesetzlich verpflichtet waren (in Abgrenzung zur freiwilligen Satzungsleistung). Ein Regelleistungsvolumen ist folglich die Summe aller Leistungen, die sich aus dem epidemiologisch und demografisch bedingten Behandlungsbedarf der Patienten eines niedergelassenen

Arztes ergeben. Hat ein Arzt viele alte oder kranke Patienten zu behandeln, liegt sein Regelleistungsvolumen entsprechend höher als für einen Kollegen, der überwiegend junge und gesunde Menschen betreut. Für die Leistungen innerhalb des Regelleistungsvolumens erhält der Arzt die vollen Erlöse, für die Überschreitung je nach Grad nur noch abgestaffelte Erlöse (75 %, 50 % oder 25 %). Die Krankenkassen übernehmen damit das Risiko der Morbiditätsveränderung der Gesellschaft, nicht der Arzt. Das „Gesetz zur Verbesserung der Versorgungsstrukturen in der gesetzlichen Krankenversicherung" (GKV-Versorgungsstrukturgesetz, GKV-VStrG)[34] hat diese Regelungen bestätigt, jedoch eine stärkere Regionalisierung zugelassen, was insbesondere für Krankenhäuser in strukturschwachen Regionen die Möglichkeit von Zuschlägen zum EBM ermöglicht.

Krankenhäuser, die im ambulanten Sektor tätig werden möchten, müssen dieses Finanzierungssystem kennen und umsetzen. In Kapitel 11.5 wird die Finanzierung ambulanter Dienste im Zusammenhang mit der Integration vertieft, hier wollen wir uns jedoch auf die Finanzierung des stationären Sektors beschränken.

3.1.6 Exkurs: Finanzierung des Pflegebereichs

Neben der Finanzierung der Krankenhäuser und des ambulanten Bereichs stellt die Finanzierung der Pflege eine weitere Herausforderung für die Krankenhäuser dar, die sich in diesem Bereich entwickeln wollen. Zum 1. Januar 2017 wurden die alten Pflegestufen auf das neue System der Pflegegrade umgestellt, aber der Begriff „Pflegestufe" ist noch sehr gebräuchlich und soll deshalb hier dargestellt werden.

Die Pflegeleistung wurde nach ihrer Intensität in Pflegestufen differenziert. Wie Tab. 9 zeigt, konnten die Pflegestufen I, II und III sowie eine Härtefallstufe unterschieden werden. Für jeden Pflegebedürftigen erfolgte eine individuelle Einstufung durch den Medizinischen Dienst der Krankenversicherung. Der Pflegebedarf musste nachgewiesen werden, wobei sich das Führen eines Pflegetagebuches empfahl.

Die Pflegeversicherung übernahm nur die Pflege, jedoch nicht die Hotelleistungen bei stationärer Unterbringung. In der Regel reichten die Bezüge der Pflegekasse nicht aus, um die Kosten zu tragen, insbesondere da die Kosten des täglichen Lebens (Miete, Essen etc.) in einer stationären Einrichtung höher liegen als im Privathaushalt. Der Differenzbetrag musste und muss privat finanziert werden, was oftmals zu erheblichen sozialen Härten führt. Durch das „Gesetz zur Ergänzung der Leistungen bei häuslicher Pflege von Pflegebedürftigen mit erheblichem allgemeinem Betreuungsbedarf" (Pflegeleistungs-Ergänzungsgesetz, PflEG)[35] und das „Gesetz zur strukturellen Weiterentwicklung der Pflegeversicherung" (Pflege-Weiterentwicklungsgesetz,

---

34 BGBl 2011, S. 2983–3022, inkraftgetreten am 01.01.2012.
35 BGBl 2001, S. 3270, inkraftgetreten am 14.12.2001.

PfWG)[36] wurde das SGB XI dahingehend geändert, dass auch Personen ohne Pflege-stufe einen gewissen Anspruch (jährlich max. 2400 €) auf Leistungen der Pflegekasse hatten, was insbesondere der Demenz als pflegerisch relevantem Sachverhalt begeg-nen sollte.

Unter Demenz versteht man einen geistigen Verfall, der zum Abbau der geisti-gen und körperlichen Leistungsfähigkeit führt. Demenz wird oftmals als Überbegriff für verschiedene Erkrankungen verwendet, z. B. vaskuläre Demenz (z. B. Folge von Hirninfarkten), Alzheimer, Parkinson etc. In der Regel ist nur das Gedächtnis, je-doch nicht das Bewusstsein betroffen. Es kommt zu einer zunehmenden Störung der Aufmerksamkeit, des Planens und Handelns und der psychomotorischen Funk-tionen sowie zu einem Verfall der Persönlichkeit. Im engeren Sinne spricht man von Demenz, wenn der Betroffene nicht mehr in der Lage ist die Anforderungen des täglichen Lebens zu meistern. Demenz ist überwiegend eine Krankheit des Alters. Nur etwa 1 % der Menschen unter 60 Jahren leiden an Demenz, während etwa 35 % der Menschen über 90 Jahren dement sind.

Tab. 9: Einstufung in Pflegestufen (bis 31.12.2016).

Pflegestufe	– 1 –	– 2 –	– 3 –	Härtefall
Mindestzeit-bedarf (Min.)	> 90 Min.	> 180 Min.	> 300 Min.	> 420 Min.
Bedingungen des Hilfebedarfs	bei der Körperpflege, der Ernährung oder der Mobilität mind. einmal tägl. mit mind. zwei Verrichtungen aus einem der 3 oben genannten Bereiche	bei der Körperpflege, der Ernährung oder der Mobilität mind. dreimal täglich zu verschiedenen Tageszeiten	bei der Körperpflege, der Ernährung oder der Mobilität täglich rund um die Uhr, auch regelmäßig nachts	bei der Körperpflege, der Ernährung od. der Mobilität tägl. rund um die Uhr, auch regelmäßig nachts; nachts mind. 120 Min.
max. Zeitanteil Hauswirtschaft	44 Minuten	60 Minuten	60 Minuten	60 Minuten
Mögliche Pflegepersonen	'Laie' + Fachkraft	'Laie' + Fachkraft	'Laie' + Fachkraft	nur Pflegefachkraft

Mit dem „Ersten Gesetz zur Stärkung der pflegerischen Versorgung und zur Ände-rung weiterer Vorschriften" (Erstes Pflegestärkungsgesetz, PSG I)[37] wurde Demenz

---

36 BGBl 2008, S. 874, inkraftgetreten am 01.07.2008.
37 BGBl. 2014, S. 2222, inkraftgetreten am 01.01.2015.

deutlich stärker in den bestehenden Pflegestufen berücksichtigt. Das „Zweite Gesetz zur Stärkung der pflegerischen Versorgung und zur Änderung weiterer Vorschriften" (Zweites Pflegestärkungsgesetz, PSG II)[38] definiert die Pflegebedürftigkeit völlig neu und bindet sie an das Vorliegen von Beeinträchtigungen der Selbständigkeit oder Fähigkeitsstörungen in den sechs Modulen Mobilität, kognitive und kommunikative Fähigkeiten, Verhaltensweisen und psychischen Problemlagen, Selbstversorgung, Bewältigung von und selbständiger Umgang mit krankheits- oder therapiebedingten Anforderungen und Belastungen sowie Gestaltung des Alltagslebens und sozialer Kontakte. Diese fließen gewichtet (z. B. Mobilität 10 %, kognitive Einschränkung 15 %) in die pflegefachliche Begutachtung ein, aus der sich der Pflegegrad ermittelt:
- Pflegegrad 1: geringe Beeinträchtigung der Selbständigkeit (ab 12,5 bis unter 27 Gesamtpunkte)
- Pflegegrad 2: erhebliche Beeinträchtigung der Selbständigkeit (ab 27 bis unter 47,5 Gesamtpunkte)
- Pflegegrad 3: schwere Beeinträchtigung der Selbständigkeit (ab 47,5 bis unter 70 Gesamtpunkte)
- Pflegegrad 4: schwerste Beeinträchtigung der Selbständigkeit (ab 70 bis unter 90 Gesamtpunkte)
- Pflegegrad 5: schwerste Beeinträchtigung der Selbständigkeit mit besonderen Anforderungen an die pflegerische Versorgung (ab 90 bis 100 Gesamtpunkte)

Es wird angestrebt, dass dadurch eine deutlich gerechtere und gleichzeitig effizientere Versorgung der alternden Bevölkerung erreicht wird.

Als die soziale Pflegeversicherung 1995 als fünfte Säule der Sozialversicherung eingeführt und im SGB XI geregelt wurde („Norbert-Blüm-Versicherung"), wurde sie als Jahrhundertreform gefeiert. Es wurde eine eigenständige Pflegekasse gegründet, die jedoch an die gesetzlichen Krankenkassen angelehnt ist. Der allgemeine Beitragssatz wird regelmäßig angepasst. Er beläuft sich seit dem 01.01.2021 auf 3,05 % des steuerpflichtigen Bruttolohns, jeweils 1,525 % durch Arbeitgeber und Arbeitnehmer. Für Kinderlose ab 23 Jahren beträgt der Satz 3,30 %, 1,525 % durch den Arbeitgeber, 1,775 % durch den Arbeitnehmer.

Schnell war absehbar, dass die Pflegeversicherung erhebliche Schwächen aufweist. Erstens ist die Trennung von Kranken- und Pflegekasse oftmals praxisfern. Es ist Patienten nur schwer zu erklären, warum mit der Überschreitung einer Altersstufe plötzlich eine andere Kasse mit anderen Genehmigungsrichtlinien zuständig sein soll. Entscheidend ist jedoch, dass die Pflegekassen dem demografischen Wandel mit ihrem Umlageverfahren nicht gewachsen sind. Eine alternde Bevölkerung führt unweigerlich zur Insolvenz der Pflegekassen, wenn nicht die Beträge erhöht werden oder eine Steuerfinanzierung hinzukommt. Trotzdem ist der Markt für am-

---

38 BGBl. 2014, S. 2222, inkraftgetreten am 01.01.2015.

bulante und stationäre Pflege für Krankenhäuser durchaus ein interessanter Investitionsort, eine vertikale Integration kann Kundengruppen sichern und die Qualität der Überleitung massiv erhöhen.

3.1.7 Exkurs: Finanzierung der Rehabilitation

Ein nicht geringer Teil der Patienten, insbesondere Unfallpatienten und solche mit chronisch-degenerativen Erkrankungen, kann nach der Entlassung aus dem Akutkrankenhaus noch nicht in den Alltag oder in das Berufsleben eingegliedert werden. Die Rehabilitation übernimmt diese Aufgabe und stellt damit einen weiteren Prozessschritt auf dem institutionenübergreifenden Behandlungspfad des Patienten dar. Grundsätzlich können medizinische, berufliche und soziale Rehabilitation unterschieden werden. Die medizinische Rehabilitation setzt die medizinische Behandlung des Akutkrankenhauses zur Wiederherstellung der körperlichen Funktionen fort, wobei der Schwerpunkt nicht auf der ärztlichen Versorgung liegt, sondern auf Physiotherapie, Ergotherapie, Psychologie und Selbstaktivierung. Die berufliche Rehabilitation erstrebt die Wiedereingliederung der Betroffenen in den Berufsalltag (z. B. durch Umschulungen). Die soziale Rehabilitation umfasst alle Leistungen zur Teilhabe am sozialen Leben, z. B. Wohnungshilfe, Haushaltshilfe etc. Die gesetzliche Grundlage ist das Sozialgesetzbuch IX.

Die Rehabilitation sollte bereits während der Akutbehandlung beginnen (z. B. Physiotherapie von Schlaganfallopfern noch während der intensivmedizinischen Behandlung). Die Frührehabilitation ist damit Teil des Versorgungsauftrages des Akutkrankenhauses und sollte grundsätzlich durch das DRG-Entgelt abgedeckt werden. Jedoch erwies sich die Kalkulation der rehabilitativen Maßnahmen, als Grundlage für eine entsprechende Vergütung, als sehr schwierig. Im Gegensatz zu den diagnostischen und therapeutischen Leistungen, die bereits im Operationen- und Prozedurenschlüssel-Katalog (OPS) enthalten waren, mussten diese für die Rehabilitation erst definiert werden, um hierfür die Kosten zu kalkulieren. Der OPS-2021 enthält vier Behandlungskomplexe, wobei der Schwerpunkt auf der geriatrischen und der neurologisch-neurochirurgischen Frührehabilitation liegt. Darüber hinaus wurden Mindestmerkmale festgelegt, um auch dem hohen qualitativen Anspruch gerecht zu werden. Dazu gehört u. a. ein Frührehateam unter fachärztlicher Behandlungsleitung, welches z. B. mindestens seit fünf Jahren auf diesem Gebiet tätig gewesen sein muss.

An die Akutbehandlung schließt sich die Anschlussheilbehandlung (häufig in einer stationären Rehabilitationsklinik) an. Im Gegensatz zur Akutbehandlung, die in der Regel über DRGs durch die Krankenversicherungen zu finanzieren ist, erfolgt die Finanzierung der Rehabilitationseinrichtungen teilweise noch über individuell ausgehandelte, tagesgleiche Pflegesätze. Abhängig vom Status des Patienten übernehmen die Krankenversicherung, die Rentenversicherung, die Berufsgenossenschaften, die Arbeitsförderung, die Sozialhilfe oder die Jugendhilfe die Kosten. Da diese Träger unterschiedliche Prioritäten und Zielvorgaben haben, unterscheiden sich die Leistungen oft erheblich. In der Regel sind die Leistungen der Berufsgenossenschaften zur Vermeidung einer Berentung am großzügigsten, während beispielsweise die Rehamaßnahmen für Rentner eher bescheiden ausfallen.

Der vollständige Behandlungspfad des Patienten vom Akutkrankenhaus zur Anschlussheilbehandlung und bis zur beruflichen Rehabilitation erfordert eine Reihe von betriebswirtschaftlich relevanten Entscheidungen. Erstens ist der jeweils optimale Überleitungszeitpunkt aus Qualitäts- und Kostengesichtspunkten abzuleiten. Häufig können kleinere Akutkrankenhäuser die Mindestanforderungen an eine professionelle Frührehabilitation nicht gewährleisten, sodass eine frühzeitige Verlegung angeraten scheint. Teilweise halten Reha-Kliniken auch Beatmungsplätze vor, sodass die Verlegung bereits sehr frühzeitig erfolgen kann. Auf der anderen Seite impliziert dies regelmäßig einen Erlösabzug für das Akutkrankenhaus, da die untere Grenzverweildauer unterschritten ist. Das Akutkrankenhaus muss deshalb eine Kosten-Erlös-Abwägung durchführen, die allerdings erhebliche Anforderungen an die Kosten- und Leistungsrechnung stellt.

Zweitens impliziert die Zusammenarbeit mit der Reha-Klinik eine Entscheidung über die Kooperationsform. Sie kann von unverbindlichen Absprachen bis zur Konzernbildung reichen. Eine Möglichkeit ist der Abschluss von Verträgen der integrierten Versorgung (IV). Das Akutkrankenhaus und die Reha-Klinik sind rechtlich sowie wirtschaftlich selbständig und schließen mit einer oder mehreren Krankenversicherungen einen Vertrag, der die Komplexleistung von der Aufnahme in die Akutklinik bis zur Entlassung aus der Reha-Klinik umfasst. Sie erhalten hierfür ein Entgelt, das intern nach Leistung bzw. Vertrag aufgeteilt wird. Diese Regelung ist insbesondere dann sinnvoll, wenn derselbe Träger beide Kliniken betreibt und somit die möglichen Deckungsbeiträge vollständig dem Gesamtunternehmen zufließen. Unter dieser Bedingung kann der optimale Überleitungszeitpunkt ohne Rücksicht auf Partikularinteressen der Krankenhäuser erfolgen. Weitere Varianten sind die vertragliche Vereinbarung zwischen mehreren Kliniken und die Entwicklung einer eigenen Organisation für einen bestimmten Behandlungspfad. Häufig schließen Reha-Kliniken Kooperationsverträge mit benachbarten Krankenhäusern ab, um sich bei Komplikationen, deren Notfallbehandlung mit den Reharessourcen nicht möglich ist, besser abzusichern.

Die Zeit der Pflegesätze geht auch in der Rehabilitation dem Ende entgegen, sodass ein Interessenkonflikt auftreten könnte. Akutkrankenhäuser haben einen Anreiz, die Patienten möglichst früh an die Reha zu geben, während Rehakrankenhäuser diese möglichst spät übernehmen möchten. In dieser Situation muss eine enge Kooperation die faire und qualitativ beste Überleitung gewährleisten.

3.2 Geschichte der Krankenhausfinanzierung

Die Darstellung der Geschichte der Krankenhausfinanzierung dient dem Zweck, ein Verständnis für die bereits realisierten Alternativen der Finanzierung zu gewinnen. Es zeigt sich, dass tatsächlich schon viele Varianten „ausprobiert" wurden. Eine für alle Anspruchsgruppen gleichermaßen optimale Lösung ist nicht möglich, Krankenhausfinanzierung bleibt stets ein Kompromiss und Aushandeln.

3.2.1 Krankenhausfinanzierung bis zur Gesundheitsreform 2000

Abb. 48 gibt einen Überblick über die Geschichte der Krankenhausfinanzierung. Grob können drei Phasen unterschieden werden: die Phase der freien Krankenhausfinanzierung bis 1936, die Phase der monistischen Finanzierung von 1936 bis 1972 und die Phase der dualen Finanzierung seit 1972. Die erste Phase ist durch den Liberalismus geprägt, der sich in einer weitgehenden Vertragsfreiheit zwischen Patienten, Ärzten und Krankenkassen äußerte. Es bestanden keine zentrale Krankenhausplanung, kein Eingriff in die Preisautonomie der Partner und kein Kontrahierungszwang. Die Finanzierung erfolgte überwiegend auf Basis von Pflegesätzen, die Investitionskosten, Betriebskosten und die Verzinsung des betriebsnotwendigen Kapitals abdecken sollten (monistische Finanzierung).

Gegen Ende dieser Phase wurde die Freiheit immer mehr eingeschränkt. Zum einen führte der bereits erwähnte Ärztestreik nicht nur zur Einführung der Kassenärztlichen Vereinigung, sondern auch zu einem stärkeren Einfluss des Gesetzgebers auf den Gesundheitsmarkt. So wurde beispielsweise ein Kündigungsverbot (mit Ausnahmen) für Versorgungsverträge erlassen. Weiterhin wurde am 14.08.1933 den Kassen untersagt selbständig als Leistungsanbieter tätig zu werden. Die bis dahin übliche Praxis der Krankenkassen, Ärzte anzustellen (Health Maintenance Organisations), wurde verboten – ein Eingriff, durch den das NS-Regime jüdische und sozialdemokratische Ärzte treffen wollte. Das HMO-Verbot gilt im Grunde bis heute.

Die Phase der freien Krankenhausfinanzierung endete mit der Verordnung über das Verbot von Preiserhöhungen (Preisstoppverordnung, 16.11.1936), dem erstmaligen Eingriff des Staates in Preise des Gesundheitswesens. Diese Verordnung ist als Teil der Vorbereitung des Zweiten Weltkriegs zu sehen. Sie führte zu einer Unterfinanzierung des Gesundheitswesens und insbesondere zu einer Stagnation der Krankenhäuser.

Die Zeit von 1945 bis 1972 war geprägt durch zunehmende staatliche Eingriffe. Zuerst wollte die Politik in das freie Finanzierungssystem zurückkehren. So hob die Preisfreigabeverordnung (26.06.1948) die Preisstoppverordnung auf und Krankenhäuser konnten wieder freie Preise mit Krankenkassen verhandeln. Dies führte jedoch zu erheblichem Widerspruch der Sozialversicherungsträger, die auf dieser

Basis für sich die Insolvenz prognostizierten. Nur sechs Monate später wurde deshalb die „Anordnung über Pflegesätze der Kranken- und Heilanstalten und sonstigen pflegerischen Anstalten aller Art" (Pflegesatzanordnung, 18.12.1948) erlassen, die eine Preisfixierung sowie die Vorgabe einfacher Kalkulationsregeln zur Preisbestimmung enthielt.

Es folgte die Verordnung über Pflegesätze von Krankenanstalten (09.09.1954), die insbesondere eine Beschränkung der Pflegesätze und der pflegesatzfähigen Aufwendungen beinhaltete. Die Selbstkosten wurden nicht mehr gedeckt, was zu einer weiteren Stagnation der Krankenhäuser führte. Da die laufenden Ausgaben noch durch Entgelte finanziert waren, mussten die Krankenhäuser von der Substanz leben: Gebäude und Anlagen wurden weder ausreichend gewartet noch rechtzeitig ersetzt. Der technische Fortschritt kam zum Erliegen. Diese Entwicklung wurde von der Politik wahrgenommen. Am 19.05.1969 wurde deshalb die Krankenhaus-Enquête eingesetzt. Ihre Analyse führte zur Entwicklung einer neuen Finanzierungssystematik und zu einer neuen Phase der Krankenhausfinanzierung: der dualen Finanzierung.

Der Staat übernahm mit der Einführung des „Gesetzes zur wirtschaftlichen Sicherung der Krankenhäuser und zur Regelung der Krankenhauspflegesätze" (Krankenhausfinanzierungsgesetz, KHG, 29.06.1972) finanzielle Verantwortung für die Krankenhäuser. Das KHG verfolgte das Ziel der wirtschaftlichen Sicherung der Krankenhäuser, einer bedarfsgerechten Versorgung der Bevölkerung sowie sozial tragbarer Pflegesätze. Ohne staatliche Beteiligung auf ausschließlicher Basis von Kassenbeiträgen würde – so die Annahme – ein modernes und leistungsfähiges Versorgungssystem nicht zu schaffen sein. Wie oben beschrieben, sollte die duale Finanzierung dazu beitragen, dass nach Jahren der Stagnation oder des Rückgangs wieder ausreichend Finanzmittel vorhanden wären, um die Selbstkosten eines wirtschaftlich arbeitenden Krankenhauses durch die Summe beider Finanzierungsquellen zu decken (Selbstkostendeckungsprinzip).

Das KHG sah eine Mischfinanzierung von Bund (1/3 der Investitionskosten) und Ländern (2/3) vor. Investitionen nach dem Inkrafttreten des KHG wurden gefördert, soweit sie im Investitionsplan der Länder enthalten waren. Eine nachträgliche Förderung von Investitionen vor dem Inkrafttreten war möglich, soweit diese durch Darlehen finanziert waren. In diesem Fall übernahm der Staat Zins und Tilgung des Darlehens.

1972 bestand ein erheblicher Nachholbedarf an Krankenhausinvestitionen, sodass sehr schnell erhebliche Investitionsmittel eingefordert wurden. Es kam erneut zu einem Investitionsstau. Gleichzeitig stiegen in den 70er-Jahren die laufenden Kosten sowohl für den ambulanten als auch für den stationären Sektor vehement. In dieser Zeit wurde erstmals der Begriff „Kostenexplosion" verwendet. Die Folge waren Kostendämpfungsgesetze (Krankenversicherungs-Kostendämpfungsgesetz,

Finanzierung auf Basis tagesgleicher Pflegesätze		DRGs
Freie Krankenhaus-finanzierung	Monistische, staatlich regulierte Kranken-hausfinanzierung	Duale, staatlich regulierte Krankenhausfinanzierung

1900 1920 1940 1960 1980 2000

Preisstopp-verordnung, 16.11.1936

KHG 29.06.1972

GMG 14.11.2003

GKV-WSG 01.04.2007

Preisfreigabe-verordnung 26.06.1948

KHNG 20.12.1984

GSG 01.01.1993

Pflegesatzanordnung, 18.12.1948

GKV-GRG 2000 1.1.2000

FPG 1.1.2003

KHRG 1.1.2009

GKV-VStG 1.1.2012
GKV-FinG 1.1.2011
Psych-EntgG 1.1.2013
GKV-VSG 17.7.2015
KHSG 1.1.2016
PpSG 01.01.2019
KHZG 01.01.2020

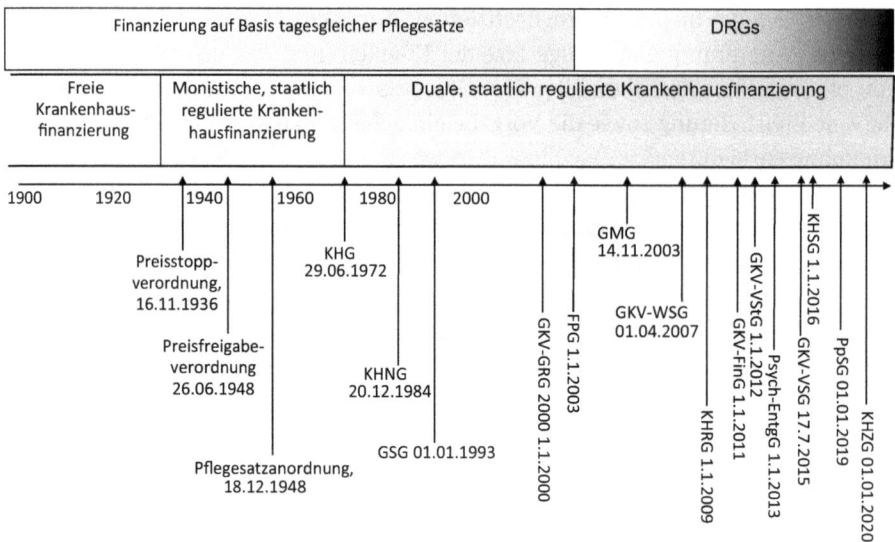

Abb. 48: Phasen der Krankenhausfinanzierung.[39]

KVKG[40]; Kostendämpfungs-Ergänzungsgesetz, KVEG[41]; Krankenhaus-Kostendämp-fungsgesetz, KHKG[42]) zur Reduktion der Kosten der gesetzlichen Krankenversicherung, wobei insbesondere Leistungseinschränkungen und Zuzahlungen als Maßnahmen vor-gesehen waren. Die Gesetze erwiesen sich als ziemlich belang- und wirkungslos.

Erst das „Krankenhaus-Neuordnungsgesetz" (KHNG)[43] brachte wichtige Änderun-gen. Es beinhaltete die Auflösung der Mischfinanzierung, d. h., die Krankenhausfinan-zierung ging in die alleinige Zuständigkeit der Länder über. Weiterhin wurde das Vereinbarungsprinzip im Rahmen des Pflegesatzverfahrens eingeführt. Vorher waren die Pflegesätze staatlich fixiert worden, nun musste der Pflegesatz in einer individuel-len Verhandlung zwischen dem Krankenhaus und den Krankenkassen vereinbart wer-den. Das Selbstkostendeckungsprinzip wurde de facto abgeschafft. Vorher hatte ein Krankenhaus ex post seine Istkosten der Krankenkasse präsentiert, die diese in der Regel erstattet hatte. Das Krankenhaus-Neuordnungsgesetz sah hingegen vor, dass nur noch vorauskalkulierte Selbstkosten eines sparsam wirtschaftenden und leistungs-fähigen Krankenhauses erstattet werden sollen. Die Abkehr vom Selbstkostenprinzip ist damit auch eine Umstellung auf prospektive Pflegesätze.

---

39 Quelle: Eigene Darstellung.
40 BGBl 1977, S. 1069, inkraftgetreten am 01.07.1977.
41 BGBl 1981, S. 1578; inkraftgetreten am 01.07.1982.
42 BGBl 1981, S. 1568, inkraftgetreten am 01.07.1982.
43 BGBl 1984, S. 1716, inkraftgetreten am 01.01.1985.

Der Regierungswechsel im Jahr 1982 Die Wende in Bonn brachte eine andere politische Konstellation und eine Reihe von Gesetzen mit maßgeblichen Veränderungen für die Krankenhausfinanzierung mit sich. Das bedeutendste dürfte das „Gesetz zur Sicherung und Strukturverbesserung der gesetzlichen Krankenversicherung" (Gesundheitsstrukturgesetz, GSG, 01.01.1993)[44] sein. Ausgangspunkt war eine schwere Krise der gesetzlichen Krankenversicherung. Das GSG verordnete deshalb eine Sofortbremsung, sodass die Ausgaben für ärztliche und zahnärztliche Behandlung, Heil- und Hilfsmittel nicht stärker steigen durften als die Beiträge der gesetzlichen Krankenversicherung. Für Krankenhäuser wurde das Selbstkostendeckungsprinzip vollständig aufgehoben. Durch die Einführung von Fallpauschalen und Sonderentgelten wurde erstmals ein pauschaliertes Vergütungssystem entwickelt. Das Krankenhaus-Neuordnungsgesetz 1984 hatte zwar bereits ein Pauschalensystem intendiert, aber erst das GSG 1993 setzte diese Intention um.

Weitere Neuerungen des GSG waren die Teilung der Pflegesätze in Abteilungs- und Basispflegesatz sowie die Einführung eines Budgets. Die Auflösung des Selbstkostendeckungsprinzips in Verbindung mit einem festen Budget ermöglichte es den Krankenhäusern, Gewinne zu erwirtschaften, barg aber auch ein Verlustrisiko in sich. Für viele Krankenhäuser und insbesondere Krankenhausträger waren diese Umstellungen fundamental.

Das Budget nach dem GSG 1993 war starr. Es wurde festgelegt, dass es von 1993–1995 nicht stärker steigen durfte als die Einnahmen der Krankenkassen. Für das einzelne Haus bedeute dies eine Deckelung mit erheblichen Härten, insbesondere bei epidemiologisch bedingten Nachfrageerhöhungen. Das Budget von 1993 wurde auf Basis des Haushalts von 1992 ohne Berücksichtigung der individuellen Lage (z. B. Mehrnachfrage durch Zuzug) oder der Veränderung der Kosten- und Leistungsstruktur (z. B. Entwicklung von Fachabteilungen, Tarifabschlüsse) des Krankenhauses fortgeschrieben.

Der Erfolg des GSG blieb hinter den Erwartungen zurück. Die Umsetzung der Pflegepersonalregelung, mit der dem zunehmenden Mangel an Pflegepersonal begegnet werden sollte, führte zu einer erheblichen Personalkostensteigerung, und die Instandhaltungspauschale, mit der die steigenden Aufwendungen in diesem Bereich finanziert werden sollten, belastete die Krankenkassen. Besonders dramatisch war der Kostenanstieg in Ostdeutschland, da hier ein Nachholbedarf bestand. Mit dem Auslaufen der Budgetbegrenzung zum 31.12.1995 drohte der Sozialversicherung die Zahlungsunfähigkeit.

Das „Gesetz zur Stabilisierung der Krankenhausausgaben" (Stabilitätsgesetz, KHStabG)[45] verlängerte deshalb die Budgetbegrenzung bis zum 31.12.1996, sodass der Gesamtbetrag der Krankenhausausgaben im Jahr 1996 pro Krankenhaus nicht

---

44 BGBl 1992, S. 2266, inkraftgetreten am 01.01.1993.
45 BGBl 1996, S. 654, inkraftgetreten am 01.01.1996.

höher sein durfte als 1995. Der Gesamtbetrag wurde definiert als die Summe der Erlöse aus stationärer Versorgung, der vor- und nachstationären Behandlung sowie aus ambulantem Operieren. Als Ausnahme wurde lediglich eine lineare Erhöhung der Gehaltskosten nach dem Bundesangestelltentarifvertrag zugelassen. Weiterhin wurden die Instandhaltungsfinanzierung und die letzte Stufe der Pflegepersonalregelung ausgesetzt.

Im darauffolgenden Jahr legte die Bundesregierung den Gesetzesentwurf zum Krankenhaus-Neuordnungsgesetz (1997) vor, das unter anderem die Einführung eines Globalbudgets vorsah. Diese Initiative scheiterte allerdings im Bundesrat. Die SPD-Länder forderten vielmehr die Abschaffung der Fallpauschalen und die Einführung eines krankenhausspezifischen Festbudgets. Als Kompromiss (auf niedrigem gemeinsamem Nenner) folgte das "Zweite Gesetz zur Neuordnung von Selbstverwaltung und Eigenverantwortung in der Gesetzlichen Krankenversicherung" (Zweites GKV-Neuordnungsgesetz, GKVNOG 2)[46]. Für die Krankenhäuser sah es unter anderem die Aufhebung der Pflegepersonalregelung sowie die Rückkehr zu individuellen Verhandlungslösungen vor. Die Großgeräteplanung wurde aufgehoben, d. h., die Festlegung der Anzahl, der Gerätetypen und der Standorte der medizinischen Großgeräte wurde nun den Selbstverwaltungspartnern überlassen. Die Budgets wurden für zusätzliche Leistungen geöffnet, was einer Aufhebung der Deckelung und einer Berücksichtigung von Veränderung der medizinischen Leistungsstruktur, der Fallzahlen und der Kapazität laut Landeskrankenhausplan gleichkommt. Parallel wurde die Instandhaltungspauschale wiedereingeführt. Hierfür wurden die krankenhausindividuellen Budgets um pauschal 1,1 Prozent für die Jahre 1997 bis 1999 erhöht. Zur Gegenfinanzierung wurde das sogenannte „Krankenhausnotopfer" in Höhe von 20 DM pro Versichertem befristet für drei Jahre eingeführt, jedoch bereits 1998 wieder ersatzlos ausgesetzt.

Im Jahr 1998 erfolgte der politische Wechsel in Bonn. Die neue Regierung erließ noch im selben Jahr das „Gesetz zur Stärkung der Solidarität in der gesetzlichen Krankenversicherung" (Vorschaltgesetz).[47] Die Deckelung wurde wieder (nach kurzer Erholung von 1997 und 1998) zum 01.01.1999 auf Basis des KHStabG (1996) eingeführt, das Erlösabzugsverfahren für Fallpauschalen und Sonderentgelte wurde verlängert und der Instandhaltungszuschlag entfiel. Das Gesetz kann als Widerruf des Zweiten GKV-Neuordnungsgesetzes und als „Überbrückung" bis zu einer tief greifenden Reform im Jahr 2000 gewertet werden.

Zusammenfassend können wir festhalten, dass die Krankenhausfinanzierung von 1972 bis 1999 durch eine zunehmende Häufigkeit von Gesetzen und Verordnungen geprägt war, die es den Krankenhäusern immer schwerer machten, langfristig zu planen. Eine wissenschaftliche Betriebsführung war auf dieser Basis nicht mehr möglich. Die

46 BGBl 1997, S. 1520, inkraftgetreten am 01.07.1997.
47 BGBl 1998, S. 3853, inkraftgetreten am 01.01.1999.

meisten Krankenhausmanager legten ihr Augenmerk primär auf die Verhandlungen mit den Krankenkassen. Oftmals waren das Verhandlungsgeschick und die politischen Beziehungen zur Landesregierung wichtiger als effizientes Management. Dieser zunehmenden Lähmung der Krankenhäuser in einem immer chaotischer werdenden Umsystem sollte durch eine tief greifende Reform der neuen Bundesregierung begegnet werden.

3.2.2 Krankenhausfinanzierung seit der Gesundheitsreform 2000

Der Entwurf der „Gesundheitsreform 2000", der im Jahr 1999 vom Bundestag verabschiedet wurde, stellt eine Initiative zur umfassendsten Reform des Gesundheitswesens seit Bismarck dar. Seine Umsetzung hätte die Einführung eines alle Diagnosen umfassenden Fallpauschalensystems ab 2003, die Umstellung auf eine monistische Finanzierung bis 2008 sowie die Einführung eines Globalbudgets für kassenärztliche und Krankenhausleistungen bedeutet. Damit wären alle wesentlichen Kennzeichen der bisherigen Krankenhausfinanzierung (Pflegesätze, duale Finanzierung, Bereichsbudgets) umgedreht worden. Dieser radikale Entwurf scheiterte allerdings an der Mehrheit im Bundesrat – wobei erstaunlicherweise Politiker gegen diesen Entwurf stimmten, die während ihrer eigenen Amtszeit in der alten Regierung genau diese Elemente propagiert hatten.

Das „Gesetz zur Reform der gesetzlichen Krankenversicherung" (GKV-Gesundheitsreformgesetz 2000, GKVRefG2000)[48] war im Vergleich zu dem geplanten Quantensprung zwar nur ein Reförmchen, es hatte jedoch umfassende Auswirkungen auf die Krankenhäuser. Neben zahlreichen Änderungen für die Krankenkassen und den ambulanten Bereich (Förderung von Prävention und Selbsthilfe, Positivliste für Medikamente, Einführung von Soziotherapie, Gatekeeper und Bonussystem bei hausärztlicher Versorgung) enthielt es Normen mit direktem Einfluss auf die Krankenhäuser. So wurden das ambulante Operieren im Krankenhaus (§ 115b SGB V), die Qualitätssicherung bei zugelassenen Krankenhäusern (§ 137; 137c,d,e SGB V), die integrierte Versorgung (§ 140a,b,c,d,e,f,g SGB V) sowie die Zweckbindung der Instandhaltungsförderung[49] (§ 17 KHG) geregelt.

Entscheidend war jedoch die Festlegung auf ein pauschaliertes Entgeltsystem (§ 17b KHG). Es sollte die allgemeinen vollstationären und teilstationären Krankenhausleistungen für einen Behandlungsfall vergüten, sowie durchgängig, leistungsorientiert und pauschalierend sein. Weiterhin wurde geregelt, dass Fallgruppen und Bewertungsrelationen bundeseinheitlich bestimmt sein müssten, die Punkt-

---

48 BGBl 1999, S. 2626, inkraftgetreten am 01.01.2000.
49 „Bis zum 31. Dezember 2002 sind die Instandhaltungsmittel nach Satz 3 zweckgebunden und noch nicht verwendete Mittel auf einem gesonderten Konto zu buchen." (GKV-Gesundheitsreform 2000, Art. 4).

werte hingegen nach Regionen differenziert festgelegt werden könnten. Die Bewertungsrelationen seien als Relativgewichte auf eine Bezugsleistung zu definieren, und Komplexitäten und Komorbiditäten müssten berücksichtigt werden. Als Ausnahme wurden lediglich die in der Psychiatrie-Personalverordnung genannten Einrichtungen (Psychiatrie und Psychosomatik) zugelassen. Weiterhin sollten Notfallversorgung, notwendige Vorhaltung von Leistungen zur Sicherstellung der Versorgung der Bevölkerung, Ausbildungsstätten und Ausbildungsvergütungen sowie Aufnahme von Begleitpersonen durch Zu- oder Abschläge gewährleistet werden.

Als Vorbild für die Einführung dieses pauschalierten Entgeltsystems wurde ein „Vergütungssystem, das sich an einem international bereits eingesetzten Vergütungssystem auf der Grundlage der Diagnosis Related Groups (DRG) orientiert, einschließlich der Punktwerte sowie seine Weiterentwicklung und Anpassung an die medizinische Entwicklung und an Kostenentwicklungen" (GKV-Gesundheitsreform 2000, Art. 4), festgelegt. Damit stellte die Gesundheitsreform einen tiefgreifenden Einschnitt in die Krankenhausfinanzierung dar – die fast vollständige Abkehr von den Pflegesätzen.

Die GKV-Gesundheitsreform 2000 gab einen Zeitplan vor. Bis zum 30. Juni 2000 sollten die Grundstrukturen des Vergütungssystems und des Verfahrens zur Ermittlung der Bewertungsrelationen auf Bundesebene (Bewertungsverfahren) geschaffen sein, insbesondere die Definition der zu Grunde zu legenden Fallgruppen, sowie die Grundzüge des Verfahrens zur laufenden Pflege des Systems auf Bundesebene. Bis zum 31. Dezember 2001 sollten die Bewertungsrelationen und die Bewertung der Zu- und Abschläge festgelegt sein. Hierbei wurde offengelassen, ob die Bewertungsrelationen auf der Grundlage der Fallkosten einer Stichprobe von Krankenhäusern kalkuliert, aus international bereits eingesetzten Bewertungsrelationen übernommen oder auf deren Grundlage weiterentwickelt werden sollten. Ab dem 1. Januar 2003 sollte das neue Vergütungssystem die bisher abgerechneten Entgelte vollständig ersetzen, wobei für das Jahr 2003 eine budgetneutrale Umsetzung vorgeschrieben war, d. h., die Umstellung der Finanzierung sollte nichts am Budget des einzelnen Krankenhauses ändern.

Weiterhin enthielt das Gesetz Übergangsregelungen. So sollte ab dem Jahr 2000 ein Gesamtbetrag für die Erlöse eines Krankenhauses aus Fallpauschalen, Sonderentgelten und dem Pflegesatzbudget vereinbart werden. Hierin sollten Verkürzungen der Verweildauern, Ergebnisse von Fehlbelegungsprüfungen, Leistungsverlagerungen (z. B. in die ambulante Versorgung), Leistungen, die im Rahmen von Integrationsverträgen nach § 140b oder Modellvorhaben nach § 63 des Fünften Buches Sozialgesetzbuch vergütet werden und die Ergebnisse von Krankenhausvergleichen nach § 5 KHG berücksichtigt werden.

Das „Gesetz zur Reform der gesetzlichen Krankenversicherung" erforderte Präzisierung und Ausarbeitung von Details, was teilweise durch die Selbstverwaltungspartner und teilweise durch den Gesetzgeber zu erfolgen hatte. Ein wichtiger Beitrag hierzu war das Gesetz zur Einführung des diagnose-orientierten Fallpauschalensystems für Krankenhäuser (Fallpauschalengesetz, FPG).[50] Es besteht aus fünf Artikeln. Art. 1 enthält die Änderungen des SGB V, Art. 2–3 die Änderungen des KHG und Art. 4 die Änderungen der BPflV, wobei mit der obligatorischen bundesweiten Einführung der DRGs im Jahr 2004 die BPflV nur noch für die Krankenhäuser gilt, die nicht in das DRG-System einbezogen sind (z. B. psychiatrische Krankenhäuser). Artikel 5 des FPG ist das „Gesetz über die Entgelte für voll- und teilstationäre Krankenhausleistungen" (Krankenhausentgeltgesetz, KHEntgG).

Nach dem KHEntgG war folgender Zeitplan zur Einführung der DRGs in Deutschland vorgesehen: Bis zum 1. Oktober 2002 sollten die Entgeltkataloge fertig gestellt werden, zum 1. Januar 2003 sollte die Einführung der DRGs als Entgeltsystem erfolgen, wobei im Jahr 2003 ein Optionsrecht bestand. Krankenhäuser konnten auf freiwilliger Basis die neuen Fallpauschalen abrechnen, konnten aber auch nach der bisherigen BPflV finanziert werden. Zum 1. Januar 2004 sollte die verpflichtende Einführung der DRGs für alle Krankenhäuser erfolgen. Für 2004 sollte die Umsetzung jedoch budgetneutral erfolgen, d. h., es sollten konventionelle Budgets vereinbart und die Preise der Fallpauschalen aus den hausindividuellen Budgets entwickelt werden.

Die Einführung der DRGs folgte bis 2004 diesen Plänen. Anschließend ergaben sich jedoch Abweichungen bei der sogenannten Konvergenz, d. h. der Phase der Anpassung der hausindividuellen Budgets an ein DRG-Budget auf Basis landesweiter Preise. Hier war im KHEntgG eine Konvergenz von 2005 bis 2006 vorgesehen, d. h., zum 1. Januar 2007 hätte der Echtbetrieb der DRGs beginnen sollen. Tatsächlich wurde später die Konvergenz verlängert, weil die Folgen der Budgetkürzungen bei den Häusern, die mit ihrem hausindividuellen Budget deutlich über dem nach landesweiten Preisen ermittelten Volumen lagen, zu dramatisch gewesen wären.

Neben dem Zeitplan sah das KHEntgG Regelungen für Zuschläge zu den DRGs und zur Qualitätssicherung vor. Sicherstellungszuschläge (vgl. Kapitel 3.2.4) sowie Zuschläge für medizinischen Fortschritt (vgl. Kapitel 3.2.5) und für Ausbildungsstätten sollten vereinbart werden, wobei die bundeseinheitlichen Kriterien nur Empfehlungscharakter haben sollten, während die Länder individuell entscheiden konnten. Ziel der Sicherstellungszuschläge war es, eine ausreichende Versorgung der Bevölkerung in dünn besiedelten Gebieten zu gewährleisten, in denen auf Basis der DRG-Entgelte kein Leistungsangebot mehr vorgehalten werden könnte, obwohl es für die Versorgung der Bevölkerung notwendig wäre. Die Zuschläge für Ausbildungsstätten sollten einen Ausgleich dafür schaffen, dass im DRG-System Krankenhäuser mit Ausbildungsstätten und Häuser ohne solche Institutionen dasselbe Fallentgelt erhalten und somit die Kosten der Ausbildung insbesondere des Pflegepersonals nicht mehr von den Krankenkassen getragen werden. Krankenhäuser mit Ausbildungsinstitutionen wären deshalb benachteiligt, sodass über einen Zuschlag eine (teilweise) Kosten-

---

50 BGBl 2002, S. 1412, inkraftgetreten am 01.01.2003.

deckung der Ausbildungsinstitutionen angestrebt wurde. Schließlich sollten Krankenhäuser einen Zuschlag erhalten, die innovative Methoden einsetzen, deren Kosten durch das DRG-Entgelt nicht gedeckt werden. Ohne diesen Zuschlag wäre der medizinische Fortschritt auf Dauer gefährdet worden.

Zur Qualitätssicherung wurden Mindestanforderungen an die Struktur- und Ergebnisqualität definiert. Weiterhin wurden Mindestmengenkataloge vorgeschrieben, da angenommen wird, dass auch bei medizinischen Leistungen Lerneffekte vorliegen, sodass die Qualität mit der Leistungsmenge steigt. Die ersten Mindestmengenkataloge betrafen zwar nur sehr wenige Krankenhäuser (z. B. Mindestmenge für Stammzellentransplantation), die Ausweitung auf weitere DRGs war allerdings absehbar. Eine weitere Maßnahme der Qualitätssicherung war die Einführung von Qualitätsberichten.[51] Krankenhäuser wurden verpflichtet aufzuzeigen, wie sie an der Umsetzung der Qualitätsanforderungen arbeiten. Ab 2005 müssen die Krankenkassen die Qualitätsberichte im Internet veröffentlichen. Schließlich wurde die Qualitätsprüfung durch den MDK vorgeschrieben. Da eine Fallpauschale einen Anreiz zur vorzeitigen Verlegung oder Entlassung darstellt, überprüft der MDK stichprobenhaft die Regelhaftigkeit der medizinischen Behandlung.

Während die meisten Krankenhäuser noch mit der Vorbereitung der DRG-Einführung beschäftigt waren, folgt mit dem „Gesetz zur Modernisierung der Gesetzlichen Krankenversicherung" (GKV-Modernisierungsgesetz, GMG)[52] ein weiteres gewichtiges Gesetz. Es diente primär der Entlastung der Gesetzlichen Krankenversicherung und beinhaltete zahlreiche Innovationen. Neben Regelungen, die primär den ambulanten Bereich betreffen (Zuzahlungen, Arzneimittelversorgung, Ärztliche Vergütung, Hausarztmodell, Kostenerstattung, Qualitätssicherung), enthält es auch Regelungen mit großer Brisanz für die Krankenhäuser. Erstens wurde die Einführung einer Elektronischen Gesundheitskarte festgelegt, die für die Informationswirtschaft im Krankenhaus eine große Herausforderung darstellt. Weiterhin wurde die ambulante Versorgung im Krankenhaus neu geregelt. Krankenhäuser dürfen danach in drei Fällen im ambulanten Sektor tätig sein: Erstens dürften sie Leistungen im Rahmen von strukturierten Behandlungsprogrammen für Chronisch-Kranke (Disease Management Programme, DMP) anbieten. Zweitens können sie hoch spezialisierte Dienstleistungen (insb. bei Aids, Tuberkulose, Krebs, Multiple Sklerose, Rheuma, Tropenkrankheiten) offerieren. Und drittens können sie ambulant tätig sein, wenn eine Unterversorgung einer Region in einer bestimmten Facharztgruppe besteht. Für die meisten Krankenhäuser bedeutet dies eine Ausweitung ihrer Möglichkeiten im ambulanten Sektor.

Diese erweiterten Optionen gingen einher mit der Einführung der Medizinischen Versorgungszentren (MVZ). Die Beschränkung der aus der DDR übernomme-

---

51 Vgl. Gaydoul 2009.
52 BGBl 2003, S. 2190, inkraftgetreten am 01.01.2004.

nen Polikliniken auf die neuen Bundesländer wurde aufgehoben, sodass auch in Westdeutschland MVZ entstehen konnten. Im Gegensatz zur Praxisgemeinschaft sind im MVZ alle oder einige Ärzte keine Freiberufler, sondern Angestellte des MVZ. Der Dienstvertrag wird dementsprechend nicht zwischen dem Arzt und dem Patienten, sondern zwischen dem MVZ und dem Patienten geschlossen. Da weiterhin direkte Leistungsverträge zwischen Krankenkassen und Gesundheitszentren möglich wurden, konnte durch das MVZ die Kassenärztliche Vereinigung umgangen werden, die bislang dem Tätigwerden der Krankenhäuser im ambulanten Bereich enge Grenzen gesetzt hatte. Die KV muss allerdings immer noch eine Versorgungslücke bescheinigen, damit ein Krankenhaus ein MVZ gründen kann.

Das MVZ als Tochter eines Krankenhauses ist eine Variante der integrierten Versorgung, die im GMG gefordert und gefördert wurde. Ziel war die Verbesserung der Zusammenarbeit von ambulantem und stationärem Sektor. Hierzu wurde für die Jahre 2004 bis 2006 ein Betrag zur Finanzierung von Projekten der integrierten Versorgung in Höhe von bis zu 1 % der ärztlichen Gesamtvergütung und bis zu 1 % der Krankenhausbudgets festgelegt. Konkret bedeutete dies für Krankenhäuser, dass die Abrechnungen gegenüber den Krankenkassen, die Verträge für Projekte im Rahmen der integrierten Versorgung mit Leistungserbringern abgeschlossen haben, um bis zu 1 % gekürzt wurden. In der Praxis hat sich inzwischen gezeigt, dass die oben genannte Intention, die mit der Möglichkeit der MVZ-Gründung durch den Gesetzgeber verfolgt wurde, nur teilweise eingetreten ist. Oftmals wird ein MVZ durch ein Krankenhaus in der Region gebildet, aus der bisher keine oder nur wenige Patienten in die eigene Einrichtung überwiesen wurden. Dies kann insbesondere dann für die Patienten von Nachteil sein, wenn damit größere Entfernungen zum Krankenhaus verbunden sind.

Diese neuen grundlegenden Gesetze wurden ergänzt durch Vereinbarungen zwischen den Selbstverwaltungspartnern, d. h. zwischen den Spitzenverbänden der Gesetzlichen Krankenversicherungen und der Deutschen Krankenhausgesellschaft, die für das jeweilige Jahr die Abrechnungsbestimmungen festlegen. In den Anhängen werden der jeweils gültige Fallpauschalenkatalog sowie die Zusatzentgelte bindend vereinbart.

Auch die Gesundheitsreform 2007 hatte umfassende Auswirkungen auf die Krankenhäuser. Zum einen sollte die ambulante Leistungserbringung gestärkt werden. Für die Förderung der ambulanten Erbringung hoch spezialisierter Leistungen im Krankenhaus wurde eine Anschubfinanzierung vorgesehen, die sich aus dem Einbehalt von 0,5 % der Krankenhausbudgets, ergänzt um denselben Betrag der Krankenversicherungen, refinanziert. Weiterhin wurde vereinbart, dass gleiche Leistungen das gleiche Honorar erhalten sollten, unabhängig von ihrem Erbringer. Andere Bereiche, die im GKV-WSG 2007 geregelt wurden, sind die Verpflichtung zur verantwortlichen Anschlussversorgung nach der Krankenhausentlassung sowie die Erhebung eines Sanierungsbeitrages der Krankenhäuser zur angemessenen Beteiligung an den finanziellen Stabilisierungsmaßnahmen in Höhe von 1 % des Budgets.

Dem „Gesetz zum ordnungspolitischen Rahmen der Krankenhausfinanzierung ab dem Jahr 2009" (Krankenhausfinanzierungsreformgesetz, KHRG)[53] ging ein Referentenentwurf voraus, der eine radikale Reform impliziert hätte, da er nicht nur die schnelle Rückkehr zur Monistik, sondern vor allem die Abkehr von der Landeskrankenhausplanung sowie das „Selektive Kontrahieren" beinhaltete. Letzteres impliziert die Auflösung des Kontrahierungszwanges, da eine Krankenkasse mit einem Krankenhaus individuelle Verträge über spezifische Leistungen abschließen und andere Leistungen ablehnen hätte können. Eine flächendeckende Versorgung schien damit nicht gewährleistet. Dementsprechend scheiterte der Referentenentwurf am Widerstand der Bundesländer.

Das KHRG führte trotzdem zu zahlreichen Änderungen. Erstens wurde die Konvergenzphase bis 2010 verlängert. Zweitens wurde die Bindung der Krankenhausausgaben an die Grundlohnsumme gelockert, d. h., Lohn- und Gehaltssteigerungen können an Krankenkassen auch dann weitergegeben werden, wenn Ausgaben für Krankenhäuser stärker steigen als die Grundlohnsumme. Hierfür berechnet das statistische Bundesamt jährlich einen sogenannten Orientierungswert, der die durchschnittliche jährliche prozentuale Veränderung der Krankenhauskosten wiedergibt (aufgegliedert für Personal- und Sachkosten). Der Landesbasisfallwert steigt nach Maßgabe des sogenannten Veränderungswertes. Liegt der Orientierungswert unterhalb der Grundlohnrate (definiert als die Veränderungsrate der beitragspflichtigen Einnahmen aller Mitglieder der gesetzlichen Krankenkassen), so ist der Veränderungswert gleich der Grundlohnrate. Da 2016 die Einnahmen der GKV um 2,95 % und die Krankenhausausgaben um 1,57 % stiegen, darf der Landesbasisfallwert ceteris paribus um 2,95 % anwachsen. Liegt der Orientierungswert über der Grundlohnrate, so müssen die Gesetzlichen Krankenversicherungen und die Landeskrankenhausverbände den Veränderungswert aushandeln.

Drittens wurden den Krankenhäusern 21.000 neue Pflegestellen im Umfang von 220 Mio. € zugesagt. Viertens entfiel der Rechnungsabschlag in Höhe von 0,5 % zur Sanierung der GKV, der 2007 eingeführt wurde. Durch diese Maßnahmen wurde den Krankenhäusern eine finanzielle Erleichterung geschaffen, wobei jedoch die Streitigkeiten über die Höhe der Entlastung massiv waren.

Von langfristiger Bedeutung dürfte, fünftens, die Weiterentwicklung der Landesbasisfallwerte sein. Es wurde eine langfristige (2010–2014) Anpassung der Landesbasisfallwerte zu einem einheitlichen, deutschlandweiten Basisfallwert beschlossen, wobei jedoch ein Basisfallwertkorridor (−1,5 % bis + 2,5 % pro Bundesland) den regionalen Gegebenheiten Rechnung tragen sollte. Schließlich wird, sechstens, die Investitionshoheit bei den Ländern verbleiben, wobei jedoch einheitliche Zuschläge zu den DRGs für die Investitionsförderung geplant sind.

---

53 BGBl 2009, S. 534, inkraftgetreten am 01.01.2009.

Im Vergleich zu den grundlegenden Änderungen des GMG erscheinen die Gesetzesänderungen des „Gesetz(es) zur Verbesserung der Versorgungsstrukturen in der gesetzlichen Krankenversicherung" (GKV-Versorgungsstrukturgesetz, GKV-VStG)[54] gering, da es primär die ambulante Versorgung im Krankenhaus bzw. das Entlassungsmanagement betraf. Das „Gesetz zur nachhaltigen und sozial ausgeworbenen Finanzierung der gesetzlichen Krankenversicherung" (GKV-Finanzierungsgesetz, GKV-FinG)[55] begrenzte zwar den Einnahmenzuwachs, stellte aber nicht die Struktur der Krankenhausfinanzierung in Frage. Von vorrangiger Bedeutung für Krankenhäuser dürfte sein, dass die bundesweite Vereinheitlichung der Landesbasisfallwerte aufgegeben wurde.

Im Gegensatz dazu implizierten das „Gesetz zur Stärkung der Versorgung in der gesetzlichen Krankenversicherung (Versorgungsstärkungsgesetz, GKV-VSG)[56] sowie das „Gesetz zur Reform der Strukturen der Krankenhausversorgung" (Krankenhausstrukturgesetz, KHSG)[57] erhebliche Änderungen für die Krankenhäuser. Ersteres erstrebt explizit den Erhalt und die Verbesserung der Versorgung insbesondere im ländlichen Raum und sieht hierfür zahlreiche Instrumente vor. Ein Schwerpunkt sind die Anreize für die Niederlassung in unterversorgten oder strukturschwachen Gebieten, die Schaffung eines Strukturfonds zur Förderung der Niederlassung (insb. unterversorgte Regionen), die Möglichkeit für Kommunen, medizinische Versorgungszentren insbesondere in ländlichen Regionen ohne Zustimmung KV zu gründen, Terminservicestellen sowie die Gründung eines Innovationsfonds beim Gemeinsamen Bundesausschuss (G-BA) zur Förderung von Innovationen in der Versorgung und von Versorgungsforschung (300 Mio. € jährlich, 2016 bis 2019).

Die meisten dieser Regelungen betrafen vor allem die ambulante, vertragsärztliche Versorgung. Allerdings enthält das Gesetz auch eine Reihe von Neuregelungen speziell für Krankenhäuser. Hierzu gehört erstens eine bessere („angemessene") Vergütung von Hochschulambulanzen. Ursprünglich wurden Hochschulambulanzen vor allem betrieben, da sie für die Lehre von Medizinstudenten eine gewisse Bedeutung haben. Mehr und mehr wurden sie jedoch zu einer relevanten Versorgungseinrichtung für die Bevölkerung, die jedoch bei bestehender Vergütung selten kostendeckend arbeiteten. Zweitens wurde die Verbesserung des Krankenhaus-Entlassmanagements angestrebt. Krankenhaus und Krankenkasse wurden darin verpflichtet, die Nachbehandlung entsprechend dem Entlassplan zu organisieren (z. B. Terminvereinbarung). Gleichzeitig durften Krankenhäuser Arzneimittel in kleinster Packungsgröße oder Heilmittel für 7 Tage verordnen, um eine entsprechende glatte Überleitung von Stationär zu Ambulant zu gewährleisten.

---

54 BGBl 2011, S. 2983, inkraftgetreten am 01.01.2012.
55 BGBl 2010, 2309, inkraftgetreten am 01.01.2011.
56 BGBl I 2015, S. 1211, inkraftgetreten am 17.07.2015.
57 BGBl I 2015, S. 2229, inkraftgetreten am 01.01.2016.

Drittens wurden die strukturierten Behandlungsprogramme ausgebaut, an denen auch Krankenhäuser regelmäßig beteiligt sind. Viertens wurde ein Anspruch auf die Einholung einer unabhängigen ärztlichen Zweitmeinung festgelegt. Schließlich wurde die Finanzierung von Innovationen eingeschränkt. Sogenannte „Neue Untersuchungs- und Behandlungsmethoden (NUB)" (vgl. Kapitel 3.2.5) mit Medizinprodukten hoher Risikoklasse dürften nur noch nach vorheriger Risikobewertung durch den gemeinsamen Bundesausschuss finanziert werden, wobei insbesondere die Prüfung des theoretisch-wissenschaftlichen Konzepts zu erfolgen hat.

Der bereits erwähnte Innovationsfonds spielt für viele Krankenhäuser eine Rolle. Er darf dabei nicht mit dem im KHSG geschaffenen Strukturfonds verwechselt werden, der primär dem Umstrukturierungsprozess der Krankenhäuser und zum Abbau von Überkapazitäten dienen sollte (z. B. Transformation oder Schließung von Abteilungen oder Standorten). Der Innovationsfonds soll hingegen Mittel bereitstellen, um innovative Ideen für die Versorgung der Bevölkerung (insbesondere im ländlichen, strukturschwachen Raum) zur Umsetzung zu verhelfen. Viele Krankenhäuser stellten Anträge, um insbesondere im räumlichen Verbund die Versorgung der Bevölkerung und gleichzeitig ihre eigene Existenz zu sichern. Meist handelt es sich um sektorenübergreifende Projekte, in die der ambulante Sektor und die Krankenkassen eingebunden sind.

Das KHSG zielt auf die Verbesserung der Qualität und Finanzierung von Krankenhäusern. Ersteres soll zum einen dadurch erreicht werden, dass Qualität als Kriterium der Landeskrankenhausplanung einbezogen wird. Dies soll nach dem Willen des Gesetzgebers auch zum Ausschluss von Krankenhäusern aus der Versorgung führen, die die notwendige Qualität nicht gewährleisten. Zum anderen sieht das Gesetz vor, die Mindestmengenregelungen rechtssicher auszugestalten. Schließlich soll die Krankenhausvergütung an die Qualität gebunden werden, d. h., besonders „gute" Krankenhäuser erhalten Zuschläge, während „schlechte" Qualität durch Abschläge bestraft werden soll.

Das KHSG zeugt davon, dass der Gesetzgeber immer häufiger die groben Leitlinien vorgibt, die Ausgestaltung jedoch den Selbstverwaltungspartnern oder anderen Institutionen (insb. Gemeinsamer Bundesausschuss) überlässt. Beispielsweise ist das gesetzgeberische Wunsch, dass eine „Pay-for-Performance" in das DRG-System einzieht, offensichtlich. Wie Qualität gemessen, belohnt oder bestraft werden soll, hatte der Gesetzgeber jedoch delegiert – und hinterließ beim G-BA, Krankenkassen und Krankenhausgesellschaften gleichermaßen Unsicherheit über die Umsetzung.

Die Finanzierung der Krankenhäuser sollte zuerst durch ein Pflegestellen-Förderprogramm (660 Mio. € 2016–2018, 330 Mio. € p. a. ab 2019) verbessert werden. Zum zweiten sollten die Rahmenbedingungen für Sicherstellungszuschläge geklärt werden. Vorher entschieden die Bundesländer und die jeweiligen Landesgerichte sehr individuell ohne allgemein definierte Kriterien über die Notwendigkeit der Zuschläge. So konnte es passieren, dass beispielsweise auf den Inseln der Nordseeküste Zuschläge bezahlt wurden, das Krankenhaus auf Rügen jedoch z. B. für die Aufrechterhaltung der Geburtshilfe keine Zuschläge erhielt. Hierfür wurden einheitliche Regeln geschaffen.

Drittens sollte eine bessere Finanzierung der Notfallversorgung durch Krankenhäuser erfolgen. Diese umfasste Zuschläge für Krankenhäuser, die an der Notfallversorgung teilnehmen, und Abschläge für Krankenhäuser, die sich hier nicht einbringen. Die Notfallversorgung wurde insbesondere im ländlichen Raum immer häufiger eine Säule der ambulanten Versorgung der Bevölkerung, da viele Kranke ihre Dienste aufsuchen und nicht auf den kassenärztlichen Notdienst zugreifen. Dies führt zu Spannungen mit der Kassenärztlichen Vereinigung, einer Überflutung des Krankenhauses mit Patienten, die problemlos anderswo behandelt werden können, und einem zunehmenden Verlust, da die Entgelte für diese Patienten nicht kostendeckend sind.

Viertens wurde die Spannweite der Landesbasisfallwerte weiter reduziert. Sie lief von −1,02 % bis + 2,5 % des Länderdurchschnitts. Schließlich wurde der oben erwähnte Strukturfonds für Krankenhäuser aufgestockt. Er umfasst eine Milliarde € (jeweils 500 Mio. € von Bund und Ländern) und soll dem Abbau von Überkapazitäten, der Konzentration von stationären Versorgungsangeboten sowie der Umwandlung von Krankenhäusern in nicht akutstationäre lokale Versorgungseinrichtungen dienen. Die Desinvestition (d. h. der Abbau von Überkapazitäten, Umwandlung von Abteilungen) ist regelmäßig mit erheblichen Kosten verbunden, die mit diesem Programm abgefangen werden sollen, um eine moderne und leistungsfähige Krankenhauslandschaft zu schaffen.

Das Gesetz zur Stärkung des Pflegepersonals (Pflegepersonal-Stärkungsgesetz, PpSG 2019)[58] dient der Förderung der Pflege im deutschen Gesundheitswesen (z. B. Finanzierung zusätzlicher Stellen, vollständige Finanzierung der Auszubildenden, vollständige Finanzierung der Tarifsteigerung), aber vor allem beinhaltet es den fundamentalen Bruch mit der originären Systematik der DRGs. Ab dem Jahr 2020 erfolgt eine krankenhausindividuelle Vergütung von Pflegepersonalkosten, sodass die krankenhausindividuellen Kosten der Pflege aus den DRGs rausgezogen und pauschal finanziert werden (vgl. Kapitel 3.3.2). Weiterhin beinhaltet das PpSG einen Zuschlag für bedarfsnotwendige Krankenhäuser im ländlichen Raum (vgl. Kapitel 3.2.4).

Das Krankenhauszukunftsgesetz (KHZG, 2020)[59] umfasst ein Investitionsprogramm für Notfallkapazitäten sowie für die Digitalisierung von Krankenhäusern im Umfang von 3 Milliarden Euro. Hierzu wurde zum 01.01.2021 ein Krankenhauszukunftsfonds (KHZF) aus der Liquiditätsreserve des Gesundheitsfonds eingerichtet, um die Investitionen in die Notfallkapazitäten sowie die digitale Infrastruktur (z. B. Patientenportale, elektronische Dokumentation von Pflege- und Behandlungsleis-

---

58 BGBl 2018, S. 2394–2422, inkraftgetreten am 01.01.2019.
59 BGBl 2020, S. 2208–2219, inkraftgetreten am 28.10.2020.

tungen, digitales Medikationsmanagement, Maßnahmen zur IT-Sicherheit sowie sektorenübergreifende telemedizinische Netzwerkstrukturen) und die hierfür erforderlichen personellen Maßnahmen zu finanzieren. Die Krankenhäuser haben bereits 2021 im großen Maße Anträge gestellt, insbesondere zum Ausbau ihrer digitalen Infrastruktur.

Ansonsten war die Gesundheitspolitik in den Jahren 2020/21 überwiegend mit zahlreichen Maßnahmen zur Bewältigung der Covid-19 Pandemie beschäftigt, was zu verschiedenen Gesetzen und Verordnungen mit Relevanz für das Krankenhaus führte und in Kapitel 3.3.5 kurz skizziert wird.

Zusammenfassend können wir festhalten, dass die Umstellung der deutschen Krankenhausfinanzierung auf fallpauschalierte Entgelte überwiegend erfolgreich war. Das gefürchtete Krankenhaussterben hat nicht stattgefunden, und die notwendigen Umstrukturierungsprozesse wurden überwiegend erfolgreich gemeistert. Die Fallpauschalenkataloge sind – nach turbulenten Jahren – relativ stabil, sodass doch eine gewisse Routine eingetreten ist. Unabhängig davon belasten die zahlreichen Gesetzesänderungen die Krankenhausführung erheblich. Stabilität und Planungssicherheit sind ein häufig geäußerter Wunsch der Führung, der jedoch mit hoher Wahrscheinlichkeit nicht eintreten wird. Die Umstellung der Entgeltsystematik in der Psychiatrie und Psychosomatik, die schrittweise Transition zur Monistik, die Öffnung der Sektorengrenzen und die geforderte leistungs- und insbesondere qualitätsorientierte Entgeltung lassen auch für die nächsten Jahre neue Regelungen und Anforderungen erwarten.

3.2.3 Reservekapazitäten

In der Gesundheitspolitik wird seit Jahrzehnten die Frage diskutiert, welche Reservekapazitäten Krankenhäuser vorhalten müssen. Früher wurde eine Auslastung von 85 % als Goldstandard gehandelt,[60] und in den Landeskrankenhausplänen wurde eine Auslastung der Intensivstationen von 70 % als „angemessene Platz- und Bettenausstattung" bezeichnet.[61] Immer häufiger wird hingegen die Finanzierung an einer weit höheren Auslastung (Ideal: 100 %!) ausgerichtet, sodass Sicherheitsreserven als unwirtschaftlich betrachtet und entsprechend reduziert werden. Grundsätzlich schwankt die Nachfrage nach Krankenhausdienstleistungen innerhalb eines Tages, innerhalb der Woche, saisonal und durch externe Schocks. Der Durchschnittswert der Belegung bezieht sich meist auf die sogenannte Mitternachtsstatistik, die jedoch den tatsächlichen Output unterschätzt. Teilweise sind tagsüber bis zu 20 % mehr Patienten im Krankenhaus als nachts. Auch innerhalb der Woche schwanken Krankenhausaufnah-

---

60 Vgl. Brecher und Spiezio 1995.
61 Landesregierung Mecklenburg-Vorpommern 2020.

men und -entlassungen erheblich. Während das Maximum der Aufnahmen in der Regel am Montag und das Minimum am Samstag liegt, werden die meisten Patienten am Freitag und die wenigsten am Sonntag entlassen. Das Phänomen ist für mehrere Länder gut beschrieben[62] und führt ebenfalls dazu, dass eine vollständige Kapazitätsauslastung unmöglich ist. Der Verzicht auf eine Reservekapazität führt unmittelbar zur Überlastung zu bestimmten Tages- oder Wochenzeiten.

Auch die saisonale Schwankung ist gut belegt. Abb. 49 zeigt eine sinusförmigen Funktion mit einer um ungefähr 20 % reduzierten Nachfrage im späten Winter und einer ebenso erhöhten Nachfrage im späten Sommer („The winter bed crisis").[63] Diese Aussage bezieht sich auf das gesamte Krankenhaus, für einzelne Abteilungen kann die Nachfrage andere Verläufe haben. Beispielsweise wird im späten Winter der Höhepunkt der Influenza-Epidemie erreicht, sodass die Nachfrage nach Betten der Inneren Medizin und der Intensivmedizin unter Umständen deutlich von dem Muster abweicht.

Influenza tritt jedoch nicht in jedem Jahr gleich stark auf. Sie ist damit ein Beispiel für einen externen Schock, d. h. ein nachfrageerhöhendes Ereignis, das zwar dem Grunde nach vorhersehbar ist, jedoch nicht in seinem jährlichen Umfang. Neben Influenza sind hier vor allem Schadensgroßereignisse zu nennen, wie z. B. ein Massenanfall von Verletzten. Letzteren ist gemein, dass sie in der Regel punktuell sind und deshalb unter Umständen eine Verteilung der Patienten auf andere Krankenhäuser erlauben. Anders ist die Situation bei einer flächendeckenden Epidemie, wie z. B. Covid-19. Ohne Reservekapazität führt sie sofort zur Überlastung des Systems.

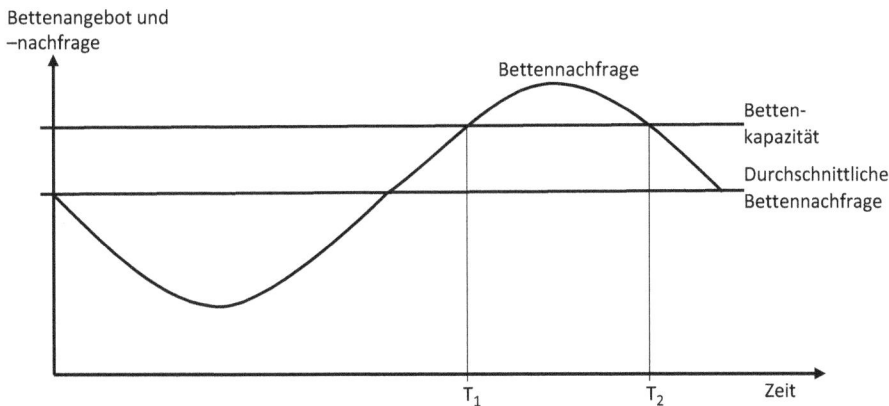

Abb. 49: Patientenzahl im Krankenhaus: Sinus-Modell.[64]

---

62 Vgl. Williams 1979; Barnett, Kaboli, Sirio, et al. 2002.
63 Vgl. Fullerton und Crawford 1999.
64 Quelle: Eigene Darstellung.

Abb. 49 zeigt deutlich, dass eine schwankende Nachfrage eine Reservekapazität erfordert, um stets eine angemessene Qualität mit einer Auslastung von unter 100 % zu gewährleiten. Während der Covid-19 Pandemie wurde deutlich, dass eine „auf Kante genähte" Krankenhausinfrastruktur schnell an die Überlastungsgrenze kommt, wenn die Nachfrage vom Durchschnitt abweicht (zwischen T_1 und T_2).

3.2.4 Exkurs: Sicherstellungszuschläge

Bereits bei der Einführung der DRGs wurde erkannt, dass bestimmte Leistungen nicht oder nicht kostendeckend durch die DRGs abgedeckt werden könnten. Deshalb wurde von Anfang an die Möglichkeit von Zuschlägen (oder Abschlägen) für die Notfallversorgung, Zentren (z. B. Tumorzentren), die Aufnahme von Begleitpersonen und für Ausbildungsstätten ermöglicht (§ 17b, Abs. 1a Nr. 1–9 KHG). Von besonderer Bedeutung ist der Sicherstellungszuschlag nach § 17b, Abs. 1a Nr. 6 KHG, der der „Finanzierung der Sicherstellung einer für die Versorgung der Bevölkerung notwendigen Vorhaltung von Leistungen" dient. Wenn beispielsweise ein Krankenhaus in einem Gebiet mit geringer Bevölkerungsdichte und daraus resultierender unzureichender Nachfrage seinen Standort hat, so kann die Situation eintreten, dass dieses Krankenhaus mit der gegebenen Fallzahl und den landesweit einheitlichen DRG-Entgelten nicht kostendeckend arbeiten kann. Wenn eine Prüfung zeigt, dass dieses Krankenhaus jedoch für die Versorgung der Bevölkerung bedarfsnotwendig ist, so kann das Krankenhaus einen Sicherstellungszuschlag erhalten, der das Defizit abdeckt.

Bis 2016 waren die Regelungen in den Bundesländern uneinheitlich. Deshalb wurde der Gemeinsame Bundesausschuss mit § 136c Abs. 3 SGB V beauftragt, einheitliche Regeln zu beschließen, wann ein Krankenhaus bedarfsnotwendig ist und Anspruch auf einen Sicherstellungszuschlag hat. Als Voraussetzungen wurden ab dem 01.01.2017 definiert:

- Das Krankenhaus wurde in den Landeskrankenhausplan aufgenommen.
- Das Krankenhaus ist für die Sicherstellung der flächendeckenden Versorgung der Bevölkerung unverzichtbar. Hierzu werden maximale Anreisezeiten definiert:
  - Grund- und Regelversorgung Innere Medizin und Chirurgie: 30 PKW-Fahrzeitminuten. Würde das zu untersuchende Krankenhaus geschlossen und müssten in Folge mehr als 5000 Einwohner mehr als 30 Minuten aufwenden, um das nächste geeignete Krankenhaus zu erreichen (Betroffenheitsmaß), ist von einer Unverzichtbarkeit auszugehen.
  - Geburtshilfe: 40 PKW-Fahrzeitminuten. Würde das zu untersuchende Krankenhaus geschlossen und müssten dann mehr als 950 Frauen im gebärfähigen Alter mehr als 40 Minuten aufwenden, um das nächste geeignete Krankenhaus zu erreichen, ist von einer Unverzichtbarkeit auszugehen.

- Kinder- und Jugendmedizin: 40 PKW-Fahrzeitminuten. Würde das zu untersuchende Krankenhaus geschlossen und müssten dann mehr als 800 Kinder (< 18 Jahre) mehr als 40 Minuten aufwenden, um das nächste geeignete Krankenhaus zu erreichen, ist von einer Unverzichtbarkeit auszugehen.
- Das Krankenhaus muss in seiner Gesamtheit defizitär sein, und das Defizit muss sich aus dem geringen Versorgungsbedarf ergeben. Hiervon ist auszugehen, wenn
    - Grund- und Regelversorgung Innere Medizin und Chirurgie: die durchschnittliche Einwohnerdichte im 30-Min.-Einzugsgebiet ist kleiner als 100 Einwohner pro Quadratkilometer.
    - Geburtshilfe: die durchschnittliche Einwohnerdichte von Frauen im gebärfähigen Alter im 40-Min.-Einzugsgebiet ist kleiner als 20 Frauen pro Quadratkilometer.
    - Kinder- und Jugendmedizin: die durchschnittliche Einwohnerdichte von Kindern und Jugendlichen im 40-Min.-Einzugsgebiet ist kleiner als 22 pro Quadratkilometer-

Die Landesbehörden prüfen, ob die vorgegebenen Kriterien erfüllt sind, sodass bei einem Defizit ein Sicherstellungszuschlag bezahlt werden kann. Die Krankenkassen verhandeln im Rahmen der Budgetverhandlungen den Sicherstellungszuschlag der Höhe nach mit den Krankenhäusern, wobei im Prinzip das auf Vollkostenrechnung basierende Defizit der bedarfsnotwendigen Fachabteilungen über den Sicherstellungszuschlag gedeckt wird.

Von den Sicherstellungszuschlägen zu unterscheiden ist eine zusätzliche Finanzierung gemäß § 5 Abs. 2 Satz 4 KHEntgG. Dieser Zuschlag dient nicht der Sicherstellung und wird unabhängig vom Defizit des Krankenhauses bezahlt. Im Jahr 2021 erhielten deutschlandweit 141 Krankenhäuer diese Förderung (70 Mio. Euro) zusätzlich zur normalen Krankenhausfinanzierung. Im Prinzip werden dieselben Kriterien angelegt wie für den Sicherstellungszuschlag, allerdings erhalten die Krankenhäuser pauschal zwischen 400.000 und 800.000 € unabhängig davon, ob sie ein Defizit nachweisen.

3.2.5 Exkurs: Neue Untersuchungs- und Behandlungsmethoden

Die Finanzierung im stationären Sektor geht grundsätzlich von einer konstanten Technologie aus, d. h., die Finanzierung systematischer Forschung und Entwicklung im Bereich Pflege, Diagnostik, Therapie und Organisation des Krankenhauses ist nicht vorgesehen. Innovationen finden deshalb ihren Weg in die Versorgung nur langsam bzw. nach Überwindung langer Phasen alternativer Finanzierung. Eine Innovation kann bis zu dem Zeitpunkt der Kostenübernahme durch die gesetzlichen Krankenversicherungen aus öffentlichen Zuschüssen (z. B. öffentliches Forschungsbudget der Universitätskliniken), aus Industriemitteln (z. B. patientennahe Forschung) oder durch Selbstzahler bzw. Privatkassen finanziert werden.

Der Gemeinsame Bundesausschuss bewertet, ob eine Leistung grundsätzlich in den Leistungskatalog der Krankenkassen aufzunehmen ist (ambulant § 135 SGB V; stationär: § 137c SGV V). Grundsätzlich entspricht es der Logik des DRG-Systems, dass der Diagnose- und Therapieprozess nicht einzeln vergütet wird, sondern eine Erstattung auf Grundlage des Behandlungsergebnisses (Entlassung) erfolgt. Damit ist die Frage, mit welcher Methodik eine medizinische Entscheidung getroffen wird, grundsätzlich nicht erstattungsrelevant. Wenn Krankenhäuser eine neue Technologie annehmen, so führt dies bei den Kalkulationshäusern automatisch zu höheren Fallkosten für die jeweiligen Patienten, sodass das Relativgewicht und damit letztlich das DRG-Entgelt steigt. Allerdings dauert die Anpassung bis zu drei Jahre und ist auch nur dann (merklich) spürbar, wenn die DRG sehr spezifisch eine Behandlung adressiert. In vielen Fällen verbleiben die Kosten der Innovationstechnologie beim Krankenhaus.

Zur Überwindung dieser zeitlichen Diskrepanz und zur Förderung der Innovativität im Krankenhaus wurden die sogenannten „Neuen Untersuchungs- und Behandlungsmethoden" (NUB) in die Krankenhausfinanzierung aufgenommen (§ 6 Abs. 2 KHEntgG). Danach vereinbaren die Vertragsparteien eine zeitlich befristete Vergütung für noch nicht mit den DRGs oder Zusatzentgelten sachgerecht abgerechnete neue Untersuchungs- und Behandlungsmethoden (NUB-Entgelt). Sie haben eine Gültigkeitsdauer von einem Jahr für das beantragende Krankenhaus. Das InEK prüft und vergibt einen Status:[65]

- Status 1: Die angefragte Methode/Leistung erfüllt die Kriterien der NUB-Vereinbarung. In diesem Fall ist ein NUB-Entgelt zulässig, die Integration in das DRG-System wird geprüft.
- Status 2: Die angefragte Methode/Leistung genügt den Kriterien der NUB-Vereinbarung nicht. Eine NUB-Entgeltverhandlung ist unzulässig.
- Status 3: Die Anträge für eine angefragte Methode/Leistung konnten innerhalb der gesetzten Frist nicht vollständig bearbeitet werden. In diesem Fall sind lokale Vereinbarungen zulässig.
- Status 4: Die übermittelten Informationen zur angefragten Methode/Leistung waren nicht plausibel oder nicht nachvollziehbar. In diesem Fall ist eine NUB-Verhandlung nur in begründeten Ausnahmefällen zulässig.

Die Verhandlungen des NUB erfolgen immer auf lokaler Ebene zwischen dem Krankenhaus und den Krankenkassen, d. h., es wird ein die Grenzkosten der Innovation abbildendes krankenhausspezifisches Entgelt vereinbart. Die Zahl der Anträge auf NUBs ist groß, allerdings werden sehr viele in Status 2 eingruppiert. Beispielsweise

65 Vgl. Bunzemeier und Helmut Ostermann 2019.

beantragten für 2019 28 Krankenhäuser ein NUB für „Genexpressionsanalyse bei Mammakarzinom", fünf für „Genexpressionsanalyse bei Mamma-, Prostata- oder Kolonkarzinom" und zwei für „Zählung von zirkulierenden Tumorzellen", alle wurden abgelehnt (Statuts 2).[66]

Abb. 50 gibt einen Überblick über das NUB-Verfahren in Abhängigkeit davon, ob es sich bei dem NUB um Medizinprodukte hoher Risikolasse handelt.

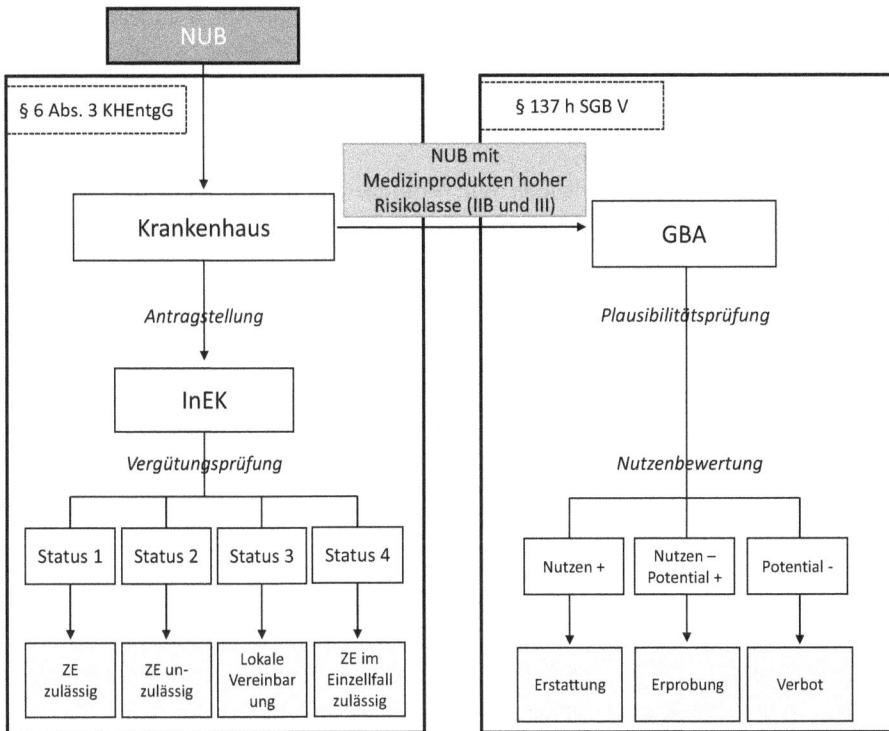

Abb. 50: NUB Verfahrensprozess.[67]

3.2.6 Exkurs: Prüfungen durch den Medizinischen Dienst

Wir haben bislang den Begriff Fehlbelegungsprüfung benutzt, ohne seinen Inhalt zu definieren. Die Fehlbelegungsprüfung wurde mit der GKV-Gesundheitsreform 2000 eingeführt. Rechtsgrundlage bildet primär § 275c SGB V sowie § 17c Abs. 1 Nr. 1 KHG. Ausgangspunkt ist die Informationsasymmetrie zwischen Arzt und Patient,

---

66 Vgl. InEK 2019.
67 Quelle: Löschner und Fleßa 2021.

die – wie oben beschrieben – zu einer angebotsinduzierten Nachfrage führen kann. Im Krankenhaus kann sich dies durch zwei Arten der Fehlbelegung zeigen: unnötige Aufnahme ins Krankenhaus (primäre Fehlbelegung) und unnötig lange Verweildauern (sekundäre Fehlbelegung). Die Fehlbelegungsprüfung erfolgt stichprobenartig (einfach, ungeschichtet) mit der Zielsetzung, die Notwendigkeit der Einweisung sowie der Verweildauer zu überprüfen. Ab 2022 wird die maximale Prüfquote (Anteil der durch den Medizinischen Dienst geprüften Schlussrechnungen an der Gesamtzahl der vollstationären Krankenhausbehandlungen) an den Anteil unbeanstandeter Abrechnungen gebunden. Sie liegt bei 5 % (wenn der Anteil der unbeanstandeten Abrechnungen bei ≥ 60 % liegt), 10 % (wenn der Anteil der unbeanstandeten Abrechnungen bei < 60 % und ≥ 40 % liegt) bzw. 15 % (wenn der Anteil der unbeanstandeten Abrechnungen bei < 40 % liegt).

Wird eine Fehlbelegung festgestellt, so muss das Krankenhaus die Differenz zwischen dem ursprünglichen und dem geminderten Abrechnungsbetrag zurückzahlen. Darüber hinaus gibt es ab 2022 einen Aufschlag, der eine Art „Strafe" für die falsche Abrechnung darstellt. Seine Höhe hängt vom Anteil beanstandeter Rechnungen ab (25 bzw. 50 %) und beträgt mindestens 300 Euro jedoch maximal 10 % des korrigierten Abrechnungsbetrages.

Der MDK prüft auf Grundlage eines G-AEP (German Appropriateness Evaluation Protocol), d. h., die Regelhaftigkeit der Aufnahme und der Verweildauer wird mit Hilfe von standardisierten Fragebögen festgestellt. Die MDK-Ärzte können von der G-AEP Lösung abweichen („Override-Option"), im Zweifelsfall entscheidet ein Schiedsgericht.

Die Fehlbelegungsprüfung der Aufnahme ist eine notwendige Korrekturmaßnahme, da die Einführung von pauschalierten Entgelten eine Tendenz zur Erhöhung der Fallzahlen impliziert. Eine Überprüfung der Aufenthaltsdauer ist hingegen im DRG-Zeitalter nicht mehr so relevant, da jedes Krankenhaus ein Eigeninteresse an der Reduktion der Liegezeit hat. Sie ist nur dort von Bedeutung, wo es um Abschläge im Rahmen der Unterschreitung der unteren Grenzverweildauer geht.

Darüber hinaus prüft der MKD Rechnungen der Krankenhäuser, wenn medizinische Sachverhalte und/oder die Kodierung als auffällig eingestuft werden (§ 275 Abs. 1 SGB V). Es handelt sich jeweils um eine Einzelfallprüfung im Auftrag einer Krankenkasse. Durch die Prüfung soll eine fehlerhafte Abrechnung aufgedeckt und damit grundsätzlich dem Abrechnungsbetrug vorgebeugt werden. Die Krankenkassen fordern eine engmaschige Prüfung und präsentieren regelmäßig Beispiele von falschen Abrechnungen, bei denen 90 % der ursprünglichen Erlöse zurückgezahlt werden mussten. Dementsprechend stieg die Zahl der Prüfungen in wenigen Jahren von 1,9 (2014) auf 2,6 Millionen (2018), was mit einem erheblichen Zuwachs des Personals des MDK verbunden war.[68]

---

68 Ärzteblatt 2019.

Aus Sicht der Krankenhäuser ist die MDK-Prüfung der Abrechnung ein erheblicher bürokratischer Aufwand und stellt die Einrichtungen unter den Generalverdacht des Betruges. Viele Fälle bleiben auch nach einer gerichtlichen Entscheidung strittig, da sie so komplex sind, dass derselbe Fall auch anders gruppiert werden kann und fehlerhafte Abrechnungen ohne Vorsatz entstehen können, sodass von Betrug nicht auszugehen ist. Die Krankenkassen sehen die Prüfquote als unzureichend an und argumentieren, dass die Limitierung der Prüfzahlen zu erheblichen Mehrkosten für die Solidargemeinschaft führen würde. Für die Krankenhäuser bedeutet die hohe Belastung durch Prüfungen jedoch nicht nur mehr Arbeitsaufwand, sondern eine erhebliche Unsicherheit bzgl. ihrer Erlöse. Berücksichtigt man die unter Umständen anschließenden Gerichtsprozesse, kann es Jahre dauern, bis erzielte Erlöse als sicher einzustufen sind.

3.3 Diagnosis Related Groups

Wir haben den Begriff Diagnosis Related Group (DRG) bislang fast synonym für eine Fallpauschale verwendet, ohne ihn exakt zu definieren. Im folgenden Kapitel sollen die Grundlagen des DRG-Systems und die betriebswirtschaftlichen Herausforderungen diskutiert werden. Da sich das deutsche DRG-System noch immer ändert, kann es sich tatsächlich nur um die Darstellung der Prinzipien handeln, aus denen sich betriebswirtschaftliche Herangehensweisen ableiten lassen. Der Leser muss sich anschließend selbständig mit der konkreten Ausgestaltung des aktuellen Systems vertraut machen.

3.3.1 Grundlagen des Klassifizierungssystems

Klassifizierung und Homogenität
Das DRG-System ist ein Klassifizierungssystem.[69] Grundsätzlich werden bei allen Klassifizierungssystemen Objekte mit gleichen Eigenschaften in Klassen zusammengefasst. Dieser Vorgang wird als Gruppierung (Grouping) bezeichnet. Eine Klasse sollte intern möglichst homogen, unterschiedliche Klassen sollten möglichst heterogen sein. Als Maßstab für die Einheitlichkeit innerhalb einer Klasse wird der Homogenitätskoeffizient definiert. Er berechnet sich als

$$HK = \frac{1}{1 + \frac{\sigma}{\mu}}, \quad \text{wobei}$$

---

[69] Für einen Überblick siehe Arnold, Litsch, Schnellschmidt, et al. 2001; Schlüchtermann 2020; Janda 2019.

HK   Homogenitätskoeffizient
σ   Standardabweichung innerhalb der Klasse
μ   Mittelwert innerhalb der Klasse

Der Homogenitätskoeffizient ist folglich eine Funktion des Variationskoeffizienten σ/μ. Streuen die Werte innerhalb einer Klasse stark um den Mittelwert, so ist der Homogenitätskoeffizient niedrig. Eine Faustregel besagt, dass der HK mindestens 0,6 betragen sollte, um eine ausreichend hohe Homogenität zu gewährleisten.

Je nach Kriterium können medizinische/pflegerische und ökonomische Klassifizierungssysteme unterschieden werden. Letztere bilden Klassen nach der Kostenhomogenität, d. h., es werden Fälle zusammengefasst, die gleich hohe Kosten haben. Medizinische Homogenität liegt hingegen vor, wenn gleiche Behandlungsmethoden oder -anforderungen vorliegen.

Beispiele für medizinische oder pflegerische Klassifizierungssysteme sind ICD, MBDS, Barthel-Index, RAI und PPR. Die International Statistical Classification of Diseases and Related Health Problems (ICD) wird von der Weltgesundheitsorganisation (WHO) in entsprechenden Versionen herausgegeben. In der Regel erfolgt durch Landesbehörden eine sprachliche und inhaltliche Anpassung. Beispielsweise wurde die 11. Revision vom DIMDI (Deutsches Institut für Medizinische Dokumentation und Information) an die Situation in Deutschland angepasst, wobei das DIMDI 2020 im Bundesinstitut für Arzneimittel und Medizinprodukte (BfArM) aufging. Die ICD ist stark medizinisch ausgerichtet und garantiert eine internationale Vergleichbarkeit.

Das Minimum Basic Data Set (MBDS) ist der 1981 von der Europäischen Union vorgeschlagene Minimaldatensatz und dient primär der Automation der Verarbeitung von Behandlungsdaten. Der Barthel-Index bewertet 10 Aktivitäten des täglichen Lebens nach dem Zeitaufwand für die benötigte Hilfestellung. Er wurde 1965 in den USA entwickelt und fortgeschrieben (z. B. EBI – erweiterter Barthel-Index, der auch die kognitive und kommunikative Fähigkeit beinhaltet). Das Resident-Assessment-Instrument (RAI) erfasst den Pflegeaufwand von langfristig pflegebedürftigen Patienten mit 350 Kriterien. Die Pflegepersonalregelung schließlich wurde 1990 in Deutschland entwickelt und gruppiert zu pflegende Patienten in 9 Kategorien (allgemeine und spezielle Pflege in jeweils 3 Schweregrade). Sie dient primär der Ermittlung des Stellenbedarfs.

Die Kosten der Leistung sind bei medizinischen Klassifizierungssystemen kein Kriterium, sondern medizinische oder pflegerische Eigenschaften. Das DRG-System hingegen ist ein ökonomisches Klassifizierungssystem. In einem ersten Schritt werden zwar medizinisch vergleichbare Fälle im Rahmen eines Organs (z. B. Krankheiten und Störungen des Auges) bzw. eines Organsystems (z. B. Krankheiten und Störungen des Nervensystems) erfasst, die abschließende Gruppierung erfolgt jedoch anhand der Fallkosten. In einer DRG werden Fälle zusammengefasst, die ähnliche durchschnittliche Kosten aufweisen. Eine medizinische Vergleichbarkeit von Fällen innerhalb einer DRG ist damit nicht beabsichtigt. Mediziner werfen der DRG-

Gruppierung oftmals vor, dass Fälle unter einer Kategorie zusammengefasst werden, die man nicht vergleichen könnte. Tatsächlich ist allein der Kostenvergleich beabsichtigt, nicht der Vergleich medizinischer oder pflegerischer Prozeduren.

Eine Gruppierung in eine Klasse impliziert, dass alle Fälle dieser Klasse in Zukunft als identisch angesehen werden. Jeder Fall einer DRG soll damit die durchschnittlichen Kosten aufweisen. Damit ergeben sich wie bei jeder Anwendung von Mittelwerten Probleme. Abb. 51 zeigt die Dichte des Kriteriums innerhalb einer Fallklasse, z. B. der Fallkosten. Krankenhaus A und B haben denselben Mittelwert, Krankenhaus A hat jedoch eine deutlich höhere Homogenität. Krankenhaus B hat damit ein deutlich höheres Risiko für Ausreißer, die die komplette Planung zerstören. Die Dichte von Krankenhaus B ist typisch für ein Kleinkrankenhaus, das mit wenigen Fällen pro Fallklasse eine deutlich größere Streuung der Fallkosten aufweist als das größere Krankenhaus A. Krankenhaus C hingegen hat höhere Durchschnittskosten. Gibt die Kurve von Krankenhaus A den Durchschnitt aller Krankenhäuser wieder, so hat Krankenhaus C ein Finanzierungsproblem.

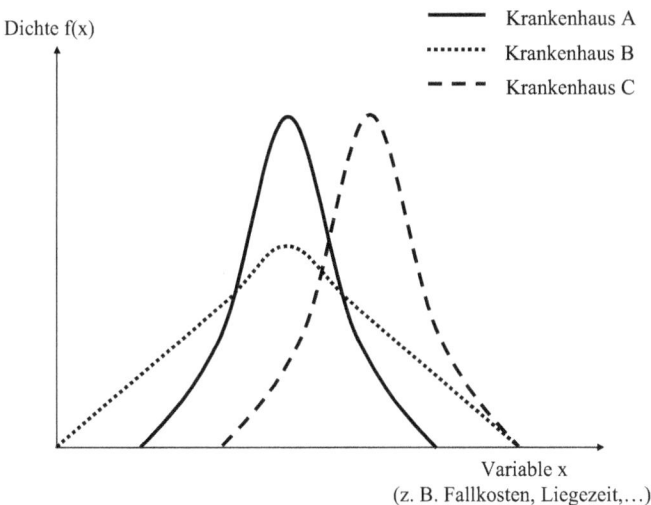

Abb. 51: Streuung einer Variablen innerhalb einer Klasse.[70]

Geschichte der DRGs

Das erste DRG-System wurde 1965–1969 von Fetter an der Yale University in den USA entwickelt. Sein Ziel war die Verbesserung der Beschreibbarkeit der Vielfalt des stationären Leistungsgeschehens. Immer wieder stieß er bei seinen Studien auf das Problem, dass weder die Fallzahl noch die Liegedauer ein sinnvoller Maßstab

---

70 Quelle: Eigene Darstellung.

für die Leistung eines Krankenhauses war. Ein Vergleich von Häusern auf dieser Basis war sinnlos. Deshalb entwickelte er die DRGs, um den Fällen eine entsprechende, ökonomisch begründete Fallschwere zurechnen zu können.

Das Ziel der Vergleichbarkeit von Krankenhausleistungen (zwischen Häusern, zwischen Abteilungen, ...) ist bis heute ein wichtiger Treiber des DRG-Systems. Dazu sind weitere Ziele getreten. Erstens soll die innerbetriebliche Leistungssteuerung in Krankenhäusern verbessert werden, z. B. durch eine leistungsgerechte Zuteilung von Budgets auf Abteilungen. Zweitens wird eine Professionalisierung des Qualitätsmanagements in Krankenhäusern angestrebt, z. B. durch eine bessere Vergleichbarkeit von Ergebnisstatistiken auf Grundlage von Fallgruppen. Drittens sind DRG-Systeme heute die Grundlage einer leistungsgerechten Vergütung.

Abb. 52 zeigt die zeitliche Entwicklung der auf Fetters Arbeit aufbauenden DRG-Systeme. Als erstes DRG-System wurden die HCFA-DRGs 1983 in den USA als verpflichtendes Vergütungssystem stationärer Krankenhausleistungen durch Medicare verwendet. Medicare ist ein staatliches Versicherungsprogramm für Rentner in den USA, die oftmals keinen ausreichenden Privatversicherungsschutz haben. Medicare untersteht der Health Care Financing Administration (HCFA). Die Zielgruppe der Rentner impliziert, dass nur Gruppen gebildet wurden, die für Rentner relevant waren. Entbindungen sind deshalb im HCFA-System ebenso wenig vorgesehen wie AIDS und HIV-Infektionen. Die Zahl der Fallklassen ist deshalb auch gering.

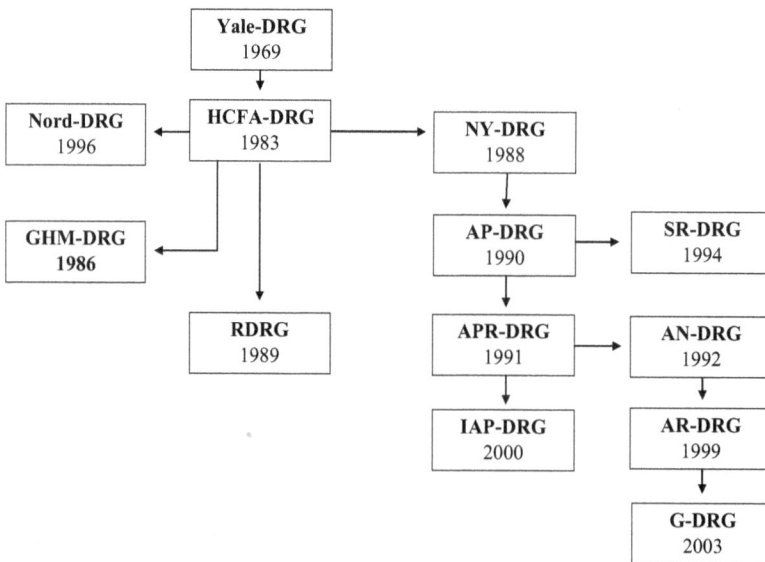

Abb. 52: Zeitliche Entwicklung der DRG-Systeme.[71]

71 Quelle: Eigene Darstellung in Anlehnung an Fischer 2008, S. 1.

Die AP-DRGs sind eine Erweiterung der HCFA-DRGs für alle Patientengruppen (AP = All Patients), d. h. auch für Neugeborene, Kinder, HIV-Patienten etc. Weiterhin wurden außergewöhnliche Prozeduren (z. B. Transplantationen, Luftröhrenschnitte etc.) und Schweregrade berücksichtigt. Hierbei wurde zwischen CC (Comorbidity or Complication) und MCC (Major Comorbidity or Complication) unterschieden. Damit ergaben sich 641 Fallgruppen. Die NY-DRGs wurden erstmals 1988 für den Staat New York verwendet, wobei die Firma 3 M maßgeblich an der Entwicklung des Systems und der Klassifizierungssoftware (Grouper) beteiligt war. Aus den NY-DRGs entwickelten sich 1990 die AP-DRGs.

Die HCFA-DRGs, die nur bestimmte Fälle abgedeckt haben, werden auch als DRG-System der ersten Generation bezeichnet. NY- und AP-DRGs hingegen umfassen alle Fälle und berücksichtigen Komplikationen. Die französischen GHM-DRGs (Groupes Homogènes de Malades) sind ähnlich strukturiert. Diese drei Systeme werden als zweite Generation bezeichnet.

Von der dritten Generation spricht man, wenn die DRGs auch Nebendiagnosen berücksichtigen. Hierzu gehören die RDRGs (Refined DRGs) und die APR-DRGs (All Patient Refined DRGs), die 1991 eingeführt wurden. Sie dehnen die Anwendung von DRGs über den Bereich des Ressourcenverbrauchs und der Vergütung hinaus auf Mortalitätsrisikostufen aus und unterscheiden 1422 Einzel-APR-DRGs. Hier dürfte jedoch das wissenschaftliche Interesse überwiegen.

In der vierten Generation haben die DRGs die Reife für die Routineanwendung als Entgeltsystem erlangt. Beispiele hierfür sind die AR-DRGs (Australian Refined DRGs), die I-AP-DRGs (International All Patient DRGs) sowie die in Deutschland eingeführten G-DRGs (German DRGs). Wie Tab. 10 zeigt, werden in unterschiedlichen Ländern verschiedene System verwendet. Die Nord-DRG (Nordic Diagnosis Related Groups) sind das gemeinsame DRG-System für Estland, Finnland, Norwegen und Schweden. Das ursprüngliche AN-DRG (Australian National Diagnosis Related Groups) wird heute noch in Neuseeland benutzt.[72]

Tab. 10: DRG-Systeme ausgewählter Länder.[73]

Land	System	Einführungsjahr	Primäre Funktion
Deutschland	G-DRG	2003	Entgeltung
England	HRG	1992	Entgeltung
Estland	NordDRG	2003	Entgeltung
Finnland	NordDRG	1995	Planung und Management

---

72 Quelle: Fischer 2021.
73 Quelle: Geissler, Quentin, Scheller-Kreinsen, et al. 2011.

Tab. 10 (fortgesetzt)

Land	System	Einführungsjahr	Primäre Funktion
Schweden	NordDRG	1995	Performanzmessung
Frankreich	GHM	1991	Entgeltung
Irland	AR-DRG	1992	Budgetallokation
Niederlande	DBC	2005	Entgeltung
Österreich	LKF	1997	Budgetallokation
Polen	JGP	2008	Entgeltung
Spanien	AP-DRG	1996	Entgeltung

Gruppierung

Als Gruppierung (Grouping) wird die Zuordnung eines Falles zu einer bestimmten DRG bezeichnet. Im Folgenden werden wir nur noch das System der G-DRGs sowie das ihm zugrundeliegende AR-DRG-System betrachten.

In der Praxis erfolgt die Zuordnung mit Hilfe einer Software („Grouper"). Sie benötigt zur Gruppierung in jedem Fall die Hauptdiagnose (ICD-10), die durchgeführten Prozeduren (OPs), die Nebendiagnosen (ICD-10) und die Entlassungsart (normal, verstorben, verlegt). In einigen Fällen müssen zusätzlich Alter, Geschlecht, Geburts- und Aufnahmegewicht, Beatmungszeit und Verweildauer angegeben werden. Die Hauptdiagnose ist die „Diagnose, die nach Analyse als diejenige festgestellt wurde, die hauptsächlich für die Veranlassung des stationären Krankenhausaufenthaltes des Patienten verantwortlich ist".[74] Dementsprechend ist eine Nebendiagnose eine „Krankheit oder Beschwerde, die entweder gleichzeitig mit der Hauptdiagnose besteht oder sich während des Krankenhausaufenthaltes entwickelt".[75] Im Zweifelsfall geben die DRG-Kodierrichtlinien Hinweise zur Abgrenzung

Abb. 53 und Abb. 54 zeigen den Weg von der Dokumentation zur DRG auf. Im ersten Schritt wird jeder Fall daraufhin untersucht, ob der Datensatz überhaupt konsistent ist. Ist beispielsweise eine neonatale Diagnose unvereinbar mit dem Alter oder Gewicht des Patienten, so wird der Fall einer Fehlergruppe zugewiesen. Ähnliche Indikationen für die Fehlergruppe sind operative Prozeduren ohne Bezug zur Hauptdiagnose oder unzulässige geburtshilfliche Diagnosekombinationen.

Ist der Patient keiner Fehlergruppe zuzuordnen, wird untersucht, ob ein Sondertatbestand vorliegt. Sondertatbestände sind meist nicht einem Organ bzw. Organsystem zuordenbar und können deshalb nicht in die Logik des DRG-Systems übertragen

74 Zaiß 2016.
75 Zaiß 2016.

werden. Weitere Sondertatbestände waren Transplantationen (Leber-, Lunge-, Herz-, multiple Organtransplantationen, Knochenmark- oder Stammzelltransplantation), Tracheotomie (Luftröhrenschnitt) bzw. Langzeitbeatmung, ein Lebensalter des Patienten unter 28 Tagen, Polytraumata und HIV-Erkrankungen, die in den letzten Jahren schrittweise ins DRG-System überführt wurden.

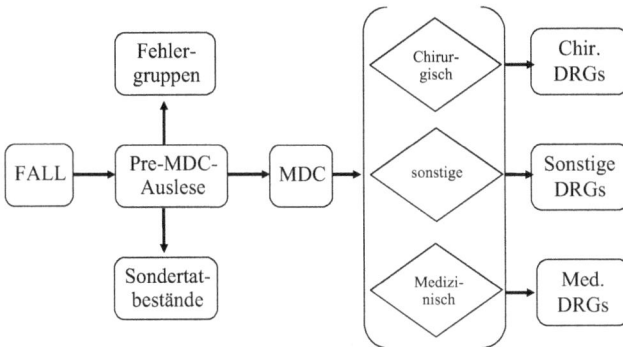

Abb. 53: Gruppierung nach G-DRG, Teil 1.[76]

Erfüllt der Patient weder die Voraussetzungen der Fehlergruppen noch der Sondertatbestände, so wird er einer Hauptgruppe (MDC, Major Diagnostic Category) zugeordnet. Diese Obergruppen sind überwiegend nach den Organen bzw. Organsystemen aufgebaut (z. B. Erkrankungen der Nerven, der Augen, des Verdauungsapparates, vgl. Tab. 11). Für die Zuordnung ist die Hauptdiagnose entscheidend.

Nach der Klassifizierung in MDCs erfolgt die Partitionierung. Für jeden Fall wird analysiert, ob es sich um eine chirurgische, medizinische oder sonstige Partition handelt. So kann beispielsweise eine Krankheit und Störung des Kreislaufsystems (MDC 05) einen chirurgischen Eingriff (z. B. Implantation eines Kardioverters), eine invasive Diagnostik oder eine nicht-invasive medizinische Betreuung erfordern. Das Ergebnis dieses Prozesses sind die sogenannten Basis-DRGs (Adjacent DRG, ADRG). Sie stellen eine ausschließlich medizinische Gruppierung dar und enthalten weder eine Unterteilung nach Schweregraden noch nach Fallkosten.

Für jeden Fall werden anschließend alle Nebendiagnosen (ND_i, i = 1 ... n) auf ihren Schweregrad (Complication and Comorbidity Level, CCL) untersucht. Hat ein Patient neben der Hauptdiagnose fünf Nebendiagnosen, so werden folglich fünf CCL ermittelt. Diese CCL werden anschließend zu einem Schweregrad des Patienten (Patient Clinical Complexity Level, PCCL) fusioniert, d. h., jeder Patient hat genau einen PCCL, der die medizinische Fallschwere ausdrückt. Im letzten Schritt wird anschließend der PCCL einer DRG zugeordnet. Erst jetzt erfolgt eine Gruppierung nach ökonomischen Kriterien.

---

76 Quelle: Eigene Darstellung in Anlehnung an Zaiß 2009.

Tab. 11: Hauptdiagnosegruppen (MDCs) 2021.[77]

MDC	Titel der Hauptdiagnose
Prä	Prä-MDC (A01A – A90B; B61A – B61B)
01	Krankheiten und Störungen des Nervensystems (B01Z – B86Z)
02	Krankheiten und Störungen des Auges (C01A – C65Z)
03	Krankheiten und Störungen des Ohres, des Mundes und des Halses (D01A – D67Z)
04	Krankheiten und Störungen der Atmungsorgane (E01A – E79C)
05	Krankheiten und Störungen des Kreislaufsystems (F01A – F98C)
06	Krankheiten und Störungen der Verdauungsorgane (G01Z – G77B)
07	Krankheiten und Störungen an hepatobiliärem System und Pankreas (H01A – H78Z)
08	Krankheiten und Störungen an Muskel-Skelett-System und Bindegewebe (I01Z – I98Z)
09	Krankheiten und Störungen an Haut, Unterhaut und Mamma (J01Z – J77Z)
10	Endokrine, Ernährungs- und Stoffwechselkrankheiten (K01Z – K77Z)
11	Krankheiten und Störungen der Harnorgane (L02A – L90C)
12	Krankheiten und Störungen der männlichen Geschlechtsorgane (M01A – M64Z)
13	Krankheiten und Störungen der weiblichen Geschlechtsorgane (N01A – N62B)
14	Schwangerschaft, Geburt und Wochenbett (O01A – O65B)
15	Neugeborene (P01Z – P67E)
16	Krankheiten des Blutes, der blutbildenden Organe und des Immunsystems (Q01Z – Q63B)
17	Hämatologische und solide Neubildungen (R01A – R77Z)
18A	HIV (S01Z – S65B)
18B	Infektiöse und parasitäre Krankheiten (T01A – T77Z)
19	Psychische Krankheiten und Störungen (U01Z – U66Z)
20	Alkohol- und Drogengebrauch und alkohol- und drogeninduzierte psychische Störungen (V40Z – V64Z)
21A	Polytrauma (W01A – W61B)
21B	Verletzungen, Vergiftungen und toxische Wirkungen von Drogen und Medikamenten (X01A – X64Z)
22	Verbrennungen (Y01Z – Y63Z)

77 Quelle: Reimbursement Institute 2021.

Tab. 11 (fortgesetzt)

MDC	Titel der Hauptdiagnose
23	Faktoren, die den Gesundheitszustand beeinflussen, und andere Inanspruchnahme des Gesundheitswesens (Z01A – Z66Z)
24	Sonstige DRGs (801A – 863Z)
25	Teilstationäre pädiatrische Diagnostik und Behandlung (740Z-749Z)
–1	Fehler-DRGs und sonstige DRGs (960Z – 962Z)

Abb. 54 zeigt schematisch den Weg von der Basis-DRG zur DRG auf. Im Folgenden werden die Ermittlung des Clinical Complexity Levels, die Fusion der CCL zum Patient Clinical Complexity Level und die Zuordnung des PCCL zu einer DRG ausgeführt.

Die Ermittlung des CCL erfordert, dass die Schwere der Nebendiagnose bewertet wird. Derzeit unterscheidet das G-DRG-System fünf Schwereklassen. In den DRGs der operativen Partitionen sind (vgl. Tab. 12) ganzzahlige Werte von 0 bis 4, in den übrigen DRGs ganzzahlige Werte von 0 bis 3 möglich.

Die Schwere der Nebendiagnose hängt von der Hauptdiagnose ab. Ist beispielsweise die Hauptdiagnose ein Vorderwandinfarkt, so ist der CCL der Nebendiagnose Angina Pectoris null, da Angina pectoris beim Herzinfarkt ohnehin häufig ist. Ist die Hauptdiagnose hingegen eine Gallenblasenentfernung, so ist der CCL einer Angina Pectoris zwei, da bei einer Gallensteinerkrankung diese Nebendiagnose selten ist und eine erhebliche Erhöhung der Fallschwere impliziert. Die entsprechenden Regelungen sind den Kodierrichtlinien zu entnehmen, die regelmäßig vom InEK herausgegeben werden.

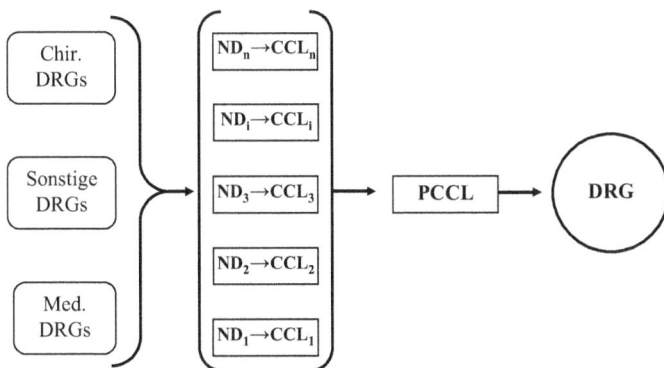

Abb. 54: Gruppierung nach G-DRG, Teil 2.[78]

---

78 Quelle: Eigene Darstellung in Anlehnung an Zaiß 2009.

Tab. 12: Clinical Complexity Level.[79]

CCL	Beschreibung der Bedeutung der Nebendiagnose
0	Nebendiagnose, zählt nicht als Begleiterkrankung oder Komplikation
1	leichte Begleiterkrankung
2	mittlere Begleiterkrankung
3	schwerwiegende Begleiterkrankung
4	sehr schwerwiegende Begleiterkrankung („catastrophic")

Hat man für sämtliche Nebendiagnosen den CCL ermittelt, so müssen diese Werte zu einer Gesamtfallschwere (PCCL) fusioniert werden. Bis Ende 2015 reichte er von 0 („keine CC") bis zu 4 („äußerst schwere CC"). Hierzu wurden die CCL (geordnet nach ihrer Schwere) mit Hilfe einer rekursiven, logarithmischen Glättungsformel in einen PCCL umgerechnet:

$$PCCL = Min\left(a; round \left\{ \begin{array}{ll} 0 & \text{ohne ND} \\ \left| \dfrac{\ln\left\{ 1 + \sum_{i=k}^{n} CCL_i \cdot e^{-\alpha \cdot (i-k)} \right\}}{\ln(3/\alpha)/4} \right| & \text{sonst} \end{array} \right. \right)$$

wobei

PCCL   Gesamtschweregrad des Patienten

CCL_i Schweregrad von Nebendiagnose i, $CCL_i \geq CCL_j$ für $i < j$

α Konstante

k $= \begin{cases} 1 & \text{falls MDC 15 (Neugeborene)} \\ 2 & \text{sonst} \end{cases}$

n   Zahl der Nebendiagnosen (max. 14)

a   Maximale Zahl der PCCL

Die Konstanten α und a sind regelmäßig zu überarbeiten, um eine leistungsgerechte Gruppierung zu erhalten. Bis Dezember 2015 wurde $\alpha = 0,5$ und $a = 4$ festgelegt, d. h., es gab vier Gesamtschwereklassen. In der Praxis arbeitet man allerdings nicht mit dieser Formel, sondern entweder mit Tabellen oder man vertraut dem Grouper.

Das grundlegende Problem dieses Ansatzes war die „Kappungsgrenze" bei PCCL = 4, d. h., eine PCCL schwerer als 4 war nicht möglich, auch wenn der Patient mehrere CCL mit 4 hatte. Dies führte zu Ungerechtigkeiten bei der Entgeltung von Schwerstkranken. Seit 2016 ist nun eine stärkere Differenzierung der Fälle mit äußerst schweren CC implementiert, in dem Schweregrade 5 und 6 („schwerste CC") ergänzt wurden. Abb. 55 zeigt, dass die PCCL-Kurve für kumulierte Schweregrade

---

79 Quelle: Reimbursement Institute 2021.

ab 5,83 nicht mehr logarithmisch, sondern linear wächst. Die Kurve, wie sie vom InEK publiziert wird, muss allerdings noch um die Rundung auf ganzzahliger PCCL ergänzt werden. Die entsprechende Formel lautet:[80]

$$
PCCL = \begin{cases} 0 & \text{falls keine Nebendiagnose} \\ & \text{mit CCL} > 0 \text{ vorhanden ist} \\ round\left[\frac{4}{\ln(3/\alpha)} \cdot \ln\left\{\sum_{i=k}^{n} CCL_i \cdot e^{-\alpha(i-k)}\right\}\right] & \text{falls } \sum_{i=k}^{n} CCL_i^{-\alpha(i-k)} \leq 5,83 \\ round\left[\frac{4 \cdot \tau}{\ln(3/\alpha)} \cdot \left(\frac{\sum_{i=k}^{n} CCL_i \cdot e^{-\alpha(i-k)}}{5,83} - 1\right) + 3,5\right] & \text{sonst} \end{cases}
$$

wobei

PCCL   Gesamtschweregrad des Patienten

CCL_i Schweregrad von Nebendiagnose i, $CCL_i \geq CCL_j$ für i < j

α Dämpfungsparameter

τ Steigungsparameter

k $= \begin{cases} 1 & \text{falls Basis-DRG P01-P67 (Neugeborene)} \\ 2 & \text{sonst} \end{cases}$

n   Zahl der Nebendiagnosen

Für α wurde 0,4, für τ ein Wert von 1,25 gewählt. k ist wiederum für Neugeborene (MDC 15 oder Basis-DRGs P01–P67) mit einem Wert von 1 belegt, sonst gilt k = 2.

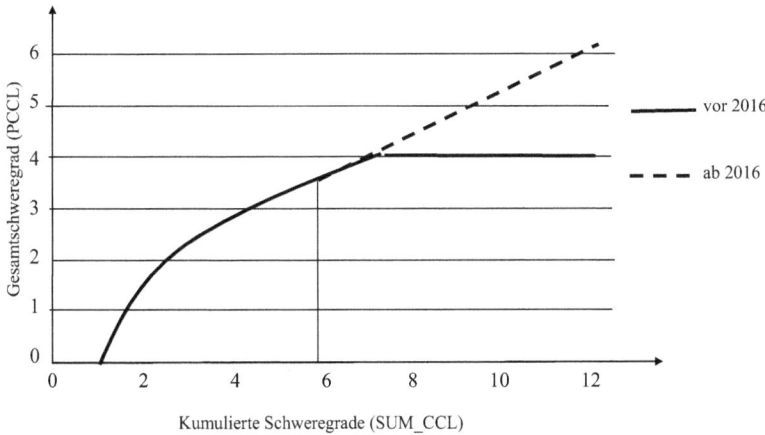

Abb. 55: PCCL-Berechnung vor und ab 2016 im Vergleich.[81]

---

80 In Anlehnung an InEK 2016. Die Formeln wurden so angepasst, dass die Unterschiede zum System vor 2016 deutlich werden.
81 Quelle: InEK 2016.

Tab. 13 zeigt einige Beispiele für eine PCCL-Berechnung mit bis zu sieben Neben-diagnosen. Die Tabelle zeigt, dass die CCL nach Größe sortiert sind ($CCL_1 \geq CCL_2 \geq$ ...). Im System vor 2016 hätten die ersten vier Beispiele ebenfalls die PCCL 4 erhalten, obwohl beispielsweise Fall A und G deutlich unterschiedliche Fallkomplexität aufweisen. Aber auch so haben Patienten mit unterschiedlicher Komplexität die gleiche PCCL. Ein admi-nistrativ handhabbares System, das allen Varianten gerecht wird, ist nicht möglich.

Tab. 13: Beispiel für PCCL-Berechnung.[82]

Fall j	CCL_1	CCL_2	CCL_3	CCL_4	CCL_5	CCL_6	CCL_7	PCCL
A	4	4	4	4	3	2		6
B	4	4	4	3	3	3	2	6
C	4	4	4	3	3	2	2	5
D	4	4	4					5
E	4	3						4
F	4	2	2					4
G	3	3	2					4
H	3	2	2	1	1	1		4
I	4	2						3
J	4							3
K	3	3						3
L	3	2						3
M	2	2	2	1	1	1		3
N	2	2	1					3
O	3							2
P	3							2
Q	2	2						2
R	2	1						2
S	1	1	1	1	1			2
T	2							1
U	1	1						1
V	1							0

---

82 Quelle: InEK 2016.

Die Tatsache, dass zwei Patienten unterschiedliche PCCL aufweisen, besagt noch nicht, dass ihre Behandlung signifikant unterschiedliche Kosten verursacht. Deshalb erfolgt im letzten Schritt die Zuordnung unterschiedlicher Fälle zu den ökonomischen Schweregraden. So kann es sein, dass ein Patient einer Basis-DRG mit PCCL null einer DRG (ohne Komplikationen und Komorbidität) zugeordnet wird, ein Patient mit PCCL eins, zwei oder drei einer anderen DRG (mit schweren Komplikationen und Komorbiditäten) und ein Patient mit PCCL vier einer weiteren DRG (mit äußerst schweren Komplikationen und Komorbiditäten). Weitere Kriteriem für die Zuordnung von Patienten mit einer bestimmten Basis-DRG zu einer DRG sind das Alter, bestimmte Nebendiagnosen, Prozedurzen, Aufwandspunkte in der Intensivmedizin usw. Teilweise sind Basis-DRG und DRG identisch, wenn anzunehmen ist, dass die Fallkosten nicht von den Nebendiagnosen abhängen.

Der jeweils aktuelle Fallpauschalenkatalog der G-DRGs ist der Anlage 1 der Fallpauschalenvereinbarung zu entnehmen bzw. aus dem Netz (www.g-drg.de) zu laden. Die DRG-Nomenklatur ist vierstellig. Die ersten drei Stellen bezeichnen die Basis-DRG, die vierte Stelle den ökonomischen Schweregrad. Die erste Stelle gibt in der Regel die Hauptdiagnosegruppe wieder (B: MDC 01, C: MDC 02, ... , Z: MDC 23). Ausnahme sind die Sondertatbestände, die durch den Buchstaben A wiedergegeben werden, und die Fehler-DRGs, bei denen die erste Stelle die 9 ist. Die Zahl 8 an erster Stelle wird ab 2016 für „sonstige DRGs" verwendet.

Die zweite und dritte Stelle tragen eine zweistellige Zahl. 01–39 steht für die chirurgische, 40–59 für die sonstige und 60–99 für die medizinische Partition. Die vierte Stelle ist wiederum ein Buchstabe, der den ökonomischen Schweregrad definiert. Wird keine Unterscheidung vorgenommen, steht an der vierten Stelle ein „Z". Ansonsten werden je nach Jahrgang des DRG-Systems mehrere Unterteilungen vorgenommen, wobei A stets der höchste, B der zweithöchste, C der dritthöchste Schweregrad etc. ist. So waren z. B. gemäß dem Fallpauschalenkatalog 2005 die DRG G12A (andere operative Prozeduren an den Verdauungsorganen mit komplexem Eingriff), G12B (andere operative Prozeduren an den Verdauungsorganen mit mäßig komplexem Eingriff) und G12C (andere operative Prozeduren an den Verdauungsorganen außer komplexe oder mäßig komplexe Eingriffe) derselben Basis-DRG G12 zugeordnet. Der Buchstabe G entspricht der MDC 06 (Krankheiten und Störungen der Verdauungsorgane), 12 entspricht dem operativen Vorgehen. Die ökonomische Schwereklasse unterscheidet A, B und C.

Jeder DRG ist eine sogenannte Bewertungsrelation als relativer Wert einer Fallgruppe (DRG) bezogen auf eine zu definierende Bezugsleistung zugeordnet. Die Bewertungsrelation wird auch als Relativgewicht, Kostengewicht, cost weight (CW) bezeichnet und stellt den relativen ökonomischen Aufwand der Behandlung eines Patienten im Verhältnis zu einem „Basispatienten" dar. Hierzu können grundsätzlich zwei Basisleistungen als Bezugsgröße definiert werden. Das GHM-DRG-System bewertet eine Entbindung ohne Komplikationen mit 1000 Punkten und bezieht alle anderen DRGs auf diese Leistung. Andere DRG-Systeme, wie z. B. die ursprünglichen G-DRGs, nehmen die durchschnittlichen Kosten aller Behandlungsfälle als Basis und weisen ihnen ein Relativgewicht von 1,0 zu. In einem solchen System besagt folglich eine Bewertungsrelation von 1,2, dass ein Fall dieser DRG 20 % höhere Kosten verursacht als der Durchschnitt aller Behandlungsfälle. Im G-DRG-System stieg die durchschnittliche Fallschwere jedoch im Laufe der Zeit an und lag eher bei 1,1 als bei 1,0. Spätestens seit der Ausgliederung der Pflegekosten (aG-DRGs) aus den G-DRGs ist die Normierung von 1,0 irrelevant geworden (vgl. Kapitel 3.3.2).

Die Summe der Relativgewichte aller erbrachten DRGs eines Krankenhauses in einem bestimmten Zeitraum wird als Case Mix (CM) bezeichnet. Natürlich kann der CM auch für eine Abteilung oder ein Teilklinikum und für unterschiedliche Zeiträume (Jahr, Quartal, Monat) bestimmt werden. Er errechnet sich als

$$CM = \sum_{i=1}^{n} CW_i$$

wobei

CM   Case Mix
CW_i Bewertungsrelation von Fall i
n   Zahl der Fälle im Krankenhaus in einer Periode

Dividiert man den Case Mix durch die Fallzahl, erhält man den Case Mix Index (CMI). Er entspricht der durchschnittlichen Fallschwere in einem Krankenhaus in einer Periode und ist ein Indikator für die Leistung des Krankenhauses. Für das Controlling wären CM und CMI auch dann relevant, wenn sie keinerlei Erlösrelevanz hätten, da mit Hilfe dieser Kennziffern die Leistungen zwischen Abteilungen verglichen und die Leistungsentwicklung bewertet werden können.

Tatsächlich ist das G-DRG-System jedoch ein Entgeltsystem. Der Preis einer DRG ergibt sich als Produkt der Bewertungsrelation mit dem Basisfallwert, und das DRG-Budget eines Krankenhauses ist dementsprechend das Produkt des Case Mix mit dem Basisfallwert. Dieser Wert entspricht dem Entgelt für einen Patienten mit der Bewertungsrelation von eins. Synonym werden die Begriffe Base Rate (BR), Basisrate, Basisfallkosten oder Punktwert verwendet. Nach der Konvergenzphase gibt es nur einen landesweiten Basisfallwert, der sich als Quotient des landesweiten DRG-Krankenhausbudgets und des landesweiten Case Mix (als Summe aller Case Mix aller Krankenhäuser dieses Bundeslandes) errechnet. Während der Konvergenzphase gab es zusätzlich einen krankenhausindividuellen Basisfallwert. Er errechnet sich als Quotient des DRG-Budgets des Krankenhauses und des Case Mix des Krankenhauses.

Die exakte Kodierung ist von großer Bedeutung für die Erlöse des Krankenhauses. Gehen wir beispielsweise vom Fallpauschalenkatalog 2021 und von einem Basisfallwert von 3747,98 € aus, so beträgt das Entgelt für einen Fall G12A 11.311,40 € und für einen Fall G12B 4152,76 €. Die exakte Erfassung aller Nebendiagnosen und die präzise Bestimmung der CCL sowie der PCCL sind damit Conditiones sine qua non für ein erfolgreiches Krankenhausmanagement.

Einführung eines DRG-basierten Entgeltsystems

Nachdem die Grundzüge eines DRG-basierten Entgeltsystems dargestellt wurden, muss untersucht werden, welche Schritte notwendig waren, um ein australisches DRG-System für das deutsche Krankenhauswesen zu adaptieren.

Im Prinzip hätte der Gesetzgeber der Selbstverwaltung auch die Entwicklung eines völlig eigenständigen Fallpauschalensystems vorschreiben können, das lediglich die Grundidee der DRGs übernommen hätte. Die Entwicklung von Fallklassen, Schweregraden und Zuordnungsvorschriften hätte viele Jahre in Anspruch genommen. Deshalb entschied man sich für die Übernahme des relativ ausgereiften australischen Systems mit Adaption an die deutsche Krankenhaussituation. Hierdurch konnten Zeit und Geld gespart werden.

Die Übernahme eines ausländischen Systems ist nicht ohne Anpassung möglich. Die Gehaltsstruktur von Berufsgruppen und die Zuordnung von Diagnosen auf Abteilungen oder Leistungserbringer sind unterschiedlich, sodass es Verzerrungen geben könnte. Ein weiterer Punkt war die Bedeutung des Belegarztsystems. Da der belegärztliche Teil der Leistung nicht bei allen Diagnosen gleich groß ist, führt die Umstellung von einem australischen belegärztlichen System auf eine Versorgung durch Hauptabteilungen in Deutschland zu einer Kostenverzerrung. Einige DRGs werden in Deutschland überbewertet, andere unterbewertet. Einige Krankheiten werden in Deutschland (noch) stationär behandelt, die in Australien überhaupt nicht im DRG-System vorkommen. Dementsprechend mussten diese DRGs für das deutsche System erst entwickelt werden.

Die Klassifizierung konnte folglich zwar in Grundzügen übernommen werden, jedoch war eine Anpassung notwendig. Die Bewertungsrelationen mussten vollständig neu kalkuliert werden. Hierzu führte das InEK umfangreiche Berechnungen auf Basis der Ergebnisse ausgewählter Krankenhäuser durch. Die Klassifikation und Relativgewichtsberechnung ist ein fortlaufender Prozess, der zu einer immer besseren Anpassung an die deutsche Krankenhausrealität führt. Die Ergebnisse werden jeweils in Anlage 1 der Fallpauschalenverordnung (FPV) für jedes Jahr ausgewiesen. Da sich die Zuordnung von Fällen auf einzelne DRGs von Jahr zu Jahr ändern kann, werden die Zuordnungen in sogenannten Überleitungstabellen einander gegenübergestellt. Abb. 56 gibt einen Überblick über die Entwicklung der DRGs, Tab. 14 über die Entwicklung der Schweregrade.

Für ein umfassendes Entgeltsystem müssen Sonderfälle berücksichtigt werden. Hierzu wurden Ausnahmeregelungen für außergewöhnliche Verweildauern, Verlegungen, Wiederaufnahme und Sonderfälle außerhalb des DRG-Systems geschaffen, die sich teilweise im Krankenhausentgeltgesetz und in Verordnungen, teilweise in Vereinbarungen der Selbstverwaltungspartner wiederfinden.

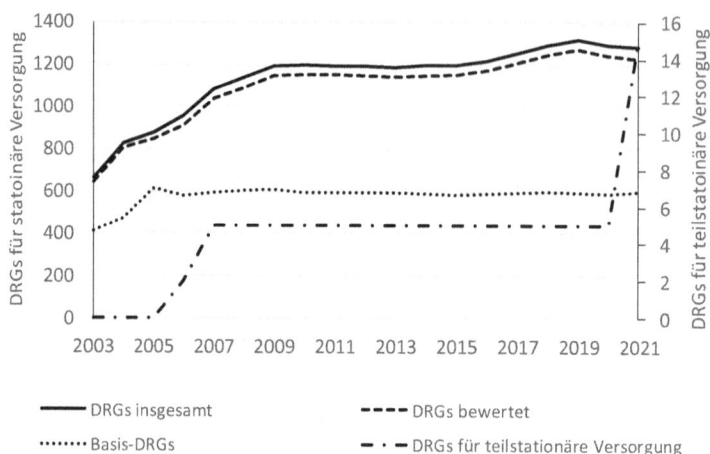

Abb. 56: Entwicklung der DRGs.[83]

Sonderregelungen für Kurz- und Langlieger

Wir unterscheiden zwei Arten von Ausreißern. Die Cost Outliers haben deutlich niedrigere oder höhere Kosten als der Durchschnitt einer DRG, während die Day Outliers eine deutlich kürzere oder längere Verweildauer als der Durchschnitt haben. Häufig – aber nicht immer – sind Cost Outliers und Day Outliers korreliert, d. h., eine hohe Aufenthaltsdauer führt auch zu hohen Fallkosten und eine kurze Aufenthaltsdauer führt ebenfalls zu niedrigen Fallkosten. Ist lediglich die Behandlungsintensität höher als im Durchschnittsfall, so können auch Cost Outliers vorliegen, die keine Day Outliers sind.

Das Problem der Day Outliers wurde durch die Einführung von Grenzverweildauern angegangen. § 1 Abs. 2 der Fallpauschalenvereinbarung (FPV), die zwischen den Spitzenverbänden der gesetzlichen und privaten Krankenversicherungen sowie der Deutschen Krankenhausgesellschaft geschlossen wurde, legt hierzu fest: „Ist die Verweildauer eines Patienten oder einer Patientin länger als die obere Grenzverweildauer, wird für den dafür im Fallpauschalen-Katalog ausgewiesenen Tag und jeden weiteren Belegungstag des Krankenhausaufenthalts zusätzlich zur Fallpauschale ein tagesbezogenes Entgelt abgerechnet". Ebenso gilt: "Ist die Verweildauer von nicht verlegten Patientinnen oder Patienten kürzer als die untere Grenzverweildauer, ist für die bis zur unteren Grenzverweildauer nicht erbrachten Belegungstage einschließlich des im Fallpauschalen-Katalog ausgewiesenen ersten Tages mit Abschlag ein Abschlag von der Fallpauschale vorzunehmen" (§ 1 Abs. 3 FPV). Dies bedeutet, dass Abschläge vom Relativgewicht hingenommen bzw. Zuschläge zum Relativgewicht abgerechnet werden können, sobald ein Patient die Grenzverweildauer unter- bzw. überschreitet.

---

83 Quelle: Eigene Berechnungen auf Basis von InEK 2021. sowie weiterer Jahrgänge.

Tab. 14: Entwicklung der Schweregrade.[84]

Schweregrad	2004	2006	2008	2010	2012	2014	2015	2016	2017	2018	2019	2020	2021
Z	236	353	318	293	290	287	282	280	272	267	257	254	265
A,B	150	137	154	150	160	154	154	156	159	154	155	155	160
A,B,C	56	55	73	77	75	74	78	79	76	85	91	94	93
A,B,C,D	25	15	31	35	35	38	37	41	46	51	44	42	37
A,B,C,D,E	4	11	11	12	10	9	10	7	12	15	23	20	22
A,B,C,D,E,F	0	3	11	13	12	12	10	11	10	8	7	11	10
A,B,C,D,E,F,G	0	3	3	8	7	6	6	6	6	6	6	4	4
A,B,C,D,E,F,G,H	0	1	1	3	2	4	5	6	8	6	6	6	6
A,B,C,D,E,F,G,H,I	0	0	2	2	3	4	4	4	3	5	5	4	3
A,B,C,D,E,F,G,H,I,J	0	0	0	0	0	0	0	0	0	0	1	0	0
Anzahl Basis-DRGs	471	578	604	593	595	588	586	590	592	597	595	590	600

84 Quelle: Eigene Berechnungen auf Basis von InEK 2021. sowie weiterer Jahrgänge.

Abb. 57 zeigt das System. Im Prinzip ist die Fallpauschale fix, d. h. unabhängig von der Verweildauer. Unterschreitet der Patient jedoch einen Grenzwert, so wird pro Tag ein Abschlag vom Relativgewicht und damit vom Entgelt abgezogen. Überschreitet er den oberen Grenzwert, so erhält das Krankenhaus einen Zuschlag. Abb. 57 zeigt die Darstellung mit stetigen Verläufen, so wie sie in Veröffentlichungen zu finden sind. Tatsächlich ist das Entgelt jedoch in Tagesschritten definiert, d. h., eine Stufenfunktion beschreibt den Zusammenhang treffender (Abb. 58).

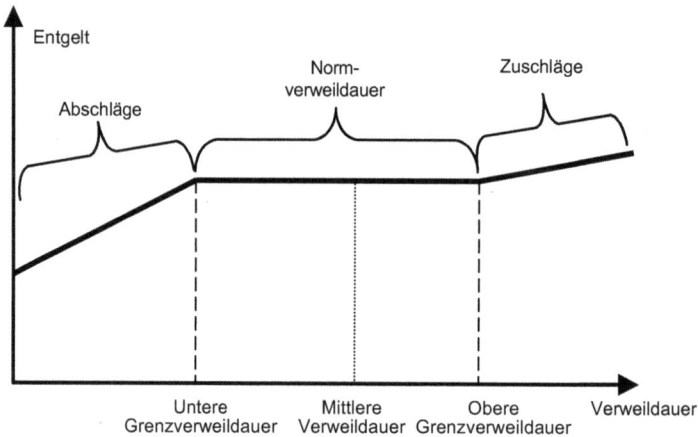

Abb. 57: Entgelt in Abhängigkeit von der Verweildauer (stetige Darstellung).[85]

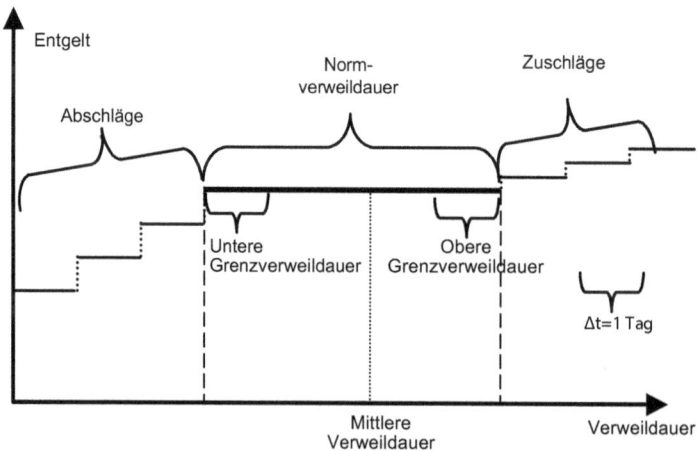

Abb. 58: Entgelt in Abhängigkeit von der Verweildauer (Stufenmodell).[86]

---

85 Quelle: Eigene Darstellung in Anlehnung an Neubauer und Beivers 2010, S. 38–42.
86 Quelle: Eigene Darstellung.

Der erste Tag, ab dem ein Abschlag hingenommen werden muss bzw. ab dem ein zusätzliches Entgelt berechnet werden kann, ist jeweils in Anlage 1 der FPV, dem sogenannten Fallpauschalenkatalog, für (fast) jede DRG definiert. Die untere Grenzverweildauer (uGvD) ist folglich der Wert aus Spalte 7 (Erster Tag mit Abschlag) plus eins, die obere Grenzverweildauer (oGvD) der Wert aus Spalte 9 (Erster Tag mit zusätzlichem Entgelt) minus eins.

Damit ergibt sich folgende Gleichung für den Fall einer Unterschreitung der Normverweildauer:

Zahl der Abschlagstage = Erster Tag mit Abschlag bei uGvd – tatsächliche Verweildauer + 1

Für eine Überschreitung der Normverweildauer ergibt sich:

Zahl der Zuschlagstage = Tatsächliche Verweildauer – erster Tag mit zusätzlichem Entgelt bei oGvd + 1

Zu beachten ist hierbei noch, dass § 1 Abs. 7 der Verordnung zum Fallpauschalensystem für Krankenhäuser für das Jahr 2004 (Fallpauschalenverordnung 2004, KFPV 2004) die Belegungstage (= tatsächliche Verweildauer) als den Aufnahmetag sowie jeden weiteren Tag des Krankenhausaufenthalts ohne den Verlegungs- oder Entlassungstag aus dem Krankenhaus definiert. Die Belegungstage sind folglich eigentlich Belegungsnächte.

Das folgende Beispiel geht davon aus, dass ein Patient am 3. März aufgenommen wird. Der Fallpauschalenkatalog gibt in Spalte 7 den Wert fünf an, d. h., wenn die Verweildauer fünf Tage oder kürzer ist, muss ein Abschlag hingenommen werden. Spalte 9 gibt einen Wert von 21 Tagen wieder, d. h., bei einer Verweildauer von 21 oder mehr Tagen darf ein zusätzliches Entgelt abgerechnet werden. Damit beträgt die Normverweildauer 6 bis 20 Belegungstage. Wird ein Patient am 9. März entlassen, so war er 6 Nächte (= Belegungstage) im Krankenhaus. Entsprechend fällt kein Abschlag an. Wird er hingegen am 8. März entlassen (5 Belegungstage), so muss ein Abschlagstag hingenommen werden. Wird der Patient am 23. März entlassen (20 Belegungstage), fällt kein Zuschlag an. Erfolgt seine Entlassung am 24. März, fällt ein Zuschlagstag an.

Das Krankenhaus hat einen Anreiz, einen Normallieger möglichst frühzeitig (d. h. falls medizinisch verantwortbar am Tag der unteren Grenzverweildauer) zu entlassen, da längere Verweildauern auf jeden Fall höhere Kosten verursachen und die Erlöse der Normallieger konstant bleiben. Ob eine Entlassung vor Erreichen der uGvD sinnvoll ist, hängt von den Kosten, und hier insbesondere von den Opportunitätskosten ab. Wenn es dem Krankenhaus gelingt, das Bett sofort wieder zu füllen und die frühzeitige Entlassung nicht zu einer erheblichen Arbeitsverdichtung und damit Kostensteigerung führt, kann auch eine frühzeitige Entlassung unter Inkaufnahme von Abschlägen deckungsbeitragsmaximierend wirken. Erreicht der Patient die obere Grenzverweildauer, so erscheint es auf den ersten Blick sinnvoll, ihn länger liegen zu lassen. Allerdings

ist das DRG-Entgelt so berechnet, dass das durchschnittliche Krankenhaus seine Durchschnittskosten gerade noch decken kann, wenn der Patient nach der durchschnittlichen
Verweildauer entlassen wird. Beim Erreichen der oberen Grenzverweildauer ist der Fall-
deckungsbeitrag in der Regel bereits stark negativ, sodass auch die (relativ geringen)
Zuschläge für das Überschreiten der Grenzverweildauer kaum eine Kostendeckung erlauben. Das Krankenhaus hat damit einen starken Anreiz zur Verweildauerreduktion.

Sonderregelungen für Verlegungen

Eine weitere Regelung bei der Adaption des Systems betrifft die Vergütung der Fälle,
die extern verlegt werden. Das Krankenhausentgeltgesetz versteht unter einer Verlegung den Transfer eines Patienten von einem Krankenhaus in ein anderes, wenn zwischen der Entlassung aus einem Krankenhaus und der Aufnahme in einem anderen
Krankenhaus nicht mehr als 24 Stunden vergangen sind (§ 3 KHEntgG).

Grundsätzlich können beide Krankenhäuser eine eigene DRG abrechnen. Damit
könnte jedoch ein Anreiz für eine zu frühe Verlegung geschaffen werden, sodass
zumindest die Leistung des ersten Krankenhauses als unvollständig angesehen
werden könnte. Wird ein Patient in ein anderes Krankenhaus verlegt, so spart das
Krankenhaus unter Umständen Kosten. Dies muss im Entgelt mit Hilfe von Abschlägen berücksichtigt werden, d. h., das aufnehmende und das verlegende Krankenhaus
müssen jeweils Abschläge hinnehmen, wenn die im Fallpauschalenkatalog aufge-
führte mittlere Verweildauer unterschritten wird. Der Abschlag pro Tag ist im Fallpauschalenkatalog entsprechend ausgewiesen.

Die Verlegung weist einige Besonderheiten auf, die zu beachten sind. Zum
einen kann das aufnehmende Krankenhaus den Patienten wiederum an das ursprünglich entlassende Krankenhaus überweisen (Rückverlegung). Geschieht dies
innerhalb von 30 Tagen nach der ersten Verlegung, darf das Krankenhaus, in das
der Patient rückverlegt wird, keine zweite Pauschale abrechnen. Vielmehr muss
eine Neueinstufung des Patienten unter Berücksichtigung beider Krankenhausaufenthalte als ein Fall erfolgen. Eine weitere Ausnahme sind die im Fallpauschalenkatalog extra gekennzeichneten Verlegungsfallpauschalen. Ist eine DRG derart
ausgewiesen, so muss in der Regel ein Abschlag vom Relativgewicht nur hingenommen werden, wenn die untere Grenzverweildauer unterschritten ist.

Sonderregelungen für Wiederaufnahme

Weiterhin muss gewährleistet sein, dass eine „blutige Entlassung" nicht zu einer schnellen Wiederaufnahme mit einer neuen Fallpauschale führt. Deshalb wurde das Schema
zur Abprüfung des wieder aufgenommenen Falls eingeführt, wie es Abb. 59 zeigt. Dieses Vorgehen soll verhindern, dass es Anreize für unvollständige Leistungen gibt.

Wiederaufnahme in dasselbe Krankenhaus

Innerhalb der oberen Grenzverweildauer? — Nein

Ja / Nein

Selbe Basis-DRG? — Nein

Ja

Innerhalb von 30 Kalendertagen? — Nein

Ja

Gleiche MDC? — Nein

Ja

Spezielle Ausnahmeregeln? — Ja

Nein

Wiederaufnahme wegen Komplikationen, die sich innerhalb der oberen Grenzverweildauer ergaben? — Nein

Ja

Neuer Fall

Zusammenfassung von neuem und altem Fall und DRG-Neueinstufung des Gesamtfalles

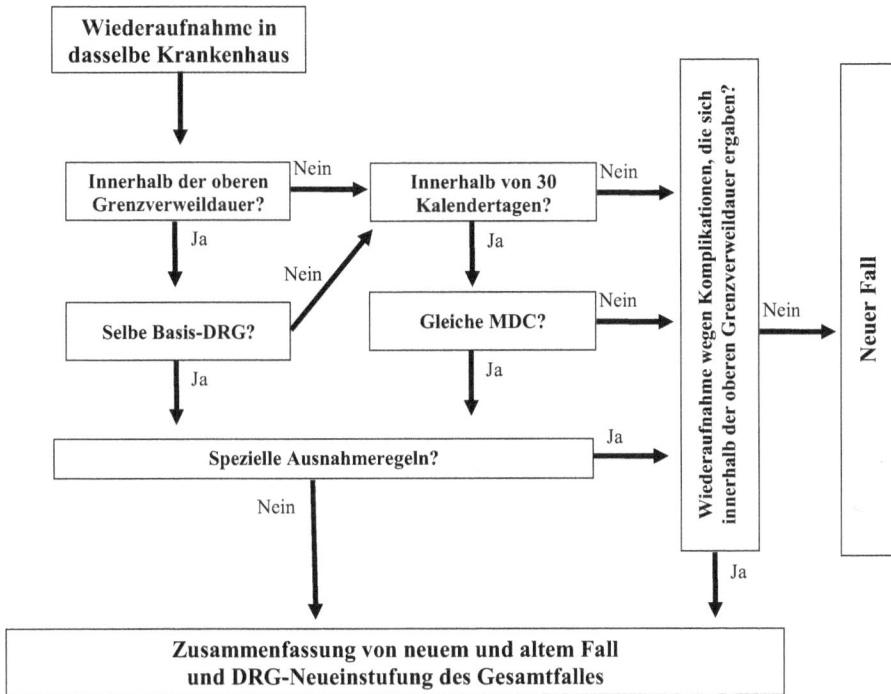

Abb. 59: Wiederaufnahme.[87]

Sonderregelungen für außergewöhnlich hohe Fallkosten

Die Einführung der DRGs als pauschaliertes Entgeltsystem führte zu Härten für die Krankenhäuser, da extreme Cost Outliers nicht abgedeckt sind. Wie bereits bei der Einführung der Sonderentgelte in der BPflV 1986 muss deshalb für genau definierte Patientengruppen ein Entgelt erstattet werden, das diese Zusatzkosten abdeckt. Da die Begriffe Sonderentgelt bzw. Besonderes Entgelt bereits geprägt waren, wählte man den Begriff Zusatzentgelt.

Zusatzentgelte für Leistungen, die in vielen Krankenhäusern anfallen, sind bundeseinheitlich in einem Katalog definiert. Typische Beispiele hierfür sind die Behandlung von Hämophilen sowie die Dialyse, wenn die entsprechende Behandlung nicht die Hauptleistung ist. Seit 2003 wurde die Liste schrittweise erweitert, z. B. um extrem teure Medikamente der Onkologie oder um aufwendige Implantate. Beispielsweise betragen die Kosten eines Neurostimulators etwa 12.000 €, während die reinen Kosten des Eingriffs an den Hirnnerven relativ unabhängig davon sind, ob ein Neurostimulator implantiert wird oder nicht. Das Krankenhaus rechnet folg-

---

87 Quelle: Eigene Darstellung.

lich die entsprechende DRG ab. Zusätzlich kann es ein Zusatzentgelt für den Stimulator abrechnen, falls er implantiert wurde. Tab. 15 gibt einen Überblick über die Entwicklung der Zusatzentgelte.

Für Leistungen, die weder in der DRG abgedeckt noch in einem einheitlichen Katalog erfasst sind, können darüber hinaus krankenhausindividuelle Zusatzentgelte vereinbart werden (§ 6 KHEntgG Abs. 1). Hier ist wiederum eine sachgerechte Kalkulation nachzuweisen. Die Umsetzung der „Empfehlung für die Kalkulation von Zusatzentgelten" der Selbstverwaltung stellt erhebliche Anforderungen an die Kostenträgerrechnung der Krankenhäuser.

Als weitere sonstige Entgelte können fall- oder tagesbezogene Entgelte vereinbart werden, wenn die Leistungen nicht von den DRGs bzw. den Zusatzentgelten abgedeckt sind, sie jedoch von den Vertragspartnern als notwendig erachtet werden. Dies gilt auch für die Neuen Untersuchungs- und Behandlungsmethoden (NUB, § 6 Abs. 2 KHEntgG). Ein pauschaliertes Entgeltsystem trägt die Gefahr in sich, dass eine veraltete Produktionstechnologie verwendet wird, die zwar geringere Fallkosten, jedoch auch eine geringere Qualität aufweist. Die technologische Weiterentwicklung, die stets mit hohen Kosten verbunden ist, würde dadurch gehemmt. Die Selbstverwaltung hat deshalb in einer Vereinbarung das InEK beauftragt, über die Sachgerechtigkeit der Vergütung von innovativen Methoden oder Leistungen zu entscheiden. Ist die Vergütung nach den Relativgewichten des Fallpauschalenkatalogs unzureichend, so sollen jährlich fallbezogene Entgelte oder Zusatzentgelte zwischen dem beantragenden Krankenhaus und den Krankenkassen vereinbart werden.

Grundsätzlich stellen die sonstigen Entgelte ein Problem dar. Einerseits sind sie für das Krankenhaus ausgesprochen wichtig, um finanzielle Härten auszugleichen. Andererseits hebeln sie das DRG-System aus. Die Ausweitung der Zahl der sonstigen Entgelte sowie des Umfangs des Budgetanteils lässt das Ziel der DRG-Einführung einer einheitlichen pauschalierten Vergütung verblassen.

Sonderregelungen für Besondere Einrichtungen

Krankenhäuser, deren Leistungen insbesondere aus medizinischen Gründen, wegen einer Häufung von schwerkranken Patienten oder aus Gründen der Versorgungsstruktur mit den Entgeltkatalogen (noch) nicht sachgerecht vergütet werden, können gemäß § 17b Absatz 1 Satz 10 KHG als besondere Einrichtungen zeitlich befristet aus dem pauschalierenden Entgeltsystem ausgenommen werden. Sie rechnen in diesem Fall entweder selbstkostendeckenden Pflegesätze oder fallbezogene Entgelte mit einer anderen Vergütungshöhe ab. Der GKV-Spitzenverband und die Deutsche Krankenhausgesellschaft treffen jährlich eine „Vereinbarung zur Bestimmung von Besonderen Einrichtungen" (VBE).[88]

---

88 Quelle: Brändle, Liese, Köhler, et al. 2011, S. 1257; Reimbursement Institute 2021.

Tab. 15: Entwicklung der G-DRG Zusatzentgelte.[89]

	2004	2006	2008	2010	2012	2013	2014	2015	2016	2017	2018	2019	2020	2021
Bewertete Zusatzentgelte	1	41	64	81	86	90	95	97	99	95	94	93	83	81
Nicht bewertete Zusatzentgelte	25	42	51	62	64	66	64	75	80	96	110	121	135	145
Gesamt	26	83	115	143	150	156	159	170	179	191	204	214	218	216

89 Vgl. z. GKV-Sitzenverband 2021.B.

Typische Beispiele für besondere Einrichtungen sind Palliativstationen, Einrichtungen der Kinder- und Jugend-Rheumatologie und der Behandlung von Multiple Sklerose, wobei die genauen Anforderungen in der FPVBE definiert sind. Mit der Ausgliederung der Pflegekosten aus der G-DRG wurde festgelegt, dass auch besondere Einrichtungen ein ein Pflegebudget vereinbaren müssen, das die für die unmittelbare Patientenversorgung auf bettenführenden Stationen anfallenden Pflegepersonalkosten refinanziert. Die Regelungen zur Finanzierung der besonderen Einrichtungen gelten damit nur für den um die Pflegepersonalkosten reduzierten Bereich der Fallpauschalen (aG-DRG-Bereich).

Sonderregelungen für Strukturausgleich
Ein weiteres Erfordernis an die Anpassung eines DRG-Systems ist der Strukturausgleich. Es gibt kostenrelevante Faktoren außerhalb der Entscheidungsgewalt eines Krankenhauses. Die geografische Struktur (vgl. Kapitel 3.2.4), regionale Lohnunterschiede sowie die Lasten durch Ausbildungsaufgaben müssen berücksichtigt werden. Für die Ausbildungsfinanzierung werden Ausgleichsfonds gebildet. Dieser refinanziert sich aus Mitteln, die alle Krankenhäuser in diesen Fonds einzahlen müssen. Krankenhäuser mit Ausbildungseinrichtungen erhalten eine entsprechende Zuweisung aus dem Fond.

Sonderregelungen zur Finanzierung der Pflege und Weiterentwicklung des DRG-Entgeltsystems
Zur Finanzierung der Etablierung und Entwicklung des neuen Entgeltsystems wird von den Selbstverwaltungspartnern ein Systemzuschlag vereinbart. Für jeden abgerechneten voll- und teilstationären Krankenhausfall wird der Krankenkasse vom Krankenhaus zusätzlich ein Systemzuschlag in Rechnung gestellt, der in der Rechnung gesondert ausgewiesen wird. Die Summe der Systemzuschläge wird dem InEK überwiesen, das hieraus seine laufenden Kosten sowie die Kalkulationskosten in den Krankenhäusern finanziert. Der Systemzuschlag beträgt im Jahr 2016 1,15 € pro Fall, wovon 0,90 € auf den Zuschlagsanteil Kalkulation und 0,25 € auf den Zuschlagsanteil InEK entfallen. Im Jahr 2009 betrug der Systemzuschlag noch 1,03 € pro Fall (0,70 € Kalkulationszuschlag, 0,33 € INEK-Zuschlag).

Ist das System etabliert, so muss die Kodierqualität garantiert werden. Als DRG-Creep bezeichnet man allgemein die Veränderung der durch die Kodierung von Haupt- und Nebendiagnosen dokumentierten Fallschwere. Eine zu niedrige Gruppierung wird als Down-Coding, eine zu hohe als Up-Coding bezeichnet. Erstere führt zu einem Entgeltverlust, letztere kann zu Sanktionen durch die Krankenversicherungen führen, wenn das Up-Coding bei einer der regelmäßigen Prüfungen der Kodierung durch den MDK entdeckt wird.

Schließlich fordert die Einführung der DRGs eine Intensivierung der Qualitätssicherung der medizinischen Versorgung, da das DRG-System immanent die Gefahr der bewussten Reduktion der Qualität zum Zweck der Erlösmaximierung in sich trägt. Die Einführung der DRGs war deshalb in fast allen Krankenhäusern mit einer Intensivierung des Qualitätsmanagements verbunden.

3.3.2 Ausgegliederte Pflegekosten

Die DRG-Entgelte sind grundsätzlich ein Preis für eine komplette Leistung, d. h. für eine Behandlung von der Aufnahme bis zur Entlassung. Welche Produktionsfaktoren eingesetzt werden, welche Faktorkosten hierfür entstehen und wofür letztlich das Entgelt verwendet wird, liegt allein in der Entscheidung des Leistungserbringers, nicht des Käufers. Damit widerspricht es der Logik des DRG-Systems bestimmte Leistungskomponenten (z. B. die Pflege, die Medizin, die Hotelleistung) auszugliedern oder besondere Regeln zu erlassen, wie das DRG-Entgelt verwendet werden sollte. Allerdings sah sich die Gesundheitspolitik mit einem zunehmenden Pflegenotstand konfrontiert, der sich nach Einschätzung vieler auch daraus ergab, dass zu wenig Ressourcen für die Pflege eingesetzt wurden. Grundsätzlich wäre es auch möglich gewesen, dass jedes Krankenhaus aus dem sogenannten DRG-Browser (vgl. Kapitel 8.2.2) die Erlöse, die sich aus der Pflegeleistung ergeben, ausrechnet und diese vollständig für die Finanzierung der Pflege aufwendet. Tatsächlich war dies jedoch häufig nicht der Fall, da andere Produktionsfaktoren nicht auskömmlich finanziert waren, insbesondere die Investitionskosten. Häufig wurde „an der Pflege gespart", was zu niedrigen Gehältern, einer geringeren Zahl von Pflegenden und einem höheren Anteil unqualifiziertem Pflegepersonal führte und letztlich den Pflegenotstand verschärfte. Der Gesetzgeber entschied sich folglich dafür, die Krankenhäuser zu „zwingen", die Pflege auskömmlich zu finanzieren und Mittel, die für Pflege vorgesehen sind, auch wirklich für Pflege einzusetzen.

In einem ersten Schritt wurden ab dem Jahr 2019 Pflegepersonaluntergrenzen eingeführt (Personaluntergrenzenverordnung, PpUGV), die seither für unterschiedliche Pflegebereiche erweitert wurden. So wurde beispielsweise für die Tagschicht der Intensivpflege eine Zahl belegter Betten pro Mitarbeiter von 2,5, für die Nachtschicht von 3,5 vorgeschrieben.[90] Die externe Vorgabe der Einsatzintensität unterschiedlicher Produktionsfaktoren stellt einen erheblichen Eingriff in die betriebliche Autonomie dar.

Mit dem Pflegepersonal-Stärkungsgesetz (PpSG)[91] ging der Gesetzgeber noch einen Schritt weiter und gliederte ab dem 01.01.2020 die Pflegepersonalkosten vollständig in ein eigenes Budget aus, wobei nur die „Pflege am Bett" ausgegliedert wurde, aber beispielsweise nicht die Pflegekräfte im Funktionsdienst. Aus dem G-

---

90 Die entsprechenden Werte werden angepasst. Aktuell betragen sie 2 bzw. 3.
91 BGBl 2018, S. 2394–2422, inkraftgetreten am 01.01.2019.

DRG System wurde das aG-DRG System, wobei „a" für „ausgegliedert" steht.[92] Dadurch wurde es nötig, den Fallpauschalenkatalog um einen Pflegeerlöskatalog gemäß § 17b Abs. 4 S. 5 KHG zu erweitern, wobei die Ausgliederung auch dazu führte, dass die Höhe der Bewertungsrelationen je aG-DRG sank.

Tab. 16: Fallpauschalenkatalog und Pflegeerlöskatalog (vereinfacht).

DRG	Bezeich-nung	Bewer-tungsrela-tion	Mittl. VD	UGVD		OGVD		Pflegeer-lösbewertungs-relation/Tag
				Erster Tag mit Abschlag	Bewer-tungsrela-tion/Tag	Erster Tag mit Zuschlag	Bewer-tungsrela-tion/Tag	
B63Z ...	Demenz	0,602	6,0	1	0,377	14	0,069	0,8680

Tab. 16 zeigt ein Beispiel aus dem sich ergebenden Fallpauschalen-Katalog und Pflegeerlöskatalog. Da die Spalten 2 (Partition), 5 (Bewertungsrelation bei Hauptabteilung und Beleghebamme), 11 (Externe Verlegung, Abschlag/Tag), 12 (Verlegungsfallpauschale) und 13 (Ausnahme von Wiederaufnahme) hier keine Rolle spielen, wurden sie zur Vereinfachung weggelassen. Im Prinzip entspricht der Fallpauschalenkatalog inhaltlich exakt dem System der G-DRGs, und es wird lediglich die letzte Spalte (14) ergänzt.

Die Pflegeerlösbewertungsrelation pro Tag entspricht dem relativen täglichen Pflegeaufwand. Der durchschnittliche Pflegeaufwand war ursprünglich auf 1,0 normiert, was sich allerdings bereits für den Pflegeerlöskatalog 2021 geändert hat (ungewichteter Durchschnitt: 1,18). Da der Pflegeaufwand für einzelne DRGs sehr unterschiedlich ist, streut die Relation stark. Im Jahr 2021 war der kleinste Wert 0,4239 (I42A, Multimodale Schmerztherapie bei Krankheiten und Störungen an Muskel-Skelett-System und Bindegewebe, mind. 14 Tage), der größte 5,6288 (P61E, Neugeborenes, Aufnahmegewicht < 750 g, verstorben < 29 Tage nach Aufnahme). Es ist gut nachzuvollziehen, dass die „Pflege am Bett" bei der multimodalen Schmerztherapie gering ist, während sie bei einem Frühchen ausgesprochen hoch ausfallen muss. Dementsprechend ist die Pflegeerlösbewertungsrelation pro Tag auch ein sehr gutes Maß für die Pflegeintensität, auch für wissenschaftliche Studien.

Die Pflegeerlösbewertungsrelation pro Tag wird mit dem Pflegeentgeltwert multipliziert. Letzterer ist der Preis für einen Pflegetag mit der Pflegeerlösbewertungsrelation von 1,0. Im Jahr 2020 wurde der Wert zunächst in einer Höhe von 146,55 € festgesetzt. Die Covid-19 Pandemie machte es notwendig, den Wert vom 01.04.2020 – 31.12.2020 auf 185,00 € zu erhöhen. Im Prinzip muss der Pflegeentgeltwert jedoch krankenhausindividuell jährlich verhandelt werden. Hierzu vereinbaren Krankenhaus

---

92 Vgl. Eisenmenger 2021; Giebeler und Eisenmenger 2021.

und Krankenkassen ein individuelles, die Selbstkosten deckendes Pflegebudget. Ähnlich wie bei der Ermittlung des Stellenbedarfs im Rahmen der Pflegepersonalregelung (vgl. Kapitel 4.1.2, „PPR 2.0") wird die für eine professionelle Pflege notwendige Ausstattung eines Krankenhauses mit Pflegekräften unterschiedlicher Qualifikationsniveaus leistungsgerecht ermittelt, wobei die Pflegepersonaluntergrenzen zu berücksichtigen sind. Anschließend werden die entsprechenden Personalkosten berechnet und das Budget aufaddiert.

Damit werden die maßgeblichen Größen wie folgt ermittelt:

$$PEW = PB \left/ \sum_{i=1}^{n} v_i^e \cdot b_i^e \right.$$

$$PKE_j = PEW \cdot b_j \cdot d_j \text{ mit}$$

PEW	Krankenhausindividueller Pflegeentgeltwert
PB	Pflegebudget, voraussichtliche vereinbarte Pflegepersonalkosten
PKE_j	Pflegekostenerlös von Fall j
d_j	Verweildauer von Patient
v_i^e	erwartete Verweildauer von Patient i
b_i^e	Pflegeerlösbewertungsrelation pro Tag von erwartetem Patient i gemäß Pflegeentgeltkatalog
b_j	Pflegeerlösbewertungsrelation pro Tag von tatsächlichem Patient j gemäß Pflegeentgeltkatalog
n	Erwartete Zahl von Patienten

Der krankenhausindividuelle Pflegeentgeltwert ermittelt sich folglich als Quotient des Pflegebudgets und der Summe der Bewertungsrelationen für ein geplantes Leistungsportfolio. Das Pflegebudget entspricht den erwarteten Pflegekosten, die anfallen, um diese entsprechende Fallzahl in den einzelnen DRGs angemessen zu pflegen. Die entsprechende Fallzahl pro DRG wird mit der Bewertungsrelation gemäß Pflegeerlöskatalog gewichtet, um den Nenner zu ermitteln. Der krankenhausindividuelle Pflegeentgeltwert entspricht damit den erwarteten Pflegekosten in einem Krankenhaus für die Pflege eines Patienten mit der Pflegeerlösbewertungsrelation von eins.

Der Pflegekostenerlös eines bestimmten Patienten ermittelt sich dann als Produkt des krankenhausindividuellen Pflegeentgeltwertes, seiner Pflegeerlösbewertungsrelation pro Tag sowie seiner Verweildauer. Wichtig ist, dass die Pflegeerlösbewertungsrelation auf den Tag normiert ist, d. h., der Pflegekostenerlös ist proportional zur Verweildauer. Zur Illustration soll folgendes Beispiel aus dem Jahr 2021 dienen:

– Verhandeltes Pflegebudget für 2021: 19.235.500,00 €
– Verhandelte Summe der Pflegebewertungsrelationen: 124.100

- Fall:
    - C06Z
        - Komplexe Eingriffe bei Glaukom
        - DRG-Bewertungsrelation: 0,754
        - Pflegeerlösbewertungsrelation: 0,6824
    - Verweildauer: 4 Tage
- Basisfallwert: 3747,98 €

Damit ergibt sich ein krankenhausindivdueller Pflegeentgeltwert als 19.235.500,00 €/ 124.100 = 155,00 €. Der DRG-Erlös beträgt 0,754·3747,98 € = 2825,98 €. Der Pflegekostenerlös des Falls ermittelt sich als 155,00 € · 0,6824 · 4 = 423,09 €. Damit erlöst das Krankenhaus für diesen Patienten 3249,06 €.

Die Ausgliederung der Pflege aus den DRGs machte weitere Anpassungen erforderlich. Erstens wurde bei der Kalkulation der DRGs festgestellt, dass nach Ausgliederung der Pflegekosten eine Fallschwereklassifizierung nicht mehr notwendig ist, d. h., einige DRGs mit vormals unterschiedlicher Fallschwere konnten zusammengelegt werden. Dadurch sank die Zahl der DRGs von 2019 auf 2020 um 32. Zweitens kommt es nun zu der überraschenden Situation, dass DRGs mit der höchsten Fallschwere (A an vierter Stelle) geringere Bewertungsrelationen aufweisen können als DRGs mit geringerer Fallschwere (z. B. B an vierter Stelle). Die ist dann der Fall, wenn der Unterschied zwischen den beiden Fallschwereklassen primär auf unterschiedliche Pflegeintensität oder Verweildauer zurückzuführen war, was nun durch die Pflegeerlösrelationen aufgefangen wird.

Dies mag nicht besonders gravierend erscheinen, die langfristigen politischen Folgen sind jedoch weiterreichend: Erstens wird der Erlös nun auch innerhalb der weiten Grenzen von oberer und unterer Grenzverweildauer verweildauerabhängig. Damit ist das DRG-System im Prinzip aufgeweicht, das ja gerade eine Abkehr von der Verweildauerabhängigkeit versprach. Zweitens impliziert das aG-DRG System eine Rückkehr zur Verhandlung über den Einsatz von Produktionsfaktoren und Kosten, was man gerade mit der Ablösung der tagesgleichen Pflegesätze im Jahr 2003 vermeiden wollte. Daraus ergibt sich, drittens, dass der Erlös kein einheitlicher Preis mehr ist, da das Pflegebudget krankenhausindividuell ausgehandelt wird. Viertens führt der „Pflexit" auch zu weiterführenden Diskussionen über die Ausgliederung anderer Bereiche, insbesondere der Medizin, bis hin zur Rückkehr zu einer reinen Budgetfinanzierung (vgl. Kapitel 3.3.6). Schließlich stellt das aG-DRG eine erhebliche Verkomplizierung der Entgeltverhandlungen dar. Die Krankenhausverwaltung wird damit aufwendiger, was sich mittelfristig sicherlich auch in der Notwendigkeit weiterer Verwaltungsstellen zeigen wird.

3.3.3 Betriebswirtschaftliche Herausforderungen

Aus den bisherigen Ausführungen ist evident, dass die Entgeltverhandlung mit den gesetzlichen Krankenkassen die essentielle Grundlage des wirtschaftlichen Erfolges eines Krankenhauses darstellt. Bis zur Umstellung auf die aG-DRGs fokussierte die Verhandlung nicht mehr Pflegetage, sondern primär den Case Mix als Basis der Leistung eines Krankenhauses. Die betriebswirtschaftliche Herausforderung des DRG-Systems bestand damit in der Steuerung des Case Mix sowie in der korrekten Dokumentation und der Gewährleistung der Kodierqualität. Mit der Einführung des Pflegebudgets im Rahmen der aG-DRGs wurde der Einsatz von Produktionsfaktoren sowie die Verweildauersteuerung wieder relevant, aber der Schwerpunkt bleibt die Verhandlung des Case Mix. Darüber hinaus ergeben sich betriebswirtschaftlich relevante Fragestellungen bzgl. der Durchführung der Kodierung, der Anforderungen an das Rechnungswesen und der EDV. Die mit der DRG-Einführung einhergehende Reduktion der Verweildauer sowie das Prozessdenken stellen weiterhin Anforderungen an den Krankenhausbetriebswirt.

Die Richtigkeit der Kodierung ist fundamental wichtig für das Entgelt und die Betriebssteuerung. Man hat eine Tendenz zur Nivellierung der Relativgewichte zwischen schweren und leichten Behandlungsfällen festgestellt, d. h., schwere Fälle werden tendenziell unterbewertet und leichtere Fälle tendenziell überbewertet. Dieses Phänomen wird als Kompressionseffekt bezeichnet. Die Ursachen liegen einerseits in der Kodierung selbst, andererseits am derzeitigen DRG-System. So sind schwere Fälle in der Regel auch schwieriger zu klassifizieren als einfache Fälle, sodass die Gefahr eines Down-Codings größer ist. Weiterhin haben schwere Fälle auch oftmals mehrere Nebendiagnosen, sodass durchaus einige davon „vergessen" werden können. Darüber hinaus besteht auch die Gefahr, dass bei komplexen Fällen Haupt- und Nebendiagnosen vertauscht werden. Schließlich führt die Begrenzung der Zahl der PCCL zu einer Untergewichtung der schweren Fälle. Die Überwachung der Kodierung durch den insbesondere in den größeren Einrichtungen neu etablierten Medizincontroller ist deshalb ein wichtiger Parameter des Betriebserfolges.

Die Kodierung kann zentral oder dezentral durchgeführt werden. Zentral bedeutet, dass spezialisierte Verwaltungskräfte an einem zentralen Ort im Krankenhaus (oder sogar bei einem Outsourcingpartner) die Kodierung vornehmen. Sie sind in der Regel auf diese Arbeit spezialisiert. Bei der dezentralen Kodierung übernehmen meist Ärzte und/oder Pflegekräfte die Kodierung als Teil ihrer Aufgaben auf der Station. Für die zentrale Kodierung spricht der Spezialisierungsvorteil, sodass die Fehlerquote wahrscheinlich geringer ist. Für das dezentrale Kodieren spricht die Nähe zum Patienten. Der Kodierer kennt meist den Fall persönlich und kann unter Umständen Aspekte noch in der Dokumentation ergänzen, die dem zentralen Kodierer unbekannt bleiben, da er allein auf die Papierform angewiesen ist.

Ob zentrales oder dezentrales Kodieren effizienter ist, wird intensiv diskutiert und muss wohl im Einzelfall untersucht werden. Die Krankenhausgröße, der Leistungsumfang und die Ausbildung der Mitarbeiter spielen eine wichtige Rolle in der Zentralisierungsentscheidung.

Auch das Krankenhausrechnungswesen wurde durch die Einführung der DRGs herausgefordert. Die DRG ist stets ein Fall. Der Ort oder die Berufsgruppe der Leistungserstellung sind von geringer Bedeutung, es zählt allein der Gesamtprozess. Deshalb ist eine Kostenträgerrechnung unabdingbar für eine Steuerung der Leistungswirtschaft im Krankenhaus. Im System der Pflegesätze, die einzelnen Abteilungen zugeordnet waren, war der Tag auf der Station die maßgebliche Größe. Die Kostenstellenrechnung genügte. Wird der gesamte Fall zur Erfolgsgrundlage muss auch eine Fallkostenrechnung (= Kostenträgerstückrechnung) erfolgen.

Dies impliziert eine möglichst exakte Erfassung der Kosten eines Patienten. Teilweise müssen auch Zeitaufzeichnungen eingeführt werden. Weiterhin haben größere Krankenhäuser noch Bereiche, die nicht über DRGs abrechnen (z. B. Psychiatrie). Hier ist eine Kostenausgliederung notwendig, die das Rechnungswesen herausfordert.

Ein weiteres Entscheidungsproblem ist die Wahl des geeigneten Groupers. Es gibt zahlreiche Firmen auf dem Markt, deren Kernleistungen (Kodierung) sich kaum unterscheiden. Wichtig ist die Integrationsfähigkeit in das bestehende Krankenhausinformationssystem (KIS). Der Grouper muss seine Inputdaten selbständig aus dem KIS ziehen und gleichzeitig seine Outputdaten für die Fakturierung, die Finanzbuchhaltung und Managementinformation einspeisen können.

Eine pauschalierte Vergütung setzt einen Anreiz zur Verweildauerreduktion. Es besteht die Gefahr, dass Patienten entlassen werden, die noch nicht entlassungsfähig sind (Blutige Entlassung) und deshalb kurz nach der Entlassung wieder mit derselben Diagnose aufgenommen werden müssen (Drehtüreffekt). Die Verweildauerverkürzung darf nicht zu Lasten der Ergebnisqualität erfolgen.

Zur Versöhnung des Widerspruches aus Qualität und Verweildauerverkürzung müssen betriebswirtschaftliche Maßnahmen ergriffen werden, die insbesondere die Prozesse betreffen. Hier ist primär eine bessere interne und externe Koordination der Patientenbehandlung zu fordern. Eine zeitnahe Diagnostik und Therapie, berufsgruppenübergreifende Zusammenarbeit, zeitnahe Entlassung, geregelte Überleitung in die Anschlussheilbehandlung, Häuslichkeit oder Pflegeheim erfordern moderne Planungsmethoden. Hierzu gehört insbesondere die Definition eines standardisierten Behandlungsablaufs, von dem nur in begründeten Ausnahmefällen abgewichen wird. Schließlich erfordert eine Reduktion der Verweildauer auch eine Beschränkung auf das Notwendige, indem beispielsweise überflüssige Diagnostik und Therapie vermieden werden. Gerade multimorbide Patienten möchten während eines Krankenhausaufenthaltes für Diagnose A gerne auch noch Diagnose B diagnostiziert oder therapiert bekommen. Dadurch verlängert sich der Aufenthalt, ohne dass ein adäquates Entgelt möglich ist.

Die Ausgliederung der „Pflege am Bett" aus den G-DRGs löste zumindest auf den ersten Blick ein Problem, das bereits bei der Einführung der DRGs in Deutschland im Jahr 2003 bestand: der unzureichenden Abbildung des Pflegeaufwandes im DRG-System. Grundsätzlich sind die DRG-Dokumentation und die Einstufung Aufgabe des ärztlichen Personals. Es besteht deshalb die Gefahr, dass die kostenrelevante Pflegeintensität von Ärzten nicht wahrgenommen wird. In der Praxis hat es sich deshalb bewährt, eine Pflegeaufwandserfassung durchzuführen und das Ergebnis mit der DRG-Einstufung abzugleichen. Modelle hierfür könnten PPR (Pflegepersonalregelung, Deutschland 1990), LEP (Leistungserfassung in der Pflege, Schweiz 1995), Pflegerische Nebendiagnosen nach ICD-10, ICNP (International Classification for Nursing Practice) oder NMDS (Nursing Minimum Data Set, Belgien 1988) sein. Trotzdem fühlte sich „die Pflege" häufig unzureichend repräsentiert, und der Vorwurf, dass immer zuerst an der Pflege gespart würde, ist nicht von der Hand zu weisen. Die Einführung des Pflegebudgets und der aG-DRGs löst dieses Problem, denn das Pflegebudget darf grundsätzlich nur für Pflege verwendet werden. Dies wird ex-post durch einen vollständigen Ausgleich sichergestellt, d. h., die tatsächlichen Pflegekostenerlöse sind nur Abschlagszahlungen, die Krankenkassen finanzieren die tatsächlich angefallenen Pflegekosten. Damit ist überall dort, wo Pflegepersonal überhaupt ausreichend verfügbar ist, eine Verbesserung der Pflegesituation möglich. Allerdings führt dies auch dazu, dass die DRGs ihre ursprünglich intendierte Funktion als Preis teilweise verlieren und das System noch einmal komplexer geworden ist.

3.3.4 Entgeltverhandlung und Budget

Die Entgelt- bzw. Budgetverhandlung erfolgt individuell zwischen dem Krankenhaus und den Krankenversicherungen.[93] Grundsätzlich haben alle Versicherer das Recht der Beteiligung an den Verhandlungen, die mehr als 5 % der Fälle eines Krankenhauses stellen. In der Regel sind dies die großen Gesetzlichen Krankenversicherungen (AOK, DAK, Barmer etc.), in Ausnahmen können aber auch Private Krankenversicherungen beteiligt sein.

In der Entgeltverhandlung wird das Gesamtbudget für einen Zeitraum von (in der Regel) einem Jahr festgelegt. Nach § 7 Abs. 1 KHEntgG werden die allgemeinen Krankenhausleistungen mit folgenden Entgelten abgerechnet:
1. Fallpauschalen nach dem auf Bundesebene vereinbarten Entgeltkatalog,
2. Zusatzentgelte nach dem auf Bundesebene vereinbarten Entgeltkatalog,
3. gesonderte Zusatzentgelte nach § 6 Abs. 2a (z. B. Zentren),
4. Zu- und Abschläge nach § 17b Absatz 1a KHG, nach KHEntgG sowie nach § 33 Absatz 3 Satz 1 Pflegeberufegesetz,

---

93 Vgl. u. a. Debatin, Ekkernkamp, Schulte, et al. 2021.

5. Entgelte für besondere Einrichtungen und für Leistungen, die noch nicht von den auf Bundesebene vereinbarten Fallpauschalen und Zusatzentgelten erfasst werden,
6. Entgelte für neue Untersuchungs- und Behandlungsmethoden, die noch nicht in die Entgeltkataloge nach § 9 Abs. 1 Satz 1 Nr. 1 und 2 aufgenommen worden sind,
7. tagesbezogene Pflegeentgelte zur Abzahlung des Pflegebudgets nach § 6a,
8. Pflegezuschlag nach § 8 Absatz 10.

Punkt 7 wurde mit der Einführung der aG-DRGs aufgenommen. Die genauen Abrechnungsbestimmungen werden jährlich in einem Leitfaden der Selbstverwaltung zu Abrechnungsfragen festgelegt.

Jedes Krankenhaus plant für jedes Jahr die Leistungen und die korrespondierenden Entgelte. Diese Pläne sind Gegenstand der Verhandlungen zwischen dem Krankenhaus und den Gesetzlichen Krankenkassen. Hierzu muss das Krankenhaus eine in Anlage 1 zum KHEntgG definierte „Aufstellung der Entgelte und Budgetermittlung" (AEB) vorlegen. Sie besteht aus folgenden Subsystemen:
- E1: Aufstellung der Fallpauschalen für das Krankenhaus
- E2: Aufstellung der Zusatzentgelte für das Krankenhaus (bundeseinheitlich bepreiste Zusatzentgelte)
- E3: Aufstellung der nach § 6 KHEntgG krankenhausindividuell verhandelten Entgelte
  - E3.1: Aufstellung der fallbezogenen Entgelte
  - E3.2: Aufstellung der Zusatzentgelte
  - E3.3: Aufstellung der tagesbezogenen Entgelte
- B1: Erlösbudget und Basisfallwert nach § 4 KHEntgG

Für die Ermittlung des Pflegebudgets wurde zusätzlich eine Vereinbarung zwischen dem Spitzenverband der gesetzlichen Krankenversicherungen sowie dem Verband der Privaten Krankenversicherungen und der Deutschen Krankenhausgesellschaft geschlossen (Pflegebudgetverhandlungsvereinbarung), die als Anlage detaillierte Tabellen enthält, wie die Pflegekosten zu bestimmen sind. Sie umfasst drei Tabellenblätter:
- Tabellenblatt 1: IST-Daten des abgelaufenen Kalenderjahres
- Tabellenblatt 2: IST-Daten des laufenden Kalenderjahres
- Tabellenblatt 3: Forderung

Die gewissenhafte Erstellung der AEB sowie des Pflegebudgets stellt erhebliche Anforderungen an das Rechnungswesen, die medizinische Dokumentation und vor allem an die Planungskapazität des Krankenhauses. Früher wurden viel weniger Daten für die Verhandlungen verlangt. Im Zeitalter der retrospektiven Selbstkostenerstattung musste nur ein Selbstkostenblatt vorgelegt werden, in dem die Kosten des vergangenen Pflegesatzzeitraums dargelegt waren. Die Entwicklung zum prospektiven Budget verlangte eine genauere Leistungsplanung, und die Aufspaltung in Basis- und Abteilungspflegesätze erforderte komplexe Statistiken, die bis 2003 in der Leistungs- und Kalkulationsaufstellung (LKA) nach festen Regeln erstellt und zusammengefasst wurden. Das Krankenhauscontrolling hat deshalb in der Praxis vorwiegend die Funktion eines Datenlieferanten für die Entgeltverhandlungen.

Der E1 des AEB ist primär ein Leistungsplan, in dem die Zahl der geplanten Fälle pro DRG aufgeführt ist. Jeder Fall ist mit seiner Bewertungsrelation zu gewichten. Dies geschieht meist in einer entsprechenden Datei, in der die jeweiligen Katalogdaten zu den Fallpauschalen bereits hinterlegt sind. Abweichungen vom Normalfall müssen genau ausgewiesen sein, d. h., Patienten unterhalb oder oberhalb der Normverweildauer sowie Verlegungsfälle müssen als Fallzahl und als Tage mit Ab- oder Zuschlägen für das Krankenhaus insgesamt geschätzt werden. Dass dies nur auf Grundlage sehr genauer Dokumente sinnvoll möglich ist, liegt auf der Hand. Medizincontrolling wird damit zu einer Schlüsseldisziplin für die Entgeltverhandlung.

Folglich sind im Formular E1 für jede DRG die Zahl der geplanten Fälle, der Verlegungen, Grenzverweildauerüber- und -unterschreitungen sowie die sich daraus ergebenden Relativgewichte zu schätzen. Die Summe der somit angepassten Relativgewichte ergibt dann den Case Mix als Basis des DRG-Budgets.

Auf dem Formular E2 werden die Zusatzentgelte (ZE) mit Nummer, Anzahl, Entgelthöhe laut ZE-Katalog und Erlössumme dargestellt. Es handelt sich nur um Zusatzentgelte, die bundeseinheitlich im Entgeltkatalog dargestellt und bepreist sind. Das Formular E3 hingegen erfasst die krankenhausindividuell verhandelten Entgelte nach § 6 KHEntgG. Es besteht aus 3 Formblättern. Im Blatt E3.1 werden die fallbezogenen Entgelte nach § 6 KHEntgG mit Fallzahl, Verlegungen, Kurzliegern und Langliegern dargestellt. Im Blatt E3.2 erfolgt die Aufstellung der individuell ausgehandelten Zusatzentgelte mit Anzahl, Entgelthöhe und Erlössumme. Das Blatt E3.3 enthält die tagesbezogenen Entgelte nach § 6 KHEntgG.

Damit ergibt sich zusammenfassend die Entgeltstruktur, wie sie Abb. 60 zeigt.

Für die Transitionszeit (Konvergenz) 2005 bis 2009 (vgl. Abb. 61) wurde noch ein krankenhausspezifischer Basisfallwert als Quotient aus Kosten für die Erstellung der durch Fallpauschalen entgoltenen Leistungen und dem im AEB berechneten Case Mix ermittelt. Seither gilt der landeseinheitliche Basisfallwert. Von 2010 bis 2015 konnten die Landesbasisfallwerte vom Bundesbasisfallwert von – 1,25 % bis + 2,5 % abweichen, in den Jahren 2015 bis 2021 wurde die Abweichung etwas mehr eingeschränkt (−1,02 % bis + 2,5 %). Ab dem Jahr 2021 berechnet das InEK jeweils zum 31.03. eines Jahres einen einheitlichen Basisfallwert und einen einheitlichen Basisfallwertkorridor. Für 2021 beträgt der Bundesbasisfallwert 3747,98 € mit einem Korridor von 3709,75 € bis 3841,68 €.

Nachdem die Leistungen und das Budget vereinbart sind, erfolgt die Dokumentation der Realisation dieser Pläne. Leistet ein Krankenhaus in einem Jahr mehr oder weniger als den geplanten und vereinbarten Case Mix, so entstehen Nach § 4, Abs. 3 KHEntgG Mehr- oder Mindererlöse, die teilweise ausgeglichen werden (Mehr-

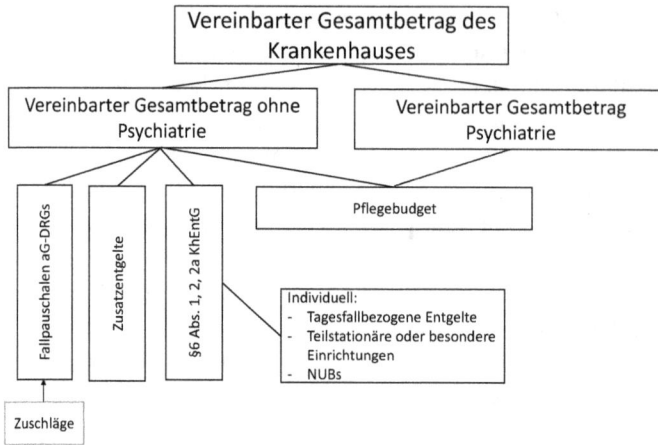

Abb. 60: Elemente des Krankenhausbudgets.[94]

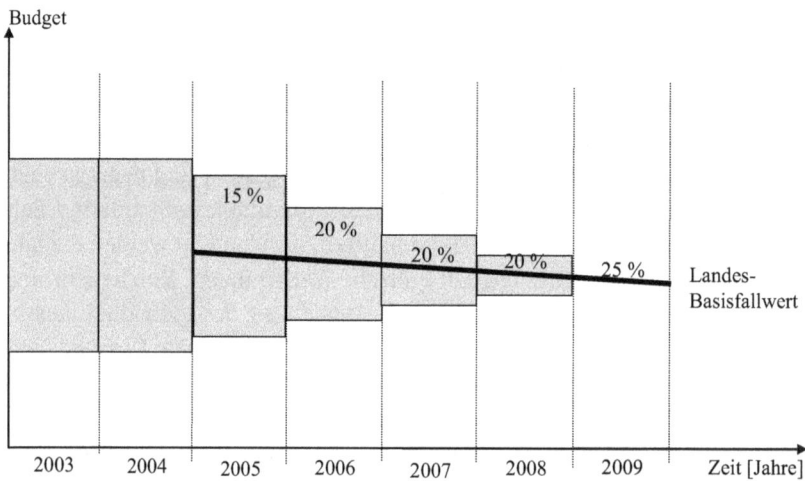

Abb. 61: Konvergenz 2005–2009.[95]

oder Mindererlösausgleich). Wie in Kapitel 3.1.3 dargestellt, sind für einzelnen Leistungen (z. B. Zusatzentgelte, Arzneimittel, Medikalprodukte, Transplantationen, Verbrennungsfälle etc.) besondere Bestimmungen getroffen. Grundlegend erfolgt jedoch ein Mindererlösausgleich in Höhe von 20 % und ein Mehrerlösausgleich in Höhe von 65 %. Wie Abb. 62 zeigt, bedeutet dies, dass die Krankenkasse bei einem Mindererlös 20 % erstattet, während das Krankenhaus bei einem Mehrerlös 65 %

---

94 Quelle: Eigene Darstellung.
95 Quelle: Eigene Darstellung in Anlehnung an Behrends 2009.

des über den vereinbarten Erlös hinausgehenden Betrag an die Kassen zurückzahlen muss. Im Prinzip sollen bei Mehrerlösen lediglich die variablen Kosten von den Kassen erstattet werden. Die derzeitigen Ausgleichsregelungen implizieren folglich einen Anreiz zur Leistungsausweitung über die Planleistung hinaus für Krankenhäuser, die einen Fixkostenblock von über 65 % haben. Dies dürften die meisten sein. Tatsächlich induziert dieser Anreiz einen Konzentrationswettbewerb, der beabsichtigt ist und langfristig zum Überleben der günstigsten Häuser führen soll. Damit – so das Ziel – kann der Basisfallwert gesenkt werden.

Nicht zu verwechseln ist der Mehrerlösausgleich mit dem Mehrleistungsabschlag nach § 4 Abs. 2a KHEntgG. Letzter war ein bereits bei der Budgetverhandlung durchzuführender Abschlag für neue, zusätzlich aufgenommene Leistungen in Höhe von 25 %. Er diente der Begrenzung der Leistungsausweitung, stellte jedoch für Krankenhäuser trotz der Ausnahmeregeln eine Härte dar, die innovationshemmend wirkte. Ab dem Jahr 2017 gibt es nach § 4, Abs. 2b KHEntgG keinen Mehrerlösausgleich mehr, sondern einen Fixkostendegressionsabschlag gemäß § 10, Abs. 13 KHEntgG. Statt des pauschalen Erlösabzugs wird ein „Abschlag in Höhe des für zusätzliche Leistungen geschätzten durchschnittlichen Anteils der fixen Kosten an den Fallpauschalen (Fixkostendegressionsabschlag) [vereinbart], wobei der Abschlag jeweils für drei Jahre erhoben wird".

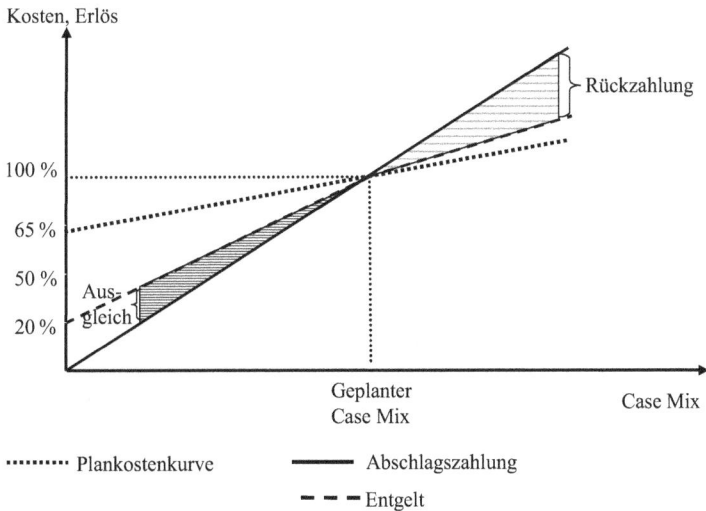

Abb. 62: Flexibles Krankenhausbudget und Plankostenkurve.[96]

---

96 Quelle: Eigene Darstellung in Anlehnung an Tuschen und Quaas 2001, S. 79.

3.3.5 Exkurs: Finanzierung während der Corona-Pandemie

Die Covid-19 Pandemie stellte die Krankenhäuser und ihre Finanzierung vor immense Aufgaben, die nicht nur die Betreuung der schwerstkranken Covid-19 Patienten auf den Intensivstationen betraf. Innerhalb kurzer Zeit mussten Hygieneregime aufgebaut werden, die eine Übertragung von SARS-CoV-2 von Patienten auf Patienten, von Patienten auf Mitarbeiter, von Mitarbeiter auf Patienten und zwischen Mitarbeitern verhindern konnten. Das schreckliche Beispiel der völlig überforderten Krankenhäuser in Norditalien im März 2020 verdeutlichte, dass der Schutz von Patienten und Mitarbeitern nur möglich war, indem die Krankenhaushygiene gestärkt und die Entwicklung und Umsetzung entsprechender Präventionsstrategien zur Chefsache wurden.

Als einige Beispiele für die Belastung der Krankenhäuser können genannt werden:
– Behandlung von Covid-19 Patienten auf Normal- und Intensivstationen
– Entwicklung einer Teststrategie für Patienten und Mitarbeiter
– Fehlende Schutzausrüstung zu Beginn der Pandemie
– Quarantäne von Verdachtsfällen
– Parzellierung des Krankenhauses in zwei völlig getrennte Bereiche (Covid-19, Rest)
– Aufbau weiterer Intensivkapazitäten, insbesondere Beatmungsplätze
– Personalknappheit durch Erkrankung von Mitarbeitern, erweiterte Intensivbettenkapazität und Erschöpfung aufgrund der hohen Belastung
– Verschiebung von elektiven Eingriffen
– Teilweise geringe Auslastung anderer Stationen

Schnell wurde klar, dass die Pandemie erhebliche finanzielle Belastungen für die Krankenhäuser implizierte, die existenzgefährdend werden könnten. Der Aufbau neuer Intensivkapazitäten mit Beatmungsplätzen, Neueinstellungen (z. B. von bereits berentetem Pflegepersonal) und vor allem die entgangenen Einnahmen durch abgesagte Operationen und sonstige elektive Krankenhausaufnahmen mussten unweigerlich zu einer finanziellen Belastung führen. Hinzu kam noch, dass potentielle Patienten auch ohne Rücksprache den Kontakt zum Krankenhaus vermieden. So ging beispielsweise die Zahl der in Notaufnahmen vorstellig gewordenen Verdachtsfälle auf Herzinfarkte stark zurück.

Der Gesetzgeber reagierte bereits am 27.03.2020 mit dem „Gesetz zum Ausgleich COVID-19 bedingter finanzieller Belastungen der Krankenhäuser und weiterer Gesundheitseinrichtungen" (COVID-19-Krankenhausentlastungsgesetz).[97] Die wichtigsten Maßnahmen umfassten:

---

97 BGBl 2020, S. 580–586, inkraftgetreten am 28.03.2020.

- Erlösausgleich für nicht belegte Betten: Wenn Operationen bzw. Aufnahmen verschoben werden mussten, um Kapazitäten für Covid-19 Patienten zu schaffen, konnten die entgangenen Erlöse in Rechnung gestellt werden. Hierzu wurde angenommen, dass die Patientenzahl aus dem Jahr 2020 repräsentativ für das Jahr 2021 gewesen wäre, wenn die Pandemie nicht eingetreten wäre. Jeder entgangene Patiententag wurde pauschal mit 560,00 € entgolten. Die Ausgleichszahlungen erfolgten aus der Liquiditätsreserve des Gesundheitsfonds.
- Investivfinanzierung für zusätzlich aufgestellte ITS-Betten: Pro neu aufgestellten Intensivbett mit Beatmungsmöglichkeit wurde ein Pauschalbetrag von 50.000 € erstattet.
- Pflegeentgeltwert: In Abstimmung mit der jeweiligen Landesbehörde wurde der vorläufige Pflegeentgeltwert auf 185,00 € erhöht.
- Hygienezuschlag: Für einen Zeitraum von 3 Monaten wurde ein Hygienezuschlag von 50,00 € pro Fall erstattet, um die höhen Hygieneaufwendungen zu tragen.

Insgesamt erwiesen sich diese Maßnahmen als wirksam und ausreichend, um eine pandemiebedingte finanzielle Schieflag der Krankenhäuser im Jahr 2021 abzufedern. Letztlich war die Solvenz der deutschen Krankenhäuser im Jahr 2020 besser als in den Jahren zuvor, wobei insbesondere die Krankenhäuser der Grund- und Regelversorgung von der relativ hohen Freihaltepauschale von 560,00 € profitierten, während die Maximalversorger teilweise klagten, dass diese unzureichend sei. Teilweise wurde auch Abrechnungsbetrug vermutet (insbesondere bei der Einrichtung neuer Intensivkapazitäten). Konsequent wurden die Regeln für das Jahr 2021 verschärft. So wurden die Freihaltepauschalen als Ausgleichszahlungen pro nicht belegtem Krankenhausbett zwar wie in der ersten Welle beibehalten, jedoch nach Versorgungsebene gestaffelt (360,00 € bis 760,00 € pro Betttag). Während in der ersten Welle alle Krankenhäuser in den Genuss der Pauschalen kamen, wurden nun nur noch Krankenhäuer bedacht, die an der Notfallversorgung nach dem gestuften System teilnahmen und in einer Region mit hohem Infektionsgeschehen lokalisiert waren. Dies führte zu Unmut vor allem von Krankenhäusern in ländlichen Regionen mit niedrigen Fallzahlen, da diese keine Unterstützung erhielten, jedoch auch bei einem einzigen Patienten alle Maßnahmen zum Schutz von Patienten und Mitarbeitern ergreifen mussten.

Die Folgen der Covid-19 Pandemie für die Krankenhäuser könnten sich als langfristig paradigmenwechselnd darstellen. Erstens hat die Politik bewiesen, dass sie in der Lage ist, sehr schnell Gesetze zu erlassen und hohe Finanzmittel zu investieren, wenn die Priorität nur als hoch genug eingestuft wird. Die Schnelligkeit und (vielleicht auch) Großzügigkeit, mit der die finanzielle Situation der Krankenhäuser adressiert wurde, hat viele überrascht. Zweitens haben die Krankenhäuser während der Pandemie bewiesen, dass sie in der Lage sind, schnell und flexibel zu reagieren. Der „große Dampfer" Krankenhaus, der sich in den letzten Jahrzehnten in den Augen einiger Beobachter nur gemächlich bewegte, hat innerhalb kürzester Zeit die kompletten Organisationsstrukturen und Prozesse umgebaut, Personal flexibel eingesetzt und auf eine immense Einsatzbereitschaft des Personals bauen können.

Drittens haben sich in einigen Bundesländern während der Pandemie Cluster herausgebildet. Im regionalen Verbund wurden unbürokratisch die Patienten dorthin überwiesen, wo sie am besten behandelt werden konnten. Laborkapazitäten wurden geteilt, teilweise wurde auch Personal sekundiert. Einzelwirtschaftliche Egoismen spielten eine geringere Rolle. Die Cluster werden seither häufig als Beispiel für ein „Regional Health Care"[98] angeführt, das wegweisend für die regionale Versorgung unter Regionalbudgets auch jenseits der Psychiatrie sein könnte.[99]

Schließlich führte die Covid-19 Pandemie zu einem Digitalisierungsschub in den Krankenhäusern. Deutlich mehr als vorher wurden Meetings digital durchgeführt, Patientensprechstunden per Videokonferenz abgehalten und Zweitmeinungen bei schwerstkranken Covid-19 Patienten digital eingeholt. Auch wenn die Abfederung der finanziellen Herausforderungen der Pandemie für die Krankenhäuser (hoffentlich) Geschichte ist, bleiben einige Impulse, die im „neuen Normal" umzusetzen sind.

3.3.6 Weiterentwicklung des DRG-Systems

Die Gesundheitspolitik, die Krankenhausverbände und insbesondere die Leitungen der Krankenhäuser beschäftigen sich intensiv mit der Frage der Weiterentwicklung des DRG-Systems. Von Anfang an wurde dieses Entgeltsystem als Ursache zahlreicher Fehlentwicklungen im Krankenhauswesen ausgemacht, und bis heute reißt die Kritik nicht ab. Die DRGs seien schuld an der Insolvenz kleiner Krankenhäuser, der schlechten Versorgung der Bevölkerung im ländlichen Raum, am Druck auf das medizinische und pflegerische Personal, der Überbürokratisierung des Krankenhausalltags, der geringen Attraktivität des Pflegeberufs etc.

Wie in Kapitel 3.1 und 3.2 gezeigt wurde, entbehren die meisten dieser Vorbehalte einer Evidenz. Die Entwicklungen, die hier kritisiert werden, haben weit vor dem Jahr 2003 begonnen. Größtenteils stabilisierten sich die Negativtrends sogar mit der Einführung der DRGs. In vielen Bundesländern ist beispielsweise die Zahl der Krankenhäuer im ländlichen Raum seit 2003 weitestgehend stabil. Eine Reduktion der geburtshilflichen Abteilungen ist ein Faktum, das jedoch weniger mit den DRGs als mit der massiven Abnahme der Geburtenzahlen in manchen Regionen sowie der Erkenntnis des Zusammenhangs von Geburtenzahlen und Qualität (z. B.

---

98 Vgl. Koch, Wendt, Lackner, et al. 2008.
99 Vgl. Schmid, Steinert und Borbé 2013.

Neonatale Mortalität)[100] zusammenhängen dürfte. Das DRG-System hatte mit den Sicherstellungszuschlägen von Anfang an geeignete Mittel, um gesellschaftlich unerwünschte Entwicklungen zu vermeiden. Allein einige Bundesländer haben sich konsequent geweigert, Sicherstellungszuschläge zu genehmigen.

Die wahrscheinlich valideste Kritik an den Fallpauschalen erwächst aus der zunehmenden Komplexität der multi-morbiden Fälle mit hoch-individuellen Therapien. Ein Fallpauschalensystem impliziert, dass ein gewisser Anteil der Patients ähnliche Behandlungsverläufe hat. Streuen die Prozesse sehr stark oder wird – im Extremfall – eine „Individualisierte Medizin" angestrebt, kommt ein pauschalierendes Entgeltsystem an seine Grenzen. Allerdings dürfte dies heute nur bei einem relativ geringen Anteil insbesondere der Maximalversorger der Fall sein. Ansonsten ist die Homogenität der Patienten innerhalb einer DRG noch als zufriedenstellend zu bezeichnen.

Die Einführung des Pflegebudgets bzw. der aG-DRG zeigt auf, dass fallpauschalierte Entgelte nicht allein auf DRGs beruhen müssen, sondern durch mehr oder weniger starre Budget ergänzt werden können. Der „Pflexit" hat deshalb auch Begehrlichkeiten bei anderen Berufsgruppen – insbesondere bei den Medizinern – ausgelöst. Sie fordern, auch den ärztlichen Dienst als Budget zu finanzieren. Kleinere Krankenhäuser weisen ebenso darauf hin, dass die Sicherstellung der Versorgung im ländlichen Raum durch einen stärkeren Budgetanteil gewährleistet sein könnte. Damit würde zukünftig das Krankenhausbudget aus drei Hauptteilen bestehen: Investitionsförderung (gemäß dualer Finanzierung), Vorhaltekosten und eine leistungsbezogene Vergütung. Die Vorhaltekosten würden von den Krankenkassen pauschal und unabhängig von der Fallzahl bzw. Case Mix getragen, um die fixen laufenden Betriebskosten zu decken.

Abb. 61 zeigt die entsprechenden Erlöse für das klassische DRG-System, für das DRG-System mit Pflegebudget sowie für ein DRG-System mit fixem Erlös auf. Die Kurve G*-DRG stellt den Erlösverlauf für den Fall da, dass zusätzlich zum Pflegebudget noch ein fixer Erlös in Höhe der sonstigen Vorhaltekosten (d. h. außerhalb der Pflege am Bett) berücksichtigt würde. Die DRGs würden dann nur noch die variablen Kosten decken (z. B. Medikamente, Implantate, Nahrungsmittel etc.), alles andere würde in den Sockel fließen. Die Höhe der Vorhaltekosten ergibt sich aus dem krankenhausindividuellen Bedarf und muss jeweils neu kalkuliert werden. Deshalb kann diese Finanzierung als teilflexible Bedarfsfinanzierung bezeichnet werden. Selbstredend muss der Sockel auch nicht die vollständigen Vorhaltekosten abdecken, solange der Fehlbetrag in den DRGs enthalten ist. Im geplanten Case Mix soll eine Kostendeckung ermöglicht werden. Wie die Abbildung zeigt, besteht bei teilflexibler Bedarfsfinanzierung der geringste Anreiz einer Mengenausweitung.

Die Diskussion um die Weiterentwicklung der DRGs eröffnet auch wieder die Auseinandersetzung über die Frage, wie die Qualität eines Krankenhauses in die

---

100 Vgl. Karalis, Gissler, Tapper, et al. 2016.

Finanzierung einbezogen werden könnte. Im Prinzip gibt es die Möglichkeit, dass Krankenhäuser mit besonders hoher Qualität einen Zuschlag erhalten, etwa durch einen höheren Sockel der Vorhaltefinanzierung oder durch einen Zuschlag zu den DRGs.[101] Alternativ müssten Krankenhäuser, die Qualitätsanforderungen nicht erfüllen, einen Abschlag hinnehmen. Ein Grundproblem (siehe Kapitel 5.2.1) ist die Messung und verursachergerechte Zuordnung von Ergebnisqualitäten, sodass meist nur Strukturqualitäten berücksichtigt werden. Es stellt sich allerdings zumindest in Deutschland die Frage, ob man Krankenhäuser, die die Qualitätsanforderungen nicht erfüllen, überhaupt in der Versorgung lassen möchte. Die Berücksichtigung der Qualität in der Finanzierung wird seit Jahren diskutiert, aber wirklich tragfähige Konzepte liegen hierfür noch nicht vor.

Es bleibt abzuwarten, in welche Richtung das DRG-System weiterentwickelt wird. Aus Sicht der Krankenhausverwaltung sind zwei Dinge wichtig: Erstens darf die administrative Komplexität nicht noch weiter erhöht werden. Und zweitens sollten Systeme für eine gewisse Zeit stabil bleiben. Eine jährliche Veränderung ist für die Krankenhausverwaltung kaum zu leisten.

Damit schließen wir das längste Teilkapitel dieses Lehrbuches (Diagnosis Related Groups). Es ist so umfangreich, da die Finanzierung nach DRGs von größter Bedeutung für viele weitere Bereiche ist. Wer das System nicht versteht, kann den Produktionsprozess, das Marketing und das Controlling auch nicht nachvollziehen. Die Finanzierung und insbesondere die DRGs sind das Fundament der Krankenhausführung. Wir haben allerdings nur diejenigen Aspekte dargestellt, die für einen Krankenhausmanager notwendig sind. Für den Beruf des medizinischen Con-

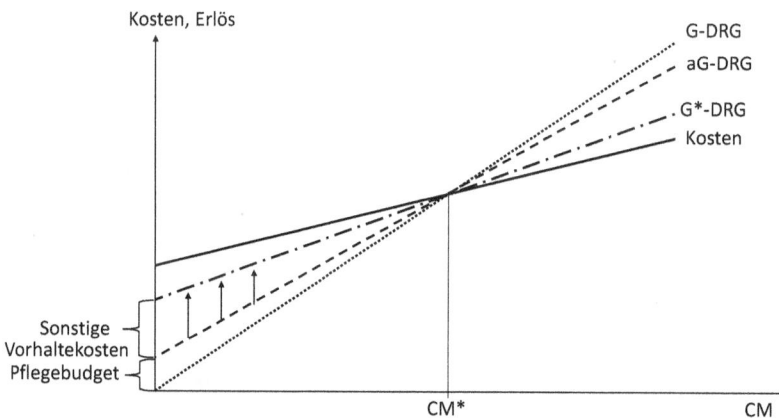

Abb. 63: Teilflexible Bedarfsfinanzierung.[102]

---

101 Vgl. Schreyögg und Milstein 2020.
102 Quelle: Eigene Darstellung.

trollers oder Kodierers sind diese Grundlagen natürlich bei weitem nicht ausreichend. Weiterhin ist das DRG-System schnellen Wandlungen unterworfen, sodass bereits in wenigen Jahren die konkrete Ausgestaltung völlig anders sein kann. Hier ist die persönliche Lernfähigkeit als Schlüsselqualifikation des Akademikers gefragt.

3.4 Fund Raising

Im Folgenden sollen noch kurz zwei Finanzierungsbereiche angesprochen werden, die im Verhältnis zur Finanzierung durch die gesetzlichen Krankenkassen von nur geringer, wenn auch zunehmender Bedeutung im Krankenhauswesen sind: Fund Raising und Finanzierungssurrogate. Interessant sind diese Bereiche auch deshalb, weil sie in der klassischen Finanzierungsmatrix nicht abgedeckt sind.

Fund Raising im weiteren Sinne ist identisch mit Kapitalbeschaffung.[103] Im engeren Sinne versteht man jedoch unter Fund Raising eine für den Nonprofit Sektor typische Fremdfinanzierung von außen, bei der der Mittelzufluss weder zu einer Tilgungsverpflichtung noch zu einer direkten Gegenleistung in Form eines Leistungsergebnisses des Produktionsprozesses führt. Der Verkauf von Leistungen ist damit ebenso wenig Fund Raising wie die Aufnahme eines Kredites. Historisch von großer Bedeutung für die Entwicklung der Krankenhäuser waren das Mäzenatentum und die Stiftung mittelalterliche Siechenhäuser. Modernere Formen des Fund Raising sind Sponsoring und Spenden.

Fund Raising hat sich in Deutschland in den letzten 25 Jahren stark entwickelt, wobei der zeitliche und finanzielle Vorsprung anderer Länder, insbesondere der USA, noch nicht aufgeholt wurde. Der Deutsche Spendenrat schätzt das Spendenvolumen im Jahr 2020 auf 5,4 Mrd. €. Ungefähr 19 Mio. Personen, d. h., 28,5 % der deutschen Bevölkerung haben in diesem Jahr gespendet. Die durchschnittliche Einzelspende betrug etwa 40,00 €, das durchschnittliche Volumen pro Spende 284,00 €. 75,6 % der Spenden ging an humanitäre Hilfe, nur ein kleiner Teil für den Bereich „Gesundheit und Behinderung".[104]

Heute haben die meisten karitativen Unternehmen ihre professionellen Fund Raiser, die die Bedürfnisse des Spenders oder Sponsors analysieren, eine optimale Ansprache des möglichen Unterstützers ausarbeiten und die Funds überwachen.[105] Wissenschaftlich wird das Fund Raising vor allem in den anglophonen Ländern betrieben, wo Lehrstühle für Philanthropie (wörtlich: Liebe zum Menschen) die Aktivitäten für das Gemeinwohl untersuchen. Die Grundannahme des Fund Raising ist, dass auch der Unterstützer nicht uneingeschränkt altruistisch handelt, sondern Be-

---

103 Vgl. hierzu Fundraising Akademie 2016; Haibach 2019.
104 Quelle: Deutscher Spendenrat und Konsumforschung 2016; Deutscher Spendenrat 2021.
105 Vgl. Simsa, Meyer und Badelt 2013.

weggründe für sein Handeln hat, die in seinen Bedürfnissen zu suchen sind. Gelingt es, diese Bedürfnisse genau zu treffen, so ist eine Fund Raising Aktivität erfolgreich.

Die beiden Grundformen Spende und Sponsoring unterscheiden sich erheblich. Das Sponsoring ist ein öffentlichkeitswirksames Geschäft auf Gegenseitigkeit, das auf dem Prinzip Leistung gegen Leistung beruht. Für den Sponsor ist seine Aktivität Teil der Öffentlichkeitsarbeit bzw. Kommunikationspolitik („Tue Gutes und rede darüber!"). Er erhält zwar keine direkte Gegenleistung in Form eines Produktionsergebnisses des Gesponserten, jedoch eine indirekte Gegenleistung in Form von Image, Publicity etc. Die Spende hingegen ist geheim, d. h., die Öffentlichkeit erfährt in der Regel nichts davon, sodass auch keine indirekte Gegenleistung der Spende gegenübersteht. Dementsprechend unterscheiden sich Sponsoring und Spenden auch in ihrer betriebswirtschaftlichen Bewertung. Die Spende stellt einen neutralen Aufwand (Aufwand, aber keine Kosten) dar, während das Sponsoring Zweckaufwand (Aufwand und Kosten) ist. Spenden sind bis maximal 5 % der Einkünfte bzw. 2 Promille des Jahresumsatzes steuerlich abzugsfähig (bei Spenden an mildtätige, wissenschaftliche oder besonders förderungswürdige kulturelle Zwecke 10 %), während Sponsoring als Zweckaufwand in voller Höhe abzugsfähig ist.

Die meisten Methoden des Fund Raising stehen auch Krankenhäusern offen. Traditionelle, eher zurückhaltende Methoden sind die Sammelbüchsen, die Haus- und Straßensammlungen, der Verkauf von Waren mit Spendenaufschlag (z. B. Telefonkarten) sowie Benefizveranstaltungen. Etwas offensiver sind direkte Anschreiben (Mailing), eine telefonische Spendenakquisition und die Werbung im (lokalen) Fernsehen. Wirkungsvoll für längerfristiges Fund Raising sind die Einrichtung von Stiftungen, von Freundes- und Förderkreisen sowie die Übernahme von Patenschaften. Im Prinzip besteht auch die Möglichkeit, in den Bußgeldkatalog aufgenommen zu werden, sodass Straftäter ihr Bußgeld an das lokale Krankenhaus entrichten können. Meist sind die Kataloge jedoch lang, und der örtliche Tierschutzverein sowie der Bund für Umwelt und Naturschutz stehen an der Spitze der Empfänger.

Für einige Leistungen finden sich leichter Unterstützer als für andere. So ist z. B. die Finanzierung eines Babyrettungswagens durch Spender meist problemlos, während eine Renovierung der Abteilung für Menschen mit Leberzirrhose kaum über Philanthropie zu finanzieren ist. Säuglinge werden als unschuldig wahrgenommen, während den Erwachsenen oftmals die Schuld an dieser Krankheit gegeben wird (obwohl ein großer Teil dieser Patienten an einer Infektion mit Hepatitis-C leidet, die er genauso wenig verursacht hat wie ein Frühchen seine Frühgeburt). Das Spendenmarketing muss deshalb sehr genau die Motive der Unterstützer kennen, um maßgeschneiderte Fund Raising Kampagnen zu designen.

Besonders schwierig hat sich bislang das Sponsoring von Krankenhäusern dargestellt. Es gibt zahlreiche Gründe, warum Unternehmen beispielsweise Sportclubs finanzieren. Diese Sponsoringmotive sind jedoch häufig nicht auf Krankenhäuser übertragbar. Der wichtigste Beweggrund für ein (Sport-)Sponsoring ist der Sympathie- und Imagetransfer, d. h. die Übertragung des positiven Images des Gesponserten auf das eigene Produkt. Der schöne, jugendliche, schnelle, athletische und dynamische Sportler trägt ein T-Shirt mit dem Aufdruck seines Sponsors, und somit wird jedem vermittelt, dass diese Eigenschaften auch dem Käufer dieser Marke zufallen. Es liegt auf der Hand, dass ein Krankenhaus wenige Eigenschaften hat, die in der Öffentlichkeit positiv belegt sind: Sterilität, Kostenexplosion, Leiden und Sterben werden oftmals mit Krankenhäusern verknüpft, sodass sich ein Sponsor von diesem Image eher fernhalten wird.

Von größerer Chance ist ein Krankenhaussponsoring, wenn der Sponsor damit seine gesellschaftliche Verantwortung dokumentieren möchte. So wie die chemische Industrie teilweise Umweltgruppen (mit)finanziert, so kann auch ein Krankenhaus gesponsert werden, um gesellschaftliche Verantwortung zu zeigen. Dies ist für den Sponsor wichtig, um in der Öffentlichkeit sein Image zu verbessern, vor allem aber auch, um den nach Sinn ihrer Tätigkeit und ihres Unternehmens fragenden Mitarbeitern die soziale Verantwortung und die Bedeutung ihrer Tätigkeit für das Gemeinwohl darlegen zu können.

Ein weiteres wichtiges Motiv für den Sponsor ist der Kontakt zu seiner Zielgruppe. Ein Sportartikelhersteller wird deshalb tendenziell Sportler sponsern, weil die potentiellen Käufer auch Sportveranstaltungen besuchen oder diese in den Medien verfolgen. Auch die Vertreiber von Hilfsmitteln können Krankenhäuser sponsern, um mit den Zielgruppen in Kontakt zu kommen. So können Sanitätshäuser beispielsweise kostenlos Rollstühle zur Verfügung stellen, die einen Aufkleber des Sponsors tragen. Die Patienten erfahren damit nicht nur, wer diesen Stuhl bezahlt hat, sondern vor allem auch, wo sie selbst einen kaufen können. In einigen Krankenhäusern wird auch der Stomaberater von Sanitätshäusern finanziert, wobei darauf zu achten ist, dass die Beratung selbst neutral bleibt.

Das gesponserte Unternehmen muss – im Gegensatz zur Spende – eine Gegenleistung bieten. Sie ist nicht die Hauptleistung (z. B. Behandlung im Krankenhaus), sondern beispielsweise Werbefläche, Beratung, Beiträge für die Betriebszeitung des Sponsors, Teilnahme an Veranstaltungen des Sponsors. Da Krankenhäuser in den letzten Jahren den Katalog ihrer Hauptleistungen erheblich erweitert haben, ist der Übergang vom Sponsoring zum Einkauf von Dienstleistungen fließend. Wenn beispielsweise ein Industrieunternehmen von einem Krankenhaus beraten wird, wie es die Gesundheit seiner Mitarbeiter fördern soll, so kann dies eine indirekte Gegenleistung im Sinne des Sponsorings sein, es kann sich jedoch auch um eine Hauptleistung im Sinne eines Health Promoting Hospitals handeln.

Aus den genannten Gründen sind das Fund Raising und insbesondere das Sponsoring (noch) nicht sehr verbreitet im Krankenhauswesen. Beispiele aus anderen Ländern (z. B. den USA) und insbesondere die schärfer werdende Differenzierung von kommerziellen und karitativen Krankenhäusern lassen jedoch eine Intensivierung dieser Einnahmequelle von Nonprofit-Organisationen erwarten.

3.5 Finanzierungssurrogate

Die klassische Finanzierung folgt einer linearen Abfolge. Zuerst wird aus der Leistungsplanung die notwendige sachliche und personelle Kapazität abgeleitet. Anschließend wird im Rahmen der Betriebsmittelplanung ermittelt, welche Betriebsmittel vorhanden sein müssen, um die Betriebsmittelkapazitäten bereitzustellen. Die implizite Annahme ist hierbei der Kauf der Betriebsmittel. Handelt es sich um Personalkapazitäten, so wird im Rahmen der Personalbedarfsplanung der Personalbedarf ermittelt. Die implizite Annahme ist die Anstellung von Mitarbeitern. Der Betriebsmittelbedarf wird anschließend mit dem Betriebsmittelbestand verglichen, sodass sich ein Investitionsbedarf ergibt. Ebenso wird der Bruttopersonalbedarf mit dem Personalstand abgeglichen. Die Differenz ist der Nettopersonalbedarf. Das monetäre Äquivalent dieser Nettobedarfe ist der Bruttofinanzbedarf. Ihm wird der Bestand an vorhandenen finanziellen Mitteln entgegengestellt. Die Deckungslücke ist der Nettofinanzbedarf. Die Finanzierung deckt folglich diesen Nettofinanzbedarf, indem z. B. neues Eigenkapital zugeführt wird, Kredite aufgenommen, Rückstellungen gebildet oder Gewinne thesauriert werden.

Diese lineare Darstellung vernachlässigt die wichtige Frage, ob eine Finanzierung in jedem Fall möglich oder sinnvoll ist. Nicht in jedem Fall wird ein Unternehmen seinen Kapazitätsbedarf durch den Zufluss neuer Finanzmittel decken. Es wird vielmehr Wege suchen, die Finanzierung zu umgehen bzw. zu ersetzen. Diese Wege werden als Finanzierungssurrogate bezeichnet.

Das einfachste Finanzierungssurrogat ist der Verzicht auf die Investition. Wenn ein Krankenhaus beispielsweise auf Grund seines Versorgungsauftrages eine bestimmte Diagnosegruppe abdecken muss, jedoch für dringende Investitionen in diesem Bereich keine wirtschaftlich sinnvolle Finanzierung findet, so könnte es z. B. auf diese Investition verzichten und stattdessen mit einem benachbarten Krankenhaus einen Kooperationsvertrag schließen. Das Krankenhaus übergibt diese Diagnosegruppe dann an das andere Haus, und gemeinsam erfüllen sie im räumlichen Verbund ihren Versorgungsauftrag. Ein festgestellter Kapazitätsbedarf muss folglich nicht immer zur Investition führen. Vielmehr ist die Finanzierungsplanung ein Regelkreis, bei dem ein Feedback zur Leistungsplanung, zur Kooperationsplanung und anderen Teilplanungen möglich ist, nachdem die Finanzierungskonditionen eruiert wurden.

Ein weiteres Finanzierungssurrogat ist die Vermögensliquidation als Kapitalersatz. Unter Liquidität versteht man Flüssigkeit im weiteren Sinne. Natürliche Liquidität liegt vor, wenn die Vermögensliquidation im normalen Geschäftsablauf in Form von Abschreibungen erfolgt. Die Aktivseite der Bilanz ist nach der natürlichen Liquidität der Vermögensgegenstände geordnet. Bargeld hat die höchste natürliche Liquidität, Grundstücke werden in der Regel niemals mehr auf natürlichem Wege flüssig. Künstliche Liquidität hingegen bezeichnet die vorzeitige Vermögensliquidation durch den Verkauf von Anlagegegenständen.

Von Vermögensliquidation als Finanzierungssurrogat sprechen wir insbesondere, wenn Vermögensgegenstände frühzeitig verkauft werden, um den Finanzbedarf zu reduzieren. Ein typisches Beispiel hierfür ist das Factoring, d. h. der regelmäßige Verkauf von Forderungen an ein hierauf spezialisiertes Institut. Der Factorer übernimmt hierbei die Forderung mit allen Rechten und Risiken. Hiervon abzugrenzen ist die ärztliche Verrechnungsstelle. Sie übernimmt lediglich die Fakturierung und Forderungsüberwachung. Die Forderung bleibt jedoch Eigentum des Arztes, der auch das Ausfallrisiko trägt. Die ärztliche Verrechnungsstelle ist damit kein Finanzierungssurrogat.

Ein weiteres Finanzierungssurrogat ist das Fremdeigentum als Vermögensersatz. Unter Leasing versteht man die langfristige Miete von Anlagevermögensgegenständen. Sie sind damit nicht mehr das Eigentum des Krankenhauses. Gerade bei Gebäuden oder Spezialanlagen gehen Leasingverträge meist über einen Zeitraum, der der wirtschaftlichen Nutzungsdauer nahekommt. Leasing hat mehrere Vorteile. Erstens entsteht kein momentaner Finanzbedarf, sondern die Leasingraten, die Ansätze für Werteverzehr, Zinsen, Administration und Gewinn des Leasing-Gebers enthalten, fallen über die Dauer des Leasingvertrages als Betriebsausgaben an. Zweitens ermöglicht Leasing in der dualen Finanzierung die Ausfüllung des Kapazitätsbedarfs, auch wenn derzeit keine staatlichen Fördermittel zur Verfügung stehen. Es muss allerdings beachtet werden, dass die Abdeckung der Leasingraten dann über das laufende Budget erfolgen muss, wodurch von der Dualistik abgewichen wird. Drittens ist Leasing unter Umständen wirtschaftlicher, insbesondere wenn der Leasinggeber und der Leasingnehmer unterschiedlichen Steuersätzen unterliegen. In einigen Fällen hat es sich sogar rentiert, bestehende Anlagen an ausländische Unternehmen zu verkaufen und gleichzeitig zurück zu leasen. Derartige Entscheidungen sollten allerdings sehr genau überdacht werden, da sie hohe Unsicherheiten in sich tragen und nur wirtschaftlich sinnvoll sind, solange die ausländischen Leasinggeber in ihrem Land von besonderen Abschreibungsmöglichkeiten profitieren.

Eine besondere Form des Fremdeigentums ist das Pay-per-Use. Hierbei stellt der Kooperationspartner nicht nur das Gerät zur Verfügung, sondern auch alle Verbrauchsmaterialien. Der Nutzer zahlt keine Miete, sondern einen festen Preis pro Benutzung. Kopierer und Laborautomaten im Krankenhaus werden bereits seit Jahrzehnten als Pay-per-Use betrieben. Das Krankenhaus kauft weder den Kopierer noch den Laborautomaten; Papier, Toner bzw. die Kits werden ebenfalls vom Partner bereitgestellt. Meist umfasst der Vertrag sogar die Wartung, aber nicht die Bedienung der Geräte. Abgerechnet wird dann pro Kopie bzw. pro durchgeführten Labortest. Seit Kurzem werden auch CTs, MRTs und Endoskope im Pay-per-Use Verfahren angeboten. Der große Vorteil für das Krankenhaus sind fixe und damit planungsverlässliche Stückkosten, eine Leistungsausweitung führt jedoch unmittelbar zu linear steigenden Kosten, während beim Kauf und vollständig eigenständigen Betrieb der Aggregate in der Regel Skalenvorteile anfallen.

Der Werkstoff im Fremdeigentum stellt eine weitere Form des Fremdeigentums als Vermögensersatz dar. Der Lieferant stellt hierbei dem Abnehmer einen Warenbestand zur Verfügung, der jedoch bis zum endgültigen Verbrauch Eigentum des Lieferanten bleibt. Meist ist der Lagerort beim Abnehmer, der Lieferant ist jedoch für die sachgerechte Lagerung verantwortlich. Die Vorteile für den Kunden liegen auf der Hand. Er hat keinen Kapitalbedarf, geringe (oder keine) Lagerkosten, ist stets lieferbereit und hat im Lieferanten einen Fachmann, der die Qualität besser garantieren kann als die eigenen Mitarbeiter, die ein viel größeres Warenspektrum überwachen müssen. Konsignationsläger für Hilfsmittel sind seit Inkrafttreten des „Gesetz(es) zur Weiterentwicklung der Organisationsstrukturen in der Gesetzlichen Krankenversicherung" (GKV-OrgWG) bei Vertragsärzten und Krankenhäusern verboten, soweit keine Notlagen betroffen sind.[106] Dies begründet sich darin, dass diese Depots für Hilfsmittel die Wahlfreiheit der Patienten bei der Beschaffung ihrer Hilfsmittel einschränken könnte. Konsignationsläger für Werkstoffe im Rahmen der internen Leistungserstellung sind hingegen zulässig und gebräuchlich, z. B. für Implantate oder andere hochwertige Produkte. Häufig wird zwischen Vendor Managed Inventory und Buyer Managed Inventory unterschieden. Die Steuerung des Lagers obliegt im ersten Fall dem Lieferanten, d. h., er übernimmt auch die Überwachung, Inventur, Qualitätskostentrolle, Wiederauffüllung etc., während im zweiten Fall diese Aufgaben das Krankenhaus leistet. Immer häufiger übernehmen Lieferanten von Werkstoffen weitere Funktionen, insbesondere die Beratung im Prozessmanagement.

Eine weitere Form der Finanzierungssurrogate ist die Funktionsausgliederung als Substanzersatz. Die geplante Kapazität wird ohne zusätzliche Finanzierung erreicht, indem Teile des Leistungsprozesses an andere Firmen abgegeben werden. Eine Form hiervon ist das Franchising, das insbesondere bei einer Expansion eines Unternehmens in weitere Standorte angewandt wird. Die „normale" Filiale gehört vollständig dem Mutterunternehmen, das dort nicht nur seine Produkte und seine Marktidee vertreibt, sondern auch die vollständige Finanzierung übernimmt. Expansion ist damit stets mit einem erheblichen Kapitalbedarf verbunden. Beim Franchising hingegen vergibt der Franchise-Geber eine Konzession an einen Franchise-Nehmer zur regionalen Nutzung eines Geschäftskonzeptes gegen Entgelt. Der Franchise-Nehmer ist damit oftmals für die Kunden bzw. die Öffentlichkeit nicht von einer Filiale zu unterscheiden. Für den Franchise-Nehmer hat dies den Vorteil, dass er das eingeführte Produktspektrum, das Image des Franchise-Gebers und die Betreuung erhält, während der Franchise-Geber eine Expansion mit Skalenvorteilen, Erhöhung der Bekanntheit etc. ohne Kapitalbedarf erhält.

Im Gesundheitswesen ist Franchising (noch) selten. Die Einrichtung von Medizinischen Versorgungszentren ist jedoch durchaus als Franchising denkbar. Der Vorteil für den Patienten könnte auch darin liegen, dass er in einer fremden Stadt seinen Anbieter sofort wiederfinden kann und weiß, was ihn dort erwartet. Mit der zunehmenden Mobilität wäre dies sehr hilfreich.

---

106 BGBl 2008, S. 2426, inkraftgetreten am 01.01.2009.

Die häufigste Form der Finanzierungssurrogate im Gesundheitswesen ist das Outsourcing. Es handelt sich um ein Kunstwort aus „Outside Resource Using". Ursprünglich allein auf die Informationswirtschaft beschränkt, bezeichnet es heute in der Regel die Nutzung von Dienstleistungen von außerhalb des Unternehmens, die bereits oder prinzipiell im Unternehmen erstellt werden können. Der „Standardfall" für bestehende Einrichtungen ist, dass eine Unternehmensfunktion, die bislang mit eigenen Mitarbeitern und eigenen Betriebsmitteln durchgeführt wurde, von einer Fremdfirma übernommen wird. Die reine Funktionsübertragung wird hierbei als Auslagerung bezeichnet, die Kombination von Funktions- und Vermögensübertragung als Ausgliederung. Beispielsweise kann die Wäscherei eines Krankenhauses outgesourct werden, indem die Gebäude und Maschinen an eine externe Firma verkauft oder verleast werden.

Eine weitere Unterscheidung ist zwischen internem und externem Outsourcing zu treffen. Internes Outsourcing umschreibt die Funktionsübertragung innerhalb des eigenen Unternehmens. Hierzu wird meist eine Tochtergesellschaft gegründet, die zwar u. U. rechtlich selbständig, jedoch kapitalmäßig abhängig ist. Externes Outsourcing entspricht der Funktionsübertragung an ein rechtlich und kapitalmäßig selbständiges Unternehmen.

Als Vorteile des Outsourcings für das Krankenhaus können zahlreiche Aspekte aufgeführt werden. So sind beispielsweise notwendige Reorganisationsmaßnahmen durch Outsourcing leichter umsetzbar, der Finanzbedarf ist entweder geringer oder doch zumindest gleichmäßiger (z. B. keine Investitionskosten) und Risiken (Konjunktur, Neuerung, Bruch, Diebstahl, ...) werden vom Partner getragen. Wichtig sind auch die Mengeneffekte beim Outsourcingpartner. Da er in der Regel mehrere Kunden betreut, hat er größere Mengen, größere Maschinen (Größendegression, Fixkostendegression), spezialisiertes Personal und höhere Rabatte bei Werkstoffen. Der alles entscheidende Vorteil ist jedoch (noch) der unterschiedliche Tarifvertrag. Wird beispielsweise ein Teller im öffentlichen Krankenhaus von eigenen Mitarbeitern, die nach TVöD bezahlt werden, gespült, so kann dies bis zu 30 % teurer sein, als wenn derselbe Teller von einem Mitarbeiter des Outsourcingpartners gereinigt wird, der nach Hotel- und Gaststättentarif bezahlt wird. Alle finanziellen Nachteile des Outsourcings (z. B. Mehrwertsteuerpflicht, Gewinnstreben des Partners, ...) werden damit mehr als kompensiert.

Auf der anderen Seite gibt es auch nichtmonetäre Nachteile des Outsourcings. Langfristige Verträge mit dem Partner lassen Abhängigkeiten entstehen (Preisentwicklung, Existenz des Leistungserbringers). Die Schnittstellen müssen exakt definiert werden und bringen trotzdem immer wieder Konflikte. Das bisherige Personal kann nicht immer übernommen werden oder muss mit (langfristig) schlechteren Konditionen rechnen. Der entscheidende Nachteil ist jedoch, dass Outsourcing die Schaffung einer Corporate Identity (CI) erheblich erschwert. Stellen wir uns ein Krankenhaus vor, in dem die Pforte, der Pflegedienst, der Reinigungsdienst und viele weitere Bereiche an unterschiedliche Partner vergeben sind. Wie soll dieses Haus auf eine eigene Identität hinwirken, eigene Werte durchsetzen oder Besonderheiten betonen? Wie soll beispielsweise ein kirchliches Krankenhaus ihr Proprium gewährleisten, wenn der Outsourcingpartner nicht mehr garantieren kann oder will, dass die von ihm angestellten Mitarbeiter sich dem christlichen Wertesystem verpflichtet fühlen?

Ein häufiger Mittelweg ist die Gründung von Tochtergesellschaften, die den Vorteil des Outsourcings haben, ohne jedoch völlig vom Krankenhaus losgelöst zu agieren. Viele größere Krankenhäuser haben rechtlich selbständige Firmen gegründet, um beispielsweise die Reinigungsdienste, die Wäscherei, die Pflege etc. intern out zu sourcen. Auch hier sind jedoch langfristige Neben-, Rück- und Folgewirkungen zu beachten. Sinkt beispielsweise das Lohnniveau hierdurch rapide, so kann dies langfristig Auswirkungen auf die Verfügbarkeit von Personal haben. Die Identifikation mit einem Tochterunternehmen kann geringer sein als mit dem eigentlichen Krankenhaus, und Mitarbeiter dieser Töchter können sich als „Mitarbeiter zweiter Klasse" fühlen. Tab. 17 gibt einen Überblick über einige Bereiche, in denen Outsourcing möglich ist. Hierbei geht die Tendenz zum Outsourcing von Kernbereichen (z. B. Pflegedienst) und von Führungsaufgaben (z. B. Outsourcing der Geschäftsführung).

Tab. 17: Prinzipielle Möglichkeiten des Outsourcings.

Bereich	Outsourcing-Möglichkeiten
Krankenhausmanagement	Controlling, Marketing, Versicherungs- und Haftungsmanagement, Outsourcing von Managementaufgaben an Krankenhausbetriebsgesellschaften
Verwaltungsabteilung	Lohn- und Gehaltsabrechnung, Personalauswahl, Personalaktenverwaltung, rechtliche Beratung, Schulung, Patientenverwaltung, externe Unterstützung bei der Entwicklung des Rechnungswesens, Durchführung des Rechnungswesens bei externem Träger, Zahlungsverkehr (Mahnwesen, Fremdvergabe der Fakturierung)
EDV-Abteilung	Entwicklung der Software, Betrieb des Rechenzentrums (Nutzung eines externen Rechenzentrums, gemeinsames Rechenzentrum mit anderen Krankenhäusern), Anwenderunterstützung (Hotline), Anwenderschulung, Systemmanagement (z. B. Betriebssystem-Operator), Nutzung gemieteter/fremder Geräte
Dokumentation	Archivmanagement, Mikroverfilmung, Reorganisation Archiv, Einsatz externer Kräfte für Digitalisier-, Sortier-, Ein- und Auslagerungstätigkeiten, Nutzung externer Räume und Geräte durch eigene Mitarbeiter
Beschaffungsabteilung und Lager	Zentraler Einkauf (Einkaufsgenossenschaft bzw. Einkaufsring), Outsourcing der Lagerüberwachung, Just-In-Time, Konsignationslager
Transportdienst	Fremdvergabe, Fremdmitarbeiter, Minimierung des Transports von Werkstoffen, gemietete Transportmittel

Tab. 17 (fortgesetzt)

Bereich	Outsourcing-Möglichkeiten
Entsorgungsabteilung	Fremdvergabe der Abfallentsorgung, Kooperation mit anderen Häusern, Desinfektion von Müll (C und D-Müll), Ökologische Entsorgung von Speiseresten, Ausbildung Klinikpersonal im Umgang mit Abfällen, gemietete Räume zur Lagerung von Abfällen, Autoklaven etc.
Speisenversorgung	Fremdvergabe von Teilprozessen (Geschirrreinigung, Abfallentsorgung, Speisentransport); Fremdvergabe des Gesamtprozesses; Vermietung der eigenen Küche
Neu- und Umbau von Gebäuden	Baumanagement, Umzugsmanagement, Anschaffung von Geräten, Anlagen, Technisches Controlling, Anwenderschulung und -beratung
Technischer Dienst	operative Instandhaltung; Inspektion, Wartung, Instandsetzung; externe Rufbereitschaft, Bereitschaftsdienst, Nutzung fremder Anlagen und Geräte
Sicherheitsdienst	Wach- und Schließgesellschaften, Pforte
Telefonanlage	Telefonvermittlung, Wartung der Telefonanlage
Reinigungsdienst	Funktionsräume, Stationen, komplettes Krankenhaus
Wäscherei	Waschvorgang; Ausbesserung und Aussonderung; Hol- und Bringdienst; Beratungsleistungen, gesamtes Textilmanagement inkl. Beschaffung, Textilleasing
Sterilisation	Logistischer Dienstleister für die gesamte Sterilgutversorgung, Fremdvergabe der Sterilisation OP-Wäsche, Fremdvergabe Zentralsterilisation, Fremdvergabe bestimmter Güter z. B. thermolabile Instrumente, Fremdvergabe der Reparatur
Hygieneüberwachung	Weiterbildung der Mitarbeiter in Hygiene, Bildung von Hygienezirkeln, Qualitätssicherung, Begehung des Krankenhauses, Nutzung externes Labor für Analyse der Proben
Apotheke	Beschaffung, Eigenfertigung, Lagerung, Kommissionierung, Transport, Entsorgung, Beratung, externe Aus-, Fort-, Weiterbildung
Pathologie	Obduktionen, Schnellschnittdiagnose, Schnittränderuntersuchungen
Labor	Notfall-, Routine- und Sonderuntersuchungen
Radiologie	durch andere Krankenhäuser, niedergelassene Ärzte, niedergelassener Radiologe am Haus, Kooperation mit anderen Krankenhäusern bei Bereitschaftsdiensten (Telebefundung), Kooperation bei Aus- und Weiterbildung; Patiententransport, Wartung, Einsatz mobiler Großgeräte
Physikalische, Logotherapie etc.	Praxis eines niedergelassenen Therapeuten im eigenen Haus; Transport zu Praxen außerhalb des Hauses, Therapeut kommt ins Haus

Tab. 17 (fortgesetzt)

Bereich	Outsourcing-Möglichkeiten
Pflegestation	Personalausbildung, Leiharbeit/Zeitarbeit, Bettenaufbereitung, Hol- und Bringdienst, Optimierung der Ablauforganisation, administrative/ organisatorische Aufgaben, Stationssekretärin
OP-Abteilung	Belegärzte, Beleganästhesisten, Kooperation mit anderen Häusern/ niedergelassenen Ärzten bei Notdiensten oder Rufbereitschaften, Kooperation bei Ausbildung, Kooperation bei Beschaffung, Fremdvergabe bestimmter Leistungen z. B. kardiotechnische Unterstützung während der Operation; Telediagnostik, Third Opinion; Ver- und Entsorgung (einschl. OP-Wäsche, gemeinsame Geräte), Reinigung, Wartung/Instandsetzung

Es soll in diesem Zusammenhang noch erwähnt werden, dass einige Vorteile des Outsourcings (z. B. Mengeneffekte) auch durch Insourcing, d. h. die Übernahme von Aufträgen von außerhalb des Unternehmens, erreicht werden können. Beispielsweise kann die Krankenhausküche auch das Catering für andere Unternehmen anbieten, die Krankenhauswäscherei auch die Wäsche für Altenheime übernehmen und die Krankenhausapotheke andere Häuser mitversorgen. Hierbei handelt es sich jedoch nicht um ein Finanzierungssurrogat, sondern um eine Leistungserstellung.

Eine Sonderform des Finanzierungssurrogates für öffentliche Krankenhäuser ist die Public Private Partnership (PPP), bei der die klassische Trennung von öffentlichem und privatem Sektor überwunden wird.[107] Die traditionelle PPP erstreckte sich hierbei ausschließlich auf den Bau von Gebäuden, d. h., ein Investor erstellt ein Gebäude, das vom öffentlichen Krankenhaus geleast wird. Der Vorteil für das Krankenhaus besteht überwiegend darin, dass es unabhängig von der Finanzlage der öffentlichen Kassen investieren kann. Häufig können somit die Nachteile der alten Bausubstanz (z. B. ungünstige Stationsdesigns) überwunden werden, sodass die Leasingkosten durch Einsparungen sogar gedeckt werden. In der zweiten Generation umfassen PPP-Projekte den kompletten Produktzyklus der Investitionsprojekte, d. h., der private Partner übernimmt Planung, Finanzierung, Bau, Betrieb und Verwertung eines Objektes bzw. einer Funktion. Dies kann auch Reinigung, Wartung und Sicherung umfassen.

Die großen Hoffnungen, die in PPP gesetzt wurden, sind bislang nicht erfüllt. Die Erfahrungen aus anderen Bereichen (z. B. Wasserwirtschaft) zeigen jedoch erhebliche Risiken auf, insbesondere scheint die Wartung gegen Ende der Laufzeit sehr gering zu sein, sodass keine ausreichende Substanzerhaltung vorliegt. Trotzdem ist PPP ein wichtiger Ansatz, da er exemplarisch für die Überwindung der Sektorengrenzen zwischen Privat und Öffentlich steht.

---

107 Vgl. Henze 2009.

3.6 Zusammenfassung

Zusammenfassend können wir festhalten, dass die Finanzierung des Krankenhauses über die gesetzlichen Krankenversicherungen im Zentrum der Krankenhausbetriebslehre steht. Produktion, Marketing, Logistik, Controlling, Datenverarbeitung und andere Bereiche lassen sich nur verstehen, wenn das aktuelle Finanzierungssystem bekannt ist. Allerdings ist zu erwarten, dass sich in den nächsten Jahren der Fokus von der Entgeltverhandlung als Lebensinhalt des Krankenhausmanagers hin zur Betriebssteuerung verlagern wird, für die die Ergebnisse der Verhandlungen mit den Kassen lediglich Rahmenbedingungen darstellen. Nichtsdestotrotz muss ein Krankenhausmanager die Finanzierung beherrschen.

Die Geschichte der Krankenhausfinanzierung zeigt, dass es keine ruhige Insel gibt. So ist auch in den nächsten Jahren Dynamik zu erwarten. Wird es langfristig Mengenbeschränkungen geben? Kommt eine Rückkehr zur Monistik, und wie könnte diese aussehen? Wird die Krankenhausfinanzierung über Kredite vollständig freigegeben, sodass sich die Finanzierung der Investitionsgüter von Krankenhäusern nicht mehr von anderen Bereichen unterscheidet? Wie sollte dann der Übergang geregelt werden, damit Krankenhäuser, die in letzter Zeit staatlich gefördert wurden, keinen unzulässigen Vorteil gegenüber Häusern haben, die dieses Privileg nicht hatten?

Aus unserer Sicht entscheidend für die Krankenhausfinanzierung ist zweierlei: Erstens eine Einbindung in das systemtheoretische Gesamtmodell, und zweitens eine betriebswirtschaftliche Bewertung. Abb. 64 zeigt, dass die Finanzierung des Systems von der Outputseite her betrachtet werden muss. Finanzierung ist grundsätzlich das Gegenstück des finanzwirtschaftlichen Funktionskreises zum Absatz, sowie Investition das Gegenstück zur Produktion und Tilgung (Zahlungsverkehr) zur Beschaffung darstellt. Dass neben dem direkten Kunden hier weitere direkte oder indirekte Finanziers eingeschaltet sind, erschwert die Krankenhausfinanzierung, ist jedoch durch den speziellen Charakter des Gutes Krankenhausdienstleistung unvermeidbar. Im Prinzip ändern diese zusätzlichen Partner nichts an der Grundaussage, dass eine Finanzierung nur dann (langfristig) möglich ist, wenn das Krankenhaus Dienstleistungen liefert, die quantitativ und qualitativ aus Sicht der Kunden und der Gesellschaft ausreichen, um den Ressourcenverbrauch zu rechtfertigen. Krankenhäuser, die keine ausreichende Leistung bringen, werden auf Dauer nicht finanziert werden – und zwar auch dann nicht, wenn dieser Mangel nicht unmittelbar ihr Versagen ist. Krankenhäuser hingegen, die mit gegebenem Finanzierungsrahmen effizient arbeiten, können unter Umständen auch Gewinne erwirtschaften. Die betriebswirtschaftliche Finanzierungslehre hat nicht die Aufgabe, die volkswirtschaftlichen Folgen bestimmter Gesetze oder Rahmenvorgaben zu beurteilen. Ihr fällt vielmehr die Funktion zu, den Führungskräften Methoden an die Hand zu geben, ausgehend von diesen Rahmendaten ihre Krankenhäuser bestmöglich zu steuern. Und bestmöglich heißt, dass sie die Ziele so gut als irgend möglich verwirklichen.

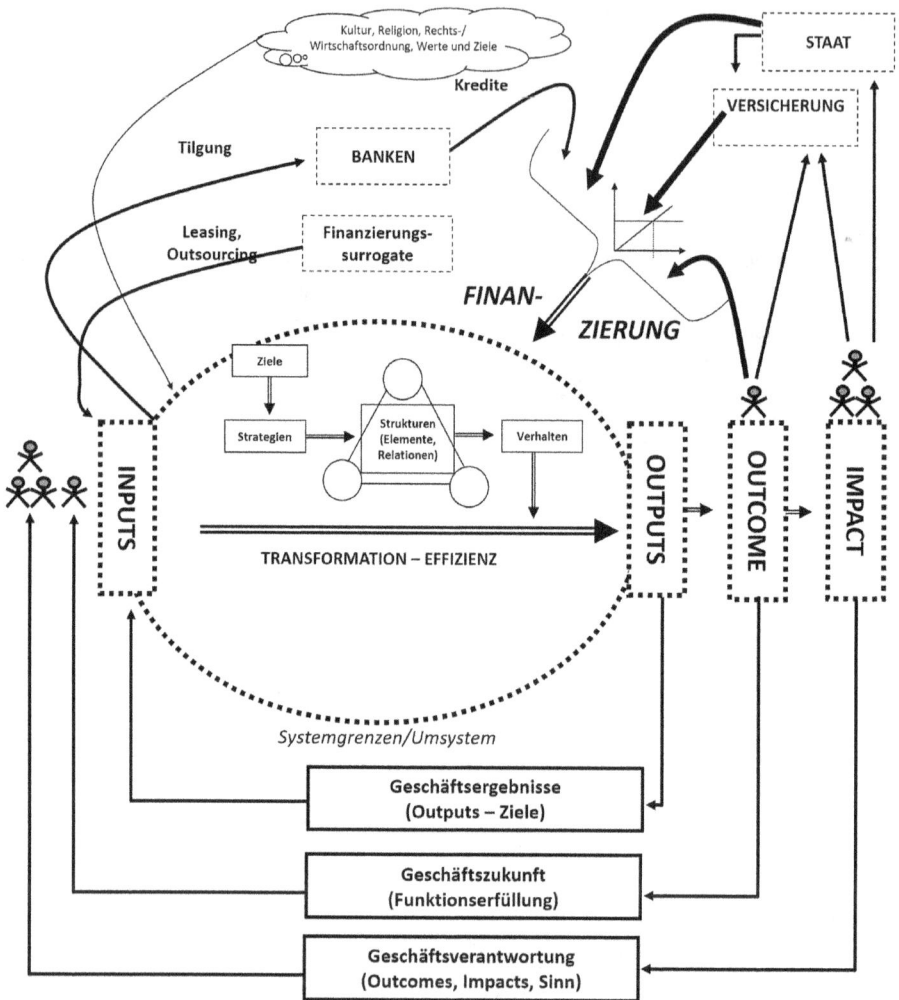

Abb. 64: Vollständiges Systemmodell mit Finanzierungssystem.[108]

Die Krankenhausfinanzierung hat einen großen Einfluss auf alle Funktionen des Krankenhausbetriebs, der ihre Bedeutung weit über die Finanzierung in der Allgemeinen Betriebswirtschaftslehre hinaushebt. Deshalb soll auch dieser Übungsband mit drei Aufgaben und einer Fallstudie zur Finanzierung beginnen.

---

108 Quelle: Eigene Darstellung in Anlehnung an Rieckmann 2000, S. 46.

3.7 Aufgaben und Fallstudie

Die folgenden Aufgaben und Fallstudien dienen der Vertiefung und Übung des Wissens.

3.7.1 Fakturierung

Aufgabenstellung
Tab. 18 zeigt das Beispiel einer vereinfachten Rechnung eines Krankenhauses an eine Krankenversicherung. Interpretieren Sie die Rechnung.

Tab. 18: Krankenhausrechnung (vereinfachtes Beispiel).

St. Maria Krankenhaus Kleinstadt		**Rechnungsinformationen**	
		Debitoren Nr: xxxxx	
		RechnungsNr: yyyyy	
St. Maria Krankenhaus · Glückstraße 7 · 12345 Kleinstadt		Datum: 30.08.2021	
		Abrechnungsdatum: 30.08.2021	
XXX Krankenversicherung		**Bei Rückfragen**	
Abt. Krankenhäuser		Sachbearbeiter: Franz Pattern	
Patternstraße 27		Telefon: 0123–123456	
98765 Musterstadt			
Endabrechnung		**Bei Zahlung bitte angeben:**	
		987654321	

Fall	123456789	**Patient**	654987321
AufnDatum:	01.07.2021, 10:14 Uhr	Name:	Mustermann
EntlDatum:	07.07.2021, 12:18 Uhr	Vorname:	Max
EntlGrund:	01	GebDatum:	01.01.1960
EntlDiagnose:			

Versicherter

Name:	Mustermann	GebDatum:	01.01.1960
Vorname:	Max	MitglArt:	M
Strasse/Nr:	Musterstraße 1	VersNr:	M
PLZ, Ort:	12345 Musterstadt	AktZeichen:	123456789

Leistung	Leistungsbezeichnung					
	Von	Bis	Menge	Preis/EUR	Bewertungsrel.	Betrag/EUR
L20B	Transurethr. Eingr. auß. Prostatares. u. kompl. Ureterorenoskop. oh. ESWL, m. kompl. Eingriff od. and. Eingr. an der Urethra b. Para-/ Tetraplegie od. m. ESWL b. Harnst., oh. äußerst schw. CC od. best. Steinentfernung od. Alter < 16 J. od. Alter > 89 J.					
	01.07.2021	07.07.2021	1,0	3.746,00	0,745	2.790,77

Tab. 18 (fortgesetzt)

	Pflegeentgeltwert				
	01.07.2021 06.07.2021 6,0	129,82	0,796		620,02
Z21-E25EDX	ZE2021-25 Modulare Endoprothesen Hüfte				
	02.07.2021 02.07.2021 1,0	1.581,48	100 %		1.581,48
ZAUSBILD	Zuschlag Ausbildung				
	01.07.2021 01.07.2021 1,0	185,33	100 %		185,33
ZDRG	stationärer DRG-Systemzuschlag				
	01.07.2021 01.07.2021 1,0	1,66	100 %		1,66
ZQS4	Zuschlag Qualitätssicherung nach § 137 S Abs. 1 Satz 3 Nr. 1 SGB V				
	01.07.2021 01.07.2021 1,0	0,81	100 %		0,81

Die Daten zu den Diagnosen und Operationen liegen Ihnen bereits mit der Entlassungsanzeige vor.

Zahlungsbedingungen: Der Rechnungsbetrag ist bis zum 02.09.2021 auf u. a. Konto zu überweisen. Bei Überschreitung der Zahlungsfrist erlauben wir uns, Mahngebühren und Verzugszinsen in Höhe von 5 % über dem gültigen Basissatz der Deutschen Bundesbank zu berechnen

Summe:	5.180,07

Lösung

Der Patient Max Mustermann wurde am 01.07.2021 ins St. Maria Krankenhaus aufgenommen. Auf Grundlage seiner Hauptdiagnose und der Nebendiagnosen wurde er in die DRG L20B eingruppiert. Gemäß Fallpauschalenkatalog 2021 ist die Normalverweildauer zwischen zwei und sechs Tagen, die Bewertungsrelation ist 0,745 und die Pflegeerlösrelation 0,796. Da der Patient innerhalb der Normalverweildauer lag, wurde die Bewertungsrelation der DRG abgerechnet. Zusätzlich wurden sechs Pflegetage (vom 01.07.2021 bis 07.07.2021, wobei der Entlassungstag nicht mitgezählt wird) abgerechnet, wobei der krankenhausindividuelle Pflegeentgeltwert 129,82 beträgt. Zusätzlich wurde am 02.07.2021 eine modulare Endoprothese implantiert und das Zusatzentgelt ZE2021-25 abgerechnet. Es handelt sich nach Anlage 4 zum Fallpauschalenkatalog um ein krankenhausindividuelles Entgelt. Seine Höhe (1581,48 €) wurde zwischen Krankenkassen und Krankenhaus vereinbart.

Darüber hinaus werden noch verschiedene Zuschläge abgerechnet, wobei das Beispiel an dieser Stelle vereinfachend ist. Normalerweise werden noch deutlich mehr Zuschläge (und Abschläge) auf der Rechnung ausgewiesen, u. a. für Aufwandspauschale für unberechtigte MDK-Prüfungen, Ausbildungszuschlag, DRG-Systemzuschlag, Fixkostendegressionsabschlag, G-BA Systemzuschlag, Notfallzu- und -abschläge, QS-Abschlag (externe Qualitätssicherung), Sicherstellungszuschläge, Telematikzuschlag, Zentrumszuschläge, Zu- oder Abschlag für Besondere Einrichtungen, Zu- oder Abschlag für Erlösausgleiche, Zuschlag für die Aufnahme von Begleitpersonen.[109]

3.7.2 Homogenität

Aufgabenstellung

In zwei Krankenhäusern wurden die Kosten für die Behandlung einer bestimmten Erkrankung ermittelt. In beiden Häusern wird die Behandlung nach den gleichen Standards durchgeführt. Das Controlling dokumentierte dazu folgende Kosten (vgl. Tab. 19).

Tab. 19: Beispiel Homogenität.[110]

	Fall 1	Fall 2	Fall 3	Fall 4	Fall 5	VK*
Krankenhaus 1	3.600 €	1.090 €	1.400 €	1.700 €	850 €	0,63332
Krankenhaus 2	3.500 €	1.950 €	3.100 €	3.200 €	3.400 €	0,20597

Variationskoeffizient (VK) = Standardabweichung/Mittelwert

Aufgabe:
1. Erläutern Sie, in welcher Hinsicht der Homogenitätskoeffizient im DRG-System von Bedeutung ist.
2. Definieren Sie den Homogenitätskoeffizienten und berechnen Sie diesen für beide Häuser!
3. Geben Sie mögliche Gründe für die Kostenschwankungen innerhalb und zwischen den Krankenhäusern an.

Lösung

Ad 1:[111] Das DRG-System ist ein Klassifizierungssystem. Grundsätzlich werden bei allen Klassifizierungssystemen Objekte mit gleichen Eigenschaften in Klassen zu-

---

109 Vgl. GKV Spitzenverband 2021.

110 Soweit nicht anders erwähnt, handelt es sich bei Tabellen und Abbildungen von Aufgaben und Fallstudien immer um eigene Beispiele und eigene Darstellungen. Auf eine Wiederholung „Quelle: Eigene Darstellung" wird deshalb in den Unterkapiteln zu „Aufgaben und Fallstudien" verzichtet.

111 Bei allen Aufgaben und Fallstudien werden Lösungsvorschläge präsentiert. Es muss betont werden, dass es sich jeweils um eine mögliche Lösung handelt. Alternative Ergebnisse oder Vorge-

sammengefasst. Dieser Vorgang wird als Gruppierung (Grouping) bezeichnet. Eine Klasse sollte intern möglichst homogen, unterschiedliche Klassen sollten möglichst heterogen sein. Als Maßstab für die Einheitlichkeit innerhalb einer Klasse wird der Homogenitätskoeffizient (HK) definiert. Er ist ein Maß für die Einheitlichkeit innerhalb einer Klasse. Je größer der HK, desto ähnlicher sind sich die Elemente einer Klasse.

Eine Faustregel besagt, dass der HK mindestens 0,6 betragen sollte, um eine ausreichend hohe Homogenität zu gewährleisten. Eine Gruppierung in eine Klasse impliziert, dass alle Fälle dieser Klasse in Zukunft als identisch angesehen werden. Jeder Fall einer DRG soll damit die durchschnittlichen Kosten aufweisen.

Ad 2:

$$HK = \frac{1}{1 + \frac{\sigma}{\mu}}, \text{ wobei}$$

HK Homogenitätskoeffizient
σ Standardabweichung innerhalb der Klasse
μ Mittelwert innerhalb der Klasse

Berechnung:

$$HK = \frac{1}{1 + \frac{\sigma}{\mu}} = \frac{1}{1 + VK}$$

$$HK_{KH1} = \frac{1}{1 + 0,63332} = 0,61225$$

$$HK_{KH2} = \frac{1}{1 + 0,20597} = 0,82921$$

Ad 3: Die durchschnittlichen Behandlungskosten sind in Krankenhaus 1 deutlich geringer als in Krankenhaus 2, jedoch streuen sie auch deutlich stärker. Mit hoher Wahrscheinlichkeit ist Krankenhaus 2 relativ klein und hat damit eine hohe Belastung an Fixkosten pro Fall. Es könnte aber auch sein, dass es innerhalb der Diagnose die schwereren Fälle aufnimmt.

---

hensweisen, bspw. die Verwendung geeigneter Software, sind möglich und sinnvoll. Abweichende Ergebnisse können sich durch Rundung von Zwischen- und Endergebnissen ergeben.

3.7.3 Kennzahlen

Aufgabenstellung
Der Case Mix Index (CMI) der neurologischen Abteilung eines Krankenhauses betrug im Jahr 2009 1,7. Die kardiologische Abteilung des gleichen Krankenhauses erzielte einen CMI von 3,77. Auf der kardiologischen Abteilung wurden im Jahr 2009 2-Kammer-Herzschrittmacher (DRG: F12D) mit einem Relativgewicht von 3,011 und Neuimplantationen eines Defibrillators (DRG: F01G) erbracht. Andere Eingriffe erfolgten nicht.

Aufgaben:
1. Diskutieren Sie den Unterschied des Case Mix Index zwischen der neurologischen und der kardiologischen Abteilung.
2. Berechnen Sie das Relativgewicht der DRG F01G unter der Voraussetzung, dass diese 20mal erbracht wurde und die DRG F12D 30mal!

Lösung
Ad 1: Die Summe der Relativgewichte aller erbrachten DRGs eines Krankenhauses in einem bestimmten Zeitraum wird als Case Mix (CM) bezeichnet. Natürlich kann der CM auch für eine Abteilung oder ein Teilklinikum und für unterschiedliche Zeiträume (Jahr, Quartal, Monat) bestimmt werden. Er errechnet sich als:

$$CM = \sum_{i=0}^{n} CW_i$$

CM Case Mix
CW_i Bewertungsrelation von Fall i
n Zahl der Fälle im Krankenhaus in einer Periode

Dividiert man den Case Mix durch die Fallzahl, erhält man den Case Mix Index (CMI). Er entspricht der durchschnittlichen Fallschwere in einem Krankenhaus in einer Periode und ist ein Indikator für die Leistung des Krankenhauses.

Die durchschnittliche Fallschwere eines Falls in der neurologischen Abteilung ist mit 1,7 deutlich geringer als die durchschnittliche Fallschwere in der kardiologischen Abteilung. Dies mag daran liegen, dass der kardiologische CMI auf interventionelle Therapien mit besonders schweren Fällen zurückzuführen ist. Eine Aussage über Deckungsbeiträge oder gar Gewinne, d. h. über die wirtschaftliche Vorteilhaftigkeit, ist auf dieser Grundlage nicht möglich.

Ad 2: Berechnung:

Gegeben: $n_{F12D} = 30$ Gesucht: CW_{F01G}

$CW_{F12D} = 3,011$

$n_{F01G} = 20$

$CMI_{Kard} = 3,77$

Lösung:

$$CMI_{Kard} = \frac{CM_{Kard}}{n} = \frac{CM_{Kard}}{n_{F01G} + n_{F12D}}$$

$$CM_{Kard} = CMI_{Kard} \cdot n$$

$$CM_{Kard} = 3,77 \cdot 50 = 188,5$$

$$CM_{Kard} = n_{F01G} \cdot CW_{F01G} + n_{F12D} \cdot CW_{F12D}$$

$$CW_{F01G} = \frac{CM_{Kard} - n_{F12D} \times CW_{F12D}}{n_{F01G}}$$

$$CW_{F01G} = \frac{188,5 - 30 \cdot 3,011}{20}$$

$$CW_{F01G} = 4,9085$$

Das Relativgewicht der DRG F01G beträgt unter den getroffenen Annahmen 4,9085.

3.7.4 Entgelte

Aufgabenstellung

Die Einführung der aG-DRGs hat die Entgeltberechnung erheblich verändert. Tab. 20 zeigt die Basisdaten für die DRG G07B (Appendektomie od. laparoskopische Adhäsiolyse bei Peritonitis mit äußerst schweren oder schweren Komorbiditäten oder kleine Ein-

Tab. 20: Basisdaten Entgelt 2019.

Parameter	Wert
Kostengewicht DRG-Katalog	1,936
Durchschnittliche Verweildauer	8,5
Erster Tag oberhalb der oberen Grenzverweildauer	17
Zuschlag ab oberer Grenzverweildauer	0,089
Erster Tag unterhalb der unteren Grenzverweildauer	2
Abschläge ab unterer Grenzverweildauer	0,359

griffe an Dünn- / Dickdarm, ohne äußerst schwere Komorbiditäten oder bestehende Anorektoplastik, Alter > 2 Jahre u. Alter < 14 Jahre oder mit laparoskopischer Adhäsiolyse oder Rektopexie). Es sei der Bundesbasisfallwert des Jahres 2019 von 3544,97 € angenommen. Die Bewertungsrelation laut DRG-Katalog für dieses Jahr beträgt 1,936. Der erste Tag unterhalb der unteren Grenzverweildauer, an dem ein Abschlag hingenommen werden muss, beträgt 2, der erste Tag oberhalb der oberen Grenzverweildauer, an dem ein Zuschlag berechnet werden darf, ist der 17. Tag.

Mit der Einführung der aG-DRGs werden die Kosten der Pflege „am Bett" ausgegliedert, sodass sich ein niedrigeres Relativgewicht ergibt. Gleichzeitig wird das Pflegeentgelt extra berechnet. Tab. 21 zeigt die Basisdaten für das Jahr 2021 für dieselbe DRG. Im Folgenden gehen wir von einem Pflegeentgeltwert von 150,00 € aus.

Tab. 21: Basisdaten Entgelt 2021.

Parameter	Wert
Kostengewicht DRG-Katalog	1,649
Durchschnittliche Verweildauer	8,2
Erster Tag oberhalb der oberen Grenzverweildauer	16
Zuschlag ab oberer Grenzverweildauer	0,063
Erster Tag unterhalb der unteren Grenzverweildauer	2
Abschläge ab unterer Grenzverweildauer	0,247
Pflegeerlösbewertungsrelation/Tag	1,0116

Aufgaben:
1. Berechnen Sie die Entgelte sowie die Entgelte pro Tag der G07B im Jahr 2019 für Verweildauern von d = 2, 5, 8,5, 12 und 25.
2. Berechnen Sie die Entgelte sowie die Entgelte pro Tag der G07B im Jahr 2021 für Verweildauern von d = 2, 5, 8,5, 12 und 25. Gehen Sie zur Vereinfachung davon aus, dass der Landesbasisfallwert gleichgeblieben ist.
3. Interpretieren Sie die Unterschiede.

Lösung

Ad 1: Zwischen 3 und 16 Verweildauertagen erlöst die DRG G07B 6863,06 €, d. h. $1,936 \cdot 3544,97 \ € = 6863,06 \ €$. Bei einer Verweildauer von 2 Tagen muss ein Abschlag in Höhe von 0,359 Bewertungspunkten pro Tag hingenommen werden. Ab dem 17. Tag erhält das Krankenhaus einen Zuschlag in Höhe von 0,089 Bewertungspunkten pro Tag. Damit ergeben sich die Werte aus Tab. 22.

Tab. 22: Entgelte 2019.

Verweildauer [Tage]	G-DRG-Bewertungsrelation	Entgelt [€]	Entgelt pro Tag [€]
2	$1{,}936 - 1 \cdot 0{,}359 = 1{,}577$	5.590,42	2.7953,21
5	1,936	6.863,06	1.373,61
8,5	1,936	6.863,06	807,42
12	1,936	6.863,06	571,92
25	$1{,}936 + (25-17+1) \cdot 0{,}089 = 2{,}737$	9.703,58	388,10

Ad 2: Unter der Annahme, dass der Landesbasisfallwert konstant geblieben ist (zur Vereinfachung), zeigt Tab. 23 den aG-DRG-Entgeltanteil, der sich genauso wie im Jahr 2019 ermittelt. Lediglich die Bewertungsrelation sowie die Zu- bzw. Abschläge pro Tag haben sich geändert, da die Pflegekosten ausgegliedert wurden. Die Pflegeerlösbewertungsrelation ergibt sich als Produkt aus Verweildauer und Pflegeerlösbewertungsrelation pro Tag. Der Pflegeerlös ermittelt sich als Produkt der Pflegeerlösbewertungsrelation und dem Pflegeentgeltwert. Das Entgelt ist folglich die Summe des aG-DRG-Entgeltanteils sowie des Pflegeerlöses.

Ad 3: Durch die Einführung der aG-DRGs wird der Erlös verweildauerabhängig, und zwar auch innerhalb der Normalverweildauer. Da mit abnehmender Verweildauer die Pflegekosten proportional sinken, ist der Erlös im aG-DRG-System 2021 ceteris paribus bei Unterschreiten der durchschnittlichen Verweildauer geringer als im Falle der G-DRGs 2019, während er bei Überschreitung der durchschnittlichen Verweildauer höher ist als im Falle der G-DRGs 2019. Betrachtet man die Erlöse pro Tag, so sinken diese in beiden Fällen mit zunehmender Verweildauer ab, bei den aG-DRGs 2021 allerdings etwas geringer als bei den G-DRGs 2019.

3.7.5 Fallstudie

Aufgabenstellung

Das DRK-Krankenhaus Florence besitzt einen Altbau aus den 1960er-Jahren, der modernen Ansprüchen eines effizienten Krankenhauses nicht mehr gerecht wird und hohe Kosten verursacht. Aus diesem Grunde wird überlegt, die bisherige Bausubstanz durch einen Neubau zu ersetzen. Schwierig erscheint die Finanzierung, da das Bundesland voraussichtlich erst im Jahr 2025 ausreichend Mittel für den Neubau haben wird, sodass erst am 01.01.2028 der Neubau bezogen werden könnte. Tab. 24 zeigt die Entwicklung des Klinikums von 2016 bis 2021, Tab. 25 gibt eine Prognose bis 2028 wieder, wenn der Neubau erst 2025 begonnen werden kann. Tab. 26 zeigt die erwarteten

Tab. 23: Entgelte 2021.

Verweildauer	aG-DRG-Bewertungsrelation	aG-DRG- Entgeltanteil [€]	Pflegeerlösbewertungsrelation	Pflegeerlös [€]	Erlösgesamt [€]	Entgelt pro Tag [€]
2	1,402	4.970,05	2,0232	303,48	5.273,53	2.636,76
5	1,649	5.845,66	5,0580	758,70	6.604,36	1.320,87
8,2	1,649	5.845,66	8,2951	1.244,27	7.089,92	864,62
12	1,649	5.845,66	12,1392	1.820,88	7.666,54	638,88
25	2,279	8.078,99	25,2900	3.793,50	11.872,49	474,90

Tab. 24: Rahmendaten Florence Krankenhaus (2016–2021).

Jahr:	2016	2017	2018	2019	a2019	2020	2021
Betten:	800	800	800	800	800	800	800
CMI:	1,25	1,25	1,3	1,3	0,99	0,99	0,99
Belegung:	81,50 %	85,00 %	83,00 %	82,00 %	82,00 %	83,00 %	85,00 %
Pflegetage	237.980	248.200	242.360	239.440	239.440	242.360	248.200
CM:	43.112	43.697	45.662	45.775	34.877	35.302	36.619
Fälle:	34.490	34.958	35.125	35.212	35.212	35.641	37.045
Verweildauer:	6,9	7,1	6,9	6,8	6,8	6,8	6,7
Basisfallwert:	3.311	3.376	3.467	3.545	3.545	3.671	3.747
Pflegebewertungsrelation					1,10	1,12	1,11
Pflegeentgeltwert [€]					146,55	185,00	163,09
Pflegebudget					38.634.015	50.413.188	44.945.802
G-DRG-Budget [€]:	142.744.888	147.521.690	158.310.254	162.273.418	123.639.403	129.595.309	137.212.626
Restbudget [€]:	11.525.678	11.925.100	12.105.805	11.912.152	11.912.152	11.925.245	12.200.000
Gesamtbudget [€]:	154.270.566	159.446.790	170.416.059	174.185.570	174.185.570	191.933.742	194.358.428
Fixkosten [€]:	101.607.080	105.853.893	111.520.391	122.898.893	122.898.893	135.315.652	132.561.087
Variable Kosten [€]:	50.045.278	49.813.597	60.049.441	52.670.954	52.670.954	55.269.774	65.291.281
Gesamtkosten [€]:	151.652.358	155.667.490	171.569.832	175.569.847	175.569.847	190.585.426	197.852.368
Jahresergebnis [€]:	2.618.208	3.779.300	-1.153.773	-1.384.277	-1.384.277	1.348.316	-3.493.940

Tab. 25: Prognose der Rahmendaten Florence Krankenhaus (2022–2028).

Jahr:	2022	2023	2024	2025	2026	2027	2028
Betten:	800	800	800	800	800	800	800
CMI:	0,98851533	0,99424872	0,98331198	0,97937873	0,97183752	0,97183752	0,98641508
Belegung:	81,00 %	81,50 %	80,90 %	80,60 %	80,30 %	80,25 %	80,15 %
Pflegetage	236.520	237.980	236.228	235.352	234.476	234.330	234.038
CM:	34.896	35.315	35.195	34.924	35.057	35.035	36.072
Fälle:	35.301	35.519	35.792	35.659	36.073	36.051	36.568
Verweildauer:	6,7	6,7	6,6	6,6	6,5	6,5	6,4
Basisfallwert:	3.850	4.000	4.150	4.250	4.380	4.400	4.526
Pflegebewertungsrelation	1,12	1,13	1,13	1,14	1,14	1,14	1,15
Pflegeentgeltwert [€]	167,98	173,02	178,21	183,56	189,07	194,74	200,58
Pflegebudget	44.556.783	46.367.199	47.602.112	49.049.794	50.540.803	52.239.148	53.960.879
G-DRG-Budget [€]:	134.349.856	141.260.484	146.058.510	148.427.221	153.551.057	154.156.156	163.260.325
Restbudget [€]:	12.400.000	14.589.231	15.987.235	14.998.650	15.897.452	16.852.478	15.002.125
Gesamtbudget [€]:	191.306.639	202.216.913	209.647.857	212.475.665	219.989.313	223.247.782	232.223.329
Fixkosten [€]:	133.501.467	141.633.468	146.457.045	148.763.134	152.806.684	154.273.719	151.895.462
Variable Kosten [€]:	62.824.220	63.632.427	65.799.542	66.835.611	68.652.278	69.311.381	67.957.189
Gesamtkosten [€]:	196.325.687	205.265.895	212.256.587	215.598.745	221.458.962	223.585.100	219.852.651
Jahresergebnis [€]:	−5.019.048	−3.048.982	−2.608.730	−3.123.080	−1.469.649	−337.318	12.370.678

Tab. 26: Neubau von Florence Krankenhaus im Jahr 2022.

Jahr:	2022	2023	2024	2025	2026	2027	2028
Baubeginn	01.01.2022						
Umzug				01.01.2025			
Baukosten [€]	18.785.520	15.047.360	15.047.360				
Umzugskosten [€]				4.329.321			
G-DRG-Budget [€]:	134.349.856	141.260.484	146.058.510	148.427.221	153.551.057	154.156.156	163.260.325
Restbudget [€]:	12.400.000	14.589.231	15.987.235	14.998.650	15.897.452	16.852.478	15.002.125
Gesamtbudget [€]:	191.306.639	202.216.913	209.647.857	212.475.665	219.989.313	223.247.782	232.223.329
Fixkosten [€]:	133.501.467	141.633.468	146.457.045	141.324.977	145.166.350	146.560.033	151.895.462
Variable Kosten [€]:	62.824.220	63.632.427	65.799.542	60.820.406	62.473.573	63.073.357	67.957.189
Gesamtkosten [€]:	196.325.687	205.265.895	212.256.587	202.145.383	207.639.923	209.633.390	219.852.651
Jahresergebnis [€]:	−5.019.048	−3.048.982	−2.608.730	10.330.282	12.349.390	13.614.392	12.370.678

Entwicklungen für den Fall, dass das Neubauprojekt vorfinanziert wird und der Neubau am 01.01.2025 bezogen werden könnte.

Aufgaben:
1. Bewerten Sie die Situation des Florence Klinikums. Gehen Sie dabei insbesondere auf den Wechsel von G-DRG- auf aG-DRG-System ein.
2. Das Krankenhaus kann den Neubau entweder 2025 mit staatlichen Geldern oder 2022 mit einem Bankdarlehn (Zinssatz 5 %) beginnen. Rentiert sich der frühe Neubau unter der Annahme, dass lediglich eine Zwischenfinanzierung durchgeführt werden müsste und jährlich 4.000.000 € Tilgung aufgebracht werden können?
3. Wie würde die Entscheidung ausfallen, wenn das Land die nachträgliche Übernahme der Baukosten nicht genehmigt?

Lösung

Ad 1: Das Florence Klinikum scheint in den Jahren 2016 und 2017 gut aufgestellt. Die Belegung könnte insbesondere 2016 besser sein, aber das Klinikum kann einen ausreichend hohen Case Mix erwirtschaften, um die Kosten zu decken. In den Folgejahren laufen die Kosten jedoch aus dem Ruder. Während 2018 vor allem die Fixkosten steigen, führen in den Folgejahren die variablen Kosten zu Verlusten. Das Krankenhaus hätte bereits 2018/19 gegensteuern müssen, jedoch zeugen die Prognosen davon, dass dauerhaft mit steigenden Kosten zu rechnen sind, die auch durch höhere Fallzahlen und steigende Basisfallwerte nicht ausgeglichen werden können. Jedoch war auch in den Jahren zuvor die Gewinnspanne vergleichsweise gering, so dass keine Erweiterungs- oder Modernisierungsinvestitionen als Selbstfinanzierung möglich waren.

Ab dem Jahr 2020 wurde das Pflegebudget ausgegliedert. Für das Jahr 2019 zeigt Tab. 24 die Spalte a2019. Hier wurde eine budgetneutrale Ausgliederung der Pflegekosten vorgenommen, d. h., am Gesamtbudget änderte sich hierdurch nichts. Die Planer rechnen für die Folgejahre mit einem jährlichen Anstieg der Pflegeentgeltwerte von 3 %. Für das Jahr 2028 gehen sie davon aus, dass der Neubau fertig sein wird, so dass die Kosten sinken dürften.

Die Neubaualternative führt zu relativ zügigen Einsparungen, insbesondere bei den Fixkosten, sodass sich – mit Ausnahme des Umzugsjahres – schnell wieder eine positive Gewinnmarge einstellt. Das Haus sollte deshalb überlegen, ob es den Baubeginn auf das Jahr 2022 vorziehen kann.

Ad 2: Es soll der Barwert der Ein- und Auszahlungen der Alternativen zum 01.01.2022 ermittelt werden. Vereinfachend wird angenommen, dass alle Ein- und Auszahlungen eines Jahres jeweils komplett zum 31.12. anfallen und zum 01.01.2022 abzudiskontieren sind. Hierbei sind folgende Kosten zu berücksichtigen:

Alternative A: Baubeginn 01.01.2025 (Finanzierung ausschließlich über Landeskrankenhausfinanzierung):
- es fallen keine Zinskosten an, d. h. Einzahlungen des Landes entsprechen jeweils vollständig den Auszahlungen für die Baukosten.
- Die Jahresergebnisse fallen wie in Tab. 24 und Tab. 25 an. Damit ergibt sich bei einer Diskontierung von 5 % der Barwert zum 01.01.2022 in Höhe von

$$-5.019.048€ \cdot 1,05^{-1} - 3.048.982€ \cdot 1,05^{-2} - 2.608.730€ \cdot 1,05^{-3} - 3.123.080€ \cdot 1,05^{-4}$$

$$-1.469.649€ \cdot 1,05^{-5} - 337.318€ \cdot 1,05^{-6} + 12.370.678€ \cdot 1,05^{-7} = -4.980.058€$$

- Die Umzugskosten fallen für das Jahr 2028 an. Zur Vereinfachung wird angenommen, dass sie den Kosten gemäß Tab. 26 entsprechen (4.329.321 €). Damit ergibt sich der Barwert der Umzugskosten in Höhe von

$$-4.329.321€ \cdot 1,05^{-7} = -3.076.767,61€$$

- Es ergibt sich ein Barwert der Zahlungsströme von 2022 bis 2028 zum 01.01.2022 von − 8.056.825 €.

Alternative B: Baubeginn 01.01.2021 (Überbrückungsfinanzierung durch Bankdarlehn):
- Der Barwert der erwarteten Jahresüberschüsse 2022–2028 zum 01.01.2022 bei einer Diskontierung von 5 % beträgt 27.326.616 €, d. h.

$$-5.019.048€ \cdot 1,05^{-1} - 3.048.982€ \cdot 1,05^{-2} - 2.608.730€ \cdot 1,05^{-3} + 10.330.282€ \cdot 1,05^{-4}$$

$$+12.349.390€ \cdot 1,05^{-5} + 13.614.392€ \cdot 1,05^{-6} + 12.370.678€ \cdot 1,05^{-7} = 27.326.616€$$

- Der Barwert des Umzuges zum 01.01.2025 beträgt − 3.561.743 €, d. h.

$$-4.329.321€ \cdot 1,05^{-4} = -3.561.743€$$

- Der Barwert der Zahlungsströme beträgt damit 23.764.873 €.
- Hinzu kommen Zinszahlungen für die Jahre 2022 bis 2024 mit einem Barwert in Höhe von 3.468.558 € (siehe Tab. 27).

Damit ist der Barwert von Alternative B 20.296.314 € (23.764.873 − 3.468.558 €), der von Alternative A der Betrag von − 8.056.825 €. Der frühe Baubeginn mit Überbrückungsfinanzierung bis zum 31.12.2024 rentiert sich auf jeden Fall.

Ad 3: Die Berechnung unter 2) setzt voraus, dass die Gelder der Landeskrankenhausförderung auch zur Tilgung der Darlehn verwendet werden können, d. h., dass der Kredit nur bis zum 31.12.2024 läuft. Dies ist nicht automatisch der Fall. Häufig steht die Frage im Raum, ob sich eine vorzeitige Investition auch dann rentiert,

Tab. 27: Tilgung Florence Klinikum [€].

Jahr	Anfangswert	Zuwachs	Tilgung	Restwert	Jahreszins	1/Faktor	Barwert Zinsen	Summe Barwerte Zinsen
2022	–	18.785.520	4.000.000	14.785.520	739.276	1,05	704.072	704.072
2023	14.785.520	15.047.360	4.000.000	25.832.880	1.291.644	1,10	1.171.559	1.875.632
2024	25.832.880	15.047.360	4.000.000	36.880.240	1.844.012	1,16	1.592.927	3.468.558
2025	36.880.240	–	4.000.000	32.880.240	1.644.012	1,22	1.352.533	4.821.091
2026	32.880.240	–	4.000.000	28.880.240	1.444.012	1,28	1.131.421	5.952.512
2027	28.880.240	–	4.000.000	24.880.240	1.244.012	1,34	928.301	6.880.813
2028	24.880.240	–	4.000.000	20.880.240	1.044.012	1,41	741.960	7.622.773
2029	20.880.240	–	4.000.000	16.880.240	844.012	1,48	571.261	8.194.034
2030	16.880.240	–	4.000.000	12.880.240	644.012	1,55	415.136	8.609.170
2031	12.880.240	–	4.000.000	8.880.240	444.012	1,63	272.585	8.881.754
2032	8.880.240	–	4.000.000	4.880.240	244.012	1,71	142.669	9.024.423
2033	4.880.240	–	4.000.000	880.240	44.012	1,80	24.508	9.048.931
2034	880.240	–	880.240		–	1,89	–	9.048.931

wenn stattdessen die kompletten Baukosten aus Krediten zu finanzieren sind und für die komplette Laufzeit die Zinsen getragen werden müssen.

In diesem Szenario verhält sich Alternative A wie für den Fall der staatlichen Finanzierung. Bei Alternative B muss jedoch der Barwert der vollständigen Zinszahlungen bis zur Tilgung berücksichtigt werden. Wir gehen wieder davon aus, dass die Tilgung jeweils zum 31.12. eines Jahres erfolgt und der Barwert zum 01.01.2022 berechnet wird. Damit ergibt sich der Barwert der Tilgung in Höhe von 9.048.931€. Damit ist der Barwert von Alternative B 11.247.384 €, d. h. eindeutig besser als Alternative A mit − 8.056.825,36 €.

Geht man allerdings davon aus, dass das Krankenhaus überhaupt keine Förderung bekommt, wenn es den Neubau vorzeitig beginnt, dann entstehen auch Tilgungskosten mit einem Barwert zum 01.01.2021 von

$$-4.000.000€ \cdot \sum_{t=2022}^{2033} 1,05^{-t-2021} - 880.240 \cdot 1,05^{-2034-2021} = -35.919.817€$$

Es rentiert sich folglich für das Krankenhaus nicht, den Bau komplett aus eigener Anstrengung durchzuführen.

4 Produktionsfaktoren

Die Aufgabe des Unternehmens ist die Transformation von Inputs in Outputs. Im Prinzip können Inputs systemkonform, neutral oder systemunkonform sein. Systemkonforme Inputs, die im Rahmen des Transformationsprozesses in Outputs verwandelt werden, werden als Produktionsfaktoren bezeichnet. Systemunkonforme Inputs sind Störungen aus dem Umsystem. Die Unternehmensführung muss entsprechende Inputfilter implementieren, die einerseits ausreichend dicht sind, um einen geregelten Leistungserstellungsprozess zu gewährleisten, andererseits durchlässig genug sind, um Veränderungen des Umsystems schnell wahrzunehmen. Hiermit werden wir uns in Kapitel 11 beschäftigen.

Produktionsfaktoren des Krankenhauses sind folglich alle materiellen und immateriellen Mittel und Leistungen, die bei der Herstellung der Leistungsbereitschaft, bei der eigentlichen Produktion, bei der Leistungsverwertung sowie bei allen damit verbundenen Teilprozessen mitwirken.[1] Eine bekannte Gliederung der Produktionsfaktoren geht auf Erich Gutenberg zurück. Danach unterscheidet man Elementarfaktoren und den dispositiven Faktor. Elementarfaktoren sind ausführende (operative,[2] objektbezogene) Arbeit, Betriebsmittel und Werkstoffe. Betriebsmittel sind alle materiellen Inputfaktoren, die bei der Produktion nicht direkt verbraucht werden. Grundstücke, Gebäude, Anlagen, Fuhrpark, Maschinen und Einrichtungen sind Betriebsmittel. Werkstoffe werden bei der Produktion verbraucht. Sie gehen entweder als Rohstoffe (Hauptbestandteil der Leistung) oder Hilfsstoffe (Nebenbestandteile) in die Leistung ein, oder sie gehen nicht ein, werden jedoch trotzdem verbraucht (Betriebsstoffe). Ein typischer Rohstoff für eine Hüftendoprothese ist das Implantat, während das Nahtmaterial ein Hilfsstoff ist. Das Desinfektionsmittel für die anschließende Reinigung des OP-Tisches ist ein Betriebsstoff. Der dispositive Faktor (Leitung, Planung, Organisation, Kontrolle) ist für die richtige Faktorkombination sowie die Steuerung des Leistungserstellungsprozesses verantwortlich.

Elementarfaktoren sind in einem gewissen Umfang substituierbar. Die Substitution des Faktors ausführende Arbeit durch den Faktor Betriebsmittel wird als Rationalisierung bezeichnet. In der Regel nimmt der Anteil der dispositiven Arbeit mit zunehmender Hierarchieebene zu, sodass die Substituierbarkeit abnimmt. Lediglich im medizinischen Bereich wird von einem Chefarzt meist noch erwartet, dass er der beste Therapeut und gleichzeitig der Manager seiner Abteilung ist. Dies führt leicht

---

1 Vgl. z. B. Domschke und Scholl 2008.
2 Der Begriff „operative Arbeit" kann im Krankenhaus missverständlich sein. Im betriebswirtschaftlichen Sinn sind Planung, Arbeitsvorbereitung, Kontrolle und Steuerung einer Operation nicht operativ, sondern dispositiv. Das Wechseln eines Verbandes auf der Station ist hingegen ebenfalls operative Arbeit, da sie direkt am Patienten geschieht, also objektbezogen ist.

https://doi.org/10.1515/9783110753103-004

zur Überforderung. Mit dem dispositiven Faktor werden wir uns jedoch in Kapitel 1 weiter auseinandersetzen.

Die Entwicklung zur Dienstleistungs- und Wissensgesellschaft lässt Wissen und Information als gleichwertige Produktionsfaktoren erscheinen. Diese Faktoren werden wir in Kapitel 10 erneut aufgreifen. In diesem Kapitel wollen wir die Produktionsfaktoren ausführende Arbeit, Betriebsmittel und Werkstoffe behandeln. Wir beginnen mit dem Faktor menschliche Arbeit, da er im Dienstleistungsbetrieb Krankenhaus von größter Bedeutung ist. Wir werden hierzu zuerst die Determinanten der menschlichen Arbeitskraft diskutieren, anschließend einige Besonderheiten der Berufsgruppen analysieren und einige wenige Ausführungen zur Tarifpartnerschaft machen.

4.1 Menschliche Arbeitskraft

4.1.1 Determinanten der menschlichen Arbeitskraft

Abb. 65 gibt einen Überblick über die Determinanten der menschlichen Arbeitskraft.[3] Zweifelsohne stimmen diese grundsätzlich auch für den dispositiven Faktor. Wir werden an dieser Stelle jedoch die ausführende Arbeit betonen.

Grundsätzlich können Einflussgrößen, die vorwiegend im Arbeitenden selbst begründet sind, und Einflussgrößen, die außerhalb des Arbeitenden liegen, unterschieden werden. Die intrapersonellen Einflussgrößen sind die generelle Leistungsfähigkeit sowie die Leistungsbereitschaft. Die extrapersonellen Einflussgrößen können die Arbeitsaufgabe selbst betreffen, die Struktur der Arbeit oder die Arbeitsmethodik. Als Zwischenform ist das Entgelt zu nennen, das eine gewisse Auswirkung auf die menschliche Leistung hat – ein Einfluss, der teilweise erheblich über-, teilweise unterschätzt wird.

Leistungsfähigkeit

Die Kapazität einer Maschine wird von drei Faktoren beeinflusst: Leistungsdauer, der Leistungsintensität und Leistungsquerschnitt. Ebenso wird die menschliche Arbeitsleistung davon determiniert, wie lange jemand arbeitet, wie sehr er sich anstrengt und wie hoch seine Leistungsfähigkeit generell ist. Die Leistungsfähigkeit ist auf angeborene oder erworbene Anlagen zurückzuführen. Aufgabe der betrieblichen Aus- und Weiterbildung sowie der Einweisung ist es, die Leistungsfähigkeit des Mitarbeiters zu steigern. Abb. 66 zeigt, dass eine gute Einweisung in die Arbeit einen Investitionsprozess darstellt. Kurzfristig kann die Leistung ohne Einweisung höher sein, da der Mitarbeiter keine Zeit hierfür aufwenden muss. Langfristig hinge-

---

3 Vgl. Pfeiffer, Dörrie und Stoll 1988. Vgl. auch Berthel und Becker 2021; Oechsler 2010.

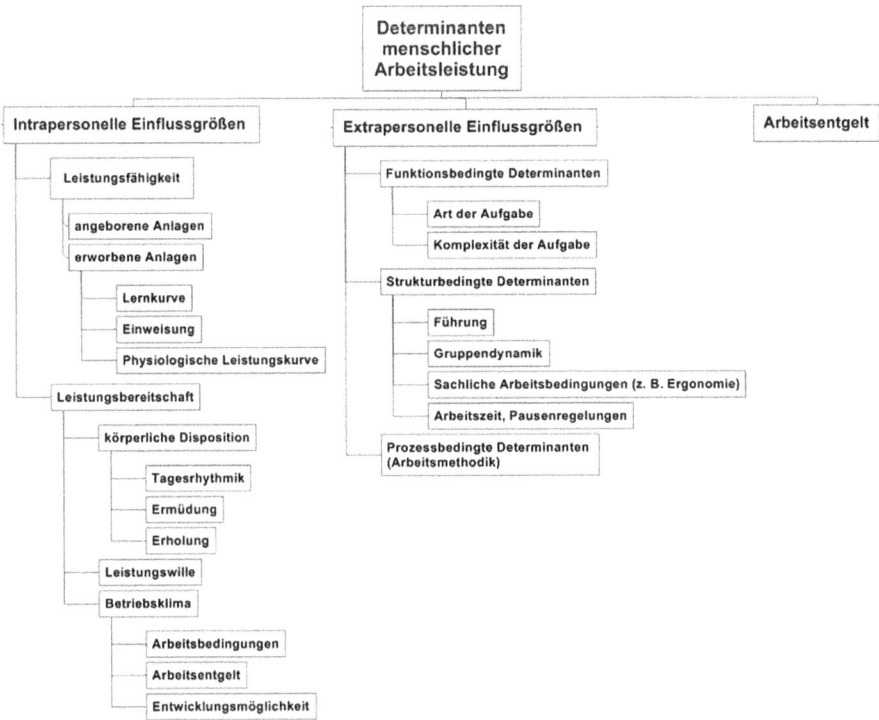

Abb. 65: Determinanten menschlicher Arbeitskraft.[4]

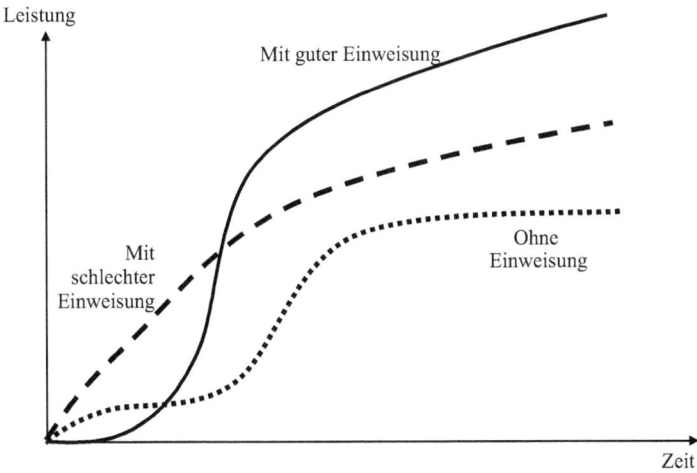

Abb. 66: Einweisung.[5]

---

4 Quelle: Pfeiffer, Dörrie und Stoll 1988.
5 Quelle: Eigene Darstellung.

gen führt die kompetente Einweisung zu einer gesteigerten Leistungsfähigkeit, sodass sie sich rentiert. Ebenso zeigt Abb. 67 eine typische Lernkurve. Abgetragen sind hier die Stückkosten, der Verlauf könnte jedoch für die Fehlerquote identisch sein. Die Lernkurve ist ein Grund für die Forderung nach Mindestmengen in der Medizin, da man davon ausgeht, dass eine häufiger durchgeführte Leistung (z. B. Operation) zu geringen Zeitverbräuchen und Kosten bei gleichzeitig steigender Qualität führt. Schließlich ist zumindest die körperliche Leistungsfähigkeit vom Alter und Geschlecht abhängig, wie Abb. 68 zeigt.

Die Anforderungen an das medizinische und pflegerische Personal im Krankenhaus sind sowohl physisch (körperliche Kraft, Geschicklichkeit, Ausdauer) als auch psychisch (Intelligenz, Kreativität, Problemlösungskompetenz). Im Verhältnis zu manchen Berufen mit gleichem Bildungsniveau (z. B. Chefarzt der Chirurgie vs. Chefkonstrukteur eines Ingenieurbüros) ist der Anteil körperlicher Arbeit sogar relativ groß. Das Krankenhaus kann die grundlegende Leistungsfähigkeit seiner Mitarbeiter beeinflussen, indem jeder Mitarbeiter eine angemessene Einweisung erhält und eine ausreichende Übung hat (was in der Regel eine gewisse Spezialisierung voraussetzt). Die physiologische Leistungskurve des Individuums kann durch Gesundheitsförderung im Unternehmen beeinflusst werden. Generell sind die Einflussmöglichkeiten auf das Individuum jedoch gering. Hingegen kann die Leistungsfähigkeit des Teams durch die richtige Zusammensetzung gesteuert werden. So ist z. B. auf der Station auf die richtige Mischung zwischen körperlich sehr beanspruchbaren, tendenziell jungen „Läufern" und den entscheidungserfahrenen, tendenziell älteren Pflegekräften zu achten.

Leistungsbereitschaft
Die Leistungsbereitschaft determiniert die Leistungsintensität und Leistungsdauer. Sie wird von der körperlichen Disposition, dem Leistungswillen und dem Betriebsklima beeinflusst. Die körperliche Disposition selbst ist abhängig von der Tageszeit, dem Chronotypen, der Ermüdung und der Erholung.

Abb. 69 zeigt die Tagesrhythmikkurve. Am Vormittag erreicht der Mensch ein globales Maximum seiner Leistungsfähigkeit, am frühen Nachmittag ein lokales Minimum, am späten Nachmittag ein lokales Maximum und in der Nacht ein globales Minimum. Der Verlauf ist abhängig vom Chronotypen, vom Alter und von der Nahrungsaufnahme. Es gibt Früh- und Spätaufsteher, wobei sich der älter werdende Mensch tendenziell wieder zum Frühaufsteher entwickelt. Eine leichtere Mittagsmalzeit kann das lokale Minimum evtl. ausgleichen. Es gibt aber praktisch niemanden, der langfristig in der Nacht höhere Leistungen bringt als am Tag. Nachtarbeit hat eine höhere Fehlerquote, ist langsamer und hat höhere Stückkosten. Die Ausweitung auf einen Dreischichtbetrieb (z. B. Ausnutzung der OP-Kapazitäten durch geplante Operationen in der Nacht) ist deshalb sehr genau zu überdenken.

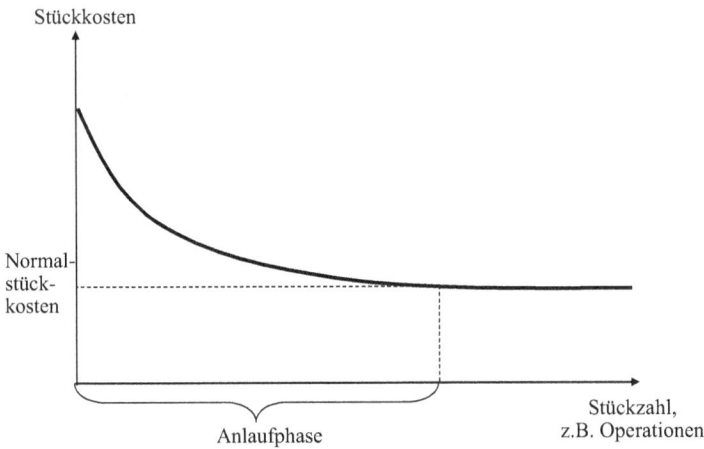

Abb. 67: Übungskurve.[6]

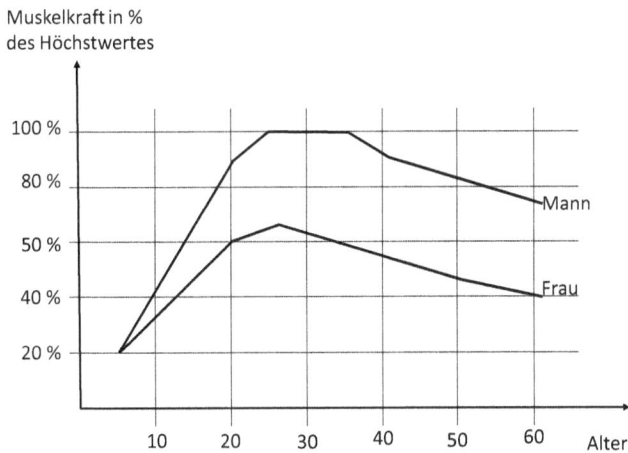

Abb. 68: Physiologische Leistungskurve (100 % = Lebenshöchstwert eines Mannes).[7]

Weiterhin ist die körperliche Disposition von der Ermüdung und Erholung abhängig. In der Regel nimmt die Leistung mit zunehmender Dauer progressiv ab. Dieser Prozess kann jedoch durch Pausen umgekehrt werden, wobei die Leistungsfähigkeit mit zunehmender Pausenlänge degressiv zunimmt. Pausen sind deshalb produktiv.

---

6 Quelle: Grün 1993, Sp. 2600.
7 Quelle: Pfeiffer, Dörrie und Stoll 1988.

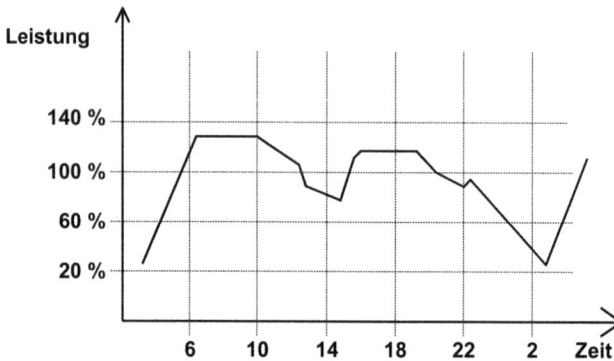

Abb. 69: Tagesrhythmikkurve (zirkadianer Rhythmus).[8]

Sie sollten nicht nur eingehalten werden, da sie arbeitsrechtlich oder tariflich vorge-schrieben sind, sondern weil sie die Durchschnittsleistung steigern können. Die opti-male Pausengestaltung ist eine wichtige Führungsaufgabe.

Leistungswille

Neben der körperlichen Disposition beeinflusst auch der Leistungswille die Leis-tungsbereitschaft. Die Einschätzung des Leistungswillens des Menschen hängt stark vom Menschenbild ab. Hierzu wollen wir einen kurzen Exkurs zu Menschen-bildern in der Managementwissenschaft einfügen. Wir beginnen mit dem Tayloris-mus als der ersten wissenschaftlichen Managementlehre.

Taylorismus bezeichnet die Prinzipien einer wissenschaftlichen Betriebsfüh-rung, die auf den Ingenieur Frederick Winslow Taylor (1856–1915) zurückgeführt werden.[9] Sein Werk „The Principles of Scientific Management"[10] propagierte die systematische Durchführung von Zeit- und Bewegungsstudien zur Ermittlung von Planvorgaben und zur optimalen Standardisierung von Arbeitsabläufen, eine mög-lichst weitgehende betriebliche Arbeitsteilung mit dem Ziel der Minimierung des Ar-beitsinputs, der erforderlichen Qualifikationen und der Lohnkosten, die Trennung von Planung, Entscheidung und Ausführung sowie der zentralen Kontrolle der Ar-beitsprozesse durch das Management und der direkten Kontrolle durch den Vorge-setzten. Letztlich sollte ein Mitarbeiter nur noch eine hoch standardisierte Tätigkeit durchführen, diese jedoch für alle Kunden oder alle Werkstücke. Henry Ford setzte dieses Prinzip als erster konsequent in seinem Fließbandsystem um. Taylor und

---

8 Quelle: Zulley und Knab 2017.
9 Vgl. Hebeisen 1999.
10 Taylor 1914.

Ford gingen davon aus, dass die Mitarbeiter unfähig waren, größere Zusammenhänge zu erkennen, nur an einer möglichst guten Bezahlung interessiert waren und streng kontrolliert werden mussten. Der Mensch als Mitarbeiter ist der reine Produktionsfaktor, und zwar derjenige mit der geringsten Knappheit. Betriebsmittel und Werkstoffe sind bei weitem nicht so leicht zu ersetzen wie die ungelernte, am Arbeitsmarkt fast unendlich verfügbare menschliche Arbeit. Auf Taylor geht der Satz zurück: „Arbeiter gehorchen ähnlichen Gesetzen wie Teile einer Maschine".

Tatsächlich dürfte seine Einschätzung der Arbeiter seiner Epoche durchaus realistisch gewesen sein. Die Vereinigten Staaten waren damals ein Zuwanderungsland, in dem große Ströme ungelernter Arbeiter in die amerikanischen Städte drängten, die vor allem Geld verdienen wollten, um der Armut zu entkommen. Sie konnten mit Geld motiviert werden und waren aufgrund ihrer geringen Bildung nicht zu komplexen Tätigkeiten geeignet. Krankenhausmitarbeiter im 21. Jahrhundert haben ganz andere Voraussetzungen. Sie sind in der Regel gut ausgebildet, haben Interesse an der Gesamtaufgabe und wollen sich in der Arbeit verwirklichen. Fremdkontrolle, Herrschaft und strenge Hierarchie werden von ihnen abgelehnt, und sie sind sich ihrer Position als Engpass der Produktion durchaus bewusst.

Neben Taylor prägte vor allem Henri Fayol (1841–1925) die Ursprünge der Managementlehre. Auch er war Ingenieur, sah Dinge wie Menschen in linearen Ursache-Wirkungszusammenhängen. Seine Administration industrielle et générale (1916)[11] betrachtet im Gegensatz zu Taylor nicht die ausführende Arbeit, sondern die Managementprozesse. Er leitet 14 allgemeine Prinzipien ab. Arbeitsteilung, Autorität und Verantwortung, Disziplin und Ordnung sind zentrale Elemente seiner Managementlehre. Der Mitarbeiter steht zwar noch in einer klaren Befehlskette, ihm wird jedoch bereits etwas mehr Verständnis für die Zusammenhänge zugetraut. Im Gegensatz zu Taylor analysiert Fayol stärker die dispositive menschliche Arbeit, nicht die operative Tätigkeit. Dementsprechend sind Esprit de Corps und Initiative geforderte Eigenschaften.

Der Mitarbeiter im Menschenbild möchte allein seinen Nutzen maximieren. Da Fayol dispositive Arbeit analysiert, bleibt jedoch auch Raum für höherer Bedürfnisse, Kreativität und Hingabe. Die Aussagen Fayols über das Management entsprechen zweifelsohne mehr der heutigen Realität von Krankenhäusern als die Statements Taylors zur ausführenden Arbeit.

Max Weber (1864–1920) gehört neben Taylor und Fayol zu den Klassikern der Managementtheorie.[12] Es ging ihm nicht um die Optimierung von Betriebsabläufen, sondern um die Erklärung von Kooperation und Gruppenbildung, z. B. in großen Organisationen. Er registrierte die Zunahme großer Unternehmen und versuchte zu

---

11 Fayol 1921.
12 Vgl. Mayntz 1965.

erklären, wie diese sich organisieren müssen, um in der Vielzahl unterschiedlicher Interessen zielsystemkonform arbeiten zu können. Im Gegensatz zu Fayol und Taylor steht deshalb die Organisationslehre im Mittelpunkt seiner Theorie.

Weber postulierte die Bürokratie als rationalste Form der Herrschaftsausübung.[13] Nach Weber müssen die Mitarbeiter dem Vorgesetzten Gehorsam leisten, d. h., der Vorgesetzte muss Herrschaft ausüben können, um aus der Mannigfaltigkeit divergierender Interessen eine gemeinsame Aufgabenerfüllung zu garantieren. Die Autorität zur Befehlsvergabe erwächst in einer Demokratie und Marktwirtschaft durch Eigentumsrechte und Verträge. Der Arbeitsvertrag gewinnt institutionell an Bedeutung, da durch diesen Vertrag der Mitarbeiter dem Anstellungsträger oder seinen Repräsentanten das Recht einräumt, ihm Befehle zu erteilen und Gehorsam zu erwarten. Die Merkmale der bürokratischen Organisation nach Weber sind unter anderem: Regelgebundenheit der Amtsführung, abgegrenzte Kompetenzbereiche, starke Hierarchie, Aktenmäßigkeit der Verwaltung, Unpersönlichkeit der Amtsführung und Anstellung durch Arbeitsvertrag. Kreativität, Flexibilität und Gestaltungsfreiräume sind für Weber eher Quellen der Ineffizienz, die beseitigt werden müssen. Der Mitarbeiter fühlt sich nach Weber nur im Schutzraum einer klaren Hierarchie mit deutlichen Regeln und schriftlich fixierten Kompetenzen aller Beteiligten sicher. Die Mitarbeiter wollen einen Platz in ihrer Organisation einnehmen, der jedoch klar definiert sein muss. Dementsprechend liegt dem Bürokratismus-Ansatz ein Menschenbild zu Grunde, das eher dem Untertan als dem nach Freiheit strebenden modernen Bürger entspricht. Gerade deshalb wurde in neuerer Zeit der Begriff Bürokratismus auch zum Synonym für Ineffizienz, also genau das Gegenteil der ursprünglichen Intention Max Webers. Der freiheitsliebende Mensch verliert in der Enge der Bürokratie jede Motivation. Kreativität, Anpassung an schnelle Wandlungen und Innovationen sind in dieser Führungskonzeption unmöglich – und damit verlieren Krankenhäuser ihre Zukunftschance und Mitarbeiter ihre Lebensfreude.

Die Ansätze von Taylor, Fayol und Weber reduzieren den Menschen auf seine Leistungsabgabe und gehen implizit von einem Menschen aus, der keinen eigenen Leistungswillen hat. Gefühle, wie z. B. Freude, Sympathie, Zorn usw. stören den Aufgabenvollzug und sind möglichst auszuschalten, persönliche Probleme und Eigenschaften der Mitarbeiter sind zu eliminieren. Selbst die Persönlichkeit der Führungskräfte spielt keine Rolle, der Mensch wird austauschbar wie eine Maschine.

Ende der zwanziger Jahre des 20. Jahrhunderts zeichnete sich eine klare Wende in der Managementwissenschaft ab. Der Mensch als Aufgabenträger wurde nun erstmals aus verhaltenswissenschaftlicher Sicht analysiert, d. h. als komplexes Wesen, das durch spezielle Anreize zur zielsystemkonformen Leistungsabgabe mo-

---

13 Weber 1922.

tiviert werden kann und muss. 1924 wurde das sogenannte Hawthorne-Experiment durchgeführt.[14] In einer Fertigungshalle wurden in einer Versuchs- und einer Kontrollgruppe Arbeitsbedingungen simuliert mit dem Ziel, einen Zusammenhang zwischen Arbeitsbedingungen und Produktivität zu messen. Dieser Ansatz war durchaus noch im Rahmen des Taylorismus, der die Arbeitsbedingungen (z. B. Wärme, Helligkeit, Lautstärke, Wege, ...) neben dem Lohn als Determinante der Produktivität erkannt hatte. Wie erwartet stieg die Arbeitsproduktivität mit der Verbesserung der Arbeitsbedingungen (z. B. der Raumhelligkeit) in der Versuchsgruppe. Völlig gegen jede damals herrschende Führungslogik nahm aber die Produktivität noch weiter zu, nachdem die Arbeitsbedingungen (z. B. Helligkeit) weiter verschlechtert wurden. E. Mayo (1880–1949) analysierte dieses merkwürdige Verhalten der Mitarbeiter und kam zu dem Schluss, der entscheidende Grund für die Produktivitätssteigerung sei nicht in den Arbeitsbedingungen zu suchen, sondern im emotionalen Bereich. Die Mitarbeiter waren stolz darauf, dass die Forscher und das Unternehmen sich für sie interessierten, zu ihnen kamen und die Arbeitsbedingungen veränderten. Das allein genügte für die Leistungssteigerung. Dieses Ergebnis wurde in Interviews und weiteren Tests immer wieder bestätigt.

Als Ergebnis des Hawthorne-Experiments und vieler folgender Versuche kann man feststellen, dass die Zuwendung des Vorgesetzten zum Mitarbeiter, die Entwicklung eines Gruppenverständnisses und die informelle Organisation einer Arbeitsgruppe bei weitem wichtiger für das Leistungsergebnis ist als die Arbeitsbedingungen oder sogar der Lohn. Damit sind im Gegensatz zu den Klassikern Taylor, Fayol und Weber Beziehungen, Sympathien, Gruppenprozesse und individuelle Zufriedenheit von größter Bedeutung für den Leistungswillen und das Produktionsergebnis. Die Human-Relations-Bewegung erkannte dies und formulierte den Kernsatz: „Glückliche Arbeiter sind gute Arbeiter", und Arbeiter können nur glücklich sein, wenn sie in der Organisation gute zwischenmenschliche Beziehungen leben können. Deshalb kommt den Beziehungen zwischen Menschen, den human relations, eine Kernaufgabe des Managements zu. Das Verhalten des Menschen in der Organisation, das organisational behaviour, wird zum Kern des Managements, wobei jedoch an den Grundprinzipien der Hierarchie, etwa in der Bürokratie Max Webers, festgehalten wurde.

In der Folge wurde jedoch auch erkannt, dass die menschlichen Beziehungen in einer formalen Organisation stets in einem Spannungsfeld stehen. Einerseits wird ein zielsystemkonformer Output erwartet, andererseits Raum für persönliche Entfaltung benötigt. Einerseits bedarf der freiheitsliebende Mensch der Autonomie, andererseits ist Disziplin in der formalen Organisation nicht zu umgehen. Einerseits benötigt der Mensch informelle, warme Beziehungen, andererseits geht es ohne formale Organisationsstrukturen nicht. In traditionellen Organisationen, z. B. in Bürokratien, können die individuellen Potenziale der Mitarbeiter nicht zur Entfaltung

---

14 Vgl. Mayo 1930.

kommen. Der Human-Resource-Gedanke entwickelte deshalb in den 50er-Jahren des 20. Jahrhunderts das Managementsystem weiter zum Human-Relations-Ansatz.[15] Der Mitarbeiter wird als wichtigster Engpass im Produktionssystem verstanden, an dem sich alle Prozesse und damit auch die Organisation auszurichten haben. Entscheidungspartizipation (für Weber unvorstellbar), Gruppen als organisatorische Einheiten, Aufgabenintegration (als vollkommene Abkehr von Taylor) und Organisationsentwicklung wurden zu wichtigen Aspekten des Managements.

Die verhaltenswissenschaftliche Schule des Managements (Human-Relations, Human-Resource) führte zu einer Aufnahme psychologischer Erkenntnisse in die Betriebswirtschaftslehre. Das Menschenbild wurde damit komplexer und realistischer, der Leistungswille rückte ins Zentrum der Betriebsführung. Das primäre Ziel des Unternehmens bleibt die Aufgabenerfüllung. Man orientiert sich jedoch an dem Produktionsfaktor und dessen Ansprüchen, der am knappsten ist und damit den Engpass darstellt. Der Mensch wird als freiheitsliebendes und motivierbares Individuum erkannt, das sich jedoch in hohem Maße einbringen, mit anderen feste Beziehungen knüpfen und an einem sinnvollen Ganzen mitarbeiten möchte.

In den 60er-Jahren wandte sich die Managementwissenschaft stärker den Funktionen Planung und Kontrolle zu. Da diese beiden Funktionen relativ unabhängig vom Menschen sind, dominierte die mathematische Modellierung den entscheidungstheoretischen Ansatz. Soweit der Mensch überhaupt vorkam, wurde ihm die Rolle des rationalen Entscheiders zugewiesen, der unter Sicherheit, Risiko oder Unsicherheit nach festgelegtem Kalkül gemäß seinem persönlichen Präferenzsystem aus vorher exakt bestimmten Alternativen auswählt.

In den 70er-Jahren erfolgte dann eine erneute Hinwendung zum Menschen als nicht vollständig beschreibbarem Erfolgsfaktor des Unternehmens (complex man).[16] Er ist keine Variable in einem mathematischen Modell, dessen Präferenzstruktur vollständig erheb- und beschreibbar ist. Er ist vielmehr der komplexe Sinnsucher und Selbstverwirklicher, der auf der Suche nach Lebenssinn und Glück seinen Beruf, seinen Arbeitsplatz, seinen Standort und sogar seine familiären Bindungen verändern kann. Er erscheint als strategischer Akteur, dessen Aktionen nicht vollständig beschreibbar sind. Wenn überhaupt eine Theorie dies noch abdecken kann, dann eine soziologische Systemtheorie, die sich bewusst äußerst komplexen, stochastischen Systemen menschlicher Populationen zuwendet.

Wir können folglich festhalten, dass der Leistungswille als Determinante der menschlichen Arbeitsleistung immer mehr ins Zentrum betrieblicher Forschung gerückt ist. Er soll durch positive Einwirkung des Managements beeinflusst werden, kann jedoch nie vollständig gesteuert werden. In der Theorie geht man heute davon aus, dass die meisten Menschen gerne etwas leisten, insbesondere, wenn sie durch

---

15 Vgl. Bühner 2004.
16 Vgl. Steinmann, Schreyögg und Koch 2020.

die Leistung auch eigene Ziele verfolgen können. Die Aufgabe des Managements besteht folglich darin, durch geeignete Rahmenbedingungen individuelle und betriebliche Ziele so zu synchronisieren, dass der Mitarbeiter automatisch die Betriebsziele erreicht, wenn er seine eigenen Ziele verwirklicht (Integrationsprinzip). Diese Erkenntnis kann unter anderem aus der Principal-Agent-Theorie abgeleitet werden, die wir hier nicht weiter vertiefen möchten.[17] In der Praxis findet sich jedoch oftmals noch ein Menschenbild, das den Mitarbeiter auf die arbeitende Maschine reduziert, die kein Interesse an Leistung hat – ein fataler Irrtum, der dem Krankenhaus seine wichtigste Ressource raubt: die Kreativität des Mitarbeiters.

Betriebsklima
Die letzte Determinante der Leistungsbereitschaft ist das Betriebsklima, wobei der Übergang zu den extrapersonellen, strukturbedingten Determinanten der menschlichen Arbeitskraft fließend ist. Die sachlichen, sozialen, räumlichen und zeitlichen Arbeitsbedingungen, das Arbeitsentgelt sowie die Entwicklungsmöglichkeiten (Aufstieg, persönliche Weiterentwicklung) beeinflussen die Bereitschaft des Menschen, sie in seine Arbeit einzubringen. Hierbei kann man feststellen, dass eine begrenzte Substituierbarkeit besteht. Gerade junge Mitarbeiter sind gerne bereit auf Gehalt zu verzichten, wenn ihnen dafür umfangreiche Weiterbildungsmöglichkeiten und Förderung geboten werden. Die meisten Mitarbeiter schätzen einen guten sozialen Zusammenhalt im Unternehmen und würden lieber in einem Krankenhaus mit gutem Betriebsklima arbeiten, auch wenn ein Konkurrent ein höheres Gehalt bietet, der jedoch einen schlechten Ruf hat. Man sollte diesen Bogen allerdings nicht überspannen, denn die stetige Ignoranz der Krankenhausleitung gegenüber berechtigten Gehaltsforderungen kann auch bei ansonsten guten Bedingungen als Miss- oder gar Verachtung gewertet werden und damit das Betriebsklima negativ beeinflussen.

Generell kann man davon ausgehen, dass die Leistungsbereitschaft im Gesundheitswesen im Verhältnis zu anderen Branchen relativ hoch ist. Noch immer ist insbesondere die Eingangsmotivation, mit der beispielsweise ein junger Mensch den Beruf der Pflege oder des Arztes ergreift, höher als in vielen anderen Bereichen. Dies darf nicht nur als Helfersyndrom abgewertet werden, sondern ist ein wichtiges Kapital des Unternehmens Krankenhaus. Die Realität des Krankenhausalltags, die strenge Hierarchie, die hohe administrative Belastung sowie letztlich die Erfahrung der eigenen Machtlosigkeit führt aber gerade bei den Menschen mit höchster Eingangsmotivation häufig zu einem Burn-Out: Der Mitarbeiter erfüllt nun auch Arbeiten, die er vorher gut beherrschte nur noch unter Mühen, er nimmt seine Kollegen und Untergebene nur noch als Objekte wahr und erschöpft physisch und psychisch immer mehr. Burn-Out ist ein typisches Problem der sozialen Berufe.

---

17 Vgl. Hochhold und Rudolph 2009.

Die Krankenhausführung ist gefordert, die Leistungsfähigkeit und -bereitschaft der Mitarbeiter zu erhalten und zu fördern. Maßnahmen mit diesem Ziel werden als Personalentwicklung bezeichnet. Hierzu gehören viele Aspekte, die wir in den „Grundzügen der Krankenhaussteuerung" erneut aufgreifen werden: Leistungsgerechtigkeit, Teilhaberechte, hinreichende Information, direkte Kommunikation, flache Hierarchien, Wahrnehmung als Person, Förderung des Betriebsklimas etc., aber vor allem die intensive Weiterbildung der Mitarbeiter. Da der complex man nicht mehr vollständig beschreib- und steuerbar ist, sind diese Maßnahmen notwendig, aber nicht immer hinreichend oder erfolgreich. In beiden Richtungen gilt der Satz „Steter Tropfen höhlt den Stein": stete Missachtung der Determinanten der Leistungsbereitschaft wird auf Dauer den Mitarbeiter abstumpfen, stete Achtung seiner Persönlichkeit und von legitimen Ansprüchen in der Arbeitswelt wird ihn fördern.

Funktionsbedingte Determinanten

Neben den intrapersonellen Determinanten gibt es auch Einflussfaktoren auf die menschliche Arbeitsleistung, die außerhalb des Mitarbeiters selbst liegen und deshalb direkter beeinflussbar sind. Es können funktions-, struktur- und prozessbedingte Determinanten unterschieden werden.

Als funktionsbedingte Determinanten der menschlichen Arbeitsleistung bezeichnet man Einflussfaktoren, die durch die Arbeitsaufgabe selbst bedingt sind. Es handelt sich folglich um die physiologische und psychologische Wirkung der Arbeit, die wiederum in der Art der Aufgabe und der Komplexität der Aufgabe beschrieben werden kann.

In der Industriebetriebslehre wurde die Art der Aufgabe durch Anforderungsarten beschrieben. Dieses generelle Schema lässt sich durchaus auf ausführende Arbeit im Krankenhaus übertragen, wobei die Gewichte etwas anders verteilt sein dürften. Man kann Kenntnisse (Ausbildung, Erfahrung), geistige Belastung (Aufmerksamkeit, Denktätigkeit), Geschicklichkeit (Handfertigkeit, Körpergewandtheit) und muskuläre Belastung (dynamische, statische und einseitige Muskelarbeit) unterscheiden. Entsprechende Schemata können beispielsweise von der REFA e. V. erworben werden.[18]

Die REFA wurde 1924 in Berlin als „Reichsausschuss für Arbeitszeitermittlung" gegründet. Der Name wurde aufgrund seines Bekanntheitsgrades beibehalten, obwohl die REFA heute in vielen anderen Bereichen (z. B. Qualitätsmanagement) tätig ist. REFA© ist in Deutschland und über 40 weiteren Ländern eine eingetragene Marke.

Neben der Art der Arbeit ist die Komplexität der Arbeit eine Determinante der menschlichen Arbeitsleistung, wobei hier insbesondere die Komplexität der Arbeit

---

18 Vgl. REFA 2016.

entscheidend ist. Die Komplexität eines Systems ergibt sich aus der Zahl der Elemente und der Zahl der Relationen zwischen diesen Elementen. Komplexe Aufgaben sind meist durch eine hohe Interdependenz geprägt, d. h., Einwirkungen auf ein Element haben zahlreiche Neben-, Rück- und Folgewirkungen auf andere Elemente, bis schließlich durch einen Zyklus die Wirkungen wieder bei dem beeinflussten Element verstärkend oder hemmend ankommen. Je komplexer die Arbeit ist, desto geringer ist in der Regel die Arbeitsleistung.

Die Komplexität kann durch Arbeitsteilung reduziert werden. Hierbei muss zwischen Arten- und Mengenteilung unterschieden werden. Mengenteilung ist die rein quantitative Aufteilung auf verschiedene Aufgabenträger, d. h., jeder erfüllt die vollständige Aufgabe. Artenteilung hingegen impliziert Spezialisierung, d. h. von einem Aufgabenträger wird nur noch ein Teilprozess durchgeführt, erst in Kombination mit anderen Aufgabenträgern ergibt sich die Gesamtleistung. Spezialisierung ist der Eckpfeiler des Wohlstandes der Nationen, der Übung, der Effizienz und der Effektivität im Betrieb. Die Vorteile der Spezialisierung führten zur Professionsbildung und zur Ausdifferenzierung der Berufe. Nur durch Artenteilung ist es überhaupt möglich, komplexe Aufgaben, wie eine Krankenhausbehandlung, kompetent zu erfüllen. Die Spezialisierung wurde allerdings auch so stark betrieben, dass teilweise von einem Aufgabenträger nur noch eine Verrichtung durchgeführt wurde. So wurde in einigen Krankenhäusern die sogenannte Funktionspflege eingeführt.[19] Sie besagt, dass eine Pflegekraft nur noch eine Tätigkeit durchführt, dies aber für alle Patienten einer Station. So gibt es dann eine Pflegekraft für Medikamente, eine für Nahrung, eine für Bettenmachen, eine für Blutdruckmessen etc.

Die Funktionspflege ist ein gutes Beispiel für die Negativfolgen der Überspezialisierung. Sie führt zu Monotonie, einseitiger Beanspruchung, Motivationsverlust und im Krankenhaus zu einer unvollständigen und unpersönlichen Patientenbetreuung. Der Patient hat ständig mit anderen Pflegekräften zu tun, von denen sich keine vollständig für ihn verantwortlich fühlt. Da die Qualifikation der heutigen Mitarbeiter (anders als zu Zeiten Henri Fords) jedoch hoch ist, kann die Artenteilung reduziert werden, ohne einen Effizienzverlust zu erleiden. Hierzu gibt es Modelle des geplanten Aufgabenwechsels (Job Rotation), Arbeitsgruppen sowie der horizontalen und vertikalen Aufgabenerweiterung. Im ersten Fall (Job Enlargement) übernimmt der Aufgabenträger weitere ausführende Tätigkeiten, im zweiten Fall (Job Enrichment) bereichert er seine Tätigkeit durch dispositive Arbeiten, wie z. B. die Planung und Kontrolle seiner Arbeit.

In der Pflege wird dies in der Regel durch die Bereichspflege umgesetzt. Ein Team von Pflegekräften betreut eine bestimmte Anzahl von Zimmern gemeinsam, wobei sie selbst die Tätigkeiten zuteilen und organisieren. Wenn eine Pflegekraft für einen Patienten letztverantwortlich ist, wird dies als Bezugspflege bezeichnet. Im Prinzip nimmt

---

19 Vgl. Rennen-Allhoff und Schaeffer 2003.

sie ihn an der Pforte an die Hand und betreut ihn während des ganzen Behandlungs-prozesses bis zur Entlassung. Sie delegiert natürlich Teilaufgaben, bleibt aber prozess-verantwortlich. Damit wird die extrem starke Funktionsausrichtung im Krankenhaus durch die Patienten- und Behandlungsprozessorientierung ersetzt.

Struktur- und prozessbedingte Determinanten
Die Struktur eines Systems ist durch die Elemente und die Relationen zwischen den Elementen gegeben. Das Verhältnis des Mitarbeiters zu den Funktionsräumen, Krankenzimmern, Geräten, Betten, Kollegen, Vorgesetzten und dem Umsystem ist damit eine strukturbedingte Determinante der menschlichen Arbeitskraft, die von der Unternehmensleitung beeinflusst werden kann. So ist beispielsweise die Bauform (z. B. Länge der Gänge, Stockwerke, Zahl und Schnelligkeit der Aufzüge) eine Deter-minante, wie schnell und effizient ein Mitarbeiter arbeiten kann. Die Verfügbarkeit von Hilfsmitteln, wie z. B. Lagerungshilfen, beeinflusst ebenfalls seine Leistung.

Neben den sachlichen sind auch viele soziale Arbeitsbedingungen ausschlagge-bend. Die vertikalen Beziehungen zwischen Mitarbeiter, Vorgesetztem und Untergebe-nen können durch Führungskräfteentwicklung, Motivation etc. beeinflusst werden. So ist beispielsweise die Effizienz eines Vorgesetzten davon abhängig, wie wirksam und schnell er mit seinen Mitarbeitern Entscheidungen treffen und durchsetzen kann. Die Kontrollspanne und der soziale Prozess (Gruppendynamik) spielen hier eine große Rolle. Weiterhin ist die horizontale Zusammenarbeit von Mitarbeitern entscheidend für deren Erfolg. Ist eine (formelle oder informelle) Gruppe nicht gut aufeinander ein-gespielt, lähmt dies den Gruppenprozess und damit oftmals die Arbeitsleistung.

Schließlich sind auch die zeitlichen Arbeitsbedingungen (Arbeitszeit, Schicht-dienst, Wochenenddienst, Bereitschaftsdienst, Pausenregelungen) von großer Wich-tigkeit für die Arbeitsleistung. Diese strukturellen Determinanten können von der Unternehmensführung beeinflusst werden. Zwar sind im Krankenhaus bestimmte Rahmenbedingungen zu achten (Mindestgröße von Räumen, rechtliche Verant-wortung, 24-Stunden-Betrieb), es bleiben jedoch noch immer zahlreiche Entschei-dungsvariablen, mit denen die Effizienz der Mitarbeiter determiniert werden kann. Bauform, Teambuilding, Motivation, Kernarbeitszeiten etc. haben Einfluss auf die Leistung der Mitarbeiter.

Die Arbeitsmethodik (prozessbedingte Determinanten der menschlichen Arbeits-kraft) umfasst die Art, Schnelligkeit und Reihenfolge von Teiltätigkeiten, bis hin zu der Abfolge von Handgriffen. Dieser Bereich wurde von der REFA im Sachgütersektor abgedeckt, sodass im industriellen Bereich kaum interessante Neuerungen zu erwar-ten sind. Im Dienstleistungs- und insbesondere im Krankenhausbereich ist die Ar-beitsmethodik jedoch noch kaum analysiert worden. So müssten beispielsweise die Arbeitsfolgen und Handgriffe von Pflegekräften ebenso auf Einsparungspotenziale untersucht werden wie Prozessschritte im Operationssaal. Die Methodik einer be-stimmten Operation darf ebenso wenig von der „zufälligen" Prägung des Operateurs durch seine Lehrer abhängen wie die Pflegeprozesse von der jeweiligen Pflegekraft abhängen dürfen. Es muss diejenige Methodik gewählt werden, die ein Optimum an Qualität und Kosten erzeugt, nicht diejenige, die man gewohnt ist. Auf Arbeitsstudien werden wir im Kapitel Produktion noch eingehen.

Entgelt

Schließlich ist das Entgelt noch eine Determinante der menschlichen Arbeitskraft, die selbst wiederum in ein interdependentes System eingebunden ist. Beim Leistungslohn beeinflussen die genannten intra- und extrapersonellen Einflussgrößen der menschlichen Arbeitskraft den Lohn, während gleichzeitig der Lohn erhebliche Auswirkungen auf den Leistungswillen hat. Der Lohn ist daher auch als Bindeglied zwischen intra- und extrapersonellen Determinanten zu sehen.

Der Gesundheits- und Sozialsektor war lange vom Soziallohn geprägt. So kannte der Bundesangestelltentarif (BAT) einen Ortstarif, der vom Alter, dem Familienstand und der Kinderzahl abhängig war. Das Leistungsmoment trat nur durch die Eingruppierung auf Grundlage der Berufsqualifikation oder (in geringem Maße) der Aufgabe auf. Neuere Tarifverträge, wie z. B. der Tarifvertrag öffentlicher Dienst (TVöD) reduzieren das soziale Moment, in dem beispielsweise kein automatischer Zuschlag in Abhängigkeit vom Alter mehr erfolgt, sondern in Abhängigkeit von einer zu definierenden Leistung.

Der Lohn im Gesundheitswesen ist in der Regel ein Zeitlohn. Akkordlohn ist bei patientennahen Tätigkeiten selten. Akkordlohn wäre beispielsweise bei der Bettenaufbereitung möglich, jedoch finden sich solche Systeme selten. Einige Beispiele aus der ärztlichen Tätigkeit (vor allem in der früheren Sowjetunion) konnten sich nicht durchsetzen.

Der Lohn wird im Krankenhaus in verschiedenen Arten festgesetzt. Der häufigste Weg ist der Abschluss von Tarifverträgen zwischen Arbeitgeber und Mitarbeitern, wobei Flächentarifvertrag und Haustarifvertrag teilweise miteinander konkurrieren. In vielen öffentlichen Krankenhäusern arbeiten auch Beamte. Hier erfolgt eine einseitige Festlegung der Arbeitsvertragsgestaltung durch den Arbeitgeber, d. h. das Land, die Stadt etc. Als sogenannten dritten Weg bezeichnet man die Regelung der Arbeitsverhältnisse in der katholischen und evangelischen Kirche in Deutschland. Hier wird eine einvernehmliche Gestaltung der Arbeitsvertragsrichtlinien und der Vergütung in paritätisch besetzten Kommissionen gesucht, da weder die autoritäre Festsetzung noch ein Tarifstreit dem kirchlichen Selbstverständnis entsprechen.

Neben der tariflichen Entlohnung steht es Krankenhäusern in der Regel frei, eine außertarifliche, höhere Entlohnung mit den Mitarbeitern zu vereinbaren. Dies können prozentuale Zuschläge zum Zeitlohn, Zuschläge für besondere Dienstzeiten oder auch Prämiensysteme sein. Die außertarifliche Entlohnung dürfte in den nächsten Jahren zu einem wichtigen Instrument der Personalakquisition werden, da insbesondere eine Ärzteknappheit zu erwarten ist. Da im DRG-System die Krankenkassen weder einen Personalschlüssel noch einen Tarif vorschreiben, kann das wirtschaftliche Krankenhaus durchaus außertarifliche Entlohnungen anbieten.

Ein weiterer Aspekt ist die Entlohnung der Chefärzte. Traditionell erhielten sie ein Liquidationsrecht, d. h. sie konnten Privatpatienten behandeln und hierfür selbstständig Rechnungen stellen. Sie mussten zwar einen Teil der Erlöse an das Krankenhaus für die Nutzung abführen (manchmal auch an beteiligte Mitarbeiter), hatten damit jedoch in der Regel einen Zusatzverdienst, der quantitativ weit über dem Vertragslohn lag. Dies hatte negative Anreizwirkungen, sodass manche Chefärzte primär die zahlungskräftigen Privatpatienten behandelten und weniger lukrative Bereiche (Kassenpatienten, Forschung, Lehre) vernachlässigten. Seit einigen Jahren schließen Krankenhäuser Arbeitsverträge mit Chefärzten ohne Liquidationsrecht ab. In diesem Fall erhält der Arzt ein deutlich höheres Gehalt, aber das Krankenhaus fakturiert. Ob sich dies negativ auf das Engagement der Mediziner auswirken wird, bleibt abzuwarten.

Zusammenfassend können wir feststellen, dass die menschliche Arbeitskraft von zahlreichen interdependenten Determinanten beeinflusst wird. Da der Krankenhausbetrieb personalintensiv ist, muss eine Führungskraft im Krankenhaus diese Parameter kennen und so beeinflussen, dass der Kernprozess zielsystemkonform durchgeführt wird.

4.1.2 Berufsgruppen

Der Produktionsfaktor ausführende Arbeit ist sehr heterogen, d. h., im Krankenhaus arbeiten mehr Berufsgruppen als in vielen anderen Betriebstypen. Tab. 28 gibt einen Überblick. Die Ausbildung von Mitarbeitern ist in der Regel der Hoheit der Länder unterstellt, sodass teilweise unterschiedliche Bezeichnungen, Ausbildungsgänge und Berufsbilder möglich sind. Im Folgenden werden wir die quantitativ und kostenmäßig bedeutendsten Gruppen diskutieren: Pflegekräfte und Ärzte.

Ärzte

Abb. 70 gibt einen stark vereinfachten Überblick über die derzeitige Ausbildung von Ärzten in Deutschland. Zulassungsvoraussetzung zum Studium der Medizin ist die Allgemeine Hochschulreife (Abitur), wobei alternative Zugangswege (z. B. Fachabitur und abgeschlossenes Fachhochschulstudium) möglich sind. Obwohl heute nur noch 30 % der Studienplätze ausschließlich über die Abiturnote vergeben werden, weist der durchschnittliche Medizinstudent einen überdurchschnittlichen Intelligenzquotienten und eine überdurchschnittliche Abiturnote auf. Auffällig sind der hohe Frauenanteil sowie die Tatsache, dass der Anteil von Medizinstudenten aus einkommensstarken Elternhäusern noch immer hoch ist.

Tab. 28: Ausgewählte Berufsbilder im Krankenhaus.[20]

Pflegerische Berufe	Gesundheits- und Krankenpfleger/in
	Gesundheits- und Krankenpflegehelferin
	Gesundheits- und Kinderkrankenpfleger/in
	Hebamme/Entbindungspfleger
	Pflegefachfrau/mann
	Fachkrankenschwester/pfleger für …
	Operationstechnische/r Assistent/in
Therapeutische Berufe	Diätassistent/in
	Physiotherapeut/in
	Masseur/in und medizinische/r Bademeister/in
	Beschäftigungs- und Arbeitstherapeut/in
	Logopädin/e
	Orthoptist/in
	Musik- und Kunsttherapeut/in
	Sozial-Pädagoge/in
	Psychologe/in
Assistenzberufe	Kardiotechniker/in
	Medizinisch-technische/r Assistent/in
	Labor-, Röntgen-, Funktionsdiagnostiker
	Pharmazeutisch-technische/r Assistent/in
	Rettungsassistent/in
Akademische Heilberufe[21]	Apotheker/in
	Arzt/Ärztin

---

20 Quelle: Eigene Darstellung.
21 Durch die Akademisierung ehemaliger Lehrberufe (z. B. BA Physiotherapie) ist dieser Begriff nicht mehr vollständig zutreffend.

Tab. 28 (fortgesetzt)

Wirtschafts- und Verwaltungsberufe	Koch/Köchin
	Hauswirtschafter/in
	Diplom-Ingenieur/in für Krankenhaustechnik
	Medizinische/r Dokumentar/in
	Kaufmann/ -frau im Gesundheitswesen
	Krankenhaus-Controller/in
	Ärztliche/r Stationssekretär/in

In Deutschland erfordert die Zulassung (Approbation) als Arzt ein Studium der Humanmedizin von 6 Jahren und 3 Monaten inklusive einer Ausbildung in erster Hilfe, einer viermonatigen Famulatur und einem dreimonatigen Krankenpflegepraktikum. Nach zwei Jahren erfolgt der Erste Abschnitt der Ärztlichen Prüfung (früher: Physikum), nach weiteren drei Jahren der Zweite und nach dem Praktischen Jahr (PJ) der Dritte Abschnitt der Ärztlichen Prüfung.

Die stetigen Weiterentwicklungen durch neue Forschungserkenntnisse, sich weiter verändernden Versorgungsstrukturen, die demographischen Entwicklungen und die Dynamik der digitalen Möglichkeiten machen Anpassungen der Ärztlichen Approbationsordnung (ÄAppO) notwendig, um das erreichte hohe Qualitätsniveau weiterhin sicherstellen zu können. Zum WS2025/26 soll das Medizinstudium grundständig reformiert werden. Der Referentenentwurf sieht künftig die Verschmelzung von vorklinischem und klinischem Abschnitt zum sogenannten Z-Curriculum sowie den longitudinalen Aufbau eines begleitenden allgemeinmedizinischen Curriculums ab dem ersten Studienjahr vor.

Ein Element der klinischen Phase sind die sogenannten Querschnittsbereiche, deren Inhalte als Scheinklausuren abgeprüft werden müssen. Krankenhausbetriebslehre wird an einigen Fakultäten im Rahmen des Querschnittsbereichs „Gesundheitsförderung, Prävention, Gesundheitsökonomie" (2 SWS) gelehrt. Da das Fach jedoch im Verhältnis zu seinem Stundenumfang sehr breit angelegt ist und der jeweilige Verantwortliche volle Freiheit zur Festlegung der Schwerpunkte hat (von Sozialmedizin, Public Health bis hin zur Volkswirtschaftslehre), kann man nach wie vor davon ausgehen, dass der durchschnittliche Medizinstudent keine Berührung mit der Krankenhausbetriebslehre gehabt hat. Gemäß dem Referentenentwurf zur Neuregelung der ärztlichen Ausbildung ab 2025 werden künftig Fragen der Gesundheitsökonomie und des Gesundheitssystems im Rahmen des Faches „Öffentliches Gesundheitswesen einschließlich Gesundheitssystem und Gesundheitsökonomie" gelehrt und geprüft.

Mündlich-praktische Prüfung

Dritter Abschnitt der Ärztlichen Prüfung

↑ *Praktisches Jahr (PJ)* — 6. Studienjahr

Schriftliche Prüfung

Zweiter Abschnitt der Ärztlichen Prüfung

Klinischer Studienabschnitt, inkl. Querschnittsbereiche — 3.-5. Studienjahr

Schriftliche und mündlich-praktische Prüfung

Erster Abschnitt der Ärztlichen Prüfung

↑ *Vorklinischer Studienabschnitt* — 1.-2. Studienjahr

Studienplatzvergabe*

30% Abiturnote	10% Zusätzliche Eignungs-quote (ZEQ)	60% Auswahlverfahren der Hochschulen (AdH)

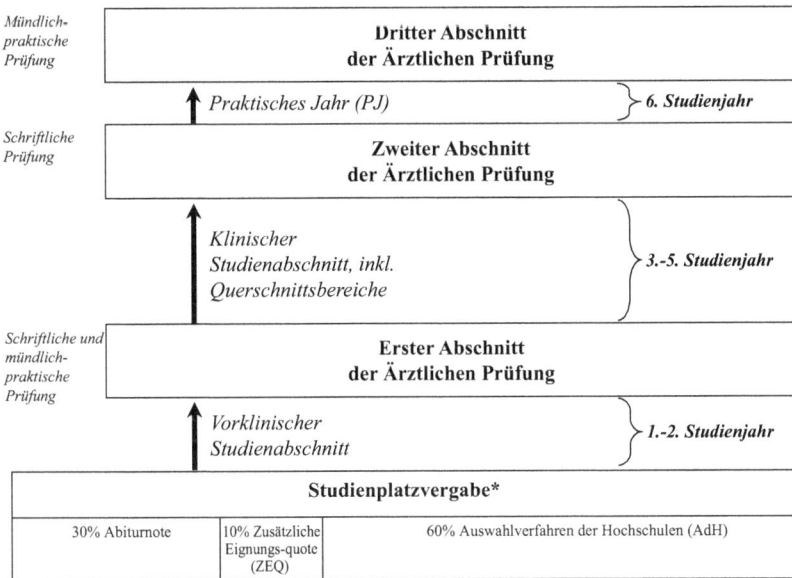

Abb. 70: Ärztliche Ausbildung.[22]

Die Zahl der Ärzte ist in den letzten Jahrzehnten absolut und relativ kontinuierlich gestiegen (vgl. Abb. 71). Im Jahr 2020 gab es 409.100 berufstätige Ärzte in Deutschland, wovon ungefähr 161.400 im ambulanten, 211.900 im stationären Sektor und 35.800 in sonstigen Bereichen tätig waren.[23] Betrachtet man die Entwicklung, so kann man einen leicht überproportionalen Anstieg Anfang der 1990er-Jahre erkennen. Gleichzeitig wurde die Niederlassungsfreiheit eingeschränkt. Dies hatte zwei Konsequenzen. Erstens wurde das Krankenhaus als Standort für eine Lebenskarriere attraktiver. Zweitens wechselten mehr Jungärzte ihren Beruf. An manchen Universitätskliniken hat man festgestellt, dass zwei Jahre nach der Approbation nur noch 70 % der Jungmediziner am Patienten tätig sind. Der scheinbare Ärztemangel im neuen Jahrtausend ist folglich zum Teil auf eine falsche Personalpolitik in den 90er-Jahren zurückzuführen, wobei der Begriff sehr vorsichtig verwendet werden muss – denn noch nie gab es so viele Ärzte in Deutschland wie heute.

Es gibt zweifelsohne weitere Effekte, die trotz einer objektiv gestiegenen Anzahl der Ärzte zu einem Mangel an Arbeitskraft und Arbeitszeit führen: Es sind immer mehr Ärzte in Teilzeit tätig, das Tarifsystem der Kliniken hat zu einer immer weiteren Reduktion der früher z. T. überbordenden Nacht- und 24-Schichten geführt, Elternzeitregelungen sind wesentlich großzügiger als noch vor 10 Jahren und regionale

---

22 Quelle: Eigene Darstellung in Anlehnung an Approvationsordnung für Ärzte (BGBl 2002, Teil 1, S. 2405–2435) sowie Stiftung für Hochschulzulassung 2008..

23 Quelle: Bundesärzekammer 2021.

Effekte sind erheblich ausgeprägt. Insbesondere ländliche und strukturschwache Regionen in Ost- und Westdeutschland leiden im Bereich der Niederlassungen und der Krankenhausärzte unter einem zunehmenden Mangel. Der Mangel führt zu der reellen Gefahr, dass aufgrund von Mindestanforderungen der Tarifsysteme Abteilungen nicht mehr tarifkonform betrieben werden können und somit deutlich an Attraktivität für mögliche Bewerber verlieren. Die meisten Ärzte in Deutschland sind Fachärzte. Tab. 29 gibt einen Überblick über die Gebiete und Teilgebiete der ärztlichen Weiterbildung sowie über Zusatzbezeichnungen. Auch hier gilt wieder, dass sich diese Listen schnell ändern und in anderen Ländern teilweise ganz anders aussehen können.

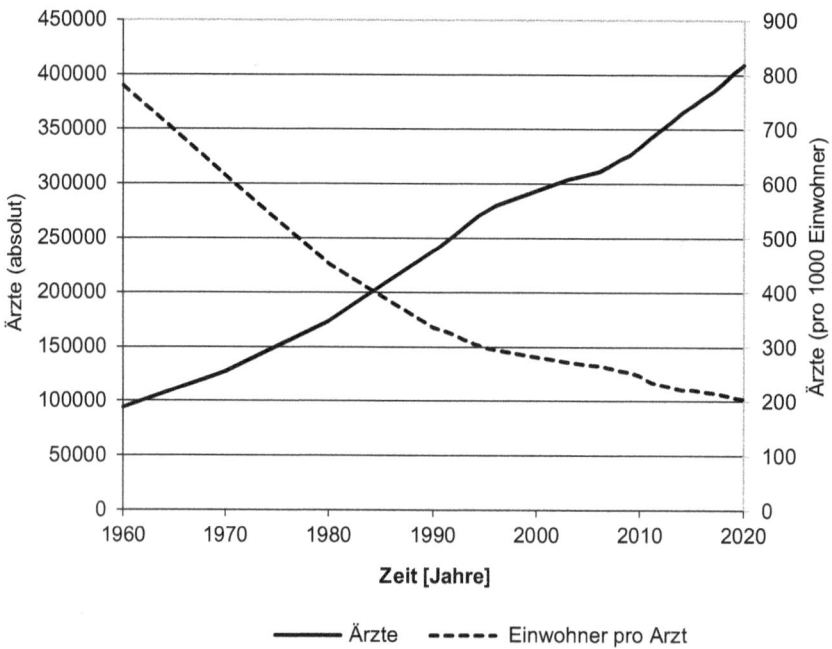

Abb. 71: Ärzte in Deutschland.[24]

Die primäre Aufgabe eines Arztes im Krankenhaus und in der Niederlassung ist die Diagnose und Therapie von Krankheiten. Tatsächlich machen diese direkten Tätigkeiten am Patienten noch immer etwa zweidrittel seiner Arbeit aus. Zu den üblichen Aufgaben eines in der Klinik tätigen Arztes gehört die Visite, in der eine Verlaufs- und Befundkontrolle sowie die Dokumentation des Behandlungsfortschritts erfolgen. Es werden Absprachen mit dem Pflegepersonal und anderen Berufsgruppen (z. B. Absprache mit Pflegepersonal und Physiotherapeuten) getroffen und das wei-

---

24 Quelle: Statista 2021.

Tab. 29: Facharzte und Zusatzbezeichnungen.

Facharzt	Zusatzbezeichnung
Allgemeinmedizin, Anästhesiologie, Arbeitsmedizin, Augenheilkunde, Chirurgie (Gefäßchirurgie, Thoraxchirurgie, Unfallchirurgie, Viszeralchirurgie), Diagnostische Radiologie (Kinderradiologie, Neuroradiologie), Frauenheilkunde und Geburtshilfe, Hals-Nasen-Ohrenheilkunde, Haut- und Geschlechtskrankheiten, Herzchirurgie, Humangenetik, Hygiene und Umweltmedizin, Innere Medizin (Angiologie, Endokrinologie, Gastroenterologie, Hämatologie und internistische Onkologie, Kardiologie, Nephrologie, Pneumologie), Kinderchirurgie, Kinderheilkunde (Kinderkardiologie, Neonatologie), Kinder- u. Jugendpsychiatrie u. -psychotherapie, Klinische Pharmakologie, Labormedizin, Mikrobiologie und Infektionsepidemiologie, Mund-Kiefer-Gesichtschirurgie, Nervenheilkunde, Neurochirurgie, Neurologie, Neuropathologie, Nuklearmedizin, Öffentliches Gesundheitswesen, Orthopädie, Rheumatologie, Pathologie, Pharmakologie und Toxikologie, Phoniatrie und Pädaudiologie, Physikalische und Rehabilitative Medizin, Plastische Chirurgie, Psychiatrie und Psychotherapie, Psychotherapeutische Medizin, Rechtsmedizin, Strahlentherapie, Transfusionsmedizin, Urologie	Allergologie, Balneologie und Medizinische Klimatologie, Betriebsmedizin, Bluttransfusionswesen, Chirotherapie, Flugmedizin, Handchirurgie, Homöopathie, Medizinische Genetik, Medizinische Informatik, Naturheilverfahren, Phlebologie (Venen), Physikalische Therapie, Plastische Operationen, Psychoanalyse, Psychotherapie, Rehabilitationswesen, Sozialmedizin, Spezielle Schmerztherapie, Sportmedizin, Stimm- und Sprachstörungen, Tropenmedizin, Umweltmedizin

tere Vorgehen festgelegt. Dieser interprofessionellen Tätigkeit wird in der Lehre und der Ausbildung ein immer größerer Stellenwert beigemessen. Die Visite dient der Befunderhebung, der Verlaufskontrolle, der Information des Patienten und des therapeutischen Teams einschließlich der Ausbildung jüngerer Kollegen. Neben der Aufnahmeuntersuchung inkl. der Erhebung der Vorgeschichte, der Krankheitsentwicklung und der aktuellen Befindlichkeit eines Patienten (Anamnese) gehören Kontrolluntersuchung, Notfalluntersuchung und Abschlussuntersuchung neben der eigentlich therapeutischen Intervention (z. B. Operation, medikamentöse Therapien, Psychotherapien) zu den wesentlichen Arbeitsfeldern. Ein weiterer wichtiger Arbeitsaspekt von Ärzten sind informative Tätigkeiten, z. B. Aufklärungsgespräch mit dem Patienten sowie die Kommunikation mit Angehörigen. Er erhebt auch medizinische Parameter, d. h. der Arzt ist verantwortlich für die Blutabnahme und die bedside Diagnostik (z. B. EKG, Ultraschall). Außerhalb der Station ist der Arzt für seine jeweilige Funktion verantwortlich, z. B. Operation, Röntgen, Rettungsdienst etc.

In den letzten Jahren wurde eine starke Zunahme organisatorischer und arztfremder Tätigkeiten beklagt. Die Dokumentation des Behandlungsverlaufs, die Anforderung von Untersuchungen sowie das Abfassen von Arztbriefen nehmen bis zu einem Drittel der Arbeitszeit ein. Hierfür werden Mediziner derzeit nur bedingt im Studium ausgebildet. Bürokratie und kleinteilige Dokumentationen, die alleinig zur Sicherstellung der notwendigen Abrechnungsmodalitäten erfolgen müssen, werden oftmals als berufsfremd wahrgenommen. Die zunehmende Übernahme dieser Tätigkeiten durch Verwaltungskräfte (z. B. Kodierer im Rahmen des dezentralen Kodierens) oder durch moderne Datenverarbeitung (z. B. Spracherkennung) muss deshalb ein Ziel der Krankenhausführung sein, um Ärzte ihrem eigentlichen Kompetenzfeld wieder zuzuführen und die Motivation zu steigern.

Pflegekräfte

Der Begriff Pflegekraft ist keine geschützte Berufsbezeichnung, sondern stellt einen Sammelbegriff für sämtliche Berufe und Beschäftigungen in der Pflege dar. Neben den examinierten Pflegefachkräften gibt es auch das Berufsbild der Pflegehelfer. Darunter fallen sowohl Altenpflegehelfer sowie Pflege- und Betreuungsassistenten. Besonders Pflegeassistenzberufe werden von Bundesland zu Bundesland unterschiedlich bezeichnet, z. B. Gesundheits- und Krankenpflegehelfer (Brandenburg) oder Krankenpflegehelfer (Hessen). Die Ausbildung dauert in der Regel ein Jahr, während sie für Pflegefachkräfte üblicherweise drei Jahre beträgt.

Die Geschichte der Krankenpflegeausbildung ist die einer stetigen Professionalisierung. Im ersten Krankenpflegesetz in der BRD (1953) wurde die Berufsqualifizierung für Krankenschwestern und -pfleger noch mit eineinhalb Jahren angegeben, um 1957 bereits auf zwei Jahre mit 400 Theoriestunden erhöht zu werden. 1965 stieg die Dauer auf drei Jahre mit 1200 Stunden Unterricht, 1985 auf 1600 Stunden. Im Jahr 2004 wurde die neue Berufsbezeichnung „Gesundheits- und Krankenpfleger/-in" bzw. „Gesundheits- und Kinderkrankenpfleger/-in" eingeführt, wobei die bisherigen Berufsbezeichnungen weitergeführt werden konnten. Für die seit dem 01.01.2020 begonnenen Ausbildungen wird der Titel Pflegefachfrau bzw. -mann vergeben (Pflegeberufsreformgesetz, PflBRefG, 2017).[25]

Im Gegensatz zu der vorherigen Pflegeausbildung führt der neue Beruf die Altenpflege, Gesundheits- und Krankenpflege sowie Gesundheits- und Kinderkrankenpflege zusammen, d. h., die Ausbildung ist generalistisch. Somit lernen die Auszubildenden der drei Pflegerichtungen in den ersten beiden Jahren gemeinsam, während im dritten Jahr ein sogenannter Vertiefungseinsatz folgen kann. Die Pflegeschule ist für 2100 Stunden Ausbildung verantwortlich, die praktische Ausbildung umfasst mindestens 2500 Stunden. Die weiteren Anforderungen haben sich gegenüber der vorherigen Ausbildungsordnung nicht verändert. Die schulische Vorbildung ist in der Regel ein mittlerer Bildungsabschluss oder ein Hauptschulabschluss in Verbindung mit einer erfolgreich abgeschlossenen Berufsausbildung oder einer erfolgreich abgeschlossenen landesrechtlich geregelten Assistenz- oder Helferausbildung in der Pflege von mindestens einjähriger Dauer. Abb. 72 gibt einen Überblick über die Ausbildung der Pflegekräfte. Deutschland folgt damit dem internationalen Standard der generalisierten Pflegeausbildung.

---

25 BGBl. 2017, S. 2581–2614, in den hier relevanten Teilen inkraftgetreten am 01.01.2020.

Seit einigen Jahren gibt es auch akademische Pflegeberufe. An einigen Universitäten ist es möglich Pflegewissenschaften, an zahlreichen Fachhochschulen Pflegemanagement, zu studieren (beides sowohl als Bachelor- als auch als Masterstudium). Die akademische Ausbildung zur Pflegefachkraft erfolgt stets in Kooperation mit großen Kliniken. Mit dem „Gesetz über das Studium und den Beruf von Hebammen" (Hebammengesetz, HebG, 2019)[26] wurde die akademische Ausbildung für diesen Beruf verpflichtend, wobei explizit auch examinierte Pflegekräfte ohne Abitur zum Hebammenstudium zugelassen werden sollen. Es ist jedoch nicht zu erwarten, dass mittelfristig die Pflegeausbildung nur noch mit Abitur als Studium möglich sein wird. Auf Dauer wird das Berufsbild der Pflege in Deutschland voraussichtlich so heterogen sein wie in den Vereinigten Staaten, wo von Absolventen einjähriger Praxisprogramme bis hin zu promovierten Pflegewissenschaftlern zahlreiche Kategorien von Pflegekräften in den Krankenhäusern arbeiten.

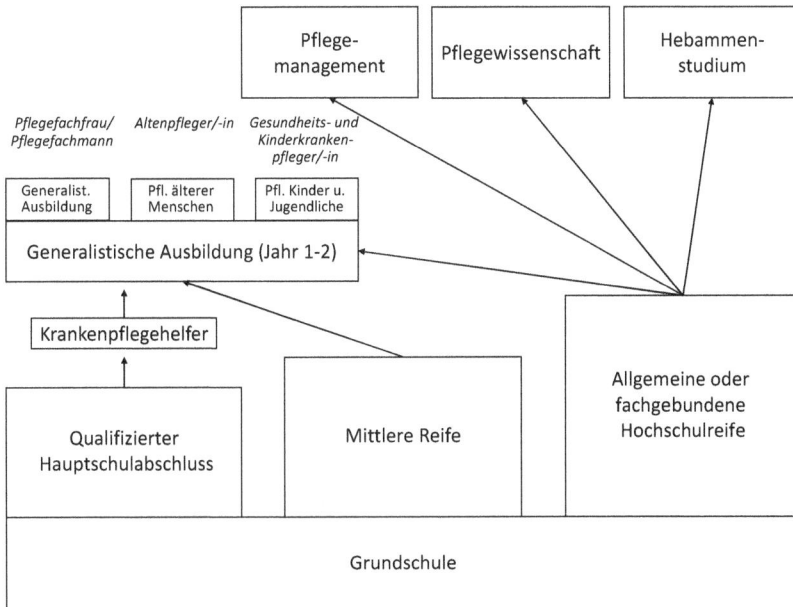

Abb. 72: Ausbildung der Pflegeberufe.[27]

Der sogenannte „Pflegenotstand" ist relativ. Einerseits bildet Deutschland im Verhältnis zu anderen (auch europäischen) Ländern relativ viele Pflegende aus, andererseits ist ihre Verweildauer im Beruf vergleichsweise gering. Versuche, die Attraktivität des Pflegeberufes durch Akademisierung und Gehaltserhöhungen zu verbessern, haben

---

26 BGBl. 2019, S. 1759–1777, in den hier relevanten Teilen inkraftgetreten am 01.01.2020.
27 Quelle: Eigene Darstellung.

bislang keine tiefgreifenden Erfolge gezeigt. Krankenhäuser im ländlichen Raum haben Probleme, Pflegestellen zu besetzen, aber auch Krankenhäuser in Ballungsräumen finden kein Pflegepersonal, da die Lebenshaltungskosten in diesen Räumen so hoch sind, dass man von einem Gehalt einer Pflegekraft dort kaum leben kann. Ein Konzept zur Überwindung des „Pflegenotstandes" ist die Anwerbung von Pflegepersonal im Ausland. Es zeigt sich allerdings, dass die Kosten pro Jahr erheblich sind, weil die Verweildauer in Deutschland begrenzt ist. Häufig haben die Pflegekräfte aus dem Ausland eine andere Erwartung an ihre Tätigkeit, da sie akademisch ausgebildet wurden und bislang einfachere Pflegeleistungen und insbesondere Hoteldienstleistungen vollständig delegiert hatten. Somit verlassen sie Deutschland im Durchschnitt nach wenigen Jahren. Da die Kosten der Weiterbildung (z. B. Sprachkurs, fachliche Qualifikation) bis zur selbständigen Wahrnehmung von Pflegeaufgaben erheblich sind, sind die Kosten für ausländisches Personal pro Arbeitsjahr ebenfalls hoch. Die Anwerbung ausländischer Mitarbeiter in der Pflege ist damit eine punktuelle Lösung, hebt jedoch nicht die Notwendigkeit auf, ein strategisches Personalkonzept zu entwickeln.

Pflegekräfte sind relativ stark in verschiedenen Verbänden organisiert, z. B. Deutscher Berufsverband für Pflegeberufe e. V. (DBfK), Bundesverband Pflegemanagement (bis 2012: Bundesarbeitsgemeinschaft Leitender Pflegepersonen e. V., kurz BALK), Berufsverband Kinderkrankenpflege Deutschland e. V. (BeKD), Bundesfachvereinigung Leitender Krankenpflegepersonen der Psychiatrie e. V. (BFLK), Deutscher Pflegeverband (DPV). Der Deutschen Pflegerat (DPR) fungiert als die Bundesarbeitsgemeinschaft dieser Pflegeorganisationen und als Partner der Selbstverwaltung. Eine weitere Entwicklung, die die berufliche Selbstverwaltung der Pflegeberufe stärken soll, sind die Errichtungen von Pflegekammern. Die erste Pflegekammer wurde in Rheinland-Pfalz auf den Weg gebracht. Weitere Bundesländer, wie Schleswig-Holstein und Niedersachsen, haben erste Gesetzesentwürfe verabschiedet.

Die Beantwortung der Frage, was Pflege eigentlich sei, war für die Bildung eines eigenen Berufsethos und zur Abgrenzung von der Medizin von großer Bedeutung. Traditionell war die Pflegekraft die Hilfskraft des Arztes. Pflegetheorien und -ansätze arbeiten das Proprium, d. h. den Inhalt und das Wesen der Pflege, heraus und grenzen es von anderen Berufsfeldern ab. Bekannt ist beispielsweise die Pflegetheorie nach Virginia Henderson (1897–1996).[28] Sie definiert Pflege als alle Aktivitäten, die dem Patienten dazu verhelfen sollen seine Bedürfnisse wieder unabhängig zu befriedigen. Die Aufgabe der Pflegekraft bestehe darin, dem kranken oder auch gesunden Individuum bei der Verrichtung von Aktivitäten zu helfen, die seiner Gesundheit oder Wiederherstellung (oder auch einem friedlichen Sterben) förderlich sind und die er ohne Beistand selbst ausüben würde, wenn er über die dazu erforderliche Stärke, Willenskraft oder Kenntnis verfügte. Hierzu gehören Aktivitäten des täglichen Lebens

---

28 Vgl. Henderson 1964.

(Activities of Daily Life, ADL) wie z. B. Essen, Trinken, Baden, Waschen, An- und Auskleiden, Stuhl- und Urinkontrolle, Toilettenbenutzung, Unabhängigkeit und Mobilität. Pflegende dienen der Wiederherstellung der ADLs.[29]

Der Aufwand, der für die Wiederherstellung oder Unterstützung der Aktivitäten des täglichen Lebens betrieben werden muss, kann mit Hilfe von Kennzahlen geschätzt werden. Eine Möglichkeit ist die Methodik, wie sie mit § 13 des Gesundheitsstrukturgesetzes (01.01.1993) verpflichtend als „Regelung über Maßstäbe und Grundsätze für den Personalbedarf in der stationären Krankenpflege (Pflegepersonalregelung)" eingeführt wurde. Ziel war die gesetzlich geregelte Vorgabe des Personalbedarfs in Krankenhäusern (mit Ausnahme der Psychiatrie, der Intensivmedizin und der Dialyse). Sie löste damit die Anhaltszahlen ab, die die Grundlage der Personalbemessung im Rahmen von Budgetverhandlungen gewesen sind. Die PPR wurde 1996 aufgesetzt und 1997 abgeschafft, weil sie zu teuer war. Für die interne Pflegeaufwandsmessung und Budgetzuteilung ist die PPR aber bis heute in vielen Krankenhäusern von Bedeutung.

Nach der PPR wird jeder Patient täglich einer von neun Pflegekategorien zugeteilt. Der Hilfsbedarf in den Bereichen Körperpflege, Ernährung, Ausscheidung, Bewegung und Lagerung bestimmte die Eingruppierung der Allgemeinen Pflege:
- A1: Leistungen für Patienten ohne besonderen Pflegebedarf;
- A2: Hilfestellungen in mindestens zwei Bereichen werden benötigt, z. B. Hilfe beim Aufstehen, Durchführung von Prophylaxen, Teilwäsche, Begleitung zum WC, Mahlzeiten mundgerecht aufbereiten;
- A3: Pflege übernimmt in mindestens zwei Bereichen die Durchführung vollständig, z. B. Lagerung, Ganzkörperwäsche, Versorgung bei Inkontinenz, Mahlzeiten anreichen, Überwachung bei Desorientierung.

Die Leistungen im Zusammenhang von Operationen, invasiven Maßnahmen, akuten Krankheitsphasen, medikamentöser Versorgung sowie Wund- und Hautbehandlung definieren die Gruppierung der Speziellen Pflege:
- S1: Behandlungspflege, die nicht unter S2 oder S3 fallen, z. B. einmal täglich Blutdruck messen.
- S2: mindestens eine Leistung der Behandlungspflege mit erhöhtem Aufwand erhalten, z. B. Dauerinfusionen, einfache Verbandswechsel, Kontrolle der Medikamenteneinnahme.
- S3: mindestens eine Leistung der Behandlungspflege mit hohem Aufwand, z. B. Transfusionen, aufwändige Verbandswechsel, Überwachung bei Nebenwirkungen von Medikamenten.

Wie Tab. 30 zeigt, wird jeder Kategorie ein Minutenwert täglicher Pflege zugeordnet, wobei die Tabelle lediglich die Werte für Erwachsene wiedergibt. Für Säug-

---

29 Vgl. Rennen-Allhoff und Schaeffer 2003.

linge, Kleinkinder und Jugendliche wurden jeweils eigene Werte definiert. Die Minutenwerte wurden in der ursprünglichen Version angesetzt und sollten damals dem absoluten Zeitbedarf entsprechen. Eine exakte, z. B. durch Stoppuhrverfahren durchgeführte Zeiterfassung (vgl. Kapitel 5.4.3), hat jedoch nicht stattgefunden. Es handelt sich eher um „politische Werte", die jedoch in ihrem relativen Zeitverbrauch von den meisten Beteiligten als realistisch eingestuft wurden.

Täglich zwischen 12 und 20 Uhr erfolgte eine Bewertung jedes Patienten. Die Gesamtpflegezeit einer Abteilung oder Station ergibt sich als Summe der Minutenwerte. Hierzu wird ein Pflegegrundwert von 30 Minuten pro Patient und Tag sowie ein Aufnahmegrundwert von 70 Minuten pro Aufnahme addiert. Aus dieser Summe ergeben sich der Gesamtbedarf an Pflegeminuten und damit der Stellenbedarf. Für die interne Budgetzuteilung spielt es hierbei keine Rolle, dass diese Minutenwerte heute als überhöht angesehen werden, da alle Abteilungen nach denselben Werten ihre relativen Anteile erhalten und somit das Verhältnis ausschlaggebend ist. Vielmehr wurde die PPR vom InEK weiterentwickelt, um sogenannte „hochaufwendige Pflegeleistungen" zu berücksichtigen, sodass die ursprüngliche $3 \cdot 3$ Matrix um eine Zeile ergänzt wurde.

Tab. 30: Pflegepersonalregelung für Erwachsene [Minutenwerte pro Patient und Tag].[30]

	Allgemeine Pflege A1	Allgemeine Pflege A2	Allgemeine Pflege A3	Allgemeine Pflege A4
Spezielle Pflege S1	52	98	179	289
Spezielle Pflege S2	62	108	189	299
Spezielle Pflege S3	88	134	215	325

Innovationen

Die klassische Trennung von „akademischen Heilberufen" und „Lehrberufen" kann in dieser Form nicht mehr aufrechterhalten werden. Dies liegt zum einen an der Akademisierung der Pflege, Physiotherapie, Ergotherapie, Logopädie etc., zum anderen am Entstehen neuer Berufsbilder im Schnittfeld von Medizin und Pflege.

Seit 2007 gibt es den operationstechnischen Assistenten (OTA).[31] Wie die Pflegefachkraft im Operationsdienst, die nach der Pflegeausbildung eine 24-monatige Fachweiterbildung durchlaufen hat, betreut der OTA Patienten vor und nach der Operation, er wird jedoch nicht dem Pflegepersonal zugerechnet. Die Ausbildung zu einem OTA umfasst drei Jahre an einer Berufsfachschule und kann gewöhnlich mit

---

30 InEK 2009.
31 Vgl. Bauer 2007.

einem Schulabschluss der mittleren Reife begonnen werden. Der OTA ist folglich weder Arzt noch Pflegekraft, sondern eine eigene Kategorie von ärztlichem Assistenzberuf. Für die Anästhesie wurde in Anlehnung an den OTA das Berufsbild des Anästhesietechnischen Assistenten (ATA) entwickelt.

Für OTA oder Pflegende mit Fachweiterbildung zum Operationsdienst bieten einige Krankenhäuser (vor allem der Asklepios-Gruppe) die Weiterbildung zum chirurgischen Operationsassistenten (COA) an, der zwar noch unter ärztlicher Aufsicht arbeitet, jedoch deutlich mehr Aufgaben delegiert erhält.

Etwa zeitgleich mit der Einführung des OTA wurde der chirurgisch-technische Assistent (CTA) eingeführt, der nach dem Abitur eine 3-jährige Ausbildung durchläuft und delegierbare Tätigkeiten des Arztes übernimmt. Hierzu gehören nach Aussage der Deutschen Gesellschaft für Chirurgie u. a. der selbstständige Wundverschluss, Blutentnahmen, Entfernen von Drainagesystemen, die Durchführung der Anamnese, das Erstellen von Arztbriefen und die postoperative Wundversorgung. Allerdings gibt es auch erheblichen Widerstand gegen den Einsatz der COAs und CTAs, da vor allem eine geringere Ergebnisqualität und eine Schwächung des ärztlichen Berufsstandes gefürchtet werden.

Außerhalb des Krankenhauses gibt es Tendenzen, die Pflegenden so weiter zu qualifizieren, dass sie delegierbare Aufgaben des Arztes übernehmen. Verschiedene Konzepte mit unterschiedlicher Ausbildungsintensität, z. B. AGnES (Arztentlastende, Gemeindenahe, E-Health-gestützte, Systemische Intervention) AGnES[plus] oder VERAH (Versorgungsassistentin in der hausärztlichen Praxis) wurden erprobt. Ein Schwerpunkt liegt auf der nachhaltigen Versorgung von chronisch-kranken und älteren Patienten in der Häuslichkeit, wobei insbesondere die Kassenärztlichen Vereinigungen großen Wert darauf legen, dass es sich ausschließlich um Delegation und nicht um Substitution handelt. Eine rechtliche Verankerung zur Durchführung von bestimmten ärztlichen Leistungen durch entsprechend qualifizierte Pflegefachkräfte findet sich im Sozialgesetzbuch fünf (SGB V) unter § 63 Abs. 3c SGB V. International ist der Nurse Practitioner ein angesehener, akademischer Heilberuf. Gerade in ländlichen Regionen ersetzen sie häufig den Hausarzt. Ähnliche Ansätze sind für Deutschland in der Diskussion, treffen jedoch auf erhebliche Widerstände.

Auch in der Verwaltung sind neue Berufsbilder entstanden, die die Grenzen zwischen den ursprünglich getrennten Berufen verwischen. Case-Manager und Medizin-Controller erfordern eine intensive Zusatzausbildung, wobei sowohl Pflegende als auch Mediziner für diese Aufgaben in Frage kommen. Im Berufsalltag ist es gerade in kleinen Krankenhäusern nicht mehr ersichtlich, ob der Controller nun ursprünglich Arzt oder Pflegekraft war.

Diese Ausführungen sollen genügen um aufzuzeigen, dass das Personal von Krankenhäusern ein ausgesprochen heterogener Produktionsfaktor ist. Die Personalplanung, -bemessung, -führung und -freisetzung erfordern in der Praxis eine Differenzierung nach Berufsgruppen.

4.1.3 Sozialpartnerschaft

An dieser Stelle kann weder ein Überblick über die Sozialpartnerschaft noch eine Bewertung der Streiks in Krankenhäusern erfolgen. Es sollen vielmehr in Kürze einige wenige Aspekte beleuchtet werden, die sich in den letzten Jahren stark verändert haben und deshalb auch die Tarifruhe der letzten Jahrzehnte ausgesetzt haben.

In öffentlichen Krankenhäusern bzw. den Häusern der Diakonie und Caritas stellte das Auslaufen des Bundesangestelltentarifvertrags (BAT) zum 30.09.2005 eine Zäsur dar. Er wurde durch den Tarifvertrag für den öffentlichen Dienst (TVöD) ersetzt, der eine völlig neue Grundlage der Entlohnung darstellte. Erstens wurde die Trennung von Arbeitern und Angestellten aufgehoben, die teilweise zur Diskriminierung geführt hatte. Zweitens wurde eine Entgeltgruppe eingeführt, die 2005 (mit 1286 €/Monat bzw. 7,68 € brutto/Stunde)[32] deutlich unter dem früheren Minimallohn lag. Die Tendenz zum Outsourcing gerade im öffentlichen Bereich sollte damit reduziert werden. Drittens wurde der Soziallohn (Kinder, Familienstand, Altersstufe) abgeschafft. Viertens sind Zulagen in Form von Erfahrungsstufen zwar nach wie vor möglich, jedoch kein Automatismus. Sie sind leistungsabhängig und müssen begründbar sein. Wichtig ist auch, dass der TVöD eine Öffnungsmöglichkeit für abweichende Betriebs- und Dienstvereinbarungen vorsieht. Damit ist eine Abkehr vom alles dominierenden Flächentarifvertrag möglich. Der TVöD stellte vorerst eine Waffengleichheit mit den privatwirtschaftlichen Krankenhäusern her. Er impliziert jedoch auch den Verlust angestammter Privilegien für zahlreiche Mitarbeiter. Dies führte zunächst zur Verunsicherung und Ablehnung.

Das Gehalt einer Pflegekraft hängt selbstredend von der Qualifikation ab. Während ein Pflegehelfer in P5 oder P6 TVöD-P eingruppiert ist, sind die meisten Pflegenden mit 3-jähriger Ausbildung in P7. Das Monatsgehalt im Jahr 2021 für P5 mit Erfahrungsstufe 1 betrug 2334,28 € (13,94 € pro Stunde bei einer regelmäßigen Arbeitszeit von 38,5 Stunden pro Woche bzw. 167,40 Stunden pro Monat). Ein Pflegender mit 3-jähriger Ausbildung (P7) beginnt mit Erfahrungsstufe 2 und 2880,56 € bzw. 17,21 € pro Stunde. Damit liegt der Stundenlohn deutlich über dem gesetzlichen Mindestlohn von 9,60 € brutto/Stunde.[33] Demzufolge besteht ein Anreiz, bestimmte Wirtschaftsbereiche einer Klinik auszugliedern.

Ein weiterer Punkt, der in den letzten Jahren zu erheblichen Auseinandersetzungen führte, war die Abgeltung der Bereitschaftsdienste. Ein Bereitschaftsdienst ist gegeben, wenn sich der Arbeitnehmer für Zwecke des Betriebs an einer bestimmten Stelle innerhalb oder außerhalb des Betriebs aufzuhalten hat, um bei Bedarf die Arbeit unverzüglich aufzunehmen. Da Krankenhäuser in der Regel 365 Tage im Jahr an 24 Stunden pro Tag eine Bereitschaft vorhalten müssen, spielt der Bereitschaftsdienst in Krankenhäusern eine wichtige Rolle.

---

32 TVöD vom 13. September 2005, Bund u Gemeinden Tarifgebiet West, Entgelt ab 01.10.2005.
33 Mindestlohngesetz, www.mindest-lohn.org.

Bis zu einem Urteil des Europäischen Gerichtshofs (09.09.2003) wurde der Bereitschaftsdienst nicht vollständig als Arbeitszeit gezählt. Das Urteil definierte Arbeitszeit jedoch als die Zeitspanne, während der ein Arbeitnehmer gemäß den einzelstaatlichen Vorschriften und Gepflogenheiten arbeitet, dem Arbeitgeber zur Verfügung steht und seine Tätigkeit ausübt oder Aufgaben wahrnimmt. Mit Inkrafttreten der Neufassung des Arbeitszeitgesetzes von 1994 am 01.01.2004 werden die Bereitschaftszeiten folglich vollständig als Arbeitszeit angerechnet.

Es ist jedoch zu beachten, dass stets eine Trennung zwischen einer arbeitsschutzrechtlichen und einer vergütungsrechtlichen Betrachtungsweise vorzunehmen ist. Das Arbeitszeitgesetz regelt ausschließlich zulässige Höchstarbeitszeiten und einzuhaltende Ruhezeiten, nicht aber die Vergütung von Arbeitszeiten. Zum Zwecke der Entgeltberechnung wird die durchschnittlich anfallende Arbeitsleistung im Rahmen des Bereitschaftsdienstes faktorisiert und als Arbeitszeit bewertet. Tab. 31 zeigt die Bewertung des TVöD bis 2003. Eine Beanspruchung von durchschnittlich mehr als 49 % war als reine Arbeitszeit einzustufen.

Tab. 31: Bereitschaftsdienst bis 2003.[34]

Bereitschafts-dienststufe	Prozent der Arbeitsleistung innerhalb des Bereitschaftsdienstes	Entlohnung (Prozent als Arbeitszeit bewertet)
A	0–10 %	40 %
B	11–25 %	50 %
C	26–40 %	65 %
D	41–49 %	80 %
	>49 %	100 %

In der Realität finden sich trotzdem noch immer sehr lange Arbeitszeiten, wobei es Hinweise darauf gibt, dass diese nicht immer vollständig dokumentiert werden. Zum einen erstreben Ärzte selbst diese langen Zeiten, da sie sich den Patienten verpflichtet fühlen, sie ihre Weiterbildung zügig abschließen möchten oder aber an der zusätzlichen Bezahlung interessiert sind. Zum anderen sehen sich Krankenhäuser immer stärker in dem Konflikt, Arztstellen nicht besetzen zu können und deshalb die vorhandenen Arbeitskräfte unzulässig einzusetzen. Der Marburger Bund, Tarifvertragspartei des Tarifvertrages für Ärztinnen und Ärzte, weißt hingegen darauf hin, dass Krankenhäuser auch Druck auf Ärzte ausüben, Bereitschaftsdienste nicht zu dokumentieren, um Kosten zu sparen.

---

34 Quelle: TVöD (2009).

Die Praxis zeigt aber auch, dass sich die Beziehung zwischen Arbeit und Freizeit geändert hat. Die Bedeutung von Freizeit hat zugenommen und weist mittlerweile oft einen höheren Stellenwert auf als Geld. Die Arbeitnehmervertreter haben sich deshalb in den letzten Jahren nicht nur für eine höhere Vergütung, sondern auch vermehrt für einen angemessenen Ausgleich in Freizeit, dem sog. Freizeitausgleich, eingesetzt. Sofern nun eine Abgeltung des Bereitschaftsdienstes in Freizeit erfolgt, in Zeiten zu denen Ruhezeit zu gewähren ist, fällt die Faktorisierung der Arbeitsleistung höher aus. Dies spiegelt sich sowohl in der Bewertung der Arbeitszeit des TVöD als auch des TV-Ärzte entsprechend Tab. 32 wieder.

Tab. 32: Bereitschaftsdienst ab 2013.[35]

Bereitschafts-dienststufe	Arbeitsleistung innerhalb des Bereitschaftsdienstes	Entlohnung – Bewertung als Arbeitszeit	Freizeit innerhalb der Ruhezeit – Bewertung als Arbeitszeit
I	0–25 %	60 %	70 %
II	26–40 %	75 %	85 %
III	41–49 %	90 %	100 %
Vollarbeit	>49 %	100 %	

Diese Tendenz stellt in Zeiten des Personalmangels eine weitere Hürde für das Klinikmanagement dar.

Der Produktionsfaktor menschliche Arbeit ist von größter Bedeutung für den Krankenhausbetrieb. Seine Determinanten, Erscheinungsbilder und berechtigten Anforderungen müssen Hauptaugenmerk jeder Führungskraft im Krankenhaus sein.

4.2 Betriebsmittel

Die bedeutendsten Betriebsmittel sind die Krankenhausbauten sowie die medizinischen Geräte. Sie müssen beschafft, genutzt, gewartet und schließlich entsorgt werden (Lebenszykluskonzept), wobei für jede Phase spezifische Entscheidungsprobleme auftreten. Im Folgenden werden wir zuerst betriebswirtschaftlich relevante Aspekte des Krankenhausbaus betrachten. Anschließend folgt eine Diskussion betriebswirtschaftlicher Aspekte von medizinischen Geräten.

---

35 TV-Ärzte VKA vom 17. August 2006 in der Fassung des Änderungstarifvertrages Nr. 4 vom 6. März 2013.

4.2.1 Krankenhausbau

Grundlagen

Die moderne Krankenhausarchitektur muss zahlreichen[36] Anforderungen genügen. Die Gebäude müssen so gestaltet sein, dass sie die primäre Funktion des Krankenhauses unterstützen, d. h., sie müssen zum Heilungserfolg beitragen. Dies können sie einerseits dadurch, dass sie ein effektives und effizientes Arbeiten ermöglichen, andererseits dadurch, indem sie selbst einen Einfluss auf den Patienten haben. Krankenhausbauten müssen deshalb medizinisch-pflegerische Anforderungen erfüllen. Hierzu gehört, dass sie eine bestmögliche Raumhülle für die Betriebsmittel bilden. Dies wird immer schwieriger, da die ökonomische Nutzungsdauer der Betriebsmittel abnimmt, während die Bausubstanz selbst von langer Lebensdauer ist. So müssen beispielsweise Operationsräume heute so geplant werden, dass die technische Ausstattung der Operationssäle nach maximal zehn Jahren vollständig ersetzt und den neuesten Erkenntnissen angepasst werden kann, während die Gebäude selbst 50 oder 80 Jahre halten müssen. Dies wird beispielsweise dadurch gelöst, dass die Operationsräume ohne Zerstörung tragender Teile geöffnet werden können, sodass komplette Container ausgetauscht werden können.

Zweitens müssen Krankenhausbauten derart geplant sein, dass ein Kostenminimum erreicht wird. Dies ist schwierig, da verschiedene Kostenarten zu unterscheiden sind. Zum einen sind die Investitionskosten und die Betriebskosten der Gebäude zu differenzieren, wobei häufig Gebäude mit niedrigen Investitionskosten langfristig hohe Betriebskosten haben. Hier ist eine Investitionsentscheidung unter Berücksichtigung der Zukunftskosten zu treffen. Weiterhin stehen auch Betriebsmittel und Gebäude in einem Substitutionsverhältnis. So können z. B. Aufzüge, Transportfahrzeuge und Gebäudetypen (z. B. Zahl der Stockwerke) kostenmäßig verglichen werden, wobei ein Kostenoptimum die Berücksichtigung aller Investitions- und Betriebskosten, sowohl der Betriebsmittel als auch der Gebäude, erfordert. Es liegt auf der Hand, dass die duale Finanzierung eine Gesamtoptimierung verhindert.

Schließlich müssen Krankenhausbauten auch rechtlichen, bautechnischen und architektonischen Anforderungen genügen. Der Krankenhausarchitekt wacht über die Einhaltung dieser Rahmendaten, es ist jedoch auch für den Krankenhausmanager lohnend, die jeweils gültigen Vorschriften zu kennen. Hierbei unterscheiden sich die Regelungen der Hochschulkliniken von anderen Krankenhäusern.

Die architektonischen Anforderungen werden von zur Sparsamkeit verpflichteten Krankenhausleitern oftmals als unnötige Zierde abgelehnt. Tatsächlich spielt Ästhetik im Beruf der Architekten eine große Rolle. Sie sollte jedoch dem eigentlichen Betriebsziel dienen, d. h., es lässt sich durchaus nachweisen, dass eine ansprechende Raumgestaltung einen positiven Effekt auf den Heilungserfolg hat. Vor allem aber ist

---

36 Vgl. insbesondere Nickl-Weller 2007; Nickl-Weller und Nickl 2007.

der Architekt dafür verantwortlich, dass der Bau die Wahrung der Grundbedürfnisse des Patienten unterstützt. Der Patient möchte seine Eigenständigkeit (geistige und körperliche Unabhängigkeit, Leistungsfähigkeit, Bewegungsfähigkeit, Kommunikation mit seiner Umwelt) sowie seine Identität (Wahrung eines eigenen Milieus bzw. einer Privatsphäre) behalten. Die Gestaltung des Krankenhauses soll dies unterstützen. Hierbei ist wichtig, dass sich die architektonische Funktion nicht nur auf das Krankenzimmer beschränkt. Alle Raumbereiche des Patienten (Empfang, Aufnahme, Notfallambulanz, Pflegeeinheit, Krankenzimmer, Untersuchungs- und Behandlungsbereich, Kiosk, Aufenthaltsräume etc.) sollen von einer konsistenten, ihn fördernden Raumgestaltung geprägt sein. Besonders wichtig sind hier die Räumlichkeiten für Krisensituationen des Patienten (z. B. Intensivpflege) und der Angehörigen (Abschiednehmen). Der Meditations- oder Andachtsraum ist deshalb kein unnötiger Luxus, sondern integraler Teil des patientenorientierten Krankenhauses.

In jeder Erlebnisphase des Krankenhausaufenthalts (erste Kontakte und Eindrücke in der Eingangshalle, Aufnahme und Anamnese; Eingewöhnungsphase mit Orientierung und Bezugsperson; Alltagsablauf; Krisensituation, wie z. B. Intensivpflege und Ableben; Genesung, Entlassung) wirken Räume auf den Patienten. Orientierungshilfen, Größen, Farben, Funktionalität der Räume beeinflussen den Patienten und damit das Leistungsergebnis des Krankenhauses. Grundsatz ist hierbei, dass nur ein Patient effizient geheilt werden kann, der sich wohl fühlt. Das Wohlfühlen wird hierbei definiert als Differenz zwischen Erwartung und Realität bzw. zwischen dem allgemeinen Lebensstandard des Patienten und den Leistungen des Krankenhauses. Steigt der Lebensstandard der Bevölkerung, werden auch die Erwartungen an die Ausstattung zunehmen, sodass die Krankenhausbauten nachziehen müssen. Da die Gebäude in der Regel mindestens fünfzig Jahre halten müssen, bedeutet dies, dass in dieser Zeit nicht nur mehrfach grundlegend renoviert werden muss, sondern die komplette Raumauslegung den geänderten, gesellschaftlichen Rahmenbedingungen angepasst werden muss. Intelligente Krankenhausarchitektur plant hier vor.

Ein grundlegendes Problem, das nicht nur die Krankenhausarchitektur betrifft, ist die Verweildauerverkürzung. Die Eingewöhnungs- und Genesungszeit werden immer weiter reduziert, sodass Orientierung, Aufbau einer eigenen Identität im Krankenhaus sowie von Beziehungen zu Mitarbeitern immer schneller gehen müssen. Ob die Architektur oder auch die Betriebsmittelausstattung hier antworten kann, bleibt abzuwarten.

In der Krankenhausarchitektur unterscheidet man grundlegende Bereichszuordnungstypen. Die Strukturtypen untersuchen, wie Pflege und Diagnostik/Therapie einander zugeordnet sind und unterscheiden eine horizontale, eine vertikale und eine gemischte Zuordnung. Abb. 73 zeigt die Grundtypen. Bei der vertikalen Gliederung sind alle Funktionsbereiche zentral in einem Stockwerk untergebracht, meist im Keller und Erdgeschoss. Die Pflegestationen werden übereinander gebaut. Die Hochbauten aus den 60er- und 70er-Jahren entsprechen dieser Zuordnung. Teilweise gibt es einen Bettenbau und einen Funktionsbau, die nebeneinanderstehen.

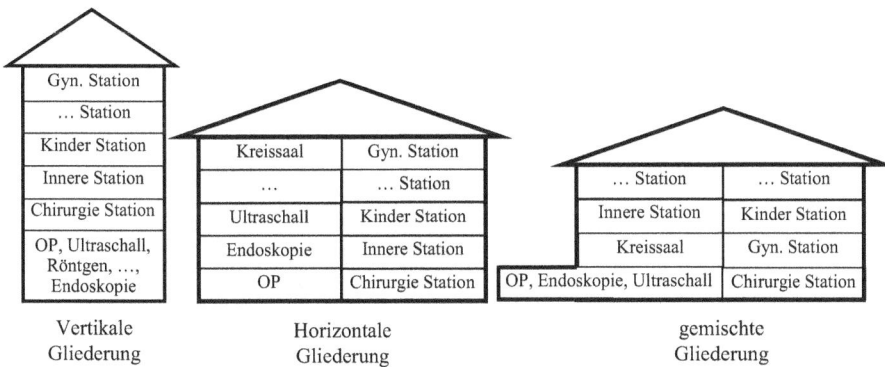

Gyn. Station
… Station
Kinder Station
Innere Station
Chirurgie Station
OP, Ultraschall, Röntgen, …, Endoskopie

Vertikale Gliederung

Kreissaal	Gyn. Station
…	… Station
Ultraschall	Kinder Station
Endoskopie	Innere Station
OP	Chirurgie Station

Horizontale Gliederung

… Station	… Station
Innere Station	Kinder Station
Kreissaal	Gyn. Station
OP, Endoskopie, Ultraschall	Chirurgie Station

gemischte Gliederung

Abb. 73: Bereichszuordnungstypen.[37]

Bei der horizontalen Zuordnung werden die zu einem Fachbereich gehörenden Pflegeeinheiten und Behandlungseinheiten auf einer Ebene zusammengefasst. So wird beispielsweise der Kreißsaal der Gynäkologie bzw. Geburtshilfestation zugeordnet, während der Operationstrakt der Chirurgie beigestellt ist. Eine besondere Form, die in den 70er- und 80er-Jahren weit verbreitet war, ist das Flachbaukrankenhaus, in der die jeweiligen Fachdisziplinen mit ihren Stationen und Funktionen in jeweils getrennten Häusern untergebracht wurden, die mit Gängen verbunden waren. Bei interdisziplinärer Betreuung impliziert dieser Zuordnungstyp allerdings erhebliche Transportwege für Patienten und Personal.

Die moderne Krankenhausarchitektur geht von den strengen Zuordnungsvorschriften ab und implementiert Mischtypen. Nach klaren Kriterien (z. B. Wegeminimierung) werden Funktionsplätze einzelnen Abteilungen zugeordnet. Es ist lohnenswert, ein modernes Haus zu besichtigen und die Raumaufteilung im Verhältnis zu früher zu begutachten. Allerdings haben moderne Krankenhäuser auch die Tendenz zur Raumausweitung, d. h., immer größere, höhere und repräsentativere Eingangshallen etc. benötigen zusätzliche Reinigungs- und Heizaufwendungen. Die Betriebskosten müssen auf jeden Fall von Anfang an mitgedacht werden. Aktuell geht man von einem Flächenbedarf in einem Krankenhaus von 100–150 qm pro Bett aus. Die Baukosten belaufen sich derzeit je nach Krankenhaus auf 350.000–450.000 € pro Bett. Hinzu kommen noch einmal Erstausstattungskosten für Geräte von 50.000–100.000 € pro Bett. Damit ist eine betriebswirtschaftliche Bauplanung unabdingbar.

---

37 Quelle: Eichhorn 1975.

Betriebswirtschaftliche Bauplanung

Netzplantechnik

Die Bauplanung umfasst zwingend drei Bereiche: die Planung der einzelnen Tätigkeit in ihrer logischen Abfolge (Strukturplanung), die Planung der Zeitpunkte und Zeiträume der Tätigkeiten (Zeitplanung) sowie die Planung der Kostensumme und Ausgabenverläufe (Kostenplanung). Hinzu kommt meist noch eine Ressourcenplanung, d. h. der optimale Einsatz knapper Betriebsmittel während der Bauphase. Im Folgenden wollen wir diese Aspekte mit Hilfe der Netzplantechnik analysieren. Das Unterkapitel schließt mit dem in der Krankenhausarchitektur besonders wichtigen Teilproblem der Standortplanung von Funktionsstellen.

Zuerst ist festzuhalten, dass die bisherigen Erfahrungen mit betriebswirtschaftlicher Bauplanung nicht sehr zufrieden stellend sind. In der Regel werden die geplanten Zeiten und Kosten weit überschritten. Ist dies ein grundsätzliches Problem der Planungsmethodik, oder woran liegt diese Soll-Ist-Abweichung?

Neben Schlamperei und Trägheit gibt es mehrere triftige Gründe, warum insbesondere Baukosten von den Planungen abweichen können. Ein Krankenhausbau ist ein mehrjähriges Projekt, bei Großkrankenhäusern kann von der ersten Planung bis zur Inbetriebnahme ein Zeitraum von bis zu 15 Jahren verstreichen. In dieser Zeit verändert sich erstens der medizinische und technische Wissensstand. Geräte, die bei Planungsbeginn noch nicht einmal existierten, gehören am Ende der Bauphase zum Standard. Sie müssen nicht nur beschafft werden, sondern vor allem müssen auch Räumlichkeiten hierfür ergänzt werden. Zweitens verändern sich in diesem Zeitraum die Arbeitsgewohnheiten der Nutzer, die Organisationsmodelle und die Ausbildung. So wird heute von einem neuen Krankenhaus erwartet, dass es eine Zentralaufnahme hat, während bei Planungsbeginn noch jeder von dezentralen, stationsnahen Aufnahmen ausging. Drittens verändert sich das Krankheitspanorama, sodass Funktionsplätze und Stationen angepasst werden müssen. Hinzu kommen, viertens, gesellschaftliche Einflüsse wie Gesundheitsreformen sowie Veränderung der Krankenhausgesetzgebung und des Baurechts. Es ist deshalb kein Wunder, wenn die ursprünglichen Baukosten massiv überschritten werden.

Zum Teil ist jedoch eine Kostenüberschreitung gewünscht und systemimmanent. Bei öffentlichen Krankenhäusern müssen die Baukosten vom jeweiligen öffentlichen Haushalt genehmigt und budgetiert werden. Wenn von Anfang an klar ist, dass die realistische Baukostenschätzung niemals genehmigt wird, besteht die Versuchung, absichtlich und wider besseres Wissen die Baukosten zu unterschätzen, um so eine Genehmigung zu erhalten. Ist der Bau erst einmal fast fertig, kann es sich kein Politiker leisten, die Nachforderung abzulehnen und die Bauruine verfallen zu lassen. Damit ist eine Soll-Ist-Abweichung von Anfang an vorprogrammiert.

Im Folgenden soll anhand eines ganz einfachen Baubeispiels die Methodik der Projektplanung dargestellt werden, wie sie sich insbesondere für Großprojekte bewährt hat. Tab. 33 zeigt die sehr einfache Struktur mit Vorgängertätigkeiten, Zeitbedarf und Kosten.

Eine derartige Strukturliste kann so in eine gängige Projektmanagementsoftware (z. B. MS Project) eingegeben werden. Die Software hat verschiedene Möglichkeiten der Darstellung dieses Projektes, die alle hilfreich für die Projektplanung und -überwachung sind. Die reine Struktur der vor- und nachgelagerten Tätigkeiten wird gut durch einen Netzplan abgebildet. Hierbei können verschiedene Arten unterschieden werden. Bei einem Tätigkeitsgraph (z. B. Metra-Potential-Methode, MPM) werden die Tätigkeiten im Knoten des Graphen angezeigt, während die Kanten lediglich technologische Anordnungsbeziehungen sind. Bei einem Ereignisgraphen (z. B. Critical Path Method, CPM; Program Evaluation and Review Technique, PERT) stellen die Kanten die Tätigkeiten dar, während die Knoten ein Ereignis (Anfang bzw. Ende einer Tätigkeit) repräsentieren. Weiterhin können stochastische (z. B. PERT) und deterministische (z. B. CPM, MPM) Netzplantechniken unterschieden werden. In der Praxis des Bauprojektmanagements in Deutschland findet sich vor allem die MPM. Sie liegt auch den meisten Softwares zugrunde. Abb. 74 zeigt für obiges Beispiel einen CPM und einen MPM. Die Tätigkeit S im Ereignisgraph ist eine sogenannte Scheintätigkeit. Sie wird eingeführt, um im Falle paralleler Tätigkeiten (D und F) vollständig parallele Pfeile zu vermeiden.

Tab. 33: Strukturliste.[38]

Nr.	Tätigkeit	Vorgänger	Zeitbedarf [Tage]	Kosten pro Tag [€]
A	Vorbereiten des Grundstückes	–	20	100
B	Aushub der Fundamente	A	60	100
C	Rohbau	B	150	200
D	Innenausbau	C	120	200
E	Inbetriebnahme	D, F, G	10	100
F	Außenanlagen/Zuwege bereiten	C	20	200
G	Mitarbeiterschulung	–	30	500

Neben der Strukturplanung ist die Zeitplanung von großer Bedeutung in Projekten. Hierfür werden von Bauingenieuren gerne die Balken- oder Ganttdiagramme eingesetzt. Abb. 75 zeigt ein derartiges Diagramm. Für jede Tätigkeit wird der geplante Beginnzeitpunkt eingetragen und die erwartete Tätigkeitsdauer als horizontaler Balken dargestellt. In diesem einfachen Beispiel wurde die Zeit als X-Achse ohne Berücksichtigung von Wochenenden, Feiertagen und Betriebsferien angenommen. Moderne Pro-

---

38 Quelle: Eigene Darstellung.

jektmanagementsoftware rechnet hingegen in Arbeitstagen, die vorher definiert werden müssen, und terminiert die Teiltätigkeiten gemäß diesen Zeitschemata.

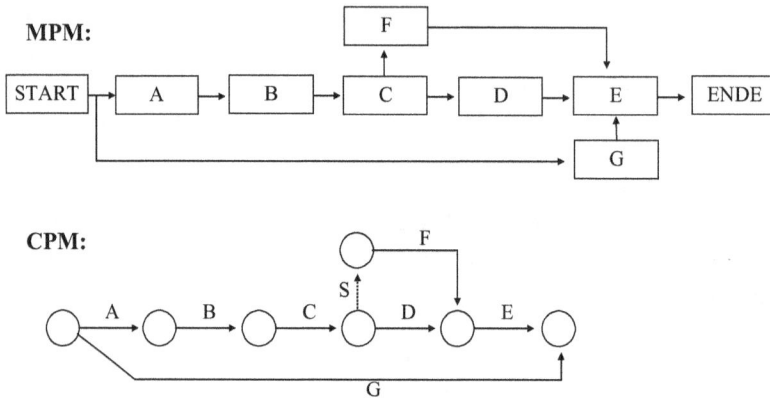

Abb. 74: Strukturanalyse mit Hilfe von MPM und CPM.[39]

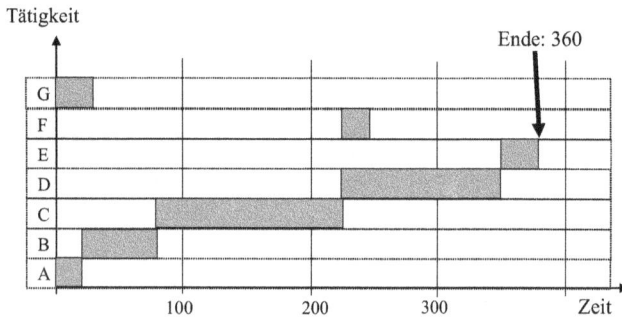

Abb. 75: Zeitanalyse im Ganttdiagramm.[40]

Mit Hilfe von Pfeilen können Vorgänger-Nachfolger-Relationen dargestellt werden. Weiterhin können die Puffer eingezeichnet werden. Als Puffer bezeichnet man eine Verschiebemöglichkeit einer Tätigkeit. Man kann verschiedene Puffer unterscheiden. Ein Gesamtpuffer ist diejenige Zeitspanne, um die eine Tätigkeit maximal verschoben werden kann, ohne dass sich der Projektendtermin verschiebt, wenn alle Vorgänger frühestmöglich begonnen haben und alle Nachfolger spätestmöglich beginnen. Der freie Puffer hingegen ist die Verschiebemöglichkeit einer Tätigkeit, wenn alle Vorgänger frühestmöglich begonnen haben und alle Nachfolger ebenfalls frühestmöglich be-

---

39 Quelle: Eigene Darstellung.
40 Quelle: Eigene Darstellung.

ginnen sollen, ohne dass sich der Endzeitpunkt verschiebt. Der unabhängige Puffer ist der Zeitraum, um den sich der Tätigkeitsbeginn verschieben kann, wenn alle Vorgänger spätestmöglich begonnen haben und alle Nachfolger frühestmöglich beginnen sollen, ohne dass sich der Endtermin verschiebt. In der Regel werden in Ganttdiagrammen nur Gesamtpuffer aufgezeigt. Wird an einer Stelle ein Gesamtpuffer ausgenutzt, verschwinden in allen nachfolgenden Tätigkeiten auf einem Pfad die Puffer. In unserem Beispiel haben die Tätigkeiten G und F jeweils einen Puffer. Tätigkeiten ohne Puffer sind zeitkritisch. Sie bilden den kritischen Pfad und erfordern das besondere Augenmerk des Projektmanagements. Erhöht sich eine Tätigkeitsdauer einer kritischen Tätigkeit, verzögert sich der Endtermin.

Abb. 76 zeigt die Zeitanalyse mit Hilfe eines Netzplans. Im Vergleich zum Ganttdiagramm hat der Netzplan den Vorteil, dass er sowohl die Zeiträume als auch die Struktur sehr schön visualisiert. Im MPM stellt D_i die Dauer der Tätigkeit i dar, während d_{ij} der zeitliche Mindestabstand zwischen Beginn von Tätigkeit i und Beginn von Tätigkeit j ist. Ist $D_i < d_{ij}$, so muss zwischen Ende von Tätigkeit i und Beginn von Tätigkeit j eine zusätzliche Wartezeit verstreichen. Ist $D_i > d_{ij}$, so können die Tätigkeiten teilweise parallel laufen. Damit ergeben sich folgende Berechnungen:

- Der früheste Beginnzeitpunkt der ersten Tätigkeit wird auf null gesetzt ($FZ_1 = 0$).
- Der früheste Beginnzeitpunkt aller weiteren Tätigkeiten ergibt sich durch Hinrechnung: $FZ_j = Max(FZ_i + d_{ij})$ für alle Vorgängerknoten.
- Der früheste und späteste Beginnzeitpunkt für den letzten Knoten ist identisch ($SZ_n = FZ_n$).
- Der späteste Beginnzeitpunkt aller weiteren Tätigkeiten ergibt sich durch Rückrechnung: $SZ_i = Min(SZ_j - d_{ij})$ für alle Nachfolgerknoten.
- Der früheste Endzeitpunkt und der späteste Endzeitpunkt ergibt sich pro Knoten als: $FE_i = FZ_i + D_i$; $SE_i = SZ_i + D_i$.
- Der Gesamtpuffer berechnet sich als $GP_i = SZ_i - FZ_i$
- Der freie Puffer berechnet sich als $FP_i = Min(FZ_j - FZ_i - d_{ij})$, wobei $FP_i \geq 0$.

Mit Hilfe dieser Zeitpunkte und Puffer ist eine exakte Zeitplanung möglich. Ob die Puffer an die Mitarbeiter kommuniziert werden sollen, ist eine schwierige Frage. Einerseits benötigen teilautonome Arbeitsgruppen möglichst viele Informationen, um gute Entscheidungen treffen zu können. Andererseits besteht die Gefahr, dass die Existenz von Puffern zu Nachlässigkeit und erheblicher Zeitüberschreitung führen kann. Der psychologische Effekt einer scheinbar nicht begrenzten Zeitressource kann schnell dazu führen, dass der Beginnzeitpunkt mehr verzögert wird, als der Puffer erlaubt.

Die Unterschiede zwischen frühesten und spätesten Beginnzeitpunkten ermöglichen auch einen Einfluss auf die Kostenverläufe. Abb. 77 zeigt die Gesamtkostenverläufe für den Fall, dass alle Tätigkeiten entweder zum frühestmöglichen oder zum spätestmöglichen Zeitpunkt beginnen. Die Fläche zwischen den beiden Kurven stellt den Gestaltungsspielraum für die Projektplanung dar. Selbstverständlich enden beide

A	.	0	0	
Vorbereiten des Grundstücks				
20	0	0.	20.	20.

20 →

B	.	0	0	
Aushub der Fundamente				
60	20.	20.	80.	80

60 →

C	.	0	0	
Rohbau				
150	80.	80.	230	230

0

G	.	320	320	
Mitarbeiterschulung				
30	0	320	30.	350

150

F	.	100	100	
Außenanlagen u. Zuwege Bereiten				
20	230	330	250	350

150

D	.	0	0	
Innenausbau				
120	230	230	350	350

20

120

E		0	0	
Inbetriebnahme				
10	350	350	360	360

30

Legende:

Knotennummer	Zuständigkeit	Gesamtpuffer	Freier Puffer

Nr	Zu	P1	P2
Name der Tätigkeit i			
Di	FZi	SZi	FEi	SEi

Vorgangsdauer →

d_{ij} = Zeitlicher Mindestabstand zwischen Beginn von Tätigkeit i und Beginn von Tätigkeit j

Nr	Zu	P1	P2
Name der Tätigkeit j			
Dj	FZj	SZj	FEj	SE

Frühester Anfangszeitpunkt · Spätester Anfangszeitpunkt · Frühester Endzeitpunkt · Spätester Endzeitpunkt

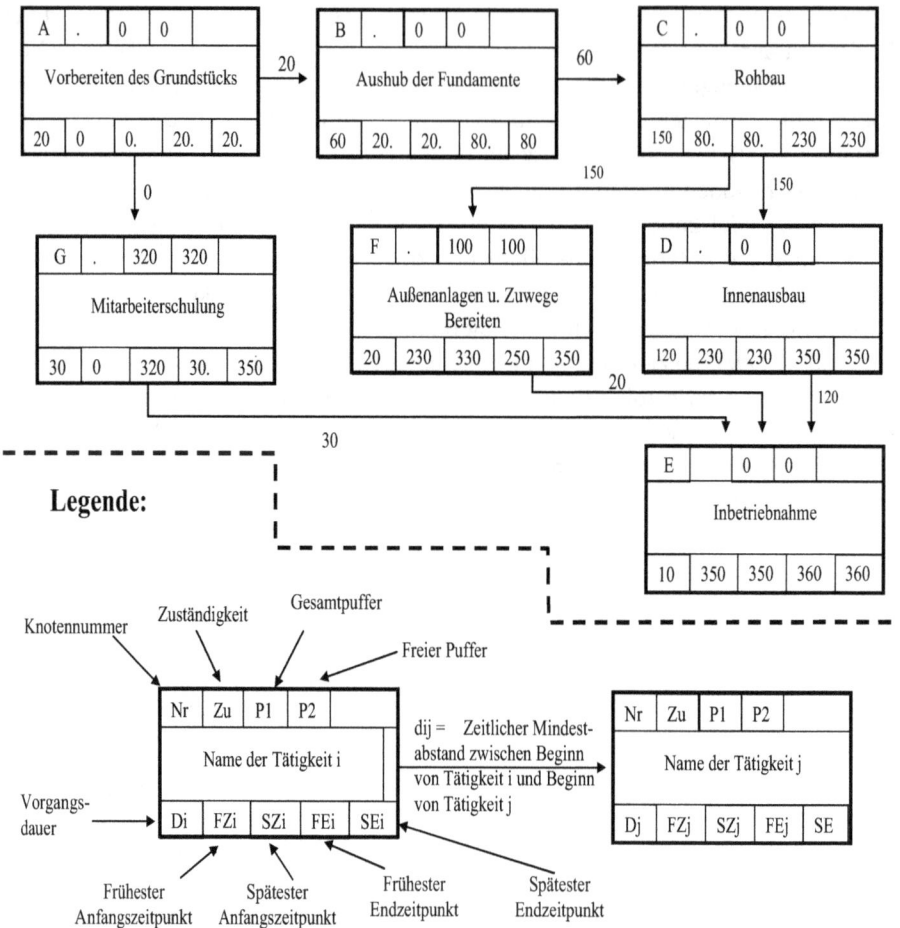

Abb. 76: Zeitanalyse im Netzplan.[41]

Varianten in derselben Kostensumme, ihr zeitlicher Anfall unterscheidet sich jedoch erheblich. Damit ist es möglich, bei mehrjährigen Bauprojekten die einzelnen Teiltätigkeiten so zu beginnen, dass eine Abstimmung zwischen Finanzbedarf und Budget erfolgt, ohne dass der früheste Endtermin verschoben werden muss.

Neben der Kostenplanung ist auch die Kostenüberwachung eine wichtige Aufgabe des Projektmanagements. Hierzu eignet sich das sogenannte PERT-Cost. Abb. 78 zeigt das Prinzip. Die Plankostenkurve (Plankosten zur Planzeit) ist das Ergebnis der Festlegung der geplanten Tätigkeitsbeginnzeitpunkte aus obiger Abbildung. Ihr wird die Istkostenkurve (Istkosten zur Istzeit) gegenübergestellt. Zum Zeitpunkt „jetzt" liegen die

---

41 Quelle: Eigene Darstellung.

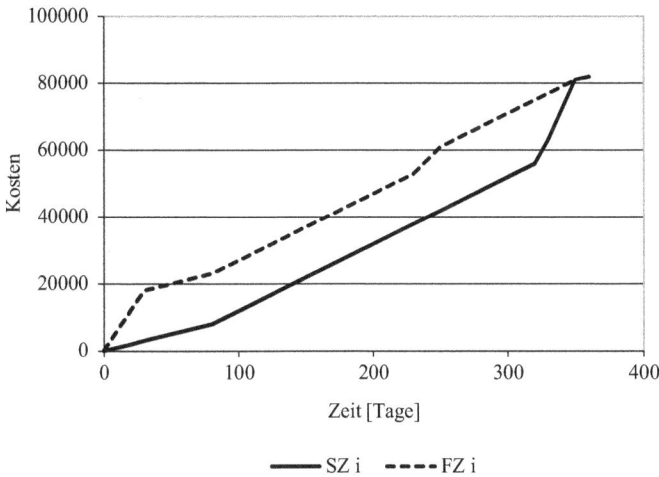

Abb. 77: Kostenverläufe bei frühesten und spätesten Beginnzeitpunkten.[42]

Istkosten über den Plankosten. Es wäre allerdings falsch anzunehmen, dass diese Differenz allein die Kostenüberschreitung wäre. Tatsächlich zeigen die Kurven an, dass nicht nur eine Kostenüberschreitung, sondern auch eine Terminüberschreitung vorliegt. Das Projekt ist noch nicht so weit, wie es eigentlich sein sollte, weniger Teiltätigkeiten wurden durchgeführt. Es ist deshalb sinnvoll, noch eine Sollkostenkurve (Plankosten zur Istzeit) einzubauen. Die vertikale Differenz zwischen Istkosten- und Plankostenkurve ist entsprechend die Kostenüberschreitung, die horizontale Differenz zwischen Plankosten- und Sollkostenkurve ist die zeitliche Überschreitung.

Schließlich kann es bei einer Projektplanung notwendig sein, eine Ressourcenplanung vorzunehmen. Dies ist insbesondere dann der Fall, wenn die Ressourcen nicht ausreichen, sodass einzelne Tätigkeiten, die in Ressourcenkonkurrenz stehen, verschoben werden müssen. Hat eine Baufirma beispielsweise nur einen Spezialkran und wird dieser für zwei parallele Tätigkeiten A und B benötigt, so muss entschieden werden, ob zuerst A oder B durchgeführt wird.

Am einfachsten ist es, wenn eine der beiden Tätigkeiten einen ausreichend großen Puffer hat, sodass sie um die Länge der anderen Tätigkeit verschoben werden kann, ohne dass sich der Endtermin verschiebt. Besteht diese Möglichkeit nicht, muss experimentell ermittelt werden, ob es besser ist, zuerst Tätigkeit A oder B durchzuführen. Besser kann einerseits bedeuten, dass die Variante mit der geringsten Auswirkung auf den Endtermin gewählt wird. Andererseits kann der Endtermin auch ökonomisch bewertet werden. Führt eine Terminüberschreitung zu einer Konventionalstrafe, so muss

---

42 Quelle: Meyer und Hansen 1996, S. 124.

der Projektleiter abwägen, ob es ökonomischer ist, die Konventionalstrafe zu bezahlen oder eine weitere Ressource (z. B. einen weiteren Spezialkran) zu mieten und den geplanten Endtermin einzuhalten.

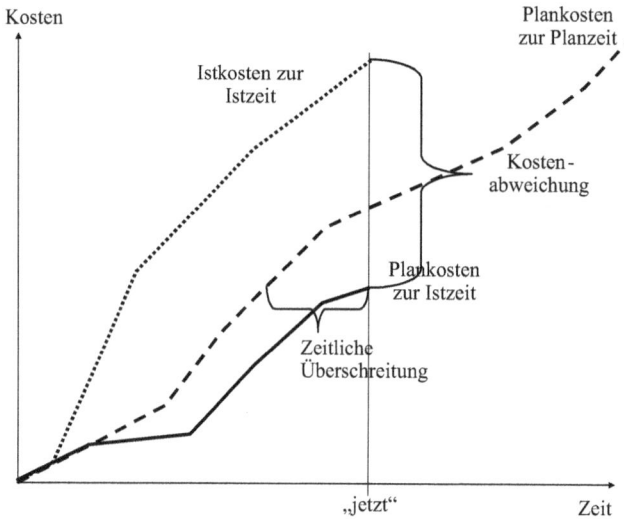

Abb. 78: PERT-Cost.[43]

Standortplanung von Funktionszentren

Ein weiteres Problem bei Neubauten und Reorganisationsmaßnahmen innerhalb bestehender Bauten ist die Zuordnung von Funktionszentren (Röntgen, Labor, Verwaltung, ...) auf mögliche Standorte bzw. Räumlichkeiten. Im einfachen Modell geht man davon aus, dass alle Funktionszentren grundsätzlich in allen Standorten möglich wären. Das Ziel ist damit lediglich die Minimierung der Transportkosten. Diese Problemstellung ist als Quadratisches Zuordnungsproblem bekannt.[44]

Der folgende Ansatz ist ein Versuch, es zu lösen. Die n Funktionsplätze sollen auf n Standorte verteilt werden. Jeder Standort kann nur einmal vergeben werden, jede Funktion muss exakt einmal vergeben werden. Die Zielfunktion minimiert das Produkt aus Transportwegen und Transportmengen.

Strukturvariablen:

$$x_{ij} = \begin{cases} 1 & \text{falls Funktion i auf Standort j} \\ 0 & \text{sonst} \end{cases} \quad i,j = 1..n$$

43 Quelle: Meyer und Hansen 1996, S. 124.
44 Vgl. Domschke und Drexl 1996.

Konstanten:

d_{jl}	Distanz zwischen Standort j und Standort l
m_{ik}	Zu transportierende Menge von Funktion i nach Funktion k

Nebenbedingungen:

$$\sum_{j=1}^{n} x_{ij} = 1 \quad : \text{jeder Standort nur einmal besetzt, i = 1..n}$$

$$\sum_{j=1}^{n} x_{ij} = 1 \quad : \text{jede Funktion nur einmal zugewiesen, i = 1..n}$$

Zielfunktion:

$$Z = \text{Min} \sum_{i=1}^{n} \sum_{j=1}^{n} \sum_{k=1}^{n} \sum_{l=1}^{n} d_{jl} \cdot m_{ik} \cdot x_{ij} \cdot x_{kl} \rightarrow Min!$$

Das obige LP ist nicht lösbar. Alternative Versuche der exakten Lösung (z. B. Branch-and-Bound-Verfahren) führen ebenfalls für realistische Größenordnungen zu keinem Ergebnis. Es ist deshalb notwendig ein Verfahren zu verwenden, das zwar eine Tendenz zum Optimum hat, dieses jedoch nicht unbedingt erreichen wird (Heuristik). Eine typische Heuristik, die hier verwendet wird, ist der Zweiertausch. Hierzu wird eine relativ willkürliche, jedoch zulässige Ausgangssituation gewählt. Anschließend werden jeweils zwei der Funktionsplätze getauscht. Aus diesen $\binom{n}{2}$ Möglichkeiten wird die beste als neuer Ausgangswert festgehalten. Anschließend erfolgt ein neuer Zweiertausch. Sobald sich der Ergebniswert nicht mehr verbessern lässt, hat man eine gute, wenn auch meist nicht optimale Lösung erreicht.

Das quadratische Zuordnungsproblem ist in der Literatur ausführlich beschrieben, wobei insbesondere sogenannte Metaheuristiken im Forschungsinteresse des letzten Jahrzehntes standen. Es zeigt sich allerdings auch, dass das intuitive Vorgehen der meisten Architekten durchaus keine schlechten Lösungen generiert. Eine Kombination von mathematischer Exaktheit und erfahrungsbasierter Intuition ist zweifelsohne hilfreich für die Krankenhausarchitektur.

4.2.2 Medizinische Geräte

Die medizinischen Geräte spannen ein weites Spektrum vom einfachen Blutdruckmessgerät bis zum Positronen-Emissions-Tomografen (PET) auf.[45] Die Grundausstat-

---

45 Vgl. Mach 2019.

tung eines modernen Krankenhauses kostet zwischen 50.000–100.000 € pro Bett, je nach Versorgungsstufe und Spezialisierung. Wie Tab. 34 zeigt, sind die Anschaffungskosten der Großgeräte sehr hoch. Die Spanne pro Gerät ist breit, da zwischen Standard- und High-end-Geräten, wie sie insbesondere in Kliniken der Maximalversorgung routinemäßig eingesetzt werden und für viele Fragenstellung erforderlich sind, große Preisunterschiede bestehen.

Die Werte sind allerdings nur Richtgrößen, denn in der Regel verhandelt ein Krankenhaus Beschaffung, Schulung und Wartung in einem, d. h., der Anschaffungspreis kann deutlich von diesen Größen abweichen, je nachdem wie die anderen Kostengrößen vereinbart wurden. Bei knappen Kassen des jeweiligen Bundeslandes konnte es im Zeitalter der Pflegesatzverhandlungen sinnvoll sein, niedrige Anschaffungskosten auszuhandeln und stattdessen die laufenden Betriebskosten zu erhöhen. Im Zeitalter der DRGs dürfte eher die Tendenz zu höheren Investitionskosten bestehen.

Tab. 34: Großgeräte im Krankenhaus.[46]

Gerät	Anschaffungskosten [1000 €]	Wartungskosten pro Jahr [1000 €]	Nutzungsdauer [Jahre]
Computertomograf (CT)	300–1.800	20–100	8–10
Kernspin-Tomograf (Magnetresonanztomograf, MRT)	700–2.000	60–160	8–10
Herzkatheter	800–1.200	60–100	8–10
Angiografie	600–1.200	50–100	8–10
Sonografie	30–120	3–20	6–10
Szintigrafie	220–800	20–30	8–10
Positronen-Emissions-Tomografie (PET)	1.200–2.000	80–160	6–10
Endoskopie	50–100	4–10	5–8
Autoklav	100–150	8–12	5–10

Auch Gebäude unterliegen einem Lebenszyklus. Da jedoch die Nutzungsdauer bei Gebäuden viel länger ist als bei Geräten, kommt dem Gerätelebenszyklus eine viel größere Bedeutung zu. Abb. 79 zeigt das Konzept. Ausgangspunkt ist eine Kapazitätsplanung, die sich aus der strategischen Leistungsplanung eines Krankenhauses ergibt. Geräte haben nie einen Selbstzweck, sondern müssen eine abgeleitete Funktion aus dem Existenzgrund des ganzen Unternehmens haben.

---

46 Quelle: Eigene Erhebung nach Angaben der Firmen.

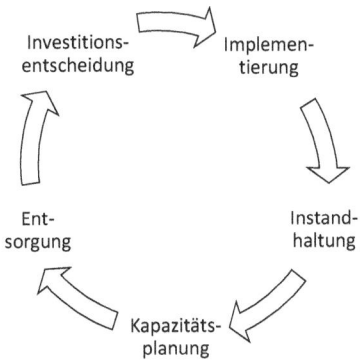

Abb. 79: Gerätelebenszyklus.[47]

Aus der Kapazitätsplanung leitet sich durch Abgleich mit den bestehenden Geräten der grundsätzliche Investitionsbedarf her. Die Investitionsentscheidung umfasst die Make-or-Buy-Entscheidung, die Wahl einer Alternative von Investitionsgütern, die Wahl des Lieferanten und unter Umständen die Finanzierung. Bei medizinischen Geräten sind die Verfügbarkeit von Wartungs- und Reparaturdiensten sowie die Möglichkeit einer Standardisierung von großer Bedeutung. Meist ist es sinnvoll Geräte eines Typs oder zumindest eines Produzenten zu haben.

Das gekaufte oder geleaste Gerät muss aufgestellt werden, was unter Umständen auch bauliche Veränderungen nach sich zieht. Sobald das Gerät funktionsfähig ist, muss die Instandhaltung einsetzen. Hierzu gehört auch die Materialwirtschaft von Ersatzteilen. Die Bestimmung der optimalen Wartungsintervalle ist eine wichtige Aufgabe des Krankenhausingenieurs. Schließlich wird das Gerät entsorgt, sobald es nicht mehr ökonomisch ist. Hierbei ist zu beachten, dass die technische und wirtschaftliche Nutzungsdauer voneinander abweichen können.

Bereits vor der Entsorgung sollte die Kapazitätsplanung erneut beginnen, sodass der Zyklus sich erneut fortsetzt. Im Zentrum dieses Kreislaufs steht der verantwortliche Krankenhausingenieur oder die zuständige Führungskraft des Krankenhauses. Werden die einzelnen Schritte separiert, entsteht kein Gesamtoptimum. Wird beispielsweise die Wartung nicht bereits bei der Investitionsentscheidung berücksichtigt, kann dies zu langfristig hohen Kosten führen. Wird die Standardisierung vernachlässigt, kann dies zu langen Ausfallzeiten oder auch zu Personalunzufriedenheit beitragen.

Im Folgenden wollen wir zwei Phasen herausgreifen und etwas ausführlicher besprechen: Die Investitionsentscheidung und die Instandhaltung.

---

47 Quelle: Eigene Darstellung.

Investitionsrechnung

Eine Investition im weiteren Sinne ist die Verwendung von Kapital im Unternehmen (Aktivseite der Beständebilanz).[48] Als Investition im engeren Sinne bezeichnet man hingegen die Beschaffung von Betriebsmitteln. Grundsätzlich unterscheidet sich die Investition im Krankenhauswesen nicht von Investitionen in anderen Sektoren, außer dass durch die duale Finanzierung in der betrieblichen Entscheidung eine Entkopplung von Anschaffungs- und Betriebskosten erfolgt. Ansonsten sind die in der Sachgüterindustrie entwickelten Investitionsrechenverfahren natürlich genauso anwendbar.

Wie bereits angesprochen, können bei einer Investitionsentscheidung verschiedene Probleme zu lösen sein. Zuerst muss über Durchführung oder Verzicht auf eine Investition entschieden werden. Ein Teilaspekt hiervon ist die Festlegung, ob eine Eigenproduktion oder ein Fremdbezug erfolgen soll. Anschließend muss zwischen Kauf und Leasing geurteilt werden (Finanzierungsentscheidung). Erfolgt eine Kaufentscheidung, tritt häufig das klassische Investitionsproblem der Wahl zwischen Investitionsobjekten auf. Schließlich muss auch der optimale Ersatztermin bestimmt werden.

Eigenfertigung oder Fremdbezug

Die Break-Even-Analyse eignet sich, um einfache Make-or-Buy-Probleme zu analysieren. Typische Beispiele hierfür sind die Eigenfertigung von Medikamenten in der Krankenhausapotheke und die Vorhaltung eigener CTs, MRTs oder Laborautomaten. Abb. 80 zeigt, dass die Kosten des Fremdbezugs durch den Ursprung gehen und linear mit der Menge ansteigen. Die Kosten der Eigenfertigung sind jedoch durch einen Fixkostenblock gekennzeichnet. Falls die variablen Kosten der Eigenfertigung geringer sind als der Einkaufspreis des Fremdbezugs, schneiden sich die Kurven. Dieser Punkt wird als Break-Even-Point (BEP) bezeichnet. Ab diesem Punkt rentiert sich die Eigenfertigung. Bezeichnet p den Einkaufspreis pro Stück der fremdbezogenen Leistung, v die variablen Kosten der Eigenproduktion pro Stück und F die Fixkosten der Eigenproduktion, so ergibt sich der BEP als:

$$BEP = \frac{F}{p - v}$$

Dieses einfache Verfahren berücksichtigt keine Zinskosten.

---

[48] Die Methoden der Investitionsrechnung sind in allen Lehrbüchern der Allgemeinen Betriebswirtschaftslehre sowie in speziellen Abhandlungen enthalten, z. B. Wöhe, Döring und Brösel 2020; Mindermann 2015.

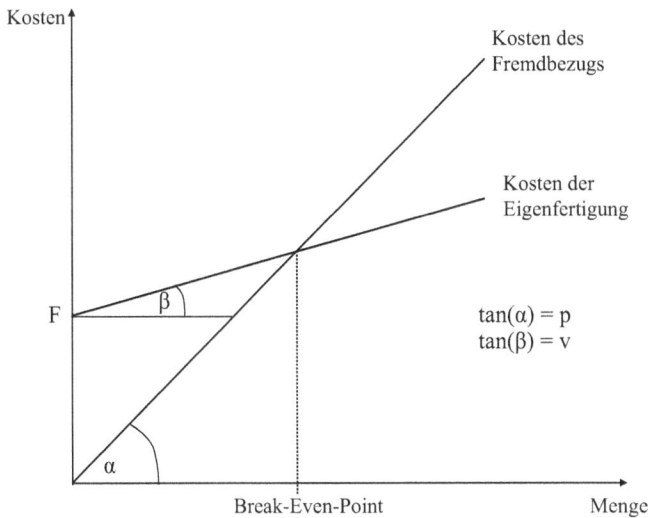

Abb. 80: Eigenfertigung oder Fremdbezug.[49]

Auswahl von alternativen Investitionsobjekten

Die klassische Investitionsrechnung geht von einem erwerbswirtschaftlichen Unternehmen aus, sodass ausschließlich monetäre Werte einen Einfluss auf die Investitionsentscheidung haben. Da sowohl Kosten als auch Leistungen eines Investitionsgutes in der Regel in mehreren Perioden (Jahren) anfallen, ist die Frage der Diskontierung entscheidend. Verfahren der Wirtschaftlichkeitsrechnung, die zukünftige Kosten und Leistungen abdiskontieren, werden als dynamische Verfahren bezeichnet, die anderen Verfahren als statische Verfahren. Abb. 81 zeigt einen Überblick über die Verfahren der Investitionsrechnung.

Die Kostenvergleichsrechnung begnügt sich mit dem Vergleich von Kosten unterschiedlicher Maßnahmen mit gleicher Wirksamkeit. Das Verfahren mit den geringsten Kosten ist effizient, die anderen sind ineffizient. Die betriebswirtschaftliche Schwierigkeit liegt damit allein in der exakten Erfassung aller Kosten. Das Gewinnvergleichsverfahren stellt die Gewinne einander gegenüber. Das Verfahren mit den höheren Gewinnen ist zu bevorzugen. Die Rentabilitätsrechnung vergleicht den Gewinn mit dem für eine Maßnahme eingesetzten Kapital, berechnet also die Verzinsung der Investitionssumme. Die Amortisationsrechnung fragt nach dem Zeitraum, innerhalb dessen sich eine Investition rentiert, d. h., nach welchem Zeitraum die periodischen Deckungsbeiträge die Anschaffungskosten decken können. Die Alternative mit der kürzesten Amortisationsperiode ist zu bevorzugen.

---

49 Quelle: Eigene Darstellung.

Die dynamischen Verfahren der Wirtschaftlichkeitsrechnung diskontieren zukünftige Zahlungsströme. Hierzu kann der Barwert bzw. Kapitalwert eines Zahlungsstromes berechnet werden. Der Barwert (*B*) eines Betrages (*X*) zum Zeitpunkt t ist der unter Ansatz von Zinseszinsen äquivalente Betrag zum Zeitpunkt 0. Oder vereinfacht: Welchen Betrag müsste man zum Zeitpunkt 0 auf ein Konto einzahlen, um zum Zeitpunkt *t* exakt den Betrag *X* auf dem Konto zu haben. Da die Zinseszinsformel (mit *r* = Zinssatz)

$$X = \left(1 + \frac{r}{100}\right)^{t} \cdot B$$

lautet, ist der Barwert des Betrages *X* entsprechend

$$B = \left(1 + \frac{r}{100}\right)^{-t} \cdot X$$

Zur Illustration ein Beispiel: Ein Krankenhaus muss zwischen zwei CTs wählen. Der CT von der Firma A kostet 500.000 €, der CT von der Firma B kostet 1.000.000 €. Zusätzlich muss jeweils ein Wartungsvertrag über 5 Jahre abgeschlossen werden, der bei Firma A 200.000 € und bei Firma B 100.000 € pro Jahr kostet. Nach einer einfachen Kostenvergleichsrechnung ergibt sich (in €):

Firma A: Gesamtkosten = 500.000 + 5 · 200.000 = 1.500.000
Firma B: Gesamtkosten = 1.000.000 + 5 · 100.000 = 1.500.000

Beide Geräte haben folglich die gleichen Gesamtkosten, wenn man den Zeitpunkt der Auszahlung nicht berücksichtigt. Die Kapitalwertmethode hingegen kommt zu einem anderen Ergebnis. Der Barwert (BW) dieser Zahlungsreihe berechnet sich unter der Bedingung, dass alle Zahlungen stets am Anfang des Jahres anfallen (Vorschüssigkeit).

$$BW = \sum_{t=0}^{n-1} A_t \cdot \left(1 + \frac{r}{100}\right)^{-t}, \text{ mit}$$

A_0 Anschaffungskosten
A_t Aufwand in Periode t
r   Interner Zinsfuß
t   Index, Zeit
n   Laufzeit, Lebensdauer

Bei einem Zins von 5 % ergeben sich die Barwerte der Alternativen gemäß Tab. 35 und Tab. 36.

Der CT von Firma B hat einen höheren Barwert der Auszahlungen als der CT von Firma A, d. h., das Gerät von Firma A ist vorzuziehen. Dies liegt einfach daran, dass bei Firma B sofort eine sehr hohe Summe bezahlt werden muss, während bei Firma A die hohen Beträge erst später anfallen. Spätere Auszahlungen sind jedoch

Tab. 35: Kapitalwertmethode: Gerät A [€].[50]

Zeit	Auszahlung	1/Diskontierung	Barwert
Jahr 1:	500.000 200.000	1,00	500.000 200.000
Jahr 2:	200.000	$(1+\frac{5}{100})^1 = 1,05$	190.476,19
Jahr 3:	200.000	$(1+\frac{5}{100})^2 = 1,1025$	181.405,90
Jahr 4:	200.000	$(1+\frac{5}{100})^3 = 1,157625$	172.767,52
Jahr 5:	200.000	$(1+\frac{5}{100})^4 = 1,21550625$	164.540,50
Summe:	1.500.000		1.409.190,10

Tab. 36: Kapitalwertmethode: Gerät B [€].[51]

Zeit	Auszahlung	1/Diskontierung	Barwert
Jahr 1:	1.000.000 100.000	1,00	1.000.000 100.000
Jahr 2:	100.000	$(1+\frac{5}{100})^1 = 1,05$	95.238,10
Jahr 3:	100.000	$(1+\frac{5}{100})^2 = 1,1025$	90.702,95
Jahr 4:	100.000	$(1+\frac{5}{100})^3 = 1,157625$	86.383,76
Jahr 5:	100.000	$(1+\frac{5}{100})^4 = 1,21550625$	82.270,25
Summe:	1.500.000		1.454.595,05

nicht so gewichtig, da sie abdiskontiert werden. In realistischen Entscheidungsmodellen werden die Entscheidungen nicht so einfach ausfallen. Vielmehr ist in der Regel eine Sensitivitätsanalyse durchzuführen, bis zu welchem Zinssatz Gerät A günstiger ist als Gerät B.

Alternativ könnte man für das einzelne Gerät fragen, bis zu welchem Zinssatz sich eine Investition rentiert. Dieser interne Zinsfuß errechnet sich, indem aus der folgenden Gleichung numerisch der Zinssatz r berechnet wird.

$$\sum_{t=0}^{n-1} A_t \cdot \left(1+\frac{r}{100}\right)^{-t} = 0$$

Sollen verschiedene Investitionsalternativen verglichen werden, so wählt man diejenige Alternative mit dem höchsten internen Zinsfuß. Diese Methode kann man aller-

50 Quelle: Eigene Darstellung.
51 Quelle: Eigene Darstellung.

dings auch ohne Vergleich anwenden. In diesem Fall wird man eine Investition durchführen, wenn der interne Zinsfuß über dem Marktzinsfuß liegt.

Die Annuitätenmethode schließlich berechnet die durchschnittlichen Zahlungsströme pro Periode, die einem bestimmten, variierenden Zahlungsstrom entsprechen. Als Annuität bezeichnet man allgemein eine regelmäßig (jährlich!) fließende, in ihrer Höhe gleichbleibende Zahlung. Wird sie am Anfang der Periode gezahlt, handelt es sich um eine vorschüssige Rente, sonst um eine nachschüssige Rente. Mit obigen Variablendefinitionen sowie dem Bezeichner A für die Annuität gilt:

$$\sum_{t=0}^{n-1} A_t \cdot \left(1 + \frac{r}{100}\right)^{-t} = \sum_{t=0}^{n-1} \overline{A} \cdot \left(1 + \frac{r}{100}\right)^{-t}$$

Im obigen Beispiel für Gerät A ist also der regelmäßige Betrag gesucht, der – jeweils am Anfang jedes der fünf Jahre bezahlt – einem Barwert von 1.409.190,10 € entspricht. Die Annuität errechnet sich gerundet als 309.988 €. Für Gerät B ist die Annuität 319.976 €, d. h. wiederum ist Gerät A günstiger als Gerät B.

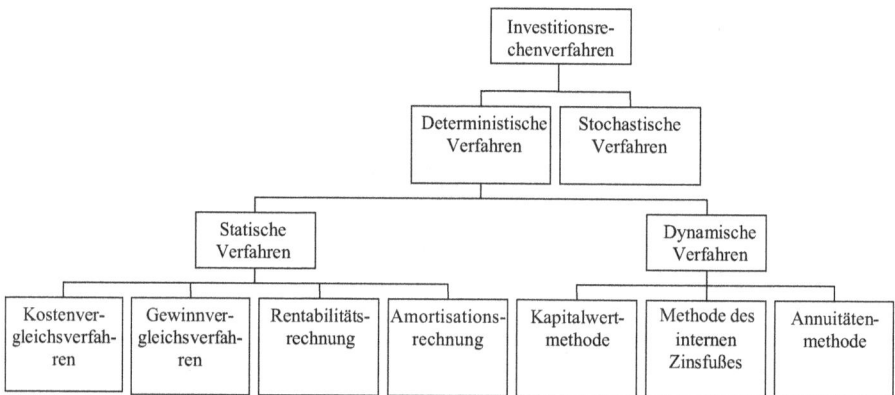

Abb. 81: Verfahren der Investitionsrechnung.[52]

Bezieht man nicht-monetäre Größen mit in die Entscheidung ein, erhält man multidimensionale Entscheidungsprobleme. Ein Lösungsansatz hierzu ist die Kosten-Nutzen-Analyse, bei der alle Inputs und Outputs monetarisiert werden. Für die betriebliche Praxis spielt dieses Verfahren allerdings keine Rolle. Häufiger anzutreffen ist die Nutzwertanalyse, bei der alle Größen auf Ordinalskalen gemessen werden (z. B. Schulnoten). Dieses Verfahren, das z. B. von der Stiftung Warentest verwendet wird, kann einen ersten Hinweis auf die Vorteilhaftigkeit verschiedener Verfahren bei unterschiedlichen Nutzendimensionen geben. Eine Erweiterung hiervon ist die Kosten-

---

52 Quelle: Olfert und Rahn 2020, Sp. 449–451.

Nutzwert-Analyse, bei der die Kosten den Nutzenwerten gegenübergestellt werden (partielle Zielfusion). Ein Sonderverfahren ist die Kosten-Wirksamkeits-Analyse, bei der der Nutzwert in einer einzigen, meist physikalischen Maßgröße besteht. Diese Verfahren spielen jedoch – im Gegensatz zur Theorie – in der betrieblichen Praxis nur eine untergeordnete Rolle.

Bestimmung des optimalen Ersatzzeitpunkts

Der Ersatzzeitpunkt eines Investitionsgutes hängt von zwei gegensätzlichen Kostenfaktoren ab. Zum einen ist es sinnvoll, ein Betriebsmittel möglichst lange zu nutzen, da hierdurch die Abschreibungen pro Jahr geringer sind. Auf der anderen Seite steigen die Instandhaltungskosten mit zunehmendem Alter an. Der optimale Ersatzzeitpunkt ist deshalb dann gegeben, wenn die Gesamtkosten aus Abschreibung und Instandhaltung ein Minimum erreichen.

Im folgenden Beispiel seien die Anschaffungskosten 50.000 €. Wir gehen davon aus, dass die Betriebskosten mit Ausnahme der Instandhaltungskosten nicht von der Nutzungslänge abhängen und damit nicht entscheidungsrelevant sind. Weiterhin soll die Alterung im Planungszeitraum von 10 Jahren keine Rolle spielen. Die erwarteten Wartungs- und Reparaturkosten im Jahr der Anschaffung betragen 10.000 €, im zweiten Jahr sind sie 15.000 €, im dritten Jahr 20.000 €, im vierten Jahr 25.000 €, im 5. Jahr 70.000 € und im 6. Jahre 75.000 €. Abb. 82 zeigt die Rechenergebnisse für unterschiedliche Nutzungsdauern ohne Anrechnung von Zinsen.

Wird das Investitionsobjekt jedes Jahr ersetzt, so akkumulieren sich die Kosten nach 10 Jahren auf 600.000 €. Ersetzt man das Gut hingegen alle vier Jahre, betragen die Gesamtkosten nur 315.000 €, d. h., die Planung des optimalen Ersatzzeitpunktes hilft, Kosten zu reduzieren.

Möchte man hier auch Zinsen berücksichtigen, so muss die Annuität für jede alternative Nutzungsdauer gemäß obiger Formel errechnet werden. Bei der sogenannten Annuitätenmethode wird der Kapitalwert unter Berücksichtigung von Zinseszinsen so auf die Nutzungsdauer umgerechnet, dass die Zahlungsfolge in eine Annuität (gleichmäßige Zahlung) umgewandelt wird. Es wird folglich der zahlungsreihenäquivalente Wert pro Periode ermittelt.

Tab. 37 zeigt die Ergebnisse der dynamischen Analyse nach der Annuitätenmethode. Die Abhängigkeit der Barwerte und Annuität vom gewählten Zinssatz wird deutlich, wenn auch hier der Zins keine Auswirkung auf die Entscheidung hat. In jedem Fall ist das Gerät alle vier Jahre zu ersetzen.

Es sei hier darauf verwiesen, dass die Beherrschung der Finanzmathematik zu den grundlegenden Kenntnissen jedes Krankenhausmanagers gehört. Die Berechnungen kann der ärztliche Direktor vielleicht einem Wirtschaftswissenschaftler überlassen. Verstehen und interpretieren muss er sie aber selbst können.

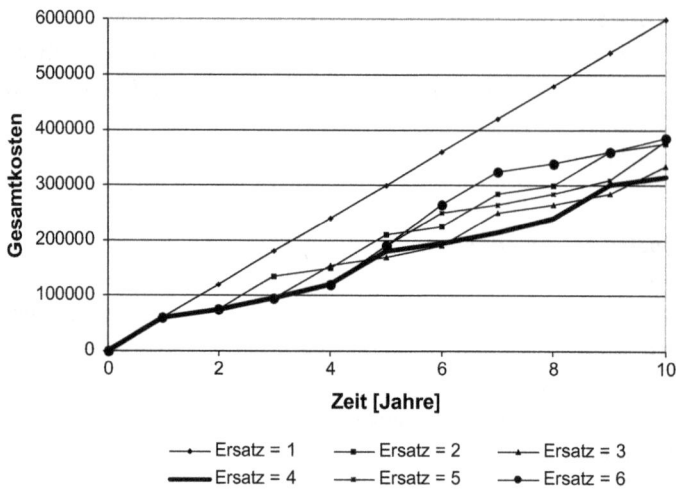

Abb. 82: Optimaler Ersatzzeitpunkt.[53]

Tab. 37: Annuitätenmethode [€].[54]

Ersatz nach	Barwert			Annuität		
	1 %	5 %	10 %	1 %	5 %	10 %
1 Jahr	60.000	60.000	60.000	60.000	60.000	60.000
2 Jahre	74.851	74.286	73.636	37.612	38.049	38.571
3 Jahre	94.459	92.468	90.303	31.800	32.338	33.011
4 Jahre	118.726	114.113	109.242	30.126	30.648	31.329
5 Jahre	186.002	171.833	157.452	37.944	37.799	37.759
6 Jahre	257.369	230.731	204.409	43.969	43.293	42.667

Instandhaltung

Die Instandhaltung ist ein Überbegriff für Wartung (Reinigen, Schmieren etc.), Inspektion (Erfassung des Istzustandes) und Instandsetzung (Reparatur). Im Folgenden werden wir uns allerdings auf die Wartung beschränken. Sie ist Teil des Gerätelebenszyklus mit hohen Interdependenzen zu anderen Phasen. Wie oben (optimaler Ersatzzeitpunkt) dargestellt, hängt die optimale Nutzungsdauer von den Instandhaltungskosten ab. Gleichzeitig bedingt die Wartung auch die techni-

---

53 Quelle: Eigene Darstellung.
54 Quelle: Eigene Darstellung.

sche Nutzungsdauer. Ist die Instandhaltung gering, kann die technisch maximale Nutzungsdauer nicht erreicht werden.

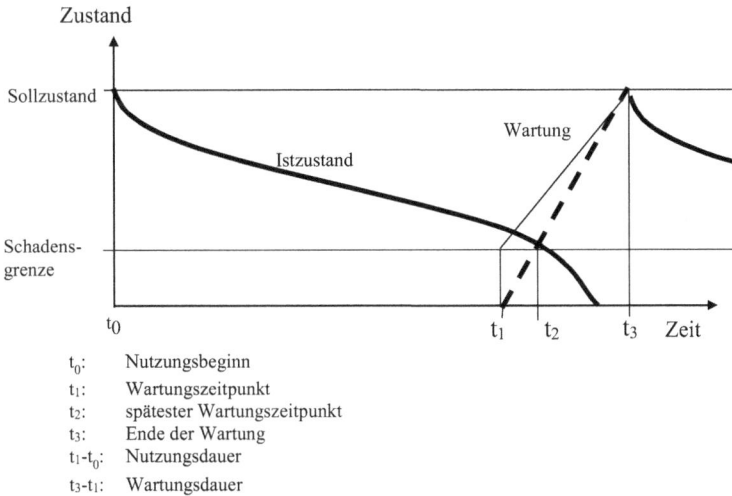

t_0:   Nutzungsbeginn
t_1:   Wartungszeitpunkt
t_2:   spätester Wartungszeitpunkt
t_3:   Ende der Wartung
t_1-t_0:   Nutzungsdauer
t_3-t_1:   Wartungsdauer

Abb. 83: Wartungsmodell.[55]

Abb. 83 zeigt das Wartungsmodell. Ausgehend von einem neuen Betriebsmittel ist anzunehmen, dass der Istzustand sich im Laufe der Zeit verschlechtert. Würde keine Wartung durchgeführt werden, so würde der Zustand soweit erodieren, bis eine Schadensgrenze erreicht ist. Aufgabe der Wartungsplanung ist es deshalb, rechtzeitig eine schadensverhindernde Wartung einzuplanen. Wie obige Abbildung zeigt, muss das Betriebsmittel spätestens zum Zeitpunkt t_2 gewartet werden, wenn die Schadensgrenze erreicht ist. Da dies jedoch risikoreich ist, sollte die Wartung vorher beginnen. Ist der Abstand von t_1 und t_2 jedoch sehr groß, führt dies ceteris paribus zu häufigen Wartungen und entsprechend hohen Wartungskosten in der Lebenszeit des Betriebsmittels. Die Wartungskosten sind einerseits die direkten Kosten, die durch den Austausch von Wartungsteilen und die Arbeitszeit des Wartungspersonals entstehen, andererseits die indirekten Kosten, die auf den Ausfall während der Wartungszeit zurückzuführen sind. In obiger Abbildung ist das Gerät in der Zeit von t_0 bis t_3 nur im Zeitraum t_0 bis t_1 nutzbar.

Unter der Annahme linearer Verläufe kann das obige Wartungssystem mit Modellen optimiert werden, wie sie in der Materialwirtschaft (z. B. Harris-Andler-Modell) verwendet werden. Die Optimierung wird allerdings insbesondere bei Großgeräten von den Lieferanten übernommen, die mit dem Krankenhaus langfristige Wartungs-

---

55 Quelle: Eigene Darstellung.

verträge schließen. Eine systematische Anlagenwirtschaft ist in den meisten Krankenhäusern noch entwicklungsbedürftig.

Diese wenigen Ausführungen sollen genügen um aufzuzeigen, dass die Planung,
der Einsatz und die Kontrolle von Betriebsmitteln zahlreiche betriebswirtschaftliche
Fragestellungen aufwerfen, die in einem effizienten Krankenhaus beantwortet werden müssen. Die Planung von Gebäuden, der Kauf von medizinischen Geräten, die
Wartung von Anlagen und die Entsorgung dürfen nicht mehr einfach dem Zufall oder
der aktuellen Finanzsituation überlassen werden. Vielmehr benötigen wir eine ganz
klare Führungsverantwortung durch die Krankenhausleitung für diesen essentiellen
Produktionsfaktor.

4.3 Werkstoffe

Die Liste der Werkstoffe als Inputfaktoren des Krankenhauses ist lang: Arzneimittel,
Nahrungsmittel, Spritzen, Implantate, Handschuhe, Röntgenfilme, Laborreagen-
zien, Reinigungsmittel etc. haben alle gemeinsam, dass sie bei ihrer einmaligen
Verwendung konsumiert werden. Sie nutzen sich nicht ab wie Betriebsmittel, sondern werden verbraucht.

Medizinprodukte

Der Begriff Medizinprodukt umfasst sowohl Betriebsmittel als auch Werkstoffe, soweit sie für therapeutische und diagnostische Zwecke für Menschen angewendet
werden, d. h., Apparate, Implantate, Stoffe und auch Software gehören zu den Medizinprodukten. Nicht dazu zählen Gebäude und Arzneimittel, wobei letztere pharma-
kologisch, metabolisch oder immunologisch wirken. Diese Unterscheidung ist wichtig,
da die Zulassung und Entgeltung von Medizinprodukten und Arzneimitteln sich unterscheiden. Medizinprodukte unterliegen dem Medizinproduktegesetz (MPG, 2002), das
wiederum regelmäßig an EU-Vorgaben angepasst wird.

Wie Tab. 38 zeigt, unterscheidet das Gesetz Risikoklassen für Medizinprodukte,
für die jeweils spezielle Sicherheits- und Zulassungsregeln gelten.

Von zunehmender Bedeutung sind die Implantate. Darunter versteht man ein
in den Körper eingebrachtes künstliches Material, das für längere Zeit dort verbleiben soll. Davon zu unterscheiden ist das Transplantat, d. h., Zellen, Gewebe, Organe oder Organsysteme menschlichen (oder zukünftig auch tierischen) Ursprungs.
Transplantate zählen nicht zu den Medizinprodukten, während Implantate in der
Regel Medizinprodukte der Risikoklasse III darstellen. Beispiele hierfür sind Herzschrittmacher, Stents und Gefäßprothesen, Cochleaimplantate, Neurostimulatoren
und Endoprothesen.

Tab. 38: Risikoklassen der Medizinprodukte.[56]

Klasse	Risiko	Kriterien	Beispiele
I	Keine methodischen Risiken	geringer Invasivitätsgrad kein oder unkritischer Hautkontakt vorübergehende Anwendung ≤ 60 Minuten	Rollstühle, Pflegebetten, Stützstrümpfe, Mund-Nasen-Schutz, wiederverwendbare chirurgische Instrumente, OP-Textilien
IIa	Anwendungsrisiko	mäßiger Invasivitätsgrad kurzzeitige Anwendungen im Körper (im Auge, intestinal, in chirurgisch geschaffenen Körperöffnungen) kurzzeitig ≤ 30 Tage, ununterbrochen oder wiederholter Einsatz des gleichen Produktes	Desinfektionsmittel, div. diagnostische, nicht-invasive Geräte, Einmalspritzen, PACS, Trachealtuben
IIb	Erhöhtes methodisches Risiko	systemische Wirkungen Langzeitanwendungen langzeitig ≥ 30 Tage, sonst wie bei kurzzeitig	Anästhesiegeräte, Beatmungsgeräte, Bestrahlungsgeräte, Blutbeutel, Defibrillatoren, Dialysegeräte, Reinigungsdesinfektionsautomaten, Infusionsgeräte
III	Besonders hohes methodisches Risiko	zur langfristigen Medikamentenabgabe Inhaltsstoff tierischen Ursprungs und im Körper unmittelbare Anwendung an Herz, zentralem Kreislaufsystem oder zentralem Nervensystem	Herzkatheter, künstliche Hüft-, Knie- oder Schultergelenke Stents, resorbierbares chirurgisches Nahtmaterial, Brustimplantat

Bei Implantaten ist die Zugehörigkeit zur Kategorie der Werkstoffe nicht ganz so naheliegend. Aus Sicht des Patienten ist das Implantat natürlich langfristiger Natur, da es für lange Zeit im Körper eingebracht ist. Aus Sicht des Krankenhauses handelt es sich jedoch um einen Werkstoff, da er einem einzigen Patienten zugeordnet und von ihm aufgenommen wird, sodass er mit der Operation verbraucht ist. Er steht für keine weitere Verwendung zur Verfügung. In der Praxis erfolgt eine Zuordnung in der Regel nach der Abgrenzungsverordnung, die im Kapitel 8.2.1 diskutiert wird.

---

56 Quelle: Gassner 2021.

Arzneimittel

Im Folgenden wollen wir den Arzneimittelbegriff weit auslegen. Unter einem Arzneimittel (Medikament, Pharmakon, Arzneistoff) versteht man allgemein eine natürliche
oder synthetische Substanz oder Mischung von Substanzen, die zur Diagnostik, Therapie und Prophylaxe verwendete werden können. Sie können in fester (z. B. Pulver,
Puder, Granulat, Tablette, Dragees, Kapsel), halbfester (z. B. Salbe, Gel, Zäpfchen),
flüssiger (z. B. Lösung, Sirup, Saft, Tropfen) oder gasförmiger (z. B. Inhalat) Form
bzw. als therapeutische Systeme (z. B. Intrauterinpessar) vorkommen. Der hier verwendete Begriff ist folglich deutlich weiter als der umgangssprachliche Gebrauch,
der sich meist in der Tablette erschöpft. In dieser Breite umfasst der Arzneimittel-
markt etwa 15–20 % der Gesundheitsausgaben in Deutschland und ist ein großer Zu-
kunftsmarkt (insb. Selbstmedikamentierung). Die Arzneimittel waren deshalb auch
mehr als viele andere Bereiche Ansatzpunkt verschiedener Kostendämpfungsmaß-
nahmen, die jedoch immer wieder gelockert wurden. Die Arzneimittelkostenanteile
an den Gesundheitsausgaben schwanken deshalb im 1–2-jährigen Zyklus, wobei insgesamt eine starke Kostensteigerung seit 1998 auszumachen ist. Allein die GKV gab
2020 43,29 Mrd. € für Arzneimittel aus (2014: 33,34 Mrd.),[57] der Gesamtumsatz in
Deutschland lag 2019 bei 63,88 Mrd. €.[58]

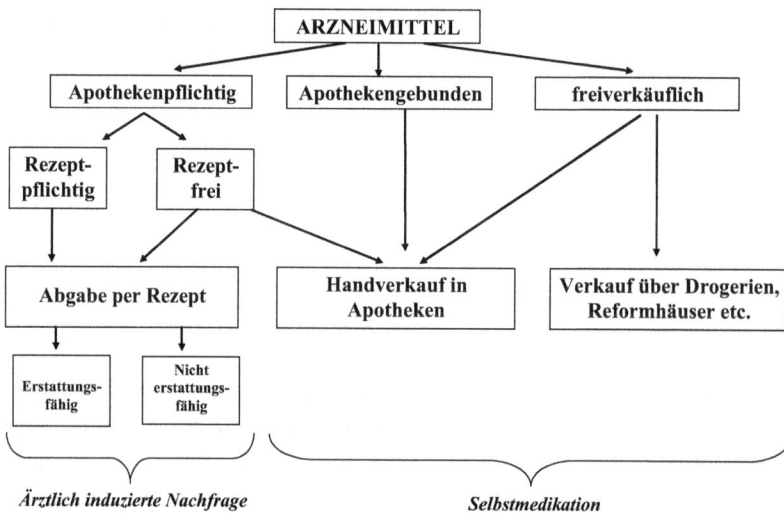

Abb. 84: Arzneimittel.[59]

---

57 Quelle: GKV-Spitzenverband 2021.
58 Quelle: Statistisches Bundesamt 2021.
59 Quelle: Eigene Darstellung.

Abb. 84 zeigt die Teilmärkte für Arzneimittel. Sie können freiverkäuflich, apothekengebunden oder apothekenpflichtig sein. Im Jahr 2020 gab es 18.753 Apotheken in Deutschland (2014: 20.441),[60] darunter 372 Krankenhausapotheken mit 2677 angestellten Apothekern, wobei die Zahl der Krankenhausapotheken stark abgenommen hat (1991: 665). Die meisten kleinen und mittleren Krankenhäuer haben keine eigene Apotheke mehr. Sie beziehen ihre Medikamente entweder von privaten Apotheken oder von anderen Krankenhausapotheken.

Arzneimittel sind nach dem Personal häufig die größten Kostenfaktoren, sodass man erstens fragen muss, wie sich diese hohen Kosten begründen lassen. Zweitens müssen Wege zur Reduktion der Kosten gesucht werden. Neben der Menge determinieren die Preise die Kosten. Deshalb muss analysiert werden, warum Medikamente häufig teuer sind. Die Pharmaindustrie verweist hierbei auf die hohen Entwicklungskosten, da mehrjährige Phasen bis zur Zulassung zu durchlaufen sind. Man unterscheidet folgende Phasen von der Entdeckung eines neuen Wirkstoffs bis zur Markteinführung:
- Präklinische Studienphase: Untersuchung des Wirkstoffes im Labor bzw. im Tierversuch
- Klinische Studienphase 1: Verträglichkeitsprüfung an gesunden Menschen
- Klinische Studienphase 2: Studien an einer geringen Zahl von Erkrankten (30–300) unter intensiver Beobachtung (z. B. Klinik) für kurze Zeit
- Klinische Studienphase 3: Multicenterstudie (Kliniken und Arztpraxen) an größeren Patientengruppen (300–5000) über längere Zeit

Nach erfolgreicher Studienphase 3 kann das Medikament zugelassen werden. In der Regel schließt daran eine Phase 4 einer weiteren klinischen Prüfung an großen Patientengruppen an. Sie sollte auch gesundheitsökonomisch begleitet werden.

Der Prozess von der Entwicklung eines neuen Wirkstoffs bis zur Zulassung kann 8–12 Jahre betragen, wobei nur etwa 10 % der erfolgversprechenden Wirkstoffe letztlich zur Marktreife gelangen. Die Gesamtkosten bis zur Markteinführung eines Medikaments belaufen sich nach Angaben der Pharmaindustrie auf 100–400 Mio. €. Rechnet man die Gesamtkosten der Forschung und Studien auf die schließlich zugelassenen Medikamente um, so steigt dieser Betrag auf 500–1000 Mio. €. Die Patentzeit von 20 Jahren auf einen Wirkstoff gilt von Anfang an, sodass nur noch 8–12 Jahre für die Amortisation dieser hohen Investitionen bleiben. Damit ist klar, dass in wenigen Jahren erhebliche Zuschläge auf die Produktionskosten aufgeschlagen werden müssen, um weiterhin forschen und entwickeln zu können.

Grundsätzlich sind Krankenhäuser natürlich nicht für die wirtschaftliche Situation der (forschenden) Arzneimittelhersteller verantwortlich. Trotzdem sollte jedoch auf bei-

---

60 Quelle: Bundesvereinigung deutscher Apothekerverbände 2021.

den Seiten ein gewisses Verständnis für die Lage des anderen bestehen, um gut zusammenarbeiten zu können. Hierzu gehört auch das Wissen über die Entwicklungskosten.

Für das Krankenhaus stellt sich weiterhin die Frage, wie die Arzneimittelkosten reduziert werden können. Der eigene oder beratende, externe Krankenhausapotheker ist verantwortlich, die Arzneimittelkosten ständig zu überwachen und Vorschläge für die Reduktion zu unterbreiten. Einige Ansatzpunkte könnten sein:

- Reduktion der Einkaufspreise: Die Preise für gegebene Bedarfe können durch die Bildung von Einkaufsverbünden, durch elektronische Beschaffung (e-procurement), Internetapotheken oder Reimporte gesenkt werden. Weiterhin kann die Definition einer Positivliste (Standardliste) dazu beitragen, dass die Zahl unterschiedlicher Medikamente mit gleichem Wirkspektrum reduziert wird. Die Medikamente der Positivliste fallen damit in höheren Mengen an, was evtl. zu höheren Rabatten führt.

- Überwachung der Verschreibepraxis: Krankenhäuser müssen dokumentieren, welche Medikamente von welchem Arzt in welchen Mengen verschrieben werden. Eine Besprechung der Verschreibepraxis sollte regelmäßig durchgeführt werden. Die therapeutische Freiheit muss zwar gewahrt sein, jedoch kann oftmals schon der Hinweis auf unterschiedliche Kosten zur zukünftigen Wahl des billigeren Medikaments führen. Hierbei ist es zu überlegen, ob die individuelle Beeinflussung eines Arztes durch die Pharmareferenten unterbunden wird und durch eine objektivere, gemeinsame Fortbildung ersetzt wird. Es kann auch hilfreich sein, wenn bei einer Verschreibung am PC automatisch der Einkaufspreis erscheint, sodass der Arzt sich seiner Kostenverursachung bewusstwird.

- Beratung: Der Krankenhausapotheker oder der externe Partner sollte regelmäßig den Arzneimittelverbrauch überprüfen. Darüber hinaus sollte er auch im Einzelfall eine Beratung durchführen, z. B. bei der Verschreibung von teuren Medikamenten. Es kann auch positiv sein, Medikamente zu definieren, bei denen grundsätzlich die Zweitmeinung eines Apothekers oder Chefarztes eingeholt werden muss. Dies impliziert nicht, dass grundsätzlich das billigere Medikament genommen werden muss. Im Zeitalter der DRG zählt die schnelle Heilung. Damit kann das teurere, aber schneller wirksame Medikament effizienter sein als das billigere, langsamere. Diese Zusammenhänge zu erkennen erfordert jedoch Erfahrung und Fachwissen.

- Erhöhung der Compliance: Als „Non-Compliance" bezeichnet man ein von ärztlicher Verordnung abweichendes Verbrauchs- bzw. Einnahmeverhalten des Patienten. Man geht davon aus, dass 30 % der verschriebenen und gekauften Arzneien weggeworfen werden. Für Krankenhäuser kann dies bedeuten, dass ein Patient mit schlechter Compliance wenige Tage nach der Entlassung wiederaufgenommen werden muss (gleicher Fall, d. h. kein oder nur geringfügig höheres Entgelt!), weil er seine Medikamente nicht richtig eingenommen hat. Patientenschulung, Einzelverpackung der Tagesdosis oder Medikamente mit Depotwirkung, die überhaupt nicht mehr nach der Krankenhausentlassung genommen werden müssen, können hier helfen.

Diese wenigen Aspekte sollen genügen, um darzulegen, dass Krankenhäuser der Beschaffung und Inwertsetzung ihrer Produktionsfaktoren erhebliche Aufmerksamkeit zollen müssen. Arbeit, Betriebsmittel und Werkstoffe bilden den personellen bzw. materiellen Input, ohne den keine Leistungserstellung möglich ist. Teilaufgaben können an die Personalabteilung, den Einkauf oder das Facility Management delegiert werden. Letztverantwortlich für den stetigen Strom an Inputfaktoren bleibt aber die Krankenhausführung.

4.4 Patienten als Produktionsfaktor

Die klassische Betriebswirtschaftslehre der Sachgüterbetriebe schließt an dieser Stelle die Betrachtung der Produktionsfaktoren ab. Ausführende Arbeit verrichtet an Werkstoffen mit Hilfe von Betriebsmitteln Transformationsprozesse, die zu dem fertigen Produkt führen. Der Kunde ist abwesend, spielt erst als Käufer eine räumlich und zeitlich nachgelagerte Rolle. In der Betriebswirtschaftslehre kundenpräsenzbedingender Dienstleistungen hingegen werden die meisten Rekombinationsprozesse am persönlich anwesenden Kunden erbracht.[61] Der Patient im Krankenhaus wird untersucht, operiert, gepflegt etc. Er ist sozusagen das Werkstück, an dem gearbeitet wird. Es ist deshalb sinnvoll, noch einen sogenannten „externen Faktor" als Produktionsfaktor zu berücksichtigen: den Patienten.

Der Patient hat drei Rollen im Leistungserstellungsprozess. Er ist Input, da er ins Krankenhaus reingeht und nach einem raumzeitlichen Veränderungsprozess wieder entlassen wird. Er ist Kunde (Auftraggeber und Abnehmer) der Dienstleistung, der eine Kaufentscheidung anhand subjektiver Kriterien fällt. Außerdem ist er Koproduzent bei der Leistungserstellung, da er bei der Produktion persönlich anwesend ist, der größte Teil der Leistung an ihm erfolgt und seine Zusammenarbeit das Leistungsergebnis maßgeblich beeinflusst. Mit dem Patienten als Kunden werden wir uns im Kapitel 6.1 beschäftigen, der Patient als Koproduzent steht im Mittelpunkt der Produktionstheorie der Dienstleister des sechsten Kapitels. An dieser Stelle sollen nur einige grundlegende Aspekte des Patienten als Inputfaktor betrachtet werden.

Der Patient wird zum Inputfaktor, da er sich eine Verbesserung oder Stabilisierung seiner Gesundheit erhofft. Dies ist die Funktion des Krankenhauses, man könnte auch sagen: sein Existenzgrund. Hierbei ist es wichtig zu definieren, was man unter Gesundheit versteht. Die Weltgesundheitsorganisation definiert in der Präambel ihrer Satzung Gesundheit als einen „Zustand des völligen körperlichen,

---

61 Vgl. Corsten und Gössinger 2015.

psychischen und sozialen Wohlbefindens und nicht nur das Freisein von Krankheit oder Gebrechen".[62] Diese statische Definition sieht Gesundheit als einen Maximalzustand, der wohl so nie zu erreichen, jedoch stets anzustreben sein wird. Alternativ kann Gesundheit auch als dynamisch verstanden werden, z. B. im Sinne der Fähigkeit, sich von Angriffen zu erholen, wobei die Angriffe bakterieller, virologischer, chemischer, psychischer oder sonstiger Natur sein können (vgl. Abb. 85).[63] Ausgehend von einem bestimmten Gesundheitsniveau im Sinne einer Abwehrfähigkeit führt eine Infektion zu einer temporären Reduktion der Gesundheit. Der Patient erholt sich wieder. Da er eine Immunität gegen diese Krankheit erwirbt, ist sein Gesundheitsniveau nach der Infektion größer als vorher. Die ersten zwanzig Lebensjahre sind deshalb bei den meisten Menschen eine Phase der Gesundheitssteigerung. Nach einer Plateauphase sinkt das Gesundheitsniveau spätestens nach dem fünfzigsten Lebensjahr bei den meisten Menschen durch das Aufkommen chronisch-degenerativer Erkrankungen wieder. Die Immunität bezieht sich hierbei auch auf Angriffe psychischer Natur. Der Volksmund sagt, „er habe sich ein dickes Fell wachsen lassen": eine Zunahme psychosozialer Gesundheit.

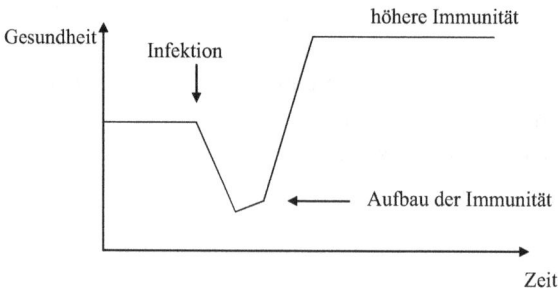

Abb. 85: Gesundheit als dynamischer Prozess.[64]

Versteht man Gesundheit als primären Existenzgrund eines Krankenhauses, so hat dies zwei maßgebliche Konsequenzen. Erstens ist Gesundheit nicht nur durch die Heilung von Krankheiten (Kuration) zu erreichen, sondern vor allem durch die Vorbeugung (Prävention). Ein gesundheitsförderndes Krankenhaus, das potentiellen Patienten und Mitarbeitern hilft, erst gar nicht krank zu werden, entspricht folglich dem Sinngrund eines Krankenhauses und letztlich den Wünschen der Menschen viel mehr als eine Krankheitsheilanstalt. Allerdings berücksichtigt die derzeitige Krankenhausfinanzierung dies kaum.

---

62 WHO 1948.
63 Vgl. AFMC 2010.
64 Quelle: Eigene Darstellung.

Betrachtet man jedoch allein die Kuration, so muss zweitens noch festgestellt werden, dass der Wunsch des Patienten nicht auf die Hoteleigenschaft, sondern auf die Heilung ausgerichtet ist. Das Krankenhaus definiert sich zwar noch immer über seine Betten als Schlafplätze, der Patient hingegen sieht im Krankenhaus ein Gesundheitszentrum, in dem er Heilung findet. Das Bett ist Mittel zu Zweck, nie Ziel oder gar Identitätsstiftung. Deshalb ist der Übergang zur ambulanten Versorgung bzw. zu vor-, teil- und nachstationärer Versorgung nur konsequent aus Sicht des Patienten – und diese Sicht zählt letztlich, denn der Patient ist als Koproduzent, Kunde und Inputfaktor der wichtigste Engpass.

Der Begriff Inputfaktor in Zusammenhang mit einem Menschen kann einen Beigeschmack haben. Der Produktionsfaktor ausführende Arbeit wird in der Betriebswirtschaftslehre wertneutral verwendet und lässt eigentlich keinen Rückschluss auf das Menschenbild zu. Wie wir gesehen haben, gibt es jedoch einige Menschenbilder in der Geschichte der Managementwissenschaft, die den Menschen auf eine fleischliche Maschine reduzieren, eben auf einen Faktor.

Ebenso besteht eine Gefahr, den Patienten zu einem Faktor im Krankenhaus zu reduzieren, der allein ein Bündel von Attributen wie z. B. Kaufkraft, Schmerz, Krankheit ist. Für das Verständnis des Patienten ist die Würde des Menschen als Individuum mit eigener Identität maßgeblich (vgl. Kapitel 7.2.2). Gesundheit und Krankheit spielen dabei eine Rolle, sind jedoch auch im Krankenhaus nicht definitorisch hinreichend.

Ein materialistisches Menschenbild versteht den Menschen tatsächlich nur als Körper, dessen Funktionsfähigkeit wiederhergestellt werden soll. Die Psyche (= Seele) wird in dieser Vorstellung allein durch physiologische Prozesse gesteuert und ist das Ergebnis aus Genetik und Prägung. Ein Blick in die Geschichte lässt jedoch erkennen, dass dies durchaus nicht immer so war. Die Griechen unterschieden schon Leib, Seele und Geist. Der Mensch konnte gerade nicht auf seinen Leib reduziert werden, das Bewusstsein war additiv und konnte nach dem körperlichen Tod unabhängig vom Körper befreit weiterleben. Die jüdisch-christliche Tradition hingegen vertritt ein Volumenmodell, nach dem die unsterbliche Geist-Seele nach dem Tod wieder eines Auferstehungsleibes bedarf. Wenn auch hier Traditionen und Interpretationen auseinandergehen, so kann man doch feststellen, dass es noch immer dem Selbstverständnis der meisten Menschen dieser Erde entspricht, dass sie mehr sind als nur ihr Körper, auch mehr als ein physiologisch gesteuertes neuronales Netz. Die Ganzheit des Menschen aus Leib, Seele und Geist gilt es gerade beim Produktionsfaktor Patient zu achten. Interessanterweise ist gerade dies die Essenz der anthroposophischen Krankenhäuser, die nicht nur regen Zulauf, sondern auch eine prägende Kraft für andere Krankenhäuser entwickelt haben.

Das Verständnis des Menschen hat auch eine Konsequenz für das Krankheitsverständnis. Leid, Krankheit, Schmerz und Tod sind im 20. Jahrhundert zu peinlichen Webfehlern, zu möglichst zu vermeidenden Absonderheiten geworden. Krankenhäuser haben die Aufgabe, den Menschen von allen Qualen zu erlösen und die Öffentlichkeit möglichst vor dem Phänomen der Endlichkeit des Lebens zu bewahren. Diese Funktion des Krankenhauses steht im Widerspruch zu unserer Tradition, in der lange Zeit der Schmerz als Hilfsmittel zur Persönlichkeitsentwicklung verstanden wurde.[65] Das Memento mori wurde durch das Leiden und Sterben von Menschen in der Häuslichkeit unumgänglich. Der „böse Tod" war in früheren Zeiten der schnelle Unfalltod, der dem Menschen die Chance nahm, sich vor seinem Ableben mit Gott und der Welt zu versöhnen und seine persönlichen Sachen in Ordnung zu bringen. Dem steht heute häufig der Wunsch nach dem schnellen Tod bis hin zur Euthanasie entgegen.

Diese wenigen Ausführungen sollen genügen um aufzuzeigen, dass es notwendig und sinnvoll für Krankenhausmanager ist, sich intensiv mit dem Inputfaktor Patient, mit seinen Wünschen, Werten und metaphysischen Prägungen auseinanderzusetzen. Er allein ist letztlich der Erfolgsfaktor eines Krankenhauses und sollte damit eigentlich den größten Raum in der Diskussion der Produktionsfaktoren einnehmen. Allerdings wissen wir in der Betriebswirtschaftslehre leider denkbar wenig über den Patienten auszusagen. Einige wenige weitere Ausführungen werden in den Kapiteln Produktion und Outputfaktoren folgen.

4.5 Steuern

Krankenhäuser beziehen öffentliche Leistungen, wie z. B. Infrastruktur, Sicherheit und nationales Prestige (als Werbevorteil auf internationalen Märkten), als eine besondere Form von Inputfaktoren. Zum Teil fallen hierfür direkte Gebühren (z. B. Abfallgebühren) an, sodass die öffentlichen Leistungen anderen bezogenen Leistungen gleichgestellt werden können. Für einen großen Teil öffentlicher Leistungen besteht allerdings keine direkte Zurechenbarkeit von Leistung und Auszahlung, da sie der Allgemeinheit angeboten und über Steuern finanziert sind. Auch Krankenhäuser zahlen Steuern. Sie stellen zwar kein Entgelt für eine konkrete Leistung des Staates dar, können jedoch systematisch auch als Faktorkosten für Staatsleistungen angesehen werden.

Steuern sind Abgaben, die der Staat seinen Bürgern zum Zwecke der Einnahmenerzielung auferlegt.[66] Sie sind für Krankenhäuser in mehrfacher Hinsicht von Bedeutung. Zum einen unterliegen ein Teil der Krankenhäuser bei den meisten Steuerarten einer Steuerpflicht, wie andere Unternehmen auch. Zum anderen gibt es gemeinnützige Krankenhäuser, die von einigen Steuern befreit sind. Aber auch für sie ist die Steuerbefreiung nicht vollständig, beispielsweise müssen sie für bezogene Waren und Dienstleistungen ebenfalls Umsatzsteuer abführen.

---

65 Vgl. Schockenhoff 2015.
66 Vgl. Küntzel 2012. Zur Besteuerung von Krankenhäusern siehe insbesondere Klaßmann und Stein 2021.

Die wichtigsten relevanten Steuern im Krankenhaus sind die Körperschafts-, Einkommen-, Gewerbe-, Umsatz-, Grund- und Grunderwerbsteuer. Die Körperschaftsteuer besteuert Gewinne von Krankenhäusern, die eine eigene Rechtspersönlichkeit haben. Dies sind insbesondere Krankenhäuser in der Rechtsform der Aktiengesellschaft (AG) und der Gesellschaft mit beschränkter Haftung (GmbH). Körperschaftsteuerpflichtig ist das Krankenhaus, nicht der Eigentümer. Die Einkommensteuer hingegen ist die Steuer auf Gewinne von Unternehmen ohne eigene Rechtspersönlichkeit (z. B. Einzelunternehmung, Gesellschaft des bürgerlichen Rechts, Offene Handelsgesellschaft, Kommanditgesellschaft, Partnerschaft). Der Unternehmer bzw. Gesellschafter ist Steuersubjekt und persönlich für die Steuerabführung verantwortlich. Soweit keine Gemeinnützigkeit besteht, unterliegen die Gewinne von Krankenhäusern der Einkommens- oder Körperschaftsteuer.

Komplizierter ist die Behandlung der Umsatzsteuer im Krankenhaus.[67] Die Umsatzsteuer (bzw. Mehrwertsteuer) fällt auf Umsätze im Unternehmen an. Nach § 4 Nr. 16 des Umsatzsteuergesetzes (UStG) sind Krankenhausbehandlung, die ärztliche Heilbehandlung und die mit ihnen eng verbundenen Umsätze von der Umsatzsteuer befreit. Was allerdings mit ihnen eng verbundene Umsätze sind, wird häufig unterschiedlich interpretiert und erst vor Gericht entschieden. Betreibt beispielsweise ein Krankenhaus eine Cafeteria für Patienten und Angehörige, so sind diese Umsätze umsatzsteuerpflichtig, die Umsätze der Mensa für Mitarbeiter sind hingegen steuerbefreit. Umsätze durch die Abgabe medizinischen Sachbedarfs (z. B. Verkauf von Gehhilfen an Patienten) sind ebenso umsatzsteuerpflichtig wie die Umsätze durch die Benutzung des Telefons und Fernsehers durch Patienten. Die Umsätze durch die Vermietung von Räumen an Ärzte sind steuerfrei, die Umsätze von nicht medizinisch notwendigen Maßnahmen (z. B. Schönheitsoperationen) sind hingegen umsatzsteuerpflichtig. Weiterhin gilt, dass Umsätze eines Krankenhauses dann umsatzsteuerpflichtig sind, wenn sie beim niedergelassenen Arzt auch steuerpflichtig sind. Man erkennt an diesen wenigen Beispielen der Rechtsprechung, dass die Behandlung der Umsatzsteuer im Unternehmen zwingend den Rat des Steuerberaters erfordert.

Ist ein Krankenhaus für eine Leistung umsatzsteuerpflichtig, so kann es die selbst bezahlte Umsatzsteuer auf Produktionsfaktoren, die zur Erstellung der umsatzsteuerpflichtigen Leistung verbraucht wurden, als sogenannte Vorsteuer von der Umsatzsteuerschuld abziehen. Da die eigentliche Krankenhausleistung jedoch von der Umsatzsteuer befreit ist, kann auch die für die Leistungserstellung bezahlte Vorsteuer nicht abgezogen werden.

Eine weitere Schwierigkeit des Steuerrechts der Krankenhäuser ist die häufig anzutreffende Gemeinnützigkeit. Noch immer sind etwa zwei Drittel der Krankenhäuser in Deutschland entweder in öffentlicher Hand oder Unternehmen der Freien

---

67 Vgl. Schmidt 2010.

Wohlfahrtspflege. Sie sind staatliche oder private Nonprofit-Organisationen, die ausschließlich dem Wohl der Gemeinschaft dienen. Sie haben damit die Möglichkeit, von einigen Steuern befreit zu werden, wenn ihnen der Status der Gemeinnützigkeit nach der Abgabenordnung (AO) zuerkannt wird. Es muss dabei betont werden, dass der Begriff Gemeinnützigkeit ausschließlich einen juristischen Tatbestand umschreibt. Die Gemeinnützigkeit sagt nichts über das Management, die Branche oder die Trägerschaft aus.

Die Gemeinnützigkeit bewirkt eine Befreiung von der Körperschaftsteuer, der Gewerbesteuer und der Grundsteuer.[68] Die Umsatzsteuer sowie die Grunderwerbsteuer werden jedoch nicht erlassen. Zur Anerkennung der Gemeinnützigkeit nach der Abgabenordnung muss das Krankenhaus eine Körperschaft sein und gemeinnützige Zwecke ausschließlich und unmittelbar verfolgen. Privatpersonen oder Personenvereinigungen können deshalb grundsätzlich nicht als gemeinnützig anerkannt werden. Als Rechtsform für gemeinnützige Unternehmen eignen sich hingegen der eingetragene Verein (e. V.), AG, GmbH und Stiftungen. Stiftungen des öffentlichen Rechts sind ex definitione gemeinnützig, während Stiftungen des privaten Rechts erst ihre Gemeinnützigkeit nachweisen müssen.

Die Verfolgung eines gemeinnützigen Zwecks ist bei Krankenhäusern regelmäßig gegeben, wenn sie das Kriterium der Selbstlosigkeit nach § 55 AO erfüllen. Selbstlos handelt, wer keine eigenwirtschaftlichen Zwecke verfolgt und alle Mittel für den steuerbegünstigten Zweck verwendet. Gemeinnützige Unternehmen dürften deshalb durchaus Gewinne erwirtschaften, aber sie dürfen sie nicht ausschütten, sondern müssen sie reinvestieren. Weiterhin müssen sie alle Mittel zeitnah, d. h. spätestens in dem auf den Zufluss folgenden Kalender- oder Wirtschaftsjahr für die steuerbegünstigten satzungsmäßigen Zwecke verwenden. Dies ist ein erheblicher Eingriff in die betriebliche Entscheidungsfreiheit, der durchaus fraglich erscheinen lässt, ob die Gemeinnützigkeit wirklich immer erstrebenswert ist.

Weiterhin muss der gemeinnützige Zweck unmittelbar verfolgt werden. Dies bedeutet, dass ein gemeinnütziges Unternehmen die in der Satzung festgelegten Unternehmenszwecke selbst erstreben muss. Die ausschließliche Beauftragung anderer ist nicht zulässig. Schließlich erfordert die Ausschließlichkeit, die das gemeinnützige Unternehmen keine anderen, gewinnorientierten Aktivitäten gleichzeitig durchführen darf.

Gerade die Ausschließlichkeit ist in der Praxis oft schwer zu erfüllen. Hat beispielsweise ein Krankenhaus einen Kiosk, so möchte es mit diesem Laden Gewinne zur Unterstützung des Krankenhauses erwirtschaften, gleichzeitig möchte es jedoch auch die Dienstleistungsqualität für die Patienten erhöhen. Die Funktion der Unterstützung der Dienstleistungsqualität deutet auf einen Zweckbetrieb hin, d. h. einen Betrieb zur Unterstützung des eigentlichen gemeinnützigen Zwecks. Die Eigen-

---

68 Vgl. Ellermann und Gietz 2007.

schaft der Gewinnerzielungsabsicht deutet auf einen Wirtschaftsbetrieb mit Steuerpflicht hin. In diesem Beispiel dürfte wohl das wirtschaftliche Motiv überwiegen und die Ertragssteuerpflicht scheint gerechtfertigt. Ein gemeinnütziges Krankenhaus muss aber auch Ertragssteuern für den Verkauf von Gehhilfen, Medikamenten oder ähnlichen Gütern bezahlen, selbst wenn das Gewinnmotiv gegenüber dem Versorgungsmotiv stark zurücktritt. Die Abgrenzung ist im Einzelfall schwierig. Deshalb benötigen auch gemeinnützige Krankenhäuser heute häufiger einen Steuerberater, der auf Gemeinnützigkeitsrecht spezialisiert ist.

Krankenhäuser sind folglich nicht grundsätzlich und selten im vollen Umfang aller Aktivitäten gemeinnützig. Erstens müssen sie eine Körperschaft sein, zweitens müssen sie ihre Gewinne ausschließlich und vollständig für den Krankenhausbetrieb reinvestieren und drittens müssen sie ein Zweckbetrieb sein. Nach § 67 AO ist ein Krankenhaus ein Zweckbetrieb, wenn – etwas verkürzt ausgedrückt – mindestens 40 % der jährlichen Pflegetage auf Patienten entfallen, bei denen GKV-Entgelte berechnet werden. Reine Privatkliniken sind deshalb keine Zweckbetriebe und können auch dann nicht gemeinnützig sein, wenn sie keine Gewinnerzielungsabsicht haben.

Krankenhäuser sind grundsätzlich körperschafts-, grund- und grunderwerbsteuerpflichtig. Die Gewerbesteuer fällt hingegen nicht an (§ 3 Nr. 20 GewStG). Die Gemeinnützigkeit befreit von der Körperschafts- und der Grundsteuer. Die Grunderwerbsteuer fällt jedoch auch bei Gemeinnützigkeit an. Insbesondere ist bei einem Rechtsformwechsel Vorsorge zu treffen, dass kein Grunderwerbsteuertatbestand auftritt. Häufig ist es empfehlenswert, die Immobilien in der alten Gesellschaft zu belassen und für einen symbolischen Wert an die neue Gesellschaft zu verleasen.

Das Rechtsinstitut der Gemeinnützigkeit ist durch eine stärkere Betonung des Wettbewerbselements unserer Wirtschaft sowie durch Urteile des Europäischen Gerichtshofes (EuGH) fraglich geworden. Gemeinnützigkeit stellt eine Wettbewerbsverzerrung dar, die erwerbswirtschaftliche Unternehmen systematisch benachteiligt, da ihnen die Innenfinanzierung aus Gewinnthesaurierung nicht im vollen Umfang offensteht. Gemeinnützige Unternehmen können ihre erwirtschafteten Überschüsse vollständig reinvestieren, während erwerbswirtschaftliche Unternehmen auch dann eine steuerbedingte Reduktion hinnehmen müssen, wenn sie ihre Gewinne nicht ausschütten, sondern reinvestieren. Diese Ungleichbehandlung bei ansonsten gleichem Verhalten widerspricht dem Gerechtigkeitsempfinden sowie der Wettbewerbsordnung und führt zu Fehlallokationen. Gewinnorientierte Unternehmen müssen um den Steuersatz effizienter arbeiten, um das gleiche Reinvestitionsvolumen zu erreichen.

Ein derartiger Eingriff in den Wettbewerb von Seiten des Staates ist nur hinzunehmen, wenn sich hieraus Vorteile für die Gemeinschaft ergeben, die dies rechtfertigen. Derartige Vorteile liegen immer dann vor, wenn die von der Gemeinschaft benötigten Güter nicht in ausreichender Qualität und Quantität erzielt werden können, ohne dass einige Unternehmen besonders gefördert werden. Regelmäßig ist dies der Fall, wenn ein sogenanntes Marktversagen vorliegt, wenn z. B. Sozialschwache sich bestimmte

Güter nur leisten können, wenn sie von gemeinnützigen Unternehmen stark subventioniert angeboten werden.

Betrachtet man nun die Krankenhausmärkte, so muss man feststellen, dass auch dann eine ausreichend hohe Quantität und Qualität an Krankenhausdienstleistungen für alle Sozialgruppen erbracht werden würde, wenn es keine Gemeinnützigkeit gäbe. Die Finanzierung kirchlicher Krankenhäuser unterscheidet sich beispielsweise überhaupt nicht von der Finanzierung erwerbswirtschaftlicher Krankenhäuser. Gleichzeitig gibt es in Deutschland noch immer eine Überversorgung mit Krankenhausbetten. Es gibt keinen Nachweis, dass gemeinnützige Krankenhäuser bessere Leistungen anbieten als erwerbswirtschaftliche. In den USA behandeln kirchliche Krankenhäuser mehr mittellose Patienten als erwerbswirtschaftliche Hospitäler. Diese Patientenkategorie gibt es jedoch in Deutschland auf Grund der Krankenversicherungspflicht kaum, ansonsten springt die Sozialhilfe ein. Die Gemeinnützigkeit für Krankenhäuser ist deshalb nicht mehr zu rechtfertigen.

Urteile des Europäischen Gerichtshofes wirken in diese Richtung. Grundsätzlich ist die Ausgestaltung der nationalen Sozial- und Gesundheitspolitik nicht der EU unterstellt, jedoch sind die Urteile des EuGHs bei der Gestaltung des Wettbewerbsrechtes zu beachten, soweit nicht überragende nationale Interessen dagegenstehen. Die Volksgesundheit oder die Versorgung der Sozialschwachen mit lebenswichtigen Krankenhausdienstleistungen wären tatsächlich derartige überragende Interessen. Hinzu kommt, dass Sozialleistungsunternehmen meistens einen relativ eng begrenzten Einflusskreis haben, sodass ausländische Konkurrenten durch die Bevorzugung deutscher Sozialleister durch die Gemeinnützigkeit nicht beeinträchtigt werden. Die stärkere Integration Europas wird jedoch den Gesundheitstourismus in andere Länder und aus anderen Ländern verstärken. Spätestens dann wird wohl die Gemeinnützigkeit von Krankenhäusern fallen müssen. Krankenhäuser entwickeln sich damit zu auch in steuerlicher Hinsicht normalen Unternehmen, die dann aber auch alle Freiheiten hinsichtlich der Mittelverwendung haben.

4.6 Zusammenfassung

Die Allgemeine Betriebswirtschaftslehre unterscheidet die Produktionsfaktoren Betriebsmittel, Werkstoffe, ausführende Arbeit und dispositive Arbeit. Zum Teil werden diese Faktoren um die Information als eigenständigem Produktionsfaktor ergänzt. Diese grundsätzliche Gliederung ist auch für Krankenhäuser maßgeblich, wobei jedoch die Gewichtung von der Sachgüterbetonung der klassischen BWL abweicht. Der arbeitende Mensch als Produktionsfaktor tritt sowohl von seiner kostenmäßigen Bedeutung als auch von seinem Beitrag zum Produktionsergebnis her in den Mittelpunkt.

Krankenhausmanager sind deshalb zuerst und vor allem gefordert, ihre Mitarbeiter als Inputfaktoren zu fokussieren. Ihre Zufriedenheit mit der Arbeitssituation, ihre Identifikation mit dem Unternehmen und ihre Zuwendung zum Patienten entscheiden über Gedeih und Verderb des Krankenhauses. Personalpolitik und Perso-nalführung sind deshalb auf strategischer und operativer Ebene Schlüsselfaktoren, denen wir uns in Kapitel 1 noch einmal intensiv zuwenden werden.

Darüber hinaus ist der Patient der wichtigste Inputfaktor. Der Existenzgrund des Unternehmens Krankenhaus ist allein die Gesundheit des Patienten. Die Funkti-onserfüllung des Krankenhauses muss deshalb nicht an der Zahl oder Qualität der Leistungen oder am Gewinn (Geschäftsergebnisse) gemessen werden, sondern an der Zufriedenheit der Patienten. Sie bemisst sich aus dem Verhältnis der erwarteten zur tatsächlichen Leistung. Welche Leistung aus Sicht des Patienten Sinn macht – ob es eine Therapie, die Linderung oder das begleitete Sterben ist – hängt letztlich von seiner metaphysischen Prägung ab. Man könnte auch von seinem Urgrund sprechen. Bei vielen Menschen wird dieser Urgrund noch immer von der Religion geprägt. Krankenhausmanager müssen sich deshalb auch mit Werten und Prägungen be-schäftigen, die viel tiefer gehen, als die Wertebetrachtung in Kapitel 7.2. Die Reflexion religiöser Vorstellungen und der Wandlung dieser Prägungen sind kein Luxus, son-dern betriebsnotwendig, um den Inputfaktor Patient zu verstehen, maßgeschneiderte Angebote zu erstellen und schließlich langfristig die Geschäftszukunft zu sichern.

Neben den gewünschten Inputfaktoren (Produktionsfaktoren, Patienten) gibt es unerwünschte Faktoren, die als Störungen die Krankenhausprozesse beeinflussen. Diese Perturbationen sollten teilweise ausgefiltert werden, sodass die Abläufe plange-mäß ablaufen können. Auf der anderen Seite schneidet sich das Unternehmen hier-durch von der Realität des Umsystems ab, was zu Realitätsverlust und langfristig zu schweren Krisen führen kann. Das richtige Maß der Inputfilterung ist deshalb ein Teil-problem des strategischen Managements. Abb. 86 fasst die bisherigen Ergebnisse schematisch zusammen. Man muss allerdings feststellen, dass eine kompetente Ver-knüpfung des betriebswirtschaftlichen State-of-the-Art mit dem Krankenhaus bislang noch aussteht. Auch diese wenigen Gedanken in diesem Kapitel können nur andeu-ten, wie umfangreich die Reflexionsnotwendigkeit ist.

4.7 Aufgaben und Fallstudien

Im Folgenden werden Beispiele aus der Bauplanung und der Gerätewirtschaft ver-wendet, um die Grundkenntnisse der Produktionsfaktoren zu vertiefen. Es ist offen-sichtlich, dass Methoden, die hier für die Bauplanung verwendet werden, auch für die Geräteplanung sinnvoll sind (z. B. Netzplantechnik). Umgekehrt gilt dies natür-lich ebenfalls (z. B. Break-Even Analyse für Bauten).

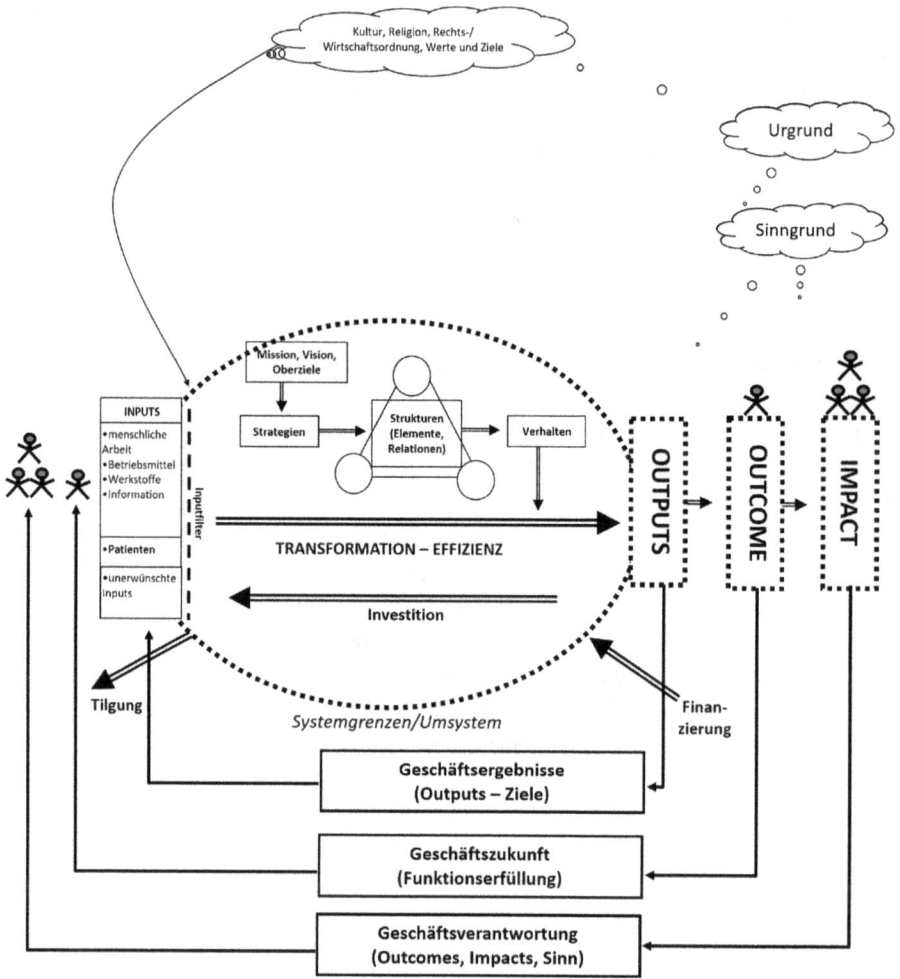

Abb. 86: Vollständiges Systemmodell mit Produktionsfaktoren.[69]

4.7.1 Krankenhausbau

Aufgabe zur Netzplantechnik

Aufgabenstellung

Der OP eines Krankenhauses ist veraltet. Er soll komplett entfernt und durch einen neuen ersetzt werden. Tab. 39 zeigt die entsprechende Tätigkeitsliste.

---

[69] Quelle: Eigene Darstellung in Anlehnung an Rieckmann 2000, S. 46.

Tab. 39: Tätigkeitsliste Krankenhausbau.

Nr.	Tätigkeiten	Dauer (Tage)	Vorgänger	Kosten pro Tag [€]
A	Einholen von Angeboten	21	–	100
B	Demontage des alten OPs	10	–	1.000
C	Lieferzeit des neuen OPs	14	A	100
D	Aufbau des neuen OPs	24	B,C	1.000
E	Schulung des Personals	4	A	200
F	Probelauf	1	D,E	100

Aufgaben:

1. Zeichnen Sie den entsprechenden Netzplan mit den dazugehörigen Zeiten und kennzeichnen Sie den kritischen Pfad.
2. Berechnen Sie die Kosten für den frühesten und spätesten Anfangszeitpunkt.
3. Zeichnen Sie die Kostenverläufe unter der Voraussetzung, dass die Tätigkeiten immer zum frühesten oder spätesten Anfangszeitpunkt beginnen.
4. Berechnen Sie die Puffer der Tätigkeiten.

Lösung

Ad 1: Abb. 87 zeigt den Netzplan als grafische Veranschaulichung obigen Projektes. In der Realität wären Tätigkeitsliste und Netzplan natürlich deutlich komplexer.

Ad 2: Tab. 40 ordnet den frühest- und spätestmöglichen Anfangszeitpunkten die jeweiligen Kosten zu. Das Verfahren wird als PERT-Cost bezeichnet.

Ad 3: Abb. 88 zeigt die grafische Umsetzung von Tab. 40. Die Abbildung wird bei größeren Projekten gerne zur Kostenplanung verwendet.

Ad 4: Bei der Berechnung der Puffer ist zwischen dem Gesamtpuffer, dem freien Puffer sowie dem unabhängigen Puffer zu unterscheiden.

Der Gesamtpuffer beschreibt den Umstand, in dem alle Vorgänger möglichst früh und alle Nachfolger möglichst spät beginnen. Er entspricht somit der Differenz aus dem spätesten Anfangszeitpunkt des Teilprozesses und dem frühesten Anfangszeitpunkt des Teilprozesses. Da Puffer nur bei Prozessen, die nicht auf dem kritischen Pfad liegen, vorhanden sein können, ergibt sich:

$$\text{Gesamtpuffer B} = 25 - 0 = 25$$
$$\text{Gesamtpuffer E} = 55 - 21 = 34$$

Zur Berechnung des freien Puffers ist zu berücksichtigen, dass alle Vorgänge möglichst früh und alle Nachfolger möglichst spät beginnen. Folglich ist der freie Puffer

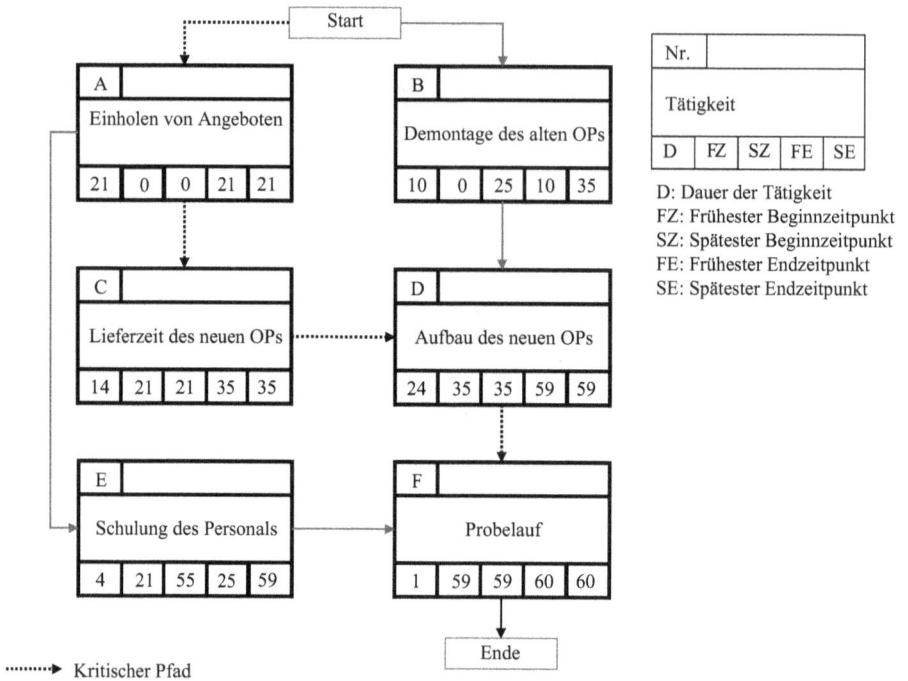

Abb. 87: Netzplan Krankenhausbau.

Tab. 40: PERT-Cost Krankenhausbau.

Frühester Anfangszeitpunkt				Spätester Anfangszeitpunkt			
bis Zeitpunkt	Tätigkeit	Kosten [€]	Kostenverlauf [€]	bis Zeitpunkt	Tätigkeit	Kosten [€]	Kostenverlauf [€]
0	–	0	0	0	–	0	0
10	A und B	11.000	11.000	10	A	1.000	1.000
21	A	1.100	12.100	21	A	1.100	2.100
25	E und C	1.200	13.300	25	B und C	4.400	6.500
35	C	1.000	14.300	35	B und C	7.000	13.500
55	D	20.000	34.300	55	D	20.000	33.500
59	D	4.000	38.300	59	E und D	4.800	38.300
60	F	100	38.400	60	F	100	38.400
Summe:		**38.400**		**Summe:**		**38.400**	

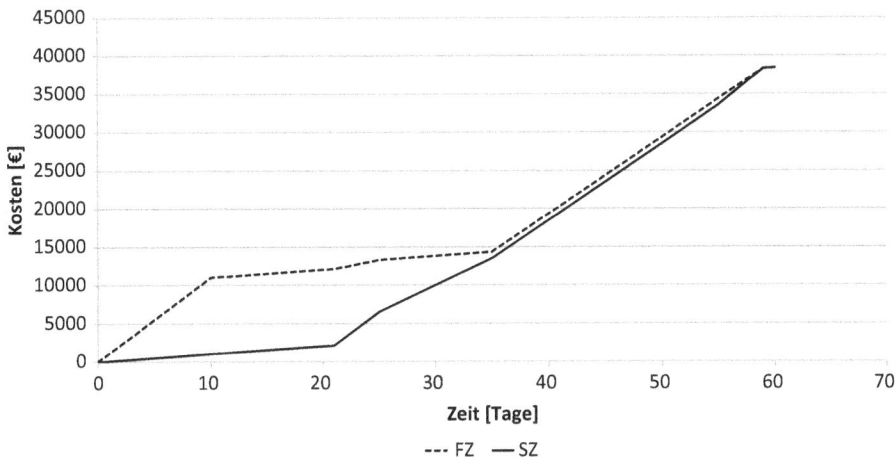

Abb. 88: Kostenverlauf PERT-Cost Krankenhausbau.

das Minimum aller frühesten Anfangszeitpunkte der Nachfolger abzüglich dem frühesten Anfangszeitpunkt des betrachteten Prozesses und der Dauer des betrachteten Prozesses. Für die Aufgabenstellung ergibt sich:

$$B = 35 - 0 - 10 = 35$$
$$E = 59 - 21 - 4 = 34$$

Die Berechnung des unabhängigen Puffers nimmt an, dass alle Vorgänger möglichst spät und alle Nachfolger möglichst früh beginnen. Folglich ist der unabhängige Puffer das Minimum aller frühesten Anfangszeitpunkte der Nachfolger abzüglich dem spätesten Anfangszeitpunkt des betrachteten Prozesses und der Dauer des betrachteten Prozesses. Für die Aufgabenstellung ergibt sich:

$$B = 35 - 25 - 10 = 0$$
$$E = 59 - 55 - 4 = 0$$

Hinweis: Die Ergebnisse für den Gesamtpuffer und den freien Puffer sind nicht zwingend gleich. Im vorliegenden Fall resultieren die identischen Ergebnisse aus der geringen Komplexität des Netzplanes mit relative wenigen Teilprozessschritten. Diese Begründung gilt ebenfalls für den unabhängigen Puffer, welcher nicht zwingend null ist.

Aufgabe zur Investitionsrechnung

Aufgabenstellung
Aufgrund von hervorragenden Marktaussichten plant der Vorstand eines Klinikkonzerns eine Privatklinik für „Schönheit und Ästhetik" auf der Insel Rügen zu errichten. Die Vorstandsreferenten haben dabei zwei verschiedene Konzepte für die neu

zu errichtende Klinik entworfen. Bei dem Konzept „Innovativ" handelt es sich um eine günstige, noch recht unbekannte, jedoch sehr innovative Behandlungstechnik, die sich nach Meinung von Fachexperten ab dem Jahr 2024 gegenüber anderen Verfahren durchsetzen wird. Das Konzept „Konservativ" beruht auf einem seit Jahrzehnten bewährten Verfahren und man rechnet bei dieser Alternative mit einer konstanten „Stammkundschaft". Der betrachtete Zeithorizont beträgt fünf Jahre. Zur Vereinfachung wird angenommen, dass die Cash-Flows immer zu Jahresbeginn fließen (vgl. Tab. 41).

Tab. 41: Investitionsrechnung „Schönheit und Ästhetik" [Mio. €].

Konzepte	Investitionskosten	erwartete Netto-Cash-Flows				
		2021	2022	2023	2024	2025
Innovativ	20	5	5	5	25	40
Konservativ	30	10	10	10	10	10

Aufgabe: Für welches Konzept sollte sich der Vorstand entscheiden, wenn der Marktzinssatz 5 % p. a. beträgt? Zeigen Sie dabei die Rechenwege auf!

Lösung
Zur korrekten Lösung ist die Kapitalwertmethode anzuwenden.

$$C_0 = BW - a_0 = -a_0 + \sum_{i=0}^{n} d_t (1+i)^{-t}$$

Bei uniformer Zahlungsreihe $(d = d_1 = d_2 = \cdots = d_n)$ gilt:

$$C_0 = BW - a_0 = -a_0 + d \cdot \sum_{i=0}^{n} (1+i)^{-t}$$

C_0:   Kapitalwert
BW: Barwert
n: Laufzeit der Investition
a_0:   Anschaffungskosten zum Zeitpunkt t = 0
i: Kalkulationszins (Marktzinssatz)
t: Periode
d_t: Einnahmeüberschuss (Cash Flow) in Periode t

Kapitalwert des Konzeptes „Innovativ"

$$C_0 = BW - a_0$$

$$C_0 = d_1 \cdot (1+i)^{-1} + d_2 \cdot (1+i)^{-2} + d_3 \cdot (1+i)^{-3} + d_4 \cdot (1+i)^{-4} + d_5 \cdot (1+i)^{-5} - a_0$$

$$C_0 = 5 \cdot (1,05)^{-1} + 5 \cdot (1,05)^{-2} + 5 \cdot (1,05)^{-3} + 25 \cdot (1,05)^{-4} + 40 \cdot (1,05)^{-5} - 20$$

$$C_0 = 65,525 - 20$$

$$C_0 = 45,525 \ Mio. \ €$$

Kapitalwert des Konzeptes „Konservativ"

$$C_0 = BW - a_0$$

$$C_0 = d \cdot \left[(1+i)^{-1} + (1+i)^{-2} + (1+i)^{-3} + (1+i)^{-4} + (1+i)^{-5} \right] - a_0$$

$$C_0 = 10 \cdot \left[(1,05)^{-1} + (1,05)^{-2} + (1,05)^{-3} + (1,05)^{-4} + (1,05)^{-5} \right] - 30$$

$$C_0 = 43,295 - 30$$

$$C_0 = 13,295 \ Mio. \ €$$

Der Kapitalwert des Konzeptes „Innovativ" ist deutlich höher als der des Konzeptes „Konservativ". Dementsprechend sollte sich der Vorstand für das Konzept „Innovativ" entscheiden.

Fallstudie Raumplanung

Aufgabenstellung
Für eine Station sollen 20 (Zweibett-) Zimmer à 4x4m plus zwei Funktionsräume (Pflegestützpunkt und Materialraum) so angeordnet werden, dass die Wege möglichst gering sind. Zur Wahl stehen ein linearer Zweibundtyp sowie ein Kreuztyp. Abb. 89 und Abb. 90 zeigen die Alternativen.

Aufgaben:
1. Ermitteln Sie die durchschnittlichen Wege zu den Räumen.
2. Jeder Patient hat im Durchschnitt 15 Kontakte pro Tag mit einer Pflegekraft. Die Gehgeschwindigkeit beträgt durchschnittlich 4 km/h, die Stundenkosten 12,50 € pro Pflegekraft. Wie viele Arbeitsstunden bzw. wieviel Gehalt spart der Kreuztyp gegenüber dem linearen Zweibundtyp pro Jahr ein?

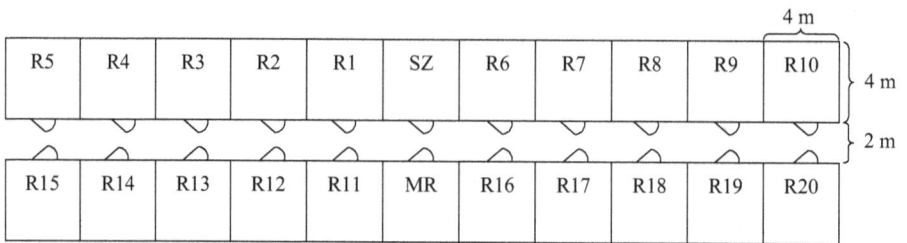

Abb. 89: Linearer Zweibundtyp.

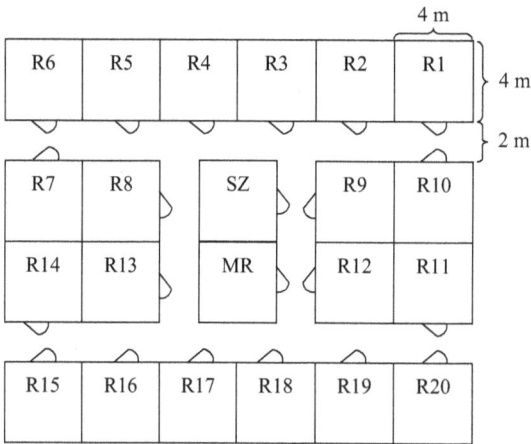

Abb. 90: Vereinfachter Kreuztyp.

Lösung

Ad 1: Tab. 42 zeigt die Distanzen vom Schwesternzimmer zu den Patientenzimmern für die beiden Typen.

Tab. 42: Distanzen vom Schwesternzimmer zu den Räumen.

Raum	Distanz [m]	
	Linearer Zweibundtyp	Kreuztyp
R1	6	12
R2	10	8
R3	14	6
R4	18	10
R5	22	14
R6	6	18

Tab. 42 (fortgesetzt)

Raum	Distanz [m]	
	Linearer Zweibundtyp	Kreuztyp
R7	10	18
R8	14	14
R9	18	2
R10	22	12
R11	6	16
R12	10	6
R13	14	18
R14	18	22
R15	22	22
R16	6	18
R17	10	14
R18	14	10
R19	18	12
R20	22	16
Durchschnitt:	14,00	13,40

Ad 2: Bei 40 Betten und 15 Kontakten pro Tag sind täglich 8,40 km für den linearen Verbundtyp bzw. 8,04 km für den Kreuztyp zurückzulegen. Damit ergibt sich ein täglicher Unterschied von 360 m. Bei einer Geschwindigkeit von 4 km pro Stunde entspricht dies 32,8725 h eingesparte Laufzeit bzw. 410,91 € Gehaltkosten pro Jahr. Die letzte Aussage ist mit Vorsicht zu behandeln, da Personalkosten (stufen-)fix sind.

Fallstudie PERT-Cost

Aufgabenstellung

Tab. 43 gibt die wichtigsten Struktur-, Zeit- und Kostendaten eines geplanten Bauprojektes wieder.

Zum Zeitpunkt t = 7 sind die Tätigkeiten A, B, C, und D nach jeweils 1, 3, 5 und 7 Wochen abgeschlossen und haben 50.000, 200.000, 150.000 und 500.000 € verbraucht.

Aufgabe: Stellen Sie den Kostenverlauf tabellarisch und grafisch dar und interpretieren Sie die Verläufe.

Tab. 43: Beispiel PERT-Cost, Ausgangsdaten.[70]

Tätigkeit	Dauer [w]	Kosten [€/w]	Kosten [€]	Vorgänger	Nachfolger
A	1	50.000	50.000	–	B,D
B	2	70.000	140.000	A	C
C	2	70.000	140.000	B	E
D	5	100.000	500.000	A	E
E	2	20.000	40.000	C, D	F
F	1	50.000	50.000	E	–
Summe			920.000		

Lösung

Tab. 44 zeigt den tatsächlichen Verlauf der Kosten bis zum Zeitpunkt 7 (Istkosten-Istzeit) sowie den geplanten Verlauf der Kosten (Plankosten-Planzeit). Ebenso werden diejenigen Kosten angezeigt, die beim tatsächlichen Zeitablauf entstanden wären, wenn jede Tätigkeit innerhalb seiner Plankosten geblieben wäre (Planzeit-Istzeit). Zum Zeitpunkt t = 7 sind 900.000 € ausgegeben worden, es hätten aber für diesen Projektfortschritt nur 830.000 € ausgegeben werden sollen, d. h., das Projekt hat bereits 70.000 € mehr ausgegeben als geplant. Vergleicht man die Plankosten zur Planzeit mit den Istkosten zur Istzeit, so ergibt sich eine Zeitverzögerung von einer knappen Woche, d. h., das Projekt hätte schon vor ungefähr 6 Tagen die Tätigkeit D abschließen müssen. Wie Abb. 91 zeigt, sind die Istkosten zur Istzeit und die Plankosten zur Planzeit fast immer nah beieinander. Dies könnte dazu verleiten zu glauben, dass das Projekt gut läuft. Tatsächlich hängt das Projekt schon in der weiten Woche hinterher, verbraucht aber die Ressourcen, als ob es in der Zeit wäre. Das Projekt wird im besten Fall 70.000 € mehr ausgeben als geplant und um eine knappe Woche verspätet beendet sein, falls keine weiteren Probleme auftreten. Gegenmaßnahmen müssen dementsprechend ergriffen werden.

4.7.2 Medizinische Geräte

Break-Even Analyse

Aufgabenstellung

Sie betreiben eine Arztpraxis und wollen ein MRT für 1.000.000 € anschaffen. Sie schätzen, dass es 10 Jahre verwendbar ist. Die laufenden Kosten liegen bei 50.000 €

---

[70] Quelle: Eigenes Beispiel.

Tab. 44: Beispiel PERT-Cost.[71]

Zeitpunkt	Plankosten-Planzeit [€]	Plankosten-Istzeit [T€]	Istkosten-Istzeit [T€]
0	0	0	0
1	50.000	50.000	50.000
2	220.000	203.333	233.333
3	390.000	356.667	416.667
4	560.000	510.000	575.000
5	730.000	663.333	733.333
6	830.000	746.667	816.667
7	850.000	830.000	900.000
8	870.000		
9	920.000		

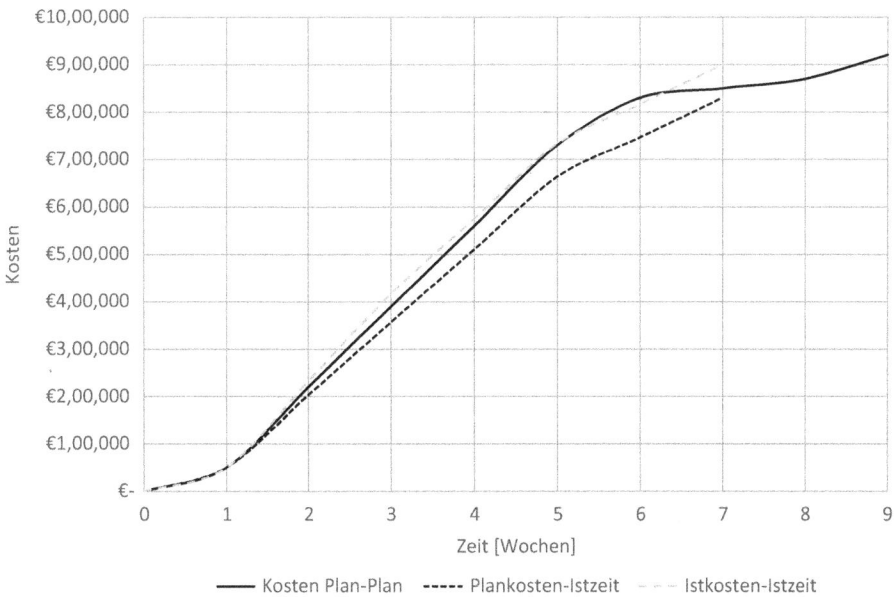

Abb. 91: Beispiel PERT-Cost.[72]

---

71 Quelle: Eigene Berechnung.
72 Quelle: Eigene Berechnung.

Wartung und Personal) pro Jahr und 100 € pro Patient, der im MRT diagnostiziert wird.

Aufgaben:
1. Ermitteln Sie eine Formel, die Ihnen den Break-Even-Point in Abhängigkeit vom Entgelt pro MRT zeigt.
2. Wie würden Sie vorgehen, wenn Sie ein dynamisches Verfahren anwenden möchten?

Lösung
Ad 1: Im Break-Even-Point entsprechen die Kosten den Erlösen.

$$Kosten = Erlöse$$

$$K_{var} + K_{fix} = Erlöse$$

$$x \cdot 100 + \frac{1.000.000\,€}{10} + 50.000\,€ = x \cdot p$$

$$x \cdot 100 + 150.000 = x \cdot p$$

$$x = \frac{150.000}{(p - 100)}$$

x   Jährliche Anzahl MRT-Untersuchungen [Stück]
p   Entgelt pro MRT [€]

Beträgt der Preis eines MRT beispielsweise 400 €, so muss die Arztpraxis mindestens 500 MRT pro Jahr durchführen.

Ad 2: Als dynamisches Verfahren lässt sich die Annuitätenmethode anwenden. Die Annuitätenmethode dient dazu, den durchschnittlichen jährlichen Überschuss zu ermitteln. Während die Kapitalwertmethode einen Totalerfolg bestimmt, wird bei der Annuitätenmethode dieser Erfolg periodisiert.

Alternativenvergleich

Aufgabenstellung
Ihr Krankenhaus plant die Anschaffung eines neuen Geräts. Daraus ergeben sich für die zukünftigen Perioden Einnahmen aus der Behandlung von Patienten, jedoch auch Ausgaben für bspw. Wartung. Die Geräte können am Ende der vierten Periode verkauft werden, jedoch muss ein neues Gerät zum Einkaufspreis der Periode null neu angeschafft werden. Es stehen zwei Alternative Geräte zur Verfügung, die sich in ihren Anschaffungspreisen, Einnahmeerwartungen und auch Restverkaufswerten un-

terscheiden. Die zu erwartenden Einnahmen und Ausgaben, inklusive Restverkaufserlös und Neuanschaffung in Periode vier, sind in Tab. 45 und Tab. 46 abgebildet:

Tab. 45: Alternativenvergleich – Alternative A [€].

Periode	0	1	2	3	4
Einnahmen	0	5.300	5.100	5.400	12.500
Ausgaben	10.000	1.500	2.000	3.000	10.000

Tab. 46: Alternativenvergleich – Alternative B [€].

Periode	0	1	2	3	4
Einnahmen	0	8.900	9.350	9.200	24.500
Ausgaben	20.000	2.000	3.000	4.000	20.000

Aufgabe:
Für welche Investitionsalternative würden Sie sich entscheiden, wenn der Kalkulationszinssatz 5 % beträgt? Sind beide Investitionsalternativen sinnvoll? Begründen Sie jeweils Ihre Entscheidung.

Lösung
Zur korrekten Lösung ist die Kapitalwertmethode anzuwenden (vgl. 0).

$$C_0 = BW - a_0 = -a_0 + \sum_{i=0}^{n} d_t (1+i)^{-t}$$

Bei uniformer Zahlungsreihe ($d = d_1 = d_2 = \ldots = d_n$) gilt:

$$C_0 = BW - a_0 = -a_0 + d \cdot \sum_{i=0}^{n} (1+i)^{-t}$$

C_O Kapitalwert [€]
BW Barwert [€]
n Laufzeit der Investition [Jahre]
a_O Anschaffungskosten zum Zeitpunkt t = 0 [€]
i Kalkulationszins (Marktzinssatz) [%]
t Periode
d_t Einnahmeüberschuss (Cash Flow) in Periode t [€]

d_t ergibt sich als gemäß Tab. 47.

Tab. 47: Alternativenvergleich – Einnahmenüberschuss [€].

	Periode	0	1	2	3	4
A	Einnahmen	0	5.300	5.100	5.400	12.500
	Ausgaben	10.000	1.500	2.000	3.000	10.000
	Einnahmeüberschuss (d_t)	**–10.000**	**3.800**	**3.100**	**2.400**	**2.500**
B	Einnahmen	0	8.900	9.350	9.200	24.500
	Ausgaben	20.000	2.000	3.000	4.000	20.000
	Einnahmeüberschuss (d_t)	**–20.000**	**6.900**	**6.350**	**5.200**	**4.500**

Kapitalwert des Gerätes „A"

$$C_0 = BW - a_0$$

$$C_0 = d_1 \cdot (1+i)^{-1} + d_2 \cdot (1+i)^{-2} + d_3 \cdot (1+i)^{-3} + d_4 \cdot (1+i)^{-4} - a_0$$

$$C_0 = 3800 \cdot (1{,}05)^{-1} + 3100 \cdot (1{,}05)^{-2} + 2400 \cdot (1{,}05)^{-3} + 2500 \cdot (1{,}05)^{-4} - 10.000$$

$$C_0 = 10.560, 81 - 10.000$$

$$C_0 = 560{,}81 \, €$$

Kapitalwert des Gerätes „B"

$$C_0 = BW - a_0$$

$$C_0 = d_1 \cdot (1+i)^{-1} + d_2 \cdot (1+i)^{-2} + d_3 \cdot (1+i)^{-3} + d_4 \cdot (1+i)^{-4} - a_0$$

$$C_0 = 6900 \cdot (1{,}05)^{-1} + 6350 \cdot (1{,}05)^{-2} + 5200 \cdot (1{,}05)^{-3} + 4500 \cdot (1{,}05)^{-4} - 20.000$$

$$C_0 = 20.525{,}18 - 20.000$$

$$C_0 = 525{,}18 \, €$$

Auf Grund des höheren Kapitalwertes wäre eine Entscheidung zu Gunsten des Gerätes „A" sinnvoll. Da der Kapitalwert beider Geräte größer als „0" ist, wäre allerdings die Investition in beide Geräte bei gegebenem Zinssatz vorteilhaft.

Optimaler Ersatzzeitpunkt

Aufgabenstellung
In einem Krankenhaus wird in regelmäßigen Abständen ein medizinisches Gerät neu angeschafft. Die Anschaffungskosten belaufen sich auf 70.000 €. Pro Jahr fallen zusätzlich Wartungskosten in folgender Höhe an:

1. Jahr   5000 €
2. Jahr   10.000 €
3. Jahr   15.000 €
4. Jahr   20.000 €
5. Jahr   30.000 €
6. Jahr   50.000 €

Aufgabe:
Ermitteln Sie den optimalen Ersatzzeitpunkt innerhalb eines Zeithorizonts von 10 Jahren.

Lösung
Die Lösung dieser Aufgabe setzt voraus, dass zusätzlich zu den gegebenen Informationen Annahmen getroffen werden. Im Folgenden wird davon ausgegangen, dass sich die Anschaffungs- und Wartungskosten über den gesamten Planungshorizont von 10 Jahren nicht verändern. Weiterhin werden die Jahresangaben so definiert, dass die Wartungskosten im ersten Maschinenjahr zusammen mit den Anschaffungskosten anfallen. Folglich belaufen sich die Kosten in jedem Anschaffungsjahr auf 75.000 €. Abschreibungen, Preissteigerungen, Wiederverkaufserlöse usw. sollen unberücksichtigt bleiben. Neben dem Planungshorizont von 10 Jahren gibt die Aufgabe die Wartungskosten bis zum sechsten Jahr vor. Folglich ist davon auszugehen, dass laut Wartungsplan eine Nutzung im siebten Jahr ausgeschlossen ist, also im Anschluss an das sechste Jahr zwingend eine neue Maschine angeschafft werden muss. Insgesamt sind somit sechs Beschaffungspläne möglich (ersetze jedes, alle zwei, alle drei, … , alle sechs Jahre). Wird jedes Jahr neu beschafft, fallen im Planungshorizont zehnmal 70.000 € an Anschaffungskosten und zehnmal 5000 € an Wartungskosten an. Insgesamt folglich 750.000 €. Wird alle zwei Jahre beschafft fallen im Planungshorizont fünfmal Anschaffungskosten in Höhe von 70.000 €, fünfmal Wartungskosten für das erste Maschinenjahr von 5000 € und fünfmal Wartungskosten für das zweite Maschinenjahr von 10.000 € – insgesamt 425.000 € an.

Tab. 48 zeigt die jährlichen sowie die kumulierten Kosten aller Strategien. Die Spalten geben die Kosten in den Perioden $t = 1 … 10$ wieder, wenn alle 1, 2, … oder 6 Jahre ersetzt wird (Zeilen).

Tab. 48: Optimaler Ersatzzeitpunkt.

Ersatz nach … Jahren	Kosten in Periode t										Summe
	1	2	3	4	5	6	7	8	9	10	
1	75	75	75	75	75	75	75	75	75	75	750
2	75	10	75	10	75	10	75	10	75	10	425

Tab. 48 (fortgesetzt)

Ersatz nach … Jahren	Kosten in Periode t										Summe
	1	2	3	4	5	6	7	8	9	10	
3	75	10	15	75	10	15	75	10	15	75	375
4	75	10	15	20	75	10	15	20	75	10	325
5	75	10	15	20	30	75	10	15	20	30	300
6	75	10	15	20	30	50	75	10	15	20	320

Werden alle Möglichkeiten verglichen, ergeben sich die geringsten Gesamtkosten bei einem Ersatzzeitpunkt von fünf Jahren (insgesamt 300.000 €). Somit wäre die Maschine im ersten sowie im sechsten Jahr (jeweils Beginn) zu beschaffen um sie stets fünf Jahre zu nutzen.

Fallstudie: Eigenfertigung oder Fremdbezug

Aufgabenstellung

In den Tropen ist die stetige Versorgung der Krankenhäuser mit Infusionen von hoher Bedeutung, da die Haupttodesursachen (Diarrhö und Malaria) primär mit Infusionen behandelt werden. Bis vor wenigen Jahren mussten alle Infusionen importiert werden, sodass einerseits kein kontinuierliches Angebot gewährleistet werden konnte, andererseits die Preise relativ hoch waren. Deshalb entwickelten Mitarbeiter der Evangelisch-Lutherischen Kirche in Tansania (ELCT) ein einfaches Filterverfahren, mit dessen Hilfe sauberes Wasser produziert wird, das anschließend mit Salzlösungen versetzt und in einem Autoklav sterilisiert wird. Die Anlage wird als Infusionseinheit („Infusion Unit") bezeichnet. Zur Betreuung bildete sich eine Zentrale („Infusion Units Project").

Seit einigen Jahren ist der Marktpreis der Infusionen stark gefallen, und eine stetige Versorgung kann angenommen werden. Es stellt sich folglich die Frage, ob die Infusionseinheiten überhaupt noch rentabel sind. Tab. 49 zeigt die Grunddaten.

Aufgaben:
1. Ein Krankenhaus ist 50 km von der nächsten Zentralapotheke entfernt, wo eine Infusion 2 US$ kostet. Ermitteln Sie basierend auf den Grunddaten die minimale Zahl der Flaschen, die in einer Infusionseinheit jährlich produziert werden müssen, sodass die Eigenproduktion dem Einkauf der Infusionen in der Zentralapotheke vorzuziehen ist („Make-or-Buy").

Tab. 49: Grunddaten der Infusionseinheiten.

Kostenart	Einheit	Details	Betrag
1. Fixkosten	a. Infusionseinheit	36.000 US$, d = 10 Jahre	3.600 US$/a
	b. Gebäude	42 qm · 250 US$/qm, d = 25 a	420 US$/a
	c. Personal	1 Pharmazieassistent, 50.000 Tshs/m; 1 Pharmaziegehilfe, 25.000 Tshs/m	1.585 US$/a
	Summe:		*5.605 US$/a*
2. Variable Kosten	a. Flaschen	1.000 Tshs/f, 30fache Verwendung	33 Tshs/f
	b. Pfropfen	150 Tshs/Stück, 10fache Verwendung	15 Tshs/ f
	c. Additive	(primär NaCl)	40 Tshs/ f
	d. Service Gebühr	Gebühr für die Dienste des Infusion Units Project	20 Tshs/ f
	e. Qualitätskontrolle		10 Tshs/ f
	Total:	118 Tshs/Flasche	0.21 US$/ f
3. Fixe Kosten pro Produktionsvorgang		Elektrizität, Reinigung	2 US$
4. Kapazitäten	a. Autoklave	Standard Autoklave	120 f
	b. Fahrzeug	Land Cruiser, Plastikflaschen à 0,5 Liter	1.000 f
5. Fahrtkosten		200 Tshs/km	0,35 US$/km

2. Zeigen Sie grafisch auf, wie diese minimale Flaschenzahl vom Marktpreis der Infusionen abhängt.

3. Müssen alle Infusionseinheiten, die diese Minimalzahl nicht erreichen, sofort geschlossen werden?

Lösung

Ad 1: Diese Fragestellung kann mit Hilfe einer Break-Even-Analyse beantwortet werden. Sie ermittelt die minimale Zahl der Flaschen, die in einer Infusionseinheit jährlich produziert werden müssen, sodass die Eigenproduktion dem Einkauf der Infusionen in der Zentralapotheke vorzuziehen ist. Neben den Produktionskosten und dem Marktpreis der eingekauften Infusionen sollen auch die Transportkosten der Infusionen von der Apotheke in der nächsten Distriktstadt zum Krankenhaus berücksichtigt werden. Folglich müssen die Kosten der Eigenproduktion (CS) mit den Kosten des Fremdbezugs (CP) verglichen werden, wobei gilt:

$$CS = C_f + \frac{b}{C_a} \cdot C_h + b \cdot C_v$$

$$CP = b \cdot p + \frac{b}{C_c} \cdot 2 \cdot d \cdot m$$

mit

CS Jährliche Gesamtkosten der Eigenproduktion [US$]

CP Jährliche Gesamtkosten des Fremdbezugs [US$]

b Verbrauch [Flaschen/Jahr]

C_f Fixe Kosten der Infusionseinheit (Abschreibungen und Personalkosten) [US$/Jahr]

C_a Kapazität des Autoklaven pro Sterilisationsprozess [Flaschen]

C_h Fixkosten pro Produktionsprozess [US$]

C_v Variable Kosten der Eigenproduktion [US$/Flasche]

C_c Kapazität des Transportmittels [Flaschen/Fahrt]

p Einkaufspreis der Infusionen [US$/Flasche]

d Distanz zwischen Krankenhaus und dem nächstgelegenen Infusionsanbieter [km]

m Transportkosten [US$/km]

Damit ergibt sich ein Break-Even für $CS < CP$, oder

$$b > \frac{C_f}{p + \frac{2 \cdot d \cdot m}{C_c} - \frac{C_h}{C_a} - C_v}$$

Auf Vollkostenbasis ($C_f = 5605\,US\$$) bei einer Distanz von 50 km und einem Flaschenpreis von 2 US$ pro Flasche ergibt sich ein Break-Even-Point von 3100, d. h., ein Infusionunit wäre ab einem Bedarf von 3100 Infusionen pro Jahr für das Krankenhaus rentabel.

Ad 2: Abb. 92 zeigt den Break-Even-Point in Abhängigkeit vom Einkaufspreis der Infusionen und von der Distanz. Sinkt beispielsweise der Marktpreis auf 0,50 US$ pro Flasche, muss das Krankenhaus mit 50 km Entfernung mindestens 18.178 Infusionen verbrauchen, dass sich die Eigenfertigung rentiert. Tatsächlich fiel in Tansania der Marktpreis für Infusionen innerhalb weniger Jahre von 2 US$ auf 0,50 US$.

Ad 3: Die obigen Berechnungen basieren auf Fixkosten p. a. in Höhe von 5605 US$. Diese Kosten sind jedoch nur für die Neuinvestition relevant. Für Krankenhäuser, die bereits eine Infusionseinheit haben, sind nicht die vollen 5605 US$ als fixe Kosten entscheidungsrelevant, da die Abschreibungen (4020 US$) unabhängig vom Betrieb der Anlage anfallen. Lediglich die Personalkosten (1585 US$) können vermieden werden, wenn die Einheit stillgelegt wird. Berechnet man obige Formel mit den verän-

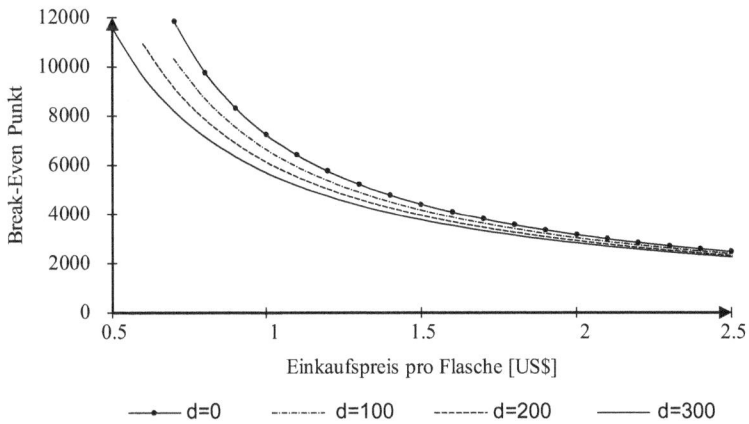

Abb. 92: Break-Even-Punkt in Abhängigkeit von Distanz und Einkaufspreis.

derten Fixkosten, so ergibt sich für das Krankenhaus in 50 km Entfernung bei einem Marktpreis von 0,50 US\$ pro Infusion ein Break-Even-Point von 5141, d. h., eine bestehende Einheit sollte nur dann abgeschaltet werden, wenn der Bedarf weniger als 5141 Flaschen beträgt.

5 Produktion

Unter Produktion versteht man allgemein die Transformation von Inputs in Outputs. Diese erfolgt durch eine Rekombination und raumzeitliche Realisierung der Inputfaktoren. So verwendet eine Pflegekraft ihr Wissen, Verbandsstoff und eine Schere, um eine Wunde zu verbinden. Weder der Produktionsfaktor Arbeit (Pflegekraft), noch die Faktoren Betriebsmittel (Schere) oder Werkstoff (Verbandsstoff) sind per se in der Lage den Output (Verband) am Patienten zu erstellen. Erst die intelligente Zusammenführung der Produktionsfaktoren und der konkrete Prozess ermöglichen die Produktion und das Ergebnis.

Der Produktionsbegriff ist sachgütergeprägt, d. h., die Produktionstheorie untersucht traditionell die Bedingungen einer effizienten Produktion von materiellen Gütern.[1] Meist wurde hierbei die Produktionsfunktion in den Mittelpunkt des Interesses gestellt. Unter einer Produktionsfunktion versteht man allgemein eine (mathematische) Beschreibung der Beziehung zwischen den Mengen r_i der eingesetzten Produktionsfaktoren ($i = 1 \dots n$) und der Menge x_j der erzeugten Produkte ($i = 1 \dots m$). Die Qualität spielt in der klassischen Produktionstheorie eine geringe Rolle, d. h., sie erscheint meist nicht als eigene, der Mengen gleichwertige Dimension des Outputs, sondern lediglich als Nebenbedingung oder Outputfilter (Qualitätssicherung).

Die Produktionstheorie hat zahlreiche Varianten dieser Produktionsfunktionen unterschieden. Produktionsfunktionen vom Typ A gehen von substitutionalen Faktoreinsatzbeziehungen aus, d. h., die Produktionsfaktoren können untereinander ausgetauscht werden. So kann z. B. Arbeit im bestimmten Umfang durch Betriebsmittel ersetzt werden (Rationalisierung). Die auf Gutenberg zurückzuführende Produktionsfunktion vom Typ B hingegen setzt voraus, dass feste Einsatzverhältnisse der Produktionsfaktoren gegeben sind (limitationale Beziehungen).[2] Weiterentwicklungen (z. B. Typ C) und Verfeinerungen dieser industriellen Ansätze helfen jedoch der Krankenhausbetriebslehre nicht weiter. Dies liegt erstens daran, dass die Produktionsmenge nicht das alleinige Outputkriterium sein kann. Die Qualität der Leistungen ist von größter Bedeutung und stellt eine eigene Outputdimension dar, die unabhängig von der Menge zu optimieren ist. Zweitens handelt es sich beim Krankenhaus um einen Dienstleistungsbetrieb, bei dem der Patient als Kunde Teil des Produktionsprozesses ist. Wir benötigen folglich eine spezielle Theorie der Dienstleistungsproduktion. Und drittens handelt es sich bei der Krankenhausleistung um ein mehrstufiges Verfahren, das besser durch Prozesse als durch eine Produktionsfunktion mit einmaligem Input und Output beschrieben werden kann.

Im Folgenden werden wir deshalb zuerst die Produktionstheorie der Dienstleister beschreiben. Es folgt eine Diskussion des Qualitätsmanagements und der Produktions-

---

1 Vgl. Corsten und Gössinger 2016; Schneeweiß 2013.
2 Vgl. Gutenberg 1958.

https://doi.org/10.1515/9783110753103-005

programmplanung. Das Kapitel schließt mit einer Darstellung des Prozessmanagements. Der Begriff Produktion soll beibehalten werden, da er als Transformation von Inputs in Outputs, unabhängig von der zu erstellenden Problemlösung ist.

5.1 Produktionstheorie der Dienstleister

Im ersten Kapitel haben wir Sachgüter als materielle Problemlösungen beschrieben, die lagerfähig, transportierbar und übertragbar sind. In der Regel werden sie im zeitlichen und räumlichen Abstand vom Kunden produziert. Krankenhausdienstleistungen hingegen sind immateriell, nicht lagerfähig, nicht transportierfähig und nicht übertragbar. Ihre Produktion erfolgt in Einheit von Ort, Zeit und Handlung (Uno-Actu Prinzip), wobei der Kunde (in der Regel) nicht nur ständig anwesend ist, sondern auch am Leistungserfolg mitarbeiten muss.[3] Er ist ein Mitproduzent. Angesichts dieser Unterschiede muss sich die Produktionstheorie der Dienstleistung von der Sachgüterproduktion unterscheiden.[4]

Abb. 93 zeigt den grundsätzlichen Produktionsprozess der Dienstleistung.[5] Die klassischen Produktionsfaktoren (Betriebsmittel, Werkstoff, Arbeit) werden zuerst zur Betriebsbereitschaft rekombiniert. Beispielsweise bereitet eine Pflegekraft den Operationsraum vor. Diese Aktivität erfolgt in Abwesenheit des Patienten, es handelt sich um einen Sachgüterprozess, der auch mit den Instrumenten der Sachgüterbetriebswirtschaftslehre bearbeitet werden kann. Es entsteht jedoch kein Endprodukt, sondern es wird lediglich eine Bedingung für die eigentliche Produktion erfüllt: die Produktionsbereitschaft.

Kommt der Patient hinzu, so wird diese Leistungsbereitschaft mit weiteren klassischen Produktionsfaktoren und dem Patient selbst rekombiniert (Endkombination). Der Patient ist hierbei ein echter Produktionsfaktor. Da das Unternehmen jedoch weniger Einfluss auf den Kunden als auf die anderen Produktionsfaktoren hat, wird der Kunde als externer Faktor bezeichnet. Betriebsmittel, Werkstoffe und Arbeit hingegen sind die internen Produktionsfaktoren.

Die Bedeutung des Patienten beim Produktionsprozess ist elementar. Mit seiner Vorprägung, seiner Fähigkeit und Qualität beeinflusst er als Inputfaktor maßgeblich das Produktionsergebnis. Er ist ständig bei der Produktion dabei, d. h., der Umgang der Mitarbeiter mit dem Kunden ist erfolgsrelevant. Und schließlich ist er Mitproduzent. Weigert sich ein Patient (Non-Compliance), eine bestimmte Therapie zu unterstützen, können alle anderen Maßnahmen umsonst sein.

---

3 Vgl. Bruhn 2000.
4 Vgl. Cardoso, Fromm, Nickel, et al. 2015.
5 Vgl. Corsten und Gössinger 2015.

Allerdings muss auch hier beachtet werden, dass der Patient normalerweise keinerlei Kenntnis der Prozesse der Vorkombination haben kann oder muss. Er nimmt einige Bereiche des Krankenhauses wahr (Aufnahme, Station, Aufwachraum, ...), andere jedoch nicht (Labor, Operationsraum, Verwaltung, ...). Für die Analyse der Produktionsprozesse ist es deshalb sinnvoll, eine „Line of Visibility" einzuziehen. Sie ermöglicht die Unterscheidung zwischen kundennahen (Front-Office) und kundenfernen (Back-Office) Bereichen. Für die kundenfernen Bereiche kann die klassische Produktionstheorie angewandt werden, für kundennahe Bereiche gilt die Abhängigkeit der Aktivitäten des Anbieters und des Nachfragers. Darüber hinaus kann noch eine „Line of Interaction", d. h. eine Linie des Kontakts zwischen Kunden und internen Faktoren belegt werden. Mit ihrer Hilfe können Schnittstellen definiert werden.

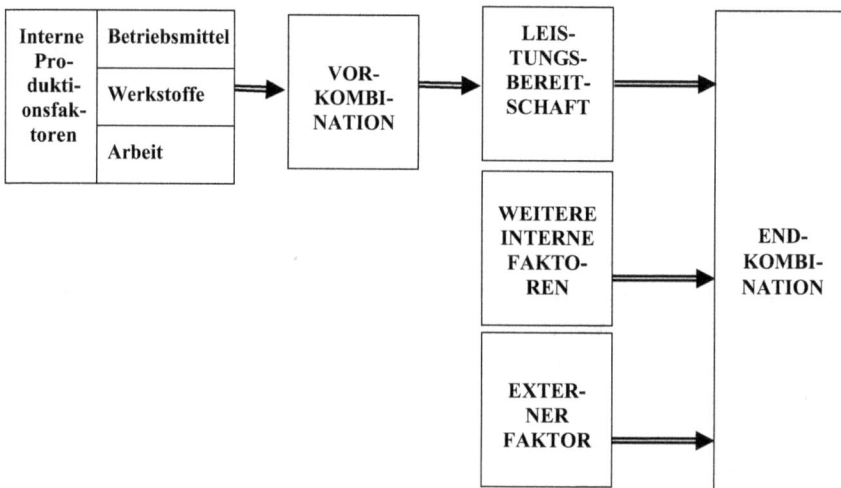

Abb. 93: Produktionsprozess der Dienstleistung.[6]

Abb. 94 zeigt die Faktoren des Leistungserstellungsprozesses. Der Kunde agiert mit den Front-Office-Faktoren des Krankenhauses. Er sieht auch nur diese, vieles bleibt ihm rätselhaft und geheim. Gleichzeitig agiert er mit zahlreichen Bezugspartnern. Einige davon (Besucher) sind für das Krankenhaus sichtbar, andere werden niemals wahrgenommen. Ein Telefonat mit einem „Experten" in der Verwandtschaft kann einen wichtigeren Einfluss (in beide Richtungen!) auf den Heilungserfolg haben als manche Maßnahme des Arztes – nur wird der Arzt dies nie erfahren.

Abb. 95 zeigt einen sogenannten Blueprint eines Ausschnittes eines Krankenhausaufenthalts (stark vereinfacht).[7] Auffällig ist, wie häufig der Patient dem direkten Ein-

---

6 Quelle: eigene Darstellung in Anlehnung an Corsten und Gössinger 2015.
7 Vgl. Fließ und Kleinaltenkamp 2004.

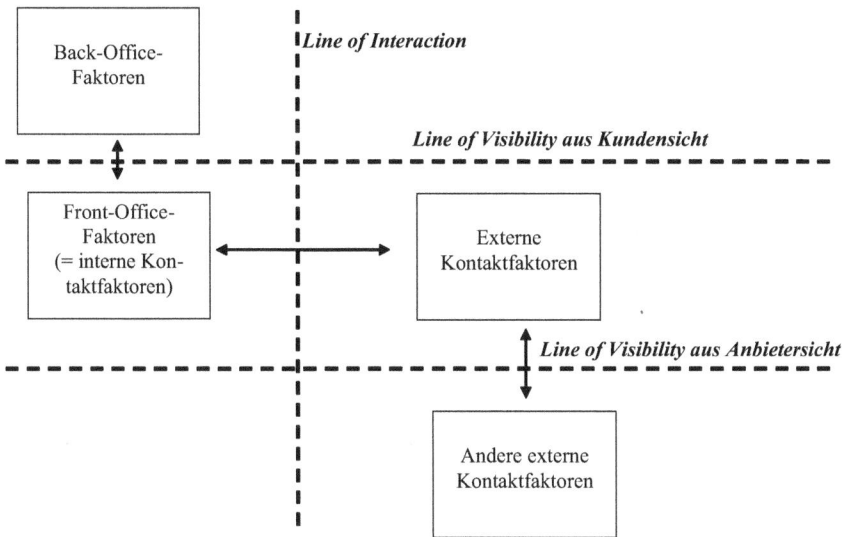

Abb. 94: Faktoren des Leistungserstellungssystems.[8]

fluss des Krankenhauses entzogen ist. Mit welchen Vorstellungen, Prägungen, Ängsten und Erwartungen er ins Krankenhaus kommt, liegt ebenso jenseits der Line of Visibility wie die Gespräche, die er mit anderen Patienten führt. Theoretisch wäre zumindest der Kontakt mit den Mitarbeitern klar innerhalb der sichtbaren Sphäre. Jedoch entzieht sich das Verhalten der Mitarbeiter teilweise selbst der Kenntnis des Krankenhauses. Nicht selten entmutigen Mitarbeiter den Patienten, verunsichern ihn bzgl. bestimmter Prozeduren oder verhalten sich nicht gemäß der Corporate Identity. Geht man den Krankenhausbehandlungsprozess durch, so wird man merken, dass der Mitproduzent Patient weit weniger kontrolliert werden kann als jeder andere Produktionsfaktor – eine ernüchternde Tatsache angesichts seiner hohen Bedeutung für den Produktionserfolg.

Die Effizienz des Produktionsprozesses wird durch einen Vergleich der Inputs und Outputs gemessen. Wie im ersten Kapitel dieses Lehrbuches dargestellt, kann man aus der allgemeingültigen Effizienzformel eine spezielle Abbildung der Effizienz für gewinnorientierte Unternehmen ableiten. Sie können ihre Effizienz am Gewinn ablesen, wenn sie Inputfaktoren ausschließlich mit ihren Faktorkosten und Outputfaktoren mit ihren Marktpreisen bewerten. Unternehmen hingegen, die andere Input- und Outputdimensionen berücksichtigen wollen, finden kein so einfaches Effizienzmaß ihrer Produktionstätigkeit. Dies sind insbesondere die Nonprofit-Organisationen (NPO), die noch immer etwa zwei Drittel der Krankenhäuser in Deutschland stellen.

---

8 Quelle: Corsten und Gössinger 2015.

Aufgabe der Unternehmensführung einer NPO ist es folglich, ein Maß der Effizienz zu finden, das sich auch für unterschiedliche Output- und Inputgrößen anwenden lässt. Die sogenannte Data Envelopment Analysis (DEA) ist eine Möglichkeit des Performance Measurement der NPOs.[9] Allerdings ermittelt die DEA keine absolute, sondern nur eine relative Effizienz. Sie benötigt damit immer Vergleichswerte. So können z. B. Abteilungen eines Krankenhauses untereinander oder ganze Krankenhäuser miteinander verglichen werden. Die DEA eignet sich deshalb auch gut für den Krankenhausbetriebsvergleich. Sie schließt nicht aus, dass kommerzielle Einrichtungen in den Vergleich einbezogen werden, da der Gewinn eine Outputdimension darstellen kann.

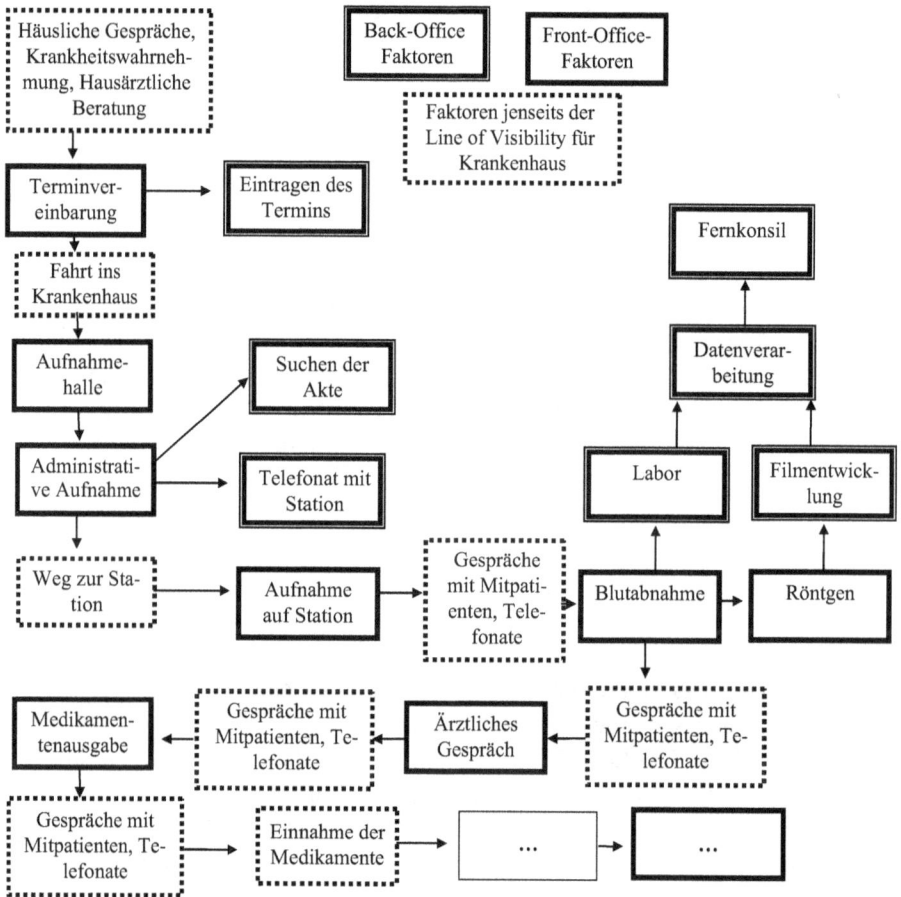

Abb. 95: Blueprint eines Krankenhausaufenthalts.[10]

---

9 Vgl. Cooper, Seiford und Zhu 2013; Bogetoft und Otto 2010.
10 Quelle: Eigene Darstellung.

Die DEA geht von der allgemeinen Effizienzformel (Kapitel 1) aus und maximiert in unabhängigen Programmen die Effizienz jeder zu vergleichenden Entscheidungs-einheit (Decision Making Unit, DMU) unter der Nebenbedingung, dass für jede Einheit eine maximale Effizienz von eins möglich ist. Das folgende mathematische Programm zeigt das Vorgehen: i Inputs und r Outputs der DMU$_o$ werden gewichtet. Das Gewicht v_i wird jedem Input i, das Gewicht u_r jedem Output r zugewiesen. Das Effizienzmaß h_o wird durch die Wahl der Gewichte maximiert. Als Nebenbedingung berücksichtigt das Modell, dass für alle Einheiten eine Effizienz von maximal eins erreicht werden kann.

$$\max \ h_o(\mathrm{u,v}) = \sum_{r=1}^{s} u_r y_{ro} \bigg/ \sum_{i=1}^{m} v_i x_{io}$$

mit

$$\sum_{r=1}^{s} u_r y_{rj} \bigg/ \sum_{i=1}^{m} v_i x_{ij} \leq 1$$

für $j = (0, 1, .., n)$, wobei:

Entscheidungsvariablen:
h_o Effizienzwert der DMU$_o$
u_r Gewicht des Outputs r der DMU$_o$, $r = 1..s$
v_i Gewicht des Inputs i der DMU$_o$, $i = 1..m$

Konstanten:
s   Anzahl der Outputs
m   Anzahl der Inputs
n   Anzahl der DMUs
y_{ro} Ausprägung des Outputs r der DMU$_o$, $r = 1..s$
y_{rj} Ausprägung des Outputs r der DMU j, $r = 1..s$; $j = 0, 1..n$
x_{io} Ausprägung des Inputs i der DMU$_o$, $i = 1..m$
x_{ij} Ausprägung des Inputs i der DMU j, $i = 1..m$; $j = 0, 1, .., n$

Das mathematische Programm ermittelt folglich die Gewichte u_r und v_i derart, dass sie für DMU$_o$ optimal sind, wobei keine DMU eine höhere Effizienz als eins erhalten kann. Damit wird derjenige Output als besonders wichtig definiert, der DMU$_o$ besonders effizient erscheinen lässt. Anschließend wird für jede andere DMU ein weiteres lineares Programmierungsmodell (LP) gelöst.

Mit den gegebenen Kriterien gelten diejenigen DMUs als effizient, die einen Effizienzwert von eins erhalten. Die Menge der effizienten DMUs bildet die Effizienzhüllkurve. Die Effizienzhüllkurve stellt für die nicht-effizienten DMUs den Vergleichswert dar (Benchmark). Bei gleichem Input kann ein höherer Output generiert werden, oder

der gleiche Output kann mit einem geringeren Input erreicht werden. Eine DMU unterhalb der Effizienzhüllkurve ist ineffizient, d. h., sie vergeudet knappe Ressourcen.

Im obigen Beispiel lässt sich in Abb. 96 einfach erkennen, dass bei Annahme konstanter Skalenelastizität nur DMU 2 effizient ist, bei nicht-steigender Skalenelastizität sind es DMU 2, 5 und 7, bei nicht-abnehmender Skalenelastizität DMU 1 und 2. Definiert man eine variable Skalenelastizität, so bilden DMU 1, 2, 5 und 7 die Effizienzhüllkurve. DMU 3, 4, 6 und 8 sind hingegen immer ineffizient. Sie können auf der Hüllkurve ihre Benchmarks finden, mit denen sie sich vergleichen können und von denen sie lernen können.

Die zweidimensionale Darstellung mit einem Input und einem Output ist trivial. Reale Probleme sind multidimensional. Solange jedoch die Summe aus der Zahl der Inputs und Outputs in einem sinnvollen Verhältnis zur Zahl der DMUs steht, erlaubt die DEA eine Ausweitung auf multidimensionale Effizienzhüllkurven und damit eine Aussage über die Effizienz bei mehreren Outputs und/oder Inputs. Damit wird auch der Produktionsprozess des Nonprofit Unternehmens einer Effizienzbetrachtung zugänglich. Ansätze zur Berücksichtigung dieser relativen Effizienz in der Krankenhausplanung wurden bereits in Rheinland-Pfalz berücksichtigt.

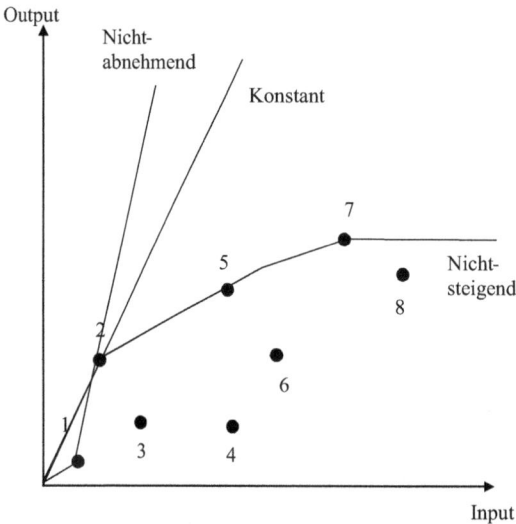

Abb. 96: Effizienzhüllkurven.[11]

---

11 Quelle: Eigene Darstellung.

5.2 Qualitätsmanagement

Nachdem wir die grundlegende Theorie der Dienstleistungsproduktion dargestellt haben, wenden wir uns nun den zwei Basisdimensionen des Outputs von Krankenhäusern zu: der Qualität und der Quantität der Gesundheitsdienstleistungen. Wir betrachten zuerst das Leistungsqualitätsmanagement, anschließend das Leistungsmengenmanagement. Die Bestimmung der Menge ist hierbei eine Entscheidungssituation, die in der betriebswirtschaftlichen Literatur relativ ausführlich beschrieben ist. Die Festlegung und Überprüfung der Leistungsqualität ist hingegen krankenhausspezifisch und muss ausführlicher behandelt werden. Hierzu werden wir in drei Schritten vorgehen. Zuerst werden Grundlagen zum Verständnis der Qualität und des Qualitätsmanagements gelegt. Anschließend werden Modelle zur Überprüfung des Qualitätsmanagements vorgestellt. Schließlich diskutieren wir die gesetzlichen Verpflichtungen im Rahmen des Qualitätsmanagements. Die Tatsache, dass die rechtliche Situation erst zum Schluss kommt, soll betonen, dass Qualitätsmanagement primär der Einsicht folgt, dass Qualität eine existenzielle Outputdimension ist und nicht so sehr nur gesetzlicher Ballast, den es zu erfüllen gilt.

5.2.1 Grundlagen

Qualitätsbegriff und Qualitätsdimensionen

Es gibt keine allgemein akzeptierte Definition der Qualität.[12] Der Begriff ist vielmehr vielschichtig und schwer zu konkretisieren. Viele Autoren unterscheiden zwischen dem subjektiven und dem objektiven Qualitätsbegriff.[13] Objektive Qualität lässt sich durch exakte Leistungsmerkmale eines Produktionsergebnisses bestimmen. In der Regel werden hierzu naturwissenschaftlich-technische Daten herangezogen, wie z. B. die Keimdichte als Maß der Sterilität eines Operationssaales. Subjektive Qualität hingegen ist ein nicht objektivierbares, allein vom Individuum wahrgenommenes Phänomen. Dieses theoretische Konstrukt kann nicht direkt gemessen werden, sondern ist lediglich indirekt über Indikatoren erfassbar. Ein möglicher Indikator ist die Patientenzufriedenheit, die über Befragungen erhoben werden kann.[14]

Die meisten Ärzte sind naturwissenschaftlich geprägt und bevorzugen einen objektiven Qualitätsbegriff. Qualitativ gut ist, was sie als Güte messen können bzw.

---

12 Vgl. Haeske-Seeberg 2021; Vogg und Fleßa 2010.
13 Vgl. Raab, Fischer und Mauler 2020.
14 Vgl. Fischer, Bendsen, Blehle, et al. 2015.

auf Grundlage ihrer Fachkompetenz als hochwertig einstufen. Für den Patienten hingegen zählt oftmals nicht das, was der Arzt für gut befindet, sondern was er selbst als gut empfindet. Die Kriterien können sich hierbei erheblich unterscheiden. Als Versöhnung der Konzepte könnte man anführen, dass der Patient letztlich an einem Heilungserfolg interessiert ist, der nur auf Grundlage einer objektiven Qualität möglich ist. Dieser Ansatz übersieht jedoch die Rolle des Patienten als Koproduzent. Der Patient ist am Produktionsprozess persönlich beteiligt, sodass der Dienstleister das Ergebnis der medizinischen und pflegerischen Tätigkeiten nur mittelbar beeinflussen kann. Nur was der Patient als Qualität subjektiv wahrnimmt, hat auch eine Wirkung auf seine Bereitschaft, aktiv am Heilungsprozess mitzuwirken.

Eine bekannte Definition der Qualität stammt vom Deutschen Institut für Normung (DIN), wonach Qualität die Beschaffenheit einer Einheit bezüglich ihrer Eignung, festgelegte oder vorausgesetzte Erfordernisse zu erfüllen ist (DIN 55350). Qualität ist hiernach stets im Verhältnis zu einem Standard zu sehen, wobei offenbleibt, wer diesen Standard festlegt. Qualität ist damit aber auch relativ, z. B. veränderlich in der Zeit und im Raum. Gute Qualität einer Gesundheitsdienstleistung in einem Dispensarium in Kenia ist deshalb auch etwas Anderes als gute Qualität in einem Universitätsklinikum in Deutschland. Die Vorstellung von Qualität als maximal mögliche Leistung nach Weltstandard ist betriebswirtschaftlich wenig zweckmäßig.

Es gibt eine Reihe von Ansätzen, um zu erklären, was Qualität eigentlich ist, wie sie entsteht und wirkt. Zuerst einmal ist es sinnvoll, zwischen einem produktorientierten, einem kundenorientierten, einem herstellerorientierten und einem wertorientierten Qualitätsansatz zu unterscheiden.[15] Nach dem produktorientierten Ansatz besteht eine Leistung aus einem definierten Eigenschaftsbündel (Größe, Länge, Bruchsicherheit, ...). Eine gute Qualität liegt vor, wenn alle vorher definierten, gewünschten Eigenschaften vorhanden sind. Diese ursprünglich aus dem Ingenieurwesen stammende Vorstellung ist in der Medizin durchaus verbreitet. Die Qualität einer Operation lässt sich nach diesem Ansatz danach bemessen, ob alle medizinisch-technischen Anforderungen erfüllt sind.

Der kundenorientierte Ansatz geht hingegen vollständig vom Kunden aus. Qualität ist nach dieser Vorstellung die Fähigkeit, die Anforderungen des Kunden zu erfüllen. Wenn der Kunde die Leistung als Anforderung hat, können kundenorientierte und produktorientierte Anforderung identisch sein. In der Regel weicht jedoch das, was der Kunde wünscht, von dem, was der Ingenieur oder der Arzt wünscht, ab. Bei lebensrettenden Maßnahmen dürften sie relativ nahe beieinanderliegen, bei normalen Krankenhausbehandlungen hingegen kommen kundenspezifische Dimensionen

---

15 Vgl. Corsten und Gössinger 2015.

wie Annahme, Identitätswahrung, Erholung, soziale Kontakte etc. als Anforderungen an einen „guten" Krankenhausaufenthalt hinzu, die nicht im originären Fokus der Medizin stehen.

Der herstellerorientierte Ansatz definiert Qualität als die Einhaltung von Standards, insbesondere von gesetzlichen Qualitätsanforderungen. Die Geschäftsführung tendiert dazu, mit der Qualität zufrieden zu sein, wenn alle Vorgaben eingehalten sind, keine Schadensersatzklagen auflaufen und das Qualitätsmanagementsystem durch ein Zertifikat bestätigt wird. Ob der Kunde mit der Behandlung zufrieden ist, tritt hierbei leicht zurück.

Der wertorientierte Ansatz sieht die Qualität als Ausdruck des Preis-Leistungs-Verhältnisses. Eine gute Leistung bemisst sich hiernach nicht nach den „Weltstandards", sondern nach dem Verhältnis der produkt- oder kundenorientierten Qualität zum gezahlten Entgelt. Da im Krankenhaus die meisten Kunden jedoch das Entgelt gar nicht kennen, ist dieser Ansatz nicht zielführend.

Wie bereits mehrfach beschrieben, ist die Befriedigung des Gesundheitsbedürfnisses des Patienten der Existenzgrund eines Krankenhauses. Der Patient steht damit im Mittelpunkt aller Krankenhausaktivitäten. Nicht der Arzt, nicht die Operation, nicht die Pflege oder gar die Verwaltung, sondern die Bedürfnisse des Patienten. Aus dieser Sicht muss ein kundenorientierter Ansatz gewählt werden, wobei der produktorientierte Ansatz als Voraussetzung für eine hohe Kundenorientierung durchaus berücksichtigt wird.

Es mag Widerwillen erzeugen, die Qualitätsdefinition dem Patienten zu überlassen, dem in der Regel das Fachwissen fehlt, um die objektive Qualität zu bestimmen. Im ersten Kapitel dieses Lehrbuchs haben wir Inspektionsgüter (deren Leistungsdaten vor der Kaufentscheidung messbar sind), Erfahrungsgüter (deren Leistungsdaten erst nach dem Kauf messbar sind) und Vertrauensgüter (deren Leistungsdaten auch nach dem Kauf nicht vollständig erfassbar) sind, unterschieden. Dienstleistungen sind von einer relativen Informationsarmut geprägt und häufig Vertrauensgüter. Wie Abb. 97 zeigt, besteht ein fließender Übergang von Inspektions-, Erfahrungs- und Vertrauensgütern, wobei jedoch Gesundheitsdienstleistungen einen sehr hohen Anteil von Vertrauenseigenschaften haben. Diese Tatsache allein erfordert jedoch keine Expertendiktatur, die den Kunden entmündigt und ihm eine Spezialistenqualität vorschreibt. Er hat vielmehr die freie Wahl, wem er vertrauen möchte. Das Qualitätsversprechen wird dabei immer öfter durch Zertifikate unterstrichen, sodass Vertrauen in den individuellen Arzt oder das Krankenhaus durch das Vertrauen in eine Institution (z. B. den TÜV) oder ein Zertifikat ersetzt wird.

Einen Lösungsansatz zum Konflikt zwischen verschiedenen Qualitätsdimensionen (objektiv vs. subjektiv; produktorientiert vs. kundenorientiert) bietet das Modell von Donabedian, das speziell für medizinische Leistungen entwickelt

Häufigkeit

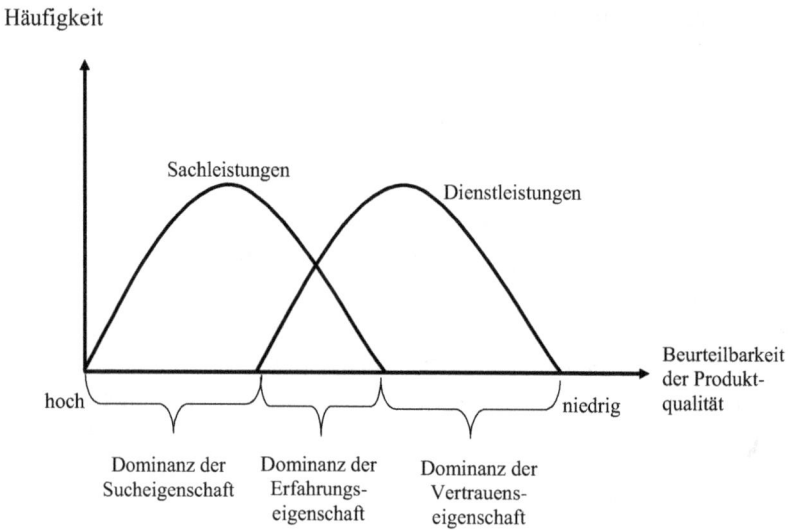

Abb. 97: Eigenschaftsmodell nach Zeithaml.[16]

wurde.[17] Aufbauend auf dem Produktionsprozess unterscheidet er eine Struktur-qualität (z. B. Qualifikation der Mitarbeiter, Modernität der Anlagen und Gebäude, Raumangebot der Gebäude, Zugänglichkeit etc.), eine Prozessqualität (z. B. Warte-zeiten, Dokumentation, Therapieverlauf etc.) und eine Ergebnisqualität (z. B. Hei-lungserfolg, Nosokomiale Infektionsraten, Sterblichkeit, Kaiserschnittrate etc.). Entscheidend ist hierbei, dass Donabedian eine Verkettung dieser Qualitätskompo-nenten vornimmt. Nach seiner Vorstellung ist die Strukturqualität eine notwendige, aber nicht hinreichende Bedingung für Prozessqualität, während die Prozessqualität eine notwendige, aber nicht hinreichende Bedingung für Ergebnisqualität ist. Er lässt folglich die einzelnen Qualitätsaspekte in ihrem eigenen Wert bestehen, ordnet sie aber dem finalen Ziel der Heilung zu.

Wie Tab. 50 zeigt, geht das Modell von Donabedian jedoch noch einen Schritt wei-ter. Neben die Bedingungskonstellationen von Struktur-, Prozess- und Ergebnisqualität (aufgegliedert in Ergebnisse für Patienten und für das Personal) treten die Qualitätsas-pekte Erreichbarkeit, Organisation, Arzt-Patienten-Verhältnis sowie Kontinuität. Dadurch ergibt sich eine Matrix mit 16 qualitätsrelevanten Feldern, die Donabe-dian ausführlich beschreibt.

Zur Illustration der Tiefgründigkeit von Donabedians Modell seien hier einige der Felder im Originaltext wiedergegeben. Die Simplifizierung aus Struktur-, Prozess- und Ergebnisqualität mit wenigen Indikatoren reduziert sein Modell unangemessen.

---

16 Quelle: Zeithaml 1981, S. 186–191.
17 Vgl. Donabedian 1982; Donabedian 1980.

Tab. 50: Modell nach Donabedian.[18]

	Strukturelle Gegebenheiten	Prozessuale Gegebenheiten	Ergebnisse für Patienten	Ergebnisse für Personal
Qualität der physikalischen und soziodemografischen Erreichbarkeit	1	2	3	4
Qualität von Aufbau- und Ablauforganisation	5	6	7	8
Qualität des Arzt-Patienten-Verhältnisses	9	10	11	12
Systemstabilität und -kontinuität	13	14	15	16

- Feld Nr. 1 (Auswirkungen der Qualität der physikalischen und soziodemografischen Erreichbarkeit auf strukturelle Gegebenheiten): „Geographic factors, such as distance, isolation, and geographic availability and accessibility of services and facilities. The presence of well-defined and well-known points of entry to care. Scope and nature of benefits and services. System arrangements, including provision of drop-ins, emergencies, coverage at night and on weekends, and home visits. Population characteristics (demographic, social, economic, locational) that are relevant to the preceding features."
- Feld Nr. 6 (Auswirkungen der Qualität der Aufbau- und Ablauforganisation auf die prozessualen Gegebenheiten): „Characteristics of use of services related to need. Adequacy of diagnostic work-up and treatment, including the completeness and specifity of the diagnosis. Adherence to professionally defined norms of good practice, both in general and for specific conditions, diagnoses and situations."
- Feld Nr. 7 (Auswirkungen der Qualität der Aufbau- und Ablauforganisation auf die Ergebnisse für Patienten): „Mortality and disability, in general and in special subgroups. Occurrence of undetected or preventable morbidity and disability. Results of treatment in the form of complications, fatality, residual disability, or the restoration of physical, psychological, and social function. Client satisfaction with the outcomes as well as the structural characteristics of the processes that are perceived to lead to the outcomes."
- Feld Nr. 8 (Auswirkungen der Qualität der Aufbau- und Ablauforganisation, auf die Ergebnisse für Ärzte, Pflegekräfte und Funktionspersonal): „Satisfaction with equipment, facilities, qualification of colleagues, and opportunity for consultation. Satisfaction with time allowed for patient care and with conditions suitable for doing good work without administrative interference. Satisfaction with type

---

18 Quelle: Eigene Darstellung in Anlehnung an Donabedian 1980.

and degree of supervision. Opinions about the quality of care. resignations attributed to dissatisfaction concerning conditions necessary to provide good care."

Weiterhin muss noch bedacht werden, dass die Qualität der Dienstleistung allein keine Garantie für das Überleben des Unternehmens ist. Die Leistung muss vielmehr einen Erfolg am Patienten haben, muss sein Bedürfnis decken. Darüber hinaus wird diese Qualität wiederum Auswirkungen auf die Gesellschaft haben, in der der Patient lebt. Die Dienstleistungsdiskussion muss deshalb – wie bereits im ersten Kapitel beschrieben – zwischen Output (Dienstleistung als Ergebnis des Produktionsprozesses, z. B. Operation, Pflege), Outcome (Wirkung der Dienstleistung beim Leistungsempfänger, z. B. Heilung einer Krankheit) und Impact (langfristige Wirkungen über das Individuum hinaus, z. B. volkswirtschaftliche Auswirkungen einer Heilung; Erhöhung der Herdenimmunität) unterscheiden.

Die Qualität einer medizinischen Dienstleistung hängt stark von der Häufigkeit ihrer Durchführung ab (Übungskurve, vgl. Kapitel 4.1.1). Hierbei spielen zwei Effekte eine Rolle: Zum einen steigt die Ergebnisqualität für alle Fälle, wenn die Fallzahl zunimmt. Dieser Effekt ist jedoch begrenzt. Entscheidender dürfte sein, dass eine zunehmende Fallzahl auch dazu führt, dass seltene Komplikationen absolut häufiger auftreten, sodass diese besser gemeistert werden. So dürften beispielsweise bis zu 95 % der Geburten komplikationsfrei von einer gut ausgebildeten Hebamme beherrscht werden. Selbst wenn sie nur einmal pro Woche eine Geburt durchführt,[19] stellt eine derartige Entbindung für sie keine Herausforderung dar. Allerdings treten bei einem kleinen Anteil der Entbindungen Komplikationen mit Risiken für Mutter und/oder Kind auf, die auch bei bester Vorbereitung nicht vorher erkenntlich sind. Für diese Risiken stellt die Übung den entscheidenden Faktor dar, ob eine Gefährdung eintritt. Ein exakter Schwellenwert ist schwer zu ermitteln, aber die meisten Autoren gehen davon aus, dass mindestens 700, besser noch 1000 Entbindungen pro Jahr in einem Krankenhaus durchgeführt werden müssen, um auch seltene Risiken für Mutter und Kind routiniert auffangen zu können.[20]

Die Qualität der einzelnen Krankenhausdienstleistung verlangt folglich eine Konzentration auf weniger Standorte mit höherem Volumen. Die Diskussion um den Rückbau oder die Schließung von kleinen Krankenhäusern wird zu oft aus der Perspektive der Kosteneinsparung geführt. Tatsächlich ist das Gefährdungspotential von Krankenhäusern mit geringer Fallzahl deutlich bedeutender. Die Fokussierung der Behandlungsqualität führt deshalb zu einer Zentralisierung von Krankenhausdienst-

---

19 Bei einer Bereitschaft von 365 Tagen pro Jahr und 24 Stunden pro Tag werden ungefähr fünf Hebammen benötigt, um jederzeit eine professionelle Qualität zu gewährleisten. Bei beispielsweise 260 Geburten pro Jahr in einem Krankenhaus kann jede Hebamme im Durchschnitt eine Entbindung pro Woche durchführen.
20 Vgl. Karalis, Gissler, Tapper, et al. 2016; Walther, Kuester, Bieber, et al. 2021; Pyykönen, Gissler, Jakobsson, et al. 2014.

leistungen mit höherer Anreisedistanz. Abb. 98 zeigt den Zusammenhang von Behandlungsqualität und Anreisedistanz durch die durchgezogene Linie.

Betrachtet man hingegen die gesamte Behandlung einschließlich des Transportes zum Krankenhaus, so wird deutlich, dass die Gesamtqualität (gepunktete Linie) nicht allein von der Qualität in der Einrichtung, sondern auch von der Transportqualität abhängt, die mit zunehmender Distanz abnimmt (gestrichelte Linie). Das Optimum ist folglich weder eine möglichst geringe Distanz, noch eine möglichst hohe Konzentration, sondern ein Kompromiss zwischen Erreichbarkeit und Behandlungsqualität. Eine hervorragende Gesundheitsdienstleistung im Krankenhaus nützt nichts, wenn der Patient das Krankenhaus nicht mehr erreichen kann. Selbstredend hängt der konkrete Verlauf der Kurven und damit des Optimums von der jeweiligen Dienstleistung ab. Während bei elektiven Leistungen die Überwindung der Distanz vielleicht lästig, aber nicht gesundheitsgefährdend ist, erfordern Notfälle ein flächendeckendes Netz von Krankenhäusern mit geringer Anreisedistanz, d. h., bei Notfällen verschieben sich die Kurven nach links. Dieser Gedanke liegt auch der Definition der Einzugsbereiche für die Genehmigung von Sicherstellungszuschlägen zugrunde (vgl. 3.2.4).

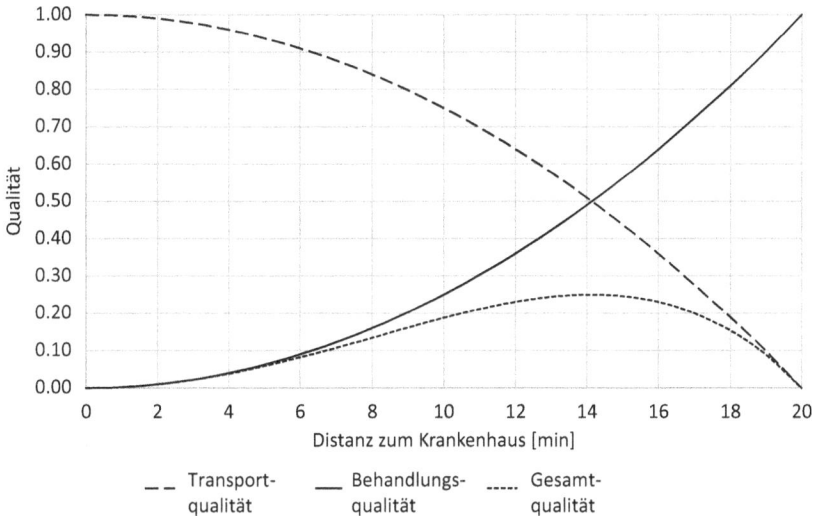

Abb. 98: Qualität und Erreichbarkeit.

Risiko

In der Betriebswirtschaft umschreibt der Begriff Risiko die Gefahr des Eintritts eines negativen Ereignisses. Risiken sind stets zukunftsbezogen und unterliegen einer Zufallsverteilung. Die Unternehmensrisiken umfassen finanzwirtschaftliche (z. B. Veränderung der Faktorkosten oder Verkaufspreise, Schuldnerbonität), interne (z. B. Organisationsversagen, Fluktuation), leistungswirtschaftliche (z. B. Beschaffungsengpässe, Produktionsfehler) und allgemeine externe Risiken (z. B. Naturgewalten).[21] Innerhalb der leistungswirtschaftlichen Risiken spielen die unzureichende Qualität der Leistungserstellung durch Komplikationen und Fehler insbesondere im Dienstleistungsbereich eine große Rolle, da hier Mitarbeiter und Patienten gefährdet werden können. Dementsprechend umfassend ist die Literatur zum Risikomanagement im Krankenhaus.[22]

Bei Fehlern in der Medizin muss zwischen Behandlungsfehlern nach §§ 280 bzw. 630a BGB sowie DIN 44.300 und Patientenschädigung unterschieden werden. Viele Patientenschädigungen sind unvermeidbar und stellen keinen Behandlungsfehler dar, während viele Behandlungsfehler nicht zu einer Schädigung führen. Der Fokus des Risikomanagements sind die Behandlungsfehler mit Patientenschädigung. Nach einer allgemeinen Regel (Heinrichs Gesetz) bleiben von 330 Unfällen 300 ohne Folgen, 29 sind leichtere Unfälle mit geringen Verletzungen und ein Unfall führt zu schweren Verletzungen oder Tod.[23] Auch im Krankenhaus dürften die meisten Behandlungsfehler ohne oder nur mit geringen Folgen bleiben. Häufigste Fehler sind Medikationsfehler gefolgt von Krankenhausinfektionen. Selten sind Seitenverwechslungen, sehr selten Patientenverwechslungen. Trotzdem addieren sich allein die monetären Kosten von Behandlungsfehlern zu erheblichen Summen, die zu Milliardenausgaben für das Gesundheitswesen und hohen Versicherungsprämien für die Krankenhäuser führen. Für die USA schätzt man die Kosten durch Behandlungsfehler auf 19,5 Mrd. US$ pro Jahr bzw. 123 US$ pro Aufnahme.[24] Allein die nosokomialen, d. h. im Krankenhaus erworbenen Infektionen verursachen in Deutschland durchschnittlich 5000 € pro Fall, was sich bei geschätzten 400–800.000 nosokomialen Infektionen pro Jahr in Deutschland auf Kosten von 2–4 Mrd. € addiert.[25]

Risikomanagement (RM) ist die systematische Vorbeugung von Gefährdungen sowie die lernende Auswertung von eingetretenen Risiken. RM ist damit ein Teilbereich des QM (vgl. Tab. 51). Ein erfolgreiches Risikomanagement reduziert Betriebsausfälle und ermöglicht niedrigere Versicherungsprämien. Darüber hinaus ist RM als Teil des QM eine gute Grundlage für die Rechtfertigung bei Prozessen. Klagt beispielsweise ein Patient auf Schadensersatz wegen einer unterlassenen Maßnahme, so kann anhand der Dokumentation die Maßnahme nachgewiesen werden.

Qualitätsmanagementsysteme
Der Begriff der Überschrift besteht aus drei Teilbereichen: Qualität, Management und System. Unter Qualitätsmanagement (QM) versteht man allgemein die bewusste Ver-

---

21 Vgl. Rosenkranz und Missler-Behr 2005.
22 Vgl. Hellmann und Ehrenbaum 2015; Euteneier 2015; Rentsch, Khandoga, Angele, et al. 2015.
23 Vgl. Heinrich 1941.
24 Vgl. Andel, Davidow, Hollander, et al. 2012.
25 Vgl. Schrappe 2018.

Tab. 51: Aspekte des Risikomanagements im Krankenhaus.[26]

Prozess	Parameter
Arbeitssicherheit	Pflichten und Aufgaben im Rahmen des Arbeitsschutzgesetzes
Strahlenschutz, Gerätesicherheit	Rechtliche Grundlagen zur Gerätesicherheit Geräteeinweisungskonzept
Datenschutz und Archivierung	Grundlagen zum Umgang mit Datenschutz
Hygiene	Umgang mit Lebensmitteln Hygienemaßnahmen im Therapiebereich Infektionserfassung
Brand- und Katastrophenschutz	Alarm- und Einsatzplan Alarmierungsliste und Telefonkette Klinikinterne Notrufkette
Notfallmaßnahmen	Erstmaßnahmen am Notfallort Überprüfung und Pflege der Notfallkoffer und Notfallwägen
Transfusionswesen	Umgang, Lager und Verabreichung von Blut und Blutprodukten, inkl. Humanpräparaten
Betäubungsmittel	Umgang mit Betäubungsmitteln

folgung des Ziels der Qualität von Leistungen und Leistungserstellungsprozessen mit Hilfe der Managementfunktionen, d. h. durch Planung, Organisation, Personaleinsatz, Personalführung und Kontrolle.[27] Qualität soll konzeptionell geplant, umgesetzt und gesichert bzw. kontrolliert werden. Hierzu ist ein Gesamtsystem sinnvoll, das die einzelnen Elemente (z. B. Wareneingangsprüfung, Personalpolitik, medizinisches Audit etc.) miteinander verknüpft sowie anhand von schriftlich fixierten Regeln umsetzt und bewertet. Das Ergebnis dieser Systematisierung ist das Qualitätsmanagementsystem.

QM ist damit mehr als die Kontrolle von Endprodukten oder die Überwachung der Leistungserstellungsprozesse. Es ist eine Konzeption der Unternehmensführung. Umfasst sie vollständig alle Teilbereiche des Unternehmens, spricht man von Total Quality Management (TQM). Nach dieser Konzeption werden alle betrieblichen Aktivitäten konsequent auf die Qualitätserfordernisse ausgerichtet. TQM impliziert folglich, dass die Qualität bei allen betrieblichen Entscheidungen berücksichtigt wird. Beispielsweise wird die Auswahl der Medikamente nicht mehr nur nach Kosten- oder Annehmlichkeitsgesichtspunkten erfolgen, sondern in ihrer Auswirkung auf die Patientenversorgung. Der Systemcharakter impliziert eine hohe Interdependenz, d. h., es gibt keine losgelösten Bereiche mehr. TQM

26 Quelle: Eigene Darstellung.
27 Einen Überblick gibt Roeder und Franz 2014.

verlangt eine vollständige Ausrichtung auf die Qualität und eine Hingabe des Managements an dieses Thema.

TQM kann folglich als der Endpunkt einer Entwicklungsgeschichte des QM gesehen werden. In der ersten Phase (in der Industrie etwa 1950–1965) wurde QM als Qualitätskontrolle des Endprodukts verstanden. Qualität war die produktorientierte Qualität, d. h. das Funktionieren des Endproduktes. Die Aufgabe der Qualitätskontrolle war die Entwicklung eines Outputfilters, der verhindern sollte, dass fehlerhafter Produkte das Unternehmen verlassen.

In der zweiten Phase (in der Industrie etwa 1966–1985) wurden die Prozesse einer konsequenten Qualitätssicht unterzogen. Ziel war die Gestaltung der Produktionsprozesse derart, dass schlechte Qualität von Anfang an verhindert und nicht erst am Ende der Prozesskette ausgefiltert wird. Qualitätsmanagement wurde zur Qualitätssicherung. In der dritten Phase (in der Industrie etwa seit 1985) wurde ein umfassendes Qualitätsmanagement eingeführt, so wie es oben beschrieben wurde.

Grundlage des TQM ist eine Qualitätspolitik, die von der Unternehmensleitung verantwortet wird. Sie definiert qualitätsrelevante Werte und Ziele und leitet eine langfristige Qualitätsvision und -mission ab. Weiterhin benennt sie einen oder mehrere Qualitätsverantwortliche, die für die Qualitätszielerreichung im Unternehmen verantwortlich sind. TQM umfasst den kompletten Managementzyklus mit Qualitätsplanung, Qualitätsumsetzung, Qualitätskontrolle, Qualitätsdarlegung (Dokumentation) und Qualitätsverbesserung als Feedback für zukünftige Qualitätsmaßnahmen. Dabei gehen TQM-Systeme in der Regel den Weg der kontinuierlichen Verbesserung (KAIZEN) mit dem Ziel der Fehlerfreiheit. Die einmalige Kraftanstrengung mit anschließendem „Einfrieren" des Qualitätsmanagements bis zum nächsten Quantensprung widerspricht der Philosophie des TQM.

Im Krankenhauswesen wurde QM erst spät eingeführt. Zwar waren Ärzte und Pflegekräfte schon immer in ihrem Berufsethos der Qualität verpflichtet, die systematische Erfassung, Steuerung und Kontrolle der Qualität in interdependenten Systemen erfolgte jedoch häufig erst auf Druck des Gesetzgebers in den 1990er-Jahren. Seither wurde jedoch vielerorts erkannt, dass QM eine Schlüsselrolle in der Existenzsicherung von Krankenhäusern hat. Erstens führt der zunehmende Wettbewerb dazu, dass ein Krankenhaus einen komparativen Vorteil entwickeln muss, um sich von der Konkurrenz abzusetzen. Hierfür sind grundsätzlich Preis- oder Qualitätsführerschaft möglich. Da sich Krankenhäuser im größten Segment der gesetzlich Versicherten kaum unterscheiden können, bleibt allein die Qualitätsführerschaft. Theoretisch wäre auch eine Innovationsführerschaft möglich, in dem sich das Krankenhaus durch neuartige Verfahren und Leistungen von der Konkurrenz unterscheidet. Die Innovation führt allerdings, falls sie überhaupt im gesetzlichen Versicherungssystem finanziert wird, zu einer Qualitätsführerschaft.

Zweitens kommt dem QM eine Schlüsselrolle zu, da der Nachweis der Qualität ein Argument gegenüber den Krankenkassen ist. Beispielsweise können Maximalversorger Zusatzentgelte nur dann durchsetzen, wenn sie den Qualitätsvorsprung nachweisen können. Falls ein Maximalversorger in einer bestimmten DRG defizitär arbeitet, so wird dies allein die Krankenkasse nicht veranlassen hier Sonderregelungen anzustreben. Wird jedoch belegt, dass die schwersten Fälle aus allen benachbarten Krankenhäusern überwiesen werden und diese trotz der hohen Fallschwere sehr erfolgreich behandelt werden, so ist eine bessere Verhandlungsbasis geschaffen.

Drittens lassen sich Risikomanagement (RM) und QM gut integrieren. Die systematische Vorbeugung von Gefährdungen insbesondere für Patienten und Mitarbeiter ist stets eine Dimension des QM (vgl. Tab. 51), während die proaktive Vermeidung weiterer Unternehmensrisiken meist nicht dem QM zugeordnet wird.

Schließlich sollte das Krankenhausmanagement auch jenseits der gesetzlichen Verpflichtung ein QM einführen, da die gewonnene Transparenz für Patienten und Mitarbeiter wichtig ist. Patienten fordern die Möglichkeit, die Qualität zu beurteilen und wählen das Krankenhaus, das ihnen diese Möglichkeit gibt. Und Mitarbeiter benötigen Methoden, wie sie ihrer ethischen Verantwortung gerecht werden. Gerade die alternde Gesellschaft mit ihren multimorbiden Patienten erfordert eine Konzentration auf die Qualität, damit die Mitarbeiter die steigenden Anforderungen bewältigen und ihrer Berufsmotivation treu bleiben können.

Ein Beispiel hierfür ist die Krankenhaushygiene. Zwar schreibt das Robert-Koch-Institut Regeln für die Hygiene (z. B. Screening von Risikopatienten mit multi-resistenten Erregern, Isolation, Einwirkzeiten von Desinfektionsmitteln, Händedesinfektion, Erfassung von Erregern etc.), doch wird dies häufig als „lästige Pflicht" gesehen, die darüber hinaus noch mit Kosten verbunden ist und die Abläufe stört. Tatsächlich handelt es sich jedoch um eine zentrale Qualitätsdimension des Krankenhauses, die vom Patienten als unabdingbar eingestuft wird. Im Krankenhaus erworbene Infektionen (nosokomial) sind nicht nur aus humanitärer Perspektive unbedingt zu vermeiden, sondern auch aus wirtschaftlicher. Ihre Behandlung kostet dem Krankenhaus Ressourcen, für die es im DRG-System meist kein zusätzliches Entgelt erhält. Gleichzeitig reduzieren sie die Bereitschaft der Patienten, zum Wiederkäufer oder Werber für das Krankenhaus zu werden. Risikomanagement ist folglich keine lästige, vom Gesetzgeber auferlegte Pflicht, sondern eine originär wirtschaftliche Notwendigkeit.

Tab. 52 gibt einen Überblick über qualitätsrelevante Prozesse im Krankenhaus. Patientenmanagement, Ressourcenmanagement, Aus- und Weiterbildung, Personalmanagement sowie die Informations- und Kommunikationsprozesse sind detailliert daraufhin zu überprüfen, welche Auswirkungen sie auf die Ergebnisqualität haben und wie ihre Teilqualitäten verbessert werden können. Hierfür benötigt man – wie dargestellt – ein Qualitätsmanagement, das auf oberster Unternehmensebene verantwortet wird. Diese qualitätsrelevanten Prozesse gilt es im Rahmen einer Zertifizierung oder Akkreditierung zu überprüfen. Die Checklisten, die wir für die einzelnen Verfahren diskutieren werden, folgen diesem Ansatz.

Tab. 52: Qualitätsrelevante Prozesse.

Hauptprozess	Teilprozess	Unterteilprozesse bzw. Prozessschritte
Patientenmanagement	Aufnahme	Anmeldung und Terminvergabe
		Externe Einweisung
		Patientenaufnahme in der Verwaltung
		Patientenaufnahme auf der Station
	Diagnostik	Pflicht zur Patientenaufklärung
		Leitlinien für spezielle Funktionen
		Spezialambulanzen
	Therapie	Verfahrensabläufe, Leitlinien
	Pflege	Aufnahme- und Entlassungsstandards
		Kommunikations- und
		Informationsstrukturen
		Einarbeitung neuer Mitarbeiter
	Patientenkommunikation	Patienten- und Angehörigengespräche
		Verfahrensablauf Patientenbefragung
	Entlassung	Patientenentlassung
Ressourcenmanagement	Überwachung	Aufbau der Kostenrechnung
		Aufbau der Betriebsstatistik
		Dokumentation der Ressourcenflüsse
	Logistik	Organisation des Bestellwesen
		Lagerannahme
		Lagerung
		Lagerentnahme
		Warentransport
	Störungen	Umgang mit technischen Störungen
	Abrechnung	Kassenpatienten
		Privatpatienten
Aus- und Weiterbildung	Ausbildung eigener Mitarbeiter	Informationsbörse
		Ärztliche und Pflegerische Fortbildung
		Chefarzt- und Oberarzt-Supervisionen
	Lehre und Forschung	Transparenz wissenschaftlicher
		Aktivitäten
		Betreuung der Vorlesungen
		Ärztliche Lehrverpflichtung
		Erhebung der Studentenzufriedenheit
Information und Kommunikation		Visiten
		Morgenkonferenzen
		Stationsübergabe
		Röntgenkonferenzen
		Externe Kommunikation, Public
		Relations

Tab. 52 (fortgesetzt)

Hauptprozess	Teilprozess	Unterteilprozesse bzw. Prozessschritte
Qualitätsmanagementsystem	Leitung	QM-Verantwortliche aller Bereiche benennen
		Qualitätsstrategien
	Qualitätsmanagement	QM-Organisationsdiagramm
		Aufbau des QM-Handbuches
		Betriebliches Vorschlagswesen
		Wahl eines QM-Systems
Personalmanagement	Abwesenheit	Erholungsurlaub
		Dienstreisen
		Abwesenheit und Rückmeldung bei Krankheit
		Arbeitsunfälle
	Gesundheitsvorsorge	Betriebsärztliche Untersuchungen
		Gesundheitsförderung
	Personalangelegenheiten	Zuständigkeiten in der Personalverwaltung
		Dienst- und Überstundenabrechnung
		Aus- und Rückgabe von Gegenständen
		Organisationsdiagramme
	Bereitschaftsdienste	Dienstplanerstellung
		Hintergrunddienste
		Bereitschaftsdienste

Externe Bewertung der Qualität

Die Qualität sowie das Qualitätsmanagementsystem werden regelmäßig durch Externe analysiert und bewertet. Das Krankenhaus erfüllt mit dieser externen Bewertung gesetzliche Auflagen, erhält eine kundenwirksame Auszeichnung und bekommt wichtige Anregungen von Experten, wie es seine eigene Qualität bzw. sein Qualitätsmanagement verbessern kann. Besonders der letzte Punkt sollte im Fokus der Betrachtung des Krankenhausmanagements stehen. Die externe Bewertung ist bei gutem Einsatz eine relativ preiswerte Unternehmensberatung.

Grundsätzlich sind vier Möglichkeiten der externen Bewertung gegeben. Die Visitation analysiert ausschließlich Aspekte einer Berufsgruppe, meist der Ärzte. Ein Team von Peers, d. h. von Fachkollegen, besucht (visitiert) das Krankenhaus und erlebt den Arbeitsalltag der dortigen Mitarbeiter. Beispielsweise visitieren erfahrene Chirurgen ihre Kollegen, indem sie einer Operation beiwohnen. Anschließend werden die Leistung und die Verbesserungspotenziale besprochen. Die Visitation betrachtet in der Regel nur die Qualität der Arbeit einer Berufsgruppe, d. h., der Gesamterfolg des Behandlungsprozesses aller Mitwirkenden sowie das Qualitätsmanagementsystem spielen keine Rolle. Dafür ist dieser medizinische Audit, wie er auch genannt wird, sehr detailliert und professionell. Er stellt keine Konkurrenz zu den anderen Varianten externer Qualitätsbewertung dar, sondern eine Ergänzung in einem sehr wichtigen Bereich.

Die Zertifizierung ist eine Überprüfung des Qualitätsmanagementsystems einer ganzen Organisation. In der Regel wird anhand von Kriterienkatalogen überprüft, ob bestimmte qualitätsrelevante Anforderungen erfüllt sind. Es handelt sich häufig um Ja-Nein-Entscheidungen. So wird z. B. lediglich abgefragt, ob eine Infektionskontrolle implementiert wurde. Eine Abstufung der Professionalität dieser Kontrolle findet in der Regel nicht statt – dies würde beim Umfang eines komplexen Qualitätsmanagementsystems auch eine Überforderung darstellen. Ein weiterer Nachteil ist, dass das QM losgelöst und relativ technisch bewertet wird. Die Einbindung in die Gesamtorganisation sowie die Ergebnisorientierung des eigentlichen Behandlungsprozesses im Sinne einer Ausrichtung auf den originären Existenzgrund fehlt.

Die Akkreditierung (Zulassung) folgt grundsätzlich dem Vorgehen der Zertifizierung. Anders als bei der Zertifizierung verbindet sich mit der Akkreditierung jedoch die Zulassung zu einem bestimmten Markt, z. B. als Prüfinstitut oder für eine bestimmte Diagnostik bzw. Therapie. So müssen beispielsweise Krankenhäuser in den Vereinigten Staaten akkreditiert sein, sonst dürfen sie keine Patienten der US-amerikanischen Sozialversicherungen (Medicare, Medicaid) sowie zahlreicher Privatversicherungen behandeln. Die Zertifizierung in Deutschland hat diese Konsequenz hingegen nicht. Krankenhäuser, die nicht zertifiziert sind, können ebenso Patienten behandeln und abrechnen wie zertifizierte Häuser. In der Praxis werden die Begriffe jedoch häufig verwechselt. Eine gewisse Sprachverwirrung entsteht weiter dadurch, dass die Zertifizierungsinstitute selbst wiederum bei der verantwortlichen Organisation akkreditiert sein müssen. So akkreditiert die Joint Commission on Accreditation of Healthcare Organisations (JCAHO) Krankenhäuser, während z. B. die KTQ (Kooperation für Transparenz und Qualität im Gesundheitswesen) lediglich ihre Zertifizierungsunternehmen akkreditiert.

Schließlich kann die externe Bewertung des Qualitätsmanagementsystems den TQM-Ansatz soweit fortführen, dass alle Elemente und Relationen des Unternehmens als qualitätsrelevant eingestuft werden. Damit ist es erforderlich, die komplette Organisation sowie ihre Einbindung in ihr Umsystem einer Überprüfung zu unterziehen. Dieses Excellence-Modell der externen Bewertung sieht also auch den Markt, die Bedürfnisse der Kunden, die soziale Verantwortung des Unternehmens, die Strategien sowie alle Managementinstrumente und -perspektiven. Ein Beispiel hierfür ist die Zertifizierung durch die European Foundation of Quality Management (EFQM), die allerdings nicht gesundheitsspezifisch ist.

5.2.2 Ausgewählte Modelle im Überblick

DIN EN ISO 9000 ff (2008) und 15224
Die International Organisation for Standardisation (ISO) erstellt Normen, die von der Europäischen Normungsbehörde (EN) bzw. dem Deutschen Institut für Normung (DIN) übernommen werden. Als Norm gilt hierbei eine allgemeingültige Spezifikation, anhand derer ermittelt werden kann, ob Forderungen bezüglich eines Vorgangs oder einer Leistung etc. erfüllt werden. Die ISO beauftragt sogenannte „technical committees" (TC) mit der Erarbeitung internationaler Normen. Das TC 176 (Quality Management and Quality Assurance) ist für die Qualitätsnormen der Familie 9000 ff verantwortlich. Sie stellen einen Standard weit über das Gesundheitswesen hinaus dar.

Die DIN EN ISO 9000 ff basiert auf der BS 5750 der British Standards Institution von 1987. Ihre Urfassung wurde 1987 erstellt und international anerkannt. Weltweit wurden über eine Million Zertifikate basierend auf dieser Norm erteilt. Die Norm 9000 definiert Grundlagen und Begriffe von Qualitätsmanagementsystemen, während Norm 9001 die Mindestanforderungen definiert, die an ein Qualitätsmanagementsystem zu stellen sind. Die jeweils letzte Version wird entsprechend angezeigt, d. h. DIN EN ISO 9000:2015 bzw. DIN EN ISO 9001:2015 bedeuten, dass die Normen im Jahr 2015 letztmalig überarbeitet wurden.

DIN 9000:2015 listet die Grundsätze des Qualitätsmanagements, deren Umsetzung unabhängig von der Branche bei einer Zertifizierung überprüft wird (vgl. Tab. 53).[28] Im Gegensatz zu den früheren Versionen der DIN zeigt sich ein deutlich systemischer Ansatz, sodass die früher konstatierten Unterschiede zum EFQM-Verfahren immer geringer werden.

Tab. 53: Grundsätze des Qualitätsmanagements nach DIN EN ISO 9000:2015.[29]

Nr.	Grundsatz
1	Kundenorientierung
2	Verantwortlichkeit der Führung
3	Einbeziehung der beteiligten Personen
4	Prozessorientierter Ansatz
5	Systemorientierter Managementansatz

28 Vgl. Pfitzinger 2016.
29 Quelle: Pfitzinger 2016.

Tab. 53 (fortgesetzt)

Nr.	Grundsatz
6	Kontinuierliche Verbesserung
7	Sachbezogener Entscheidungsfindungsansatz
8	Lieferantenbeziehungen zum gegenseitigen Nutzen

Bei Norm 9001:2015 zeigt sich ebenfalls der ganzheitliche Ansatz, der sehr viel mehr als eine technische Überprüfung darstellt. Tab. 54 gibt die Teilbereiche des Qualitätsmanagements wieder, die für eine Zertifizierung adressiert werden müssen. Es wird deutlich, dass im Prinzip alle in Kapitel 1.1 definierten Systemelemente des Betriebs erfasst werden. Wichtig ist hierbei das prozessorale Vorgehen der DIN, d. h., die Anforderungen werden mit Hilfe des PDCA-Zyklus (Plan, Do, Check, Act) bewertet.

Tab. 54: Anforderungen an ein Qualitätsmanagementsystem nach DIN EN ISO 9001:2015.[30]

Kapitel	Kategorie	Anforderung
4	Kontext der Organisation, Umsystem	Verstehen der Organisation und ihres Kontextes Verstehen der Erfordernisse und Erwartungen interessierter Parteien Festlegen des Anwendungsbereichs des Qualitätsmanagementsystems Qualitätsmanagementsystem und dessen Prozesse
5	Führung	Führung und Verpflichtung/Kundenorientierung Qualitätspolitik Rollen, Verantwortlichkeiten und Befugnisse in der Organisation
6	Planung für das Qualitätsmanagementsystem	Maßnahmen zum Umgang mit Risiken und Chancen Qualitätsziele und Planung zur deren Erreichung Planung von Änderungen
7	Unterstützung	Ressourcen (z. B. Personal, Infrastruktur, Umgebung zur Durchführung von Prozessen, Ressourcen zur Überwachung und Messung, Wissen der Organisation) Kompetenz Bewusstsein Kommunikation Dokumentierte Information (z. B. Erstellung und Aktualisierung, Lenkung dokumentierter Information)

30 Quelle: Pfitzinger 2016.

Tab. 54 (fortgesetzt)

Kapitel	Kategorie	Anforderung
8	Betrieb, Produktion	Betriebliche Planung und Steuerung Anforderungen an Produkte und Dienstleistungen (Kommunikation mit den Kunden, Bestimmen von Anforderungen in Bezug auf Produkte und Dienstleistungen, Überprüfung von Anforderungen in Bezug auf Produkte und Dienstleistungen, Änderungen von Anforderungen in Bezug auf Produkte und Dienstleistungen) Entwicklung von Produkten und Dienstleistungen (z. B. Entwicklungsplanung, Entwicklungseingaben, Steuerungsmaßnahmen für die Entwicklung, Entwicklungsergebnisse, Entwicklungsänderungen) Steuerung von externen bereitgestellten Prozessen, Produkten und Dienstleistungen (z. B. Art und Umfang der Steuerung, Informationen für externe Anbieter) Produktion und Dienstleistungserbringung (Steuerung der Produktion und der Dienstleistungserbringung, Kennzeichnung und Rückverfolgbarkeit, Eigentum der Kunden oder der externen Anbieter, Erhaltung, Tätigkeiten nach der Lieferung, Überwachung von Änderungen) Freigabe von Produkten und Dienstleistungen Steuerung nichtkonformer Prozessergebnisse, Produkte und Dienstleistungen
9	Bewertung der Leistung, Evaluierung	Überwachung, Messung, Analyse und Bewertung (z. B. Kundenzufriedenheit, Analyse und Beurteilung) Internes Audit Managementbewertung
10	Verbesserung	Nichtkonformität und Korrekturmaßnahmen Fortlaufende Verbesserung

Normalerweise führt die Einführung einer neuen Norm zu einer Umsetzungspflicht nach drei Jahren, d. h., die im Jahr 2015 eingeführte Norm ist für Neu- und Rezertifizierungen seit 2018 verpflichtend.

Im Gegensatz zu anderen Zertifizierungsverfahren ist es möglich, einzelne Abteilungen (z. B. Labor, Brustzentrum etc.) oder ganze Krankenhäuser nach dieser Norm zu zertifizieren, wobei jedoch die formalen Anforderungen insbesondere seit der Version 2000 hoch sind. Die Elemente früherer Versionen entsprachen in etwa den qualitätsrelevanten Prozessen aus Tab. 52 (z. B. Designlenkung, Prüfstatus, internes Qualitätsaudit, Schulung, Kundendienst etc.). Dies verleitete allerdings dazu, die Interdependenzen zwischen den Elementen und insbesondere die sich daraus ergebenden Störgrößen zu vernachlässigen. Es war möglich, dass jedes Element ausgezeichnet beschrieben war, das Zusammenspiel der Elemente in der Prozesskette jedoch keine Qualität erlaubte. Die DIN EN ISO 9000 ff (2000) wechselte deshalb die Perspektive zu einer vollständigen Prozessbetrachtung, bei der sich die Elemente zwar wiederfinden, jedoch in die Prozesslogik und insbesondere in die Interdependenzen der Elemente und Teilprozesse eingeordnet sind. Die DIN EN ISO 9000 ff:2015 entspricht einem systematischen Management.

Im Herbst 2012 kam die DIN EN ISO 15224 heraus, die aus der DIN EN ISO 9001 abgeleitet und speziell für Einrichtungen des Gesundheitswesens (und hier insbesondere das Akutkrankenhaus) zugeschnitten wurde. Wie Tab. 55 zeigt, kann man sie als eine Art Erläuterung des QM-Systems der ISO 9001 für das Gesundheitswesen verstehen. Die Tabelle zeigt die Qualitätsmerkmale einer Einrichtung des Gesundheitswesens gemäß Anhang B der DIN EN ISO 15224:2008.

Tab. 55: Qualitätsmerkmale nach DIN EN ISO 15224:2008.[31]

Qualitätsmerkmale	Beispiele
angemessene, richtige Versorgung	sorgfältige Durchführung von Anamnese, ärztlicher Untersuchung und weiterer diagnostischer Verfahren zulässiges Risiko an unerwünschten Zwischenfällen, Komplikationen oder Nebenwirkungen
Verfügbarkeit	geografische Erreichbarkeit finanzielle Zugänglichkeit
Kontinuität der Versorgung	nahtlose Versorgungskette von der Überweisung über Untersuchungen, Versorgung, Behandlung und Rehabilitation bis zur Nachsorge;
Wirksamkeit	Verbesserung der Wahrscheinlichkeit eines erwarteten positiven Ergebnisses;
Effizienz	Verhältnis von Mitteleinsatz und Ergebnis
Gleichheit	Diskriminierungsverbot
Evidenzbasiert/wissensbasiert	wissenschaftliche Absicherung der Maßnahmen, Best Practice
auf den Patienten sowie auf die körperliche, geistige und soziale Unversehrtheit orientierte Versorgung	Rücksicht auf Werte und Einstellungen des Patienten Einverständnis des Patienten

31 Quelle: Pfitzinger 2016.

Tab. 55 (fortgesetzt)

Qualitätsmerkmale	Beispiele
Mitwirkung des Patienten	Informations- und Zustimmungspflicht
Patientensicherheit	Risiken werden bestimmt und unter Kontrolle sein vermeidbare Schäden beim Patienten werden verhindert
Rechtzeitigkeit/Zugänglichkeit	Reduktion von unnötigen Wartezeiten

Im Gegensatz zu KTQ oder EFQM muss der Nachweis – auch bei der 15224 – sehr formal geführt werden, z. B. in Form von Fluss- oder Ishakawadiagrammen. Die Zertifizierung eines kompletten Krankenhauses nach DIN EN ISO 9000 ff stellt deshalb hohe Ansprüche, die jedoch von immer mehr Krankenhäuser erfüllt werden, insbesondere, wenn Teile (z. B. Labore, Radiologie, Brustzentrum etc.) bereits nach DIN zertifiziert wurden.

Der Zertifizierungsprozess kann in vier Phasen unterteilt werden. In der Entstehungsphase erfolgt der Aufbau des QM-Systems im Krankenhaus. Entscheidend sind hierbei die Verantwortung der Krankenhausleitung für das Qualitätsmanagement und die kompetente Projektorganisation. Sie umfasst die Koordination der einzelnen Aktivitäten, die Schaffung einer internen Aufbau- und Ablauforganisation für das QM (meist als Stabsstelle der Krankenhausführung), die Auswahl der QM-Beauftragten sowie der Moderatoren, die Schaffung von Gremien (Steuerungsgruppe, Qualitätszirkel, QM-Problemlösungsteams) und evtl. die Wahl eines Consultants. Die Entstehungsphase ist prinzipiell unabhängig von der Zertifizierung. Es ist jedoch sinnvoll, die spätere Zertifizierung schon im Hinterkopf zu behalten und evtl. bereits mit einem Zertifizierungsbüro Kontakt aufzunehmen.

In der Präparationsphase wird das QM-System so dokumentiert, dass es die Grundlage einer Zertifizierung darstellt. Hierzu gehören die Analyse der Ist-Situation der Klinikprozesse und der bestehenden Dokumentation, die Bestimmung von Risikoprozessen und besonders qualitätsrelevanten Prozessen, die Strukturierung und Visualisierung von Prozessen und die Definition von Schnittstellen. Die Ergebnisse fließen in das QM-Handbuch ein. Es kann entweder elementeorientiert oder prozessorientiert (z. B. Gesamtbehandlungsprozess) aufgebaut sein. Im Anschluss erfolgt eine interne Selbstbewertung.

Wenn das interne Audit zu einem positiven Ergebnis führt, kann die Zertifizierungsphase eingeleitet werden. Eine Zertifizierungsgesellschaft führt hierbei zuerst eine Systemanalyse auf Grundlage der Dokumente und evtl. der Selbstbewertung durch. Auf dieser Basis wird entschieden, ob das Zertifizierungsaudit sinnvoll ist. Es ist eine mehrtägige Prüfung durch Experten vor Ort. Der Prüfbericht spricht sich entweder für die Zertifikatserteilung oder für eine Nachbesserung mit eventuellem Nachaudit aus.

Ist das Zertifikat erteilt, so schließt sich die Phase der Weiterentwicklung an. Mindestens einmal pro Jahr erfolgt ein Überwachungsaudit, der überprüft, ob die Organisation den Vorgaben des QM-Handbuches folgt. Alle drei Jahre ist ein erneutes Vollaudit vorgeschrieben, um weiterhin zertifiziert zu bleiben. Dieser grundsätzliche Regelkreis ist für alle Verfahren gleich. Es sollte jedoch bereits bei der Einrichtung eines QM-Systems das spätere Zertifizierungsverfahren bedacht werden, um Doppelarbeiten zu vermeiden.

Die Wahl des Zertifizierers ist von verschiedenen Faktoren abhängig. Neben der personellen Kompetenz (theoretische Auditorenqualität, praktische Auditorenerfahrung), der institutionellen Kompetenz (durchgeführte Zertifizierungen im Gesundheitswesen, durchgeführte Zertifizierungen im Fachgebiet, z. B. Labor) und der Reputation (Referenzen, Image, Bekanntheitsgrad) sind vor allem die Gesamtkosten zu berücksichtigen. Hierbei dürfen nicht nur die externen Kosten für den Consultant und die Zertifizierung angerechnet werden, sondern vor allem auch die internen Kosten für die Entwicklung des QM-Systems sowie der Zertifizierungsunterlagen. Die internen Kosten liegen in vielen Fällen über den Kosten einer Zertifizierung nach KTQ oder EFQM. Nach Schätzungen belaufen sich die internen Kosten bei DIN EN ISO auf durchschnittlich 60.000 € und die externen Kosten auf mindestens 15.000 € pro Zertifizierung.

Diese hohen Kosten sind ein Nachteil unter mehreren. Ein weiterer Nachteil ist das Entscheidungsverfahren (Ja-Nein-Entscheidung), das eine rein technokratische Abarbeitung auf Mindestniveau fördert. Das QM-Handbuch wird dadurch zum „Schubladenwerk" ohne Bedeutung für das wirkliche Leben. Diese Papierbürokratie demotiviert die Mitarbeiter, die sich ursprünglich für das QM stark gemacht haben.

Diese Aussagen treffen teilweise auch auf KTQ zu, da dieses Verfahren ebenfalls relativ maschinell Prüfpunkte abhakt. Es sind jedoch zwei Unterschiede zu nennen, die KTQ deutlich gegenüber DIN EN ISO abhebt. Zum einen fordert die ISO einen sehr formalen Nachweis für jede durchgeführte Maßnahme. Die Zertifizierung eines größeren Krankenhauses nach DIN ist damit vergleichsweise komplex. Zum anderen ist die ISO keine Branchenlösung. Damit ist nicht ausgeschlossen, dass der maßgebliche Zertifizierer überwiegend Industrieerfahrung hat. Es ist nicht zufällig, dass die bedeutenden Zertifizierer (z. B. TÜV, LGA) ursprünglich von Ingenieuren dominiert wurden – eine Prägung, die unter Umständen bei einer Krankenhauszertifizierung negativ wirken kann.

Diesen Nachteilen stehen große Vorteile gegenüber. Die ISO geht sehr systematisch vor. Sie zwingt damit zu einem umfassenden QM-System, zu einer guten Strukturierung und zu einer Prozessorientierung, auf der weitere Systeme (z. B. Prozesskostenrechnung) aufbauen können. Die Normen sind klar und stellen damit einen guten Maßstab der Erreichung dar. Entscheidend dürfte jedoch sein, dass die Zertifizierungsinstitute (z. B. TÜV) in der Öffentlichkeit bekannt sind. Patienten wissen häufig nicht, was EFQM oder KTQ bedeutet. Sie sind deshalb auch nicht in der Lage, den Wert eines entsprechenden Zertifikats zu bemessen. Aber sie kennen den TÜV. Ein TÜV-Zertifikat nach DIN EN ISO 9000 ff ist deshalb öffentlichkeitswirksam und kann sogar bei Mitarbeitern eine größere Offenheit erzeugen als ein weniger bekanntes Zertifikat. Für Mitarbeiter ist es motivierend, wenn sie nach schwerer Arbeit von einer bekannten Stelle bescheinigt bekommen: „Gut gemacht – Prüfung bestanden!". Schließlich kann die Möglichkeit, einzelne Teilbereiche zu zertifizieren, durchaus positiv bewertet werden, wenn beispielsweise ein Zentrum oder eine Abteilung sich um eine herausragende Qualität bemühen möchte.

Die DIN EN ISO 9000 ff (2015) sowie 15224 sind folglich wichtige Normen und eine gute Zertifizierungsmöglichkeit für Teilbereiche, die insbesondere von technischen Erwägungen geprägt sind (z. B. Labor, Pathologie, Radiologie, ...). Die Zertifizierung eines ganzen Krankenhauses stellt hohe Anforderungen, die jedoch von immer mehr Krankenhäusern erfüllt werden, die bereits mehrfach mit anderen Verfahren rezertifiziert wurden. Aus Sicht eines systemischen Managements stellt die Norm eine naheliegende Methodik dar.

JCAHO

Eine weitere Möglichkeit der externen Überprüfung des QM-Systems ist die Akkreditierung nach JCAHO (Joint Commission on Accreditation of Healthcare Organisations). Die JCAHO wurde 1951 als Joint Commission on Accreditation of Hospitals (JCAH) in den Vereinigten Staaten gegründet und 1987 für alle anderen Organisationen des Gesundheitswesens in diesem Land geöffnet. Seit 2002 können auch deutsche Krankenhäuser nach JCAHO akkreditiert werden. In den Vereinigten Staaten sind mehr als 80 % der Krankenhäuser nach JCAHO akkreditiert. Neben der Möglichkeit, direkt nach JCAHO zertifiziert zu werden, kann ein deutsches Krankenhaus auch ein Verfahren nach Joint Commission International (JCI) anstreben, einer Tochterorganisation der JCAHO, die insbesondere für den internationalen Markt gegründet wurde und beispielsweise in Asien relativ weit verbreitet ist. In Deutschland sind allerdings nur wenige Kliniken nach JCAHO zertifiziert (z. B. Klinikum Chemnitz GmbH, DRG-Klinken Berlin).[32]

Die Akkreditierung ist in den USA die Voraussetzung, um Patienten der sozialen Krankenversicherungen (Medicare: steuerfinanzierte Grundversorgung für Patienten über 65 Lebensjahre; Medicaid: steuerfinanzierte Grundversorgung für bedürftige Patienten) sowie die Patienten zahlreicher Health Maintenance Organisations behandeln zu dürfen. Die Akkreditierung erfolgt entweder durch JCAHO oder die Regierung, wobei die Regierung selbst die Akkreditierung durch die JCAHO bevorzugt. In den USA ist dieser Prüfprozess damit keine freiwillige Zertifizierung, sondern eine erzwungene Akkreditierung: Ohne Akkreditierung können Kassenpatienten nicht abgerechnet werden.

Die Akkreditierung selbst folgt in etwa den für die DIN EN ISO dargestellten Phasen. Es gibt 370 Standards mit 1200 Messelementen, wobei der Identifikation von Kernleistungen eine besondere Bedeutung zukommt. Die JCAHO ist branchenspezifisch, d. h. nur medizinische oder pflegerische Einrichtungen können akkreditiert werden.

---

32 Siehe https://www.jointcommission.org/.

Im Gegensatz zur Zertifizierung nach DIN EN ISO hat die Verweigerung oder der Entzug einer Akkreditierung in den USA dramatische Auswirkungen, da ein großer Teil des Patientenklientels nicht mehr abgerechnet werden kann. Die JCAHO überwacht ständig die wichtigsten Ergebnisgrößen, wobei die Krankenhäuser zur Zusammenarbeit verpflichtet sind. Einerseits tragen sie die wichtigsten Outputparameter in eine ORYS-Datenbank ein (z. B. Infektionsraten, Mortalitäten), die öffentlich zugänglich ist. Ein Patient kann sich damit über Komplikationsraten in unterschiedlichen Krankenhäusern informieren. Andererseits müssen Krankenhäuser ein „Critical Incident Reporting System" (CIRS) installieren. Hierzu melden sie unerwartete Begebenheiten (sentinel events), wie z. B. den Tod eines Patienten oder den Verlust von Gliedmaßen an die JCAHO, die über den Entzug der Akkreditierung entscheidet.

Die Akkreditierung nach JCAHO ist eine ernstzunehmende Alternative zu den europäischen Verfahren. Allerdings ist der Bekanntheitsgrad in Deutschland so gering, dass die Akkreditierung keine Öffentlichkeitswirksamkeit hat. Es wird noch dauern, bis auch in Deutschland Qualitätsberichte einen wirklichen Einblick in die Ergebnisqualität liefern, wie dies für JCAHO-Krankenhäuser Routine ist.

EFQM

Die Zertifizierung eines Unternehmens nach EFQM (European Foundation of Quality Management, Brüssel) überprüft nicht nur das Qualitätsmanagement als Subsystem des Betriebes, sondern das gesamte Unternehmen mit allen internen und externen Relationen (vgl. Abb. 99). Es handelt sich folglich um ein systematisches Beurteilungsverfahren des gesamten Unternehmens anhand von klar definierten Kriterien, das dem systemischen Management sehr nahe liegt.[33] EFQM ist grundsätzlich für alle Unternehmenstypen und Branchen möglich, es erfolgt lediglich eine Unterteilung in kommerzielle und gemeinwirtschaftliche Unternehmen. Dementsprechend werden auch keine Standards definiert, sondern lediglich Kriterien, die abgeprüft werden müssen. Das System wurde ursprünglich 1988 entwickelt, die aktuelle Version ist EFQM-2020.

Die Zertifizierung erfolgt in drei Phasen. Zuerst erfolgt eine Selbstbewertung, anschließend eine Fremdbewertung. Unternehmen mit EFQM-Zertifikat können abschließend am European Quality Award teilnehmen, einem Wettbewerb der Qualitätsbesten in Europa. Im Gegensatz zu den anderen Verfahren sind die Assessoren der EFQM ehrenamtlich tätig. Sie erhalten nur eine Auslagenerstattung, sodass eine EFQM-Zertifizierung relativ preisgünstig ist. Auf der anderen Seite setzt EFQM eine systematische Bearbeitung der gesamten Unternehmenspolitik voraus und geht damit im Umfang weit über die anderen Verfahren hinaus. Dies stellt wiederum höhere Anforderungen an die Unternehmensleitung und erhöht damit die internen Kosten.

---

33 Vgl. Jackson 2005; Hakes 2007.

Ergebnisori-
entierung

Soziale Ver-
antwortung

Ausrichtung
auf die Kun-
den

Entwicklung
einer Part-
nerschaft

**Business
Excel-
lence**

Visionäre
und wert-
orientierte
Führung

Kontinuier-
liches Ler-
nen und
Verbessern

Mitarbeiter-
orientierung
bzw.
-beteiligung

Faktenba-
sierte Pro-
zessorientie-
rung

Abb. 99: Exzellenz-Modell nach EFQM.[34]

EFQM geht davon aus, dass ein Unternehmen Exzellenz nur erreichen kann, wenn das Unternehmen als Ganzes und in allen Teilaspekten überragend arbeitet. Abb. 100 zeigt das Exzellenzkonzept mit den entsprechenden Teilsegmenten. Wir erkennen die Elemente, Relationen und kybernetischen Prozesse wieder, die wir im ersten Kapitel als Grundgerüst des Betriebes herausgearbeitet haben. Letztlich ist damit EFQM nichts anderes als die Interpretation des Systemmodells auf die Qualitätsentstehung.

Für jede Komponente der Exzellenz kann untersucht werden, ob das Unternehmen die ersten Schritte auf dem Weg zur Exzellenz geht, ob es fortgeschritten ist oder eine gewisse Reife erreicht hat. Ein Unternehmen, das gerade erst mit der Ergebnisorientierung beginnt, wird primär seine Stakeholder identifizieren. Ein fortgeschrittenes Unternehmen führt eine strukturierte Bewertung der Bedürfnisse der Stakeholder durch. Das reife Unternehmen hat transparente Mechanismen implementiert, um die Ansprüche der Stakeholder auszugleichen. Das beginnende Unternehmen wird als Maßnahme der Kundenorientierung die Kundenzufriedenheit bewerten, das fortgeschrittene wird eigene Ziele mit den Bedürfnissen und Erwartungen der Kunden verbinden und die Kundenloyalität analysieren.[35] Das reife Unternehmen hat eine klare

---

34 Quelle: Eigene Darstellung in Anlehnung an Heib und Möller 2008.
35 Vgl. Fischer, Bendsen, Blehle, et al. 2015.

Ausrichtung aller betrieblichen Aktivitäten auf die Kundenbedürfnisse bei gleichzeitig ausbalancierter eigener Zielerreichung.

Die visionäre und wertorientierte Führung beginnt mit der Definition der Vision und Mission, schließt daran eine Verknüpfung von Geschäftspolitik, Mitarbeiter und Prozesse in einem einheitlichen Führungsmodell und erreicht ihre Reife in einer Unternehmenskultur, die auf allen Organisationsebenen gemeinsame Werte und ethische Grundlagen lebt. Die faktenbasierte Prozessorientierung beginnt mit der Definition der Kernprozesse, entwickelt Wettbewerbsziele aus den Vergleichswerten und Informationen und reift in einem umfassenden Verständnis der Prozesskapazitäten und ihrer Nutzung zu einer ständigen Verbesserung der Prozesse.

Die Mitarbeiterorientierung und -involvierung eines Unternehmens, das erste Schritte auf dem Weg der Exzellenz geht, zeigt sich darin, dass die Mitarbeiter Verantwortung für das Unternehmen und seine Probleme übernehmen. Im fortgeschrittenen Unternehmen sind die Mitarbeiter innovativ und kreativ tätig, um die Organisation voranzubringen. Das reife Unternehmen befähigt ständig seine Mitarbeiter, Erfahrungen und Wissen zu teilen und gemeinsam zu handeln (Empowerment). Dies äußert sich auch in kontinuierlichem Lernen und Verbessern. Sie beginnt mit der Identifikation von Entwicklungspotenzialen, führt zur Überzeugung eines jeden Mitarbeiters, dass Weiterentwicklung ein persönliches Ziel ist, und reicht bis zur Reife, bei der erfolgreiche Innovation und Verbesserung weit verbreitet und integriert sind.

Die Entwicklung einer Partnerschaft impliziert zuerst die Existenz eines formalen Prozesses, um Lieferanten auszuwählen und zu managen. Sie entwickelt sich weiter zur Identifikation der Schlüsselpartner und findet ihre Exzellenz in der gemeinsamen Planentwicklung (bei bestehender Unabhängigkeit), Planimplementierung und Datenbasis. Die soziale Verantwortung schließlich beginnt mit der Erfüllung gesetzlicher Anforderungen, schreitet zur aktiven Teilnahme an der Zivilgesellschaft und reift in der ständigen Bewertung gesellschaftlicher Anforderungen an das Unternehmen und in der entsprechenden Antwort durch die Unternehmenspolitik.

Aus diesen sogenannten Konzepten leiten sich die Kriterien ab, die in Abb. 100 als Überblick dargestellt sind. Die Kriterien Führung, Mitarbeiterorientierung, Leitbildung und Strategie, Ressourcen und Partner sowie Prozesse werden als Befähiger bezeichnet. Sie entsprechen in etwa den Struktur- und Prozessqualitäten nach Donabedian. Die Zufriedenheit der Leistungserbringer und -empfänger, die gesellschaftliche Verantwortung sowie die Schlüsselergebnisse (definiert als medizinische, pflegerische und administrative Ergebnisqualität) bilden die Kriterien der Ergebnisse. Auffällig ist, dass diese Kriterien 50 % der Gesamtbewertung ausmachen, d. h., EFQM ist stark am Output und Outcome interessiert, teilweise sogar (gesellschaftliche Verantwortung) am Impact des betrieblichen Prozesses.

Jedes dieser Kriterien wird in zwei bis fünf Unterkriterien aufgespalten, die einzeln zu bewerten sind. So wird beispielsweise das Kriterium „Mitarbeiter" anhand von fünf Unterkriterien bewertet: a: Mitarbeiterressourcen werden geplant, gemanagt und verbessert; b: Das Wissen und die Kompetenzen der Mitarbeiter werden ermittelt, ausge-

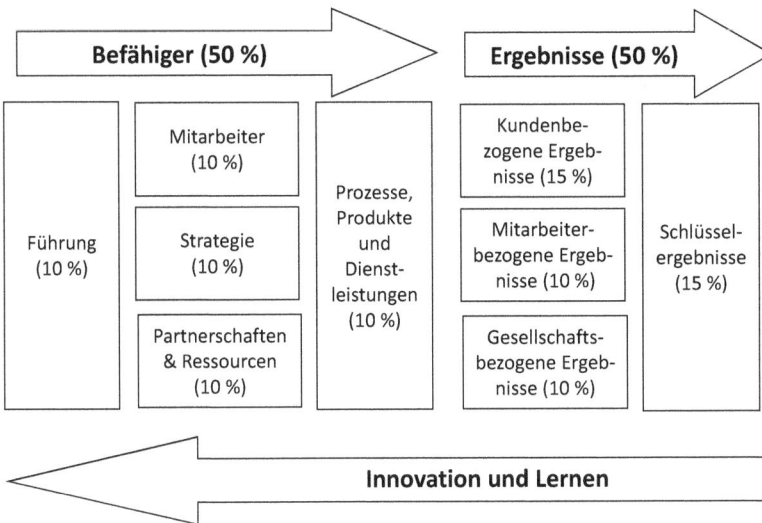

Abb. 100: EFQM-Scoring Matrix.[36]

baut und aufrechterhalten; c: Mitarbeiter werden beteiligt und zu selbständigem Handeln ermächtigt; d: Mitarbeiter und Unternehmensführung stehen in einem Dialog; e: Das Unternehmen belohnt, anerkennt und betreut seine Mitarbeiter.

Das Unternehmen muss in einem Bericht seinen Reifegrad für alle 9 Kriterien bzw. 32 Teilkriterien nachweisen. Insgesamt kann somit ein Score zwischen 0 und 1000 Punkten erreicht werden. Die Bewertung erfolgt mit der sogenannten RADAR-Methode, d. h., der Reifegrad der Organisation wird anhand von Ergebnissen (**R**esults), den dazu führenden Vorgehensweisen (**A**pproach), dem Grad der Umsetzung (**D**eployment) sowie an Bewertung und Überprüfung (**A**ssessment and **R**eview) gemessen. Letztlich handelt es sich um eine Anwendung des Managementzyklus, so wie er in der Managementwissenschaft Standard ist.

EFQM geht damit weit über die anderen Verfahren zur Bewertung des Qualitätsmanagementsystems hinaus. Die größten Überschneidungen mit der DIN EN ISO 9000 ff finden sich in den Bereichen Prozesse, Ressourcen und Partner sowie Leitbild und Strategie. Die Output-, Outcome- und Impact-Kriterien (Schlüsselergebnisse, gesellschaftliche Verantwortung, Zufriedenheit der Leistungsempfänger, Zufriedenheit der Leistungserbringer) werden jedoch bei der DIN EN ISO kaum abgefragt, stehen jedoch im Zentrum der EFQM-Bewertung. Auf der anderen Seite tendiert der Report für die EFQM leicht zur Prosa, mit viel schönen Worten und wenig konkreten Nachweisen. Gute Assessoren merken dies natürlich und streichen entsprechende Texte heraus. Wer

---

36 Quelle: Eigene Abbildung in Anlehnung an Moll und Khayati 2019.

lieber konkrete Kriterienlisten, klare Standards und exakte Arbeitsaufträge möchte, sollte sich deshalb besser an die DIN EN ISO halten.

In der Realität stehen die Verfahren kaum in Konkurrenz zueinander. Die DIN EN ISO ist eine formal und technisch orientierte Bewertung eines Qualitätsmanagementsystems, wobei anhand von klar definierten Kriterienlisten abgehakt werden kann. Sie eignet sich daher für kleine Einheiten mit stark technischer Ausrichtung. EFQM hingegen untersucht das gesamte Unternehmen. Die Ergebnisse der DIN EN ISO können in den Schnittmengen problemlos verwendet werden. Ein systemisches Management, wie es diesem Buch zu Grunde liegt, wird die EFQM-Methodik als natürliche Konsequenz dieser Denkausrichtung sehen.

KTQ

KTQ, die Kooperation für Transparenz und Qualität im Gesundheitswesen, bezeichnet ihr Verfahren selbst als eine Weiterentwicklung aus DIN EN ISO, JCAHO und EFQM. Die Kooperation aus GKV-Spitzenverbänden, Bundesärztekammer, Deutscher Krankenhausgesellschaft, Deutschem Pflegerat und Hartmannbund wurde ursprünglich als Kooperation für Transparenz und Qualität im Krankenhaus gegründet und ist das einzige krankenhausspezifische Zertifizierungsverfahren in Deutschland. Nach einer Pilotphase wurde die KTQ Version 4 im Jahr 2001 eingeführt und weiterentwickelt. Derzeit ist der KTQ-Katalog ab 2009, Version 2 verpflichtend. Schrittweise wurde KTQ auch für andere Einrichtungen des Gesundheitswesens (z. B. Arztpraxen, Rehabilitationskliniken, Pflegeeinrichtungen und alternative Wohnformen) erschlossen, was insbesondere für Krankenhäuser von Relevanz ist, die durch Konzernbildung und Fusionen derartige Einrichtungen betreiben.

Das oberste Ziel von KTQ ist die Schaffung bzw. Erhöhung von Transparenz in allen Bereichen. KTQ geht damit über das klassische Qualitätsmanagement hinaus und ähnelt in diesem Bereich dem EFQM-Verfahren. Transparenz soll für den Patienten (z. B. als Entscheidungshilfe und Information im Vorfeld einer Krankenhausbehandlung), für niedergelassene Ärzte (z. B. als Orientierungshilfe für die Einweisung und Weiterbetreuung der Patienten), für Krankenhausmitarbeiter (z. B. Information über Leistungen und Qualitätsmanagement im eigenen Haus) und für die Krankenhäuser selbst (z. B. als nach außen sichtbare Leistungsdarstellung nach erfolgreicher Zertifizierung) geschaffen werden.

Eine Zertifizierung nach KTQ ist grundsätzlich nur für ein ganzes Krankenhaus möglich, einzelne Abteilungen können nicht zertifiziert werden. Das Vorgehen ähnelt den bereits dargestellten Verfahren. Auf den Aufbau des QM-Systems folgt die Selbstbewertung durch das Krankenhaus anhand der KTQ-Kriterien. Hierfür gibt es eine eigene Software (KTQ-Doc), die die Erstellung des Berichts erleichtert. Anschließend erfolgt die Fremdbewertung durch die Visitatoren. Im Gegensatz zur DIN EN ISO sind alle Visitatoren hauptberufliche Krankenhausmitarbeiter in leitender Funktion. Es kommt immer ein Team, das die Bereiche Medizin, Pflege und Verwaltung abdecken kann. Eine Zertifikatsvergabe kann erfolgen, wenn mindestens 55 % der adjustierten, d. h. an die Krankenhausbesonderheiten angepassten Gesamtpunktzahl erreicht wurde. Bei Werten zwischen 50 und 54 % (Konfidenzintervall) ist eine Nachvisitation möglich. Als weitere Voraussetzungen für das Zertifikat muss das Krankenhaus die Teilnahme an den externen Qualitätssicherungsverfahren nach SGB V nachweisen und die Veröffentlichung des KTQ-Qualitätsberichtes zusichern. Das Zertifikat hat eine Gültigkeit von drei Jahren.

Die Überprüfung der Kriterien erfolgt in zwei Dimensionen. Zum einen muss das Krankenhaus pro Kriterium nachweisen, ob die Maßnahmen strukturiert geplant (Plan) und umgesetzt (Do) sind. Weiterhin muss die Kontrolle (Control) der Zielerreichung sowie die entsprechende Adaption der Pläne und Implementierungen (Act) nachgewiesen werden. Das entsprechende Vorgehen entspricht wieder vollständig dem Managementzyklus und wird als PDCA-Zyklus bezeichnet.

In der zweiten Dimension erfolgt für jedes Kriterium und für jeden Aspekt des PDCA-Zyklus die Analyse der Durchdringung und Erreichung. Letztere zeigt die Qualität der jeweiligen Aktivität auf, erstere die Quantität im Sinne einer Involvierung aller Abteilungen und Betroffenen des Krankenhauses. Lautet beispielsweise das Kriterium „Systematische Fort- und Weiterentwicklung des Personals", so würde eine Analyse der Planung zuerst betrachten, welche Personalentwicklungspläne im Unternehmen existieren und wie gut sie geplant sind (Erreichung). Anschließend erfolgt dann die Bewertung, ob diese Pläne das gesamte Unternehmen umfassen.

Mit Hilfe der 72 KTQ-Kriterien, der vier Phasen des PDCA-Zyklus und der Unterscheidung in Durchdringung und Erreichung sind (mit einer gewissen Gewichtung) maximal 1521 Punkte zu erreichen. Tab. 56 gibt einen Überblick über die Kategorien und Subkategorien des KTQ-Verfahrens. Es wird deutlich, dass eine relativ große Nähe zum EFQM-Verfahren besteht, die Bewertung der Zielerreichung ist jedoch deutlich systematischer und gleicht eher der Abarbeitung der Kataloge wie bei der DIN EN ISO.

Jede Subkategorie wird in Kriterien aufgespaltet. So besteht die Subkategorie 2.2 Personalentwicklung aus den Kriterien Systematische Personalentwicklung, Festlegung der Qualifikation, Fort- und Weiterbildung, Finanzierung der Fort- und Weiterbildung, Verfügbarkeit von Fort- und Weiterbildungsmedien, sowie Sicherstellung des Lernerfolges in angegliederten Ausbildungsstätten. Für jedes Kriterium liefert das KTQ-Manual Leitfragen, anhand derer das Krankenhaus darstellen muss, wie die jeweilige Maßnahme geplant, durchgeführt, kontrolliert und adaptiert (PDCA) wurde, wobei jeweils die Erreichung und Durchdringung dargestellt werden muss. KTQ ist hier sehr formell und lässt nicht so viel Spielraum für „Prosa" wie EFQM.

Eine Besonderheit von KTQ ist die Zusammenarbeit mit ProCumCert (PCC), einer Zertifizierungsgesellschaft der Diakonie und Caritas. Ein Zertifikat nach ProCumCert setzt stets die vollständige Abarbeitung des KTQ-Kataloges voraus. Ergänzt wird dieser Katalog um trägerspezifische Aspekte, insbesondere der Ethik. Da jedoch KTQ seit der Version 5 ebenfalls die ethische Dimension explizit berücksichtigt, wird dies teilweise als Doppelung wahrgenommen.

Tab. 56: KTQ-Katalog (Überblick).[37]

Kategorie	Subkategorie	Kriterium
1. Patientenorientierung	1.1 Rahmenbedingungen der Patientenversorgung	1.1.1 Erreichbarkeit und Aufnahmeplanung
		1.1.2 Leitlinien und Standards
		1.1.3 Information und Beteiligung des Patienten
		1.1.4 Ernährung und Service
	1.2 Akut-/ Notfallversorgung	1.2.1 Erstdiagnostik und Erstversorgung
	1.3 Elektive, Ambulante Versorgung	1.3.1 Elektive, ambulante Diagnostik und Behandlung
		1.3.2 Ambulante Operationen
	1.4 Stationäre Versorgung	1.4.1 Stationäre Diagnostik, Interdisziplinarität und Behandlung
		1.4.2 Therapeutische Prozesse
		1.4.3 Operative Prozesse
		1.4.4 Visite
	1.5 Weiterbetreuung / Übergang in andere Bereiche	1.5.1 Entlassungsprozess
	1.6 Sterben und Tod	1.6.1 Umgang mit sterbenden Patienten, palliative Versorgung
		1.6.2 Umgang mit Verstorbenen
2. Mitarbeiterorientierung	2.1 Personalplanung / Personalentwicklung	2.1.1 Personalbedarf
		2.1.2 Personalentwicklung
		2.1.3 Einarbeitung
		2.1.4 Ausbildung, Fort- und Weiterbildung
		2.1.5 Arbeitszeiten / Work-Life-Balance
		2.1.6 Ideenmanagement
3. Sicherheit – Risikomanagement	3.1 Patientenbezogene Risiken	3.1.1 Methoden des klinischen Risikomanagements
		3.1.2 Eigen- und Fremdgefährdung
		3.1.3 Medizinisches Notfallmanagement
		3.1.4 Organisation der Hygiene
		3.1.5 Hygienerelevante Daten, Infektionsmanagement
		3.1.6 Arzneimittel
		3.1.7 Labor- und Transfusionsmedizin

37 Quelle: Kooperation für Transparenz und Qualität im Gesundheitswesen 2016.

Tab. 56 (fortgesetzt)

Kategorie	Subkategorie	Kriterium
		3.1.8 Medizinprodukte
	3.2 Schutz- und Sicherheitskonzepte	3.2.1 Arbeitsschutz
		3.2.2 Brandschutz
		3.2.3 Datenschutz
		3.2.4 Umweltschutz
		3.2.5 Katastrophenschutz
		3.2.6 Ausfall von Systemen
4. Informations- und Kommunikationswesen	4.1 Informations- und Kommunikationstechnologie	4.1.1 Netzwerkstruktur und Datensysteme
	4.2 Patientendaten	4.2.1 Klinische Dokumentation
		4.2.2 Verfügbarkeit und Archivierung
	4.3 Informationsmanagement	4.3.1 Information der Unternehmensleitung
		4.3.2 Informationsweitergabe, Telefonzentrale und Empfang
5. Unternehmensführung	5.1 Unternehmensphilosophie und -kultur	5.1.1 Philosophie / Leitbild
		5.1.2 Führungskompetenz, vertrauensbildende Maßnahmen
		5.1.3 Ethische, kulturelle und religiöse Verantwortung
		5.1.4 Marketing, Kommunikation, Krisenmanagement
	5.2 Strategie und Zielplanung	5.2.1 Entwicklung, Vermittlung und Umsetzung der Strategie und Zielplanung
		5.2.2 Wirtschaftliches Handeln, kaufmännisches Risikomanagement
		5.2.3 Gesellschaftliche Verantwortung, Partnerschaften und Kooperationen
	5.3 Unternehmensentwicklung	5.3.1 Organisationsstruktur und Arbeitsweise der Führungsgremien
		5.3.2 Innovation und Wissensmanagement
6. Qualitätsmanagement	6.1 Struktur und Ablauf	6.1.1 Organisation, Aufgabenprofil des Qualitätsmanagements
		6.1.2 Vernetzung, Prozessgestaltung und -optimierung
	6.2 Befragungen	6.2.1 Patientenbefragung
		6.2.2 Befragung von Zuweisern und externen Einrichtungen
		6.2.3 Mitarbeiterbefragung

Tab. 56 (fortgesetzt)

Kategorie	Subkategorie	Kriterium
	6.3 Meinungsmanagement	6.3.1 Beschwerdemanagement: Lob und Beschwerden von Mitarbeitern, Patienten und weiteren Externen
	6.4 Qualitätsrelevante Daten	6.4.1 Qualitätsrelevante Daten interner / externer Verfahren

Zusammenfassend können wir festhalten, dass es keinen Königsweg der Zertifizierung oder Akkreditierung gibt. In der Praxis werden kleinere, insbesondere technisch orientierte Einheiten wie Labor, Radiologie, Pathologie oder Gerichtsmedizin häufig nach DIN EN ISO zertifiziert. Ganze Krankenhäuser streben eher eine Zertifizierung nach KTQ an. JCAHO und EFQM spielen bislang eher eine untergeordnete Rolle, obwohl gerade EFQM als systemischer Ansatz erhebliche Bedeutung gewinnen könnte, denn nur diese Methodik stellt letztlich sicher, dass der eigentliche Existenzgrund des Unternehmens erreicht wird. Weder Produktion noch Qualität sind letztlich die Funktion des Unternehmens, sondern die Befriedigung der Kundenbedürfnisse. Diesen Aspekt unterstreicht EFQM stärker als alle anderen Verfahren.

5.2.3 Gesetzliche Grundlagen

Qualitätsmanagement im Krankenhaus
Das Management der Qualität als Dimension des betrieblichen Outputs (neben der Quantität) stellt einen integralen Bestandteil des Produktionsmanagements dar. Letztlich entscheidet bei staatlich oder bürokratisch fixierten Preisen allein die Qualität über den langfristigen Unternehmenserfolg. QM steht deshalb im Zentrum der Unternehmenspolitik, unabhängig von gesetzlichen Auflagen. Da jedoch in den letzten Jahren immer mehr gesetzliche Anforderungen an das QM festgeschrieben wurden, muss die Krankenhausführung ihr Qualitätsmanagement so aufbauen, dass diesen Auflagen genüge getan wird. Der kompetente Krankenhausmanager sieht in diesen Gesetzen jedoch lediglich eine Nebenbedingung. Seine eigene Qualitätspolitik wird darüber hinausgehen.

Durch die Einführung der Fallpauschalen wurde die Forderung nach einer Kontrolle der Qualität der Krankenhäuser vehement. Eine Pauschale könnte dazu verleiten, Patienten möglichst schnell und sogar vor Eintritt des Heilungserfolges zu entlassen (Blutige Entlassung) und kurze Zeit später als neuen Fall wiederaufzunehmen (Drehtüreffekt). Eine gesetzlich verordnete externe Qualitätssicherung ist unter diesen Rahmendaten dann notwendig, wenn der Patient keine Möglichkeit zur Beurteilung der Leistungsqualität des Krankenhauses oder keine Angebotsalternative hat. Der Gesetzgeber folgte dieser Argumentation und ergänzte Schrittweise das Sozialgesetzbuch V um entsprechende Vorschriften.

Wenn im Folgenden überwiegend die Vorschriften des SGB V diskutiert werden, so soll doch nicht vernachlässigt werden, dass ein Krankenhaus auch außerhalb des SGB zur qualitativ hochwertigen Versorgung verpflichtet ist. Erstens schließen der Patient und das Krankenhaus bzw. die Krankenkasse und das Krankenhaus einen privatrechtlichen Vertrag, der auch eine qualitative Beschreibung der Leistung umfasst. Krankenhäuser sind deshalb auch aus dem Vertragsrecht für eine gute Qualität verantwortlich. Zweitens können Patienten Schadensersatzansprüche an das Krankenhaus stellen, wenn sie Schaden im Falle der Nichtbeachtung der erforderlichen Sorgfalt erleiden. Das Haftungsrecht verpflichtet folglich Krankenhäuser zur Qualität. Drittens definieren verschiedene andere Rechtsgrundlagen die Anforderungen an die Qualität von Anlagen und Produkten, z. B. das Arzneimittelgesetz, das Strahlenschutzgesetz etc. (Sicherheitsrecht). Viertens verpflichtet das ärztliche Berufsrecht die Ärzte zur gewissenhaften Versorgung mit geeigneten Untersuchungs- und Behandlungsmethoden, zur Fortbildung und zur Qualitätssicherung unabhängig vom Sozialrecht.

Tab. 57 zeigt die relevanten Regelungen des SGB V, wobei die Einschübe deutlich auf die Entstehungsgeschichte mit Ergänzungen und Veränderungen hinweisen. §§ 135a und 137 verpflichten Krankenhäuser explizit zur Sicherung und Weiterentwicklung der Qualität der von ihnen erbrachten Leistungen. Dies impliziert:

- Einführung eines QM-Systems im Krankenhaus. Das SGB V legt allerdings kein spezifisches Verfahren (wie z. B. KTQ) fest, sondern regelt lediglich, dass Qualitätsmanagement implementiert werden muss.
- Beteiligung an einrichtungsübergreifenden Maßnahmen der Qualitätssicherung: Krankenhausbetriebsvergleiche und Benchmarking werden als wichtige Maßnahmen der externen Qualitätssicherung verstanden. Eine externe Zertifizierung ist nicht vorgeschrieben.
- Fortbildungspflicht für im Krankenhaus tätige Ärzte als wichtiger Teilaspekt der Strukturqualität.
- Entwicklung eines Mindestmengenkatalogs. Es wird angenommen, dass auch im ärztlichen Bereich Übungseffekte auftreten und damit die Qualität mit der Menge steigt.
- Zweitmeinungen: Bei bestimmten Prozeduren und Fällen sollen Zweitmeinungen eingeholt werden.
- Vergütungsabschläge: Krankenhäuser, die ihre Verpflichtungen zur Qualitätssicherung nicht einhalten, müssen einen Vergütungsabschlag hinnehmen. Beispielsweise beträgt der Erlösabzug 150 € pro Fall, falls ein Krankenhaus keinen Qualitätsbericht veröffentlicht.
- Strukturierter Qualitätsbericht: Krankenhäuser müssen alle zwei Jahre einen Qualitätsbericht erstellen, in welchem der Stand der Qualitätssicherung dargestellt wird.

Weitere, für Krankenhäuser relevante Rechtsvorschriften betreffen die strukturierten Behandlungsprogramme bei chronischen Krankheiten (§ 137 f) sowie die Gründung des Instituts für Qualität und Wirtschaftlichkeit im Gesundheitswesen (§ 139a).

Tab. 57: Qualitätsrelevante Regelungen des SGB V.[38]

Paragraph	Inhalt
§ 135	Bewertung von Untersuchungs- und Behandlungsmethoden
§ 135a	Verpflichtung der Leistungserbringer zur Qualitätssicherung
§ 135b	Förderung der Qualität durch die Kassenärztlichen Vereinigungen
§ 135c	Förderung der Qualität durch die Deutsche Krankenhausgesellschaft
§ 136	Richtlinien des Gemeinsamen Bundesausschusses zur Qualitätssicherung
§ 136a	Richtlinien des Gemeinsamen Bundesausschusses zur Qualitätssicherung in ausgewählten Bereichen
§ 136b	Beschlüsse des Gemeinsamen Bundesausschusses zur Qualitätssicherung im Krankenhaus
§ 136c	Beschlüsse des Gemeinsamen Bundesausschusses zu Qualitätssicherung und Krankenhausplanung
§ 136d	Evaluation und Weiterentwicklung der Qualitätssicherung durch den Gemeinsamen Bundesausschuss
§ 137	Durchsetzung und Kontrolle der Qualitätsanforderungen des Gemeinsamen Bundesausschusses
§ 137a	Institut für Qualitätssicherung und Transparenz im Gesundheitswesen
§ 137b	Aufträge des Gemeinsamen Bundesausschusses an das Institut nach § 137a
§ 137c	Bewertung von Untersuchungs- und Behandlungsmethoden im Krankenhaus
§ 137d	Qualitätssicherung bei der ambulanten und stationären Vorsorge oder Rehabilitation
§ 137e	Erprobung von Untersuchungs- und Behandlungsmethoden
§ 137f	Strukturierte Behandlungsprogramme bei chronischen Krankheiten
§ 137g	Zulassung strukturierter Behandlungsprogramme
§ 137h	Bewertung neuer Untersuchungs- und Behandlungsmethoden mit Medizinprodukten hoher Risikoklasse
§ 137i	Pflegepersonaluntergrenzen in pflegesensitiven Bereichen in Krankenhäusern; Verordnungsermächtigung

---

38 Quelle: G-BA 2021.

Tab. 57 (fortgesetzt)

Paragraph	Inhalt
§ 137j	Pflegepersonalquotienten, Verordnungsermächtigung
§ 138	Neue Heilmittel
§ 139	Hilfsmittelverzeichnis, Qualitätssicherung bei Hilfsmitteln
§ 139a	Institut für Qualität und Wirtschaftlichkeit im Gesundheitswesen
§ 139b	Aufgabendurchführung
§ 139c	Finanzierung
§ 139d	Erprobung von Leistungen und Maßnahmen zur Krankenbehandlung
§ 139e	Verzeichnis für digitale Gesundheitsanwendungen; Verordnungsermächtigung

Der Zusammenhang von Menge und Kosten ist unumstritten. Je höher die Fallzahl ist, desto geringer sind die Fallkosten (Größendegression, Fixkostendegression, Übungskurve). Die internationale Literatur zeigt ebenfalls eine eindeutig positive Volume-Outcome-Beziehung, d. h., je größer die Fallzahl, desto besser die Qualität. Für einige Eingriffe konnte dies auch für Deutschland aufgezeigt werden (komplexe Eingriffe am Pankreas sowie an der Speiseröhre, Kniegelenkstotalendoprothesen), während für andere Operationen der Zusammenhang nicht signifikant ist (Leber-, Nieren- und Stammzelltransplantationen sowie Koronararterien-Bypässen). Zwar ist die Kausalität relativ deutlich, da zweifelsohne Übungseffekte vorliegen, andererseits kann eine Überroutine auch zur Unachtsamkeit und damit einer sinkenden Qualität führen.

In der Anlage der Mindestmengenregelungen sind die Leistungen aufgeführt, für die der G-BA bislang Mindestmengen festgelegt hat (vgl. Tab. 58). Bis 2005 waren die Mindestmengenkataloge ohne Bedeutung für die meisten Krankenhäuser (insb. seltene Transplantationen). Seit 2006 hingegen wurde mit der Knie-Totalendoprothese erstmals eine Diagnose mit einer Mindestmenge von 50 OPs pro Jahr aufgenommen, die durchaus als Routine zu sehen ist (ungefähr 110.000 OPs pro Jahr) und auch in kleineren Krankenhäusern durchgeführt wird. Eine Ausweitung auf weitere Diagnosen ist geplant und könnte für einige kleinere Krankenhäuser durchaus problematisch werden. Allerdings ist die Qualitätsrelevanz der Mindestmengen auch umstritten und Objekt höchstrichterlicher Entscheidungen, was zum Teil zum Aussetzen der Mindestmengenregelungen geführt hat.

Zusammenfassend können wir festhalten, dass weder für das interne Qualitätsmanagement noch für die externe Qualitätssicherung bislang ein bestimmtes System vorgeschrieben ist. Stark vereinfacht könnte man die Regelung mit „Ihr müsst was machen – egal was!" zusammenfassen. Dies ist natürlich für den Krankenhausmanager vorteilhaft. Er kann sich sein QM-System sowie die entsprechende Zertifizierung

Tab. 58: Mindestmengen 2019.[39]

Leistung	Mindestmenge 2021
Lebertransplantation (inkl. Teilleber-Lebendspende)	20
Nierentransplantation (inkl. Lebendspende)	25
komplexe Eingriffe am Organsystem Ösophagus (Speiseröhre)	26
komplexe Eingriffe am Organsystem Pankreas (Bauchspeicheldrüse)	10
Stammzelltransplantation	25
Kniegelenk-Totalendoprothesen (Knie-TEP)	50
koronarchirurgische Eingriffe	(derzeit ohne Festlegung einer konkreten Mindestmenge)
Versorgung von Früh- und Neugeborenen mit einem Geburtsgewicht von unter 1250 Gramm	25

allein nach betriebswirtschaftlichen Kriterien wählen und anschließend die Erfüllung der gesetzlichen Auflagen damit nachweisen. Es wäre suboptimal, wenn der Gesetzgeber sich auf ein Verfahren festschreiben würde und damit dem Krankenhaus ein für dieses nicht geeignetes Verfahren aufzwingen würde.

Qualitätsmanagement im ambulanten Sektor

Da immer mehr Krankenhäuser auch in der ambulanten Versorgung tätig sind, unterliegen diese Betriebsteile auch den Anforderungen des QM im ambulanten Sektor. Grundsätzlich sind die rechtlichen Grundlagen sowie die Anforderungen identisch, in der Regel ist jedoch das Verfahren deutlich einfacher.

Grundsätzlich ist die Kassenärztliche Vereinigung (KV) für die qualitativ hochwertige Versorgung der Bevölkerung mit ambulanten ärztlichen Leistungen verantwortlich. Nach § 135a sowie § 136 SGB V wird deshalb auch die Sicherstellung und Überprüfung der Qualität der KV übertragen. Erfüllt beispielsweise ein niedergelassener Arzt eine Fortbildungspflicht nicht oder weist er dies gegenüber der KV nicht nach, so ist die Kassenärztliche Vereinigung verpflichtet, das an ihn zu zahlende Honorar aus der Vergütung vertragsärztlicher Tätigkeit zu kürzen. Weiterhin definiert die KV Qualifikationsanforderungen für besondere Bereiche, z.B. für Sonografie, Röntgen, Psychotherapie etc. Neben den Abrechnungsregeln und den Qualifikationsanforderungen haben sich Qualitätszirkel niedergelassener Ärzte, die Zusammenarbeit in Ärzte-

---

39 Quelle: Eigene Darstellung.

netzen sowie die Disease Management Programme als Qualitätssicherungsmaßnahme bewährt.

Ebenso wie Krankenhäuser müssen ambulante Leistungserbringer interne Maßnahmen des Qualitätsmanagements und externe Maßnahmen der Qualitätssicherung nachweisen. Wiederum gilt allerdings, dass kein konkretes Verfahren festgelegt wird, wie dies zu erfolgen hat. Im ambulanten Bereich finden sich zum Teil dieselben Verfahren der externen Qualitätsbewertung wie im Krankenhaussektor. EFQM und DIN EN ISO sind vollständig übertragbar, auf Grund ihres hohen Anspruches jedoch nur selten anzutreffen. KTQ-Praxis wurde speziell für Arztpraxen entwickelt, konnte sich jedoch bislang kaum durchsetzen. Die KV propagiert das Verfahren „Qualität und Entwicklung in Praxen", das relativ zügig durchzuführen ist. Aus Holland stammt ursprünglich das European Practice Assessment (EPA), das ebenfalls in einigen Praxen angewendet wurde.

Für Krankenhäuser, die auch im ambulanten Bereich tätig sind, ist es wohl zweckmäßig, diesen Betriebsteil mit denselben Verfahren zu bewerten wie den stationären Sektor. Arbeitet ein Krankenhaus beispielsweise nach EFQM, so ist es empfehlenswert, das angeschlossene Medizinische Versorgungszentrum oder die Poliklinik ebenfalls nach EFQM zu bewerten. Die vorliegenden Erfahrungen können genutzt werden, um doppelte Arbeit zu vermeiden.

5.3 Leistungsprogrammplanung

Die Produktionsprogrammplanung dient der Festlegung der Menge der zu produzierenden Produkte. Bei gegebenen Kapazitäten wird für jedes mögliche Produkt die Produktionsmenge so festgelegt, dass der Deckungsbeitrag maximiert wird. Die Produktionsprogrammplanung ist folglich eine mittelfristige Planung. Vorausgesetzt wird, dass die Kapazitäts- und Investitionsplanung abgeschlossen und die variablen Kosten bekannt sind. Im Krankenhaus kann der aus der Industrie kommende Begriff mit Leistungsprogrammplanung oder Festlegung des Fallklassenprogramms umschrieben werden. Konkret wird die Frage beantwortet, wie viele Patienten einer bestimmten Fallklasse in einer bestimmten Periode behandelt werden sollen, damit das Krankenhaus seinen Deckungsbeitrag maximiert.[40]

Die Bedeutung dieser Frage hängt von der Position und Kooperation des Krankenhauses ab. Die klassische Situation war ein staatliches Krankenhaus mit umfassendem Versorgungsauftrag, ohne Konkurrenz und mit räumlichem Monopol. Meist ging man auch davon aus, dass das Krankenhaus möglichst alle Leistungsintensitäten selbst abdecken und nur in extremen Notfällen an höhere Versorgungsstufen überweisen sollte. In dieser Situation hat die Produktionsprogrammplanung keine Bedeutung, da das Krankenhaus auf die epidemiologisch bedingte Nachfrage antworten muss.

---

40 Vgl. Gurfield und Clayton 1969.

Privatkrankenhäuser hingegen können unter Umständen eine Selektion betreiben. Sie suchen sich Fallklassen heraus, bei denen sie einen hohen Deckungsbeitrag erwirtschaften (Rosinenpicken). Innerhalb einer Fallklasse können sie das Patientenklientel weiter selektieren, in dem sie entweder Patienten mit niedrigen Behandlungskosten aufnehmen (Cream Skimming) oder Patienten mit hohen Behandlungskosten möglichst früh an höhere Versorgungsstufen (Dumping, Creative Referral) überweisen. Auch eine Minimalbehandlung (Skimping) ist möglich. Für Rosinenpicker ist die Leistungsprogrammplanung genauso relevant wie beispielsweise für die chemische Industrie, wo sie seit Jahrzehnten Routine ist.

Für alle anderen Krankenhäuser kann die Leistungsprogrammplanung im räumlichen Verbund vorteilhaft sein. Hier kann die Spezialisierung der Häuser in einer Region zu erheblichen wirtschaftlichen Verbesserungen ohne Gefährdung des Versorgungsauftrages führen. An dieser Stelle wollen wir die Grundform des Linearen Programms (LP) zur Leistungsprogrammoptimierung darstellen.[41] Eine Erweiterung zur Berücksichtigung horizontaler und vertikaler Integration sowie zur Investitionsplanung ist leicht möglich und wird in Kapitel 11.5.3 vorgestellt.

Das folgende LP geht davon aus, dass n DRGs existieren und das Krankenhaus beliebig die Zahl der Patienten einer DRG (x_j) wählen kann. Das Krankenhaus maximiert seinen Deckungsbeitrag unter Beachtung der Kapazität von m Ressourcen und der Mindestmengenanforderungen.

Strukturvariablen:

x_j Anzahl der behandelten Patienten in DRG j, $j = 1..n$; ganzzahlig

Konstanten:

K_i Kapazität pro Einheit der Ressource i, $i = 1..m$
c_{ij} Verbrauch der Ressource i einer Einheit der DRG j, $j = 1..n$; $i = 1..m$
d_j Entgelt für DRG j; $j = 1..n$
a_j Direkte Kosten für einen Fall in DRG j; $j = 1..n$
n Zahl der DRGs
m Zahl der Ressourcen
mm_j Mindestmengenanforderung an DRG j; $j = 1..n$
M $M \in N, mit\ M > \sum_{j=1}^{n} x_j$

Nebenbedingungen:

$$\sum_{j=1}^{n} c_{ij} x_j \leq K_i \ \text{für } i = 1..,m$$

$$x_j \leq M \cdot \beta_j \ \text{für } j = 1..n$$

$$x_j \geq mm_j \cdot \beta_j \ \text{für } j = 1..n$$

---

41 Vgl. Meyer und Harfner 1999.

Zielfunktion:

$$Z = \sum_{j=1}^{n} (d_j - a_j) \cdot x_j \rightarrow Max!$$

Ein realistisches Modell wird derzeit 1200 DRGs und mehrere Dutzend verschiedene Kapazitäten berücksichtigen, sodass die Zahl sehr groß wird. Da es sich um ein Modell der strategischen Planung handelt, ist die Rechenzeit von mehreren Stunden, die ein derartiges Modell auch auf modernen Rechnern erfordert, jedoch kein Hindernis.

Das obige, stark vereinfachte Modell setzt voraus, dass die Kapazitäten konstant sind und Fixkosten vernachlässigt werden, was bei einer mittelfristigen Produktionsprogrammplanung durchaus sinnvoll ist. Möchte man das Modell auf eine Investitionsplanung erweitern, so muss man diese Beschränkungen jedoch aufheben. Im folgenden LP werden Kapazitäten als variabel angenommen und mit ihren entsprechenden Kosten bewertet. Zweitens werden die DRGs einzelnen Abteilungen zugewiesen. Damit ergibt sich:[42]

Strukturvariablen:

x_j Anzahl der behandelten Patienten in DRG j, $j = 1..n$; ganzzahlig
K_i Einheiten von Ressource i, $i = 1..m$
β_j $= \begin{cases} 1 & \text{falls DRG j im Leistungsprogramm, } j = 1..n \\ 0 & sonst \end{cases}$
D_p $= \begin{cases} 1 & \text{falls Abteilung p eröffnet, } p = 1..b \\ 0 & sonst \end{cases}$
D_{total} $= \begin{cases} 1 & \text{falls Krankenhaus eröffnet} \\ 0 & sonst \end{cases}$

Konstanten:

k_i Kapazität pro Einheit der Ressource i, $i = 1..m$
c_{ij} Verbrauch der Ressource i einer Einheit der DRG j, $j = 1..n$; $i = 1..m$
d_j Entgelt für DRG j; $j = 1..n$
a_j Direkte Kosten für einen Fall in DRG j; $j = 1..n$
n Zahl der DRGs
m Zahl der Ressourcen
mm_j Mindestmengenanforderung an DRG j; $j = 1..n$
M $M \in N, mit M > \sum_{j=1}^{n} x_j$
b Zahl der Abteilungen
R_p Menge aller DRGs, die in Abteilung p behandelt werden; $p = 1..b$
FD_j DRG-spezifische Fixkosten, $j = 1..n$

42 Vgl. Fleßa, Ehmke und Herrmann 2006.

FA_p Abteilungsfixkosten von Abteilung p, $p = 1..b$

FK Krankenhausfixkosten

w_i Kosten einer Einheit von Ressource i; $i = 1..m$

Nebenbedingungen:

$$\sum_{j=1}^{n} c_{ij} x_j \leq k_i \cdot K_i \; \text{für } i = 1,..,m$$

$$x_j \geq M \cdot \beta_j \; \text{für } j = 1..n$$

$$x_j \geq mm_j \cdot \beta_j \; \text{für } j = 1..n$$

$$\sum_{j \in R_p} x_j \leq M \cdot D_p \; \text{für } p = 1,..,b$$

$$\sum_{j=1}^{n} x_j \leq M \cdot D_{total}$$

Zielfunktion:

$$Z = \sum_{j=1}^{n} (d_j - a_j) \cdot x_j - \sum_{j=1}^{n} FD_j \cdot \beta_j - \sum_{p=1}^{b} FA_p \cdot D_p - FK \cdot D_{total} - \sum_{i=1}^{m} w_i \cdot K_i \to Max!$$

Auch dieses Modell vereinfacht noch. Erstens können die Kapazitäten weiterer Restriktionen unterliegen. Beispielsweise kann die Gesamtbettenzahl zwar mittelfristig konstant sein, die Zuteilung auf die einzelnen Abteilungen kann jedoch verändert werden (floating beds). Zweitens können die variablen Kosten (a_j) selbst wiederum als Ergebnis von Entscheidungsprozessen, beispielsweise von Lagerbestands- und Reihenfolgeentscheidungen, gesehen werden. Das LP der Produktionsprogrammplanung kann jedoch mit Elementen der Ablaufplanung integriert werden, sodass ein Gesamtmodell für Investitions-, Programm- und Ablaufplanung entsteht. Ob dies allerdings im Rahmen der relativ unsicheren Planung im Krankenhaus sinnvoll ist, muss hinterfragt werden.

Das Modell setzt weiterhin voraus, dass die Preise fix sind. Dies ist tatsächlich derzeit im DRG-System der Kassenpatienten der Fall. Es ist allerdings durchaus denkbar, dass die Preise für Leistungen zwischen Krankenhäusern in Zukunft verhandelt werden. Krankenhäuser müssen dann ein komplexes Revenue Management (RM) betreiben. Darunter versteht man die modellgestützte Erlösplanung eines oder mehrerer Unternehmen. Ein typisches RM-Problem ist die optimale Zusammenarbeit zwischen konkurrierenden Fluglinien, die dieselbe Strecke bedienen. Nehmen wir an, ein Kunde möchte von Köln nach New York fliegen. Er kann entweder mit Eurowings von Köln nach Frankfurt und anschließend mit Lufthansa nach New York fliegen, oder er fliegt mit Eurowings von Köln nach Paris und anschließend mit Air France nach New York. Beide Varianten sind für ihn relativ gleichwertig. Gewöhnlich existieren auch innerhalb derselben Klasse (First Class, Business oder Economy) unterschiedliche Tarife je nach

Buchungszeitpunkt. Ein Tourist, der drei Monate vor Abflug gebucht hat, zahlt unter Umständen nur die Hälfte wie ein Geschäftsmann, der am Tag vor dem Abflug bucht, auch wenn beide in derselben Klasse nebeneinandersitzen. Ist die Maschine überbucht, muss am Tag vor dem Flug der hochpreisige Geschäftsmann abgewiesen werden. Revenue Management optimiert die Erlöse. Ist die Lufthansa Maschine überbucht, jedoch auf der Air France Maschine noch Platz frei, ist es wirtschaftlich interessant, den Touristen – mit dessen Zustimmung, die über Miles and More erkauft werden kann – auf den Air France Flug umzubuchen und stattdessen den gut zahlenden Geschäftsmann mitzunehmen. Kooperation zwischen den Fluglinien zahlt sich folglich für beide aus, unter Umständen sogar dann, wenn Lufthansa an Air France eine Zuzahlung für die Übernahme des Touristen leistet.

In Zukunft könnten Krankenhäuser berechnen, ob sie einen Kassenpatienten an ein Nachbarkrankenhaus abgeben und stattdessen den gut zahlenden Privatpatienten aufnehmen. Sie können weiterhin ermitteln, ob sie für diese Übernahme des Patienten einen entsprechenden Betrag an das aufnehmende Krankenhaus bezahlen. Ob dies gesellschaftlich gewünscht ist, muss an anderer Stelle diskutiert werden. Derzeit sind jedoch die meisten Krankenhäuser überfordert, eine derartige Entscheidung auch nur anzudenken, da ihre Informationssysteme die entsprechenden Parameter nicht liefern können. Revenue Management gehört zum operativen Management und erfordert deshalb präzise Echtzeitdaten.

Zusammenfassend können wir festhalten, dass die Tradition der Krankenhäuser von einer exogen gegebenen Nachfrage ausging, die vollständig zu befriedigen sei. In Zukunft wird es jedoch zu Spezialisierungen kommen. Krankenhäuser sollten die Leistungen anbieten, die sie am besten und am kostengünstigsten erstellen können. Das Grundmodell der Leistungsprogrammplanung auf Basis eines LP stellt hierbei eine Möglichkeit dar, die sowohl auf strategischer Ebene (Investitionsplanung, Kooperationsplanung) als auch auf operativer Ebene (Ablaufplanung, Revenue Management) erweitert werden kann. Wichtiger als der formale Ansatz ist jedoch das Verständnis dafür, dass die wirtschaftliche Situation eines Krankenhauses durch die Konzentration auf die Leistungen erheblich verbessert werden kann, die man eben besonders gut erstellen kann. Da hier vielfältige Kapazitätsrestriktionen zu beachten sind, ist die Festlegung des Produktionsprogramms nicht trivial.

5.4 Prozessmanagement

Das Prozessmanagement stellt aus Sicht vieler den Kern der Krankenhausproduktion dar, der der klassischen Produktionstheorie relativ nahekommt.

5.4.1 Grundlagen

Der einfachste Fall der Produktion geht von einer einstufigen Produktion eines einzigen Produktes aus, bei dem allein die Menge entscheidungsrelevant ist. Wir haben bereits gesehen, dass diese Bedingungen im Krankenhaus nicht zutreffen, da mehrere hundert Produkte (Fallklassen, DRGs) gleichzeitig zu erstellen sind und der Qualität eine mindestens der Quantität gleichwertige Bedeutung zukommt. Im letzten Schritt lösen wir nun die Bedingung der Einstufigkeit auf. In der Realität ist der Rekombinationsprozess eine Kette von eng miteinander verknüpften, jedoch auch separierbaren Einzelprozessen. Die Leistungserstellung im Krankenhaus muss deshalb als Prozess verstanden werden. Das Produktionsmanagement wird zum Prozessmanagement.

Unter einem Prozess versteht man allgemein eine Folge von Ereignissen im ursächlichen Zusammenhang bzw. den Ablauf von Teilschritten, die in ihrer Verkettung ein sinnvolles Ganzes bilden.[43] Ist die Folge von Ereignissen fest vorgegeben, spricht man von einem deterministischen Prozess, ansonsten von einem stochastischen Prozess. Teilweise wird der Begriff auch für die Zeitverbräuche pro Teilprozess verwendet. Ein stochastischer Prozess ist damit ein Prozess, bei dem die Zeitdauern der einzelnen Tätigkeiten nicht exakt bekannt sind, sondern Zufallseinflüssen unterliegen. Der Behandlungsprozess ist im doppelten Sinne ein stochastischer Prozess. Erstens ist die Reihenfolge der Einzelprozesse nicht fest vorgegeben, sondern hängt von Zufällen (wie z. B. dem Zustand des Patienten, Verfügbarkeit von Ressourcen etc.) ab. Zweitens sind auch die Zeitdauern von Zufällen abhängig. Die Stochastik erschwert die Beschreibung und insbesondere die Optimierung des Leistungserstellungsprozesses.

Die Reihenfolge von Prozessen wird als Ablauf bezeichnet. Die Ablauforganisation bezeichnet die Planung, Gestaltung und Kontrolle der Reihenfolgen von Tätigkeiten inklusive der dazwischen geschalteten Wartezeiten und Zwischenlager innerhalb einer bestehenden Aufbauorganisation. Dies impliziert für das Krankenhaus, dass die Ablauforganisation die grundsätzliche, in den meisten Häusern vorherrschende Organisation nach Funktionen (Pflege, Medizin, Verwaltung) nicht in Frage stellt, jedoch den Behandlungsablauf innerhalb dieses Systems analysiert und verbessert. Die Prozessorganisation hingegen sieht nicht mehr die Abteilungen im Mittelpunkt betrieblichen Handelns, sondern den Behandlungsprozess bzw. den Patienten. Die Funktionen müssen sich um diesen dominanten Faktor anordnen, wobei dies jeweils neu für jeden neuen Prozess erfolgen kann. In der Praxis werden jedoch die Begriff Prozess- und Ablaufmanagement synonym verwendet. Sie umschreiben dann meist lediglich die Planung, Gestaltung und Kontrolle der einzelnen Tätigkeiten an einem Kostenträger (Patienten).

---

43 Vgl. z. B. Schmidt 2013.

Die Umsetzung der Prozessorganisation im Krankenhaus ist schwierig.[44] Erstens unterstützt der klassische Organisationsaufbau mit seiner starken Berufsgruppenorientierung die Darstellung von Prozessen nur wenig. Ein Prozessmanagement erfordert, zweitens, zwischen den Berufsgruppen ein exaktes Schnittstellenmanagement, wobei die klare Abgrenzung und Kompetenzzuweisung nicht immer von den Mitarbeitern gewünscht ist. Drittens ist auch das klassische Rechnungswesen mehr auf die Kostenstellen als auf die Prozesse ausgerichtet. Und viertens muss ein Prozessverantwortlicher (process owner) bestimmt werden, der sich nicht nur formal, sondern auch motiviert für den Gesamtprozess verantwortlich fühlt. Weiterhin sollte das Prozessmanagement eigentlich einrichtungsübergreifend gesehen werden. Ein Patient ist beispielsweise nicht am Teilerfolg des Krankenhauses interessiert, sondern möchte am Ende des Behandlungsprozesses (inkl. Rehabilitation und hausärztlicher Versorgung) geheilt sein. Dies wird jedoch im derzeitigen Finanzierungssystem nicht abgebildet.

Der erste Schritt des Prozessmanagements ist stets die grafische Abbildung der Teilschritte.[45] Hierfür bieten sich verschiedene Möglichkeiten an, die in Abb. 101 aufgezeigt werden. Das Teilprozessdiagramm zeigt in grafisch anschaulicher Weise die Überschneidungen von Teilprozessen auf. Das Schnittstellenmanagement wird dadurch betont. Wie Abb. 102 zeigt, können auch parallele Prozesse sowie Zulieferprozesse dargestellt werden. Das Teilprozessdiagramm ähnelt dann sehr einem Fischgrätdiagramm, bei dem insbesondere die Unterteilung in Haupt- und Nebenprozesse deutlich wird. Beide Darstellungsmethoden eigenen sich jedoch nicht für die weitergehende (quantitative) Analyse von komplexen Prozessen.

Das Ablaufdiagramm hingegen stellt die Abfolge von Teilprozessen mit der Möglichkeit von alternativen Pfaden dar. Die Rhomben stellen Verzweigungen dar, die sich entweder auf Grundlage von Entscheidungen (z. B. Entlassungsentscheidung) oder von Ereignissen (z. B. Rückfall des Patienten) bilden. Das Ablaufdiagramm kommt damit dem stochastischen Charakter von Krankenhausprozessen entgegen. Der Netzplan hat den Vorteil, dass die zeitlichen Abhängigkeiten gut dargestellt werden können. Er ist sicherlich das geeignete Mittel für eine Struktur-, Zeit-, Kosten- und Ressourcenanalyse und kann beliebig mit Entscheidungs- bzw. Verzweigungsrhomben ausgestattet werden. Er ist allerdings auch die komplexeste Darstellungsform. Projektmanagementsoftware (z. B. MS-Project) unterstützt die Entwicklung von Netzplänen zur Darstellung von Prozessen.

Da der Prozess als Folge von Ereignissen im ursächlichen Zusammenhang definiert wurde, kann der Prozess auch auf zweierlei Arten beschrieben werden. Zum einen durch die Ereignisse, zum anderen durch die Zeiten bzw. Tätigkeiten, die zwischen den Ereignissen liegen. Der MPM-Netzplan entspricht der Darstellung durch die Tätigkeiten zwischen den Ereignissen (z. B. Operation), während der CPM-

---

44 Vgl. Eiff und Ziegenbein 2001; Zapp 2010.
45 Vgl. beispielsweise Krohn 2014.

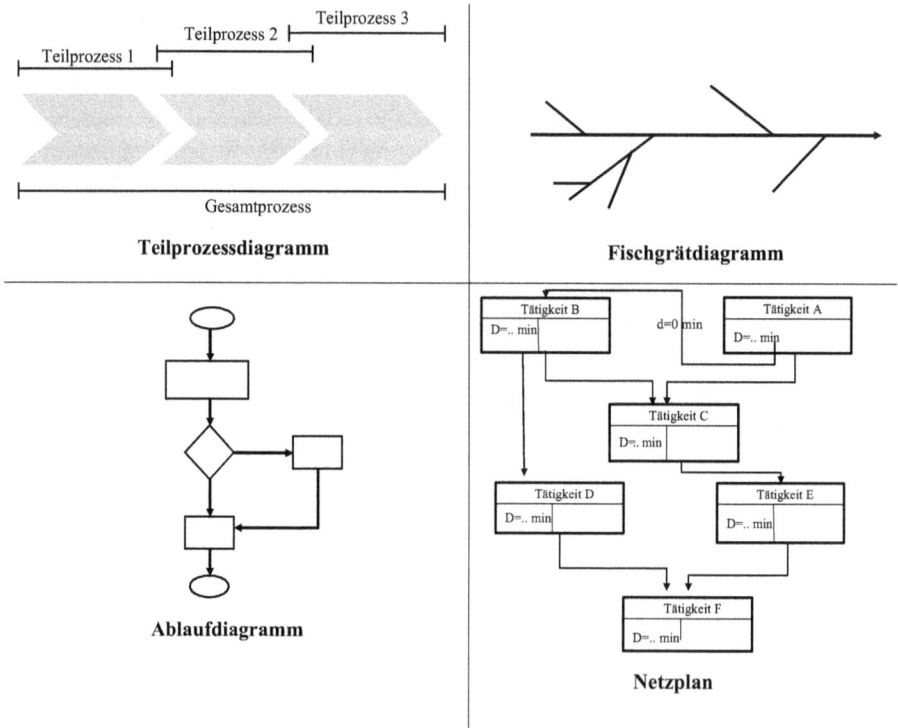

Abb. 101: Darstellungsmöglichkeiten von Prozessen.[46]

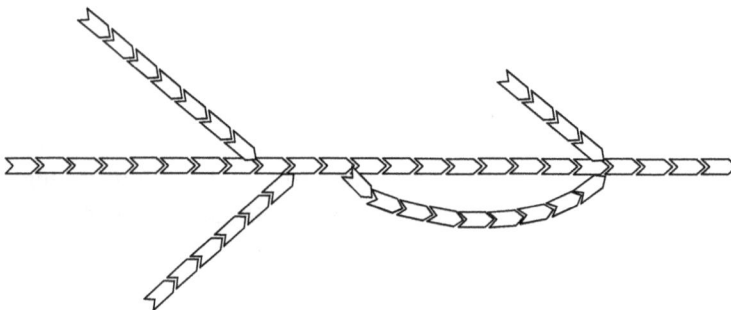

Abb. 102: Parallele und Zulieferprozesse.[47]

46 Quelle: Eigene Darstellung.
47 Quelle: Eigene Darstellung.

Netzplan der Darstellung der Ereignisse (z. B. Anfang der Operation, Ende der Operation) entspricht. Dementsprechend können die Prozesse auch durch die Zahl der Ereignisse (z. B. Zahl der ankommenden Patienten in einer bestimmten Zeiteinheit) oder durch die Zwischenankunftszeiten (z. B. im Durchschnitt kommt nach vier Minuten ein neuer Patient in die Notaufnahme) beschrieben werden.

Bezüglich des Inhalts können Behandlungs-, Verwaltungs- oder technische Prozesse unterschieden werden. Behandlungsprozesse werden häufig als klinische Pfade (clinical pathway) abgebildet.[48] Allgemein ist ein klinischer Pfad die Beschreibung bzw. Festlegung der Abfolge und Terminierung der wichtigsten Interventionen, die von allen Disziplinen bei der Versorgung eines Patienten oder seiner Behandlung durchgeführt werden.[49] Ein vollständiger klinischer Pfad deckt den Gesamtprozess von der Aufnahme bis zur Entlassung ab. Die Begriffe Patientenpfad, Behandlungspfad, Behandlungsablauf und Versorgungspfad sind fast synonym, wobei letzterer in der Regel institutionenübergreifend definiert ist. Die Termini Prozesskostenrechnung, Behandlungsstandard, Behandlungsleitlinien, kritischer Pfad und Workflow Management bezeichnen Teilaspekte des klinischen Pfades. Die Prozesskostenrechnung ist eine Kostenrechnungsmethode, die sich als Pfadkostenrechnung besonders gut für die kostenrechnerische Erfassung auf Pfaden eignet. Behandlungsstandards und Leitlinien sind die Grundlage für die Bestimmung eines klinischen Pfades. Enthält der Pfad keine Rhomben, so ist er identisch mit dem Behandlungsstandard. Als kritischen Pfad bezeichnet man diejenige Folge von Ereignissen bzw. Tätigkeiten, deren Verschiebung den Entlassungszeitpunkt verzögern würde. Workflow Management schließlich ist ein technisch unterstützter Geschäftsprozess, der von einem Ereignis ausgelöst und in mehreren Arbeitsschritten zu einem definierten Ergebnis führt. Workflow stammt aus der industriellen Produktion, sodass der Schwerpunkt auf der technischen Seite der Produktion liegt.

Das große Problem ist heute nicht mehr die Abbildung eines Behandlungspfades als Standard, sondern die Integration in die Bedarfsanforderung und Logistik. Sobald ein Patient ins Krankenhaus kommt und eine Verdachtsdiagnose im Krankenhausinformationssystem erfasst wird, muss ein strukturierter Diagnose- und Behandlungsplan vorhanden sein, wobei Labor, Röntgen, Pathologie etc. detailliert über die anstehenden Anforderungen informiert und die Lagerbestände für Medikamente und Implantate automatisch abgeprüft werden müssen. Als Ergebnis erhält man nicht nur einen Laufzettel für den Patienten, sondern bereits eine optimale Einplanung der Anforderungen bei den Funktionsstellen. Hier ist noch einiges an Arbeit zu leisten, bis diese Vernetzung befriedigend ist.

Ein weiteres Problem stellt die Tatsache dar, dass die Pfade von Patienten mit komplexen Erkrankungen (z. B. Herzinsuffizienz) immer inhomogener werden. Abb. 103 kontrastiert einen klassischen Standardpfad und einen individualisierten Behand-

---

48 Vgl. Oberender 2005.
49 Vgl. Kinsman, Rotter, James, et al. 2010.

lungspfad. Früher galt die „Daumenregel", dass etwa 80 % der Patienten einer Hauptdiagnose auf demselben Pfad lagen, der entsprechend leicht erkenntlich und dokumentierbar war.[50] Dies trifft sicherlich noch immer auf viele Patienten zu. Bei komplexen Erkrankungen, bei hochaltrigen Patienten und bei zahlreichen Nebendiagnosen ist die Behandlung jedoch nur noch mit komplexen Pfaden mit Entscheidungsrhomben abzubilden.

Die Darstellung von Prozessen ist ein erster Schritt zur Prozessoptimierung. So kann beispielsweise ein Netzplan verwendet werden, um die unterschiedlichen Tätigkeiten der Mitarbeiter eines Operationstraktes in den verschiedenen Räumen grafisch ansprechend darzustellen, kritische Pfade zu ermitteln und Leerzeiten zu analysieren. Eine Verbesserung des Ablaufmanagements wird dadurch jedoch nicht erreicht. Hierzu ist es notwendig, die Reihenfolge der Patienten sowie die Raumbelegung durch Operationen zu optimieren. Entsprechende Verfahren aus der industriellen Fertigung (Maschinenbelegungsplanung) werden derzeit für Krankenhäuser adaptiert, wobei noch kein Königsweg gefunden wurde.

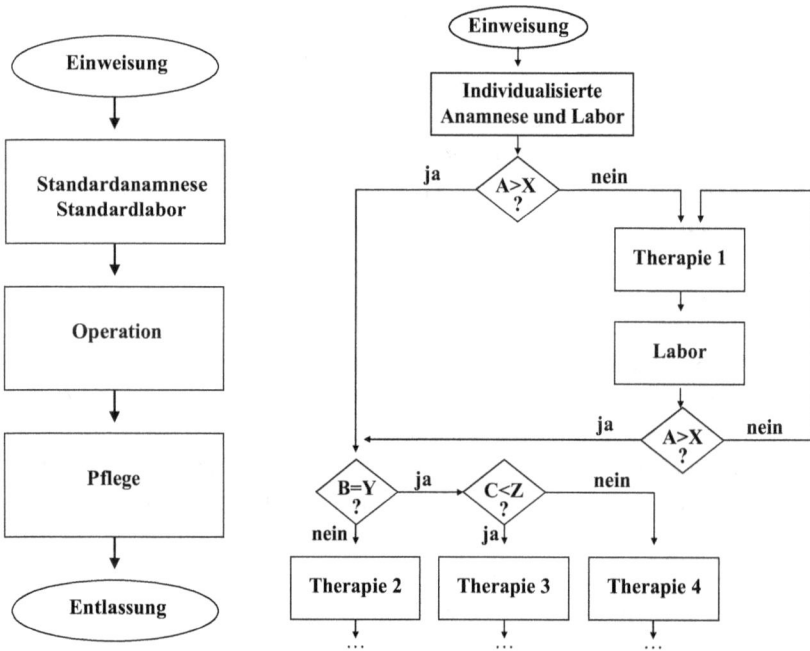

Abb. 103: Standard und individualisierter Patientenpfad.[51]

---

50 Vgl. Dykes und Wheeler 2002, S. 4.
51 Quelle: Flessa und Marschall 2015.

Das folgende Beispiel (vgl. Tab. 59) zeigt – stark vereinfacht – die Bedeutung der Reihenfolge für die Belegung und Durchlaufzeit. Drei Patienten mit unterschiedlichen Operationen haben unterschiedliche Bedarfe an Zeiten im Operationssaal und Aufwachraum. Tab. 60 zeigt die Kombinationsmöglichkeiten der Reihenfolge sowie die Konsequenzen. Die Reihenfolge *C-B-A* ist hierbei optimal.

Tab. 59: Reihenfolgeplanung: Ausgangslage.[52]

Patient	Zeitbedarf Operationssaal [h]	Zeitbedarf Aufwachraum [h]
A	1	0,5
B	3	1
C	0,5	2

Tab. 60: Reihenfolgeplanung: Kombinationen.[53]

Reihenfolge	Ende der Operationssaalbelegung	Ende der Aufwachraumbelegung	Blockaden
A-B-C	5	7	C muss 0,5 h auf OP warten, da B Aufwachraum blockiert
A-C-B	4,5	6,5	–
B-A-C	4,5	6,5	–
B-C-A	6	6,5	C muss 0,5 h auf OP warten, da B Aufwachraum blockiert, A muss 1 h auf OP warten, da C Aufwachraum blockiert
C-A-B	5,5	6,5	A muss 1,5 h auf OP warten, da C Aufwachraum blockiert,
C-B-A	4,5	5	–

In der Praxis handelt es sich meist um eine multikriterielle Optimierung, da mehrere Ziele (minimale Kosten, hohe Auslastung, frühes Belegungsende, bestmögliche Qualität, Patientenzufriedenheit) zu berücksichtigen sind. Werden nicht drei Patienten für eine OP, sondern zahlreiche Patienten für mehrere OPs eingeplant und zusätzlich noch Ressourcenbeschränkungen berücksichtigt, so ergeben sich sehr komplexe Entscheidungsprobleme, die nur noch über Heuristiken zu lösen sind. Grundlegend ist jedoch

---

52 Quelle: Eigene Darstellung.
53 Quelle: Eigene Darstellung.

eine Generierung der Kombinationen von Reihenfolgen, aus denen eine möglichst gute ausgewählt wird.

5.4.2 Modellierung stochastischer Prozesse

Im Gegensatz zu deterministischen Prozessen, die mit Hilfe von beispielsweise Netzplänen sehr gut abgebildet werden können, stellen stochastische Prozesse erhebliche Anforderungen an die Modellierung. Da jedoch in der Krankenhausrealität Notfälle auftreten, Leistungszeiten derselben Prozedur (z. B. Schnitt-Naht-Zeit) nicht für alle Patienten identisch sind und der menschliche Faktor (z. B. Compliance des Patienten) eine große Rolle spielt, müssen Entscheidungen auf stochastischen Modellen fußen. Verwendet man ein deterministisches Modell und Mittelwerte, so liegt man in 50 % der Fälle über oder unter dem berechneten Wert.

Zur Modellierung von stochastischen Prozessen stehen grundsätzlich die Warteschlagentheorie und die stochastische Simulation zur Verfügung.

Warteschlangentheorie

Abb. 104 zeigt ein einfaches Warteschlangenmodell.[54] Die Patientenankünfte und -abfertigung sind jeweils Zufallsprozesse, d. h., die Zahl der ankommenden Patienten pro Zeiteinheit sowie die Abfertigungszeit sind nur mit einer Verteilung anzugeben. Das einfache Modell besteht aus einem Warteraum mit beliebig vielen Plätzen und einem einzigen Abfertigungskanal. Die Zahl der Ankünfte in einer Zeiteinheit wird durch die Ankunftsrate (λ) wiedergegeben, die Zahl der Abfertigung pro Zeiteinheit durch die Abfertigungsrate (μ). Der Quotient aus λ und μ ist die Verkehrsdichte (ρ). Komplexere Modelle können einen begrenzten Warteraum und mehrere parallele oder sequentielle Kanäle aufweisen.

Es ist wichtig zu betonen, dass ein Wartesystem nur dann funktionsfähig ist, wenn die Verkehrsdichte geringer ist als die Zahl der parallelen Kanäle. Häufig wird fälschlicherweise behauptet, Warteschlangen würden dadurch entstehen, dass die Ankunftsrate größer sei als die Abfertigungsrate. Dies ist falsch. Wäre die Abfertigung geringer als die Ankünfte, würde das System volllaufen und die Warteschlange unendlich werden. Ein Wartesystem macht nur dann Sinn, wenn das System im Durchschnitt in der Lage ist, die ankommenden Patienten abzufertigen. Die Warteschlange entsteht ausschließlich dadurch, dass sowohl die Zeit zwischen den Ankünften (Zwischenankunftszeit) als auch die Abfertigungszeit stochastisch sind, d. h., die Warteschlange ist auf fehlende Synchronisation zwischen Ankünften und Abfertigungen zurückzuführen.

---

54 Vgl. Lakshmi und Iyer 2013.

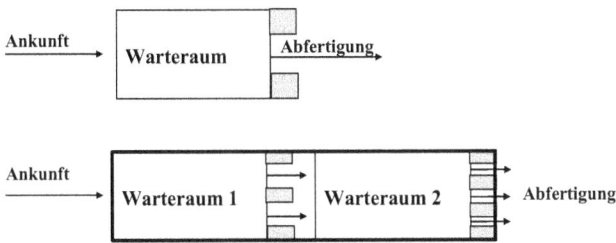

Abb. 104: Einfaches und komplexeres Wartemodell.[55]

Warteschlangensysteme können berechnet werden, d. h. man ist grundsätzlich in der Lage, die durchschnittlichen Wartezeiten, die Warteschlangenlänge, die Abfertigungszeiten und ähnliche Systemgrößen zu ermitteln. Hierzu müssen zuerst die Parameter λ und μ ermittelt werden, wobei entweder die Zahl der Ereignisse in einem Zeitintervall (z. B. Zahl der Ankünfte pro Minute, Zahl der Abfertigungen pro Minute) oder die Zwischenereigniszeiten (Minuten zwischen Ankunft von Patienten x und Patient $x + 1$, Minuten zwischen Behandlungsbeginn und -ende von Patient x) gemessen werden können. Man erhält eine empirische Verteilung, die anschließend in der Regel durch eine theoretische Verteilung approximiert wird. Hierbei hat es sich erwiesen, dass die Poissonverteilung eine gute Annäherung für die Zahl der Ankünfte bzw. Abfertigungen ist, wobei gilt:[56]

$$P(n) = \frac{(\lambda \cdot t)^n}{n!} \cdot e^{-\lambda \cdot t}$$

λ Ankunftsrate (Ankünfte pro Zeiteinheit)
n Zahl der Ankünfte
t betrachteter Zeitraum
$P(n)$ Wahrscheinlichkeit, dass im Zeitraum t n Ankünfte sind

Abb. 105 zeigt eine Poissonverteilung für $\lambda = 3$ [Patienten pro Minute] und $t = 5$ [Minuten]. P(n) gibt damit die Wahrscheinlichkeit wieder, dass innerhalb von 5 Minuten n Personen ankommen, wenn im Durchschnitt in einer Minute 3 Patienten kommen.

In der Regel geht man davon aus, dass das Ereignis zum Zeitpunkt t nur vom Zustand zum Zeitpunkt $t-1$, jedoch nicht vom Zustand vom Zeitpunkt $t-2$ abhängig ist. Dieser Charakter eines stochastischen Prozesses wird als Markov-Eigenschaft

---

55 Quelle: Eigene Darstellung in Anlehnung an Meyer und Hansen 1996, S. 232.
56 Die Grundlagen der Stochastik sind allen Statistiklehrbüchern zu entnehmen, z. B. Fahrmeir, Künstler, Pigeot, et al. 2016.

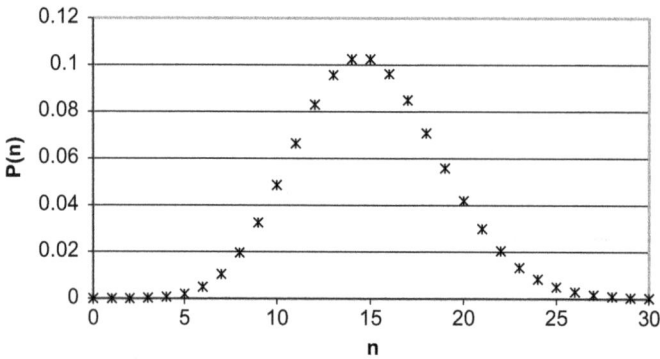

Abb. 105: Poissonverteilung.[57]

bzw. Eigenschaft des begrenzten Gedächtnisses bezeichnet.[58] Er impliziert beispielsweise, dass die Abfertigung von Patient X in einem Röntgensystem nur davon abhängig ist, ob er sich bereits ausgezogen hat, nicht jedoch davon, wie lange er zuvor
gewartet hat. In der Regel ist das beschränkte Gedächtnis sinnvoll, in Problemfällen
gibt es jedoch auch komplexere Warteschlangensysteme, mit denen man dies abfangen kann.

Mit Hilfe der genannten Eigenschaften können Warteschlangensysteme charakterisiert werden. Ein M/M/k: (N/FIFO) System beschreibt eine Warteschlange, bei der
sowohl Ankunft als auch Abfertigung ein Markov-Prozess sind, k parallele Abfertigungskanäle existieren, maximal N Elemente im System (und damit N–k Elemente im
Warteraum) sein können und die Abfertigungsregel First-in-First-out (FIFO) festgelegt wurde. Für das Einkanal-Wartemodell mit unendlichem Warteraum, M/M/
1: (∞/FIFO), lassen sich dann die wichtigsten Systemgrößen sehr einfach bestimmen als:

$$\text{Mittlere Zahl von Elementen im System: } \bar{n} = \frac{\rho}{1-\rho}$$

$$\text{Auslastung des Bedienkanals: } \rho$$

$$\text{Mittlere Verweildauer im System: } \bar{t} = \frac{\bar{n}}{\lambda}$$

Auf den ersten Blick erscheint dies sehr einfach: Bestimme λ und μ und schon haben
wir die wichtigsten Kenngrößen. In der Praxis ist dies jedoch deutlich komplexer. Erstens lassen sich diese Größen für umfassendere Systeme nur schwer bestimmen.
Selbst ein primitives Röntgensystem mit einem begrenzten Warteraum, einer Aus-
ziehkabine und einem Röntgenraum erfordert erheblich mehr Mathematik als hier

---

57 Quelle: Eigene Darstellung in Anlehnung an Fahrmeir, Künstler, Pigeot, et al. 2016.
58 Vgl. Baum 2013.

dargestellt. Besonders schwierig ist hier, dass es sich um ein serielles 3-Kanal-Modell handelt, wobei der 1. und der 3. Kanal räumlich aber nicht zeitlich identisch sind und der 1. Kanal bis zum Ende des dritten Prozesses (Anziehen) blockiert ist.

Aber selbst für so einfache Prozesse wie den M/M/1: (∞/FIFO) liegen die Probleme im Detail. Erstens kann das Modell keine alternativen Abfertigungsregeln (z. B. Notfälle zuerst) berücksichtigen. Zweitens geben obige Formeln nur Mittelwerte an, wobei man allerdings auch Streuungen berechnen kann. Drittens geben die Werte nur die eingeschwungene Phase (Steady-State) wieder. Wie Abb. 106 zeigt, erhöht sich beispielsweise die mittlere Anzahl von Elementen im System in der Einschwingphase laufend. Bei Schichtbeginn ist das System leer, sodass sich die Warteschlangen erst langsam aufbauen. Das mathematische Modell der Warteschlangentheorie analysiert jedoch ausschließlich den eingeschwungenen Zustand.

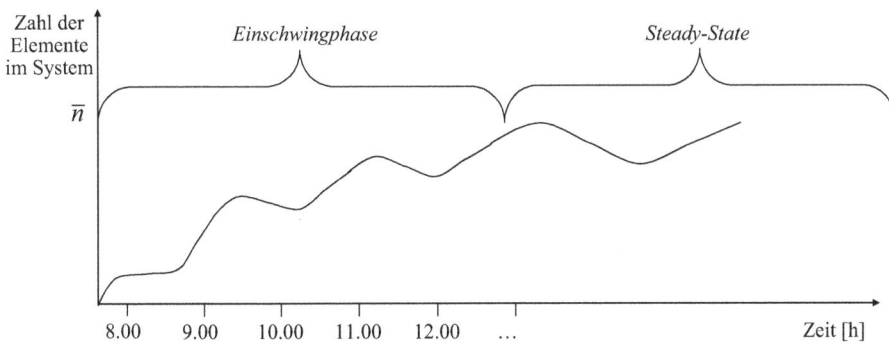

Abb. 106: Einschwingphase und Steady-State.[59]

Stochastische Simulation

Die Nachteile der Warteschlangentheorie veranlasste die Suche nach Verfahren, mit deren Hilfe man beliebig komplexe Wartesysteme modellieren und beliebige (auch nonparametrische) Verteilungen verwenden kann. Die Antwort ist die Simulation, d. h. dem Experimentieren mit verschiedenen Szenarien (vgl. Abb. 107). Grundsätzlich kann jedes Experimentieren mit einem bestehenden Modell als Simulation (i. w. S.) bezeichnet werden. Im Folgenden soll der Begriff jedoch nur auf Experimente angewendet werden, die mit Modellen durchgeführt werden, die spezifisch für die Simulation entwickelt werden (Simulation i. e. S.). Sie kann mit zwei Zielrichtungen erfolgen. Unter der „What-If?" Stoßrichtung wird prognostiziert, wie sich ein System bei einer bestimmten Parameterkonstellation verhalten wird. Die „How-to-Achieve?" Herangehensweise versucht, ein bestimmtes Ziel (z. B. minimale Warteschlange) zu er-

---

59 Quelle: Eigene Darstellung.

reichen, indem experimentell die Parameter solange verändert werden, bis das gewünschte Ergebnis erreicht ist.[60]

Bei einer stochastischen Simulation unterliegen eine oder mehrere Größen Zufallsprozessen. Die einmalige Simulation liefert deshalb kein verlässliches Ergebnis. Vielmehr muss die Simulation mehrfach durchgeführt werden, sodass man eine Wahrscheinlichkeitsverteilung für die gewünschte Zielgröße erhält. Wenn man beispielsweise annimmt, dass nur der Ankunftsprozess in einem Einkanalwartemodell stochastisch ist, so wäre es ausreichend, das Modell 100mal durchzurechnen und die Ergebnisse jeweils zu notieren. Abb. 108 zeigt ein mögliches Ergebnis.

Im Durchschnitt aller Simulationsläufe sind maximal 4,98 Warteplätze belegt. Eine deterministische Simulation würde ebenfalls dieses Ergebnis liefern. Stellt der Krankenhausleiter jedoch genau 5 Stühle auf, so impliziert dies auch, dass in 50 % der Fälle jemand stehen muss. Will man dies vermeiden, so kann man die obige Verteilung so interpretieren, dass mit 6 Stühlen nur noch in 25 % der Fälle jemand stehen muss, mit 7 Stühlen in 11 %, mit 8 Stühlen in 6 % und mit 9 Stühlen in 3 %. Die Simulation liefert folglich eine Entscheidungsgrundlage, nimmt aber der Führung die Entscheidung nicht ab.

Simulationen werden heute meist mit Hilfe von kommerzieller Software durchgeführt. Ein Beispiel hierfür ist MedModel, das speziell für den Krankenhausbereich entwickelt wurde. Mit Hilfe von interaktiven Menüs können beliebig komplexe Ablaufsysteme entwickelt und simuliert werden. Vorsicht ist allerdings bei der Zahl der Simulationsläufe geboten: Die Zahl der notwendigen Läufe steigt exponentiell mit der Zahl der Zufallsprozesse. Möchte man einen realistischen Prozess mit dut-

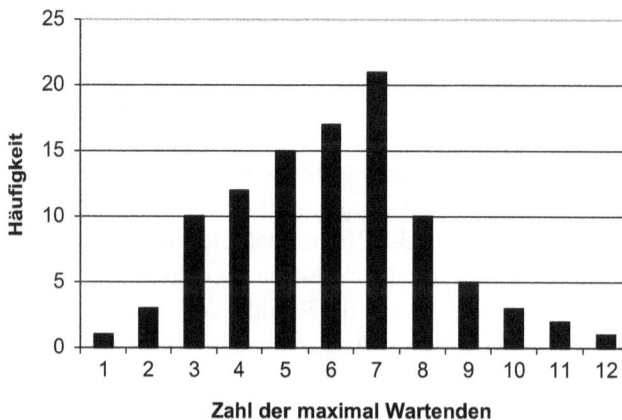

Abb. 107: Ergebnis einer stochastischen Simulation.[61]

---

60 Vgl. Meyer 1996.
61 Quelle: Eigene Darstellung.

zenden von Zufallsprozessen simulieren, so können auch moderne Computer problemlos ein bis zwei Tage rechnen. Manche Krankenhausmanager sind beeindruckt, wenn eine Unternehmensberatung eine Software mit bunten Bildern von Patienten, Betten und Ärzten zeigt. Entscheidender sind jedoch die Präzision der Modellierung sowie die Zahl der Simulationsläufe.

In der Regel muss man bei Simulationen auch eine Reihenfolgepriorität angeben. Die klassische Prioritätsregel FIFO (First-in-First-out) ist auch im Krankenhaus ein Standard, der als gerecht empfunden wird. Ergänzt wird sie meist von der Regel der höchsten Kundenpriorität. Notfälle haben stets Priorität, aber auch anderen Kunden kann eine höhere Dringlichkeit zugewiesen werden, z. B. Privatpatienten. Weitere Regeln (längste Rest-Durchlaufzeit, kürzeste Rest-Durchlaufzeit, LIFO = Last-in-First-Out) werden nur in Teilsystemen angewendet, beispielsweise im Operationsbereich, in dem teilweise zuerst die schweren OPs mit der längsten Rest-Durchlaufzeit angesetzt werden.

Wichtig ist, dass eine Simulationssoftware die Mischung aus Prioritätsregeln erlaubt. Ein Simulieren mit verschiedenen Kombinationen ist auf jeden Fall sinnvoll, da sich in der Praxis herausgestellt hat, dass keine Regel allein optimal ist.

Abb. 108 zeigt abschließend das Ergebnis einer stochastischen Simulation der Patientenzahl auf einer kleinen Station (10 Betten; Ankünfte poissonverteilt mit $\lambda = 1$ Patient pro Tag; Verweildauer logarithmisch-normalverteilt mit $\mu = 10$ Tage und $\sigma = 5$ Tage). Das Beispiel wurde gewählt um aufzuzeigen, dass gerade kleinere Abteilungen erhebliche Probleme mit der hohen Streuung ihrer Belegung haben können.[62]

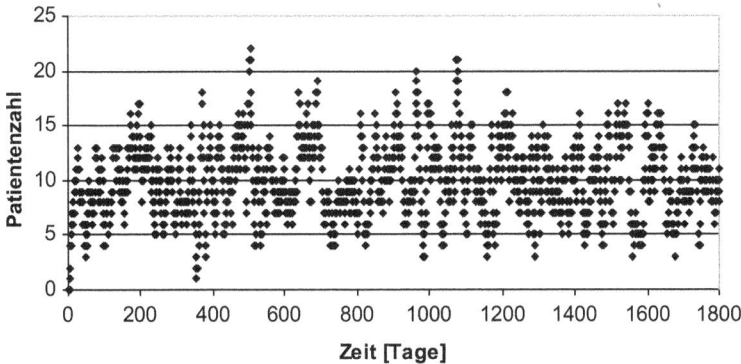

Abb. 108: Patientenzahl: Ergebnisse einer realen Simulation.[63]

---

62 Vgl. Fleßa 2007.
63 Quelle: Eigene Darstellung.

5.4.3 Datengewinnung

Unabhängig davon, ob man sich für eine reine Strukturanalyse oder eine Verhaltensprognose von Prozessen mit Hilfe der Warteschlangentheorie oder der Simulation entscheidet, wird man stets einen erheblichen Bedarf an Daten haben. Reihenfolgen, Zeiten, Kosten und Ressourcenverbräuche sind zu erfassen oder auszuwerten. Die Datengewinnung ist von großer Bedeutung für das Prozessmanagement. Deshalb sollen hier – sehr kurz – einige Grundlagen diskutiert werden.

Für die Datenerhebung stehen verschiedene quantitative und qualitative Methoden zur Verfügung. Diese werden in der empirischen Sozialforschung, in der Statistik oder auch in der Arbeitswissenschaft ausführlich diskutiert.[64] Bewertungen und Eindrücke erhält man häufig über Interviews. Freie Interviews haben den Vorteil, dass der Interviewte auch Ideen und Gedanken einbringen kann, die der Interviewer bislang nicht berücksichtigt hat. Der Nachteil ist häufig die fehlende Vergleichbarkeit zwischen Interviews. Deshalb wird in betriebswirtschaftlichen Erhebungen meist ein strukturiertes Interview geführt, bei dem der Interviewer ein Gespräch mit dem Interviewten führt, die Fragen des Leitfadens stellt und die Antworten anhand eines vorher erarbeiteten Rasters einträgt.

Findet kein persönliches Interview statt, wird häufig ein Fragebogen verwendet. Für die spätere Auswertung sind geschlossene Fragen (Ja-Nein, Zahlen, Ankreuzen, ...) zu bevorzugen. Offene Antworten haben allerdings den Vorteil, dass der Befragte wiederum Aspekte einbringen kann, an die der Fragende gar nicht gedacht hat. Häufig wird deshalb eine Protoerhebung mit offenen Fragen vorgeschaltet, um Zusatzinformationen noch in die Haupterhebung einbauen zu können.

Für arbeitswissenschaftliche Erhebungen sind Beobachtung, Selbstaufschreibung, Dokumentenauswertung und das Experiment relevante Erhebungsmethoden.[65] Bei einer offenen Beobachtung weiß der Ausführende, dass seine Tätigkeit beobachtet wird, während bei der verdeckten Beobachtung dies nicht der Fall ist. Sie hat den Vorteil, dass es zu keiner Verzerrung kommt. Weiß der Beobachtete nämlich von der Beobachtung, so kann er entweder langsamer oder schneller, gründlicher oder schlampiger arbeiten, je nachdem, ob es für ihn günstig ist. Möchte man z. B. Normzeiten für den Akkordlohn ermitteln, so besteht die Gefahr, dass der Arbeiter besonders langsam ist, um einen hohen Zeitverbrauch pro Leistungseinheit zu erhalten und damit in Zukunft gute Akkordlöhne zu erhalten, wenn er schneller ist. Die verdeckte Beobachtung ist allerdings arbeitsrechtlich problematisch. In jedem Fall muss eine Beobachtung mit dem Betriebsrat abgestimmt sein.

Die Selbstaufschreibung kostet den Ausführenden Zeit, die von der eigentlichen Tätigkeit abgeht. Häufig sind sie hierfür wenig motiviert, entsprechend wenig valide

---

64 Vgl. Baur und Blasius 2019.
65 Vgl. REFA 2016.

sind die Ergebnisse. Bestehen bereits Dokumente, so ist die Auswertung natürlich prioritär vorzunehmen, wobei in der Regel die Daten nicht in der weiterverarbeitbaren Form vorliegen, sodass diese Sekundäranalyse häufig dem Arbeitsaufwand einer Primärdatenerhebung gleichkommt.

Beim Experiment schließlich werden die grundlegenden Daten in einer künstlichen Atmosphäre erhoben, die extra für das Experiment geschaffen wurde. Möchte man z. B. wissen, wie lange eine Beratung dauern würde, wenn sie allen Standards entspräche, so ist es sinnvoll, einen Experten die Beratung durchführen zu lassen, wobei auch der Kunde simuliert werden kann.

Für die Prozessanalyse ist die Ermittlung von Zeiten von besonderer Bedeutung. Hierzu ist zuerst eine Arbeitsablaufanalyse erforderlich, d. h. die Aufspaltung des gesamten Prozesses in Teilprozesse. Durch diese Zeitgliederung können beim Messen Ungenauigkeiten vermieden werden. In der Praxis ist die Zeitgliederung immer dann schwierig, wenn mehrere Prozesse zeitgleich ablaufen und miteinander verbunden sind. Im Prinzip müssten beispielsweise die Lohnkosten eines Medizinprofessors so aufgeteilt werden, dass die Zeit, die er für Krankenbehandlung aufwendet, von der Krankenkasse bezahlt wird, während die Zeit, die er für Forschung und Lehre einsetzt, das Land zu bezahlen hätte. Da jedoch Forschung, Lehre und Behandlung Kuppelprodukte sind, ist eine saubere Trennungsrechnung nicht leicht.

Häufig ist jedoch eine Zeitgliederung möglich. Im nächsten Schritt muss sodann für jeden Teilprozess die Zeit ermittelt werden. Die häufigsten Verfahren sind das Stoppuhrverfahren, die Multimomentaufnahme und die automatische Aufzeichnung. Beim Stoppuhrverfahren wird die Zeit vom Beginn bis zum Ende der Tätigkeit (in der Regel von einem Beobachter) gestoppt und notiert. Bei der Multimomentaufnahme wird nicht die Zeitdauer aufgeschrieben, sondern die Häufigkeit einer bestimmten Tätigkeit. So könnte z. B. ein Beobachter sehr häufig auf eine Station gehen und notieren, was die Pflegekräfte gerade für Tätigkeiten durchführen. Anhand der Häufigkeit schließt er anschließend auf die Zeiten.

Die Multimomentaufnahme liefert nur sinnvolle Ergebnisse, wenn die Beobachtung und Aufnahme sehr häufig geschieht. Allerdings sollte man im Krankenhaus auch die notwendigen Häufigkeiten beim Stoppuhrverfahren nicht unterschätzen. Im Gegensatz zum industriellen Prozess ist der Patient ein Mitproduzent mit eigenem Willen und körperlicher Unzulänglichkeit, sodass die Streuung der Zeiten in der Regel relativ groß ist. Entsprechend häufig muss gemessen werden, um sinnvolle Ergebnisse zu erhalten.

Multimomentaufnahme sowie Stoppuhrverfahren setzen einen Beobachter voraus, wodurch diese Verfahren kostenintensiv und in der Regel nur für begrenzte Studien möglich sind. Besser ist die automatische Erfassung, z. B. durch Lichtschranken oder Infrarotgeräte. So kann z. B. an einem Bett ein Gerät installiert werden, das die direkten Kontaktzeiten mit dem Personal registriert. Jeder Mitarbeiter trägt einen Sender bei sich. Sobald er nahe genug an das Bett kommt, registriert das Gerät die Kontaktzeit. Alternativ können elektronische Dokumentationssysteme derart ergänzt werden, dass automatisch der Anfang und das Ende einer Tätigkeit registriert werden.

Auf Grundlage umfassender Studien kann man grundlegend schließen, dass Ankünfte im Krankenhaus tatsächlich Poisson- und Verweildauern in Prozessen logarithmisch-normalverteilt sind.[66]

Die Analyse und Prognose von Prozessen im Krankenhaus wird in den nächsten Jahren noch wichtiger werden, da das DRG-System eine Konzentration auf den Gesamtbehandlungsprozess erfordert. Ressourcenverbräuche, Kosten, Qualität, Überschneidungen und Schnittstellen müssen erkannt und erfasst werden. Hierzu sind moderne Informationssysteme notwendig.

5.5 Zusammenfassung

Die Produktion stellt den Kernbereich der Betriebswirtschaftslehre dar. Produktionsfaktoren werden so geschickt rekombiniert, dass eine Leistung erstellt wird, die aus Sicht des Umsystems den Ressourcenverbrauch rechtfertigt. Der Krankenhausmanager wird dabei das Effizienzkriterium auch auf den Produktionsprozess anwenden, d. h., er wird entweder mit gegebenen Ressourcen eine maximale Leistung oder eine gegebene Leistung mit minimalem Ressourcenverbrauch zu erstellen suchen.

Der Produktionsprozess im Krankenhaus ist deutlich komplexer als im Sachgüterbetrieb. Die Dienstleistung bedingt eine Kundenpräsenz, sodass der Kunde zum Koproduzent der Gesundheitsdienstleistung wird. Ohne ihn können Ärzte, Pflegekräfte und andere Mitarbeiter nicht erfolgreich sein, auf seine Mitarbeiter kommt es an. Der Dienstleistungsproduktionsprozess muss deshalb in eine Vor- und eine Endkombination unterschieden werden (Abb. 109), wobei im Krankenhaus ein mehrstufiges Produktionsverfahren angewendet wird, was am besten als Prozess dargestellt wird. Das Prozessmanagement ist deshalb grundlegend für die Produktionswirtschaft im Krankenhaus.

Im Gegensatz zur klassischen Betriebswirtschaftslehre, die als Output des Produktionsprozesses insbesondere die Quantität der Leistungen sah, setzt sich im Krankenhaus die Gesamtleistung aus der quantitativen und der qualitativen Komponente zusammen. Qualität erscheint im derzeitigen Finanzierungssystem einerseits als Nebenbedingung, während die Erlösoptimierung allein über die Quantität erfolgt. Auf der anderen Seite ist die Qualitätsmaximierung eine Maßnahme zur langfristigen Erfolgssicherung, da eine hohe wahrgenommene Qualität eine hohe Nachfrage und damit eine gute Auslastung garantiert. Bei 70–80 % Fixkostenanteil an den Gesamtkosten kommt damit der Qualität eine Schlüsselrolle in der Zukunftssicherung zu.

---

66 Vgl. Fehrle, Michl, Alte, et al. 2013.

Der Produktionsprozess wird stets durch interne und externe Perturbationen gestört, sodass das Produktionsergebnis (Output) nicht immer mit den Zielen und Strategien übereinstimmt. Das Geschäftserfolgs-Feedback vergleicht den Output mit dem eingesetzten Input bzw. mit den eigenen Zielen. Ein temporärer Geschäftserfolg garantiert aber auch bei perfekter Produktion noch keinen langfristigen Unternehmenserfolg. Der Kunde muss zufrieden mit dem Outcome und dem Impact sein, sonst wird er seine Nachfrage in Zukunft anderswo artikulieren. Den Zusammenhang von Kunde und Output werden wir im nächsten Kapitel intensiv bearbeiten.

Zusammenfassend können wir festhalten, dass die Produktion zwar im Zentrum steht, jedoch nicht das betriebliche Denken dominieren darf. Der Existenzgrund des Unternehmens ist nicht die Durchführung medizinischer oder pflegerischer Prozesse, sondern die Befriedigung der Kundenbedürfnisse. Die Dominanz ärztlichen (und teilweise pflegerischen) Denkens – und damit eines Produktionsdenkens – ist zwar historisch verständlich, sie stellt aber keine Grundlage für einen langfristigen Unternehmenserfolg dar. Wir benötigen ein Denken vom Kunden her – eben ein Marketingdenken.

5.6 Aufgaben und Fallstudien

Die Leistungserstellung (oder Produktion) impliziert eine Reihe von Planungen und Entscheidungen, die hier vertieft werden sollen.

5.6.1 Leistungsprogrammplanung

Im Folgenden werden eine einfachere Übungsaufgabe, die ohne spezielle LP-Software zu lösen ist, und eine komplexere Fallstudie vorgestellt. Hier ist die Verwendung eines LP-Solvers zwingend. Testversionen mit beschränkter, aber hierfür ausreichender Variablenzahl, sind frei im Internet verfügbar, z. B. LINGO.

Aufgabenstellung

In einem Operationstrakt eines Krankenhauses werden ausschließlich Knie- und Hüftendoprothesen durchgeführt. Der Deckungsbeitrag der Hüftendoprothese beträgt 1600 €, der von Knieendoprothese 1000 € pro Fall. Der Operationssaal steht 6 Stunden pro Tag und der Aufwachraum 8 Stunden pro Tag zur Verfügung. Eine Hüftoperation benötigt den OP und die Aufwachraumkapazität jeweils für 2 Stunden, eine Knieoperation belegt den OP eine Stunde und den Aufwachraum 2 Stunden.

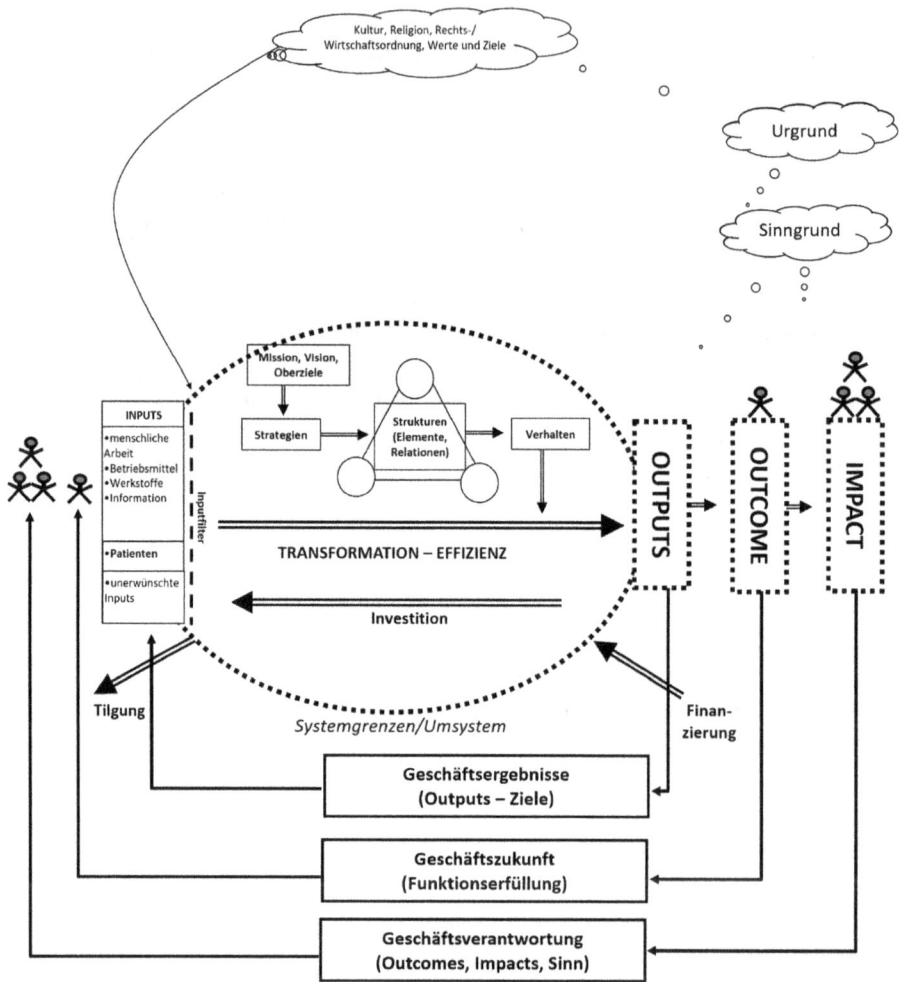

Abb. 109: Vollständiges Systemmodell mit Produktionsfaktoren.[67]

Aufgabe: Bestimmen Sie grafisch das optimale Leistungsprogramm.

Lösung

1. Schritt: Variablendefinition

x Anzahl der Knieoperationen, ganzzahlig

y Anzahl der Hüftoperationen, ganzzahlig

---

67 Quelle: Eigene Darstellung, in Anlehnung an Rieckmann 2000, S. 46.

2. Schritt: Nebenbedingungen (Kapazitätsrestriktionen) definieren

Für den OP liegt die Maximalkapazität bei 6 Stunden, eine Knie-OP (x) braucht eine Stunde Kapazität und eine Hüft-OP (y) benötigt zwei Stunden Kapazität, folglich gilt:

$$1x + 2y \leq 6$$

Für den Aufwachraum liegt die Maximalkapazität bei 8 Stunden, eine Knie-OP (x) braucht zwei Stunden Kapazität und eine Hüft-OP (y) benötigt zwei Stunden Kapazität, folglich gilt:

$$2x + 2y \leq 8$$

3. Schritt: Zielfunktion aufstellen

Es soll der Deckungsbeitrag (DB) maximiert werden. Der gesamte DB ergibt sich aus dem DB für eine Knie-OP (1000 €) mal der Anzahl der Knie-OPs (x) plus dem DB für eine Hüft-OP (1600 €) mal der Anzahl der Hüft-OPs (y). Er ist zu maximieren. Folglich ergibt sich formal:

$$Z = 1000x + 1600y \rightarrow \text{MAX}$$

4. Schritt: Umstellen der Nebenbedingungen aus Schritt 2

Kapazitätsrestriktion für OP: $\quad y = -0,5x + 3$
Kapazitätsrestriktion für
Aufwachraum: $\quad y = -x + 4$

5. Schritt: Lösungsraum grafisch darstellen, d. h. Funktionen aus Schritt 4 einzeichnen. Abb. 110 zeigt das Ergebnis.

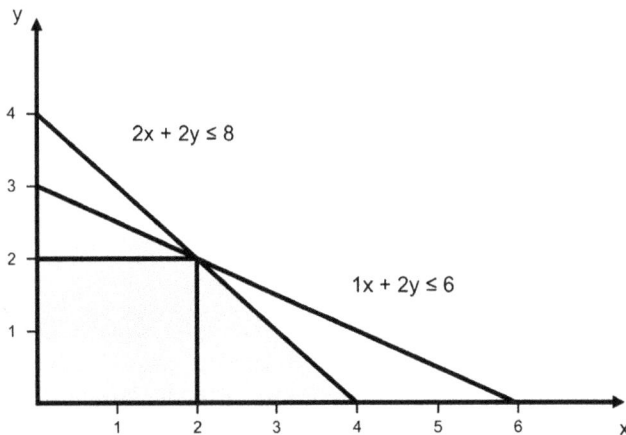

Abb. 110: Lösungsraum LP.

6. Schritt: Zielfunktion aus Schritt 3 umstellen

$$y = -0{,}625x + 0{,}000625Z$$

Der Wert von $0{,}000625Z$ scheint verwirrend. Da wir jedoch wissen, dass wir unter Nebenbedingung maximieren sollen ($Z \rightarrow$ MAX) muss der Ausdruck für Z so groß wie möglich sein. In der Grafik bedeutet dies, dass wir die Funktion $y = -0{,}8x$ soweit wie möglich nach Nordost verschieben müssen, sodass sie den Lösungsraum gerade noch berührt!

7. Schritt: Zielfunktion in Grafik einfügen und verschieben (vgl. Abb. 111).
Ergebnis: Optimum in (2;2), also 2 Knie- und 2 Hüft-OPs. Dies ist die Lösung, bei der die Zielfunktion gerade noch den Lösungsraum berührt, d. h. es handelt sich um eine zulässige und optimale Lösung.

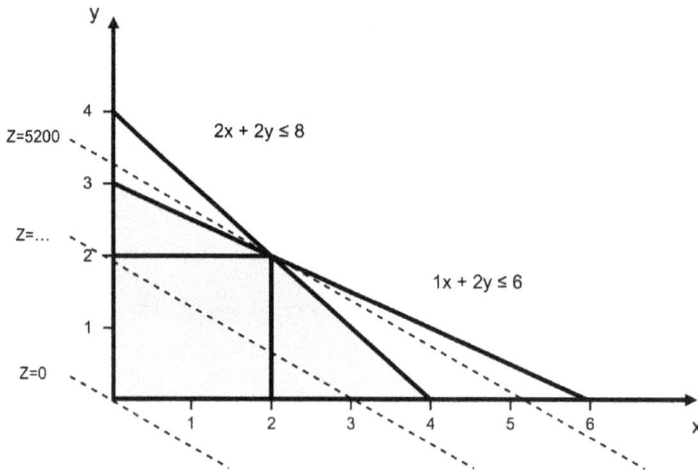

Abb. 111: Zielfunktion und Lösungsraum im LP.[68]

8. Schritt: Errechnung des maximalen DB über Zielfunktion: $Z = 1000x + 1600y$

$$Z = 1000\ \text{€} \cdot 2\ (\text{KnieOPs}) + 1600\ \text{€} \cdot 2\ (\text{HüftOPs}) = 5200\ \text{€}$$

Wichtige Anmerkungen zum Lösungsvorgehen:
- Der optimale Punkt muss nicht immer im Schnittpunkt beider Kapazitätsrestriktionen liegen! Ist die Steigung der Zielfunktion größer bzw. kleiner als beide Steigungen der Restriktionen, so liegt eine Randlösung vor, d. h. die Anzahl einer Operationsart wird null.

---

68 Die Zielfunktionen sind hier auch für negative Variablen eingezeichnet, was der Nichtnegativitätsbedingung von x und y widerspricht. Dies erfolgte ausschließlich aus didaktischen Gründen.

– Ist die Steigung der Zielfunktion gleich der Steigung einer Restriktion, so können mehrere Leistungsprogramme zur maximierenden Leistung führen, es sei denn, eine weiter Restriktion schränkt den Lösungsraum im gesamten Definitions- und Wertebereich weiter ein.

5.6.2 Fallstudie zur Produktionsprogrammplanung

Aufgabenstellung

Das „St. Anna" Kleinstkrankenhaus hat 50 Betten und eine Planungsperiode von 25 Tagen. Derzeit werden 8 Fallklassen versorgt. Tab. 61 zeigt die Ausgangsdaten. Tab. 62 ergänzt die Kapazitäten des Krankenhauses für die Planungsperiode, die nicht überschritten werden dürfen. Die Kosten der letzten Periode sind Tab. 63 zu entnehmen.

Tab. 61: Ausgangsdaten „St. Anna".

Nr.	1	2	3	4	5	6	7	8
Fallpauschale [€]	1.250	2.000	2.500	3.500	4.000	5.250	7.000	7.500
Verweildauer pro Fall [Tage]	5	6	6	6	9	15	12	15
Bedarf an Laborzeit pro Fall [min]	20	30	20	40	40	40	40	–
Bedarf an Röntgenzeit pro Fall [min]	–	–	30	20	40	40	60	70
Bedarf an OP-Zeit pro Fall [min]	–	30	30	40	80	120	140	240
Bedarf an Pflegezeit pro Fall [min]	500	600	600	600	900	1.500	1.200	1.500
Bedarf an Arzt-Zeit pro Fall [min]	100	100	100	100	140	160	200	200
Patienteneinzelkosten pro Tag [€]	70	70	70	70	100	100	100	100
Fallzahlen	36	10	10	65	10	10	10	10

Tab. 62: Kapazitäten von „St. Anna".

Einrichtung	Kapazität
Labor	6.000 Laborminuten/25 Tage
Röntgen	6.000 Röntgenminuten/25 Tage
Operationssaal	9.000 OP-Minuten/25 Tage
Pflegekräfte	120.000 Pflegeminuten/25 Tage
Ärzte	24.000 Arztminuten/25 Tage

Tab. 63: Kosten von „St. Anna" [€] (Vorperiode).

Kostenkategorie	Gesamtkosten [€]	Kosten pro Einheit [/min]
10 Pflegekräfte	50.000	0,4167
2 Ärzte	20.000	0,8333
Fixes Laborpersonal, anteilig für Abteilung	7.500	1,25
Fixes Röntgenpersonal, anteilig für Abteilung	7.500	1,25
Fixes OP-Personal, anteilig für Abteilung	16.875	1,875
Gemeinkosten des Krankenhauses	400.000	

1. Erstellen Sie eine Deckungsbeitragsrechnung für die Vorperiode.
2. Entwickeln Sie ein optimales Fallklassenprogramm. Versuchen Sie folgende Alternativen:
   a. Orientierung an den Fallklassen mit dem höchsten Fallerlös.
   b. Orientierung an den Falklassen mit den höchsten Fall-Deckungsbeiträgen I.
   c. Orientierung an den Fallklassen mit den höchsten Fall-Deckungsbeiträgen pro Aufenthaltstag.
   d. Entwickeln Sie ein Programm der linearen Programmierung und lösen Sie das Optimierungsproblem.

Wichtig: Berücksichtigen Sie die Engpässe!

Lösung

Ad 1: Deckungsbeitragsrechnung. Die Erlöse ergeben sich als Produkt der Fallzahl mit der Fallpauschale, d. h. $36 \cdot 1250 + 10 \cdot 2000 + \ldots + 10 \cdot 7500 = 555.000$. Dementsprechend sind die Patienteneinzelkosten das Produkt aus Patienteneinzelkosten pro Tag, der Verweildauer und der Patientenzahl, d. h. 70 pro Patiententag · 5 Tage · 36 Patienten + … + 100 pro Patiententag · 15 Tage · 10 Patienten = 99.300. Die Ärzte und Pflegekräfte kosten zusammen 70.000, die Laborfixkosten 7500, die Röntgenfixkosten 7500 und die OP-Fixkosten 16.875.

Aus den vorliegenden Angaben lässt sich die Deckungsbeitragsrechnung aus Tab. 64 ableiten.

Ad 2a: Eine Orientierung an dem maximalen Fallerlös impliziert eine Konzentration auf Fallklasse 8. Die Kapazitätsgrenzen sind zu beachten. Beispielsweise gilt für den OP, dass jeder Fall von Fallklasse 8 240 Minuten OP-Zeit benötigt, jedoch nur 9000 Minuten insgesamt zur Verfügung stehen. Damit können maximal 37,5 Fälle bzw. abgerundet 37 Fälle behandelt werden. 38 Fälle würden bereits die OP-Restriktion verletzen. Die Restriktion ist für jede Kapazität (Labor, Röntgen, OP, Pflege, Ärzte) zu ermitteln. In diesem Fall zeigt es sich, dass der OP die kritische Ressource darstellt

Tab. 64: Deckungsbeitragsrechnung von „St. Anna" [€] (Vorperiode).

Erlöse aus Fallpauschalen	555.000
Patienteneinzelkosten	−99.300
= Deckungsbeitrag I	455.700
Abteilungskosten	−70.000
Laborkosten	−7.500
Röntgenkosten	−7.500
OP-Kosten	−16.875
= Deckungsbeitrag II	353.825
Gemeinkosten	−400.000
= Periodenverlust	−46.175

und somit das Krankenhaus nur 37 Fälle der Fallklasse 8 behandeln kann. Damit ergibt sich die Deckungsbeitragsrechnung aus Tab. 65.

Tab. 65: Deckungsbeitragsrechnung von „St. Anna", Konzentration auf Fallklasse 8 [€].

rlöse aus Fallpauschalen	277.500
Patienteneinzelkosten	−55.500
= Deckungsbeitrag I	222.000
Abteilungskosten	−70.000
Laborkosten	−7.500
Röntgenkosten	−7.500
OP-Kosten	−16.875
= Deckungsbeitrag II	120.125
Gemeinkosten	−400.000
= Periodenverlust	−279.875

Man erkennt an diesem Beispiel deutlich, dass die Konzentration auf die erlösstärkste Fallpauschale nicht zielführend ist. Sie führt zu einem deutlich höheren Verlust, weil zahlreiche Ressourcen nicht gut ausgelastet sind.

Ad 2b: Eine Alternative wäre die Orientierung an der Falklasse mit dem höchsten Fall-Deckungsbeitrag I. Hierzu wird für jede Fallklasse die Differenz aus Erlösen und Patienteneinzelkosten (für den gesamten Aufenthalt) gebildet. Sie betragen 900, 1580, 2080, 3080, 3100, 3750, 5800 und 6000. Auch in diesem Fall würde man also eine Konzentration auf Fallklasse 8 anstreben – mit denselben katastrophalen Konsequenzen. Auch diese Strategie ist folglich nicht zielführend.

Ad 2c: Alternativ könnte sich das Krankenhaus auch auf die Fallklasse mit dem höchsten Fall-Deckungsbeitrag pro Aufenthaltstag konzentrieren. Hierzu wird das gerade berechnete Ergebnis durch die Verweildauer geteilt. Dies erscheint lohnend, da beispielsweise Fallklasse 8 zwar 6000 € Deckungsbeitrag erwirtschaftet, jedoch hierfür 15 Tage investieren muss, in denen das Bett für andere Patienten blockiert ist. Fallklasse 7 hat mit 5800 € einen kaum geringeren Deckungsbeitrag, blockiert ein Bett jedoch nur 12 Tage. Damit würden sich Deckungsbeiträge pro Tag in Höhe von 180, 263, 347, 513, 344, 250, 483 und 400 € berechnen, d. h. Fallklasse 4 wird plötzlich zum Primus. Wiederum sind jedoch Kapazitätsgrenzen zu beachten. Das Krankenhaus kann 150 Patienten der Fallklasse 4 aufnehmen, bevor das Labor zum Engpass wird. Damit ergibt sich die Deckungsbeitragsrechnung aus Tab. 66.

Tab. 66: Deckungsbeitragsrechnung von „St. Anna", Konzentration auf Fallklasse 4 [€].

Erlöse aus Fallpauschalen	525.000
Patienteneinzelkosten	−63.000
= Deckungsbeitrag I	462.000
Abteilungskosten	−70.000
Laborkosten	−7.500
Röntgenkosten	−7.500
OP-Kosten	−16.875
= Deckungsbeitrag II	360.125
Gemeinkosten	−400.000
= Periodenverlust	−39.875

Gegenüber der Ausgangslösung hat sich folglich eine Verbesserung eingestellt, jedoch ist das Krankenhaus noch nicht aus der Verlustzone. Hierzu ist es nötig, die vorhandenen Kapazitäten besser auszunutzen. Allerdings wird dies auch bedeuten, dass man von Fallklasse 4 nicht 150 Patienten behandeln kann. Man kann für jede Fallklasse überlegen, ob es sich rentiert, einen Patienten weniger von Fallklasse 4 und dafür einen Patienten mehr von der neuen Fallklasse aufzunehmen. In der Regel ist hierfür jedoch in strukturierter Ansatz nötig, wie er in Aufgabe 2.d. dargestellt wird.

Ad 2d: Ziel ist eine Maximierung des Deckungsbeitrags unter Einhaltung der Kapazitätsgrenzen. Hierzu werden folgende Variablen definiert:

x_i Fallzahlen der Planungsperiode der Fallklasse i

K_j Kapazität von Ressource j

a_{ij} Ressourcenverbrauch eines Falles der Fallklasse i der Ressource j

d_i Deckungsbeitrag II von Fallklasse i

m Zahl der Fallklassen

n Zahl der Ressourcen

Allgemein gelten die Nebenbedingungen

$$\sum_{i=1}^{m} a_{ij} \cdot x_i \leq K_j \; \text{für} \, j = 1..n$$

$$x_i \geq 0 \; \text{für} \, i = 1..m$$

mit der Zielfunktion $\sum_{i=1}^{m} d_i \cdot x_i \to Max!$. Damit gilt hier:

Pflegetage:	$5x_1 + 6x_2 + 6_3 + 6x_4 + 9x_5 + 15x_6 + 12x_7 + 15x_8 \leq 1250$
Labor:	$20x_1 + 30x_2 + 20_3 + 40x_4 + 40x_5 + 40x_6 + 40x_7 + 0x_8 \leq 6000$
Röntgen:	$0x_1 + 0x_2 + 30x_3 + 20x_4 + 40x_5 + 40x_6 + 60x_7 + 70x_8 \leq 6000$
Operationssaal:	$0x_1 + 30x_2 + 30x_3 + 40x_4 + 80x_5 + 120x_6 + 140x_7 + 240x_8 \leq 9000$
Pflegekräfte:	$500x_1 + 600x_2 + 600x_3 + 600x_4 + 900x_5 + 1500x_6 + 1200x_7 +$ $1500x_8 \leq 120000$
Ärzte:	$100x_1 + 100x_2 + 100x_3 + 100x_4 + 140x_5 + 160x_6 + 200x_7 + 200x_8 \leq$ 24000
NNB	$x_i \geq 0 \; \text{für} \, i = 1..8$

$$Z = 583,3x_1 + 1152,9x_2 + 1627,9x_3 + 2596,7x_4 + 2358,3x_5 + 2666,6x_6 + 4745,8x_7$$
$$+ 4670,8x_8 \to Max!$$

Als Optimum ergibt sich folgende Lösung: 50 Patienten von Klasse 3, 100 Patienten von Klasse 4 und 25 Patienten von Klasse 7. Man kann leicht ermitteln, dass keine Kapazitätsrestriktion verletzt ist. Gleichzeitig ergibt sich die Deckungsbeitragsrechnung gemäß Tab. 67.

Tab. 67: Deckungsbeitragsrechnung von „St. Anna", Optimales Fallklassenprogramm [€].

Erlöse aus Fallpauschalen	650.000
Patienteneinzelkosten	−93.000
= Deckungsbeitrag I	557.000
Abteilungskosten	−70.000
Laborkosten	−7.500
Röntgenkosten	−7.500
OP-Kosten	−16.875
= Deckungsbeitrag II	455.125
Gemeinkosten	−400.000
= Periodenverlust	55.125

Es zeigt sich, dass eine geschickte Konzentration auf bestimmte Fallklassen das Krankenhaus aus der Verlustzone bringen kann. Voraussetzung ist natürlich, dass die entsprechende Patientenzahl überhaupt zur Verfügung steht und dass die Kapazitätsengpässe berücksichtigt werden. Eine klassische Vollkostenrechnung ist für diese Entscheidung wenig hilfreich, weil die Fixkosten auf die Fälle verteilt werden, so als ob sie sich proportional zur Fallzahl entwickeln würden.

5.6.3 Prozessmanagement

Beispiele für Prozessdarstellungen
Prozesse können mit verschiedenen grafischen Methoden veranschaulicht werden. Abb. 112 zeigt einen möglichen MPM-Netzplan für eine Operation und die entsprechenden Berufsgruppen, Abb. 113 gibt die entsprechende Legende wieder. Abb. 114 stellt einen möglichen Netzplan für mehrere Operationen in zwei Operationssälen dar.[69]

Beispiel Ablaufdiagramm
Abb. 115 gibt einen Teilprozess der ambulanten Kataraktoperationen im Krankenhaus wieder.

Fallstudie zum Prozessmanagement: Dialyse

Aufgabenstellung
Eine stationäre Dialyseabteilung in einem Krankenhaus der Maximalversorgung wünscht aufgrund des gestiegenen Kostendrucks im G-DRG System eine interventionsbezogene Erfassung ihrer Ressourcenverbräuche. Da der Prozessablauf, die interventionsbezogenen Kosten für Materialen sowie die personellen Einsatzzeiten des ärztlichen Dienstes bekannt sind, verbleibt die Ermittlung der personellen Einsatzzeiten des Pflegepersonals je intermittierender Hämodialyse (HD) als Aufgabe. Der Prozessablauf je Dialyse besteht aus folgenden Teilprozessen:

Maschinenvorbereitung (MV) → Anschluss (AN) → Laboruntersuchung (LAB) → Dokumentation (DOK) → Betreuung (BET) → Abschluss (AB) → Maschinennachbereitung (NB)

Innerhalb der Prozesse ist anzumerken, dass die Teilprozesse „Betreuung" und „Dokumentation" zwischen den Prozessen „Anschluss" und „Abschluss" in nicht festgelegter Reihenfolge und Anzahl auftreten können. Die Zeit zwischen Ende des Anschlusses und Beginn des Abschlusses beträgt (technisch bedingt) vier Stunden. Weiterhin ist zu beachten, dass zwischen den Teilprozessen „Laboruntersuchung"

---

69 Das Modell stammt von Sven Warnke.

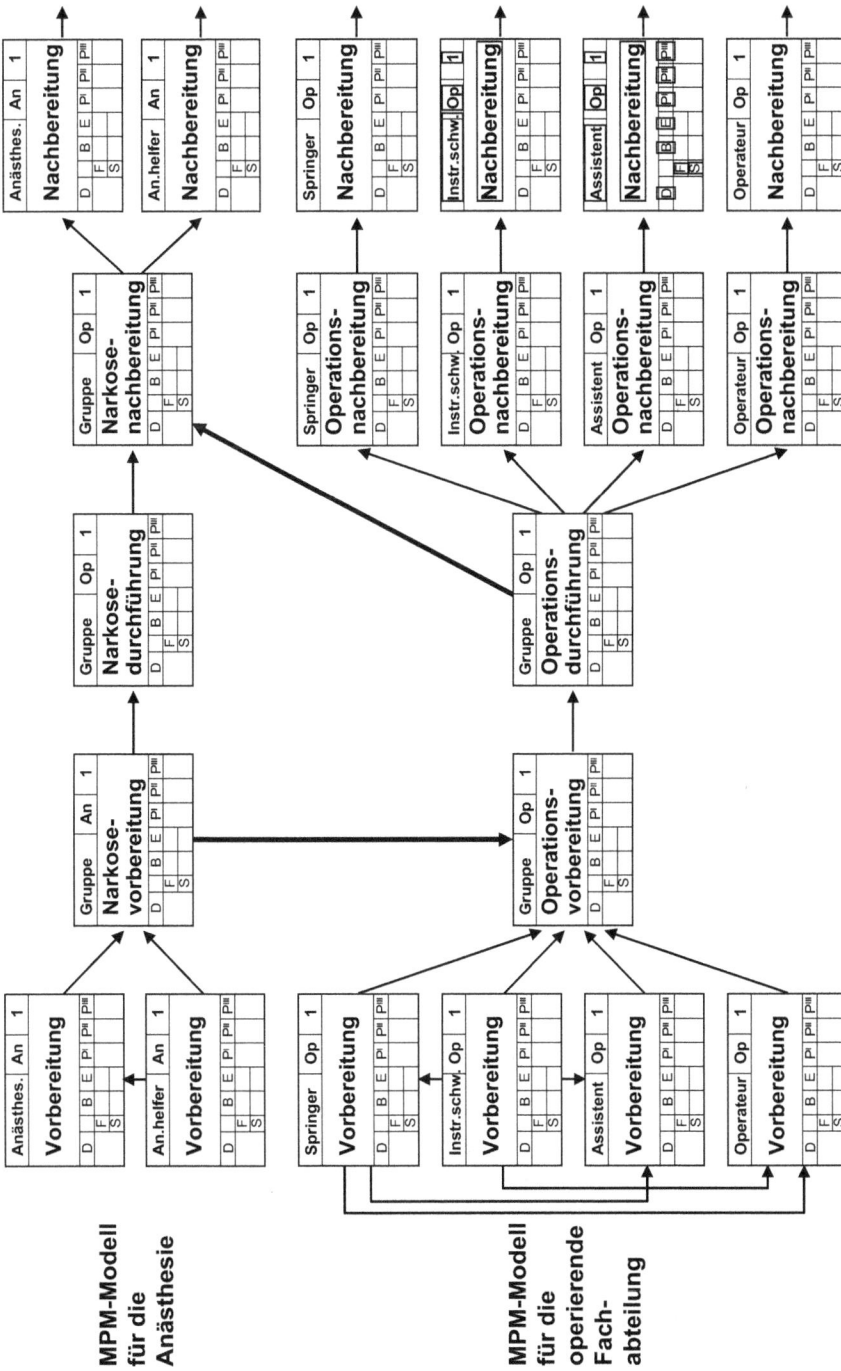

Abb. 112: Prozessdarstellung OP (Ausschnitt).

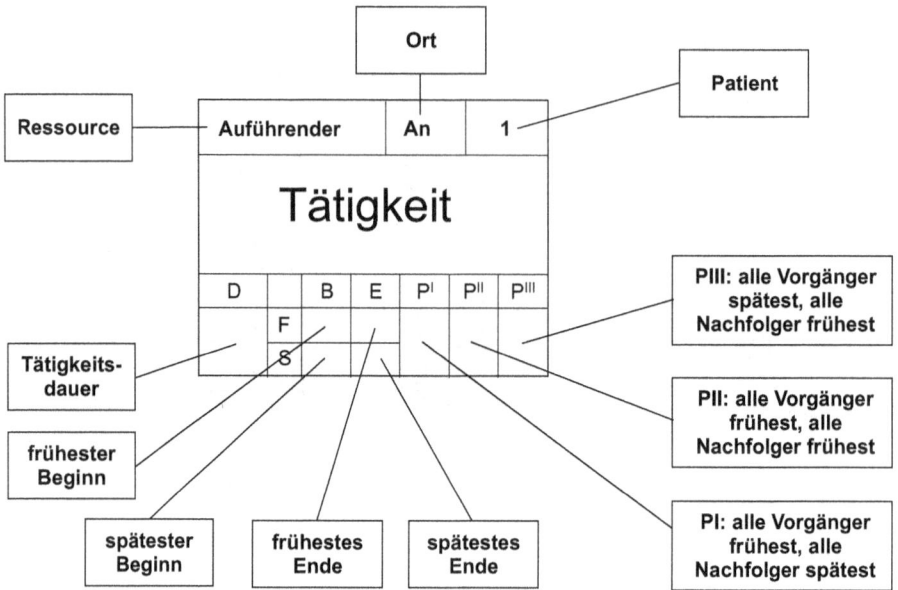

Abb. 113: Tätigkeitsgraf: Legende.

und „Abschluss" die Teilprozesse „Betreuung" und „Dokumentation" mehrmalig und in nicht definierter Reihenfolge auftreten können. Ferner existiert der Prozess der „Stationsarbeit", welcher allgemeine Tätigkeiten umfasst, die nicht im Bezug zur einzelnen Behandlung stehen, jedoch zur Aufrechterhaltung der Arbeitsfähigkeit dienen (z. B. Materialanforderungen, Materialentsorgung usw.).

Auf der Station arbeiten im betrachteten Zeitraum (ein Arbeitstag) zwei Pflegekräfte (N1 und N2) von jeweils 6:00 Uhr bis 12:30 Uhr. Die Pausenzeit je Pflegekraft beträgt 30 Minuten. Auf der Station werden zwei Patienten (P1 und P2) mittels des Verfahrens der intermittierenden Hämodialyse und zwei Patienten mit sonstigen Verfahren (P3 und P4) behandelt.[70]

Aus Sicht der Pflegekräfte gestaltet sich der Tag gemäß Tab. 68.

Aufgaben:

1. Berechnen Sie die durchschnittlichen Personaleinsatzzeiten einer intermittierenden Hämodialyse unter der Annahme, dass Tätigkeiten, welche einem Patienten nicht genau zugeordnet werden können, gleichmäßig über alle Behandlungen zu verteilen sind.

2. Kann das Ergebnis aus Aufgabenteil 1 als Planungsgrundlage für zukünftige Behandlungen angesehen werden? Welche Nebenbedingungen sind bei der Argu-

---

[70] Hinweis: Die vorliegenden Werte sind stark vereinfacht und entsprechen nicht dem tatsächlichen Arbeitsaufwand einer Dialysefachkraft.

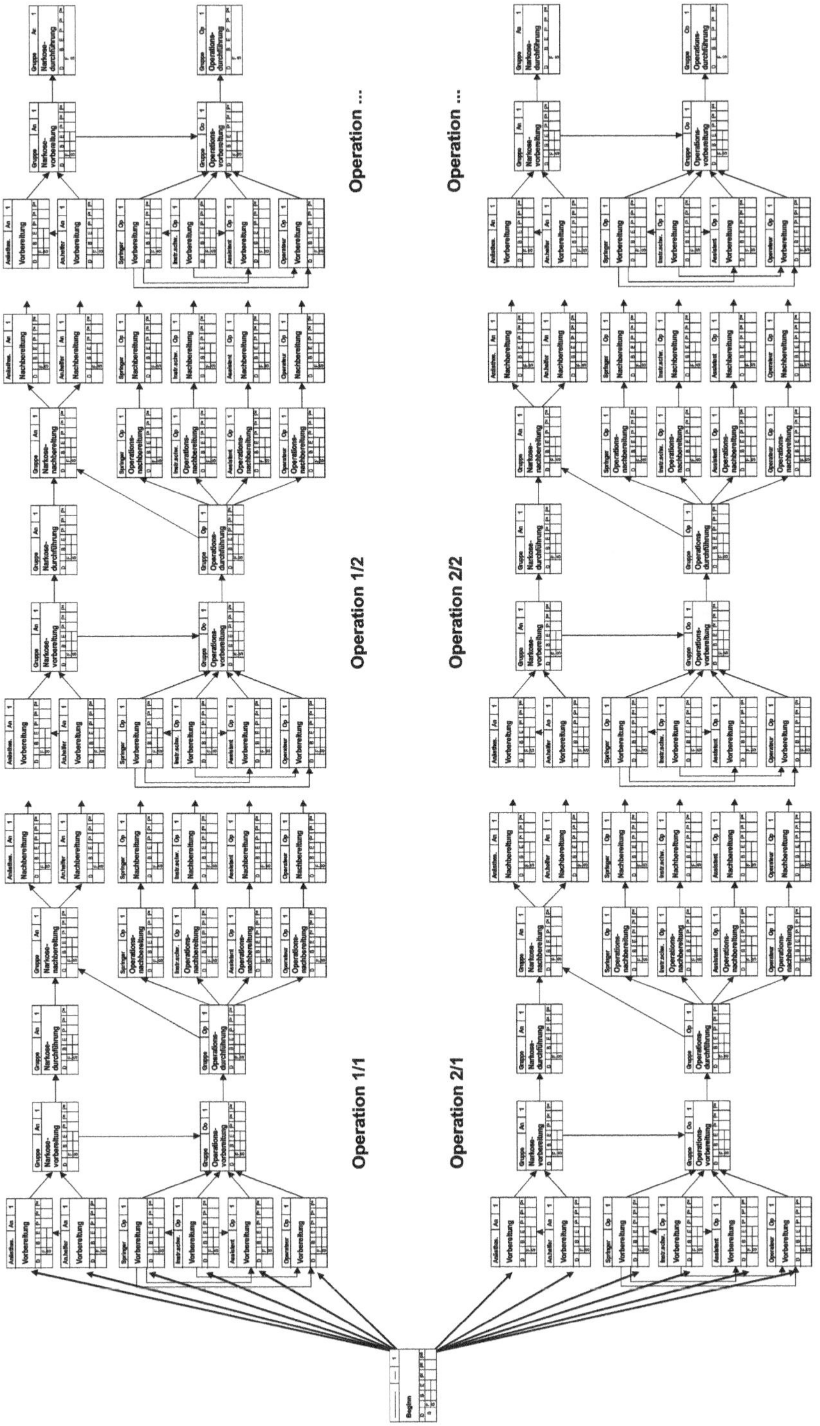

Abb. 114: Prozessdarstellung OP (Gesamtbild).

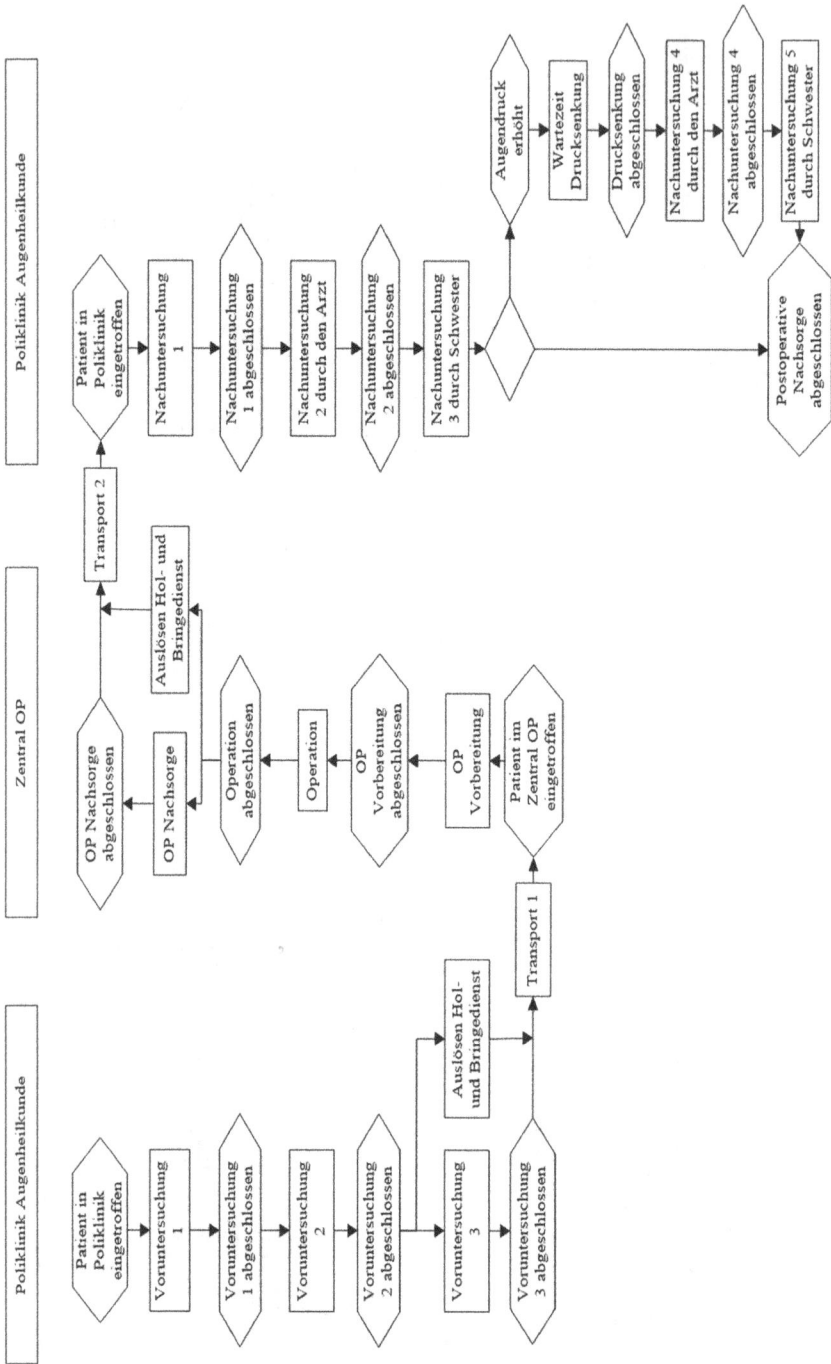

Abb. 115: Ablaufdiagramm ambulante Operation.

Tab. 68: Tagesablauf der Pflegekräfte N1 und N2.

Uhrzeit	Aufgabe Pflegekraft 1	Aufgabe Pflegekraft 2
6:00 – 6:15	Stationsarbeit	Stationsarbeit
6:15 – 6:30	MV für P1	MV für P4
6:30 – 6:45	MV für P3	MV für P2
6:45 – 7:00	AN für P1	AN für P1
7:00 – 7:15	LAB für P1	AN für P2
7:15 – 7:30	BET für P1	AN für P4
7:30 – 7:45	AN für P3	LAB für P2 und P4
7:45 – 8:00	LAB für P3	Stationsarbeit
8:00 – 8:15	DOK für P1	BET für P1
8:15 – 8:30	Stationsarbeit	DOK für P2
8:30 – 8:45	Stationsarbeit	DOK für P4
8:45 – 9:00	DOK für P3	Pause
9:00 – 9:15	DOK für P1	Pause
9:15 – 9:30	BET für P4	DOK für P2
9:30 – 9:45	BET für P1	DOK für P4
9:45 – 10:00	DOK für P3	BET für P3
10:00 – 10:15	DOK für P1	BET für P2
10:15 – 10:30	Pause	DOK für P2
10:30 – 10:45	Pause	DOK für P4
10:45 – 11:00	DOK für P3	BET für P4
11:00 – 11:15	AB für P1	AB für P1
11:15 – 11:30	AB für P2	NB für P1
11:30 – 11:45	NB für P2	AB für P4
11:45 – 12:00	AB P3	NB P4
12:00 – 12:15	NB P3	Stationsarbeit
12:15 – 12:30	Stationsarbeit	Stationsarbeit

mentation mit den ermittelten Werten stets zu berücksichtigen und welchen Einfluss können diese auf die Beispielergebnisse ausüben?

3. Entwickeln Sie einen Erhebungsbogen zur Erfassung der Personaleinsatzzeit je Dialyse. Gehen Sie davon aus, dass die Erhebung im Stoppuhrverfahren statt-

finden soll. Diskutieren zuerst Sie die Verfahren der Einzel- und Fortschrittszeitmessung und stellen Sie beispielhaft einen Erhebungsbogen für Patient 1
dar. Entwickeln Sie weiterhin eine Formel zur Bestimmung der Gesamtzeit je
Hämodialyse auf Grundlage Ihres Erhebungsbogens.

Lösung

Ad 1: Bei der Berechnung der durchschnittlichen personellen Zeitverbräuche je Dialyse verändert sich der Fokus – verglichen zu der Tabelle – von „je Pflegekraft" zu
„je Dialyse", was bedeutet, dass die Auswertung je Patient zu erfolgen hat. Laut
Aufgabenstellung sind hierfür nur intermittierende Hämodialysen – sprich die Behandlungen von Patient 1 und Patient 2 relevant. Durch Rückgriff auf die Tabelle
ergeben sich für die Patienten folgende relevante Zeitabschnitte (vgl. Tab. 69)

Tab. 69: Patientenbezogene Tätigkeiten für P1 und P2.

Teilprozess	Patient 1		Patient 2	
	Zeitabschnitte	Dauer in Minuten je Teilprozess	Zeitabschnitte	Dauer in Minuten je Teilprozess
MV	6:15 – 6:30 (N1)	15	6:30 – 6:45 (N2)	15
AN	6:45 – 7:00 (N1) 6:45 – 7:00 (N2)	30	7:00 – 7:15 (N2)	15
LAB	7:00 – 7:15 (N1)	15	7:30 – 7:45 (N2)	7,5 (da für P2 und P4)
DOK	8:00 – 8:15 (N1) 9:00 – 9:15 (N1) 10:00 – 10:15 (N1)	45	8:15 – 8:30 (N2) 9:15 – 9:30 (N2) 10:15 – 10:30 (N2)	45
BET	7:15 – 7:30 (N1) 8:00 – 8:15 (N2) 9:30 – 9:45 (N1)	45	10:00 – 10:15 (N2)	15
AB	11:00 – 11:15 (N1) 11:00 – 11:15 (N2)	30	11:15 – 11:30 (N1)	15
NB	11:15 – 11:30 (N2)	15	11:30 – 11:45 (N1)	15
Summe		195		127,5

Insgesamt ergibt sich bei den zuordenbaren Tätigkeiten für Patient 1 eine Dauer von
195 Minuten und bei Patient 2 eine Dauer von 127,5 Minuten. Bisher nicht einbezogen
wurde der Teilprozess „Stationsarbeit", welcher laut Aufgabenstellung gleichmäßig
über alle Behandlungen – im vorliegenden Fall vier – zu verteilen ist. Insgesamt
sind somit acht Zeitabschnitte der Stationsarbeit (6:00 – 6:15 (N1), 6:00 – 6:15 (N2),
7:45 – 8:00 (N2), 8:15 – 8:30 (N1), 8:30 – 8:45 (N1), 12:00 – 12:15 (N2), 12:15 – 12:30 (N1),

12:15 – 12:30 (N2)) mit einer Gesamtdauer von 120 Minuten auf die vier Patienten zu verteilen. Je Patient entspricht dies 30 Minuten. Für Patient 1 ergibt sich somit ein personeller Zeiteinsatz von 225 Minuten und für Patient 2 ein Zeiteinsatz von 157,5 Minuten. Die durchschnittliche Dialysedauer beträgt im Mittel 191,25 Minuten.

Ad 2: Zu klären ist, ob die in Aufgabenteil 1 ermittelte Durchschnittzeit von 191,25 Minuten als Planungsgrundlage verwendet werden kann. Im Rahmen der Beantwortung sind vielfältige Argumentationsformen denkbar. Generell können jedoch folgende Aspekte herangezogen werden:

Im vorliegenden Beispiel liegt die Anzahl der betrachteten Behandlungen bei 2. Hieraus, und aus der relativ großen Spannweite von 67,5 Minuten, resultiert die Vermutung, dass der ermittelte Durchschnittswert nicht als repräsentativ einzustufen ist. Eine Analyse von Prozesszeiten sollte somit zwingend eine größere Anzahl von erhobenen Behandlungen einbeziehen, um den Einfluss von positiven wie negativen Ausreißern so gering wie möglich zu halten. Beispielhaft kann im vorliegenden Fall die Zeit für Betreuung herangezogen werden. Diese liegt bei Patient 1 bei 45 Minuten und bei Patient 2 bei 15 Minuten. Allein aus diesem Datenmaterial wird nicht ersichtlich, ob Patient 1 besonders pflegeintensiv oder ob Patient 2 besonders wenig pflegebedürftig ist. Auch besteht die Möglichkeit, dass beide als Ausreißer zu betrachten sind, da Patient 1 besonders pflegeintensiv und Patient 2 besonders wenig pflegebedürftig ist. Ferner ist auch denkbar, dass keiner der beiden Werte als Ausreißer anzusehen ist, da sie sich eventuell im Bereich der normalen Streuung um einen uns – aufgrund der geringen Stichprobe – nicht bekannten Mittelwert befinden. Dies impliziert, dass Planungen zukünftiger Behandlungen nicht nur den Mittelwert, sondern auch die Standardabweichung sowie angepasste Verteilungsfunktionen nutzen sollten. All dies ist unter der Zuhilfenahme moderner Simulationssoftware möglich.

Einen weiteren zentralen Punkt stellt der Unterschied zwischen der Dialysedauer und der Personaleinsatzzeit dar. Es sollte klar sein, dass eine einzelne Dialyse nicht innerhalb von 191,25 Minuten, also 3 Stunden 11 Minuten und 25 Sekunden, durchgeführt werden kann, wenn die Zeit zwischen dem Ende des Anschlusses und dem Beginn des Abschlusses aus behandlungstechnischen Gründen 4 Stunden zuzüglich Vor- und Nachbereitung betragen muss. Hier wird der Unterschied zwischen Behandlungsdauer und Personaleinsatzzeit deutlich. Während im Beispiel bei Patient 1 zwischen dem Beginn der Maschinenvorbereitung und dem Ende der Maschinennachbereitung insgesamt 5 Stunden und 15 Minuten liegen, so beträgt die dem Patienten 1 direkt zuordenbare Personaleinsatzzeit (ohne Stationsarbeit) – wie im Aufgabenteil 1 berechnet – 195 Minuten, also 3 Stunden und 15 Minuten. Die gesamte Dauer der Behandlung – hier aus dem Blickwinkel der Maschine – ist somit höher als die Personaleinsatzzeit. Die Behandlungsdauer schließt somit Leer- und Wartezeiten des Personals ein. Diese Argumentation wäre auch aus Sicht des Patienten möglich, hier würde der gesamte Zeitraum für Patient 1 bei 4 Stunden und 30 liegen, sprich zwischen dem Beginn des Anschlusses und dem Ende des Abschlusses. Aus Sicht einzelner Teilprozesse (sowie in Spezialfällen auch aus Sicht des gesamten Behandlungsprozesses) können die Personaleinsatzzeiten jedoch durchaus höher sein als die reine Dauer des Teilprozesses. So dauert der Anschluss des Patienten 1 im Beispiel 15 Minuten (6:45–7:00 Uhr), die Personaleinsatzzeit liegt jedoch bei 30 Minuten, da am Prozess des Anschlusses beide Pflegekräfte beteiligt sind. Folglich muss die Planung zukünftiger Behandlungen als Nebenbedingung die technisch notwendige Dauer einer Behandlung einschließen.

Weiterhin ist bei der Planung zukünftiger Behandlungen das Betreuungsverhältnis zu berücksichtigen. Im vorliegenden Beispiel behandeln zwei Pflegekräfte vier Patienten, das Betreuungsverhältnis liegt bei 2. Ein steigendes Betreuungsverhältnis (z. B. mehr Patienten) würde eventuell kurzfristig durch das Auslassen nicht zwingend notwendiger Tätigkeiten der Stationsarbeit oder auch der Betreuung (z. B. Patientengespräche) kompensiert werden können, langfristig erscheint eine Kompensation jedoch nicht möglich. Die begründet sich zum einem aus dem Umstand, dass Prozesse der Stationsarbeit, wie z. B. der Materialbestellung oder -entsorgung, nur kurzfristig aufgeschoben werden können, zum anderen kann auch das Auslassen von nicht zwingend notwendigen Betreuungsprozessen die tatsächliche sowie wahrgenommene Qualität der Leistung reduzieren. Eine Planung mittels erhobenen Werten muss somit zwingend das Betreuungsverhältnis adäquat berücksichtigen. Dies gilt auch bei gesunkenen Betreuungsverhältnissen, welche in umgekehrter Argumentationslogik dazu führen, dass sich der Umfang der Stationsarbeit tendenziell erhöhen wird. Liegen keine durchzuführenden Prozesse der Stationsarbeit mehr vor, die behandlungstechnische Laufzeit der Dialyse ist jedoch noch nicht beendet, so kann die Zeit bis zum Ende der Behandlung als Monitoring angesehen werden. In beiden Entwicklungsrichtungen des Betreuungsverhältnisses sollte langfristig gelten, dass ein stetig steigendes Betreuungsverhältnis bei vollkommener Ausschöpfung aller Prozessoptimierungsmöglichkeiten zu einer steigenden Personaldecke führen sollte, bei einem dauerhaft sinkenden Betreuungsverhältnis jedoch auch über Personalfreisetzung nachgedacht werden muss. Eine gute Analyse des Istzustandes sollte im Rahmen der Erhebung folglich immer darauf achten, dass die Summe der erhobenen Personaleinsatzzeiten über alle Behandlungen gleich der Summe der Arbeitszeiten des Stations- bzw. Abteilungspersonals ist. Im vorliegenden Fall ergibt sich folglich:

2 Patienten mit im Durchschnitt 191,25 Minuten	382,5	Minuten
zuzüglich Behandlungszeit P3 direkt	135	Minuten
zuzüglich Behandlungszeit P4 direkt	142,5	Minuten
zuzüglich Anteile Stationsarbeit für P3 und P4	60	Minuten
Summe erhobener Ergebnisse	**720**	**Minuten**
2 Pflegekräfte mit je 6 Stunden Arbeitszeit	**720**	**Minuten**

Zusammenfassend zu Aufgabenteil 2 bleibt festzuhalten, dass es bei der Auswertung erhobener Daten keinesfalls ausreicht auf Mittelwerte zurückzugreifen, vielmehr sollten vertiefende Parameter sowie simulative Verfahren zur Auswertung und Planung herangezogen werden. Hierbei ist die Berücksichtigung und Bewertung von Nebenbedingungen, wie der behandlungstechnischen Dauer sowie dem Betreuungsverhältnis unerlässlich.

Ad 3: Im Rahmen einer Zeiterfassung im Stoppuhrverfahren lassen sich prinzipiell die Ausprägungen der Einzel- und der Fortschrittszeitmessung unterscheiden, deren Inhalte in den folgenden Absätzen kurz vorgestellt werden.[71]

Bei der Einzelzeitmessung wird das Messgerät (Stoppuhr) bei Beginn eines vorab definierten Prozessteils gestartet und am Ende dieses Teils angehalten. Die Dauer der einzelnen Abschnitte liegt somit unmittelbar und ohne weitere Berechnungsschritte vor. Für den nächsten Prozessschritt erfolgt dieser Ablauf erneut. Im Rahmen der praktischen Umsetzung besteht jedoch die Gefahr eines Verlustes von kurzen Zeitabschnitten durch das Zurücksetzen des Messgerätes durch den Beobachter. Diese Lücken können besonders bei kleinteiligen Prozessabläufen dazu führen, dass die Dauer – bezogen auf ein Beobachtungsobjekt – zwischen Beobachtungsanfang und Ende eines gesamten Prozesses größer ist als die Summe der gestoppten Einzelzeiten, was zu Verzerrungen der realen Prozesszeiten führt. Auch kann es, je nach Ausprägung der zu erhebenden Prozesse, zu einer erhöhten Komplexität der Messaufgabe kommen. Hat ein Beobachter beispielsweise gleichzeitig zwei Einzelzeiten zu messen (z. B. zwei Pflegekräfte, welche während eines Teilprozesses gleichzeitig, aber unterschiedlich lange, beteiligt sind), so müssen mehrere Messinstrumente eingesetzt werden, was die Fehlerwahrscheinlichkeit erhöht und die Aufmerksamkeit verstärkt von der Beobachtungsaufgabe ablenkt. Zwar könnte die Komplexität durch den Einsatz mehrerer Beobachter reduziert werden, es ist jedoch fraglich, inwieweit dies im Sinne eines effizienten Ressourceneinsatzes wäre und ob mehr Beobachtungspersonal nicht auch die Beobachteten beeinflusst oder behindert. Als Alternative bietet sich die Erhebung mittels Fortschrittzeitmessung an.

Die Fortschrittzeitmessung bezeichnet ein Messverfahren, in welchem das Messgerät nach Beginn der Messung mit dem ersten Prozessschritt während der gesamten Beobachtung nicht angehalten wird. Jegliche Endzeitpunkte einzelner Teilprozesse, welche den Anfangszeitpunkten nachfolgender Prozessschritte (z. B. auch Leerzeiten) entsprechen, werden als Zeitmarken erfasst. Es liegt während der Messung somit nicht sofort die Dauer eines Einzelprozesses vor, sondern nur die Zeitmarken von Teilprozessanfang und Teilprozessende. Aus der Differenz dieser Schritte lässt sich im Nachhinein die Dauer des Teilprozesses ermitteln. Innerhalb der praktischen Umsetzung wird zumeist auf „Split-Zeiten" zurückgegriffen, welche vom Messgerät ablesbar sind, die Stoppuhr jedoch im Hintergrund weiterläuft. Somit werden Lücken in der Erfassung vermieden. Auch kann der Beobachter so komplexere Prozessabläufe erfassen (z. B. zwei Pflegekräfte, welche während eines Teilprozesses gleichzeitig,

---

71 Quelle: Verband für Arbeitsstudien und Betriebsorganisation 1992.

aber unterschiedlich lange, beteiligt sind), da nur die einzelnen „Split-Zeiten" zu notieren sind, welche mit einem Messgerät erfasst werden können.

Bei der Erstellung eines Erhebungsbogens sollte sich stets am Prozessablauf orientiert werden. In unserem Fall wären hierfür die Prozesse MV, AN, LAB, DOK, BET, AB, NB und Stationsarbeit zu berücksichtigen. Diese könnten in einem Erhebungsbogen untereinander in Blöcken angeordnet werden. Innerhalb der Blöcke ist auf ausreichend Platz zu achten, um wiederkehrende Prozessaktivitäten (besonders bei stochastischen Prozessen) schnell und adäquat erfassen zu können. Weiterhin von besonderer Bedeutung ist die Frage nach dem Fokus der Erhebung, also: „Was möchte ich messen und worauf muss ich fokussieren?" Die Möglichkeiten sind vielfältig, der Fokus könnte beispielweise auf einer Maschine, einem Patienten oder einer Pflegekraft liegen. Im vorliegenden Fall, der Ermittlung von Personaleinsatzzeiten je Patient stellt sich die Frage nach dem Beobachtungsfokus. Die Beobachtung nur auf den Patienten zu beziehen würde Zeiten für Gerätevorbereitung, Labor, Gerätenachbereitung, Stationsarbeit und eventuell Dokumentation unterschlagen, da diese im Prozess als patientenfern anzusehen sind. Sich nur auf eine Pflegekraft zu konzentrieren, welche für eine bestimmte Anzahl von Patienten hauptsächlich verantwortlich zeichnet, würde Zeiten vernachlässigen, die weitere Pflegekräfte an den Patienten der beobachteten Pflegekraft durchführen. Folglich muss sich bei einer Erhebung – soweit dies die räumliche Situation zulässt – vorrangig auf die zuständige Pflegekraft sowie auf den Patienten fokussiert werden, was bedeutet, dass der Beobachter zwar die Pflegekraft begleitet, das Zimmer des Patienten jedoch im Blick behält, um eventuelle Tätigkeiten am Patienten durch andere Pflegekräfte erfassen zu können. Der Erhebungsbogen (vgl. Tab. 70) muss somit folglich auch zwischen den Pflegekräften unterscheiden. Im vorliegenden Beispiel wird die hauptsächlich zuständige Pflegekraft mit N1 und die weitere Pflegekraft mit N2 bezeichnet. Weiterhin wird zu jedem Teilprozess ein Feld für Bemerkungen bereitgestellt um Gründe für eventuelle zeitliche Abweichungen festhalten zu können.

Im Ergebnis wird ersichtlich, dass der Erhebungsbogen alle Zeiten erfasst, die N1 als Stationsarbeit sowie an Patient 1 durchführt. Weiterhin werden die Tätigkeiten der N2 an Patient 1 erfasst. Aus Sicht der N1 fehlen somit alle Zeiten, die sie an oder für die Patienten 2, 3 und 4 durchführt. Wird der vorliegende Erhebungsbogen ausgewertet, so ergibt sich für alle zu Patient 1 gehörigen Zeiten (MV bis NB) eine Gesamtzeit von 195 Minuten. Diese entspricht der in Aufgabenteil 1 ermittelten Zeit. Im Rahmen der Stationsarbeit ergibt sich für die Pflegekraft 1 ein Wert von 30 Minuten je Dialyse, da die insgesamt 60 Minuten den zwei Patienten zuzuordnen sind. Da die Pflegekraft 2 auch 60 Minuten Stationsarbeit für die Patienten 3 und 4 verrichtet, entsprechen der je Pflegekraft errechnete Wert auch dem über alle Patienten errechneten Wert von 30 Minuten je Dialyse.

Für die Ermittlung der Werte je Dialyse kann beispielhaft folgende Formel herangezogen werden. Hierbei werden die Werte der Stationsarbeit, welche die betrachte Pflegekraft betreut, auf die Anzahl der von ihr betreuten Patienten umgelegt.

Tab. 70: Erhebungsbogen zur patientenbezogenen Zeiterfassung.

Erhebungsbogen zur intermittierenden Hämodialyse
Betreuungsverhältnis der betrachteten Pflegekraft: *2*
Patienten-/ Bogennummer: *1*
Beginn der Zeiterfassung (entspricht 00:00:00 auf dem Messinstrument): *06:00 Uhr*

Teilprozess von – bis	Pflegekraft	Bemerkungen
Maschinenvorbereitung (MV)		
00:15:00 – 00:30:00	*N1*	
__:__:__ – __:__:__		
Anschluss (AN)		
00:45:00 – 01:00:00	*N1*	*z. B. Hilfe bei Lagerung*
00:45:00 – 01:00:00	*N2*	
__:__:__ – __:__:__		
Laboruntersuchung (LAB)		
01:00:00 – 01:15:00	*N1*	
__:__:__ – __:__:__		
Dokumentation (DOK)		
02:00:00 – 02:15:00	*N1*	
03:00:00 – 03:15:00	*N1*	
04:00:00 – 04:15:00	*N1*	
__:__:__ – __:__:__		
Betreuung (BET)		
01:15:00 – 01:30:00	*N1*	
02:00:00 – 02:15:00	*N2*	
03:30:00 – 03:45:00	*N1*	*z. B. Komplikation!*
__:__:__ – __:__:__		
Abschluss (AB)		
05:00:00 – 05:15:00	*N1*	
05:00:00 – 05:15:00	*N2*	
__:__:__ – __:__:__		
Nachbereitung (NB)		
05:15:00 – 05:30:00	*N2*	
__:__:__ – __:__:__		
Stationsarbeit der hauptsächlich beobachtetenPflegekraft		
00:00:00 – 00:15:00	*N1*	*z. B. Akten anfordern*
02:15:00 – 02:30:00	*N1*	*z. B. Material anfordern*
02:30:00 – 02:45:00	*N1*	*z. B. Material einsortieren*
06:15:00 – 06:30:00	*N1*	*z. B. Akten archivieren*
__:__:__ – __:__:__		

Ende der Zeiterfassung: *12:30 Uhr*

$$d_P = \sum_{i=1}^{k}(E_{iP} - A_{iP}) + \frac{\sum_{j=1}^{m}(E_{jN} - A_{jN})}{b_N}$$

Mit:

d_P Personaleinsatzzeit je Dialyse für Patient P

I direkt zuordenbare Teilprozesse für Patient P mit i = 1,2, … ,k

K Gesamtzahl der direkt zuordenbaren Teilprozesse für Patient P

E_{iP} Endzeitpunkt eines Teilprozesses i Patient P durch eine beliebige Pflegekraft

A_{iP} Anfangszeitpunkt eines Teilprozesses i für Patient P eine beliebige Pflegekraft

m Gesamtzahl der Stationsarbeitsteilprozesse der beobachteten Pflegekraft N

j erhobene Teilprozesse der Stationsarbeit der beobachteten Pflegekraft N mit j = 1,2, …, m

E_{jN} Endzeitpunkt eines Stationsarbeitsteilprozesses j der beobachteten Pflegekraft N

A_{jN} Anfangszeitpunkt eines Stationsarbeitsteilprozesses j der beobachteten Pflegekraft N

b_N Betreuungsverhältnis der Pflegekraft N

Fallstudie zur Warteschlangensimulation: Notaufnahme

Aufgabenstellung

Während Ihres Praktikums innerhalb des örtlichen Krankenhauses bittet Sie der Leiter der Controlling-Abteilung um eine Analyse der örtlichen Notaufnahme. Während erster Untersuchungen konnten bereits wichtige Informationen über die Notaufnahme gewonnen werden. So konnte im Rahmen einer Beobachtungsstudie ermittelt werden, dass im Mittel zwei Patienten je Stunde die Notaufnahme betreten. Weiterhin wurden mittels einer Zeitmessstudie die Zwischenankunftszeiten dokumentiert und analysiert. Es ergaben sich exponentialverteilte Zwischenankunftszeiten mit dem Erwartungswert 1/δ = 0,5.[72] Nachdem die Patienten die Notaufnahme betraten, erreichten sie unmittelbar den Wartebereich, der anscheinend keiner Begrenzung unterlag und eine sehr große Menge (scheinbar unbegrenzt) an Patienten aufnehmen konnte. Die weitere Prozessanalyse ergab, dass nun jeweils nur ein Patient von einem Arzt im Behandlungsraum untersucht werden konnte. Es stellte sich heraus, dass zwei Arten von Patienten existierten – Patienten mit leichteren Verletzungen und Patienten mit schwereren Verletzungen. Rund 50 % der ankommenden Patienten können dabei als leicht und 50 % als schwer klassifiziert werden. Eine weitere Erhebung der Untersuchungsdauern zeigte, dass sowohl die Untersuchungsdauer der leichteren Fälle als

---

[72] Vgl. zu den verwendeten Variablen und zu einer näheren Erläuterung der Vorgehensweise, der verwendeten Formeln und Umformungen Domschke und Drexl 2011; Domschke und Drexl 2011. Für eine weiterführende Lektüre zum Thema Simulation vgl. bspw. Banks, Carson, John, et al. 2013; Law 2014; Pidd 2006.

auch die der schwereren Fälle exponentialverteilt mit dem Erwartungswert $1/\delta = 0{,}05$ für die schwereren und $1/\delta = 0{,}1$ für die leichteren Fälle ist. Die Patienten werden in der Reihenfolge ihrer Ankunft in der Notaufnahme untersucht und somit keine Priorisierung der schwereren Fälle vorgenommen. Im Anschluss an die Untersuchung wird der Patient auf eine Station im Krankenhaus verlegt oder nach Hause entlassen.[73] Interessanter Weise ergab die Analyse, dass die Notaufnahme lediglich 20 Patienten am Tag untersuchen konnte.

Die Leitung des Controllings und der Leiter der Notaufnahme möchten nun von Ihnen wissen, wie lange sich ein Patient sich im Durchschnitt pro Tag insgesamt in der Notaufnahme aufhält und wie viel Zeit ein Patient im Durchschnitt warten muss, bevor er untersucht werden kann.

Da die Notaufnahme 365 Tage im Jahr arbeitet, interessiert sich die Leitung weiterhin für die Betrachtung eines gesamten Jahres. Wie viel Zeit verbringt ein Patient im Mittel bei einer Betrachtung von 365 Tagen, wie viel Wartezeit ergibt sich. Da die Leitung der Notaufnahme gerne mit Grafiken arbeitet, wünscht sie sich eine Darstellung der Warte- und Gesamtzeiten eines Jahres.

Lösung
Das geschilderte Problem soll mit Hilfe des Tabellenkalkulationsprogrammes Excel analysiert werden. Tab. 71 zeigt eine Möglichkeit von Ergebnissen für die Aufgabenstellung.

Spalte A beschreibt im vorliegenden Fall die jeweiligen Patientennummern der eintreffenden Patienten. Insgesamt können lediglich 20 Patienten an einem Tag in der Notaufnahme aufgenommen und untersucht werden. In der Realität ist dies nicht sonderlich wahrscheinlich und bereits hier zeigt sich, dass das vorliegende Problem eine Vielzahl von Annahmen enthält, welche in der Realität so nicht vorliegen.

Aus der Aufgabenstellung ist bekannt, dass die Zwischenankunftszeiten exponentialverteilt mit dem Erwartungswert $1/\delta = 0{,}5$ sind. Somit werden für die Lösung der Aufgabe exponentialverteilte Zwischenankunftszeiten benötigt, die mittels der Erzeugung von exponentialverteilten Zufallszahlen für die Zeitdifferenzen zweier Patienten abgebildet werden sollen. Excel ermöglicht die Generierung gleichverteilter Zufallszahlen im Intervall (0,1) durch den Befehl z_i = ZUFALLSZAHL(). Anschließend können diese Zufallszahlen durch den folgenden Exceleintrag – $(0{,}5) \cdot$ LN (ZUFALLSZAHL() in exponentialverteilte Zufallszahlen mit dem Erwartungswert $1/\delta = 0{,}5$ überführt werden.[74]

Die Ankunftszeiten der Patienten (Spalte C) ergeben sich nun aus der Addition der einzelnen Zwischenankunftszeiten von Patient i mit der Ankunftszeit von Pati-

Tab. 71: Ergebnisse Notaufnahme.

A	B	C	D	E	F	G	H	I
Patient	Zwischenankunftszeit	Ankunftszeit	Patientenart	Behandlungsdauer	Behandlungsbeginn	Behandlungsende	Wartezeit	Verweilzeit
0		0						
1	0,22	0,22	0,43	0,12	0,22	0,34	0,00	0,12
2	0,06	0,27	0,17	0,13	0,34	0,47	0,06	0,19
3	0,81	1,09	0,06	0,15	1,09	1,23	0,00	0,15
4	0,74	1,82	0,64	0,44	1,82	2,27	0,00	0,44
5	0,16	1,98	0,05	0,13	2,27	2,40	0,28	0,42
6	0,99	2,97	0,41	0,39	2,97	3,36	0,00	0,39
7	1,80	4,77	0,39	0,13	4,77	4,90	0,00	0,13
8	0,64	5,41	0,17	0,47	5,41	5,87	0,00	0,47
9	0,05	5,46	0,53	0,49	5,87	6,37	0,42	0,91
10	0,51	5,97	0,94	0,14	6,37	6,51	0,40	0,54
11	1,05	7,02	0,93	1,83	7,02	8,85	0,00	1,83
12	0,31	7,32	0,28	0,17	8,85	9,02	1,53	1,70
13	0,19	7,51	0,23	0,10	9,02	9,12	1,51	1,61
14	1,09	8,60	0,21	0,23	9,12	9,35	0,52	0,75
15	0,83	9,43	0,80	0,31	9,43	9,74	0,00	0,31

16	0,04	9,47	0,37	0,42	9,74	10,16	0,27	0,68
17	1,73	11,20	0,95	0,12	11,20	11,32	0,00	0,12
18	0,10	11,30	0,58	0,23	11,32	11,56	0,02	0,25
19	0,06	11,37	0,56	0,32	11,56	11,88	0,19	0,51
20	1,08	12,45	0,71	0,24	12,45	12,68	0,00	0,24
						Gesamt	5,20	11,76
						Pro Patient	0,26	0,59

ent *(i–1)*. Die Ankunftszeit für Patient 1 ergibt sich aus der Summe der Zwischenankunftszeit aus Spalte B und dem Startzeitpunkt der Simulation (0,22 + 0 = 0,22).

Ebenfalls aus der Aufgabenstellung ist bekannt, dass es zwei unterschiedliche Arten von Patienten gibt – die schwereren und die leichteren Fälle. Weiterhin ist gegeben, dass 50 % der Patienten als schwer und 50 % als leicht charakterisiert werden können. Mittels der Generierung von Zufallszahlen im Intervall (0,1) [Exceleintrag: ZUFALLSZAHL ()] kann diese Unterscheidung vorgenommen werden und dadurch die Behandlungsdauer gesteuert werden (Spalte D). Sofern diese Zufallszahl größer als 0,5 ist, handelt es sich um einen schweren Fall.

Mittels einer „Wenn, Dann, Sonst" Überprüfung können nun die Behandlungsdauern der Spalte E generiert werden. Dabei werden exponentialverteilte Untersuchungszeiten benötigt, deren Erwartungswert sich je nach Patiententyp unterscheidet (Erwartungswert für schwere Fälle $1/\delta = 0,05$ und für leichte Fälle $1/\delta = 0,1$). Die Generierung der Untersuchungszeiten ergibt sich analog zur Vorgehensweise aus der Spalte B. Der gesamte in Excel einzugebende Ausdruck lautet bspw. für den Patienten 1 nun

WENN(D4 > 0,5;-(1/3)*LN(ZUFALLSZAHL());-(1/6)*LN(ZUFALLSZAHL())).

Innerhalb der Spalte F ist der Behandlungsbeginn wiedergegeben. Dieser ergibt sich für den ersten Patienten unmittelbar nach seiner Ankunft in Zeitpunkt t = 0,22. Anschließend wird Patient 1 für 0,12 h behandelt (Spalte E), da es sich um einen Patienten handelt, der eher ein leichterer Fall ist (Spalte D). Aus der Addition dieser beiden Zeiten lässt sich unmittelbar das Behandlungsende (Spalte G) für Patient 1 (Behandlungsende = Ankunftszeit + Behandlungsdauer = 0,22 h + 0,12 h = 0,34 h) berechnen. Für die nachfolgenden Patienten ist dies jedoch nicht ganz so einfach, da die Möglichkeit besteht, dass die Behandlungsdauer des vorherigen Patienten größer ist, als die Zwischenankunftszeit des neuen Patienten. Somit muss ein Patient auf seinen Behandlungsbeginn warten. Es entstehen Wartezeiten. Jeder Patient kann also erst untersucht werden, wenn der vorherige Patient den Untersuchungsraum bereits verlassen hat. Es gilt *F(i) = max (C(i), G(i–1))*. Für Patient Nummer 2 lautet der Eintrag in der Excelzelle dementsprechend = *MAX(C5;G4)*.

Die Wartezeiten (Spalte H) ergeben sich nun aus der Differenz des Behandlungsbeginnes (Spalte F) und der Ankunftszeit (Spalte C). Die Verweilzeit in der Notaufnahme ergibt sich aus der Summe der Behandlungsdauer (Spalte E) und der Wartezeit (Spalte H).

Am Ende der Tabelle werden jeweils die einzelnen Wartezeiten und Verweilzeiten für die 20 Patienten addiert, sodass sich insgesamt eine Wartezeit von 5,20 h (5 h 12 min) und eine Verweilzeit von 11,76 h (11 h 46 min) ergibt. Um die Zeiten für einen Patienten zu berechnen, müssen diese Werte nun nur noch durch die Anzahl der Patienten (hier 20) dividiert werden. Die Antwort auf die Frage, wie lange ein Patient sich im Durchschnitt in der Notaufnahme befindet und wie lange er dabei auf seine Untersuchung warten muss, kann nun wie folgt beantwortet werden. Im Durchschnitt befindet sich ein Patient 0,59 h (35 min) in der Notaufnahme und muss dabei 0,26 h (16 min) auf seine Untersuchung warten.

Aus der Aufgabenstellung geht hervor, dass die Leitung des Controllings und auch der Notaufnahme an einer Analyse eines gesamten Jahres interessiert ist. Bei den bisherigen Ergebnissen handelt es sich aber lediglich um einen Simulationslauf. Somit sind weitere Simulationsläufe (insgesamt 365) erforderlich, um das Verhalten innerhalb der Notaufnahme für ein gesamtes Jahr abzubilden. Eine Möglichkeit, um dies zu gewährleisten wäre, dass die jeweiligen Ergebnisse eines Simulationslaufes in eine neue Tabelle übertragen werden und somit für jeden Tag des Jahres die durchschnittliche Wartezeit und Verweilzeit pro Patient abgebildet und gespeichert wird. Dies ist äußerst umständlich sowie zeitaufwändig und Excel ermöglicht eine einfachere Vorgehensweise.[75] Abb. 116 zeigt die Ergebnisse einer solchen Untersuchung. Dabei handelt es sich lediglich um die Ausprägung eines möglichen Jahres. Alternative Verläufe sind denkbar und die Abbildung kann sich durch jede Excel-Aktualisierung verändern. Deutlich wird jedoch bereits hier, dass sowohl die Wartezeiten und dadurch auch die Verweilzeiten sehr stark schwanken. Dies kann insbesondere durch die recht geringe Anzahl von untersuchten Patienten (lediglich 20) innerhalb eines Simulationslaufes begründet werden. Je kleiner die Notaufnahme ist bzw. je weniger Patienten im Durchschnitt ankommen, desto größer ist der Abweichungskoeffizient.

Abschließend bleibt noch die Frage, wie lange ein Patient im Mittel über ein Jahr betrachtet in der Notaufnahme warten muss und wie lange er insgesamt vor Ort ist. Die Simulation ermittelt ein Ergebnis von 14 min Wartezeit und 29 min Verweilzeit. Wie bereits beschrieben, sei nochmals betont, dass es sich hierbei lediglich um *ein* mögliches Ergebnis handelt. Für die Realität muss die Simulation so häufig wiederholt werden, dass verlässliche Ergebnisse produziert werden können.

5.6.4 Warteschlangentheorie

Aufgabenstellung
Die Abteilung für Innere Medizin des St. Josefkrankenhauses hat 40 Betten, 6,8 Einweisungen pro Tag und eine durchschnittliche Verweildauer von 5 Tagen.
Aufgaben:
1. Modellieren Sie die Abteilung als Warteschlangenmodell.
2. Wie groß ist die erwartete Auslastung?
3. Wie groß ist die Wahrscheinlichkeit, dass ein ankommender Patient abgewiesen werden muss?

---

75 Vgl. dazu die Beschreibung der Vorgehensweise in Domschke und Drexl 2011., S. 177 f.

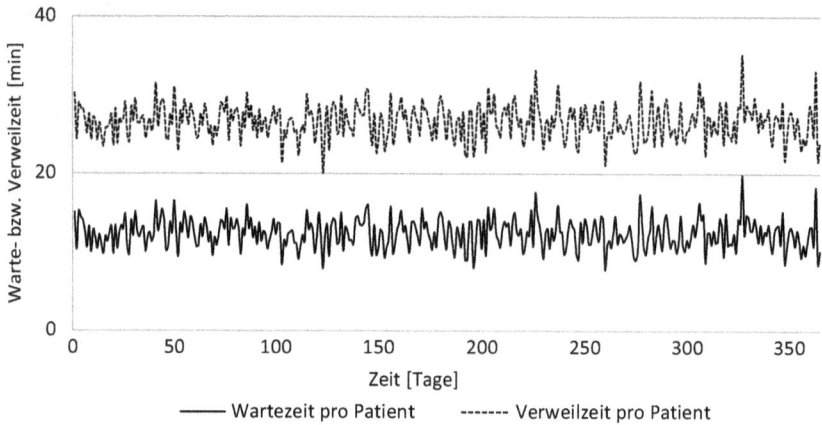

Abb. 116: Ergebnisse Simulationsläufe (365 Tage, 1000 Patienten).

Lösung

Eine Abteilung kann als Warteschlangensystem definiert werden. Die Zahl der Betten entspricht der Zahl der parallelen Abfertigungskanäle ($k = 40$) und ohne Warteplätze ($N = k = 40$). Die Verkehrsdichte ρ entspricht dem Quotienten aus Ankunftsrate ($\lambda = 6{,}8$) und Abfertigungsrate ($\mu = 0{,}2$) pro Tag. Damit kommen innerhalb von fünf Tagen $6{,}8 \cdot 5 = 34$ Patienten an, die auch innerhalb von 5 Tagen wieder gehen. Bei 40 Betten ergibt sich eine Auslastung von 85 %.

Es handelt sich folglich um ein M/M/k: (k/FIFO) Warteschlangenmodell mit einer Verkehrsdichte von ρ. Unter dieser Annahme errechnet sich die Wahrscheinlichkeit, dass n Patienten in der Abteilung sind, (w_n) als[76]

$$w_n = \frac{1}{k! k^{(n-k)}} \rho^n \frac{1}{\sum_{i=0}^{k-1} \frac{1}{i!} \rho^i + \frac{\rho^k \left[1 - \left(\frac{\rho}{k} \right)^{(N-k+1)} \right]}{k! \left[1 - \frac{\rho}{k} \right]}}$$

Dementsprechend ist die Wahrscheinlichkeit, dass die Abteilung voll belegt ist und ein neuer, ankommender Patient abgelehnt werden muss

$$w_k = \frac{1}{k!} \rho^k \frac{1}{\sum_{i=0}^{k-1} \frac{1}{i!} \rho^i + \frac{\rho^k}{k!}} = 0{,}042$$

Das Ergebnis ist auch ein Beispiel dafür, dass auch eine Auslastung von weit unter 100 % nicht verhindert, dass Patienten abgewiesen oder in „Flurbetten" gelegt werden müssen. Die stochastische Natur der Prozesse sowie die fehlende Synchronisation von Ankünften und Abfertigungen impliziert starke Auslastungsschwankungen.

---

76 Vgl. Schmidt 2013.

6 Outputfaktoren

Die Funktion jedes offenen Systems ist die Transformation von Inputs in Outputs. Allein wenn es gelingt, Outputs zu erzeugen, die von dem Umsystem als Zugewinn gegenüber den Inputs angesehen werden, hat das System eine Überlebenschance, da es seinen Existenzgrund erfüllt. Weder der Input noch die Produktion dürfen deshalb das Denken des Betriebswirts dominieren, sondern der Output, aus dem sich alle anderen Funktionen ableiten.

Die Outputfaktoren können in Haupt- und Nebenleistungen sowie unerwünschte Outputs unterschieden werden. Die Hauptleistung ist der primäre Existenzgrund, so wie wir ihn gerade beschrieben haben. Oftmals produziert ein offenes System aber auch Nebenleistungen. So ist die Hauptleistung einer Kuh die Produktion von Milch, während die Abgabe von Wärme als Nebenleistung zu sehen ist. Früher war diese Nebenleistung jedoch durchaus gefragt, und in kalten Wintern wurde die Nebenleistung zur Hauptleistung. Ebenso wurde früher der anfallende Diesel als Nebenleistung der Raffinerie betrachtet, während Diesel heute eine Hauptleistung darstellt. Fällt – wie bei chemischen Prozessen häufig – eine Nebenleistung zwingend bei der Produktion einer Hauptleistung an, so spricht man von einer Kuppelproduktion bzw. einem Kuppelprodukt.

Die Hauptleistung eines Krankenhauses ist die Erzeugung von Gesundheitsdienstleistungen für Patienten. Es entspricht dem traditionellen Selbstverständnis vieler Ärzte und Pflegenden, dass die Leistung allein genügen muss, um zufriedene Patienten, gute Auslastung und volle Kassen zu erzeugen. Dies ist allerdings auf Konkurrenzmärkten nicht richtig. Es gibt viele Beispiele von Unternehmen, die hervorragende Produkte mit höchster Qualität produziert haben und trotzdem Insolvenz anmelden mussten, weil ihre Leistungen erstens zu teuer waren, zweitens mehr den Wünschen der Ingenieure als den Bedürfnissen der Kunden entsprochen haben und drittens die Vorteilhaftigkeit des Produktes nicht ausreichend kommuniziert wurde, sodass die Kunden es im Vergleich zu den Konkurrenzprodukten nicht ausreichend wertgeschätzt haben. Deshalb muss eine Leistung nicht nur erstellt werden, sondern sie muss auch an den Kunden gebracht werden, sie muss vermarktet werden. Marketing der Hauptleistung ist deshalb der Schwerpunkt des vorliegenden Kapitels.

Darüber hinaus erzeugt das Krankenhaus jedoch auch eine immaterielle Wissensleistung in Form der Ausbildung von Mitarbeitern und Schülern bzw. Studenten. Die Erhöhung des Ausbildungsstandes ist ein Kuppelprodukt, das nicht vollständig von der Produktion der Gesundheitsdienstleistungen zu trennen ist. Auf Konkurrenzmärkten wird dieser Output zu einem wichtigen Erfolgsfaktor, sodass die Erhöhung des Ausbildungsstandes das wichtigste interne Produkt ist.

Fällt bei der Leistungserstellung ein materieller Output an, der nicht mehr oder nur in sehr geringem Maße weiterverwertbar ist, so handelt es sich um Abfall, der

https://doi.org/10.1515/9783110753103-006

entsorgt werden muss. Im Krankenhaus können verschiedene Abfallarten unterschieden werden, die im Folgenden darzustellen sind. Ein weiterer unerwünschter Output ist die Mortalität, die wir am Ende dieses Kapitels ansprechen werden.

Eine andere Form des Outputs von Unternehmen sind die Informationen, die offiziell oder inoffiziell herausgehen. Hier müssen Outputfilter installiert werden, damit der Informationsfluss zielsystemkonform bleibt. Allerdings handelt es sich hierbei stärker um eine Frage der externen Informationswirtschaft (vgl. Kapitel 10).

6.1 Marketing der Hauptleistung

Existenzgrund und Funktion des Krankenhauses ist die Produktion der Hauptleistung, d. h., von Gesundheitsdienstleistungen.

6.1.1 Grundlagen

Grundlegend für dieses Kapitel ist die Unterscheidung zwischen Absatz und Marketing. Absatz ist die Funktion der Leistungsverwertung, die nach Beschaffung und Produktion den Endpunkt des leistungswirtschaftlichen Funktionskreises bildet. Der Absatz versucht eine bestehende Leistung an den Kunden zu vermitteln. Typische Instrumente hierfür sind Werbung, Rabatte und Verkaufsaktionen.[1]

Marketing hingegen ist ein umfassender Begriff, der weit über die reine Güterverwertung hinausgeht. Marketing kann als eine Konzeption der Unternehmensführung definiert werden, die zur Erreichung der betrieblichen Ziele alle Aktivitäten konsequent auf die Erfordernisse des Absatzmarktes ausrichtet. Der Begriff Konzeption drückt aus, dass es nicht um eine Funktion oder ein Segment des Unternehmens geht, sondern vielmehr um eine Art des Denkens und Lenkens des ganzen Unternehmens. Die konsequente Ausrichtung auf die Bedürfnisse des Kunden kann sich nicht mit der Vermarktung der Leistung zufrieden geben. Vielmehr muss bereits bei allen anderen Funktionen an die Kunden gedacht werden. Was wird eingekauft? Nur, was später den Kundenbedürfnissen entspricht! Was wird produziert? Nur, was gut für die Kunden ist! Wie wird finanziert? So, dass es den Kundenbedürfnissen nahe kommt. Welches Personal wird eingestellt? Mitarbeiter, die dem Ziel der Kundenzufriedenheit dienen! Damit ist Marketing eine Managementkonzeption mit Leitbildfunktion, die durch Planung und Gestaltung aller Unternehmensprozesse und -funktionen den Kunden in den Mittelpunkt stellt. Marketing erkennt,

---

1 Aus der großen Fülle von Marketinglehrbüchern sei hier nur exemplarisch verwiesen auf Winkelmann 2012 und Meffert 2013. Zum Marketing von Dienstleistungen siehe insbesondere Meffert und Bruhn 2018; Corsten 1998. Zum Krankenhaus auch Cording-de-Vries 2021.

dass die Unternehmensziele nur erreicht werden können, wenn die Kunden kurz-
und langfristig befriedigt werden. Und dieses Wissen dominiert alle weiteren betrieblichen Aktivitäten.

In einem Dienstleistungsbetrieb wie dem Krankenhaus fallen Leistungserstellung
und Absatz zusammen (Uno-Actu-Prinzip, vgl. Kapitel 1). Die Funktion der Leistungsverwertung ist damit nicht von der Produktion zu trennen. Das Marketing von Krankenhausleistungen umfasst jedoch viel mehr und kann nicht auf die medizinisch-
pflegerische Leistung reduziert werden. Krankenhausmarketing ist eine Philosophie
der konsequenten Patientenorientierung in absolut allen Bereichen.[2] Der Krankenhausbau, die Geräteplanung, die Wegeoptimierung, die Auswahl und Weiterbildung von
Mitarbeitern, die Wahl von Operationstechniken, das Design von Patienteninformatio-
nen und alle nur denkbaren Aktivitäten des Krankenhauses sollten stets mit dem Ziel
verfolgt werden den Patienten zufrieden zu stellen. Bei allen Entscheidungen im Krankenhaus muss bedacht werden, welche Auswirkungen die Entscheidungsalternativen
auf den Patienten und seine Bedürfnisse haben. Im Zentrum des Krankenhauses stehen nicht Chefarzt oder Verwaltungsleiter, sondern der Patient und seine Bedürfnisse.
Dies in letzter Konsequenz zu praktizieren, ist die Zielsetzung des Krankenhausmarketings. Dies klingt banal – scheitert in der Praxis jedoch oft an Traditionen und Wider-
ständen von einflussreichen Berufsgruppen.

Da die Patientenbedürfnisse so zentral für das Marketingverständnis sind, soll
dieser Begriff zuerst diskutiert werden. Anschließend werden die Entwicklung der
Marketingwissenschaft sowie ihr konzeptioneller Ansatz dargestellt.

Bedürfnisse

Im zweiten Kapitel wurde ein gesundheitsökonomisches Rahmenmodell vorgestellt,
das sich auf der Nachfrageseite aus den Kettengliedern Mangel, Bedürfnis, Bedarf
und Nachfrage zusammensetzt. Ein objektiver Mangel wird zum Bedürfnis, wenn er
subjektiv wahrgenommen wird und ein Anreiz zur Bedürfnisbefriedigung besteht
(Antriebscharakter). Ein Bedürfnis wird zum Bedarf, wenn es auf ein konkretes Gut
der Bedürfnisbefriedigung projiziert wird. Der Bedarf kann zur Nachfrage am Markt
werden, wenn die Kaufkraft ausreichend ist, das Angebot räumlich erreichbar ist,
die Qualität ausreicht und das Bedürfnis eine ausreichend hohe Priorität hat.

Diese Systematik, die Abb. 117 noch einmal verdeutlicht, ist von Bedeutung für
die Marketingkonzeption. Zuerst müssen wir festhalten, dass das Marketing keinen
objektiven Mangel als Auslöser der Nachfrage erzeugt. Wir müssen davon ausgehen, dass der Mangel besteht. Der Anbieter kann den potentiellen Kunden lediglich
auf den Mangel hinweisen. Beispielsweise kann ein Hypertoniker einen objektiv

---

2 Vgl. Tscheulin, Helmig und Davoine 2000; Kahl und Mittelstaedt 2007; Lüthy und Buchmann
2009; Storcks 2003.

feststellbaren Mangel haben, dessen er sich aber nicht bewusst ist. Der Bluthoch-druck wird nur zum Bedürfnis nach Heilung, wenn der Arzt die Erkrankung dia-gnostiziert und dem Patienten die negativen Folgen erklärt. Dann entwickelt der Patient ein Bedürfnis, das Antriebscharakter hat: Er möchte geheilt werden.

In der Regel ist die Entstehung von Bedürfnissen jedoch für das Marketing nicht zu beeinflussen. Menschen haben ein subjektives Mangelempfinden und möchten diesen Mangel gerne beseitigen. Aufgabe des Marketings ist es, den Bedürfnisträger zu informieren, dass es Sachgüter und Dienstleistungen gibt, die sein Bedürfnis stil-len können. Das Marketing induziert folglich die Projektion der Bedürfnisse auf ein konkretes Gut. Beispielsweise verbinden viele das Bedürfnis Durst mit Coca Cola, weil es die Werbung geschafft hat, dass das neutrale Bedürfnis mit einem konkreten Gut assoziiert wird. Ebenso verbinden die meisten Frauen in Deutschland das Bedürf-nis Hilfe bei einer Entbindung mit einem modernen Kreißsaal in einer Klinik. Dass dies nicht natürlich so ist, sondern erst in unserer Kultur so verknüpft wurde, zeigt die Tatsache, dass noch immer mehr als die Hälfte der Kinder von traditionellen He-bammen entbunden wird, d. h. von erfahrenen Frauen ohne medizinische Ausbil-dung. Wie dieses zweite Beispiel zeigt, ist die Umwandlung von Bedürfnissen in Bedarf bzw. Wünsche keineswegs unmoralisch, denn man hilft dem Bedürfnisträger seine Bedürfnisse bestmöglich zu stillen.

Schließlich soll das Marketing als Gesamtkonzeption der Unternehmensführung dazu beitragen, dass die Kaufkraft-, Qualitäts-, Distanz- und Nutzenfilter überwun-den werden, indem beispielsweise das räumliche Angebot ebenso an die Wünsche des Kunden angeglichen wird wie der Preis oder die Zahlungskonditionen.

Das Krankenhausmarketing[3] geht deshalb von einem bestehenden Mangel aus, wobei dieser nicht immer physisch sein muss. Der Hypochonder hat durchaus einen Mangel, allerdings meist nicht in dem Organsystem oder der Funktion, wo er diesen Mangel wahrnimmt. Es könnte sich auch um eine höhere Bedürfnisschicht, z. B. das Bedürfnis nach Nähe, Zeit, Zuhören und Aufmerksamkeit handeln. Es ist die Aufgabe des Krankenhausmarketings diese Gesundheitsmängel sowie die dar-aus entstehenden Bedürfnisse zu erkennen und zu bewerten. Anschließend weckt das Krankenhausmarketing auf Grundlage der bestehenden Bedürfnisse klare Be-darfe bzw. Wünsche nach Dienstleistungen, die möglichst ausschließlich mit dieser Institution verbunden sein sollten. Schließlich nutzt das Krankenhausmarketing sein Instrumentarium, um die Filter zu überwinden.

Die Information des Patienten, sodass er den Mangel wahrnimmt und ihn mit einer bestimmten, zur Bedürfnisbefriedigung geeigneten Gesundheitsdienstleistung verbindet, ist Aufgabe der Kommunikations- bzw. Informationspolitik. Die Distribu-tionspolitik verfolgt primär das Ziel, den Distanzfilter zu verbreitern, sodass Kun-denwünsche zur Nachfrage werden können und nicht wegen Unerreichbarkeit des

---

3 Vgl. hierzu beispielsweise Reinecke 2011; Kreyher 2001.

Angebots unbefriedigt bleiben. Die Preis- und Konditionenpolitik möchte die Wirkung des Preisfilters reduzieren. Da in Deutschland die Krankenhauspreise fixiert sind und der Patient in der Regel nur niedrige Zuzahlungen zu tragen hat, hat die Preispolitik eine geringere Bedeutung als beispielsweise im Einzelhandel. Wie bereits im letzten Kapitel diskutiert, wird die Qualitätspolitik in Zukunft stärker über die Wettbewerbsfähigkeit von Krankenhäusern entscheiden als die Preispolitik, wobei durchaus namhafte Vertreter der Gesundheitsökonomik eine Öffnung der Krankenhauspreise fordern.

Marketing als Konzeption der Unternehmensführung geht schließlich davon aus, dass das wichtigste Instrument der Bedürfnisbefriedigung des Kunden eine seinen Bedürfnissen entsprechende Leistung ist. Der Zuschnitt der Leistung auf die Kundenbedürfnisse ist deshalb die Funktion der Produktpolitik, wobei die Qualitätspolitik die wichtigste Komponente im Dienstleistungsbetrieb ist. Kommunikationspolitik, Distributionspolitik, Preis- und Konditionenpolitik sowie Produktpolitik bilden den klassischen Marketing-Mix, wobei – wie dargestellt – sie nur wirksam sein können, wenn das gesamte Unternehmen mit allen Teilprozessen konsequent auf die Kundenbedürfnisse ausgerichtet ist.

Die Allgemeine Betriebswirtschaftslehre, die traditionell insbesondere gewinnorientierte Sachgüterbetriebe analysiert hat, kennt keine Bewertung von Bedürfnissen. Alle Bedürfnisse sind in diesem Wissenschaftssystem grundsätzlich gleichwertig. Einrichtungen des Sozial- und Gesundheitswesens sowie insbesondere Nonprofit-Organisationen definieren sich jedoch viel stärker als Bedürfnisdecker. Damit müssen sie Bedürfnisse dahingehend bewerten, welches Bedürfnis wirklich hinter einer Nachfrage steht. Meldet beispielsweise ein Drogenabhängiger einen Bedarf an Heroin an, so muss die Drogenberatungsstelle analysieren, welches Bedürfnis diesen Bedarf tatsächlich induziert. Weiterhin muss sie festlegen, welche angemeldeten Bedarfe sie in keinem Fall befriedigen möchte, und sie muss die tatsächlichen Bedürfnisse bewusst machen.

Bei den meisten Gesundheitsdienstleistungen ist die Bewertung relativ einfach. Das Bedürfnis, gesund zu werden oder zu bleiben, kann linear in die Nachfrage nach einer Gesundheitsdienstleistung überführt werden. Es gibt jedoch auch Krankenhausdienstleistungen, die nicht auf ein Heilungsbedürfnis zurückzuführen sind. Schönheitsoperationen beispielsweise befriedigen andere Bedürfnisse. Hier kommt auch die Krankenhausleitung nicht daran vorbei, die wahren Bedürfnisse zu erkunden, diese auf Grundlage ihres Wertesystems zu bewerten und dem Kunden unter Umständen Alternativen anzubieten. Kurzfristig kann dies zum Verlust von Nachfrage führen, langfristig mag sich dies jedoch durch den Aufbau einer Reputation auszahlen.

Für die Analyse der Bedürfnisse ist die Bedürfnispyramide von Maslow ein einfaches Hilfsmittel.[4] Wie Abb. 118 zeigt, unterscheidet Maslow fünf Bedürfnisschich-

---

4 Vgl. Maslow 1943.

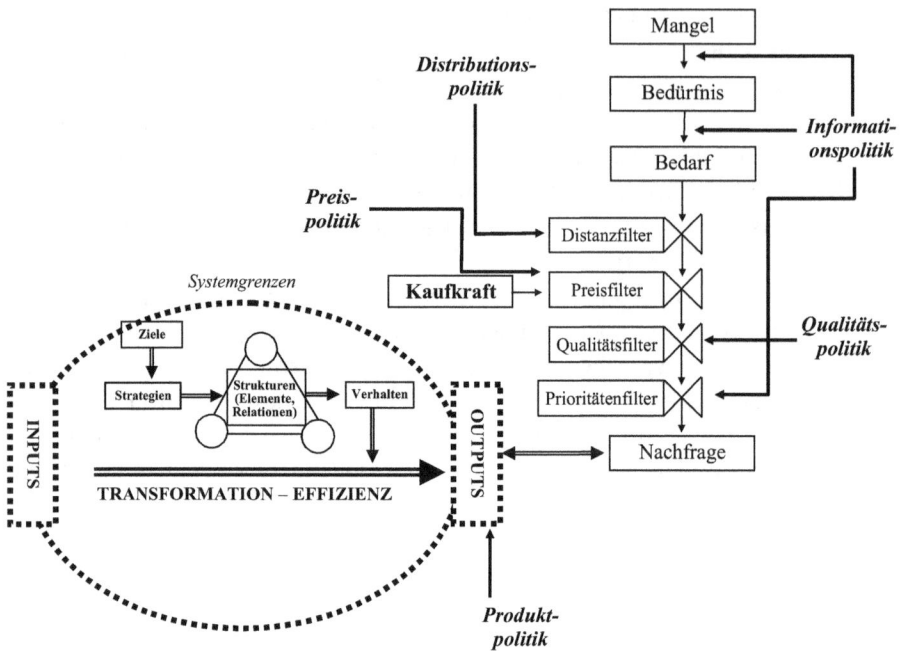

Abb. 117: Komponenten des Marketings.[5]

ten: Das Gesundheitsbedürfnis steht in der Regel auf der untersten Ebene, da Krankheiten die physische Existenz bedrohen. Präventionsleistungen sprechen hingegen primär Sicherheitsbedürfnisse an, während Leistungen, die nicht von der Gesetzlichen Krankenversicherung übernommen werden, häufig von höheren Bedürfnisschichten induziert werden. Die Wünsche nach perfekten Zähnen, schöner Haut oder einer – wenn schon nötig – kleinen Narbe haben weniger mit physiologischen Grundbedürfnissen noch mit der Absicherung der Zukunft zu tun, sondern leiten sich häufig aus dem Wunsch nach Anerkennung und Selbstverwirklichung ab. Dies allein diskreditiert sie auf keinen Fall. Insbesondere kommerzielle Einrichtungen werden dieses Bedürfnissegment sehr gerne bedienen, da hier in der Regel auch eine entsprechende private Kaufkraft vorhanden ist. Nonprofit-Organisationen müssen sich allerdings fragen, ob die Abdeckung dieser Bedürfnisse ihrem originären Auftrag und Zielsystem entspricht. Es gibt Beispiele dafür, dass Krankenhäuser, die vor 100 Jahren primär zur Behandlung von Armutsgruppen gegründet wurden, ihrem begabten plastischen Chirurgen zugestanden haben, dass heute mehr als die Hälfte der Eingriffe nicht mehr medizinisch induziert sind. Hier steht eine Zielsystemanalyse an.

---

5 Quelle: Eigene Darstellung.

Abb. 118: Bedürfnispyramide nach Maslow.[6]

Die Nutzenbewertung ist allerdings nicht so einfach, da die meisten Sachgüter und Dienstleistungen sowohl einen Grund- als auch einen Zusatznutzen aufweisen. Der Grundnutzen beschreibt den originären Nutzen, der sich insbesondere in der Befriedigung von Bedürfnissen der ersten beiden Schichten nach Maslow äußert. Ein Kleidungsstück, beispielsweise, hat den Grundnutzen des Schutzes vor Kälte und Nässe. Der Zusatznutzen hingegen ist unmittelbar mit dem Gut verbunden und deckt zusätzlich Bedürfnisse auf höheren Schichten ab. So muss Kleidung für viele nicht nur warm und trocken halten, sondern auch noch schön aussehen und eine gesellschaftliche Rolle widerspiegeln. Ebenso haben Krankenhausleistungen häufig einen Grund- und einen Zusatznutzen, die schwer zu trennen sind. So ist das Einbettzimmer sicherlich durch die Ruhe der Gesundung förderlich, andererseits kann der Patient hier problemlos Gäste empfangen und arbeiten, was insbesondere für Selbständige ein wichtiges Argument ist.

Die Primärleistungen des Krankenhauses (Behandlung, OP, ...) adressieren überwiegend physiologische Grundbedürfnisse (Grundnutzen), die Sekundärleistungen (Essen, Zimmer, TV, ...) sprechen hingegen häufig höhere Bedürfnisschichten an. Sie stellen einen „added value" dar. Dies impliziert auch, dass sie keine Kernleistung des Krankenhauses sind und deshalb auch outgesourct werden können. Patientenhotels, beispielsweise, bieten einen hohen Zusatznutzen im Hotel, während der Grundnutzen der Behandlung in der angeschlossenen Klinik erfolgt. Die sogenannte Life-Style-Medizin adressiert hingegen fast nur noch höhere Bedürfnisschichten.

Auf einem freien Markt würde der Preisfilter dafür sorgen, dass ein großer Teil der Kundenwünsche nie zur Nachfrage wird. Im Krankenhaussektor mildern die Krankenkasse (für die laufenden Kosten) und der Staat (für die Anschaffungskosten) die Preiswirkung auf die Nachfrage. Es ist deshalb sinnvoll, diese Subventionierung der Nachfrage genauer zu betrachten. Staat, Krankenkassen und alle weiteren

---

6 Quelle: Steinmann, Schreyögg und Koch 2020.

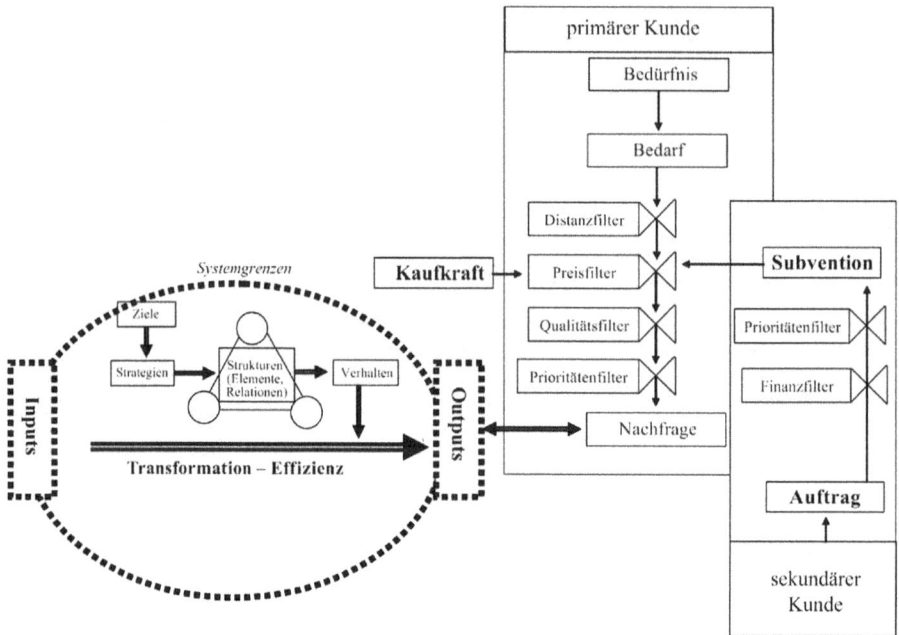

Abb. 119: Primärer und sekundärer Kunde.[7]

Institutionen, die direkt oder die Nachfrage beeinflussen, sollen als sekundäre Kunden bezeichnet werden, während die Patienten die primären Kunden sind (vgl. Abb. 119). Auch die sekundären Kunden haben Bedürfnisse und Prioritäten. Ihre Bedürfnisse leiten sich aus ihrem Auftrag (z. B. Sicherstellung der Gesundheitsversorgung der Versicherten) ab, wobei jedoch in der Regel die Wünsche und Visionen der sekundären Kunden weit über das hinausgehen, was sie sich finanziell leisten können. Deshalb haben auch sie einen Filter eingebaut, der alle möglichen Alternativen nach den vorher festzulegenden Prioritäten bewertet und ordnet.

Das Krankenhausmarketing muss deshalb nicht nur die Bedürfnisse der primären Kunden, sondern auch der sekundären Kunden analysieren. Die Public Relations als Teil der Kommunikationspolitik sind ein wichtiges Instrument, um sekundäre Kunden von der hohen Priorität der Krankenhausdienstleistung zu überzeugen. Schließlich kann der Kundenbegriff auf alle weiteren Stakeholder (Lieferanten, Konkurrenz, Öffentlichkeit) ausgeweitet werden.

Zusammenfassend können wir festhalten, dass das Krankenhausmarketing eine Konzeption der Krankenhausführung ist, die die Bedürfnisse der primären und sekundären Kunden stets in den Mittelpunkt allen betrieblichen Handelns stellt.

---

7 Quelle: Eigene Darstellung.

Marketing überwindet Informationsasymmetrien, die besonders bei Vertrauensgütern häufig auftreten. Die Grundlagen des Marketings, wie sie in der Allgemeinen Betriebswirtschaftslehre entwickelt wurden, sind selbstverständlich übertragbar. Allerdings stellen das Uno-Actu-Prinzip, die Häufigkeit von Nonprofit-Organisationen, die Dringlichkeit der Gesundheitsbedürfnisse als physiologische Grundbedürfnisse sowie die Vermengung von Grund- und Zusatznutzen von Krankenhausleistungen eine Komplexität dar, die eine unreflektierte Übertragung des Allgemeinen Marketings verbietet.

Entwicklung des Marketings

Die Entwicklung der Betriebswirtschaftslehre ist bislang in vier Phasen erfolgt.[8] Am Anfang stand das Produktionskonzept. In einer Zeit der existenziellen Knappheit musste der Kunde glücklich sein, wenn er überhaupt eine Leistung erhielt. Ziel der Betriebswirtschaftslehre war es die Produktion möglichst effizient zu organisieren. Für Krankenhäuser impliziert dies beispielsweise, dass der Arzt als Produzent im Zentrum allen betrieblichen Handelns stand und eine flächendeckende Versorgung durch eine möglichst gute Unterstützung des Arztes verfolgt wurde. Der Patient durfte dankbar sein, dass er überhaupt behandelt wurde.

Dieser Phase folgte in der Allgemeinen Betriebswirtschaftslehre das Produktkonzept. Im Gegensatz zum Verkäufermarkt, auf dem im Grunde alle Produkte absetzbar sind, gewinnt nun der Käufer an Bedeutung (Käufermarkt). Das Interesse an der Quantität der Produktion nimmt ab, dafür steigt der Wunsch nach Qualität. Es gibt Krankenhäuser in Deutschland, die noch in dieser Phase stecken. Leistungsverbesserung und Qualitätsmanagement sind der Fokus betrieblichen Handelns, wobei der Produzent letztlich ausschlaggebend ist. Das Krankenhaus erzeugt Gesundheitsdienstleistungen bestmöglich, so wie die medizinischen Experten es für richtig halten. Damit soll der Patient glücklich sein.

Immer öfter war der Abnehmer jedoch mit dem, was die Experten der Produktion als Qualität definierten, nicht zufrieden. Der Ingenieur hat eben eine andere Vorstellung von Qualität als der Verbraucher, so wie der Patient häufig eine andere Wahrnehmung subjektiver Qualität hat als der Arzt mit seinen objektiven, naturwissenschaftlichen Kriterien. Der Einbruch in den Absatzzahlen führte zu einem Verkaufskonzept. Es wurden Mittel gesucht, um die Leistungen zu vermarkten. In der Konsumgüterindustrie Deutschlands begann diese Phase mit den ersten Absatzkrisen der 1960er-Jahre. Das Buch „Die geheimen Verführer" zeugt von den Tricks und Kniffen, wie man Produkte an den Kunden bekommt, der eigentlich etwas Anderes haben möchte. Im Gesundheitswesen ist diese Phase z. B. durch Werbebeschränkungen kaum eingetreten.

---

8 Vgl. Sabel 1999.

Die letzte Phase ist das Marketingkonzept. Hier stehen die Bedürfnisse des Kunden im Mittelpunkt allen betrieblichen Handelns. Die Betriebswirtschaftslehre muss diese Bedürfnisse analysieren und alle betrieblichen Aktivitäten danach ausrichten. Es wird folglich auch nicht mehr das produziert, was der Ingenieur für gut hält, sondern was der Kunde wünscht und ihm langfristig am meisten nützt. Die Marketingorientierung im Krankenhaus, so wie sie oben definiert wurde, entspricht folglich der letzten Phase einer Entwicklung der Perzeption des Patienten als Kunden, wie sie auch in anderen Wirtschaftszweigen aufgetreten ist. So wie der Ingenieur in der Industrie langsam sein Selbstbild vom technischen Experten hin zum Kundendiener wandeln musste, müssen auch Ärzte und Pflegekräfte ihr Selbstverständnis verändern.

Die grundlegende Frage ist folglich: Was will der Kunde eigentlich? Das primäre Bedürfnis jedes Menschen ist es, überhaupt nicht krank zu werden. Prävention entspricht letztlich dem Kundenbedürfnis mehr als Heilung. Ist er jedoch krank, so möchte er so schnell wie möglich gesund werden, wobei die Krankheitszeit trotzdem möglichst angenehm sein sollte. Die „Annehmlichkeit" der Krankheit wird durch Leistungen des Krankenhauses erzeugt, die auf (relative) Schmerzfreiheit, Erhöhung von Mobilität und Reduktion von Untersuchungen abzielen. Wichtig für die subjektive Qualität sind jedoch auch Freundlichkeit und Zuwendung des Personals. Letztlich soll sich die Behandlung an den Bedürfnissen des Patienten ausrichten, nicht an den Bedürfnissen der Leistungsersteller. „Angenehmes Kranksein" klingt erst einmal paradox, dürfte jedoch den Bedürfnissen des Patienten nahekommen.

Die Frage, ob der Patient ein Kunde ist, wurde immer wieder diskutiert. Die Kundeneigenschaft hat drei Voraussetzungen: Erstens muss der Kunde der Abnehmer einer Leistung sein. Zweitens hat der Kunde eine Wahlfreiheit, und drittens kann er die Leistung beurteilen. Die erste Eigenschaft ist beim Patienten gegeben, d. h., er ist ein externer primärer Kunde. Die Wahlfreiheit ist bei manchen Patienten eingeschränkt. Wird z. B. ein Unfallopfer als Notfall im Koma eingeliefert, so kann von einer Wahlfreiheit nicht gesprochen werden. Allerdings handelt es sich hier um Ausnahmen, und die Wahlfreiheit wird in diesem Fall auf Dritte (z. B. Angehörige, Rettungssanitäter) übertragen. Der größte Teil der Patienten hat heute in Deutschland Wahlfreiheit. Hiervon zeugt beispielsweise, dass viele Schwangere Kreißsäle in mehreren Krankenhäusern besichtigen, bevor sie eine Entscheidung über den Entbindungsort fällen.

Die Beurteilungsfähigkeit der Leistung durch den Patienten ist umstritten. Der Arzt hat eine starke Doppelrolle als Leistungsanbieter und Berater des Kunden. Er sagt ihm häufig, welche Leistung er benötigt (supplier determined demand)[9] und auch, ob die Leistung gut ist, die er erhalten hat. Allerdings nimmt der mündige Patient eine immer größere Rolle ein. Er informiert sich im Internet, sucht eine Second Opinion und wechselt bei Missfallen den Arzt oder das Krankenhaus. Diese Entwick-

---

9 Vgl. Breyer, Zweifel und Kifmann 2012.

lung ist nicht nur positiv (z. B. weil Patienten Angst vor sehr seltenen Krankheitsbildern entwickeln können), stärkt jedoch die Kundeneigenschaft und reduziert die Abhängigkeit vom Arzt und damit die Möglichkeit der Ausnutzung der Abhängigkeit (supplier induced demand). Es ist deshalb durchaus sinnvoll den Patienten als Kunden zu sehen, wenn auch der Kunde im Gesundheitswesen anders zu behandeln ist als der Kunde auf dem Wochenmarkt.

Zusammenfassend können wir vier Pfeiler des Marketingkonzeptes bestimmen: Marketing impliziert erstens eine konsequente Kundenorientierung. Dies impliziert eine ständige Analyse der Bedürfnisse und Wünsche der Kunden mit Hilfe von Kundenbefragung und Marktforschung sowie die Ausrichtung allen betrieblichen Handelns auf die Kundenbedürfnisse, wobei dies nicht nur ärztliches und pflegerisches Handeln umfasst, sondern auch Hotelleistung, Finanzierung, Standort, Transport, Nachsorge etc.

Die Kundenorientierung induziert zweitens eine konsequente Fokussierung auf den Markt. Das Marketing definiert Zielmärkte (Spezialisierung, Kundengruppe), analysiert seine eigenen Stärken und Schwächen im Vergleich zu den Anforderungen der Zielmärkte und spezialisiert sich auf Teilmärkte, in denen die eigenen Stärken besonders zum Tragen kommen.

Drittens kann Marketing nicht auf eine Funktion reduziert werden, sondern es basiert auf einer konsequenten Koordination aller Unternehmensbereiche. Marketingmaßnahmen werden deshalb planvoll und systematisch eingesetzt und die Elemente des Marketing-Mix werden systematisch bearbeitet. Eine Marketingorientierung darf deshalb auch nicht das „Hobby" eines neuen Chefarztes sein, sondern muss systematisch im Krankenhaus verankert werden.

Daraus ergibt sich, viertens, dass Marketing Führungsaufgabe ist. Die oberste Unternehmensleitung ist für die strikte Kundenorientierung, die Marktausrichtung und die Koordination verantwortlich. Der Kunde als Werber und Wiederkäufer kann nicht auf operativer Basis fokussiert werden, sondern muss von der Unternehmensspitze geschätzt und umworben werden.

Marketingstrategien

Das systemtheoretische Modell des Betriebes zeigt drei grundsätzliche Ebenen der Unternehmensführung. Auf der ersten Ebene werden Vision und Mission des Unternehmens definiert. Die Mission ist hierbei der eigentliche Auftrag bzw. die Funktion des Unternehmens, so wie es die Eigentümer und/oder Stakeholder sehen („Wir stellen die Krankenhausversorgung im Landkreis xy sicher"). Die Vision ist der Zustand des Unternehmens, der langfristig erreicht werden soll („Wir sind Qualitätsführer!"). Die Vision und die Mission müssen auf der zweiten Ebene durch die Strategien erreicht werden, d. h., die Strategie ist die Route der langfristigen Oberzielerreichung. Auf der dritten Ebene schließlich werden Maßnahmen und Instrumente gesucht, wie diese Strategien umgesetzt werden können.

Die Entwicklung einer Marketingstrategie zur Erreichung der Vision und Mission ist Aufgabe der obersten Unternehmensleitung. Die Umsetzung (z. B. in Form des Marketing-Mix) kann durchaus dem mittleren Management übertragen werden. Die Definition der Strategien ist jedoch originäre Aufgabe der Unternehmensspitze. Wie Tab. 72 zeigt, können vier Strategieebenen unterschieden werden. Die Marktfeldstrategie, die Marktstimulierungsstrategie, die Marktparzellierungsstrategie und die Marktarealstrategie. Für die meisten Krankenhäuser ist insbesondere entscheidungsrelevant, welche Leistungen auf welchen Märkten angeboten werden sollen (Marktfeldstrategie) und wie Kunden veranlasst werden sollen diese Leistungen zu kaufen (Marktstimulierungsstrategie). Eine inhaltliche, methodische oder räumliche Differenzierung der Marketingstrategie ist bei Krankenhäusern eher selten.

Tab. 72: Ebenen der Marketingstrategie.[10]

Strategieebenen	Art der Festlegung	Basisoptionen	Beispiel
Marktfeldstrategie	Festlegung der Leistungs-/ Marktkombinationen	Gegenwärtige oder neue Leistungen in gegenwärtigen oder neuen Märkten	„Aufbau eines Intensivpflegeheims durch ein Krankenhaus"
Marktstimulierungsstrategie	Bestimmung der Art und Weise der Marktbeeinflussung	Qualitäts- oder Preiswettbewerb	„Entwicklung zum Krankenhaus mit der geringsten Fallsterblichkeit"
Marktparzellierungsstrategie	Festlegung von Art bzw. Grad der Differenzierung der Marktbearbeitung	Massenmarkt oder Segmentierungs- marketing	„Primäre Zielgruppe ist die Oberschicht"
Marktarealstrategie	Bestimmung des Markt- bzw. Absatzraumes	Nationale oder internationale Marketingpolitik	„Gesundheitsdienst- leistungen für reiche Araber"

Eine gängige Form der Festlegung der Leistungs- und Marktkombinationen ist die Produkt-Markt-Matrix, wie sie Tab. 73 zeigt. Sie kombiniert die Leistung mit der Produktmission, d. h. mit dem Problem, das durch die Leistung gelöst werden soll. Die Leistung und die Produktmission können entweder alt oder neu für das Unternehmen sein. Sind sowohl das zu lösende Problem als auch die Leistung keine Innovation, sollte das Krankenhaus bemüht sein den Markt noch intensiver zu durchdringen und die bisherigen Kundengruppen noch intensiver zu bearbei-

---

10 Quelle: Meffert 2018, S. 181.

ten. Hat beispielsweise eine orthopädische Klinik, die seit 50 Jahren in Region xy arbeitet, die Vision „Unser Krankenhaus wird Branchenführer in Orthopädie in Region xy", muss sie ihre Arbeit im bekannten Feld mit den bekannten Leistungen für die bekannte Kundengruppe intensivieren.

Manchmal stellt ein Unternehmen fest, dass man mit derselben Leistung auch andere Probleme lösen kann. So wurde beispielsweise Viagra ursprünglich als Durchblutungsmittel verschrieben. Später stellte man seine spezifische Verwendungsmöglichkeit bei Erektionsschwierigkeiten fest. Das Produkt ist folglich dasselbe, aber die Produktmission wurde geändert. Hier kann die Normstrategie nur Marktentwicklung heißen. Ein typisches Beispiel ist ein Krankenhaus, das seine Technik bislang für klinisch Kranke angewendet hat. Nun entdeckt es, dass dieselbe Technik (dieselbe Leistung) für Gesunde im Sinne der Sekundärprävention verwendet werden kann. Es entwickelt den Markt für Check-Ups.

Wenn ein bekannter Markt durch ein neues Produkt versorgt werden soll, handelt es sich um eine Produktentwicklung. Die Kunden sind dieselben und sie haben dieselben Probleme. Aber die Leistung, mit der wir diese Probleme angehen, verändert sich. Ein Beispiel ist die Entwicklung minimalinvasiver Operationstechniken, die nicht nur eine Weiterentwicklung des bestehenden Produktes, sondern eine echte Neuentwicklung darstellen.

Schließlich kann Diversifizierung eine Marketingstrategie sein, wenn ein völlig neues Problem (und damit in der Regel auch eine neue Kundengruppe) mit einem hierfür neu entwickelten Produkt angesprochen wird. Ein Krankenhaus, das bislang nur in der Akutmedizin tätig ist und nun ein Altenheim aufbaut, diversifiziert.

Tab. 73: Produkt-Markt-Matrix.[11]

	Gegenwärtige Märkte	Neue Märkte
Gegenwärtige Produkte	Marktdurchdringung	Marktentwicklung
Neue Produkte	Produktentwicklung	Diversifikation

Der erste Schritt einer Marketingstrategie ist deshalb die Festlegung der Leistungen und der Probleme, die mit diesen Leistungen gelöst werden sollen. Daraus ergeben sich dann die Märkte und Kundengruppen. Für jeden Teilmarkt ergibt sich wiederum ein Bedürfnis-Bedarf-Nachfragemodell, so wie es in Abb. 117 dargestellt ist. Die Nachfragebarrieren bzw. -filter müssen folglich für jeden Teilmarkt und jede Kundengruppe analysiert werden, um eine bestmögliche Stimulierung der Nachfrage zu erzeugen. Die Überwindung der Filter ist Aufgabe des Marketing-Mix, der im nächsten Abschnitt diskutiert wird.

---

11 Quelle: Schmalen und Pechtl 2019, S. 274.

Alle Marketingstrategien und -aktivitäten müssen auf Informationen basieren. Die Gewinnung von Informationen für das Marketing und insbesondere für die Einschätzung der Bedürfnisse der Kunden ist Aufgabe der Marktforschung.

6.1.2 Marketing-Mix

Der Begriff Marketing-Mix impliziert, dass die Marktstimulierung grundsätzlich mit Hilfe verschiedener Maßnahmen erfolgt. Es handelt sich nicht um Alternativen, sondern um Mitspieler in einem gemeinsamen Konzert. Ziel aller Elemente des Marketing-Mix ist es, die unterschiedlichen Filter zwischen Bedürfnis und Nachfrage zu überwinden und somit den Absatz zu sichern, der den Existenzgrund des Betriebes und damit langfristig die Grundlage des Überlebens darstellt. Im Folgenden werden die klassischen Elemente Produktpolitik, Preispolitik, Kommunikationspolitik und Distributionspolitik diskutiert, soweit sie für Krankenhäuser relevant sind.

Produktpolitik

Grundlagen
Unter Produktpolitik versteht man die Gestaltung einer Problemlösung, sodass der Kunde ihr eine hohe Priorität zumisst. Die Funktionserfüllung im Umsystem und damit der Existenzgrund des Unternehmens hängen unmittelbar von der Fähigkeit des Produktes ab, Probleme des Kunden zu lösen bzw. seine Bedürfnisse zu befriedigen. Da das Produkt allerdings in der Regel ein Bündel von nutzenrelevanten Eigenschaften hat, muss die Produktpolitik auch diese unterscheidbaren, jedoch nicht trennbaren Dimensionen analysieren und gestalten, um den Kunden zufrieden zu stellen. In einer Wettbewerbsgesellschaft kann nur das Unternehmen überleben, das eine gute Produktpolitik betreibt.

Der Begriff Produktpolitik wird im Dienstleistungssektor häufig durch die Begriffe Leistungs- bzw. Dienstleistungspolitik ersetzt. Die Leistung wird hierbei als Problemlösung verstanden, die weit über die Kernleistung hinausgeht. Der Kunde muss diese auch erkennen, annehmen und nutzen können. Entsprechend können eine Politik der Kernleistung, der Verpackung, des Kundendienstes sowie der Namensgebung unterschieden werden. Die Kernleistungen des Krankenhauses sind die medizinisch-pflegerischen Leistungen. Da in Deutschland die Preise der Kernleistungen in der Regel festgelegt und für den Nachfrager irrelevant (Versicherungsschutz) sind, entscheidet allein die wahrgenommene Qualität der Kernleistung über die Nachfrage, nicht das Preis-Leistungs-Verhältnis der Kernleistung. In der Allgemeinen Theorie erstrebt die Politik der Kernleistung das Ziel, die Elemente der Gesamtleistung so zusammenzustellen, dass der Kunde bei gegebenen Gesamtkosten der Leistungserstellung der Gesamtleistung einen maximalen Nutzen zuweist. Im

Krankenhaus ist die Kernleistung jedoch meist klar definiert, sodass allein durch die subjektive Qualität eine Abgrenzung von Konkurrenten möglich ist.

Die Wahlleistungen sind eine Art Verpackung der Kernleistung. Chefarztwahl, Telefon, Fernseher, Zwei-/Einbettzimmer, Wahlessen, Sitzgruppe im Krankenzimmer, Internetanschluss und die Unterbringung einer Begleitperson verschönern den Krankenhausaufenthalt, verpacken ihn, sodass er angenehmer wird. Damit wird es für den Patienten leichter die Kernleistung wertzuschätzen. Da das Krankenhaus in der Gestaltung des Preises der Wahlleistungen relativ frei ist, bewertet der Patient das Angebot nicht an der absoluten Qualität der Leistung, sondern eher am Preis-Leistungs-Verhältnis. Seine Prioritäten spielen eine große Rolle, da die Wahlleistung automatisch impliziert, dass er seine Ressourcen nicht anderweitig einsetzen kann (Opportunitätskosten). Wahlleistungswünsche der Patienten sollten systematisch erforscht und Wahlleistungspakete nutzenmaximal zusammengestellt werden. Hierzu dient die Marktforschung (direkte Befragung des Nutzens bzw. indirekte Befragung durch Vergleich).

Die Politik des Kundendienstes und verwandter Software umfasst alle Dienstleistungen, die der Betrieb dem Kunden zukommen lässt, damit er die Kernleistung (inkl. der Verpackung) gut nutzen kann. Hierzu gehören im Krankenhaus die reibungslose Zusammenarbeit mit den vor- und nachgelagerten Bereichen (z. B. zeitnahe Information niedergelassener Ärzte, Datenaustausch) sowie die Vor- und Nachbetreuung des Patienten. Sie dienen dazu, dass der Patient die medizinischpflegerische Leistung des stationären Aufenthaltes in einen Outcome der Heilung oder Linderung umsetzen kann. Der Patient ist letztlich nicht am Krankenhausaufenthalt allein interessiert, sondern an einem Erfolg des gesamten Behandlungsprozesses inkl. des ambulanten Bereiches. Deshalb benötigt die Produktpolitik diese Form des Kundendienstes.

Schließlich soll eine Leistung erkennbar sein und ein Qualitätsversprechen beinhalten. Hierfür ist die Namensgebungspolitik verantwortlich. Die Marke wird hierbei als eine symbolische Verdichtung zentraler Merkmale einer Leistung verstanden. Marken können geschützt sein, müssen es aber nicht. Entscheidender ist, dass die Marke als Vorstellungsbild im Kopf des Kunden existiert. Das englische Synonym ist Branding, d. h. die eindeutige Kennzeichnung durch ein Brandzeichen. Eine Kuh, die ein bestimmtes Brandzeichen trägt, gehört eindeutig einem bestimmten Landwirt und kann klar identifiziert werden. Und so ist beispielsweise eine Coca Cola durch ihr Markenzeichen eindeutig identifizierbar. Fast jeder hat bei diesem Wort die entsprechende Flasche vor Augen, manche schmecken sogar für einen Moment dieses Getränk. Die Markenbildung war erfolgreich, wenn der Schritt vom Bedürfnis zum Bedarf mit einer eindeutigen Marke verbunden ist und diese Marke zum Inbegriff der Bedürfnisbefriedigung wird. Man muss allerdings betonen, dass die Marke allein keine Absatzgarantie impliziert. So sagen viele Menschen „Tempo" für ein Papiertaschentuch (also eine bestimmte Marke), kaufen dann aber doch ein Billigprodukt.

Im Gesundheitswesen ist die Markenbildung bislang kaum verbreitet. Dies hat verschiedene Ursachen. Erstens setzt Markenbildung eine gewisse Größe und Flächendeckung voraus, was bei Krankenhäusern nur im Klinikverbund möglich ist. Zweitens setzt Markenbildung eine nachprüfbare Qualität voraus. Da Gesundheitsdienstleistungen Vertrauensgüter sind, kann der Kunde die Erfüllung des Qualitäts- und Nutzenversprechens nicht vollständig beurteilen. Er ist darauf angewiesen dem Namen zu trauen. Oftmals müssen Surrogate herhalten, weil das Krankenhaus selbst keinen wirklichen Namen hat, mit dem man etwas verbindet. Ein derartiges Surrogat kann der Träger sein (z. B. „Barmherzige Brüder"), mit denen der Kunde positive Eigenschaften assoziiert. Häufig vertraut man auch anderen, bekannten Organisationen, wie z. B. dem TÜV, der mit seinem Markennamen im Rahmen der DIN EN ISO Zertifizierung für die Qualität des Krankenhauses bürgt.

Drittens erfordert die Markenbildung Werbung, damit die Marke mit einer bestimmten Botschaft assoziiert wird. Wie wir noch sehen werden ist die Werbung im Krankenhausbereich jedoch stark eingeschränkt. Es gibt deshalb nur wenige Beispiele für Markenbildung im Krankenhauswesen.

Die Charité, die Mayo Clinic (USA) und einige Klinikketten (z. B. Sana) geben sich Mühe, der Inbegriff für Qualität zu werden. Die Charité dürfte diesbezüglich schon relativ weit sein. Gerade im Ausland steht dieser Name für ein Qualitätsversprechen. Staatliche Krankenhäuser ohne Kettenanschluss haben bislang jedoch kaum eine Markenpolitik betrieben.

Diakonie und Caritas, die beiden großen kirchlichen Träger der Freien Wohlfahrtspflege, haben durchaus die Intention einer Markierung. Diakonie und Caritas sollen im Bewusstsein der Menschen für eine dem Menschen zugewandte Pflege stehen, so wie beispielsweise Lufthansa als Marke für sicheres Fliegen bürgt. Teilweise ergibt sich hieraus jedoch ein Konflikt mit dem eigenen Zielsystem, da insbesondere die von Diakonie und Caritas ebenfalls abgedeckten Felder der Armenhilfe kaum eine Hochqualität zulassen. Der „Pflege-Aldi", in dem Sozialschwache zu niedrigen Preisen mit entsprechend niedriger Qualität gepflegt werden, wird im Altenhilfebereich diskutiert. Derzeit sind die Preise für Krankenhausleistungen fixiert, sodass ein „Krankenhaus-Aldi" nicht denkbar erscheint. Ob dies in Zukunft ebenso sein wird und wie dies mit einer Markenbildung verknüpft werden kann, ist derzeit nicht bestimmbar. Das Beispiel Aldi zeigt allerdings, dass niedrige Preise nicht automatisch mit niedriger Qualität und schlechtem Image verknüpft sein müssen.

Instrumente

Aus den zahlreichen möglichen Instrumenten des Produktmanagements sollen exemplarisch die Lebenszyklusanalyse und die Portfolioanalyse herausgegriffen werden. Abb. 120 zeigt den klassischen Verlauf. Nach der Einführung eines neuen Produktes erfolgt eine Wachstumsphase mit progressiven Umsatzzuwächsen. In der Reifephase steigen die Umsätze degressiv, bis sie in der Sättigungsphase ihr Maximum erreichen und manchmal für eine gewisse Zeit auf einem Plateau verharren. Meist geht dann jedoch der Umsatz des Produktes zurück, bis es zum Schluss vom Markt genommen werden muss und nur noch im Museum existiert.

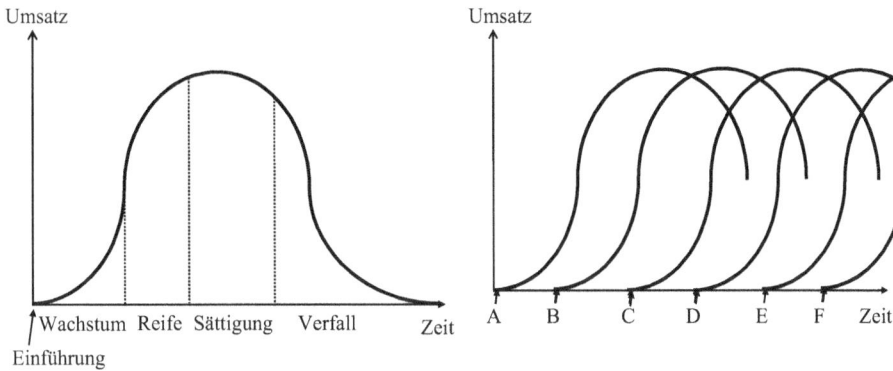

Abb. 120: Produktlebenszyklus.[12]

Am Anfang steht meistens eine Invention (Erfindung), die anschließend umgesetzt und angenommen wird (Innovation). Eine erweiternde Innovation ergänzt die bestehende Systemlösung um etwas, das bislang noch nicht existiert hat. Es werden Bedürfnisse befriedigt, die bisher noch nicht oder nur unzureichend abgedeckt waren. Sie stehen damit auch in keiner direkten Konkurrenz zu bestehenden Produkten. Eine verdrängende Innovation hingegen ersetzt eine alte Systemlösung durch eine bessere („Das Bessere ist des Guten Tod!"). In einer Wettbewerbsgesellschaft wird deshalb eine bessere Problemlösung die vorherige Innovation ablösen, sodass nach einiger Zeit der Rückgang des Umsatzes zu erwarten ist.

In den letzten Jahrzehnten hat sich der Innovationswettbewerb verschärft. Der Verfall setzt immer früher ein, wobei die Produktentwicklungszeiten immer länger dauern. Wer nicht schnell genug innovativ sein kann, muss mit veralteten Lösungen auf niedrigstem Preisniveau arbeiten. Abb. 120 zeigt, dass ein erfolgreiches Unternehmen bereits dann ein neues Produkt auf den Markt werfen muss, wenn das alte Produkt noch in der Reife- oder Sättigungsphase ist. Wer nicht schnell genug eine noch bessere Problemlösung nachschiebt, kann am Markt nicht überleben. Allerdings sind die Neuerungen von manchen angeblichen Innovationen so gering, dass man eigentlich von einer Wiedereinführung (Relaunch) desselben Produktes sprechen müsste.

Im Gesundheitswesen sind die Lebenszyklen noch relativ lang. Dies hat verschiedene Ursachen. Erstens sind Scheininnovationen bzw. Relaunch ethisch prob-

---

12 Quelle: Schmalen und Pechtl 2019, S. 362.

lematisch. Es würde dem Patienten in einer häufig lebenswichtigen Entscheidung eine Novität verkauft werden, die in Wirklichkeit gar nichts Neues bringt. Innovationen im Gesundheitswesen sind deshalb häufig echte Basisinnovationen, die als technische Neuerung wirklich eine ganz andere und qualitativ hochwertigere Problemlösung darstellen. Zum anderen sind die Innovationszyklen lang, da die Finanzmittel fehlen. Bis zur Aufnahme in den GKV-Katalog stehen Innovationen nur Selbstzahlern offen, sodass eine Qualitätsführerschaft mit Hilfe moderner Verfahren keinen Umsatzvorteil für die Krankenhäuser bietet. Eine Produktentwicklung macht nur Sinn, wenn entweder eine ausreichende Förderung (z. B. an Universitäten) oder genügend Selbstzahler vorhanden sind. Die Hoffnung auf spätere Gewinne kann im derzeitigen Finanzierungssystem kaum dazu veranlassen eine Forschungs- und Entwicklungsabteilung zu etablieren.

Abb. 121 zeigt ein weiteres Instrument des Produktmanagements. Die Portfolio-Matrix betrachtet nicht die zeitliche Entwicklung eines einzelnen Produktes, sondern die Zusammenstellung der Leistungspalette eines Unternehmens zu einem bestimmten Zeitpunkt. Nach den Entwicklern dieser Matrix wird sie als BCG-Matrix (= Boston Consulting Group) bezeichnet. Zuerst werden die einzelnen Leistungen zu Sparten zusammengefasst. Beispielsweise sind die einzelnen DRGs Leistungen, während die Leistungssparte „Geburtshilfe" mehrere DRGs umfasst. Für jede Sparte wird ein Kreis definiert, wobei die Kreisfläche proportional zum Spartenumsatz ist. Die Sparten bzw. Kreise werden anschließend bezüglich ihres relativen Marktanteils und dem jährlichen Marktwachstum bewertet. Der relative Marktanteil wird hierbei im Verhältnis zum größten Konkurrenten gemessen.

Nach der BCG-Matrix ergeben sich vier Felder, denen jeweils Normstrategien zugeordnet werden können. Ist ein Unternehmen auf einem schrumpfenden oder stagnierenden Markt tätig, selbst jedoch völlig unbedeutend in diesem Leistungsfeld, so ist das entsprechende Güterbündel ein „Armer Hund". Hier lautet die Normstrategie: aufgeben. Handelt es sich um einen Wachstumsmarkt und ist die eigene Position im Verhältnis zur Konkurrenz bescheiden, so müssen „Fragezeichen" gesetzt werden. Die Unternehmensleitung muss sehr genau untersuchen, ob sich weitere Investitionen rentieren. Hat das Unternehmen auf einem Wachstumsmarkt hohe Marktanteile, so handelt es sich um „Stars". Sie müssen weiterentwickelt werden, wobei allein das Halten der Marktanteile auf einem Wachstumsmarkt sehr hohe Investitionen erfordert. Schließlich gibt es „Cash Cows". Die Märkte stagnieren, aber das Unternehmen kann aufgrund seiner starken Position die Kunden „melken", bis die Cash Cow geschlachtet ist.

Betrachtet man die Dynamik des Leistungsportfolios, kann die BCG-Matrix mit dem Produktlebenszyklus verbunden werden. Die meisten Produkte sind in ihrer Einführungsphase Fragezeichen. Sie sind auf wachsenden Märkten, die hohe Investitionen erfordern, ohne jedoch selbst ausreichend Cash Flow zu generieren. Wenn es durch effiziente Investitionen gelingt, aus den Fragezeichen Stars zu machen (Wachstums- und frühe Reifephase), generieren sie zwar ausreichend Cash Flow, dieser muss jedoch reinvestiert werden, um den Marktanteil zu halten. Wenn bei Stars eine Marktsättigung eintritt und das Wachstum stagniert (späte Reife- und Sättigungsphase), wird der Star zur Cash Cow. Auf den schrumpfenden Märkten sind keine Investitionen mehr nötig, sodass die Zahlungsströme zur Finanzierung der Zukunftspotenziale der Fragezeichen verwendet werden können. Kommt es zu einem Verfall, wird die Cash Cow zum armen Hund und sollte aufgegeben werden.

Marktwachstum p.a. in %

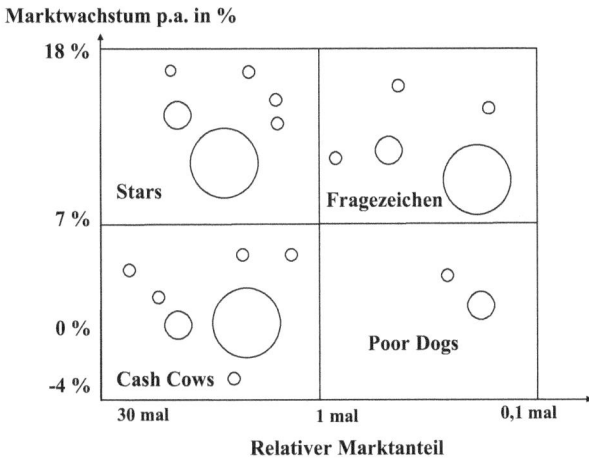

Abb. 121: BCG-Matrix.[13]

Es gibt zwei Konstellationen, bei denen auch „very poor dogs" nicht aufgegeben werden dürfen.[14] Erstens können Leistungen verkuppelt sein, sodass die Aufgabe eines verlustträchtigen Bereiches erhebliche Auswirkungen auf Cash Cows oder Stars hat. In den meisten Krankenhäusern ist die Neonatalintensivstation ein „very poor dog", der nur Verlust einfährt. Allerdings ist sie ein Magnet für die Geburtshilfe, da viele Frauen ihre Kinder in der Nähe einer Intensivstation für Neugeborene gebären möchten. Die Schließung der Kinderstation hätte damit erhebliche negative Folgen für die Geburtshilfe.

Zweitens kann das Zielsystem ein Unternehmen veranlassen „very poor dogs" weiterhin anzubieten. Sie müssen von entsprechenden Cash Cows mitgetragen werden, d. h., es muss eine Kreuzsubventionierung von einem Produktspektrum zu einem anderen erfolgen. So ist beispielsweise die Behandlung der Malariapatienten in einer bestimmten Klinik verlustreich. Sie wird jedoch durch Überschüsse bei anderen Leistungen subventioniert, da diese Einrichtung ursprünglich als Kranken-

---

13 Quelle: Schreyögg und Koch 2014, S. 109.
14 Vgl. Fleßa und Westphal 2008.

haus für Tropenerkrankungen gegründet wurde und diese Ausrichtung noch immer ihr Leitbild und Selbstverständnis prägt.

Die BCG-Matrix ist ein Beispiel für ein Leistungsportfolio, d. h. eine Zusammenstellung unterschiedlicher Leistungsträger zu einem Bündel sich gegenseitig ergänzender und unterstützender Produktlinien. Ein Unternehmen sollte stets eine ausreichend hohe Zahl von Zukunftspotenzialen (Fragezeichen) haben, die von den Cash Cows unterstützt werden, um sich zu Stars zu entwickeln. Der Entwicklung neuer Leistungen für die Kunden kommt dabei eine überragende Bedeutung zu, denn ohne neue Produkte sind auf Dauer auch keine Stars oder Cash Cows möglich, selbst wenn der Lebenszyklus lange dauert und die Dynamik der BCG-Matrix gering ist.

Exkurs: Das gesundheitsfördernde Krankenhaus

Das gesundheitsfördernde Krankenhaus ist eine Innovation, die den primären Wunsch der Kunden ernst nimmt gesund zu bleiben.[15] Die Zusammenstellung von Präventionsleistungen des Krankenhauses zu dem Produkt Gesundheitsförderung ist damit Teil der Produktpolitik.

Die Basis für das gesundheitsfördernde Krankenhaus wurde 1986 in Ottawa („Ottawa Charter") gelegt, als Gesundheit als Maxime aller gesellschaftlichen und politischen Segmente verankert wurde.[16] Man wollte nicht mehr nur fragen, was Menschen krank werden lässt (Pathogenese), sondern auch was sie gesund macht bzw. erhält (Salutogenese). Diese Faktoren (z. B. Ressourcen, Kohärenz, Lebenssinn) sollten in allen Politikbereichen gestärkt werden. Es bildeten sich Initiativen und Netzwerke für gesundheitsfördernde Städte, gesundheitsfördernde Betriebe und gesundheitsfördernde Schulen. Aus diesem Verständnis heraus können sich Krankenhäuser auch nicht als rein kurative Reparaturwerkstätten verstehen, sondern müssen die Gesunderhaltung ihrer Stakeholder (Mitarbeiter, Patienten, Lieferanten, Öffentlichkeit) als wichtigen Output definieren. 1990 gründete sich deshalb ein internationales Netzwerk gesundheitsfördernder Krankenhäuser, 1993 startete die Weltgesundheitsorganisation ihr Projekt „health promoting hospitals" und 1996 gründete sich das Deutsche Netz gesundheitsfördernder Krankenhäuser (DNGfK).

Tab. 74 zeigt mögliche Ansatzpunkte für Gesundheitsförderung durch ein Krankenhaus. Für die eigene Organisation und die wichtigsten Stakeholder sollen Risiken abgebaut und Ressourcen gefördert werden. Hierzu sollen schriftlich formulierte Grundsätze zur Gesundheitsförderung als Bestandteil eines Total Quality Managements formuliert, die Bedürfnisse der Patienten nach gesundheitsförderlichen Aktivitäten eingeschätzt, der Patient über Möglichkeiten der Gesundheitsförderung informiert, der Arbeitsplatz sicherer und gesundheitsförderlich gestaltet, die ge-

---

15 Vgl. Pelikan 1999.
16 Vgl. Schwartz, Badura, Busse, et al. 2012.

sundheitsfördernden Aktivitäten für Mitarbeiter unterstützt und außerbetriebliche Kooperationen mit anderen Gesundheitsförderern angegangen werden.

Tab. 74: Ansatzpunkte der Gesundheitsförderung im Krankenhaus.[17]

	Organisation	Mitarbeiter	Patient	Öffentlichkeit
Risiken abbauen	Arbeits- und Gesundheitsschutz	Gesundheitsverhalten	Gesundheitsverhalten	Ökologisches und Gesundheitsverhalten
Ressourcen fördern	Organisationsentwicklung	Qualifizierung	Qualifizierung	Vernetzung und Qualifizierung

Das immanente Problem der Gesundheitsförderung im Krankenhaus ist die fehlende Finanzierung. Patienteninformation, Mitarbeiterschutz und Aufklärungskampagnen außerhalb der Krankenhausmauern sind nur in seltenen Ausnahmefällen extern finanziert, sondern müssen durch Kosteneinsparungen intern refinanziert werden. Auf den ersten Blick erscheinen sie deshalb als Luxus oder Hobby einer Führungskraft. Auf den zweiten Blick hingegen fällt auf, dass die Gesundheitsförderung ein originäres Bedürfnis des potentiellen oder tatsächlichen Kunden ist. Das Produkt Gesundheitsförderung wird zwar nicht gekauft, es ist jedoch häufig die Verpackung, durch die der zukünftige Patient auf das Krankenhaus aufmerksam wird oder der derzeitige Patient überzeugt wird, dieses Krankenhaus wieder zu wählen. Der zufriedene Patient kann insbesondere weitere Kunden anwerben, die überhaupt keine kurativen Bedürfnisse haben, sondern beispielsweise Präventionsmaßnahmen (Vorsorgeuntersuchungen) nachfragen und deshalb an einem Krankenhaus mit Gesundheitsförderung besonders interessiert sein dürften.

Darüber hinaus ist ein gesundheitsförderlicher Umgang mit den Mitarbeitern in Zeiten von Ärztemangel und Pflegenotstand nicht nur eine Frage der Humanität, sondern der betriebswirtschaftlichen Notwendigkeit. Wir können es uns einfach nicht leisten, dass ein nicht geringer Teil der Pflegekräfte den Beruf wegen Rückenschmerzen und ein großer Teil der jungen Ärzte das Krankenhaus wegen Stress und Überlastung verlassen. Gesundheitsförderung steht deshalb im Schnittpunkt von Produkt-, Kommunikations- und Personalpolitik. Sie stellt eine Investition in die Zukunft des Krankenhauses dar.

Preispolitik

Die Preispolitik umfasst alle Strategien und Maßnahmen zur Festlegung der Gesamtkosten einer Leistung für den Abnehmer. Neben dem eigentlichen Preis der Leistung (inkl. Nebenleistungen, Transport etc.) betrifft die Preispolitik deshalb

---

17 Quelle: Pelikan 2007.

auch die Konditionen, d. h. Rabatte, Absatzkredite und Zahlungsbedingungen (z. B. Skonto, Barzahlung, Zahlungssicherung, Gegengeschäfte, Inzahlungnahme). Im Dienstleistungsbereich spricht man häufig von Entgelt- bzw. Gegenleistungspolitik.

Im Krankenhauswesen spielt die Preispolitik eine untergeordnete Rolle, da zumindest im dominanten GKV-Segment der Preis für den direkten Kunden keine Rolle spielt. Selbst für Privatpatienten ist der Preis der Hauptleistung meist ohne Bedeutung. Lediglich die Wahlleistungen erfordern eine Prioritätenabwägung des Patienten, ob der Grenznutzen dieser Leistung den Preis rechtfertigt. Die Annahme einer preiselastischen Nachfrage ist deshalb bislang im Krankenhaus auf einen kleinen Teil der Umsätze beschränkt. Dies kann sich jedoch in Zukunft insbesondere durch die Aufnahme präventiver, freiwilliger Leistungen in das Angebotsspektrum verändern.

Auch bei Selbstzahlern ist der preispolitische Spielraum relativ begrenzt. Rabatte, d. h. geringere Stückpreise bei höherer Mengenabnahme, sind aus ethischer Sicht im Gesundheitswesen problematisch. Absatzkredite sind wahrscheinlich nur in Nischen (z. B. Schönheitsoperation auf Kredit) denkbar, und auch der Skonto ist bislang unüblich. In anderen Ländern ist der preispolitische Spielraum größer. Beispielsweise haben kirchliche Krankenhäuser in den USA eine soziale Preisdifferenzierung vorgenommen (d. h. Sozialschwache zahlen weniger für dieselbe Leistung). In Deutschland ist dies jedoch aufgrund der vollständigen Versicherungsabdeckung derzeit nicht sinnvoll. Lediglich eine erzwungene räumliche Preisdifferenzierung durch unterschiedliche Basisfallraten in den Bundesländern sowie eine geringe saisonale Preisdifferenzierung bei der Bereitstellung von Angehörigenbetten (z. B. höhere Preise in Monaten mit höherer Auslastung) sind zu verzeichnen.

Die Verhandlung der Pflegesätze ging lange Zeit vom Kostendeckungsprinzip und einer Mengenbegrenzung aus. Damit wurde abweichend von der klassischen Preistheorie die Gleichung Preis = Durchschnittskosten festgelegt. Lediglich Krankenhäuser, die von den Plankostenkurven abweichen konnten, hatten (kurzfristig) die Möglichkeit der Gewinnerzielung. Die Situation auf dem heutigen Krankenhausmarkt eröffnet den Krankenhäusern einen deutlich höheren Entscheidungsspielraum. Das DRG-Entgelt pro Fall ist (annähernd) fix, sodass das Krankenhaus die Menge anpassen kann. Abb. 122 zeigt die Entscheidungssituation unter der Annahme eines S-förmigen Gesamtkostenverlaufs.

Das gewinnmaximierende Krankenhaus wird so viele Fälle aufnehmen, dass die vertikale Differenz zwischen Erlösfunktion und Gesamtkostenkurve maximal wird, d. h. das Gewinnmaximum liegt bei X_B, wo das DRG-Entgelt den Grenzkosten entspricht. Der karitative Anbieter hingegen maximiert nicht den Gewinn, sondern die Quantität der Dienstleistung. Für ihn ist deshalb die Menge X_C zielsystemoptimal. Hier kann er gerade noch seine Kosten decken, jedoch möglichst viele Patienten behandeln.

Unberücksichtigt bleibt in dieser Darstellung die Qualität der Leistung. Tatsächlich haben karitative Anbieter eine gewisse Tendenz zur Mengen- statt Qualitäts-

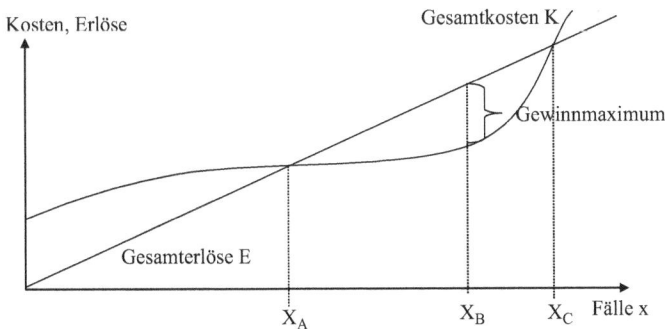

Abb. 122: Kosten- und Erlösfunktion.[18]

orientierung, da Mengen offensichtlicher sind. Die Entwicklung einer Konkurrenz führt deshalb häufig zu einer erheblichen Qualitätssteigerung auf dem Markt, da die hochwertigere Qualität Kunden anzieht und der karitative Anbieter nachziehen muss.

Die Preispolitik spielt zwar derzeit noch keine große Rolle, aber es könnte durchaus sein, dass in wenigen Jahren die Preise für Krankenhausbehandlungen zumindest zum Teil frei mit den Patienten ausgehandelt werden können. Spätestens dann wird jedoch der Werbung eine entscheidende Bedeutung zukommen, die wir im Folgenden analysieren.

Kommunikationspolitik

Abb. 117 zeigt die Bedeutung der Kommunikationspolitik in der Entstehung von Nachfrage auf.[19] Die aktive Kommunikation des Unternehmens katalysiert den Übergang von objektivem Mangel zum Bedürfnis, indem dem potentiellen Kunden Informationen angeboten werden, die ihm seinen Mangel bewusst machen. Weiterhin leitet die Kommunikation den Übergang vom Bedürfnis zum Bedarf ein, indem der den Mangel Erlebende erfährt, welches Gut sein Bedürfnis stillen kann. Und schließlich hilft Kommunikation dabei die Filter zwischen Bedarf und Nachfrage zu reduzieren, indem sie gezielt Informationen gibt, z. B. über die Konditionen der Leistung. Wohl informiert, in seinen Bedürfnissen angesprochen und in seiner Prioritätensetzung stimuliert kann der Kunde eine Leistung nachfragen, die seinen Mangel beseitigt und sein Bedürfnis befriedigt.

Die aktive Gestaltung der Kommunikation des Unternehmens mit dem Ziel der Nachfragegenerierung (= Kommunikationspolitik) bezieht sich sowohl auf die Informationen, die das Unternehmen verlassen und den direkten bzw. indirekten Kun-

---

18 Quelle: Fleßa 2004, S. 180.
19 Vgl. Helmig und Graf 2017.

den erreichen sollen, als auch auf die Informationen, die vor Verlassen des Unternehmens herausgefiltert werden sollen. Outputfilter sind deshalb nicht nur bei materiellem Output (= Qualitätssicherung), sondern auch bei Informationen von großer Bedeutung. Komplex wird die Kommunikationspolitik, wenn unterschiedliche Adressaten unterschiedliche, teilweise gegensätzliche Informationen erhalten sollen. So sind beispielsweise die indirekten Kunden (z. B. Sozialamt) einer Klinik für Drogenabhängige an Details des Entzugs interessiert, während man diese Informationen den direkten Kunden (Drogenabhängigen) besser nicht offenlegt.

Die Allgemeine Betriebswirtschaftslehre unterscheidet Werbung, Verkaufsförderung, Öffentlichkeitsarbeit und persönlichen Verkauf als Instrumente der Kommunikationspolitik. Werbung ist die Anpreisung einer konkreten Leistung, sodass aus einem Mangel eine konkrete Nachfrage werden kann. Alle weiteren Maßnahmen zur Erhöhung des Absatzes werden hingegen als Verkaufsförderung bezeichnet. Wenn beispielsweise ein Krankenhaus bei einer Veranstaltung einen Beratungsstand zur Gesundheit aufstellt, so wird damit keine eindeutige Leistung beworben, wohl aber indirekt und langfristig eine Erhöhung der Nachfrage beabsichtigt. Diese Verkaufsförderung kann auch Teil der Öffentlichkeitsarbeit sein. Im Krankenhaus sind hier der Tag der offenen Tür sowie die Ausstellung auf Messen häufige Varianten. Der persönliche Verkauf schließlich ist das Arzt-Patienten-Gespräch, in dem Leistungen angeboten und verkauft werden. Letztlich ist jedoch die Werbung der eigentliche Kern der Kommunikationspolitik im Krankenhaus – wenn auch ein Kern in Fesseln.

Die Möglichkeiten der Werbung sind im deutschen Gesundheitswesen stark eingeschränkt.[20] Dahinter verbirgt sich die Logik, dass Leistungen des Gesundheitswesens noch immer als negative Reparaturen angesehen werden, die es möglichst zu vermeiden gilt. Jede Gesundheitsdienstleistung – so wird argumentiert – koste die Gesellschaft Geld und trage für den Patienten ein gewisses Risiko in sich. Deshalb solle jede Erhöhung der Nachfrage vermieden werden.

Dem kann entgegnet werden, dass Werbung primär eine Informationsfunktion hat. Es wird kein neuer Mangel erzeugt, sondern ein berechtigter Gesundheitsmangel wird in eine konkrete Nachfrage überführt. Werbung hilft dem Patienten seinen Mangel zu erkennen, Möglichkeiten der für ihn optimalen Bedürfnisbefriedigung zu finden und seine Prioritäten richtig auszurichten. Als Kompromiss zwischen der Ablehnung und den positiven Effekten der Werbung ergibt sich eine Einschränkung der Werbefreiheit, wie sie typisch für das Gesundheitswesen ist. Abb. 123 zeigt die grundlegende Logik der Werbebeschränkung im deutschen Gesundheitswesen.

Krankenhäuser unterliegen zuerst einmal denselben Gesetzen wie andere Unternehmen. Das Gesetz gegen unlauteren Wettbewerb (UWG) verbietet deshalb Krankenhäusern wie allen anderen Unternehmen Irreführung, unlautere bzw. sittenwidrige Werbung sowie unzumutbare Belästigung. Eine sachbezogene, berufs-

---

20 Vgl. Papenhoff und Platzköster 2010; DKG 2021.

Wem erlaubt?		Wem verboten?
Allen Unternehmen →	**INFORMATIONSWERBUNG** Sachbezogen, berufsbezogen, dezent, unaufdringlich	
Geschäftsverkehr, Kliniken →	**VERGLEICHENDE WERBUNG** Bezugnahme auf vergleichbare Dienstleistungen oder Anbieter	← Niedergelassenen Ärzten
Geschäftsverkehr →	**ANPREISENDE WERBUNG** Übertreibung, Alleinstellung, Superlative, Vollmundigkeit	← Ärzten und Kliniken
	HWG-WIDRIGE WERBUNG Verstoß gegen das Heilmittelwerbegesetz	← Allen Verboten
	IRREFÜHRENDE WERBUNG Unwahre oder zur Täuschung geeignete Werbung	← Allen Verboten
	UNLAUTERE WERBUNG Verletzung des Leistungswettbewerbs	← Allen Verboten

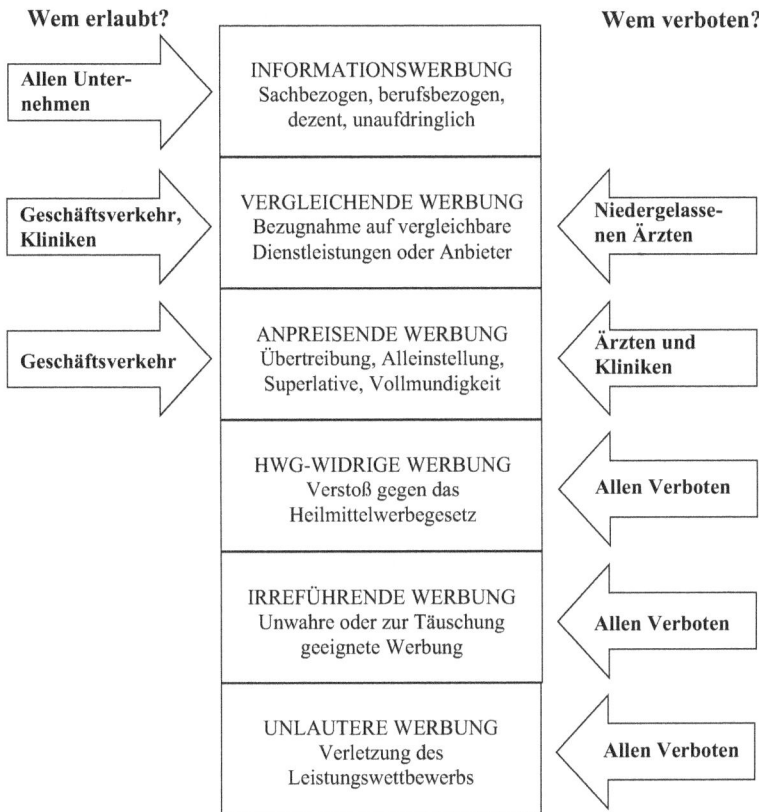

Abb. 123: Werbebeschränkung im deutschen Gesundheitswesen.[21]

bezogene, dezente und unaufdringliche Informationswerbung ist hingegen grundsätzlich erlaubt. Was allerdings unter Irreführung, Sittenwidrigkeit, Unzumutbarkeit, Sachbezogenheit etc. im Gesundheits- und Krankenhauswesen zu definieren ist, wird im Heilmittelwerbegesetz (HWG) und in der Musterberufsordnung für Ärzte (MBO) festgelegt.

Das Ziel des Heilmittelwerbegesetzes ist der Schutz des Patienten. Der Laie soll vor falschen Vorstellungen, Erwartungen, Ängsten oder Peinlichkeiten geschützt werden. Deshalb enthält das HWG ein Verbot der Irreführung sowie ein Werbeverbot für verschreibungspflichtige Arzneimittel (§ 10), für bestimmte Methoden (§ 11) und bei bestimmten schweren Krankheiten und Leiden (§ 12). Irreführende Werbung liegt vor, wenn Arzneimitteln oder Verfahren und Behandlungen eine bestimmte Wirkung nachgesagt wird, die sie nicht besitzen, wenn der Eindruck erweckt wird, dass ein Behandlungserfolg mit Sicherheit eintreten wird oder dass keine Nebenwirkungen möglich

---

21 Quelle: Eigene Darstellung.

sind, oder wenn unwahre bzw. unvollständige Angaben gemacht werden (z. B. zu In-haltsstoffen von Arzneimitteln). Die Werbeverbote beziehen sich überwiegend auf die Werbung bei Patienten. Richtet sich die Werbung hingegen an das Fachpublikum (z. B. einweisende Ärzte), kann durchaus mit Zertifikaten, Bildern und Methoden ge-worben werden.

Neben dem HWG impliziert auch die Musterberufsordnung (MBO) für Ärzte als Standesrecht der Ärzteschaft eine Werbeeinschränkung für Krankenhäuser. Die MBO stellt einen Standard für das Verhalten der Ärzte gegenüber Patienten, Kolle-gen etc. auf. Sie hat keine direkte Rechtskraft, wird jedoch über die Berufsordnun-gen der Landesärztekammern verbindlich, die sich (meist vollständig) an der MBO orientieren. Verstößt ein Arzt gegen die MBO, riskiert er damit den Verlust der Approbation.

Nach der MBO bestand bis zum Jahr 2002 ein vollständiges Werbeverbot für Ärzte. Seither wurden die Beschränkungen gelockert. § 27 der MBO erlaubt die sach-liche und berufsbezogene Information der Öffentlichkeit über die eigene Person, die angebotenen Verfahren, Tätigkeitsschwerpunkte und andere Leistungen. § 27 Abs. 3 MBO untersagt berufswidrige Werbung (insbesondere anpreisende, irreführende und vergleichende Werbung). Die Eintragung in Verzeichnisse (z. B. Internetplattformen für Ärzte) ist hingegen nach § 28 MBO möglich. Seit dem sogenannten „Kittelurteil" (01.03.2007) ist es Ärzten auch nicht mehr grundsätzlich verboten, sich für Werbe-zwecke im weißen Kittel darzustellen – ein Beispiel für die sich verändernde Ausle-gung von HWG und MBO.

Krankenhäuser unterliegen indirekt der ärztlichen Berufsordnung, da Ärzte, für die die MBO verpflichtend ist, ein wichtiger Produktionsfaktor sind. Wirbt deshalb ein Krankenhaus mit einer Leistung, die unmittelbar mit einem Arzt verbunden ist, unterliegt diese Werbung ebenfalls der Berufsordnung für Ärzte. De Facto sind des-halb die Werbemöglichkeiten der Krankenhäuser relativ stark eingeschränkt. Wer-beagenturen, die sich auf Krankenhäuser spezialisiert haben, kennen in der Regel die Einschränkungen und Schlupflöcher relativ gut. Es bleibt allerdings zu fragen, ob das Bild des unwissenden und zu schützenden Laien, das hinter den Werbebe-schränkungen steht, heute überhaupt noch der Realität entspricht.

Distributionspolitik
Die Distributionspolitik umschließt alle Aktivitäten der Gestaltung der Verkaufspro-zesse. Neben der physischen Verteilung der Güter (Distributionslogistik, Lieferkon-ditionen) gehören hierzu auch die Verkaufs- und Außendienstpolitik sowie die Wahl und Gestaltung der Absatzwege. Die Allgemeine Betriebswirtschaftslehre ist eine Sachgüterlehre, d. h., Produktion und Absatz können zeitlich, räumlich und personell auseinander liegen. Deshalb kommt insbesondere der Wahl der Absatz-mittler, Absatzwege und Logistik eine große Rolle bei der Überwindung der Filter zwischen Bedarf und Nachfrage zu. Ist der Kunde beispielsweise weit vom Standort

entfernt, so muss entschieden werden, wie das Unternehmen ihn mit Informationen und Verkaufsangeboten erreichen kann, wie und wo er den Verkaufsabschluss tätigen kann und wie das Produkt ihn erreicht.

Krankenhausleistungen sind Dienstleistungen, die gemäß dem Uno-Actu-Prinzip in Einheit von Ort, Zeit und Handlung an anwesenden Kunden erstellt werden. Die Distributionspolitik reduziert sich deshalb mit wenigen Ausnahmen auf Teilaspekte der Logistik. So muss die Festlegung des Krankenhausstandorts als distributionspolitisches Instrument verstanden werden, um die angebotenen Leistungen möglichst kundennah produzieren zu können. In anderen Ländern gibt es Beispiele für logistische Leistungen, die ebenfalls in diese Kategorie fallen. Beispielsweise werden in Schweden (einem dünn besiedelten Flächenland mit wenigen zentralen Krankenhäusern) Patienten mit regelmäßig verkehrenden Bussen abgeholt und ins Krankenhaus bzw. wieder nach Hause gefahren. Die Busse überbrücken die großen Distanzen und bestellen für den abschließenden Transport in die Häuslichkeit Taxen.

Eine andere Möglichkeit sind mobile Dienste, die ebenfalls in Flächenländern zum Einsatz kommen. Der Hausbesuch des Hausarztes ist ein distributionspolitisches Instrument, um die Leistung zu dem immobilen Patienten zu bringen. Krankenhäuser könnten diesem Beispiel folgen und in unterversorgten Regionen wie z. B. Vorpommern in Hausarztpraxen Facharztberatung an vorher festgesetzten Tagen anbieten. So könnte beispielsweise der Mangel an Gynäkologen in dünn besiedelten Räumen durch einen mobilen Frauenarzt mit entsprechender Ausstattung behoben werden, der regelmäßig als Gast von Hausärzten tätig wird. Diese mobilen Dienstleister könnten an Krankenhäusern angesiedelt werden und dort die übrige Zeit arbeiten.

Auch die Telemedizin kann als Distributionsinstrument gesehen werden. Hier wird eine Distanz zwischen Kunde und Leistung überbrückt, die vorher dazu geführt hat, dass ein Bedarf nicht zur Nachfrage wurde. Mit Hilfe der telemedizinischen Überwachung des Patienten in seiner Häuslichkeit können Gesundheitsbedürfnisse ohne Distanzreibungsverluste befriedigt werden. Abb. 124 zeigt schematisch mögliche Distributionswege, wie Leistungserstellung und Patient zusammenkommen können.

Der normale Absatzkanal im ambulanten Sektor ist der Besuch des Patienten beim Arzt, wobei entweder der Patient selbständig zum Arzt geht (A2) oder gebracht wird (z. B. durch Rettungsdienst, A3). Der weitere Standardfall ist der der Hausbesuch des Arztes beim Patienten (A2), der auch an Fachkräfte (z. B. AGnES, VERAH) delegiert werden kann (A4). Weiterhin ist eine telemedizinische Überwachung (vgl. Kapitel 10.3.2) durch den Hausarzt möglich. Ebenso kann der Hausarzt Unterstützung durch den Facharzt erhalten. Dies kann z. B. dadurch erfolgen, dass der niedergelassene Facharzt regelmäßig Sprechstunden beim Hausarzt abhält, d. h. der Facharzt wird mobil („De Führn Dokter") (A6).[22] Gleicherweise können nieder-

---

[22] Vgl. Fleßa, Haugk, Müller, et al. 2007.

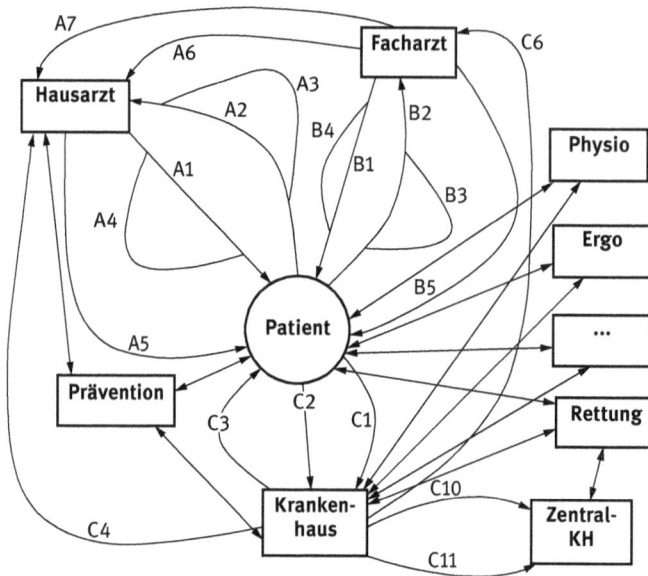

Abb. 124: Distributionspolitik – Varianten im Gesundheitswesen.[23]

gelassene Fachärzte den Hausarzt beraten, Laborleistungen etc. anbieten (A7, A8). Aus Sicht des Facharztes, der Präventionsexperten, Therapeuten etc. ergeben sich ähnliche Möglichkeiten, hier nur angerissen als B1–B6.

Aus Sicht des Krankenhauses gibt es ebenfalls verschiedene Distributionswege. Traditionell kommt der Patient zum Krankenhaus, entweder selbständig oder er wird transportiert (C1, C2). Hierbei ist wichtig, dass das Krankenhaus gut an die öffentliche Infrastruktur (Straßennetz, Öffentlicher Personennahverkehr) angebunden und mit ausreichend Parkplätzen ausgestattet ist. Weitergehende Distributionskanäle sind die direkte telemedizinische Überwachung des Patienten sowie die umfangreichen Dienstleistungen für andere Leistungsanbieter, wie z. B. den Hausarzt (C4), Präventionsexperten (C5), Facharzt (C6), Therapeuten (C7, C8), das Rettungswesen (C9) und andere Krankenhäuser (C10). Hierbei bietet das Krankenhaus als Teil der Distributionspolitik Beratung und Funktionen (z. B. Labor), Telemedizin (z. B. teleradiologische Befundung) und Präsenz vor Ort an, z. B. in der Form von Krankenhausärzten, die den Facharzt regelmäßig in der Praxis aufsuchen und besondere Patientengruppen behandeln.

Abb. 124 skizziert nur die umfangreichen Distributionswege des Gesundheitswesens. Wichtig ist, dass das Krankenhausmanagement nicht darauf wartet, dass die Patienten ins Krankenhaus kommen, sondern Verantwortung für die Gesundheitsversorgung in der Region in Kooperation mit allen Partnern übernimmt und

---

23 Quelle: Eigene Darstellung.

somit dem Anspruch eines systemischen Managements gerecht wird. Dies ist eine Voraussetzung für ein aktives Marketing im Gesundheitswesen.

Zusammenfassend können wir festhalten, dass Krankenhäuser systematisch und geplant Kundenbedürfnisse analysieren und beeinflussen müssen, wenn sie auf den sich wandelnden Märkten überleben wollen. Sie müssen immer wieder hinterfragen, welchen Existenzgrund sie selbst haben. Dieser zeigt sich meist in der Stillung eines existenziellen Bedürfnisses der Kunden. Wenn es gelingt diesen Existenzgrund dauerhaft zu erhalten und die darauf beruhenden Bedürfnisse besser zu befriedigen als die Konkurrenz, hat das Krankenhaus eine gute Prognose. Die Zeiten, in denen Patienten dankbar ins Krankenhaus gekommen sind und froh waren, Behandlung zu finden, sind allerdings für immer vorbei. Es gilt, die Hauptleistung immer wieder neu zu definieren, die Kundengruppen zu spezifizieren und die Instrumente des Marketing-Mix gezielt einzusetzen.

6.2 Nebenleistungen

Die meisten Lehrbücher der Betriebswirtschaftslehre beschränken sich auf die Analyse der Hauptleistung eines Unternehmens. In der Realität gibt es jedoch auch Nebenleistungen und unerwünschte Outputs, die von großer Bedeutung sein können. Die wichtigste Nebenleistung, die unmittelbar mit der Erstellung der Hauptleistung verknüpft ist und deshalb als Kuppelprodukt bezeichnet werden kann, ist die Aus- und Weiterbildung von Mitarbeitern auf allen Ebenen. Tab. 75 gibt einen Überblick über Ausbildungsberufe an Ausbildungsstätten, die nach § 2 KHG mit den Krankenhäusern notwendigerweise verbunden sind. Die rechtliche Setzung „notwendigerweise verbunden" entspricht dem betriebswirtschaftlichen Term Kuppelprodukt. Zusätzlich zu den Ausbildungsberufen leisten die Krankenhäuser einen nicht verzichtbaren Anteil an der praktischen Aus- und Weiterbildung von Medizinern, Apothekern und klinischen Psychologen.

Die Nachfrage nach Ausbildungsplätzen im Krankenhaus ist Schwankungen unterworfen. Grundsätzlich genießen diese Berufe noch immer eine große Achtung in der Gesellschaft, das Sozialprestige ist aber trotzdem eher gering. In geburtenschwachen Jahrgängen können deshalb häufig nicht alle Ausbildungsplätze besetzt werden. Die Folge ist häufig zeitlich versetzt ein Mangel oder „Notstand", der durch eine hohe Fluktuation und geringe Verweildauer im Beruf verstärkt wird. Als Reaktion auf den Pflegenotstand Anfang der 1990er-Jahre ergab sich die Akademisierung der Pflege, die von einer teilweisen Akademisierung der Physiotherapie, Logopädie und Ergotherapie gefolgt wurde. Pflegewissenschaft und Pflegemanagement sind heute an den meisten Fachhochschulen als Diplom- bzw. Bachelorstudiengänge etabliert, Ausbildungen der Physiotherapie, Logopädie und Ergotherapie auf Bachelorniveau konnten in einigen Bundesländern in enger Kooperation mit größeren Krankenhäusern errichtet werden (vgl. Kapitel 4.1.2).

Tab. 75: Ausgewählte Ausbildungsberufe in verbundenen Ausbildungsstätten.[24]

Ergotherapeut, Ergotherapeutin,
Diätassistent, Diätassistentin,
Hebamme, Entbindungspfleger,
Krankengymnast, Krankengymnastin, Physiotherapeut, Physiotherapeutin
Gesundheits- und Krankenpflegerin, Gesundheits- und Krankenpfleger,
Gesundheits- und Kinderkrankenpflegerin, Gesundheits- und Kinderkrankenpfleger,
Krankenpflegehelferin, Krankenpflegehelfer,
medizinisch-technischer Laborassistent, medizinisch-technische Laborassistentin,
medizinisch-technischer Radiologieassistent, medizinisch-technische Radiologieassistentin,
Logopäde, Logopädin,
Orthoptist, Orthoptistin,
medizinisch-technischer Assistent für Funktionsdiagnostik, medizinisch-technische Assistentin für Funktionsdiagnostik

Es ist noch nicht absehbar, ob die Zukunft eine vollständige Akademisierung der bisherigen Ausbildungsberufe bringen wird. Der Blick in die Vereinigten Staaten zeigt jedoch, dass die akademische Lehre zwingend von einer praktischen Ausbildung am Patienten begleitet sein muss. Das Krankenhaus wird deshalb auch in Deutschland sicherlich seine Outputfunktion Aus- und Weiterbildung behalten. Der Begriff Lehrkrankenhaus wird sich jedoch in Zukunft nicht nur auf die praktische Ausbildung von Ärzten reduzieren lassen, sondern auch andere, an Hochschulen studierende Gesundheitsmitarbeiter umfassen.

Die Finanzierung der Ausbildung an Krankenhäusern hat sich seit Einführung der DRGs grundlegend gewandelt. Bis 2005 galt die Regelung nach § 17a Abs. 1 KHG, nach der die Kosten der Ausbildungsstätten und der Ausbildungsvergütung im Pflegesatz zu berücksichtigen waren. Die DRG-Logik legt nahe, dass Krankenhäuser mit Ausbildungsstätten keine anderen Fallentgelte erhalten dürfen als Krankenhäuser ohne diese Funktion. Dies würde eine unzumutbare Belastung für die ausbildenden Einrichtungen implizieren und gegen den Grundsatz der Fairness verstoßen, da die nicht-ausbildenden Krankenhäuser langfristig von der Ausbildungsfunktion der ausbildenden Häuser profitieren. § 17a Abs. 2 KHG legt deshalb fest, dass die Kosten der Ausbildungsstätten und der Ausbildungsvergütung pauschaliert über einen Zuschlag je Fall finanziert werden, den alle Krankenhäuser im Land einheitlich erheben. Dieser Zuschlag wird von allen Krankenhäusern in einen Ausgleichsfond bei der Landeskrankenhausgesellschaft einbezahlt. Aus diesem Fond werden den ausbildenden Krankenhäusern ihre Ausbildungskosten erstattet.

Neben der medizinisch-pflegerischen Hauptleistung und der Wahrnehmung der Aus- und Weiterbildungsfunktion nehmen Krankenhäuser Aufgaben wahr, die

---

24 Quelle: Eigene Darstellung auf Grundlage von § 2 KHG.

hier nicht weiter vertieft werden können, jedoch im Einzelfall von großer Bedeutung sein können. Beispielsweise schreiben kirchliche Krankenhäuser unter Umständen der seelsorgerlichen Begleitung des Patienten eine von der Hauptleistung unabhängige, aber gleichwertige Dimension zu. Für sie ist Seelsorge ein Output, während für andere Krankenhäuser die Schaffung von Infrastruktur ein wichtiges Ergebnis ihrer Geschäftstätigkeit ist. So sind Krankenhäuser in Entwicklungsländern häufig die wichtigsten Träger der Infrastruktur in einer Region. Sie sind die einzigen Einrichtungen mit funktionsfähiger Wasser- und Stromversorgung, mit ausgebildeten Handwerkern, einem Fuhrpark und zuverlässiger Telefonverbindung. Diese Funktionen können hier nicht vertieft werden, sind für die Analyse als Nebenleistungen jedoch im Einzelfall fast so bedeutend wie die medizinisch-pflegerische Hauptleistung.

6.3 Unerwünschte Outputs

Neben den erwünschten Outputs gibt es auch eine Reihe von materiellen und immateriellen Flüssen aus dem Unternehmen, die nicht erwünscht sind. Sie müssen erkannt, analysiert und reduziert werden. Neben den bereits angesprochenen unerwünschten Informationen müssen Abfälle als materielle unerwünschte Outputs gesehen werden. Weiterhin sind Tod und Sterben als unerwünschte Outputs zu werten. In jedem Fall gilt es zu überprüfen, welche Prozesse gestaltet werden können, um die Entstehung unerwünschter Throughputs zu minimieren bzw. welche Outputfilter zu installieren sind, damit die unerwünschten Throughputs nicht zu Outputs werden.

6.3.1 Abfall

Abfälle sind im Krankenhaus quantitativ, qualitativ und monetär von großer Bedeutung. Die Abfallmengen werden vom Statistischen Bundesamt nicht erfasst. Ältere Angaben gehen davon aus, dass ein durchschnittliches Krankenhaus 3,3 kg Abfall pro Tag und Mitarbeiter bzw. 6,0 kg pro Patiententag erzeugt.[25] Heeg und Maier hingegen vermuten, dass die Abfallmenge im modernen Krankenhaus immer weniger von der Bettenzahl als vielmehr von der Leistungsintensität ambulanter und stationärer Patienten abhängt. Sie schätzen, dass ein 1500-Bettenkrankenhaus etwa 1800 t Müll im Jahr produziert, d. h. fast doppelt so viel als frühere Werte vermuten lassen.[26]

25 Quelle: Heinemann und Diekmann 2019.
26 Vgl. Heeg und Maier 2016.

Der größte Teil dieses Mülls ist nicht infektiös und kann wie Haushaltsmüll entsorgt werden. Studien haben gezeigt, dass der normale Müll im Krankenhaus sogar eine geringere Keimzahl als Hausmüll haben kann. Trotzdem ist natürlich der Anteil des infektiösen Mülls quantitativ und vor allem auf Grund seiner hohen Entsorgungskosten nicht zu vernachlässigen.

Nach dem „Gesetz zur Förderung der Kreislaufwirtschaft und Sicherung der umweltverträglichen Beseitigung von Abfällen" (Kreislaufwirtschaftsgesetz – KrWG)[27] muss jedes Krankenhaus ein Abfallwirtschaftskonzept erstellen und schriftlich niederlegen. Weiterhin ist ein Abfallbeauftragter zu benennen. Oberstes Ziel dieses Konzeptes muss die Vermeidung von Abfall sein. Soweit dies nicht möglich ist, müssen Abfälle wiederverwendet oder umweltverträglich beseitigt werden. Das Konzept muss Angaben über Menge, Art und Verbleib der zu entsorgenden Abfälle machen, Abfallvermeidungs- und Verwertungsstrategien aufzeigen und die Entsorgungssicherheit nachweisen.

Die Abfallvermeidung impliziert den Verzicht auf unnötige Artikel und Verpackung, die Bevorzugung von Mehrwegartikeln, die Wiederaufbereitung von Einwegartikeln (soweit zulässig) und die Rückgabe von Verpackungen, z. B. im Rahmen des dualen Systems. Krankenhaushygienische Studien zeigen auf, welche Artikel oder Verpackungen tatsächlich nötig sind oder vermieden werden können. Beispielsweise konnte nachgewiesen werden, dass die Böden in den Funktionsräumen nur selten ein Reservoir für Erreger sind. Konsequent kann man auf die früher üblichen Überziehschuhe verzichten. Die Entscheidung zwischen Ein- oder Mehrwegartikeln ist nicht nur aus Sicht der Krankenhaushygiene als Element des Qualitätsmanagements, sondern auch aus Kosten- und Umweltsicht zu beurteilen. Häufig verbraucht die Sterilisation mehr Energie und kostet mehr als die Beseitigung und entsprechende Neuproduktion.

Die Abfallverwertung umfasst die Wiederverwendung, die Wiederverwertung und die Weiterverwendung. Unter Wiederverwendung versteht man die erneute Benutzung eines Produktes oder Materials für den gleichen Verwendungszweck, z. B. Mehrwegflaschen. Die Wiederverwertung beschreibt die Rückführung in den Produktionsprozess desselben Gutes, z. B. die Nutzung von gebrauchten Inkontinenzartikeln als Zellstoff in der Produktion dieser Artikel, während die Weiterverwendung die Nutzung nach entsprechender Vorbehandlung für neue Anwendungsbereiche umfasst. Die früher häufig anzutreffenden Joghurtgläser als Blumenvasen waren folglich eine Abfallweiterverwendung.

Für die Abfallentsorgung wurden bislang fünf Gruppen unterschieden. Abfallgruppe A umfasst Abfall, an dessen Entsorgung keine besonderen Anforderungen gestellt werden, wie z. B. Hausmüll und Küchenabfälle. Er kann als regulärer Hausmüll entsorgt werden.

---

27 BGBl. 2012, S. 212, inkraftgetreten am 01.06.2012.

Zur Abfallgruppe B gehören Abfälle, an deren Entsorgung aus infektionspräventiver Sicht innerhalb der Einrichtungen besondere Anforderungen gestellt werden. Von ihnen geht eine besondere Gefährdung für Kranke, jedoch nicht für die Allgemeinheit aus. Abfälle, die mit Blut, Sekreten und Exkreten verunreinigt sind (z. B. Kanülen, Verbände, Spritzen, Windeln) sind hierzu zu zählen. Sie werden getrennt gesammelt, jedoch als normaler Abfall entsorgt, falls keine Verletzungs- oder Auslaufgefahr besteht.

Der Abfallgruppe C werden krankenhausspezifische Abfälle zugerechnet, an die aus infektionspräventiver Sicht sowohl innerhalb als auch außerhalb der Einrichtung besondere Anforderungen gestellt werden, da von ihnen eine Gefährdung für alle Menschen ausgeht. Hierzu gehören beispielsweise mikrobiologische Kulturen und alle Materialien, die mit meldepflichtigen, übertragbaren Krankheiten kontaminiert wurden. Sie müssen getrennt gesammelt und als Sondermüll abtransportiert werden. Die Kosten hierfür belaufen sich auf etwa 3000 €/t. Alternativ können C-Abfälle hausintern sterilisiert und anschließend als A-Müll entsorgt werden. Die Entscheidung zwischen eigener Sterilisation, Sterilisation im Verbund oder Entsorgung über ein externes Unternehmen ist unter denselben Gesichtspunkten zu treffen wie bei anderen Make-or-Buy-Entscheidungen.

Abfälle, an die aus umwelthygienischer Sicht innerhalb und außerhalb des Krankenhauses besondere Anforderungen gestellt werden, gehören zur Abfallgruppe D. Hierzu zählen beispielsweise Altmedikamente, Laborabfälle, Abfälle aus Röntgenabteilungen, Mineralöle, Schädlingsbekämpfungsmittel etc. Sie sind in der Regel Sondermüll und müssen entsprechend entsorgt werden.

Schließlich fallen im Krankenhaus medizinische Abfälle an, deren Entsorgung besondere ethische Rücksichtnahme verlangt. Dieser Abfallgruppe E werden z. B. Körperteile, Organabfälle, Blutbeutel, Blutkonserven etc. zugerechnet, deren Entsorgung unter Beachtung von ethischen Normen zu erfolgen hat. So entspricht es beispielsweise der Prägung und Wertvorstellung vieler Menschen, dass ein Fötus nach einem Abgang nicht als Müll entsorgt wird, sondern die Würde des Menschen gewahrt bleibt, und zwar auch dann, wenn die Eltern keine Bestattung wünschen.

Die Bund/Länder-Arbeitsgemeinschaft Abfall (LAGA) als Arbeitsgremium der Umweltministerkonferenz stellt ein differenziertes Verfahren vor, das Abfälle nach Art, Beschaffenheit, Zusammensetzung und Menge in Abfallarten gemäß des Europäischen Abfallverzeichnisses einteilt und anhand einer sechsstelligen Schlüsselnummer Herkunftsbereich (18 für Gesundheitsdienst, 20 normale Siedlungsabfälle), Untergruppen (01 Humanmedizin, 02 Veterinärmedizin) und Abfallgruppe unterscheidet. Dadurch ergeben sich die für das Krankenhaus häufigsten Abfallarten mit der Schlüsselnummer 18 01 01 (spitze und scharfe Gegenstände), 18 01 02 (Körperteile und Organe einschließlich Blutbeutel und Blutkonserven), 18 01 03 (infektiöse Abfälle), 18 01 04 (krankenhausspezifischer, nicht-infektiöser Abfall), 18 01 06 und 18 01 07 (Chemikalienabfälle), 18 01 08 (Zytostatika-Abfälle), 18 01 09 (Altarzneimittel) sowie 20 03 01 (gemischter Siedlungsabfall).

Abfälle sind ein nicht vollständig zu vermeidender Output des Krankenhauses. Ihre Vermeidung, Verwertung und Entsorgung verursachen Kosten und sind letztlich auch für die Qualität der Krankenhaushygiene von großer Bedeutung. Das Abfallsystem muss deshalb ebenso professionell gemanagt werden wie das Materialbeschaffungssystem.

6.3.2 Tod und Sterben

Die Heilung von Kranken wurde traditionell als die Funktion von Krankenhäusern verstanden. Dementsprechend wurden Gesundheitsdienstleistungen, die diese Heilung fördern, als Hauptleistung des Krankenhauses definiert. Dies war allerdings schon immer eine sehr verkürzte Darstellung, da die Linderung von Schmerzen und Leiden sowie das begleitete Sterben ebenfalls von Anfang an zu den Funktionen eines Krankenhauses gehört haben. Bedingt durch das steigende Durchschnittsalter und die Verlagerung des Sterbens aus der Häuslichkeit heraus in Institutionen wie das Krankenhaus[28] rücken jedoch das Sterben als finaler Teilprozess des Behandlungsablaufs sowie der Tod als letztes Ereignis in einer Prozesskette stärker in das Bewusstsein des Krankenhausmanagements. Die letzte Lebensphase des Patienten, das Abschiednehmen durch die Angehörigen sowie die Betreuung der mit Leid, Tod und Sterben konfrontierten Mitarbeiter dürfen nicht dem Zufall oder ausschließlich Betriebsexternen (z. B. Seelsorgern) überlassen werden, sondern sind eine Managementaufgabe. Darüber hinaus erfordert die Ausweitung der Transplantationsmedizin eine systematische Auseinandersetzung mit Tod und Sterben, die nicht auf den einzelnen Arzt oder die einzelne Pflegekraft individuell abgewälzt werden darf, sondern organisatorisch geregelt werden muss. Es wird deshalb notwendig, Tod und Sterben als unerwünschten, aber unvermeidlichen Output des Krankenhauses und als Führungsaufgabe der Krankenhausleitung zu verstehen.

Aus medizinischer Sicht ist der Begriff Tod ein Überbegriff, der das Aufhören der lebenswichtigen Funktionen von Atem-, Herz-Kreislauf- und Zentralnervensystem beschreibt. Der klinische Tod ist vom Hirntod zu unterscheiden. Ersterer impliziert den Stillstand von Atmung und Herz-Kreislaufsystem, d. h., Patienten können durch eine kardiopulmonale Reanimation wiederbelebt werden. Der Hirntod hingegen ist der Tod durch einen irreversiblen Ausfall aller Hirnfunktionen. Die Kreislauffunktionen können zwar weiterhin erhalten sein, eine Reanimation Hirntoter ist jedoch nicht möglich. Treten klinischer und Hirntod zugleich auf, sprechen Physiologen vom biologischen Tod, d. h. vom Tod aller Organsysteme.

---

28 Vgl. Klinkhammer 2012.

Nach dem „Gesetz über die Spende, Entnahme und Übertragung von Organen und Geweben" (Transplantationsgesetz, TPG 1997)[29] ist allein der Hirntod Voraussetzung für die Entnahme von Organen für die Transplantation. Er darf attestiert werden, wenn zwei unabhängige Untersucher bestimmte Kriterien (z. B. Lichtstarre beider Pupillen, Fehlen bestimmter Reflexe, Ausfall der Spontanatmung) bestätigt haben und die Zeichen mindestens 12 Stunden bei primärer Hirnschädigung (z. B. Trauma, Hirnschlag) oder mindestens 72 Stunden bei sekundärer Hirnschädigung (z. B. Vergiftung) bestehen. Zur Verkürzung der Beobachtungszeit können Zusatzuntersuchungen (z. B. EEG) eingesetzt werden, um den Hirntod früher bescheinigen zu können. Für die Entnahme von Organen bei Kindern gelten besondere Regelungen.

Trotz dieser klaren gesetzlichen Vorgaben empfinden viele Menschen eine Entnahme und Übertragung der Organe eines Toten als einen Tabuverstoß, sodass Organempfänger häufig unter Schuldgefühlen leiden und Mitarbeiter in Konflikte geraten. Die Lebens- und Todesvorstellungen des Individuums dürfen deshalb von der Krankenhausführung nicht unberücksichtigt bleiben. Gerade die religiöse Prägung eines Menschen hat einen erheblichen Einfluss auf seinen Umgang mit Tod und Sterben.

Die Todesvorstellung und die Religiosität der Patienten, Mitarbeiter und Angehörigen sind für die Krankenhausführung von Bedeutung. Erstens nimmt der Anteil der Bevölkerung zu, die auch im Tod und Sterben auf kein religiöses Fundament zurückgreifen können und für die deshalb diese letzte Lebensphase mit weniger Hoffnung verbunden ist als für die Menschen in früheren Zeiten. Der Wunsch nach dem schnellen Tod wäre für das christlich geprägte Abendland der letzten Jahrhunderte unvorstellbar gewesen, da jeder Christ noch Zeit haben wollte von seinen Angehörigen „bis zum Wiedersehen in Gottes Reich" Abschied zu nehmen, die Beichte abzulegen und das Abendmahl zu feiern. Heute hingegen gilt der schnelle Tod als begrüßenswert – ein Wunsch, den die moderne Medizin eher vereitelt als unterstützt. Eine religionslose Patienten- und Mitarbeiterschaft stellt jedoch zusätzliche Anforderungen an die psychologische Betreuung, die in Form von Supervision, Trainingsprogrammen und ethischen Konsilen umgesetzt werden muss. Ob diese Maßnahmen die häufig beim Sterben auftretenden Fragen nach Sinn, dem Wert des Lebens, der Ewigkeit, nach Schuld und Sühne wirklich beantworten können, muss hier offen bleiben.

Zweitens entwickelt sich Deutschland zu einer multikulturellen Gesellschaft. Damit ist das Krankenhaus mit Sterbevorstellungen und Todesbräuchen unterschiedlichster Kulturen konfrontiert, die es nicht einfach ignorieren kann. Im Zentrum der Betriebsführung muss der direkte (oder indirekte) Kunde stehen. Die Bedürfnisse des sterbenden Patienten erstrecken sich nicht auf technisch-funktionale Schmerzlinderung. Er möchte nach seinen Vorstellungen sterben dürfen, Trost finden und ange-

---

29 BGBl 2007, S. 2206, inkraftgetreten am 01.08.2007.

nommen werden. Ebenso möchte der Angehörige (als indirekter Kunde) gemäß seiner Lebensvorstellung Abschied nehmen können. Hierfür muss das Krankenhaus räumliche, zeitliche und emotionale Gelegenheiten schaffen.

Dies impliziert für das Krankenhaus, dass eine kompetente Sterbebegleitung gewährleistet sein muss. Da diese ausgesprochen kultur- und kontextbezogen ist und hohe Anforderungen an die Mitarbeiter stellt, kann sie nicht allein der natürlichen Sensibilität des Personals überlassen bleiben. Begleitung muss erlernt und geübt werden. Die Erfahrung der Mitarbeiter mit der Begrenztheit menschlicher Existenz muss mit professioneller Unterstützung verarbeitet werden. Dies erfordert Investitionen durch die Krankenhausleitung in die Ausbildung und Begleitung der Mitarbeiter. Der vom Krankenhaus bezahlte Seelsorger, der sich nicht nur um Patienten, sondern auch um Mitarbeiter kümmert, ist deshalb kein unnötiger Luxus von konfessionellen Krankenhäusern, sondern eine lohnende Investition. Eine gleichwertige säkulare Variante findet man allerdings noch sehr selten.

Darüber hinaus muss das Krankenhaus aber offizielle Kontakte zu Religionsgemeinschaften und anderen Organisationen pflegen, die für die Begleitung Sterbender und ihrer Angehörigen wichtig sind. Etablierte, nicht dem Zufall überlassene Kooperationen sind eine Grundvoraussetzung für eine Sterbequalität, d. h. eine ganz auf die Bedürfnisse des Patienten ausgerichtete Gestaltung der letzten Lebensphase.

Von großer Bedeutung ist auch die Überbringung der Todesnachricht an Angehörige. Die Aufklärungspflicht obliegt dem Arzt, die Krankenhausführung kann jedoch wichtige Rahmenbedingungen schaffen. Es muss ein Raum zur Verfügung stehen und die Zeit hierfür muss als reguläre Dienstzeit angerechnet werden, d. h., der Arzt, der sich ein paar Minuten länger Zeit nimmt, darf von seinen Vorgesetzten nicht als Zeitverschwender gebrandmarkt werden. Und schließlich muss auch die Überbringung der Todesnachricht erlernt und geübt werden, sodass Schulungen notwendig sind.

Das Abschiednehmen der Angehörigen darf ebenfalls nicht dem Zufall überlassen werden, sondern muss nach den Prinzipien des Managements gestaltet werden. Hierzu gehört die Existenz und Gestaltung eines Meditations- oder Andachtsraums, der Angehörigen während der Sterbephase, aber vor allem auch nach dem Tod eine Rückzugsmöglichkeit gibt. Es ist umstritten, ob dieser Raum mit religiösen Symbolen ausgestattet werden sollte. In einem konfessionellen Krankenhaus, wo das Kreuz selbstverständlich der zentrale Punkt des Andachtsraums ist, sollte überlegt werden, ob nicht ein neutralerer, aber geschmackvoller Raum zusätzlich für Menschen ohne oder mit anderem religiösen Hintergrund angeboten wird. Dies sollte bereits während der Bauplanung bedacht werden. Es ist fraglich, ob die Mitarbeiter des Krankenhauses tatsächlich eine Trauerbegleitung leisten können. Aber sie sollten wenigstens in der Lage sein mit Empathie auf entsprechende Angebote (z. B. der Religionsgemeinschaften) hinzuweisen. Entsprechende Informationsblätter sollten jederzeit griffbereit und allen Mitarbeitern bekannt sein.

Schließlich soll hier noch einmal wiederholt werden, dass die Schulung und die Betreuung der Mitarbeiter, die häufig mit dem Tod konfrontiert sind, von großer Bedeutung sind. Es darf kein Tabu sein und insbesondere nicht zu einem negativen Eintrag in der Personalakte führen, wenn Mitarbeiter die eigene Existenz im Angesicht des Todes als unsicher wahrnehmen, Schuldgefühle artikulieren und Versagen eingestehen. Werden diese Gefühle langfristig verdrängt oder ignoriert, kann dies zu Burn-Out und frühzeitigem Ausscheiden aus dem Beruf führen. In Zeiten von Personalknappheit ist dies zweifelsohne deutlich teurer als eine regelmäßige Begleitung des Personals.

Zusammenfassend können wir festhalten, dass neben der Hauptleistung auch noch zahlreiche weitere Outputs das Krankenhaus verlassen, wovon einige sehr unerwünscht sind. Abfälle, Gerüchte und auch Leichen stehen als Outputs am Ende des Produktionsprozesses, die nicht vollständig vermieden oder durch Outputfilter im System gehalten werden können. Wenn auch der Schwerpunkt der betrieblichen Aktivitäten auf der Erstellung und Vermarktung der Hauptleistung liegen muss, so darf das Krankenhausmanagement doch diese unerwünschten Leistungen nicht vernachlässigen, um das Gesamtsystem zielsystemkonform führen zu können.

6.4 Zusammenfassung

Im Zentrum der Krankenhausbetriebslehre steht der tatsächliche oder potenzielle Patient. Die Befriedigung seiner Bedürfnisse ist der ausschließliche Existenzgrund für Krankenhäuser. Die Vorbeugung, Heilung und Linderung von Krankheiten sind deshalb Kriterien, an denen sich die Gesundheitsdienstleistungen als Outputs ebenso messen lassen müssen wie alle betrieblichen Aktivitäten, die konsequent auf die Erfordernisse des Absatzmarktes auszurichten sind. Da der Patient primär gesund sein möchte, erwächst dem Krankenhaus immer häufiger eine über die Reparaturleistung hinausgehende Funktion in der Gesundheitsvorsorge.

Von einem Krankenhausmanager wird deshalb zuerst gefordert, dass er ständig auf der Suche nach unerfüllten Gesundheitsbedürfnissen der Einzugsbevölkerung ist, diese analysiert und in Leistungsideen umformt. Er muss kreativ neue Zielgruppen und Märkte erschließen, die Veränderungen in der Zeit vorhersehen und entsprechende Systemanpassungen vornehmen. Der Krankenhausmarkt des Jahres 2017 ist nicht identisch mit dem Markt des Jahres 2027 – und deshalb kann auf dem Markt 2027 nur überleben, wer rechtzeitig die Veränderungen wahrnimmt, diese beeinflusst, agiert und reagiert. Der Krankenhausmanager darf sich nicht nur auf die Instrumente des Marketing-Mix verlassen, sondern muss das ganze Unternehmen von der Materialbeschaffung über das Personalmanagement bis hin zur Leistungsplanung exakt auf die Kunden trimmen.

Neben den gewünschten Outputfaktoren gibt es unerwünschte Faktoren, die dem Zielsystem entgegenstehen und das Gleichgewicht mit dem Umsystem beschädigen können. Sie sollten möglichst vermieden oder mit Outputfiltern zurückgehalten werden. Allerdings ist dies in der Praxis nicht immer möglich. Deshalb muss die Krankenhausführung diese Outputs ebenfalls beachten und in ihre Weiterverwertung (z. B. bei Abfällen) investieren.

An dieser Stelle muss noch einmal zwischen Output, Outcome und Impact unterschieden werden. Die erwünschten Haupt- und Nebenleistungen aus dem Unternehmen sind Outputs, die im Krankenhaus konkret als medizinische und pflegerische Gesundheitsdienstleistungen, Maßnahmen der Gesundheitsförderung bzw. Prävention sowie Ausbildung zu benennen sind. Der Patient bzw. der individuelle Adressat der Gesundheitsförderung und Ausbildung transformiert in einem eigenen Prozess diese Outputs in für ihn nützliche Outcomes, z. B. Gesundheit, Heilung, Linderung, Berufsfähigkeit. Diese Outcomes haben Folgen für eine größere Gruppe von Menschen oder die ganze Gesellschaft, die als Impact bezeichnet werden. So trägt die Gesundheit der Bevölkerung zum wirtschaftlichen Wachstum, zum Wohlstand und zur politischen bzw. sozialen Stabilität bei. Das Krankenhaus erstellt folglich lediglich Dienstleistungen (Outputs), die sich mit einer bestimmten Wahrscheinlichkeit positiv auf die Gesundheit des Individuums (Outcome) auswirken, sodass die Gesellschaft davon profitiert (Impact). Bricht die Kette nach dem Output ab, so hat das Unternehmen seinen Existenzgrund verfehlt. Ist der Outcome ohne gesellschaftliche Bedeutung (Impact), so ist der Sinn des Outputs und Outcomes zu hinterfragen.

Wie bereits im ersten Kapitel diskutiert, erfolgt die Untersuchung von Output, Outcome und Impact in einer Reihe von Feedbacksystemen. Die klassische Rückkopplung kommerzieller Unternehmen ist die Gewinn- und Verlustrechnung (GuV), in der Erträge aus dem Verkauf der Outputs mit den Aufwendungen für die Beschaffung der Inputs verglichen werden. Der Geschäftserfolg kann aber auch nicht-monetär ermittelt werden, indem der Output mit den Unternehmenszielen verglichen wird. Ein kurzfristiges monetär wie qualitativ positives Geschäftsergebnis ist allerdings keine Garantie dafür, dass das Unternehmen auch langfristig am Markt bestehen kann. Hierzu ist es notwendig, dass das Unternehmen seine Funktion im Umsystem erfüllt. Hierzu muss der Outcome betrachtet werden, da dieser im Gegensatz zu den Outputs den Grad der Bedürfnisbefriedigung umfasst. Die Funktionserfüllung ermittelt sich folglich aus einem Vergleich der Erwartungen des individuellen Kunden mit den Wirkungen der Krankenhausleistung auf seine Gesundheit. Die Übereinstimmung von Kundenbedürfnis und Outcome entscheidet über die Geschäftszukunft.

Schließlich müssen kommerzielle und karitative Krankenhäuser die Auswirkungen ihres Handelns auf die Gesellschaft im Blick behalten. Langfristig wird die Gesellschaft nur bereit sein, ein Krankenhaus mit ausreichend Produktionsfaktoren auszustatten, wenn die gesellschaftlichen Folgen diesen Ressourcenverbrauch rechtfertigen. Das Feedback der Geschäftsverantwortung vergleicht deshalb den Impact mit den gesellschaftlichen Anforderungen und beantwortet damit die Frage, ob das Krankenhaus aus gesellschaftlicher Perspektive überhaupt noch Sinn macht. Abb. 125 fasst die Ergebnisse schematisch zusammen.

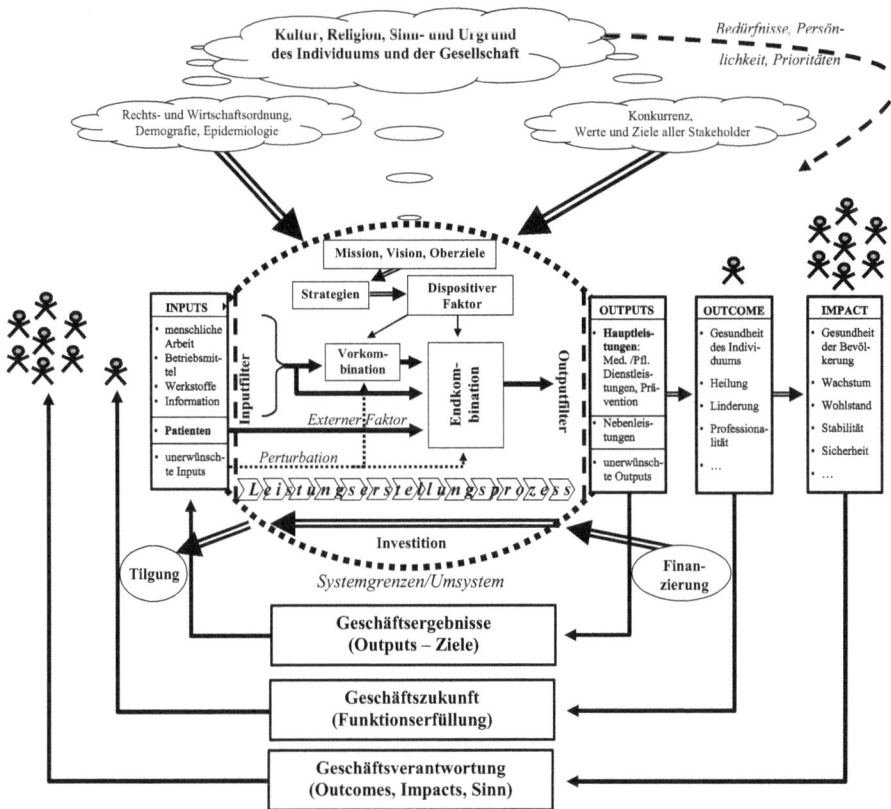

Abb. 125: Vollständiges Systemmodell mit Outputfaktoren.[30]

6.5 Fallstudie zum Marketing

Hintergrund

Ein regionales Krankenhaus der Grund- und Regelversorgung im ländlichen Raum befindet sich derzeit in einer finanziellen Krisensituation.[31] Analysen und Ursachenermittlung ergeben, dass sich die Bevölkerungsstruktur in der Region stark verändert hat und sich somit auch die Bedürfnisse und Anforderungen an die Gesundheitsversorgung hierdurch gewandelt haben und noch immer wandeln. Um die erforderlichen Fallzahlen und die finanzielle Lage wieder zu verbessern beschließt die Krankenhausleitung betriebswirtschaftliche Maßnahmen zu ergreifen. Um medizi-

---

30 Quelle: Eigene Darstellung in Anlehnung an Rieckmann 2000, S. 46.
31 Die Fallstudie wurde im Rahmen einer Masterarbeit von Josefine Behrend erarbeitet.

nischer Anlaufpunkt in der Region zu bleiben, stellt das Krankenhaus das eigene Leistungsspektrum trendbezogen neu auf (z. B. Gerontologie). Im Zuge dieser Umstrukturierung werden einige Abteilungen, die als umsatzschwach eingestuft werden, geschlossen. Andere wiederum werden größer aufgestellt. Durch das Schließen einiger Fachabteilungen, wie z. B. die Geburtshilfe, verliert das Krankenhaus jedoch das Vertrauen der Bevölkerung. Demonstrationen, Mahnwachen und negative Schlagzeilen schwächen das Image des Krankenhauses weiter. Die Krisensituation erschwert es dem Krankenhaus, die neuen und trendbezogenen Abteilungen bekannt zu machen und potenzielle Patienten in die Einrichtung zu holen. Die Geschäftsführung des Krankenhauses entwickelt ein Konzept für eine trendbezogene Umstellung des Krankenhauses. Anschließend ist geplant, eine Abteilung in Form eines medizinischen Zentrums gezielt als Marke aufzubauen, und es wird angestrebt, diese bei der Bevölkerung erfolgreich zu etablieren.

Aufgabenstellung
1. Erstellen Sie ein Konzept für die Etablierung einer regionalen Krankenhausmarke.
2. Diskutieren Sie die Vor- und Nachteile einer Markeneinführung.

Lösungsvorschlag
Ad 1: Das Konzept zur Etablierung einer regionalen Krankenhausmarke soll als Projekt verstanden werden, das in folgende Phasen zerlegt werden kann:
1. Projektvorbereitung (Vgl. Tab. 76)
2. Projektplanung (Vgl. Tab. 77 und Tab. 78)
    (a) Zielgruppendefinition
    (b) Analysen
    (c) Zielformulierung
    (d) Marketing
3. Projektumsetzung (Vgl. Tab. 79)
    (a) Interne Umsetzung
    (b) Externe Umsetzung
4. Projektabschluss und Überführung in die Routine (Vgl. Tab. 80)

Wie bei jedem Projekt sollen jeweils Inhalt, Maßnahme und Verantwortliche jeder Teilphase dargestellt werden. Die oben genannten Tabellen geben das Konzept wieder.

Tab. 76: Marketingkonzeption: Vorbereitungsphase.

Nr.	Komponente	Maßnahme(n)	Verantwortlich
1.1	Projektteam	Die Mitglieder des Projektteams und der Teamleiter, der für die Koordination und Kontrolle des gesamten Projektprozesses verantwortlich ist, werden bestimmt.	Abteilungsleiter, Geschäftsführung Krankenhaus, Unternehmenskommunikation
1.2	Rahmenbedingungen	Die für die Markeneinführung zur Verfügung stehenden finanziellen als auch personellen Ressourcen des Krankenhauses werden ermittelt und für die einzelnen Prozessschritte und Maßnahmen eingeplant. Des Weiteren ist es zentral, einen Zeitplan für das Projekt der Markeneinführung festzulegen, um einen Überblick zu erhalten.	

Tab. 77: Marketingkonzeption: Projektplanung (Teil a bis c).

Nr.	Komponente	Maßnahme(n)	Verantwortlich
2a		Die Zielgruppe muss eindeutig von den anderen Anspruchsgruppen unterschieden werden. Durchführung der Zielgruppendefinierung anhand stetiger Trendbeobachtung und vorher definierter Segmentierungskriterien.	Abteilungsleiter, Geschäftsführung Krankenhaus, Unternehmenskommunikation
2a.1	Patienten	Identifizierung der Zielgruppe der Patienten, 65 Jahre und älter, anhand des Einzugsgebiets, ihren individuellen Bedürfnissen und unter Berücksichtigung des demografischen Wandels.	
2a.2	Zuweiser	Kenntnis der Standorte und Qualifikation der Zuweiser.	

Tab. 77 (fortgesetzt)

Nr.	Komponente	Maßnahme(n)	Verantwortlich
2a.3	Anspruchs-gruppen	Ermittlung der relevanten Anspruchsgruppen differenziert von den Zielgruppen. Die Kostenträger wählen diejenige medizinische Einrichtung, die die bestmögliche Behandlung ihrer Versicherten zu geringstmöglichen Kosten gewährleisten kann. Schaffung von Markencommitment und Vertrauen mithilfe der Mitarbeiter. Zurückgewinnen von positiver Aufmerksamkeit und Vertrauen in das Krankenhaus sowie das medizinische Zentrum.	
2b		Durchführung relevanter Analysen, um eine umfassende Informationsgrundlage für die Markeneinführung zu haben.	Abteilungsleiter, Geschäftsführung Krankenhaus, Unternehmenskommunikation, Qualitätsmanagement
2b.1	SWOT-Analyse	Entwicklung von Maßnahmen aus dem Stärken-Schwächen-Profil der Fachabteilung und der Chancen-Risiken-Analyse. Die Stärken und auch die Schwächen werden jeweils mit den Chancen und Risiken am Markt in Einklang gebracht und hieraus die Maßnahmen abgeleitet. Die Stärken und Chancen ergeben Maßnahmen zum Ausbauen der Vorzüge. Die unternehmenseigenen Schwächen in Kombination mit denen auf dem Markt vorherrschenden Chancen ergeben Maßnahmen, um die Defizite aufzuholen. Um die internen Stärken abzusichern, ist es essenziell diese den potenziellen Risiken am Markt gegenüber zu stellen. Die letzte Komponente der SWOT-Analyse beinhaltet die Kombination der internen Schwächen mit den externen Risiken. Hieraus ergeben sich Maßnahmen, um die sich daraus ergebene negativen Position zu vermeiden.	

Tab. 77 (fortgesetzt)

Nr.	Komponente	Maßnahme(n)	Verantwortlich
2b.2	Portfolio-Technik	Spezialisierte Herausstellung der umsatztreibenden Abteilungen im Krankenhaus sowie welche Patientengruppe konkret im Fokus steht.	
2b.3	Kunden-wahrnehmung	Ermittlung der relevanten Daten, die den potenziellen Patienten und auch anderen Anspruchsgruppen wichtig und zentral sind.	
2b.3.1	Konkurrenz	Unterscheidung und Herausstellen der direkten Konkurrenz, möglicherwiese bezogen auf bestimmte Fachabteilungen. Es besteht auch die Möglichkeit, eine Kooperations- und gleichzeitig Konkurrenzbeziehung zu einer anderen medizinischen Einrichtung zu haben, auch hier muss diese konkret dargestellt werden.	
2b.3.2	Werte	Schaffen eines Mehrwertes für den einzelnen Patienten, besonders das Vertrauen ins Krankenhaus zurückgewinnen, in dem die qualitativ hochwertige medizinische Leistung herausgestellt wird.	
2c.		Formulierung der Ziele des medizinischen Zentrums und Ableitung eines Leitbildes der Marke.	Abteilungsleiter, Geschäftsführung Krankenhaus, Unternehmenskommunikation
2c.1	Vision	z. B.: Schaffung des Krankenhauses als medizinischer Anlaufpunkt in der Region, wobei das medizinische Zentrum zu einer erfolgreichen Marke aufgestellt wird und somit dem Image des Krankenhauses förderlich ist.	
2c.2	Mission	z. B.: Optimale Behandlung der Krankheiten und Leiden der Patienten mithilfe qualitativ hochwertiger Medizin.	
2c.3	Projektziel	Zurückgewinnen von Vertrauen mithilfe des Aufbaus der erfolgreichen regionalen Marke. Verbleib des Standortes, jedoch mit neuer trendbezogener Ausrichtung.	

Tab. 77 (fortgesetzt)

Nr.	Komponente	Maßnahme(n)	Verantwortlich
2c.4	Teilziele 1	Formulierung einzelner konkreter Teilziele, wie z. B. die erfolgreiche Etablierung der Marke, indem den Menschen qualitativ hochwertige Medizin angeboten und verständlich gemacht wird.	

Tab. 78: Marketingkonzeption: Projektplanung (Teil d).

Nr.	Komponente	Maßnahme(n)	Verantwortlich
2d.	Identitätsbildung, Schaffung von Wiedererkennungswerten durch den optimalen Einsatz von bildlichen Gestaltungselementen. Im Rahmen der Marketing-Planung bekanntheitsförderlichen Maßnahmenplan für das medizinische Zentrum erstellen. Die einzelnen Marketingmaßnahmen werden für die Imageverbesserung des Krankenhauses erstellt.		Unternehmenskommunikation, Abteilungsleiter, Unternehmenskommunikation
2d.1	Marketing-Strategie	Umsetzen der aufgestellten Vision.	
2d.2	Markenstrategie	Aufbau des medizinischen Zentrums im Rahmen eines Projektmanagements als ein vorher definierter Markentyp.	
2d.3	Marketing-Mix	Einsatz der Komponenten des Marketing-Mix sowie deren Ausgestaltung.	
2d.4	Werbung, Vermarktung	Planung der Werbekanäle und Werbemittel im Rahmen eines realistischen Zeitplans für das Image des Krankenhauses sowie auch medizinischen Zentrums, das als Marke aufgestellt wird.	

Tab. 79: Marketingkonzeption: Projektumsetzung.

Nr.	Komponente	Maßnahme(n)	Verantwortlich
3.1	Interne Umsetzung	Einbeziehen der Mitarbeiter des Krankenhauses in den Markeneinführungsprozess und Aufbau und Führung des medizinischen Zentrums. Hierfür ist die Aufstellung eines Sozialplans essenziell (Umschulungen, Arbeitsplatzwechsel, u. a.) sowie die Planung für den Umbau des Standortes, um der neuen trendbezogenen Ausrichtung gerecht zu werden.	Personalwesen, pflegerische/ärztliche Fort- und Weiterbildung, Abteilungsleiter, Geschäftsführung Krankenhaus
3.2	Externe Umsetzung	Zusammenstellung der einzelnen Vermarktungsoptionen in einem Jahresplan, um das Image des Krankenhauses positiv zu verändern und auch das medizinische Zentrum als Marke kontinuierlich bekannt zu machen. Möglicherweise Konzentration auf einzelne große Werbemittel wie z. B. Großflächenplakatierungen in der Stadt sowie auch Region, gezielte Radiowerbung und Anzeigenschaltung in lokalen Printmedien.	
	Projektabschluss	Schaffen einer festen Marke und Abschluss im Sinne der Markeneinführung für das medizinische Zentrum. Aufbau und langfristiges Halten der Marke und möglicherweise der Schaffung einer höhergestellten Marke des Krankenhauses zu einem späteren Zeitpunkt.	Abteilungsleiter, Geschäftsführung Krankenhaus, Unternehmenskommunikation

Tab. 80: Marketingkonzeption: Fortlaufendes Marken-Controlling.

Nr.	Maßnahme(n)	Verantwortlich
4.	Evaluierung der Markeneinführung mithilfe verschiedener Messinstrumente (Patientenbefragung, Zuweiserbefragung, Patientenaufkommen, Einzugsgebiet, Qualitätsindikatoren etc.)	Qualitätsmanagement, Risikomanagement

Ad 2: Vor- und Nachteile: Tab. 81 zeigt stichpunktartig die Vor- und Nachteile einer Markeneinführung im Krankenhauswesen.

Tab. 81: Vor- und Nachteile einer Markeneinführung.

Vorteile	Nachteile
Befriedigung des regionalen Bedarfs, Gewährleistung der regionalen Gesundheitsversorgung ist für die Bevölkerung wesentlich und sollte der Bevölkerungsstruktur in dem jeweiligen Gebiet entsprechen, patientenfokussierte Bedürfnisbefriedigung, zukunftsbezogenes Denken, im Interesse der Patienten sowie eigenen Existenzsicherung sowie die der eigenen Mitarbeiter, *Bedürfniswandel* des Einzelnen: Lebensqualität, stärkeres Qualitätsbewusstsein	gegenwärtige Aufbruch- und Umbruchsituation des Krankenhauses verursacht einen hohen Imageverlust vor allem in der regionalen Bevölkerung geschlossene Abteilungen die aus Krankenhaussicht weniger profitabel sind, stellen aber für die Bevölkerung einen unerlässlichen Bestandteil der regionalen Gesundheitsversorgungssituation dar und führen zum Imageverlust negative und sogar schädliche Auswirkungen auf den Aufbau einer regionalen Marke erfordert umfassende und langanhaltende positive Imagekampagne, um der Markenentwicklung und -etablierung Erfolgschance zu geben
Allgemein immer schwierigere Lage von regionalen Krankenhäusern der unteren Versorgungsstufen zwingt die Einrichtungen neue Innovationen und BWL-spezifische Maßnahmen zu ergreifen, um überlebensfähig zu bleiben Vorzüge der geografischen Lage gezielt nutzen z. B. neue Zweige für sich nutzbar machen und somit eigene Position zu stärken und langfristig auszubauen und zu halten	Zeitdruck und hohe Kosten, um Unzufriedenheit zu beheben und folgenschweren Imageschaden abwenden langwieriger Prozess, die Unverständlichkeit sowie Misstrauen der Bevölkerung zu besänftigen und positiv zu verändern Prioritäten setzen, um Überblick über eigentliches Ziel nicht zu verlieren → Markenetablierung, Imageverbesserung, Zielgruppendefinierung und konkrete - abgrenzung von anderen Anspruchsgruppen
Nutzung der freigewordenen Räumlichkeiten für den Ausbau der umsatzstarken bestehenden Abteilungen, neu geschaffene Chancen für Spezialisierungen fördern Wettbewerbsfähigkeit des Krankenhauses, optimale Rahmenbedingungen für eine patientengerechte Behandlung	

7 Management

Die Begriffe Steuerung (Kybernetik), Management und Führung werden in der Praxis oft synonym verwendet, obwohl sie unterschiedliche Dimensionen beschreiben. In diesem Kapitel werden diese Dimensionen voneinander abgegrenzt und erläutert. Hierzu wird im ersten Unterkapitel die Bedeutung der drei Begriffe diskutiert. Es folgt eine Analyse des Werte- und Zielsystems deutscher Krankenhäuser als Ausgangspunkt des systemischen Managements. Anschließend werden in jeweils einem Unterkapitel die fünf Managementfunktionen Planung, Organisation, Personaleinsatz, Personalführung und Kontrolle dargelegt. Das Kapitel schließt mit einem kurzen Überblick über gängige Managementkonzeptionen.

7.1 Abgrenzung und Überblick

Das systemtheoretische Modell des Unternehmens ist eine quasi-fotografische Abbildung zu einem bestimmten Zeitpunkt, die keine Aussage über die Dynamik und die tatsächlichen Prozesse zulässt. In der Realität bedarf der Transformationsprozess nicht nur der Elemente und fester Relationen, sondern auch einer Systemsteuerung. Abb. 126 zeigt ein Regelkreismodell, das die Steuerung innerhalb gegebener Strukturen ermöglicht. Ausgehend von Zielen der Unternehmung muss die Unternehmensführung Entscheidungen treffen, damit am Ende des betrieblichen Prozesses die Outputgrößen den Zielvorgaben entsprechen. Die Systemsteuerung bzw. -lenkung darf dabei nicht nur auf die internen Prozesse abzielen, sondern muss das Gesamtsystem in seinem Umsystem sehen, muss Existenz- und Sinngrund des Unternehmens ständig bewerten und entsprechende Maßnahmen bei Abweichungen von den Führungsgrößen ergreifen.

Der Begriff Management beschreibt verschiedene Aspekte.[1] Einerseits spricht man vom Management eines Krankenhauses und meint damit den Chefarzt, die Pflegedienstleitung und den Verwaltungsleiter. Diese Führungskräfte bilden das Management aus der institutionellen Sicht. Nur in dieser Bedeutung ist es sinnvoll, von Top-Management oder von mittlerem Management zu sprechen. Fragt man einen Chefarzt, was er neben seinen rein medizinischen Aufgaben den Tag über eigentlich macht, wird er vielleicht antworten: „Ich führe Bewerbungsgespräche, organisiere ein Meeting oder manage eine Krise". Management ist also das, was ein Manager tut, der Prozess des Steuerns innerhalb des Unternehmens (prozessorale Sicht). Auf etwas abstrakterer Ebene lassen sich hingegen fünf

---

1 Vgl. z. B. Steinmann, Schreyögg und Koch 2020.

https://doi.org/10.1515/9783110753103-007

Funktionen unterscheiden, die jeder Manager wahrnehmen muss: Planung, Organisation, Personaleinsatz, Führung[2] und Kontrolle. Diese funktionale Sichtweise des Managements liegt den folgenden Ausführungen zu Grunde.

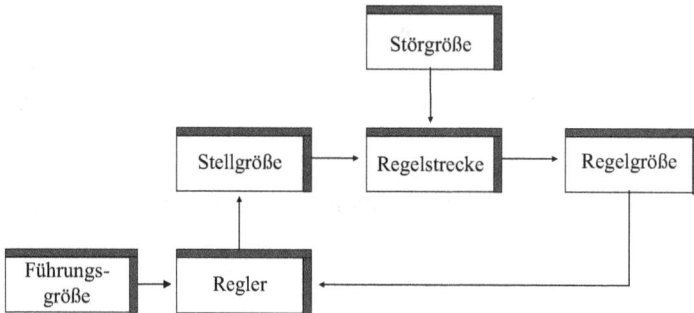

Abb. 126: Regelkreismodell.[3]

Aus dem funktionalen Managementbegriff leitet sich die Führung als Teilaspekt des Managements ab. Führung umschreibt den Mikrokosmos der Mensch-Mensch-Interaktion, also die Aufgabe des Managers Mitarbeiter zu systemkonformen Verhalten zu veranlassen. Führung wird allerdings immer mehr zur Kernaufgabe des Managers, denn ein Manager ohne Führungsqualitäten ist ein Bürokrat, der letztendlich leere Positionen verwalten muss, die von unmotivierten Mitarbeitern gefüllt werden. Auf der anderen Seite ist die ausschließliche Personenorientierung, wie sie in Führungsseminaren für Mitarbeiter des Gesundheitswesens häufig vertreten wird, nicht zielführend, wenn die Vision und Mission des Unternehmens, die Organisationsstrukturen und die Kontrolle vergessen werden. Hard Facts und Soft Facts des Managements lassen sich nicht auseinanderdividieren.

Management und Führung legen einen Schwerpunkt auf die Steuerung innerhalb des Systems. Wie das Systemmodell jedoch nahe legt, verlangt eine zukunftsträchtige Systemlenkung die Einbeziehung des Umsystems, das Infragestellen des eigenen Systems, die Reflexion der eigenen Existenzgrundlage, der Funktionserfüllung und des Sinns der eigenen Arbeit. Das „Systemische Management" bezieht explizit diese Komplexität und Dynamik mit ein.

Kybernetik ist die Kunst des Steuerns komplexer Systeme. Der Begriff wird für die Tätigkeit des Steuermanns auf einem Schiff ebenso verwendet wie für die Steuerung der Abläufe in einem Computer. Die Betriebskybernetik beschreibt folglich

---

2 Führung ist das deutsche Äquivalent zum englischen Leading. Leadership hingegen wird insbesondere in der US-amerikanischen Literatur breiter verstanden und teilweise mit der Unternehmenssteuerung gleichgesetzt. Wir folgen dem traditionellen deutschen Verständnis, wonach Führung ein Teilgebiet des Managements ist.

3 Quelle: Eigene Darstellung, in Anlehnung an Schmalen und Pechtl 2019, S. 104.

alle Funktionen und Prozesse zur Steuerung eines Betriebes. Steuert ein Kapitän sein Schiff durch die Wellen, muss er die Technik und Führung der Mannschaft ebenso beherrschen wie die Winde, Wellen, Sandbänke und andere Schiffe. So muss auch die Betriebskybernetik Planung, Organisation, Personaleinsatz, Führung und Kontrolle ebenso umfassen wie die Analyse der Veränderungen des Umsystems, der Konkurrenz, des eigenen Wertesystems und der Kunden. Abb. 127 zeigt die Konzeption des systemischen Managements als ein „Arbeiten am System" und ein „Arbeiten im System". Der klassische Managementbegriff impliziert in der Regel ein „Arbeiten im System", d. h. bei gegebenen Werten, Zielen, Märkten und sonstigen Umsystemen. (Personal-)Führung ist eine wichtige Teilfunktion des Managements. Die Unternehmenssteuerung hingegen verlangt auch ein „Arbeiten am System", was durch den äußeren Kranz angedeutet wird. Es soll allerdings noch einmal darauf hin-

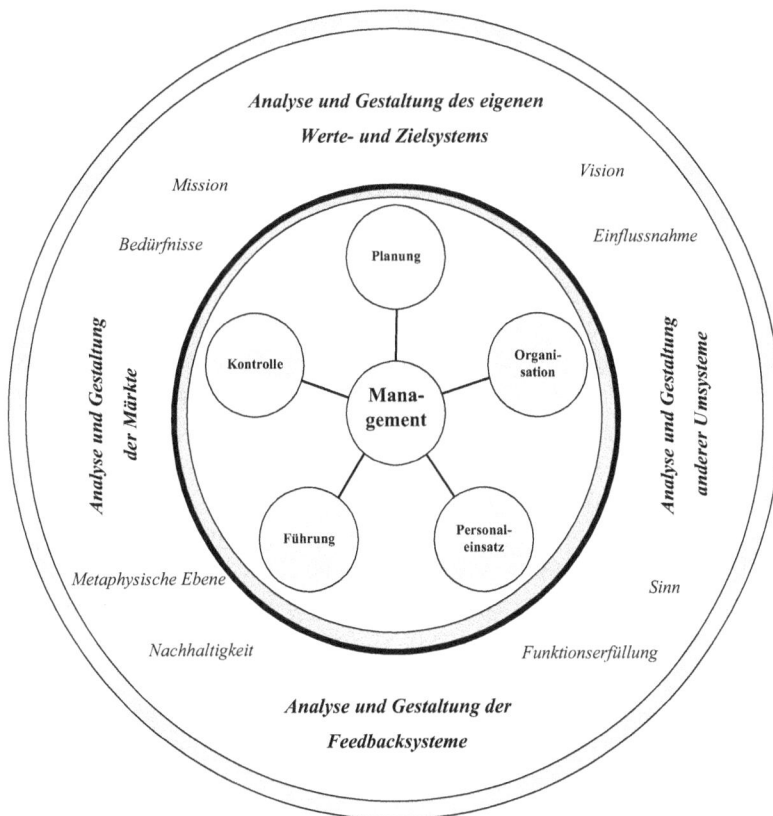

Abb. 127: Systemisches Management als „Arbeiten am System" und „Arbeiten im System".[4]

---

4 Vgl. z. B. Drucker 2015.

gewiesen werden, dass es durchaus auch andere Begriffsdefinitionen und Abgrenzungen gibt.[5]

Der systemische Ansatz und die Vielfältigkeit der Aufgaben implizieren, dass die Managementlehre ihr Wissen aus zahlreichen Quellen schöpfen muss. So verwendet sie beispielsweise Motivationstheorien aus der Psychologie, Theorien über Gruppenprozesse aus der Soziologie und ergonomische Erkenntnisse der Medizin. Die Betriebswirtschaft nützt die Erkenntnisse dieser Wissenschaften und ergänzt sie um ihr Erkenntnisobjekt, die Effizienz. Sie fragt beispielsweise nicht nur danach, wie sich Menschen in Betrieben verhalten (wie es beispielsweise die Soziologie erforscht), sondern entwickelt Handlungsanweisungen, wie dieses Verhalten von der Unternehmensleitung beeinflusst werden kann, sodass keine materiellen und personellen Ressourcen verschwendet werden.

Die grundlegenden Teilfunktionen des Managements sind Planung, Organisation, Personaleinsatz, Führung und Kontrolle. Aus der Logik des Regelkreises ergibt es sich, dass die Führungsgröße am Anfang des Managementprozesses stehen muss. Die Definition von Vision und Mission sowie die Ableitung von konkreten Zielen ist die Voraussetzung für jede Unternehmenssteuerung. Am Anfang eines Systemischen Managements steht deshalb immer die Zielfindung.

Aus den Führungsgrößen leiten sich Pläne ab, wie diese erreicht werden können. Management ist eine Handlungswissenschaft, d. h., die betriebliche Führung soll weniger erklärt oder bewertet als vielmehr gestaltet werden. Überall dort, wo es mindestens zwei Handlungsalternativen gibt, müssen Entscheidungen so getroffen werden, dass die betrieblichen Ziele bestmöglich erreicht werden. Planung ist deshalb die Grundlage jeder Entscheidung und der Ausgangspunkt des traditionellen Managements. Durch Planung wird zukünftiges Geschehen geistig vorweggenommen (prospektives Denkhandeln), um möglichst viele Alternativen analysieren und bewerten zu können und um die beste Alternative bestimmen zu können. Allein das betriebliche Werte- und Zielsystem bestimmt hierbei, was „die beste" Alternative ist. Durch intensive Planung können sich anbahnende Umweltveränderungen, Risiken und Chancen erkannt und die Zukunft aktiv gestaltet werden. Ziel des Managements ist es, die Planung derart zu optimieren, dass knappe jetzige und zukünftige Ressourcen bestmöglich eingesetzt werden.

Organisation als Teilfunktion des Managements wird nötig, da manche Aufgaben nicht von einer Person allein erledigt werden können. So ist es unmöglich, dass ein einziger Arzt alle Tätigkeiten einer Krankenhausbehandlung von der Aufnahme über Labor, Operation, Pflege, Mobilisierung, Speiseversorgung bis zur Entlassung alleine ausführt. Vielmehr wird die große Gesamtaufgabe in viele kleine Teiltätigkeiten zerlegt (Arbeitsteilung) und einzelnen Aufgabenträgern (Stellen) zugeordnet. Nur durch die Arbeitsteilung ist es möglich, komplexe und umfangreiche Aufgaben zu

---

5 Quelle: Eigene Darstellung, in Anlehnung an Domschke und Scholl 2008, S. 343.

erfüllen. In der Regel geht die Arbeitsteilung mit einer Spezialisierung (Artenteilung) einher, die erheblich zur Verbesserung der Fertigkeiten und damit der Effizienz beiträgt.

Der große Nachteil der Aufteilung einer großen Aufgabe auf viele Aufgabenträger besteht allerdings darin, dass es eine Institution geben muss, die dafür sorgt, dass die einzelnen Aufgabenträger tatsächlich die Gesamtaufgabe zusammen erfüllen. Arbeitsteilung verlangt folglich Koordination, verlangt Führung. Dadurch entsteht zusätzlich zur ausführenden Arbeit eine Gruppe von Mitarbeitern, die ausschließlich dafür verantwortlich ist die operativ Tätigen zu koordinieren. Hieraus ergeben sich Weisungsbefugnisse, Vorgesetzte, Untergebene, Hierarchien und letztlich eine Aufbauorganisation. Arbeitsteilung und Koordination sind somit die beiden Grundelemente der Organisation.

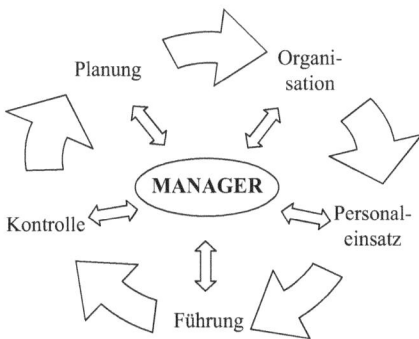

Abb. 128: Funktionale Sichtweise des Managements.[6]

Sobald die durch die Arbeitsteilung entstandenen vielfältigen Teilaufgaben einzelnen Stellen zugeordnet wurden, müssen diese Stellen mit Mitarbeitern besetzt werden. Die Managementfunktion „Personaleinsatz" umfasst eine große Fülle von Aktivitäten, deren Ziel stets die quantitative und qualitative Deckung von Personalbedarf und Personalbestand ist: Personalgewinnung, Personalzuweisung am Arbeitsplatz, Personalbeurteilung, Weiterbildung und Entlohnung.

Die Gewinnung von qualifizierten Mitarbeitern ist eine notwendige, jedoch keine hinreichende Voraussetzung für eine gute Betriebsleistung. In einer Arztpraxis, in der niemand angestellt ist, besteht eine Identität von persönlichen Zielen des Arztes und den Praxiszielen. In Krankenhäusern hingegen kann nicht einfach davon ausgegangen werden, dass die Mitarbeiter die Ziele des Unternehmens selbständig verfolgen. Sie werden vielmehr die Erfüllung ihrer eigenen, abweichenden Ziele anstreben. Es ist die Aufgabe des Managements die Betriebs- und Individualziele zu synchronisieren. Ein Mitarbeiter, der die Betriebsziele erstrebt, soll damit auch gleichzeitig

6 Quelle: Wöhe, Döring und Brösel 2020, S. 53.

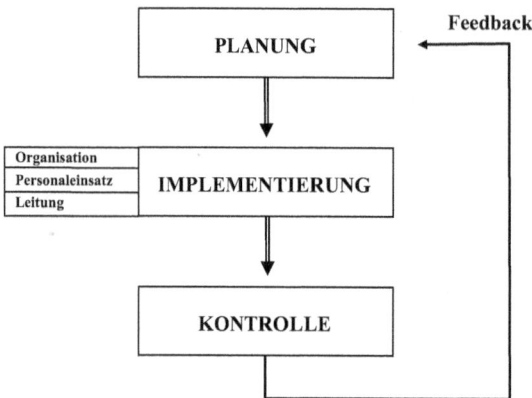

Abb. 129: Idealtypischer Managementzyklus.[7]

seine eigenen Ziele erreichen. In der Industrie wurde dieses Synchronisationsproblem traditionell durch den Akkordlohn zu lösen gesucht, was aber auch nur zum Teil gelingt. Das Einkommen des Arbeitnehmers stieg proportional zu der Zahl der gefertigten Werkstücke. Je mehr er arbeitete, desto besser war es (in vielen Fällen) für das Unternehmen, da die Fixkosten auf viele Leistungseinheiten aufgeteilt wurden. Gleichzeitig erhielt er einen höheren Lohn. Interessen des Arbeitnehmers und des Arbeitgebers sind integriert. Im Gesundheitswesen können die Interessen des Betriebes und des Personals nur selten durch den Lohn integriert werden. Die Personalführung verlangt hier die Berücksichtigung der Individualität des Menschen, seiner Motivationsfähigkeit und seiner Interessenslage.

Die Führungsfunktion „Kontrolle" schließlich umfasst die Messung der Ergebnisse (Ist-Werte), den Vergleich mit den Plandaten (Soll-Ist-Vergleich) sowie die Analyse der Abweichungsursachen. Sie ist die Zwillingsfunktion der Planung. Kontrolle ohne Planung ist unmöglich, da der Soll-Ist-Vergleich die planerische Festlegung des Solls impliziert. Gleichzeitig ist die Planung ohne das Feedback aus der Kontrolle inhaltslos, denn der Planer muss für zukünftige Planungen wissen, ob er seine Ergebnisse bislang erreicht hat bzw. ob seine Planungen realitätsfremd waren.

Die genannten Funktionen werden oftmals als Kreislauf bzw. Zyklus mit klar abgrenzbaren Schritten dargestellt und beschrieben. In diesem idealtypischen Managementprozess folgt der Planung die Implementierung mit den drei Teilbereichen Organisation, Personaleinsatz und Führung. Anschließend erfolgen Kontrolle und Feedback an die Planung. Erst danach beginnt ein neuer Zyklus mit neuer Planung. Für diesen Prozess finden sich Abkürzungen, wie z. B. PIKA (Planung, Implementierung, Kontrolle, Adaption) oder PORK (Planung, Organisation, Realisation, Kontrolle).

---

7 Quelle: Wöhe, Döring und Brösel 2020, S. 167.

In der Realität laufen jedoch alle Managementfunktionen gleichzeitig ab und werden durch die Denkleistung des Managers koordiniert. Eine nachvollziehbare zeitliche Abfolge ist oftmals nicht mehr auszumachen. Abb. 128 entspricht deshalb sehr viel stärker der Krankenhausrealität als Abb. 129. Die zeitgleiche Koordination aller fünf Managementfunktionen stellt jedoch auch eine deutlich höhere Anforderung an die Führungskraft: Sie muss alle Teilfunktionen wahrnehmen und koordinieren.

Die fünf Führungsfunktionen sind originäre Aufgaben jedes Managers. Keine Führungskraft kann die letztendliche Verantwortung für diese Funktionen delegieren, auch nicht an eine Personalabteilung. Im Folgenden werden diese Funktionen vertieft dargestellt.

7.2 Ausgangspunkt: Ziele und Werte

Am Anfang des systemischen Managements steht die Reflexion und Festlegung der Werte und Ziele eines Unternehmens. Ohne die Kenntnis der Werte der Stakeholder ist es unmöglich konkrete Ziele abzuleiten. Und ohne Ziele ist das Unternehmen kopflos, taumelt richtungslos umher und sucht sich „Pseudoziele", die nicht den Prioritäten der Stakeholder entsprechen.

7.2.1 Grundlagen

Die deutschsprachige Betriebswirtschaftslehre hat es sich in den letzten fünfzig Jahren sehr einfach gemacht und sich auf einen speziellen Betriebstyp konzentriert: das industrielle, kommerzielle Großunternehmen. Die Betonung des Gewinnmotivs des Unternehmens war den meisten Vätern der Betriebswirtschaftslehre jedoch fremd. Sowohl Schmalenbach (1873–1955) als auch Nicklisch (1876–1946) sahen das Unternehmen als wirtschaftlich handelnde Einheit, das eine Verantwortung gegenüber der Gesellschaft und den Mitarbeitern hat.[8] Wirtschaftlichkeit äußert sich hierbei in der Effizienz des Transformationsprozesses und nicht ausschließlich in der Gewinnerzielung. Das Unternehmen muss Sinn machen, sonst kann es in seinem Umsystem nicht überleben. Erst Wilhelm Rieger (1878–1971) verschob den Schwerpunkt auf das gewinnorientierte Unternehmen und nahm den Gewinn bzw. die Rentabilität als Maß aller Dinge.[9]

Die Konzentration auf den Gewinn verschob auch das Erkenntnisziel. Abgesehen von älteren Ansätzen der sogenannten deskriptiven BWL (die das betriebliche Handeln

---

8 Vgl. Albach 1990.
9 Vgl. Rieger 1928.

lediglich beschreiben oder erklären, jedoch nicht gestalten wollte) können zwei Formen der Betriebswirtschaftslehre als Handlungswissenschaft unterschieden werden: Die praktisch-normative und die ethisch-normative BWL.[10] Erstere entwickelt Handlungsempfehlungen auf Grundlage eines bestehenden, axiomatischen Zielsystems, letztere sieht das Zielsystem als Teil des Entscheidungssystems und diskutiert diese Ziele ausführlich.

Wir wollen hier den Standpunkt vertreten, dass eine Krankenhausbetriebslehre nur auf Grundlage einer ethisch-normativen BWL entwickelt werden sollte. Erstens entspricht es der Realität der deutschen Krankenhauslandschaft, dass mehr als zwei Drittel der deutschen Krankenhäuser öffentliche oder freigemeinnützige Nonprofit-Organisationen sind, sodass eine implizite Annahme eines ausschließlichen Gewinnmotivs realitätsfremd wäre. Zweitens produzieren Krankenhäuser Dienstleistungen von existenzieller Dimension. Sie haben damit eine Verantwortung für die Quantität und Qualität ihrer Leistungen, die weit über die sittliche Verpflichtung anderer Branchen hinausgeht. Drittens misst auch die Gesellschaft den Krankenhäusern eine besondere Rolle zu. Sie achtet stärker auf ihr Verhalten, ihre Leistungen und den Sinn ihres Handelns für die Menschen, sodass unethisches Verhalten auch deutlich stärker mit Ressourcenentzug bestraft wird als bei anderen Unternehmen. Schließlich entspricht es dem systemtheoretischen Modell, dass alle offenen Systeme Zielvorgaben benötigen. Es ist geradezu eine Denklücke, wenn man diesen Bereich aus dem betrieblichen Denken ausklammert.[11]

Aus diesem Grunde wurden in die Abbildungen des Systemmodells jeweils drei Effizienzmaße integriert. Zum ersten kann Effizienz als Verhältnis von Output und Input eines Krankenhauses gemessen werden. Die verbrauchten Ressourcen sind hierbei relativ leicht zu ermitteln. Ob ein Ausfluss eines Krankenhauses jedoch eine angestrebte Größe war, d. h., ob er als Output gezählt werden sollte, und wie dieser Output dann im Verhältnis zu anderen Outputs zu gewichten ist, hängt unmittelbar vom Zielsystem ab. Da insbesondere bei Nonprofit-Organisationen der zielsystemkonforme Output nicht ganz klar ist (Gewinn, Krankenheilung, Beitrag zur Gesunderhaltung, Ausbildung, religiöse Nebenmotive), muss ein Betrieb ein klares Zielsystem haben.

Auf der zweiten Ebene muss analysiert werden, ob ein Betrieb seine Funktion in seinem Umsystem erfüllt. Bei Nonprofit-Organisationen liegt in der Regel eine Identität von Ziel und Funktion vor.[12] Es ist ihr Ziel und ihre Funktion bestimmte Bedarfe zu decken. Der Analyseträger ist allerdings ein anderer. Die Zielerreichung wird vom Unternehmen selbst ermittelt, die Funktionserfüllung vom Kunden. Kommerzielle Unternehmen hingegen haben abweichende Funktionen und Ziele. In der Regel wird die Gewinnerzielung (bzw. Rentabilitäts- oder Shareholder Value Maximierung) als Ober-

---

10 Vgl. Domschke und Scholl 2008.
11 Vgl. Schirrmacher 2021; Kreikebaum 1996.
12 Vgl. Helmig und Boenigk 2019.

ziel angenommen, das langfristig jedoch nur erreicht und bewahrt werden kann, wenn ein Unternehmen seine Funktion im Umsystem erfüllt. So ist es beispielsweise das Ziel von Haribo, Gewinne zu erwirtschaften. Aber nur, wenn es Gummibärchen herstellt, die Kinder froh machen (d. h., das Bedürfnis nach Süßigkeiten befriedigt), kann es auf Dauer Gewinne erzielen. Die Geschäftszukunft hängt deshalb davon ab, wie gut das Unternehmen aus Sicht des Kunden seine Funktion erfüllt. Ist der Kunde unzufrieden mit dem Outcome der Unternehmenstätigkeiten bzw. sieht er den Outcome in keinem angemessenen Verhältnis zum Input, so wird das Unternehmen auch sein eigentliches Ziel, den Gewinn, nicht erreichen.

Schließlich bewertet die Gesellschaft die Sinnhaftigkeit des Unternehmens. Nicht nur der Output, sondern auch der Outcome für den Kunden und der Impact für die ganze Gesellschaft müssen verantwortbar sein und den eingesetzten Ressourcen entsprechen. Eine Gesellschaft wird über das ökonomische und politische System nur solchen Unternehmen Ressourcen zuteilen, die für die ganze Gesellschaft sinnvoll sind – und zwar auch dann, wenn es für einzelne Kunden zu Lasten der ganzen Gesellschaft durchaus angenehme Outcomes erzeugt. Selbstverständlich wird die Sinnfrage eines Unternehmens nicht ständig gestellt. In der langfristigen Planung muss jedoch das Faktum anerkannt werden, dass Unternehmen ihre eigenen Ziele nur erreichen werden, wenn sie einen sinnvollen Beitrag zur Gesellschaft leisten, d. h. einen Beitrag, der auf Grundlage des gesellschaftlichen Wertesystems die Transformation der Ressourcen in den Impact rechtfertigt.

7.2.2 Gesellschaftliches Wertesystem

Krankenhäuser agieren unabhängig von ihrem eigenen Zielsystem innerhalb eines gesellschaftlichen Wertesystems, auf das sie nur bedingt Einfluss haben. Die Reflexion gesellschaftlicher und eigener Werte wird gemeinhin als Ethik bezeichnet und stellt damit die Ausgangsbasis für betriebliches Handeln dar.[13] Eine zentrale Quelle der Ethik sind hierbei die Allgemeine Erklärung der Menschenrechte und das Grundgesetz (GG) der Bundesrepublik Deutschland mit den Werten Freiheit, Gleichheit bzw. Gerechtigkeit, Sicherheit und Solidarität, durch die sich die Menschenwürde verwirklichen soll.[14] Art. 2 GG begründet die Freiheit der Person: „(1) Jeder hat das Recht auf die freie Entfaltung seiner Persönlichkeit, soweit er nicht die Rechte anderer verletzt und nicht gegen die verfassungsmäßige Ordnung oder das Sittengesetz verstößt. (2) Jeder hat das Recht auf Leben und körperliche Unversehrtheit. Die Freiheit der Person ist unverletzlich. In diese Rechte darf nur auf Grund eines Gesetzes eingegriffen werden." Dies ist von grundlegender Bedeutung für das wirtschaftliche

---

13 Vgl. Homann und Blome-Drees 1992.; Brink und Tiberius 2005.
14 Zur Entstehung der sozialen Ordnung in Europa siehe Strohm und Klein 2004.

Handeln des Menschen. Die Verfassung der Bundesrepublik Deutschland gesteht dem Menschen das Recht zu, Knappheit in vollkommener Freiheit zu überwinden, so wie er es für richtig hält. Die Freiheit zur Knappheitsüberwindung ist damit nicht nur ein schöner Usus, sondern das unveräußerbare Grundrecht, ein Wert per se in unserem Staat.

Weitere Grundwerte unserer Verfassung konkretisieren Art. 2 für bestimmte Lebensbereiche. Hierzu gehören die Glaubensfreiheit (Art. 4), die Meinungsfreiheit (Art. 5) und die Versammlungsfreiheit (Art. 8). Von großer wirtschaftlicher Bedeutung sind die Vereinigungsfreiheit (Art. 9), die Berufsfreiheit (Art. 12) und die Eigentumsfreiheit (Art. 14). Art. 9 Abs. 3 GG schützt das Recht der Arbeitnehmer, sich zu Gewerkschaften zusammenzuschließen, und das Recht der Arbeitgeber, Berufsverbände zu bilden. Das Recht wird hierbei immer aktiv und passiv verstanden, d. h., niemand darf vom Staat gehindert werden einen Verband zu bilden, es darf aber auch niemand vom Staat gezwungen werden in einen Verband einzutreten. Die Berufsfreiheit (Art. 12) gibt jedermann das Recht, seinen von ihm gewünschten Beruf auszuüben. An der Berufsfreiheit lässt sich jedoch auch gut darlegen, dass das Freiheitsrecht des Einzelnen dort eingeschränkt werden muss, wo im Zusammenleben (auch in der Knappheitsüberwindung) die Grundrechte eines anderen gefährdet oder eingeschränkt werden. So greift der Staat in das Grundrecht der Berufsfreiheit ein und erlässt eine Approbationsordnung, um die körperliche Unversehrtheit seiner Bürger zu gewährleisten. Die Ausübung des Berufes eines Arztes ohne medizinische Kenntnisse würde zwar dem Freiheitswert entsprechen, jedoch sehr wahrscheinlich das Leben und die Würde des Patienten gefährden, die in Art. 1 geschützt sind. Der Staat hat deshalb das Recht, die Freiheit des Einzelnen zum Wohle Einzelner oder der Gemeinschaft einzuschränken.

Eine andere wichtige Frage ist, ob der Staat verpflichtet ist, dem Bürger bei der Umsetzung seiner Freiheitsrechte zu helfen. Das Ideal des Liberalismus im 19. Jahrhundert war das Grundrecht als Staatsabwehrrecht. Der Staat sollte allein die Rolle des Nachtwächters ausüben, der die Einhaltung der öffentlichen Ordnung garantierte, aber ansonsten den Bürgern jede Freiheit ließ. Der Staat sollte die Bürger nicht hindern – und ihnen nicht helfen. Spätestens gegen Ende des 19. Jahrhunderts wurde dieses Freiheitsideal aber von zahlreichen Ordnungen, wie z. B. der Approbationsordnung oder der Handwerkerordnung, eingeschränkt. Ein Teil der „Väter des Grundgesetzes" war von dieser Liberalismushaltung geprägt, ein anderer Teil stellte höhere Anforderungen an das Eingreifen des Staates. Das Grundgesetz ist folglich von Anfang an durch die Spannung von Freiheit und Staatseingriff geprägt.

In der zweiten Hälfte des 20. Jahrhunderts etablierte sich die Vorstellung, dass der Staat die Verpflichtung hätte den Bürgern bei der Umsetzung ihrer Rechte zu helfen. Wurde die Berufsfreiheit vorher als „Staat, du darfst mich nicht hindern, meinen Beruf zu erlernen" interpretiert, so wurde nun daraus „Staat, du musst mir helfen, meinen Beruf zu erlernen". Aus Staatsabwehrrechten wurden Leistungsrechte. Viele Verfassungsrechtler lehnen diese originären Leistungsrechte zwar ab (im Gegensatz zu sogenannten derogativen Rechten, wie z. B. dem Recht auf Teilhabe an bestehenden staatlichen Angeboten), in der Praxis ist jedoch eine stete Zunahme der Ansprüche an den Staat zu verzeichnen.

Von besonderer Bedeutung für die Wirtschaft ist schließlich die Eigentumsfreiheit (Art. 14). Während in der ehemaligen DDR zwar eine Freiheit des Eigentums an Konsumgütern bestand, war dort die Freiheit an Produktivgütern eingeschränkt und überwiegend dem Staat übertragen. In der Bundesrepublik Deutschland herrscht die Freiheit des Individuums, nach seinen finanziellen Fähigkeiten Eigentum jeglicher Art zu erwerben, zu veräußern, zu gebrauchen und zu nutzen, wie es dies möchte. Die Eigentumsfreiheit ist in Verbindung mit der schon erwähnten Berufsfreiheit die Grundlage eines freien Unternehmertums, auch einer freien Ärzteschaft in selbständigen Praxen. Ähnliches gilt natürlich für private ambulante Pflegedienste, für selbständige Physiotherapeuten, Logopäden, Ergotherapeuten etc. sowie für Arbeitnehmer, die sich ihren Arbeitsplatz selbständig suchen und diesen von sich aus in einem gewissen Rahmen wechseln können, ohne den Staat um Erlaubnis bitten zu müssen.

Die Freiheit wird überall dort eingeschränkt, wo die Grundrechte eines anderen gefährdet oder eingeschränkt sind. Es treten folglich Konflikte zwischen Grundwerten auf. Besonders deutlich wird dies bei einem weiteren der Verfassung zu Grunde liegenden Wert, der Gerechtigkeit. Gerechtigkeit ist ein sehr schwieriger, völlig unterschiedlich definierbarer Begriff. Nehmen wir hierzu ein Beispiel: Auf einer Station arbeiten zwei Pflegekräfte. Frau A ist hoch qualifiziert, hat zahlreiche Fortbildungen abgeschlossen und arbeitet sehr effektiv. Sie ist ledig und kinderlos. Frau B ist verheiratet, hat vier Kinder, ihr jüngster Sohn ist schwer behindert. Sie ist bei der Arbeit oft müde.

Gerechtigkeit kann nun auf verschiedene Weisen interpretiert werden. Einerseits ist es gerecht, wenn Frau A einen höheren Lohn erhält als Frau B, da sie einen höheren Beitrag zum Erfolg des Unternehmens leistet. Gerechtigkeit bemisst sich dann nach Leistung. Andererseits braucht Frau B einen höheren Lohn, da sie sich um ihre Kinder kümmern muss. Es wäre gerecht, die Bezahlung an den Bedarf anzulehnen. Schließlich könnte man es auch noch als gerecht ansehen, wenn beide dasselbe Gehalt erhielten, da sie beide als Krankenschwestern tätig sind. Eine Versöhnung dieser unterschiedlichen Gerechtigkeitskriterien ist nicht vollständig möglich.

Artikel 3 GG legt den Gerechtigkeitsbegriff in seiner egalitärsten Form als Gleichheit vor dem Gesetz aus: „(1) Alle Menschen sind vor dem Gesetz gleich. (2) Männer und Frauen sind gleichberechtigt. Der Staat fördert die tatsächliche Durchsetzung der Gleichberechtigung von Frauen und Männern und wirkt auf die Beseitigung bestehender Nachteile hin. (3) Niemand darf wegen seines Geschlechtes, seiner Abstammung, seiner Rasse, seiner Sprache, seiner Heimat und Herkunft, seines Glaubens, seiner religiösen oder politischen Anschauungen benachteiligt oder bevorzugt werden. Niemand darf wegen seiner Behinderung benachteiligt werden." Ansonsten sollte möglichst eine Startchancengerechtigkeit existieren, die jedem in Deutschland Lebenden eine gleiche Ausgangsmöglichkeit bietet (z. B. kostenlose allgemeine Schulbildung), während unterschiedliche Entwicklungen im Laufe des Lebens auf Grund von unterschiedlicher Leistung durchaus nicht dem grundgesetzlichen Gerechtigkeitsbegriff widersprechen.

Die Schwierigkeit, Gerechtigkeit zu definieren bzw. zu operationalisieren, lässt verstehen, dass es durchaus umstritten ist, ob Gerechtigkeit überhaupt einen rechtlichen Rang haben kann. Teilweise wird sie lediglich als moralisches Korrektiv des Rechts verstanden. Für den Krankenhausbetrieb spielt es keine Rolle, ob Gerechtigkeit ein Verfassungswert oder aber eine Kardinaltugend ist. Bis heute besteht ein breiter Konsens, dass ein Wirtschaftssystem, ein Sozialsystem und ein Gesundheitssystem gerecht sein müssen. Verstößt ein Krankenhaus schwerwiegend und auf Dauer gegen diesen Konsens, kann dies zu erheblichen Problemen führen.

Schließlich werden Freiheit und Gerechtigkeit mit dem Solidaritätsgedanken verbunden. Artikel 14 fordert deshalb: „(2) Eigentum verpflichtet. Sein Gebrauch soll zugleich dem Wohle der Allgemeinheit dienen" und erlaubt in Ausnahmefällen Eingriffe in die Eigentumsfreiheit. Solidarität bedeutet stets die Zuwendung des Stärkeren an den Schwächeren, d. h. Junge für Alte, Gesunde für Kranke, Reiche für Arme etc. Solidarität als Basis des Sozialsystems ist damit nicht der „fromme" Wunsch einiger weniger Romantiker, sondern eine grundgesetzlich geschützte Verpflichtung aller Staatsbürger Deutschlands.

Der Grundwert Freiheit verwirklicht sich in der Demokratie sowie in der Marktwirtschaft, während die Werte Gerechtigkeit und Solidarität das Sozialstaatsprinzip fundieren und von ihm gestaltet werden. Die soziale Verantwortung des Staates und das Freiheitsrecht des Individuums stehen in einem Spannungsverhältnis, das im gesundheitspolitischen Prozess nur zum Teil gelöst werden kann. Eine freiheitliche Ordnung führt zu einer Marktwirtschaft, in der der Staat lediglich die Funktionsfähigkeit der Märkte mit Hilfe seiner Ordnungspolitik garantiert. Es lässt sich zeigen, dass die Effizienz dieses Systems größer ist als in jeder anderen denkbaren Ordnung. Das Sozialstaatsprinzip hingegen fordert Staatseingriffe zum Schutz der Schwachen, auch wenn dies zu Lasten der Effizienz geht.

Viele Pflegekräfte und Ärzte ergreifen ihren Beruf aus dem Gefühl heraus, für andere da sein zu wollen, Menschen helfen zu wollen. Nächstenliebe ist für viele Mitglieder dieser Berufe keine leere Hülse, sondern der innere Grund ihrer Berufswahl. Es muss deshalb an dieser Stelle untersucht werden, ob Nächstenliebe als Wert oder als Tugend geeignet ist, um als Grundlage für eine Wirtschaft oder auch ein Gesundheitssystem zu fungieren. In der Literatur ist dies umstritten.

Die Liebe zum anderen, der Altruismus, wird von den meisten Ökonomen als eine andere Form des Egoismus gesehen. Warum sollten sich reiche Menschen um Ärmere kümmern? Weil sie fürchten müssen (wenn auch mit geringer Wahrscheinlichkeit) selbst einmal arm zu sein. Dann, so hoffen sie, würde man sich auch um sie kümmern. Warum sollten junge Menschen für Alte sorgen? Weil sie wissen, dass auch sie später einmal alt sein werden. Dann, so hoffen sie, wird auch eine jüngere Generation sich um sie kümmern. Solidarität in einem Staatswesen ist deshalb oftmals nicht Ausdruck des guten Herzens, sondern ein rationales Kalkül, meist angefacht durch Katastrophenszenarios mit geringer Wahrscheinlichkeit, aber hoher Angstbesetzung. Wer möchte schon alt und arm sein? Zumindest emotional können die Ängste vor der Ungewissheit der Zukunft durch Solidarität heute überwunden werden.

Nächstenliebe im christlich-abendländischen Verständnis unterscheidet sich von diesem reinen Nutzenkalkül. Der Liebende ist bereit, auf seinen eigenen Nutzen kurz- und langfristig zu verzichten, um den Nutzen eines anderen zu erhöhen. Diese als „Agape" bezeichnete Liebe geht weit über Zuneigung, Solidarität oder Sittlichkeit hinaus. Sie ist – im christlichen Verständnis, das unsere Kultur stark geprägt hat – Ergebnis göttlichen Handelns an den Menschen, die Antwort des Menschen auf das Erfahrnis der Liebe Gottes.

Agape ist – man mag dies bedauern – eine seltene Eigenschaft, sodass es wohl kaum möglich ist, ein Wirtschafts- und Gesundheitssystem auf Nächstenliebe zu basieren. Selbst wenn es gelänge, eine „Gesellschaft der Liebenden" aufzubauen, in der fast alle Menschen allein aus Liebe motiviert wären, wäre dies sehr gefährlich. Solange sich auch nur ein Individuum egoistisch verhält, würde Nächstenliebe zur Ausnutzung der Liebenden führen. Diese Ausnutzung geschieht dann in einem rechtsfreien, hilflosen Raum, denn mit diesem Verhalten rechnet ja in der „Gesellschaft der Liebenden" keiner. Es wäre wohl für alle Beteiligten besser, klare (gesetzliche) Regeln zum Umgang miteinander zu haben, die die Ausnutzung der Liebenden verhindern.

Das Zusammenspiel von individueller, moralischer Entscheidung und rechtlichen Regeln wird in der Wirtschaftsethik manchmal in der Terminologie der Gesellschaftsspiele dargestellt. Im „Mensch-Ärgere-Dich-Nicht" gibt es Spielregeln und Spielzüge.[15] Die Regeln sind klar und müssen von allen Mitspielern akzeptiert werden. Innerhalb des Spiels wird von keinem Spieler erwartet, dass er besonders nett, gut oder kameradschaftlich ist. Er soll sogar den anderen „rauswerfen", um dem Spiel besonderen Spaß zu verleihen. Die Ethik liegt in den Spielregeln, nicht in den Spielzügen. Deshalb sei auch die Wirtschaft ein Spiel, bei dem die Last einer moralischen Entscheidung nicht dem Einzelnen auferlegt werden dürfe. Er solle – ja er müsse – sich egoistisch verhalten. Die Aufgabe des Staates sei es, im Rahmen seiner Ordnungspolitik Spielregeln festzulegen, sodass das egoistische Verhalten des Einzelnen zu einem gesamtwirtschaftlichen Optimum führt. Der Einzelne wird damit von den Kategorien „gut" und „böse" befreit, die Ethik in die staatliche Ordnungspolitik verlagert.

Dieser in der Wirtschafts- und Unternehmensethik weit verbreitete Ansatz übersieht zwei grundlegende Unterschiede: Erstens sind Gesellschaftsspiele freiwillig, während die Teilnahme am Wirtschaftsgeschehen erzwungen ist. Niemand kann es sich aussuchen, ob er Konsument, Käufer, Anbieter von Arbeitskraft oder Nachfrager von Krankenhausdienstleistungen wird. Es handelt sich um Notwendigkeiten und Zwänge des Lebens. Wer nicht „rausgeworfen" werden möchte, spielt einfach

---

15 Vgl. Homann und Blome-Drees 1992.

nicht „Mensch-Ärgere-Dich-Nicht". Ein Unfallopfer kann nicht einfach „aufhören mitzuspielen", sondern ist darauf angewiesen, dass verantwortungsvolle „Mitspieler" nicht alle Chancen ausnutzen, die ihnen die Spielregeln des Staates lassen.

Zweitens wird vernachlässigt, dass Wirtschaftssysteme einem ständigen Wandel unterworfen sind. Ständig entstehen Gesetzeslücken, sodass die Spielregeln nicht genügen. Es entstehen weiße Flecken, in denen die Ethik tatsächlich in die Spielzüge zurückverlagert werden muss. Das beste Beispiel ist die Globalisierung. Die Völkergemeinschaft rennt den Realitäten der Spielzüge hinterher und versucht, neue Ordnungen zu schaffen. Es wird ihr kaum gelingen, die Spielregeln ausreichend genau zu formulieren und somit alle moralische Verantwortung vom Individuum auf die Ordnung zu übertragen. Und selbst wenn sie es schaffen würde, so wäre dies das Ende der Freiheit, die doch ein grundlegender Wert unserer Gesellschaft ist.

Zusammenfassend können wir festhalten, dass Freiheit, Gerechtigkeit, Sicherheit und Solidarität grundlegende Werte unserer Gesellschaft sind. Sie haben mehrfache Auswirkungen auf den Krankenhausbetrieb. Erstens müssen die Leistung und das Verhalten des Krankenhauses diesem Wertesystem entsprechen, sonst ist die Gesellschaft auf Dauer nicht bereit das Krankenhaus mit Ressourcen auszustatten bzw. seine Existenz zu tolerieren. Zweitens sind die Mitarbeiter von diesem Wertesystem geprägt. Eine Krankenhausführung, die beispielsweise massiv das Gerechtigkeitsempfinden der Pflegekräfte verletzt, muss mit Gegenwehr rechnen. Drittens sind die Manager und Eigentümer des Krankenhauses von diesem Wertesystem geprägt. Sie mögen sich dessen nicht bewusst sein, aber sie handeln auf Basis einer mindestens 1500-jährigen Tradition christlicher Werte, die unsere Gesellschaft stark geprägt haben. Die Krankenhausführung tut deshalb gut daran ihre eigenen Werte zu reflektieren und daraus Ziele für ihr Haus abzuleiten, die in Einklang mit den gesellschaftlichen Werten stehen. Diese Ableitung muss allerdings die Trägerschaft unterscheiden: Öffentliche, privatwirtschaftliche und freigemeinnützige Krankenhäuser werden (teilweise) abweichende Zielsysteme haben.

7.2.3 Zielsystem öffentlicher Krankenhäuser

Krankenhäuser in öffentlicher Trägerschaft dienen unmittelbar der Umsetzung gesundheitspolitischer Ziele, die sich direkt aus den gesellschaftlichen Werten ableiten lassen.[16] Oberstes Ziel der Gesundheitspolitik ist die Aufrechterhaltung und Verbesserung der Gesundheit der Bevölkerung und damit der sozialen Sicherheit. Grundlegende Ziele öffentlicher Krankenhäuser sind deshalb Wirksamkeit und Qualität. Diese Ziele sollen nicht nur heute erreicht werden, sondern auch in Zukunft.

---

16 Vgl. Helmig 2005.

Nachhaltigkeit und Überlebensfähigkeit treten deshalb gleichberechtigt hinzu. Es ist charakteristisch für das betriebswirtschaftliche Denken, dass wir die obersten Ziele als die Leistungen des Unternehmens (wirksame Gesundheitsdienstleistungen) beschreiben. Ein traditionelles Verwaltungsdenken hätte Sparsamkeit oder Gesetzeskonformität als wichtigste Ziele definiert. Tatsächlich ist die Gesetzeskonformität eine wichtige Nebenbedingung, die sich aus dem rechtlichen Umsystem ergibt. Sparsamkeit per se ist überhaupt kein Ziel. Sparsamkeit impliziert, dass unabhängig von den Outputs allein die Inputs minimiert werden. Das wirtschaftliche Denken betrachtet stets die Effizienz, d. h. das Verhältnis von Inputs und Outputs. Effizienz ist damit ein wichtiges Ziel öffentlicher Krankenhäuser, da sich nur auf Grundlage effizienter Prozesse aus den gegebenen Inputs eine maximale Wirksamkeit ergeben kann. Sparsamkeit per se ohne Verbindung zu dadurch erzielbaren Outputerhöhungen hat keinen Wert. Das öffentliche Krankenhaus ist weiterhin (in welcher Rechtsform auch immer) Teil der öffentlichen Ordnung. In einer Demokratie spielt deshalb die Partizipation der Betroffenen eine große Rolle. Mitarbeiter und Kunden sind Träger von Freiheitsrechten, die es zu achten gilt. Diese Aspekte sollen im Folgenden vertieft werden.

Wirksamkeit und Qualität

Krankenhausdienstleistungen müssen einen positiven Effekt auf die Gesundheit der Bevölkerung haben. Billige, aber wirkungslose Medizin und Pflege können nicht das Ziel eines Krankenhauses sein. Gesundheitsdienstleistungen müssen vielmehr eine Qualität haben, die den gesundheitlichen Erfolg gewährleistet. Der Begriff Qualität ist vielschichtig und schwer zu konkretisieren. Die Betriebswirtschaftslehre unterscheidet einen subjektiven und einen objektiven Qualitätsbegriff (vgl. Kapitel 5.2). Objektive Qualität lässt sich durch exakte Leistungsmerkmale eines Produktionergebnisses bestimmen. Man erhebt Daten und Fakten auf naturwissenschaftlich-technischer Basis. Die Keimdichte als Maß der Sterilität eines Operationssaales ist ein Beispiel hierfür. Subjektive Qualität hingegen ist ein von der jeweiligen Persönlichkeit abhängiges Phänomen. Es entzieht sich einer objektiven Bestimmung, wie z. B. einer direkten Messung. Wenn überhaupt, so kann sie lediglich indirekt über Indikatoren erfasst werden. Ein möglicher Indikator ist die Patientenzufriedenheit, die über Befragungen erhoben werden kann.

Mediziner gehen meist von einer objektiven Qualität aus: Gute Qualität ist das, was ein Mediziner mit bester Technik heute schaffen kann. Für die gesellschaftliche Bewertung eines Krankenhauses entscheidend sind jedoch nicht die objektive Gesundheit und die objektive Qualität, sondern die wahrgenommene Gesundheit bzw. die subjektive Qualität. Erst wenn ein Mensch den Gesundheitsmangel persönlich als Defizit erlebt, wenn er ein Bedürfnis hat, kann er zum Nachfrager auf dem Gesundheitsmarkt werden. Ebenso entscheidet allein die subjektive Qualität einer Gesundheitsdienstleistung darüber, ob der Bedarfende zum Nachfrager und insbesondere zum Wiedernachfrager wird. Es mag die ärztliche und pflegerische Qualität noch so hoch sein, wenn der Patient dies nicht so empfindet, dann wird er das nächste Mal den Anbieter wechseln, falls er eine Chance dazu hat.

Wie gezeigt wurde (vgl. Kapitel 5.1), ist der Produktionsprozess von Dienstleistungen relativ komplex, da der Patient als externer Faktor unmittelbar am Produktionsergebnis beteiligt ist. Eine Qualität, die nicht nur Produktionsfaktoren (Strukturqualität) oder Produktionsprozesse (Prozessqualität) sondern Ergebnisse (Ergebnisqualität) misst, ist deshalb im Krankenhaus stets subjektiv. Selbst wenn es gelingt die Leistungen des Krankenhauses als Output wissenschaftlich exakt zu definieren, so haben sie für die gesellschaftliche Bewertung dieses Leistungserbringers keine Bedeutung. Allein das, was der Patient daraus macht (Outcome) und wie sich dies auf die Gesellschaft auswirkt (Impact), entscheidet darüber, ob eine Gesellschaft ein öffentliches Krankenhaus als sinnvoll erachtet. Sowohl die Transformation von Output in Outcome, als auch von Outcome in Impact liegt jenseits des Einflusses des Krankenhauses.

Nun kann man allerdings – mit wenigen Ausnahmen – konstatieren, dass eine gute Outputqualität des Krankenhauses eine notwendige, aber nicht hinreichende Bedingung für gesellschaftlichen Impact ist. Ein guter Output ist keine Garantie für einen hohen Impact, aber wenn das Krankenhaus keinen guten Output liefert, wird dies in der Regel auch einen guten Impact verhindern. Eine hohe objektive und subjektive Qualität ist damit die Voraussetzung für eine gesellschaftliche Bedeutung und Sinnhaftigkeit des Krankenhauses, sodass Qualität und Wirksamkeit zweifelsohne die wichtigsten Ziele des öffentlichen Krankenhauses sind.

Nachhaltigkeit und Überlebensfähigkeit

Ein Krankenhaus sollte qualitativ hochwertige und wirkungsvolle Dienstleistungen nicht nur heute, sondern auch in Zukunft anbieten können. Auch zukünftigen Generationen müssen adäquate Gesundheitsdienstleistungen angeboten werden. Die Krankenhausführung muss ihre Ressourcen deshalb so einsetzen, dass die Einrichtungen und Programme fortbestehen und nicht ihre kompletten Ressourcen in wenigen Jahren verbrauchen. Diese Überlebensfähigkeit wird heute oftmals als Nachhaltigkeit bezeichnet.

Ganz allgemein definiert man Nachhaltigkeit als die Fähigkeit eines offenen Systems, Leistungen zum jetzigen Zeitpunkt zu erzeugen, ohne die Leistungsfähigkeit späterer Perioden zu gefährden. Die Struktur dieses Systems muss derart gestaltet sein, dass die Transformation von Input in Output, d. h. die Funktion des Systems in seiner Umwelt, so durchgeführt wird, dass das Energieniveau des Systems nach der Transformation nicht geringer geworden ist, sodass auch in Zukunft ein Transformationsprozess stattfinden kann.

Der Anspruch der Nachhaltigkeit stellt einige Forderungen an die Betriebsführung. Zum einen müssen Abschreibungen für Gebäude, Anlagen und Fuhrpark gebildet werden, sodass die Kapazität langfristig erhalten bleibt. Am Ende der Abschreibungsperiode sollte das Unternehmen in der Lage sein über verdiente Abschreibung eine Ersatzbeschaffung durchzuführen. Die derzeitige Krankenhausfinanzierung steht dem entgegen, da im Rahmen der dualen Finanzierung (vgl. Kapitel 3.1.3) die Anschaffungskosten vom jeweiligen Bundesland getragen werden und Abschreibungen erfolgsneutral sind. Man geht davon aus, dass am Ende der Abschreibungsperiode eine Ersatzinvestition aus staatlichen Quellen erfolgt – eine Hoffnung, die nicht selten trügt. Insbesondere öffentliche Krankenhäuser hängen am Tropf der staatlichen Budgets und refinanzieren sich nicht am Kapitalmarkt. Der Investitionsstau im deutschen Krankenhauswesen ist zum Teil auf dieses etatistische Denken zurückzuführen.

Weiterhin setzt Nachhaltigkeit voraus, dass die Gebäude, Anlagen und Fahrzeuge ausreichend gewartet werden, sodass die ökonomische Nutzungsdauer erreicht wird. Eine geringere Wartung führt zu einer reduzierten Lebensdauer und damit zu überhöhten durchschnittlichen Jahreskosten. Der Krankenhausbetriebswirt ermittelt folglich simultan eine optimale Wartungsintensität und eine optimale Lebensdauer, aus der sich dann die Abschreibungen und die Wartungsbeträge ermitteln. In der Realität des deutschen Krankenhauswesens hingen die Wartungsausgaben jedoch häufig davon ab, ob und in welcher Höhe diese vom Staat gefördert wurden (Instandhaltungspauschale), bzw. sie bei den Pflegesatzverhandlungen geltend gemacht werden konnten. Seit der Einführung der Diagnosis Related Groups (2003/04) ist hier etwas mehr Entscheidungsfreiraum entstanden, der nun genutzt werden sollte.

Schließlich ist die Nachhaltigkeit der Personalstruktur eine wichtige Determinante der Nachhaltigkeit des Unternehmens. Eine langfristige und aktive Personalpolitik sowie insbesondere eine umfassende Fortbildung der Mitarbeiter sind Voraussetzungen für die Aufrechterhaltung der Personalqualität. Wer auch in Zukunft Patienten gut versorgen möchte, muss heute intensiv in sein Personal investieren. Wenn heute in Krankenhäusern Facharztpositionen unbesetzt bleiben, weil man Mediziner, die gerade ihre Facharztausbildung abgeschlossen haben, einfach nicht zum Bleiben überreden kann, so zeugt das oftmals davon, dass der Umgang mit den Assistenzärzten nicht nachhaltig ist. Kurzfristiges Denken rächt sich oft.[17]

Effizienz

Im ersten Kapitel wurde Effizienz als das Verhältnis zwischen der Summe aller möglichen Outputs und der Summe aller möglichen Inputs definiert. Eine Einheit bzw. eine Situation gilt als effizient, wenn es keine andere Einheit oder keine andere Situation gibt, in der dieser Quotient verbessert werden kann. Dabei ist das Effizienzkriterium sowohl auf die Erreichung der innerbetrieblichen Ziele, als auch auf die Funktionserfüllung und die gesellschaftliche Verantwortung anzuwenden. Wenn es gelingt, den Transformationsprozess zu verbessern, können die eigenen Ziele besser erreicht, die

---

17 Vgl. Hinterhuber 2011.

gesellschaftliche Funktion stärker wahrgenommen und die gesellschaftliche Akzeptanz erhöht werden. Effizienz ist damit die Grundlage für Qualität und Nachhaltigkeit.

Hierbei ist zu beachten, dass die Ziele Qualität und Nachhaltigkeit konfligierend sind. Erhöht man die Qualität, wird dies ceteris paribus zu Lasten der Zukunft gehen, d. h., die Nachhaltigkeit verschlechtert sich. Allein wenn es gelingt, die Dichte des Gases in den Röhren zu erhöhen, können beide Zielerreichungsgrade gleichermaßen verbessert werden. Die Erhöhung der Dichte entspricht einer Erhöhung der Effizienz. Sie allein garantiert, dass eine Qualitätsverbesserung heute nicht zu Lasten der Qualität der Zukunft geht.

Oberstes Ziel eines öffentlichen Krankenhauses ist folglich die Versorgung der Bevölkerung im Einzugsbereich mit Krankenhausdienstleistungen in einer ausreichenden Quantität und Qualität, sodass die gesundheitspolitischen Ziele des Staates, des Landes, der Kommune etc. erreicht werden. Hierbei ist die kurz- und langfristige Kapazitätsaufrechterhaltung (Nachhaltigkeit) zu beachten. Weitere Ziele, wie z. B. Partizipation und Mitsprache, politische Präsenz oder sozialer Friede können hinzutreten und sind in ihrer Gewichtung individuell zu behandeln.

7.2.4 Zielsystem privatwirtschaftlicher Krankenhäuser

Privatwirtschaftliche Krankenhäuser müssen ebenfalls eine angemessene Qualität erbringen, sonst sind sie auf Dauer nicht in der Lage, am Markt zu existieren. Sie müssen Leistungen erstellen, für die Zukunft sorgen, die Partizipationsrechte der Mitarbeiter und Patienten achten etc. Allerdings sind diese Ziele nicht originäre Oberziele, sondern leiten sich aus einem höheren Ziel ab: der Gewinnmaximierung.

Abb. 130 zeigt schematisch das betriebliche Zielsystem. Die Sachziele (z. B. Leistungsmengen, Qualität, Personalfortbildung, Finanzgleichgewicht etc.) werden bei

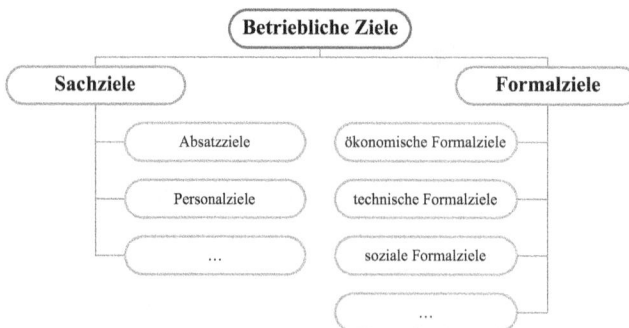

Abb. 130: Betriebliche Ziele.[18]

18 Quelle: Eigene Darstellung, in Anlehnung an Eichhorn 2015, S. 186–192.

kommerziellen Unternehmen von den Formalzielen dominiert, wobei die ökonomischen Formalziele die größte Bedeutung haben. Anders gesagt: Aus dem ökonomischen Formalziel leiten sich alle anderen Ziele ab.

Der Gewinn definiert sich als Differenz von Erträgen und Aufwendungen, sodass es für den Gewinnmaximierer sinnvoll ist, den Absatzplan als Maß aller Dinge anzusehen. Damit ergibt sich das in vielen Unternehmen anzufindende Primat des Absatzes, d. h. die Unterordnung aller anderen Ziele unter das Absatzziel (vgl. Abb. 131).

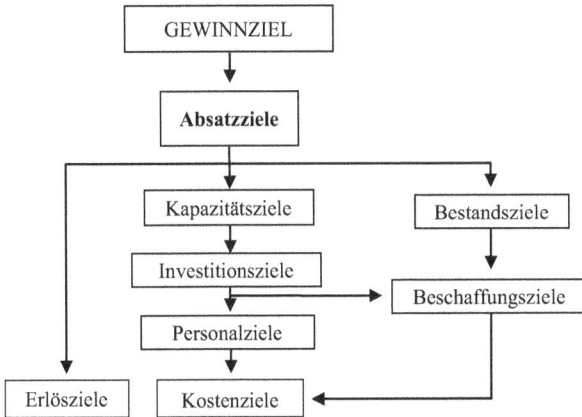

Abb. 131: Ableitung des Sachzielsystems.[19]

Kommerzielle Unternehmen werden folglich ihre Sachziele anhand des Gewinnzieles relativ einfach synchronisieren und die Effizienz ihres Handelns leicht messen können. Privatwirtschaftliche Krankenhäuser haben damit einen komparativen Vorteil gegenüber öffentlichen und freigemeinnützigen Einrichtungen. Allerdings erwirtschaften sie auch Gewinne auf Grundlage der Krankheiten von Menschen und in einem Sektor, der überwiegend öffentlich finanziert wird. Es wird deshalb immer wieder hinterfragt, ob es ethisch zu vertreten sei, dass Krankenhäuser die ohnehin knappen Ressourcen des Gesundheitswesens in privatwirtschaftliche Gewinne transferieren. Warum gestattet eine Gesellschaft, deren primäre Ziele Freiheit, Gerechtigkeit, Sicherheit und Solidarität sind, dass Unternehmen hiervon völlig abweichend das Gewinnziel erstreben?

Zur Beantwortung dieser Fragen müssen wir zuerst definieren, was man unter Gewinn versteht. Der Gewinn besteht aus verschiedenen Teilen. Zum Ersten stellt der Gewinn die Entlohnung für den Arbeitseinsatz des Unternehmers dar. Wenn auch heute viele Betriebe als Kapitalgesellschaften geführt werden, in der der Unternehmer oftmals als Geschäftsführer ein Gehalt erhält, so leistet der Unternehmer doch viel Arbeit, die von seinem Gehalt nur unzureichend abgedeckt wird. Hierfür

---

19 Quelle: Eigene Darstellung, in Anlehnung an Eichhorn 2015, S. 195.

erhält er einen Gewinn. Zweitens stellt der Eigentümer sein Kapital zur Verfügung. Hierfür möchte er zumindest so hohe Zinserträge erwirtschaften, wie er in einer vergleichbaren Kapitalanlage außerhalb des Unternehmens erhalten würde. Die Alternative „Bringe ich mein Geld auf das Sparbuch?" oder „Gründe ich ein Unternehmen?" macht deutlich, dass ein Teil des Gewinnes lediglich eine gerechte Entlohnung für das eingebrachte Kapital ist. Drittens wäre das Kapital auf dem Sparbuch deutlich sicherer, sodass der Unternehmer einen Teil des Gewinns dafür erhält, dass er das hohe Risiko eingeht und sein Geld in dem eigenen Unternehmen investiert, wo es jederzeit vom Konkurs bedroht ist. Es ist einleuchtend, dass diese Gewinnteile nicht unmoralisch sind. Sie sind faire Entlohnungen für Leistungen des Unternehmers. Wenn ein Unternehmer lediglich diese Gewinnkomponenten erstrebt, kann man nicht von einer Gewinnmaximierung sprechen. Hier kann das Wort „Satisfizierungsziel" verwendet werden. Es bedeutet, dass der Unternehmer einen zufrieden stellenden Gewinn erstrebt, der seine eigene Arbeitskraft, sein Kapital und sein Risiko angemessen entlohnt. Ist dieses erreicht, muss kein weiterer Gewinn erzielt werden, der Gewinn wird zur Nebenbedingung.

Die meisten kommerziellen Unternehmen erstreben jedoch eine vierte Gewinnkomponente. Sie entsteht durch die Ausnutzung von Marktvorteilen oder komparativen Effizienzvorteilen. Er sei hier als Zusatzgewinn bezeichnet. Die eigentliche Frage lautet deshalb: Ist der Zusatzgewinn zu rechtfertigen?

Man muss diese Frage auf einem gesamtwirtschaftlichen Niveau beantworten.[20] Was würde passieren, wenn wir eine Wirtschaftsordnung hätten, die den Zusatzgewinn verbieten würde? Wahrscheinlich würden alle Unternehmer auf derselben Produktionstechnologie verharren. Sie genügt ihnen, um zu überleben, d. h. ihre Kosten zu decken und ihr Kapital, ihre Arbeit und ihr Risiko angemessen zu entlohnen. Es würde sich für niemanden rentieren, neue Produkte zu entwickeln oder neue Verfahren zu generieren, da sie davon nur Risiko, aber keinen Vorteil hätten. Sie überleben – aber nichts entwickelt sich weiter. Der Gewinn ist der Garant dafür, dass Unternehmer einen ständigen Wettbewerb um neue Produkte und Produktionsverfahren bestreiten. Sie versuchen stets, das Gute noch besser zu machen. Nicht, weil sie so edelmütig sind, sondern weil sie Gewinne machen wollen.

Die Entwicklung neuer Produkte und neuer Verfahren ist die Voraussetzung für wirtschaftliches Wachstum. Die Erreichung der Werte Freiheit, Gerechtigkeit, Solidarität und Sicherheit wird erheblich erleichtert, wenn stetig mehr und bessere Leistungen erzeugt werden, mit denen diese Grundwerte erstrebt werden können. Dies erfordert jedoch, dass die knappen Ressourcen immer besser und effizienter ausgenutzt werden können. Deshalb benötigt eine Volkswirtschaft Unternehmer, die diesen Entdeckungswettbewerb der immer besseren Lösungen mitmachen. Nur so konnte in Europa die existenzielle Armut überwunden werden, und nur so kön-

---

20 Vgl. Rich 1992.

nen überhaupt ausreichend Ressourcen für eine immer bessere Gesundheitsversorgung bereitgestellt werden.

Die ethische Situation ist paradox: Das egoistische Verhalten der Unternehmer – sie wollen Zusatzgewinne erwirtschaften – führt dazu, dass die Versorgung der Menschen besser wird. Letzteres entspricht jedoch dem ultimativen Ziel des Altruismus. Der Egoismus der Unternehmer führt zum Altruismus – ein schwer zu verkraftender und dennoch wahrer Satz.

Die Begründung dieser Aussage ist komplex und kann hier nur skizziert werden. Erstens muss zwischen einer gesunden Selbstliebe und einem ungezügelten Egoismus unterschieden werden. Gesunde Selbstliebe ist auch im Gebot der Nächstenliebe („Du sollst Deinen Nächsten lieben *wie Dich selbst*!") beschrieben. Sich selbst zu lieben ist nicht verkehrt, sondern geradezu gefordert. Deshalb ist auch ein Zusatzgewinn durchaus nicht immer verwerflich, da er zum Wohl des eigenen Lebens, der Familie, des Betriebszweckes oder der Gesellschaft eingesetzt werden kann.

Zum Zweiten geschieht die Umwandlung von Egoismus in positive Ergebnisse nicht automatisch. Sie ist vielmehr ein schwieriger gesellschaftspolitischer Prozess. Die Gesellschaft muss erst die Rahmenbedingungen schaffen, innerhalb derer sich die Eigenliebe des Einzelnen zu einem gesamtgesellschaftlichen Optimum entwickeln kann. Hierzu gehört die Schaffung von freien Märkten, die Abschaffung von Monopolen, von Machtstellungen, Zöllen etc. Die Ordnungspolitik fällt jedoch nicht aus dem Leeren, sondern sie entsteht in der Politik nach gesellschaftlichen Zielsetzungen. Es ist unbedingt nötig, dass die Zivilgesellschaft sich hier engagiert und den ordnungspolitischen Prozess beeinflusst, sodass gewährleistet bleibt, dass der Egoismus des Einzelnen nicht zum Raubtierkapitalismus, sondern zu einer Besserversorgung der Gesamtbevölkerung führt. Nur unter dieser Bedingung hat eine Marktwirtschaft eine Existenzberechtigung: Sie soll den Menschen dienen.

Grundsätzlich ist deshalb ein freies Unternehmertum – mit den Beschränkungen, die unsere Verfassung und die soziale Marktwirtschaft vorsehen – ethisch positiv zu bewerten. Dies allein ist jedoch kein Beweis, dass auch Krankenhausdienstleistungen am besten auf privatwirtschaftlicher Basis zu erstellen sind. Nur ganz wenige Liberalisten würden für die privatwirtschaftliche Polizei plädieren, während andererseits nur ganz wenige Marxisten heute noch dem kommerziellen Bäckermeister die Existenzgrundlage entziehen möchten. Es gibt folglich Güter, die besser von öffentlichen Trägern zu erstellen sind, während es Güter gibt, die getrost der Privatwirtschaft überlassen werden können. Zu welcher Kategorie gehören Krankenhausleistungen?

Die Antwort folgt obigem Gedankengang. Noch vor wenigen Jahren gab es kaum Konkurrenz auf dem deutschen Krankenhausmarkt. Krankenhäuser gehörten dem Staat oder einem Träger der freien Wohlfahrtspflege. Sie hatten entweder regionale Monopole oder hatten sich miteinander engagiert. Hinzu kam eine Krankenhausfinanzierung, die in der Regel die Selbstkosten deckte (nicht mehr – aber auch nicht weniger). In dieser Situation war es nicht nötig oder sogar schädlich Wirtschaftlichkeitsreserven zu nutzen. Organisatorische und medizinische Fortschritte hätten vielleicht zu reduzierten Kosten geführt, aber sie hätten ceteris paribus nur die Pflegesätze verringert. Verschwendung wurde nicht bestraft, sondern teilweise sogar belohnt.

Die Zulassung kommerzieller Konkurrenz sowie das veränderte Entgeltsystem führten zu einer grundlegenden Veränderung. Privatkrankenhäuser zeigen eindrücklich auf, dass durch moderne Konzepte und Techniken der Betriebsführung ehemals verlustreiche öffentliche Krankenhäuser in wenigen Jahren aus den roten Zahlen herauskommen können. Da die neue Finanzierungsform es den kommerziellen Krankenhäusern erlaubt, Gewinne zu erwirtschaften und an die Eigentümer auszuschütten, haben sie ein Gewinnmotiv. Sie sind bestrebt, die wirtschaftlichsten Produktionsverfahren einzusetzen und keine Ressourcen zu vergeuden. Dies hat auch positive Auswirkungen auf die öffentlichen und freigemeinnützigen Träger, da sie nun ebenfalls gezwungen sind zu rationalisieren. Hinzu kommt ein Qualitätswettbewerb um die Patienten, die von der verbesserten Leistungsqualität profitieren. Insgesamt hat folglich die Privatisierung erhebliche Vorteile, sodass die Zulassung der kommerziellen Konkurrenz auf dem Krankenhausmarkt zu rechtfertigen ist.

Die positiven Effekte der Privatisierung unterliegen allerdings keinem Automatismus und können von negativen Folgewirkungen überlagert werden. Beispielsweise garantiert die Erhöhung der Gesamteffizienz des Krankenhauswesens nicht automatisch die flächendeckende Versorgung, sowie eine Erhöhung des Durchschnitts nicht automatisch eine Reduktion der Streuung einer Verteilung impliziert. Der Staat ist deshalb gerade in einer privatisierten Krankenhauswirtschaft gefordert, Rahmenbedingungen zu schaffen, die dafür sorgen, dass das egoistische Verhalten der privatwirtschaftlichen Einheiten zu einem gesamtgesellschaftlichen Optimum führt. Und er wird auch sicherlich in Zukunft noch gefordert sein, selbst als Anbieter von Gesundheitsdienstleistungen aufzutreten – zumindest in bestimmten Nischen oder Regionen, die für die kommerziellen Anbieter nicht lohnend sind.

Es sei hier abschließend noch erwähnt, dass der Begriff Gewinnmaximierung etwas verkürzend ist. Tatsächlich maximieren Unternehmen in der Regel nicht den Gewinn, sondern die Rentabilität (Return on Investment, RoI) als Quotient aus Gewinn und eingesetztem Kapital (in verschiedenen Erscheinungsformen, wie z. B. der Eigenkapital- oder Gesamtkapitalrentabilität). Zusätzlich ist zu bedenken, dass der Gewinn kurzfristig bilanzpolitisch manipulierbar ist, weshalb manche Autoren die Verwendung des sogenannten Shareholder Value (SV) als Barwert zukünftiger Cash Flows verwenden. Da jedoch der Gewinn als Zähler in den RoI einfließt und der SV im Prinzip nichts anderes als eine langfristige Gewinnbetrachtung ist, wurde in den obigen Ausführungen das Gewinnmotiv in den Mittelpunkt gestellt.

7.2.5 Zielsystem freigemeinnütziger Krankenhäuser

Die dritte Trägergruppe sind die freigemeinnützigen Organisationen, die sich in Deutschland im Verband der Freien Wohlfahrtspflege zusammengeschlossen haben.

645 Allgemeinkrankenhäuser und 315 Vorsorge- und Rehakrankenhäuser wurden im Jahr 2019 von diesen Trägern betrieben, wobei der Deutsche Caritasverband und das Diakonische Werk in Deutschland mit ungefähr 635 Krankenhäusern die größte Bedeutung haben. Kirchliche Träger betreiben fast ein Drittel der Krankenhäuser in Deutschland, weshalb hier exemplarisch ihr Zielsystem beschrieben werden soll.

Abb. 132 fasst schematisch das christliche Werte- und Zielsystem zusammen. Grundlage der christlichen Ethik sind die biblischen Aussagen über den Menschen (christliche Anthropologie). In Spezialproblemen gibt es zweifelsohne Unterschiede zwischen der katholischen und der evangelischen Interpretation, die grundlegenden Aussagen sind jedoch identisch.[21]

Im Kern der christlichen Anthropologie steht die Wertschätzung des Menschen in der Bibel. Der erste Schöpfungsbericht beschreibt die Erschaffung des Menschen mit den Worten: „Und Gott sprach: Lasset uns Menschen machen, ein Bild, das uns gleich sei, die da herrschen über die Fische im Meer und über die Vögel unter dem Himmel und über das Vieh und über alle Tiere des Feldes und über alles Gewürm, das auf Erden kriecht. Und Gott schuf den Menschen zu seinem Bilde, zum Bilde Gottes schuf er ihn; und schuf sie als Mann und Weib" (Gen 1,26–27). Der Mensch ist folglich das Ebenbild Gottes, das Gegenüber Gottes, das durch den Schöpfungsakt seinen eigenen Wert und seine Würde erhält. Diese Eigenschaft ist ihm von Geburt an gegeben und unabkömmlich immanent. Sie ist unabhängig von jeglicher Leistung. Die Würde des Menschen ist die Würde des Ebenbildes Gottes, wie es Pius XII ausdrückte.

Nach christlicher Auffassung erhält das ungeborene Leben dieses Prädikat mit der Zeugung, und zwar auch dann, wenn es schwerstbehindert ist. Das Kind hat diese Würde inne, unabhängig von seiner Intelligenz und körperlichen Stärke. Der Erwachsene kann durch seine Leistung diesen Wert nicht erhöhen und durch seine Leistungsschwäche nicht verlieren. Auch der alternde Mensch verliert durch Schwachheit oder Demenz niemals die Ebenbildlichkeit Gottes. Der Wert des Menschen ist auf Grundlage der Bibel unendlich. Mehr als das Ebenbild Gottes kann der Mensch deshalb nicht sein und werden. Der Mensch kann gemäß dem Schöpfungsbericht aber auch nicht weniger sein und werden.

Die christliche Anthropologie erkennt jedoch auch an, dass die Ebenbildlichkeit Gottes deformiert ist. Der Alkoholiker in einem Obdachlosenheim oder der AIDS-Patient im Endstadium mögen auf den ersten Blick wenig von Gottes Ebenbild ausstrahlen, sie bleiben es jedoch trotzdem. Sie geben Zeugnis von der Wahrheit der zweiten Grundaussage der christlichen Anthropologie, nämlich vom Fall der Menschheit, von der Korruption des ursprünglich perfekten Geschöpfes Gottes. Die selbst gewählte Trennung von Gott ist nach christlichem Zeugnis Ergebnis der Freiheit, mit

---

21 Zur Bedeutung von Diakonie und Caritas sowie dem spezifischen Zielsystem siehe Jäger 1993; Budde 2009, S. 157; Fischer 2019; Gabriel und Ritter 2005; Herrmann und Schmidt 2010; Schoenauer 2012; Hofmann 2010.

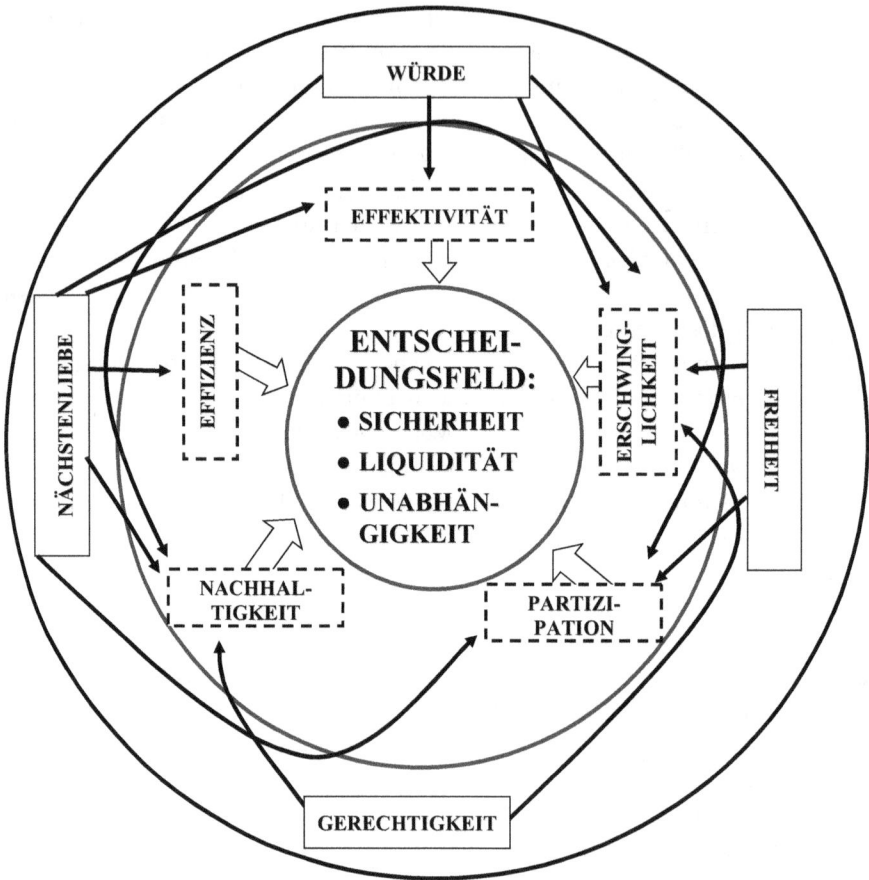

Abb. 132: Christliches Werte- und Zielsystem.[22]

der Gott den Menschen ausgestattet hat. Freiheit ist folglich ein weiterer Wert der christlichen Ethik.

Gemäß dem biblischen Zeugnis hat seither jeder Mensch in sich die Neigung, sein Eigeninteresse in einer Weise an die erste Stelle zu setzen, dass er damit anderen Schaden zufügt. Der Ursprung dieser Selbstsucht wird in der Bibel in der Geschichte vom Sündenfall (Gen 3) beschrieben. Das erste Menschenpaar wählte den bewussten Ungehorsam gegen Gott. Dadurch wurde die enge Gemeinschaft mit dem Schöpfer zerstört, die Intimität mit dem Unendlichen war nicht mehr möglich. Die Bibel beschreibt dies als ein Schämen und Verstecken, d. h., dem gefallenen Menschen ist es unmöglich geworden dem heiligen Schöpfer direkt zu begegnen (Gen 3,7–8). Der Sündenfall ist damit ein universalgeschichtliches Ereignis und

---

22 Quelle: Eigene Darstellung.

Sünde der umfassende Bruch des Menschen mit Gott. Die ursprüngliche Schöpfungsordnung ist zerstört.

Die Konsequenzen dieses Bruchs sind weitreichend. Zuerst kommt der Mensch in Widerspruch zu sich selbst. Als gespaltenes Wesen nach der Corruptio fehlt ihm die Integrität, die Ganzheit der ursprünglichen Schöpfungsordnung. Als Konsequenz stellen sich Leid, Krankheit und Tod ein. Weiterhin führt der Sündenfall zu einer Deformation der menschlichen Gemeinschaft. Es entsteht eine Hierarchie (Gen 3,16) und die Lust, den Bruder zu töten (Gen 4). Unterdrückung, Ausbeutung, Krieg und Mord sind die Konsequenzen des Sündenfalls, die alle Menschen bedrohen.

Aus dem dramatischen Ereignis im Garten Eden ergibt sich fortan, dass der Mensch sich zwischen Gut und Böse entscheiden muss. Was vor dem Bruch mit Gott eindeutig und klar war, wird nun zweifelhaft und schwierig. Der Mensch erfährt, dass er oftmals nicht weiß, wie er sich zu verhalten hat, und dass er seine Erkenntnisse nicht umzusetzen vermag. Paulus drückt seinen Schmerz über die Heillosigkeit seines Lebens, ja die Verzweiflung an der eigenen Sünde mit den Worten aus: „Denn das Gute, das ich will, das tue ich nicht, sondern das Böse, das ich nicht will, das tue ich" (Röm 7,19) und bestätigt, dass dies für alle Menschen zutrifft: „Denn es ist hier kein Unterschied: Sie sind allesamt Sünder und ermangeln des Ruhmes, den sie bei Gott haben sollten" (Röm 3, 22–23).

Ein weiterer grundlegender Wert des christlichen Glaubens ist die Nächstenliebe. Jesus unterstreicht die Bedeutung der Liebe, indem er sie zum Erkennungsmerkmal der Christen erhebt: „Ein neues Gebot gebe ich euch, dass ihr euch untereinander liebt, wie ich euch geliebt habe, damit auch ihr einander lieb habt. Daran wird jedermann erkennen, dass ihr meine Jünger seid, wenn ihr Liebe untereinander habt" (Joh 13, 34–35). Christsein heißt lieben, christliche Existenz ohne Liebe wäre ein Widerspruch in sich selbst. Die Bibel gründet diese Liebe darin, dass Gott seine Geschöpfe bis zur Selbstaufgabe liebt (Röm 8, 31–36; Joh 3, 16). Die Aufgabe des Christen ist es, diese Liebe weiterzugeben, denn Glaube ohne Werke der Liebe ist tot (Gal 5, 13; Jak 2, 17; 1. Joh 3, 17).

Der liebevolle Dienst am Nächsten wird in der Bibel als „diakonia" bezeichnet. Diakonie bedeutet ursprünglich den niedrigen Dienst, etwa den Dienst einer Magd bei Tische. Dieser Dienst prägte den Lebensstil der Urgemeinde. Grundsätzlich kann man drei Dimensionen christlicher Existenz unterscheiden: Diakonie, Liturgie und Mission. Liturgie umfasst die eigene Frömmigkeit und die Gemeinschaft mit anderen Gläubigen in der Gemeinde. Mission impliziert die Verkündigung des Evangeliums. Diakonie ist die tätige Nächstenliebe.

Neben Verkündigung und Gottesdienst ist tätige Nächstenliebe (Diakonie) deshalb eine gleichberechtigte Lebens- und Wesensäußerung der Gemeinde (Ap 4, 32). Sie ist Aufgabe jedes Christen, nicht nur der dafür mit einem speziellen Amt betrauten (Gal 6,9). So wie ein dreidimensionaler Körper sein komplettes Volumen verliert, wenn eine Dimension ausgeschaltet wird, verliert die christliche Existenz ihr Volumen, wenn Christen nicht karitativ tätig sind.

In den Reden Jesu wird der diakonische Grundgedanke oftmals aufgenommen. Grundlegend und oftmals zitiert ist das Gleichnis vom barmherzigen Samariter (Lk 10, 25–37). Es enthält nicht nur einen Aufruf zur Mildtätigkeit, sondern auch ein eindrucksvolles Beispiel für finanzielle Großzügigkeit: der Samariter bezahlte den Wirt mit seinem eigenen Geld, damit er den Kranken weiter pflegte. Die Endzeitrede Jesu (Mt 25, 31–41) betont die Liebe zu den Schwachen und Hilflosen. Die Diakonie an den Bedürftigen wird sogar zum Kriterium des Eintritts in das Reich zur Rechten Gottes (Mt 25, 31–36). Es steht außer Zweifel, dass diese Rede keine abschließende Aufzählung derjenigen beinhalten soll, denen sich Christen in Nächstenliebe zuwenden sollen. Vielmehr stehen sie stellvertretend für alle, die hilflos, schwach, unterdrückt und verletzlich sind. Jesus ruft nachdrücklich zur Nächstenliebe auf, indem er seine Forderung mit einer nicht zu überbietenden Gewichtigkeit unterstreicht: „Was ihr getan habt einem von diesen meinen geringsten Brüdern, das habt ihr mir getan" (Mt 25, 40). Jesus selbst wird folglich zum Zielpunkt der Nächstenliebe; Liebe zum hilflosen Mitmenschen mündet in der Liebe zu Jesus selbst.

Liebe ist folglich die Grundlage des karitativen Handelns christlicher Kirchen – ein Auftrag, dem sie in der Errichtung von Siechenhäusern, Armenhäusern, Hospizen und Krankenhäusern seit fast 2000 Jahren gefolgt sind. Darin verwirklicht sich auch ein weiterer christlicher Grundwert, die Gerechtigkeit.

Es wird deutlich, dass das christliche Wertesystem sich kaum inhaltlich (wenn auch in seiner transzendenten Begründung) von dem gesellschaftlichen Wertesystem der Bundesrepublik Deutschland unterscheidet. Dies wird kaum verwundern, da unser Gesellschaftssystem auf mindestens 1500 Jahren christlich-abendländischer Kultur fußt. Die konkreten Ziele kirchlicher Krankenhäuser unterscheiden sich deshalb auch kaum von den Zielen öffentlicher Hospitäler.

Zusammenfassend können wir festhalten, dass eine effektive und effiziente Führung von Krankenhäusern nur auf Grundlage eines wohl reflektierten, diskutierten und statuierten Werte- und Zielsystems möglich ist. Die Kultur und insbesondere die Religion einer Gesellschaft prägen die Werte, die unterschiedliche Stakeholder als Ansprüche in das Krankenhausmanagement einbringen. Die Werte und Ziele der Eigentümer, der Führungskräfte, der Mitarbeiter und der Patienten sind für den Betriebsablauf und für die Bewertung der Input-Output-Relation von großer Bedeutung. Die Rechts- und Wirtschaftsordnung setzt den Rahmen, innerhalb dessen sich das Unternehmen bewegen kann.

Die großen philosophischen Fragen betreffen das Woher, Wohin und Warum. Das letzte dieser Erkenntnisziele ist die Frage nach dem Sinn, sowohl individuell als auch für die Gesellschaft und ihre Elemente. Auf Dauer kann kein Unternehmen überleben, wenn die Sinnfrage nicht positiv beantwortet wird. Deshalb ist es notwendig, dass sich Krankenhäuser vor ihrem Umsystem verantworten und auf ihre Sinnhaftigkeit aufmerksam machen. Gerade bei kommerziellen Hospitälern wird es heute nicht mehr als selbstverständlich angenommen, dass sie eine Existenzberechtigung haben. Ein ethischer Diskurs mit Mitarbeitern, Patienten und der Öffentlichkeit ist notwendig, um die Existenz zu sichern.

7.3 Planung

Planung ist ein prospektives Denkhandeln in der Form geistiger Vorwegnahme zukünftigen Tathandelns.[23] Im Prinzip ist damit jedes Vorausdenken und vorhersehendes Erleben zukünftiger Ereignisse Planung. Da die Betriebswirtschaftslehre jedoch eine Handlungswissenschaft ist und das Krankenhausmanagement nicht nur antizipieren, sondern gestalten möchte, tritt zur Prospektion meist noch die Auswahl aus Alternativen, d. h. die bewusste Entscheidung.[24]

Planung und Entscheidung sind häufig Ausgangspunkt des Managementzyklus und essenzielle Funktionen jedes Managers. In vielen Krankenhäusern dominiert jedoch die Planung das gesamte Management. Organisation, Personaleinsatz und die Führung werden den Plänen untergeordnet oder gar vernachlässigt, während die Zwillingsfunktion Kontrolle als Regulativ der Planung verstanden wird. Diese Planungsdominanz hat verschiedene Wurzeln. Erstens ist Deutschland überhaupt von einer Planungskultur geprägt. Im wechselwarmen Mitteleuropa war Planung eine Notwendigkeit, um den nächsten Winter zu überleben. Ohne Lagerhaltung als Ausdruck systematischer Planung musste der Bauer zwangsläufig verhungern. So entwickelte sich aus den geografischen Gegebenheiten Mitteleuropas langsam eine Kultur der Planung, die deutlich stärker ausgeprägt war als beispielsweise in Südeuropa oder gar in tropischen Regionen.

Zweitens wird in vielen Krankenhäusern noch ein eher konservativer Managementstil praktiziert, der stark an die militärischen Wurzeln der Betriebswirtschaftslehre erinnert (man denke nur an die Herkunft von Fachwörtern wie Strategie, Taktik und Befehlskette). Im Gegensatz zu Unternehmen, die seit Jahrzehnten auf Käufermärkten agieren und deshalb den Mitarbeiter als wichtigste Ressource erkannt haben, konnte sich in Krankenhäusern die strikte Planerfüllung noch viel länger halten. Unter vorgehaltener Hand spricht mancher Assistenzarzt von seinem Chef als dem General, manche Krankenhausorganisationen werden gar als paramilitärisch bezeichnet.

Drittens wurden diese Tendenzen durch die Krankenhausfinanzierung verstärkt. Jahrzehntelang war die wichtigste Aufgabe des Krankenhausverwalters die strikte Einhaltung des Jahresbudgets als Finanzplan. Das Überleben der Einrichtung hing vor allem davon ab, ob es gelang, diesen Jahresplan zu erfüllen. Diese Planfokussierung prägt Krankenhausmanager bis heute.

---

23 Vgl. Kosiol 1967; Schweitzer 2011, S. 17.
24 Vgl. Adam 2013.

Im Folgenden wollen wir Kernbegriffe der Planungstheorie definieren und einen formalen Planungsprozess diskutieren. Es folgen eine Beschreibung der Entscheidungssituation sowie einige wenige Anmerkungen zur modellgestützten Planung. Das Kapitel schließt mit einem kurzen Überblick über Planungswerkzeuge, wie sie in diesem Buch auch an anderer Stelle verwendet werden.

7.3.1 Planungsprozess

Planung impliziert in der Regel, dass eine Reihe von Alternativen besteht, aus denen diejenige auszuwählen ist, die dem Zielsystem am meisten entspricht.[25] Die Menge von Handlungsalternativen, über die zu einem bestimmten Zeitpunkt entschieden werden soll, wird als Entscheidungsfeld bezeichnet. Es hat eine zeitliche (kurz-, mittel- und langfristige Planung) und eine sachliche Dimension (z. B. Personalplanung, Absatzplanung, Einkaufsplanung). Von langfristiger Planung spricht man, wenn sich der Planungszeitraum so weit in die Zukunft erstreckt, wie überhaupt noch Aussagen getroffen werden können. In der Regel sind dies bei Krankenhäusern mehr als zwei Jahre, manchmal bis zu fünfzig Jahre. Kurzfristige Pläne umfassen meist einen Zeitraum von weniger als sechs Monaten.

Je länger der Planungszeitraum, desto größer ist die Unsicherheit. Sie bezeichnet die Tatsache, dass zukünftige Umweltzustände entweder nicht bekannt sind oder ihre Eintrittswahrscheinlichkeiten nur geschätzt werden können. So kann beispielsweise die zukünftige Nachfrage immer nur geschätzt werden. Eine Punktlandung bleibt Zufall.

Die Unsicherheit langfristiger Entscheidungen ist maßgeblich für die Entstehung des sogenannten Planungsdilemmas verantwortlich. Einerseits sollten Pläne möglichst langfristig sein, sodass möglichst viele Alternativen ausgenutzt werden können. Wie Abb. 133 zeigt, reduziert sich das Entscheidungsfeld in der Regel erheblich, wenn der Entscheidungszeitpunkt nahe an den Handlungszeitpunkt heranrückt. Gleichzeitig bedeutet eine langfristige Planung jedoch eine große Unsicherheit sowie eine langfristige Ressourcenbindung und damit Inflexibilität. Soll man nun kurzfristig oder langfristig planen? Die Antwort kann nur lauten: beides. Wir entwickeln strategische Pläne und nutzen damit so viele Handlungsalternativen wie möglich. Diese Pläne müssen grob und vage bleiben (vgl. Tab. 82). Anschließend setzen wir sie in kurzfristige Detailplanungen um. Da die langfristigen Pläne in der Regel das Gesamtunternehmen betreffen und von der obersten Leitung verantwortet werden, bezeichnet man sie manchmal auch als strategische Pläne, während die kurzfristigen, auch auf unterste Hierarchiestufen delegierbaren Pläne operative Pläne genannt werden.

---

25 Vgl. Adam 2013; Steinmann, Schreyögg und Koch 2020.

Planung beginnt folglich stets mit der Entwicklung von Alternativen. Sie sollten im ersten Schritt nicht reglementiert sein. Killerphrasen, wie „Das haben wir in unserem Krankenhaus schon immer so gemacht!", „Das geht auf einer chirurgischen Station nicht!" oder „Das haben wir noch nie gemacht!" müssen unbedingt vermieden werden. Vielmehr sind Fantasie und Kreativität gefragt. Man kann zeigen, dass jeder Mensch mit diesen Eigenschaften begabt ist. Allerdings gehen sie im Laufe des Lebens immer mehr verloren. Junge Menschen haben deshalb meist mehr Fantasie und sind bessere Ideenquellen als alte Menschen. Berufe mit starren Regeln führen oftmals zu einem Verlust an Kreativität. Auf der anderen Seite ist der „Kuss der Muse" in keiner Weise das Produkt von Faulheit. Vielmehr benötigt die Kreativität die intensive Kenntnis des Systems und das Auseinandersetzen mit dem zu lösenden Problem. Oftmals kommt dann der geniale Einfall, wenn man nicht an dem Problem arbeitet. Ohne vorherige intensive Auseinandersetzung ist jedoch keine Kreativität möglich.

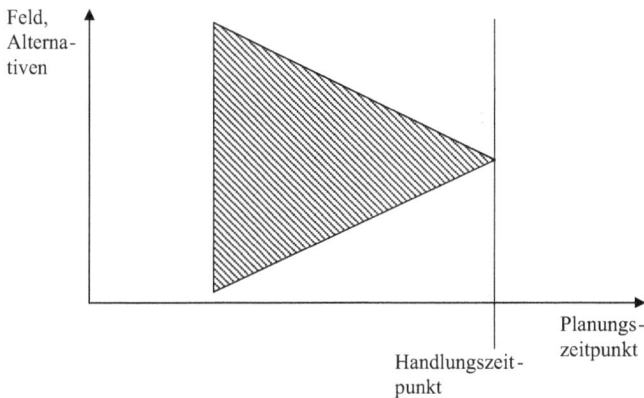

Abb. 133: Entscheidungsfeld.[26]

Dies hat mehrere Folgen für den Problemlösungsprozess. Erstens ist das Management nicht immer die optimale Quelle für gute Ideen, denn Führungskräfte befassen sich nicht täglich mit den Problemen und sind zu weit entfernt. Zweitens sollten in die kreative Phase unbedingt möglichst viele Mitarbeiter einbezogen werden, die unmittelbar betroffen sind. Sie haben sich bereits damit auseinandergesetzt, und ihre Gedanken arbeiten (auch im Traum!) an diesen Problemen. Ziel der Kreativitätstechniken muss es sein, diese Gedanken zu strukturieren und zu artikulieren. Schließlich sollten gerade Berufsgruppen, die ja eine sehr formale, naturwissenschaftliche Ausbildung durchlaufen haben, bereit sein auf Berufsgruppen zu hören, die sehr viel mehr im assoziativen Denken geschult sind, z. B. Psychologen, Soziologen und Ökonomen.

---

26 Quelle: Fleßa 2006, S. 65.

Tab. 82: Kurz-, mittel- und langfristige Pläne.[27]

	Kurzfristig	Mittelfristig	Langfristig
Zeitraum	< 6 Monate	0,5–2 Jahre	> 2 Jahre
Präzisionsgrad	sehr hoch	mittel	Niedrig
Störungen	kaum	mittel	Hoch
Alternativenzahl	gering	mittel	Hoch
Anforderungen	gering	mittel	Hoch
Bedeutung für Zielerreichung	gering	mittel	hoch
Gewissheit	hoch	mittel	gering
Tragweite	gering	mittel	hoch

Für jede Alternative müssen Daten gesammelt werden, auf deren Grundlage eine Bewertung und die Auswahl der besten Alternative möglich ist. Hierzu erfolgt zuerst eine Wertsystemanalyse. Planung ist unmöglich, wenn das Werte- und Zielsystem nicht bekannt ist. Vor jeder Planung müssen deshalb Ziele, Prioritäten, Posterioritäten und Entscheidungsregeln bei Zielkonflikten genau definiert sein. Es muss für jede der möglichen Alternativen ermittelt werden, inwieweit sie die Betriebsziele positiv oder negativ beeinflusst. Vor weiteren Analysen müssen diejenigen Alternativen ausgeschieden werden, die den gewählten Werten widersprechen. Mögen sie noch so erfolgversprechend sein, sie können den Filter der Wertsystemanalyse nicht passieren.

Entscheidungsalternativen müssen jedoch nicht nur wertsystemgerecht sein, sondern auch sachgerecht. Deshalb erfolgt als nächster Schritt die Umweltanalyse. Sie beinhaltet eine Bestandsaufnahme und Prognose der relevanten Umweltdaten zur Ermittlung der sich einem Unternehmen eröffnenden Chancen und Risiken in seiner Umwelt. Für jede Alternative wird gefragt, ob sie technisch realisierbar ist, ob sie rechtlich erlaubt ist, ob die Märkte, die Konjunktur und viele ähnliche Parameter des betrieblichen Umsystems diese Entscheidung erlauben. Als Ergebnis erhalten wir die Summe der wertsystem- und umweltkonformen Alternativen. Wahrscheinlich wird ihre Zahl bereits deutlich geringer sein als die ursprüngliche Menge der Alternativen.

Abschließend folgt der Kapazitätsabgleich, d. h. die Bestandsaufnahme und Prognose der Stärken und Schwächen der Unternehmung relativ zur Konkurrenz. Mit ihrer Hilfe wird ermittelt, ob die wertsystem- und umweltkonformen Alternativen für das Unternehmen überhaupt durchführbar sind. Haben wir ausreichend Personal, Investitionsgüter, Materialien, Absatzwege, Managementkapazität? Im Er-

---

27 Quelle: Eigene Darstellung.

gebnis bleiben nur wenige Entscheidungsvarianten übrig, aus denen dann diejenige ausgewählt wird, die dem Zielsystem am ehesten entspricht.

7.3.2 Entscheidungsproblem

Das Entscheidungsfeld ist die Menge aller möglichen Entscheidungsalternativen, aus denen eine bzw. ein Bündel von Alternativen so auszuwählen ist, dass eine bestimmte Zielfunktion optimiert wird. Abb. 134 zeigt die Entwicklung des Entscheidungsfeldes auf. Die Entscheidungssituation kann unterschiedlich charakterisiert sein. Zuerst kann zwischen mono- und multikriteriellen Entscheidungen unterschieden werden. Die Gewinnmaximierung ist ein einziges Ziel (monokriteriell), während ein System aus Reduktion der Mortalität, Erhöhung der Mitarbeiterzufriedenheit und Beitrag zur öffentlichen Gesundheit zu einer multikriteriellen Zielfunktion führt. Dementsprechend sind kommerzielle Betriebe häufig von eindimensionalen Zielsystemen geprägt, während Nonprofit-Organisationen meist multidimensionale Zielsysteme haben.[28]

Weiterhin können Entscheidungen unter Sicherheit oder unter Unsicherheit bezüglich zukünftiger Umweltzustände erfolgen. Es gibt verschiedene Arten von Unsicherheitssituationen. Sind die möglichen Zustände und die Eintrittswahrscheinlichkeiten bekannt, spricht man von einer Risikosituation. Liegen keine Erkenntnisse über die Eintrittswahrscheinlichkeit bekannter Umweltzustände vor, handelt es sich um eine Ungewissheitssituation. Ist ein rational handelnder Dritter für die Unsicherheit verantwortlich, so handelt es sich um eine Spielsituation.

Im Krankenhaus kommen alle Varianten vor. Das Verhalten der Konkurrenz ist nicht vollständig vorhersehbar, sodass sich das Krankenhaus in einer Spielsituation befindet. Die sogenannte Spieltheorie liefert Ansätze, wie derartige Unsicherheitssituationen überwunden werden können. Die erwartete Fallzahl in DRG kann mit Hilfe statistischer Methoden aus der Vergangenheit geschätzt werden, wobei man bei ausreichenden Erfahrungen und ohne Trendbruch durchaus von relativ stabilen Wahrscheinlichkeitsverteilungen und einer Risikosituation ausgehen kann. Gerade bei Innovationen liegen oft aber überhaupt keine Schätzungen der Eintrittswahrscheinlichkeiten vor (Ungewissheit), teilweise sind nicht einmal die möglichen Folgen vollständig bekannt.

Schließlich kann noch unterschieden werden, ob die betrachteten Größen Ergebnisse oder Nutzen darstellen. Abb. 135 zeigt als Beispiel den Zusammenhang zwischen dem Personaleinsatz und dem Nutzen, den ein Patient der Personaldichte beimisst. Es zeigt sich, dass die lineare Erhöhung des Personaleinsatzes zuerst zu einem überproportionalen Anstieg an wahrgenommener Qualität führt, dann jedoch die Nutzenzuwächse immer stärker abnehmen. Ab dem Maximum fühlt sich der Pati-

---

28 Vgl. Fleßa 2010.

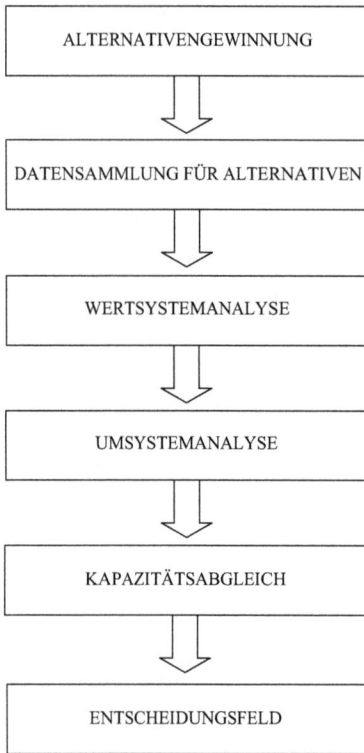

ALTERNATIVENGEWINNUNG

DATENSAMMLUNG FÜR ALTERNATIVEN

WERTSYSTEMANALYSE

UMSYSTEMANALYSE

KAPAZITÄTSABGLEICH

ENTSCHEIDUNGSFELD

Abb. 134: Entwicklung eines Entscheidungsfeldes.[29]

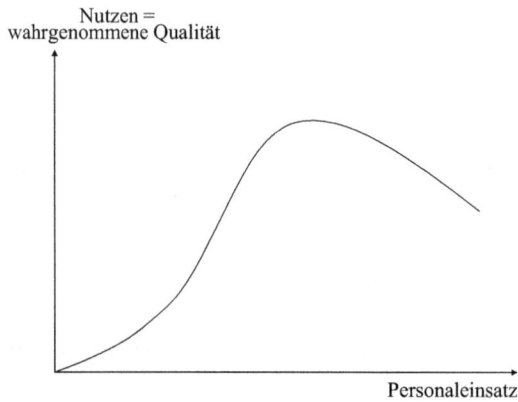

Nutzen =
wahrgenommene Qualität

Personaleinsatz

Abb. 135: Qualitätsfunktion.[30]

29 Quelle: Fleßa 2006, S. 67.
30 Quelle: Eigene Darstellung.

ent belästigt, sodass sein Nutzen wieder sinkt. Maximiert man allein den Personaleinsatz, so führt dies zu völlig anderen Ergebnissen als die Nutzenmaximierung. In vielen Fällen ist der Nutzen zwar eine monotone, aber keine lineare Funktion des Ergebnisses. So wird beispielsweise ein zusätzlicher Gewinn stets positiv bewertet. Häufig tritt jedoch auch bei kommerziellen Unternehmen ab einer gewissen Schwelle (z. B. in Höhe der Rendite alternativer Geldanlagen) das Gewinnmotiv gegenüber anderen Kriterien (z. B. Einfluss, Prestige, Freizeit) eher in den Hintergrund.

Die Entscheidung bei Sicherheit und einem Ziel ist trivial. Es wird lediglich diejenige Alternative gewählt, die das größte (bei Maximierungszielsetzung) oder kleinste (bei Minimierungszielsetzung) Ergebnis bzw. den größten Nutzen liefert. In einer Risikosituation werden Entscheidungsregeln angewandt, die hier nicht vertieft werden können,[31] jedoch zum Handwerkszeug des Krankenhausbetriebswirtes gehören (z. B. Bayes-Regel, σ-Regel, μ-σ-Regel). Für den Fall der Ungewissheit wurden ebenfalls Entscheidungsregeln entwickelt (z. B. Minimax-Regel, Maximax-Regel, Hurwicz-Regel, Savage-Niehans-Regel, Laplace-Regel), die in jedem Lehrbuch der Allgemeinen Betriebswirtschaftslehre nachgelesen werden können.

Die Realität betrieblicher Entscheidungsprozesse im Krankenhaus ist jedoch durch multikriterielle Entscheidungen geprägt. Meist gibt es mehrere Anspruchsgruppen (z. B. Mitarbeiter, Eigentümer, Patienten, Öffentlichkeit), die legitime Anforderungen stellen. Zielneutralität oder -komplementarität sind die Ausnahme, d. h., in der Regel stehen verschiedene Ziele in einem Zielkonflikt. Damit wird es notwendig, die Ziele mit einem geeigneten Verfahren zu fusionieren. Bekannte Verfahren sind die lexikografische Ordnung, Zieldominanz, Zielgewichtung und Goal Programming.

Im Folgenden sollen diese Verfahren anhand eines Praxisbeispiels erläutert werden. Ausgangspunkt ist die Bestrahlung eines Tumors mit drei konkurrierenden Zielen. Erstens soll die Strahlendosis im Tumor maximal sein. Zweitens soll die Strahlendosis im umliegenden Gewebe minimal sein und drittens soll die Behandlungsdauer für den Patienten möglichst kurz sein. Die Technik (Einstrahlwinkel, Bestrahlungsdauer, verschiedene Bestrahlungsstärken) erlaubt nicht, dass alle Ziele zugleich vollständig erreicht werden können. Gesucht ist folglich der optimale Kompromiss der Ziele gemäß Tab. 83.

Die lexikografische Ordnung bildet eine Zielhierarchie. Sie könnte z. B. Z1 > Z3 > Z2 lauten. In diesem Fall wird die Bestrahlung so optimiert, dass allein die Strahlendosis im Tumorgewebe maximiert wird. Falls jedoch alternative, d. h. bzgl. Ziel 1 gleich gute Lösungen auftreten, wird anschließend aus der Menge der Z1-optimalen Alternativen die Menge der Alternativen ausgewählt, bei denen die Behandlungsdauer minimal ist. Falls erneut alternative Lösungen auftreten, wird das Verfahren mit Z2 fortgesetzt. Man kann sich leicht vorstellen, dass dieses Verfahren zu einer gefährlichen Verstrahlung des umliegenden Gewebes führen würde.

---

31 Vgl. Kosiol 1967; Schweitzer 2011, S. 17.

Tab. 83: Beispiel konkurrierender Ziele.[32]

Ziel	Beschreibung
Z1	Maximale Strahlendosis im Tumorgewebe
Z2	Minimale Strahlendosis im umliegenden Gewebe
Z3	Minimale Behandlungsdauer für den Patienten

Die Zieldominanz erklärt ein Ziel zum ausschließlichen Oberziel und transformiert alle weiteren Ziele zu Nebenbedingungen. So könnte beispielsweise in diesem Beispiel die Bestrahlungsintensität des Tumors maximiert werden, jedoch unter der Nebenbedingung, dass das umgebende Gewebe nur eine Strahlendosis bis zu einer Höchstgrenze erhalten darf. Weiterhin könnte die Behandlungsdauer begrenzt werden. Es handelt sich folglich um eine Überführung in ein monokriterielles Verfahren mit weiteren Nebenbedingungen.

Die Zielgewichtung wird häufig vorgenommen. Wie bereits in Kapitel 1.1.3 diskutiert, beinhaltet bereits die grundlegende Effizienzformel Gewichte w_j und v_i. In der Allgemeinen Betriebswirtschaftslehre genügt meistens eine Gewichtung mit den Markt- bzw. Faktorpreisen, d. h. mit monetären Werten. Die Zielfusion erfolgt folglich durch eine Monetarisierung. Das klassische Verfahren hierzu ist die Kosten-Nutzen-Analyse, bei der sowohl Inputs als auch Outputs ausschließlich in Geld gemessen werden. Im obigen Beispiel dürfte es jedoch kaum praktisch möglich noch ethisch angemessen sein, allein monetäre Werte einzubeziehen.

$$\frac{\sum_{j=1}^{m} w_j \cdot x_j}{\sum_{i=1}^{n} v_i \cdot y_i} \rightarrow Max!, \text{ mit}$$

x_j Output j, i = 1 ... m
y_i Input i, i = 1 ... n
w_j Gewicht des Outputs j
v_i Gewicht des Inputs i
m Zahl der Outputfaktoren
n Zahl der Inputfaktoren

Stattdessen können die einzelnen Ziele mit künstlichen Gewichten versehen werden, die von den Entscheidungsträgern angegeben werden. So könnte bei der Entscheidung gelten: „Behandlungsdauer ist nicht so wichtig wie Tumorschädigung", sodass Z3 ein Gewicht von 0,1 bekommt, während Z1 ein Gewicht von 0,7 zugewiesen erhält.

---

32 Quelle: Thieke, Küfer, Monz, et al. 2007.

Ein derartiges Verfahren verwendet beispielsweise die Stiftung-Warentest, die die einzelnen Kriterien gewichtet (z. B. Prestige des Autos ist doppelt so wichtig wie Benzinverbrauch). Allerdings sind diese Gewichtezuweisungen sehr subjektiv oder gar willkürlich. Letztlich sagen die somit erhaltenen Entscheidungen mehr über die Prioritäten der Entscheider als über die Optimalität der gewählten Alternative aus.

Goal Programming schließlich minimiert die Abweichung von einem als optimal angenommenen Wert. Es handelt sich um ein relativ aufwendiges Verfahren, das in der Krankenhauspraxis selten angewendet wird.

Wo liegt der Goldstandard? Bei strategischen Entscheidungen (einmalig oder selten, große finanzielle und zeitliche Bedeutung, ausreichend Zeit für die Vorbereitung) können diese Verfahren angewandt werden. Bei Routineentscheidungen (wie z. B. die Bestrahlung) dürften jedoch Entscheidungsunterstützungsinstrumente vorteilhafter sein, die auf die Intuition des Entscheiders bauen.

Abb. 136 zeigt ein entsprechendes Werkzeug. In einem komplexen Rechenmodell wird zuerst die Menge aller Pareto-optimalen Kombinationen zwischen Tumor- bzw. Umgebungsbestrahlung sowie Bestrahlungsdauer ermittelt. Eine Lösung ist Pareto-optimal, wenn ein Wert einer Zielfunktion nur verbessert werden kann, wenn der Wert einer anderen Zielfunktion verschlechtert wird. Der Entscheider erhält ein grafisches Instrument, mit dessen Hilfe er die für ihn optimale Erreichung ausprobieren kann. Erhöht er den Bestrahlungswert des Tumors, so wird sich dies auf dem Bildschirm auch in einer Erhöhung der Dauer und der Bestrahlung des umliegenden Gewebes äußern. Er kann frei manövrieren, das System lässt jedoch weder unmögliche noch Pareto-suboptimale Lösungen zu. Er sieht sofort, was eine Veränderung für Konsequenzen hat.

Derartige Entscheidungen werden häufig nicht allein, sondern in Gruppen getroffen. Auch hierfür gibt es zahlreiche Entscheidungsregeln (z. B. einfache Mehrheit, absolute Mehrheit, sukzessiver Paarvergleich, Borda-Regel, Approval-Voting), deren Kenntnis für den Krankenhausbetriebswirt hilfreich ist. Man muss sich allerdings dessen bewusst sein, dass formale Entscheidungsprozesse in Gruppen durch informelle Dominanzen geprägt sind. Sie zu erkennen und ihnen vorzubeugen ist weniger ein Problem der Planung als der Führung.

Insgesamt müssen sich die Entscheidungsträger als Individuum oder als Gruppe über vier Gegebenheiten klar werden. Erstens müssen sie für jedes Kriterium bestimmen, welchen Nutzen sie einem bestimmten Ergebnis beimessen (Höhenpräferenz). So ist beispielsweise das Unwohlsein des Patienten in der Regel überproportional zur Bestrahlungsdauer. Zweitens müssen die Ziele bei vielen Verfahren der Zielfusion gewichtet werden (Artenpräferenz). Drittens müssen zukünftige Nutzen mit gegenwärtigen verglichen werden (Zeitpräferenz). So ist die Bestrahlung für den Patienten während der Behandlung negativ, während sie sich langfristig positiv auswirken kann. Diese zukünftige Entwicklung unterliegt allerdings einer Wahrscheinlichkeit, sodass, viertens, der Entscheider seine eigene Risikoeinstellung kennen muss (Risikopräferenz).

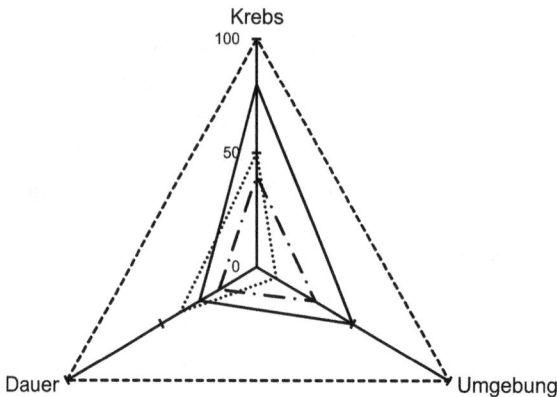

Abb. 136: Multikriterielle Entscheidungsunterstützung.[33]

Häufig wird das Risiko von Entscheidungen einfach ignoriert. Dies kann durchaus rational sein, wenn die Beschaffung von Informationen über zukünftige Umweltzustände zu teuer, zu langwierig oder zu gefährlich ist. Stochastische Modelle sind zwar in der BWL-Theorie häufig diskutiert worden, sie werden jedoch bislang im Krankenhausbereich kaum angewendet. Einen guten Kompromiss bilden deterministische Instrumente, die das Risiko indirekt berücksichtigen: rollende Planung und die Szenarienrechnung.

Die rollende Planung erstellt zuerst einen Plan für n Zeiteinheiten (vgl. Abb. 137). Nach a Zeiteinheiten (a < n) wird die Planung erneut aufgerufen und ein neuer Plan für n Zeiteinheiten erstellt. Der neue und der alte Plan haben folglich eine Überlappungszeit von n-a Zeiteinheiten (häufig ist a = 1). Der Vorteil der rollenden Planung ist, dass jeweils auf dem aktuellen Stand geplant wird und nicht erst der komplette Zeitraum abgearbeitet werden muss, bevor wieder neu geplant wird.

Im Gegensatz dazu entwickelt die Szenarientechnik von Anfang an Alternativpläne. Sie geben einerseits Aufschluss über die Auswirkungen unterschiedlicher Entwicklungen, andererseits sind sie als „Schubladenpläne" verwendbar, wenn sich Rahmendaten verändert haben und die ehemals gewählte Alternative nicht mehr optimal ist.

Zusammenfassend können wir festhalten, dass die Unternehmensplanung nicht dem Zufall oder den unteren Abteilungen überlassen werden darf. Sie erfordert einen systematischen Prozess, der Ideen und Alternativen generiert, diese schrittweise sichtet und schließlich aus der Fülle der verbleibenden Alternativen diejenige auswählt, die den Unternehmenszielen am meisten entsprechen. Die Modelle der Entscheidungstheorie sind hierbei je häufiger anzuwenden, je strategischer die Entscheidung ist, da ihre Entwicklung relativ zeitaufwendig ist. Im Allgemeinen kann man die An-

33 Quelle: Küfer, Scherrer, Monz, et al. 2003, S. 247.

Plan i

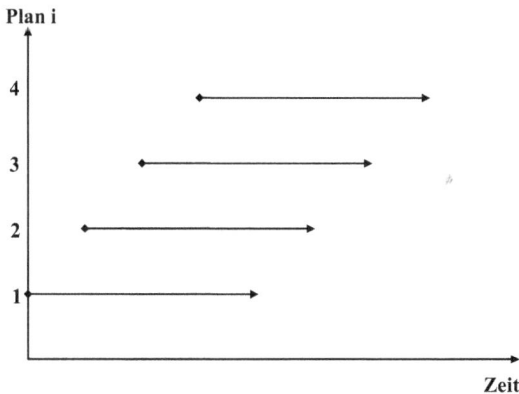

Abb. 137: Rollende Planung.[34]

wendbarkeit einer Technik einfach an der Existenz von Software ablesen. Wenn es sich für ein kommerzielles Softwareunternehmen rentiert, eine Software für die Lineare Programmierung oder die Netzplantechnik, jedoch nicht für Modelle der Multiattributiven Nutzentheorie (MAUT) zu entwickeln, dann kann man klar schließen, dass letzterer der Routineeinsatz im Betrieb bislang nicht gelungen ist.[35]

7.3.3 Modellgestützte Planung

Betriebliche Entscheidungen übersteigen oftmals die Kapazität des Entscheidungsträgers. Dies hat objektive und subjektive Gründe. Die wichtigsten objektiven Gründe sind die Komplexität und die Dynamik der Entscheidung sowie die Unvollständigkeit der Information. Die Komplexität ergibt sich einerseits aus der großen Anzahl der betroffenen Subsysteme, andererseits aus der hohen Vernetztheit, d. h. aus den Interdependenzen der Teilsysteme. Eine Dekomposition, d. h. ein Zerlegen in Einzelprobleme, ist damit nicht möglich.

Dynamik impliziert eine hohe Veränderung in der Zeit. Man kann zeigen, dass die meisten Menschen nicht in der Lage sind, in selbst verstärkenden Regelkreisen zu denken. Beispielsweise unterschätzen fast alle Menschen exponentielles Wachstum, weil wir durch unsere Ausbildung stets von Linearität ausgehen. Der Umgang mit nicht-linearen, nicht-monotonen oder gar nicht-stetigen Funktionen muss mühsam erlernt werden.

---

34 Quelle: Eigene Darstellung.
35 Weiterführend siehe Bitz 1981; Laux, Gillenkirch und Schenk-Mathes 2019; Eisenführ, Weber und Langer 2022; Eisenführ 2001.

Schließlich ergibt sich ein erhebliches Maß an Unsicherheit aus der Tatsache, dass bei vielen Entscheidungssituationen die notwendigen Informationen entweder gar nicht, oder nicht vollständig bzw. nicht rechtzeitig vorliegen. Dadurch entstehen falsche Hypothesen über die Entwicklung des Umsystems und über Wirkungszusammenhänge.

Diese objektiven Mängel werden durch subjektive Probleme verstärkt. Es existiert bei vielen Entscheidungssituationen ein erheblicher Zeitdruck, der weiterhin häufig zum Übersteuern, d. h. zu übertriebenen Gegenreaktionen bei Planabweichungen führt. Fehlt hierbei noch die Bereitschaft, einmal als falsch erkannte Hypothesen zu verwerfen, so werden leicht falsche Entscheidungen getroffen und beibehalten.

Das Krankenhausmanagement sieht sich mit diesen objektiven Kriterien konfrontiert. Das Krankenhaus ist ein sehr komplexer und dynamischer Betrieb mit zahlreichen inneren und äußeren Interdependenzen. Wir können nicht alle Konsequenzen in ihrer zeitlichen Entwicklung durchschauen – deshalb benötigen wir Hilfe von Planungsmodellen. Modelle können eine fast beliebige Anzahl von Elementen und Relationen berücksichtigen, sie beherrschen Dynamik und Unsicherheit. Sie sind schneller, billiger und ungefährlicher als die Realität und erhöhen die Transparenz. Trotzdem werden Planungsmodelle in Krankenhäusern nur sehr zögerlich eingesetzt.

In diesem Buch werden verschiedene Modelle vorgestellt, sodass wir an dieser Stelle auf eine formale Darstellung verzichten können. Es soll hier lediglich eine Strukturierungsmöglichkeit mathematischer Modelle angeboten werden, denen Beispiele zugeordnet sind. Abb. 138 gibt einen Überblick über die Modelle.[36]

Optimierungsmodelle suchen eine möglichst gute Lösung aus einer (meist unbegrenzten) Menge von Alternativen. Gibt es einen Algorithmus, der die Auswahl der besten Alternative oder einer Menge gleichguter optimaler Lösungen garantiert, spricht man von Optimierung i. e. S. Typische Beispiele sind die Lineare Programmierung (z. B. Produktionsprogrammplanung), die Dynamische Programmierung (z. B. Lagerhaltungsplanung), die Infinitesimalrechnung (z. B. Lagerhaltungsplanung) und die Spieltheorie (z. B. Gefangenendilemma). Falls ein Algorithmus zwar eine Hinwendung zum Optimum festschreibt, jedoch weder die Erreichung des Optimums garantieren noch die Optimumserreichung tatsächlich feststellen kann, spricht man von einer Heuristik. Heuristiken werden immer dann eingesetzt, wenn optimale Verfahren nicht flexibel genug für eine konkrete Anwendung sind. Auch hier seien wieder Beispiele aus der Logistik (z. B. Transportplanung) genannt.

Die statistischen Prognosemodelle (z. B. gleitende Durchschnitte, exponentielle Glättung, Ökonometrie, neuronale Netze) schreiben Erfahrungen aus der Vergangenheit mit Hilfe von statistischen Verfahren fort. In der Regel stellen sie keine Pro-

---

36 Zur Vertiefung siehe insb. Nickel 2014; Domschke, Drexl, Klein, et al. 2015.

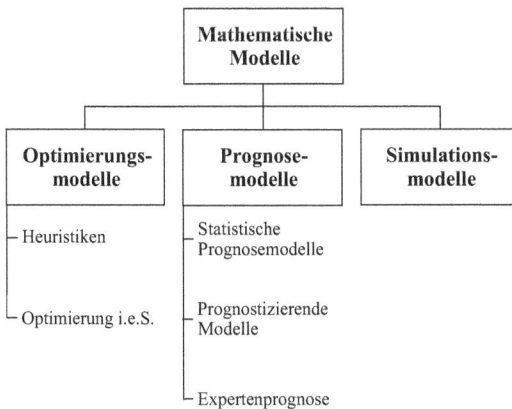

Abb. 138: Mathematische Modelle.[37]

gnosen über Wirkzusammenhänge auf, während prognostizierende Modelle die Zusammenhänge bis ins Detail analysieren (z. B. Netzplantechnik, Markov-Modelle,
System Dynamics). In der Praxis dürften die Unterschiede jedoch irrelevant sein.
System Dynamics wurde für die Prognose epidemiologischer Prozesse verwendet,
während die Netzplantechnik bei der Prozessanalyse und der Bauplanung zum Einsatz kommt. Expertenprognosen schließlich schätzen zukünftige Entwicklung auf
Grundlage einer systematischen Befragung von Experten. Ein bekanntes Verfahren
ist die Delphi-Methode, bei der Experten unabhängig voneinander befragt werden.
Anschließend werden die Ergebnisse den Experten wieder zugeleitet, die danach
ihre Schätzungen revidieren können. Meist konvergiert das Verfahren nach einigen
Runden.

Unter Simulation schließlich versteht man das Experimentieren mit realen Systemen oder Modellen. Es erfolgt unter der Zielsetzung des „What-If" bzw. „How-to-
Achieve", d. h., Simulation kann ungerichtetes, geradezu neugieriges Experimentieren
ebenso bedeuten wie die Suche nach einer möglichst guten Lösung. In der Regel erfordert die Simulation komplexe Computerprogramme und ist sehr aufwendig.

Zusammenfassend können wir festhalten, dass die Planung häufig der Ausgangspunkt des Managements ist. Ihr sollte deshalb viel Aufmerksamkeit gezollt
werden. Langfristige Entscheidungen, die manchmal über Jahrzehnte Bindungen
schaffen und einen großen Teil der Fixkosten wie (als Folge) der variablen Kosten
determinieren, dürfen nicht allein der Intuition, dem Bauch oder der Tradition
überlassen sein. Vielmehr benötigen wir eine systematische Planung, die die Schaffung eines breiten Informationspools, die realistische Aussonderung von undurch-

---

37 Quelle: Meyer 1996, S. 20; Law 2015, S. 4.

führbaren Alternativen ebenso impliziert wie die modellhafte Unterstützung der eigentlichen Entscheidung.

Trotz dieses Aufrufs zu mehr systematischer Planung im Krankenhaus muss jedoch auch davor gewarnt werden, die Planung als alles beherrschende Managementfunktion zu sehen. Pläne sind die Voraussetzung für Implementierung, aber ohne Organisation, Personaleinsatz und Führung sind sie sinnlos. Deshalb sind sie nicht Ziel des Managements, sondern Instrument. Pläne müssen dem Gesamtzweck der Unternehmung dienen. Wenn weniger geplant wird als es für die Erreichung des Existenzgrundes des Unternehmens gut ist, dann sollte möglichst schnell eine Intensivierung und Systematisierung folgen. Wenn mehr geplant wird als für die Funktionserfüllung des Krankenhauses hilfreich ist, dann sollten die Pläne möglichst bald verschlankt werden.

7.4 Organisation

Ähnlich wie man einen institutionellen, prozessoralen und funktionalen Managementbegriff unterscheiden kann, kann auch die Organisation aus verschiedenen Blickwinkeln betrachtet werden.[38] Im ersten Unterkapitel definieren wir Arbeitsteilung und Koordination als grundlegende Funktionen der Organisation (funktionaler Organisationsbegriff). Im zweiten Unterkapitel betrachten wir konkrete Organisationsstrukturen als Maßnahmen zur Zielerreichung (instrumenteller Organisationsbegriff). Schließlich geben wir einen Überblick über verschiedene Abteilungen als Subsysteme des Organisationsgebildes Krankenhaus (institutioneller Organisationsbegriff).

7.4.1 Arbeitsteilung und Koordination

Die Grundelemente der Organisation sind Arbeitsteilung und Koordination. Ein Einpersonenunternehmen besteht nur aus einer Hierarchieebene, sodass es keiner Organisation im hier verwendeten Sinn bedarf. Der Unternehmer operationalisiert seine Oberziele zu operativen Zielen und setzt sie im Leistungserstellungsprozess um (vgl. Abb. 139).

Sobald die Gesamtaufgabe nicht mehr vom Unternehmer selbst erledigt werden kann, muss diese auf mehrere operativ tätige Mitarbeiter aufgeteilt werden (vgl. Abb. 140). Diese Arbeitsteilung kann entweder quantitativ oder qualitativ erfolgen. Die rein quantitative Aufteilung gleichartiger Tätigkeitspakete auf unterschiedliche Leistungsträger wird als Mengenteilung bezeichnet, während die Artenteilung

---

[38] Im Folgenden siehe z. B. Wolf 2020; Berthel und Becker 2021; Steinmann, Schreyögg und Koch 2020.

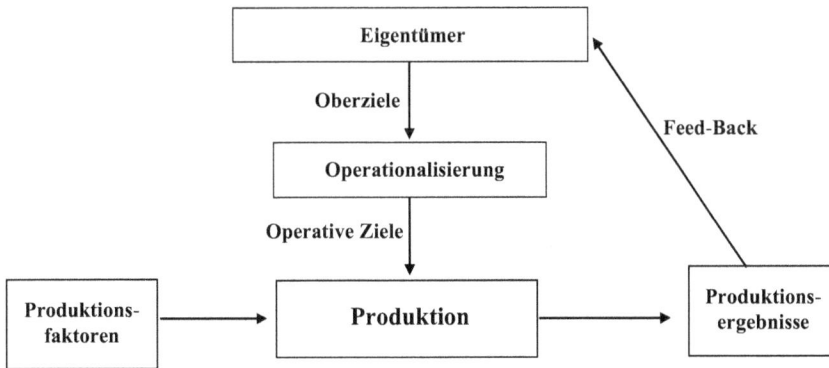

Abb. 139: Organisation in Einebenenbetrieben.[39]

eine Spezialisierung von Leistungsträgern auf eine Teiltätigkeit impliziert. Krankenhäuser sind hochgradig arbeitsteilige Organisationen. Die Gesamtaufgabe wird zuerst auf verschiedene Berufsgruppen aufgeteilt, d. h. es erfolgt eine Artenteilung. Danach werden die Teilaufgaben auch innerhalb einer Berufsgruppe verschiedenen (gleich qualifizierten) Mitarbeitern zugeteilt (Mengenteilung), da ein Mitarbeiter allein die große Patientenzahl nicht abarbeiten kann. Der Grad der Mengen- und Artenteilung kann unterschiedlich stark ausgeprägt sein. Die Funktionspflege, bei der jede Pflegekraft im Prinzip nur eine oder wenige Tätigkeiten, diese jedoch an allen Patients ausführt, ist eine extreme Form der Artenteilung. Sie führt zu Monotonie und Verlust an persönlichem Bezug zwischen Pflegekraft und Patient. Die Bereichs- und Bezugspflege verwirklichen stärker eine Mengenteilung, bei der eine Pflegekraft unterschiedliche Tätigkeiten wahrnimmt, sich jedoch auf einen oder wenige Patients konzentriert.

Im Prinzip wird bei der Arbeitsteilung die Gesamtaufgabe in sehr viele Einzeltätigkeiten zerlegt, die anschließend so zusammengefasst werden, dass sie von einer fiktiven Person geleistet werden können. Das entstehende Aufgabenbündel wird als Stelle bezeichnet. Allerdings gewährleistet die Stellenbildung noch nicht die Erfüllung der Gesamtaufgabe. Vielmehr müssen die Stellen koordiniert werden. Dadurch entstehen Hierarchien und Ebenen, Vorgesetzte und Untergebene. Erst an dieser Stelle kann dispositive und operative Arbeit unterschieden werden. Die operativ Tätigen müssen durch Koordinationsstellen koordiniert werden, wobei mit zunehmender Unternehmensgröße immer mehr Zwischenschichten eingezogen werden müssen, um auch die Koordinationsstellen wiederum zu koordinieren.

Die Aufgabe der Koordinationsstellen ist es zu garantieren, dass das Gesamtziel des Unternehmens gemäß dessen Zielsystem erreicht wird. Dies kann auf verschie-

---

39 Quelle: Eigene Darstellung.

Ebene 0: Eigentümer

Shareholder/
Stakeholder

Überwiegend
Werte

Ebene 1: Top-Management

Langfristige Umsetzung der
Unternehmenswerte:
Unternehmenspolitik, Normativer
Rahmen

Konkrete Maßnahmen zur
Erreichung der Werte

Ziele

Anwei-
sungen

Unternehmenswerte /
Corporate Identity

...

Ebene ...

...

...

...

Werte

Ziele

Ebene n-1: Unteres Management

Anweisungen

Operationalisierung

Regelung der Ebene n-1

Ziele

Werte

Anwei-
sungen

Ebene n: Ausführende
Tätigkeit/Produktion

Operationalisierung

Verantwort-
lichkeit

Direkte
Fremdkontrolle

Selbstregulation der Ebene n

Selbstkontrolle

Produktions-
faktoren

Produktion

Produktions-
ergebnisse

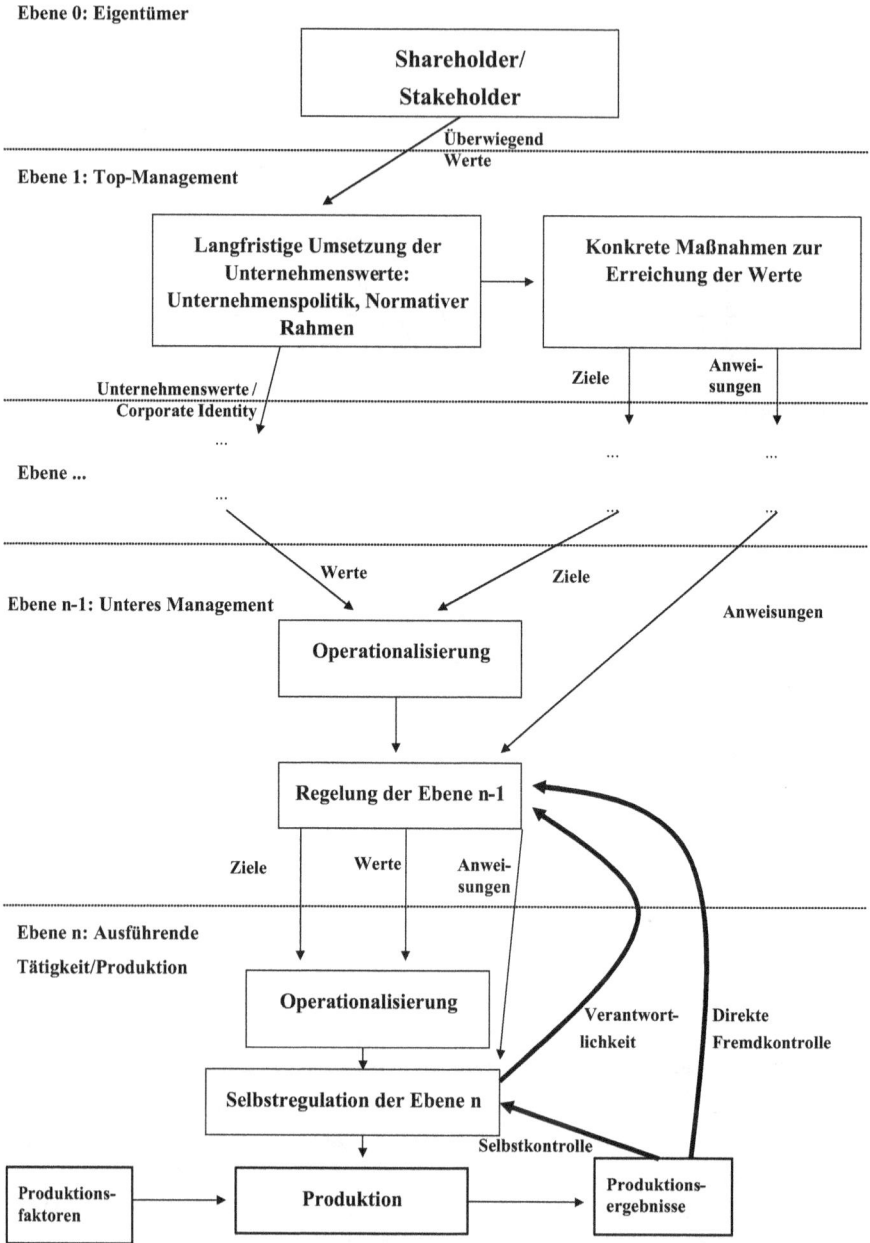

Abb. 140: Organisation in Mehrebenenbetrieben.[40]

---

40 Quelle: Eigene Darstellung.

denen Arten erfolgen. Zum einen können die Vorgesetzten klare Anweisungen an ihre Mitarbeiter geben, die eindeutig zu befolgen sind. Hier bleibt kein Spielraum für eigene Entscheidungen. Häufig wird die Anweisung durch eine Standardisierung ergänzt. Sie kann sich auf die Arbeitsgänge, Fähigkeiten und Ziele beziehen. Weitere Instrumente sind die Koordination durch Selbstabstimmung sowie die Standardisierung durch Normen (Leitbildentwicklung).

Im Gesundheitswesen finden sich alle Koordinationsmechanismen. Traditionell überwiegen die direkte Überwachung bzw. direkte Anweisung im Einzelfall. Sie erfordern eine hohe Kommunikationsdichte, sodass Wege gesucht werden, häufig auftretende Entscheidungen zur Routine werden zu lassen. Dementsprechend werden Pflegestandards und klinische Behandlungspfade definiert, sodass der Vorgesetzte nur im Ausnahmefall involviert werden muss (Management by Exception). Auch die Medikamentenstandards der Weltgesundheitsorganisation dienen diesem Zweck. Durch die Vereinheitlichung der Aus-, Fort- und Weiterbildung wird ebenfalls die Anweisungshäufigkeit reduziert, da der gut ausgebildete Mitarbeiter zielsystemkonform arbeitet, ohne hierfür direkte Anweisungen zu erhalten. Zum anderen werden im Krankenhaus Ziele formuliert, deren Umsetzung anschließend den Untergebenen überlassen wird (Management by Objectives). Wie sie das Ziel erreichen sollen, wird nicht definiert. Die Ziele sind jedoch konkret, messbar und realistisch. Kontrolliert wird nur die Zielerreichung.

Schließlich können Werte als Spielregeln vorgegeben werden, mit deren Hilfe eine gewisse Synchronisation der Handlungen erfolgt. Werte sind weich und unpräzise, und ihre Erreichung kann nur bedingt kontrolliert werden. Gemeinsame Werte bieten jedoch die Basis für zielsystemkonforme Koordination in allen Situationen, die nicht zur Routine gehören, vorher nicht bekannt sind und deshalb nicht durch Anweisungen und konkrete, messbare Ziele definiert werden können.

Anweisung (inkl. Standards), Ziele und Werte werden in allen Betrieben zur Durchsetzung des Willens der Leitung eingesetzt. Ihre Bedeutung schwankt jedoch erheblich. In vielen Arztpraxen überwiegen die Anweisungen, in einem modernen Krankenhaus die Zielvorgaben und in einem humanitären Projekt, in dem Ärzte Kindern in einem ressourcenarmen Land helfen, dürfte das gemeinsame Wertesystem entscheidend sein. In einer dynamischen Umwelt, in der das Top-Management immer weiter von den realen, sich ständig ändernden Umweltbedingungen entfernt ist, muss die Selbstregulation der operativen Ebene gestärkt werden. Veränderungen, Chancen und Risiken müssen schnell erkannt, Entscheidungen müssen schnell getroffen, Abweichungen sofort registriert sowie analysiert und Gegenmaßnahmen augenblicklich getroffen werden. Dies ist nicht möglich, wenn die Informationen zuerst alle Hierarchiestufen durchlaufen müssen, auf oberster Ebene in Anweisungen oder Ziele umgesetzt werden und anschließend wieder alle Hierarchiestufen nach unten wandern. Das moderne Krankenhaus auf dynamischen Märkten wird deshalb überwiegend mit Werten geführt, die von seinen operativ tätigen Mitarbeitern eigenständig umgesetzt werden.[41]

Die Koordination über Werte setzt allerdings voraus, dass die Mitarbeiter der unteren Ebenen das Wertesystem des Unternehmens kennen, es teilen oder zumindest akzeptieren. Gerade bei großen Unternehmen scheitert die Führung durch Werte oftmals daran, dass zu wenige Mitarbeiter gewonnen werden können, die dieses Wertesystem wirklich praktizieren. Dies ist beispielsweise die ständige Klage diakonischer Träger, dass sie nicht genug Christen finden können, die im Pflegedienst die Konsequenzen eines christlichen Menschenbildes leben. In manchen kirchlichen Krankenhäusern in Ostdeutschland sind nicht einmal mehr 30 % der Mitarbeiter Mitglied einer christlichen Kirche. Führung durch Werte bedeutet nicht, dass es genügt, wenn die Führungskräfte diese Werte verinnerlicht haben. Gerade auch an der operativen Basis, wo die Selbstregulation erfolgt, müssen Mitarbeiter arbeiten, die die Werte des Unternehmens teilen, sonst muss die Unternehmensleitung auf Ziele und Anweisungen zurückgehen, obwohl sie in einer dynamischen Umwelt deutliche Nachteile haben.

Die Arbeitsteilung und Koordination kann ad hoc oder regelbasiert erfolgen. Im ersten Fall bestehen die Gefahr von Inkonsequenz sowie ein erheblicher Kommunikationsbedarf. Im zweiten Fall kann es zu einer Überregulierung bzw. -institutionalisierung kommen. Die Festlegung und Überprüfung von Regeln der Arbeitsteilung und Koordination ist damit eine wichtige Managementfunktion im Rahmen der Organisation.

7.4.2 Organisationsstrukturen

Aus den verschiedenen Möglichkeiten der Arbeitsteilung und Koordination können verschiedene Typen von Organisationen entwickelt werden. Erfolgt die Arbeitsteilung und die anschließende Zusammenfassung der Stellen primär auf Grundlage der Tätigkeiten und damit der Berufsgruppen, erhält man die klassische Aufbauorganisation eines Krankenhauses, wie sie in Abb. 141 dargestellt ist. Die Geschäftsführung besteht entweder aus einem Geschäftsführer (Singulärinstanz) oder einem Komitee (Pluralinstanz), das häufig aus Verwaltungsdirektor, ärztlichem Direktor und Pflegedirektor gebildet wird. Zweifelsohne werden in allen Krankenhäusern mit funktionaler Aufbauorganisation auch andere Kriterien der Arbeitsteilung und Koordination angewandt. Entscheidend für eine Klassifizierung als funktionale Aufbauorganisation ist, dass die Gliederung auf der zweiten Unternehmensebene nach den Funktionen (z. B. Versorgung, Diagnostik, Pflege, Ärztlicher Dienst, Pflegeschule) erfolgt.

---

41 Z. B. Walshe und Smith 2006; Eichhorn, Seelos und Schulenburg 2000; Debatin, Ekkernkamp, Schulte, et al. 2021.

Bei einer divisionalen Aufbauorganisation, wie in Abb. 142 dargestellt, erfolgt die Gliederung auf der zweiten Unternehmensebene nach Objekten, d. h. nach Kliniken oder Fachgebieten. Die Berufsgruppen bzw. Funktionen werden erst in der dritten Ebene aufgespaltet. Große Krankenhäuser, die insbesondere auf mehrere Orte verteilt sind, werden häufig so organisiert. Jede Klinik selbst hat eine funktionale Gliederung mit Pflegedienstleitung und ärztlichem Leiter, die Verwaltung ist jedoch meist zentral unter dem Vorstand des Gesamtunternehmens.

Kombiniert man funktionale und divisionale Aufbauorganisation, erhält man eine Matrixorganisation, wie sie Abb. 143 darstellt. Durch die Matrix ergibt sich ein Mehrliniensystem, da beispielsweise der Pflegedienstleiter von Klinik B zwei Vorgesetzte hat, den Vorstand Pflegedienst und den Vorstand von Klinik B. Dies kann zu produktiven Spannungen, aber auch zu erheblichen Reibungen führen. Matrixorganisationen sind in der Krankenhausbranche extrem selten. In der Regel findet man sie nur bei Klinikkonzernen.

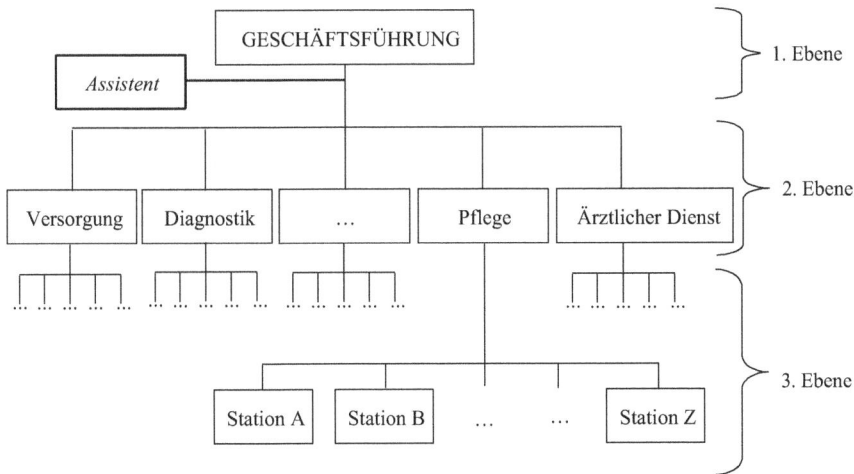

Abb. 141: Funktionale Aufbauorganisation.[42]

Die Organigramme zeigen die Idealtypen der Aufbauorganisation des Systems Krankenhaus. Das Krankenhaus kann aber selbst als Subsystem eines größeren Systems verstanden oder selbst wiederum in Subsysteme mit eigenen Organisationsformen aufgespalten werden. Betrachtet man das Krankenhaus als Teil einer größeren Organisation (z. B. Klinikkette, städtische Verwaltung, Teil eines Diakoniewerks), so muss eine Abgrenzung zwischen den Managementaufgaben des Krankenhausträgers und der Krankenhausleitung erfolgen. Der Krankenhausträger sollte für die strategische

42 Quelle: Domschke und Scholl 2008, S. 356; Olfert und Rahn 2021, S. 145.

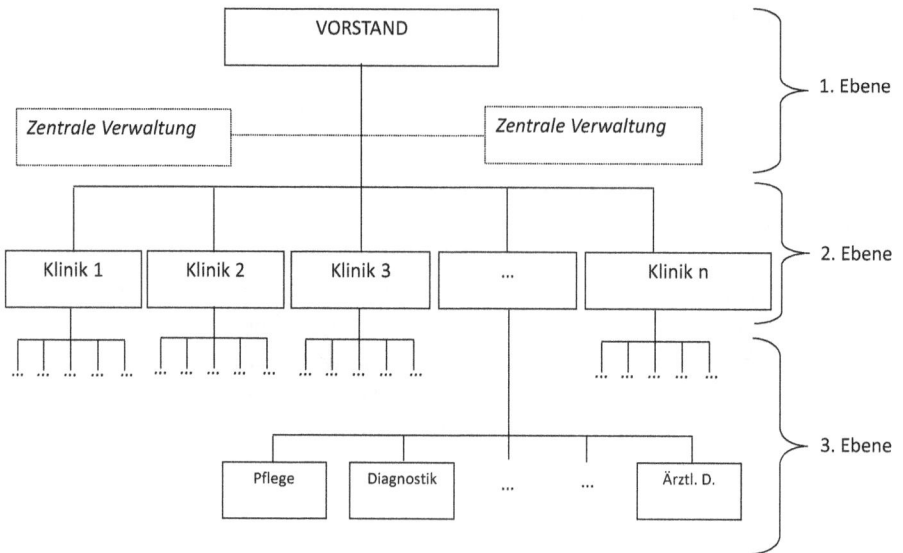

Abb. 142: Divisionale Aufbauorganisation.[43]

Planung verantwortlich sein, während die Detailplanung und insbesondere die Tagesroutine vollständig an die Krankenhausleitung delegiert werden sollte. Tab. 84 zeigt eine mögliche Aufteilung der Bereiche zwischen Krankenhausträger und -leitung. In der Praxis findet sich insbesondere dann eine Bevormundung der Krankenhausleitung durch den Krankenhausträger, wenn der Träger ein Verein ist, in dem Laien mit viel gutem Willen und wenig Fachkenntnis in die täglichen Routinen eingreifen möchten. Beispielsweise kann die Einstellung einer neuen Pflegekraft zum Machtkampf zwischen der Krankenhausleitung und einem Vereinsvorstand führen, der hier eine bestimmte Person platziert haben möchte.

Die Krankenhausführung (vgl. Abb. 144) wurde traditionell häufig durch das Triumvirat von Verwaltungsdirektor, ärztlichem Direktor und Pflegedirektor wahrgenommen. Theoretisch waren sie gleichberechtigte Partner, in der Praxis dominiert jedoch oft der Chefarzt, der die Krankenhausführung im Nebenamt wahrnahm. Die Herausforderungen der veränderten Krankenhauslandschaft führten dazu, dass immer häufiger Gesellschaften gebildet wurden, bei denen die Geschäftsführung durch einen hauptamtlichen, häufig kaufmännisch gebildeten Geschäftsführer wahrgenommen wurde. Alternativ hierzu haben manche Krankenhäuser eine gemeinsame Geschäftsführung durch zwei oder drei hauptamtliche Vorstände installiert, die entweder völlig gleichberechtigt (Kollegialprinzip) oder unter Führung des Direktors (Direktorialprinzip) entscheiden. Das AG-Modell schließlich sieht einen Krankenhausvorstand vor, der aus

---

43 Quelle: Domschke und Scholl 2008, S. 356; Olfert und Rahn 2021, S. 145.

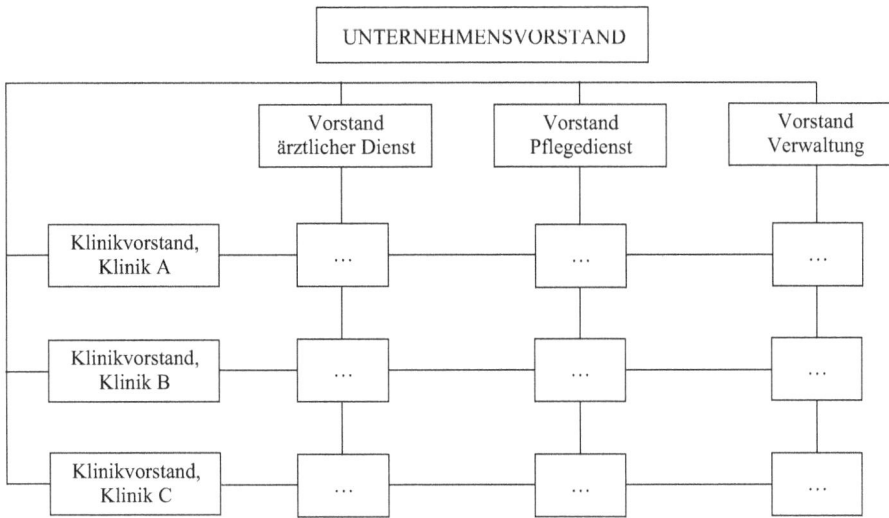

Abb. 143: Matrixorganisation.[44]

Tab. 84: Krankenhausträger und -leitung.[45]

	Krankenhausträger	**Krankenhausleitung**
Zielsystem	gemeinsam	
Leistungsprogramm	Fachgebiete	Teilgebiete, Spezialisierungen
Betriebsgröße	Bettenzahl	Bettenzahl je Fachabteilung
Investitionen	abhängig von einer Wertgrenze	
Organisation	Vorstand, Aufsichtsrat, Stiftungsrat, Eigentümer	Plural- und Singularinstanzen
Personal	Auswahl der Krankenhausleitung	Führungsgrundsätze, Anreizsystem, Auswahl der Führungskräfte
Strategie	Standortwahl, Kapitalstruktur, Rechtsform	

verschiedenen Personen und Fachgruppen besteht. Diese aufwendige Struktur ist allerdings nur für große Kliniken bzw. Klinikketten empfehlenswert.

Versteht man das Krankenhaus selbst als Übersystem, das wiederum aus zahlreichen Teilsystemen besteht, so kann man die Organisationsstruktur der Fachabteilun-

---

44 Quelle: Domschke und Scholl 2008, S. 356; Olfert und Rahn 2021, S. 145.
45 Quelle: Eigene Darstellung in Anlehnung an Kuntz 2002.

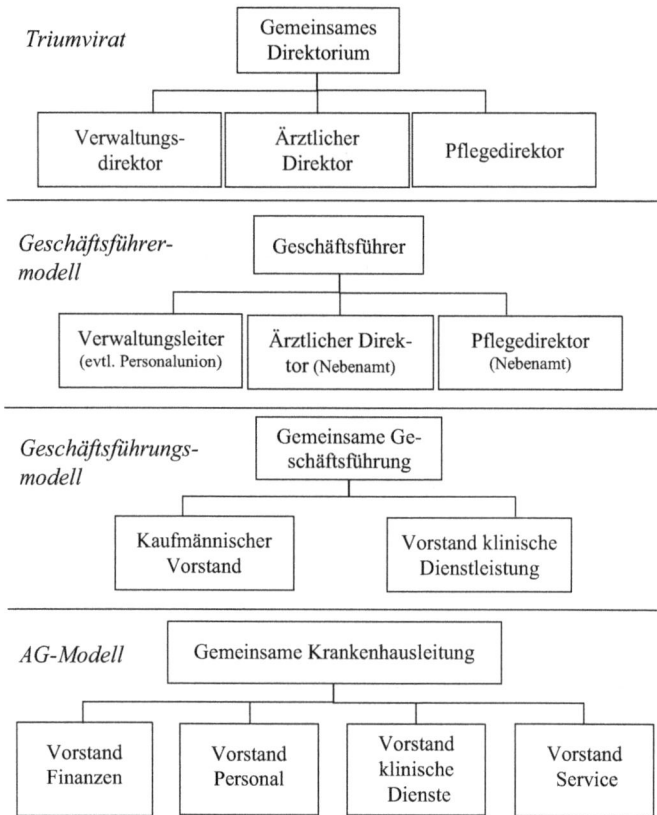

Abb. 144: Konstellationen der Krankenhausführung.[46]

gen und Stationen analysieren. Die Entwicklung der Krankenhausinformationssysteme sowie der Ausbildungsstand der Mitarbeiter erlauben heute, dass zahlreiche Entscheidungen auf unteren Ebenen getroffen werden können. So hat eine Pflegedienstleitung durch das Informationssystem jederzeit Zugriff auf die Leistungs-, Kosten- und Budgetdaten und kann Personalentscheidungen im Rahmen der Zielvorgaben selbständig treffen.

Insgesamt erhält man damit ein sehr komplexes Organisationsgefüge auf unterschiedlichen Ebenen. Der Träger, das Krankenhaus, die Fachabteilung, die Station und das Team können nach ähnlichen Gesichtspunkten und Regeln organisiert werden, sodass das Kleine ein Abbild des Großen wird (fraktale Organisation). Das Krankenhaus wird modularisiert, d. h. in relativ kleine, überschaubare Einheiten aufgeteilt, die selbst als Organisationssystem verstanden werden. Die Vorteile dieser Modularisierung sind eine Reduktion der Komplexität durch die Überschaubarkeit, ein geringerer Abstim-

---

46 Quelle: Eichhorn und Schmidt-Rettig 2001, S. 233.

mungsbedarf, eine größere Basisnähe, Motivationsvorteile durch Identifikation sowie eine Verbesserung der Erfolgszurechnung und -messung. Besteht darüber hinaus auch eine finanzielle Unabhängigkeit, spricht man von einem Profit Center. Im Zeitalter der DRG-Entgelte sollte die Modularisierung aber nicht mehr nach Fachabteilungen erfolgen, sondern entlang des Geschäftsprozesses, d. h. des Patientenpfades. Es bilden sich selbständige Kompetenzzentren, die eine bestimmte DRG-Gruppe fachübergreifend abdecken und somit sowohl für den Patienten als auch für das Krankenhaus optimale Ergebnisse erzielen. Im Gegensatz zur früher dominierenden Ausrichtung an den Fachdisziplinen, rücken nun Beschwerdebilder oder Organsysteme in den Mittelpunkt. So erfordert beispielsweise ein Spine Center das Zusammenwirken von Orthopäden, Unfallchirurgen, Rehaärzten und sogar Zahnärzten. Ob beispielsweise ein Patient mit einem Rückenleiden vom Rücken oder vom Bauch her operiert oder konservativ behandelt wird, darf nicht von dem Zufall des erstbehandelnden Arztes abhängen, sondern muss interdisziplinär im Kollegenkreis entschieden werden.

Viele Krankenhäuser leiden bis heute an einer streng hierarchischen Organisation, die stärker auf Befehl und Gehorsam als auf Eigenständigkeit und Kreativität setzt. Dies kann historisch begründet werden. Hierzu wollen wir zuerst die Konfigurationen nach Mintzberg darstellen und anschließend einige Beispiele für diese Prägung geben.

Nach Mintzberg gibt es fünf Grundbausteine, aus denen Organisationen zusammengesetzt sind.[47] Die Existenz und Ausprägung dieser Elemente determiniert bestimmte Typen oder Konfigurationen von Organisationen. Abb. 145 zeigt die Grundbausteine. Ganz oben steht die strategische Spitze (Strategic Apex), d. h. die oberste Führungsebene des Unternehmens. Sie legt die unternehmensweite Strategie fest. Am Fuß der Organisation steht der operative Kern (Operative Core), der für die eigentliche Leistungserstellung (Beschaffung, Produktion, Absatz) sowie den direkten Support (Fuhrpark, Instandhaltung) zuständig ist. Strategic Apex und Operative Core sind durch die mittlere Ebene (Middle Line) verbunden, d. h. eine oder mehrere Ebenen sind zwischen strategischer Spitze und operativem Kern eingezogen, um die Koordination zwischen den Aufgabenträgern des operativen Kerns und den Strategien der Unternehmensleitung zu garantieren.

Die Mittlere Ebene steuert folglich die Strategieimplementierung. Hierzu benötigt Sie eine Technostruktur (Technostructure), deren Hauptaufgabe die Standardisierung von Aktivitäten im Unternehmen (z. B. Prozesse, Ergebnisse, Fähigkeiten) ist. Zur Technostruktur zählen folglich das Qualitätswesen, Controlling, Rechnungswesen und die Personalabteilung. Schließlich gibt es noch Hilfsstäbe (Support Staff), die mit ihren Dienstleistungen die anderen Bereiche unterstützten. Beispiele hierfür sind die Rechts- und Steuerabteilung, die PR-Abteilung, Forschung und Entwicklung, die Kantine oder die Kindertagesstätte.

---

47 Vgl. Mintzberg 1989.

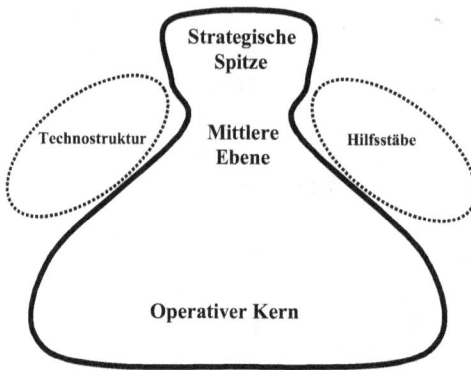

Abb. 145: Grundbausteine nach Mintzberg.[48]

Je nach Existenz, Ausprägung und Dominanz dieser Grundelemente unterscheidet Mintzberg verschiedene Typen von Organisationen, die in Tab. 85 zusammengefasst sind. Bei der Simple Structure dominiert die strategische Spitze, wobei die mittlere Ebene, die Technostruktur und die Hilfsstäbe fehlen oder schwach ausgeprägt sind. Die primäre Methode der Koordination ist die direkte Überwachung. Dieser Typ ist charakteristisch für junge Unternehmen, die von einer einzelnen Person geprägt sind. Meist handelt es sich um einen charismatischen Gründer, der alles fest in seiner Hand hält. Viele Einrichtungen und Vereine des Gesundheits- und Sozialsektors wurden von derartigen Persönlichkeiten gegründet. Im kirchlichen Bereich waren es häufig Pfarrer, die dann als „Hausvater" über den Mitarbeitern standen, diese fest im Griff hatten und zuerst keine weitere Verwaltung benötigten (vgl. Abb. 146). Häufig sind in diesem Bereich aber auch Missionary Organisations anzutreffen, bei denen die gemeinsame Zielsetzung bzw. Ideologie die Koordination übernimmt. Im Falle von kirchlichen Häusern ist diese Koordination auf Basis eines gemeinsamen (expliziten oder impliziten) Leitbildes häufig mit einer herausragenden Gründerpersönlichkeit kombiniert. Das Diakonissenkrankenhaus des Jahres 1880 benötigte kaum mittleres Management und keine unterstützende Struktur, da die Diakonissen sich absolut mit dem Zielsystem ihres Krankenhauses identifizierten und ihrem Hausvater gehorsam waren.

Wächst die Komplexität eines Krankenhauses auf Grund von Größe und Verflechtungsgrad, so reicht die Simple Structure meist nicht mehr aus, um den neuen Anforderungen gerecht zu werden. Stück für Stück werden deshalb mittlere Ebene, Technostruktur und Hilfsstäbe dazu gebaut. Es entwickeln sich Wasserköpfe oder -bäuche einer ausgeprägten Machine Bureaucracy. Sie entwickeln leicht ein Eigenleben und dominieren schließlich das Unternehmen. Es kann nicht stark genug betont werden, dass medizinisches bzw. kaufmännisches Controlling, Qualitätsmanagement und die Rechtsabteilung nur die eine Aufgabe haben, den Existenzgrund des

---

48 Quelle: Bea und Haas 2019, S. 388.

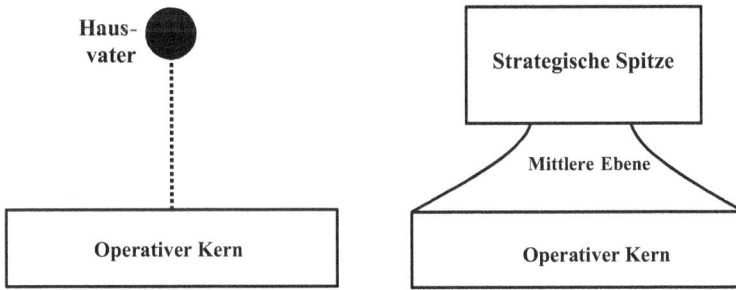

Abb. 146: Hausvaterprinzip und Funktionärsorganisation.[49]

Unternehmens zu unterstützen bzw. zu sichern, d. h. die Heilung von Patienten. Diese Bereiche haben dienende Funktion, wenn auch in der Praxis ihre Bedeutung durch die Einführung der DRGs stark gestiegen ist.

Im Sozial- und Gesundheitssektor und insbesondere im Nonprofit-Bereich kann es auch zur Entwicklung einer Funktionärsorganisation kommen, bei der die strategische Spitze alles dominiert. Der Funktionär ist dabei der Verwalter für eine Funktion, die er übernommen hat. Im Gegensatz zur Simple Structure ist er jedoch nicht notwendigerweise von seiner Aufgabe überzeugt und begeistert.

Krankenhäuser sind häufig von einer älteren Organisationsform geprägt, die stärker auf die Einhaltung der hierarchischen Vorschriften zwischen Unternehmensebenen, Stäben und Funktionen achtet als auf die Aufgabenerfüllung im Sinne einer Befriedigung der Bedürfnisse der Kunden. Die Organisation ist kein Selbstzweck, sondern soll dem eigentlichen Betriebszweck dienen. Ob eine Entscheidung zentral oder dezentral getroffen wird, ob per Anweisung, Zielvorgabe oder Leitbild geführt wird, ob die Einheiten finanziell und rechtlich unabhängig oder abhängig sind, kann nur anhand der Funktion des Krankenhauses in seinem Umsystem und unter Beachtung seines Zielsystems bewertet werden. Allerdings gibt es schon eine eindeutige Tendenz, dass die Arbeitsleistung von relativ autonomen Einheiten besonders hoch ist, in denen Mitarbeiter tätig sind, die sich mit den Zielen des Unternehmens identifizieren. Hierzu müssen die Ziele bekannt, die Leistungen transparent und der Beitrag des einzelnen geschätzt sein. Weiterhin muss aber eine starke mittlere Ebene garantieren, dass ein Auseinanderdriften des Unternehmens verhindert wird.

In den letzten Jahren wurden viele Unternehmen verschlankt, d. h., es wurden die Technostruktur und die Hilfsstäbe soweit als möglich outgesourct, teilweise wurden sogar Leistungen des operativen Kerns fremdvergeben, soweit es sich nicht um die Kernkompetenz des Unternehmens handelt. Dieses „Lean Management"

---

49 Quelle: Eigene Darstellung.

Tab. 85: Typen nach Mintzberg.[50]

Typ	Dominanter Baustein	Steuerung	Beispiel
Simple Structure	Strategische Spitze	Anweisung	Handwerksmeister
Machine Bureaucracy	Technostruktur	Arbeitsstandardisierung	Behörde
Professional Bureaucracy	operativer Kern	Standardisierung von Fertigkeiten, Expertenwissen	Universität
Divisionalized Form	relativ autonome Einheiten	Mittlere Ebene hält Unternehmen zusammen	Siemens
Adhocracy	Übergänge verwischen	wechselseitige Abstimmung	Werbeagenturen
Missionary Organization	Ideologie dominiert Organisation	Leitbild	Tendenzbetriebe
Political Organization	Sie haben weder einen dominanten Baustein noch dominante Koordinationsmechanismen. Es dominiert die Persönlichkeit von Individuen		

scheint auf den ersten Blick vielversprechend.[51] Es reduziert Kosten und hilft durch die Konzentration auf die eigene Kompetenz die Effizienz in den verbleibenden Bereichen zu steigern. Auf der anderen Seite haben wir in diesem Buch stets darauf Wert gelegt, dass die Betriebswirtschaftslehre des Krankenhauses nicht primär eine Frage der Technik, sondern des systemischen Denkens ist. Wir benötigen Führungskräfte, die die Zeit haben, Neues zu denken, Wagnisse einzugehen und Strukturen sowie Problemlösungen zu hinterfragen. Wenn wir durch Leaning die Unternehmensstruktur und -prozesse derart verschlanken, dass für diese Denkprozesse keine Zeit mehr bleibt, berauben wir dem Krankenhaus seine Zukunftschance. Ein Manager, der immer nur im Hamsterrad rennt, ist ein schlechter Kapitän. Er muss die Kapazität haben, seinem Steuermann das Ruder in die Hand zu geben, in die Karte zu schauen und den Kurs neu zu bestimmen. Wurde der Steuermann aber im Rahmen des Lean Management über Bord geworfen, fährt das Schiff zwar mit Volldampf, aber eventuell in die falsche Richtung.

7.4.3 Abteilungen im Krankenhaus

Im Rahmen der Arbeitsteilung wird eine Gesamtaufgabe in sehr viele, aus Zweckmäßigkeitsgründen nicht mehr zu zerlegende Einzeltätigkeiten (z. B. Blutdruckmes-

---

50 Quelle: Bea und Haas 2019, S. 388.
51 Vgl. Dahm und Haindl 2015; Brater, Maurus, Brater, et al. 1999.

sen für Frau Huber, Essen austeilen an Frau Meier, Abrechnung von Herrn Dorner erstellen) zerlegt. Diese unüberschaubare Menge an Einzeltätigkeiten wird anschließend derart zusammengefasst, dass Arbeitsbündel entstehen, die gerade noch von einer Person erfüllt werden können (Stelle). Zusätzlich müssen die Einzeltätigkeiten jedoch wiederum koordiniert werden, sodass die Gesamtaufgabe erfüllt wird. Durch diesen Prozess entstehen Hierarchien mit Vorgesetzen und Untergebenen.

Die Anzahl der Mitarbeiter, die von einem Vorgesetzten direkt koordiniert werden können, wird als Kontroll- bzw. Leitungsspanne bezeichnet. Sie hängt stark von der Branche und dem Führungsstil ab, ist jedoch in der Regel nicht größer als 20. Geht man folglich davon aus, dass in einem Krankenhaus die Stellenbildung 1000 Stellen des operativen Kerns ergeben hat, so benötigt man wiederum mindestens 50 Koordinationsstellen. Da die 50 Vorgesetzten wiederum koordiniert werden müssen, benötigt man erneut mindestens 3 Vorgesetzte, um die Gesamtkoordination durchzuführen. Die Zusammenfassung mehrerer Stellen unter einheitlicher Leitung bezeichnet man als Abteilung, eine Koordinationsstelle mit Weisungsbefugnis ist eine Instanz.

Die Organisation besteht folglich aus einer bestimmten Zahl von Abteilungen, und das Krankenhausmanagement (auch der Verwaltungsleiter) tut gut daran, die einzelnen Abteilungen und ihre Managementprobleme zu kennen. Die Querschnittsfunktionen Planung, Organisation, Personaleinsatz, Führung und Kontrolle finden ebenso in den Abteilungen statt wie die betrieblichen Funktionen Beschaffung, Produktion und Absatz. Beispielsweise kann sich die OP-Planung zwar ähnlicher Werkzeuge bedienen wie die Planung des Einsatzes von Rettungswagen, aber in die konkrete Ausgestaltung fließen zahlreiche Abteilungsbesonderheiten ein, die erkannt und berücksichtigt werden müssen. Tab. 86 gibt einen Überblick über die wichtigsten Abteilungen im Krankenhaus, deren spezifische Managementprobleme hier allerdings in der gebotenen Kürze nicht vertieft werden sollen.

Tab. 86: Abteilungen im Krankenhaus.[52]

	Abteilungen	Schwerpunkte
Fachabteilungen	Innere Medizin	Geriatrie, Kardiologie, Nephrologie, Hämatologie, Onkologie, Endokrinologie
	Pädiatrie	Neonatologie, Neonatalintensiv, Perinatalmedizin, Kinderchirurgie

52 Quelle: Eigene Darstellung.

Tab. 86 (fortgesetzt)

	Abteilungen	Schwerpunkte
	Chirurgie	Allgemeinchirurgie, Viszeralchirurgie, Colonchirurgie, Unfall- und Wiederherstellungschirurgie, Gefäßchirurgie, Thoraxchirurgie, Transplantationschirurgie
	Urologie	
	Orthopädie	
	Gynäkologie/ Geburtshilfe	
	Hals-, Nasen-, Ohrenheilkunde	
	Augenheilkunde	
	Psychiatrie	
Funktionsabteilungen	Physiotherapie	
	Bewegungsbad	
	Balneotherapie	
	Balneophysikalische Therapie	
	Dialyse	
	Schmerztherapie	
	Eigenblutspende, Blutbank	
	Psychotherapie, Psychoedukation	
	Bestrahlung	
Serviceabteilungen	Patientennahe Bereiche	Pflegestationen, Hygieneberatung, Rundfunk und Fernsehen, Speisenversorgung, Küche, Telefondienste, Transportdienste, Fuhrpark, Hol- und Bringdienste
	Patientenferne Serviceabteilungen	Büro- und Schreibdienste, DV-Dienste, Kopier- und Druckereidienste, Poststelle, Bettenaufbereitung, Entsorgung, Schädlingsbekämpfung, Sterilgutversorgung, Zentralsterilisation, Wäscheversorgung, Wäscherei

7.5 Personaleinsatz

Das Ergebnis der Organisation ist ein Stellenplan, der sowohl operative als auch dispositive Arbeit umfasst. Die Aufgabe der Managementfunktion Personaleinsatz ist es, diese Stellen sowohl in quantitativer als auch in qualitativer Sicht stets bestmöglich zu besetzen. Der Personaleinsatz umfasst damit alle Phasen des Personalzyklus von der Personalauswahl, der Einarbeitung, der eigentlichen Tätigkeit, der Weiterbildung, der Beförderung bis hin zur Freisetzung des Mitarbeiters. Abb. 147 zeigt den Personalzyklus, der selbst wiederum eine Personalplanung, -implementierung und -kontrolle erfordert.

Im Folgenden sollen die Phasen in Grundzügen dargestellt werden.[53] Es muss dabei betont werden, dass es sich um ein System handelt, das als Ganzes gesehen und vollständig geplant werden muss. Kein Teil darf isoliert gesehen werden. Wird beispielsweise eine Entlassung (als eine Möglichkeit der Personalfreisetzung) notwendig, so sollte bereits bei der Durchführung der Entlassung daran gedacht werden, dass dieselbe Person einige Jahre später eventuell wieder ein umworbener Mitarbeiter sein könnte. Wurde ein Arzt kurz nach seiner Facharztprüfung unfreundlich auf die Straße gesetzt, wird er als Chefarzt entweder nicht oder von Anfang an mit Vorbehalten in das Krankenhaus zurückkehren. Deshalb muss der Personalzyklus langfristig gesehen werden. Dabei muss betont werden, dass Teilaufgaben des Personaleinsatzes zwar von der Personalabteilung als Servicestelle übernommen werden können, der Personaleinsatz bleibt jedoch eine originäre Aufgabe jeder Führungskraft.

7.5.1 Personalbedarf

Der Brutto-Personalbedarf gibt die Zahl (quantitativ) und das Anforderungsprofil (qualitativ) der Stellen wieder, die zur Erfüllung der betrieblichen Aufgaben nötig sind. Der Brutto-Personalbedarf kann mit dem Personalbestand, d. h. mit der Zahl und den Qualifikationsprofilen der Mitarbeiter abgeglichen werden, um den Netto-Personalbedarf als Differenz aus Brutto-Personalbedarf und Personalbestand zu ermitteln. Eine Unterdeckung führt zu einer Personalbeschaffung (quantitative Unterdeckung) bzw. zu einer Personalentwicklung oder einer verbesserten Personalzuweisung (qualitative Unterdeckung). Bei einer Überdeckung besteht die Notwendigkeit einer Personalfreisetzung.

Die Grundlage der Brutto-Personalbedarfsermittlung ist der Stellenplan, d. h. die Zusammenfassung aller Stellen sowie deren organisatorische Eingliederung in die Gesamtunternehmung. Für jede Stelle sollte eine Stellenbeschreibung vorliegen, sodass der qualitative Personalbedarf ermittelt werden kann. Die Stellenbe-

---

53 Vgl. Eiff und Stachel 2006.

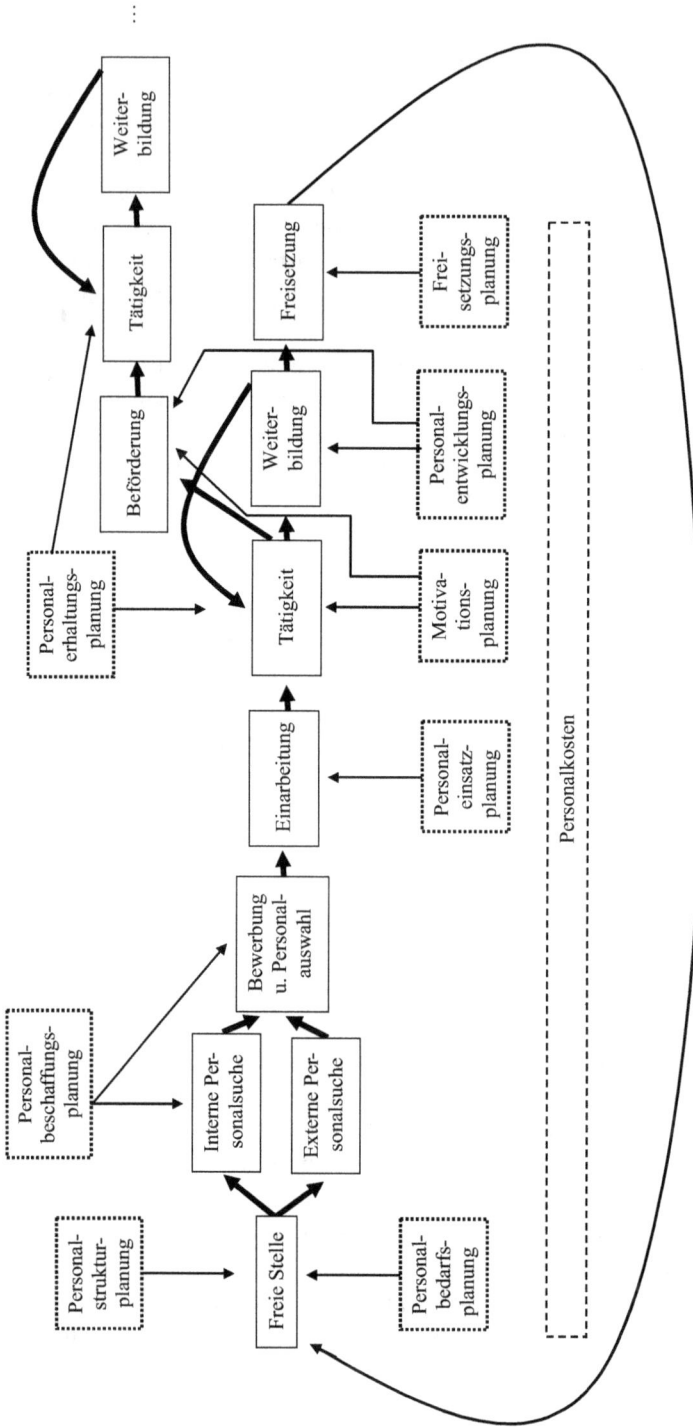

Abb. 147: Personalzyklus.[54]

54 Quelle: Eigene Darstellung in Anlehnung an Puch und Westermeyer 1999.

schreibung umfasst in der Regel eine Aufgabenbeschreibung, eine Anleitung zur zweckmäßigen Aufgabenerfüllung, die Eingliederung der Stelle in das Unternehmen (Über- und Unterordnungsverhältnisse, Informationswege) und das Anforderungsprofil (Körperkraft, handwerkliche Geschicklichkeit, Fachwissen, Fähigkeiten, Problemlösungsfähigkeit, Charaktereigenschaften). Neben dem aktuellen Stellenplan sollte auch ein Stellenentwicklungsplan existieren, aus dem zukünftige Anforderungen ersichtlich sind. Sinnvoll ist es auch, Zielvorgaben über die Personalstruktur (z. B. Frauenanteil, Altersstruktur, Qualifikationsstruktur) der Personalbedarfsplanung zu Grunde zu legen.

Das Personalinformationssystem sollte in der Lage sein, verlässliche Daten über den aktuellen und zukünftigen Personalbestand zu geben. Hierzu gehört auch, geplante Veränderungen zu berücksichtigen, die sich beispielsweise aus Absprachen über frühzeitige Berentung, Weiterbildung oder die Rückkehr aus dem Erziehungsurlaub ergeben. Wichtige Personalkennzahlen (z. B. Fehlzeiten, Personalumschlag) und Unterlagen (z. B. Personalgespräche, systematische Personalbeurteilung) sollten für die Ermittlung des tatsächlichen Personalbestands verwendet werden. Abb. 148 zeigt das System der Personalbedarfsermittlung auf.

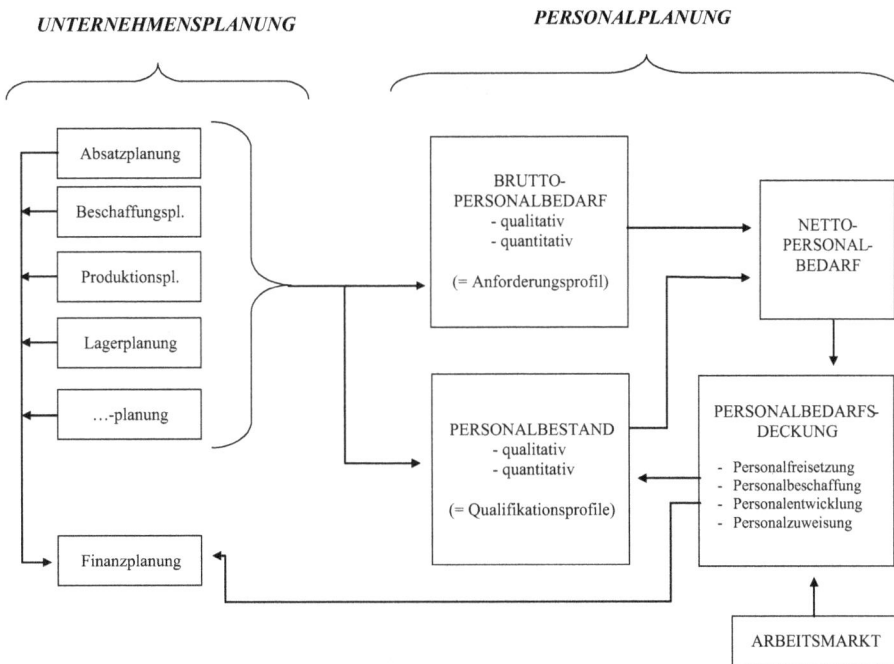

Abb. 148: Personalbedarf.[55]

55 Quelle: Berthel und Becker 2021.

Im Zentrum der Personalbedarfsermittlung steht folglich die Berechnung der Stellenzahl. Hierzu sind grundsätzlich drei Methoden möglich. Bei der Arbeitsplatzmethode wird eine bestimmte Besetzung einer Kostenstelle als gegeben angenommen. So muss beispielsweise die Pforte 24 Stunden pro Tag besetzt sein. Der Personalbedarf muss nur noch um die entsprechenden Ausfallzeiten (z. B. Urlaub, Krankheit, Fortbildung) erhöht werden.

Anhaltszahlen hingegen ermitteln den Stellenbedarf, indem sie grobe Leistungswerte mit bestimmten Vorgaben multiplizieren. So kann beispielsweise der Stundenbedarf an Reinigungskräften eines Krankenhauses dadurch ermittelt werden, dass die Bodenfläche (qm) durch die Normputzfläche pro Reinigungskraft (z. B. 120 qm pro Stunde) geteilt wird. Meist sind die Anhaltszahlen differenziert, z. B. Putzfläche pro Stunde für Krankenzimmer, Gänge, Funktionszimmer etc. Weitere klassische Anhaltszahlen sind die Pflegekräfte pro belegtem Bett, die Ärzte pro Patient oder die Untersuchungen pro Laborplatz.

Arbeitsplatzmethode und Anhaltszahlen sind sehr grob und damit kein gutes Maß für eine Personalbedarfsplanung. Sinnvoller ist eine leistungsbezogene Personalbedarfsberechnung, bei der die Leistungsanforderung möglichst detailliert ermittelt und in Stellen umgerechnet wird. Ein Beispiel hierfür ist die Pflegepersonalregelung, wie sie in Kapitel 4.1.2 beschrieben wurde.[56] Die PPR wurde ursprünglich mit § 13 des Gesundheitsstrukturgesetzes (01.01.1993) verpflichtend für die Pflegesatzverhandlungen eingeführt, jedoch 1997 wieder als Grundlage der Berechnung des externen Budgets abgeschafft. Intern wird sie jedoch weiter in vielen Krankenhäusern als Maß der Personalbedarfsermittlung und damit der gerechten Personalzuweisung verwendet.

Wie in Kapitel 4.1.2 beschrieben, wird nach PPR jeder Patient täglich einer von neun Pflegekategorien zugeteilt. Der Hilfsbedarf in den Bereichen Körperpflege, Ernährung, Ausscheidung, Bewegung und Lagerung bestimmt die Eingruppierung der Allgemeinen Pflege. Die Leistungen im Zusammenhang von Operationen, invasiven Maßnahmen, akuten Krankheitsphasen, medikamentöser Versorgung sowie Wund- und Hautbehandlung definieren die Gruppierung der Speziellen Pflege. Jeder Kategorie wird ein Minutenwert täglicher Pflege zugeordnet. Damit ergibt sich ein leistungsgerechter Personalbedarf, in dem jede Fachabteilung ihren spezifischen Stellenbedarf nachweisen kann.

Die Gesamtpflegezeit einer Abteilung oder Station ergibt sich als Summe der Minutenwerte. Hierzu wird ein Pflegegrundwert von 30 Minuten pro Patient und Tag sowie ein Aufnahmegrundwert von 70 Minuten pro Aufnahme addiert. Dividiert man den sich aus dieser Summe ergebenden Gesamtbedarf an Pflegeminuten durch die durchschnittlichen Arbeitsminuten pro Arbeitskraft, so erhält man die Anzahl an benötigten Vollstellen.

---

56 Quelle: Zerbe und Heisterkamp 1995, S. 18.

Dieses Modell ist grundsätzlich auf andere Berufsgruppen übertragbar, wobei unter Umständen die Normminutenwerte im Bench-Marking bzw. Krankenhausbetriebsvergleich ermittelt werden können. In der Krankenhauspraxis muss die Mindestbesetzung berücksichtigt werden, d. h. Mindestkapazitäten zur Aufrechterhaltung der Leistungsbereitschaft dürften nicht unterschritten werden. Berechnet man beispielsweise einen Bedarf von 0,5 Vollstellen im Labor, müssen jedoch Laborleistungen acht Stunden pro Tag vorgehalten werden, so kann keine leistungsgerechte Stellenermittlung erfolgen. Weiterhin sind tarifliche Vorschriften bei der Stellenplanung (z. B. maximale Anzahl von Bereitschaftsdiensten pro Mitarbeiter) zu berücksichtigen. In der Realität ist deshalb eine leistungsgerechte Personalbedarfsplanung komplex und wird deshalb von vielen Krankenhausverwaltern als zu aufwendig abgelehnt.

Für die Stellenermittlung muss die Normalarbeitszeit berechnet werden. In Deutschland kann man in der Regel von 250 Sollarbeitstagen pro Jahr ausgehen (52 Samstage, 52 Sonntage, 11 Feiertage). Bei einer tariflichen Arbeitszeit von 40 Stunden pro Woche entspricht dies einer Bruttojahresarbeitszeit von 2000 Stunden. Die Nettojahresarbeitszeit ist die Differenz aus Bruttojahresarbeitszeit und den Ausfällen (durchschnittliche Krankheitstage, durchschnittliche Fortbildung, durchschnittlicher Urlaub, sonstige Ausfallzeiten). Die Ausfallquote schwankt stark zwischen Branchen, Berufs- und Altersgruppen. Sie liegt zwischen 5 und 15 % und sollte routinemäßig vom Personalinformationssystem bereitgestellt werden. Da der Frauenanteil bei den Mitarbeitern im Krankenhaus sehr hoch ist, ist der schwangerschaftsbedingte Arbeitsausfall ebenfalls verhältnismäßig groß.

Zusammenfassend können wir festhalten, dass die Personalbedarfsermittlung einen (quantitativen und qualitativen) Stellenplan auf Grundlage der allgemeinen Krankenhausplanung (z. B. Leistungsplanung, Finanzplanung) erstellt. Hierzu werden häufig Anhaltszahlen verwendet, die die Leistungsplanung in den Bruttobedarf in Manntagen, -stunden oder -minuten umrechnen. Aus der Personalabteilung erhält der Personalplaner die Ausfallquote, sodass er den Bedarf an Vollstellen ermitteln kann. Ein Abgleich mit dem Personalbestand unter Berücksichtigung von geplanten Personalzu- und -abgängen ergibt den Nettopersonalbedarf an Vollkräften.

7.5.2 Personalbeschaffung

Freie Stellen können entweder durch Personalversetzung (interne Personalbeschaffung) oder durch Personalrekrutierung (externe Personalbeschaffung) gefüllt werden, wobei die interne Personalbeschaffung häufig das Problem nur verschiebt, da die durch die Versetzung freiwerdende Stelle wiederum extern besetzt werden muss. Nur wenn in der Organisation bei der entsprechenden Qualifikation ein Personalüberhang besteht, führt eine interne Stellenbesetzung nicht zu einer externen Beschaffung.

Eine Personalbeschaffung impliziert die Auswahl einer geeigneten Person auf Grundlage von Informationen. Bei internen Besetzungen liegen diese Informationen teilweise vor (z. B. frühere Einstellungsunterlagen, Personalgespräche, Evaluierungen, Fortbildungen), während sie für externe Bewerber in der Regel vollständig neu erhoben werden müssen. Meist wird ein mehrstufiges Verfahren angewendet. Die erste Auswahl erfolgt auf Grundlage der Bewerbung und insbesondere der Zeugnisse sowie des Lebenslaufs. Sie lassen Rückschlüsse über die Kenntnisse und Fähigkeiten des Kandidaten sowie über seinen bisherigen Werdegang und die erfüllten Aufgaben zu. Eine Einsicht in seine Persönlichkeit und Entwicklungsfähigkeit ist schwierig. Deshalb wird ein Teil der Bewerber in der zweiten Phase zu einem Interview eingeladen. Das Interview sollte teilstrukturiert sein, um einerseits die Vergleichbarkeit der Kandidateninterviews zu gewährleisten, andererseits eine ungezwungene Atmosphäre und Offenheit für individuelle Stärken und Schwächen des Kandidaten zu behalten. Bewerbungsanalyse und Interview werden manchmal durch psychologische Tests (Intelligenz-, Eignungs-, Persönlichkeits- und Kreativitätstests) ergänzt, deren Validität allerdings anzweifelbar ist.

Eine besondere Form der Mitarbeiterauswahl ist das Assessment Center, das auch von Klinikketten angewendet wird. Eine Gruppe von Kandidaten erhält eine Arbeitsaufgabe zur gemeinsamen Erledigung und wird während der Aufgabenerfüllung beobachtet. Häufig sind die Aufgaben sehr komplex und umfassend, sodass das Arbeits- und vor allem Sozialverhalten unter Stress beobachtet werden können. Die Fähigkeit, eigene Ideen zu entwickeln, ist dabei ebenso wichtig wie die Kompetenz, diese in einer Gruppe so zu vertreten, dass eine gute Gruppenlösung entsteht.

Auch bei gewissenhafter Auswahl von Mitarbeitern besteht keine Garantie, dass die richtige Person gewählt wird. Gerade bei Führungspositionen müsste die Sozial- und Persönlichkeitskompetenz ermittelt werden, die jedoch einer objektiven Testung nur schwer zugänglich sind. Selbst wenn man nach einiger Zeit das Auswahlverfahren evaluiert und feststellt, dass der Kandidat sich gut entwickelt hat, impliziert dies nicht automatisch, dass man die richtige Entscheidung getroffen hat. Vielleicht wäre ein anderer Kandidat noch besser gewesen und der ausgewählte Mitarbeiter hat sich nur auf Grund starker Förderung positiv entwickelt (self-fulfilling prophecies).

Ziel des Auswahlverfahrens ist die Ermittlung des Eignungsprofils als Schnittmenge von Anforderungsprofil und Fähigkeitsprofil. Das Anforderungsprofil beschreibt die Summe der benötigten Fähigkeiten und Kenntnisse einer Stelle und ergibt sich aus dem Stellenplan. Das Fähigkeitsprofil ist die Summe der Fähigkeiten und Kenntnisse des Kandidaten. Wie Abb. 149 zeigt, können für einzelne Anforderungs- und Fähigkeitsarten Über- oder Unterqualifikation auftreten. Eine leichte Überforderung kann motivierend sein, während eine Unterforderung zu Langeweile, Desinteresse und frühzeitigem Ausscheiden aus dem Unternehmen führen kann.

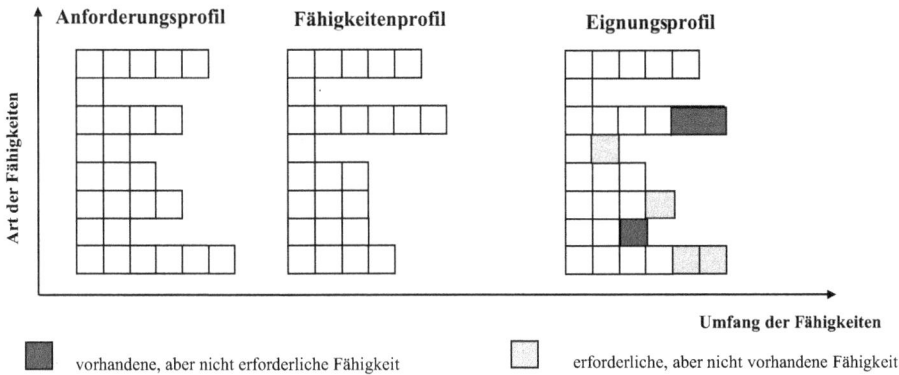

Abb. 149: Eignungsprofil.[57]

7.5.3 Personalzuweisung

Ein weiteres Problem des Personaleinsatzes ist die Zuweisung von Mitarbeitern auf Schichten. Die Gesamtzahl von Mitarbeitern muss minimiert werden, jedoch muss eine gegebene Mindestbesetzung garantiert sein. Abb. 150 zeigt ein einfaches Modell mit acht verschiedenen Tagschichten und einer Nachtschicht. Abb. 151 gibt den Bedarf an Mitarbeitern (z. B. auf einer Station) in Abhängigkeit von der Zeit wieder.

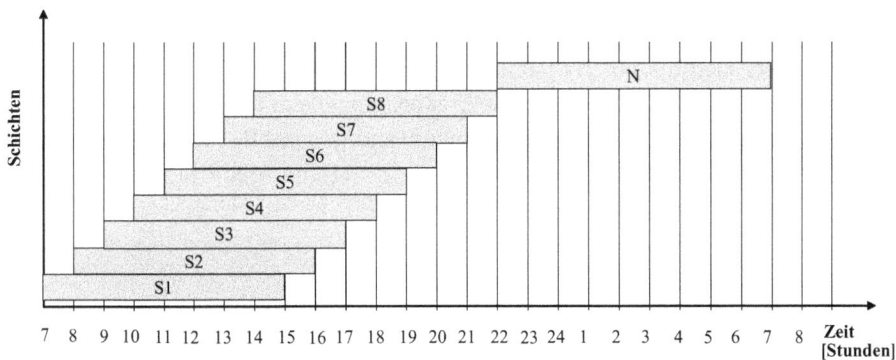

Abb. 150: Schichtenmodell.[58]

Die einfachste Lösung dieses Beispiels wäre, 9 Pflegekräfte in Schicht 1 (Beginn 7 Uhr) und 7 Pflegekräfte in Schicht 8 (Beginn 14 Uhr) einzusetzen. Allerdings hätte man in diesem Fall deutlich mehr Personal (16 Mitarbeiter ohne Nachtschicht) zugewiesen als

---

57 Quelle: Steinmann, Schreyögg und Koch 2020.
58 Quelle: Eigene Darstellung.

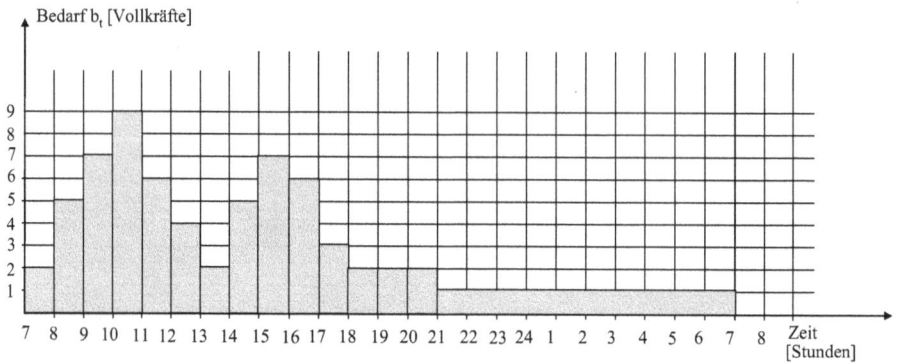

Abb. 151: Bedarfsgebirge.[59]

nötig. Man könnte auch zwei Pflegekräfte um 7 Uhr (Schicht 1) beginnen lassen, drei um 8 Uhr (Schicht 2), zwei um 9 Uhr (Schicht 3) und zwei um 10 Uhr (Schicht 4). Damit ab 16 Uhr auch noch ausreichend Mitarbeiter anwesend wären, müsste man noch zwei Mitarbeiter der Schicht 8 (ab 14 Uhr) zuweisen, sodass insgesamt 11 Mitarbeiter an diesem Tag (ohne Nachtschicht) nötig wären. Letztlich ist die Schichtenbesetzung ein Puzzle, das entweder auf einer Magnetwand oder mit Hilfe eines Modells der Linearen Programmierung gelöst werden kann.

Die Lösung dieses LPs zeigt, dass obiger Vorschlag (insgesamt 11 Mitarbeiter) optimal ist, wobei auch noch die Lösung 2 in S1, 3 in S2, 3 in S3, 1 in S4 und 2 in S8 zum gleichen Ergebnis führt. Das Modell kann um Pausenregelungen, geteilte Schichten und bewertete Zielfunktionen (z. B. unterschiedliche Kosten für die Schichten) ergänzt werden. Allerdings können diese Ergänzungen dazu führen, dass die Lösung des LP nur noch mit erheblichem Rechenaufwand ganzzahlig zu halten ist und so eventuell ein Übergang zu Heuristiken (z. B. genetische Algorithmen) notwendig wird.

7.5.4 Personalentwicklung und -erhaltung

Krankenhäuser müssen nicht nur Personal beschaffen und zuweisen, sondern sie müssen auch eine gezielte Personalerhaltungspolitik betreiben, um den Herausforderungen der sich stark verändernden Gesundheitsmärkte gewachsen zu sein. Die Personalerhaltung umfasst die Personalentwicklung, die Personalmotivation sowie die Aus- und Weiterbildung.

Unter Berufsausbildung versteht man allgemein den Erwerb von Kenntnissen und Fähigkeiten, die zur Ausübung des Berufes notwendig sind. Die Weiterbildung

---

59 Quelle: Eigene Darstellung.

strebt hingegen eine Verbesserung der Qualifizierung einer im Beruf stehenden Person an. Sie wird meist durch veränderte Anforderungen notwendig, die sich aus der technologischen, gesamtwirtschaftlichen, organisatorischen, sozialen und demografischen Entwicklung ergeben. Eine Abgrenzung zur Fortbildung soll an dieser Stelle nicht erfolgen, da die Unterscheidung in den einzelnen Berufsgruppen unterschiedlich gehandhabt wird.

Eine besondere Bedeutung kommt der Entwicklung der Führungskräfte im Krankenhaus zu. Mediziner, Pflegekräfte und Betriebswirte haben selten ausreichende Kenntnisse, Fähigkeiten und Potenziale an den Hochschulen erworben, um ein modernes Krankenhaus als Großunternehmen führen zu können. Insbesondere die Schlüsselkompetenzen (soziale Kompetenz, Selbstkompetenz, Methodenkompetenz) bedürfen häufig einer Förderung. Krankenhäuser sollten die Besetzung der Führungspositionen langfristig planen und rechtzeitig Nachwuchsführungskräfte aufbauen. In größeren Klinikketten kann dies im Rahmen von mehrjährigen Trainee- bzw. Job-Rotation-Programmen erfolgen.

Wichtig ist, dass die Weiterbildung systematisch erfolgt, d. h., sie muss planmäßig, spezifisch, methodisch und überwacht sein. Sie sollte die Defizite bei der Erfüllung der derzeitigen Aufgaben ausgleichen helfen, frühzeitig auf neue Aufgaben vorbereiten und insbesondere Nachwuchsführungskräfte in ihrer Entwicklung zur Führungspersönlichkeit begleiten. Dabei kann heute nicht mehr davon ausgegangen werden, dass Weiterbildung ein Wert per se ist, sondern sie muss sowohl für das Krankenhaus als auch den Mitarbeiter lohnend sein. Nur wenn der Mitarbeiter einen Nutzen davon hat, wird er sich auch in einer Weiterbildung anstrengen. Ansonsten sieht er die Seminare als lästige Pflicht oder als eine Form des Urlaubs an. Teilnehmer an Seminaren sind extrinsisch motiviert, wenn die Weiterbildung mit Gehaltsverbesserungen oder Aufstiegschancen verbunden ist. Intrinsisch motiviert werden Seminarteilnehmer, wenn sie merken, dass es um sie persönlich, ihr Leben, ihre Kompetenz, ihren Lebenssinn und ihre soziale Netzwerkfähigkeit geht. In der Regel sind deshalb Führungskräfteseminare, die den Teilnehmern Möglichkeiten existenziellen Lernens und eigener Weiterentwicklung bieten, langfristig wirksamer als Weiterbildungen, die Wissen vermitteln oder „missionieren", selbst wenn letztere mit monetären Anreizen verbunden sind.

Da Management nur auf Grundlage eines geteilten Wertesystems möglich ist, muss die Weiterbildung auch Raum für die Erklärung und Diskussion des betrieblichen Werte- und Zielsystems geben. In kommerziellen Krankenhäusern ist dies meist unproblematisch. Kirchliche Häuser hingegen haben häufig den Anspruch, ihren Mitarbeitern in der Entwicklung eines lebendigen Glaubens zur Seite zu stehen. Der Grat zwischen Vernachlässigung und Missionierung ist allerdings steil, und Manager kirchlicher Krankenhäuser müssen behutsam vorgehen, damit nicht gut gemeinte Seminare und Aktivitäten als machtpolitisches Instrument einer Missionierung missverstanden werden.

Eine besondere Problematik tritt auf, wenn ein Träger mit einer besonderen Corporate Identity eine andere Einrichtung übernimmt und seine eigene Unternehmenskultur transferieren möchte. Hier muss die Fortbildungsveranstaltung besonders gut geplant und durchgeführt sein. Beispielsweise bezeichnete der theologische Leiter einer kirchlichen Einrichtung, die ein säkulares Krankenhaus aufgekauft hatte, den Prozess der Kulturanpassung als „einschwärzen". Die wenigsten Mitarbeiter lassen sich aber „einschwärzen". Es ist legitim, dass der neue Träger durch Seminare die Grundwerte seiner Organisation zu vermitteln sucht, aber es ist auch legitim, wenn Mitarbeiter, die diesen Werten nicht folgen möchten, das Unternehmen verlassen.

Schließlich muss auch die Personalentwicklung dem Effizienzkriterium unterliegen. Ein regelmäßiger Vergleich der Kosten der Maßnahmen mit den Erfolgen ist deshalb selbstverständlich. Die Palette von Weiterbildungsmöglichkeiten ist breit. Rein fachliche Weiterbildungen (Ultraschallkurs, PDL-Kurs, Sprachkurs, EDV-Kurs) lassen sich meist relativ leicht bewerten. Die Vermittlung von Führungswissen (z. B. Projektplanung, Organisationstechniken, Planungsinstrumente) ist ebenfalls kontrollierbar. Die Entwicklung einer Führungspersönlichkeit, die von überragender Wichtigkeit für die Zukunft des Krankenhauses ist, kann jedoch nur selten rational bewertet werden. Deshalb tummeln sich auf diesem Markt auch Anbieter, deren Programme eher an Incentive-Reisen als an wirkliche Führungsausbildung erinnern. „meditatives Kühehüten", „persönlichkeitsförderndes Fallschirmspringen" und „gemeinschaftsbildende Elchjagd" dürften doch höchst selten einen wirklichen Beitrag zur Entwicklung des Krankenhauses haben.

7.5.5 Leistungsbeurteilung

Die Personalentwicklung setzt voraus, dass Kenntnisse, Fähigkeiten und Eignung des Stelleninhabers bekannt sind. Hierzu ist eine systematische Leistungsbeurteilung notwendig. Weiterhin dient sie als Grundlage der Beförderungen und Versetzungen, der Lohn- und Gehaltsdifferenzierungen, der Motivation von Mitarbeitern sowie der Kontrolle der Personalauswahl und Weiterbildung. Sie soll sowohl die Art des Tätigkeitsvollzuges und das Arbeitsergebnis als auch notwendige Persönlichkeitseigenschaften erheben, die oft bei einer Personalauswahl nur unzureichend erkannt werden können.

Entscheidend ist, dass die Personalbeurteilung nicht zufällig erfolgt. Sie sollte formalisiert und systematisch sein. Dies impliziert Regelmäßigkeit, Objektivität bzw. Vergleichbarkeit, Transparenz, Fairness und ein Beschwerderecht. Das Gegenteil ist Willkür, die stark leistungsmindernd wirkt und eine hohe Personalfluktuation induziert. In der Praxis beurteilt meist der direkte Vorgesetzte den Mitarbeiter. Der nächst höhere Vorgesetzte dient als Kontroll- und Beschwerdeinstanz.

Das Personalgespräch als Maßnahme der Personalbeurteilung ist in vielen Krankenhäusern Routine. Häufig ist es mit der Aufstellung von Zielvereinbarungen verbunden, anhand derer sich der Mitarbeiter beim nächsten Personalgespräch selbst beurteilen kann. Verbindet man ein Personalgespräch mit einer Gehaltsein-stufung, so besteht erstens die Gefahr, dass Ziele möglichst nahe und leicht erreich-bar gesteckt werden, sodass der Mitarbeiter kein Risiko eingeht. Zweitens kann dies zu Unehrlichkeit bezüglich der eigenen Leistung bzw. des Leistungsvermögens füh-ren, sodass weitere Funktionen des Personalgesprächs (z. B. Auffinden von Weiter-bildungsnotwendigkeiten) darunter leiden.

Die Beförderung wird zweifelsohne ebenso auf einer systematischen Personal-beurteilung basieren. Hier muss allerdings beachtet werden, dass die Leistungsbe-urteilung vergangenheitsgerichtet ist, d. h., sie beurteilt die derzeitige Arbeit am derzeitigen Arbeitsplatz. Eine Aussage über die Leistungsfähigkeit am neuen (po-tenziellen) Arbeitsplatz ist auf dieser Grundlage nur bedingt möglich. Befördert man Mitarbeiter allein auf Grundlage der bisherigen Leistung, so kann es zum soge-nannten Peter-Prinzip kommen. Etwas verkürzt besagt es, dass ein Mitarbeiter so-lange aufsteigen wird, bis er eine Stufe erreicht hat, in der er inkompetent ist. Damit sind langfristig die meisten Führungspositionen von unfähigen Mitarbeitern besetzt. Das Peter-Prinzip muss natürlich mit einem Augenzwinkern betrachtet wer-den, aber es sollte durchaus ein Anstoß sein, die Personalbeurteilung und die Be-förderungspolitik zu überdenken.

7.5.6 Personalfreisetzung

Wie oben beschrieben, induziert eine negative Differenz aus Personalbedarf und Personalbestand eine Personalfreisetzung. Ältere, synonyme Begriffe hierfür sind Personalabbau, -anpassung, -freistellung und -reduzierung, während der Begriff Entlassung nur einen Teilaspekt ausdrückt. Die Entlassung bedeutet meist eine Freistellung auf den Arbeitsmarkt, während eine Freisetzung auch eine Frühberen-tung, eine interne Umsetzung oder ein Sabbatical implizieren kann.

Auch bei einer planvollen Personalpolitik kann ein Personalüberhang in be-stimmten Qualifikationen nicht immer vermieden werden. Das Umsystem verändert sich ebenso wie die Unternehmensziele bzw. -strategien, sodass eine Personalan-passung notwendig wird. Teilweise wird die Personalfreisetzung aber auch durch den Mitarbeiter selbst induziert. Nimmt seine Leistungsfähigkeit bzw. -bereitschaft stark ab, häufen sich Anzeichen bewussten Fehlverhaltens und zeigt er eine man-gelnde Entwicklungsfähigkeit, so ist auch die Entlassung nicht immer vollständig zu vermeiden. Es ist allerdings wichtig zu betonen, dass auch die Entlassung den langfristigen Betriebszielen dienen und die Werte des Unternehmens widerspiegeln sollte. Hat beispielsweise ein Krankenhaus eine bewusste Menschenorientierung als Leitbild gewählt, so muss auch die Entlassung menschenorientiert durchgeführt werden. Der Entlassene bleibt Mensch, und das Wertesystem des Krankenhauses muss sich gerade im Umgang mit Krisensituationen widerspiegeln.

In Unternehmen, die stärker konjunkturabhängig sind als Krankenhäuser, hat es sich bewährt, die betriebsbedingte Kündigung und Entlassung so vorzunehmen, dass der Mitarbeiter ein positives Verhältnis zum Unternehmen behält und somit auch später wieder bereit wäre, für das Unternehmen zu arbeiten, wenn die Konjunktur wieder anzieht. Nur so ist eine stabile Personalausstattung bei schwankender Nachfrage zu gewährleisten. In Krankenhäusern sollte man zumindest darüber nachdenken, mit welchen Maßnahmen der entlassene Mitarbeiter als Werbeträger für das Haus gewonnen werden kann. Hierbei spielt die finanzielle Absicherung des Entlassenen eine wichtige Rolle, aber auch der Umgang mit ihm. Die Freisetzung sollte deshalb bewusst geplant werden, und sie muss von ausgebildeten Führungskräften durchgeführt und dokumentiert werden.

Die Personalfreisetzung und insbesondere die Entlassung stellen häufig einen erheblichen Einschnitt in das Leben des Mitarbeiters dar. Wenige Bereiche der Betriebsführung sind deshalb so stark gesetzlich reglementiert wie dieser. Das Arbeits- und insbesondere Kündigungsrecht sind zwingend zu beachten, können jedoch hier nicht ausgeführt werden. Allerdings muss noch einmal betont werden, dass die Arbeitsgesetze nur Mindestvorschriften sind. Ein Krankenhaus hat eine Sinnverantwortung in der Gesellschaft, und seine Aktivitäten werden von der Allgemeinheit sehr deutlich wahrgenommen. Deshalb wird auch der Umgang mit dem unnötigen, leistungsschwachen oder in Rente gehenden Mitarbeiter verzeichnet. Ein weises Krankenhausmanagement überlegt sehr genau, welche Folgen eine vorschnelle oder unfaire Entlassung haben kann, und zwar auch dann, wenn diese arbeitsrechtlich möglich wäre.

Zusammenfassend können wir festhalten, dass die Managementfunktion „Personaleinsatz" die Grundlage der Implementierung der Pläne darstellt. Nur wenn es gelingt, die in der Managementfunktion „Organisation" entwickelten Pläne dauerhaft mit den bestmöglichen Mitarbeitern zu besetzen, können Krankenhäuser auf den Wettbewerbsmärkten des sich wandelnden Gesundheitswesens überleben. Die Stelleninhaber sind Menschen, die ausgewählt, eingesetzt, entwickelt, bewertet und notfalls freigesetzt werden müssen. Sie sind keine Maschinen, sondern hoch komplexe Leistungsträger mit eigener Würde, eigenem Wertemuster, eigenem Willen und eigenen Bedürfnissen. Deshalb ist der Personaleinsatz nur ein Aspekt des Personalmanagements. Er muss ergänzt werden um die Führung, d. h. die willentliche Veranlassung zum zielsystemkonformen Verhalten.

7.6 Führung

Der Begriff Führung wird in der betriebswirtschaftlichen Literatur in zweifacher Weise verwendet. Wie in Kapitel 7.1 beschrieben, kann sich Führung entweder auf das ganze Unternehmen beziehen (Unternehmensführung) und ist dann identisch mit der Unternehmenssteuerung bzw. Kybernetik, oder sie bezieht sich auf die Führung von Mitarbeitern im Unternehmen (Personalführung). In diesem Kapitel wollen wir Führung ausschließlich als Personal- bzw. Mitarbeiterführung verstehen.[60]

Führung ist der willentliche Beeinflussungsprozess.[61] Wer nicht bereit ist, andere zu beeinflussen, kann keine Führungskraft sein. Mit Ausnahme von selbst organisierenden, losen Gruppen ohne Arbeitsauftrag (z. B. Cliquen) erfordert jedes menschliche Zusammenleben Führung, da die arbeitsteiligen Prozesse ansonsten zu keiner Erfüllung der Gesamtaufgabe führen. Diese Vorbemerkung ist notwendig, da im Gesundheitssektor noch immer eine gewisse Skepsis gegenüber der Führung und der Führungskraft anzutreffen ist. Der Arzt ist in seinem Selbstbild ein Freiberufler, auch wenn er im Krankenhaus arbeitet. Und dieses Selbstbild wendet sich massiv gegen jede Form von Beeinflussung durch andere. Auf der anderen Seite ist Führung im Großbetrieb Krankenhaus notwendig, um die Leistungserstellung zu gewährleisten. Und so entwickelt sich im Vakuum zwischen Führungsnotwendigkeit und Führungsabneigung leicht ein autokratischer Führungsstil, der stärker auf die persönliche Abhängigkeit vom Vorgesetzen ausgerichtet ist als auf die Sachebene der Krankenhausleistung.

Im Folgenden sollen deshalb zuerst einige Grundlagen der Führung diskutiert werden. Ausgehend von Führungsstilen und Machtgrundlagen wird die Persönlichkeit des Führenden in den Mittelpunkt gestellt. Es folgen jeweils Kapitel zur vertikalen und zur horizontalen Führung im Krankenhaus.

7.6.1 Grundlagen

Führungsstile und Machtgrundlagen
Die deutschsprachige Betriebswirtschaft hat lange die Planung und Organisation als Grundlage des Managements betont.[62] Die Führung und insbesondere die Führungspersönlichkeit waren ihr suspekt, was sich teilweise aus den negativen deutschen Erfahrungen mit dem „Führer" ableiten lässt. Anglophone Wissenschaftler haben bereits vor Jahrzehnten Bücher zu „The Leader" oder „Personality and Leadership" geschrieben,[63] als in Deutschland noch das Ideal des jederzeit austauschbaren, allein in der Organisation existierenden und persönlichkeitsneutralen Funktionärs geherrscht hat. Letztendlich ist die deutschsprachige Betriebswirtschaftslehre aber mit diesem Versuch der Loslösung von Führung und Persönlichkeit gescheitert.[64]

Führung, Führungsstile und Persönlichkeit sind zentrale Gesichtspunkte des Managements, deren Grundlagen im Folgenden diskutiert werden sollen. Der Füh-

---

60 Vgl. hierzu Leuzinger und Luterbacher 2000; Steinmann, Schreyögg und Koch 2020.
61 Vgl. Schirmer, Walter und Woydt 2012.
62 Vgl. Schreyögg und Geiger 2015.
63 Vgl. z. B. Pandey 1976.
64 Vgl. Scheer und Kasper 2011.

rungsstil beschreibt den Umgang des Vorgesetzten mit seinen Mitarbeitern. Es wurden zahlreiche Varianten des Kontinuums von sklavischer Abhängigkeit bis zum Laissez-faire und dem vollständigen Verwischen der Hierarchien. Tab. 87 zeigt beispielhaft die Ausprägungen des diktatorischen, autoritären, konsultativen und partizipativen Führungsstils. Die Führungsstile unterscheiden bezüglich der Einbeziehung der Mitarbeiter bei der Entscheidungsvorbereitung und der eigentlichen Entscheidung, in der Form der Anweisung und der Kritikfähigkeit.

Tab. 87: Führungsstile (Beispiel).[65]

Führungsstil	Entscheidungsvorbereitung	Entscheidung	Anweisungen	Vorschläge, Gedanken
Diktatorisch	Vorgesetzter	Vorgesetzter	ohne Erklärung	als Kritik empfunden
Autoritär	Vorgesetzter	Vorgesetzter	mit Erklärung	Gedankenfreiheit
Konsultativ	Untergebene als Informationspool	Vorgesetzter	Überzeugungsarbeit	Gedanken- und Meinungsfreiheit
Partizipativ	Team	Team	nicht nötig	erwünscht

Keiner der genannten Führungsstile ist für alle Situationen und Entscheidungen optimal. Entscheidungen, die nur mit erheblichem Engagement der Mitarbeiter umgesetzt werden können, verlangen einen eher partizipativen Führungsstil, da gemeinsam getroffene Entscheidungen leichter mitgetragen werden. Benötigt eine Führungskraft für eine Entscheidung möglichst viele Informationen, sollte sie zumindest einen konsultativen Stil wählen, da sie alleine nicht alle Informationen erhalten kann. Entscheidungen mit großer Tragweite benötigen in der Regel die Mitwirkung vieler. Muss eine Entscheidung hingegen schnell getroffen werden (z. B. während einer Operation), kann ein autoritärer Führungsstil zumindest in der akuten Notsituation durchaus angebracht sein. Es mag sogar extreme Ausnahmesituationen (z. B. bei militärischen Einsätzen) geben, in denen für kurze Zeit sogar der gedankliche Widerstand gegen die Anweisung des Vorgesetzten gefährlich und damit zu vermeiden ist. Allerdings dürfte ein diktatorischer Führungsstil in deutschen Krankenhäusern keine Grundlage finden, und autoritäre Führungsstile sollten auf wenige, zeitkritische Entscheidungssituationen begrenzt bleiben.

Letztlich muss die Führungskraft jedoch unabhängig davon, wer an der Entscheidung mitgewirkt hat, diese Entscheidung durchsetzen. Es stellt sich hierbei die Frage, auf welche Machtgrundlage sie die Entscheidungsdurchsetzung basieren kann. Was veranlasst Mitarbeiter, einem Vorgesetzten zu folgen? Fünf Machtgrund-

---

65 Quelle: Haubrock, Schär und Dietze 2017, S. 263.

lagen können unterschieden werden. Erstens ist es möglich, Macht durch Belohnung zu erhalten. Mitarbeiter folgen dem Vorgesetzten, weil er sie fördern, besser bezahlen oder privilegieren kann. Die Abhängigkeit des Assistenzarztes vom Chefarzt, der irgendwann maßgeblich für die Zulassung zur Facharztprüfung ist, ist eine derartige Machtgrundlage. Wer immer gehorsam ist, darf z. B. die notwendigen Operationen schnell durchführen, um sich zur Facharztprüfung anzumelden.

Zweitens kann Macht auf Zwang beruhen. Mitarbeiter sind gehorsam, weil sie Angst vor Entlassung, Versetzung oder Lohnabzug haben. Belohnung und Zwang sind hierbei Spiegelbilder derselben Maßnahme.

Drittens kann Macht auf Legitimation beruhen. Der Untergebene erkennt die übergeordnete Stellung des Vorgesetzten und dessen Recht an, Anweisungen zu erteilen und Entscheidungen zu treffen. Auch diese Machtgrundlage ist im Krankenhaus anzutreffen. Beispielsweise sind bis heute manche Krankenschwestern dem Arzt gegenüber gehorsam, selbst wenn es sich um einen Bereich handelt, in dem sie sich durch ihre Ausbildung besser auskennen als der Arzt. „Es ist halt der Herr Doktor", eine Aussage, die von starker Hierarchiehörigkeit zeugt und noch immer gehört werden kann. Die Bedeutung von Ämtern und Titeln hat zwar abgenommen, ist aber noch nicht völlig verschwunden.[66]

Diese drei traditionellen Machtgrundlagen zielen darauf ab, den Untergebenen einzuschüchtern und zu systemkonformen Verhalten zu zwingen. Sie basieren in erster Linie auf der Organisationsstruktur, nicht auf der Persönlichkeit der Führungskraft. Die vierte Machtgrundlage hingegen ist die Expertenmacht. Der Untergebene erkennt an, dass sein Vorgesetzter größeres Wissen und breitere Erfahrung hat. Dieser Expertisevorsprung kann sich entweder auf die Fach- oder Methodenkompetenz beziehen.

Von manchen älteren Chefärzten und nicht wenigen Pflegedirektoren wird beklagt, dass die jüngeren Kollegen nicht mehr so einfach lenk- und führbar seien wie früher. Tatsächlich verlieren Belohnung und Bedrohung in Zeiten von Ärztemangel und Pflegenotstand ebenso ihr Machtpotenzial wie die Hierarchiegläubigkeit in den letzten 30 Jahren gesamtgesellschaftlich abgenommen hat. Sogar die Fachkompetenz als vierte Machtgrundlage ist heute kein wirklicher Vorsprung der Führungskräfte. Häufig sind Oberärzte den Chefärzten fachlich sogar überlegen, da sie sich vollständig auf die Medizin konzentrieren können, während Chefärzte einen großen Teil ihrer Arbeitszeit der Administration zuwenden müssen. Und nicht selten kennt sich eine 25-jährige Pflegekraft mit den modernen Methoden besser aus als die Pflegedirektorin, die seit Jahren keinen Patienten mehr gepflegt hat. Welche Machtgrundlage kann unter diesen Umständen noch die Veranlassung zum zielsystemkonformen Verhalten gewährleisten?

---

66 Vgl. Seelos 2007.

Die fünfte Machtgrundlage ist die Persönlichkeit des Vorgesetzten, d. h., der Vorgesetzte muss immer mehr durch seine Persönlichkeit wirken.[67] Seine Sozialkompetenz (Umgangsformen, Motivation, Wahrnehmung, Wärme) und seine Selbstkompetenz (Selbsteinschätzung, Zeitmanagement, Integrität, Vertrauen) zeichnen ihn als Vorbild aus, sodass sich die Mitarbeiter bereitwillig und ohne Zwang seiner Führung anvertrauen. Damit rückt die Persönlichkeit der Führungskraft ins Zentrum der Führungslehre. Sein Verantwortungsbewusstsein, seine Loyalität, seine Zugewandtheit, sein Fleiß, seine Pünktlichkeit und zahlreiche andere Eigenschaften entscheiden darüber, ob der Mitarbeiter ihn als Vorgesetzten akzeptiert oder nicht.

Persönlichkeit und Führung

Die hohe Bedeutung der individuellen Persönlichkeit für die Führung kann beängstigend sein. Zuerst muss vor „Big Man"-Theorien gewarnt werden, die davon ausgehen, dass ein angeborenes Charisma der Führung existiere.[68] In der Realität müssen die allermeisten erfolgreichen Führungskräfte erst ihre „Führungs-Kraft" durch harte Arbeit gewinnen. Und es gibt auch Beispiele dafür, dass „geborene Führer" durch falsche Ziele, schlechte Organisationsstrukturen und fehlende Kontrolle unsäglichen Schaden angerichtet haben. Der „Big Man" allein schafft keinen Führungserfolg.

Ein zweiter Argwohn gegenüber dem Persönlichkeitsansatz in der Führung besteht, da Persönlichkeit als etwas geheimes, die Persönlichkeitsrechte betreffendes gilt. Selbstverständlich ist dies korrekt, auf der anderen Seite muss aber auch bedacht werden, dass die Persönlichkeit der Führungs- bzw. Beeinflussungskraft auch die Mitarbeiter intensiv betrifft. Ein Manager, der nicht bereit ist, an seiner Persönlichkeit zu arbeiten, schädigt damit nicht nur sich selbst, sondern vor allem auch seine Mitarbeiter. Wer seine Persönlichkeit nicht lebenslang weiterentwickeln möchte, sollte keine Führungsposition annehmen.

Schließlich erzeugt die Betonung der Persönlichkeit Unbehagen, da wir nicht so genau wissen, wie wir sie entwickeln können. Sach- und Methodenkompetenz kann durch Schulungsprogramme verbessert werden. Aber welche Maßnahmen gibt es zur Entwicklung der Persönlichkeit? An welcher Universität und in welcher Fortbildung kann man dies lernen?

Es besteht eine deutliche Diskrepanz zwischen der klassischen Hochschulausbildung und den zahlreichen Fortbildungsangeboten. Während die Hochschulen die Persönlichkeitsentwicklung der Studierenden fast vollständig aus ihren Einrichtungen verbannt haben, tummeln sich auf den Fortbildungsmärkten die erstaunlichsten Anbieter. Hier ist teilweise Vorsicht geboten, da auch Sekten ihre Arme auf diesen Märkten ausstrecken.

---

[67] Vgl. Simon 2006.
[68] Vgl. Rieckmann 2000.

Es kann ein erster Schritt der Annäherung sein, wenn man sich überlegt, welche Eigenschaft einen Vorgesetzen am meisten Vorbild sein lässt: die Integrität. Integrität bedeutet Ganzheit, also das Gegenteil von gespalten oder fraktal (die ganzen Zahlen werden beispielsweise im Englischen als „Integers" bezeichnet). Als integer bezeichnet man folglich einen Menschen, bei dem Wort und Tat, Überzeugung und Aktion übereinstimmen. Wenn Mitarbeiter sehen, dass der Vorgesetzte nach seinen eigenen Zielvorgaben lebt, dass er von sich nicht weniger verlangt als von den Mitarbeitern, dass er dieselben Belohnungs- und Bestrafungsmaßstäbe an sich selbst anlegt und dass er mit sich selbst im Reinen ist, dann werden sie seinen Anweisungen mit deutlich höherer Wahrscheinlichkeit folgen. Ausbildungsprogramme, die folglich der Entwicklung der Integrität der Führungskraft dienen, sind empfehlenswert, alles andere führt langfristig zu nichts.

Die Übereinstimmung von eigenen Zielvorstellungen und Aktivitäten kann anhand des grundlegenden Systemmodells diskutiert werden, wie es im Vorwort vorgestellt wurde. Abb. 152 zeigt das abgewandelte, stark vereinfachte Modell. Folgende Teilaspekte sollte jede Führungskraft regelmäßig analysieren und die Differenz von Anspruch und Wirklichkeit im Führungsalltag reflektieren:

- **Führungsgrößen:** Welche Ziele habe ich für mein Leben kurz-, mittel- und langfristig? Was ist meine persönliche Vision? Wo möchte ich am Ende meiner beruflichen Laufbahn stehen? Was ist die primäre Aufgabe, die ich mir selbst gestellt habe?
- **Umsystem:** Welche Bedeutung haben Familie, Sozialgefüge, Beruf für mich? Was gibt mir Sinn und Halt in meinem Leben? Welche Werte prägen mein soziales Netz? Welcher selbst gewählte Sinn ist am Ende der Berufslaufbahn (und des Lebens) wirklich erstrebenswert?
- **Inputs:** Wie versorge ich mich als „System"? Körperlich (z. B. Essen, Bewegung, Entspannung), geistig (z. B. Literatur, Fortbildung) und geistlich (Sinn- und Existenzfragen)? Stehen die Anforderungen an mich selbst in einem ausgewogenen Verhältnis zu den Investitionen in mich selbst?
- **Filter:** Was lasse ich an mich heran? Wieviel muss ich an andere weitergeben, und was kann ich mit mir selbst ausmachen?
- **Outputs, Outcome, Impact:** Für wen ist meine Arbeit wirklich wichtig? Welche Bedürfnisse (eigene, Familie, Gesellschaft) stille ich? Sind meine Leistungen (Outputs) wirklich das, was die Bedürfnisse stillt, oder „produziere ich am Markt vorbei"?
- **Steuerungsprozess:** Sind meine Funktionen, Aufgaben und Rollen klar definiert? Habe ich ausreichend technische Unterstützung zum „Selbstmanagement" (z. B. Zeitmanagementsysteme)? Habe ich ein systematisches System zur Selbstkontrolle und -belohnung eingeführt?
- **Feedbacksystem:** Vergleiche ich regelmäßig meine Inputs mit den Outputs, Outcomes und Impacts meines Lebens? Tendiere ich dazu, mich selbst zu bestätigen, oder lasse ich mich in Frage stellen?

Diese stark verkürzten Anregungen zur Selbstanalyse können dazu beitragen, die Entwicklung der eigenen Führungspersönlichkeit systematisch anzugehen. In der Regel bedarf dies einer professionellen Begleitung (Coaching),[69] aber auch dem Mut, Krisen als Reifechancen zu erkennen. Abb. 153 zeigt eine idealtypische Entwicklung einer Führungskraft. Ausgangspunkt ist der Schüler, der seinen Vorgesetzten gegenüber sehr loyal ist, aber auch eine gewisse Unselbständigkeit aufweist. Häufig erwartet er von seinen eigenen Mitarbeitern, dass sie ihn in seinem Fortkommen unterstützen. Schüler finden sich in allen Altersgruppen von Managern. Manch ein Schüler entwickelt sich aber auch weiter zu einem Verehrer. Er sucht sein Fortkommen durch ein bedingungsloses Anhängen an den Vorgesetzten, dessen Wort für ihn Gesetz ist. Die Untergebenen sind ihm relativ egal, dafür hängt er an seinem Vorgesetzten. Gelingt ihm eine positive Weiterentwicklung, so wird er zum Revolutionär, der die Vorgesetzten in Frage stellt und (erstmals) eigene Ideen durchzusetzen versucht. Der Verehrer kann sich allerdings auch zu einem frustrierten Untertan entwickeln, der nur noch Dienst nach Vorschrift macht und weder an seinem eigenen Fortkommen noch an der Förderung seiner Mitarbeiter Interesse hat.

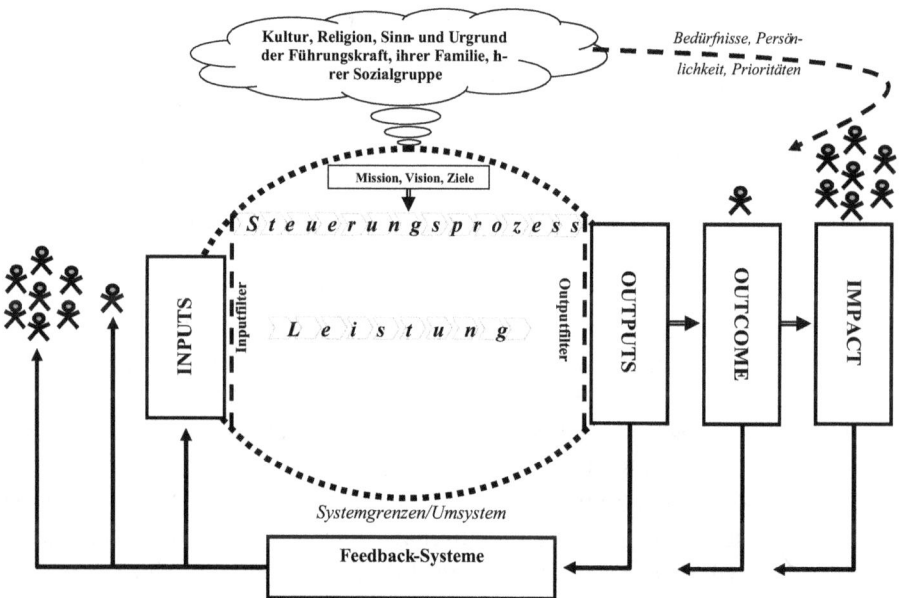

Abb. 152: Systemmodell und Persönlichkeit.[70]

---

69 Vgl. Fischer-Epe 2011.
70 Quelle: Rieckmann 2007, S. 73.

Gelingt es dem Revolutionär, seine Sturm- und Drangzeit zu überstehen und sich seiner eigenen Revolutionszeit zu erinnern, so wird er für seine Mitarbeiter ein Förderer, der ihnen auf ihrem eigenen Entwicklungsweg weiterhilft. Häufig verlassen Führungskräfte diese Phase aber nicht, sondern werden zu zynischen Alt-Revoluzzern. Manchmal ist auch eine Rückentwicklung vom Revolutionär zum devoten Untertan festzustellen.

Der Förderer kann selbst wiederum zu einer weisen Führungspersönlichkeit aufsteigen, oder er degeneriert im Laufe der Jahre zu einem frustrierten und egozentrischen Selbstverwirklicher, der seine Mitarbeiter zwar fördert, doch nur soweit es ihm und seiner Selbstverwirklichung nützt. Manchmal ist auch eine Rückentwicklung zum besserwisserischen Sonderling feststellbar.

Abb. 153 deutet auch an, dass der Übergang zu einer höheren Stufe der Führung nicht automatisch erfolgt. Häufig gehen Manager durch Krisen, werden in ihrem Selbstbild, ihrem Sinnbezug und ihrer Selbststeuerung mehrfach erschüttert, bevor sie schließlich zu einer fördernden Führungskraft werden. Der „dienende Leiter"[71] hat erkannt, dass seine primäre Aufgabe als Führungskraft darin besteht, anderen dabei zu helfen, ihre Aufgabe möglichst gut zu erfüllen. Es geht ihm nicht mehr um seine eigene Karriere, sein Einkommen oder sein Prestige, sondern um die Förderung der Mitarbeiter und Kollegen, wobei sich gerade dadurch das eigene Fortkommen quasi als Nebeneffekt einstellt.

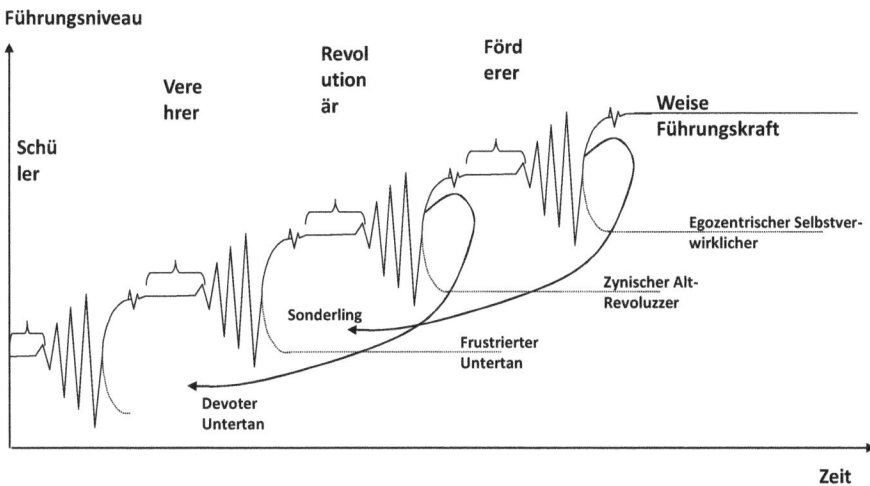

Abb. 153: Idealtypische Entwicklung einer Führungskraft.[72]

---

71 Der Begriff „servant leadership" wurde von Greenleaf eingeführt. Vgl. Greenleaf 1977.
72 Quelle: Eigene Darstellung.

Im letzten Kapitel werden wir dissipative Systeme auf einer abstrakteren Ebene analysieren. Als grundsätzliche Aussage können wir vorwegnehmen, dass Systeme im Gleichgewicht eine Beharrungstendenz haben. Entwicklung ist deshalb häufig nur in Krisensituationen möglich. So wie Unternehmen nach Ansicht vieler Autoren Krisen benötigen, um bahnbrechende Innovationen annehmen und umsetzen zu können, so braucht die Persönlichkeit instabile Situationen für ihre Charakterentwicklung, denn nur in diesen Lebensphasen ist man bereit und in der Lage, seine eigene Prägung, seinen Charakter und seine Handlungsweisen grundsätzlich in Frage zu stellen und zu überdenken. Lebenskrisen des Mitarbeiters sind deshalb Chancen für das Unternehmen. Werden Mitarbeiter in labilen Situationen entlassen, so entgeht dem Unternehmen die Chance, dass dieser Mitarbeiter mit Stützung durch die Vorgesetzten diese Krise überwindet und auf eine höhere Persönlichkeits- und Führungsebene gelangt.

Ist diese Vision von der weisen Führungspersönlichkeit eine Utopie ohne jeglichen Bezug zum Krankenhausalltag? Betrachtet man die Führungskräfte in deutschen Krankenhäusern, so kann man sich des Eindrucks nicht erwehren, dass ein größerer Teil der Führungskräfte auf der Stufe der Schüler, Untertanen und Sonderlinge stehen geblieben ist. Wird dann, z. B. aus finanzieller Not, ein junger Manager zum Geschäftsführer ernannt, so kommt dieser Revolutionär in starken Konflikt mit den bestehenden Strukturen und Persönlichkeiten. Entscheidend an einer Utopie ist nicht, ob sie jemals erreicht werden kann, sondern ob es wert ist, sich in diese Richtung zu bewegen. Wenn Krankenhäuser auf Wettbewerbsmärkten in einem dynamischen und komplexen Umsystem überleben wollen, dann haben sie wohl überhaupt keine andere Wahl, als ihre Führungskräfte auf diesem Entwicklungsweg zu begleiten. Krankenhäuser können es sich einfach nicht mehr leisten, Führungskräfte auf den Sackgassen der Untertanen, Sonderlinge, Revoluzzer oder egozentrischen Selbstverwirklicher abzustellen, wo sie schnelle Anpassung und Innovationen ebenso verhindern wie das Fortkommen aufstrebender junger Kollegen. Ein Krankenhaus, das nicht in die Entwicklung seiner Führungskräfte investiert – und zwar nicht nur in die Sachkompetenz, sondern gerade in die Persönlichkeitskompetenz – wird den Herausforderungen der Zukunft nicht gewachsen sein. Dies trifft auf alle Ebenen des Managements und alle Berufsgruppen zu.

Persönlichkeitstypologie
Die starke Betonung der Persönlichkeit könnte dazu verführen, die Unterschiede zwischen Persönlichkeiten zu verwischen und die Standardführungspersönlichkeit zu designen. Hiergegen spricht allerdings die Erkenntnis, dass Menschen sehr verschieden sind. Deshalb ist es notwendig, unterschiedliche Persönlichkeitstypologien kurz zu beleuchten.

Die Typologisierung von Führungskräften ist eine häufige Komponente von Führungskräfteseminaren. Die klassische Temperamentenlehre, die Grundformen der Angst nach Riemann, das Enneagramm, das PERSOLOG-Persönlichkeitsprofil, die Insights-Typenlehre und der Myers-Briggs-Typenindikator – um nur die bekanntesten zu nennen – versuchen, Persönlichkeitseigenschaften zu strukturieren, um herauszufinden, welche Eigenschaften handlungsleitend sind. Anschließend werden die Führungsstärken und Schwächen der einzelnen Typen diskutiert und Ratschläge gegeben, wie man die eigenen Stärken entwickeln und die Schwächen kompensieren kann.

Gegen die Klassifizierung von Menschen in Typen regt sich allerdings auch Widerstand. Niemand möchte abgestempelt und in eine Schublade geschoben werden. Die Validität und Objektivität der Tests kann bezweifelt werden. Und vor allem sollten derartige Verfahren nicht überbewertet werden. Richtig verstanden helfen sie, die eigenen Prägungen zu verstehen, Stärken und Schwächen zu erkennen und vor allem Verständnis für die Andersartigkeit der Kollegen und Mitarbeiter zu entwickeln. Wenn wir deshalb im Folgenden einige Klassifizierungsverfahren kurz darstellen, so impliziert dies nicht, dass der persönliche Entwicklungsprozess ausschließlich über die Typisierung laufen könnte. Die Klassifizierungsmethoden können aber einen Hinweis auf Weiterentwicklungspotenziale geben.

Abb. 154 zeigt die Einteilung von Managern nach zwei Kriterien. Die Ergebnisorientierung beschreibt die Ausrichtung der Führungskraft auf die Ergebnisse des betrieblichen Transformationsprozesses, während die Beziehungsorientierung die Bedeutung des Mitmenschen und der Beziehung zu ihm beschreibt. Das Spektrum reicht von Vorgesetzten, denen sowohl die Ergebnisse als auch ihre Mitmenschen egal sind bis zu Führungskräften, die hohe Leistung fordern, aber auch stark an Beziehungen interessiert sind. Die beispielhaften Bezeichnungen aus Abb. 154 stammen von Rieckmann. Rein intuitiv wissen wir, welcher Typ wir sind, welcher wir gerne wären und wer wir auf keinen Fall sein möchten. Dadurch ergeben sich Zielabweichungen als Grundlage weiterer Persönlichkeits- und Führungskraftentwicklung.

Eine weitere, in der Führungslehre häufiger verwendete Systematisierung stammt von dem Psychotherapeuten Riemann.[73] Er unterscheidet vier Grundformen der Angst, die die Persönlichkeit des Individuums (von leichter Schrulligkeit bis zu Krankheit) prägen. Bei der schizoiden Persönlichkeit überwiegt die Angst vor Nähe. Je nach Intensität der Grundangst kann diese Gruppe von Menschen Unabhängige, Distanzierte, Bindungsscheue, Verschlossene, Einzelgänger oder Außenseiter bis hin zu Psychopathen umfassen. Schizoide Persönlichkeiten sind häufig in theoretischen Berufen anzutreffen, z. B. als Mathematiker, Physiker, Laborwissenschaftler und Computerspezialisten. Sie sind schwer zu führen, da sie verbindliche Anforderungen,

73 Vgl. Riemann 1919.

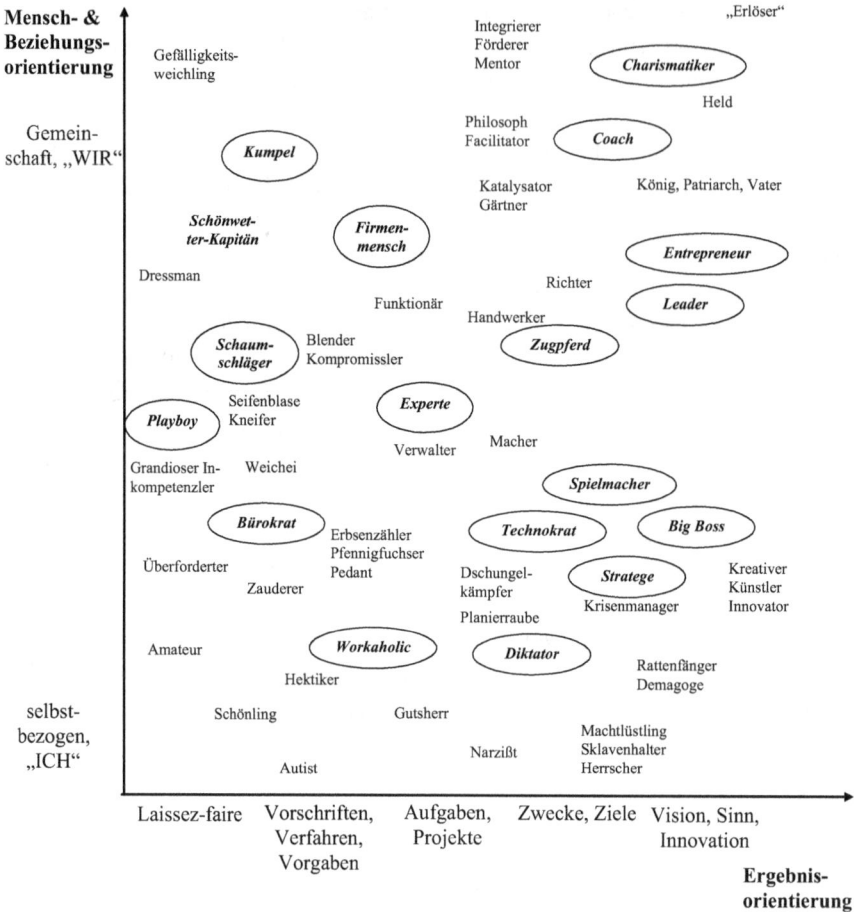

Abb. 154: Typenbildung nach Rieckmann.[74]

Rituale und Regeln tendenziell ablehnen. Mediziner dieses Typs sind häufig Laborwissenschaftler, Pathologen oder Rechtsmediziner. Pflegekräfte sind selten diesem Typ zuzuordnen.

Die depressive Persönlichkeit hat die Grundangst, nicht geliebt oder anerkannt zu werden. Hier reicht die Spannweite vom Einfühlsamen, dem Hilfsbereiten, Opferbereiten, Konfliktscheuen und Überforderten bis hin zum krankhaft Depressiven. Menschen dieses Typs sind nach Riemann häufig in helfenden und dienen Berufen tätig, z. B. als fürsorgliche Krankenschwester oder als Sozialpädagoge. Mediziner mit ähnlicher Prägung tendieren zur Psychotherapie oder zur hausärztlichen Tätigkeit. Für sie gilt, dass der Beruf nicht einfach ein „Job" ist, sondern dass er ihnen

---

74 Quelle: Rieckmann 2000, S. 24.

hilft, ihre Grundangst auszugleichen. Erfahren sie aber Ablehnung im Beruf, so kann dies zu Burn-Out oder auch zu einer Intensivierung ihrer Anstrengungen bis hin zum Helfersyndrom führen. Führungskräfte mit tendenziell depressiver Persönlichkeit tun sich schwer, denn Führung impliziert regelmäßig, dass man sich unbeliebt macht – und genau das können diese Menschen nicht ertragen. Deshalb ist es beispielsweise für viele Pflegekräfte ein schwerer Schlag, wenn sie plötzlich nach ihrem Aufstieg (z. B. zur Stationsleitung oder zur Pflegedienstleitung) nicht mehr voll zum Pflegeteam gehören. Die Distanz macht ihnen Angst.

Die zwanghafte Persönlichkeit hat Angst vor der Vergänglichkeit. Auch hier finden wir ein weites Spektrum vom Ordentlichen bzw. Planer über den Sauberen, Fleißigen und Zuverlässigen bis hin zum Streber, Pedanten und Zwangsneurotiker. Menschen dieses Typs lieben Genauigkeit und klare Regeln. Sie werden häufig Feinhandwerker, Juristen oder Chirurgen. Ein ganz hoher Anteil von Buchhaltern ist ebenfalls hier anzufinden. Sie zeichnen sich durch hohe Sachkenntnis und Perfektion, aber auch durch wenig Eigeninitiative und geringe Flexibilität aus. Werden sie zur Führungskraft, so wollen sie die vollständige Kontrolle bewahren und möglichst nichts delegieren.

Die hysterische Persönlichkeit schließlich zeichnet das genaue Gegenteil aus. Sie hat Angst vor dem Endgültigen. Die Ausprägung erstreckt sich vom Impulsiven, Optimistischen und Mitreißenden über den Risikofreudigen und Unternehmenslustigen bis hin zum Geltungssüchtigen und Hysteriker mit krankhaftem Geltungsbedürfnis und einer großen Selbstbezogenheit. Sie erstreben kontaktfreudige Berufe mit viel Veränderungspotenzial, z. B. als Vertreter, im Hotelgewerbe, Politiker, Funktionäre etc. Sowohl unter Fernsehstars als auch unter Managern ist ein nicht geringer Anteil von hysterischen Persönlichkeiten anzufinden. Sie sind leicht zu begeistern und zu motivieren, aber auch unstet und unzuverlässig. Während der zwanghafte noch verzweifelt versucht, eine feste Regel für eine neue Lösung zu etablieren, hüpft der hysterische Manager bereits zum nächsten und übernächsten Problem, stets auf der Suche nach „dem großen Wurf".

Die schizoide Persönlichkeit stellt einen Gegenpol zur depressiven Persönlichkeit dar, so wie die zwanghafte der hysterischen Persönlichkeit entgegensteht. Abb. 155 zeigt, dass sich hieraus vier Konstellationen ableiten lassen, die für das Management von großer Bedeutung sind. Der klassische Manager hat Züge der hysterischen und der depressiven Persönlichkeit. Er möchte Veränderung und ist den Menschen zugewandt. Manche Geschäftsführer von Krankenhäusern finden sich hier. Sein Gegenpol ist der klassische Wissenschaftler, der am liebsten in seinem Labor ganz allein sehr exakte Experimente durchführt. Dieser „Einsiedler" hat eine natürliche Abneigung gegen den „Showman" in der Führungsetage. Treffen beispielsweise in einer Universitätsklinik ein Super-Star-Manager und ein Einsiedler-Professor aufeinander, sind Konflikte unausweichlich.

Schizoide Persönlichkeit

Einsiedler   *Einzelkämpfer*

Zwanghafte   Hysterische
Persönlichkeit ←——————————→ Persönlichkeit

Über-Mutter | *Super-Star*

Depressive Persönlichkeit

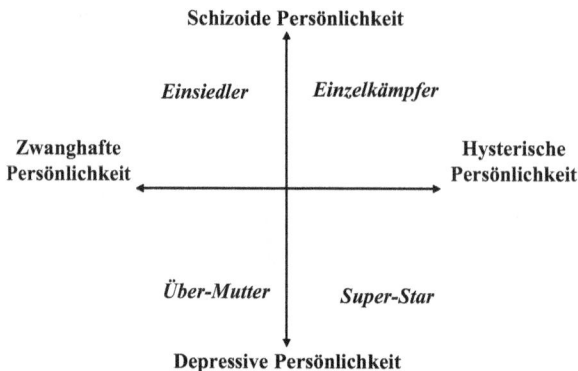

Abb. 155: Typenbildung nach Riemann.[75]

Es gibt allerdings auch Manager, die eher einer „Über-Mutter" ähneln, die stark menschenorientiert ist, jedoch gleichzeitig alles kontrollieren und möglichst wenig verändern möchte. Auch sie hat natürliche Konfliktpotenziale mit dem Super-Star und dem Einsiedler, vor allem aber mit einer Persönlichkeit, die sowohl Angst vor Nähe als auch vor Konstanz hat („Einzelkämpfer"). Ohne die Schablonen zu weit treiben zu wollen, kann man doch vermuten, dass viele Berufsmanager im Krankenhaus tendenziell ein „Super-Star" sind, viele Pflegedienstleitungen als Führungskraft eher einer „Über-Mutter" gleichen und Ärzte in Führungspositionen häufig Einsiedler oder Einzelkämpfer sind.

Die obigen Zeilen zeigen deutlich auf, dass Typologisierungen nicht ohne Plattheiten und Schubladen auskommen. Dies ist sehr kritisch zu bemerken. Aber trotzdem kann jede Führungskraft mit Hilfe dieser Verfahren die eigene Persönlichkeit mit zwei Zielen analysieren. Erstens zeigt der eigene Standort die Entwicklungskurve auf. Die hysterische Persönlichkeit muss Konstanz gewinnen, die zwanghafte mehr Gelassenheit, die depressive Unabhängigkeit und die schizoide Mut zur Nähe. Persönlichkeitsentwicklung ist schwierig, wenn man nicht zuerst die eigene Person kennt. Zweitens kann die Typologisierung Konfliktfelder mit Mitarbeitern, Kollegen und Vorgesetzten aufzeigen. Kennt man die eigenen Ängste, Stärken, Schwächen und Chancen und entwickelt man ebenfalls ein realistisches Bild von Eigenschaften seines Gegenübers, so können Konflikte erkannt, vermieden oder bereinigt werden. Tab. 88 gibt hierzu einige Anregungen.

Diese sehr verkürzte Darstellung muss an dieser Stelle genügen. Die Darstellung der weiteren, oben genannten Verfahren führt letztlich zu keinen neuen Erkenntnissen. Stets erkennt die Führungskraft, wie ihre eigenen Eigenschaften geprägt sind, woraus sich Hilfestellungen für Entwicklung und konkrete Führung ableiten lassen. Es gibt durchaus ernst zu nehmende Autoren, die diesen Modellen jegliche Rationali-

---

75 Quelle: Eigene Darstellung, in Anlehnung an Riemann 1919.

Tab. 88: Konfliktpotenziale unterschiedlicher Persönlichkeitskonstellationen.[76]

	Einsiedler	Einzelkämpfer	Über-Mutter	Super-Star
Einsiedler	keine Kooperation, Nebeneinander, Innovationsscheu	Unterdrückung des Einsiedlers	Bemutterung des Einsiedlers, Innovationsfeindlichkeit	Verstärkung der Ängste, Konflikt insb. bei Krisen
Einzelkämpfer		starke Konkurrenz, Aggression	Verstärkung der Ängste, Konflikt	Flippig, unstet, demotivierend
Über-Mutter			Kuschel-Klub, keine Ziel- oder Zukunftsorientierung	Ordnung und Chaos führen zu Depression
Super-Star				Klüngelei, Teamgeist, flippig, unstet

tät absprechen. Sie gehen im Gegensatz dazu davon aus, dass Menschen in bestimmten Organisationen und Situationen Rollen annehmen und sich entsprechend diesen Rollenvorgaben verhalten. Die Rollen, die sie spielen, werden dabei zwischen verschiedenen Settings ständig gewechselt, sodass beispielsweise jemand im Krankenhaus der ruhige, fast ängstliche Kollege sein kann, während er zu Hause höchst dominant auftritt. Die moderne Persönlichkeit hat eine „Patchwork Identity", die sich in unterschiedlichen Lebenssituationen unterschiedlich verhält.

Wie häufig liegt die Wahrheit in der Mitte. Die Rolle, die beispielsweise bestimmte Berufsgruppen traditionell im Krankenhaus spielen, gibt einen Rahmen vor, innerhalb dessen sich eine gegebene Persönlichkeit entfalten und entwickeln kann. Hat jemand eine dominante Persönlichkeit, wird er die Rolle des Chefarztes anders ausfüllen als eine stetige Persönlichkeit (um die Kennzeichnung des PERSO-LOG-Persönlichkeitsprofils zu gebrauchen). Für alle Persönlichkeitstypen gilt aber gleichermaßen die Notwendigkeit, sich selbst zu erkennen, an den Schwächen zu arbeiten und die Stärken so zu entwickeln, dass man auch „aus der Rolle fallen" kann, wenn es dem Betriebszweck dient.

Tab. 89 gibt einen Überblick über weitere Typologien. Es sei noch bemerkt, dass das Krankenhaus kein Selbstverwirklichungsverein ist. Wenn wir an dieser Stelle die Persönlichkeitsentwicklung betonen, dann ausschließlich basierend auf der Erkenntnis, dass reife und weise Führungspersönlichkeiten eben die besseren

---

76 Vgl. Jung 2009.

Tab. 89: Weitere Instrumente der Persönlichkeitstypologisierung.[77]

Name	Wichtigste Typen	Anwendung im Management
klassische Temperamentenlehre	Choleriker, Phlegmatiker, Melancholiker, Sanguiniker	selten
Enneagramm	Perfektionist, Helfer, Macher, Individualisten, Denker, Mitstreiter, Abenteurer, Kämpfer, Vermittler	im Nonprofit und Sozialsektor häufiger verwendet
PERSOLOG-Persönlichkeitsprofil	Dominant, Initiativ, Stetig, Gewissenhaft	im Nonprofit und kommerziellen Sektor häufig verwendet
Myers-Briggs-Typenindikator	16 Typen aus Kombination von „Thinking-Feeling", „Judging-Perceiving", „Extraversion-Intraversion", „Sensing-Intuition"	in USA und im Wissenschaftsbereich häufiger als andere Verfahren

Betriebsergebnisse liefern. Das Effizienzkriterium muss innerhalb des Krankenhauses auf alle Bereiche angewendet werden, auch auf die Persönlichkeitsentwicklung.

7.6.2 Vertikale und horizontale Führung

Die klassische Führung impliziert, dass der Vorgesetzte seinen Untergebenen auf Machtgrundlage so beeinflusst, dass dieser ein vom Vorgesetzten vorgegebenes Ziel verfolgt. Die vertikale Führung basiert zumindest zum Teil auf einer Hierarchie, auf oben und unten. Es gibt allerdings auch die Situation, dass eine Führung unter Gleichen notwendig ist. In Arbeitsteams beispielsweise bildet sich ebenfalls schnell eine Führung heraus, wenn ein gemeinsames Ergebnis angestrebt wird. Diese Art der Führung ohne Hierarchie wird als horizontale Führung bezeichnet. Ihr verschließen sich die ersten drei genannten Machtgrundlagen (Belohnung, Bestrafung, hierarchische Legitimation), sodass horizontale häufiger schwieriger ist als vertikale Führung.
Im Folgenden werden die grundlegenden Motivationstheorien kurz dargestellt und auf die Krankenhaussituation übertragen. Anschließend diskutieren wir das Verhältnis von Vertrauen und Delegation. Es folgen einige Aspekte der horizontalen Führung.

---

77 Vgl. z. B. Simon 2006.

Motivation

Motive, Bedürfnisse und Motivation

Motivation setzt voraus, dass das Verhalten des Menschen grundsätzlich beeinflussbar ist.[78] Diese Beeinflussbarkeit von Menschen untersuchen die Psychologie, die Soziologie und die Pädagogik in ihrem jeweiligen Forschungsgebiet. Grundlegend ist hierbei die Rückführung der Motivation auf Bedürfnisse.

Bedürfnisse sind ein kulturell und zeitlich stabiles Streben, einen empfundenen Mangelzustand abzubauen (vgl. Kapitel 6.1.1). Aus dem Bedürfnis (z. B. Trinken) leitet sich der Wunsch ab, diesen Mangel mit einem bestimmten Gut zu beseitigen (z. B. Cola trinken). Je nachdem, welche Bedürfnisse existieren und aktiviert werden, leitet der Mensch Handlungen ein, um den Mangel zu beseitigen. Bedürfnisse äußern sich dabei immer in Form von Gefühlen – solchen, die Anzeigen, dass ein Bedürfnis befriedigt ist, und solchen, die auf Befriedigung drängen.

Abweichend von der landläufigen Verwendung bezeichnet ein Motiv eine vergleichsweise konstante Persönlichkeitseigenschaft, die beschreibt, wie wichtig einer Person eine bestimmte Mangelbeseitigung ist, während die Motivation eine zu einem konkreten Zeitpunkt bestehende Handlungsbereitschaft darstellt, d. h. die Aktualisierung eines Motivs.

Es gibt zahlreiche Kategorisierungen von Bedürfnissen. Beispielsweise unterscheidet Rosenberg physische Bedürfnisse, Sicherheit, Verständnis (oder Empathie), Kreativität, Liebe, Intimität, Spiel, Erholung, Autonomie und Sinn.[79] Max-Neef[80] kategorisiert Subsistenz, Schutz, Zuwendung, Verständnis, Partizipation, Muße, Kreativität, Identität und Freiheit. Für die Motivation von Mitarbeitern ist hierbei entscheidend, dass die Existenz bzw. Ausprägung der Motive sehr individuell sind, wobei zahlreiche Faktoren bestimmen, welche Bedürfnisse gerade handlungsleitend sind. Hilfreich ist auch die Unterscheidung der Grundmotive nach McClelland.[81] Er trennt Zugehörigkeits-, Macht- und Leistungsbedürfnisse. Bei Ehrenamtlichen bzw. Freiwilligen ist beispielsweise das Zughörigkeitsbedürfnis häufig besonders hoch, während bei Managern regelmäßig das Machtbedürfnis ausgeprägt ist.

Intrinsische und extrinsische Motivation

Es gibt viele Theorien, was eine konkrete Motivation bewirkt. In der Regel spielt bei jeder Handlung ein ganzes Bündel an Motiven mit, da meist dieselbe Handlung verschiedene Bedürfnisse befriedigt. Gängig ist hierbei die Unterscheidung von intrin-

---

78 Vgl. Pekrun 1988.
79 Vgl. Rosenberg, Gandhi, Birkenbihl, et al. 2016.
80 Vgl. Smith und Max-Neef 2011.
81 Vgl. McClelland und Burnham 2008.

sischer (von innen) und extrinsischer (von außen) Motivation. Barbuto und Scholl[82] unterscheiden die intrinsische Motivation weiter in eine interne Prozessmotivation und ein internes Selbstverständnis. Erstere bedeutet, dass eine Aufgabe um ihrer selbst willen bewältigt wird, auch ohne Belohnung. Letzteres impliziert, dass eine Aufgabe erfüllt wird, um dem eigenen Anspruch zu genügen, den man sich selbst gewählt hat. Hier herrscht meist ein hohes Leistungsmotiv vor.

Die extrinsische Motivation unterteilen sie in die instrumentelle Motivation, das externe Selbstverständnis und die Internalisierung von Zielen. Bei der instrumentellen Motivation wird der Handlungsträger durch konkrete Vorteile von außen dazu bewegt, einer Tätigkeit nachzukommen. Führen einen hingegen die Erwartungen des Umfeldes dazu, eine Aufgabe durchzuführen, spricht man von einem externen Selbstverständnis. Eine Internalisierung von Zielen schließlich bezeichnet einen Zustand, bei dem schrittweise die Ziele der Organisation so verinnerlicht werden, dass man sie als seine eigenen erkennt. Im Gegensatz zum inneren Selbstverständnis ist die Identifikation jedoch äußerlich und kann sich schnell ändern, z. B. wenn man den Arbeitsplatz verlässt.

Grundsätzlich liegt im Gesundheitswesen eine hohe intrinsische Motivation vor, da Ärzte und Pflegekräfte regelmäßig Freude an ihrer pflegenden und heilenden Tätigkeit haben und ihr eigenes Wertesystem sie dazu drängt, Menschen zu helfen. Angesichts der hohen Anforderungen des Alltags wird jedoch auch etwas extrinsische Motivation ergänzt werden müssen, wobei nicht immer über instrumentelle Motivation (wie z. B. Druck) zu arbeiten ist, sondern auch gerade die Transparenz des Wertesystems der Organisation und die Verinnerlichung ihrer Ziele motivierend wirken können.

Motivationstheorien

Die Zahl der Modelle, die Art, Intensität und Aktivierung von Bedürfnissen bzw. deren Umsetzung in der betrieblichen Führung zu erklären suchen, ist sehr groß. An dieser Stelle sollen vier explizit herausgegriffen und dargestellt werden: Die Modelle von Maslow, von Richards und Greenlaw, von Herzberg sowie von McGregor. Anschließend wird kurz auf die Bedeutung des Sinns für die Mitarbeitermotivation eingegangen.

Die wohl bekannteste Motivationstheorie stammt von Abraham Maslow.[83] Er untersuchte die Bedürfnisse des Menschen und gliederte sie in fünf Stufen (vgl. Abb. 156). Die physiologischen Grundbedürfnisse (Essen, Trinken, Kleidung, Wohnung, Fortpflanzung) können in freien Gesellschaften überwiegend durch Geld gestillt werden. Dies trifft auch auf die Sicherheitsbedürfnisse zu (Vorsorge für zukünftige Notlagen, z. B. Krankheit, Invalidität, Arbeitslosigkeit, Alter), wobei Versicherungen, Kündigungsschutz und Beamtentum Mittel zur Stillung des Sicherheitsbedürfnisses sind.

82 Vgl. Barbuto Jr. und Scholl 1998.
83 Maslow 1943; Maslow, Frager und Fadiman 1987.

Auf der dritten Stufe stehen die sozialen Bedürfnisse, d. h. das Streben nach Gemeinschaft und nach befriedigenden Beziehungen. Im Betrieb werden die Beziehungen zu Arbeitskollegen, die Existenz sozialer Einrichtungen und allgemein das Betriebsklima darüber entscheiden, ob die sozialen Bedürfnisse gestillt sind. Es folgen die Wertschätzungs- bzw. Statusbedürfnisse. Maslow postulierte, dass jeder Mensch ein Verlangen nach Selbstachtung, Ansehen und Geltung bei anderen Personen hat. Der Betrieb adressiert diese Bedürfnisse durch Lob, Titel, Aufstieg und Incentives.

Die Spitze der Pyramide bildet das Bedürfnis nach Selbstverwirklichung. Maslow versteht darunter den Drang des Menschen, seine Umwelt nach seinen eigenen Zielen zu gestalten, die eigenen Anlagen zu entwickeln und seine Vorstellungen durchzusetzen.

Abb. 156: Maslow'sche Motivationspyramide (als Wiederholung von Abb. 118).[84]

Maslow geht davon aus, dass jeweils nur das unterste, nicht befriedigte Bedürfnis motivierend wirkt. Sobald es befriedigt ist, verliert es seinen Handlungsanreiz. Leidet ein Mensch beispielsweise heute Hunger, kann ihn der Abschluss einer Rentenversicherung nicht motivieren. Erst wenn seine heutigen Grundbedürfnisse im Wesentlichen befriedigt sind, wendet er sich der Sicherheit für morgen zu. Maslow bezeichnet die ersten vier Stufen seiner Pyramide deshalb auch als Defizitärbedürfnisse, da jeweils niedrigere Stufen die Aktivierung höherer Bedürfnisse hemmen, wenn sie nicht vollständig befriedigt sind. Die fünfte Stufe (Selbstverwirklichung) kann nie völlig befriedigt werden, es handelt sich um ein Wachstumsbedürfnis.

Abb. 157 verdeutlicht den Zusammenhang: Immer erst, wenn der obere Behälter voll ist, kann der nächste Behälter gefüllt werden. Motivation wird damit individuell, d. h., die Führungskraft muss stets analysieren, welches Bedürfnis des Mitarbeiters gerade handlungsleitend ist, weil alle niedrigeren Bedürfnisse gestillt sind. Ein

84 Quelle: Wöhe, Döring und Brösel 2020, S. 150.

Chefarzt beispielsweise kann nur noch geringfügig durch Geld motiviert werden. Er möchte sich selbst verwirklichen, dem Krankenhaus seine Prägung geben, sich einen Namen machen, in Beiräte berufen werden und an den Herausforderungen wachsen. Die Reinigungskraft, die gerade erst aus Siebenbürgen umgesiedelt ist und im selben Krankenhaus ihre erste Stelle in Deutschland hat, braucht hingegen vor allen Dingen Geld, um sich eine neue Existenz aufzubauen. Sie kann monetär motiviert werden.

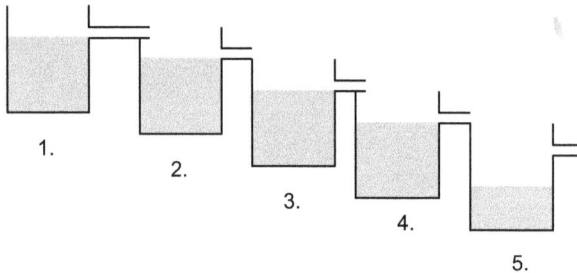

Abb. 157: Hierarchie der Bedürfnisse nach Maslow.[85]

Das Modell von Maslow wurde häufig kritisiert. Gerade die strenge Hierarchie der Bedürfnisebenen erscheint nicht realistisch. Trotzdem bleibt die Motivationspyramide ein hilfreiches Hinterkopfmodell, da Maslow stark auf die Individualität der Motivation hinweist. Die Führungskraft im Krankenhaus kann keine allumfassende Motivationsstrategie entwickeln, sondern muss für jeden Mitarbeiter individuell überlegen, welches Bedürfnis gerade für ihn handlungsleitend ist. Hierzu ist es notwendig, dass der Vorgesetzte die persönliche Situation, den Persönlichkeitstyp und die statuierten Präferenzen des Mitarbeiters kennt. Ein zugewandter, persönlicher Führungsstil mit intensiven persönlichen Kontakten („Management by Walk-Around") ist hierzu die beste Voraussetzung.

Richards und Greenlaw bauten auf dem Modell von Maslow auf und analysierten die relative Stärke der Bedürfnisse, das Anspruchsniveau, die Intensität der Frustration und die gewählten Bedürfnisstrategien (vgl. Abb. 158).[86] Sie rücken damit die Persönlichkeitsstruktur des Menschen stärker in den Mittelpunkt, die durch die Kultur und die konstitutionellen Determinanten (z. B. Marktordnung) beeinflusst wird. Die Bedürfnisse des Menschen werden nicht als angeboren, sondern als Ergebnis des Sozialisationsprozesses gesehen.

---

85 Quelle: Eigene Darstellung.
86 Vgl. Richards und Greenlaw 1972.

Die Theorien von Maslow und Richards und Greenlaw sehen alle betrieblichen Maßnahmen als motivationsfördernd, solange nur das jeweils adressierte Bedürfnis gerade handlungsleitend ist. Herzberg untersuchte ausführlich, was Menschen bei ihrer Arbeit befriedigt.[87] Sein Ergebnis ist verblüffend: Es gibt Faktoren, die Zufriedenheit stiften (Motivatoren), und es gibt Faktoren, die Unzufriedenheit stiften (Hygienefaktoren). Entscheidend ist, dass Herzberg festgestellt hat, dass Motivatoren und Hygienefaktoren nicht identisch sind. Zufriedenheit ist folglich nicht das Gegenteil von Unzufriedenheit. Eine Maßnahme, die Unzufriedenheit abbaut, baut nicht gleichzeitig Zufriedenheit auf.

Herzberg ermittelte als typische Hygienefaktoren die Personalverwaltung, Urlaubsplanung, Beschwerdewege, Leistungsbeurteilungsverfahren, Status, fachliche Kompetenz des Vorgesetzten, Beziehungen zu Vorgesetzten sowie Kollegen und Mitarbeitern, Arbeitsplatzverhältnisse, Klima, Licht, Schmutz, Arbeitssicherheit und Entlohnung. Ein lauter und heißer Arbeitsplatz macht beispielsweise unzufrieden. Werden Lärm und die Hitze beseitigt, findet der Mitarbeiter dies zwar gut, es wird jedoch lediglich sein Unmut über den Lärm und die Hitze abgebaut, aber keine echte Zufriedenheit aufgebaut. Motivatoren hingegen schaffen Zufriedenheit. Herzberg ermittelt hierfür Leistungs- bzw. Erfolgserlebnisse, Anerkennung für geleistete Arbeit, Sinn in der Arbeit, Verantwortung, Aufstieg und Möglichkeiten zur Persönlichkeitsentfaltung.

Interessant an diesem Ansatz ist erstens, dass die Beseitigung aller Störungen des Betriebsablaufes bzw. der Hygienefaktoren noch nicht zur Befriedigung und damit zur Motivation führt. Mitarbeiter wollen mehr als nur angenehme Verhältnisse. Sie wollen sich einbringen, weiterentwickeln und den Wert ihrer Arbeit sehen. Zweitens kann jedoch niemand wirklich motiviert sein, wenn er noch durch Hygienefaktoren in der Unzufriedenheit gehalten wird. Viele Krankenhausmitarbeiter wollen sich für große Ziele einbringen, ihren Patienten helfen und motivierte Mitarbeiter sein. Wenn ihr Arbeitsplatz jedoch gefährlich und ungesund ist, wenn das Betriebsklima nicht stimmt, der Vorgesetzte tyrannisch ist und die Bezahlung kaum zum Leben langt, kann die intrinsische Motivation nicht richtig wirken.

Führungskräfte in Krankenhäusern müssen deshalb sehr genau analysieren, welche Hygienefaktoren die Motivatoren hindern, wirksam zu werden. Hierbei handelt es sich um ein System aus hintereinanderliegenden Sieben. Das Sieb mit der geringsten Durchlässigkeit determiniert die Geschwindigkeit, in der Sand durch das Gesamtsystem rinnt. Es rentiert sich nicht, ein Sieb auszutauschen oder zu verbessern, wenn es nicht der Engpass ist. Ebenso wenig ist es sinnvoll, ein Personalproblem im Krankenhaus anzugehen, wenn es noch weitere, sehr viel dringlichere Schwierigkeiten gibt. Beispielsweise muss man sehr genau analysieren, ob die Unzufriedenheit vieler junger Ärzte mit ihrem Beruf tatsächlich durch die schlechte Bezahlung, die vielen Überstunden, die Nachtdienste, die schlechte Behandlung

---

87 Vgl. Mausner, Snyderman und Herzberg 2011.

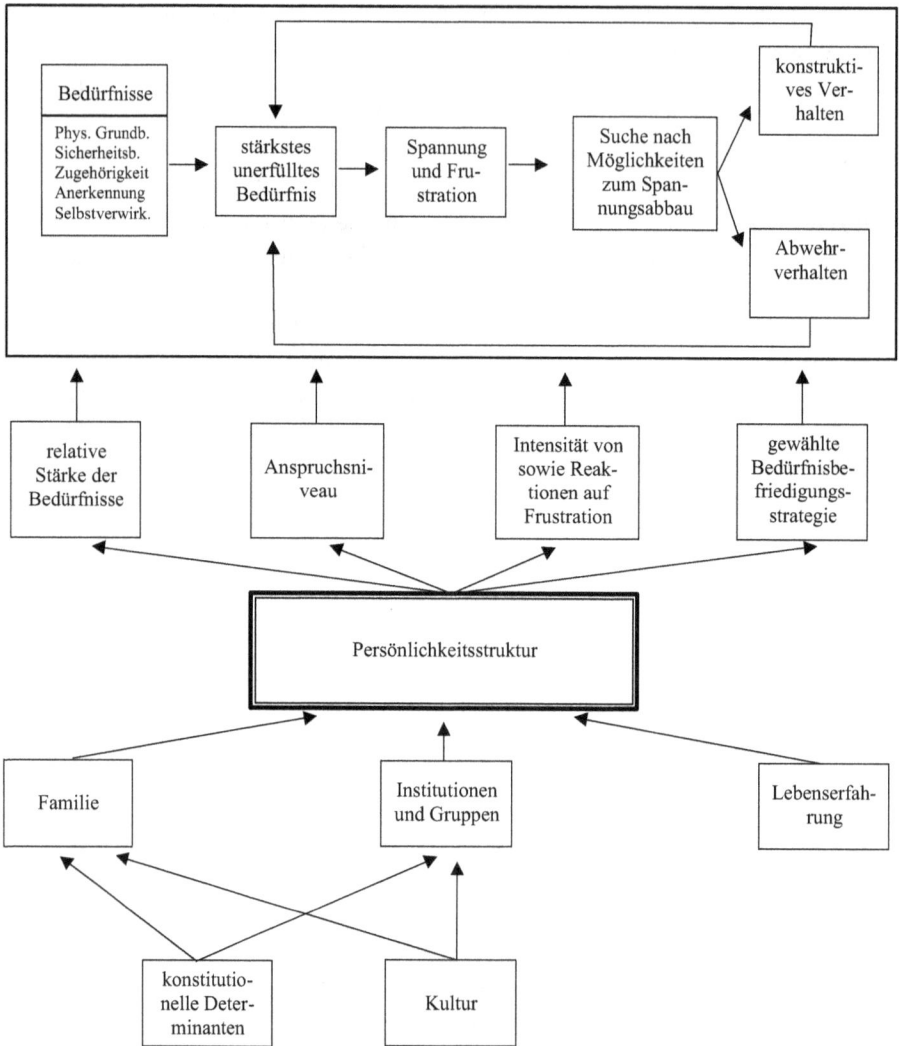

Abb. 158: Motivationsmodell von Richards und Greenlaw.[88]

oder den hohen Verwaltungsaufwand bedingt wird. Es ist sinnlos, die Bezahlung zu erhöhen, wenn das wirkliche Problem z. B. im Zwischenmenschlichen liegt. Kurzfristig wird Geld als Kompensation für ein schlechtes Betriebsklima akzeptiert, nach kurzer Zeit verliert es jedoch seine mildernde Wirkung, da Geld aller Erfahrung nach eben nur kurzfristig ein Motivator, langfristig aber ein Hygienefaktor ist.

88 Quelle: Steinmann, Schreyögg und Koch 2020.

Weiterhin sei noch auf die Ergebnisse der Studien von McGregor hingewiesen.[89] Er hat genau genommen keine Motivationstheorie aufgestellt, sondern Menschenbilder von Führungskräften untersucht. Anschließend gruppierte er die Einstellungen der Führungskräfte zu ihren Mitarbeitern in zwei Gruppen und kondensierte zwei konträre Menschenbilder heraus, die er Theorie X und Theorie Y über menschliches Verhalten nannte. Führungskräfte, die Theorie X folgen, gehen implizit davon aus, dass der Durchschnittsmensch eine angeborene Abneigung gegen Arbeit hat und daher versucht, Arbeit zu vermeiden. Er muss deshalb durch Zwang, Kontrolle, Befehle und Strafandrohung dazu gebracht werden, sich für die Erreichung der Unternehmensziele einzusetzen. Er bedarf dringend der Führung durch hierarchisch klar abgesetzte Manager, strebt primär nach Ruhe und Sicherheit und hat wenig Ehrgeiz, sich einzubringen. Wer dieser Theorie folgt, muss Mitarbeiter durch „Zuckerbrot und Peitsche" motivieren, d. h. von außen (extrinsisch).

Die andere Gruppe von Führungskräften (Theorie Y) geht davon aus, dass die meisten Menschen ein natürliches Bedürfnis nach Anstrengung bei körperlicher und geistiger Arbeit haben, d. h. keine angeborene Abneigung gegen Arbeit. Arbeit ist für sie vielmehr ein Mittel zur Selbstverwirklichung. Arbeit wird erst dann zur Strafe, wenn die beeinflussbaren Arbeitsbedingungen nicht stimmen, wenn sie ihre Ziele nicht verfolgen können und sie fremdbestimmt werden. Dies impliziert, dass die Mitarbeiter die Unternehmensziele freiwillig verfolgen, wenn sie damit gleichzeitig ihren eigenen Nutzen verbinden können (z. B. Selbstverwirklichung, Wachstum). Mitarbeiter suchen Verantwortung, sind kreativ und von innen heraus (intrinsisch) motiviert, sodass es sich rentiert, ihnen zu vertrauen.

McGregor bewertete den ökonomischen Erfolg von Unternehmen, deren Manager Theorie X und Theorie Y folgten. Das Ergebnis war erstaunlich: Die Unternehmen mit dem Menschenbild von Theorie Y waren deutlich erfolgreicher als die Unternehmen mit Theorie X. Das Menschenbild, mit dem Manager an ihre Mitarbeiter herangehen, beeinflusst folglich den unternehmerischen Erfolg.

Hört man sich auf Konferenzen leitender Mitarbeiter in Krankenhäusern um, so staunt man nicht oft über die Allpräsenz der Theorie X. Die Klagen über faule, risikoscheue, innovationsfeindliche, aktenversessene oder geldgierige Krankenhausmitarbeiter wollen nicht abreißen. Diese Klagen mögen berechtigt sein, wenn man ein Krankenhaus neu als Führungskraft übernimmt. Es erstaunt jedoch, dass dieselben Klagen von Führungskräften kommen, die teilweise seit vielen Jahren auf diesen Positionen sitzen und ihre Mitarbeiter zum großen Teil selbst eingestellt und aufgebaut haben. Kann es sein, dass dieses negative Menschenbild eine self-fulfilling-prophecy ist? Wenn man davon ausgeht, dass Mitarbeiter faul, innovationsfeindlich und ohne Eigenantrieb sind, dann wird man tendenziell diese Mitarbeiter auch nicht fördern, nicht delegieren, extrem eng kontrollieren und bei Fehlern entmutigen. Dadurch ent-

---

89 McGregor 1960.

wickeln sich aber häufig erst die genannten Eigenschaften, sodass die Führungskraft ein Selbstbestätigungsfeedback über ihre eigenen Vorurteile empfängt. Es gibt natürlich Ausnahmen, auf die diese Charaktereigenschaften zutreffen, aber die Realität des Krankenhauses dürfte doch von hoch engagierten, begabten, innovativen und zielstrebigen Mitarbeitern geprägt sein. Wenn es gelingt, ihnen Instrumente der Selbstkontrolle, der Weiterentwicklung und der Arbeitsgestaltung an die Hand zu geben, dürfte Motivation im Krankenhaus doch deutlich einfacher sein als in den meisten Betriebstypen.

Diese Aussage ist auch deshalb führungsrelevant, da der Sinn der eigenen Arbeit im Krankenhaus vergleichsweise einfach gefunden werden kann. Der österreichische Psychiater Viktor Frankl (1905–1997) zeigte auf, dass der Sinn der Arbeit (wie im ganzen Leben) die primäre Motivationsquelle darstellt.[90] Diesen Sinn findet der Mitarbeiter in der Verwirklichung schöpferischer Werte (z. B. Neues schaffen, Ideen einbringen, Entwicklung neuer Fähigkeiten, Lernen), in der Verwirklichung von Erlebniswerten (als Person wichtig sein, Beruf als Berufung, authentisch leben) sowie in der Verwirklichung von Einstellungswerten (Stimmung im Unternehmen, Kultur der Anerkennung und Wertschätzung, geistige Heimat im Unternehmen). Die Arbeitsaufgabe der Pflege und Medizin, d. h. Heilung, Linderung und Begleitung, ist hierbei im höchsten Grade sinnhaft, aber häufig fehlen die weiteren Dimensionen der Sinnfindung. Wenn Mitarbeiter beispielsweise keine Möglichkeit des persönlichen und beruflichen Weiterkommens sehen, verlieren sie den Sinn in der Arbeit und damit die Motivation. Wenn sie sich nicht einbringen und mitgestalten können, werden sie ebenfalls die Arbeit langfristig als sinnlos empfinden und wenig Engagement zeigen.

Der Schlüssel zu einer Sinnfindung in der Arbeit ist folglich neben der Verdeutlichung der Bedeutung der individuellen Leistung auch die Delegation, d. h. die Bereitschaft, Entscheidungsbefugnisse an andere abzugeben. Ohne das Vertrauen, dass der Untergebene die Entscheidung ebenso gut treffen, die Arbeit ebenso erfolgreich ausführen und die Kontrolle ebenso ehrlich durchführen wird, sind intrinsische Motivation und begeisterte Mitarbeiter nicht zu haben.

Delegation und Vertrauen

Delegation entlastet den Vorgesetzten von weniger wichtigen Entscheidungen, erhöht den Informationspool der Entscheidung, reduziert Filterverluste des Informationsweges und ermöglicht eine basisnahe, schnelle Entscheidungsfindung. Auf der anderen Seite schränkt sie die Handlungsmöglichkeiten des Vorgesetzten ein, da er bis zur ausdrücklichen Rücknahme der Delegation keine Entscheidungsbefugnis mehr hat und trotzdem für Fehlentscheidungen unter ihm verantwortlich ist. Delegation ist deshalb eine Frage des Vertrauens in die Mitarbeiter. Es wird folglich nötig, das Vertrauen als Grundlage der Führung eingehender zu analysieren.

---

90 Vgl. hierzu Pircher-Friedrich 2019; Frankl 2015.

Die neuere betriebswirtschaftliche Forschung zeigt, dass Vertrauen durchaus rational sein kann, denn Vertrauen ist die Basis für Innovationen, d. h., ohne Vertrauen in die Mitarbeiter verlieren Unternehmen den entscheidenden Wettbewerbsvorteil. Die Entwicklung und Adoption von Neuerungen setzt voraus, dass die Mitarbeiter ausreichend Handlungsspielraum haben, um einerseits als Sensoren der Unternehmung für Probleme und Innovationskeimlinge zu dienen, andererseits selbständig Problemlösungen zu entwickeln und ständig zu verbessern. Der Handlungsfreiraum ist essenziell, da Innovationen stets einen individuellen, kreativen Akt der Mitarbeiter erfordern. Diese Kreativität lässt sich nur auf der Basis einer intrinsischen Motivation ohne Zwang und Kontrolle entfalten, extrinsische Motivation hingegen fördert Konformität. Eine informelle Organisationsstruktur mit hohem Delegationsgrad und geringer Kontrolle wirkt deshalb innovationsfördernd.

Der Verzicht auf Kontrolle birgt jedoch auch die Gefahr, dass Mitarbeiter die Freiräume für opportunistisches Verhalten missbrauchen. Eine innovationsfreundliche Unternehmensorganisation setzt folglich das Vertrauen der Unternehmensführung („Vertrauensgeber") in die Mitarbeiter („Vertrauensnehmer") voraus. Vertrauen impliziert stets eine risikoreiche Vorleistung des Vertrauensgebers, d. h., das Vertrauen nimmt mit zunehmender Risikoaversion des Vertrauensgebers ab. Risikoscheue Führungskräfte werden entsprechend auch einen geringeren Delegationsgrad und intensivere Kontrollen praktizieren. Sie reduzieren damit den Freiraum für Eigenmotivation und Innovationsfreude. Der klassische Satz „Vertrauen ist gut, Kontrolle ist besser" zerstört Motivation und Risikobereitschaft.

Das Verhältnis von Führungskraft zu Mitarbeiter kann als Principal-Agent-Beziehung modelliert werden.[91] Der Vorgesetzte (=Prinzipal) geht davon aus, dass der Mitarbeiter (=Agent) nicht das Wohl des Unternehmens, sondern seinen eigenen Nutzen zu maximieren trachtet. Ausgehend von dieser Grundhaltung des Misstrauens ist der Delegationsgrad gering und es werden intensive Kontrollmaßnahmen durchgeführt. Eine Integration des Zielsystems des Agenten (=Mitarbeiter) mit dem Zielsystem des Prinzipals (=Vorgesetzter) ist beispielsweise durch eine Abhängigkeit des Gehalts vom Erfolg des Unternehmens möglich. Aber auch hier sind intensive Kontrollmaßnahmen nötig, um kurzfristige Gewinnmanipulationen zu vermeiden.

Der Stewardship-Theorie liegt ein anderes Menschenbild zu Grunde:[92] Der Haushalter (=Steward) empfindet große Zufriedenheit, wenn er sich kooperativ verhält, sich für ein gemeinsames Ziel einsetzt und mit andere zusammen etwas erreicht. Er wird deshalb intrinsisch motiviert die Ziele seines Krankenhauses verfolgen, ohne dass hierzu Fremdkontrolle nötig ist. Die bestehenden Kontrollinstrumente dienen lediglich der Eigenkontrolle. Damit würde der Vorgesetzte von operativen Aufgaben entlastet und Kontrollkosten sparen. Tab. 90 gibt einen Überblick über die beiden Theorieansätze.

---

91 Vgl. Macharzina und Wolf 2021.
92 Vgl. Macharzina und Wolf 2021.

Tab. 90: Vergleich der Principal-Agency-Theorie und der Stewardship-Theorie.[93]

	Principal-Agency-Theorie	Stewardship-Theorie
Menschenbild	Homo oeconomicus	Selbstverwirklicher
Verhalten	Selbstsüchtig	Kollektiv
Motivation	Primär Grundbedürfnisse	Primär Selbstverwirklichung
Autoritätsgrundlage	Legitimation, Bestrafung, Belohnung	Expertise, Persönlichkeit
Management Philosophie	Kontrollorientierung	Mitarbeiterorientiert
Kulturdifferenzen	Hoher Individualismus, hohe Machtdistanz	Kollektivismus, niedrige Machtdistanz

Die Entscheidung, einer der beiden Theorien zu folgen, kann in Tab. 91 als Gefangenendilemma abgebildet werden. Unter der Annahme, dass sowohl der Mitarbeiter als auch der Vorgesetzte risikoavers sind, werden sich beide für das erste Feld (Agency-Agency) entscheiden, d. h., es entsteht ein Nash-Gleichgewicht. Für beide Spieler wäre es irrational, das Feld zu wechseln, da sie ceteris paribus verlieren. Nur der Aufbau gegenseitigen Vertrauens kann dazu führen, dass beide gleichzeitig auf eine Stewardship-Relation überwechseln. Eine risikoreiche Vorleistung ist hierbei unumgänglich. Solange jedoch einer von beiden sich nicht kooperativ verhält, wird der andere auch seine Strategie nicht wechseln.

Tab. 91: Vertrauensmatrix.[94]

		Mitarbeiter	
		Agency-Relation	Stewardship-Relation
Vorgesetzter	Agency-Relation	Hohe Kontrollkosten, gutes Ergebnis	Hohe Kontrollkosten, Demotivation des intrinsisch motivierten Mitarbeiters
	Stewardship-Relation	Schlechtes Ergebnis, Demotivation des Vorgesetzten	Selbständige und motivierte Mitarbeiter, gutes Ergebnis, geringe Kontrollkosten

---

93 Quelle: Fleßa 2006, S. 240.
94 Quelle: Fleßa 2006, S. 241.

Wissenschaftler haben derartige Gefangenendilemma untersucht. Sie veranstalteten einen Wettbewerb, um die langfristig optimale Strategie zu ermitteln.[95] Es zeigt sich, dass „Tit for Tat" (wie du mir, so ich dir) die besten Ergebnisse liefert. Die Normstrategie muss lauten, beim ersten Spiel kooperativ zu sein, und anschließend immer genau das zu tun, was der Gegenspieler getan hat. Mit anderen Worten: Wage Vertrauen, denn es zahlt sich auf die Dauer aus, das Risiko der Kooperation einzugehen! Diese Aussage wurde auch für den Fall bestätigt, dass stochastische Störeinflüsse die reinen Strategien durchkreuzen. Vertrauen ist also auch in einer Welt der Zufälle, Unsicherheiten und Eventualitäten eine gute Führungsstrategie.

Dieses ermutigende Ergebnis hat drei Voraussetzungen: Erstens muss das Spiel langfristig angelegt sein, d. h., bei einmaligen Entscheidungen ist Vertrauen nur sehr bedingt angebracht. Seinen Gebrauchtwagen sollte man deshalb besser nicht auf ausschließlicher Vertrauensbasis kaufen, die Personalführung sollte jedoch darauf basieren. Zweitens muss der Vertrauensgeber bereit sein, auch eine kurzfristige Niederlage zu riskieren. Rückschläge müssen hingenommen werden. Und drittens müssen die Spieler bereit sein, schnell zu vergeben. Fehler und unkooperatives Verhalten des anderen dürfen nicht langfristig die Strategiewahl beeinflussen.

Unter diesen Voraussetzungen ist Vertrauen durchaus rational, und Führung durch Vertrauen wird möglich. Die erste Bedingung ist bei Arbeitsverhältnissen in der Regel gegeben. Eine Analyse der letzten beiden Bedingungen zeigt jedoch wiederum, dass Persönlichkeit und Charakter essenziell für die Führung sind. Die Bereitschaft, Vergangenes zu vergessen, Fehler zu entschuldigen und neu anzufangen ist essenziell für effizientes Management. Führungskräfte müssen ihren Mitarbeitern einen Vertrauensvorschuss entgegenbringen. Erst wenn dieses Vertrauen enttäuscht wird, sollten sie Gegenmaßnahmen ergreifen und die Mitarbeiter auf ihr Fehlverhalten hinweisen. Dies kann mit Bestrafung und schärferer Kontrolle einhergehen („Tit for Tat"). Es ist jedoch rational, einen neuen Versuch und Anfang zu wagen und die Mitarbeiter, die selbst aus der Situation gelernt haben, erneut mit Verantwortung zu betrauen.

Horizontale Führung

Die Komplexität und Dynamik moderner Krankenhäuser ist durch strenge Hierarchie und Befehlswege nicht mehr zu beherrschen. Entscheidungen müssen auf einer breiten Informationsbasis fußen, müssen schnell getroffen und von allen Beteiligten bereitwillig und effizient umgesetzt werden. Hierzu sind traditionelle Hierarchien nicht geeignet. Immer häufiger erfolgen deshalb die Operationalisierung von Oberzielen sowie die Selbstabstimmung in hierarchiearmen Arbeitsteams. Die verantwortliche Führungskraft kann zwar Teil dieses Teams sein, aber sie nimmt ihre Rolle als gleichgewichtiges Mitglied ein, um den Gruppenprozess und die effi-

---

95 Vgl. Rapoport 1983; Rapoport 1999.

ziente Gruppenarbeit nicht durch Formalschranken zu blockieren. Einige Arbeitsteams haben von Anfang an überhaupt keine formalen Hierarchieunterschiede, so
z. B. das klassische Triumvirat der Krankenhausleitung oder der Vorstand einer
Krankenhaus-AG, bei der der Vorsitzende meist ebenfalls keine intern herausge-
hobene Position hat.

Die Tatsache, dass keine formalen Hierarchien existieren, impliziert allerdings
nicht, dass Teams ohne Führung funktionieren. Das Team führt sich selbst, und
einzelne Gruppenmitglieder werden Führungsaufgaben wahrnehmen. Meist bilden
sich ein Gruppenleiter, ein Moderator und ein Sekretär heraus, wobei kleine Gruppen auch mit einem informellen Leiter auskommen, der das Team lediglich nach
außen vertritt. Es ist die Aufgabe jedes Gruppenmitglieds, für eine effiziente Ar-
beitserfüllung zu sorgen.

Die Entwicklung des Teams erfolgt in mehreren Phasen (vgl. Abb. 159).[96]
Kurz nach der Gründung arbeiten Teams meist sehr effizient, d. h. ihr Output ist
hoch. Nach dieser Orientierungsphase („Honeymoon") kommt es in der Regel zu
den ersten Konflikten. Man merkt, dass man die anderen Mitglieder überschätzt
hat, dass man sich falsch verstanden hat und sich selbst und den anderen etwas
vorgemacht hat. Manche Teams kommen aus dieser Phase nicht heraus und bleiben damit unter der Leistung der Einzelarbeit. Hätte man die Entscheidung einer
einzelnen Person gegeben, wären bessere Ergebnisse entstanden. Gelingt es dem
Team jedoch, aus dieser Vertrauenskrise zu einem neuen Start mit realistischen
Erwartungen zu kommen, so kann das Team deutlich effektiver arbeiten als der
Einzelne.

Welche Eigenschaften sind notwendig, damit das Team sich aus der Krise zu
einer Effizienzphase durcharbeiten kann? In der Regel ist es das richtige Verhältnis
von Vertrauen und Wahrhaftigkeit, das den Erfolg ausmacht. Vertrauen impliziert
Tugenden wie Toleranz, Verständnis, Würdigung, Vergebungsbereitschaft, Geduld,
Freundlichkeit, Treue und Wärme. Wahrhaftigkeit kann sich in Offenheit, Ehrlichkeit, Authentizität, Streitkultur, ehrlichem Feedback, Korrekturbereitschaft und
den Verzicht auf Verdrängung äußern. Letztlich handelt es sich um Tugenden, die
nicht innerhalb des Unternehmens geschaffen werden, sondern Ausfluss der individuellen Persönlichkeitsentwicklung sind. Die Mitglieder des Teams müssen sich
allerdings darüber bewusst sein, dass sie nur dann zu einem effizienten Team
werden, wenn sie diese Eigenschaften bewusst erstreben. Abb. 160 zeigt einige
idealtypische Konstellationen, die sich aus den Dimensionen Vertrauen und
Wahrhaftigkeit ergeben.[97]

Es gibt Krankenhäuser, in denen Chefarzt, Pflegedirektor und Verwaltungsdirektor in verletzender Wahrheit miteinander umgehen. Vertrauen, Geborgenheit und

---

96 Vgl. Becker 2016.
97 Vgl. Rieckmann 2007.

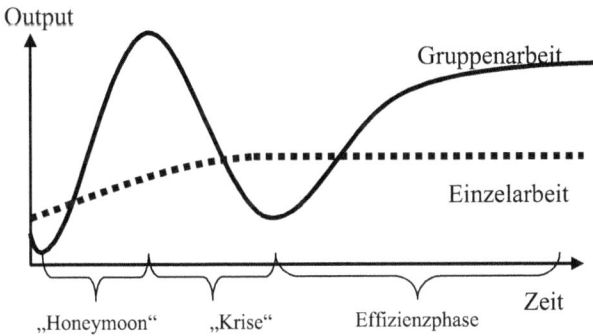

Abb. 159: Phasen der Teambildung.[98]

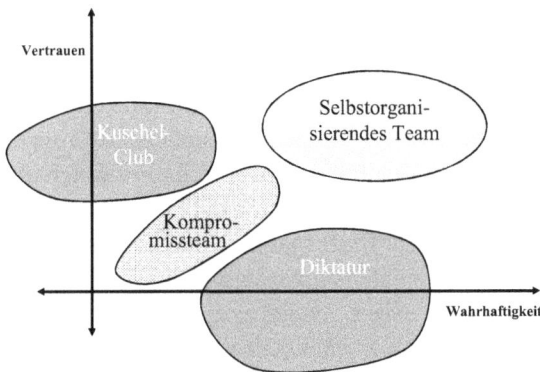

Abb. 160: Vertrauen und Wahrhaftigkeit.[99]

Wärme fehlen vollständig. Die Leistungsfähigkeit dieser Teams ist meist gering. Ebenso gibt es Teams (z. B. ein Stationsteam der Pflege), in denen sich jeder wohl fühlt und keiner dem anderen zu nahekommt. Man lässt sich gelten, ist nett miteinander – aber Kritik und Weiterentwicklung werden ausgeschlossen. Ein Kompromiss muss gefunden werden, der ehrliches Feedback zulässt, aber gleichzeitig auch eine gute Gruppenatmosphäre ermöglicht. Allerdings verhalten sich diese Kompromissteams häufig wie Stachelschweine, die zwar die Wärme suchen, aber auch vor den Stacheln der anderen Angst haben. Gesucht wäre eine Weiterentwicklung, die sowohl das gegenseitige Vertrauen und Wohlfühlen fördert, als auch die Wahrhaftigkeit und Ehrlichkeit miteinander. Hierzu ist es unabdingbar, dass jedes Teammitglied bereit

---

98 Quelle: Eigene Darstellung, in Anlehnung an Tuckman und Jensen 1977.
99 Quelle: Rieckmann 2007, S. 279.

ist, sich vollständig einzubringen, das gemeinsame Ziel die höchste Priorität hat und jedes Mitglied an seiner eigenen Persönlichkeit arbeitet.

Analysiert man Konflikte im Krankenhaus, so können sie häufig auf fehlendes Vertrauen oder fehlende Ehrlichkeit zurückgeführt werden. Eine Ebene tiefer sollte man deshalb hinterfragen, warum in vielen Krankenhäusern Vertrauen und Wahrhaftigkeit fehlen. Ein Ansatzpunkt zur Beantwortung dieser Frage ist erneut die Unterschiedlichkeit der Persönlichkeit, ein anderer sind die Untugenden und Ängste des Individuums. Ersteres gilt es zu akzeptieren, letzteres muss im Unternehmen geahndet werden, wenn es zur Zielverfehlung führt.

Es wurde bereits erwähnt, dass unterschiedliche Persönlichkeitstypen vorprogrammierte Probleme bei der Zusammenarbeit im Team haben. In Anlehnung an die Typologie nach Riemann kann man hier zwei Dimensionen (Herrschaft, Verhalten) unterscheiden. Teammitglieder können entweder einen Wunsch nach Herrschaft oder nach Unterordnung haben. Gleichzeitig können sie sich entweder aktiv oder passiv verhalten. Abb. 161 zeigt, dass sich hieraus vier Grundtypen ergeben.

Der impulsive Typ möchte steuern und ergreift hierzu die Initiative. Häufig handelt es sich um hysterische Persönlichkeiten mit viel Kreativität, aber auch mit Reibungspotenzial in der Gruppe. Der kompulsive Typ beherrscht ebenfalls die Gruppe, aber stärker als Bedenkenträger und Bremser. Häufig handelt es sich um zwanghafte Persönlichkeiten. Der masochistische Typ unterwirft sich gerne der Führung anderer und bedauert im Grunde die Hierarchielosigkeit. Er ist sehr aktiv, eine formale oder informelle Autorität zu unterstützen. Häufig sind depressive Persönlichkeiten hier anzufinden. Schließlich gibt es die großen Schweiger, die lieber die anderen machen lassen und sich selbst raushalten – vielleicht mit einem überlegenen Lächeln die Aktivitäten der anderen begleiten.

Vielredner und Schweiger sowie Kreative und Bewahrende haben in einem selbstorganisierenden Team ihren Platz. Es ist die Aufgabe der Gruppenführung, ihre Potenziale zu entwickeln und für den Gruppenprozess nutzbar zu machen. Der vor Ideen sprühende Hysteriker benötigt dringend den Zwanghaften, der seine Ideenflut bremst, auf das Ziel verweist und kompetent die Ideen umsetzt. Der Depressive ist ein optimaler Zuarbeiter, der wichtige Sachinformationen einbringt und die Gruppenleitung bestmöglich unterstützt, aber er braucht auch Hilfestellung durch die anderen Gruppenmitglieder, damit er seine eigenen Potenziale nicht masochistisch den Meinungen anderer unterordnet, sondern für sie bereitstellt. Alle zusammen müssen die großen Schweiger einbinden und ihre – häufig – brillanten Ideen für die Gruppe nutzen.

Ein Idealteam besteht deshalb aus verschiedensten Persönlichkeiten, die es gelernt haben, nicht ihre eigenen Individualinteressen zu vertreten, sondern gemeinsam das Gruppenziel zu erstreben. Dazu verwenden sie die Fähigkeiten und das Wissen aller Gruppenmitglieder, was eben wiederum Vertrauen und Wahrhaftigkeit erfordert, z. B. das Vertrauen der Zurückgezogenen, dass ihre Ideen ernst genom-

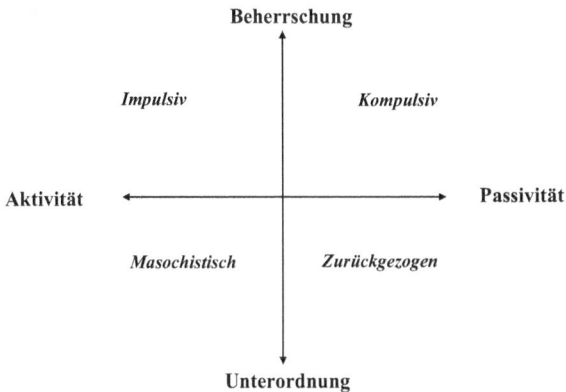

Abb. 161: Herrschaft und Aktivität in Gruppen.[100]

men werden und die Ehrlichkeit der Impulsiven, dass nicht alles, was sie schnell mal in den Raum geben, auch zielführend ist.

Letztlich erfordert dies jedoch reife Persönlichkeiten, die ihre eigenen Untugenden und Ängste überwunden haben. Selbstsucht – ein Wort, das man früher in Managementlehrbüchern nicht zu schreiben wagte – gefährdet die Zukunft der Krankenhäuser. Der diktatorische Chefarzt, der keine Meinung neben sich gelten lässt, die harmoniesüchtige Pflegedienstleistung, die alle Konflikte unter den Teppich kehrt, und der pedantische Verwaltungsleiter, der stärker an dem korrekten Ausfüllen von Formblättern als an der langfristigen Strategie interessiert ist, mögen zwar platte Übertreibungen sein, Tendenzen dieser Untugenden gibt es jedoch in vielen Krankenhäusern. Egoismus führt zu Herrschsucht, Einschüchterung von Mitarbeitern, Demotivation, Dienst nach Vorschrift und Fluktuation. Ängstlichkeit führt zu Beharrung, Konfliktscheue, Unterdrückung junger Kollegen und Unaufrichtigkeit.

Es liegt weder im Einflussbereich des Krankenhauses noch in den Möglichkeiten eines Gruppenleiters, die Charaktere der Gruppenmitglieder zu ändern. Aber die Organisation kann Rahmenbedingungen schaffen, die das Individuum zur Veränderung nutzen kann. Beispielsweise werden Aufrichtigkeit, Kreativität und Fairness in stabilen, angstfreien Situationen gefördert. Ein Mitarbeiter, der ständig Angst um seinen Arbeitsplatz haben muss, kann keine Kritik an bestehenden Strukturen oder Personen riskieren. Eine gewisse Arbeitsplatzsicherheit ist deshalb – zumindest in Deutschland – eine Voraussetzung für ein selbstorganisierendes Team. Herrschsucht kann sich nur in Organisationsstrukturen entwickeln, die diese Untugend erlauben. Flache Hierarchien, Transparenz der Entscheidungsfindung, Offenheit der Führung auch für das Überspringen von Hierarchien und klare Regeln für den

---

100 Quelle: Jung 2009, S. 66.

korrekten Umgang mit Mitarbeitern hingegen bändigen diese Eigenschaft rechtzeitig. Letztlich ist jedoch entscheidend, dass alle Mitarbeiter des Krankenhauses immer wieder mit dem Werte- und Zielsystem konfrontiert werden. Konflikte lassen sich meist relativ schnell und einfach lösen, wenn man die Patientenorientierung als obersten Maßstab setzt.[101] Damit lassen sich zwar keine existenziellen Prägungen überwinden, sie werden jedoch in für alle akzeptable Bahnen gelenkt. Und schließlich sorgen auch regelmäßige Fortbildungen dafür, den „inneren Schweinehund" zu bürsten und für die Organisation hoffähig zu machen.

Zusammenfassend können wir festhalten, dass Führung ein mehrstufiger Prozess ist. Zuerst impliziert Führung einen individuellen Persönlichkeitsprozess, d. h. das Reifen zur Führungspersönlichkeit. Hierzu gehören die Identifikation mit den Werten und Zielen des Unternehmens, die Identifikation mit der Kernaufgabe, die Überwindung bzw. Bändigung von Untugenden sowie die Konsistenz der eigenen Persönlichkeit. Zweitens erfordert Führung in der Regel einen Gruppenprozess. Er ist bei der horizontalen Führung besonders stark ausgeprägt, seine Bedeutung sollte jedoch auch in der klassischen Hierarchie nicht unterschätzt werden. Vorgesetzter und Untergebener müssen in Vertrauen und Wahrhaftigkeit zusammenarbeiten. Wenn der soziale Prozess nicht funktioniert, können trotz exzellenter Individuen, hervorragender Ausstattung und ausreichend finanzieller Mittel keine Betriebsergebnisse erzielt werden. Drittens müssen alle Gruppenprozesse auf die Kernaufgabe der Patientenbehandlung (und der Zukunftssicherung) fokussiert werden. Abteilungen und Teams existieren im Krankenhaus nicht um der netten Gemeinschaft willen, sondern haben ein einziges Ziel, nämlich die Heilung von Patienten. Diese Fokussierung ist nur möglich, wenn alle Mitarbeiter die Hauptaufgabe und die Ziele des Unternehmens kennen, die Entscheidungsfindung transparent ist, Regeln eingehalten werden und integre Führungspersönlichkeiten mit gutem Beispiel vorangehen. Dann kann eine Identifikation mit den Mitgliedern und dem Unternehmen erfolgen.

7.6.3 Führungsethik

Die persönliche Entwicklung der Führungskraft sowie die Notwendigkeit eines fairen, transparenten und zugewandten Führungsstils werden seit einigen Jahren unter dem Begriff „Führungsethik" diskutiert. Führungsethik ist von Unternehmens- und Wirtschafsethik abzugrenzen. Wirtschaftsethik betrachtet auf der Makroebene Werte und Zielsetzungen menschlichen Handelns in Volkswirtschaften oder

---

101 Vgl. Amelung, Eble, Hildebrandt, et al. 2015.

ähnlich großen Wirtschaftssystemen. Ziel ist „das gute Leben" für die ganze Gesellschaft. Die Unternehmensethik analysiert auf der Mesoebene Werte und Ziele eines Unternehmens, so wie wir es in Kapitel 7.2.2 getan haben. Die Führungsethik entwickelt auf der Mikroebene Ansätze des wertebasierten Handelns von Führungskräften, ist folglich eine viel stärker individuelle Ethik als Unternehmens- und Wirtschaftsethik.[102]

Die meisten Theorien der Unternehmensethik führen zu der Erkenntnis, dass in komplexen und dynamischen Entscheidungssituationen die Notwendigkeit des „guten" Verhaltens des Individuums besteht, d. h., Unternehmensethik erfordert Führungsethik.[103] Der Manager muss sein Verhalten gegenüber Mitarbeitern, Kunden, Lieferanten und der Öffentlichkeit individuell reflektieren und entscheiden, wie er mit diesen Stakeholdern umgehen möchte. Als Manager wird man sich fragen, welchen Anreiz es geben kann, sich moralisch zu verhalten, selbst wenn einem dies mittelfristig selbst schaden kann. Die meisten Ansätze (z. B. korrektiver Ansatz von Steinmann und Löhr; funktionalistischer Ansatz von Homann) führen das ethische Verhalten auf die Vernunft zurück. Sie zeigen auf, dass Fairness, Freundlichkeit, Offenheit und Zugewandtheit auf Dauer zum Unternehmenserfolg beitragen und somit rational sind. Allerdings fragt man sich, ob die Wirtschaftswissenschaft eine Ethik benötigt, die sich ausschließlich auf die Rationalität stützt, wo doch die Ökonomik selbst die Lehre vom rationalen Verhalten bei der Knappheitsüberwindung ist. Es muss mehr geben als nur die Rationalität, was die Führungskraft zu einem Verhalten nach einem bestimmten Wertesystem veranlasst.

Einen Ansatz bieten die Stufen ethischer Entwicklung nach Kohlberg.[104] Auf unterster Ebene steht die Orientierung an Gehorsam und Bestrafung, d. h. die Ausrichtung an Regeln und Autoritäten (Punishment-Obedience). Das „gute" Verhalten wird durch die Angst vor Bestrafung induziert. Auf der zweiten Stufe steht die Ausrichtung an der Belohnung (Personal-Reward). Andere Menschen und ihre Bedürfnisse sind für den Handelnden bei dieser Orientierung nur insoweit von Bedeutung, als diese Personen ihm langfristig nützen können. Auf der dritten Stufe steht die Suche nach Anerkennung über Regeleinhaltung (Good-Boy). Der Handelnde möchte den Erwartungen des Gegenübers entsprechen, da er sich durch ihre Anerkennung wohl fühlt. Die nächste Stufe ist nach Kohlmann eine Gesellschaftsorientierung (Society). Das Individuum unterstützt die Funktionsfähigkeit eines Systems (Gesellschaft, Unternehmen, Familie), da es rational erkannt hat, dass dies ihm selbst nützt.

Die ethische Orientierung erfolgt in den genannten Stufen von außen (Autoritäten, Bestrafung, Belohnung, Anerkennung), wobei das Individuum seine eigenen Vorteile genau abwägt und sich rational für ein bestimmtes Verhalten entscheidet.

---

102 Vgl. Brink und Tiberius 2005.
103 Vgl. Göbel 2020.
104 Vgl. Kohlberg und Althof 1997.

Ethik wird hierdurch allerdings beliebig, da veränderte Rahmenbedingungen ein völliges Umschwenken des eigenen Verhaltens implizieren können. Ausdruck dieser ethischen Stufen könnte ein Umgang mit den Stakeholdern sein, der stärker von dessen Fähigkeit mir zu schaden als von dessen Wert per se abhängig ist. Beispielsweise kann ein Manager einen wichtigen Mitarbeiter sehr respektvoll behandeln, ihn aber unfair behandeln, sobald er nicht mehr wichtig ist (z. B. bei Krankheit oder nach dessen Berentung).

Kohlberg nennt drei weitere Stufen, bei denen Menschen einen Wert per se erhalten. Sie unterscheiden sich in der Begründung dieser Grundeinstellung. Der „Social Contract" geht von grundlegenden Werten aus, die nicht zur Disposition stehen dürfen. Das Individuum gelangt ebenfalls durch rationale Abwägung zu dieser Einsicht, da allein auf dieser Grundlage Gesellschaften (inkl. der Wirtschaftssysteme und Betriebe) überlebensfähig sind. Die Haltung ist aber nicht abhängig von der individuellen Situation oder dem Nutzen, den man gerade davon hat. Eine Orientierung am „Social Contract" würde auch dann die Verfolgung der als rational erkannten Werte bedeuten, wenn dies individuell zum Nachteil wäre.

Die nächste Stufe ist die Orientierung an universellen ethischen Prinzipien (Universal Ethical Principles). Das Individuum erforscht selbständig unterschiedliche universelle Werthaltungen (z. B. Materialismus, Humanismus) und wählt darauf ihr eigenes, dann jedoch fest verbindliches Wertemuster. Manager dieser Haltung haben Prinzipien, die sie auch dann nicht brechen, wenn sie dadurch einen großen Vorteil erlangen könnten. Die Entwicklung der Prinzipien ist allerdings ein lebenslanger Reflexionsprozess, sodass sie durchaus veränderbar sind. Die Variabilität ergibt sich allerdings aus Einsicht in die universelle Überlegenheit der neuen Prinzipien und nicht auf Grund von individuellen Vorteilen.

Auf der letzten Stufe schließlich folgt die Transzendenz. Hier richtet sich das Individuum freiwillig an Prinzipien und Werten aus, die über der irdischen Logik und dem eigenen rationalen Denken stehen. Es handelt sich um die freiwillige, selbst gewählte und reflektierte Annahme dieser Prinzipien, nicht um ein blindes Verfolgen religiöser Gebote auf Grund von Angst vor Bestrafung oder Hoffnung auf himmlische Belohnung.

Immer mehr Führungskräfte erleben in ihrem Berufsalltag, dass die ersten vier Stufen der ethischen Entwicklung kein tragfähiges Fundament für ein Sozialsystem und damit auch nicht für ein Krankenhaus sind. Die Faszination, die Führungsseminare der Benediktiner (z. B. Anselm Grün in Münster Schwarzach) auf Top-Führungskräfte ausüben, hängt wohl auch damit zusammen, dass ein großer Bedarf an verbindlichen Werten besteht, die postmoderne Gesellschaft sich aber gerade durch Unverbindlichkeit auszeichnet. Dabei ist es rational zugänglich, dass beispielsweise die Einhaltung der Zehn Gebote zu einer effizienten Führung beitragen könnte. Würden beispielsweise alle Mitarbeiter eines Krankenhauses das 8. Gebot (Du sollst nicht falsch Zeugnis reden wider deinen Nächsten) in der Auslegung Martin Luthers halten („Wir sollen Gott fürchten und lieben, dass wir unsern Nächsten nicht fälschlich belügen, verraten, afterreden oder bösen Leumund machen, sondern sollen ihn entschuldigen, Gutes von ihm reden und alles zum Besten kehren"), so würden viele Gerüchte, Blockaden, Feindschaften und Rechtsstreitigkeiten in Krankenhäusern vermieden. Und auch die Goldene Regel, wie sie sich beispielsweise in der Bibel (Alles, was ihr für euch von den Menschen erwartet, das tut ihnen auch; Mt 7, 12) und bei Kant (Handle nur nach derjenigen Maxime, durch die du zugleich wollen kannst, dass sie allgemeines Gesetz werde; Metaphysik der Sitten) wieder findet, eignet sich als Managementregel, was der Verhaltenscodex des Internet-Auktionshauses eBay (Wir fordern jeden dazu auf, sich anderen gegenüber so zu verhalten, wie er von ihnen behandelt werden möchte) deutlich macht.

Die praktische Umsetzung dieser theoretischen Erkenntnisse ist schwierig. Immer häufiger fehlt die Transzendenz, sodass das eigene Wertesystem leicht ins Wanken geraten kann. Deshalb muss eine individuelle Führungsethik institutionell unterstützt werden. Dies kann durch unterschiedliche Maßnahmen erreicht werden. Erstens kann ein dialogorientierter Führungsstil fest etabliert werden, der stets danach fragt, wie man an der Stelle des eigenen Mitarbeiters behandelt werden möchte. Mitarbeiterrechte und insbesondere Mitspracherechte sind deshalb kein lästiges Übel des Betriebsverfassungsrechts, sondern eine Möglichkeit, Zugewandtheit und Anerkennung der Würde des Mitarbeiters fest im Unternehmen zu etablieren.

Eine weitere Möglichkeit sind sogenannte Führungs-Kodizes.[105] Sie sind schriftlich fixierte, freiwillige Selbstverpflichtungen, an die sich Führungskräfte binden. Sie sollten regelmäßig in Erinnerung gerufen werden, wozu die Institution Rahmen und Möglichkeit (z. B. Retraite) schaffen muss. Eine andere Variante ist die regelmäßige Selbstbewertung der Führungskraft bezüglich der Einhaltung ethischer, selbst gewählter Normen. Sie kann z. B. bei Mitarbeitergesprächen von Führungskräften implementiert werden, die nicht nur die Erreichung von traditionellen Betriebszielen, sondern auch von selbst gesteckten Prinzipien und Werten analysieren sollten. Schließlich ist auch das Total Quality Management (z. B. EFQM) eine gute Möglichkeit, Normen und Werte in der Führungspraxis zu vereinbaren und zu evaluieren.

Die Managementfunktion „Führung" ist in vielerlei Hinsicht die wichtigste und interessanteste. Sie ist höchst relevant für den Betriebserfolg, sichert das Zukunftspotenzial der Mitarbeiter und erfordert Fähigkeiten, die nur wenige von den Universitäten mitbringen. Gleichzeitig ist eine missglückte Führung die Grundlage der meisten Probleme im Krankenhaus. Sie nimmt in diesem Kapitel einen breiten Raum ein und kann doch nicht erschöpfend sein. Der Leser dieses Buches muss gerade in diesem Bereich noch viel investieren.

---

105 Vgl. Brink und Tiberius 2005.

7.7 Kontrolle

Abb. 126 zeigt den Regelkreis. Er beginnt mit der Führungsgröße und führt zur Regelgröße. Anschließend erfolgt ein Abgleich von Soll und Ist, sodass eine Adaption der Stellgröße möglich wird. Dieser grundsätzliche Regelkreis wurde in den idealtypischen Managementprozess (Abb. 129) übertragen. Hier wurde bereits die Managementfunktion „Kontrolle" eingeführt. Sie besteht aus mindestens drei Teilen: der Ermittlung des Ist, dem Vergleich von Soll und Ist sowie der Analyse und Erklärung der festgestellten Abweichungen. Der gesamte Kontrollzyklus wird ergänzt durch die Bestimmung des Solls im Rahmen der Planung sowie durch die Berichterstattung (vgl. Abb. 162).

Der Begriff Kontrolle löst gerade im Gesundheits- und Sozialbereich immer noch beklemmende Gefühle aus. Mitarbeiter wollen nicht kontrolliert und überwacht werden, „Big Brother is watching you" scheint vielen als Horrorszenario. Aus Sicht der Managementlehre ist Kontrolle grundsätzlich positiv.[106] Erstens stellt die Kontrolle die Grundlage zukünftiger Planungen dar. Ohne Planung (Ermittlung des Soll) ist Kontrolle unmöglich, ohne Kontrolle ist aber auch Planung sinnlos, da Planungsfehler sich fortschreiben. Zweitens ermöglicht die Kontrolle rechtzeitige Anpassungsmaßnahmen der Implementierung, falls die Ist- und Sollgrößen voneinander abweichen. Die Stellgrößen des Systems werden so verändert, dass Abweichungen reduziert werden. Der Feedback-Pfeil darf deshalb nicht nur eine Planadaption implizieren, sondern auch eine ständige Implementierungsadaption. Drittens ermöglicht Kontrolle die Belohnung von Leistung, z. B. in Form von Beförderung oder Gehaltszulagen. Schließlich reduziert die Kontrolle die Folgen von unkorrektem Verhalten. Dies hilft auch dem Mitarbeiter, der erst gar nicht in Versuchung geführt wird.

Der Soll-Ist-Vergleich wird von dem sogenannten Kontrollträger durchgeführt. Man spricht von interner Kontrolle, wenn der Träger der Kontrolle dem Unternehmen selbst angehört. Kommt der Träger der Kontrolle von außerhalb des Unternehmens, handelt es sich um externe Kontrolle. Ist der Träger der Kontrolle der Leistungserbringer selbst, spricht man von Eigenkontrolle, ansonsten von Fremdkontrolle. In vielen Fällen erfolgt die Kontrolle ausschließlich durch den Vorgesetzten. Dies muss aber nicht so sein: Viele Studien haben gezeigt, dass der Mitarbeiter Interesse an seinem Leistungsergebnis hat. Er möchte wissen, wie gut er ist, was er noch besser machen kann und wie er zum Erfolg des Unternehmens beigetragen hat. Gerade Ärzte und Pflegekräfte haben ein hohes Interesse am Erfolg ihrer Arbeit. Sie möchten, dass der Patient gesund wird. Deshalb können sie in bestimmten Grenzen auch ihre eigene Leistung selbst kontrollieren, ohne dass die Leitung des Krankenhauses Angst haben muss, dass sie die notwendige Sorgfalt vernachlässigen. Ihre Arbeit wird dadurch auch interessanter (Job Enrichment), denn sie müssen weit über ihre ausführende Tä-

---

106 Vgl. z. B. Steinmann, Schreyögg und Koch 2020.

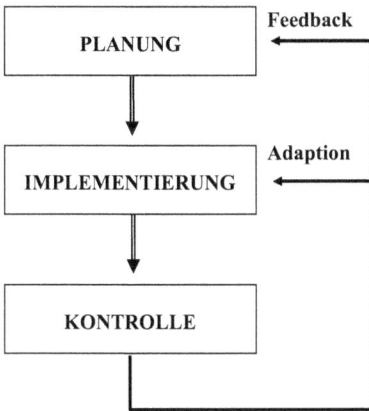

Abb. 162: Kontrollprozess.[107]

tigkeit hinaus denken. Überlegenswert ist auch eine Mischung aus Eigen- und Fremd-kontrolle, wobei die Kollegen oder geeignete Stabsstellen den direkten Vorgesetzen entlasten können.

Weiterhin muss die Art und Intensität der Kontrolle bedacht werden. Eine lücken-lose Kontrolle vermittelt das Gefühl grenzenloser Überwachung und ist in der Regel un-wirtschaftlich. Stichproben werden nur dann als bedrängend empfunden, wenn ihre Erhebung nicht nachvollziehbar ist. Kontrolle muss transparent sein.

Schließlich müssen geeignete Kontrollinstrumente definiert werden. Zahlreiche Maßnahmen, die heute im Rahmen der Qualitätssicherung eingeführt werden, sind letztlich Kontrollinstrumente. Sie dienen jedoch in der Regel der Eigenkontrolle als Grundlage besserer Umsetzung von Zielvorgaben. So können Qualitätszirkel ebenso als Kontrollinstrument verstanden werden wie Stechuhren und Budgetabgleich, aber eben nicht als Knute in der Hand der Hierarchie, sondern als Instrument zur Verbesserung der Leistungsfähigkeit in der Hand motivierter Mitarbeiter.

Wenn Kontrolle richtig angewendet wird, kann sie durchaus motivierend und inspirierend sein. Der Mitarbeiter erhält die Möglichkeit, seine eigene Leistung und seine Entwicklung zu bewerten und seinen Beitrag zum Gesamtunternehmen zu schätzen. Kontrolle von Mitarbeitern, Arbeitsteams, Abteilungen oder Kliniken ist deshalb ein wichtiges Steuerungsinstrument. Die Kontrolle muss allerdings auch das Gesamtunternehmen erfassen. Der Kapitän, der zwar seine Mitarbeiter und Ma-schinen kontrolliert, aber selbst nie den Kurs bestimmt und nachsteuert, wird sein Ziel nie erreichen.

Die Managementfunktion Kontrolle umfasst deshalb auch ein Bündel von Feed-back-Systemen des Gesamtunternehmens. Abb. 163 zeigt als vereinfachten Aus-schnitt das Systemmodell mit drei Feedbacks. Das Geschäftsergebnis-Feedback

---

107 Quelle: Wöhe, Döring und Brösel 2020, S. 167.

vergleicht die Outputs des Unternehmens mit den Inputs bzw. den eigenen Unternehmenszielen. Fallzahlen, Case Mix, Kosten, Erlöse und Gewinne werden hier ermittelt und mit den Sollvorgaben verglichen, um ein ständiges Feedback über die gegenwärtige Situation des Unternehmens zu haben. Auf Dauer kann das Krankenhaus allerdings nur überleben, wenn es seine Funktion in seinem Umsystem erfüllt. Es muss nicht nur Leistungen erstellen, sondern Menschen heilen, Krankheiten vermeiden und Bedürfnisse von Menschen so stillen, wie es ihren Prioritäten entspricht. Der Existenzgrund des Krankenhauses ist nicht die Erhöhung des Case Mix, sondern die Stillung von Kundenbedürfnissen. Die Messung der Funktionserfüllung ist zwar weicher als die Geschäftsergebnisse, ist jedoch ein unabdingbares Feedback für die Geschäftszukunft. Es gibt zahlreiche Beispiele von Unternehmen, die trotz hervorragender Geschäftsergebnisse nach wenigen Monaten insolvent waren, da sie die Kundenbedürfnisse missachtet und sich somit ihre eigene Geschäftszukunft verbaut haben.

Schließlich müssen jedoch auch die Auswirkungen des Krankenhauses auf die Gesellschaft betrachtet werden. Sie ist nur solange bereit, das Krankenhaus zu finanzieren, wie dieses einen positiven Impact auf die Gesellschaft hat. Die Schließung von Krankenhäusern zeigt deutlich, dass die deutsche Gesellschaft nicht mehr bereit ist, unnötige und unwirtschaftliche Krankenhäuser zu erhalten, die mehr Ressourcen verbrauchen als nötig. Krankenhäuser müssen folglich die „Sinnfrage" stellen.

Bei allen Formen der Kontrolle und des Feedbacks sind drei Gefahren immanent. Erstens neigen Menschen dazu, nur solche Abweichungsinformationen wahrzunehmen, die sie positiv bewerten. Negativabweichungen werden häufig ignoriert. Feedbacks werden damit zur Selbstbestätigung. Es ist offensichtlich, dass dies der geradlinigste Weg ist, sich die Geschäftszukunft zu verbauen. Die Krankenhausleitung muss deshalb darauf bedacht sein, möglichst viele Sensoren zu haben, die Veränderungen und Zielabweichungen wahrnehmen und kommunizieren. Ein offener, dialogorientierter Führungsstil mit flachen Hierarchien ist hierzu zweifelsohne besser geeignet als die traditionellen Krankenhausorganisationen.

Zweitens besteht stets die Gefahr, dass Informationen erst sehr spät wahrgenommen werden. Notwendig wäre eine vorausschauende Kontrolle, die Umweltveränderungen bereits vorher antizipiert und entsprechend ihre Implementierungsstrategien adaptiert. Man könnte in diesem Fall nicht von einem Feedback, sondern von einem Feedforward bzw. einer Feedforward-Kontrolle sprechen. Auch für diese Form von Kontrolle ist es unabdingbar, dass alle Mitarbeiter die Sensorenfunktion wahrnehmen und ermutigt werden, ihre Einschätzungen und Erkenntnisse zu kommunizieren.

Drittens gibt es zahlreiche schwache Signale, die gefiltert und verstärkt werden müssen. Die Inputfilter des Unternehmens müssen deshalb ständig überwacht werden, damit das Unternehmen nicht taub für die Signale aus der Umwelt wird. Die Schwierigkeit dabei ist, dass zahlreiche Motive und Intentionen zusammenwirken, die nicht immer allein vom Betriebszweck abgeleitet werden. Ängste, Eigeninteres-

Gesellschaftliche Werte

Systemgrenzen

Mission, Vision, Oberziele

Strategien

Strukturen (Elemente, Relationen)

Verhalten

INPUTS

TRANSFORMATION – EFFIZIENZ

OUTPUTS

OUTCOME

IMPACT

Geschäftsergebnisse (Outputs – Ziele)

Geschäftszukunft (Funktionserfüllung)

Geschäftsverantwortung (Outcomes, Impacts, Sinn)

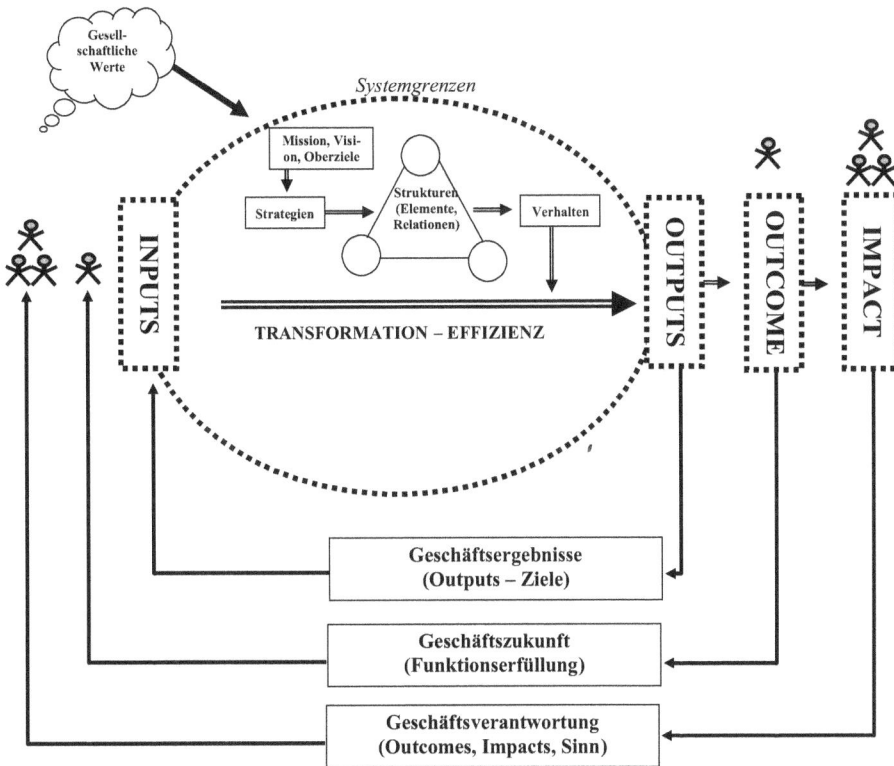

Abb. 163: Vollständiges Systemmodell mit Feedbackschleifen.[108]

sen, „hidden agendas" etc. blockieren oder verstärken bestimmte Informationen, die das Management dringend benötigt. Kontrolle ist damit letztlich wiederum eine Frage der Führung.

7.8 Managementkonzeptionen

Die fünf Managementfunktionen sind damit vorgestellt und diskutiert. Es bleibt allerdings die Frage, welche dieser Funktionen Ausgangspunkt oder Schwerpunkt des Managements sein sollte. In der Regel dürfte es eine Überforderung sein, alle Funktionen absolut gleichmäßig zu behandeln. Es ist zu überlegen, ob unser Denken stärker vom Plan, von der Organisation, von der Führung oder von der Kontrolle geprägt sein sollte.[109] Schließlich ist zu hinterfragen, ob es praxistaugliche

---

108 Quelle: Eigene Darstellung.
109 Vgl. Steinmann, Schreyögg und Koch 2020.

Ansätze gibt, die dem Krankenhausmanagement bei der Konzeption der Krankenhaussteuerung helfen.

Tab. 92 gibt einen Überblick über gängige Konzeptionen. Die meisten Krankenhäuser sind bis heute plan- bzw. kontrolldeterminiert, d. h., die Aufstellung und strikte Kontrolle von Plänen wird als die vordringlichste Aufgabe der Manager gesehen. Dies war bislang durchaus rational, da das mit den gesetzlichen Krankenversicherungen ausgehandelte Budget als jährlicher Finanzplan sowie der vereinbarte Case Mix als Leistungsplan alle Krankenhausentscheidungen dominieren. Nur eine möglichst exakte Punktlandung kann den Krankenhauserfolg garantieren, sodass alle anderen betrieblichen Aktivitäten sich diesem Oberziel unterordnen müssen. Das deutsche Krankenhauswesen nähert sich allerdings schnell einer völlig veränderten Situation. Die Umstellung auf ein pauschaliertes Entgeltsystem nach DRGs, die schrittweise Auflösung der Dualistik sowie die diskutierte Möglichkeit Preise frei zu vereinbaren, lassen ein Denken vom Absatzmarkt her immer sinnvoller erscheinen. Planung und Kontrolle dürfen in dieser veränderten Situation nicht mehr das Krankenhausmanagement dominieren. Vielmehr muss das Krankenhaus schneller auf Umweltveränderungen und insbesondere auf Kundenbedürfnisse reagieren können.

Das Krankenhauswesen vollzieht damit eine Entwicklung, die in anderen Branchen vor längerer Zeit stattgefunden hat. Ständige Umweltveränderungen führten zunächst dazu, dass das Gewicht vom Plan mit klaren Anweisungen auf die Kontrolle der Ziele verlagert wurde. Als das Umsystem des Unternehmens jedoch noch komplexer und dynamischer wurde, wuchs dem Manager immer häufiger die primäre Aufgabe zu, flexible und reagible Organisationsstrukturen zu schaffen (Organisationsorientierte Unternehmensführung). Auf besonders unbeständigen Märkten (z. B. in der Softwareproduktion) kann dies bis zur ständigen Auflösung der Organisationsstruktur gehen, die sich für jeden Auftrag neu bildet. Diese hohe Flexibilität ist im Grunde nur noch zu bewerkstelligen, wenn der Manager seine Hauptaufgabe darin sieht, Mitarbeiter in ihrer Leistung zu unterstützen (Führungsorientierte Unternehmensführung). Der Manager wird zum Coach, der Vorgesetzte zum Vorgenetzten.

Auch die Manager von Krankenhäusern verschieben den Schwerpunkt stärker zur Organisation und Führung. Eine vollständige Auflösung der hierarchischen Organisation ähnlich wie z. B. in der Softwareindustrie wird es im Krankenhaus kaum geben. Zwar ist jeder Patient aus produktionstheoretischer Sicht ebenso ein „Einzelstück" wie ein komplexer Softwareauftrag, aber die Ähnlichkeit der Leistungsprozesse innerhalb einer Fallklasse ist doch sehr hoch und wird durch die Entwicklung klinischer Pfade noch verstärkt. Eine stabile Organisationsstruktur stellt auch einen Schutzraum dar, innerhalb dessen sich Mitarbeiter bergen können, deren Persönlichkeit klarer Strukturen bedarf. Die Führung der Mitarbeiter innerhalb dieser Organisationen und insbesondere auf den Behandlungspfaden ist jedoch von größter Bedeutung, da die Mitarbeitermotivation im Dienstleistungsprozess einen erheblichen Anteil am Erfolg hat.

Tab. 92: Managementkonzeptionen.[110]

Steuerungstyp	Umweltmerkmale	Dominante Führungsfunktion
Plandeterminierte Unternehmenssteuerung	Geringe Komplexität und Dynamik	Primat der Planung
Kontrolldeterminierte Unternehmenssteuerung	Steigende Komplexität und Dynamik	Planung und Kontrolle
Organisationsorientierte Unternehmenssteuerung	Hohe Komplexität und Dynamik	Organisation
Führungsorientierte Unternehmenssteuerung	Extreme Komplexität und Dynamik	Leitung

Wie in Kapitel 1.1 dargestellt, ist die Krankenhausleistung erstens ein Vertrauensgut und zweitens eine kundenpräsenzbedingende Dienstleistung. Die Vertrauensguteigenschaft besagt, dass der Patient die Leistung des Krankenhauses nicht vollständig bewerten kann. Er wählt das Krankenhaus, bei dem er das Vertrauen hat, dass seinen Bedürfnissen gemäß behandelt wird. Vertrauen ist eine Form des Sozialkapitals und entsteht primär durch menschliche Interaktion. Die meisten Patienten vertrauen nicht einem Gebäude, einer Rechtsform oder Organisationsmaßnahme, sondern anderen Menschen, z. B. dem behandelnden Arzt. Die Führung kann den Mitarbeiter motivieren, vertrauensfördernd zu arbeiten und damit Kundenvertrauen zu generieren.

Zweitens ist der Patient bei der Leistungserstellung anwesend. Bei einem Sachgut zählt allein die Qualität am Ende des Leistungserstellungsprozesses. Ob der Arbeitnehmer im Automobilwerk flucht, rassistische bzw. chauvinistische Äußerungen von sich gibt oder einen unangenehmen Körpergeruch verströmt, stört den Käufer des Kraftfahrzeuges nicht, solange das Auto vollständig funktionstüchtig ist und nicht stinkt. Agiert hingegen eine Pflegekraft während des Pflegeprozesses in der beschriebenen Weise, hat dies eine erhebliche Auswirkung auf die Zufriedenheit des Patienten und damit auf den Heilungsprozess. Der Führung der Mitarbeiter kommt damit eine hohe Bedeutung zu, die auch im Krankenhaus innerhalb relativ fester Organisationsstrukturen eine Führungsorientierung erfordern

Unternehmensberatungen sind schnell bei der Hand, immer wieder (scheinbar) neue Managementkonzepte zu entwerfen. Häufig kann man sie nach einiger Analyse auf die in diesem Kapitel beschriebenen Grundzusammenhänge des Managements zurückführen. Es ist die Aufgabe des Krankenhausmanagements, die Konzeptionen zu bewerten und zu hinterfragen.

---

110 Quelle: Eigene Darstellung.

Zwei allgemein anerkannte Konzeptionen des Gesamtunternehmens wurden in Kapitel 5 und Kapitel 6.1 bereits diskutiert: Marketing und Total Quality Management. Marketing wird oft mit der Funktion der Leistungsverwertung (Absatz) verwechselt. Marketing ist keine Funktion, sondern eine Konzeption der Unternehmensführung, die zur Erreichung der betrieblichen Ziele alle Aktivitäten konsequent auf die Erfordernisse des Absatzmarktes ausrichtet. Die Bedürfnisse des Kunden stehen im Mittelpunkt. Marketing ist damit eine alle betrieblichen Funktionen dominierende Philosophie. Was kaufen wir ein? Wie finanzieren wir? Welche Farbe bekommt unser Neubau? Wie gehe ich mit dem Bürgermeister um? Alle Entscheidungen auf allen Unternehmensebenen und -bereichen werden so getroffen und alle Zielkonflikte so gelöst, wie es für den Kunden optimal ist, denn allein die Kundenzufriedenheit entscheidet über den langfristigen Erfolg des Krankenhauses.

Im nächsten Schritt kann man sich fragen, was der Kunde eigentlich wünscht. Da im Krankenhaus die Leistungsmenge pro Kunde epidemiologisch oder gesetzlich in engen Grenzen fixiert ist, ist für den Kunden die Qualität der Leistung entscheidend. Man kann deshalb auch das Total Quality Management (TQM) als Managementkonzeption anwenden. Beim TQM steht in allen Funktionsbereichen und bei allen Entscheidungen, auf allen Ebenen und bei allen Zielkonflikten die Optimierung der Krankenhausqualität im Mittelpunkt. TQM ist damit weit mehr als das traditionelle Qualitätsmanagement, d. h. die Planung, Steuerung und Überwachung der Qualität eines Prozesses bzw. eines Prozessergebnisses. Es ist ein Denkansatz, der jeden Mitarbeiter, aber vor allem jeden Manager ständig prägen sollte; eine mentale Programmierung, die jede Handlung prägt.

Als eine weitere Führungskonzeption errang Lean Management in den 90er-Jahren große Popularität. Ursprünglich sprach man nur von schlanker Produktion, d. h. ohne unnötige Schlacken und unprofitable Anhängsel. Ein Vergleich der Produktionsansätze in den USA und in Japan zeigte, dass japanische Unternehmen sich in der Produktion mehr auf das spezialisieren, was sie wirklich können. Diese Kernkompetenz gilt es auszubauen. Alles andere wird fremdbezogen. Outsourcing wurde zu einem wichtigen Unternehmensziel, bis nur noch die Kernprozesse übrig blieben, während die angeschlossenen Dienste und Zulieferungen (Sekundärleistungen) ausgelagert wurden. Lean Management erweiterte die Ziele und Prinzipien der schlanken Produktion auf das gesamte Unternehmen. Man spricht von schlanken Verwaltungen, schlanken Lagern und schlanken Absatzorganisationen. Die Gesamtorganisation besteht aus einem auf die Kernkompetenz reduzierten operativen Kern und einer sehr flachen mittleren Ebene mit geringem Strategic Apex.

Die Grundprinzipien des Lean Managements (Dezentralisation, Lean Production, Simultanisierung und kooperative Leitung) sind durchaus nicht neu.[111] Als Innovation erscheint lediglich die Konsequenz ihrer Umsetzung. Dezentralisierung impliziert, dass

---

111 Vgl. Bösenberg und Metzen 1995.

Entscheidungskompetenzen möglichst nahe an der operativen Basis liegen sollten. Lean Management fordert deshalb den Abbau der mittleren Führungsebene, größere Kontrollspannen, eine teamorientierte Arbeitsorganisation sowie eine intensive horizontale Kommunikation. Lean Production erschöpft sich nicht in der Reorganisation der eigenen Wertschöpfungskette, sondern fordert vielmehr eine enge, partnerschaftliche Zusammenarbeit mit den Lieferanten und Anbietern (Supply Chain Management), um eine punktgenaue Belieferung (Just in Time) zu garantieren und die Verringerung der eigenen Leistungstiefe nicht zum Risiko werden zu lassen.[112] Als Simultanisierung bezeichnet man die gleichzeitige Bearbeitung von Prozessen, die früher hintereinander (sukzessiv) abliefen. So fordert Lean Management beispielsweise, die Investitionsplanung, Produktionsprogrammplanung und Ablaufplanung möglichst simultan durchzuführen, um die wechselseitigen Interdependenzen berücksichtigen zu können. Dies bedeutet eine Abkehr von der Tayloristischen Arbeitsteilung im Management.

Lean Management boomte, Outsourcing wurde zum Renner, Just in Time zum Standard – bis man feststellte, dass die japanische Produktions- und Führungsideologie nicht auf europäische Verhältnisse übertragbar ist. Sie ist weniger eine Frage der Technik, als der Menschen. Wie schaffen es japanische Zulieferer, trotz des dichten Straßenverkehrs stets auf die Minute pünktlich („just in time") zu sein? Indem sie nachts fahren, ihre Fahrzeuge vor der Anlieferungsstelle parken und auf den Liefertermin im Auto warten. Wie kommt es zu dem gewaltigen Teamgeist, zu der geradezu sklavischen Unterordnung unter die Vorgesetzten und zu der hohen Belastbarkeit? 500 Jahre japanische Kultur, das Erbe der Samurai, Shogun und gottgleichen Kaiser sowie ein übersteigerter Nationalismus und Kolonialismus haben eine Loyalität, Identifikation und Opferbereitschaft entstehen lassen, die dem individualistischen Mitteleuropäer unmöglich ist. Die meisten japanischen Männer sehen ihre Kinder kaum. Sie gehen aus dem Haus, bevor sie aufwachen, und kommen nach Hause, wenn sie bereits im Bett sind. Die spärliche Freizeit verbringen sie im Betrieb, der Urlaubsanspruch wird kaum ausgeschöpft. Leistungsschwäche und vor allem der Gesichtsverlust werden zu Katastrophen, die nicht selten im Selbstmord enden. Das japanische Wort „Karoshi" bedeutet den Tod durch Überarbeitung – ein Phänomen, das so häufig auftritt, dass in allen größeren Städten spezielle „Karoshi-Hotlines" eingerichtet wurden. Dies alles mag ein Wettbewerbsvorteil für die japanische Sachgüterindustrie auf globalisierten Märkten sein, aber sicherlich keine Vision für das deutsche Krankenhauswesen.

Die Herausforderungen, mit denen sich deutsche Krankenhäuser heute konfrontiert sehen, erfordern motivierte Mitarbeiter, die gerne in ihren Unternehmen arbeiten. Zumindest die Führungskräfte müssen ab und zu etwas Zeit haben, um zu reflektieren, zu hinterfragen, Visionen zu haben und „flippige Ideen" zu wagen. Re-

---

112 Vgl. Günther und Tempelmeier 2014.

duziert man die Organisation auf das absolute Minimum und lastet alle Mitarbeiter zu 100 % mit den Tagesroutinen aus, mag dies kurzfristig den Geschäftserfolg erhöhen, reduziert aber die Zukunftsfähigkeit des Unternehmens. Lean Management bringt deshalb sinnvolle Ansätze und Gedanken. Als Gesamtkonzept der Unternehmensführung kann es jedoch in letzter Konsequenz ins Verderben führen.

Eine weitere Konzeption der Unternehmensführung ist die Corporate Identity (CI).[113] Ausgangspunkt dieses Ansatzes ist die Vorstellung, dass in einem Unternehmen eine spezifische Unternehmenskultur existiert, d. h. ein Netzwerk von gelebten Verhaltensmustern und Normen innerhalb einer Unternehmung. Dieses Wertesystem schafft im Unternehmen ein Wir-Bewusstsein, ähnlich wie dies in einer nationalen bzw. ethnischen Kultur geschieht. Die Unternehmenskultur soll von allen Mitgliedern der Organisation geteilt werden, sodass Handlungen und Entscheidungen aller Beteiligten auf der Basis eines einheitlichen Unternehmensbildes getroffen werden. Dieses Unternehmensbild soll als Leitbild explizit ausformuliert sein. Die CI soll alle Funktionen und Entscheidungen auf allen Ebenen und bei allen Zielkonflikten dominieren.

Die gemeinsamen Werte bzw. die gemeinsame Kultur erleichtern die effiziente Führung erheblich, da die Mitarbeiter die Identität des Unternehmens kennen und somit genau wissen, wie sie sich verhalten müssen. Die Corporate Identity äußert sich in Corporate Behaviour, Corporate Communication und Corporate Design. Corporate Behaviour umfasst das einheitliche Verhalten der Mitarbeiter des Unternehmens nach innen und außen (z. B. Preispolitik, Führungsstil, Umgang miteinander, Medienverhalten). Corporate Communication beschreibt eine Kommunikationsstrategie, die durch eine ganzheitliche Betrachtung aller nach innen und außen gerichteten kommunikativen Aktivitäten eines Unternehmens ein klar strukturiertes Vorstellungsbild von der Unternehmung (Corporate Image) in der Öffentlichkeit und bei den Mitarbeitern des Unternehmens erreichen will. Corporate Design fordert ein visuelles Erscheinungsbild eines Unternehmens im Rahmen und zur Unterstützung der von der Corporate Identity vorgegebenen Ziele.

CI ist folglich eine Strategie der Unternehmensführung, die ein bestehendes, gemeinsam getragenes Wertesystem konsequent in allen Unternehmensbereichen in Verhalten, Kommunikation und Erscheinungsbild umsetzt. Krankenhäuser können erheblich davon profitieren, wenn sie ein gemeinsames Wertesystem haben, mit dem sich möglichst alle Mitarbeiter identifizieren können. Gemeinsame Werte prägen gemeinsames Verhalten und einheitliche Kommunikation. Führung wird dadurch einfacher. Doch wie kann dieses gemeinsame Wertesystem erreicht werden?

Zuerst einmal muss ein Wertesystem bekannt sein. Hierzu dient unter anderem das schriftlich formulierte Leitbild eines Unternehmens, das beispielsweise den neu eingestellten Mitarbeitern vermittelt werden muss. Es genügt nicht, eine Seite mit

---

113 Vgl. Schönborn 2014.

dem Leitbild der ersten Gehaltsabrechnung beizulegen. Neue Mitarbeiter können sich nur mit dem Wertesystem auseinandersetzen, wenn sie es kennen. Sie müssen die Möglichkeit der Nachfrage haben. Auch in den Mitarbeitergesprächen sollte das Leitbild immer wieder angesprochen und diskutiert werden.

Die Ausgestaltung des Leitbildes kann nicht Top-Down erfolgen. Mitarbeiter sind Teil der Unternehmenskultur, sodass sie ein Recht darauf haben, das Leitbild mitzugestalten. Allerdings liegt die Verantwortung für das Wertesystem eindeutig bei der Unternehmensführung. Der ausschließliche Bottom-Up Entwurf, d. h. die Entwicklung allein durch die operativ tätigen Mitarbeiter, hat zwei Nachteile. Erstens impliziert diese Vorgehensweise, dass bei jeder Neueinstellung der Leitbildprozess von neuem begonnen werden müsste, denn der neue Mitarbeiter bringt neue Werte und Ideen ein. Zweitens muss der Träger das Recht haben, grundlegende Werte einzubringen, über deren Existenz nicht mehr diskutiert werden kann. Dies trifft besonders, aber nicht ausschließlich auf Einrichtungen der freien Wohlfahrtspflege (z. B. der Kirchen) zu. Die Ausgestaltung im Leitbild bedarf der Mitwirkung der Mitarbeiter. Grundlegende Werte selbst hingegen sind verbindlich und müssen vom Träger und den Führungskräften eingebracht werden.

Mitarbeiter werden diese Werte nur dann akzeptieren, wenn sie erleben, dass die Führungskraft diese Werte auch lebt. Damit kann letztlich auch die Corporate Identity auf die Integrität der Führungspersönlichkeit zurückgeführt werden. Ihre Integrität entscheidet, ob es Mitarbeitern leichtfällt, sich mit den Werten und Zielen des Unternehmens zu identifizieren. Ein Vorgesetzter, der diese Integrität lebt, wird auch sein Vorstellungsbild auf seine Mitarbeiter ausstrahlen. Sie können sich mit ihm identifizieren und werden damit das Wertesystem mittragen. Die Steuerung des Unternehmens wird dadurch effizienter.

Dieser kleine Einblick soll genügen, um aufzuzeigen, dass unterschiedliche Konzeptionen der Unternehmenssteuerung möglich sind. Da auch der Beratungsmarkt Projektlebenszyklen kennt, müssen die Beratungsfirmen regelmäßig einen Relaunch machen, d. h. ein älteres Konzept in neuem Gewand einführen. So hilfreich manche auch nur geringfügige Schwerpunktverlagerung sein kann, so leicht verliert man dadurch doch die wichtigsten Komponenten aus dem Auge: Die Unternehmenssteuerung benötigt ein Ziel, und sie muss planen, wie sie dieses Ziel erreicht. Das wichtigste Ziel bleibt im Krankenhaus die Heilung von Patienten mit Hilfe von guter Qualität. Die Pläne müssen implementiert werden, wobei im Krankenhaus der Personalführung als personelle Interaktion die bedeutendste Rolle zukommt. Schließlich werden Zielabweichungen erkannt und entsprechende Gegenmaßnahmen ergriffen. Management ist damit ein umfassender, komplexer und anstrengender Prozess, Manager wird man nicht durch Ernennung, sondern durch Fleiß und harte Arbeit an sich selbst. Jedes Versprechen, mit einem „Wunderkonzept" diesen Entwicklungsprozess zu umgehen, ist Scharlatanerie. Managementkonzepte können die Persönlichkeits- und Organisationsentwicklung unterstützen, nicht ersetzen.

7.9 Zusammenfassung

Die Steuerung von Krankenhäusern ist ein komplexer und vieldimensionaler Prozess. Grundlegend ist, dass das Krankenhaus sein Werte- und Zielsystem kennt und klar statuiert, damit die Steuerungsrichtung bekannt ist. Dieses Werte- und Zielsystem muss im ganzen Krankenhaus bekannt sein, damit Mitarbeiter und Subsysteme zielsystemkonform tätig werden. Die Veranlassung zu diesem zielorientierten Handeln obliegt dem Management.

Jeder Manager hat fünf grundlegende Aufgaben zu erfüllen: Planung, Organisation, Personaleinsatz, Führung und Kontrolle. Planung ist ein prospektives Denkhandeln in Form geistiger Vorwegnahme zukünftigen Tathandelns mit dem Ziel, durch die rechtzeitige Auswahl einer Handlungsalternative eine aus dem Werte- und Zielsystem abgeleitete Zielfunktion zu optimieren. Planung ist damit ein kreativer und systematischer Prozess. Es ist ein Irrglaube, dass Manager Entscheidungen aus dem Bauch heraus treffen. Das, was der Volksmund den „Bauch" nennt, ist in Wirklichkeit eine äußerst komplexe neuronale Vernetzung, die in Jahrzehnten systematischer Entscheidungsfindung und -erfahrung entstanden ist. Nur wenige Naturtalente haben dieses zielsichere „Bauchgefühl" bei Entscheidungen. Die meisten müssen durch systematische, anstrengende und häufig modellgestützte Planung erst die Erfahrungen sammeln, auf deren Grundlage sie Entscheidungen intuitiv treffen können. Dabei darf Planung aber nicht auf das Jahresbudget begrenzt werden. Gefragt ist vielmehr ein komplexes System aus strategischer, taktischer und operativer Planung, die alle Sachbereiche und Führungsebenen umfasst.

Die Pläne müssen anschließend im Krankenhausalltag umgesetzt werden. Hierzu ist es häufig notwendig, die sich aus den Plänen ergebende Gesamtaufgabe in viele Teiltätigkeiten aufzuteilen und jeweils eine bestimmte Menge davon Aufgabenträgern zuzuweisen. Anschließend muss jedoch durch Koordination sichergestellt werden, dass die Gesamtaufgabe noch erfüllt wird. Der Prozess der Arbeitsteilung und der Koordination wird als Organisation bezeichnet. Das Ergebnis dieses – wiederum – kreativen und systematischen Aktes ist die Aufbau- bzw. Prozessorganisation. Krankenhäuser sind traditionell stärker von einer berufsgruppenorientierten, funktionalen Organisation geprägt. Die Ausrichtung auf Patientenpfade und Diagnosis Related Groups verlangt hingegen eine stärkere Prozessorientierung.

Ein Ergebnis der Organisation ist die Stellenbildung. Die Managementfunktion Personaleinsatz versucht, diese Stellen mit den hierfür bestmöglich geeigneten Aufgabenträgern zu besetzen. Personalbedarfsplanung, Personalauswahl, Fort- und Weiterbildung sowie Freisetzung sind deshalb Kernaufgaben des Managements. Die Besetzung einer Stelle mit einem Mitarbeiter garantiert jedoch noch nicht, dass dieser auch einen bestmöglichen Beitrag zur Erzielung des Unternehmenszieles leistet. Die Managementfunktion Führung steuert das komplexe System zahlreicher interdependenter Einflussfaktoren, die das zielsystemkonforme Tätigwerden des Mitarbeiters determinieren. Hierzu muss der Mitarbeiter als Individuum, als Gegenüber des Vorgesetzten und als Teil eines Teams betrachtet werden. Individuelle und soziale Kernprozesse müssen systematisch gestaltet werden, sodass mit gegebenen Ressourcen eine bestmögliche Leistung des Mitarbeiters, des Teams und der Abteilung erreicht wird. Der Entwicklung der Persönlichkeit der Führungskraft kommt hierbei zwar eine zentrale Rolle zu, diese Aussage sollte allerdings nicht dazu verleiten, Führung ausschließlich als Auftrag zur Fortentwicklung des Mitarbeiters zu sehen. Eine betriebswirtschaftliche Führungslehre dient letztlich dem Erreichen des Existenz- und Sinngrundes des Unternehmens, wozu allerdings Annahme, Wohlfühlen, Ansporn, Motivation und Entwicklungsmöglichkeiten des Mitarbeiters Voraussetzungen sind.

Schließlich müssen die Implementierungsergebnisse mit den Plänen verglichen werden, um Planungsfehler aufzudecken und zukünftige Planungen zu verbessern. Darüber hinaus bietet eine rechtzeitige Kontrolle die Möglichkeit, die Implementierung so zu steuern, dass Abweichungen erst gar nicht oder nur in geringem Umfang entstehen. In einem dynamischen Umsystem entwickelt sich Kontrolle deshalb stärker zur ständigen Sensorik schwacher Signale des Umsystems. Vergleichbar ist diese Feedforward-Kontrolle mit dem vorausschauenden Autofahren. Der Fahrer gibt nicht erst Gas, wenn das Auto auf einem Berg langsam wird, sondern er schaltet bereits auf ebener Straße runter, wenn er die Steigung erstmals wahrnimmt. So muss auch das Krankenhausmanagement mit Hilfe aller Mitarbeiter Veränderungen, Risiken und Chancen rechtzeitig erblicken (und manchmal auch erfühlen), um Gegenmaßnahmen zur Vermeidung der Zielabweichung ergreifen zu können, bevor das Problem überhaupt auftritt.

Das Management von Krankenhäusern ist folglich äußerst komplex sowie dynamisch und unterliegt zahlreichen Unsicherheiten. Es ist deshalb unabdingbar, dass es systemisch sein muss, d. h., es muss Werte und Ziele kennen, alle leistungs- und finanzwirtschaftlichen Funktionen einbeziehen, vom Kunden als Existenzgrund des Krankenhauses sowie von der Gesellschaft als Sinngrund ausgehen und den Mitarbeiter als wichtigste Ressource in einem individuellen und sozialen Prozess fokussieren. Hierzu benötigt es Instrumente, die im nächsten Kapitel diskutiert werden.

7.10 Fallstudien

Die folgenden Fallstudien dienen zur Vertiefung des Wissens.

7.10.1 Organisation

Aufgabenstellung

Dr. Peter Müller begann im Jahr 1985 als Vertragsarzt mit zwei Arzthelferinnen. 1993 eröffnete er zusätzlich ein Labor und stellte hierfür drei medizinisch-technische Assistentinnen ein, wobei eine von ihnen die Leitung des Labors übernahm. 2002 stellt er zwei Ärzte an. 2005 eröffnete er ein Medizinisches Versorgungszentrum und brachte seine bisherige Praxis ein. Zusätzlich sind zwei weitere Ärzte angestellt. Das MVZ hat weiterhin einen Physiotherapeuten, eine Controllerin und eine Kindertagesstätte für die Kinder der Mitarbeiter.

Aufgabe: Interpretieren Sie diese Entwicklung auf Grundlage der Organisationstheorie nach Mintzberg.

Lösung

Nach Mintzberg gibt es fünf Grundbausteine, aus denen Organisation zusammengesetzt sind. Die Existenz und Ausprägung dieser Elemente determiniert bestimmte Typen oder Konfigurationen von Organisationen. Abb. 164 zeigt die Grundbausteine.

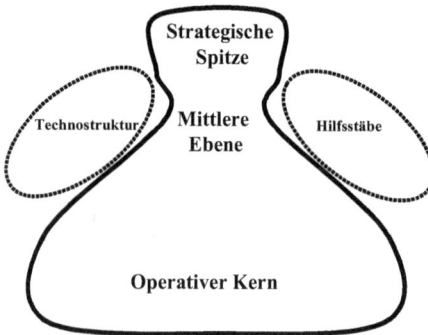

Abb. 164: Organisationsbausteine nach Mintzberg.

Ganz oben steht die strategische Spitze (Strategic Apex), d. h. die oberste Führungsebene des Unternehmens. Sie legt die unternehmensweite Strategie fest. Am Fuß der Organisation steht der operative Kern (Operative Core), der für die eigentliche Leistungserstellung (Beschaffung, Produktion, Absatz) sowie den direkten Support (Fuhrpark, Instandhaltung) zuständig ist. Strategic Apex und Operative Core sind durch die mittlere Ebene (Middle Line) verbunden, d. h. eine oder mehrere Ebenen sind zwischen strategischer Spitze und operativem Kern eingezogen, um die Koordination zwischen den Aufgabenträgern des operativen Kerns und den Strategien der Unternehmensleitung zu garantieren. Die Mittlere Ebene steuert folglich die Strategieimplementierung. Hierzu benötigt sie eine Technostruktur (Technostructure), deren Hauptaufgabe die Standardisierung von Aktivitäten im Unternehmen (z. B. Prozesse, Ergebnisse, Fähigkeiten) ist. Zur Technostruktur zählen folglich das Qualitätswesen, Controlling, Rechnungswesen und Personalabteilung. Schließlich gibt es noch Hilfsstäbe (Support Staff), die mit ihren Dienstleistungen die anderen Bereiche unterstützten. Beispiele hierfür sind die Rechts- und Steuerabteilung, die PR-Abteilung, Forschung und Entwicklung, die Kantine oder der Kindergarten.

Je nach Existenz, Ausprägung und Dominanz der Grundelemente können unterschiedliche Organisationsformen bzw. -typen unterschieden werden. Im Falle des Dr. Müller lag anfänglich die *Simple Structure* vor. Hierbei besteht die Organisation aus der strategischen Spitze (Dr. Peter Müller) und dem operativen Kern (Arzthelferinnen), der auf Anweisung handelt. Mittlere Ebene, Hilfsstäbe und Technostruktur existieren nicht. Das eröffnete Labor führt zu einer Ausweitung des operativen Kernes, weil es sich um eine direkte Unterstützungsleistung bei der Kernleistung handelt. Da es zu einer Steigerung der Komplexität kommt und die *Simple Structure* nicht mehr geeignet ist, den Anforderungen gerecht zu werden, fungiert die MTA mit Laborleitung als mittlere Linie. Durch die Einstellung weiterer Ärzte dominiert der operative Kern. Wird die Praxis nun durch Expertenwissen und Fähigkeiten gesteuert, handelt es sich um eine *Professional Bureaucracy*. Im Zuge der Eröffnung des MVZs und der Einstellung weiterer Ärzte, die möglicherweise in ihrem Aufgabegebiet autonom arbeiten, entwickelte sich die *Divisionalized Form*, in der alle Einheiten weitestgehend selbstständig agieren. Mit Einführung des Controllings (Technostruktur) und Eröffnung der Kindergarten (Hilfsstab) werden alle Grundbausteine nach Mintzberg bedient.

7.10.2 Personaleinsatz

Aufgabenstellung

Eine Station möchte ihren Personaleinsatz optimieren. Hierzu sind folgende Daten bekannt:

0–6 Uhr: mindestens zwei Pflegekräfte
6–7 Uhr: mindestens drei Pflegekräfte
7–8 Uhr: mindestens vier Pflegekräfte
8–9 Uhr: mindestens vier Pflegekräfte
9–10 Uhr: mindestens sechs Pflegekräfte
10–11 Uhr: mindestens acht Pflegekräfte
11–12 Uhr: mindestens sechs Pflegekräfte
12–13 Uhr: mindestens vier Pflegekräfte
13–14 Uhr: mindestens drei Pflegekräfte
14–15 Uhr: mindestens fünf Pflegekräfte
15–16 Uhr: mindestens sechs Pflegekräfte
16–17 Uhr: mindestens sechs Pflegekräfte
17–18 Uhr: mindestens vier Pflegekräfte
18–19 Uhr: mindestens vier Pflegekräfte
19–20 Uhr: mindestens vier Pflegekräfte
20–21 Uhr: mindestens drei Pflegekräfte
21–22 Uhr: mindestens drei Pflegekräfte
20–24 Uhr: mindestens zwei Pflegekräfte

Aufgaben:
1. Stellen Sie die Bedarfsanforderung in einem Bedarfsgebirge dar.
2. Eine Schicht umfasst einen Zeitraum von acht Stunden ohne Berücksichtigung von Pausen. Stellen Sie davon ausgehend *ein mögliches* Schichtenmodell dar!
3. Die Schichtenbesetzung kann mit Hilfe von Optimierungsprogrammen ermittelt werden. Entwickeln Sie einen Ansatz der Linearen Programmierung zur Optimierung des o. g. Problems!

Lösung

Ad 1: Abb. 165 zeigt das Bedarfsgebirge.

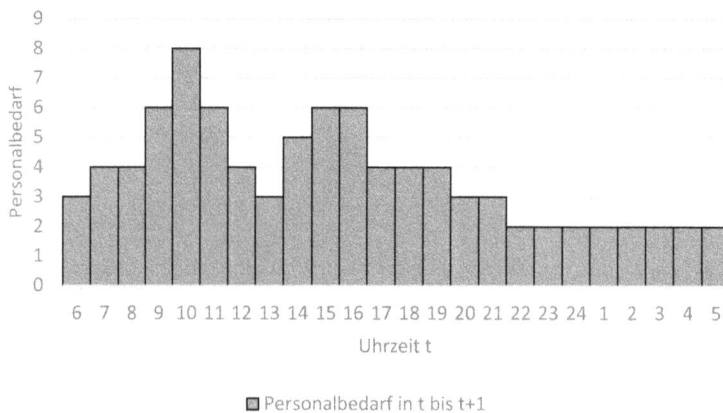

Abb. 165: Bedarfsgebirge.

Ad 2: Abb. 166 zeigt ein mögliches Schichtenmodell mit 10 Schichtnummern. Es wäre auch möglich, bis zu 24 Schichten darzustellen. Aufgrund der Nachtschicht wurde darauf verzichtet.

Ad 3: Bei Puzzleproblemen stellt die Lineare Optimierung den Ansatz der Wahl dar.

Variablendefinition

x_i Zahl der Mitarbeiter in Schicht i, ganzzahlig, i = 1..10

Konstantendefinition

b_t Bedarf an Mitarbeitern in Stunde t bis t + 1

Nicht-Negativitätsbedingung

$$x_i \geq 0, \quad i = 1..10$$

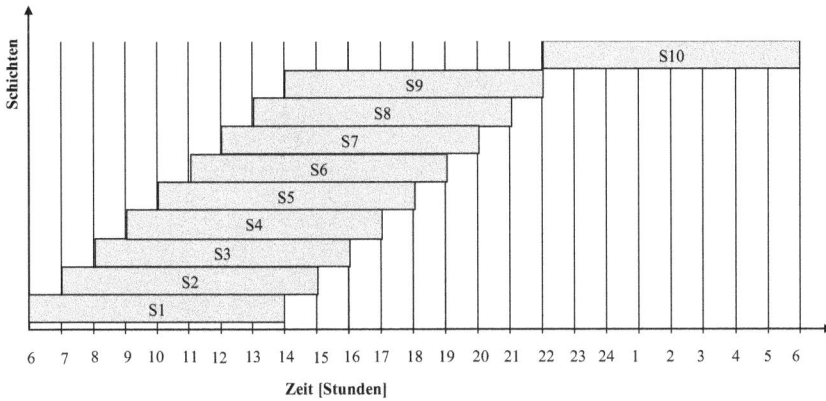

Abb. 166: Mögliches Schichtmodell.

Zielfunktion:

$$Z = \sum_{i=1}^{10} x_i \rightarrow Min!$$

Nebenbedingungen:

$$x_1 \geq b_6$$

$$x_1 + x_2 \geq b_7$$

$$x_1 + x_2 + x_3 \geq b_8$$

$$x_1 + x_2 + x_3 + x_4 \geq b_9$$

$$x_1 + x_2 + x_3 + x_4 + x_5 \geq b_{10}$$

$$x_1 + x_2 + x_3 + x_4 + x_5 + x_6 \geq b_{11}$$

$$x_1 + x_2 + x_3 + x_4 + x_5 + x_6 + x_7 \geq b_{12}$$

$$x_1 + x_2 + x_3 + x_4 + x_5 + x_6 + x_7 + x_8 \geq b_{13}$$

$$x_2 + x_3 + x_4 + x_5 + x_6 + x_7 + x_8 + x_9 \geq b_{14}$$

$$x_3 + x_4 + x_5 + x_6 + x_7 + x_8 + x_9 \geq b_{15}$$

$$x_4 + x_5 + x_6 + x_7 + x_8 + x_9 \geq b_{16}$$

$$x_5 + x_6 + x_7 + x_8 + x_9 \geq b_{17}$$

$$x_6 + x_7 + x_8 + x_9 \geq b_{18}$$

$$x_7 + x_8 + x_9 \geq b_{19}$$

$$x_8 + x_9 \geq b_{20}$$

$$x_9 \geq b_{21}$$

$$x_N \geq b_{22\,bzw.\,N}$$

8 Controlling

Controlling ist eine relativ junge Teildisziplin der Betriebswirtschaftslehre. Dementsprechend gibt es zahlreiche Definitionen und Abgrenzungen.[1] In der Praxis ist das Controlling der Instrumentenkasten des Betriebswirtes. Mit Hilfe der Methoden des Controllings werden die fünf Managementfunktionen unterstützt und auf eine quantitative Basis gestellt. Die Ergänzung dieser Funktionen und insbesondere der Betonung der Führungspersönlichkeiten um ein „Tool-Kit" ist nötig, da auch eine integre, reife Persönlichkeit ohne Kenntnisse des Instrumentariums nicht in der Lage ist,ein Unternehmen zu führen. Die Unternehmenssteuerung benötigt Fakten und Zahlen und das Controlling liefert sie. Deshalb liegt der Schwerpunkt dieses Kapitels auch auf den Methoden.

Darüber hinaus hat sich Controlling jedoch in den letzten Jahren als eine eigenständige Dimension des Unternehmens positioniert, die weit über den Instrumentalcharakter hinausgeht. Controlling wird als die Managementfunktion der Koordination definiert mit einer den fünf genannten Managementfunktionen gleichwertigen Bedeutung. Im folgenden Abschnitt wird diese Funktion erläutert.

8.1 Überblick

8.1.1 Geschichte und Herkunft

Seit der Einführung des Gesundheitsstrukturgesetzes (GSG 1993)[2] ist die Nachfrage nach Krankenhauscontrollern sprunghaft angestiegen. Analysiert man die Stellenanzeigen, so sollen sie ein weites Aufgabenspektrum abdecken, z. B. als Finanzbuchhalter, Kostenrechner, Kodierer, Qualitätsmanager, EDV-Beauftragter, Personalfachmann oder interner Unternehmensberater. Eine eindeutige Hierarchiezuordnung ist nicht nachweisbar, vielmehr finden sich Krankenhauscontroller auf niedrigen Linienstellen ebenso wie auf Stabs- und in Leitungsstellen. Weiterhin wird der Begriff des Controllings auch in anderen Bereichen verwendet. Beispielsweise unterscheidet man das betriebswirtschaftliche Controlling und das Medizincontrolling. Es ist deshalb nötig, eine verbindliche Definition zu suchen, die dem Stand der allgemeinen Controllingforschung ebenso gerecht wird wie den Anforderungen der Krankenhaussteuerung.[3]

---

1 Es gibt zahlreiche Lehrbücher zum Controlling und seinen Teilgebieten, beispielsweise Grob und Benkenstein 2004.; Eisele und Knobloch 2018.; Schweitzer und Küpper 2015.; Macha 2021; Körnert und Lohmann 2015.
2 BGBl 1992, S. 2266, inkraftgetreten am 01.01.1993.
3 Vgl. Weber und Schäffer 2020.

https://doi.org/10.1515/9783110753103-008

Ein Blick in die Literatur der Allgemeinen Betriebswirtschaftslehre ist zuerst wenig hilfreich. Controlling wird hier ebenfalls sehr unterschiedlich definiert. Einige Autoren weisen dem Controlling eine dienende Funktion zu, z. B. in Form der Kostenrechnung. Der Controller ist der Zahlenknecht des Unternehmens, der das Management mit den Fakten versorgen soll. Andere Autoren setzen hingegen Controlling und Unternehmenssteuerung gleich. Controlling bedeutet dann nichts anderes als Planung, Implementierung und Kontrolle mit Hilfe von betriebswirtschaftlichen Instrumenten. Zwar bietet sich diese Definition aus der Übersetzung an (to control = steuern), aber Controlling wird damit eigentlich redundant. In der Praxis findet man oftmals die Definition „Controlling ist, was ein Controller macht" – und das ist im Krankenhaus häufig vor allem die Vorbereitung der Budgetverhandlungen mit den Krankenkassen. Diese Engführung ist jedoch weder wissenschaftlich befriedigend, noch nutzt sie die spezifischen Vorteile des Controllings vollständig für den Krankenhausmanager.

Auf der Suche nach einer Controllingdefinition ist es hilfreich, die Geschichte des Controllings zu verfolgen. Der Begriff wurde erstmals in den 1950er-Jahren als eine Art Modewort für die Kostenrechnung verwendet. Aus dieser Zeit stammt der Fehlschluss, Controlling sei identisch mit der Kostenrechnung, und nicht wenige Unternehmen haben ihre Abteilungen für Kostenrechnung einfach in Controllingabteilungen umbenannt, ohne inhaltliche Änderungen vorzunehmen (so wie zahlreiche Unternehmungen aus der Absatzabteilung eine Marketingabteilung gemacht haben, ohne das Proprium des Marketing umgesetzt zu haben). In den 1960er-Jahren wurde das Controlling um die Bereiche Berichtswesen und Betriebsstatistik ergänzt, sodass der Controller vollständig zum Datensammler wurde. Der Zahlenknecht des Unternehmens benötigte hierfür die elektronische Datenverarbeitung, die in dieser Zeit in vielen Unternehmen aufgebaut wurde. Folglich hat das Controlling bis heute eine relative Nähe zur EDV, und häufig sind Controller kleinerer Krankenhäuser auch für die Informationssysteme zuständig.

Erst in den 1970er-Jahren befasste sich die Wissenschaft intensiver mit dieser Entwicklung der Praxis. Es wurde versucht zu ergründen, worin der Mehrwert einer eigenständigen Disziplin Controlling gegenüber den klassischen Funktionen der Kostenrechnung, des Berichtswesens und der Betriebsstatistik liegt.[4] Man stellte fest, dass Controlling die wichtige Aufgabe der Koordination innerhalb des Unternehmens erfüllt, indem es Informationen für alle wichtigen Entscheidungen bereitstellt. Information wurde in dieser Zeit als zusätzlicher Produktionsfaktor erkannt, mit dessen Hilfe man die Prozesse des Unternehmens synchronisieren konnte. Das Ziel der Information ist die Abstimmung der Beteiligten, d. h. die Koordination. Sie wird heute als das konstitutive Unterscheidungsmerkmal des Controllings von allen anderen Funktionen gesehen. Der Controller arbeitet größtenteils (aber nicht nur)

---

4 Vgl. Horváth, Gleich und Seiter 2019.

im Rechnungswesen und liefert Informationen. Aber dies ist kein Selbstzweck, sondern dient dem Ziel der Koordination zwischen den Managementfunktionen, den Ebenen des Unternehmens und den einzelnen Plänen. In den 1980er-Jahren wurde weiterhin erkannt, dass das Controlling auch der Koordination zwischen den Zeitebenen nützt. Das strategische Controlling wurde als Teil der Unternehmenspolitik gesehen, um langfristige Erfolgspotenziale zu ermitteln, Strategien zu entwickeln und diese mit den kurz- und mittelfristigen Plänen zu koordinieren.

Die Definition des Controllings als Informationslieferant (Zahlenknecht) ist folglich eine Engführung, die den eigentlichen Vorteil des Controllings nicht ausschöpft. Die Identität von Controlling und Unternehmensführung übersieht ebenfalls den Mehrwert der Koordinationsfunktion des Controllings. Die überwiegende Mehrheit der Autoren sieht heute das Proprium des Controllings in der Wahrnehmung der Koordinationsfunktion auf horizontaler, vertikaler, institutioneller und zeitlicher Ebene. Die horizontale Koordination erfolgt zwischen den Managementfunktionen Planung, Organisation, Personaleinsatz, Personalführung und Kontrolle. Die institutionelle Koordination erfolgt zwischen Unternehmensteilen, z. B. zwischen der Beschaffung und der Produktion. Die vertikale Koordination intendiert die Synchronisation der betrieblichen Aktivitäten der Managementebenen, d. h., sie sorgt dafür, dass die Pläne der Unternehmensspitze, der mittleren Ebene und der operativen Basis im Einklang sind. Die zeitliche Koordination schließlich gleicht die lang-, mittel- und kurzfristigen Pläne ab. Aus dieser Sicht ist die Informationswirtschaft ein Zulieferer zum Controlling. Die Bereitstellung von Informationen ist aber nur dann Controlling, wenn sie der Abstimmung von Plänen, Prozessen oder Ergebnissen dient.

In dieser Konzeption erfährt das Krankenhauscontrolling eine Aufwertung gegenüber der Praxis des Zahlenknechtes, da es wie Planung, Organisation, Personalführung, Personalauswahl und Kontrolle eine eigenständige Managementfunktion ist.[5] Koordination bzw. Controlling ist Aufgabe jeder Führungskraft, d. h., die Controllingabteilung stellt lediglich Instrumente für die Wahrnehmung dieser Aufgabe zur Verfügung. Eine Simple Structure, z. B. eine traditionelle Arztpraxis, benötigt kein Controlling in diesem Sinne, da die Koordination der Managementfunktionen und der einzelnen Pläne allein im Kopf des Eigentümers stattfindet. Mehrschichtige Unternehmen, bei denen das Management auf mehrere Personen aufgeteilt ist, benötigen hingegen die Koordination, damit die einzelnen Pläne und Aktivitäten abgestimmt im Sinne der Gesamtzielerreichung sind.

Aus diesem Zusammenhang leitet sich die Verstärkung des Controllings in deutschen Krankenhäusern ab. Erstens werden Krankenhäuser überwiegend von mehreren Personen geleitet (z. B. medizinischer Direktor, Pflegedirektor, Verwaltungsdirektor), sodass eine Koordination zwischen diesen Managern nötig wird. Die

---

5 Vgl. z. B. Schirmer 2016; Hentze und Kehres 2010.

Abkehr von der Dominanz des ärztlichen Leiters und die Heterogenität des Führungsteams erfordern eine gemeinsame Sprache zur Abstimmung von Entscheidungen und Prozessen. Diese Sprache liefert das Controlling. Zweitens haben viele Krankenhäuser eine Trägerstruktur, die eine Koordination erfordert. Beispielsweise bringen kirchliche Träger Werte und Ziele ins Krankenhaus ein, die im Alltag teilweise schwierig umzusetzen sind. Die Abstimmung zwischen dem Wertesystem des Trägers und dem täglichen Management der Krankenhausleitung erfolgt durch das Controlling. Drittens ist die durchschnittliche Größe der Krankenhäuser in den letzten Jahren gestiegen, sodass auch die Zahl der potenziellen und realen Relationen sowie der Führungsebenen stark zugenommen hat. Teilweise ging dies einher mit einem größeren Delegationsgrad. Beide Tendenzen erfordern eine erhöhte Koordination. Viertens existieren inzwischen mehrere große Krankenhauskonzerne, zu deren zentraler Leitung ein Konzerncontrolling gehört, welches eng mit dem dezentralen Krankenhauscontrolling zusammenarbeitet. Schwerpunkt bildet dabei die Zuarbeit für das konzernweite Reporting. Schließlich erweiterte sich durch die Einführung der DRGs der Planungshorizont der Krankenhäuser erheblich. Wer hätte vor 20 Jahren sein Leistungsprogramm sieben Jahre vorausgeplant? Das Jahresbudget war die dominante Größe. Die Konversion von 2003 bis 2010 (bei Maximalversorgern) erforderte jedoch einen derartigen Planungshorizont und dementsprechend auch Instrumente der Abstimmung zwischen den Planungszeiträumen.

Zusammenfassend können wir festhalten, dass die Krankenhaussteuerung Instrumente zur Koordination der Pläne und Prozesse benötigt, um in einem arbeitsteiligen System die Erreichung des Unternehmensziels zu gewährleisten. Das Controlling bietet diese Instrumente.

8.1.2 Instrumente

Grundsätzlich müssen Instrumente des strategischen und des operativen Controllings unterschieden werden (vgl. Tab. 93). Das strategische Controlling unterstützt die oberste Unternehmensebene in ihrer Aufgabe, zukünftige Erfolgspotenziale zu entwickeln und zu sichern.[6] Hierzu analysiert es die Stärken und Schwächen bzw. Chancen und Risiken, die sich langfristig ergeben. Da zukünftige Entwicklungen stets von großer Ungewissheit begleitet sind, besteht auch leicht die Gefahr, dass Manager aneinander vorbeireden bzw. -planen. Das strategische Controlling koordiniert die Aktivitäten dieser Manager sowie die langfristigen Pläne mit den eher kurzfristigen. Es geht dabei weniger um Detailarbeit oder die Wahrnehmung heute bekannter Aufgaben, als vielmehr um den Aufbau und die Sicherung von Potenzialen in den Bereichen Kundengruppen, Produkte, Personal und sonstige Ressourcen.

---

[6] Vgl. z. B. Baum, Coenenberg, Günther, et al. 2013.

Tab. 93: Operatives und strategisches Controlling.[7]

	Operatives Controlling	**Strategisches Controlling**
Managementebene	untere Managementebene; bereichsbezogenes Denken; Ressortegoismus	oberste Managementebene; unternehmensbezogenes Denken; bereichsübergreifend
Zeithorizont	kurzfristig	langfristig
Orientierung	Wirtschaftlichkeit betrieblicher Prozesse	Erfolgspotenziale
Dimension	Leistungen und Kosten; Ertrag und Aufwand; Ein- und Auszahlung	Chancen und Risiken; Stärken und Schwächen
Inhaltliche Differenzierung	geringe Komplexität und Ungewissheit; viele Details; Administrations- und Dispositionsentscheidungen; durchführungsorientiert; intern orientiert; viele Teilpläne; hohe Verbindlichkeit, starre Systeme; geringer Handlungsspielraum	hohe Komplexität und Ungewissheit; schlecht strukturierte Problemstellungen; strategische Planungs- und Kontrollsysteme; analyse- und entscheidungsorientiert; Unternehmensgesamtmodelle; geringe Verbindlichkeit; breiter Alternativenraum
Ziele, Aufgaben	Erfolg und Liquidität dominierend; Bestands- und Systemwahrung; Erfüllung von Aufgaben	Aufbau und Sicherung von Erfolgspotenzialen durch Investition; geplanter Wandel; Systemveränderung; Innovationen
Organisation	Sparten; Profit- und Cost-Center	Strategische Geschäftseinheiten
Instrumente (Beispiele)	Rechnungswesen	Portfolio-Analyse

Tab. 94 gibt einen Überblick über Instrumente des operativen und strategischen Controllings. Die Übersicht zeigt, dass das Controlling der Werkzeugkasten des Betriebswirtes ist, allerdings eben mit dem Ziel der Koordination. Die Tabelle deutet auch an, dass manche Verfahren sich für beide Varianten des Controllings eignen und eine trennscharfe Abgrenzung nicht immer möglich ist. Es wurde deshalb der Ausdruck „eher operativ" bzw. „eher strategisch" gewählt.

Im Folgenden sollen die wichtigsten Instrumente des operativen Controllings beschrieben werden.[8] Einige Methoden des strategischen Controllings werden im letzten Kapitel dieses Buches folgen, da ihre Konzeption erst auf Grundlage einer ausführlichen Diskussion der Dynamik des Krankenhausbetriebes verständlich ist. Bei der Darstellung der operativen Methoden sollte allerdings stets die Verbindung

7 Quelle: Schirmer 2017, S. 36.
8 Vgl. Kuntz 2002.

Tab. 94: Instrumente des operativen und strategischen Controllings (Beispiele).[9]

Instrument	eher operativ	eher strategisch
Rechnungswesen	Planbilanzen; Kosten- und Leistungsrechnung	
Kalkulationsverfahren	Investitionsrechnung für einzelne Betriebsmittel	Investitionsrechnung für das Gesamtunternehmen, Desinvestitionsrechnung
Analyseverfahren	ABC-Analyse	Potenzialanalyse; Stärken- und Schwächen-Analyse; Portfolioanalyse; Abweichungsanalyse; Imageanalyse; Eisenhowermatrix
Optimierungsverfahren	Ablauf- und Wegeoptimierung; Prozesssimulation (Monte-Carlo-Simulation, Wahrscheinlichkeitsrechnung); Produktionsprogrammplanung (Lineare Programmierung	Methoden der Zielfusion; Entscheidungsbaumverfahren
Lenkungsverfahren	Budgetierung; Leistungsverrechnung; interne Verrechnungspreise; Betriebsstatistik und Kennzahlen	Balanced Scorecard
Prognosetechniken	Gleitende Durchschnitte; Glättung; Regression	Markov-Modelle; System Dynamics Modelle
Informationssystem	Informationsbedarfsanalyse; Informationsbeschaffung; Organisation des Berichtswesens; Dokumentationsstandards	Analyse betrieblicher Sensoren; Umweltanalyse
Moderationstechniken	Metaplan; Rollenspiele; Mind Mapping	
Kreativitätsverfahren	Szenariotechniken; Brainstorming; Brainwriting	

zu den strategischen Verfahren und die Notwendigkeit einer Koordination des strategischen und des operativen Denkens bedacht werden. So wichtig die Verfahren des operativen Controllings auch sind, so wenig steuern sie das Unternehmen durch raue See in den sicheren Hafen. Das operative Controlling ist wie die Kommandobrücke des Kapitäns, auf der er die Funktionsfähigkeit aller Subsysteme seines Schiffes ablesen kann und erfährt, ob die vorgegebene Richtung eingehalten

9 Quelle: Schirmer 2017, S. 72ff.

wurde. Ob diese Richtung überhaupt korrekt war, kann nur im strategischen Controlling entschieden werden.

Gemäß der Bedeutung für die Praxis wird zuerst das betriebliche Rechnungswesen als Controllinginstrument diskutiert. Es folgen einige Aspekte der Budgetierung als Koordinationsmethode. Schließlich sollen die Betriebsstatistik und die Kennzahlen diskutiert werden. Wir beginnen mit einer ausführlichen Darstellung des betrieblichen Rechnungswesens, da die meisten der genannten Instrumente des operativen Controllings auf dieser Grundlage aufbauen.

8.2 Rechnungswesen

Im Folgenden wollen wir der „klassischen" Unterscheidung von internem und externem Rechnungswesen folgen, d. h., wir beginnen mit Buchhaltung sowie Jahresabschluss und gehen dann zur Kosten- und Leistungsrechnung über.

8.2.1 Buchhaltung und Jahresabschluss als Grundlage

Die Diskussion der Buchhaltung sowie des Jahresabschlusses im Rahmen eines Kapitels zum Controlling erscheint auf den ersten Blick als ein Konzeptionsbruch. Controlling ist ein Steuerungsinstrument des internen Managements, während Buchhaltung und Jahresabschluss Teilgebiete des externen Rechnungswesens darstellen. Das interne Rechnungswesen des Betriebes ist grundsätzlich so zu konzipieren, dass die Unternehmenssteuerung unterstützt wird und unterliegt im Normalfall keinen gesetzlichen Auflagen. Trotzdem beginnen wir dieses Kapitel zum Rechnungswesen als Controllinginstrument mit einem Abschnitt zur Buchhaltung und zum Jahresabschluss.[10] Hierfür gibt es zwei Gründe.

Erstens gibt es nach § 8 der Krankenhausbuchführungsverordnung (KHBV) eine Verpflichtung der Krankenhäuser zu einer Kostenrechnung nach bestimmten Vorgaben.[11] Die Kostenrechnung soll der betriebsinternen Steuerung dienen, die Beurteilung der Wirtschaftlichkeit und Leistungsfähigkeit ermöglichen, die Ermittlung der pflegesatzfähigen Kosten[12] unterstützen und die Erstellung der Leistungs- und Kalkulationsaufstellung als Grundlage der Entgeltverhandlung mit den Krankenkassen gewährleisten. Hierzu muss sie einer detailliert beschriebenen Struktur gemäß Anlage 4 und 5 der KHBV folgen. Die interne Kosten- und Leistungsrech-

---

10 Grundlegend können alle Lehrbücher zur Allgemeinen Betriebswirtschaftslehre als Referenz dienen, z. B. Schweitzer und Baumeister 2015.; Bitz, Schneeloch und Wittstock 2014.
11 Vgl. Graumann und Schmidt-Graumann 2021.
12 Zur Abgrenzung und Bedeutung der pflegesatzfähigen Kosten im DRG-System siehe Kapitel „Abgrenzungsverordnung".

nung des Krankenhauses könnte im Prinzip unabhängig von dieser Vorgabe implementiert werden, jedoch müssten in diesem Fall zwei Rechnungssysteme aufgestellt werden, um den Anforderungen der KHBV und den eigenen Informationsansprüchen zu genügen. Dies wäre ineffizient, sodass in der Regel das interne Rechnungswesen auf den grundlegenden Daten des externen Rechnungswesens gemäß KHBV basiert.

Zweitens basieren fast alle Instrumente des operativen Controllings auf Buchhaltungsdaten. Planbilanzen, Kosten- und Leistungsrechnung, Finanzkennzahlen und Budgets benötigen die Buchhaltung. Wichtig ist allerdings zu betonen, dass die Buchhaltung primär eine vergangenheitsorientierte Ermittlungsfunktion hat, während das Controlling stärker zukunftsorientiert ist, d. h., unter anderem Planungs- und Steuerungsfunktion einnimmt. Die Buchhaltung ist damit eine notwendige Bedingung für das Controlling, aber ihre Instrumente sind häufig nicht ausreichend für das Controlling. Ein gutes Beispiel ist die Handelsbilanz des Jahresabschlusses. Sie ist eine Gegenüberstellung von Vermögen und Kapital zu einem in der Vergangenheit liegenden Stichtag. Mit Hilfe der Bilanz kann man zwar einen schnellen Überblick über die Vermögens- und Finanzstruktur des Unternehmens zu diesem Zeitpunkt gewinnen, aber man kann in der Regel aus diesen Vergangenheitswerten nur sehr bedingt Steuerungsinformationen für die Zukunft ableiten. Ein Krankenhaus mit Hilfe der Bilanz steuern zu wollen, wäre etwa so effektiv wie ein Auto allein mit dem Blick in den Rückspiegel zu fahren. In beiden Fällen würde der Abgrund nahe sein.

Im Folgenden sollen die gesetzlichen Rahmenbedingungen für Buchhaltung und Jahresabschluss beschrieben werden. Sie ergeben sich insbesondere aus der Krankenhausbuchführungsverordnung (KHBV), aus der Abgrenzungsverordnung (AbgrV) sowie aus dem Handelsgesetzbuch (HGB). Das Unterkapitel schließt mit einem kurzen Ausblick auf den Jahresabschluss nach internationalen Standards (IAS-IFRS).

Krankenhausbuchführungsverordnung

Die Verordnung über die Rechnungs- und Buchführungspflichten von Krankenhäusern (KHBV) trat 1978 in Kraft und stellte einen epochalen Wechsel in der Geschichte des Rechnungswesens der Krankenhäuser dar.[13] Erstmals wurden Krankenhäuser zur doppelten Buchhaltung verpflichtet. Vorausgegangen waren die Einführung der dualen Finanzierung durch das Krankenhausfinanzierungsgesetz (KHG 1972)[14] sowie ihre Umsetzung in der Bundespflegesatzverordnung (BPflV 1973). Sie erforderten den buchhalterischen Nachweis der Vorhalte- und Betriebskosten, um eine exakte Berechnung der pflegesatzfähigen Kosten zu ermöglichen.

---

13 Vgl. Gruber und Ott 2015.
14 BGBl 1972, S. 1009, inkraftgetreten am 01.01.1972.

Der getrennte Ausweis von pflegesatzfähigen und nicht-pflegesatzfähigen Kosten überforderte die meisten Krankenhäuser, die überwiegend noch als Regiebetriebe (städtische Krankenhäuser) oder als Vereine (z. B. kirchliche Krankenhäuser) geführt wurden. In der Regel besaßen sie nur ein kamerales Rechnungswesen, das lediglich Einzahlungen und Auszahlungen aufzeichnete. Mit diesem sehr einfachen Instrument konnten die pflegesatzfähigen Selbstkosten nicht ermittelt werden. Deshalb wurde eine grundsätzliche Neuregelung des Rechnungswesens der Krankenhäuser notwendig und in der Abgrenzungsverordnung bzw. der KHBF 1978 umgesetzt.

Die KHBV von 1978 machte die doppelte Buchführung für alle Krankenhäuser verpflichtend. Mit Hilfe der Buchhaltung sollte die zweckentsprechende Verwendung der staatlichen Fördermittel nachgewiesen und die Übernahme der Daten des Selbstkostenblattes aus der Buchhaltung ermöglicht werden. Kosten und Leistungen sollten transparent sein. Die Veränderung des Handels- und Aktienrechts erforderte eine Anpassung der KHBV (1986/87). In dieser Revision wurden erstmals auch die Teilkostenrechnung und die innerbetriebliche Leistungsverrechnung für Krankenhäuser zugelassen.

Tab. 95 gibt die wichtigsten Inhalte der KHBV wieder. Stark vereinfachend kann man sagen, dass das Krankenhaus mit der Einführung der KHBV einen Jahresabschluss nach HGB zu erstellen hat. Dies klingt einfach, stellte jedoch in der Praxis eine Überforderung für viele Krankenhäuser dar. Es dauerte Jahre, bis diese Anforderung und insbesondere die doppelte Buchführung umgesetzt worden waren. Die Einzelvorschriften des § 5 betreffen insbesondere verschiedene Bilanzpositionen, die sich auf Grund der dualen Finanzierung ergeben. Die §§ 257 und 261 des Handelsgesetzbuches betreffen insbesondere die Aufbewahrungsfristen. Grundsätzlich besteht für alle Krankenhäuser eine Aufbewahrungspflicht für Belege und Dokumente. Buchungsbelege müssen mindestens zehn Jahre gespeichert werden. Mit Ausnahme der Eröffnungsbilanzen und Abschlüsse können Unterlagen allerdings auch als Wiedergabe auf einem Bildträger oder auf anderen Datenträgern aufbewahrt werden.

In den Anlagen zur KHBV (vgl. Tab. 96) findet sich ein ausführlicher Kontenrahmen (Anlage 4) mit detaillierten Zuordnungsvorschriften. Die Klassen 0–8 bilden die Konten der Finanzbuchhaltung. Aus ihnen leiten sich die Bilanz (Anlage 1 zur KHBV) und die Gewinn- und Verlustrechnung ab (Anlage 2 zur KHBV). Sie werden ergänzt durch einen Anlagennachweis (Anlage 3 zur KHBV), wie ihn Abb. 167 zeigt. Die Klasse 9 des Kontenrahmens ist für die Kostenstellen (Anlage 5 zur KHBV) vorgesehen.

Der Kontenrahmen entspricht in etwa dem Gemeinschaftskontenrahmen anderer Branchen. Die Kontenklassen 0 und 1 enthalten die Aktivkonten, 2 und 3 die Passivkonten, 4 und 5 die Erträge, 6 und 7 die Aufwendungen. Die Kontenklasse 8 stellt Abschlusskonten zur Verfügung, in der Kontenklasse 9 sind die Kostenstellen aufgeführt.

Tab. 95: Inhalt der Krankenhausbuchführungsverordnung.[15]

Paragraf	Inhalt
§ 2 Geschäftsjahr	Das Geschäftsjahr ist das Kalenderjahr.
§ 3 Buchführung, Inventar	Das Krankenhaus führt seine Bücher nach den Regeln der kaufmännischen doppelten Buchführung. Im Übrigen gelten die §§ 238 und 239 des Handelsgesetzbuchs (Buchführungspflicht). Die Konten sind nach dem Kontenrahmen der Anlage 4 einzurichten. Für das Inventar gelten die §§ 240 und 241 des Handelsgesetzbuchs.
§ 4 Jahresabschluss	Der Jahresabschluss des Krankenhauses besteht aus der Bilanz, der Gewinn- und Verlustrechnung und dem Anhang einschließlich des Anlagennachweises. Der Jahresabschluss soll innerhalb von vier Monaten nach Ablauf des Geschäftsjahres aufgestellt werden. Ansonsten gilt das HGB.
§ 5 Einzelvorschriften zum Jahresabschluss	(1) Vermögensgegenstände des Anlagevermögens (2) Sonderposten aus Zuweisungen und Zuschüssen der öffentlichen Hand (3) Sonderposten aus Fördermitteln nach KHG (4) Ausgleichsposten aus Darlehensförderung (5) Ausgleichsposten für Eigenmittelförderung (6) Eigenkapital
§ 6 Aufbewahrung und Vorlegung von Unterlagen	Für die Aufbewahrung von Unterlagen, die Aufbewahrungsfristen und die Vorlegung von Unterlagen gelten die §§ 257 und 261 des Handelsgesetzbuchs.
§ 7	weggefallen
§ 8 Kosten- und Leistungsrechnung	Das Krankenhaus hat eine Kosten- und Leistungsrechnung zu führen
§ 9 Befreiungsvorschrift	Ein Krankenhaus mit bis zu 100 Betten oder mit nur einer bettenführenden Abteilung kann von den Pflichten nach § 8 befreit werden, soweit die mit diesen Pflichten verbundenen Kosten in keinem angemessenen Verhältnis zu dem erreichbaren Nutzen stehen und die in § 8 Satz 1 genannten Zwecke auf andere Weise erreicht werden können.

Abgrenzungsverordnung

Die zweite wichtige Grundlage der Krankenhausbuchführung ist die Abgrenzungsverordnung (AbgrV). Sie wurde als „Verordnung über die Abgrenzung und die durchschnittliche Nutzungsdauer von Wirtschaftsgütern in Krankenhäusern" 1978 erlassen und 1986 als „Verordnung über die Abgrenzung der im Pflegesatz nicht zu

---

15 Quelle: BGBl. I 1987, 1045.

Tab. 96: Anlagen zur Krankenhausbuchführungsverordnung.[16]

Anlagen	Inhalt
Anlage 1	Gliederung der Bilanz
Anlage 2	Gliederung der Gewinn- und Verlustrechnung
Anlage 3	Anlagennachweis
Anlage 4	Kontenrahmen für die Buchführung, Zuordnungsvorschriften zum Kontenrahmen
Anlage 5	Kostenstellenrahmen für die Kosten- und Leistungsrechnung

Bilanzpositionen BII Sachanlagen	Entwicklung der Anschaffungswerte					Entwicklung der Abschreibungen						Rest-buch-werte [€]
	Anfangs-bestand [€]	Zugang [€]	Umbu-chungen [€]	Abgang [€]	Endbe-stand [€]	An-fangs-bestand [€]	Abschrei bungen des Ge-schäfts-jahres[€]	Umbu-chungen [€]	Zuschrei-bungen [€]	Entnah-me für Abgänge [€]	Endstand [€]	
1	2	3	4	5	6	7	8	9	10	11	12	13
1. Grundstücke und grundstücksgleiche Rechte mit Betriebs-bauten einschließlich der Betriebsbauten auf fremden Grundstücken 2. Grundstücke und grundsgleiche Rech-te mit Wohnbauten einschließlich der Wohnbauten auf fremden Grundstü-cken 3. Grundstücke und grundstücksgleiche Rechte ohne Bauten 4. technische Anlagen 5. Einrichtungen und Ausstattungen 6. geleistete Anzahlun-gen und Anlagen im Bau												

Abb. 167: Anlagennachweis.[17]

berücksichtigenden Investitionskosten von den pflegesatzfähigen Kosten der Krankenhäuser" revidiert. Obwohl die Pflegesätze in einem fallpauschalierten Vergütungssystem eine stark reduzierte Bedeutung haben, sind die grundlegenden Abgrenzungen
nach wie vor für die Investitionsfinanzierung gültig.

Nach der AbgrV müssen Anlagegüter, Gebrauchs- und Verbrauchsgüter unterschieden werden. Anlagegüter sind die Wirtschaftsgüter des zum Krankenhaus gehörenden
Anlagevermögens. Die Gebrauchsgüter sind Anlagegüter mit einer durchschnittlichen

---

16 Quelle: BGBl. I 1987, 1045.
17 Quelle: BGBl. I 1987, 1045, Anlage 3.

Nutzungsdauer bis zu drei Jahren und damit eine Untergruppe der Anlagegüter (z. B. Dienst- und Schutzkleidung, Wäsche, Textilien, Geschirr, Atembeutel, Narkosemasken, Warmhaltekannen). Verbrauchsgüter hingegen sind alle Wirtschaftsgüter, die durch ihre bestimmungsgemäße Verwendung aufgezehrt oder unverwendbar werden (z. B. Einwegspritzen, Reinigungsmittel, Medikamente) bzw. ausschließlich von einem Patienten genutzt werden und üblicherweise bei ihm verbleiben, auch wenn sie längerfristig verwendet werden können (z. B. Prothesen). Weiterhin zählen wiederbeschaffte, abnutzbare und bewegliche Anlagegüter als Verbrauchsgüter, wenn die Anschaffungs- oder Herstellungskosten für das einzelne Anlagegut ohne Umsatzsteuer den Betrag von 51 € nicht übersteigen (z. B. Mehrwegspritzen, Schrubber).

Die Unterscheidung ist für die duale Finanzierung von großer Bedeutung. Pflegesatzfähig sind alle Verbrauchsgüter, Gebrauchsgüter sowie unter Umständen die Instandhaltung (vgl. Abb. 168). Ein Gebrauchsgut mit einem Anschaffungs- oder Herstellwert von weniger als 410 € netto (d. h. ohne Umsatzsteuer) gilt als niederwertig. Dementsprechend können die gesamten Anschaffungs- oder Herstellkosten im Jahr der Anschaffung als Kosten geltend gemacht werden. Liegt der Wert über dieser Marke, so muss eine Abschreibung über die Nutzungsdauer erfolgen. Pflegesatzfähig sind somit nur die Abschreibungen. Die Kosten der Errichtung und Erstausstattung von Krankenhäusern (mit Ausnahme der Kosten der Verbrauchsgüter), die Kosten der Ergänzung von Anlagegütern, soweit diese über die übliche Anpassung der vorhandenen Anlagegüter an die medizinische und technische Entwicklung wesentlich hinaus-

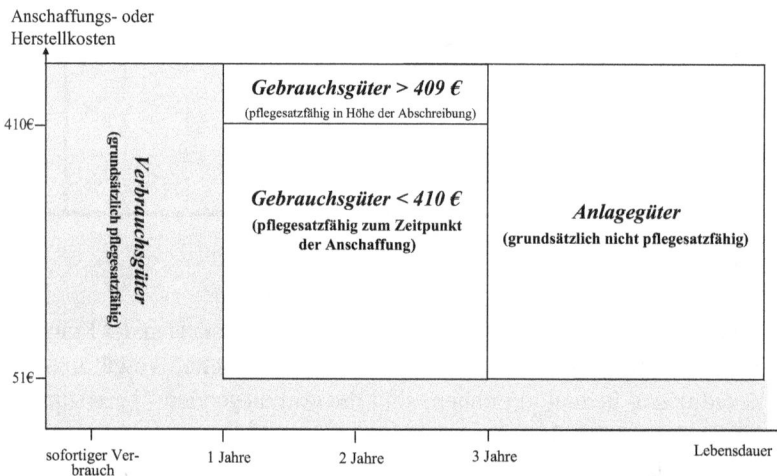

Abb. 168: Anlage-, Gebrauchs- und Verbrauchsgüter; Pflegesatzfähigkeit bei laufendem Krankenhaus.[18]

18 Quelle: Eigene Darstellung, in Anlehnung an Eichhorn und Schmidt-Rettig 2001, S. 380.

geht sowie die Kosten der Wiederbeschaffung von Anlagegütern mit einer durchschnittlichen Nutzungsdauer von mehr als drei Jahren sind nicht pflegesatzfähig.

In der Praxis ist die Abgrenzung zwischen pflegesatzfähig und nicht pflegesatzfähig überholt. Die meisten Bundesländer haben sich aus der dualen Finanzierung de facto zurückgezogen, sodass die Krankenkassen Teile der nicht pflegesatzfähigen Kosten übernehmen. Die Einführung der DRGs hat die Pflegesätze grundsätzlich abgelöst. Die grundsätzliche Unterscheidung in Anlagegüter, Gebrauchs- und Verbrauchsgüter blieb allerdings erhalten.

Bilanz und GuV des Krankenhauses

Die Bilanz ist eine stichtagsbezogene und wertmäßige Gegenüberstellung der Bestandsgrößen Vermögen und Schulden eines Betriebes. Sie dient primär der Dokumentation und Information für das Management, die Kapitalgeber, das Finanzamt oder die sonstige Öffentlichkeit. Als Planungs- und Steuerungsinstrument ist sie wenig geeignet, da sie eine vergangenheitsbezogene Stichtagsrechnung ist. Trotzdem ist sie für das Controlling wichtig, da sie – zumindest nach der dem Handelsgesetzbuch überwiegend zu Grunde liegenden statischen Bilanztheorie – Ausgangs- und Endpunkt der Buchhaltung ist. Bilanztypen, die einen unmittelbareren Steuerungsbezug haben (z. B. Planbilanz, Bewegungsbilanz) basieren ebenfalls auf der stichtagsbezogenen Beständebilanz.

Im Folgenden werden stark verkürzt einige Grundlagen der Bilanztheorie diskutiert. Es folgt eine Diskussion des Jahresabschlusses der Krankenhäuser auf Grundlage des Krankenhausfinanzierungsgesetzes und des Handelsgesetzbuches. Das Kapitel schließt mit einem kurzen Ausblick auf den Jahresabschluss nach internationalen Standards. Der Exkurs zur Bilanztheorie ist notwendig, um überhaupt den Unterschied zwischen dem traditionellen Abschluss deutscher Krankenhäuser und den Herausforderungen durch internationale Abschlüsse verstehen zu können. Der Schwerpunkt liegt jedoch auf der Krankenhausbilanz nach HGB/KHG und den darin enthaltenen Sonderposten.[19]

Grundlagen

Formale Bilanztheorien intendieren eine Erklärung des Wesens der Bilanz, während materielle Bilanztheorien die Höhe der Bewertung der Bilanzpositionen fokussieren. In der formalen Bilanztheorie gibt es zwei grundsätzlich unterschiedliche Vorstellungen davon, was eine Beständebilanz ist. Aus Sicht der statischen Bilanztheorie ist die Bilanz die Gegenüberstellung von Vermögen und Kapital. Die Aktivseite der Bilanz umfasst die Vermögensgegenstände gegliedert nach der Liquidität, d. h. der Nähe

---

19 Vgl. Müller 2016; Klockhaus 1996.

zum Zeitpunkt der natürlichen Geldwerdung. Die Passivseite zeigt auf, woher das Kapital des Unternehmens kommt. Sie ist nach der Fristigkeit sortiert.

Das Gewinn- und Verlustkonto (GuV) ist aus Sicht der statischen Bilanztheorie ein Hilfs- oder Unterkonto. Es bilanziert die Veränderung des Eigenkapitals und stellt eine Verbindung zwischen zwei Beständebilanzen her. Anstatt alle Eigenkapitaländerungen direkt auf diesem Konto zu buchen, werden Aufwand (Kapitalverzehr) und Ertrag (Kapitalersatz) in der GuV gesammelt und saldiert. Der Gewinn als Eigenkapitalzuwachs und der Verlust als Eigenkapitalvernichtung sind auf die Bilanz ausgerichtet.

Der Zweck der Bilanz nach statischer Vorstellung besteht folglich im Ausweis von Kapital und Vermögen. Sie sollen nach dem Prinzip der kaufmännischen Vorsicht bewertet werden, d. h., nicht realisierte Erträge dürfen nicht berücksichtigt werden, während alle möglichen Inanspruchnahmen des Kapitals passiviert werden müssen. Oberstes Ziel ist hierbei der Gläubigerschutz, sodass Risiken nicht in die Zukunft übertragen werden dürfen, sondern zum Zeitpunkt ihres Bekanntwerdens gebucht werden müssen.

Während für die statische Bilanztheorie die Beständebilanz folglich Ausgangs- und Zielpunkt der Buchhaltung ist, fokussiert die dynamische Bilanztheorie die Gewinn- und Verlustrechnung. Die Bilanz erscheint lediglich als ein Unter- oder Hilfskonto der GuV, die alle noch nicht erfolgswirksam gewordenen Werte aufnimmt. Vermögensgegenstände, die zwar zu Auszahlungen bzw. Ausgaben, aber noch nicht zu Aufwendungen geführt haben, werden dort „geparkt", bis sie erfolgswirksam werden und damit dem eigentlichen Ziel der Buchhaltung, nämlich der Erfolgsermittlung in der GuV, als Abschreibungen oder Verbräuche zugeführt werden. Genau genommen gehört damit die Bilanz nicht zur Buchhaltung, sondern ist lediglich ein Statement aller Aufwendungen und Erträge, die in der laufenden Periode noch nicht angefallen sind.

Das primäre Ziel einer Bilanz und GuV nach dynamischer Bilanztheorie ist nicht der Schutz der Gläubiger, sondern die ehrliche Darstellung der Unternehmenssituation für mögliche Investoren. Die kaufmännische Vorsicht spielt dabei eine deutlich geringere Rolle.

Bis vor wenigen Jahren hätte man die unterschiedlichen Bilanzauffassungen in einem Lehrbuch der Krankenhaussteuerung getrost vernachlässigen können. Die Einführung der internationalen Rechnungslegung in Deutschland verlangt jedoch eine stärker theoriebasierte Würdigung. Immer mehr Krankenhäuser erstellen ihren Abschluss nach den International Accounting Standards (IAS) bzw. den International Financial Reporting Standards (IFRS). Diese anglophonen Systeme basieren auf der dynamischen Bilanztheorie. Ein Krankenhaus, das diese Abschlüsse einführen möchte, muss sich darüber im Klaren sein, dass es sich um eine fundamental unterschiedliche Bilanzkonzeption handelt und nicht nur um ein paar Umstellungen der Bilanzpositionen.

Die materielle Bilanztheorie versucht, Wertvorgaben für einzelne Bilanzpositionen zu begründen. Sie unterscheidet Wertansätze nach dem Gegenstand der Bewertung (z. B. Einzelwert, Gesamtwert, Teilwert), nach dem Bewertungsmaßstab (Substanzwert, Ertragswert, Nutzwert), nach der Objektivität (Verkehrswert, subjektiver Wert), nach der Herkunft des Wertes (Schätzwert, Anschaffungswert, Verkaufswert, Liquidationswert) sowie nach dem Zeitpunkt der Bewertung (Vergangenheitswert, Gegenwartswert, Zukunftswert). Auch hier unterscheidet sich die deutsche Tradition des Handelsgesetzbuches von den anglophonen Standards. Während nach dem HGB von den Anschaffungs- oder Herstellkosten auszugehen ist (nominelle Bilanztheorie), lassen IAS/IFRS unter Umständen eine Bilanzierung des Wiederbeschaffungswertes zu (organische Bilanztheorie). Das Inflation Accounting vermeidet einen inflationsbedingten Substanzverlust, in dem es einen zukünftigen, höheren Wert als die Anschaffungs- bzw. Herstellkosten ansetzt. Gelten nach dem HGB für Umlaufvermögen das strenge und für Anlagevermögen das gemilderte Niederstwertprinzip, so sind nach IAS/IFRS unter Umständen sogar Zuschreibungen zu Bilanzpositionen möglich.

Jahresabschluss nach HGB

Der größte Teil der deutschen Krankenhäuser erstellt seinen Jahresabschluss nach dem Handelsgesetzbuch.[20] Wie bereits oben beschrieben, verweist die Krankenhausbuchführungsverordnung im Wesentlichen auf das HGB. Tab. 97 gibt einen Überblick über die wichtigsten Vorschriften des HGBs, die für Krankenhäuser relevant sind.

Die Gewinn- und Verlustrechnung kann dem Gesamtkostenverfahren (§ 275 Abs. 2) oder dem Umsatzkostenverfahren (§ 275 Abs. 3) folgen. Beim Gesamtkostenverfahren werden von den Gesamterträgen einer Periode die Gesamtaufwendungen abgezogen, die zur Erstellung dieser Leistungen nötig waren. Leistungen, die zwar erzeugt, aber noch nicht verkauft sind, werden zu den Gesamterträgen in Höhe ihrer Herstellkosten gerechnet. Die Gliederung erfolgt nach Aufwandsarten (z. B. Personalkosten, Materialkosten etc.).

Beim Umsatzkostenverfahren werden von den Gesamterlösen der verkauften Leistungen die Aufwendungen abgezogen, die benötigt wurden, um sie zu erzeugen. Produkte auf Lager werden folglich nicht berücksichtigt. Die Gliederung erfolgt nach Funktionsbereichen (z. B. Stationen, Verwaltung etc.).

Das Gesamtkostenverfahren ist das traditionelle Verfahren in Deutschland, während in der anglophonen Welt das Umsatzkostenverfahren dominiert. Beide Verfahren sind allerdings auch nach IAS/IFRS zulässig. Lediglich das amerikanische US-GAAP verbietet das Gesamtkostenverfahren.

---

20 Vgl. z. B. Wöhe, Döring und Brösel 2020.

Tab. 97: Relevante Vorschriften des HGB.[21]

	Inhalt		Inhalt
§ 238	Buchführungspflicht	§ 249	Rückstellungen
§ 239	Führung der Handelsbücher	§ 250	Rechnungsabgrenzungsposten
§ 240	Inventar	§ 251	Haftungsverhältnisse
§ 241	Inventurvereinfachungsverfahren	§ 252	Allgemeine Bewertungsgrundsätze
§ 242	Pflicht zur Aufstellung einer Bilanz	§ 253	Wertansätze der Vermögensgegenstände und Schulden
§ 243	Aufstellungsgrundsatz, insb. Grundsätze ordnungsmäßiger Buchführung	§ 254	Steuerrechtliche Abschreibungen
§ 244	Sprache, Währungseinheit	§ 255	Anschaffungs- und Herstellungskosten
§ 245	Unterzeichnung, Unterschrift	§ 256	Bewertungsvereinfachungsverfahren
§ 246	Vollständigkeit, Verrechnungsverbot	§ 266	Gliederung der Bilanz (Kapitalgesellschaften)
§ 247	Inhalt der Bilanz	§ 275	Gliederung der GuV (Kapitalgesellschaften)
§ 248	Bilanzierungsverbote		

Tab. 98 und Tab. 99 geben einen Überblick über eine Krankenhausbilanz gemäß Anlage1 der Krankenhausbuchführungsverordnung. Tab. 100 zeigt die entsprechende GuV nach Anlage 2. Es handelt sich um eine Bilanz nach § 266 HGB bzw. eine GuV nach § 275 Abs. 2 (Gesamtkostenverfahren) HGB, die um Sonderposten nach KHG ergänzt wurden. Diese Sonderposten sind primär die Konsequenz der dualen Finanzierung, die 1972 mit dem Krankenhausfinanzierungsgesetz eingeführt wurde. Im Folgenden wird vorausgesetzt, dass die HGB-Positionen bekannt sind, sodass lediglich krankenhausspezifische Positionen diskutiert werden. Dies sind insbesondere Erlöse, unfertige Erzeugnisse, Sonderposten aus Zuweisungen und Zuschüssen der öffentlichen Hand, Ausgleichsposten aus Darlehensförderung und Ausgleichsposten für Eigenmittelförderung.[22]

Erlöse: Im Prinzip müsste ein Krankenhaus fünf Erlöskonten pro DRG einführen, d. h. jeweils ein Konto für Erlöse der Normallieger, für Abschläge der Kurzlieger, für Zuschläge der Langlieger, für Abschläge bei vorzeitiger Verlegung sowie für Ab-

---

21 Quelle: Handelsgesetzbuch.
22 Vereinfachte, gekürzte Form. Quelle: Quelle: BGBl. I 1987, 1045, Anlage 1.

schläge bei Aufnahmeverlegung. Häufig existiert nur ein Erlöskonto in der Haupt-
buchhaltung, und die Aufgliederung erfolgt in der Nebenbuchhaltung. Allerdings
sind nach wie vor manche Finanzbuchhaltungssysteme hiermit überfordert.

Tab. 98: Aktivseite der Krankenhausbilanz nach Anlage 1 der KHBV (Vereinfache, gekürzte Form).[23]

Aktivseite

A. Ausstehende Einlagen auf das gezeichnete/festgesetzte Kapital
B. Anlagevermögen
   I. Immaterielle Vermögensgegenstände und dafür geleistete Anzahlungen
   II. Sachanlagen:
      1. Grundstücke und grundstücksgleiche Rechte mit Betriebsbauten
      2. Grundstücke und grundstücksgleiche Rechte mit Wohnbauten
      3. Grundstücke und grundstücksgleiche Rechte ohne Bauten
      4. technische Anlagen
      5. Einrichtungen und Ausstattungen
      6. geleistete Anzahlungen und Anlagen im Bau
   III. Finanzanlagen:
      1. Anteile an verbundenen Unternehmen
      2. Ausleihungen an verbundene Unternehmen
      3. Beteiligungen
      4. Ausleihungen an Unternehmen, mit denen ein Beteiligungsverhältnis besteht
      5. Wertpapiere des Anlagevermögens
      6. sonstige Finanzanlagen, davon bei Gesellschaftern bzw. dem Krankenhausträger
C. Umlaufvermögen
   I. Vorräte:
      1. Roh-, Hilfs- und Betriebsstoffe
      2. unfertige Erzeugnisse, unfertige Leistungen
      3. fertige Erzeugnisse und Waren
      4. geleistete Anzahlungen
   II. Forderungen und sonstige Vermögensgegenstände:
      1. Forderungen aus Lieferungen und Leistungen
      2. Forderungen an Gesellschafter bzw. den Krankenhausträger
      3. Forderungen nach dem Krankenhausfinanzierungsrecht
      4. Forderungen gegen verbundene Unternehmen
      5. Forderungen gegen Unternehmen, mit denen ein Beteiligungsverhältnis besteht
      6. sonstige Vermögensgegenstände
   III. Wertpapiere des Umlaufvermögens
   IV. Schecks, Kassenbestand, Bundesbank- und Postgiroguthaben, Guthaben bei
      Kreditinstituten
D. Ausgleichsposten nach dem KHG
   I. Ausgleichsposten aus Darlehensförderung
   II. Ausgleichsposten für Eigenmittelförderung
E. Rechnungsabgrenzungsposten
F. Nicht durch Eigenkapital gedeckter Fehlbetrag

---

23 Vgl. Klockhaus 1996.

Tab. 99: Passivseite der Krankenhausbilanz nach Anlage 1 der KHBV (Vereinfache, gekürzte Form).[24]

Passivseite
A. Eigenkapital
I.   Gezeichnetes/festgesetztes Kapital
II. Kapitalrücklagen
III. Gewinnrücklagen
IV. Gewinnvortrag/Verlustvortrag
V. Jahresüberschuss/Jahresfehlbetrag
B. Sonderposten aus Zuwendungen zur Finanzierung des Sachanlagevermögens:
I.   Sonderposten aus Fördermitteln nach dem KHG
II. Sonderposten aus Zuweisungen und Zuschüssen der öffentlichen Hand
III. Sonderposten aus Zuwendungen Dritter
C. Rückstellungen
I.   Rückstellungen für Pensionen und ähnliche Verpflichtungen
II. Steuerrückstellungen
III. sonstige Rückstellungen
D. Verbindlichkeiten
I.   Verbindlichkeiten gegenüber Kreditinstituten   davon gefördert nach dem KHG
II. erhaltene Anzahlungen
III. Verbindlichkeiten aus Lieferungen und Leistungen
IV. Verbindlichkeiten aus der Annahme gezogener Wechsel und der Ausstellung eigener Wechsel
V. Verbindlichkeiten gegenüber Gesellschaftern bzw. dem Krankenhausträger
VI. Verbindlichkeiten nach dem Krankenhausfinanzierungsrecht
VII. Verbindlichkeiten aus sonstigen Zuwendungen zur Finanzierung des Anlagevermögens
VIII. Verbindlichkeiten gegenüber verbundenen Unternehmen
IX. Verbindlichkeiten gegenüber Unternehmen, mit denen ein Beteiligungsverhältnis besteht
X.   sonstige Verbindlichkeiten
E. Ausgleichsposten aus Darlehensförderung
F. Rechnungsabgrenzungsposten

Unfertige Waren: Dienstleistungen sind nicht lagerbar, d. h., Produktion und Absatz fallen zeitlich und räumlich zusammen. Damit sind prinzipiell fertige und unfertige Waren ausgeschlossen. In der Praxis werden jedoch Patienten, die mit Fallpauschalen berechnet werden und über den Bilanzstichtag im Krankenhaus liegen (Überlieger), wie unfertige Waren betrachtet und als unfertige Leistungen bezeichnet. Die Einführung einer entsprechenden Bilanz- bzw. GuV-Position ist notwendig, um eine periodengerechte Abrechnung zu gewährleisten. Die Kosten der Leistungen, die für diesen Patienten in der alten Periode angefallen sind, sollen den entsprechenden Erlösen gegenübergestellt werden, auch wenn diese Erlöse erst in der neuen Periode

---

24 Vereinfachte, gekürzte Form. Quelle: BGBl. I 1987, 1045, Anlage 1.

Tab. 100: GuV eines Krankenhauses nach Anlage 2 der KHBV (Vereinfachte, gekürzte Form)[25].

1. Erlöse aus Krankenhausleistungen
2. Erlöse aus Wahlleistungen
3. Erlöse aus ambulanten Leistungen des Krankenhauses
4. Nutzungsentgelte der Ärzte
5. Erhöhung oder Verminderung des Bestandes an fertigen und unfertigen Erzeugnissen/unfertigen Leistungen
6. Andere aktivierte Eigenleistungen
7. Zuweisungen und Zuschüsse der öffentlichen Hand, soweit nicht unter Nr. 11
8. Sonstige betriebliche Erträge
9. Personalaufwand
9. a) Löhne und Gehälter
9. b) Soziale Abgaben und Aufwendungen für Altersversorgung und für Unterstützung
10. Materialaufwand
10. a) Aufwendungen für Roh-, Hilfs- und Betriebsstoffe
10. b) Aufwendungen für bezogene Leistungen
= Zwischenergebnis I (1 + 2 + 3 + 4 + 5 + 6 + 7 + 8 – 9 – 10)
11. Erträge aus Zuwendungen zur Finanzierung von Investitionen
12. Erträge aus der Einstellung von Ausgleichsposten aus Darlehensförderung und für Eigenmittelförderung
13. Erträge aus der Auflösung von Sonderposten/Verbindlichkeiten nach dem KHG und auf Grund sonstiger Zuwendungen zur Finanzierung des Anlagevermögens
14. Erträge aus der Auflösung des Ausgleichspostens für Darlehensförderung
15. Aufwendungen aus der Zuführung zu Sonderposten/Verbindlichkeiten nach dem KHG und auf Grund sonstiger Zuwendungen zur Finanzierung des Anlagevermögens
16. Aufwendungen aus der Zuführung zu Ausgleichsposten aus Darlehensförderung
17. Aufwendungen für die nach dem KHG geförderte Nutzung von Anlagegegenständen
18. Aufwendungen für nach dem KHG geförderte, nicht aktivierungsfähige Maßnahmen

---

25 Vereinfachte, gekürzte Form. Quelle: BGBl. I 1987, 1045, Anlage 2.

Tab. 100 (fortgesetzt)

19. Aufwendungen aus der Auflösung der Ausgleichsposten aus Darlehensförderung und für Eigenmittelförderung
20. Abschreibungen
20. a) auf immaterielle Vermögensgegenstände des Anlagevermögens und Sachanlagen sowie auf aktivierte Aufwendungen für die Ingangsetzung und Erweiterung des Geschäftsbetriebes
20. b) auf Vermögensgegenstände des Umlaufvermögens, soweit diese die im Krankenhaus üblichen Abschreibungen überschreiten
21. Sonstige betriebliche Aufwendungen
= **Zwischenergebnis II** (Zwischenergebnis I + 11 + 12 + 13 + 14 − 15 − 16 − 17− 18 − 19 − 20 − 21)
22. Erträge aus Beteiligungen
23. Erträge aus anderen Wertpapieren und aus Ausleihungen des Finanzanlagevermögens
24. Sonstige Zinsen und ähnliche Erträge
25. Abschreibungen auf Finanzanlagen und auf Wertpapiere des Umlaufvermögens
26. Zinsen und ähnliche Aufwendungen
27. **Ergebnis der gewöhnlichen Geschäftstätigkeit** (Zwischenergebnis II + 22 + 23 + 24 − 25 − 26)
28. Außerordentliche Erträge
29. Außerordentliche Aufwendungen
30. **Außerordentliches Ergebnis** (28 − 29)
31. Steuern
32. **Jahresüberschuss/Jahresfehlbetrag** (27 + 30 − 31)

zahlungswirksam werden. Das folgende Beispiel illustriert dies für den (einfacheren) Fall eines Überliegers *vor der Einführung der DRGs.*

- Aufnahme: 21.12.2002
- Entlassung: 10.01.2003
- Operation: 23.12.2002
- Pflegesatz im alten Jahr: 250 € pro Tag
- Pflegesatz im neuen Jahr: 280 € pro Tag
- Fallpauschale: 5000 €
- OP-Sonderentgelt: 2000 €
- Normaufenthaltsdauer: 20 Tage

Falls der Patient vollständig über Pflegesätze abgerechnet wurde, hatte das Krankenhaus im alten Jahr einen Erlös in Höhe von 2500 € und im neuen Jahr von 2800 €, da die entgeltrelevante Leistung der einzelne Pflegetag war. Hatte der Patient hingegen eine Diagnose, die über Fallpauschalen entgolten wurde, so war die entgeltrelevante Leistung die Entlassung. Dadurch entstand auch erst am Entlassungstag eine Forderung bzw. Einnahme. Im alten Jahr waren jedoch die Kosten für die Operation sowie für 10 Pflegetage angefallen, die für eine periodengerechte Abgrenzung als Erlös berechnet werden müssen. Hierzu wird zuerst das OP-Sonderentgelt von der Fallpauschale abgezogen, um das Entgelt für die nicht-operative Leistung zu erhalten (5000 € – 2000 € = 3000 €). Dieser Betrag wird durch die Normaufenthaltsdauer geteilt, um die durchschnittlichen Erlöse für nicht-operative Leistungen pro Pflegetag zu erhalten (3000 € / 20 d = 150 €/d). Damit hatte das Krankenhaus einen theoretischen Erlös im alten Jahr in Höhe der Summe aus Sonderentgelt und anteiligen Pflegeerlösen (2000 € + 10 d · 150 €/d = 3500 €) sowie im neuen Jahr in Höhe der anteiligen Pflegeerlöse (10 d · 150 €/d = 1500 €). Die theoretischen Erlöse des alten Jahres werden als Erträge gebucht und gleichzeitig als unfertige Erzeugnisse aktiviert. Damit ergeben sich die Buchungssätze *für eine fallpauschalierte Vergütung* (die Kontennummern beziehen sich auf den Kontenplan nach Anlage 4 der KHBV):

31.12.: 106 Unfertige Erzeugnisse
          an 551 Bestandsveränderung der unfertigen Leistungen 3500 €
10.01.: 12 Forderungen aus Lieferungen und Leistungen 5000 €
          an Unfertige Erzeugnisse 3500 € und
                40 Erlöse aus Krankenhausleistungen 1500 €

Das DRG-System hat den Nachteil, dass kein Sonderentgelt für die Hauptleistung ausgewiesen wird. Das Krankenhaus muss deshalb individuell kalkulieren, welche Kosten im alten Jahr für einen Fall angefallen sind. Hierbei gilt, dass Einzelkosten grundsätzlich aktivierungspflichtig sind, während bei Material- und Fertigungsgemeinkosten sowie Verwaltungskosten ein Aktivierungswahlrecht besteht. Alle zukünftigen Kosten dürfen nicht aktiviert werden (Realisierungsprinzip). Die Berechnung der Kosten des alten Jahres kann vereinfachend auch auf Grundlage der Kalkulationsdaten des InEK erfolgen. Für das G-DRG-System bis 2019 entsprachen die Buchungssätze den obigen der fallpauschalierten Vergütung.

Mit der Ausgliederung der Kosten direkter Pflege am Bett im Rahmen des aG-DRG-Systems tritt nun die komplexe Situation auf, dass die Pflegekosten verursachergerecht den Jahren zugerechnet werden können, während alle anderen Kosten über die Fallpauschale entgolten werden, so wie das im G-DRG-System der Fall war. Betrachten wir hierzu beispielhaft die DRG D02A (Komplexe Resektionen mit Rekonstruktionen an Kopf und Hals mit komplexem Eingriff oder mit Kombinationseingriff mit äußerst schweren CC). Als Ausgangsdaten für das Beispiel wählen wir:

– Aufnahme: 21.12.2002
– Entlassung: 10.01.2003
– Operation: 23.12.2002
– Durchschnittliche Verweildauer: 20,1 Tage
– Relativgewicht: 6,308

- Basisfallwert von 3747,98 €
- Pflegeerlösbewertungsrelation pro Tag: 1,3807
- Pflegeentgeltwert: 150 € pro Tag

Für die Pflege fallen 10 Tage im alten und 10 Tage im neuen Jahr an, d. h., sowohl im alten als auch im neuen Jahr werden 10 · 1,3807 · 150 € = 2071,05 € als Erlös verbucht. Zusätzlich wird exakt kalkuliert, welche Kosten für diesen Fall im alten Jahr aufgewendet wurden, d. h., der aG-DRG-Erlös von 6,308 · 3737,98 € = 23.642,26 € wird auf die Jahre verursachergerecht aufgeteilt.

Sonderposten aus Zuwendungen zur Finanzierung des Sachanlagevermögens:
Die duale Finanzierung stellt die Buchhaltung vor das Problem, einerseits alle Erträge und Aufwendungen korrekt und periodengerecht aufzuzeichnen, andererseits aber die staatlichen Förderleistungen erfolgsneutral auszuweisen. Dies erfordert die Schaffung von Sonderposten, die sich sowohl in der Bilanz als auch in der GuV zeigen. Der gesamte Förderungsprozess besteht aus folgenden Schritten:
- Antrag auf Fördermittel
- Eingang des Bewilligungsbescheides
- Eingang der Fördermittel
- Erwerb von Anlagevermögen
- Nutzung und Abschreibungen (über mehrere Jahre verteilt)

Der Antrag auf Fördermittel ist buchungstechnisch irrelevant. Der Bewilligungsbescheid hingegen impliziert eine Forderung gegenüber dem Staat und gleichzeitig eine Verpflichtung, das Geld zweckgemäß zu verwenden. Sollte das Geld nicht gemäß dem Bewilligungsbescheid verwendet werden, muss es an das Ministerium zurückgezahlt werden. Darüber hinaus stellt der Eingang des Bescheides einen Ertrag dar, der allerdings erfolgsneutral sein muss. Dementsprechend muss ein gleich hoher Aufwand gebucht werden. Damit ergibt sich für einen Bescheid vom 12. Januar 2020 in Höhe von 500.000 € folgende Buchung:
12.01.2020: 150 Forderungen nach KHG
             an 460 Erträge aus Fördermitteln nach dem KHG 500.000 €
12.01.2020: 752 Zuführungen der Fördermittel nach dem KHG zu Sonderposten oder Verbindlichkeiten
             an 350 Verbindlichkeiten nach dem KHG 500.000 €

Der Eingang der Fördermittel auf dem Bankkonto des Krankenhauses am 07.02. wird wie folgt verbucht:
07.02.2020: 13 Bank
             an 150 Forderungen nach KHG 500.000 €

Der zweckgemäße Erwerb des Anlagegegenstandes erfolgt am 30.04.2004. Dadurch entfällt die Verbindlichkeit gegenüber dem Land. Um Erfolgsneutralität zu gewährleisten, wird in derselben Höhe ein Passivkonto „Sonderposten auf Fördermitteln nach dem KHG" gebildet.

30.04.2004:   07 Einrichtungen und Ausstattungen
              an   13 Bank 500.000 €
30.04.2004:   350 Verbindlichkeiten nach dem KHG
              an   22 Sonderposten aus Fördermitteln nach dem KHG 500.000 €

Der Sonderposten ist eine Mischform von Eigen- und Fremdkapital. Bei zweckgemäßer Verwendung des Anlageguts steht das Kapital unbegrenzt zur Verfügung. Sollte das Anlagegut allerdings vorzeitig verkauft werden, ist der entsprechende Betrag an das fördernde Ministerium zurückzuzahlen. Es handelt sich um langfristiges Kapital, für das keine Zinsen oder Gewinnausschüttungen fällig werden. Bei zweckgemäßer Verwendung ist das geförderte Anlagegut ein Geschenk.

Das Anlagegut wird während der geplanten Nutzungsdauer abgeschrieben. In der klassischen Buchhaltung geht man davon aus, dass diese Abschreibungen Aufwand darstellen und dementsprechend den Gewinn bzw. das Eigenkapital reduzieren. Bei öffentlich geförderten Krankenhäusern wurde das Investitionsgut jedoch geschenkt, d. h., der Werteverlust darf nicht Gewinn mindernd sein, sondern Geschenkwert mindernd und damit erfolgsneutral. Dementsprechend muss nicht nur das Anlagegut abgeschrieben werden, sondern es muss auch noch der Sonderposten betragsgleich reduziert werden, sodass ein Gegenposten in der Gewinn- und Verlustrechnung entsteht (Annahme: lineare Abschreibung auf 10 Jahre).

31.12.2020:   761 Abschreibungen auf Sachanlagen
              an   07 Einrichtungen und Ausstattungen 50.000 €
31.12.2020:   22 Sonderposten aus Fördermitteln nach dem KHG
              an   490 Erträge aus der Auflösung von Sonderposten aus Fördermitteln nach dem KGH 50.000 €

Damit ist gewährleistet, dass jedes Jahr Erträge und Aufwendungen vollständig erfasst werden, die GuV jedoch weder einen Gewinn noch einen Verlust ausweist, der auf Fördermittel nach dem KHG zurückzuführen ist. Die folgenden Konten dokumentieren dieses Beispiel noch einmal.

07 Einrichtungen und Ausstattungen

30.04.2020	13	Anschaffung	500.000	31.12.2020	761	Abschreibung	50.000

13 Bank

07.02.2020	150	Zahlungseingang	500.000	30.04.2020	13	Anschaffung	500.000

150 Forderungen nach dem KHG

12.01.2020	150	Bewilligung	500.000	07.02.2020	13	Zahlungseingang	500.000

22 Sonderposten aus Fördermitteln nach dem KHG

31.12.2020	490	Abschreibung	50.000	30.04.2020	350	Anschaffung	500.000

350 Verbindlichkeiten nach dem KHG

30.04.2020	22	Anschaffung	500.000	12.01.2020	752	Bewilligung	500.000

460 Erträge aus Fördermitteln nach dem KHG

31.12.2020		GuV	500.000	12.01.2020	150	Bewilligung	500.000

490 Erträge aus der Auflösung von Sonderposten aus Fördermitteln nach dem KHG

31.12.2020		GuV	50.000	31.12.2020	22	Abschreibung	50.000

752 Zuführung der Fördermitteln nach dem KHG zu Sonderposten oder Verbindlichkeiten

12.01.2020	350	Bewilligung	500.000	31.12.2020		GuV	500.000

761 Abschreibungen auf Sachanlagen

31.12.2020	07	Abschreibung	50.000	31.12.2020		GuV	50.000

Gewinn- und Verlustkonto 2020

...	...	...	...
Zuführung der Fördermitteln nach dem KHG zu Sonderposten	500.000	Erträge aus Fördermitteln nach dem KHG	500.000
Abschreibungen auf Sachanlagen	50.000	Erträge aus der Auflösung von Sonderposten aus Fördermitteln nach dem KHG	50.000
...		...	...

Ausgleichsposten: Die Ausgleichsposten der Krankenhausbilanz sind reine Bilanzierungshilfen, die erstmals durch die Einführung des KHG 1972 notwendig wurden. Sie wurden für Anlagegegenstände gebildet, die vor 1972 durch das Krankenhaus durch Eigenmittel oder Darlehen angeschafft wurden. Da diese Gebäude und Anlagen abgeschrieben werden, jedoch kein Sonderposten auf der Passivseite der Krankenhausbilanz gebildet wurde und deshalb auch nicht erfolgsneutralisierend abgeschrieben werden kann, bestand das Problem, dass Anlagegüter Aufwand in Höhe der Abschreibungen verursachen würden, was in der Logik der dualen Finanzierung nicht möglich ist.

Die Lösung dieses Problems besteht in der Entwicklung des Ausgleichspostens nach dem KHG zur Neutralisierung der Abschreibungen von Anlagevermögen, das vor Inkrafttreten des KHG finanziert wurde. Das folgende Beispiel (zur Vereinfachung in Euro bewertet) soll zur Illustration der Entstehung des Ausgleichspostens für Eigenmittelförderung dienen.

- Anschaffung: Kauf eines Gebäudes aus Eigenmitteln für 500.000 € zum 01.01.1970
- Abschreibung: linear auf 40 Jahre, d. h. 12.500 € pro Jahr
- Buchwert am 01.01.2006: 50.000 €
- Angefallene Abschreibungen (01.01.1970–31.12.2005): 450.000 €

Die Abschreibungen auf das Gebäude werden wie gewohnt gebucht. Unter Umständen kann das Aufwandskonto 761 weiter unterteilt werden, sodass ein Konto 761 „Abschreibungen auf geförderte Einrichtungen, die mit Eigenmitteln finanziert wurden" entsteht.

31.12.2006: 761 Abschreibungen auf Sachanlagen
         an   011 Betriebsbauten 12.500 €

Diese Buchung muss nun durch Zuführung zu den Ausgleichsposten für Eigenmittelförderung neutralisiert werden.

31.12.2006: 181 Ausgleichsposten für Eigenmittelförderung
         an   481 Erträge aus der Einstellung von Ausgleichsposten für Eigenmittelförderung 12.500 €

Das Aktivkonto Ausgleichsposten für Eigenmittelförderung wächst über die Abschreibungsperiode an, bis es den ursprünglichen Wert des Anlagegegenstandes erreicht hat. Es bleibt als Bilanzierungshilfe unbegrenzt bestehen, sodass Krankenhausbilanzen hier Werte für Gegenstände aufzeigen, die es schon lange nicht mehr gibt.

Wurde das Anlagevermögen vor Einführung des KHG angeschafft und über Darlehen finanziert, so hat der Staat meist die Übernahme der jährlichen Tilgung zugesagt. Auch in diesem Fall muss eine Ausgleichsrücklage gebildet werden, um die Erfolgsneutralität der Abschreibungen zu gewährleisten. Da der Tilgungszeitraum jedoch von den Abschreibungszeiträumen abweichen kann, erfordert die Bildung des Ausgleichspostens aus Darlehensförderung eine Unterscheidung in aktive und passive Ausgleichsposten. Im Folgenden wird der Fall dargestellt, dass Abschreibung und Zinskosten höher sind als die Tilgung, die der Staat übernimmt. Folgendes Beispiel sei zur Illustration gewählt:
- Fremdkapitalzins für das Darlehen im Jahr 2006: 1000 €, fällig 15.06.2006
- Tilgung für das Darlehen im Jahr 2006: 20.000 €, fällig 15.06.2006
- Refinanzierung der Tilgung durch den Staat am 01.10.2006: 21.000 €
- Abschreibung für das Anlagegut im Jahr 2006: 25.000 €

Damit ergeben sich folgende Buchungen:
15.06.2006: 34 Verbindlichkeiten gegenüber Kreditinstituten
         an   13 Bank 20.000 €
15.06.2006: 740 Zinsen oder ähnliche Aufwendungen für Betriebsmittelkredite
         an   13 Bank 1000 €
01.10.2006: 13 Bank
         an   481 Erträge aus der Einstellung von Ausgleichsposten aus Darlehensförderung 21.000 €
31.12.2006: 761 Abschreibungen auf Sachanlagen
         an   011 Betriebsbauten 25.000 €

Damit ergibt sich in der GuV ein Ertrag in Höhe von 21.000 € (Darlehensförderung) sowie ein Aufwand in Höhe von 26.000 € (Abschreibung + Fremdkapitalzinsen). Die Differenz in Höhe von 5000 € muss durch die Zuführung zum Ausgleichsposten aus Darlehensförderung neutralisiert werden.

31.12.2006: 180 Ausgleichsposten aus Darlehensförderung
an 481 Erträge aus der Einstellung von Ausgleichsposten aus Darlehensförderung 5000 €

Ist die Summe aus zu zahlenden Fremdkapitalzinsen und Abschreibungen höher als die Darlehensförderung des Staates, muss ein Aktivposten (Konto 180) gebildet werden, ansonsten ein Passivposten (Konto 240).

Am Ende der Abschreibungs- bzw. Tilgungsperiode (je nachdem, welche Periode kürzer ist) wird der Ausgleichsposten jeweils in der Höhe aufgelöst, die eine Erfolgsneutralität gewährleistet. Ist beispielsweise die Abschreibungsperiode kürzer als die Tilgungsperiode, so hat sich in der Regel ein Aktivposten gebildet. Nach Ende der Abschreibungsperiode stehen der Darlehensförderung keine Abschreibungen und Fremdkapitalzinsen gegenüber, sodass nun ein Ertrag durch einen zusätzlichen Aufwand neutralisiert werden muss.

31.12.2007: 750 Aufwendungen für die Auflösung von Ausgleichsposten aus Darlehensförderung
an 180 Ausgleichsposten aus Darlehensförderung 21.000 €

Bis zum Ende der Tilgungsperiode ist der Sonderposten vollständig aufgelöst.

Seine eigentliche Bedeutung erhielt der Ausgleichspostern für Eigenmittelförderung durch die Wiedervereinigung.[26] Zum 01.01.1991 wurde das Krankenhausfinanzierungsgesetz auch für Krankenhäuser in den östlichen Bundesländern der ehemaligen DDR gültig. Die Investitionen der Krankenhäuser wurden ab diesem Zeitpunkt grundsätzlich über pauschale Fördermittel (kurzfristige Anlagegüter) oder Einzelförderung von mittel- und langfristigen Anlagegütern finanziert. Damit galt auch für diese Krankenhäuser der Grundsatz, dass Anlagegüter zwar abzuschreiben sind, jedoch im Umfang von geförderten Investitionen ein Sonderposten aus Investitionszuwendungen zu bilden und jährlich in Höhe der Abschreibungen aufzulösen ist. Im Ergebnis werden geförderte Investitionen damit erfolgsneutral verbucht.

Zum Zeitpunkt der Wiedervereinigung gab es allerdings erhebliche Bestände an Anlagegütern. Das obige Verfahren zur Schaffung eines ergebnismäßigen Ausgleichs für die Abschreibung von Anlagegütern aus Eigenmitteln, die vor der Einführung des KHG 1972 beschafft wurden, wurde folglich auf die Krankenhäuser in Ostdeutschland übertragen. Mit anderen Worten: Das Anlagevermögen, das zum 01.01.1991 in den Bilanzen der Krankenhäuser der östlichen Bundesländer stand, wurde zwar weiter re-

---

26 Vgl. Lorke, Borchmann und Fleßa 2021.

gulär abgeschrieben, aber ab 1991 wurde in Höhe der jährlichen Abschreibungen ein Ausgleichsposten für Eigenmittelförderung auf der Aktivseite gebildet.

Für neue Investitionen seit dem 01.01.1991 wurden, so wie in Westdeutschland bereits seit 1972, Sonderposten gebildet (Passiva B.I., Sonderposten aus Fördermitteln nach dem KHG) und entsprechend wertgleich aufgelöst.

Im Gegensatz zu der Situation in Westdeutschland, wo der Ausgleichsposten (mit ganz wenigen Ausnahmen) heute ein statischer und irrelevanter Erinnerungsposten ist, erhöht sich der Ausgleichposten in den Krankenhäusern der östlichen Bundesländer durchaus noch, weil noch nicht alle Gebäude, die bereits vor 1991 aktiviert wurden, vollständig abgeschrieben sind. Für diese Krankenhäuser ist diese Bilanzposition also noch relevant.

Zusammenfassend können wir festhalten, dass die Buchhaltung sowie der Jahresabschluss nach der Krankenhausbuchführungsverordnung grundlegend auf dem Handelsgesetzbuch basieren. Sie werden ergänzt um Sonderposten, die sich primär aus der dualen Finanzierung ergeben. Das kaufmännische Controlling kann damit auf einen reichen Datenpool zugreifen, den es zu nutzen gilt.

Jahresabschluss nach IAS/IFRS

Es soll noch erwähnt werden, dass es Krankenhäuser gibt, die ihren Abschluss nicht nach HGB, sondern nach internationalen Rechnungslegungsvorschriften erstellen. Die zunehmende Verwendung der internationalen Standards leitet sich aus dem Bedürfnis nach internationaler Vergleichbarkeit der Rechnungslegung in einer globalisierten Wirtschaft ab. Der am häufigsten verwendete Standard ist hierbei der Abschluss nach IAS/IFRS.[27]

Im Jahr 1973 wurde das International Accounting Standards Committee (IASC) in Großbritannien als privatrechtlicher Verein nationaler Verbände von Rechnungslegern und Wirtschaftsprüfern mit Sitz in London gegründet. In der Folge gab das IASC Verlautbarungen als International Accounting Standards (IAS) heraus. Im Jahr 2000 beauftragt die Europäische Union das IASC mit der Fortentwicklung von Rechnungslegungsvorschriften, die EU-weit gelten sollten. Der IASC wurde hierzu umstrukturiert und in den International Accounting Standards Board (IASB) umbenannt. Er gibt seit 2003 die International Financial Reporting Standards (IFRS) als Rechnungslegungsstandard heraus.

Das IAS/IFRS-Regelwerk ist dreistufig aufgebaut. Auf der ersten Stufe werden allgemeine Fragestellungen in den IAS 1–41 bzw. IFRS 1 erörtert, z. B. die Gliederung der Bilanz und der GuV. Auf der zweiten Stufe erfolgt die Auslegung der IAS/IFRS durch das International Financial Reporting Interpretations Committee. Auf der dritten Stufe existiert ein Rahmen, innerhalb dessen Ziele und Anforderungen der Rechnungslegung beschrieben sowie die Elemente der Rechnungslegung (insbesondere

---

27 Vgl. z. B. Schmitz 2012.

Tab. 101: Bilanz nach IAS 1.68 (Vereinfachte Form).[28]

Aktiva	Passiva
A. Langfristige Vermögenswerte	A. Eigenkapital
2. Minderheitsanteile	2. Minderheitsanteile
3. Langfristige Schulden	B. Langfristige Schulden
4. Langfristige Finanzschulden	1. Langfristige Finanzschulden
5. Langfristige Rückstellungen	2. Langfristige Rückstellungen
6. Latente Steuern	3. Latente Steuern
B. Kurzfristige Vermögenswerte	C. Kurzfristige Schulden
1. Kurzfristige Finanzschulden	1. Kurzfristige Finanzschulden
2. Verbindlichkeiten sonst. Lief. u. Leist.	2. Verbindlichkeiten sonst. Lief. u. Leist.
3. Kurzfristige Rückstellungen	3. Kurzfristige Rückstellungen
4. Steuerverbindlichkeiten	4. Steuerverbindlichkeiten
5. Liquide Mittel	

Aktiva, Passiva, Erträge und Aufwendungen) definiert werden. Tab. 101 gibt eine (verkürzte) IAS/IFRS-Bilanz wieder.

Der primäre Unterschied zwischen einer Bilanz nach HGB und nach IAS/IFRS liegt in den Adressaten. Das HGB fokussiert den Schutz der Gläubiger durch Kapitalerhaltung. Die kaufmännische Vorsicht äußert sich in einer tendenziellen Unterbewertung der Aktiva (Schaffung stiller Reserven) und einer Überbewertung der Schulden. IAS/IFRS erstreben hingegen eine bestmögliche Information für den Investor, der als anonymer Teilnehmer des Kapitalmarktes gesehen wird. Ziel ist die „fair presentation", also die wahrheitsgemäße und realistische Darstellung des Unternehmens inklusive aller Chancen, deren Bewertung nicht durch übermäßige Vorsicht und Risikovorsorge eingeschränkt werden sollte. Dadurch ergibt sich in der IAS/IFRS-Bilanz die Tendenz eines höheren Eigenkapitalausweises durch die Verhinderung der Bildung von stillen Reserven und durch eine im Vergleich zum HGB frühere Gewinnrealisierung. Dies soll anhand von Beispielen erläutert werden:
- Derivativer Firmenwert: Ein Firmenwert, der sich beim Erwerb eines Unternehmens als Differenz zwischen Kaufpreis und Substanzwert ergibt, muss nach § 253 Abs. 3 HGB planmäßig über die voraussichtliche Nutzungsdauer abgeschrieben werden. Nach IAS/IFRS hingegen besteht eine Aktivierungspflicht. Eine Abschreibung ist hier nur bei Wertminderung zulässig.

---

28 Quelle: Wöhe, Döring und Brösel 2020, S. 835.

– Anlagevermögen: Nach IAS/IFRS muss der Zeitwert eines Anlagegegenstandes als Fair Value angesetzt werden, und zwar auch dann, wenn er über den Anschaffungs- bzw. Herstellkosten liegt. Nach HGB stellen die Anschaffungs- und Herstellkosten eine strikte Obergrenze des Vermögensansatzes (gemildertes Niederstwertprinzip) dar.
– Nicht realisierte Gewinne: Der Ausweis von Gewinnen, die wahrscheinlich, aber noch nicht realisiert sind, ist nach IAS/IFRS unter Umständen Pflicht, während er nach dem HGB verboten ist.
– Rückstellungen: Schuldrückstellungen sind Rechtsverpflichtung gegenüber Dritten, die der Sache nach bekannt sind, deren Höhe und Eintrittszeit jedoch unsicher ist. Ein typisches Beispiel hierfür sind Garantieleistungen, zu denen das Unternehmen verpflichtet ist, deren Höhe und zeitlicher Anfall es jedoch nicht voraussagen kann. Aufwandsrückstellungen hingegen stellen eine Selbstverpflichtung des Unternehmens dar, z. B. der Beschluss der Unternehmensleitung zur Durchführung von Instandhaltungsmaßnahmen im darauf folgenden Jahr. Höhe und Eintritt sind deshalb geplant. In der Handelsbilanz sind sowohl Schuld- als auch Aufwandsrückstellungen zulässig. Ihre Bemessung ist ein Instrument der Bilanzpolitik. Nach IAS/IFRS sind Schuldrückstellungen erlaubt, jedoch keine Aufwandsrückstellungen. Hier entspricht IAS/IFRS den Vorschriften des deutschen Steuerrechts mehr als das HGB, da auch in der Steuerbilanz lediglich Instandhaltungsrückstellungen für Maßnahmen erlaubt sind, die innerhalb von drei Monaten abgeschlossen sind.

Der Anwendungsbereich von IAS/IFRS im deutschen Krankenhauswesen ist noch gering. Grundsätzlich sind Tochtergesellschaften internationaler Unternehmen und kapitalmarktorientierte Konzerne verpflichtet, nach IAS/IFRS abzuschließen, wobei nach dem Bilanzrechtsreformgesetz 2004 eine Übergangsfrist bis 2007 gewährt wurde. Andere Unternehmen haben unter Umständen ein Wahlrecht, d. h., größere Unternehmen, die sich für den Börsengang vorbereiten, können bereits nach IAS/IFRS abschließen. Da es in Deutschland kaum Krankenhäuser als Tochtergesellschaften internationaler Unternehmen gibt und der überwiegende Anteil noch nicht an der Börse notiert ist, ist IAS/IFRS bislang nur für wenige Klinikketten relevant. Es ist allerdings zu erwarten, dass die Bedeutung internationaler Standards steigen wird. Zweifelsohne erfordert der Umstieg von der HGB- zur IAS/IFRS-Bilanz eine ausführliche Beratung durch einen spezialisierten Steuerberater. Unter Umständen müssen große Teile des Anlagevermögens von Wirtschaftsprüfern neu bewertet werden. Der Aufwand erscheint für die meisten Krankenhäuser als relativ groß – und die Umstellung von statischer auf dynamische Bilanztheorie ist eben nicht nur eine Veränderung von Wertansätzen, sondern vom grundsätzlichen Denkansatz des externen Rechnungswesens. Man kann hier von einem epochalen Wandel sprechen.

Abschließend soll noch erwähnt werden, dass international viele Krankenhäuser ihre Abschlüsse nach den US-amerikanischen Rechnungslegungsvorschriften (United States Generally Accepted Accounting Principles; US-GAAP) erstellen. Dieses

System ist stärker einzelfallbezogen als IAS/IFRS und für alle Unternehmen Pflicht, die in den USA börsennotiert sind. Derzeit gibt es kein deutsches Krankenhaus, das nach US-GAAP abschließt.

In einem Lehrbuch zur Unternehmenssteuerung können die Details der Buchführung sowie des Jahresabschlusses nur insoweit dargestellt werden, als sie der Unternehmenssteuerung dienen. Sie bilden die Grundlage für die meisten operativen Steuerungsinstrumente, die im Folgenden zu besprechen sind. Hierzu zählen insbesondere die Kosten- und Leistungsrechnung, die Budgetierung und die Betriebsstatistik.

8.2.2 Kosten- und Leistungsrechnung

Die Kosten- und Leistungsrechnung (KLR) stellt das Rückgrat des operativen Controllings dar.[29] Sie bietet eine gemeinsame Sprache (Geldeinheiten pro Planungseinheit), die die Koordination der Pläne und Prozesse erheblich erleichtert. Da der finanzwirtschaftliche Funktionskreis ein Spiegel des leistungswirtschaftlichen Funktionskreises ist, sind fast alle betrieblichen Aktivitäten mit Hilfe von Informationen der KLR darstellbar, sodass sie ein umfassendes und relativ leicht verständliches Bindeglied zwischen allen zeitlichen, sachlichen, hierarchischen und persönlichen Teilsystemen bildet. Das operative Controlling ist – wie vorhin dargestellt – viel mehr als nur die Kosten- und Leistungsrechnung, aber die KLR ist das wichtigste Instrument des Controllings. Wenn auch im Krankenhaus einige Besonderheiten und Schwierigkeiten bei der Anwendung der klassischen KLR auftreten, so ist trotzdem die Fähigkeit, eine Kosten- und Leistungsrechnung aufzubauen und dadurch die Koordination der Unternehmenspläne und -prozesse zu unterstützen, die wichtigste Aufgabe des Krankenhauscontrollers.

Im Folgenden werden zuerst die Grundlagen der KLR kurz zusammengefasst, wobei die Ausführungen davon ausgehen, dass beim Leser Basiskenntnisse des internen Rechnungswesens vorliegen. Am Ende dieses Kapitels werden einige Vorschläge gegeben, wo diese nachzulesen sind. Anschließend werden die wichtigsten Methoden der KLR in ihrer Bedeutung als Steuerungsinstrument für das Krankenhaus dargestellt. Das Unterkapitel schließt mit einem kurzen Überblick über die Methodik der DRG-Kalkulation.

Grundlagen

Die Kosten- und Leistungsrechnung dient als Steuerungsinstrument der Planung und Kontrolle betrieblicher Aktivitäten. Als Planungsinstrument unterstützt sie operative Entscheidungen durch die Prognose von Kosten und Leistungen, während sie als Kontrollinstrument Kosten- und Leistungsschätzungen überprüft und somit eine Kon-

---

29 Vgl. z. B. Körnert und Lohmann 2015.

trolle der Wirtschaftlichkeit des Unternehmens ermöglicht. Für beide Aufgaben ist die Erfassung aller Kosten und Leistungen, die Verteilung auf Kostenstellen sowie die Zurechnung auf Kostenträger eine unabdingbare Voraussetzung. Tab. 102 fasst die wichtigsten Grundbegriffe der KLR zusammen.

Die Kosten- und Leistungsrechnung analysiert folglich nur gewöhnliche, betriebsbedingte Kosten und Leistungen. Außergewöhnliche (z. B. Brand im Krankenhaus, Jubiläum etc.), periodenfremde (Prozesskosten aus dem letzten Jahr) oder nicht den Betriebszweck betreffende Veränderungen des Nettovermögens (z. B. außergewöhnliche Schenkung) werden nicht oder nur nach Überarbeitung berücksichtigt. Allein schon aus diesem Merkmal leitet sich ein Unterschied zur Gewinn- und Verlustrechnung ab, die auf Aufwand und Ertrag basiert. Die KLR kann deshalb auch in der grundlegenden Rechnung nicht einfach die Daten der Buchhaltung unreflektiert übernehmen.

Tab. 102: Grundbegriffe der Kosten- und Leistungsrechnung.[30]

Begriff	Inhalt
Einzahlung	Erhöhung des Zahlungsmittelbestandes (Kasse, Bank, Scheck)
Einnahme	Erhöhung des Nettogeldvermögens (Zugänge zu Kasse, Bank, Scheck, kurzfristige Forderungen; Abgänge von kurzfristigen Verbindlichkeiten)
Ertrag	Erhöhung des Nettobetriebsvermögens
Leistung	Betriebsbedingte Erhöhung des Nettobetriebsvermögens
Erlös	unscharfer Begriff (z. B. pagatorischer vs. wertmäßiger Erlösbegriff; Opportunitätserlös)
Auszahlung	Reduktion des Zahlungsmittelbestandes (Kasse, Bank, Scheck)
Ausgabe	Reduktion des Nettogeldvermögens (Abgänge von Kasse, Bank, Scheck, kurzfristige Forderungen; Zugängen zu kurzfristigen Verbindlichkeiten)
Aufwand	Reduktion des Nettobetriebsvermögens
Kosten	Betriebsbedingte Reduktion des Nettobetriebsvermögens
Grundkosten	Kosten, denen exakt ein (Zweck-) Aufwand entspricht
Zusatzkosten	Kosten, denen kein Aufwand entspricht (insb. kalkulatorische Kosten)
neutrale Erträge	Erträge, denen keine Leistungen entsprechen (betriebsfremde und außerordentliche Erträge)
neutrale Aufwendungen	Aufwendungen, denen keine Kosten entsprechen (betriebsfremde und außerordentliche Aufwendungen)

---

30 Zu den Grundbegriffen vgl. Wöhe, Döring und Brösel 2020; Schweitzer und Küpper 2015.

Tab. 102 (fortgesetzt)

Begriff	Inhalt
Zahlungssaldo	Differenz aus Einzahlungen und Auszahlungen
Finanzsaldo	Differenz aus Einnahmen und Ausgaben
Gesamterfolg	Differenz aus Erträgen und Aufwendungen
Betriebsergebnis	Differenz aus Leistungen und Kosten
Neutrales Ergebnis	Differenz aus neutralen Erträgen und neutralen Aufwendungen
Kostenart	Kategorisierung der Kosten nach ihrer „Natur", z. B. Personalkosten, Materialkosten
Kostenstelle	Ein nach räumlichen, funktionellen oder verrechnungstechnischen Aspekten abgegrenzter Teil einer Organisation, in dem Kosten anfallen
Kostenträger	Bezugsobjekt oder -subjekt, dem Kosten zugerechnet werden (in der Regel die Endleistung)
Gesamtkosten	Summe aller Kosten (einer Periode, eines Produktionsprozesses etc.)
Stückkosten	Kosten pro Leistungseinheit (i. d. R. pro Outputeinheit)
Fixkosten	Kosten, die bei einer Veränderung der Bezugsgröße (i. d. R. Outputmenge) in einem bestimmten Zeitraum konstant bleiben
Variable Kosten	Kosten, die bei einer Änderung der betrachteten Bezugsgröße (i. d. R. Outputmenge) steigen oder (sehr selten) fallen
Sprungfixe Kosten	Kosten, die innerhalb eines bestimmten Intervalls konstant sind, aber zwischen Intervallen auf ein anderes Niveau steigen oder fallen
Einzelkosten Gemeinkosten	Kosten, die einem Kostenträger direkt zurechenbar sind Kosten, die einem Kostenträger nicht direkt zugerechnet werden können
Unechte Gemeinkosten	Kosten, die theoretisch als Einzelkosten erfassbar und einem Kostenträger zurechenbar sind, jedoch aus Gründen der Wirtschaftlichkeit nicht einzeln erfasst, sondern pauschal zugeschlüsselt werden

Elemente von Kostenrechnungssystemen

Abb. 169 gibt einen Überblick über die grundlegende Systematik, die (fast) allen Kostenrechnungssystemen zu Grunde liegt. Ausgangspunkt sind in der Regel die Aufwandskonten der Finanzbuchhaltung (z. B. Löhne und Gehälter, Lebensmittel, Medizinischer Bedarf, Wirtschaftsbedarf, Verwaltungsbedarf, Instandhaltung, Versicherungen, Zinsaufwand, Abschreibungen). Diese werden ergänzt durch die Dokumentation der Gebäude, Anlagen und Ausstattungen (Anlagenkartei), durch Inventur und Lagerbuchhaltung (Einkäufe, Lagerentnahmen diverser Läger) sowie die – meist von der Finanzbuchhaltung unabhängige – Lohn- und Gehaltsabrechnung.

Im zweiten Schritt werden die Kosten dahingehend unterschieden, ob sie direkt für eine Leistung anfallen (z. B. Implantat für einen Patienten) oder ob sie für mehrere Leistungen gemeinsam anfallen (z. B. Lohn des Pförtners). Erstere werden als Einzelkosten direkt dem Kostenträger (i. d. R. dem Patienten) zugerechnet, während letztere als Gemeinkosten ganz oder teilweise zugeschlüsselt werden. Hierzu erfolgt im dritten Schritt eine Zurechnung der Gemeinkosten auf die Organisationseinheiten (z. B. Station, Funktionsplätze, Küche etc.), an denen sie anfallen (Kostenstellen). Hierbei ist eine verursachergerechte Zurechnung zu erstreben, d. h., je mehr Kosten eine Kostenstelle verursacht, desto mehr Kosten sollten ihr auch zugeschlüsselt werden. Das Ergebnis sind meist Kalkulations- bzw. Zuschlagssätze, mit denen Gemeinkostenanteile den Kostenstellen und -trägern zugeteilt werden können. Der letzte Schritt ist die Kalkulation der Gesamtkosten eines Kostenträgers.

Unabhängig von ihren Unterschieden bestehen (fast) alle Kostenrechnungssysteme folglich aus einer Kostenarten-, einer Kostenstellen- und einer Kostenträgerrechnung. Die Kostenartenrechnung dient der systematischen Erfassung aller Kosten, die bei der Erstellung der Leistungen entstehen. Die Gliederung der Kostenarten im Krankenhaus ergibt sich aus Anlage 4 KHBV (Klassen 6 und 7), d. h., sie ist prinzipiell identisch mit der Gliederung der Aufwandskonten des Kontenrahmens der Buchhaltung (vgl. Tab. 103).

Es ist sinnvoll, bereits in der Kostenartenrechnung zwischen fixen und variablen bzw. Gemein- und Einzelkosten zu unterscheiden. Tab. 104 zeigt, dass Kostenverhalten und -zurechnung nicht identisch sind. Zwar ist der größte Teil der Gemeinkosten mengenunabhängig, aber es gibt auch Kosten, die durchaus mit der Leistungsmenge ansteigen und trotzdem als Gemeinkosten behandelt werden. Hierzu gehören insbesondere die meisten unechten Gemeinkosten, wie beispielsweise günstige Medikamente (z. B. Aspirin), deren Verbrauchsdokumentation und kostenmäßige Zurechnung auf einen Patienten sich nicht rentiert. Die meisten Einzelkosten steigen mit einer Mengenausweitung, aber es gibt auch fixe Einzelkosten, z. B. Spezialinstrumente, die nur für eine bestimmte Operation benötigt werden. Einige modernere Verfahren der Kostenrechnung basieren auf der Unterscheidung zwischen fixen und variablen Kosten. Im Sachgüterbereich ist dies sicherlich zielführend. Im Krankenhaus muss im Einzelfall sehr genau analysiert werden, ob nicht eine Unterscheidung zwischen Gemein- und Einzelkosten zielführender ist.

Die Kostenstellenrechnung verfolgt zwei Ziele. Zum einen ermöglicht sie die Überwachung der Wirtschaftlichkeit einer Kostenstelle. Hierfür ist jeweils ein Kostenstellenverantwortlicher zu benennen, wobei darauf zu achten ist, dass er nur für diejenigen Kosten verantwortlich sein kann, die er selbst verursacht (direkte Kosten), und nicht für diejenigen Kosten, die ihm zugeschlüsselt werden (indirekte Kosten).

Zum anderen dient die Kostenstellenrechnung der Entwicklung von Zuschlagssätzen für die Verrechnung von Gemeinkosten auf die Kostenträger. Hierzu müssen Vor- und Endkostenstellen unterschieden werden. Eine Endkostenstelle erstellt ihre Leistung am Kostenträger (i. d. R. am Patienten), während eine Vorkostenstelle ein Zulieferer für die Endkostenstellen und/oder weitere Vorkostenstellen ist. Typische

FINANZBUCHHALTUNG

insb. AUFWANDSKONTEN

Anlagenkartei

Materialabrechnung

Lohn- und Gehaltsabrechnung

Kostenkontrolle

Abstimmung mit Kostenarten

KOSTENARTEN-RECHNUNG

Gemeinkosten | Einzelkosten

Gemeinkosten

KOSTENSTELLEN-RECHNUNG

- Kontierung der Gemeinkosten auf Kostenstellen
- Innerbetriebliche Leistungsverrechnung
- Bildung von Kalkulationssätzen

Einzelkosten

Gemeinkosten

KOSTENTRÄGER-RECHNUNG

Verschiedene Verfahren zur Kombination von
- Materialeinzelkosten
- Materialgemeinkosten
- Fertigungseinzelkosten
- Fertigungsgemeinkosten
- Verwaltungskosten
- … etc
zu einem Gesamtergebnis (Kalkulation)

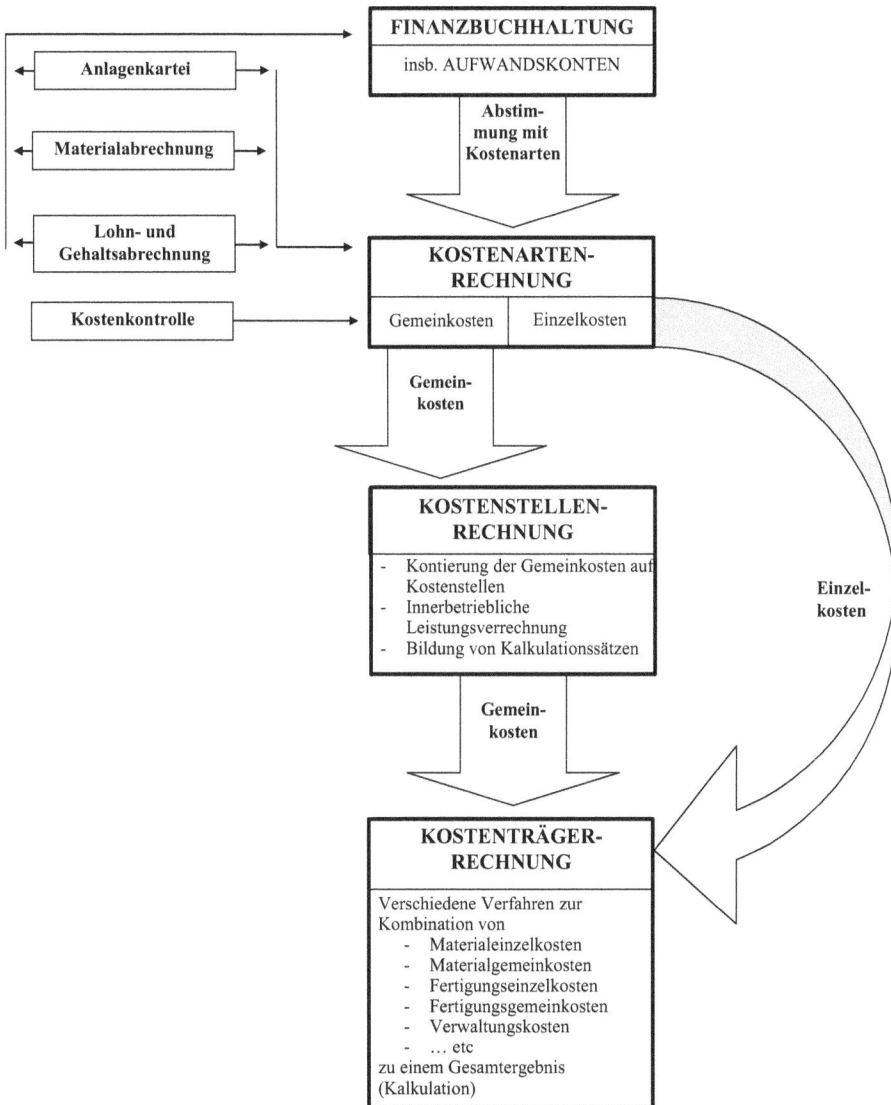

Abb. 169: Grundlegende Systematik der Kostenrechnung.[31]

Vorkostenstellen im Krankenhaus sind die Verwaltung, das Facility Management, das Labor, die Pathologie etc., während die Fachabteilungen die eigentlichen Endkostenstellen sind. Betrachtet man eine Leistungseinheit einer Funktionsstelle (z. B. eine Operation, ein Röntgenbild), so stellt diese Funktionsstelle eine Endkosten-

---

31 Quelle: In Anlehnung an Schmalen und Pechtl 2019, S. 538.

Tab. 103: Aufwandskontenrahmen nach Anlage 4 KHBV (vereinfachte Darstellung).[32]

Nr.	Inhalt
60	Löhne und Gehälter
	6000 Ärztlicher Dienst
	6001 Pflegedienst
	... ...
	6011 Sonstiges Personal
	6012 Nicht zurechenbare Personalkosten
61	Gesetzliche Sozialabgaben (Aufteilung wie 6000–6012)
62	Aufwendungen für Altersversorgung (Aufteilung wie 6000–6012)
63	Aufwendungen für Beihilfen und Unterstützungen (Aufteilung wie 6000–6012)
64	Sonstige Personalaufwendungen (Aufteilung wie 6000–6012)
65	Lebensmittel und bezogene Leistungen
	650 Lebensmittel
	651 Bezogene Leistungen
66	Medizinischer Bedarf
	6600 Arzneimittel (außer Implantate und Dialysebedarf)
	6601 Kosten der Lieferapotheke
	... ...
	6617 Sonstiger medizinischer Bedarf
	6618 Honorare für nicht im Krankenhaus angestellte Ärzte
67	Wasser, Energie, Brennstoffe
68	Wirtschaftsbedarf
69	Verwaltungsbedarf
70	Aufwendungen für zentrale Dienstleistungen
71	Wiederbeschaffte Gebrauchsgüter (soweit Festwerte gebildet wurden)
72	Instandhaltung
73	Steuern, Abgaben, Versicherungen

---

32 Quelle: BGBl. I 1987, 1045, Anlage 4.

Tab. 103 (fortgesetzt)

Nr.	Inhalt
74	Zinsen und ähnliche Aufwendungen
75	Auflösung von Ausgleichsposten und Zuführungen der Fördermittel nach dem KHG zu Sonderposten oder Verbindlichkeiten
	750 — Auflösung des Ausgleichspostens aus Darlehensförderung
	751 — Auflösung des Ausgleichspostens für Eigenmittelförderung
	752 — Zuführungen der Fördermittel nach dem KHG zu Sonderposten oder Verbindlichkeiten
	753 — Zuführung zu Ausgleichsposten aus Darlehensförderung
	754 — Zuführung von Zuweisungen oder Zuschüssen der öffentlichen Hand zu Sonderposten oder Verbindlichkeiten
	755 — Zuführung der Nutzungsentgelte aus anteiligen Abschreibungen medizinisch-technischer Großgeräte zu Verbindlichkeiten nach dem KHG
76	Abschreibungen
	760 — Abschreibungen auf immaterielle Vermögensgegenstände
	761 — Abschreibungen auf Sachanlagen
	7610 — Abschreibungen auf wiederbeschaffte Gebrauchsgüter
	762 — Abschreibungen auf Finanzanlagen und auf Wertpapiere des Umlaufvermögens
	763 — Abschreibungen auf Forderungen
	764 — Abschreibungen auf sonstige Vermögensgegenstände
	765 — Abschreibungen auf Vermögensgegenstände des Umlaufvermögens, soweit diese die im Krankenhaus üblichen Abschreibungen überschreiten
77	Aufwendungen für die Nutzung von Anlagegütern nach § 9 Abs. 2 Nr. 1 KHG
78	Sonstige ordentliche Aufwendungen
79	Übrige Aufwendungen

stelle dar. Ist hingegen der Patient der eigentliche Kostenträger, so ist allein die Fachabteilung Endkostenstelle, während die Funktionsabteilungen Vorkostenstellen sind.

Ziel der Kostenstellenrechnung ist es folglich, die Kosten der Vorkostenstellen den Endkostenstellen verursachergerecht zuzuweisen. Die Gesamtkosten der Endkostenstellen setzen sich dann aus denjenigen Kosten, die genau an dieser Stelle entstanden sind (direkte Kosten), und denjenigen Kosten zusammen, die an anderen Kostenstellen angefallen sind, jedoch durch die Inanspruchnahme durch die Endkostenstelle verursacht wurden (indirekte Kosten). Indirekte Kosten werden entweder auf Grundlage der gemessenen Leistung (z. B. Zahl und Art der Laborleistungen, Zahl und Art der Rönt-

Tab. 104: Zurechenbarkeit und Reagibilität.[33]

	Gemeinkosten	Einzelkosten
Fixe Kosten	Gehalt des Pförtners	Spezialinstrument
Variable Kosten	Energiekosten, einfache Verbrauchsmaterialien	Implantat, Nahrung, Medikamente

genbilder) oder einer Umlage (z. B. Gehaltskosten des Pförtners) verrechnet. Schließlich kann man die Gesamtkosten einer Endkostenstelle ins Verhältnis zu den Leistungseinheiten dieser Stelle setzen, um die Gemeinkosten pro Leistungseinheit zu ermitteln. Der Umfang und die Art der Verrechnung der Gemeinkosten unterscheiden sich allerdings erheblich zwischen den Kostenrechnungsverfahren.

Tab. 105 zeigt den Kostenstellenrahmen nach Anlage 5 der KHBV (verkürzt).

Das grundlegende Problem der Kostenstellenrechnung ist die Aufteilung der Kostenarten auf verschiedene Organisationseinheiten des Betriebs. Teilweise erfordert dies eine umfangreiche Dokumentation. Arbeitet beispielsweise ein Arzt einen bestimmten Anteil der Arbeitszeit auf der Station für Unfallchirurgie, in der Ambulanz, im Rettungsdienst, in der Fortbildung und auf der Intensivstation, so muss mit genauer Zeitaufschreibung ein Zeitschlüssel gefunden werden, nachdem seine Gehaltskosten diesen Kostenstellen zugeordnet werden. Hinzu kommt, dass es in vielen Krankenhäusern inzwischen interdisziplinäre Stationen gibt. Hier kann es sinnvoll sein, zusätzliche Kostenstellen für jede Fachabteilung einzurichten, auf denen dann die Kosten separat erfasst werden, die nicht von allen Disziplinen gleichermaßen verursacht werden.

Bei einigen Kosten (z. B. bei Heizkosten) wäre eine Erfassung der Kosten zwar technisch möglich, der Aufwand hierfür wäre jedoch zu groß, sodass eine pauschale Schlüsselung nach Hilfsgrößen oder Erfahrungswerten (z. B. nach Kubikmeter Rauminhalt anstatt nach echtem Verbrauch) erfolgt. In einigen Fällen ist die Leistung einer Vorkostenstelle für die Endkostenstelle überhaupt nicht erfassbar (z. B. Arbeitsleistung des Pförtners für einzelne Stationen), sodass man plausible, aber in keiner Weise faktenbasierte Schlüssel (z. B. Pflegetage) verwenden muss. Wie bereits erwähnt, verzichten deshalb einige Kostenrechnungssysteme vollständig auf die Schlüsselung von Fix- bzw. Gemeinkosten.

Es soll noch erwähnt werden, dass im DRG-Zeitalter auch der Fall eintreten kann, dass nicht Kosten von Vor- auf Endkostenstellen verrechnet werden, sondern dass Erlöse, die den Fachabteilungen für die Behandlung eines Patienten zugerechnet werden, von diesen auf die leistungserbringenden Vorkostenstellen verrechnet werden. Diese Form der innerbetrieblichen Erlösverrechnung hat allerdings dieselben Probleme wie die Kostenstellenrechnung.

---

33 Quelle: Eigene Darstellung.

Die Kostenträgerrechnung dient der Zurechnung der in der Kostenartenrechnung erfassten und in der Kostenstellenrechnung auf Endkostenstellen weiter gewälzten Kosten auf Kostenträger des Betriebs, d. h., der durch die Erstellung eines Kostenträgers ausgelöste Werteverzehr an Produktionsfaktoren soll kalkuliert werden. Wie bereits erwähnt, ist im Krankenhaus der Patient der primäre Kostenträger. Im Einzelfall kann man auch noch den Pflegetag als Kostenträger definieren, insbesondere, wenn noch eine Abrechnung nach Pflegetagen erfolgt. Es sei darauf hingewiesen, dass die Krankenkassen ebenfalls manchmal als Kostenträger bezeichnet werden, wobei diese Begriffsverwendung dem Finanzierungsrecht, aber nicht der Kostenrechnungstheorie entspricht. Hier soll ausschließlich die betriebliche Leistung als Kostenträger verstanden werden, welche den Güter- und Dienstleistungsverzehr ausgelöst hat. Dies ist der Patient. Bereits erwähnt wurde, dass innerbetrieblich auch Vorleistungen (z. B. Röntgenbild, Laborleistung etc.) als Kostenträger (Zwischenkostenträger) gesehen werden können. In diesem Fall definiert man eine Funktionsstelle anstatt des ganzen Krankenhauses als zu betrachtendes System. Soweit nicht explizit anders dargestellt, geht dieses Lehrbuch von dem Endkostenträger Patient bzw. Fall aus.

Die Kostenträgerrechnung kann unter zwei Zielsetzungen erfolgen. Zum einen können die Kosten einer einzelnen Leistungseinheit ermittelt werden (Kostenträgerstückrechnung, Kalkulation), zum anderen die Kosten einer Kostenträgerart während eines Abrechnungszeitraums (Kostenträgerzeitrechnung). Werden beispielsweise die Kosten aller Appendektomien des Jahres 2007 ermittelt, handelt es sich um eine Kostenträgerzeitrechnung. Wird hingegen analysiert, was die Appendektomie von Frau Frieda Müller gekostet hat, liegt eine (Nach-) Kalkulation vor. Beide Varianten können ex-post und ex-ante erfolgen.

Tab. 105: Kostenstellenrahmen nach Anlage 5 KHBV (vereinfachte Darstellung).[34]

Nr.	Inhalt	
90	Gemeinsame Kostenstellen	
	900	Gebäude einschließlich Grundstück und Außenanlagen
	901	Leitung und Verwaltung des Krankenhauses
	902	Werkstätten
	903	Nebenbetriebe
	904	Personaleinrichtungen (für den Betrieb des Krankenhauses unerlässlich)
	905	Aus-, Fort- und Weiterbildung
	906	Sozialdienst, Patientenbetreuung

---

34 Quelle: BGBl. I 1987, 1045, Anlage 5.

Tab. 105 (fortgesetzt)

Nr.		Inhalt
91		Versorgungseinrichtungen
	910	Speisenversorgung
	911	Wäscheversorgung
	912	Zentraler Reinigungsdienst
	913	Versorgung mit Energie, Wasser, Brennstoffen
	914	Innerbetriebliche Transporte
	917	Apotheke/Arzneimittelausgabestelle (ohne Herstellung)
	918	Zentrale Sterilisation
92		Medizinische Institutionen
	920	Röntgendiagnostik und -therapie
	921	Nukleardiagnostik und -therapie
	922	Laboratorien
	923	Funktionsdiagnostik
	924	Sonstige diagnostische Einrichtungen
	925	Anästhesie, OP-Einrichtungen und Kreißzimmer
	926	Physikalische Therapie
	927	Sonstige therapeutische Einrichtungen
	928	Pathologie
	929	Ambulanzen
93–95		Pflegefachbereiche – Normalpflege
	930	Allgemeine Kostenstelle
	931	Allgemeine Innere Medizin
	932	Geriatrie
	933	Kardiologie
	934	...
	957	Radiologie
	958	Dermatologie und Venerologie
	959	Zahn- und Kieferheilkunde, Mund- und Kieferchirurgie

Tab. 105 (fortgesetzt)

Nr.	Inhalt	
96	Pflegefachbereiche – abweichende Pflegeintensität	
	960	Allgemeine Kostenstelle
	961	Intensivüberwachung
	962	Intensivbehandlung
	964	Intensivmedizin
	965	Minimalpflege
	966	Nachsorge
	967	Halbstationäre Leistungen – Tageskliniken
	968	Halbstationäre Leistungen – Nachtkliniken
	969	Chronisch- und Langzeitkranke
97	Sonstige Einrichtungen	
	970	Personaleinrichtungen (für den Betrieb des Krankenhauses nicht unerlässlich)
	971	Ausbildung
	972	Forschung und Lehre
98	Ausgliederungen	
	980	Ambulanzen
	981	Hilfs- und Nebenbetriebe

Die Kostenträgerrechnung ist der Endpunkt der gesamten Kostenrechnung. Dementsprechend umfangreich sind die Anforderungen an sie:
- Ermittlung von Selbstkosten: Ein Krankenhaus muss in der Lage sein, seine Selbstkosten als Grundlage der Angebotspreise zu ermitteln. Beispielsweise kann es auf Grundlage der Kostenträgerzeitrechnung einer Krankenkasse ein Angebot für eine nicht im DRG-Katalog stehende Komplexleistung unterbreiten.
- Ermittlung von Preisuntergrenzen: Wenn die Selbstkosten nicht gedeckt werden können, so muss das Krankenhaus ermitteln können, bis zu welchem Betrag es wenigstens die variablen bzw. Einzelkosten decken kann.
- Nachkalkulation von Fallpauschalen: Pro Fall und pro DRG muss ermittelt werden, ob sich in der vergangenen Periode die Leistung rentiert hat. Nur so ist es möglich, das optimale Leistungsprogramm zu bestimmen. Wiederum ist in der Regel eine Kostenträgerzeitrechnung ausreichend.
- Nachkalkulation einzelner Patienten: Für einen einzelnen Patienten wird der Ressourcenverbrauch erfasst und monetär bewertet. Dadurch können Kostenabwei-

chungen (inhomogene Kostenstruktur) erkannt und Risikofaktoren für abweichende Kosten analysiert werden. Dies erfordert eine Kostenträgerstückrechnung.
– Ermittlung interner Verrechnungspreise: Der Bezug von Vorleistungen sollte den Endkostenstellen als Preis verrechnet werden. Die Ermittlung der Preise für Zwischenkostenträger (z. B. Röntgenbild, Laborleistung etc.) erfordert eine detaillierte Kostenrechnung in den Vorkostenstellen.
– Planungs- und Kontrollrechnung: Der Vergleich von Ist- und Sollkosten eines Kostenträgers ermöglicht die Verbesserung zukünftiger Planungen, die Veränderung der Implementierung, die Analyse der Kostenverursacher sowie eine intensivere Steuerung der Betriebsprozesse.
– Kurzfristige Erfolgsrechnung: Der Abgleich von Leistungen und Kosten ermöglicht die Ermittlung der kurzfristigen Vorteilhaftigkeit der Erstellung einer bestimmten Leistung. Allerdings darf dieses Ergebnis nicht überinterpretiert werden, da es erstens kurzfristig ist und zweitens nur im Zusammenspiel mit dem gesamten Leistungsportfolio betrachtet werden darf. Beispielsweise kann die kurzfristige Erfolgsrechnung der Neonatologie die Schließung dieser Station nahelegen. Gleichzeitig kann ihre Existenz jedoch ein Hauptgrund für die gute Auslastung der Geburtshilfe sein.

Wie wir später zeigen werden, sind die gängigen Kalkulationsverfahren (Restwertverfahren, Schlüsselungsverfahren, Maschinenstundensatzrechnung, Äquivalenzziffernkalkulation, Divisionskalkulation, Zuschlagskalkulation) nur in Einzelfällen sinnvoll im Krankenhaus einsetzbar. Die klassische Kostenrechnung, die insbesondere im Handel und in der Industrie entwickelt wurde, ist nur bedingt geeignet, die Krankenhaussteuerung zu unterstützen. Deshalb ist es notwendig, die Typen von Kostenrechnungssystemen zu unterscheiden und dasjenige System auszuwählen, das die Koordination im Krankenhaus bestmöglich unterstützt.

Typologie von Kostenrechnungssystemen
Ein erstes Typologisierungskriterium ist der Zeitbezug. Kostenrechnungssysteme können Ist-, Plan- und Sollgrößen erfassen. Istkosten sind vergangenheitsorientiert und ergeben sich als Produkt der Istmenge mit den Istpreisen und der Istbeschäftigung. So könnte eine Nachkalkulation ergeben, dass im letzten Jahr 100 Patienten auf der Stroke Unit behandelt wurden. Im Durchschnitt wurden 1,2 CTs pro Patient benötigt, die Kosten pro CT lagen bei 150 €. Damit lägen die Istkosten 18.000 € (1,2 · 150 € · 100). Die Plankosten sind ausschließlich zukunftsorientiert und sind das Produkt aus Planmenge, Planpreis und Planbeschäftigung. So ging man bei der Planung davon aus, dass pro Schlaganfallpatient nur ein CT notwendig wäre, der Preis sollte bei 160 € liegen, und die Zahl der Patienten wurde mit 80 kalkuliert. Damit lagen die Plankosten bei 12.800 € (1,0 · 160 € · 80). Die Sollkosten hingegen geben den Ressourcenverbrauch an, der sich bei der Istbeschäfti-

gung eingestellt hätte, wenn die Planpreise und -mengen erreicht worden wären. In diesem Fall liegen sie bei 16.000 € (1,0 · 160 € ·100).

Das kleine Beispiel legt nahe, dass die Differenz zwischen Planpreis und Istpreis (160 € vs. 150 €) auf die erhöhte Stückzahl (80 vs. 100) zurückzuführen ist. Die Veränderung der Kosten mit der Auslastung hängt wiederum von der Kostenstruktur, d. h. vom Anteil der fixen und variablen Kosten ab. Dementsprechend gibt es auch innerhalb der Plankostenrechnung (und eingeschränkt auch der Sollkostenrechnung) noch die Unterscheidung in starre und flexible Systeme. Starre Systeme trennen nicht nach fixen und variablen Kosten (bzw. Gemein- und Einzelkosten), während variable Plankostenrechnungssysteme diese Kategorien getrennt in die Berechnung der Plankosten einbeziehen. Im Rahmen dieses Buches werden wir die interne Budgetierung als Methode der Plankostenrechnung diskutieren und auf starre und flexible Budgets eingehen.

Die zweite Unterscheidung betrifft die Zurechnung der Gemeinkosten auf die Kostenträger. Bei Systemen der Vollkostenrechnung erfolgt eine ausnahmslose Zuschlüsselung aller Kosten auf die Kostenträger, während Teilkostenrechnungssysteme dies in unterschiedlichem Maß ablehnen. Die klassische Kostenrechnung sowie die Prozesskostenrechnung sind Varianten auf Vollkostenbasis, die wir im Folgenden analysieren werden. Direct Costing und Deckungsbeitragsrechnung sind bekannte Methoden der Teilkostenrechnung. Wichtig ist hierbei, dass keines der Verfahren per se besser oder korrekter ist. Eine Kostenrechnung ist keine Globalwahrheit, sondern kann immer nur Antworten auf ganz konkrete Fragen geben. Wenn die Frage lautet, wie hoch die Durchschnittskosten eines bestimmten Kostenträgers in der letzten Periode waren und ob die Erlöse die Kosten gedeckt haben, ist die klassische Vollkostenrechnung das richtige Verfahren. Fragt man hingegen, ob man in Zukunft diese Leistung noch anbieten soll, so führt die Schlüsselung aller Gemeinkosten auf die Kostenträger zu der Annahme, dass die somit ermittelten Gesamtkosten dieses Kostenträgers wegfallen würden, wenn man ihn aus dem Angebotsportfolio nimmt. Da ein großer Teil der Gesamtkosten jedoch Fixkosten sind, trügt dieses Bild. Hier ist die Teilkostenrechnung überlegen.

Es gibt in der Theorie noch eine große Anzahl von Typologisierungsmöglichkeiten und Spezialsystemen, die jedoch in der Krankenhauspraxis bislang kaum eine Rolle spielen (z. B. Target Costing; Produktlebenszyklusrechnung, ...). Relevanter für die Praxis ist die Präzision der Kostenerfassung und -verrechnung. Der Detailliertheitsgrad der Kostenarten determiniert die Exaktheit der Ergebnisse der Kostenrechnung. Werden beispielsweise alle Personalkosten in einer Kostenart gesammelt, ist eine verursachergerechte Zuordnung der Personalkosten auf eine Kostenstelle nicht mehr möglich, weil beispielsweise die Kosten des Pförtners und der Stationsschwester gleichbehandelt werden. Weiterhin müssen alle Aufwendungen vor der Überführung in die Kostenrechnung einzeln überprüft werden. In der Praxis existiert jedoch bei vielen Aufwandsarten ein Automatismus, sodass Aufwendungen mit Kosten gleichgesetzt werden. Grundsätzlich gilt auch im Rechnungswesen der Leitspruch aus der Datenverarbeitung: „Schrott rein – Schrott raus". Auch ein noch so ausgefeiltes Kostenrechnungssystem kann die ungenaue Erfassung der Aufwendungen und die unreflektierte Übernahme in die Kostenrechnung nicht kompensieren.

Die Bildung von Kostenarten und Kostenstellen erfordert ebenfalls erhebliche Mühe. Kostenstellen und -träger sollten möglichst klar definiert und ausreichend detailliert beschrieben sein, sodass eine exakte Zuordnung der Kosten erfolgen kann. Gibt es zu wenig Kostenstellen, so ist eine verursachergerechte Zuordnung in der Regel nicht möglich. Falls man beispielsweise eine Vorkostenstelle „Unterstützende Dienste" als Überbegriff für Reinigung, Wäscherei, Hygiene, Logistik, Material, Verwaltung etc. definiert und nicht mehr untergliedert, kann man die Gemeinkosten nur dann verursachergerecht den Endkostenstellen zuordnen, wenn sie alle dieselbe Struktur der Leistungsanforderung haben. Davon ist aber nicht auszugehen. Man könnte auf der anderen Seite die Zahl der Kostenstellen extrem hoch ansetzen und im Prinzip für jeden Arbeitsplatz eine eigene Kostenstelle definieren (z. B. im Labor, Kostenplatzrechnung). Allerdings würde dies so unübersichtlich, dass kaum eine Entscheidungsunterstützung hieraus abzuleiten wäre.

Es ist hilfreich, den Kostenstellenplan der KHBV als Leitfaden zu nehmen und gegebenenfalls nach eigenen Bedürfnissen zu erweitern. Als Kostenträger sollte in der Regel jede DRG definiert werden, ergänzt um sonstige, nicht nach DRGs abgerechnete Leistungen, d. h. Pflegetage der Psychiatrie, Leistungen für Zusatzentgelte etc.

Zusammenfassend können wir festhalten, dass die klassische Vollkostenrechnung, die Prozesskostenrechnung sowie insbesondere die Deckungsbeitragsrechnung die wichtigsten Verfahren der Krankenhauskostenrechnung sind. Modernere Verfahren benötigten meist eine Datenpräzision, die leider nur in wenigen Fällen vorliegt. Dies stellt hohe Anforderungen an die Dokumentation der Ressourcenverbräuche und Leistungen, die im Folgenden kurz diskutiert werden.

Dokumentation

Das Grundproblem der Dokumentation im Krankenhaus besteht darin, dass Leistungen und Ressourcenverbräuche entweder nicht ausreichend erfasst werden oder die Dokumente nicht auswertbar sind. Häufig ist das erste Problem geringer als das zweite. Gut auswertbar für die Kosten- und Leistungsrechnung sind die Dokumente der Finanz-, Anlagen-, Material- sowie Lohn- und Gehaltsbuchhaltung. Ausreichend erfasst, jedoch meist nur mit erheblichem Aufwand auswertbar, sind die Patientenakten, die OP-, Labor- und Röntgen-Berichte sowie Entlassungs- bzw. Verlegungsbriefe. Die fehlende Auswertbarkeit beruht häufig noch auf einer papierbasierten Dokumentation (oftmals noch handschriftlich, d. h. nicht maschinell lesbar), auf Systeminkompatibilitäten (z. B. von Labor- und Krankenhausinformationssystemen) und der großen Datenmenge, die ohne entsprechende Technologie (z. B. Data Warehousing) eine Auswertung erschwert.

Einige wichtige Ressourcenverbräuche werden derzeit nur in wenigen Krankenhäusern überhaupt erfasst. Die Zeitverbräuche und die Häufigkeit einer Tätigkeit finden sich selten in den Akten, sodass eine Nachkalkulation eines einzelnen Patienten in der Regel scheitert. Stattdessen arbeitet man häufig mit Schätz- und Durchschnittswerten. Tätigkeiten werden zwar registriert, aber Wiederholungen oder Fehlversuche werden nicht erfasst, obwohl gerade sie häufig zu Kosten führen. Ideal wäre ein System, das elektronisch die Anwesenheit des Personals beim Patienten erfasst und dessen individuellem Kostenkonto zuschreibt. Dies wäre beispielsweise durch Scannersysteme oder auch durch geeignete Sender in der Kleidung des Personals möglich. Denkbar wäre auch eine Kombination mit Spracherkennung. Eine zeitraubende Eingabe der Tätigkeiten und Arbeitsdauern am Krankenbett dürfte vom Personal kaum zu leisten sein. Besonders schwierig ist die Zeiterfassung, wenn mehrere Produktionsfaktoren gleichzeitig benötigt werden. Beispielsweise nimmt eine Chefarztvisite in der Regel mehrere Mitarbeiter in Anspruch, ihre Zahl wird aber kaum registriert.

Die Folgen der fehlenden oder unzureichenden Dokumentation für die Kostenrechnung sind weitreichend. Die Aufwandserfassung ist noch relativ vollständig, aber die Überführung der Aufwendungen in Kosten und insbesondere die Berechnung der kalkulatorischen Kosten ist unzureichend. Die Kostenstellenrechnung erfordert eine Zurechnung der Kosten auf die Kostenstellen nach bestimmten Schlüsseln. Diese (z. B. Arbeitszeit und Materialverbrauch pro Kostenstelle) liegen jedoch nur als Schätzungen vor, sodass die Zurechnung noch unpräziser wird, als sie ohnehin systemimmanent ist.

Die Kostenträgerzeitrechnung erfordert ebenfalls eine Schlüsselung. Hierfür müssen die einzelnen Leistungen genau definiert und erfasst werden. Häufig ist eine grundlegende Zurechnung mit Erfahrungsregeln möglich. Eine Kostenträgerstückrechnung ist hingegen meist weder ex-post noch ex-ante ohne zusätzliche Erhebungen möglich. Verwendet man in einem ohnedies relativ groben Verfahren (insbesondere der klassischen Vollkostenrechnung) auch noch Schätzwerte für die wichtigsten Schlüssel, so liefert die Kalkulation Ergebnisse, die keinerlei Entscheidungsrelevanz haben.

Nach diesem Überblick über die grundlegende Systematik der Kosten- und Leistungsrechnung sowie der allgemeinen Probleme sollen im Folgenden die drei gängigsten Verfahren kurz dargestellt werden. Wir beginnen mit der klassischen Vollkostenrechnung, die noch immer das Denken der meisten Krankenhausmanager prägt.

Klassische Vollkostenrechnung

Die klassische Vollkostenrechnung folgt dem oben dargestellten Schema der Kostenarten-, Kostenstellen- und Kostenträgerrechnung. In der Kostenartenrechnung wird auch erfasst, ob es sich um Kostenträgergemein- oder Kostenträgereinzelkosten handelt.[35] Im Prinzip werden für jede Aufwandsbuchung drei Kategorien erfasst: Kostenart, Kostenstelle und Kostenträger. Dementsprechend ist auch eine Auswertung nach Kostenarten, -stellen und -trägern möglich. Die Ermittlung der

---

35 Vgl. z. B. Langenbeck 2017.

Kostenart und der Organisationseinheit, an der sie angefallen sind, ist in der Regel unproblematisch. Schwierig zu behandeln sind die Kosten, die nicht eindeutig einem Patienten zuordenbar sind, d. h. die Kostenträgergemeinkosten. Bei der klassischen Vollkostenrechnung werden diese Gemeinkosten zuerst den Kostenstellen zugeordnet, an denen sie direkt angefallen sind. Anschließend werden sie so weiterverrechnet, dass nur noch die Endkostenstellen mit Kosten belastet werden. Hier endet die Kostenstellenrechnung. Schließlich werden im Rahmen der Kostenträgerrechnung diese Gemeinkosten der Endkostenstellen den Kostenträgern proportional zu einer Maßeinheit (i. d. R. den Kostenträgereinzelkosten) zugeschlagen.

Charakteristisch für die klassische Vollkostenrechnung ist, dass die Gemeinkosten erstens vollständig auf die Kostenstellen und -träger umgelegt werden. Zweitens erfolgt der Zuschlag relativ pauschal auf Grundlage einer oder ganz weniger Maßgröße(n). Bei der Teilkostenrechnung, die wir später noch diskutieren werden, fehlt die Zuschlüsselung der Gemeinkosten über die Kostenstellen auf die Kostenträger. Bei der Prozesskostenrechnung werden zwar Gemeinkosten geschlüsselt, aber die Zuschlüsselung von Kosten auf die Kostenträger erfolgt sehr detailliert mit unterschiedlichen Maßeinheiten (z. B. Schnitt-Naht-Zeit, Einzelkosten, Patientenzahl etc.).

Die Kostenstellenrechnung innerhalb der klassischen Vollkostenrechnung dient der Zuweisung der Kosten der Vorkostenstellen auf die Endkostenstellen mit Hilfe eines Betriebsabrechnungsbogens (BAB). Kosten, die direkt an einer Kostenstelle anfallen, werden als direkte Kosten, Kosten, die von anderen Kostenstellen verrechnet wurden, als indirekte Kosten bezeichnet. Abb. 170 zeigt schematisch das Vorgehen des BAB. Im ersten Schritt werden jeweils Kostenarten für die einzelnen Kostenstellen erfasst. Kostenträgereinzelkosten werden direkt den Kostenträgern zugeschrieben, während Kostenträgergemeinkosten im BAB der Kostenstelle zugerechnet werden. Im zweiten Schritt erfolgt die Umlage der direkten Kosten pro Vorkostenstelle auf die Endkostenstellen. Hierbei sind verschiedene Verfahren möglich, wobei das sogenannte Stufenleiterverfahren am häufigsten angewendet wird (vgl. Tab. 106). Das Ergebnis ist eine Kostensumme pro Endkostenstelle. Sie besteht aus den direkten Kosten der Endkostenstelle und den indirekten Kosten, d. h. den Kosten, die aus den Vorkostenstellen auf die Endkostenstellen weitergewälzt wurden.

Im Anschluss an die Ermittlung der Kostenträgergemeinkosten pro Endkostenstelle werden Zuschlagssätze kalkuliert. Einfach ist dies, wenn pro Endkostenstelle nur eine Leistungsart erzeugt wird. In diesem Fall werden die Kosten der Endkostenstelle gemäß BAB durch die Leistungseinheiten geteilt, sodass ein Zuschlagssatz pro Leistung entsteht, der in Geldeinheiten gemessen werden kann. In einem Altenheim mit drei Pflegestufen bzw. wenigen Pflegestufen auf getrennten Stationen ist dies möglich. Im Krankenhaus dürfte jedoch in der Regel auf jeder Endkostenstelle eine größere Anzahl unterschiedlicher DRGs zu behandeln sein, sodass zuerst eine Leistungseinheit ermittelt werden muss, auf die sich der Zuschlagssatz bezieht. Das klassische Verfahren – aus der Industrie kommend – verwendet hier die Einzelkosten, d. h., die klassische Vollkostenrechnung ermittelt das Verhältnis von Kosten-

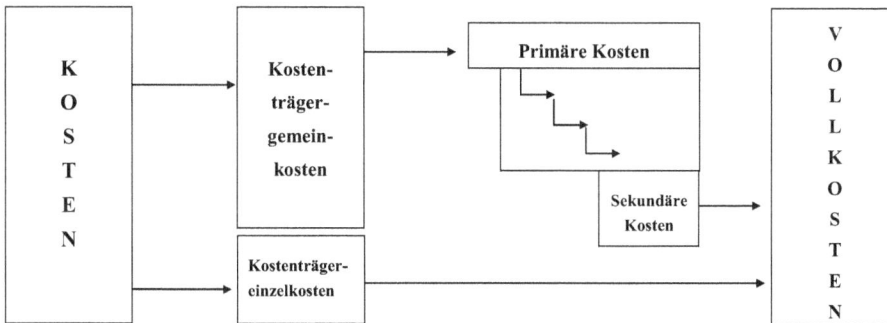

Abb. 170: Systematik des Betriebsabrechnungsbogens.[36]

trägereinzel- und Kostenträgergemeinkosten pro Endkostenstelle. Dies ist eines der Hauptprobleme, die später noch zu kritisieren sein werden.

Das grundlegende Problem des BAB (sowie der LKA) ist die Bestimmung von verursachungsgerechten Schlüsseln, sodass beispielsweise die Kosten des Heizwerks so auf alle anderen Abteilungen übertragen werden, wie es dem Verbrauch an Heizenergie entspricht. Typische Schlüssel im Krankenhaus sind die Zahl der Aufnahmen (z. B. für die Schlüsselung der Kosten der interdisziplinären Aufnahmestation auf die Hauptabteilungen), die Zahl der Pflegetage (z. B. für die Schlüsselung der Verwaltungsgemeinkosten auf die Hauptabteilungen), der Verbrauch (z. B. Röntgenanforderungen, Laboranforderungen, Küche etc.), die Bodenfläche (z. B. Reinigungsdienste), der Rauminhalt (z. B. Heizkosten), andere Kosten (z. B. Schlüsselung der Wartungskosten proportional zu Abschreibungen) oder die exakte Erfassung mit Hilfe von technischen Aufzeichnungsgeräten (z. B. Wasseruhr). Tab. 107 zeigt eine Möglichkeit, diese Schlüssel zu kategorisieren. Allerdings muss betont werden, dass auch bei einem gut durchdachten System die Schlüsselung trotzdem eine Faustregel bleibt. Es gibt keine exakte Schlüsselung – sie ist stets zu einem gewissen Teil willkürlich und nicht verursachergerecht.

In der Praxis ist die Wahl der Schlüssel nicht dem Controller überlassen, sondern von den Verfahrensvorschriften für die Entgeltverhandlungen vorgegeben. Die Leistungs- und Kalkulationsaufstellung, die bis zur Einführung der DRGs zwingend für die Entgeltverhandlungen vorgeschrieben war und seither für Krankenhäuser noch relevant ist, die nicht vollständig nach dem neuen Entgeltsystem arbeiten (z. B. Krankenhäuser mit Psychiatrie), ist im Grunde nichts anderes als ein nach starren Vorgaben aufzustellender Betriebsabrechnungsbogen. Mit Hilfe der LKA sollten erstens Kosten, die nicht vom Pflegesatz getragen wurden, ausgegliedert werden. Zweitens sollten die Selbstkosten pro Endkostenstelle (Abteilung) ermittelt werden, und drittens mussten die Kosten pro Leistungseinheit (Basispflegesatz, Abteilungs-

---

36 Quelle: Eigene Darstellung.

Tab. 106: Betriebsabrechnungsbogen (vereinfachtes Beispiel) [€].[37]

	Gesamtkosten	Heizwerk	Reinigung	Station A	Station B	Station C
Personalkosten	100.000	5.000	10.000	25.000	40.000	20.000
Materialien	50.000	30.000	1.000	10.000	5.000	4.000
Abschreibungen	10.000	4.000	0	3.000	2.000	1.000
Primäre Kosten	160.000	39.000	11.000	38.000	47.000	25.000
Umlage (Sekundäre Kosten)		−39.000				
			5.000	14.000	12.000	8.000
			−16.000			
				10.000	4.000	2.000
Gesamtkosten	160.000	0	0	62.000	63.000	35.000

Tab. 107: Schlüsselung (Beispiele).[38]

	Bestandsgrößen	Bewegungsgrößen
Mengenschlüssel	Putzfläche [m²], Rauminhalt [m³]	z. B. Fallzahlen, Pflegetage, Case Mix, EBM-Punkte, GOÄ-Punkte
Wertschlüssel	Wiederbeschaffungswert [€], Buchwert [€], Abschreibung [€]	z. B. Materialeinzelkosten [€]

pflegesatz) berechnet werden. Im Gegensatz zum BAB, der als Instrument des internen Rechnungswesens allein der Zweckmäßigkeit für die Unternehmenssteuerung unterliegt, wurde das Kalkulationsverfahren der LKA durch die Krankenkassen determiniert. Das prinzipielle Vorgehen ist jedoch identisch, und die von der LKA geforderten Schlüssel werden meist auch für einen internen BAB verwendet.

Im Folgenden werden wir beispielhaft die Schlüssel für OP und Anästhesie, sonstige Medizinische Institutionen, Konsile und Intensivmedizin vorstellen. Die Schlüsselung der OP-Kosten auf die Endkostenstellen erfolgt grundsätzlich auf Grundlage anonymisierter, abteilungsbezogener Operationsstatistiken. Die Personaleinsatzzeiten werden (inklusive der Rüstzeiten) in exakten OP- und Anästhesieprotokollen erfasst und den Fachabteilungen als Personalkosten verrechnet. Sachkosten, soweit sie

---

37 Quelle: Eigenes Beispiel.
38 Quelle: Koch 2014.

keine Kostenträgereinzelkosten (z. B. Implantat) sind, werden möglichst abteilungs-spezifisch erfasst und dementsprechend verrechnet. Soweit dies nicht möglich ist, er-folgt die Schlüsselung der allgemeinen OP-Kosten auf Grundlage der Fallzahlen.

Die sonstigen medizinischen Institutionen gemäß Kostenstelle 92 (Röntgendiag-nostik und -therapie, Nukleardiagnostik und -therapie, Laboratorien, Funktionsdiag-nostik, Sonstige diagnostische Einrichtungen, Kreißzimmer, Physikalische Therapie, sonstige therapeutische Einrichtungen, Pathologie und Ambulanzen) erstellen eben-falls Vorleistungen für die Hauptabteilungen. Als Schlüssel könnten die GOÄ-Ziffern verwendet werden. Die Gebührenordnung für Ärzte (GOÄ) gibt für jede Leistung (z. B. Thorax-Röntgenbild) Punkte vor, die das relative Kostenverhältnis widerspiegeln sol-len. Die Schlüsselung auf die Hauptabteilungen erfolgt anteilig, d. h., Hauptabteilung i erhält einen Kostenanteil gemäß dem Quotienten aus der Summe der Punkte der Hauptabteilung i und der Summe der Punkte aller Hauptabteilungen.

Eine genauere Aufschreibung erfolgt in der Regel bei Konsilen. Hier werden die Minuten, die ein Fachkollege aus einer anderen Abteilung beratend tätig wird, auf-geschrieben. Anschließend erfolgt eine Verrechnung zwischen den Abteilungen. Da Ärzte unterschiedlicher Fachabteilungen gegenseitig Unterstützung leisten, wäre theoretisch eine gegenseitige Verrechnung im Betriebsabrechnungsbogen (Gleich-ungsmethode) notwendig. In der Praxis vernachlässigt man jedoch häufig die Kon-sile der Abteilung, die weniger beratend tätig war.

Auch die Intensivmedizin ist eine Vorkostenstelle, da in der Regel allein die Hauptabteilung die Endleistung erstellt und abrechnet. Für eine verursacherge-rechte Zurechnung der Intensivkosten auf die Hauptabteilungen müssen die Leistungen nach Beatmung, Überwachung und Behandlung getrennt werden. Wo möglich, sollten die Arzt- und Pflegekosten nach Minuten pro Patient und Tag sowie die Sachkosten möglichst direkt auf den einzelnen Patienten verrech-net werden. Ansonsten erfolgt eine Schlüsselung proportional zur Aufenthalts-dauer auf der Intensivstation.

Der letzte Schritt der klassischen Vollkostenrechnung ist die Kostenträgerrech-nung auf Basis einer Zuschlagskalkulation. Hierbei werden in der Grundform die Gemeinkosten mit Hilfe der in der Kostenstellenrechnung ermittelten Zuschlags-sätze auf die Einzelkosten aufgeschlagen, um die Selbstkosten zu ermitteln. Evtl. kann ein Gewinnzuschlag zur Ermittlung des Angebotspreises erfolgen. Tab. 108 zeigt als Beispiel die Kalkulation des Verkaufspreises einer 0,5 l Blutkonserve nach der einfachen Zuschlagskalkulation, wenn diese an einen anderen Abnehmer ver-kauft werden soll. Das Beispiel geht von folgenden Annahmen aus:

- Pauschale für Spender: 20 €
- Arbeitszeit Personal: 0,5 h à 40 €
- Materialverbrauch: 5 €
- Gemeinkostenzuschlag: 50 %
- Gewinnzuschlag: 10 %

Tab. 108: Einfache Zuschlagskalkulation.[39]

Einzelkosten	Pauschale für Spender	20,00 €	
	Arbeitszeit Personal	20,00 €	
	Materialverbrauch	5,00 €	45,00 €
+ Gemeinkostenzuschlag	50 % von 45 €		22,50 €
= Selbstkostenpreis			67,50 €
+ Gewinnzuschlag	10 % von 67,50 €		6,75 €
= Verkaufspreis			74,25 €

Der Gemeinkostenzuschlag ergibt sich aus dem Betriebsabrechnungsbogen der letzten Periode, d. h., die Gemeinkosten betrugen 50 % der Einzelkosten. Der Gewinnzuschlag ist fiktiv.

Es ist nicht zufällig, dass hier ein Beispiel aus dem Sachgüterbereich gewählt wurde: die Produktion einer Blutkonserve. Dienstleistungen sind sehr viel komplizierter und erfordern auch in der klassischen Vollkostenrechnung eine differenziertere Vorgehensweise. Das folgende Beispiel der Ermittlung der Selbstkosten einer Gallensteinoperation illustriert dies. Wiederum wurden die Zuschläge auf Grundlage des Betriebsabrechnungsbogens der letzten Periode ermittelt. Allerdings erfolgt der Zuschlag auf Basis unterschiedlicher Einzelkosten, sodass ein sehr viel genaueres Ergebnis zu erwarten ist. Die folgenden Daten liegen dem Beispiel aus Tab. 109 zu Grunde:

- Chefarzt: 90 Minuten à 400 €/Stunde
- Assistenzärzte: zusammen 350 Minuten à 120 €/Stunde
- Anästhesist: 120 Minuten à 300 €/Stunde
- Pflegepersonal: zusammen 550 Minuten à 45 €/Stunde
- OP-Zeit: 90 Minuten, interne Leistungsverrechnung mit 250 €/Stunde
- OP-Materialien: 180 €
- Materialgemeinkosten: 50 %
- Personalgemeinkosten: 10 % der Personaleinzelkosten
- Risikozuschlag: 10 % der Gesamtsumme

Abb. 171 zeigt das Vorgehen der klassischen Vollkostenrechnung noch einmal schematisch anhand der Kalkulation der Fallpauschale „Hüftendoprothese". Als Kostenträgereinzelkosten fallen überwiegend die Kosten des Implantats und teure Medikamente an. Der überwiegende Anteil der Kosten sind Gemeinkosten und wird den Kostenstellen zugewiesen. Die Kosten der Vorkostenstellen werden schrittweise auf die Endkostenstellen übergewälzt, wobei beispielsweise die Kosten des Operationssaals proportional zur Schnitt-Nahtzeit oder zur Schnitt-Nahtzeit zuzüglich der Rüstzeiten zugeteilt werden. Aus der Summe der direkten und indirekten Kosten der orthopädischen Station ergeben sich die Kostenstellenkosten, die ins Verhältnis zu den Einzelkosten, der Patientenzahl

Tab. 109: Differenzierte Zuschlagskalkulation.[40]

Personalkosten	Personaleinzelkosten	Chefarzt	600,00 €		
		Assistenzärzte Anästhesie	700,00 € 600,00 €		
		Pflegepersonal	412,50 €	2.312,50 €	
	Personalgemeinkosten	10 %		231,25 €	2.543,75 €
Material-kosten	Materialeinzelkosten Materialgemeinkosten	50 %		180,00 € 90,00 €	270,00 €
OP-Kosten					375,00 €
Zwischensumme Risikozuschlag		10 %			3.188,75 € 318,88 €
Selbstkosten					3.507,63 €

oder der Patiententage gesetzt werden. Schließlich werden die Kostenträgereinzelkosten und die zugeschlüsselten Gemeinkosten zu den Gesamtkosten der DRG summiert.

Auf den ersten Blick wirkt die differenzierte Zuschlagskalkulation so, als ob sie exakte Daten ermitteln könnte. In Wirklichkeit jedoch sind die Ergebnisse dieser Kalkulation bestenfalls vergangenheitsorientierte Schätzungen mit großer Unsicherheit, die kaum für zukünftige Entscheidungen zu verwenden sind. Erstens beruhen die Zuschlagssätze der klassischen Vollkostenrechnung auf Vergangenheitswerten aus dem BAB. Wenn sich die Auslastung in der Planperiode gegenüber der Periode des BAB ändert, müssen sich auch die Zuschlagssätze verändern. Dies ist vor allem darauf zurückzuführen, dass die klassische Vollkostenrechnung keine Unterscheidung zwischen fixen und variablen Kosten vornimmt. Alle Kosten werden proportionalisiert, d. h. den Einzelkosten ohne Berücksichtigung der Kostenstruktur zugeschlagen. Steigt die Auslastung an, so führt dies normalerweise zu einer Überschätzung der zuzuschlagenden Gemeinkosten, sinken sie, führt dies unter Umständen zu einer zu geringen Belastung der Kalkulationsobjekte mit Gemeinkosten.

Zweitens ist die Zuschlüsselung der indirekten Kosten subjektiv. Wie bereits dargelegt, bleibt auch bei sorgfältigem Vorgehen ein hohes Maß an Subjektivität oder sogar Beliebigkeit, welcher Schlüssel verwandt wird. Drittens berücksichtigt das Stufenleiterverfahren als Standardverfahren des Betriebsabrechnungsbogens keine gegenseitigen Abhängigkeiten. Das Gleichungsverfahren, das diese Interdependenzen einbeziehen kann, wird in der Krankenhauspraxis nicht verwendet.

---

40 Quelle: Eigenes Beispiel. Es dient der Verdeutlichung der differenzierten Zuschlagskalkulation. Da die Kosten der Operation ermittelt werden, werden Pflegekosten angerechnet, d. h. Kosten der Pflege, die nicht „am Bett" stattfindet.

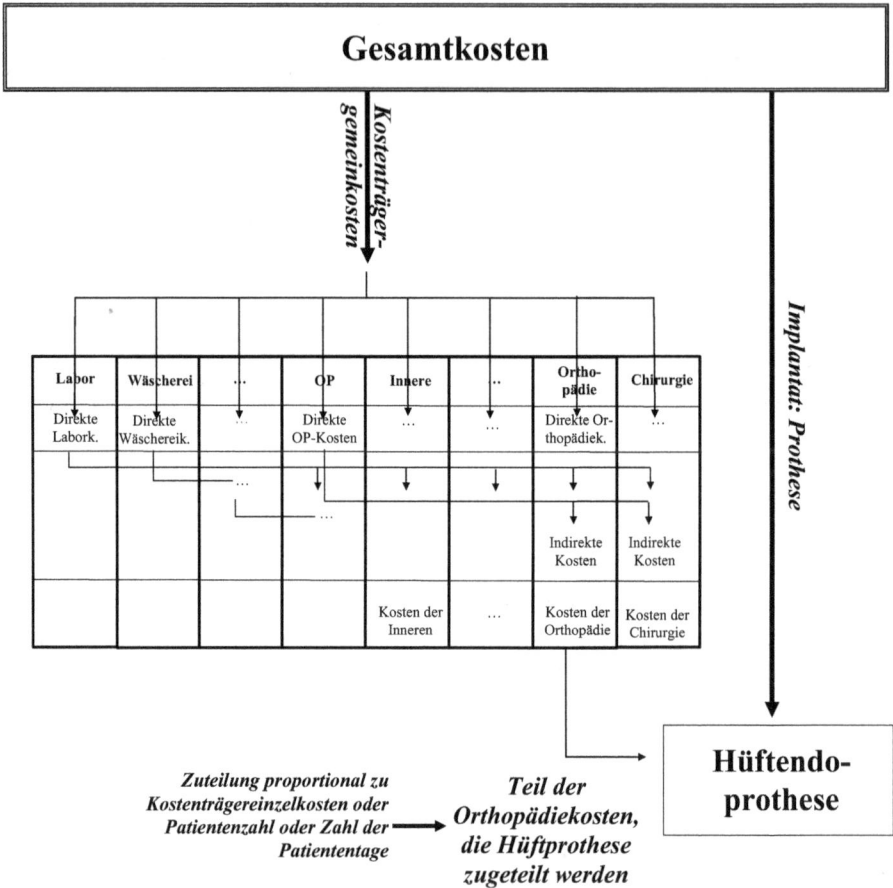

Abb. 171: Kalkulation der Fallkosten einer Hüftendoprothese.[41]

Viertens bezieht sich der Zuschlagssatz auf den Durchschnittsfall einer Endkostenstelle, jedoch nicht auf den einzelnen Kostenträger. Die klassische Vollkostenrechnung eignet sich folglich nur für eine Kostenträgerzeitrechnung, jedoch nicht für eine Kostenträgerstückrechnung.

Schließlich ist noch zu beachten, dass im Krankenhaus die Gemeinkosten in der Regel deutlich höher sind als die Kostenträgereinzelkosten. Dies unterscheidet das Krankenhaus grundlegend von der Industrie oder dem Handel, für die dieses Kostenrechnungsverfahren entwickelt wurde. Im Handel beispielsweise liegen die Materialeinzelkosten bei bis zu 90 % der Gesamtkosten, die Materialgemeinkosten bei bis zu 5 %. Folglich bilden die sonstigen Gemeinkosten unter Umständen nur noch 5 % der Gesamtkosten. Im Krankenhaus hingegen sind bis zu 95 % der Ge-

---

41 Quelle: Eigene Darstellung.

samtkosten sonstige Gemeinkosten. Die Berechnung eines Gemeinkostensatzes auf dieser Basis würde zu Sätzen von mehreren hundert Prozent führen. Der Schätzfehler ist bei großen, pauschalen Zuschlägen deutlich größer, sodass bei Dienstleistungen von diesem einfachen Verfahren abzuraten ist.

Aus diesen Schwachstellen ergibt sich die Wertung, dass die klassische Vollkostenrechnung im Krankenhaus ein halbwegs geeignetes Verfahren für eine vergangenheitsorientierte Analyse ist, jedoch keine Entscheidungsunterstützung bietet.[42] Beispielsweise können Entscheidungen über das optimale Leistungsprogramm niemals auf diesem Verfahren beruhen. Würden z. B. die Selbstkosten einer DRG nach der klassischen Vollkostenrechnung geringer sein als das Entgelt, so würde dies den Verdacht nahe legen, dass das Krankenhaus seinen Gewinn erhöhen (oder seinen Verlust reduzieren) würde, wenn es diese DRG aus dem Leistungsprogramm nimmt. Dies ist jedoch ein Trugschluss, da der größte Teil der auf diese DRG zugeschlüsselten Gemeinkosten (z. B. Verwaltung, Gebäude, Anlagen) auch anfallen würde, wenn diese DRG aus dem Leistungsportfolio gestrichen würde. Im nächsten BAB würden damit – ceteris paribus – die Gemeinkostenzuschläge für alle anderen DRGs steigen.

Die Schwächen der klassischen Vollkostenrechnung können auf zwei Wegen überwunden werden. Erstens kann der Behandlungsprozess in seine Teilprozesse zerlegt werden, die dann einzeln zu kalkulieren sind. Der Vorteil besteht darin, dass in jedem Teilprozess eine deutlich genauere Zurechnung der Kosten erfolgen kann und insbesondere Teile der Kosten, die nach dem BAB des Gesamtunternehmens als Gemeinkosten behandelt werden müssen, in einem Teilprozess als Einzelkosten behandelt werden können. Diese Zielsetzung verfolgt die Prozesskostenrechnung, die wir im Folgenden diskutieren werden. Zweitens kann von Anfang an eine Trennung in fixe und variable Kostenbestandteile erfolgen, sodass eine genauere Kostenermittlung bei veränderter Auslastung ermöglicht wird. Diesen Weg verfolgt im Prinzip die Deckungsbeitragsrechnung, die im Anschluss an die Prozesskostenrechnung diskutiert wird.

Prozesskostenrechnung
Die Prozesskostenrechnung (Activity Based Costing, Vorgangskalkulation, Cost Driver Accounting) ist ein Verfahren der Vollkostenrechnung, das durch den starken Anstieg der Gemeinkosten sowie die zunehmende Prozessorientierung insbesondere im Dienstleistungssektor notwendig wurde.[43] Sie intendiert eine möglichst genaue Ermittlung der Kosten eines Behandlungsprozesses durch eine detaillierte Abbildung der Unternehmensprozesse sowie die Bestimmung derjenigen Größen, die für die Höhe der Kosten verantwortlich sind (Kostentreiber). Durch die detaillierte Analyse der Teilprozesse werden eine deutlich verursachergerechtere Kosten-

---

42 Vgl. Koch 2004.
43 Vgl. Kothe-Zimmermann 2006.

zuteilung sowie eine erhöhte Kostentransparenz möglich. Die globale Schlüsselung von indirekten Kosten in den Endkostenstellen wird stark reduziert.

Als Voraussetzung für die Prozesskostenrechnung müssen die Prozesse bekannt und möglichst gut strukturiert sein. Hierzu wird der Gesamtprozess in Prozessbereiche (z. B. Aufnahme, Diagnostik, Pflege, Therapie, Entlassung), Hauptprozesse (z. B. Verwaltungsaufnahme und medizinisch-pflegerische Aufnahme) und Teilprozesse (z. B. Anlage des Krankenblattes, Anamnese) gegliedert. Abb. 172 zeigt ein Beispiel für eine Prozesshierarchie, die Abfolge kann durch ein Flussdiagramm oder einen Netzplan dargestellt werden (vgl. in Kapitel 5.4.1).

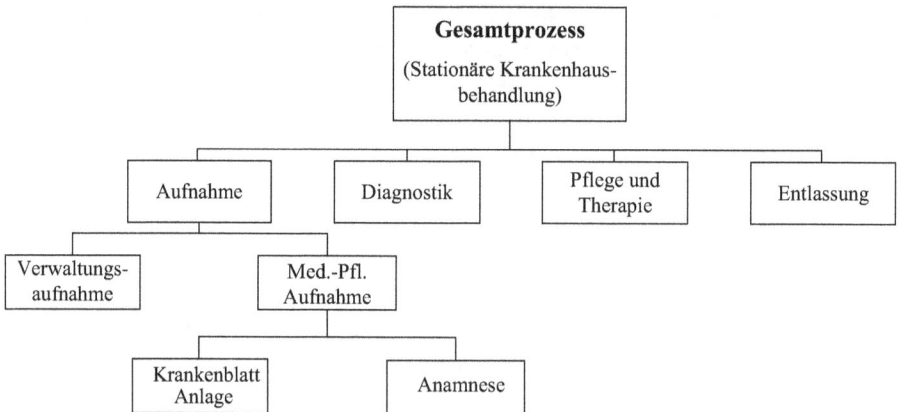

Abb. 172: Prozesshierarchie.[44]

Die Prozesskostenrechnung eignet sich für mehrmalige Prozesse, d. h., die Kosten reiner Einzelfertigungen mit völlig unterschiedlichen Teilprozessen und Prozessfolgen können nicht mit Hilfe der Prozesskostenrechnung kalkuliert werden. Im Krankenhaus folgen die meisten Patienten einer bestimmten DRG einem relativ ähnlichen Behandlungsprozess, und zwar auch dann, wenn sich ihr Krankheitsbild individuell unterschiedlich darstellt. Die Prozesskostenrechnung ist damit ein geeignetes Verfahren für die Kalkulation der Fallkosten. Darüber hinaus ist es möglich, einen Behandlungspfad mit Verzweigungen und Abfragen zu definieren und diese alternativen Teilprozesse in der Prozesskostenrechnung zu berücksichtigen.

Eine weitere Voraussetzung der Prozesskostenrechnung ist die Leistungsmengeninduzierung. Dies bedeutet, dass die Kosten eines Prozesses zumindest zum Teil von der Quantität des Kostentreibers abhängig sein müssen. Im Krankenhaus gibt es in der Regel für jeden Prozess eine klar zu benennende Größe, die die Kosten maßgeblich verursacht. Beispielsweise können Kosten mit der Fallzahl, der Fall-

---

44 Quelle: Zapp 2002, S. 46.

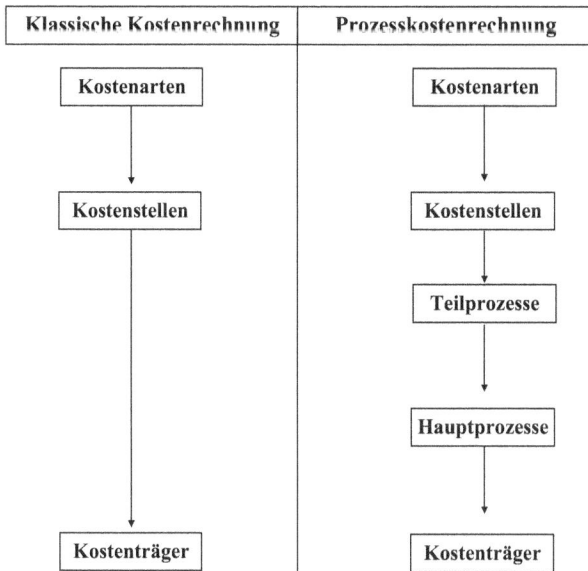

Abb. 173: Klassische Vollkostenrechnung und Prozesskostenrechnung.[45]

schwere, der Dringlichkeit, der Aufenthaltsdauer, der Gerätenutzungszeit, der Anästhesiologiezeit oder der Schnitt-Naht-Zeit variieren.

Abb. 173 zeigt, dass die Prozesskostenrechnung im Grunde eine Verfeinerung der klassischen Vollkostenrechnung ist. Die grundsätzliche Abfolge bleibt erhalten, wird jedoch präzisiert. Die Kostenartenrechnung ist bei beiden Verfahren im Wesentlichen identisch. Auch die Kostenstellenrechnung unterscheidet sich im ersten Schritt nicht, d. h., die Kostenträgergemeinkosten werden den Kostenstellen als direkte Kosten zugewiesen. Anschließend erfolgt jedoch die Aufgliederung in Teilprozesse und die Aufteilung der Kostenstellenkosten auf die einzelnen Teilprozesse in dieser Kostenstelle. Soweit möglich wird für jeden Teilprozess ein primärer Einflussfaktor (Kostentreiber) bestimmt, dessen Quantität in einem direkten und möglichst linearen Zusammenhang zur Kostenhöhe stehen soll. Für einige Teilprozesse (z. B. Stationsleitung) wird man keinen Kostentreiber bestimmen können, da ihre Kosten nicht prozessmengenabhängig sind. Sie werden als leistungsmengenneutrale (lmn) Kosten bezeichnet. Sind die Kosten hingegen von der Höhe eines Kostentreibers abhängig, spricht man von leistungsmengeninduzierten (lmi) Kosten. Das Ergebnis dieses Schrittes sind Prozesskostensätze, d. h. die Kosten pro Teilprozess. Sie enthalten sowohl die leistungsmengeninduzierten Kosten als auch einen Anteil an den leistungsmengenneutralen Kosten dieser Kostenstelle. Die Kosten des Gesamtprozesses

---

45 Quelle: Eigene Darstellung, in Anlehnung an Schweitzer und Küpper 2015, S. 349–356.

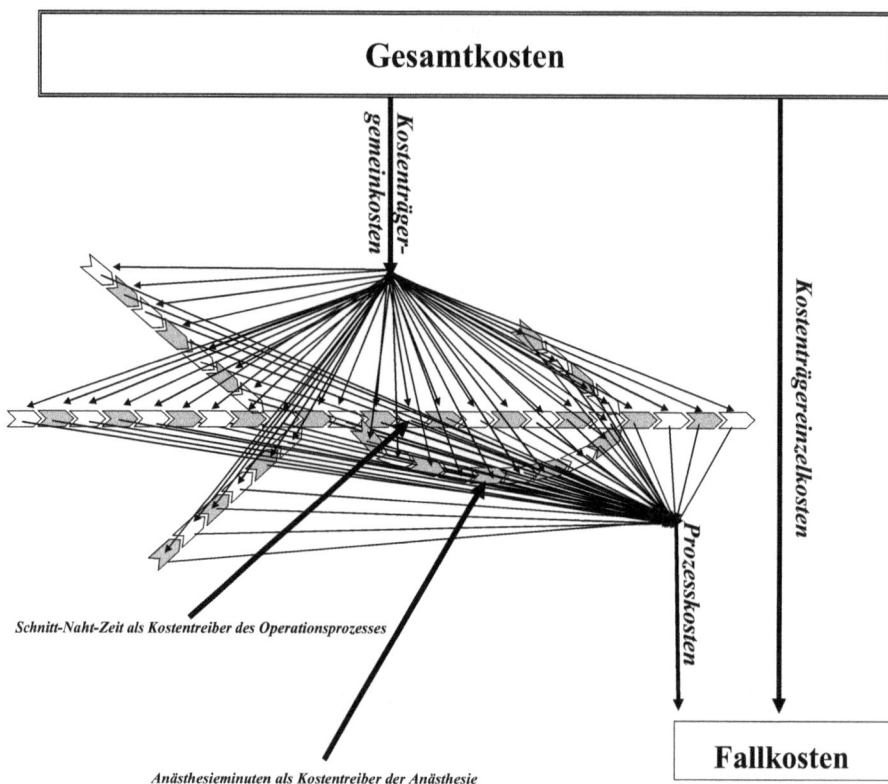

Abb. 174: Schematische Darstellung der Prozesskostenrechnung.[46]

errechnen sich als Summe der Kosten der Teilprozesse. Abb. 174 zeigt schematisch das Prinzip der Prozesskostenrechnung auf.

Prozesse und Kostenstellen sind häufig, aber nicht immer, identisch. Erstens können in einer Kostenstelle mehrere Hauptprozesse parallel verlaufen. In diesem Fall ist es besonders wichtig, darauf zu achten, dass die Kostentreiber beider Prozesse häufig nicht identisch sind. Beispielsweise laufen in der Kostenstelle Operationseinheit die Prozesse der Anästhesie und der Operation teilweise parallel, wobei die Schnitt-Naht-Zeit als Kostentreiber der Operation und die Anästhesiologiezeit als Kostentreiber der Anästhesie nicht übereinstimmen oder proportional sind. Zweitens können Prozesse und insbesondere Prozessbereiche kostenstellenübergreifend verlaufen. Der Prozessbereich Aufnahme z. B. erstreckt sich auf die Verwaltung und die Hauptabteilung.

Die Prozesskostenrechnung ist in der Regel als Vollkostenrechnung konzipiert, d. h., sie schlüsselt ebenfalls Gemeinkosten zu. Die detaillierte Aufgliederung in Teilprozesse, die exakte Erfassung der Teilprozesskosten, die rationale Bestimmung

---

46 Quelle: Eigene Darstellung.

der teilprozessspezifischen Kostentreiber und die exakte Bestimmung der Prozesskostensätze ermöglichen jedoch eine verursachergerechtere Zuschlüsselung von
Gemeinkosten in den Teilprozessen als in der klassischen Vollkostenrechnung.

Die Ermittlung der Prozesskostensätze erfordert zuerst die Trennung in leistungs-
mengeninduzierte und leistungsmengenneutrale Teilprozesse. Bei leistungsmengenneutralen (lmn) Teilprozessen fallen die Tätigkeiten und Kosten unabhängig vom
Leistungsvolumen an. Typische Beispiele hierfür sind die Aktivitäten und Kosten der
Führung (z. B. Stationsleitung). Bei leistungsmengeninduzierten (lmi) Teilprozessen
hingegen besteht eine Korrelation zwischen der Leistungsmenge und den Kosten
bzw. Tätigkeiten. Vereinfachend wird in der Regel ein proportionaler Zusammenhang
von Leistungsmenge und Kosten vermutet. Beispielsweise kann man davon ausgehen, dass die Kosten des Operateurs umso höher sind, je länger er an dem Patienten
arbeitet (Schnitt-Naht-Zeit).

Entscheidend für die Qualität der Prozesskostenrechnung ist die Festlegung derjenigen Maßgrößen (Kostentreiber), die einen möglichst hohen Anteil der Kosten erklären und für die die Annahme des linearen Zusammenhangs von Kosten und Menge
bestmöglich gilt. Bei einigen Prozessen ist die Bestimmung der Kostentreiber einfach.
Beispielsweise dürfte bei den Teilprozessen des Prozessbereiches Aufnahme in der
Regel die Anzahl der aufgenommenen Patienten der Kostentreiber sein. In der Operationseinheit hingegen konkurrieren verschiedene Maße miteinander. Man kann zeigen, dass die Kosten einer Operation mit der Operationslänge ebenso steigen wie mit
dem Schweregrad (ASA-Stufen I–V) und der Dringlichkeitsstufe (elektiv, geplant,
dringlich, Notfall). Im Prinzip könnte man natürlich ein multifaktorielles Modell der
Kostenbeeinflussung definieren und die Konstanten ökonometrisch bestimmen, z. B.

$$C_i = \alpha \cdot L_i + \beta \cdot S_i + \gamma \cdot D_i$$

mit

C_i Kosten von Fall i
α,β,γ Gewichte der Einflussfaktoren
L_i Zeitverbrauch von Fall i
S_i Schweregrad von Fall i
D_i Dringlichkeit von Fall i

In der Praxis muss man jedoch eine einfache Maßgröße wählen. Meist ist dies der
Zeitverbrauch, wobei Abb. 175 zeigt, dass auch hier eine klare Definition der zeitlichen Maßgröße notwendig ist. Da das Verhältnis der Zeiten bei unterschiedlichen
Operationen nicht konstant ist (z. B. die Vorbereitungszeit eines Patienten bei
einem vierstündigen Eingriff nicht viermal so groß ist wie bei einem einstündigen),
hängt die Zuschlüsselung der Kosten von der Wahl der richtigen Größe ab.

Hat man die richtige Maßgröße gewählt, muss der Prozesskostensatz ermittelt
werden. Dieser ergibt sich als Quotient aus leistungsmengeninduzierten Prozesskosten und der Quantität des Kostentreibers. Man sollte pro Teilprozess einen Prozesskos-

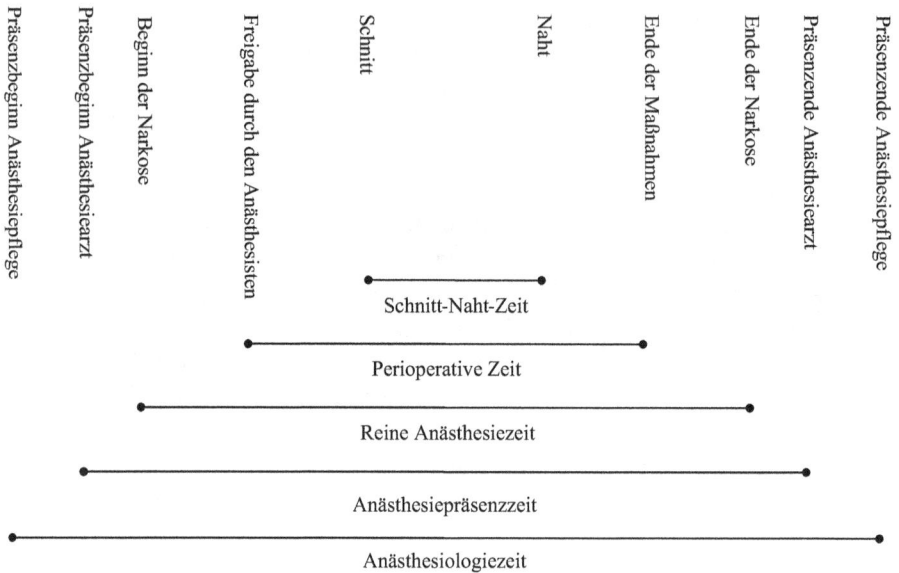

Abb. 175: Alternative Maßgrößen des Zeitverbrauchs in der Operationseinheit.[47]

tensatz ermitteln. Falls die Kostentreiber gleich sind (z. B. bei der Aufnahme), können sie zu einem Hauptprozesskostensatz zusammengefasst werden. Tab. 110 zeigt am Beispiel einer Pflegestation die Ermittlung der Gesamtkostensätze. Zuerst werden alle Teilprozesse dieser Kostenstelle in Spalte 1 erfasst. Im zweiten Schritt wird analysiert, ob es sich um einen leistungsmengeninduzierten oder -neutralen Teilprozess handelt (Spalte 2). In diesem Fall geht man davon aus, dass die Kosten der Stationsführung unabhängig davon anfallen, wie viele Patienten auf der Station gepflegt werden. Bei allen anderen Teilprozessen können Kostentreiber zugeordnet werden.

Für jeden Teilprozess werden die Prozesskosten (Spalte 5) ermittelt, indem die Gesamtkosten der Kostenstelle nach Aufzeichnungen (z. B. Zeitaufzeichnungen) oder Schätzungen auf die Teilprozesse aufgeteilt werden. Die Division der Prozesskosten durch die Quantität der Kostentreiber (Spalte 4) ergibt den Prozesskostensatz, d. h. die Kosten pro Tätigkeit. Abschließend erfolgt dann die Umlage der leistungsmengenneutralen Kosten auf die leistungsmengeninduzierten Teilprozesse. In diesem einfachen Beispiel geht man davon aus, dass die Stationsleitung ihre Leistung für alle Teilprozesse gleichermaßen bringt, sodass jeweils 500 € pro Teilprozess anfallen. Damit ergeben sich die Umlagen (Spalte 7) durch Division der 500 € durch die Menge der Spalte 4 (z. B. 500 € / 20 Anamnesen = 25 €/Anamnese). Die Gesamtkosten pro Teilprozess berechnen sich folglich als Summe des Prozesskostensatzes und der Umlage.

---

47 Quelle: Eigene Darstellung, in Anlehnung an InEK 2016, S. 159; Lübbe 2010, S. 31.

Tab. 110: Ermittlung der Prozesskostensätze (Beispiel: Pflegestation).[48]

Teilprozess	Charakteristik	Kostentreiber	Menge	Prozesskosten	Prozesskostensatz	Umlage	Gesamtkostensatz
Pflegeanamnese	lmi	Aufnahmen	20	2.000,00 €	100,00 €	25,00 €	125,00 €
Patient waschen	lmi	gewaschene Patienten	15	450,00 €	30,00 €	33,33 €	63,33 €
Bettenmachen	lmi	Anzahl Patienten	30	600,00 €	20,00 €	16,67 €	36,67 €
Essen austeilen	lmi	Anzahl Patienten	30	200,00 €	6,67 €	16,67 €	23,33 €
Stationsführung	lmn	–	–	2.000,00 €			

---

48 Quelle: Eigenes Beispiel.

Die Prozesskostenrechnung wirkt in diesem kleinen Beispiel recht einfach und exakt. In Wirklichkeit überfordert sie häufig die Dokumentationssysteme des Krankenhauses. Die Aufteilung der Kostenstellenkosten auf die Teilprozesse der Kostenstelle muss auf verlässlichen und relevanten Statistiken beruhen. In der Operationseinheit werden meist die Personalminuten detailliert erfasst und den Kostentreibern zugerechnet (z. B. Operateurminuten für eine Operation nach OPS). Alle weiteren Kosten werden jedoch proportional zu den Personalkosten angenommen. In allen anderen Bereichen gibt es meist nicht einmal eine verlässliche Zeitaufschreibung, sodass hier die Prozesskostenrechnung auf Schätzungen beruhen muss. Hier gilt jedoch wiederum das Prinzip „Garbage in – garbage out", sodass ein detailliertes und komplexes Verfahren wie die Prozesskostenrechnung unter Umständen keine besseren Ergebnisse liefert als die klassische Vollkostenrechnung, wenn die notwendige Dokumentation der Leistungen und Ressourcenverbräuche unterbleibt.

Weiterhin umgeht auch die Prozesskostenrechnung nicht das grundsätzliche Problem einer Schlüsselung von Gemeinkosten. Die leistungsmengenneutralen Kosten werden den Prozesskostensätzen zugeschlagen. Damit ergeben sich wiederum zwei Probleme. Erstens berücksichtigt dieses Verfahren keine Veränderungen der Auslastung. Und zweitens können erhebliche Unschärfen auftreten, insbesondere wenn die Umlage ein Mehrfaches des Prozesskostensatzes ausmacht. Im obigem Beispiel gibt der Kalkulationsweg der Prozesskosten „Essen austeilen" eine Exaktheit vor, die er nicht halten kann, da fast zwei Drittel der Gesamtkosten dieses Teilprozesses aus der Umlage herrühren.

Schließlich ist auch die Prozesskostenrechnung prinzipiell eine ex-post Betrachtung. Sobald die Nachfrage bzw. Auslastung von den Vergangenheitswerten abweicht, führt auch die Prozesskostenrechnung zu systematischen Fehleinschätzungen. Eine Entscheidungsunterstützung (z. B. für die Zusammenstellung des Fallklassenprogramms oder für die Integration mit anderen Leistungsanbietern) ist auf dieser Basis nicht möglich. Gesucht sind deshalb Kostenrechnungsverfahren, die die Gemeinkosten nicht mehr zuschlüsseln, sondern getrennt erfassen und in geeigneter Weise berücksichtigen. Die Methoden der Teilkostenrechnung wurden mit dieser Zielsetzung entwickelt. Die bekannteste Variante wird im nächsten Abschnitt diskutiert.

Deckungsbeitragsrechnung

Die Systeme der Teilkostenrechnung grenzen sich von der Vollkostenrechnung dadurch ab, dass die Gemeinkosten nicht mehr bzw. nicht mehr vollständig auf die Kostenträger zugerechnet werden. Einzelkosten werden dem Kostenträger vollständig zugerechnet, während Gemeinkosten meist als Block dem Gesamtunternehmen bzw. dem Teil des Unternehmens, an dem sie tatsächlich anfallen, zugeordnet werden. Dies erfordert eine Dokumentation der Eigenschaft als Einzel- oder Gemeinkosten bereits bei der Kostenartenrechnung. Zur Vereinfachung wird in der Praxis meist nur zwischen fixen und variablen Kosten unterschieden, obwohl keine Identität von Gemein- und Fixkosten bzw. von Einzel- und variablen Kosten besteht. Die bekanntesten Verfahren sind die relative Einzelkostenrechnung, die Fixkostendeckungsrechnung, die Grenzplankostenrechnung, das Direct Costing sowie die Deckungsbeitragsrechnung. Für das Krankenhaus ist insbesondere das letztgenannte Verfahren relevant, wobei das Direct Costing als Vorstufe angesehen werden kann und deshalb kurz diskutiert wird.

Direct Costing

Direct Costing wird auch als einstufige Deckungsbeitragsrechnung bezeichnet. Ziel ist die Ermittlung des Deckungsbeitrags eines Produkts, d. h. des Beitrags, den dieses Produkt zur Deckung des Fixkostenblocks leistet. Hierzu werden von den Erlösen des Produkts die variablen Kosten abgezogen, die Differenz ist der Deckungsbeitrag. Wie Abb. 176 zeigt, wird ein linearer Kostenverlauf (Fixkostenblock und konstante variable Kosten) angenommen. Die Fixkosten werden nicht auf die einzelnen Leistungseinheiten zugeschlüsselt, sondern von der Summe der Deckungsbeiträge je Produkt (Gesamtdeckungsbeitrag) abgezogen. Diese Differenz wird als kalkulatorischer Periodenerfolg bezeichnet.

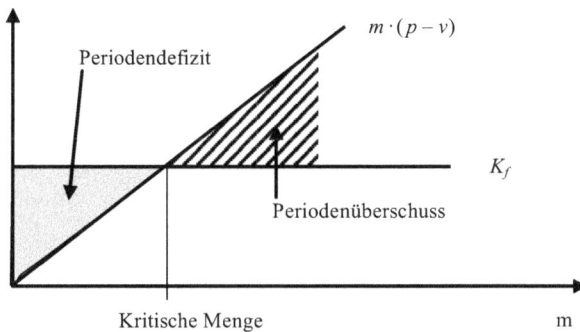

Abb. 176: Direct Costing im Einproduktunternehmen.[49]

Im Einproduktbetrieb kann die kritische Menge als einfacher Break-Even-Point errechnet werden. Im Mehrproduktunternehmen bietet sich die tabellarische Abbildung an. Tab. 111 zeigt dies am Beispiel eines Pflegeheims mit drei Fallklassen (z. B. Pflegegrad 3, 4, 5).

$$K_f = m^* \cdot (p - v) \Leftrightarrow m^* = \frac{K_f}{p - v}$$

---

49 Quelle: Eigene Darstellung, in Anlehnung an Schweitzer und Küpper 2015, S. 493.

Mit

K_f Fixkosten

p Verkaufspreis

v variable Kosten

m Menge

m^* kritische Menge

p-v Deckungsbeitrag

Tab. 111: Direct Costing im Altenheim [€].[50]

	Pflegegrad 3 (5000 Pflegetage)	Pflegegrad 4 (5800 Pflegetage)	Pflegegrad 5 (2400 Pflegetage)
Erlöse	500.000	700.000	400.000
– variable Kosten	300.000	650.000	500.000
= Deckungsbeitrag	200.000	50.000	–100.000
– Fixkosten		240.000	
Periodenerfolg		–90.000	

Direct Costing ist ein sehr einfaches Verfahren, das für viele betriebliche Entscheidungen sehr hilfreich ist. Da die Proportionalisierung der Fixkosten entfällt, trägt dieses Verfahren der Realität Rechnung, dass Fixkosten mittelfristig nicht veränderbar sind. Tab. 112 zeigt obiges Beispiel für den Fall einer Zuschlüsselung der fixen Kosten im Verhältnis zu den Pflegetagen.

Tab. 112: Vollkostenrechnung im Altenheim [€].[51]

	Pflegegrad 3 (5000 Pflegetage)	Pflegegrad 4 (5800 Pflegetage)	Pflegegrad 5 (2400 Pflegetage)
Erlöse	500.000	700.000	400.000
– variable Kosten	300.000	650.000	500.000
– Fixkostenanteil (5000:5800:2400)	90.909	105.455	43.636
Periodenerfolg pro Pflegegrad	109.091	–55.455	–143.636

Die Vollkostenrechnung in diesem Beispiel legt nahe, Pflegegrad 4 und 5 zu schließen und nur noch Pflegegrad 3 zu betreiben. Allerdings wäre dies ein Trugschluss, denn die Fixkosten in Höhe von 240.000 € würden auch dann voll anfallen, wenn die Pflegegrade 4 und 5 geschlossen würden. Die Vollkostenrechnung kann keine Antwort auf

---

50 Quelle: Eigenes Beispiel.
51 Quelle: Eigenes Beispiel.

die Frage geben, welches Leistungsprogramm das Altenheim anbieten soll. Direct Costing hingegen stellt klar, dass sowohl Pflegegrad 3 als auch Pflegegrad 4 positive Deckungsbeiträge erwirtschaften, sodass es sich rentiert, auch Pflegegrad 4 weiterhin zu betreiben. Wird hingegen Pflegegrad 5 geschlossen, so würde sich bei konstanten Fixkosten der Periodenerfolg um 100.000 € erhöhen, d. h., das Unternehmen kommt in den positiven Bereich (10.000 € Überschuss).

Das obige Beispiel zeigt allerdings auch, dass die einstufige Deckungsbeitragsrechnung (Direct Costing) stark vereinfacht. Bleiben die Fixkosten wirklich konstant, wenn eine ganze Abteilung geschlossen wird? Meistens gibt es Fixkosten, die der Abteilung zuzurechnen sind. Damit wird das Verfahren mehrstufig, d. h., es müssen Fixkosten der Abteilung und Fixkosten des Gesamtunternehmens unterschieden werden. Bewusst wurde hier kein Beispiel aus dem Krankenhaus verwendet, denn der mehrstufige Krankenhausbetrieb erfordert ein viel differenziertes Vorgehen als es Direct Costing erlaubt.

Trotzdem kann auch im Krankenhaus Direct Costing Verwendung finden. Beispielsweise können Lagerbestände mit ihren Teilkosten (variablen Kosten) statt mittels Vollkosten bewertet werden, sodass die Proportionalität der Materialkosten bei Mengenschwankungen gewahrt bleibt. Eine andere Möglichkeit, Direct Costing sinnvoll einzusetzen, ist die Berechnung von Preisuntergrenzen. Beispielsweise könnte ein Krankenhaus fragen, bis zu welchem Entgelt der relevanten DRG eine Leistung gerade noch möglich ist. Nehmen wir hierzu an, ein Krankenhaus möchte aus Gründen der Tradition und seines Zielsystems die Neonatologie weiterhin betreiben. Die Station weist aber nach der Vollkostenrechnung inklusive der Zuschlüsselung der Krankenhausgemeinkosten Defizite aus. Es stellt sich die Frage, bis zu welchem Entgelt das Krankenhaus in der Lage ist, diese Station zu betreiben. Die theoretische Antwort ist simpel. Solange die additionalen Kosten der Station (Personal, Heizung, variable Kosten) gerade noch gedeckt werden, sollte die Station aufrechterhalten werden, da die Gemeinkosten des Krankenhauses ohnehin anfallen. In der Praxis ist die Berechnung dieses Schwellenwertes allerdings nicht so einfach. Hinzu kommt, dass die Plan-Krankenhäuser einen staatlichen Versorgungsauftrag haben, der die Fachabteilungen und damit auch das dazugehörige Leistungsspektrum vorgibt. Dadurch lassen sich einzelne Therapien, auch wenn sie nicht kostendeckend erbracht werden können, nicht einfach einstellen bzw. ersetzen.

Eine weitere Anwendung des Direct Costing ist die Ermittlung von Erfolgspotenzialen. Beispielsweise setzt die Erstellung einer BCG-Matrix voraus, dass die Deckungsbeiträge bekannt sind. Meist haben Stars hohe Erlöse, benötigen aber auch große Investitionen, um auf den wachsenden Märkten die führende Stellung zu halten. Damit ist der Deckungsbeitrag der Stars in der Regel gering. Cash Cows hingegen haben noch immer relativ hohe Erlöse, während die Investitionen in dieses auslaufende Produkt gering sind. Die Fixkosten sind längst gedeckt, und somit kann diese Leistungsgruppe Deckungsbeiträge erwirtschaften, um in die Fragezeichen zu investieren. Die Verwendung der Vollkosten inkl. der Fixkostenschlüsselung kann hier zu falschen Interpretationen führen.

Schließlich kann der grundsätzliche Gedanke des Direct Costing zu einer evidenz-
basierten Make-or-Buy Entscheidung verwendet werden. Hierzu dient das Beispiel,
das in Tab. 113 zusammengefasst ist. Ein Krankenhaus überlegt, ob es Infusionen
selbst herstellen oder von einer Apotheke beziehen soll. Der Einkaufspreis der 0,5 l
Flasche liegt derzeit bei 4 €. Falls man sich für die Eigenproduktion entscheidet, fallen
Kosten für das Gebäude (20.000 € pro Jahr), den Mitarbeiter (20.000 € pro Jahr), die
Apparatur (10.000 € pro Jahr) und zusätzliche Kosten pro Flasche (Zusatzstoffe, Wasser, Strom etc., 1 € pro 0,5 l Flasche) an.

Tab. 113: Make-or-Buy Entscheidung.[52]

Einkaufspreis		4 € pro 0,5 l Flasche
Fixkosten der Eigenproduktion	– Gebäudekosten: 400.000 €, abzuschreiben auf 20 Jahre – Gerätekosten: 100.000 €, abzuschreiben auf 10 Jahre – Personalkosten (50 %-Stelle): 20.000 € pro Jahr	50.000 € pro Jahr
Variable Kosten der Eigenproduktion		1 € pro 0,5 Flasche

Für die Entscheidung, eine Infusionseinheit aufzubauen, sind diese Kosten vollständig relevant. Damit ergibt sich:

$$K_f + v \cdot m^* = m^* \cdot p \Leftrightarrow m^* = \frac{K_f}{p-v} \Leftrightarrow m^* = \frac{50.000}{4-1} = 16.667$$

mit
K_f Fixkosten der Eigenproduktion
p Einkaufspreis bei Fremdbezug
v variable Kosten der Eigenproduktion
m Menge
m^* kritische Menge

Das Krankenhaus muss folglich mindestens einen jährlichen Bedarf von 16.667 Flaschen haben, damit sich die Eigenproduktion lohnt. Interessant ist die Analyse,
wenn die Einheit bereits existiert und das Krankenhausmanagement fragt, bis zu welchem Einkaufspreis die Eigenfertigung beibehalten werden sollte. Hierzu müssen die
Fixkosten daraufhin analysiert werden, ob sie für diese Entscheidung relevant sind.
Tatsächlich fallen die Gebäude- und Gerätekosten auch dann an, wenn die Einheit

geschlossen wird, sodass lediglich die Personalkosten entscheidungsrelevant sind. Damit ergibt sich die neue kritische Menge bei einem Einkaufspreis von 4 € als

$$m^* = \frac{K_f}{p-v} \Leftrightarrow m^* = \frac{10.000}{4-1} = 3333$$

Wurde die Einheit bereits installiert, kann der Verbrauch auf 3333 Flaschen pro Jahr sinken, und trotzdem lohnt es sich noch, die Einheit weiter zu betreiben. Abb. 177 zeigt, dass der Break-Even-Point in Abhängigkeit vom Einkaufspreis dargestellt werden kann.

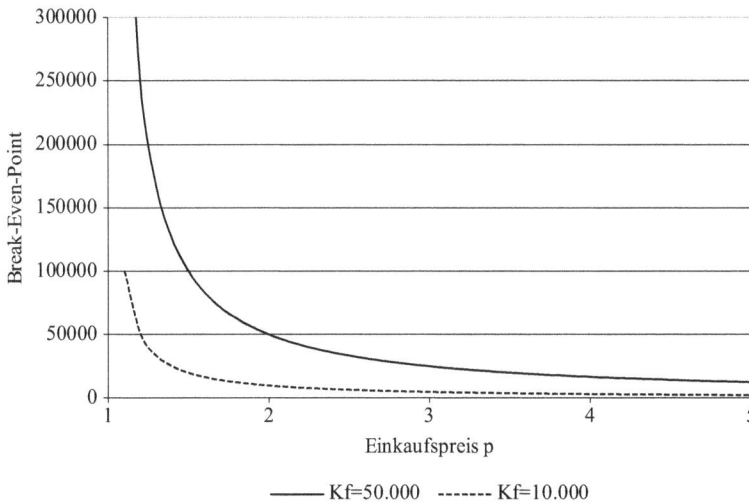

Abb. 177: Break-Even-Point in Abhängigkeit vom Einkaufspreis p.[53]

Das neue Denken, in das uns das Direct Costing leitet, stellt immer die Frage: „Welche Kosten sind überhaupt für eine Entscheidung relevant?". Häufig sind dies allein die variablen Kosten, da die Fixkosten sowieso anfallen. Wie bereits dargestellt, gibt es aber auch Teile der Fixkosten, die durchaus einem Produkt, einer Abteilung oder einem anderen Subsystem des Unternehmens zugeordnet werden können, sodass eine mehrstufige Deckungsbeitragsrechnung notwendig wird.

Mehrstufige Deckungsbeitragsrechnung

Die mehrstufige Deckungsbeitragsrechnung ist eine Weiterentwicklung des Direct Costing, bei der die Fixkosten nicht mehr pauschal für das ganze Unternehmen erfasst, sondern spezifisch für Produkte, Produktgruppen und Abteilungen dokumentiert wer-

---

53 Quelle: Eigenes Beispiel.

den. Damit ergibt sich eine Fixkostenhierarchie mit mehreren Fixkostenschichten. Beispielsweise stellt das Gehalt des Pförtners Fixkosten für das ganze Krankenhaus dar, während das Gehalt der Stationsleitung Fixkosten für die jeweilige Station sind und den Patienten dieser Station zugerechnet werden können. Wird die Station aufgelöst, fallen diese Fixkosten nicht mehr an. Weiterhin gibt es Fixkosten, die einer Gruppe von DRGs zugeordnet werden können, z. B. ein spezielles chirurgisches Instrument, das nur für eine Hauptgruppe (MDC) verwendet wird. Theoretisch kann es sogar Fixkosten für eine einzelne DRG geben. Die mehrstufige Deckungsbeitragsrechnung ist eine Teilkostenrechnung, d. h., es erfolgt keine Schlüsselung der Fixkosten auf die Kalkulationsobjekte. Aber die Fixkostenschichtung erlaubt die Zuordnung der Fixkosten nach ihrer Verursachung.

Tab. 114 zeigt das Beispiel einer mehrstufigen Deckungsbeitragsrechnung in einem Krankenhaus mit zwei Hauptabteilungen und fünf DRGs. Für jede DRG werden von den Nettoerlösen die variablen Kosten abgezogen, so wie dies beim Direct Costing durchgeführt wurde. Das Ergebnis ist der Deckungsbeitrag I. Von ihm werden die Fixkosten abgezogen, die ausschließlich für diese Therapie anfallen (z. B. Gehalt des Diabetesberaters, der ausschließlich für Diabetiker zuständig ist). Die Ergebnisse (DB II) werden jeweils für die Abteilungen zusammengefasst. Von ihnen werden diejenigen Fixkosten abgezogen, die für eine ganze Abteilung anfallen, z. B. die Kosten der Gebäude, der Geräte sowie des fixen Personals. Damit ergibt sich ein DB III pro Abteilung. Schließlich wird von der Summe der Abteilungsdeckungsbeiträge der Fixkostenblock abgezogen, der nur dem Unternehmen als Ganzes zurechenbar ist (z. B. Management). Damit ergibt sich der Betriebserfolg.

Tab. 114: Mehrstufige Deckungsbeitragsrechnung [€].[54]

	Abteilung Chirurgie		Abteilung Innerer Medizin		
	Bypass	**Appendektomien**	**Diabetes**	**Rheuma**	**Herzinfarkte**
Nettoerlöse	2.000.000	4.000.000	1.000.000	1.500.000	3.000.000
– variable Kosten	400.000	250.000	100.000	300.000	100.000
= DB I	1.600.000	3.750.000	900.000	1.200.000	2.900.000
– Diagnosefixkosten	200.000	100.000	0	0	200.000
= DB II	1.400.000	3.650.000	900.000	1.200.000	2.700.000
– Abteilungsfixkosten		2.500.000			2.800.000
= DB III		2.550.000			2.000.000
– Unternehmensfixkosten					4.500.000
= Betriebsergebnis					50.000

---

54 Quelle: Eisele und Knobloch 2018, S. 755.

Das Problem der Deckungsbeitragsrechnung besteht in der Praxis darin, dass die Abteilungsleiter meist keine ausreichenden betriebswirtschaftlichen Kenntnisse haben, um diese Rechnung zu interpretieren. Ein positiver Deckungsbeitrag könnte als „gutes Ergebnis" interpretiert werden – und zwar auch dann, wenn das Unternehmen insgesamt kein positives Betriebsergebnis erzielt. Der Abteilungsleiter wird zufrieden sein, solange der Deckungsbeitrag seiner Abteilung überhaupt noch positiv ist. Deshalb erfolgt in der Praxis häufiger eine Zuschlüsselung der Gemeinkosten auf die Abteilungen als eine Deckungsbeitragsrechnung. Sie ist zwar nicht verursachergerecht, verführt jedoch den Abteilungsleiter nicht dazu, mit einem geringen positiven Deckungsbeitrag zufrieden zu sein.

Die mehrstufige Deckungsbeitragsrechnung liegt dem Modell der optimalen Leistungsprogrammplanung zu Grunde, das in Kapitel 5.3 skizziert wurde. Hierzu wird obige Deckungsbeitragsrechnung für ein Krankenhaus mit n DRGs und b Abteilungen verallgemeinert (vgl. Tab. 115).

mit

x_j Anzahl der behandelten Patienten in DRG j, j = 1..n; ganzzahlig

d_j Entgelt für DRG j; j = 1..n

a_j Direkte Kosten für einen Fall in DRG j; j = 1..n

n Zahl der DRGs

b Zahl der Abteilungen

R_p Menge aller DRGs, die in Abteilung p behandelt werden; p = 1..b

FD_j DRG-spezifische Fixkosten, j = 1..n

FA_p Abteilungsfixkosten von Abteilung p, p = 1..b

FK Krankenhausfixkosten

Tab. 116 und Tab. 117 zeigen die Ausgangsdaten für ein stark vereinfachtes Beispiel gemäß des LP der optimalen Leistungsprogrammplanung in Kapitel 5.3. Wenn man annimmt, dass DRG 1 und 2 in Abteilung 1 und DRG 3, 4 und 5 in Abteilung 2 behandelt werden, ergibt sich die Deckungsbeitragsrechnung, wie sie Tab. 118 zeigt. Wenn das Krankenhaus 100 Patienten der DRG 1, 150 der DRG 2, 100 der DRG 3, 50 der DRG 4 und 81 der DRG 5 behandelt, erleidet es einen Verlust in Höhe von 78.000 €.

Die Optimierung dieses Problems derLeistungsprogrammplanung führt zu dem Ergebnis, dass das Krankenhaus 544 Fälle der DRG 1 und 228 Fälle der DRG 2 behandeln sollte, d. h., Abteilung 2 wird geschlossen. Dadurch ergibt sich ein Betriebsergebnis in Höhe von 1.426.400 €. Tab. 119 zeigt die entsprechende Deckungsbeitragsrechnung.

Ausschließlich eine Teilkostenrechnung kann die Frage beantworten, auf welche DRGs sich ein Krankenhaus spezialisieren sollte. Eine Zuschlüsselung von Kosten führt hier grundsätzlich zu falschen Ergebnissen. Auf der anderen Seite ist für die Kalkulation von Pflegesätzen (z. B. in der Psychiatrie), für die Berechnung der Durchschnittskosten für das InEK und auch für die interne Leistungsverrechnung die Vollkostenrechnung unabdingbar. Voll- und Teilkostenrechnung sind deshalb keine

Tab. 115: Verallgemeinertes Modell der mehrstufigen Deckungsbeitragsrechnung im Krankenhaus.[55]

	DRG 1	DRG 2	DRG 3	DRG ...	DRG n-2	DRG n-1	DRG n
Erlöse	$x_1 \cdot d_1$	$x_2 \cdot d_2$	$x_3 \cdot d_3$	...	$x_{n-2} \cdot d_{n-2}$	$x_{n-1} \cdot d_{n-1}$	$x_n \cdot d_n$
− Direkte Kosten	$x_1 \cdot a_1$	$x_2 \cdot a_2$	$x_3 \cdot a_3$	...	$x_{n-2} \cdot a_{n-2}$	$x_{n-1} \cdot a_{n-1}$	$x_n \cdot a_n$
= DB I	$x_1 \cdot (d_1 - a_1)$	$x_2 \cdot (d_2 - a_2)$	$x_3 \cdot (d_3 - a_3)$	...	$x_{n-2} \cdot (d_{n-2} - a_{n-2})$	$x_{n-1} \cdot (d_{n-1} - a_{n-1})$	$x_n \cdot (d_n - a_n)$
− DRG-fixe Kosten	FD_1	FD_2	FD_3	...	FD_{n-2}	FD_{n-1}	FD_n
= DB II	$x_1 \cdot (d_1 - a_1) - FD_1$	$x_2 \cdot (d_2 - a_2) - FD_2$	$x_3 \cdot (d_3 - a_3) - FD_3$	...	$x_{n-2} \cdot (d_{n-2} - a_{n-2}) - FD_{n-2}$	$x_{n-1} \cdot (d_{n-1} - a_{n-1}) - FD_{n-1}$	$x_n \cdot (d_n - a_n) - FD_n$
− Abteilungskosten		FA_1	...			FA_b	
= DB III	$x_1 \cdot (d_1 - a_1) - FD_1 + x_2 \cdot (d_2 - a_2) - FD_2 - FA_1$		...		$x_{n-2} \cdot (d_{n-2} - a_{n-2}) - FD_{n-2} + x_{n-1} \cdot (d_{n-1} - a_{n-1}) - FD_{n-1} + x_n \cdot (d_n - a_n) - FD_n - FA_b$		
Krankenhausfixkosten					FK		
−							
= Betriebsergebnis	$\sum_{j=1}^{n} (d_j - a_j) \cdot x_j - \sum_{j=1}^{n} FD_j - \sum_{p=1}^{b} FA_p - FK$						

55 Quelle: Eigenes Beispiel.

Tab. 116: Leistungsprogrammplanung: Erlöse und direkte Kosten des Ausgangsbeispiels.[56]

DRG	Fallzahl	Erlöse pro Patient [€]	Direkte Kosten pro Patient [€]
1	100	3.000	500
2	150	4.000	200
3	100	5.000	100
4	50	2.500	1.500
5	81	3.000	1.000

Tab. 117: Leistungsprogrammplanung: Fixkostenstruktur des Ausgangsbeispiels.[57]

	Station 1	Station 2	Krankenhausfixkosten
Fixkosten	500.000	800.000	300.000

Tab. 118: Deckungsbeitragsrechnung: Ausgangsbeispiel [€].[58]

	DRG 1	DRG 2	DRG 3	DRG 4	DRG 5
Erlöse	300.000	600.000	500.000	125.000	243.000
– Direkte Kosten	50.000	30.000	10.000	75.000	81.000
= Deckungsbeitrag I	250.000	570.000	490.000	50.000	162.000
– Stationskosten		500.000			800.000
= Deckungsbeitrag II		320.000			–98.000
– Krankenhausfixkosten					300.000
= Betriebsergebnis					–78.000

Widersprüche, sondern sich ergänzende Verfahren mit hoher praktischer Bedeutung für den Krankenhausmanager. Entscheidend ist, dass ein bestimmtes Verfahren gewählt wird, wenn diese Methodik eine sinnvolle Antwort auf eine bestimmte Fragestellung erwarten lässt. Dies ist im Einzelfall zu prüfen.

DRG-Kalkulation

Das Institut für das Entgeltsystem im Krankenhaus (InEK) hat im sogenannten DRG-Kalkulationshandbuch Regeln festgelegt, nach denen die Fallkosten kalkuliert

56 Quelle: Eigenes Beispiel.
57 Quelle: Eigenes Beispiel.
58 Quelle: Eigenes Beispiel.

Tab. 119: Deckungsbeitragsrechnung: Optimum [€].[59]

	DRG 1	DRG 2	DRG 3	DRG 4	DRG 5
Erlöse	1.632.000	912.000	0	0	0
– Direkte Kosten	272.000	45.600	0	0	0
= Deckungsbeitrag I	1.360.000	866.400	0	0	0
– Stationskosten		500.000		0	
= Deckungsbeitrag II		1.726.400		0	
– Krankenhausfixkosten			300.000		
= Betriebsergebnis			1.426.400		

werden müssen.[60] Das InEK ist unter anderem für die Bestimmung der bundesweiten Relativgewichte auf Basis realer Fallkosten verantwortlich. Hierzu bildet es den Durchschnitt der Fallkosten einer DRG derjenigen Krankenhäuser, die Daten hierzu an das InEK abliefern (Kalkulationshäuser). Da die Kalkulation sehr viele Spielräume (z. B. bei der Zuschlüsselung von Gemeinkosten) lässt, legt das InEK einen Kalkulationsstandard fest, der im DRG-Kalkulationshandbuch fixiert ist. Seit 2016 ist die Version 4.0 gültig, die jedoch 2019/20 für die Ausgliederung des Pflegebudgets angepasst wurde.

Die Fallkostenkalkulation nach diesem System basiert auf einer Vollkostenrechnung. Ziel ist die vollständige Erfassung (100 %-Ansatz) aller Istkosten des letzten Jahres. Die Kosten sollten aus dem testierten Jahresabschluss ableitbar sein. Daraus ergibt sich, dass die Relativgewichte des InEK meist auf Daten des vorletzten Jahres beruhen. Veränderungen der Kostenstruktur können so nur verspätet einbezogen werden.

Abb. 178 gibt einen Überblick über die Systematik der Fallkostenberechnung gemäß DRG-Kalkulationshandbuch. Die folgenden Ausführungen sind unter der Maßgabe zu sehen, dass dieses Buch Minimalanforderungen aufstellt. Prinzipiell kann ein Krankenhaus ein detaillierteres Verfahren einsetzen. Häufig sind die Kostenrechnungssysteme der Krankenhäuser allerdings schon bei der Erfüllung der Mindestanforderungen überfordert.

Die Abbildung zeigt, dass die Kalkulation der Fallkosten gemäß DRG-Kalkulationshandbuch im Prinzip eine klassische Vollkostenrechnung mit hoher Detailgenauigkeit ist. Die prinzipielle Abfolge (Kostenarten-, Kostenstellen- und Kostenträgerrechnung) bleibt erhalten. Im ersten Schritt müssen die Aufwandskonten bereinigt (Cleaning) werden. Hierzu werden die Summen- und Saldenlisten der Finanzbuchhaltung analysiert. Weiterhin werden die Beträge der Kostenarten- und Kostenstellenrech-

---

59 Quelle: Eigenes Beispiel.
60 Siehe InEK 2016.

nung verglichen. Wurde beispielsweise bei einer Buchung keine Kostenstelle angegeben, so muss dies nachgeholt werden.

Im zweiten Schritt werden die außerordentlichen und periodenfremden Aufwendungen aussortiert. Die Fallkosten einer DRG sollen nur Zweckaufwand der entsprechenden Periode umfassen. Außergewöhnliche Ereignisse (z. B. Brandschäden, finanzielle Folgen von Streiks etc.) sollen ebenso wenig in die Kostenberechnung einbezogen werden wie Aufwendungen, die für Leistungen anderer Geschäftsjahre angefallen sind.

Im dritten Schritt werden von diesen Aufwendungen diejenigen abgezogen, die ex definitione für die Berechnung der Fallkosten einer DRG nicht relevant sind. Dies sind insbesondere die Vorhaltekosten, die nicht den DRGs zuzurechnen sind, da sie im Rahmen der dualen Finanzierung über die Länder refinanziert werden. Das Ergebnis dieses Prozesses sind die DRG-relevanten Aufwandsarten. Sie entsprechen in etwa den pflegesatzfähigen Kosten nach Bundespflegesatzverordnung, wie sie vor Einführung des DRG-Systems in der Leistungs- und Kalkulationsaufstellung ausgewiesen wurden.

Als letzter Schritt der Kostenartenrechnung erfolgt die Teilung der DRG-relevanten Aufwendungen in Gemein- und Einzelkosten. Einzelkosten werden wie gewöhnlich direkt den einzelnen DRGs zugeordnet, während die Gemeinkosten in der Kostenstellen- und Kostenträgerrechnung schrittweise verteilt werden.

Im vierten Schritt erfolgt die Zuteilung der Gemeinkosten auf die Kostenstellen. Als direkte Kostenstellen definiert das DRG-Kalkulationshandbuch diejenigen Kostenstellen, die Leistungen direkt am Patienten erbringen. Dies sind die Hauptabteilungen sowie die Untersuchungs- und Behandlungsbereiche. Indirekte Kostenstellen hingegen erbringen keine Leistung am Patienten. Sie können wiederum in Kostenstellen der medizinischen Infrastruktur (z. B. Apotheke, Bettenaufbereitung, Zentralsterilisation) und Kostenstellen der nicht-medizinischen Infrastruktur (z. B. Wirtschafts- und Versorgungsbereiche) unterschieden werden.

Im fünften Schritt erfolgt eine Schlüsselung der Kosten aller indirekten Kostenstellen auf die direkten Kostenstellen, wobei seit Version 3.0 des Kalkulationshandbuches nur noch die innerbetriebliche Leistungsverrechnung zulässig ist. Der Ausschluss vereinfachter Verfahren (im Prinzip eine Sammelbuchung auf „Basiskostenstelle") stellt gegenüber Version 2.0 einen erheblichen Qualitätssprung dar. Das DRG-Kalkulationshandbuch gibt darüber hinaus detaillierte Schlüssel für die Kostenzurechnung vor, die später exemplarisch dargestellt werden. Im Anschluss an die Kostenverrechnung werden die Kostenarten zu Kostenartengruppen zusammengefasst (vgl. Tab. 120). Die Kostenartengruppe 6c (Sachkosten für von Dritten bezogene medizinische Behandlungsleistungen) wurde erst mit Version 4.0 eingeführt.

Die meisten direkten Kostenstellen sind DRG-relevant, da in diesen Abteilungen überwiegend Patienten behandelt werden, die über DRGs abgerechnet werden. Es gibt allerdings Kostenstellen, die keine oder nur teilweise DRG-relevante Leistungen erbringen. Sie werden als abzugrenzende Kostenstellen bezeichnet. Ein typi-

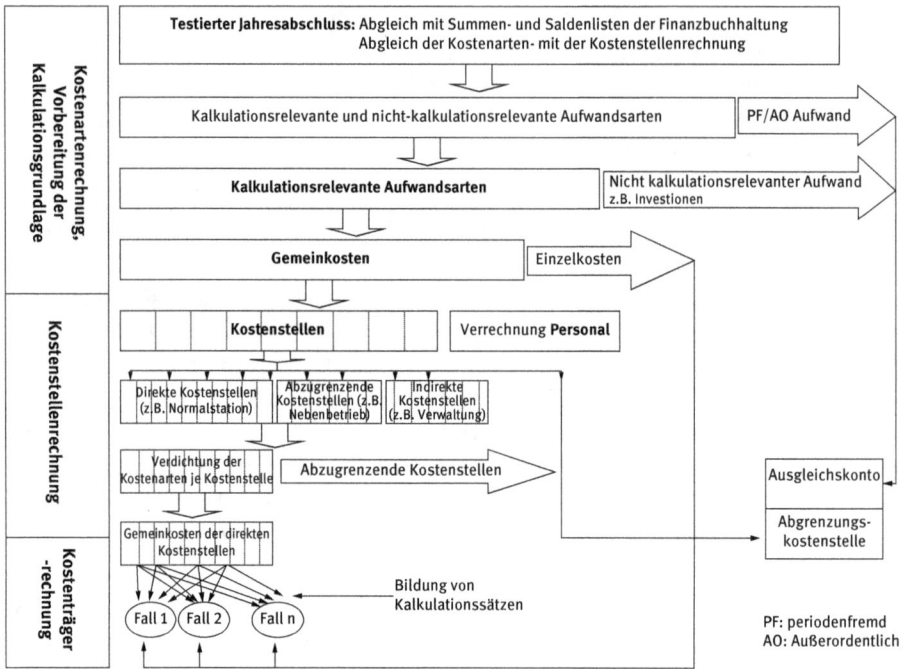

Abb. 178: Fallkostenkalkulation nach DRG-Kalkulationshandbuch.[61]

sches Beispiel ist die Ambulanz des Krankenhauses, die nach EBM abrechnet. Es ist
nicht möglich, die Kosten der Ambulanz bereits zu Beginn der Kostenartenrechnung vollständig auszugliedern. Beispielsweise werden die Kosten des zentralen
Heizwerkes des Krankenhauses anteilig der Ambulanz zugeschlagen, d. h., sie können erst nach der Kostenzuschlüsselung vollständig abgegrenzt werden.

Das Ergebnis ist eine Matrix, in der die DRG-relevanten Kostenartengruppen pro
direkte Kostenstelle (vgl. Tab. 121) ausgewiesen sind, z. B. Materialkosten der Chirurgie. Sie werden als letzter Schritt, nach vom DRG-Kalkulationshandbuch vorgegebenen Regeln, den einzelnen DRGs zugeteilt.

Das DRG-Kalkulationshandbuch enthält eine große Fülle an Details und alternativen
Vorgehensweisen, auf die wir hier nicht eingehen können. Einige zentrale Aspekte sollen
jedoch betont werden: die Personalkostenverrechnung, die Behandlung der Einzelkosten, die Schlüsselung der indirekten Kosten sowie die Ermittlung von Zuschlagssätzen.
- Personalkostenverrechnung: Die Kosten für eindeutig zuweisbares Personal,
  d. h. für Mitarbeiter, die nur für eine Kostenstelle tätig sind, werden auf die jeweilige Kostenstelle verbucht. Personalkosten von Mitarbeitern, die Leistungen

---

61 Quelle: InEK 2016, S. 11.

Tab. 120: Kostenartengruppen nach DRG-Kalkulationshandbuch.[62]

Kostenartengruppe	Beschreibung
1	Personalkosten ärztlicher Dienst
2	Personalkosten Pflegedienst
3	Personalkosten des Funktionsdienstes und des medizinisch-technischen Dienstes
4a	Sachkosten für Arzneimittel
4b	Sachkosten für Arzneimittel (Einzelkosten/Istverbrauch)
5	Sachkosten für Implantate und Transplantate
6a	Sachkosten des medizinischen Bedarfs (ohne Arzneimittel, Implantate und Transplantate)
6b	Sachkosten des medizinischen Bedarfs (Einzelkosten/Istverbrauch; ohne Arzneimittel, Implantate und Transplantate)
6c	Sachkosten für von Dritten bezogene medizinische Behandlungsleistungen
7	Personal- und Sachkosten der medizinischen Infrastruktur
8	Personal- und Sachkosten der nicht-medizinischen Infrastruktur

Tab. 121: Kostenstellengruppen nach DRG-Kalkulationshandbuch.[63]

Kostenstellengruppe	Beschreibung
1	Normalstation
2	Intensivstation
3	Dialyseabteilung
4	OP-Abteilung
5	Anästhesie
6	Kreißsaal
7	Kardiologische Diagnostik/Therapie
8	Endoskopische Diagnostik/Therapie

62 Quelle: InEK 2016, S. 84–85.
63 Quelle: InEK 2016, S. 103. In der Version 2.0 wurde noch eine „Basiskostenstelle" geführt, die sich aus der vereinfachten Umlage der Infrastrukturkosten ergab. Da seit Version 3.0 die innerbetriebliche Leistungsverrechnung das einzig zulässige Verfahren ist, ist diese Kostenstellengruppe weggefallen.

Tab. 121 (fortgesetzt)

Kostenstellengruppe	Beschreibung
9	Radiologie
10	Laboratorien
11	Diagnostische Bereiche
12	Therapeutische Bereiche
13	Patientenaufnahme

in mehreren Kostenstellen erbringen, werden meist auf Sammelkostenstellen erfasst. Die Kalkulation der Fallkosten erfordert eine faire Verteilung dieser Kosten auf die einzelnen Kostenstellen. Als Schlüssel können unterschiedliche Maßgrößen verwendet werden, z. B. eine mitarbeiterbezogene Zeiterfassung (wie viele Minuten arbeitet ein Mitarbeiter in einer Kostenstelle), eine Normzeit (z. B. 3 Arztbriefe pro Stunde) oder Schätzungen. Das pauschal gebuchte Personal wird somit den Kostenstellen möglichst exakt zugewiesen. Da die Personalkosten den größten Anteil an Gemeinkosten bilden, sollte hier hoher Wert auf Präzision gelegt werden. Das DRG-Kalkulationshandbuch Version 3.0 lässt weniger Freiräume unterschiedlicher Personalkostenzurechnung, sodass eine exaktere Erfassung möglich ist.

- Einzelkostenverrechnung: Einzelkosten werden den DRGs im Rahmen der Kostenträgerrechnung zugeordnet. Hochwertige Werkstoffe, für die der Aufwand einer Einzelkostenerfassung lohnt, sind Implantate, Transplantate, Gefäßprothesen, Herzschrittmacher, Defibrillatoren, Knochenzement, Knochenersatzstoffe, Herz- und Röntgenkatheter, Blutprodukte, Kontrastmittel, Zytostatika, Immunsuppressiva, Antibiotika und aufwendige Fremdleistungen. Alle anderen Werkstoffe werden als unechte Gemeinkosten auf der Kostenstelle gesammelt.
- Schlüsselung der indirekten Kosten: Die Wahl der Schlüssel ist entscheidend für die Genauigkeit der Kalkulation. Das DRG-Kalkulationshandbuch gibt eine Reihe von Schlüsseln wieder, mit deren Hilfe die Kostenarten auf die Kostenstellen verteilt werden sollen. Tab. 122 zeigt einige Beispiele.
- Ermittlung von Kalkulationssätzen für fallbezogene Leistungen: Für jede direkte Kostenstelle wird ermittelt, welche Gemeinkosten pro Nutzungseinheit anfallen. Hierzu kann die Summe aus direkten und indirekten Kosten durch die ungewichteten Nutzungseinheiten (z. B. Zahl der Geburten im Kreißsaal) dividiert werden. Alternativ kann eine Gewichtung der Leistung mit GOÄ-Ziffern erfolgen. Dabei muss darauf geachtet werden, dass die Kostensumme, die ausschließlich DRG-relevante Kosten enthält, auch nur durch DRG-relevante Leistungen dividiert wird. Typische Beispiele für Kalkulationssätze sind die Kosten pro PPR-Minute in der Pflege, die

Tab. 122: Beispiele für Schlüssel nach DRG-Kalkulationshandbuch.[64]

Kostenart	Schlüssel
Pflegedienst	PPR-Minuten
Sozialdienst	Betreute Patienten
Bettenaufbereitung	Anzahl aufbereitete Betten
Krankentransporte	Anzahl der Transporte
Apothekengemeinkosten	Arzneimittelkosten
Zentralsterilisation	Anzahl Sterilguteinheiten
Operationsbereich	Schnitt-Naht-Zeit
Gebäudekosten	Nutzfläche
Krankenhausverwaltung	Vollkräfte
Werkstätten	Werkstattdienstleistungen
Personaleinrichtungen	Vollkräfte
Speisenversorgung	Beköstigungstage
Wäscheversorgung	Wäscheverbrauch
Reinigungsdienst	Bodenflächen

Kosten pro Minute der Schnitt-Nahtzeit im OP (mit GZF[65]), die HLM-Zeit[66] und die Kosten pro GOÄ-Punkt im Labor. Tab. 123 und Tab. 124 geben Anlage 5 zum DRG-Kalkulationshandbuch wieder. Die Tabelle enthält die Matrix der Kostenarten-gruppen und Kostenstellengruppen. Für jedes Feld ist mindestens eine Maßgröße angegeben, mit deren Hilfe die Ermittlung der Kalkulationssätze erfolgen soll. Meist wird eine Alternative für den Fall angegeben, dass das Dokumentationssystem keine präzise Bestimmung der Kostenverursachung erlaubt.

---

64 Quelle: InEK 2016, insb. Anhang 8.
65 Gleichzeitigkeitsfaktor (GZF): „An jeder Operation sind mehrere Personen verschiedener Dienstarten beteiligt. Die Anzahl gleichzeitig tätiger Personen wird durch den Gleichzeitigkeitsfaktor zum Ausdruck gebracht. Dieser kann durch die individuelle Erfassung der Tätigkeitszeit für jede an der Operation (auch nur zeitweilig) beteiligte Person durch das OP-Dokumentationssystem ermittelt werden. Fehlt diese Information, so kann ein dienstartbezogener standardisierter Gleichzeitigkeitsfaktor für die verschiedenen Eingriffsarten definiert werden, der die zeitanteilige Tätigkeit der einzelnen Personen berücksichtigt" InEK 2016, S. 159.
66 Herz-Lungen-Maschine.

Tab. 123: Übersicht der für die Kostenträgerrechnung benötigten Daten.[67]

Anlage 5	Personalkosten ärztlicher Dienst	Personalkosten Pflegedienst	Personalkosten med.-techn. Dienst/Funktionsdienst	Sachkosten Arzneimittel		Sachkosten Implantate/Transplantate	Sachkosten übriger medizinischer Bedarf			Personal- und Sachkosten med. Infrastruktur	Personal- und Sachkosten nicht med. Infrastruktur
	1	2	3	4a	4b	5	6a	6b	6c	7	8
Normalstation	Pflegetage	PPR-Minuten	Pflegetage	PPR-Minuten	Ist-Verbrauch Einzelkostenzuordnung	nicht relevant	PPR-Minuten	Ist-Verbrauch Einzelkostenzuordnung	Ist-Verbrauch Einzelkostenzuordnung	Pflegetage	Pflegetage
Intensivstation	Gewichtete Intensivstunden	Gewichtete Intensivstunden	Gewichtete Intensivstunden	Gewichtete Intensivstunden	Ist-Verbrauch Einzelkostenzuordnung	Ist-Verbrauch Einzelkostenzuordnung	Gewichtete Intensivstunden	Ist-Verbrauch Einzelkostenzuordnung	Ist-Verbrauch Einzelkostenzuordnung	Intensivstunden	Intensivstunden
Dialyseabteilung	Gewichtete Dialysen	Gewichtete Dialysen	Gewichtete Dialysen	Gewichtete Dialysen	Ist-Verbrauch Einzelkostenzuordnung	nicht relevant	Gewichtete Dialysen	Ist-Verbrauch Einzelkostenzuordnung	Ist-Verbrauch Einzelkostenzuordnung	Gewichtete Dialysen	Gewichtete Dialysen

67 Quelle: InEK 2016, S. 239.

OP-Bereich	Schnitt-Naht-Zeit mit GZF und Rüstzeit	nicht relevant	Schnitt-Naht-Zeit/ HLM-Zeit mit GZF und Rüstzeit	Schnitt-Naht-Zeit mit Rüstzeit	Ist-Verbrauch Einzelkostenzuordnung	Ist-Verbrauch Einzelkostenzuordnung	Schnitt-Naht-Zeit mit Rüstzeit	Ist-Verbrauch Einzelkostenzuordnung	Ist-Verbrauch Einzelkostenzuordnung	Schnitt-Naht-Zeit mit Rüstzeit	Schnitt-Naht-Zeit mit Rüstzeit
Anästhesie	Anästhesiologie-zeit und GZF	nicht relevant	Anästesiologiezeit	Anästesiologiezeit	Ist-Verbrauch Einzelkostenzuordnung	nicht relevant	Anästesiologiezeit	Ist-Verbrauch Einzelkostenzuordnung	Ist-Verbrauch Einzelkostenzuordnung	Anästesiologiezeit	Anästesiologiezeit
Kreißsaal	Aufenthaltszeit Patientin im Kreißsaal	nicht relevant	Aufenthaltszeit Patientin im Kreißsaal	Aufenthaltszeit Patientin im Kreißsaal	Ist-Verbrauch Einzelkostenzuordnung	nicht relevant	Aufenthaltszeit Patientin im Kreißsaal	Ist-Verbrauch Einzelkostenzuordnung	Ist-Verbrauch Einzelkostenzuordnung	Aufenthaltszeit Patientin im Kreißsaal	Aufenthaltszeit Patientin im Kreißsaal

Tab. 124: Übersicht der für die Kostenträgerrechnung benötigten Daten, Fortsetzung.[68]

Anlage 5	Personalkosten ärztlicher Dienst	Personalkosten Pflegedienst	Personalkosten med.-techn. Dienst/Funktionsdienst	Sachkosten Arzneimittel		Sachkosten Implantate/Transplantate	Sachkosten übriger medizinischer Bedarf			Personal- und Sachkosten med. Infrastruktur	Personal- und Sachkosten nicht med. Infrastruktur
	1	2	3	4a	4b	5	6a	6b	6c	7	8
Kardiologische Diagnostik/Therapie	1. Eingriffszeit 2. Punkte lt. Leistungskatalog	nicht relevant	1. Eingriffszeit 2. Punkte lt. Leistungskatalog	1. Eingriffszeit 2. Punkte lt. Leistungskatalog	Ist-Verbrauch Einzelkostenzuordnung	Ist-Verbrauch Einzelkostenzuordnung	1. Eingriffszeit 2. Punkte lt. Leistungskatalog	Ist-Verbrauch Einzelkostenzuordnung	Ist-Verbrauch Einzelkostenzuordnung	1. Eingriffszeit 2. Punkte lt. Leistungskatalog	1. Eingriffszeit 2. Punkte lt. Leistungskatalog
Endoskopische Diagnostik/Therapie	Eingriffszeit	nicht relevant	Eingriffszeit	Eingriffszeit	Ist-Verbrauch Einzelkostenzuordnung	Ist-Verbrauch Einzelkostenzuordnung	Eingriffszeit	Ist-Verbrauch Einzelkostenzuordnung	Ist-Verbrauch Einzelkostenzuordnung	Eingriffszeit	Eingriffszeit
Radiologie	Punkte lt. Leistungskatalog	nicht relevant	Punkte lt. Leistungskatalog	Punkte lt. Leistungskatalog	Ist-Verbrauch Einzelkostenzuordnung	Ist-Verbrauch Einzelkostenzuordnung	Punkte lt. Leistungskatalog	Ist-Verbrauch Einzelkostenzuordnung	Ist-Verbrauch Einzelkostenzuordnung	Punkte lt. Leistungskatalog	Punkte lt. Leistungskatalog
Laboratorien	Punkte lt. Leistungskatalog	nicht relevant	Punkte lt. Leistungskatalog	Punkte lt. Leistungskatalog	Ist-Verbrauch Einzelkostenzuordnung	Ist-Verbrauch Einzelkostenzuordnung	Punkte lt. Leistungskatalog	Ist-Verbrauch Einzelkostenzuordnung	Ist-Verbrauch Einzelkostenzuordnung	Punkte lt. Leistungskatalog	Punkte - lt. Leistungskatalog

68 Quelle: InEK 2016, S. 239.

				Ist-Verbrauch Einzelkostenzuordnung	nicht relevant	1. Behandlungsz. 2. Punkte lt. Leistungskatalog	Ist-Verbrauch Einzelkostenzuordnung	Ist-Verbrauch Einzelkostenzuordnung		
Diagnostischer Bereiche	1. Behandlungsz. 2. Punkte lt. Leistungskatalog	1. Behandlungsz. 2. Punkte lt. Leistungskatalog	1. Behandlungsz. 2. Punkte lt. Leistungskatalog	Ist-Verbrauch Einzelkostenzuordnung	nicht relevant	1. Behandlungsz. 2. Punkte lt. Leistungskatalog	Ist-Verbrauch Einzelkostenzuordnung	Ist-Verbrauch Einzelkostenzuordnung	1. Behandlungsz. 2. Punkte lt. Leistungskatalog	1. Behandlungsz. 2. Punkte lt. Leistungskatalog
Therapeutische Verfahren	1. Behandlungsz. 2. Punkte lt. Leistungskatalog	1. Behandlungsz. 2. Punkte lt. Leistungskatalog	1. Behandlungsz. 2. Punkte lt. Leistungskatalog	Ist-Verbrauch Einzelkostenzuordnung	nicht relevant	1. Behandlungsz. 2. Punkte lt. Leistungskatalog	Ist-Verbrauch Einzelkostenzuordnung	Ist-Verbrauch Einzelkostenzuordnung	1. Behandlungsz. 2. Punkte lt. Leistungskatalog	1. Behandlungsz. 2. Punkte lt. Leistung-skatalog
Patientenaufnahme	1. Behandlungsz. 2. Punkte lt. Leistungskatalog	1. Behandlungsz. 2. Punkte lt. Leistungskatalog	1. Behandlungsz. 2. Punkte lt. Leistungskatalog	Ist-Verbrauch Einzelkostenzuordnung	nicht relevant	1. Behandlungsz. 2. Punkte lt. Leistungskatalog	Ist-Verbrauch Einzelkostenzuordnung	Ist-Verbrauch Einzelkostenzuordnung	1. Behandlungsz. 2. Punkte lt. Leistungskatalog	1. Behandlungsz. 2. Punkte lt. Leistungskatalog

Tab. 125: Matrix der durchschnittlichen Kosten für die DRG R60C [€].[69]

Kostenbereich	Personalkosten			Sachkosten			Pers.- u. Sachkosten					Summe
	Ärztl. Dienst	Pflegedienst	med./techn. Dienst	Arzneimittel	Implantate / Transplantate	Übriger med. Bedarf	med. Infrastruktur			nicht med. Infrastruktur		
	1	2	3	4a	4b	5	6a	6b	6c	7	8	
01. Normalstation	1.827,39		234,30	700,20	707,28	0,00	366,29	38,80	39,97	1.143,25	2.335,99	7.393,47
02. Intensivstation	293,81		22,02	91,65	46,99	0,00	79,42	0,66	0,11	119,51	315,24	969,41
04. OP-Bereich	14,80	0,00	13,07	0,56	0,13	5,76	5,23	2,07	0,00	7,90	8,38	57,90
05. Anästhesie	10,23	0,00	6,57	0,50	0,00	0,00	1,79	0,17	0,00	1,34	2,93	23,53
07. Kardiologische Diagnostik/Therapie	0,93	0,00	1,44	0,04	0,00	0,00	0,29	1,39	0,00	0,62	0,98	5,69
08. Endoskopische Diagnostik/Therapie	12,61	0,00	14,93	0,66	0,11	0,17	5,16	2,69	0,00	5,89	8,35	50,57
09. Radiologie	84,99	0,00	79,23	1,12	0,21	5,67	12,07	7,87	35,26	39,10	62,23	327,75
10. Laboratorien	135,21	0,00	439,82	7,40	720,68	12,13	348,79	46,19	535,80	64,50	206,79	2.517,31

69 Quelle: http://www.g-drg.de/cms/content/view/full/3931.

11. Diagnostische Bereiche	69,22	2,41	47,95	1,74	0,00	0,16	7,62	0,82	4,85	12,83	29,82	177,42
12. Therapeutische Verfahren	17,25	2,87	166,93	0,26	0,00	0,00	0,69	0,00	12,38	7,33	42,01	249,72
13. Patientenaufnahme	26,55	1,81	20,31	1,32	0,84	0,00	4,75	0,00	0,00	8,33	22,06	85,97
Summe:	2.492,99	7,09	1.046,57	805,45	1.476,24	23,89	832,10	100,66	628,37	1.410,60	3.034,78	11.858,74

Abschließend erfolgt die Ermittlung der Fallkosten, in dem die Ressourcenverbräuche (z. B. PPR-Minuten) mit den jeweiligen Kostensätzen (z. B. Kosten pro PPR-Minute) multipliziert werden. Die Summe der Gemeinkosten und Einzelkosten ergibt die Gesamtkosten.

Die Ausgliederung des Pflegebudgets im Rahmen der Einführung der aG-DRGs erforderte auch eine Anpassung der DRG-Kalkulation gemäß Kalkulationshandbuch. Im Prinzip werden die Kosten der Pflege am Bett aus der Matrix rausgenommen. In der Realität ist dies allerdings nicht ganz so einfach, sodass eine Pflegepersonalkostenabgrenzungsvereinbarung zwischen dem GKV-Spitzenverband und dem Verband der Privaten Krankenversicherungen sowie der Deutschen Krankenhausgesellschaft geschlossen wurde. Darin ist grundlegend geregelt:

– Abzugrenzen sind gemäß Pflegepersonal-Stärkungsgesetz die Pflegepersonalkosten für die unmittelbare Patientenversorgung auf bettenführenden Stationen. Damit sind für die Patientenaufnahme auch nur diejenigen Pflegekosten abzugrenzen, die sich auf bettenführende Patientenaufnahmen beziehen (§ 1).
– Der Pflege am Bett sind alle in der unmittelbaren Patientenversorgung auf bettenführenden Stationen entstehenden Kosten für Pflege-und Pflegehilfspersonal im stationären Bereich zuzuordnen (§ 2).
– Die Grundlage stellen die Krankenhaus-Buchführungsverordnung sowie das DRG-Kalkulationshandbuch dar (§ 1).
– In Anlage 1 sind die auszugliedernden Module der InEK-Matrix aufgeführt. Es handelt sich um die Kosten der Kostenart 2 (Pflegedienst) für die Kostenbereiche 1 (Normalstation), 2 (Intensivstation), 3 (Dialyseabteilung) und 13 (Patientenaufnahme). Bei letzter sind nur die Kosten der bettenführenden Aufnahmestationen relevant.

Die Kosten direkter Pflege am Bett in den genannten Abteilungen sind die Grundlage des Pflegebudgets, das gemäß § 1 Abs. 3 der Pflegebudgetverhandlungsvereinbarung zweckgebunden für die Finanzierung der Pflegepersonalkosten ist. Da allerdings nur ein kleiner Teil der Krankenhäuser Kalkulationshäuser sind und alle Krankenhäuser ein Pflegebudget ausweisen müssen, kann die Herleitung des Pflegebudgets nicht aus der DRG-Kalkulation gemäß DRG-Kalkulationshandbuch erfolgen. Ausgangsgrundlage für die Ermittlung des Pflegebudgets ist vielmehr gemäß § 1 Abs. 1 der Pflegebudgetverhandlungsvereinbarung die Summe der im Vorjahr für das jeweilige Krankenhaus entstandenen pflegebudgetrelevanten Pflegepersonalkosten, die in den entsprechenden Tabellenvorlagen der Vereinbarung (Anlage 1: Herleitung der pflegebudgetrelevanten Kosten) nachzuweisen sind (vgl. Kapitel 3.3.2). Die Kalkulation des Pflegebudgets wird folglich nicht durch das DRG-Kalkulationshandbuch bearbeitet.

Das DRG-Kalkulationshandbuch stellt Standards der Kalkulation auf, um eine verlässliche Datengrundlage für die Berechnung der Relativgewichte durch das InEK zu haben. Da dieses Verfahren auf Basis der Vollkostenrechnung arbeitet, ist es auch mit den Problemen dieses Kostenrechnungssystems belastet. Die Schlüsselung auf Kostenstellen ist kaum verursachergerecht zu gestalten, sodass von einer präzisen Berechnung nicht ausgegangen werden kann. Das Handbuch lässt auch in Version 4.0 Alternativen offen, sodass die Ergebnisse der Krankenhäuser nicht vollständig verglichen werden können. Eine Aussage über Kostenverhalten bei veränderter Fallzahl ist auf Grundlage dieses Systems ebenfalls nicht möglich.

Die Bedeutung der Teilnahme an der DRG-Kalkulation ist hoch, da Krankenhäuser hiermit Einfluss auf die Relativgewichte nehmen können. Beispielsweise führte der geringe Anteil von Universitätskrankenhäusern unter den Datenlieferanten in den ersten Jahren dazu, dass kostenintensive Ausreißer kaum berücksichtigt wurden. Weiterhin können die Daten des InEK hilfreich sein, um die eigene Kostensituation zu beurteilen. Tab. 125 zeigt beispielsweise die Matrix der durchschnittlichen Kosten für die R60C[70] gemäß G-DRG V2011/2013 HA-Report-Browser[71]. Abweichungen hiervon können Hinweise auf Effizienzspielräume bieten, wobei eine Anpassung an den jeweiligen Basisfallwert notwendig ist. Aber weder das Kalkulationsverfahren noch seine Ergebnisse dürfen überinterpretiert werden. Sie erlauben methodisch Freiräume, so dass die Daten unterschiedlicher Krankenhäuser nicht vollständig vergleichbar sind. Obwohl viele Berater Analysen auf Basis der veröffentlichten InEK-Kalkulationsdaten anbieten, sind sie als Steuerungs- bzw. Controllinginstrument nur mit Abstrichen geeignet.

Das DRG-System in Deutschland befindet sich in einer Übergangszeit. Die Periode der „reinen" DRGs als umfassendes, pauschaliertes Entgeltsystem sind ist vorbei. Spätestens mit der Einführung der aG-DRGs wurde die Methodik deutlich komplizierter. Für die Kalkulation sind nun jeweils die Pflegekosten „am Bett" rauszurechnen, der verbleibende Rest wird jedoch weiterhin so gerechnet wie bisher. Die geplante Ausgliederung weiterer Kosten aus den DRGs wird jedoch noch einmal eine deutlich kompliziertere Berechnung erfordern, da unter Umständen drei Systeme (Fallpauschale, Pflegebudget, Restbudget) betrachtet werden muss. Dies ist allerdings bei Drucklegung dieses Buches noch nicht entschieden. Auf jeden Fall dürften die Anforderungen an das Controlling in den nächsten Jahren eher steigen.

Zusammenfassend können wir festhalten, dass die Kosten- und Leistungsrechnung dem Krankenhausmanagement wichtige Instrumente der Koordination bietet. Das interne Rechnungswesen ist deshalb für viele auch der Inbegriff des Controllings. Entscheidend ist bei allen Instrumenten, dass sie nicht wahllos eingesetzt werden, sondern zielgerichtet Antworten auf konkrete Fragen finden. Grundlage ist hierfür die Buchhaltung. Sie liefert nicht nur Daten für das interne Rechnungswesen, sondern unterstützt auch weitere Instrumente des Controllings, insbesondere die Budgetierung.

---

70 Akute myeloische Leukämie mit intensiver Chemoth., mit äuß. schw. CC oder kompl. Diagnostik bei Leukämie oder mit mäßig kompl. Chemoth. mit komplizierender Diagnose oder Dialyse oder Portimplant. oder mit äuß. schw. CC mit kompl. Diagnostik bei Leukämie.
71 Quelle: http://www.g-drg.de/cms/content/view/full/3931.

8.3 Budgetierung

Ein Budget ist ein Finanzplan, d. h. die Gegenüberstellung der geplanten Zugänge und Abgänge finanzieller Mittel in einer Periode. Da der finanzwirtschaftliche Funktionskreis das Spiegelbild des leistungswirtschaftlichen Funktionskreises ist, spiegelt der Finanzplan die Sachpläne des Unternehmens wider. Budgetierung ist damit nur eine andere Ausdrucksform des realen Planungsprozesses im Unternehmen.

Budgets können unterschiedliche Sach- und Zeitbezüge haben. Im Bankensektor kann eine stundenweise Planung von Einzahlungen und Auszahlungen sinnvoll sein, um die ständige Liquidität zu garantieren. In der Regel umspannen Budgets jedoch Monate bis wenige Jahre, wobei im Krankenhauswesen das Jahresbudget dominiert. Budgets können sich auf das gesamte Krankenhaus, Fachabteilungen oder Projekte erstrecken, wobei Teilbudgets zu einem Masterbudget zusammengefasst werden sollten. Das Masterbudget erfüllt die Aufgabe der Koordination zwischen den Teilbudgets, so wie die untergeordneten Finanzpläne die Aktivitäten der Fachabteilungen oder Projekte koordinieren. Budgetierung ist damit ein Koordinations- bzw. Controllinginstrument.

In der Allgemeinen Betriebswirtschaftslehre ist das Budget ausschließlich eine Methode der internen Steuerung. Im Krankenhaus jedoch wird der Begriff doppelsinnig verwendet. Das externe Budget ist der Entgeltbetrag, der dem Krankenhaus als Ergebnis der Entgeltverhandlung für eine Periode (in der Regel ein Jahr) zur Verfügung steht. Genau genommen handelt es sich also bei der externen Budgetierung nicht um einen Controllingprozess, sondern um einen Aspekt der Finanzierung. Interne Budgets hingegen koordinieren die Finanzströme der Abteilungen und entsprechen der traditionellen Budgetierungsvorstellung der Allgemeinen BWL.

8.3.1 Externe Budgetierung

Die Entgeltverhandlung und das daraus resultierende externe Budget sind essenziell für den wirtschaftlichen Erfolg eines Krankenhauses. Auch wenn es dem wissenschaftlichen Anspruch des Controllings als Koordinierungsinstrument widerspricht, ist die Bereitstellung der notwendigen Informationen für die externe Budgetierung die Hauptaufgabe vieler Krankenhauscontroller in der Praxis. Sie werden zum Zahlenknecht, der die Aufstellung der Entgelte und Budgetberechnung (AEB) erarbeitet, die Krankenhausleitung mit harten Fakten in der Verhandlung mit den Krankenkassen unterstützt und sehr genau auf die Einhaltung des externen Budgets achtet.

Für die Entgeltverhandlungen werden vor allem die Leistungsdaten des Krankenhauses benötigt. Darüber hinaus muss das Krankenhauscontrolling die Entgeltverhandlungen noch mit weiteren Berechnungen unterstützen. Zum einen müssen die Selbstkosten der Leistungen nachgewiesen werden, für die (noch) keine Fallpauschalen fixiert sind. Hierzu muss ein Kostennachweis vorgelegt werden. Weiterhin verlangen die Krankenkassen häufig einen Nachweis wirtschaftlichen Handelns, der mit Hilfe von Kostenanalysen erbracht wird.

Im Zeitraum zwischen den Budgetverhandlungen überwacht das Krankenhauscontrolling die Einhaltung der Vorgaben des Budgets und gibt den Entscheidungsträgern Entscheidungsunterstützung, wie sie die dem Budget zu Grunde liegenden Sachziele erreichen. Die Budgetüberwachung und Erfolgssteuerung erfordern einen ständigen Vergleich der Kosten und Erlöse des Krankenhauses. Die Erlöse ergeben sich – etwas vereinfacht – als Produkt des Case Mix und des Basisfallwertes. Da der Basisfallwert extern gegeben ist, sind im DRG-Zeitalter der Case Mix und die Kosten die entscheidenden Steuerungsgrößen, die der Krankenhauscontroller planen und überwachen muss.

$$B = l \cdot CM = l \cdot \sum_{i=1}^{n} CW_i, \text{ wobei}$$

B Budget
l Basisfallwert
CM Case Mix
CW_i Bewertungsrelation von Fall i
n Zahl der Fälle im Krankenhaus in einer Periode

Die Bewertungsrelation eines Falles ist im Fallpauschalenkatalog ausgewiesen, wobei bei Über- und Unterschreitung einer oberen bzw. unteren Grenzverweildauer Zu- bzw. Abschläge anfallen. Abb. 179 zeigt die Höhe des Relativgewichts eines Falles in Abhängigkeit von seiner Verweildauer. Die durchgezogene Linie zeigt den Erlös der G-DRGs bis Ende 2019 auf, d. h. vor Einführung der aG-DRGs. Der „Gesamterlös seit 2020" setzt sich aus dem „G-DRG-Erlös seit 2020" und dem „Pflegeerlös seit 2020" zusammen. Die Abbildung verdeutlicht, dass durch die Reform der Gesamterlös wiederum von der Verweildauer abhängig sind. Bis zur mittleren Verweildauer ist der Gesamterlös nun geringer als er für die G-DRGs bis 2019 (ceteris paribus) gewesen wäre, anschließend höher.

Das Krankenhauscontrolling überwacht, dass der Case Mix als Summe der Relativgewichte erreicht wird und unterstützt die Ärzte bei ihren Entscheidungen. Beispielsweise sollte das Controlling Informationen über den optimalen Entlassungszeitpunkt geben. Betrachtet man allein die Fallerlöse pro Tag, so ist eine möglichst frühzeitige Entlassung anzuraten, häufig noch vor Erreichen der unteren Grenzverweildauer. Es müssen allerdings auch die Kosten berücksichtigt werden. Häufig ist eine schnelle Heilung kostenintensiver als eine Heilung innerhalb der Normalverweildauer. Betriebswirtschaftlich optimal ist deshalb eine Entlassung zu dem Zeitpunkt, an dem die Differenz aus Kosten- und Erlöskurve maximal ist.

Das Institut für das Entgeltsystem im Krankenhaus (InEK) kalkuliert die Bewertungsrelation so, dass das durchschnittliche Krankenhaus mit durchschnittlicher

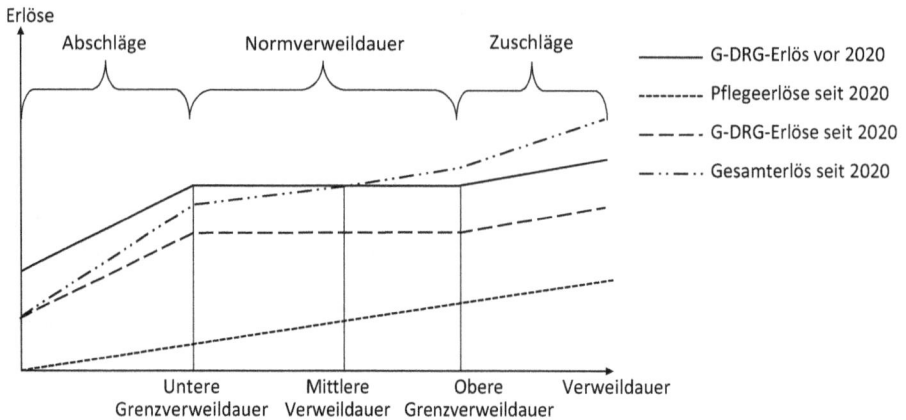

Abb. 179: Entgelt in Abhängigkeit von der Verweildauer.[72]

Plankostenkurve bei der mittleren Verweildauer exakt seine Kosten deckt. Das Deckungsbeitragsmaximum liegt bei der unteren Grenzverweildauer. Abb. 180 zeigt die Erlös- und Plankostenkurven nach InEK für das G-DRG-System vor 2020 sowie seit 2020. Die komplexere Erlösfunktion unter aG-DRGs seit 2020 ändert an den grundsätzlichen Aussagen nichts. Es besteht in beiden Fällen ein Anreiz für das Krankenhaus, die Verweildauer auf die untere Grenzverweildauer zu senken. Es existiert bei Annahme der InEK-Kostenfunktion keine Begründung für eine Unterschreitung dieses Wertes.

Abb. 180 zeigt weiterhin, dass die individuelle Verweildauerentscheidung von dieser Regel abweichen kann, wenn die Plankostenkurve anders verläuft als dies vom InEK angenommen wird. Eine Entscheidung über die Verweildauer und damit über den Case Mix ist deshalb von der Kenntnis der Plankostenkurve abhängig. Ihre Ermittlung ist eine wichtige Aufgabe des Krankenhauscontrollings. Hierzu muss der Controller die Kostenstruktur (Fixkosten und variable Kosten) und die Reagibilität auf Auslastungsschwankungen (linearer, progressiver, degressiver oder S-förmiger Kostenverlauf) kennen.

Schwierig ist hierbei die Behandlung der Opportunitätskosten. Bei voller Kapazitätsauslastung des Krankenhauses impliziert eine Aufnahme stets auch Opportunitätskosten in Höhe der entgangenen Erlöse durch die notwendige Abweisung eines anderen Patienten. Ist jedoch die Nachfrage geringer als die Kapazität, entstehen keine Opportunitätskosten. Tab. 126 gibt ein Beispiel hierfür.

Wird der Patient am sechsten Tag entlassen, so erhält das Krankenhaus ein Entgelt in Höhe von 3000 €. Wird er hingegen am fünften Tag entlassen, so beträgt das Entgelt

---

72 Quelle: Busse, Schreyögg und Stargardt 2013, S. 419.

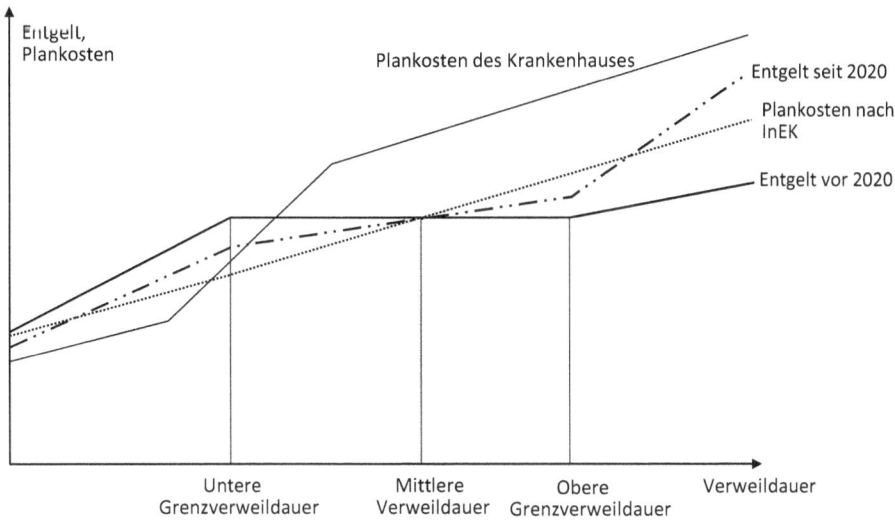

Abb. 180: Entgelt und Kosten in Abhängigkeit von der Verweildauer.[73]

2600 €. Dem stehen in diesem Beispiel variable Kosten von 2100 € (= 350 €/d · 6 d) bzw. 1750 € (= 350 €/d · 5 d) entgegen. Falls eine unbegrenzte Zahl von Patienten verfügbar und das Krankenhaus voll ausgelastet ist, impliziert die Entlassung am sechsten Tag gegenüber der Entlassung am fünften Tag einen Erlösausfall von 500 €, weil das Bett erneut belegt werden kann. Der Patient sollte folglich am fünften Tag entlassen werden. Besteht jedoch keine Möglichkeit, das Bett wieder zu belegen, so sollte der Patient erst am sechsten Tag entlassen werden, weil die 400 € des vermiedenen Abschlags höher sind als die zusätzlichen Kosten in Höhe von 350 €.

Tab. 126: Opportunitätskosten und Auslastung.[74]

DRG-Entgelt	3000 €
Untere Grenzverweildauer	5 Tage
Abschlag für Unterschreitung	400 € pro Tag
Ist-Verweildauer	6 Tage
Variable Kosten	350 € pro Tag

---

73 Quelle: Eigene Darstellung.
74 Quelle: Eigene Darstellung, siehe auch Busse, Schreyögg und Stargardt 2013, S. 421.

Das Krankenhauscontrolling muss folglich die Plankosten ermitteln, die Kostenverläufe überwachen, Aufnahme- und Entlassungshilfen in Abhängigkeit von der jeweiligen Auslastung geben und die Entscheidungen bzgl. der Überweisung an andere Einrichtungen unterstützen. Die leider immer noch in der Praxis anzutreffende ausschließliche Ausrichtung an den maximalen Erlösen führt zu keinen rationalen Entscheidungen. Vielmehr müssen auch die Kosten, inklusive der Opportunitätskosten, berücksichtigt werden.

Ein weiteres Ziel des Krankenhauscontrollings, das aus der Überwachung des externen Budgets hervorgeht, ist die Mengen- und Gewichtssteuerung des ganzen Krankenhauses. Überschreitet ein Krankenhaus den vereinbarten Case Mix, so muss es am Jahresende einen Teil der Entgelte zurückerstatten. Beispielsweise zahlt ein Krankenhaus für jeden über dem Plan erbrachten Case Mix Punkt 65 % an die Krankenkassen zurück und behält 35 %. Auf der anderen Seite erhält das Krankenhaus für Minderleistungen, d. h. für eine Leistungsmenge unterhalb des Planansatzes, einen Ausgleich. Für nicht erbrachte Leistungen erhält das Krankenhaus 20 % der Mindererlöse (§ 4 Abs. 3 KHEntgG, vgl. Kapitel 3.1.3).

Abb. 181 zeigt die Erlöskurven. Das Krankenhaus erhält für geleistete Case Mix Punkte ein Entgelt, das jedoch nur eine Abschlagszahlung darstellt. Falls es – theoretisch – überhaupt keine Leistung erstellt und damit keine Abschlagszahlung bekommt, erhält es wenigstens noch 20 % des ursprünglich ausgehandelten Budgets. Für den realistischen Fall, dass die Plankostenkurve einen Fixkostenanteil von über 20 % aufweist, impliziert dieses System einen Anreiz zum Erreichen des vereinbarten Case Mix. Überschreitet hingegen das Krankenhaus den budgetierten Case Mix, so kann es trotz der Rückzahlung einen Gewinn machen, wenn sein Fixkostenanteil über 65 % liegt. Tendenziell hat ein Krankenhaus deshalb einen Anreiz zur Leistungsmengenausweitung.

Tab. 127 zeigt ein Zahlenbeispiel für die entsprechenden Ausgleiche. Wir gehen von einem vereinbarten Case Mix von 5000 und einem Basisfallwert von 4000 € aus. Damit ergibt sich ein Budget von 20.000.000 €. Bis zum Periodenende wurde ein Case Mix von 5500 geleistet, was einer Abschlagszahlung von 22.000.000 € entspricht. Von den 2.000.000 € oberhalb des Budgets darf das Krankenhaus allerdings nur 35 % (700.000 €) behalten. Die Differenz in Höhe von 1.300.000 € muss es zurückzahlen. Das endgültige Entgelt beträgt 20.700.000 €. Ceteris paribus führt ein Case Mix von 4500 zu einer Abschlagszahlung von 18.000.000 €. Von der Differenz (20.000.000 € – 18.000.000 € = 2.000.000 €) erhält das Krankenhaus 20 %, d. h. 400.000 €. Das endgültige Entgelt beträgt 18.400.000 €.

Die Kostenanalyse ergibt, dass bei Planauslastung Kosten in Höhe von 20.000.000 € anfallen, wovon 14.000.000 € Fixkosten sind. Damit betragen die variablen Kosten 1200 € pro Case Mix Punkt. Bei einer Mehr- bzw. Minderleistung von 10 % (Case Mix von 5500 bzw. 4500) ergeben sich damit Plankosten von 20.600.000 € (=14.000.000 € + 5500 · 1200 €) bzw. 19.400.000 € (=14.000.000 € + 4500 · 1200 €) und somit ein Überschuss

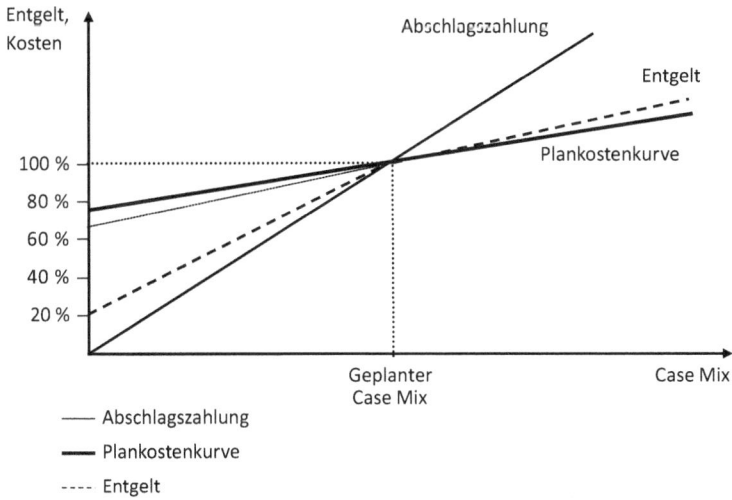

Abb. 181: Ausgleichszahlungen.[75]

Tab. 127: Ausgleichszahlungen.[76]

	Plan
Budget	20.000.000 €
Geplanter Case Mix	5.000
Fixkosten	14.000.000 €
variable Kosten bei Planauslastung	6.000.000 €

von 100.000 € im Falle der Mehrleistung bzw. ein Defizit von 1.000.000 € im Fall der Minderleistung.

Ein Krankenhaus hat deshalb in der Regel ein Interesse, einen möglichst hohen Case Mix zu erreichen. Da man davon ausgeht, dass eine Mengenausweitung zu einer Reduktion der Stückkosten und (über Lerneffekte) zu einem Anstieg der Qualität führt, ist dies auch politisch intendiert. Die leistungsschwächeren Häuser sollen langfristig zugunsten der größeren Häuser abgebaut werden. Für das einzelne Haus ist allerdings nicht nur die Fallzahl, sondern vor allem die Fallschwere für den Case Mix relevant. Damit eröffnen sich Steuerungsmöglichkeiten, die eines professionellen Controllings bedürfen.

---

75 Quelle: Eigenes Beispiel.
76 Quelle: Eigene Darstellung.

Zusammenfassend können wir festhalten, dass das Krankenhauscontrolling essenzielle Informationen für die Entgeltverhandlungen mit den Krankenkassen bereitstellt. Darüber hinaus muss es die Einhaltung des Budgets überwachen. Hierzu muss es die Plankostenkurve schätzen (insbesondere das Kostenverhalten bzw. die Reagibilität auf Auslastungsschwankungen), die Erlös- bzw. Kostenentwicklung überwachen, den leitenden Ärzten Information geben, welche Fallgruppen verstärkt zu behandeln sind, damit der geplante Case Mix erreicht wird, und die Entwicklung des Case Mix ständig überwachen und prognostizieren. Wichtige Instrumente hierfür sind die internen Budgets, die im folgenden Abschnitt diskutiert werden.

8.3.2 Interne Budgetierung

Die interne Budgetierung dient primär der Koordinierung betrieblicher Aktivitäten. Sie umfasst den Gesamtmanagementkomplex der Entwicklung, Durchführung und Kontrolle des Budgets. Wie Abb. 182 zeigt, folgt die interne Budgetierung dem klassischen Managementzyklus und ist damit ein alle Funktionen des Managements umfassendes Instrument der Planung, Implementierung und Kontrolle betrieblicher Aktivitäten.

Mit Hilfe von internen Budgets werden unterschiedliche Pläne und Dimensionen koordiniert. Dies beinhaltet erstens eine Abstimmung zwischen den Plänen der Abteilungen, z. B. bzgl. der Leistungsmengen, den Kapazitätsanforderungen, den Verrechnungspreisen und den Erlösanteilen. Plant beispielsweise die chirurgische Fachabteilung a Patienten einer bestimmten DRG und die Operationsabteilung nur b Patienten derselben DRG, so wird diese Diskrepanz bei dem Abgleich der Budgets auffallen. Zweitens erfolgt durch interne Budgets eine Synchronisation der kurz-, mittel- und langfristigen Pläne. Operative, taktische und strategische Budgets müssen konsistent aufgestellt sein, d. h. auseinander hervorgehen. Schließlich erlauben die internen Budgets den Managern eine schnelle und klar verständliche Sprache, mit der sie ihre unterschiedlichen Aktionsfelder (z. B. medizinischer und kaufmännischer Vorstand) aufeinander beziehen können. Ein professionell erstelltes internes Budget ist so etwas wie eine allgemein verständliche Landkarte, nach der sich alle weiteren Aktivitäten richten können.

Interne Budgets können Top-Down, Bottom-Up oder im Gegenstromverfahren aufgestellt werden. Beim Top-Down Verfahren erfolgt die Vorgabe des Gesamtbudgets durch die Unternehmensleitung. Der Controller gliedert dieses Budget auf die einzelnen Subsysteme auf, häufig unter Hilfestellung der Abteilungsleiter. Da das Krankenhaus häufig von der Zielvorgabe des externen Budgets aus denkt und aus ihr alle internen Budgets ableitet, werden interne Budgets auch häufig Top-Down entwickelt.

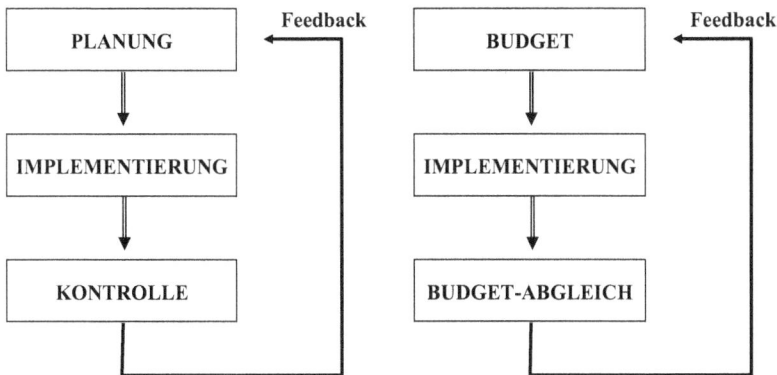

Abb. 182: Interne Budgetierung.[77]

Beim Bottom-Up Verfahren entwickeln die Abteilungsleiter die Abteilungsbudgets, wobei sie sich selbständig untereinander abstimmen. Die Unterstützung des Controllers beschränkt sich in dieser Phase auf wenige fachliche Hilfestellungen. Anschließend fasst der Controller die einzelnen Abteilungsbudgets zu einem Gesamtbudget zusammen. Der Nachteil dieses partizipativen Verfahrens besteht darin, dass die Synchronisation der Abteilungsbudgets mit dem externen Budget sowie mit den strategischen Plänen der Unternehmensleitung nicht gewährleistet ist.

Das Gegenstromverfahren kombiniert beide Verfahren, um ihre jeweiligen Schwächen zu überwinden. Die Budgetentwicklung erfolgt als Regelkreis, bei dem die einzelnen Ebenen (Gesamtunternehmen, Abteilungen) mehrfach durchlaufen werden, bis vollständig koordinierte Abteilungs- und Gesamtbudgets entstanden sind. Der Nachteil ist ein größerer Zeit- und Koordinationsbedarf. Beispielsweise könnten folgende Schritte (mehrfach) gegangen werden:

Schritt 1: Top-Down-Ansatz: Die Unternehmensleitung entwickelt einen Vorschlag für das Gesamtbudget sowie Grobentwürfe der Abteilungsbudgets.

Schritt 2: Bottom-Up-Ansatz: Aufbauend auf diesen Vorschlägen entwickeln die Abteilungen ihre Abteilungsbudgets.

Schritt 3: Koordination: Der Controller vergleicht die Abteilungsbudgets untereinander und mit dem Gesamtbudget. Er entwickelt einen Vorschlag für koordinierte Budgets.

Schritt 4: Feedback: Der Controller informiert die Abteilungsleiter über veränderte Budgets.

Schritt 5: Iterativer Prozess: Die Abteilungen entwickeln konsolidierte Abteilungsbudgets auf Grundlage des Ergebnisses von Schritt 4. Die Schritte 3 bis 5 werden wiederholt.

---

77 Quelle: Eigenes Beispiel.

Schritt 6: Abbruch: Sobald alle Gesamt- und Abteilungsbudgets vollständig konsolidiert sind, bricht das Verfahren ab.

Bei der Aufstellung von internen Budgets sollten sogenannte Budgetgrundsätze berücksichtigt werden. Erstens sollte für jedes Budget ein Budgetverantwortlicher bestimmt werden. Da Budgets oftmals für Kostenstellen (z. B. Abteilungen) aufgestellt werden, ist eine Identität von Kostenstellen- und Budgetverantwortlichen häufig sinnvoll. Zweitens sollten Budgets stets unter Einbeziehung möglichst vieler Beteiligter entwickelt werden (partizipative Entwicklung). Dadurch werden ein breiter Informationspool, eine geradlinige Durchsetzung und eine automatische Koordination der Teilpläne garantiert. Drittens sollte in Budgets ein getrennter Ausweis von beeinflussbaren und nicht-beeinflussbaren Kosten erfolgen. Dadurch erhält der Budgetverantwortliche einen Überblick über alle relevanten Finanzströme seines Budgetbereichs, kann jedoch klar unterscheiden, für welche Ströme er verantwortlich gemacht werden kann. Gemeinkostenzuschlüsselungen innerhalb von Budgets sind problematisch, insbesondere, wenn man nicht erkennen kann, wie man sie beeinflussen kann. Viertens sollten Budgets so gestaltet werden, dass sie motivierend wirken. Sie stellen Ziele dar, die einen Ansporn für tägliches Handeln bilden. Sind diese Zielvorgaben von Anfang an unerreichbar, demotivieren Budgets. Schließlich sollten die Zielvorgaben der Budgets möglichst frühzeitig mit den realen Ergebnissen der Budgetimplementierung verglichen werden, um ein Feedback für die laufende Umsetzung in der noch verbleibenden Budgetrestlaufzeit zu gewährleisten. Vergleicht man Soll und Ist erst am Ende des Budgetzeitraums, ist ein Eingreifen nicht mehr möglich. Als Instrument hierfür dient der Budgetabgleich, der im Krankenhaus in der Regel monatlich erfolgen sollte.

Tab. 128 gibt ein stark vereinfachtes Beispiel für einen Budgetabgleich. Die Soll-Ausgaben für März 2021 werden den Ist-Ausgaben für März 2021 gegenübergestellt. Die absolute Abweichung gibt einen Hinweis darauf, wo die tatsächlichen Ausgaben über den geplanten Ausgaben lagen. In den weiteren Perioden müssen hier Einsparungen erfolgen, da sonst der Planansatz am Jahresende nicht erreicht werden kann. Dies setzt allerdings voraus, dass das Soll dieses Monats nicht einfach 1/12 des Jahreswertes ist. Vielmehr müssen monatliche Schwankungen der Nachfrage, des Personalbestandes und der Kosten (z. B. Weihnachtsgeld, Urlaubsgeld) etc. in der Budgetberechnung pro Monat berücksichtigt werden. Die relative Abweichung zeigt die Größe des Planungsfehlers.

Das interne Budget ist ein wichtiges Instrument zur Koordination und Steuerung des Krankenhausbetriebes. Relativ einfach ist die Budgeterstellung für Hauptabteilungen, wenn sie kaum Dienstleistungen anderer Abteilungen beziehen. Hier können die Erlöse für die behandelten Fälle als Summe der DRG-Entgelte direkt der Abteilung gutgeschrieben werden. Gleichzeitig können die Kosten, die überwiegend direkt in dieser Abteilung anfallen, hier berücksichtigt werden. Sobald jedoch vor-

Tab. 128: Budgetabgleich.[78]

	Budget März 2021 [€]	Ist März 2021 [€]	Abweichung	
			Absolut [€]	Relativ [%]
Personal	633.600	680.753	47.153	7,44 %
Sachmittel	414.805	482.333	67.528	16,28 %
Innerbetriebliche Leistungsverrechnung	15.426	15.287	−139	−0,90 %
Instandhaltung	39.800	39.775	−25	−0,06 %
Gesamt	1.103.631	1.218.148	114.517	10,38 %

gelagerte Kostenstellen Dienste für die Hauptabteilung erbringen, müssen Kosten und/oder Erlöse zwischen Abteilungen verrechnet werden.

Kosten fallen an einer bestimmten Kostenstelle an und werden dort auch budgetmäßig berücksichtigt. Die Erlöse hingegen werden der Hauptabteilung gutgeschrieben, aus der der Patient entlassen wird. Erlöse und Kosten desselben Behandlungsfalles fallen damit an unterschiedlichen Stellen an und müssen für eine verursachergerechte Zurechnung aufeinander bezogen werden, d. h., mit Hilfe geeigneter Verfahren müssen die zuliefernden Haupt- und Nebenprozesse einen Teil der Erlöse und die Hauptabteilungen einen Teil der Kosten der vorgelagerten Abteilungen erhalten.

Hierzu stehen grundsätzlich zwei Möglichkeiten zur Verfügung: Erlössplitting und innerbetriebliche Leistungsverrechnung. Beim Erlössplitting wird ein verursachergerechter Anteil des Erlöses auf die zuliefernde Abteilung übertragen. Hierzu sind geeignete Schlüssel zu definieren, nach denen der Gesamterlös verteilt wird. Die Schlüssel können entweder selbst ermittelt oder aus der InEK-Kostentabelle für die entsprechende DRG übernommen werden. Erlössplitting eignet sich insbesondere für Fälle, die gemeinsam von zwei Hauptabteilungen betreut wurden.

Bei der innerbetrieblichen Leistungsverrechnung geht man genau den umgekehrten Weg.[79] Die Vorleistungen werden jeweils als Kostenträger verstanden, dessen Stückkosten ermittelt und anschließend der Hauptkostenstelle in Rechnung gestellt werden (Verrechnungspreise). Die innerbetriebliche Leistungsverrechnung erfordert deshalb eine detaillierte Kostenrechnung, die die Kosten pro Leistungseinheit möglichst exakt kalkuliert. Häufig werden pauschale Verrechnungspreise (z. B. Kosten pro durchschnittlichem Röntgenbild, Kosten pro durch-

---

78 Quelle: Eigenes Beispiel.
79 Vgl. Keun und Prott 2009.

schnittlichem Konsil, Laborkosten pro Anforderung bzw. Patient) ermittelt, die jedoch keine wirklich verursachergerechte Verrechnung der angefallenen Kosten auf die Hauptkostenstellen erlauben. Diese Durchschnittsbetrachtung würde beispielsweise vernachlässigen, dass die Zahl der angeforderten Laborleistungen pro Fall in der inneren Medizin doppelt so hoch ist wie in der Chirurgie und fast siebenmal so hoch wie in der Hals-Nasen-Ohren-Heilkunde. Ebenso unterscheiden sich die Anforderungen und Kosten pro Leistung zwischen den einzelnen DRGs. Beispielsweise ist ein MRT der Hand weniger ressourcenintensiv als ein MRT des Brustraums.

Angemessener ist die Ermittlung eines differenzierten, krankenhausspezifischen Verrechnungspreises, z. B. als Kosten pro Schnitt-Nahtzeit Minute, Kosten pro Konsilminute oder Kosten pro GOÄ-Punkt. Mit Hilfe exakter Aufzeichnung können anschließend die Anforderungen der Hauptabteilung mit Kosten bewertet und diesen in Rechnung gestellt werden. Dieses Vorgehen eignet sich sowohl ex-post (Verrechnungspreis = Ist-Kosten / Ist-Auslastung) im Rahmen der Erfolgsrechnung als auch ex-ante (Verrechnungspreis = Plan-Kosten / Plan-Auslastung) im Rahmen der Budgetierung.

Verrechnungspreise können fest sein oder variabel auf Auslastungsschwankungen reagieren; dementsprechend gibt es starre und flexible interne Budgets. Abb. 183 zeigt, dass ein starres Budget einer Zulieferabteilung unabhängig von der Leistungsmenge fixiert ist. Es entspricht den Plankosten bei Planauslastung und der Verrechnungspreis ergibt sich als Quotient aus Budget und Planauslastung. Der Vorteil besteht in der großen Einfachheit und der guten Planbarkeit. Der Nachteil ist eine Ungerechtigkeit im Falle einer Abweichung von der Planleistung. Für die Zulieferabteilung impliziert eine geringere Abnahme einen Verlust, während eine Mengenüberschreitung impliziert, dass die Hauptabteilung höhere Preise an die Zulieferabteilung bezahlen muss, als dies durch die Kosten gerechtfertigt ist.

Alternativ hierzu kann ein flexibles Budget eingeführt werden, bei dem sich das Budget mit der Leistungsmenge nach Vorgabe der Plankostenkurve ändert. Die höhere Leistungsgerechtigkeit wird mit dem Nachteil einer schlechteren Planungsgrundlage und einem erheblichen Aufwand für die Schätzung der Plankostenkurve bezahlt. Für die Leitung der Zulieferabteilung ist dies höchst unbefriedigend, da sie nie ex-ante bestimmten kann, welche Preise sie für ihre Leistungen erhält. Das Budget enthält eine Formel, keinen Wert. Auf der anderen Seite besteht bei diesem Verfahren ein Anreiz für effizientes Handeln, da die Zulieferabteilung nur Überschüsse erwirtschaften kann, wenn die Istkostenkurve unterhalb der Plankostenkurve bleibt.

Die Überwachung des externen Budgets und die Aufstellung und Kontrolle der internen Budgets sind wichtige Aufgaben des Krankenhauscontrollings. Sie hängen unmittelbar mit der Kosten- und Leistungsrechnung zusammen, haben jedoch weniger den ex-post Charakter, sondern stellen primär Planungsrechnungen der Finanzströme dar. Darüber hinaus benötigt die Koordination und Steuerung der

Krankenhausprozesse jedoch auch Leistungsstatistiken, die nicht auf monetäre Werte zurückführbar sind. Sie werden im nächsten Kapitel diskutiert.

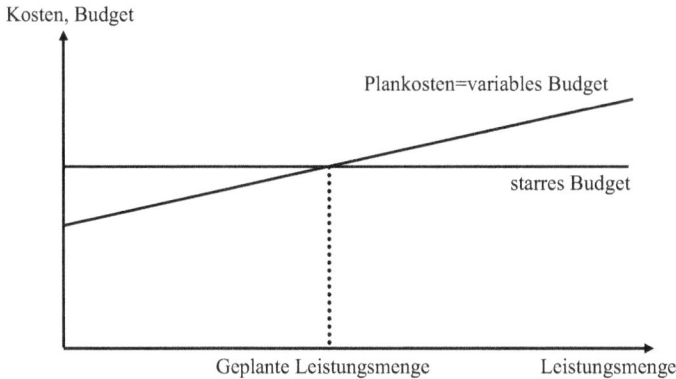

Abb. 183: Starres und variables internes Budget.[80]

8.4 Betriebsstatistik

Die Betriebsstatistik dient der Bereitstellung von Kennzahlen für die Koordination und Steuerung des Unternehmens. Als Kennzahl bezeichnet man allgemein eine Messgröße, die in stark verdichteter Form und auf eine relativ einfache Weise über einen betrieblichen Tatbestand informiert. Absolute Kennzahlen sind Summen, Mittelwerte (arithmetisches Mittel, Modus, Median) und Abweichungen (Differenzen, absolute Abweichung vom Mittelwert, Standardabweichung, Varianz, standardisierter Abweichungskoeffizient). Verhältniskennzahlen hingegen bilden einen Quotienten zwischen zwei Messgrößen (z. B. Belegungsgrad, Personalumschlag, Fallkosten etc.).

Kennzahlen müssen verschiedenen Anforderungen genügen. Erstens soll die in ihnen enthaltene Information zur Lösung einer gestellten Aufgabe geeignet sein (Zweckeignung), wobei so viel Information wie nötig, aber so wenig wie möglich für die Problemlösung zur Verfügung gestellt werden sollte. Der Information Overload ist unter Umständen schlimmer als eine Unterinformation, da das Krankenhausmanagement in der Fülle der Informationen das Betriebsziel aus den Augen verlieren könnte. Kennzahlen haben dieselbe Funktion wie die Instrumente des Cockpits in einem Flugzeug, und die Erfahrung zeigt, dass zu viele Instrumente und Informationen den Piloten überfordern. Zweitens müssen Kennzahlen möglichst genau sein. Sie müssen gut mit der Realität übereinstimmen und sehr präzise Informationen (Bezeichnung, Abgrenzung, Bewertung im Zeitverlauf) geben. Drittens müssen sie aktuell sein, d. h.,

80 Quelle: Tuschen und Quaas 2001, S. 78.

der zeitliche Abstand zwischen frühest möglicher Ermittlung und dem zu Grunde liegenden Bezugszeitpunkt bzw. -zeitraum sollte gering sein. Viertens unterliegen auch Kennzahlen dem ökonomischen Effizienzanspruch, d. h., die Kosten für die Beschaffung und der Nutzen aus der Verwertung der Information sollten in einem guten Verhältnis stehen.

Tab. 129 zeigt einige Beispiele für Kennzahlen. Jede Kennzahl kann als Ist-, Plan- und Entwicklungsstatistik des Gesamtkrankenhauses oder einer Untereinheit (z. B. Abteilung) ausgewiesen werden. Besondere Bedeutung kommt heute dem Medizincontrolling zu, dessen primäre Aufgabe die Bereitstellung von Leistungsinformationen für die Koordination und Steuerung des Krankenhauses ist.[81] Hierzu analysiert es ständig das Diagnose- und Leistungsspektrum und liefert zeitnahe Informationen über die Entwicklung des Case Mix' und des Case Mix Index', um am Periodenende den geplanten Case Mix zu erreichen. Weiterhin analysiert das Medizincontrolling kontinuierlich die Belegung bzw. die Fehlbelegung. Hierbei ist es auch Ansprechpartner externer Stellen, wie z. B. des Medizinischen Dienstes der Krankenversicherung.

Da die Leistungsstatistiken essenziell für die Entgeltverhandlungen sind, wirkt das Medizincontrolling ebenso bei diesen Verhandlungen mit wie das kaufmännische Controlling. Da der geplante Case Mix das eigentliche Verhandlungsobjekt ist, muss das Medizincontrolling insbesondere den Nachweis der Fall- bzw. Schwereentwicklung führen. Die Verhandler der Krankenkassen lassen sich mit medizinischen Argumenten oftmals mehr beeinflussen als mit ökonomischen. Weiterhin hat das Medizincontrolling oftmals wichtige Funktionen im Qualitätsmanagement und in der innerbetrieblichen Fort- und Weiterbildung, z. B. zur Kodierung.

Tab. 129: Kennzahlen.[82]

Teilgebiet der Betriebsstatistik	Kennzahlen
Medizincontrolling	Fallzahlen, Top-10-DRG (Fallzahlen), DRG-bezogene Verweildauer, Case Mix, Über- bzw. Unterschreiter der Grenzverweildauer, Case Mix Index, Infektionsraten, Mortalitätsraten, Wiederaufnahmerate
Finanzcontrolling	Erlöse, ABC-Analyse der DRGs, Fallkosten (Durchschnitt, untere/obere Grenzverweildauer), Budgetabweichungen, Aufwand, Erfolg, Budget, Selbstkosten, Bilanz- bzw. GuV-Kennzahlen (z. B. Liquiditätsgrade, Verschuldungsgrad, Working Capital)

---

81 Vgl. Winkler 2015.
82 Quelle: Schirmer 2017, S. 138, 183–191.

Tab. 129 (fortgesetzt)

Teilgebiet der Betriebsstatistik	Kennzahlen
Materialcontrolling	Umschlagsdauer, Umschlagshäufigkeit, Durchschnittlicher Lagerbestand, Top-10-Artikel, ABC-Analyse
Personalcontrolling	Mitarbeiterzahl und -struktur, Fehlstundenstatistik, Fluktuation, Arbeitsstunden pro Case Mix, Anteil spezifischer Personalgruppen an Gesamtmitarbeiterzahl, Anteil spezifischer Personalgruppen an Gesamtpersonalkosten, Fortbildungen
Investitions- und Anlagencontrolling	Anlagenintensität (Anlagevermögen zu Bilanzsumme, Anlagekosten zu Umsatz), Auslastungsgrad, Durchschnittliches Lebensalter, Wartungsintensität
Akademisches Controlling	Anmeldung von Patenten, Zahl der Promotionen, Habilitationen, Publikationen (gewichtet mit Impact-Faktoren), Lehrintensität, akademische Abschlüsse, Weiterbildungsabschlüsse, Lehrevaluationen, Rankings

Im hier dargestellten Controllingverständnis ist die Kodierung eine operative Aufgabe und stellt keine Koordinationsfunktion dar. Trotzdem untersteht die DRG-Kodierung häufig dem Medizincontrolling, da die regelgerechte Kodierung die Grundlage fast aller Informationen des Medizincontrollings ist. Allerdings erschöpft sich die Aufgabe des Controllings eben nicht in der Zahlensammlung bzw. (stichprobenhaften) Überprüfung der Regelhaftigkeit, sondern das Medizincontrolling setzt die Leistungsstatistiken so ein, dass die Pläne von Abteilungen und Gesamtunternehmen, von kurz-, mittel- und langfristigen Zeiträumen sowie von einzelnen Führungskräften auf einer realistischen, gemeinsamen Datengrundlage aufbauen und damit koordiniert sind.

Betrachtet man das Medizincontrolling in deutschen Krankenhäusern, so kann man keine einheitliche organisatorische Einbindung feststellen. In Kleinstkrankenhäusern ist das Medizincontrolling entweder nicht als eigenständige Einheit existent oder outgesourct. In größeren Häusern kann es als Teil des Finanzcontrollings, als Stab oder dezentral in den Abteilungen eingegliedert sein. Das Medizincontrolling als Teil des Finanzcontrollings bietet den Vorteil, dass die natürliche Nähe zum kaufmännischen Controlling unterstützt und damit die enge Zusammenarbeit gefördert wird. Der Nachteil besteht darin, dass unter Umständen die Eigenständigkeit verloren geht.

Als eigenständige Stabsabteilung kann das Medizincontrolling entweder dem medizinischen oder dem kaufmännischen Direktor zugeordnet sein. Der Vorteil der Zuordnung zum medizinischen Direktor besteht darin, dass die professionelle Verbundenheit des medizinischen Leiters und seines Controllers eine gemeinsame Sprache und schnelle Entscheidungen ermöglichen. Dadurch werden Empfehlungen des Medizincontrollers gut verstanden und schnell umgesetzt. Auf der anderen Seite besteht die Gefahr, dass die Medizinerdominanz verstärkt wird, sodass sich andere wichtige Berufsgruppen ausgegrenzt fühlen könnten. Die Angliederung der Stabsabteilung am kaufmännischen Direktor ermöglicht eine gute Koordination zwischen medizinischem und kaufmännischem Sachgebiet und eine rundum informierte Betriebssteuerung. Auf der anderen Seite kann die Zuordnung des wesensfremden Stabes aber auch zu einer Überforderung und Schwächung des Medizincontrollings führen. In einigen Krankenhäusern ist die Stabsabteilung dem kaufmännischen und dem medizinischen Direktor unterstellt. Dies führt zu einer Doppelloyalität und kann unter Umständen zu einem „Sitzen zwischen den Stühlen" führen.

In großen Krankenhäusern ist das Medizincontrolling manchmal dezentral in den relativ eigenständigen Abteilungen angesiedelt. Damit kann der jeweilige Medizincontroller das Spezifikum der Abteilung wahren und hat hohe Kompetenz und Anerkennung innerhalb dieser Fachdisziplin. Auf der anderen Seite ist mit dieser Lösung eine Gesamtsteuerung des Krankenhauses nur möglich, wenn wiederum erhebliche Anstrengungen zur Koordination der Controllingabteilungen investiert werden. Es ist fraglich, ob dies effizient ist.

Medizincontroller ist ein eigenständiger Beruf, der sich seit etwa 15 Jahren entwickelt und durch die Einführung der DRGs hohe Bedeutung gewonnen hat. Häufig sind Ärzte Medizincontroller, die sich in diesem Bereich fortgebildet haben. Ob auch andere Akademiker (z. B. Betriebswirte, Pflegemanager) und Nichtakademiker diese Aufgabe ausfüllen können, ist in der Praxis umstritten. Wahrscheinlich ist weniger die fachliche Kompetenz das Praxisproblem, als vielmehr die Anerkennung innerhalb der Ärzteschaft. Ein promovierter Mediziner als Controller hat bislang sowohl in den Entgeltverhandlungen als auch innerbetrieblich bei seinen Berufskollegen weit größeres Gewicht als ein gleich kompetenter Controller mit anderem beruflichen Hintergrund. Es bleibt abzuwarten, ob sich dies in Zukunft verändern wird.

Kaufmännisches und medizinisches Controlling haben gemeinsam, dass im Zeitalter der elektronischen Datenspeicherung große Datenmengen zur Verfügung stehen, die auch in einer sehr großen Fülle von Kennzahlen ausgedrückt werden können. Das Controlling muss deshalb Kennzahlensysteme generieren, die die Fülle der Kennzahlen systematisch ordnen, relativieren und zu einem sinnvollen Gesamtergebnis zusammenführen. Ein Kennzahlensystem ist eine geordnete Gesamtheit von Kennzahlen, die in sachlich sinnvoller Beziehung zueinander stehen, sich gegenseitig ergänzen und als Gesamtheit dem Zweck dienen, den Betrachtungsgegenstand möglichst ausgewogen und vollständig zu erfassen. Kennzahlensysteme sollten mehrschichtig aufgebaut sein, sodass ein Zugriff auf tiefere Datenschichten möglich ist.

Ein Beispiel hierfür ist der klassische ROI-Treiberbaum von Du-Pont, der in der Literatur kommerzieller Unternehmen häufig zitiert wird (Abb. 184). Die Rentabilität (Return on Investment, ROI) wird hierbei Schritt für Schritt auf ihre Einflussfaktoren zurückgeführt. Abb. 185 zeigt eine Übertragung des Treiberbaums auf ein

ROI

Gewinn-
spanne

•

Kapital-
umschlag

Kapital-
gewinn

÷

Umsatz

Umsatz

÷

Gesamt-
kapital

Gewinn

+

Fremdka-
pitalzinsen

Eigen-
kapital

oder

Investier-
tes Kapital

Deckungs-
beitrag

−

Fixkosten

+ Fremd-
kapital

Working
Capital

+

Anlage-
vermögen

Netto-
Umsatz

−

Variable
Kosten

+ Vorräte

+ Forderun-
gen

+ Liquide
Mittel

− Abzugs-
kapital

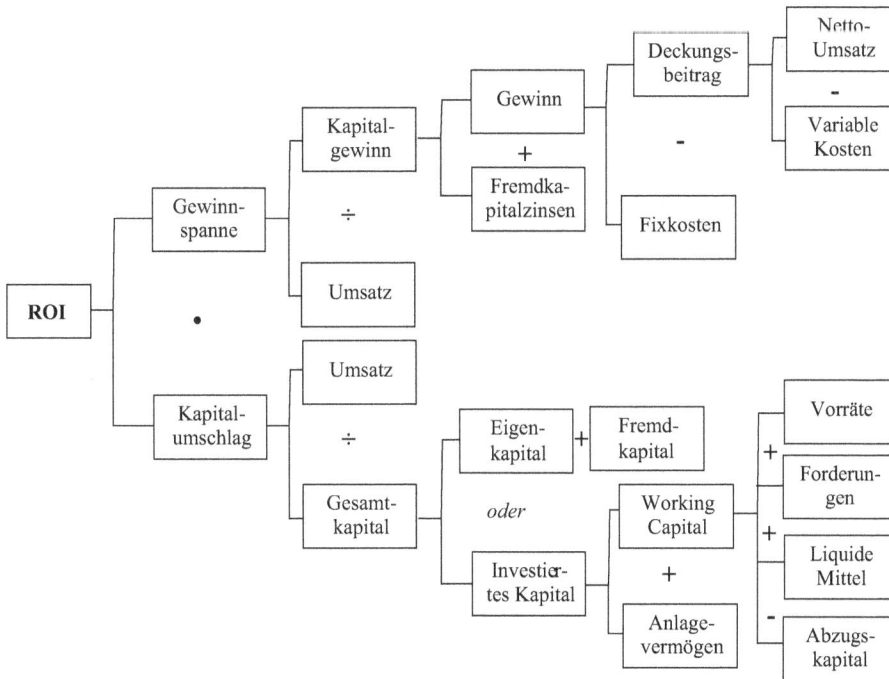

Abb. 184: ROI-Treiberbaum von Du-Pont (vereinfachte Darstellung).[83]

Krankenhaus. Der Baum stellt gleichzeitig eine Übersicht über Steuerungsinstrumente des Krankenhauscontrollings dar.

Die Analyse der zeitlichen Entwicklung eines Krankenhauses (z. B. Entwicklung des Case Mix über mehrere Jahre) sowie innerbetriebliche (z. B. zwischen Abteilungen) und zwischenbetriebliche Vergleiche (Betriebsvergleich) erfolgen meist auf Grundlage von Kennzahlen. Gerade dem Betriebsvergleich kommt hier eine immer größere Bedeutung zu. Der Vergleich kann mit dem Durchschnitt oder dem Klassenbesten (Bench-Marking) erfolgen. Da die Outputs eines Krankenhauses unterschiedliche Dimensionen haben (z. B. Fallzahl, Case Mix, Mortalität, Qualität, Zufriedenheit), die nicht miteinander verrechenbar sind, erfordert der Betriebsvergleich entweder die Reduktion auf eine Kennzahl (z. B. Fallkosten) oder den Einsatz mathematischer Methoden, z. B. der Data Envelopment Analysis (DEA).[84]

Wie in Kapitel 5.1 dargestellt, ist DEA eine Methode des Bench-Marking, d. h., bei DEA wird durch einen Vergleich der jeweils Klassenbeste ermittelt. Ziel der Analyse ist die Ermittlung der Effizienzhüllkurve, die sich aus den Krankenhäusern zu-

---

83 Quelle: Wöhe, Döring und Brösel 2020, S. 216.
84 Quelle: Busse, Schreyögg und Stargardt 2013, S. 426.

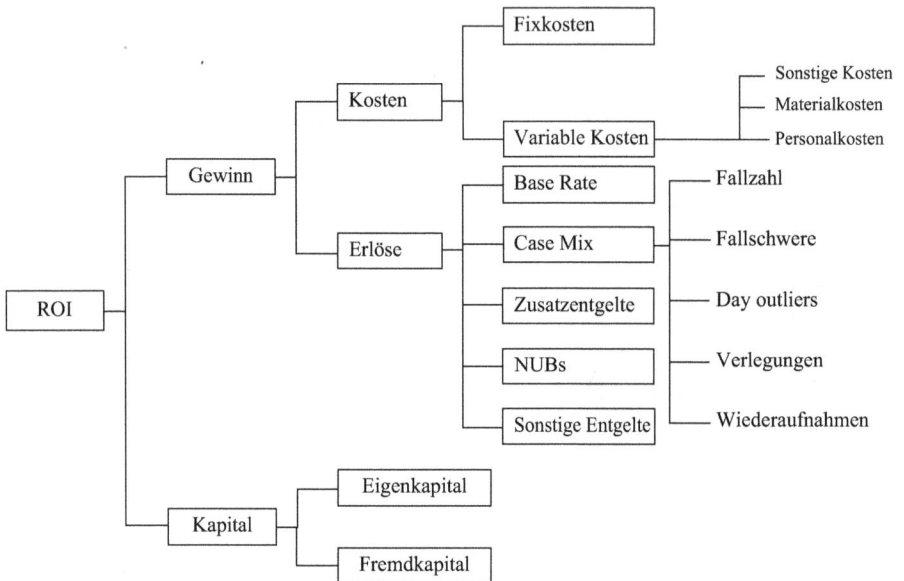

Abb. 185: ROI-Treiberbaum eines Krankenhauses.[85]

sammensetzt, die keine Ressourcen verschwenden. DEA ermittelt dabei stets eine relative Effizienz, d. h. die Effizienz eines Krankenhauses (Decision Making Unit, DMU) im Verhältnis zu den anderen Krankenhäusern. Das in Kapitel 5.1 dargestellte mathematische Programm zeigt das Vorgehen. m Inputs und s Outputs von Krankenhaus o werden gewichtet. Das Gewicht v_i wird jedem Input i und das Gewicht u_r jedem Output r zugewiesen. Das Effizienzmaß h_o des Krankenhauses o wird durch die Wahl der Gewichte maximiert. Als Nebenbedingung berücksichtigt das Modell, dass für jedes der n Krankenhäuser eine Effizienz von maximal eins erreicht werden kann.

Das mathematische Programm ermittelt folglich die Gewichte u_r und v_i derart, dass sie für das Krankenhaus o optimal sind, wobei kein Krankenhaus eine höhere Effizienz als eins erhalten kann. Damit wird derjenige Output als besonders wichtig definiert, der Krankenhaus o besonders effizient erscheinen lässt.

Die DEA-Software berechnet für jedes Krankenhaus, das am Benchmarking teilnimmt, die optimalen Input- und Outputgewichte.[86] Hierfür sind n Lineare Programme zu lösen. Als Ergebnis erhält man für jedes Krankenhaus einen Effizienzwert zwischen null und eins.

---

85 Quelle: Eigene Darstellung.
86 Zum Krankenhausbetriebsvergleich siehe auch Eiff 2000.

Mit den gegebenen Kriterien gelten diejenigen Krankenhäuser als effizient, die einen Effizienzwert von eins erhalten. Die Menge der effizienten Krankenhäuser bildet die Effizienzhüllkurve unter der jeweiligen Annahme der Skalenelastizität (vgl. Kapitel 5.1). Die Effizienzhüllkurve stellt für die nicht-effizienten Krankenhäuser den Vergleichswert bzw. den Benchmark dar.

In der Realität gibt es zahlreiche Inputs und Outputs eines Krankenhauses, sodass die grafische Veranschaulichung versagt. Solange die Zahl der am Benchmarking teilnehmenden Krankenhäuser groß genug ist, ist mit Hilfe von DEA jedoch auch im multidimensionalen Fall eine sinnvolle Effizienz- und Benchmark-Aussage möglich. Damit können Ineffizienzen aufgezeigt und Decision Making Units erkannt werden, die bei ähnlichen Inputs bzw. Outputs bessere Effizienzergebnisse erzielen.

8.5 Ergebnisse

Die große Fülle von Instrumenten und Kennzahlen des Krankenhauscontrollings ist typisch für die Koordination von Großbetrieben. Die Führung der Krankenhäuser benötigt Daten, um faktenbasiert entscheiden und steuern zu können. Die einzelnen Pläne, Abteilungen und Manager müssen koordiniert werden, wofür wir klar definierte Standards, akzeptierte Maßgrößen und leicht verständliche Formate benötigen. Das Controlling liefert diese Fakten und stellt damit die Sprache des Unternehmens zur Verfügung. Damit ist der Controller auch der Zahlenknecht des Unternehmens, aber eben gleichzeitig viel mehr: Controlling ist das Koordinierungsinstrument, ohne das ein Großbetrieb nicht gesteuert werden kann

In diesem Kapitel wurde das strategische Controlling ausgeklammert, obwohl es sich an einigen Stellen durchaus angeboten hätte, die Methoden des operativen Controllings zu strategischen Instrumenten weiterzuentwickeln. Beispielsweise können Kennzahlensysteme als Instrumente der operativen Steuerung in eine Balanced Scorecard als Methodik des strategischen Managements überführt werden. Dies soll jedoch erst im letzten Kapital dieses Buches erfolgen.

Innerhalb des operativen Controllings spielt das interne Rechnungswesen traditionell die größte Rolle. Die Kosten der Leistungserstellung müssen geplant, erfasst und analysiert werden, um den Betriebserfolg zu ermitteln, Entscheidungen vorzubereiten und Einsparungspotenziale zu ermitteln. Andere Gebiete des Controllings bauen auf diesen Daten auf, z. B. die Budgetierung. Einige Aspekte des Controllings konnten hier nicht vertieft werden, obwohl sie ebenfalls von großer Bedeutung sind, z. B. das Personal- und Investitionscontrolling. Die Übertragung des Controllinggedankens auf diese Funktionen dürfte jedoch dem Leser nach dieser Lektüre leichtfallen.

8.6 Aufgaben und Fallstudien

Die folgenden Aufgaben und Fallstudien dienen zur Vertiefung und Übung des Wissens dieses Kapitels.

8.6.1 Internes Rechnungswesen

Fallstudie zur Kostenartenrechnung

Aufgabenstellung

Das Informations-, Beratungs- und Koordinationszentrum (IBeKo) wurde 2017 gegründet und zeigt folgende Kostenaufgliederung (vgl. Tab. 130, Tab. 131, Tab. 132):

Tab. 130: Kosten IBeKo [€].[87]

Kostengruppe	Konto	2017	2018	2019	2020	2021
Löhne + Gehälter	Petra Müller	80.000	80.000	82.000	83.000	87.000
	Karin Humme			28.000	29.000	32.000
Sozialabgaben	Petra Müller	9.000	10.000	11.000	11.000	13.000
	Karin Humme			3.000	3.200	3.500
Honorare		27.000	38.000	5.000	7.000	9.000
Praktikanten		3.500	2.800	9.500	12.000	2.000
Materialien	Lebensmittel	2.800	3.000	17.000	4.500	8.000
	Wasser, Strom	1.500	1.700	3.500	2.000	2.100
	Verwaltung	12.000	2.500	2.900	2.800	2.100
Niederwertige Investitionsgüter		17.000	2.300	7.300	1.300	2.100
Instandhaltung		500	700	1.300	2.500	4.500
Abschreibungen						
Versicherungen		750	750	800	800	800
Fremdkapitalzinsen		3.800	4.200	0	0	0

---

[87] Petra Müller: Dipl.-Pflw. als Leitung; Karin Humme: Sekretärin für allgemeine Verwaltung. Im Jahr 2010 wurde versucht, eine warme Mahlzeit anzubieten. Aufgrund von geringer Nachfrage wurde das Projekt nach einem Jahr beendet.

Tab. 131: Abschreibungen IBeKo [€].

Anschaffungsgegenstand	Anschaffungskosten	Anschaffung in Periode	Abschreibungsperiode
Gebäuderenovierung	70.000	2017	10
VW-Bus	45.000	2017	5
Küchenausstattung	8.000	2019	10

Tab. 132: Leistungsdaten IBeKo.

Kostengruppe	2017	2018	2019	2020	2021
Kundenkontakte	34	86	170	145	150

Aufgaben:
1. Berechnen Sie die Gesamtkosten.
2. Diskutieren Sie die Entwicklung der einzelnen Kostenarten.
3. Berechnen Sie die Kosten pro Kontakt. Was sagt diese Maßzahl aus?
4. Was würden Sie IBeKo raten?
5. Welche Unterschiede zur Realität sehen Sie?

Lösung
Ad 1: Gesamtkosten. Hierzu müssen zuerst die Abschreibungen ermittelt werden. Als lineare Abschreibungen errechnen sich gemäß Tab. 133. Damit kann die Kostentabelle gemäß Tab. 134 komplettiert werden.

Tab. 133: Abschreibungsbeträge IBeKo [€].

Anschaffungsgegenstand	2017	2018	2019	2020	2021
Gebäuderenovierung	7.000	7.000	7.000	7.000	7.000
VW-Bus	9.000	9.000	9.000	9.000	9.000
Küchenausstattung	0	0	800	800	800
Summe:	16.000	16.000	16.800	16.800	16.800

Ad 2: Diskussion. Die Lohn- und Gehaltskosten von P. Müller zeigen die normalen Steigerungsraten (geometrisches Mittel 2,1 % Steigerung pro Jahr). Auffällig sind hingegen die Steigerungsraten von Frau Humme. Von 2019 bis 2021 steigt ihr Bruttogehalt von 28.000 € auf 32.000 €. Es wäre zu prüfen, ob diese Steigerung (+6,9 % pro Jahr) auf Veränderungen der Tarifverträge oder auf andere Gründe zurückzu-

Tab. 134: Kostenartenrechnung IBeKo [€].

Kostenart	2017	2018	2019	2020	2021
Löhne + Gehälter	80.000	80.000	110.000	112.000	119.000
Sozialabgaben	9.000	10.000	14.000	14.200	16.500
Honorare	27.000	38.000	5.000	7.000	9.000
Praktikanten	3.500	2.800	9.500	12.000	2.000
Lebensmittel	2.800	3.000	17.000	4.500	8.000
Wasser, Strom	1.500	1.700	3.500	2.000	2.100
Verwaltung	12.000	2.500	2.900	2.800	2.100
Niederwertige Investitionsgüter	17.000	2.300	7.300	1.300	2.100
Instandhaltung	500	700	1.300	2.500	4.500
Abschreibungen	16.000	16.000	16.800	16.800	16.800
Versicherungen	750	750	800	800	800
Fremdkapitalzinsen	3.800	4.200	0	0	0
Summe:	173.850	161.950	188.100	175.900	182.900

führen ist. Evtl. könnte hier ein Bewährungsaufstieg im Jahr 2021 vorliegen. Die Sozialabgaben verhalten sich entsprechend.

Die Ausgaben für Honorare stiegen von 2017 auf 2018 stark an. Dies ist wahrscheinlich darauf zurückzuführen, dass im ersten Jahr IBeKo noch nicht voll leistungsfähig war. Allerdings ist unerklärlich, wieso ab 2019 die Ausgaben hier wiederum stark gesunken sind. Es könnte sein, dass die Sekretärin Teile der Aufgaben der Honorarkräfte übernommen hat. Hier wäre die Frage der Professionalität zu stellen, da sie hierfür nicht qualifiziert ist. Es könnte jedoch auch sein, dass aufgrund von Finanzengpässen an Honoraren gespart wurde, sodass IBeKo seinen Auftrag nicht erfüllt hat. Im besten Fall hat Frau Müller durch die Honorarkräfte so viel fachlichen Input erhalten, dass sie deren Aufgaben ab 2019 übernommen hat. Dann wäre jedoch zu fragen, ob sie bei ihrer Anstellung überhaupt qualifiziert war. Ein Teil der Honorarkräfte wurde 2019 und 2020 sicherlich durch Praktikanten ersetzt. Auch hier muss die Professionalität hinterfragt werden.

Die Entwicklung der Lebensmittel zeigt einen starken Anstieg 2019, da die warme Mahlzeit angeboten wurde. Es ist jedoch fraglich, warum trotzdem 2021 8000 € hierfür ausgegeben wurden. Der Anstieg von 2800 € (2017) auf 3000 € (2018) kann sicherlich durch die höhere Anzahl von Kunden erklärt werden. Der Anstieg von 4500 € (2020) auf 8000 € (2021) ist jedoch nicht durch die Kundenkontakte erklärbar. Hier müsste eine weitere Analyse folgen.

Der massive Anstieg der Wasser- und Stromkosten 2019 ist durch die Bereitung der warmen Mahlzeit bedingt, ansonsten lassen sich die Kosten als relativ proportional zu den Kundenkontakten beschreiben. Die allgemeinen Verwaltungskosten waren im ersten Jahr sehr hoch, da zahlreiche Gebühren zu bezahlen waren. Evtl. sind hier auch Beratungskosten für die Initialphase (z. B. Unternehmensberatungskosten) enthalten. Es wäre zu prüfen, ob diese Kosten richtig verbucht sind, oder besser getrennt ausgewiesen werden müssten. Da beispielsweise Drucksachen nicht periodengerecht abgerechnet werden, können die Verwaltungskosten in den nächsten Jahren stark ansteigen, wenn alle Briefbögen etc. aufgebraucht sind und nachgedruckt werden müssen.

Niederwertige Investitionsgüter: Es handelt sich um Anschaffungen von weniger als 400 € pro Objekt, sodass sie sofort abgesetzt und nicht aktiviert (und damit abgeschrieben) werden müssen. Wie zu erwarten, ist der Betrag im Anschaffungsjahr besonders hoch. Hier wäre zu prüfen, ob die Aktivierungspflicht nicht verletzt wurde. Der Ausreißer im Jahr 2019 ist wohl durch die Einrichtung der Küche bedingt.

Wie zu erwarten, steigen die Instandhaltungskosten mit der Zeit, da ältere Geräte einen höheren Wartungsbedarf haben. Es wäre sinnvoll, für jedes Objekt den optimalen Ersatzzeitpunkt zu bestimmen. Der Anstieg von 2020 auf 2021 deutet darauf hin, dass dieser bei manchem Gerät bereits überschritten ist.

Die Abschreibung des VW-Busses ist 2021 beendet. Hier wäre zu prüfen, ob Rücklagen für den Kauf eines neuen Vehikels bestehen. Da die Küche nicht mehr für ihren ursprünglichen Zweck verwendet wird, muss überprüft werden, ob die Geräte verkauft werden können. Ansonsten ist eine Sonderabschreibung evtl. zulässig. Hier ist der Steuerberater hinzuzuziehen.

Die Versicherungen sind relativ konstant, eine Überprüfung des Umfanges des Versicherungsschutzes kann anhand dieser Zeitreihe nicht erfolgen. Die Fremdkapitalzinsen sind lediglich in den Jahren 2017 und 2018 angefallen. Es wäre in Erfahrung zu bringen, für welche Darlehn die Zinsen bezahlt wurden, und wie diese Darlehn getilgt wurden. Hierzu lässt die Kostenaufstellung keine Aussage zu.

Insgesamt stiegen die Kosten des IBeKo von 2017 bis 2021 um 5,2 %, d. h. moderat. Lediglich 2019 wurden aufgrund der höheren Küchenleistung erheblich höhere Kosten verzeichnet.

Ad 3: Kosten pro Kontakt. Tab. 135 zeigt die Kosten [€] pro Kontakt. Die Aussagekraft dieser Statistik ist gering, da der „Kontakt" extrem schwierig zu definieren ist. Eine qualitative Wertung muss ergänzend hinzutreten. Wie zu erwarten, sinken die Kosten im Zeitablauf, da insbesondere im ersten Jahr hohe Initialkosten anfielen. Auffällig ist, dass 2019 eine hohe Kontaktrate war, sodass auch die Kosten pro Kontakt gering waren. Ob die Aufgabe der warmen Mahlzeit sinnvoll war, ist anhand dieser Statistik zweifelhaft und sollte neu diskutiert werden.

Ad 4: Beratung. Eine Beratung sollte die Leistungserstellung sowie die Erlöse umfassen und nicht ausschließlich die Kosten berücksichtigen. Aus Sicht der Kostenrechnung allein zeigt sich IBeKo als relativ stabil, d. h., eine gute Zukunftsentwicklung kann erwar-

Tab. 135: Kosten pro Leistungseinheit IBeKo [€].

	2017	2018	2019	2020	2021
Kosten [/Kontakt]	5.113,24	1.883,14	1.106,47	1.213,10	1.219,33

tet werden. Einige Kosten sollten erneut auf Einsparungsmöglichkeiten untersucht werden. So könnten beispielsweise die nicht genutzten Küchengeräte verkauft werden. Weitere Anregungen finden sich unter Frage 2.

Ad 5: Realitätsnähe. Die Kostenartenrechnung müsste in der Realität tiefer gegliedert sein, die Erlöse und die Bilanz wären zu ergänzen, sodass sich ein runderes Gesamtbild der wirtschaftlichen Situation von IBeKo ergeben würde. Zweifelsohne sind auch die Zahlenwerte gerundet. In der Realität ist es auch leichter möglich, auf Informationen zuzugreifen, z. B. Mitarbeiter zu konkreten Entwicklungen und Abweichungen zu befragen.

Fallstudie zur Kostenstellenrechnung

Aufgabenstellung
Das Jugenddorf „St. Martin" besteht aus drei Häusern und einer Zentralabteilung mit Wäscherei, Küche und Verwaltung. Tab. 136 gibt die Ausstattung wieder, Tab. 137 die Kostensituation.

Tab. 136: Ausstattung von „St. Martin".

Kostenstelle	Fläche [qm]	Plätze	Zugänge	Abgänge	Auslastung	Mitarbeiter
Wäscherei	150	–	–	–	–	4
Küche	250	–	–	–	–	5
Verwaltung	100	–	–	–	–	3
Heizung	50	–	–	–	–	2
Haus „Love"	250	12	3	4	85 %	6
Haus „Grove"	150	8	0	3	70 %	5
Haus „Cheer"	200	12	4	0	90 %	8

Aufgaben:
1. Teilen Sie die Kosten in Kostenträgergemein- und Kostenträgereinzelkosten.
2. Diskutieren Sie den Unterschied zwischen echten und unechten Gemeinkosten.
3. Berechnen Sie die direkten Kosten der Kostenstellen.

4. Schlüsseln Sie die Kosten sinnvoll auf die Endkostenstellen zu.
5. Berechnen Sie die Vollkosten pro Jugendlichen in den drei Häusern. Diskutieren Sie die Aussagekraft dieser Statistik.

Tab. 137: Kosten von „St. Martin" [€].

Kostenstelle	Wäscherei	Küche	Verwaltung	Heizung	Haus „Love"	Haus „Grove"	Haus „Cheer"
Personalkosten	220.000	230.000	250.000	90.000	450.000	380.000	620.000
Lebensmittel		115.000			7.500	8.300	0
Wasser, Müll etc.	5.000	3.000	200	500	300	700	800
Anschaffungen	2.500	1.500	1.000	0	13.500	14.500	18.500
Abschreibungen	17.000	20.000	10.000	5.000	25.000	20.000	22.000
Taschengelder					13.500	8.200	17.300
Sonstiges[88]					18.000	22.000	19.000

Lösung

Ad 1: Kostenträgergemeinkosten. Personalkosten, Wasser, Müll etc., Anschaffungen und Abschreibungen sind eindeutig Kostenträgergemeinkosten, da sie von keinem Jugendlichen eindeutig individuell verursacht werden. Taschengelder und sonstige Kosten (z. B. Büchergeld, Schulfreizeiten etc.) sind eindeutig Kostenträgereinzelkosten. Fraglich ist die Zurechnung der Lebensmittel. Theoretisch handelt es sich um Kostenträgereinzelkosten, da die Nahrungsmittelkosten genau jedem Jugendlichen zugewiesen werden können. In der Praxis dürfte dies jedoch zu aufwendig sein, sodass sie als „unechte" Kostenträgergemeinkosten anzusehen sind.

Ad 2: Diskussion. Aus dem obigen Beispiel ergibt sich, dass es Kosten gibt, die zwar theoretisch verursachergerecht einem Kostenträger zugerechnet werden können, in der Praxis jedoch trotzdem als Gemeinkosten behandelt werden. Dies ist immer dann der Fall, wenn die direkte Erfassung zu aufwendig wäre, sodass aus wirtschaftlichen Gründen darauf verzichtet wird. So wäre es durchaus möglich, genau aufzuschreiben, was jeder einzelne Jugendliche isst und trinkt. Der Aufwand hierfür steht jedoch in keinem Verhältnis zum Informationsgehalt dieser Aussage. Bei einer kritischen Analyse zeigt es sich, dass fast alle Gemeinkosten im Grunde als Einzelkosten erfasst werden könnten, jedoch aus Praktikabilitätsgründen lediglich unechte Gemeinkosten sind.

---

88 Direkt für jeden Jugendlichen, z. B. Büchergeld, Schulfreizeit etc.

Tab. 138: Gemeinkosten von „St. Martin" [€].

Kostenstelle	Wäscherei	Küche	Verwaltung	Heizung	Haus „Love"	Haus „Grove"	Haus „Cheer"
Personalkosten	220.000	230.000	250.000	90.000	450.000	380.000	620.000
Lebensmittel		115.000			7.500	8.300	0
Wasser, Müll etc.	5.000	3.000	200	500	300	700	800
Anschaffungen	2.500	1.500	1.000	0	13.500	14.500	18.500
Abschreibungen	17.000	20.000	10.000	5.000	25.000	20.000	22.000
Summe:	244.500	369.500	261.200	95.500	496.300	423.500	661.300

Ad 3: Berechnung der direkten Kosten der Kostenstellen. Tab. 138 zeigt die Kosten, die direkt einer Kostenstelle zuzurechnen sind.

Ad 4: Schlüsselung. Die Zuschlüsselung muss eine Reihe von Annahmen treffen, wobei durchaus andere Lösungswege denkbar sind. Zuerst muss entschieden werden, welches Verfahren der Schlüsselung verwendet wird. Hier soll das Stufenleiterverfahren genutzt werden. Anschließend muss die Reihenfolge der Verrechnung determiniert werden, wobei die Reihenfolge aus der primären Leistungserbringung für andere Abteilungen erfolgt. Es soll folgende Priorität gelten:
- Die Verwaltung bringt mehr Leistungen für die Wäscherei als die Wäscherei für die Verwaltung.
- Die Wäscherei bringt mehr Leistungen für die Küche als die Küche für die Wäscherei.
- Die Heizung bringt mehr Leistungen für die Verwaltung als die Verwaltung für die Wäscherei.
- Die Heizung erhält kaum Leistungen von Wäscherei und Küche.
- Damit ergibt sich folgende Priorität der Vorkostenstellen:
- Heizung – Verwaltung – Wäscherei – Küche
- Zuletzt müssen die Schlüssel bestimmt werden. Hierzu soll gelten:
- Heizkosten werden nach qm umgelegt.
- Verwaltungsausgaben werden nach der Mitarbeiterzahl in nachgeordneten Abteilungen umgelegt.

Wäschereikosten müssten zwar auf die Küche mit umgelegt werden, es gibt jedoch keine geeigneten Maßgrößen hierfür. Deshalb werden Wäschereikosten ausschließlich auf die Endkostenstellen nach durchschnittlicher Bewohnerzahl umgelegt.

Küchenkosten werden nach durchschnittlicher Bewohnerzahl umgelegt. Es wäre denkbar, die Bewohnerzahl um die Mitarbeiter zu erhöhen, falls diese mitessen. Dies soll hier jedoch nicht geschehen.

Damit ergibt sich:

Heizkosten: 150 + 250 + 100 + 250 + 150 + 200 = 1100 qm,

    Wäscherei: 150/1100 der Heizkosten
    Küche: 250/1100 der Heizkosten
    Verwaltung: 100/1100 der Heizkosten
    Love: 250/1100 der Heizkosten
    Grove: 150/1100 der Heizkosten
    Cheer: 200/1100 der Heizkosten

Verwaltungsausgaben: 4 + 5 + 6 + 5 + 8 = 28 Mitarbeiter

    Wäscherei: 4/28 der Verwaltungskosten
    Küche: 5/28 der Verwaltungskosten
    Love: 6/28 der Verwaltungskosten
    Grove: 5/28 der Verwaltungskosten
    Cheer: 8/28 der Verwaltungskosten

Durchschnittliche Bewohnerzahl:

    Love: $0,85 \cdot 12 = 10,2$ Bewohner
    Grove: $0,70 \cdot 8 = 5,6$ Bewohner
    Cheer: $0,9 \cdot 12 = 10,8$ Bewohner
    Summe: 26,6 Bewohner

Schlüsselung der Wäschereikosten:

    Love: 10,2/26,6 der Wäschereikosten
    Grove: 5,6/26,6 der Wäschereikosten
    Cheer: 10,8/26,6 der Wäschereikosten

Schlüsselung der Küchenkosten

    Love: 10,2/26,6 der Küchenkosten
    Grove: 5,6/26,6 der Küchenkosten
    Cheer: 10,8/26,6 der Küchenkosten

Tab. 139 zeigt den auf diesen Annahmen beruhenden Betriebsabrechnungsbogen.

Ad 5: Vollkosten pro Jugendlichen. Tab. 140 zeigt die Fallkosten pro Jugendlichen.

Tab. 139: BAB von „St. Martin" [€] (gerundet).

Kostenstelle	Heizung	Verwaltung	Wäscherei	Küche	Haus „Love"	Haus „Grove"	Haus „Cheer"
Personalkosten	90.000	250.000	220.000	230.000	450.000	380.000	620.000
Lebensmittel				115.000	7.500	8.300	0
Wasser, Müll etc.	500	200	5.000	3.000	300	700	800
Anschaffungen	0	1.000	2.500	1.500	13.500	14.500	18.500
Abschreibungen	5.000	10.000	17.000	20.000	25.000	20.000	22.000
Summe:	95.500	261.200	244.500	369.500	496.300	423.500	661.300
		8.682	13.023	21.704	21.704	13.023	17.364
		269.882	257.523	391.204	518.004	436.523	678.664
			38.554	48.193	57.831	48.193	77.109
			296.077	439.397	575.835	484.716	755.773
					113.533	62.332	120.211
					168.490	92.504	178.401
					857.858	639.552	1.054.385

Tab. 140: Fallkosten „St. Martin" [€] (gerundet).

	Haus „Love"	Haus „Grove"	Haus „Cheer"
Gemeinkosten	857.858	639.552	1.054.385
Einzelkosten: Taschengeld	13.500	8.200	17.300
Einzelkosten: Sonst.	18.000	22.000	19.000
Summe:	889.358	669.752	1.090.685
Durchschnittliche Belegung	10,2	5,6	10,8
Kosten pro Jugendlichen	87.192	119.599	100.989

Die Aussagekraft dieser Statistik ist relativ begrenzt. Die Gemeinkosten sind extrem hoch, sodass ein großer Teil der Kosten nicht verursachergerecht zugeordnet werden kann. Vielmehr fallen die meisten Kosten unabhängig davon an, ob nun ein Jugendlicher aufgenommen wird oder nicht. Eine genauere Analyse müsste zwischen fixen und variablen Kosten trennen, wobei beispielsweise ein Teil der Wäscherei und Heizungskosten variabel ist, obwohl sie Gemeinkosten sind. Die Tatsache, dass im Haus Grove besonders hohe Kosten anfallen, ist ein Hinweis auf Ineffizienzen, jedoch kein Beweis.

Fallstudie zur Kostenträgerrechnung

Aufgabenstellung

Die „Peter Bauch GmbH" bearbeitet zwei Geschäftsfelder: Einerseits verkauft sie Rollstühle, andererseits führt sie Schulungen zum richtigen Umgang mit dem Equipment durch. Im Jahr 2021 kaufte die GmbH 2000 Rollstühle für einen Listenpreis von 2500 €. Tab. 141 zeigt den Betriebsabrechnungsbogen für das Jahr 2021.

Tab. 141: BAB von „Peter Bauch" [€] (gerundet).

	Heizung	Verwaltung	Verkauf	Training
Personalkosten	0	130.000	250.000	120.000
Materialgemeinkosten	50.000	20.000	–	25.000
Abschreibungen	100.000	50.000	50.000	25.000
Summe primäre Kosten	150.000	200.000	300.000	170.000
Leistungsverrechnung	−150.000	50.000	80.000	20.000
		−250.000	150.000	100.000
Gesamtgemeinkosten			530.000	290.000
Einzelkosten			1.300.000	50.000

Aufgaben:

1. Berechnen Sie die Zuschlagssätze.
2. Für eine Lieferung von 30 Stück erhält er 5 % Treuerabatt. Da er schnell bezahlt, wird ihm noch 2 % Skonto eingeräumt. Die Transportkosten betragen 8000 €. Für wie viel muss er jeden Stuhl verkaufen, damit er keinen Verlust macht?
3. Worin sehen Sie die Probleme dieser Vorgehensweise?
4. Eignet sich die Zuschlagskalkulation auch für die Trainingsabteilung?

Lösung

Ad 1: Zuschlagssätze. Peter Bauch hat zwei Endkostenstellen, „Verkauf" und „Training". Im „Verkauf" hat er Gemeinkosten von 530.000 € und Einzelkosten von 1.300.000 €. Damit ergibt sich ein Zuschlagssatz in Höhe von 530.000/1.300.000 = 40,77 %. Dies bedeutet, dass er auf jeden Euro Einkaufspreis noch einmal ungefähr 41 Cent draufschlagen muss, um seine Selbstkosten zu decken.

In der Trainingsabteilung hat er Gemeinkosten von 290.000 € und Einzelkosten von 50.000 €. Damit ergibt sich ein Zuschlagssatz von 290.000/50.000 = 580 %. Er muss folglich für jeden Euro Einzelkosten, den er für das Training ausgibt, noch einmal 5,80 € draufrechnen, um seine Selbstkosten zu decken.

Ad 2: Kalkulation. Tab. 142 zeigt die Kalkulation von Peter Bauch. Von dem Listenpreis von 2500 € pro Stück (mal 30 Stück) wird der Rabatt abgezogen. Anschließend der Skonto. Die Differenz ergibt den Einkaufspreis. Unter Berücksichtigung der Transportkosten ergibt sich ein Einstandspreis von 77.825 €. Hinzu kommt der Gemeinkostenzuschlag von 40,77 €, sodass die Rollstühle für mindestens 109.554 € gesamt bzw. 3651,81 € pro Stück verkauft werden müssen, damit er einen Verlust vermeidet.

Tab. 142: Kalkulation Rollstuhl von „Peter Bauch" [€].

Listenpreis	**30 Stück · 2.500 €/Stück**	**75.000**
– 5 % Rabatt	5 % von 75.000	3.750
= Rabattpreis		71.250
– Skonto	2 % von 71.250	1.425
= Einkaufspreis		69.825
+ Transportkosten		8.000
=Einstandspreis		77.825
+ Gemeinkostenzuschlag	40,77 % von 77.825	31.729
=Selbstkostenpreis		109.554
Selbstkostenpreis pro Stück	109.554/30	3651,81

Ad 3: Problematik. Peter Bauch schlägt auf jeden Rollstuhl einen Satz auf, der seine Gemeinkosten deckt. Der Satz wurde aus den Gemeinkosten gemäß Betriebsabrechnungsbogen ermittelt. Problematisch dabei ist, dass die Schlüsselung relativ willkürlich ist. Außerdem handelt es sich um Vergangenheitswerte, d. h., der Zuschlagssatz bezieht sich auf den Umsatz des letzten Jahres. Falls Bauch weniger Rollstühle verkauft, kann er seine Gemeinkosten nicht decken, falls er mehr verkauft, hätte ein geringerer Zuschlagssatz genügt. Folglich ist diese Zuschlagskalkulation nur im Falle eines Monopols zur ungefähren Ermittlung des Preises sinnvoll. Eine wirkliche Entscheidungsgrundlage in der Konkurrenzsituation stellt sie nicht dar.

Ad 4: Trainingsabteilung. Ein Zuschlagssatz von 580 % ist unsinnig, da die kleinste Veränderung der Einzelkosten große Veränderungen der Gesamtkosten implizieren würde. Realistischer wäre hier eine retrograde Kalkulation ausgehend vom Marktpreis. Beispielsweise könnte Peter Bauch mit Hilfe einer Kundenbefragung ermitteln, dass die Kunden bereit sind, bis zu 500 € für eine ausreichende Schulung (z. B. Mobilität in der Stadt) zu zahlen. Auf dieser Grundlage könnte er ermitteln, wie viele Rollstühle er absetzen müsste bzw. wie viele Beratungen er hierfür leisten müsste, um seine hohen Gemeinkosten in diesem Bereich zu decken.

Fallstudie zur Problematik der Vollkostenrechnung

Aufgabenstellung

Das Altenheim für pensionierte Jäger „Hubertusruh" nimmt Bewohner der Pflegegrade 2 und 3 auf. Im Jahr 2012 wohnten dort durchschnittlich 21 Pensionäre in Grad 2 und 15 in Grad 3. Tab. 143 zeigt den Betriebsabrechnungsbogen für 2021.

Tab. 143: BAB von Hubertusruh [€].

	Heizung	Verwaltung	Küche	Grad 2	Grad 3
Personalkosten		50.000	80.000	250.000	120.000
Materialgemeinkosten	40.000	5.000	25.000	–	25.000
Abschreibungen	60.000	30.000	40.000	50.000	25.000
Primäre Kosten	100.000	85.000	145.000	300.000	170.000
Leistungsverrechnung		10.000	20.000	40.000	30.000
			10.000	45.000	40.000
				100.000	75.000
Kostenträgergemeinkosten				485.000	315.000
Kostenträgereinzelkosten				200.000	250.000
Selbstkosten				685.000	565.000
Erlöse				630.000	594.000
Gewinn/Verlust				–55.000	29.000

Aufgaben:

1. Der leitende Oberförster entscheidet sich dafür, die Zimmer für Pflegegrad 2 in Zukunft teurer (3000 € pro Monat) anzubieten, damit er keinen Verlust mehr in diesem Bereich macht. Das führt jedoch dazu, dass freiwerdende Zimmer nicht mehr besetzt werden können, da das Heim im Vergleich zum Konkurrenzheim „Hasenglück" zu teuer ist. So muss er erleben, dass im folgenden Jahr nur noch 15 Zimmer besetzt sind. War die Vollkostenrechnung ein guter Ratgeber für ihn?
2. Der Oberförster entscheidet sich, die verlustbringende Sparte komplett zu schließen. Berechnen Sie einen neuen Betriebsabrechnungsbogen für diesen Fall. Wie verändern sich die Kosten pro Fall und Monat?
3. Schließlich entscheidet sich Hubertusruh, Grad 3 auszubauen, da es gewinnträchtig erscheint. Wie viele zusätzliche Senioren müssen aufgenommen werden, um bei Konzentration auf Pflegegrad 3 aus der Verlustzone zu kommen?

Lösung

Ad 1: Preiserhöhung. Ein erster Blick auf den Betriebsabrechnungsbogen lässt vermuten, dass eine Erhöhung der monatlichen Gebühr von 2500 € (630.000 /(21 Bewohner · 12 Monate)) auf 3000 € zusätzliche Erträge implizieren würde, die die Stufe I in die Gewinnzone bringen würden. Tatsächlich dürfte dies allerdings nicht zutreffen. Der Betriebsabrechnungsbogen ist ein typisches Instrument der Vollkostenrechnung, die nicht zwischen fixen und variablen bzw. Gemein- und Einzelkosten unterscheidet. Damit kann eine Änderung des quantitativen Umsatzes, der sich bei preiselastischer Nachfrage stets bei einer Erhöhung des Angebotspreises ergibt, nicht berücksichtigt werden. Sinnvoller wäre es zu fragen, bei welchem Absatz (und welchem Preis) ein Break-Even erreicht werden könnte. Eine rudimentäre Änderung des BAB zeigt Tab. 144.

Tab. 144: BAB von Hubertusruh nach Preisänderung, konstante variable Kosten [€].

	Heizung	Verwaltung	Küche	Grad 2	Grad 3
Personalkosten		50.000	80.000	250.000	120.000
Materialgemeinkosten	40.000	5.000	25.000	–	25.000
Abschreibungen	60.000	30.000	40.000	50.000	25.000
Primäre Kosten	100.000	85.000	145.000	300.000	170.000
Leistungsverrechnung		10.000	20.000	40.000	30.000
			10.000	45.000	40.000
				100.000	75.000
Kostenträgergemeinkosten				485.000	315.000
Kostenträgereinzelkosten				200.000	250.000
Selbstkosten				685.000	565.000
Erlöse				540.000	594.000
Gewinn/Verlust				−145.000	29.000

Tatsächlich ist anzunehmen, dass zumindest die Kostenträgereinzelkosten sich proportional zur Bewohnerzahl verändert, d. h., die variablen Kosten für Grad 2 betragen 15 · 200.000/21 €. Damit ergibt sich Tab. 145. Allerdings ist auch hier zu sehen, dass die Preiserhöhung den Verlust nur noch vergrößert hat.

Ad 2: Schließung. Ein neuer Betriebsabrechnungsbogen ist in diesem Einproduktfall sehr einfach. Man muss ohne weitere Angaben davon ausgehen, dass die Gemeinkosten von Heizung, Küche und Verwaltung sich nicht (oder nur vernachlässigbar) verändern. Damit können sie direkt dem Grad 3 zugeschrieben werden. Weiterhin gehen wir davon aus, dass die Personalkosten für Grad 2 ersatzlos gestrichen werden können – eine Annahme, die nicht immer kurzfristig den tariflichen Regelungen entspricht. Tab. 146 zeigt das Ergebnis.

Tab. 145: BAB von Hubertusruh nach Preisänderung, angepasste variable Kosten[€].

	Heizung	Verwaltung	Küche	Grad 2	Grad 3
Personalkosten		50.000	80.000	250.000	120.000
Materialgemeinkosten	40.000	5.000	25.000	–	25.000
Abschreibungen	60.000	30.000	40.000	50.000	25.000
Primäre Kosten	100.000	85.000	145.000	300.000	170.000
Leistungsverrechnung		10.000	20.000	40.000	30.000
			10.000	45.000	40.000
				100.000	75.000
Kostenträgergemeinkosten				485.000	315.000
Kostenträgereinzelkosten				142.857	250.000
Selbstkosten				627.857	565.000
Erlöse				540.000	594.000
Gewinn/Verlust				−87.857	29.000

Der vorliegende Verlust beinhaltet 50.000 € Abschreibungen, die für die Räumlichkeiten von Pflegegrad 2 anfallen. Diese müssen auch nach Schließung der Abteilung getragen werden. Langfristig kann das Haus natürlich weitere Anpassungen vornehmen, z. B. Personal der Küche entlassen, da weniger Essen benötigt wird. Ein Betriebsabrechnungsbogen ist allerdings kaum in der Lage, alle nötigen Ergänzungen zu berücksichtigen. Er ist ein sehr unflexibles Instrument.

Ad 3: Break-Even-Analyse. Derzeit wohnen 15 pensionierte Jäger in Grad 3. Ihre Einzelkosten betragen 250.000 €, die entsprechenden Erlöse 594.000 €. Damit liegen die Einzelkosten und Erlöse pro Person bei 16.667 € bzw. 39.600 €. Die Fixkosten betragen 550.000 €. Gefragt ist folglich, wie viele Jäger in der Einrichtung wohnen müssen, damit die Fixkosten gedeckt sind. Dies ist eine typische Anwendung einer Break-Even-Analyse.

In diesem einfachen Fall bleiben nach Abzug der Einzelkosten pro Person Erlöse in Höhe von 22.933 € übrig, um die Fixkosten zu decken. Damit müssen mindestens 550.000/22.933 bzw. 24 pensionierte Jäger in Grad 3 aufgenommen werden, um einen Verlust zu vermeiden. Ob es möglich ist, neun weitere Bewohner zu gewinnen, muss das Management prüfen. Darüber hinaus berücksichtigt dieser Ansatz die Abschreibungen der Station des Pflegegrads 2 sowie das notwendige Personal. Es bleibt zu prüfen, ob Patienten des Pflegegrads 3 in Zimmern des Pflegegrads 2 untergebracht werden können. Das Personal stellt häufig eine Art „Zwischenkosten" zwischen fixen und variablen Anteilen dar. Kurzfristig handelt es sich um Fixkosten, mittelfristig um variable Kosten. Da Personal nicht beliebig teilbar ist, handelt es sich auch um stufenfixe Kosten. Dies zwingt das Management, zwischen einer kurzfristigen und einer langfristigen Perspektive zu unterscheiden.

Tab. 146: BAB von Hubertusruh nach Schließung von Grad 2 [€].

	Heizung	Verwaltung	Küche	Grad 2	Grad 3
Personalkosten		50.000	80.000		120.000
Materialgemeinkosten	40.000	5.000	25.000		25.000
Abschreibungen	60.000	30.000	40.000	50.000	25.000
Primäre Kosten	100.000	85.000	145.000	50.000	170.000
Leistungsverrechnung					380.000
Kostenträgergemeinkosten					550.000
Kostenträgereinzelkosten					250.000
Selbstkosten					800.000
Erlöse:					594.000
Gewinn/Verlust					−206.000

Fallstudie zur Prozesskostenrechnung

Aufgabenstellung

Das „Innovatio-Krankenhaus" hat unter Maßgabe des G-DRG-Systems eine Prozess-kostenübersicht für eine bestimmte DRG erstellt (vgl. Tab. 147). Zusätzlich ist aus dem Controlling bekannt, dass der Erlös dieser DRG 2765,99 € je Fall beträgt.

Tab. 147: Prozesskostenübersicht Innovatio-Krankenhaus [€].

Hauptprozesse	Diagnose	Anästhesie	OP	Pflege	Visite
Personalkosten					
Ärztlicher Dienst					
Oberarzt	53,21	123,21	76,14	–	74,50
Assistenzarzt	29,13	–	65,84	–	20,39
lmn	14,22	18,85	25,07	–	15,34
Pflegedienst				305,67	
lmn				0,38	
Funktionsdienst	10,77	56,54	147,72	–	–
Sachkosten					
Arzneimittel	0,10	34,13	99,40	42,98	–
Übriger medizinischer Bedarf	6,59	35,88	79,04	24,85	–
Implantate/Transplantate	–	–	15,50		

Tab. 147 (fortgesetzt)

Hauptprozesse	Diagnose	Anästhesie	OP	Pflege	Visite
Infrastrukturkosten					
Medizinische Infrastruktur	–	9,73	28,58	38,31	–
Nichtmedizinische Infrastruktur	5,60	113,22	361,57	203,76	–

Aufgabe:
Ermitteln Sie für das Krankenhaus aus den vorliegenden Daten einen Deckungsbeitrag. Kritisieren Sie das von Ihnen gewählte Verfahren.

Lösung
Die vorliegende Fallstudie weicht von der Standardliteratur ab, weil hier Methoden und Terminologie der Prozesskostenrechnung mit der Deckungsbeitragsrechnung kombiniert werden. Ein Kostenrechner hat die Prozesskosten ermittelt, wobei obige Tabelle teilweise Prozesseinzelkosten (z. B. Zeiten für die Diagnostik eines Patienten), teilweise aber auch Prozessgemeinkosten (z. B. leistungsmengen-neutrale Personalkosten) enthält. Die Sachkosten dürften überwiegend leistungsmengen-induziert sein, während die Infrastrukturkosten klassische Fixkosten darstellen, die auf den einzelnen Fall aufgeteilt wurden. Damit ergibt sich Tab. 148.

Tab. 148: Vollkostenanalyse Innovatio-Krankenhaus [€].

	Diagnose	Anästhesie	OP	Pflege	Visite	Summe
Personal	107,33	198,60	314,77	306,05	110,23	
Sachkosten	6,69	70,01	193,94	67,83		
Infrastruktur	5,60	122,95	390,15	242,07		
Gesamt	119,62	391,56	898,86	615,95	110,23	2.136,22

Der Diagnoseprozess kostet folglich 119,62 € pro Patient, der Anästhesieprozess 391,56 €, der OP-Prozess 989,86 €, die Pflege 615,95 € und die Visite 110,23 €. Allerdings gelten hier die Anmerkungen, die zur Vollkostenrechnung im Allgemeinen gemacht wurden. Insbesondere kann keine Aussage darüber getroffen werden, wie sich die Kosten entwickeln, wenn zusätzliche Patienten mit dieser DRG aufgenommen werden. Deshalb ist es durchaus sinnvoll, eine Deckungsbeitragsrechnung durchzuführen. Allerdings muss hier beachtet werden, dass strikt zwischen Kosten, die der Kostentreiber direkt beeinflusst, und Kosten, die er nicht beeinflussen kann, unterschieden werden muss.

Tab. 147 stellt die Kosten dar, die für die Behandlung eines Patienten der DRG aufgewendet werden müssen. Beispielsweise fallen für die Diagnose 53,21 € Kosten für den Oberarzt und 29,13 € für den Assistenzarzt an. Diese Kosten sind leistungs-mengen-induziert, d. h., die Gesamtkosten steigen proportional zu den Fallzahlen. Da für die Diagnose eines jeden Patienten diese Arbeitszeit und damit -kosten auf-gewendet werden müssen, ist die Fallzahl der Kostentreiber. Es fallen allerdings auch leistungsmengen-neutrale Kosten an, beispielsweise für die ärztliche Leitung. Sie sind unabhängig von der Fallzahl oder von einem anderen Kostentreiber und können deshalb nur pauschal zugewiesen werden.

Folglich müssen von dem Entgelt die leistungsmengen-induzierten Kosten ab-gezogen werden, um einen ersten Deckungsbeitrag zu erhalten. Dies sind die leis-tungsmengen-induzierten Personalkosten sowie die Sachkosten. Nun erfolgt für die weitere Analyse ein „Kunstgriff", der nur bedingt empfehlenswert ist, jedoch in vie-len Krankenhäusern so durchgeführt wird, um Prozess- und Teilkostenrechnung zu vereinigen. Es werden die leistungsmengenneutralen Kosten (Personal und Infra-struktur), die für jeweils einen Patienten anfallen, abgezogen, um weitere De-ckungsbeiträge zu errechnen. Dies ist eigentlich falsch, denn ab diesem Schritt handelt es sich nicht mehr um eine Teilkostenrechnung. Tab. 149 zeigt folglich eine Hybridlösung, die nur mit Vorsicht interpretiert werden kann.

Tab. 149: Teilkostenanalyse Innovatio-Krankenhaus [€].

Entgelt	2.765,99
Personaleinzelkosten	963,12
Variable Sachkosten	338,47
= Deckungsbeitrag I	1.464,40
Leistungsmengenneutrale Personalkosten	73,86
= Deckungsbeitrag II	1.390,54
Infrastruktur	760,77
= Deckungsbeitrag III	629,77

Fallstudie zur DRG-Kalkulation

Aufgabenstellung
Sie sind Geschäftsführer des „Quick & Clean Hospitals". Tab. 150 zeigt die soge-nannte „InEK-Matrix" für die DRG E77C.[89] Der Darstellung liegt eine Baserate von 3500 € zu Grunde.

---

89 Hinweis: Zur Vereinfachung wird hier ein Fallbeispiel für das G-DRG-System verwendet, d. h., die Effekte der Ausgliederung der Pflegekosten werden explizit vernachlässigt.

Tab. 150: Matrix der durchschnittlichen Kosten für die DRG E77C [€].

Kostenbereich	Personalkosten:			Sachkosten:			Pers.- u. Sachkosten:				Summe
	Ärztl. Dienst	Pflegedienst	med./techn. Dienst	Arzneimittel	Implantate / Transplantate	Übriger med. Bedarf	med. Infrastruktur		nicht med. Infrastruktur		
	1	2	3	4a	4b	5	6a	6b	7	8	
01. Normalstation	280,60	694,20	61,90	65,90	4,40	0,00	55,00	5,70	105,90	336,50	1.610,00
02. Intensivstation	7,20	18,10	1,00	2,50	0,10	0,00	2,50	0,10	1,70	5,70	38,80
04. OP-Bereich	0,20	0,00	0,20	0,00	0,00	0,00	0,20	0,00	0,10	0,10	0,80
05. Anästhesie	0,40	0,00	0,30	0,00	0,00	0,00	0,10	0,00	0,00	0,10	0,90
07. Kardiologische Diagnostik/Therapie	1,50	0,00	1,60	0,10	0,00	0,00	0,70	0,10	0,30	0,70	5,00
08. Endoskopische Diagnostik/Therapie	5,40	0,00	5,70	0,30	0,00	0,10	2,10	0,10	1,70	2,30	17,70
09. Radiologie	16,80	0,00	25,90	0,40	0,00	0,30	11,20	2,40	9,40	11,70	78,20
10. Laboratorien	7,80	0,00	51,70	3,40	1,50	0,00	37,60	5,50	4,60	14,80	127,00
11. Übrige diagnostische und therapeutische Bereiche	26,70	1,70	52,40	0,80	0,10	0,00	5,70	0,90	6,20	18,50	112,90
Summe:	346,60	714,10	200,60	73,40	6,10	0,40	115,10	14,80	129,90	390,40	1.991,30

Auf Basis von umfangreichen Zeitmessstudien, einer Analyse ihrer eigenen Materialdokumentation sowie von Daten des Rechnungswesens haben sie die Werte ihres Krankenhauses erhalten (vgl. Tab. 151).

Tab. 151: Datenbasis „Quick & Clean Hospital".

	Normalstation	Intensivstation	Kostenansatz
Ärztlicher Dienst	470 Minuten pro Patient	18 Minuten pro Patient	0,61 € pro Arztminute
Pflegedienst	2.600 Minuten pro Patient	57 Minuten pro Patient	0,35 € pro Pflegeminute
Arzneimittel	70 € pro Patient	7 € pro Patient	
Verrechnungspreis Radiologie			45 € pro Patient

Aufgabe: Ermitteln Sie ihre Fallkosten, indem Sie alle fehlenden Werte mit den InEK-Werten ersetzen. Berücksichtigen Sie hierbei, dass in Ihrem Bundesland eine Baserate von 3200 € besteht. Analysieren Sie eventuelle Abweichungen.

Lösung

Als erster Schritt müssen die Kosten für ärztlichen und Pflegedienst auf der Normal- und Intensivstation ermittelt werden. Sie ergeben sich als Produkt der Zeitverbräuche (z. B. 470 Min. Arztzeit) mit den Kostensätzen (z. B. 0,61 € pro Arztminute). Damit sind die Ist-Kosten des ärztlichen Dienstes 286,70 € auf der Normalstation und 10,98 € auf Intensivstation. Für den Pflegedienst betragen die Werte 910,00 € bzw. 19,95 €.

Als nächstes muss die InEK-Matrix auf den landesspezifischen Basisfallwert umgerechnet werden, indem jeder Wert mit 0,914 (= 3200/3500) multipliziert wird. Die oben berechneten Werte für ärztlichen und Pflegedienst auf der Normal- und Intensivstation sowie die Kosten für Arzneimittel und Radiologie werden entsprechend mit den Ist-Werten ersetzt. Hierbei ist zu beachten, dass abweichend von der InEK-Matrix hier keine Kostenarten der Radiologie vorliegen, sondern nur Verrechnungspreise. Damit ergibt sich die Matrix gemäß Tab. 152.

Damit ergeben sich Selbstkosten in Höhe von 2121,96 €. Problematisch ist hierbei, dass eine Kostenzuordnung nach vergleichsweise pauschalen Schlüsseln erfolgt und die Fixkosten proportionalisiert werden. Nach Berücksichtigung der niedrigeren Baserate bekommt das Krankenhaus einen Erlös in Höhe von 2108,16 €, d. h., es kann seine Kosten nicht decken. Problematisch erscheinen die deutlich höheren Pflegekosten. Es muss weiter analysiert werden, ob die Kosten pro Pflegeminute außergewöhnlich hoch sind oder ob die Pflegekräfte besonders viel Zeit in die Pflege investieren. Aus der Zeitmessstudie müsste hervorgehen, welche Tätigkeiten

Tab. 152: Matrix der durchschnittlichen Kosten für die DRG E77C [€].

Kostenbereich	Personalkosten			Sachkosten			Pers.- u. Sachkosten				Summe
	Ärztl. Dienst	Pflegedienst	med./techn. Dienst	Arzneimittel	Implantate/Transplantate	Übriger med. Bedarf	med. Infrastruktur	med. Infrastruktur	nicht med. Infrastruktur	nicht med. Infrastruktur	
	1	2	3	4a	4b	5	6a	6b	7	8	
01. Normalstation	286,70	910,00	56,59	70,00	4,02	–	50,29	5,21	96,82	307,66	1.787,29
02. Intensivstation	10,98	19,95	0,91	7,00	0,09	–	2,29	0,09	1,55	5,21	48,08
04. OP-Bereich	0,18	–	0,18	–	–	–	0,18	–	0,09	0,09	0,73
05. Anästhesie	0,37	–	0,27	–	–	–	0,09	–	–	0,09	0,82
07. Kardiologische Diagnostik/Therapie	1,37	–	1,46	0,09	–	–	0,64	0,09	0,27	0,64	4,57
08. Endoskopische Diagnostik/Therapie	4,94	–	5,21	0,27	–	0,09	1,92	0,09	1,55	2,10	16,18
09. Radiologie	–	–	–	–	–	45,00	–	–	–	–	45,00
10. Laboratorien	7,13	–	47,27	3,11	1,37	–	34,38	5,03	4,21	13,53	116,02
11. Übrige diagnostische und therapeutische Bereiche	24,41	1,55	47,91	0,73	0,09	–	5,21	0,82	5,67	16,91	103,31
Summe:	336,08	931,5	159,8	81,2	5,57	45,09	95	11,33	110,16	346,23	2.121,96

besonders zeitintensiv sind, d. h., ob direkte Pflege am Patienten, indirekte Pflege (z. B. Dokumentation) oder Transportwege besonders zu Buche schlagen.

Die InEK-Matrix ist ein wichtiges Instrument der Kostenkontrolle auch für Häuser, die keine Kalkulationsdaten an das InEK liefern. Mit ihrer Hilfe können ausgewählte Kostenbestandteile analysiert und mit dem Durchschnitt verglichen werden. Es muss allerdings bedacht werden, dass die InEK-Matrix Schlüsselungen beinhaltet, die nicht immer für jedes Haus sinnvoll sind.

Fallstudie zur internen Budgetierung

Aufgabenstellung
Die Station Innere C hat Leistungsdaten gemäß Tab. 153 und das (vereinfachte) Budget gemäß Tab. 154.

Tab. 153: Leistungsdaten der Inneren C.

	Plan	Ist
Betten	25	25
Fallzahl	1.107	1.200
Verweildauer	7	7,55
Bett-Tage	7.749	9.060
Auslastung	85 %	99 %

Tab. 154: Erträge und Aufwendungen der Inneren C [€].

Aufwand	Plan	Ist
Personal	2.230.117,00	2.310.247,00
Medikamente	129.799,00	188.023,00
Essen	12.340,00	13.380,00
Reinigung	19.544,00	19.544,00
Labor	26.014,50	21.000,00
Radiologie	62.047,35	67.260,00
Krankenhausgemeinkosten	1.394.638,15	1.940.546,00
Gesamtkosten	3.874.500,00	4.560.000,00
Erlöse:	4.084.830,00	4.428.000,00

Aufgabe:
Analysieren Sie Plan und Ist der Aufwendungen und Erlöse dieser Station.

Lösung
Der erste Schritt ist ein Budgetabgleich, d. h. eine systematische Analyse der absoluten und relativen Abweichungen der Aufwendungen und Erträge. Damit ergibt sich Tab. 155.

Tab. 155: Budgetabgleich der Inneren C.

Aufwand	Plan	Ist	Differenz	%
Personal	2.230.117,00	2.310.247,00	80.130,00	4 %
Medikamente	129.799,00	188.023,00	58.224,00	45 %
Essen	12.340,00	13.380,00	1.040,00	8 %
Reinigung	19.544,00	19.544,00	0,00	0 %
Labor	26.014,50	21.000,00	−5.014,50	−19 %
Radiologie	62.047,35	67.260,00	5.212,65	8 %
Krankenhausgemeinkosten	1.394.638,15	1.940.546,00	545.907,85	39 %
Gesamtkosten	3.874.500,00	4.560.000,00	685.500,00	18 %
Erlöse:	4.084.830,00	4.428.000,00	343.170,00	8 %
Überschuss:	210.331,00	−132.000,00	−342.330,00	

Zuerst fällt der absolute Kostenzuwachs im Bereich Personal auf (80.130 €), wobei im Vergleich zum Budget der Zuwachs mit nur 4 % vergleichsweise moderat ist. Die Medikamente hingegen sind mit 45 % extrem stark angestiegen. Laborleistungen wurden weniger nachgefragt und per interner Leistungsverrechnung in Rechnung gestellt (−19 %). Der größte Unterschied besteht bei den zugerechneten Krankenhausgemeinkosten – also dem Bereich, auf den die Stationsleitung keinen Einfluss hat.

Der Anstieg der Erlöse mit 8 % ist erfreulich, kann jedoch das negative Gesamtergebnis nicht wettmachen. Insgesamt weicht das Stationsergebnis um 342.331 € vom erwarteten Überschuss ab.

Diese globale Aussage ist wenig hilfreich, wenn man eine Ursachenanalyse betreiben möchte. Hierzu ist es zuerst nötig, Mengen- und Preiskomponenten zu trennen. Diesbezüglich ist es hilfreich, eine Fallkostenanalyse durchzuführen. Tab. 156 berechnet Erträge und Auswendungen pro Fall.

Zuerst fällt auf, dass die Personalkosten pro Fall gesunken sind, während die Ausgaben für Essen und Radiologie (sowie annähernd für die Reinigungskosten und die Laborkosten) konstant geblieben sind. Dies ist ein deutlicher Hinweis, dass diese Kostenarten variabel sind, während absoluten Personalkosten konstant sind

Tab. 156: Fallerträge und -aufwendungen der Inneren C.

Aufwand	Plan [€]	Ist [€]	Differenz [€]	%
Personal	2.014,56	1.925,21	−89,35	−4 %
Medikamente	117,25	156,69	39,43	34 %
Essen	11,15	11,15	0,00	0 %
Reinigung	17,65	16,29	−1,37	−8 %
Labor	23,50	17,50	−6,00	−26 %
Radiologie	56,05	56,05	0,00	0 %
Krankenhausgemeinkosten	1.259,84	1.617,12	357,29	28 %
Gesamtkosten	3.500,00	3.800,00	300,00	9 %
Erlöse:	3.690,00	3.690,00	0,00	0 %
Überschuss:	190,00	−110,00	−300,00	

und somit bei zunehmender Auslastung (1200 statt 1107 Fälle) fix sind. Problematisch erscheint der starke Anstieg der Medikamentenkosten pro Patient. Damit ist deutlich, dass der hohe Kostenstieg bei den Medikamenten nur zu einem geringen Teil der höheren Fallzahl zugewiesen werden kann. Katastrophal wirken sich die höheren Gemeinkosten aus, die für das Defizit verantwortlich sind. Ohne diesen Kostenzuwachs hätte die Abteilung ihr Ziel erreicht.

Neben der Analyse pro Fall könnte man auch eine Analyse pro Betttag erstellen. Es zeigt sich, dass die Verweildauererhöhung kaum Auswirkungen auf Kosten hat. Sogar die Nahrungsmittelkosten bleiben konstant – eine Tatsache, die weiter untersucht werden müsste. Das zentrale Problem bleibt aber auch in diesem Fall die hohe Zuweisung der Gemeinkosten durch die Krankenhausleitung. Da die Stationsleistung diese nicht beeinflussen kann, muss dies in einem gemeinsamen Treffen adressiert werden.

Fallstudie zum Medizincontrolling

Aufgabenstellung

Der neue kaufmännische Direktor des „Commercio-Krankenhauses" hat bislang sehr erfolgreich ein Sägewerk geführt. Nach Dienstantritt möchte er die wirtschaftliche Situation seines Krankenhauses überblicken. Der Pflegedirektor legt ihm zwei Ordner mit unterschiedlichen Statistiken auf den Schreibtisch, die ihn fast erschlagen. Daraufhin bittet er ihn, ihm in Form eines Baumes einen schnellen und präzisen Überblick über die Rentabilität seines Hauses sowie die Einflussfaktoren zu geben. Als Hinweis hat er die Informationen angekreuzt, die für ihn relevant erscheinen (vgl. Tab. 157).

Tab. 157: Kennzahlen von „Commercio" [€].

	2020	**2021**
Personalkosten	32.125.687	34.587.920
Materialkosten	3.125.458	2.945.875
Fixkosten (Abschreibungen)	4.325.658	3.617.823
Sonstiges Kosten	3.125.125	3.456.125
Fallzahl	11.406	12.167
Case Mix	11.977	13.992
Base Rate	3.200	3.350
Day Outliers	327	121
Verlegungen	452	353
Wiederaufnahmen	157	86
Zusatzentgelte	2.587.845	2.487.895
NUBs	1.500.450	1.845.231
Sonstige Entgelte	450.000	520.000
Kapital	137.500.000	115.000.000
Bettenzahl	250	250

Aufgabe:
Entwickeln Sie einen Rentabilitäts-Baum für das Commercio-Krankenhaus für 2021. Vergleichen Sie die Daten von 2020 und 2021.

Lösung
Die Rentabilität berechnet sich als das Verhältnis des Gewinns zum eingesetzten Kapital. Gewinnorientierte Einrichtungen (und solch eine scheint das „Commercio-Krankenhaus" zu sein!) erstreben in der Regel eine Maximierung der Rentabilität. Die ausschließliche Fokussierung des Gewinns wäre zu kurz gegriffen, da dieser Wert immer ins Verhältnis zum Kapital, für das der Gewinn anfällt, gesetzt werden muss. Die Rentabilität ist ein Maß der Effizienz für gewinnorientierte Einrichtungen, da Input (Kapital) und Output (Gewinn) verglichen werden. Einige kommerzielle Unternehmen erstreben nur eine Mindestverzinsung ihres Kapitals. Auch sie müssen jedoch die Rentabilität berechnen können. Nonprofit-Organisationen sind ebenfalls darauf angewiesen, ihre Rentabilität im Auge zu behalten, da sie zumindest ihre Substanz nicht verlieren dürfen. Deshalb ist ein einfaches und eindeutiges Überwachungsinstrument der Rentabilität wichtig für die Unternehmensführung.

Die Kenngrößen der Rentabilität können weiter aufgegliedert werden. So ergibt sich das Kapital als Summe von Eigen- und Fremdkapital, während der Gewinn die Differenz aus Erlösen und Kosten ist. Die Erlöse eines Krankenhauses wiederum bestehen aus unterschiedlichen Parametern, die jeweils eine Mengen- und eine Kostenkomponente haben, wie z. B. das DRG-Budget, Zusatzentgelte, neue Untersuchungs- und Behandlungsmethoden sowie weitere Entgelte. Neben den Preisen (z. B. Base Rate) spielt vor allem die Menge eine entscheidende Rolle. Diese Daten müssen dem kaufmännischen Direktor regelmäßig vorgelegt werden, wobei er sie eben als Element des ROI-Treiberbaums sehen muss – nicht als Zahlenfriedhöfe. Hierzu gehören die Fallzahl, Fallschwere, Outliers, Verlegungen, Wiederaufnahmen, Verweildauern etc. für jede Abteilung und das Krankenhaus insgesamt.

Damit ergibt sich für 2021 der ROI-Treiberbaum gemäß Abb. 186.

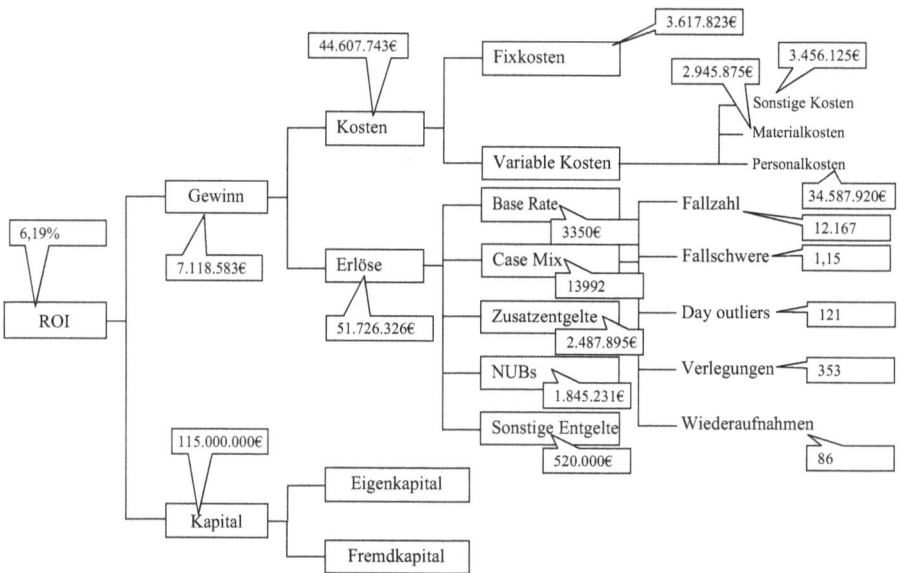

Abb. 186: ROI-Treiberbaum des Commercio-Krankenhauses für das Jahr 2021.

Das gute Ergebnis von 2021 stellt eine erhebliche Verbesserung gegenüber dem Ergebnis von 2020 dar (vgl. Tab. 158). Dies liegt primär nicht an der erhöhten Baserate, sondern an der kürzeren Verweildauer und dem höheren Case-Mix-Index. Auch die Zahl der Day Outliers, Verlegungen und Wiederaufnahmen, die in der Regel zu nicht kostendeckenden Fällen führen, wurde vermindert. Dementsprechende gingen die Fallkosten erheblich zurück und die Erlöse pro Bett stiegen an (vgl. Tab. 159).

Ein wenig Vorsicht ist bei der Interpretation der Abschreibungen bzw. des Kapitals geboten. Es scheint so, dass das Commercio Krankenhaus im letzten Jahr keine

Tab. 158: Entwicklung 2020–2021 von Commercio-Krankenhaus.

	2020 [€]	2021 [€]	Differenz [€]	Relativ
Personalkosten	32.125.687	34.587.920	2.462.233	7,66 %
Materialkosten	3.125.458	2.945.875	−179.583	−5,75 %
Fixkosten (Abschr.)	4.325.658	3.617.823	−707.835	−16,36 %
Sonstiges Kosten	3.125.125	3.456.125	331.000	10,59 %
Fallzahl	11.406	12.167	760	6,67 %
Case Mix	11.977	13.992	2.015	16,83 %
Base Rate	3.200	3.350	150	4,69 %
Day Outliers	327	121	−206	−63 %
Verlegungen	452	353	−99	−21,90 %
Wiederaufnahmen	157	86	−71	−45,22 %
Zusatzentgelte	2.587.845	2.487.895	−99.950	−3,86 %
NUBs	1.500.450	1.845.231	344.781	22,98 %
Sonstige Entgelte	450.000	520.000	70.000	15,56 %
Kapital	137.500.000	115.000.000	−22.500.000	−16,36 %
Bettenzahl	250	250	–	0 %

Tab. 159: Analyse der Entwicklung von Commercio-Krankenhaus.

	2020	2021
Fallschwere	1,05	1,15
Umsatz	42.864.695	51.726.326
Kosten	42.701.928	44.607.743
Gewinn	162.767	7.118.583
Abschreibung/Kapital	3,15 %	3,15 %
Kapital pro Bett	550.000	460.000,00
Erlöse pro Bett	171.458.78	206.905,30
Fallkosten	3.743,81	3.666,29
Kosten pro Case-Mix-Punkt	3.565,33	3.188,09

neuen Investitionen getätigt hat. Es muss analysieren, ob eine kurzfristige Rentabilitätsmaximierung langfristig die Substanz gefährdet. Derzeit scheint dies jedoch bei weitem noch nicht der Fall zu sein.

Fallstudie zur Kostenträgerrechnung

Aufgabenstellung

Tab. 160 zeigt die Kosten der Operationsabteilung eines Krankenhauses. Ein Teil der Mitarbeiter arbeitet auch in anderen Abteilungen, z. B. auf der Intensivmedizin. Die Spalte „Bruttopersonalkosten gemäß Lohnbuchhaltung" gibt die Jahreskosten des Mitarbeiters an, nicht die Kosten der Zeit in der Operationsabteilung.

Aus den Aufzeichnungen ist bekannt, dass die Vor- und Nachbereitung (=Rüstzeit) pro Patient annähernd dieselbe Zeit in Anspruch nehmen (im Durchschnitt 60 Minuten), während die Anästhesiologie- und die Schnitt-Naht-Zeit sich erheblich unterscheiden. Insgesamt wurden im letzten Jahr für 620 Operationen eine Anästhesiologiezeit von 96.000 Minuten und eine Schnitt-Naht-Zeit von 80.000 Minuten geleistet. Aufzeichnungen über die Benutzung der Verbrauchsmaterialien liegen nicht vor. Die OP-Leitung geht allerdings davon aus, dass die Kosten proportional zur Schnitt-Naht-Zeit sind.

Tab. 160: Kosten einer Operationsabteilung.

	Anteilig tätig in der Operationsabteilung gemäß Arbeitsvertrag	Bruttopersonalkosten gemäß Lohnbuchhaltung [€]	Kosten gemäß Eingangsrechnung [€]	Kosten gemäß innerbetrieblicher Leistungsverrechnung [€]
OP-Leitung	100 %	40.000		
Anästhesiepfleger A	100 %	35.000		
Anästhesiepfleger B	100 %	30.000		
Anästhesist A	80 %	55.000		
Anästhesist B	40 %	45.000		
Operationspfleger A	100 %	35.000		
Operationspfleger B	100 %	33.000		
Operationspfleger C	50 %	33.000		
Chefarzt Chirurgie	30 %	120.000		
Oberarzt Chirurgie	50 %	55.000		
Assistenzart A	50 %	35.000		

Tab. 160 (fortgesetzt)

	Anteilig tätig in der Operations-abteilung gemäß Arbeitsvertrag	Bruttopersonal-kosten gemäß Lohnbuchhal-tung [€]	Kosten gemäß Eingangsrech-nung [€]	Kosten gemäß innerbetriebli-cher Leistungs-verrechnung [€]
Assistenzarzt B		35.000		
Reinigungskosten			37.000	
Implantate			112.000	
Verbrauchsmaterial			85.000	
Indirekte Kosten				120.000

Aufgabe:

Bestimmen Sie nach einem selbst gewählten Verfahren die Kosten einer Operation, bei der ein Implantat im Wert von 500 verwendet wurde! Die Schnitt-Naht-Zeit betrug 120 Minuten, die Anästhesiologiezeit 160 Minuten.

Lösung

Die Lösung erfolgt in vier Schritten: Berechnung der Personalkosten, der Material-kosten, der Gemeinkosten und der Selbstkosten.

Ad 1: Berechnung der Personalkosten: Um bestimmen zu können, wie hoch die Personalkosten für die beschriebene Operation sind, müssen die Bruttopersonalkosten pro Minute bestimmt werden. Dafür müssen zunächst die Anteile der Bruttopersonalkosten gemäß der Lohnbuchhaltung für die Operationsabteilung berechnet werden. Die entsprechenden Kosten sind Tab. 161 zu entnehmen.

Tab. 161: Anteil der Personalkosten für die Operationsabteilung.

	Bruttopersonalkosten für Operationsabteilung [€]	Bruttopersonalkosten gemäß Lohnbuchhaltung [€]
OP-Leitung	40.000	40.000
Anästhesiepfleger A	35.000	35.000
Anästhesiepfleger B	30.000	30.000
Anästhesist A	44.000	55.000
Anästhesist B	18.000	45.000
Operationspfleger A	35.000	35.000
Operationspfleger B	33.000	33.000

Tab. 161 (fortgesetzt)

	Bruttopersonalkosten für Operationsabteilung [€]	Bruttopersonalkosten gemäß Lohnbuchhaltung [€]
Operationspfleger C	16.500	33.000
Chefarzt Chirurgie	36.000	120.000
Oberarzt Chirurgie	27.500	55.000
Assistenzart A	17.500	35.000
Assistenzarzt B	21.000	35.000

Zur Ermittlung der Personalkosten wird die Annahme getroffen, dass an jeder Operation ein Anästhesiepfleger, ein Anästhesist, zwei Operationspfleger, ein Chef- oder ein Oberarzt und ein Assistenzarzt beteiligt sind. Der Anästhesiepfleger und der Anästhesist sind während der Anästhesiologiezeit tätig, die beiden Operations- pfleger sind während der Schnitt-Naht- sowie Rüstzeit anwesend, während die Ärzte nur während der Schnitt-Naht-Zeit tätig sind.

Die Anästhesiologiezeit und die Schnitt-Naht-Zeit des letzten Jahres sind mit 96.000 Minuten bzw. 80.000 Minuten gegeben. Die Rüstzeit wird mit einem Durch- schnitt von insgesamt 60 Minuten angegeben. Dieser Wert multipliziert mit 620 Op- erationen, die im letzten Jahr durchgeführt wurden, ergibt eine gesamte Rüstzeit von 37.200 Minuten. Die Summe aus Schnitt-Naht-Zeit und Rüstzeit im letzten Jahr lag somit bei 117.200 Minuten. Um die gesamte Zeit des Personaleinsatzes im OP der Berufsgruppe der Operationspfleger zu erhalten, muss dieser Wert verdoppelt wer- den, da immer zwei Operationspfleger während dieser Zeit anwesend waren.

Setzt man nun die geleisteten Einsatzzeiten in Minuten ins Verhältnis zu den jeweiligen Bruttopersonalkosten, so erhält man die Kosten je Minute der jeweiligen Berufsgruppen. Tab. 162 zeigt die entsprechenden Werte im Überblick.

Die Bruttopersonalkosten je Minute müssen nun für die jeweiligen Schlüssel entsprechend der beteiligten Berufsgruppen addiert und mit den entsprechenden Minutenangaben der beschriebenen Operation multipliziert werden. Die sich so er- gebenen Bruttopersonalkosten betragen, wie Tab. 163 zu entnehmen, für die be- schriebene Operation in Summe 430 €.

Abschließend müssen noch die Bruttopersonalkosten der OP-Leitung umgelegt werden. Hierfür kann die Bezugsgröße „Anzahl der Operationen" gewählt werden. Di- vidiert man 40.000 € durch 620 durchgeführte Operationen, erhält man Personalkos- ten für die OP-Leitung pro Operation in Höhe von 64,52 €. In der Summe ergeben sich demnach für die beschriebene Operation Bruttopersonalkosten in Höhe von 494,52 €.

Ad 2: Berechnung der Materialkosten: Die Materialeinzelkosten umfassen alle Mate- rialkosten, die direkt dem Kostenträger zugeordnet werden können. Diese umfassen

Tab. 162: Bruttopersonalkosten, Schlüssel sowie entsprechende Minuten und Einsatzzeiten nach Berufsgruppen.

Berufsgruppe	Bruttopersonalkosten gesamt [€]	Schlüssel (Minuten)	Einsatzzeit je Berufsgruppe für alle Operationen [Min.]	Bruttopersonalkosten je Minute [€]
Anästhesiepfleger	65.000	ANZ[90] (96.000)	96.000	0,68
Anästhesist	62.000	ANZ (96.000)	96.000	0,65
Operationspfleger	84.500	SNZ[91] + RZ[92](117.200)	234.400	0,36
Chef- und Oberarzt	63.500	SNZ (80.000)	80.000	0,79
Assistenzarzt	38.500	SNZ (80.000)	80.000	0,48

Tab. 163: Bruttopersonalkosten für die beschriebene Operation.

Schlüssel	Beteiligte Berufsgruppen	Bruttopersonalkosten je Minute [€]	Minutenwert der beschriebenen Operation [Min.]	Bruttopersonalkosten für die beschriebene Operation [€]
ANZ	Anästhesiepfleger, Anästhesist	1,33	160	212,80
RZ	Operationspfleger	0,36	60	21,60
SNZ	Operationspfleger, Chef- oder Oberarzt, Assistenzarzt	1,63	120	195,60
Summe				430,00

bei der beschriebenen Operation das Implantat im Wert von 500 €. Die Verbrauchsmaterialien hingegen sind als Materialgemeinkosten zu betrachten, da diese nicht direkt zugeordnet werden können, sondern über die Annahme einer Proportionalität mit der Schnitt-Naht-Zeit umgelegt werden. Das Verhältnis von den Kosten für Verbrauchsmaterialien und der Schnitt-Naht-Zeit (85.000 €/80.000 Minuten) und

---

90 Anästhesiologiezeit.
91 Schnitt-Naht-Zeit.
92 Rüstzeit.

somit die Kosten für Verbrauchsmaterialien pro Minute betragen 1,06 €. Die Kosten für Verbrauchsmaterialien je Minute müssen mit der entsprechenden Schnitt-Naht-Zeit von 120 Minuten multipliziert werden. So ergibt sich eine Umlage von 127,20 €. Insgesamt umfassen die Materialkosten für die beschriebene Operation somit 627,20 €.

Ad 3: Berechnung sonstiger Gemeinkosten: Abschließend müssen die sonstigen Gemeinkosten (Reinigungskosten und indirekte Kosten) umgelegt werden. Ein möglicher Schlüssel hierfür stellt wie schon bei den Materialgemeinkosten die Anzahl der Operationen im letzten Kalenderjahr dar. Je Operation sind demnach 59,68 € Reinigungskosten und 193,50 € indirekte Kosten angefallen.

Ad 4: Berechnung der Selbstkosten: Die Selbstkosten der beschriebenen Operation liegen insgesamt bei 1374,95 €. Tab. 164 stellt die Ergebnisse im Überblick dar.

Tab. 164: Kostenübersicht für die beschriebene Operation.

Kostenart	Kosten für beschriebene Operation [€]
Personalkosten	494,52
+ Materialeinzelkosten (Implantat)	500,00
+ Kosten für Verbrauchsmaterialien	127,20
+ Reinigungskosten	59,68
+ indirekte Kosten	193,55
= Selbstkosten	1.374,95

8.6.2 Betriebsstatistik

Krankenhausbetriebsvergleich

Aufgabenstellung
Ein Krankenhausbetriebsvergleich fokussiert (hier) das Verhältnis von Personal und Case-Mix (vgl. Tab. 165).

Aufgaben:
1. Stellen Sie ein geeignetes Effizienzmaß grafisch dar. Zeichnen Sie die Effizienzhüllkurve unter der Annahme linearer und nicht-linearer Skalenerträge.
2. Welche Krankenhäuser sind unter den beiden Annahmen als effizient bzw. ineffizient zu bezeichnen?
3. Welche Krankenhäuser sollte sich Krankenhaus C als Benchmark wählen?

Tab. 165: Krankenhausbetriebsvergleich.

Krankenhaus	Personal	Case-Mix
A	100	2.000
B	120	2.800
C	150	2.800
D	150	3.500
E	200	4.000
F	210	4.500
G	220	4.100
H	250	2.000
I	300	5.000
J	300	5.500
K	310	5.500
L	320	6.000

Lösung

In einem ersten Schritt erfordert die Lösung über eine graphische Darstellung mittels eines geeigneten Effizienzmaßes. Hierzu bietet es sich an, das Grundprinzip der DEA (Data Envelopment Analysis) zu nutzen. Im vorliegenden Fall wäre folglich für jedes Krankenhaus die Relation zwischen Output (Case-Mix) und Input (Personal) zu bilden und diese – basierend auf dem höchsten Ergebniswert – auf „1" zu normieren. Eine Gewichtung einzelner In- und Outputs ist im vorliegenden Fall nicht erforderlich, da jeweils nur ein In- bzw. Output betrachtet wird. Tab. 166 zeigt das Ergebnis.

Bereits aus der Tabelle wird deutlich, dass die Krankenhäuser B und D (unter der Annahme linearer Skalenerträge) die höchste Out-/Inputrelation erreichen. Abb. 187 veranschaulicht die Ergebnisse.

Die Abbildung zeigt die Krankenhäuser A bis L sowie die Effizienzhüllkurven unter der Annahme linearer und nicht-linearer Skalenerträge. Hierbei stellt die Ursprungsgrade durch die Punkte B und D die linearen Skalenerträge dar. In diesem Fall sind die Krankenhäuser B und D als effizient zu bezeichnen. Im Bereich nicht-linearer Skalenerträge ist zwischen sinkenden (bzw. nicht-steigenden) und steigenden (bzw. nicht sinkenden) Skalenerträgen zu unterscheiden. Unter der Annahme sinkender (bzw. nicht-steigender) Skalenerträge sind die Krankenhäuser B, D, F und L effizient. Im Falle steigender (bzw. nicht sinkender) Skalenerträge können die Krankenhäuser A und B als effizient definiert werden. Folglich ist unter allen Annahmen nur das Krankenhaus B als effizient zu bezeichnen.

Tab. 166: Krankenhausbetriebsvergleich – Lösung.

Krankenhaus	Personal	Case-Mix	Output/Input	Tats. Produktivität (lineare Skalenerträge)
A	100	2.000	20,00	0,857
B	120	2.800	23,33	1,000
C	150	2.800	18,67	0,800
D	150	3.500	23,33	1,000
E	200	4.000	20,00	0,857
F	210	4.500	21,43	0,918
G	220	4.100	18,64	0,799
H	250	2.000	12,50	0,536
I	300	5.000	16,67	0,714
J	300	5.500	18,33	0,786
K	310	5.500	17,74	0,760
L	320	6.000	18,75	0,804

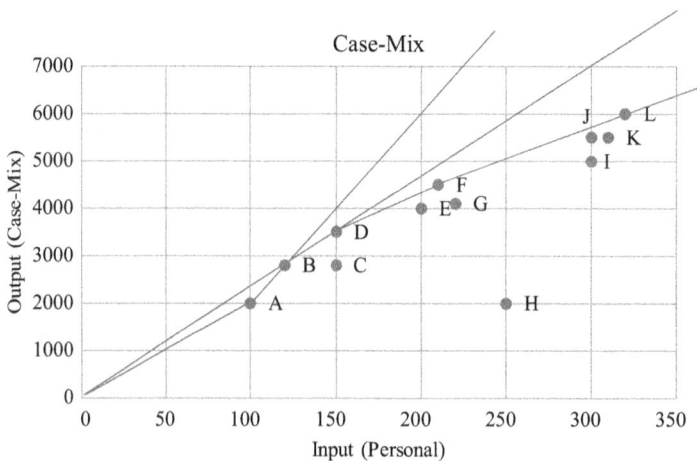

Abb. 187: Krankenhausbetriebsvergleich.

Für das Krankenhaus C ergeben sich aus der Abbildung zwei Alternativen in der Benchmarkwahl. So könnte das Krankenhaus C versuchen, bei gleichem Input einen höheren Output zu erreichen. Der zugehörige Benchmark wäre das Krankenhaus D. Wählt das Krankenhaus C hingegen das Krankenhaus B als Benchmark, wäre es notwendig, den gleichen Output mit einem geringeren Input zu erreichen.

Fallstudie zur Data Envelopment Analysis

Aufgabenstellung
Gegeben sind die Leistungsdaten von 9 Krankenhäusern gemäß Tab. 167. Sie sollen einen Krankenhausbetriebsvergleich mit Hilfe der Data Envelopment Analysis (DEA) durchführen und ermitteln, welche Krankenhäuser effizient arbeiten bzw. welche Krankenhäuser von welchen Organisationen lernen können.

Aufgaben:
1. Überlegen Sie zunächst, welche Variablen Sie als Input- bzw. Output-Variablen nutzen wollen. Welches DEA-Modell ist für diese Aufgabe geeignet?
2. Erläutern Sie die zentrale Grundvoraussetzung für die Durchführung einer DEA. Gehen Sie davon aus, dass es sich bei den in Tab. 167 aufgeführten Krankenhäusern um eine relativ homogene Klinikkette handelt. Führen Sie einen Betriebsvergleich durch. Interpretieren Sie die Ergebnisse. Wie wird das Verbesserungspotenzial dargestellt? Erklären Sie vor dem Hintergrund der von Ihnen verwendeten Annahmen, wie sich die Performance der betrachteten Krankenhäuser verbessern lässt.
3. Ermitteln Sie die Variablen-Gewichtungsfaktoren der durchgeführten Analysen.
4. Wie unterscheiden sich kurz- und langfristige Perspektive?

Vorbemerkung
Für eine DEA benötigt man die entsprechende Software. Die folgenden Analysen basieren auf dem OSDEA, die kostenlos aus dem Netz (http://www.opensourcedea.org) geladen werden kann. Übertragen Sie dazu die Angaben aus Tab. 167 in ein Tabellenkalkulationsprogramm (z. B. Microsoft Excel) und bereiten Sie die Daten in angemessener Form auf (Dezimaltrennzeichen: Punkt; Tausendertrennzeichen: Komma; erste Spalte: Angabe der Bezeichnung des Krankenhauses – erste Reihe: Variablenbezeichnung). Speichern Sie das Datenblatt im csv-Format (Trennzeichen-getrennt; Trennzeichen: Komma). Betrachten Sie den Datensatz in einem Text-Editor. Falls dort Semikolons als Trennzeichnen dargestellt sind, ist es erforderlich, temporär in der Systemsteuerung unter „Region" das Format „Englisch" einzustellen.

Alle in OSDEA eingelesenen Variablen müssen entweder als Input bzw. Output im Rahmen der Analyse verwendet werden. Deshalb ist es ratsam, im verwendeten Tabellenkalkulationsprogramm gegebenenfalls verschiedene Varianten zu erstellen. Importieren Sie die korrespondierenden Daten mit den ausgewählten Variablen und den Ausprägungen für die neun Krankenhäuser in OSDEA. Betrachten Sie die eingelesenen Daten im Bereich „raw data".

Im Bereich „variables" können die Variablen als „Inputs" bzw. „Outputs" definiert werden. In OSDEA sind darüber hinaus noch weitere Zuweisungen möglich, wie etwa die Zuordnung von Variablen als „nicht-diskretionär", falls diesen von der

Tab. 167: Leistungsdaten des DEA-Fallbeispiels.

Krankenhaus	Fallzahl	Pflegetage	Case Mix	Umsatz [€]	EFQM-Score	Patienten-zufriedenheit	Mitarbeiter	Gesamtkosten [€]	Bettenzahl
A	7.756	62.050	6.903	27.612.250	650	73 %	400	27.415.000	200
B	10.098		11.108	44.432.667	690	69 %	690	47.679.750	300
C	9.457	104.025	9.882	39.529.500	620	58 %	912	47.894.250	380
D	17.338	138.700	17.164	68.656.500	750	67 %	1.080	65.836.000	400
E	10.342	77.563	8.790	35.161.667	650	75 %	700	34.317.500	250
F	13.907	109.865	11.543	46.171.114	630	69 %	1.015	46.751.250	350
G	13.557	142.350	13.558	54.233.994	852	81 %	1.500	62.970.000	500
H	10.361	96.360	10.361	41.445.161	612	70 %	600	45.708.000	300
I	7.143	66.430	6.357	25.429.118	673	72 %	380	22.594.600	200

Leitung der Einrichtung nicht kontrolliert werden können. Diese Erweiterungen werden im Rahmen der Fallstudie ausgeklammert.

Öffnen Sie den Bereich „Model details" und experimentieren sie mit verschiedenen Modellen (Orientierung und Skalenelastizität). Untersuchen Sie, welche Auswirkungen verschiedene Kombinationen von Input- und Output-Faktoren auf die Ergebnisse (Bereich Solution) haben.

Lösung

Ad 1: Die DEA-Analyse entfaltet nur dann ihr Potenzial als Management-Instrument, wenn sie in adäquater Weise durchgeführt wird. So sollten die Input- und Outgrößen, die verwendet werden, in zutreffender Weise die Leistungserstellung (hier: im Krankenhaus) beschreiben. Einsatzfaktoren, die weniger wichtig sind, wie z. B. Handschuhe, können also ausgeblendet werden. Bei der Auswahl der Inputs und Outputs sollte beachtet werden, dass die Anzahl der DMUs mindestens so groß ist, wie die dreifache kombinierte Anzahl der Inputs und Outputs. Da im vorliegenden Fall neun Krankenhäuser betrachtet werden, impliziert dies, dass bspw. 2 Inputs und 1 Output eingeschlossen werden können. Werden mehr Einsatzfaktoren und Ergebnisgrößen mit aufgenommen, so hat dies zur Folge, dass die Resultate der Analyse verzerrt sind und den Eindruck erwecken, dass viele der betrachteten Einrichtungen über einen hohen Effizienzgrad verfügen.

Bei der Auswahl des adäquaten Modells ist es von zentraler Bedeutung, die entsprechenden Entscheidungsvariablen zu bestimmen. Die Orientierung geht auf die beiden Ausprägungen des Wirtschaftlichkeitsprinzips zurück, also: Minimalprinzip bzw. Maximalprinzip. Wie lautet die generelle Stoßrichtung des Krankenhausmanagements, um möglichst effizient zu sein? Dies ist vor allem vom bestehenden Gesundheitssystem abhängig. In Entwicklungsländer ist der Umfang möglicher Einsatzfaktoren häufig vorgegeben. Angesichts dessen kann der Leiter einer Gesundheitseinrichtung seine Effizienz verbessern, wenn er Nachfrage induziert und somit die verfügbaren Ressourcen so weit wie möglich auslastet. Die Output-Größe (in OSDEA: Akronym: „O") bildet damit die relevante Variable. In Industriestaaten stellt sich der Sachverhalt anders dar. Der Umfang der Nachfrage nach Gesundheitsleistungen kann als gegeben betrachtet werden. Hier gilt es, Inputs (in OSDEA: Akronym: „I") im nötigen Umfang einzusetzen. Nur im Fall einer linearen Technologie (konstante Skalenerträge) führen Input- und Output-Orientierung für gewöhnlich zu identischen DEA-Scores. Unorientierte DEA-Modelle gehen von einer simultanen Optimierung von Einsatzfaktoren und Ausbringung aus.

Es ist auch ein Vorverständnis über die relevante Technologie, also die Art der Input-Output-Beziehung wichtig. Für gewöhnlich werden im Rahmen einer Sensitivitätsanalyse zunächst die extremen Technologien betrachtet, also konstante und variable Skalenerträge. Konstante Skalenerträge reflektieren die stärksten Annahmen an die Technologie, da hier davon ausgegangen wird, dass die Menge der Einsatzfaktoren und die Ausbringungsmenge in einem proportionalen Verhältnis zueinanderstehen. Im Unterschied dazu werden bei variablen Skalenerträgen auch alle DMUs als relativ effizient verstanden, die bei allen alternativen Technologien gleichfalls relativ effizient sind. Zudem schließen variable Skalenerträge den Fall fixer Inputs mit ein. Gegenüber den alternativen Technologien ist in diesem Fall die Anzahl der DMUs, die als relativ effizient eingestuft werden, am höchsten. Von Interesse sind die DMUs, die im Fall der variablen Skalenerträge gegenüber dem Fall konstanter Skalenerträge zusätzlich relativ effizient sind. Im Vergleich mit den anderen DEA-Technologien kann überprüft werden, auf welcher Grundlage diese DMUs effizient sind.

In OSDEA werden die international gebräuchlichen Akronyme der Modelle bzw. Technologien verwendet. Tab. 168 zeigt wichtige Modelle.

Tab. 168: DEA-Modelle.

Abkürzung	Annahmen	Anmerkung
BCC	Variable Skalenerträge	Banker Charnes Cooper Modell
CCR	Konstante Skalenerträge	Charnes Cooper Rodes Modell
DRS	Abnehmende Skalenerträge	
IRS	Zunehmende Skalenerträge	

Falls im Rahmen der Analyse nur ein Input bzw. Output verwendet wird, sind die „Gesamtkosten" für die Darstellung der bewerteten Einsatzfaktoren und der „Umsatz" für das bewertete Ergebnis der Leistungserstellung naheliegend. Im Fall zweier nicht-monetärer Inputfaktoren, könnte die Mitarbeiterzahl (als wichtigster Produktionsfaktor) oder die Bettenzahl (als Indikator für die Betriebsmittel) herangezogen werden. Werden zwei Outputfaktoren verwendet, so kann neben einer monetären Ergebnisgröße auch die qualitative Dimension mit abgebildet werden, z. B. entweder durch die Patientenzufriedenheit oder den EFQM-Score. Als rein quantitativer Output können auch die „Fallzahl" oder „Pflegetage" verwendet werden. Um mehr Inputs und Outputs als Variablen in der DEA mit aufnehmen zu können, ist es erforderlich, dass Angaben für zusätzliche DMUs zur Verfügung stehen.

Ad 2: Um möglichst aussagekräftige Ergebnisse zu erzielen, die auch als Entscheidungsgrundlage herangezogen werden, müssen die ausgewählten Krankenhäuser über eine gewisse Homogenität verfügen, getreu dem Motto: Nur Decision Making Units (DMUs), die einander ähnlich sind, können im Rahmen einer DEA miteinander verglichen werden. Deshalb ist es sinnvoll, nur Krankenhäuser miteinander zu vergleichen, die etwa derselben Versorgungsstufe angehören. Dies gilt auch für Spezial-Krankenhäuser. Die ausgewählten Einsatzfaktoren und Ergebnisgrößen müssen für die Einrichtungen auch über die gleiche Relevanz verfügen.

Die DEA-Analyse liefert zunächst als globales Effizienzmaß den DEA-Score, der das Verhältnis zwischen erreichtem Ergebnis und eingesetzten Ressourcen ausdrückt. Der Score-Wert liegt zwischen 0 (=vollkommen relativ ineffizient) und 1,0 (=vollkommen relativ effizient). Diese Spitzenkennzahl sagt nichts über die absolute Effizienz aus, sondern nur in Hinblick auf die Position einer Einrichtung relativ zu den Krankenhäusern, die in der Analyse mit eingeschlossen sind. Deshalb sind DEA-Scores, die im Rahmen unterschiedlicher Studien mit verschiedenen DMUs entstanden sind, auch nicht direkt miteinander vergleichbar.

Sämtliche Ergebnisse können mit der Export-Funktion von OSDEA in eine Excel-Datei (2007/2010) exportiert werden.

Auf der Grundlage des CCR-Modells und den Einsatzfaktoren Anzahl der Mitarbeiter, Anzahl der Betten und Fallzahl resultieren die in Tab. 169 dargestellten Ergebnisse:

Tab. 169: DEA Scores auf Grundlage des Input-orientierten CCR-Modells.

Krankenhaus	DEA-Score
A	1,000
B	0,826
C	0,601
D	1,000
E	0,954
F	0,917
G	0,626
H	0,891
I	0,969

Anmerkung: Die angegebenen DEA-Scores wurden auf 3 Stellen gerundet.

Man erkennt, dass nur die Krankenhäuser A und D inputeffizient sind, da keine anderen Häuser mit einem geringeren Input einen Output in gleicher Höhe erzielen. Der Effizienzgrad der anderen Einrichtungen variiert deutlich. Während Krankenhaus I nur unwesentlich relativ ineffizient ist, beträgt der DEA-Score von Einrichtung G nur 0,626.

Werden die gleichen Variablen auf Basis variabler Skalenerträge und einer Input-Orientierung analysiert, ergeben sich die in Tab. 170 genannten Resultate:

Die Ergebnisse der variablen Skalenerträge unterscheiden sich deutlich von den Resultaten der konstanten Skalenerträge. Da E und I nun ebenfalls relativ effizient sind, liegen nun vier der neun Krankenhäuser auf der Effizienz-Hülle. Während der durchschnittliche DEA-Score im Fall konstanter Skalenerträge 0,865 betrug, lautet die-

Tab. 170: DEA Scores auf Grundlage des Input-orientierten BCC-Modells.

Krankenhaus	DEA-Score
A	1,000
B	0,829
C	0,616
D	1,000
E	1,000
F	0,932
G	0,638
H	0,975
I	1,000

Anmerkung: Die angegebenen DEA-Scores wurden auf 3 Stellen gerundet.

ser im variablen Fall 0,888. Anschlussrechnungen zeigen, dass A und I relativ effizient hinsichtlich steigender Skalenerträge (IRS) sind.

Zur Darstellung des jeweiligen Verbesserungspotenzials von ineffizienten Einrichtungen ermittelt DEA für jede DMU die entsprechende Referenzmenge, sogenannte Peers. Dabei werden Gewichtungsfaktoren (sog. Lambda-Werte) berechnet, mit denen die Peers kombiniert werden können, um so Projektionen optimaler Ergebniswerte zu liefern.

Tab. 171 zeigt die korrespondierenden Referenz-DMUs und Lambda-Werte.

Damit ist es möglich, Hinweise zu geben, wie die ineffizienten Krankenhäuser ebenfalls relativ effizient werden können. Tab. 172 stellt die ursprünglichen Leistungsdaten (Spalten 2, 3, 4) den berechneten Leistungsdaten (Spalten 5, 6, 7) gegenüber. Die hier dargestellten Projektionen basieren auf der Annahme konstanter Skalenerträge. Hier wird deutlich, was „Input-Orientierung" bedeutet. Die Projektion der Output-Größe „Fallzahl" (Spalte 7) unterscheidet sich in ihren Ausprägungen nicht von den Original-Daten (Spalte 4). Die sieben ineffizienten Krankenhäuser können dadurch effizient werden, indem der Umfang der Einsatzfaktoren reduziert wird. Die erforderlichen Einsparungen ergeben sich dadurch, dass die projizierte Zahl von den tatsächlichen Ergebnissen abgezogen wird. Hier wird nochmals ersichtlich, dass Krankenhaus I nur geringfügig unterhalb der Effizienzgrenze liegt. Dagegen sind die Einsparpotenziale bei Krankenhaus G beträchtlich.

Ad 3: Eine besondere Eigenschaft von DEA ist es, dass die Gewichtungsfaktoren der Inputs und Outputs nicht vorgegeben werden müssen, sondern endogen im Modell ermittelt werden. Diese Berechnung erfolgt so, dass jede DMU die für sie optimale Gewichtung erhält. Sie sind auch unabhängig von den Einheiten der zu multiplizierenden Werte. Die entsprechenden Gewichte können dem Bereich „Weights" in

Tab. 171: Referenzkrankenhäuser und Gewichtung auf Basis des Input-orientierten CCR-Modells.

Krankenhaus	Peer A	Peer D
A	1	0
B	0,708	0,266
C	0,490	0,326
D	0	1
E	0	0,596
F	0	0,802
G	0	0,782
H	1,336	0
I	0,921	0

Tab. 172: Leistungsdaten der Krankenhäuser im Vergleich mit DEA-Projektionen auf Basis des Input-orientierten CCR-Modells.

Krankenhaus	Mitarbeiter	Bettenzahl	Fallzahl	Mitarbeiter (Projektion)	Bettenzahl (Projektion)	Fallzahl (Projektion)
A	400	200	7.756	400,000	200,000	7.756
B	690	300	10.098	570,138	247,886	10.098
C	912	380	9.457	548,383	228,493	9.457
D	1.080	400	17.338	1.080,000	400,000	17.338
E	700	250	10.342	644,213	238,597	10.342
F	1.015	350	13.907	866,280	320,844	13.907
G	1.500	500	13.557	844,478	312,770	13.557
H	600	300	10.361	534,348	267,174	10.361
I	380	200	7.143	368,386	184,193	7.143

Anmerkung: Die angegebenen Projektionen wurden auf 3 Stellen gerundet.

OSDEA bzw. dem entsprechenden Reiter der exportierten Excel-Datei entnommen werden.

Die gefundenen Gewichte (vgl. Tab. 173) bilden ein relatives Wertesystem für jedes Krankenhaus und sind vergleichbar mit Schattenpreisen für die entsprechenden Faktorenmengen. Aus den einzelnen Angaben kann abgelesen werden, welche Bedeutung die jeweiligen Input-/Output-Faktoren zur Erreichung der maximalen Effizienz für die Einrichtung haben. Aber auch im Bezug zu den anderen Häusern

Tab. 173: Gewichtungsfaktoren der Variablen auf Basis des Input-orientierten CCR-Modells.

Krankenhaus	Mitarbeiter	Bettenzahl	Fallzahl
A	0,001	0,003	0,000
B	0,001	0,002	0,000
C	0,000	0,002	0,000
D	0,000	0,001	0,000
E	0,000	0,004	0,000
F	0,000	0,002	0,000
G	0,000	0,002	0,000
H	0,001	0,002	0,000
I	0,002	0,000	0,000

Anmerkung: Die angegebenen Gewichte wurden auf 3 Stellen gerundet.

geben die Gewichte jeweils Auskunft darüber, wie wichtig der entsprechende Faktor für die DMU zur Effizienzeinstufung im Verhältnis zu anderen Einrichtungen ist.

Ad 4: Die Ergebnisse einer Data Envelopment Analysis stellen zunächst nur eine Momentaufnahme dar. Die Performance einer DMU verändert sich im Zeitablauf – aufgrund des Krankenhaus-Leistungsprozesses und damit veränderter Inputs und Outputs. Deshalb ist es naheliegend, DEA-Performance-Analysen auch dynamisch zu implementieren. Wichtig ist hier, dass sich die Definition der Variablen intertemporal nicht verändert. Wird eine dynamische DEA durchgeführt, müssen für alle Perioden die korrespondierenden Daten vollständig vorliegen, da diese Methode sehr anfällig gegenüber Datenstörungen ist. Damit können Veränderungen im Zeitablauf und somit Effizienztrends festgestellt werden.

9 Logistik

9.1 Grundlagen

Personalmanagement ist eine Kernaufgabe der Krankenhaussteuerung. Da Krankenhäuser personalintensive Dienstleistungsbetriebe sind, ist das zielsystemkonforme Verhalten der Mitarbeiter von höchster Bedeutung für die Erreichung der Betriebsziele. Diese grundsätzliche Aussage sollte jedoch nicht die Bedeutung der Steuerung materieller und informationeller Flüsse in Frage stellen. Betriebsmittel und Werkstoffe müssen beschafft, gelagert, transportiert und entsorgt werden. Die Steuerung dieser Flüsse ist die Aufgabe der Logistik.[1] Sie umfasst weiterhin die Standortplanung sowie den Transport von Mitarbeitern und Personal innerhalb und außerhalb des Krankenhauses.[2] Die Bereitstellung der entscheidungsrelevanten Informationen kann selbst als Informationslogistik und damit als Dimension der Logistik verstanden werden. Es bietet sich jedoch an, der Informationswirtschaft angesichts ihrer hohen Bedeutung für die Krankenhaussteuerung ein eigenes Kapitel zu widmen.

9.1.1 Überblick

Die Logistik ist von ihrem Wesen her nicht wertschöpfend.[3] Vielmehr dienen logistische Prozesse der Raum- und Zeitüberbrückung sowie der Veränderung von Anordnungen. Der Erfolg logistischer Konzepte in Krankenhäusern liegt daher in der Ressourcenschonung. Eine erfolgreiche Krankenhauslogistik ermöglicht eine gute medizinische Versorgung unter minimaler Ressourcenbelastung für nicht wertschöpfende, d. h. für den Heilungsprozess nicht direkt relevante Aktivitäten. Durch moderne Planungsverfahren lassen sich so die Interessen der verschiedenen Stakeholder des Krankenhauses berücksichtigen.

Logistische Planungsverfahren stützen sich oftmals auf Techniken aus der Mathematik (Operations Research).[4] Die Logistik dürfte das Teilgebiet der Krankenhausbetriebslehre mit dem größten mathematischen Anspruch sein. Im Rahmen eines Lehrbuches zur Krankenhausbetriebslehre können die entsprechenden Verfahren nicht vollständig dargestellt werden. Vielmehr werden zunächst einige grundlegenden Begriffe definiert. Im Anschluss wird auf die Aufgabe, die Prinzipien sowie die Bedeutung der Logistik eingegangen. In der Praxis kommt hierbei der Lagerlogistik

---

1 Vgl. Domschke 1997; Domschke und Drexl 1996; Domschke 1995.
2 Vgl. Zapp und Bettig 2009.
3 Vgl. Wannenwetsch 2021.
4 Vgl. Nickel, Stein und Waldmann 2014; Domschke, Drexl, Klein, et al. 2015.

https://doi.org/10.1515/9783110753103-009

die größte Bedeutung zu, sodass ihr ein eigener Abschnitt gewidmet ist. Das Kapitel schließt mit einigen grundsätzlichen Ausführungen zur Standortplanung.

9.1.2 Definitionen

Zunächst sollen die Wurzeln und die Entwicklung des Begriffs Logistik näher betrachtet werden.[5] Das Wort Logistik entstammt zum einen dem griechischen Wort logos (Verstand, Rechenkunst) und zum anderen dem germanisch-französischen Wortstamm loger (versorgen, unterstützen). Die Entwicklung des Begriffs war zunächst militärisch geprägt. Der französische General Jomini (1779–1869) schuf mit dem maréchal de logis innerhalb des napoleonischen Heersystems eine Position von zentraler logistischer Bedeutung. Anfangs wurde die ausreichende Versorgung der Truppen adressiert, später erweiterte sich der Begriff auf die Planung des Transport- und Verkehrswesens der Militäreinheiten.

Seit mehr als 40 Jahren dient der Begriff Logistik der Beschreibung komplexer Waren- und Informationsströme. Aus heutiger Sicht sind Logistikprozesse oder -leistungen im engeren Sinne Transport, Umschlag (Be- und Entladung, Ein- und Auslagerung), Lagerung und Kommissionierung (Auftragszusammenstellung). Diese Prozesse lassen sich als Raumüberbrückung (Transport), Zeitüberbrückung (Lagerung) und Veränderung der Anordnung (Kommissionierung) von Objekten charakterisieren. Zu Logistikprozessen oder -leistungen im weiteren Sinne werden Produktion, Beschaffung und Service gezählt.

Bei logistischen Objekten unterscheidet man zwischen Sachgütern (materiell), Personen (materiell) sowie Informationen (immateriell). Sachgüter lassen sich weiter in Handelswaren, Lebensmittel, Konsumgüter, Rohstoffe, Vor- oder Halbfertigprodukte, Fertigwaren, Produktions- und Betriebsmittel sowie Abfallstoffe aufgliedern. Personen können Mitarbeiter, Patienten oder Besucher sein. Informationen werden durch Aufträge, Statusmeldungen und Berichte generiert und beispielsweise via Telefon, Fax oder Informationssysteme übermittelt. Abhängig von den Logistikobjekten unterscheidet man Güterlogistik, Personenlogistik und Informations- und Kommunikati-onslogistik.

Ein logistisches System (vgl. Abb. 188) dient der Durchführung logistischer Prozesse, hat die Struktur eines Netzwerkes und besteht aus einer Anzahl von Quellen und Senken, die durch Transportbedingungen und Einrichtungen miteinander verbunden sind. Prozesse bilden im logistischen System somit einen Fluss (Warenfluss, Informationsfluss). Quellen (Lieferanten oder Auslieferstellen) stellen hierbei Objekte zur Verfügung, während Senken (Anlieferstellen) eine Nachfrage nach Objekten haben. Man könnte beispielsweise in einem Krankenhaus eine Station als

---

5 Vgl. Bichler 2017.

Quelle betrachten, die als Objekte zu untersuchende Patienten zur Verfügung stellt. Eine Senke könnte in diesem Fall eine radiologische Funktionsstelle sein, die Patienten untersucht und nachfragt. Quellen können selbst wieder Senken für andere Quellen sein. Im betrachteten Beispiel könnte die Station als Quelle für die Radiologie gleichzeitig als Senke Patienten aus der Quelle Ambulanz oder Notaufnahme erwarten.

Ein anderes Beispiel aus dem Alltag stellt das Recycling von Leergut dar. Der Krankenhauskiosk (Senke) bestellt Getränke in Flaschen bei einem Getränkelieferanten (Quelle). Dieser selbst ist im Recyclingprozess aber gleichzeitig Senke für die Anlieferung beziehungsweise das Zurückbringen des Leerguts. Logistische Systeme aus Quellen und Senken stellen folglich häufig komplexe Regelkreise dar, die intuitiv nur noch unvollständig erfassbar sind.

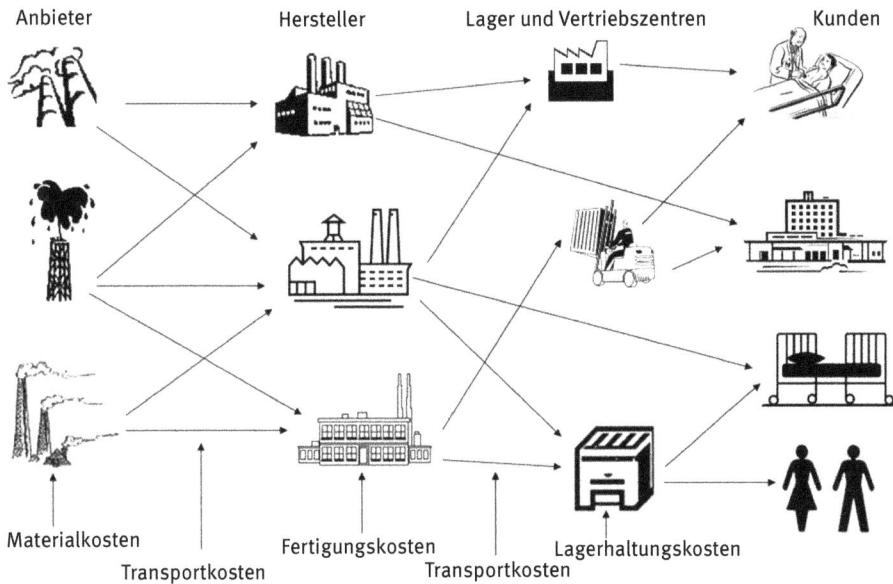

Abb. 188: Logistisches System.[6]

In Einrichtungen werden Objekte produziert, verarbeitet, gelagert und umgeschlagen. Beispiele im Krankenhaus sind die Radiologie, der OP, die Bettenaufbereitung etc. Auf Transportverbindungen werden Waren zwischen Einrichtungen entlang fester Strecken transportiert, z. B. der Weg von der Station zum OP.

Mit den eingeführten Begriffen lässt sich folgende Definition des Logistik-Managements in Anlehnung an das Council of Logistics Management formulieren:

---

6 Quelle: Simchi-Levi, Kaminsky und Simchi-Levi 2003.

Logistik-Management ist der Prozess der Planung, Realisierung und Kontrolle des effizienten Fließens und Lagerns von Waren und Personen sowie der damit zusammenhängenden Informationen vom Liefer- zum Empfangsort entsprechend den Anforderungen der Kunden.[7]

Logistik-Management, übertragen auf den Krankenhausbereich, bedeutet, dass der Patienten-, Material- und Informationsfluss durch ein Krankenhaus sowie der konkrete Aufenthalt eines Patienten in einer Klinik effizient geplant, realisiert und kontrolliert werden muss.[8] Reibungslose und zeitlich gestraffte Abläufe stellen für ein Krankenhaus im DRG-System einen der wichtigsten Wettbewerbsfaktoren dar. Das Ziel der Deckungsbeitragsmaximierung impliziert in der Regel das Ziel der Minimierung der Aufenthaltsdauer des Patienten. Dies kann unter anderem durch eine Reduktion der Wartezeiten zwischen den einzelnen Prozessschritten – beispielsweise zwischen Untersuchungen und Operationen – erreicht werden. Die Reduktion unnötiger Wartezeiten hat einen großen Einfluss auf die Patientenzufriedenheit.

9.1.3 Aufgabe der Logistik

Aus diesen Ausführungen ergibt sich die Aufgabe der Logistik als die Versorgung der Kunden mit dem richtigen Produkt, am richtigen Ort und zur richtigen Zeit unter gleichzeitiger Optimierung eines vorgegebenen Steuerungskriteriums (z. B. Minimierung der Gesamtkosten; Maximierung des Deckungsbeitrags) sowie unter Berücksichtigung gegebener Anforderungen (z. B. Servicegrad) und Beschränkungen (z. B. Budget).

Übertragen auf den Transportdienst in einem Krankenhaus bedeutet die Erfüllung der logistischen Aufgabe, den richtigen Patienten rechtzeitig zur richtigen Funktionsstelle beziehungsweise Station zu befördern.[9] Hierbei sollen beispielsweise die zurechenbaren Kostenanteile für den Patienten minimiert werden, wobei die Wartezeit des Patienten unter einer festgelegten Grenze bleiben und das Budget für den Transportdienst nicht überschritten werden soll.

Die Kernaufgabe der Logistik wird häufig als die 3 Rs der Logistik bezeichnet: das richtige Produkt, zur richtigen Zeit, am richtigen Ort. Die Erweiterung dazu stellen die 6 Rs dar. Hinzu kommen: in der richtigen Menge, in der richtigen Qualität, zu den richtigen Kosten.

Die Ausrichtung der Logistik kann strategisch oder operativ sein. In der strategischen Logistik beschäftigt man sich mit der Planung und Realisierung von logisti-

---

7 Vgl. Arnold, Isermann, Kuhn, et al. 2008; Gudehus 2010; Simchi-Levi, Kaminsky und Simchi-Levi 2003.
8 Vgl. Harneit 1999; Wibbeling 2006; Vogelsang 2003; Siepermann 2004; Christiansen 2003; Falk und Da-Cruz 2006; Fischer 2006.
9 Vgl. Christiansen 2003.

schen Systemen. Die operative Logistik hat die Steuerung und Kontrolle des Fließens und Lagerns von Waren (und Informationen) als Aufgabe. Bei der operativen
Logistik unterscheidet man häufig noch zwischen mittelfristig (taktisch) und kurzfristig. Eine genauere Auflistung der Aufgaben innerhalb der strategischen und operativen Logistik zeigt Abb. 189.

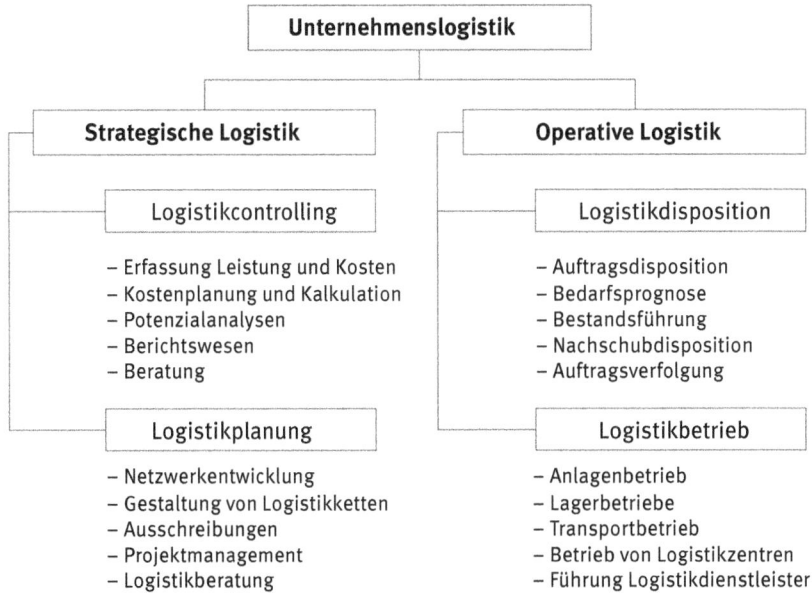

Unternehmenslogistik

Strategische Logistik

Logistikcontrolling
- Erfassung Leistung und Kosten
- Kostenplanung und Kalkulation
- Potenzialanalysen
- Berichtswesen
- Beratung

Logistikplanung
- Netzwerkentwicklung
- Gestaltung von Logistikketten
- Ausschreibungen
- Projektmanagement
- Logistikberatung

Operative Logistik

Logistikdisposition
- Auftragsdisposition
- Bedarfsprognose
- Bestandsführung
- Nachschubdisposition
- Auftragsverfolgung

Logistikbetrieb
- Anlagenbetrieb
- Lagerbetriebe
- Transportbetrieb
- Betrieb von Logistikzentren
- Führung Logistikdienstleister

Abb. 189: Aufgaben innerhalb der strategischen und operativen Logistik.[10]

9.1.4 Prinzipien und Merkmale der Logistik

Im Folgenden sollen wesentliche Merkmale und Prinzipien der Logistik erläutert
werden, um dem Leser die Denkansätze der Logistik näher zu bringen.

Informationen kommt im Rahmen der Logistik eine besondere Bedeutung zu. Sie
sind per se Logistikobjekte, aber vor allem sind sie wesentliche Voraussetzung für die
Auslösung und Steuerung anderer logistischer Prozesse. Weiterhin ist die ganzheitliche Sicht, d. h. die gleichzeitige Betrachtung vieler Prozesse als Gesamtfluss und ihre
Abstimmung im Hinblick auf die Gesamtziele, ein wesentliches Merkmal logistischen
Denkens. Darüber hinaus besitzt die Logistik ein interdisziplinäres Wesen. Sie nutzt
und verbindet das Wissen von verschiedenen Disziplinen, insbesondere Wirtschafts-

---

10 Quelle: Gudehus 2010.

und Ingenieurswissenschaften sowie Mathematik und Informatik. Hieraus ergibt sich in natürlicher Weise die Rolle des Logistikers als Generalisten.

Logistiksysteme werden üblicherweise nach ihrer wirtschaftlichen Sicht auf ein logistisches System unterschieden:

–   Makrologistisches System – gesamtwirtschaftliche Sicht. Hier werden z. B. Verkehrssysteme einer Region oder gar einer Volkswirtschaft betrachtet.
–   Mikrologistisches System – einzelwirtschaftliche Sicht. Hier ist der Betrachtungsgegenstand das logistische System eines Unternehmens.
–   Metalogistisches System – unternehmensübergreifende Sicht. Betrachtungsgegenstand ist hier die Kooperation von Unternehmen und deren logistische Systeme.

In der Vergangenheit konzentrierte sich die Logistik auf mikrologistische Systeme. In der letzten Zeit findet ein Übergang zur Betrachtung von metalogistischen Systemen statt. Zentral ist hierbei der Begriff der Supply Chain.[11] Er bedeutet wörtlich Prozess- oder Wertschöpfungskette und ist ein komplexes, unternehmensübergreifendes interlogistisches System, das die Vorgänge und Funktionen der Beschaffung, Produktion, Verarbeitung, Lagerung und Distribution von Objekten umfasst. Die Supply Chain beschreibt Flüsse, Umwandlungen und Einsätze von Material, Gütern und Ressourcen, ihre auslösenden, steuernden und kontrollierenden Auftrags- und Informationsströme und alle dafür notwendigen Strukturen mit dem Ziel der Erfüllung der Kundennachfragen.

Vom aktuellen Stand der Gegebenheiten – und auch in näherer Zukunft – lässt sich die Krankenhauslogistik als eine Variante der Unternehmenslogistik auffassen. Eine wirkliche Krankenhaus Supply Chain ist noch in weiter Ferne, wobei die Integration der Leistungsanbieter (vgl. Kapitel 11.5) als Variante des Supply Chain Managements verstanden werden kann.

Die Unternehmenslogistik lässt sich in verschiedene Disziplinen unterteilen. Die Beschaffungslogistik dient der Sicherstellung einer mengen-, termin- und qualitätsgerechten Materialversorgung, wohingegen die Produktionslogistik für Planung, Steuerung und Kontrolle des Güterflusses zwischen Wareneingang, Fertigung und Versand verantwortlich ist. Der Term Materiallogistik ist ein Oberbegriff für Beschaffungslogistik und Produktionslogistik von Vorprodukten. Als Distributionslogistik bezeichnet man Planung und Steuerung der Verteilung der Endprodukte an die Abnehmer, und die Entsorgungslogistik umfasst die Aufgaben und Prozesse der Abfallentsorgung in allen Stationen der Logistikkette. Schließlich befasst sich die Transport- oder Verkehrslogistik mit der reinen Beförderung von Gütern, Personen oder Informationen. Abb. 190 macht die Verbindung dieser Teilbereiche untereinander nochmals deutlich.

---

11 Vgl. Günther und Tempelmeier 2014.

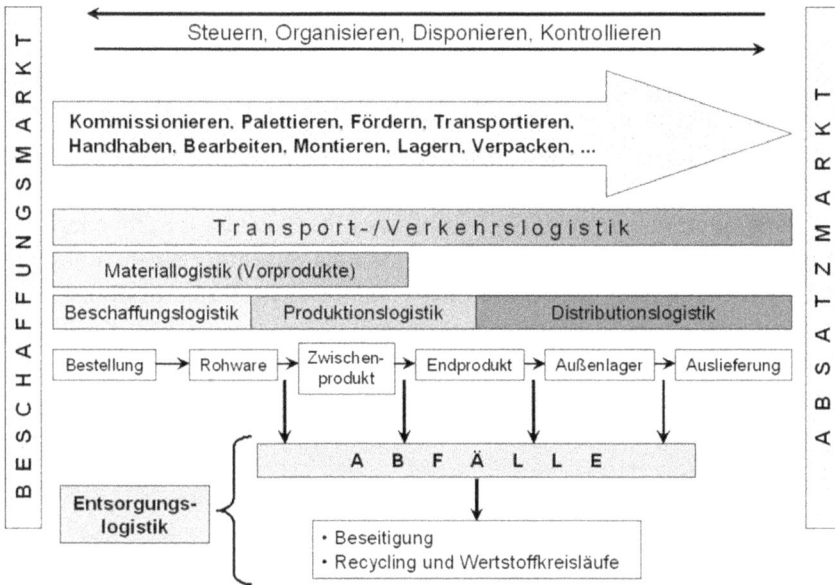

Abb. 190: Teilbereiche der Unternehmenslogistik.[12]

Übertragen auf die Krankenhauslogistik lassen sich folgende Parallelen ziehen: Im Rahmen der Beschaffungslogistik beschafft ein Krankenhaus Material (z. B. Medikamente), medizinische Hilfsmittel (z. B. Spritzen) und Betriebsmittel (z. B. Computer-Tomografen, Röntgengeräte). Die Produktionslogistik ist im Krankenhaus für Planung, Steuerung und Kontrolle des Patientenflusses zwischen Aufnahme in die Klinik, Behandlung und Entlassung verantwortlich. Die Materiallogistik als Oberbegriff für Beschaffungslogistik und Produktionslogistik umfasst im Klinikbereich beispielsweise krankenhausinterne Transporte von Befunden, Blutkonserven oder medizinischen Bedarfsmitteln. Die Distributionslogistik beinhaltet die Planung und Steuerung der Entlassung von Patienten sowie angegliederte Prozesse wie z. B. die Beobachtung und Erfassung freiwerdender Bettenkapazitäten. Die Entsorgungslogistik umfasst im Krankenhaus das Sammeln, Transportieren, Lagern – gegebenenfalls unter krankenhausinterner oder -externer Vorbehandlung – und Beseitigen von Abfallprodukten. Hierbei ist besonders darauf zu achten, dass die Gefahr der Übertragung von Krankheitserregern ausgeschlossen ist. Die Transport- oder Verkehrslogistik befasst sich mit der reinen Beförderung von Gütern (z. B. Essens- beziehungsweise Wäscheservice, Betten), Personen (Begleitservice zu Fuß, via Rollstuhl, Bett, Ambulanz etc.) oder Informationen.

---

12 Quelle: Arnold, Isermann, Kuhn, et al. 2008.

Ergänzend sollte man sich ein Bild über die patientenbezogene Sichtweise im Krankenhaus machen. Logistik im Krankenhaus kann einen Patienten direkt betreffen, beispielsweise in Form von Patiententransporten, sie kann aber auch für den Patienten selbst nicht direkt ersichtlich sein, ihn aber dennoch betreffen, z. B. administrative Aufgaben oder der Wäscheservice. Hierbei kann zusätzlich die Relevanz für die primäre Leistungserstellung in die Sichtweise mit einbezogen werden. Ein Patiententransport oder die Beschaffung medizinischen Sachbedarfs ist für die primäre Leitungserstellung am Patienten als relevanter einzustufen, als die Abfallentsorgung oder die Beschaffung von Büroausstattung. In Abb. 191 ist dieser Sachverhalt etwas ausführlicher dargestellt.

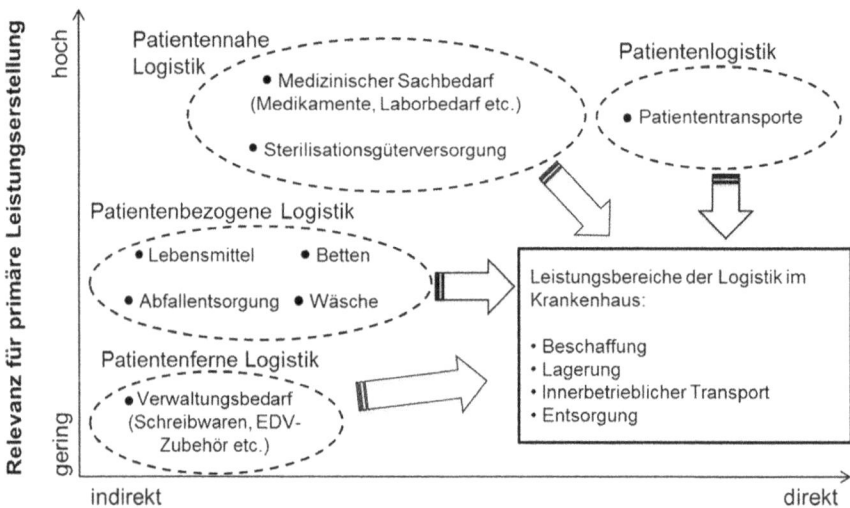

Abb. 191: Patientenbezogene Sichtweise im Krankenhaus.[13]

9.2 Bereiche der operativen Krankenhauslogistik

Die strategische Krankenhauslogistik ist ein Teilgebiet des strategischen Managements, wobei für Krankenhäuser insbesondere die Standortwahl als eine strategische Logistikentscheidung relevant ist (vgl. Kapitel 9.4). Für die Krankenhauspraxis ist jedoch vor allem die operative Krankenhauslogistik mit ihren Teildisziplinen OP-Planung, Patiententransport sowie Terminplanung von Bedeutung.

---

13 Quelle: Eigene Darstellung, in Anlehnung an Walther 2005, S. 206.

9.2.1 OP-Planung

In vielen Akutkrankenhäusern ist der OP-Bereich sowohl der Hauptkostentreiber als auch die größte Einnahmequelle.[14] In dieser Organisationseinheit werden häufig unter interdisziplinärem und hoch qualifiziertem Mitarbeitereinsatz die Leistungen mit den höchsten Erlösen erbracht. Jedoch verursacht dieser Bereich sehr hohe Personal- und Sachkosten. Die Bedeutung des OP-Bereichs ist quantitativ, qualitativ und finanziell sehr hoch. 7,1 Millionen der knapp 19 Millionen stationär behandelten Patienten (37,8 %) wurden im Jahr 2019 operiert. Im Jahr 2005 wurden 12,1 Millionen operative Eingriffe vorgenommen, d. h., der Krankenhausaufenthalt implizierte bei etwa 71 % aller vollstationären Patienten einen operativen Eingriff.[15] Die optimale Versorgung dieses Bereiches mit Waren sowie der bestmögliche Transport von Patienten (und Mitarbeitern) sind folglich von entscheidender Bedeutung für die wirtschaftliche Sicherung eines Krankenhauses.

Quantitative Planungsmethoden können dazu beitragen, die Effizienz im OP-Bereich zu steigern und Kosten zu senken. Durch eine zielgerichtete und effiziente OP-Planung kann ein wesentlicher Beitrag zur Erhöhung der Wirtschaftlichkeit eines Krankenhauses bei gleichzeitiger Gewährleistung einer hohen Dienstleistungsqualität erbracht werden. Beispiele hierfür sind die Personaleinsatzplanung, Reihenfolgeplanung der Patienten, Kapazitätsvorhalteplanung für Notfälle sowie die Just-In-Time Lieferung von Implantaten und anderen teuren Materialien. In Kapitel 5.4 wurde ein Beispiel dafür gegeben, wie durch eine einfache Veränderung der Reihenfolge der Operationen eine deutlich bessere Auslastung der Kapazitäten sowie eine erhebliche Reduktion möglicher Überstunden erreicht werden kann. Ein Beispiel für eine LP-gestützte Personaleinsatzplanung wurde in Kapitel 7.10.2 dargestellt.

9.2.2 Transporte

Eine zentrale Komponente der operativen Krankenhauslogistik ist der Transport von Materialien (z. B. Speisen, Wäsche, Müll, Apothekengut) sowie von Patienten und Mitarbeitern. Die Materialtransporte erfolgen im Schiebedienst, in Containern als fahrerloses Transportsystem (FTS) bzw. als Elektrohängebahn (EHB) und in Kleinbehältern auf Kleingut-Förderanlagen (KFA), Rohrpostanlagen oder Transport- bzw. Verteilbändern. Auch Kranken- und Rettungswagen übernehmen teilweise die Materiallogistik. Von besonderer Bedeutung sind hierbei die fahrerlosen Transportsysteme, da diese Personalkosten sparen und die nicht mehr vorhandenen Zivildienstleistenden ersetzen.

---

[14] Vgl. Diemer, Taube, Ansorg, et al. 2021.
[15] Vgl. Statistisches Bundesamt 2021.

Ein Schwerpunkt liegt auf der Patientenlogistik. Im Rahmen ihres Krankenhausaufenthaltes besuchen und durchlaufen Patienten verschiedene diagnostische, therapeutische oder behandelnde Einrichtungen. In großen Krankenhäusern kommt meist einem Krankentransportdienst die Aufgabe zu, die Patienten zwischen diesen Einrichtungen und Stationen zu transportieren. Dies kann als Schiebetransport mittels Rollstühlen, fahrbaren Betten oder Liegen, als Begleitservice zu Fuß oder als Fahrtransport mit einer Ambulanz erfolgen. In Kliniken mit einer Größenordnung von 1000 Betten werden häufig mehr als 250 Patiententransporte pro Tag durchgeführt, wobei ein Großteil dieser Transporte während Stoßzeiten am Vormittag abzuwickeln ist.

Obwohl die effiziente Organisation von Patiententransporten starke Auswirkungen auf die Planung aller nachgelagerten Organisationseinheiten (wie beispielsweise den OP-Bereich) hat, wird sie im Klinikalltag häufig vernachlässigt. Wenn ein Patient nicht rechtzeitig zu einer Operation erscheint, werden wertvolle Ressourcen verschwendet und Leerlauf verursacht. Darüber hinaus wird die ursprüngliche Terminplanung hinfällig und im ungünstigsten Fall ein Dominoeffekt verursacht: Da der Patient nicht pünktlich zu seinem Termin erschien, müssen nachfolgende Termine verschoben werden, was wiederum Wartezeiten für diese Patienten bedeutet und deren Unzufriedenheit steigert. Somit wirkt sich der auf den ersten Blick einfache und unkomplizierte Prozess der Patiententransporte sowohl auf die Qualität der Patientenversorgung als auch auf die Kosten eines Krankenhauses aus.

Die Abwicklung von Transportaufträgen findet häufig manuell über eine zentrale Leitstelle statt, deren organisatorische Ausgestaltung jedoch von Klinik zu Klinik stark variieren kann. Da – anders als in der Industrie – Computerunterstützung im Klinikbereich erst in den letzten Jahren stark an Bedeutung gewonnen hat, ist es nicht unüblich, dass eine Transportleitstelle nur mit einem Telefon ausgestattet ist, um die Aufträge entgegenzunehmen.

Das grundsätzliche Vorgehen ist wie folgt: Die Leitstelle fügt in Echtzeit eingehende Transportaufträge in bereits vorhandene Routen ein und legt den Zeitplan durch Uhrzeiten, wann die einzelnen Punkte der Route anzufahren sind, fest. Dieses Vorgehen impliziert, dass Routing und Zeitplanung ständig Veränderungen unterworfen sind. Steht ein Patient nicht oder nicht rechtzeitig am Abholort bereit, so kommt es ebenso zu Verspätungen wie für den Fall, dass auf dem Transport Verzögerungen eintreten. In jedem Fall muss die Zeit- und Routenplanung regelmäßig aktualisiert werden und behält nur temporäre Gültigkeit.

Das zu Grunde liegende Problem kann als dynamisches Dial-a-Ride Problem betrachtet werden, jedoch gestaltet es sich bedingt durch krankenhausspezifische Anforderungen wesentlich komplizierter. Hierzu zählen z. B. die Prioritätenvergabe bei Aufträgen, die Notwendigkeit der Anwesenheit von medizinischem Fachpersonal oder spezieller medizinischer Ausstattung während des Transports, Fahrzeuge verschiedener Bautypen oder spezielle Anforderungen für infektiöse Quarantänepa tienten. Diese Nebenbedingungen verkomplizieren die Erstellung oder Modifikation von Transportrouten und -plänen.

Das Operations Research[16] hat eine Fülle von Modellen entwickelt, die für Transportprobleme im Krankenhaus bzw. zwischen dem Krankenhaus und externen Standorten eingesetzt werden können. Hierzu zählen die klassischen Transport- und Umlademodelle, Modelle der kürzesten Wege bzw. der geringsten Zahl von Strecken sowie die Modelle der Tourenplanung.[17] In der Praxis sind diese jedoch trotz ihres hohen mathematischen Anspruchs häufig zu unflexibel für die spezifischen Anforderungen des Krankenhauses, sodass man häufig simulative Verfahren mit entsprechenden Heuristiken wählt. Das grundlegende Problem ist hierbei, dass lokale Optima gefunden werden, ohne dass man erkennen könnte, dass es noch bessere Lösungen gibt. Dementsprechend werden in der Praxis gerne Verfahren verwendet, um lokale Optima wieder verlassen zu können, z. B. generische Algorithmen oder Simulated Annealing. Wie bei allen simulativen Verfahren entscheidet auch hier die exakte Systemanalyse, die Generierung repräsentativer Daten sowie die Zahl der Simulationsläufe über die Güte der Ergebnisse.

9.2.3 Terminplanung

Die Terminplanung kommt im Klinikalltag bereits direkt nach Aufnahme eines Patienten im Krankenhaus zum Tragen. Termine müssen für sämtliche Untersuchungen fixiert werden, für Patiententransporte, für die Vorbereitung der Patienten zu Operationen und für die operativen Eingriffe selber. Zur Gewährleistung einer hohen Termintreue, auch für unmittelbar an einen eingeplanten Termin anschließende Untersuchungen und Termine, ist eine zielgerichtete terminliche Koordinierung der einzelnen Prozesse im Krankenhaus dringend erforderlich. Somit ist die Terminplanung eine logistische Komponente im Krankenhausbereich, die großes Optimierungspotenzial birgt.

Die Aufgaben der Terminplanung in einem Krankenhaus gestalten sich für die verschiedenen Beteiligten unterschiedlich. So hat die einen Termin anfordernde Station unter anderem die Aufgaben, einen Termin bei einer Funktionsstelle für den Patienten zu fixieren und einen Krankentransport für den Patienten zu bestellen. Dem Transportdienst wiederum obliegen die Aufgaben, die Transportaufträge an das Personal zuzuweisen, die einzelnen Routen zu planen und die Touren zeitlich festzulegen. Die Funktionsstelle muss zur Terminvergabe die voraussichtliche

---

16 Vgl. insbesondere Domschke 2007; Domschke 2010.
17 Für die Tourenplanung gibt es verschiedene Standard-Software, die teilweise auch komplexe Kartensysteme beinhaltet. Die Einführung von Nebenbedingungen ist jedoch häufig nicht möglich.

Untersuchungsdauer möglichst genau abschätzen, Beginn und Ende terminieren und ggf. einen Rücktransport für den Patienten anfordern.

Bedingt durch unterschiedliche Zielsetzung der Beteiligten am Prozess der Terminplanung, können Zielkonflikte (z. B. zwischen der Maximierung der Ressourcenauslastung von Geräten bzw. Personal und der Minimierung der Wartezeit für Patienten) resultieren. Eine gute Terminplanung sollte darüber hinaus noch weitere Ziele, wie die Minimierung von Überstunden, Entzerrung von Stoßzeiten beispielsweise bei der Transportanforderung für Patienten oder Verkürzung der Warteliste für Untersuchungen, berücksichtigen.

9.3 Lagerlogistik und Lagerbestandsmanagement

Allen drei genannten Bereichen liegen Prozesse der Lagerlogistik zu Grunde. Beispielsweise impliziert ein modernes OP-Management die zeitnahe Verfügbarkeit von Materialien (z. B. Implantate, Siebe etc.), der Patiententransport die Bereitstellung von Fahrzeugen (z. B. Rollstuhl) und die Terminplanung die simultane Beschaffung der für den Termin notwendigen Roh-, Hilfs- und Betriebsstoffe. Die Lagerlogistik ist folglich ein Schwerpunkt der Krankenhauslogistik, der im Folgenden vertieft werden soll. Hierzu werden zuerst die strukturellen Gegebenheiten der Lagerlogistik im Krankenhaus diskutiert, anschließend gehen wir auf die Grundlagen des Bestandsmanagements ein.

9.3.1 Lagerlogistik

Lagern ist das Aufbewahren und Bereithalten der Bestände einer Anzahl von Artikeln. Weiterhin definiert die VDI Richtlinie 2411 das Lagern als geplantes Liegen des Arbeitsgegenstandes im Materialfluss. Die Lagerlogistik umfasst die Bereiche Warenannahme, Lagerung (Lagerhaltung im engeren Sinne), Bestandsführung sowie Kommissionierung und Warenausgabe.

Bei der Organisation der Lagerhaltung ist grundsätzlich zwischen zentraler und dezentraler Lagerhaltung sowie ein- und mehrstufiger Lagerhaltung zu unterscheiden. Bei der zentralen Lagerhaltung werden alle zur Leistungserstellung benötigten Produkte an einem zentralen Ort – dem Zentrallager – aufbewahrt. Dezentrale Lagerhaltung liegt vor, wenn Artikel an mehreren Orten im Unternehmen bevorratet werden. Dezentrale Lager sind häufig in Krankenhäusern in Pavillonbauweise vorzufinden, wenn sich in den einzelnen Gebäuden oder Gebäudekomplexen jeweils ein Lager befindet, von dem aus die in dem jeweiligen Gebäude beziehungsweise Gebäudekomplexen untergebrachten Bedarfsstellen versorgt werden. Sind dezentrale Lager unmittelbar an eine Bedarfsstelle gebunden, so spricht man von einem Bedarfsstellenlager oder Handlager.

Aus der Kombination verschiedener Lagertypen ergibt sich die Stufigkeit eines Lagersystems für ein Krankenhaus. Einstufige Lagerhaltung liegt vor, wenn zwischen Anlieferung und Verbrauch der Artikel nur eine Lagerstufe liegt. Von mehrstufiger Lagerhaltung spricht man hingegen, wenn die zur Leistungserstellung benötigten Artikel von der Anlieferung bis zum Verbrauch mehrere Lagerstufen (z. B. Zentrallager und Bedarfsstellenlager) durchlaufen. Daraus ergeben sich die in Abb. 192 dargestellten grundsätzlichen Möglichkeiten der Organisation der Lagerhaltung im Krankenhaus.

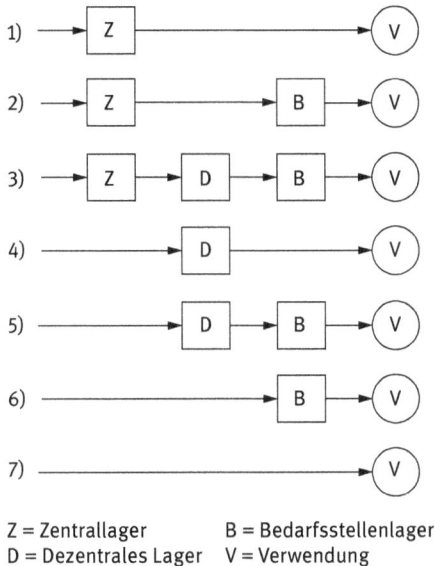

Z = Zentrallager   B = Bedarfsstellenlager
D = Dezentrales Lager   V = Verwendung

Abb. 192: Möglichkeiten der Lagerorganisation im Krankenhaus.[18]

Eine rein zentrale Lagerhaltung hat mehrere Vorteile. Erstens gewährleistet sie eine bessere Übersicht über den Artikelbestand durch die Möglichkeit der Nutzung moderner EDV-Systeme sowie die professionelle und zeitnahe Erfassung der Zu- und Abgänge und die damit verbundene Vermeidung beziehungsweise Verminderung von Schwund und Verfall. Zweitens ermöglicht sie niedrigere Bestände (auf Grund niedrigerer Sicherheitsbestände im Zentrallager im Vergleich zur Summe der Sicherheitsbestände in verschiedenen dezentralen Lagern) und eine geringere Zahl von Bestellvorgängen durch Bündelungseffekte (Verbundbestellung) mit der Folge geringerer Lagerhaltungskosten. Drittens ergibt sich aus der zentralen Lagerung die Möglichkeit der Nutzung automatisierter Lager-, Transport- und Handhabungstechniken, die eine rationelle Flächen- beziehungsweise Raumnutzung und die Entlastung der Lagermitarbeiter von schweren körperlichen und/oder ge-

---

18 Quelle: Siepermann 2004.

sundheitsgefährdenden Tätigkeiten ermöglichen. Viertens impliziert sie eine Reduzierung der Belastung des Personals der Bedarfsstellen mit logistischen Tätigkeiten, und fünftens erlaubt eine zentrale Lagerung die Nutzung von Synergieeffekten durch eine Zentralisierung der Abläufe.

Diesen Vorteilen stehen verschiedene Nachteile gegenüber. Erstens erhöht eine rein zentrale Lagerhaltung die Transportstrecken zwischen Lager- und Verbrauchsort. Zweitens ergeben sich dadurch längere Zugriffszeiten, und drittens implizieren dezentrale Läger eine vergleichsweise geringe Transparenz bzgl. des tatsächlich verfügbaren Materials. Die Vorteile von rein zentraler und rein dezentraler Lagerhaltung lassen sich durch zweistufige Lagersysteme miteinander verbinden. Sie bestehen entweder aus einem Zentrallager und dezentralen Lagern auf den Stationen und in den Funktionsbereichen (als bedarfsstellengebundene Handlager oder bedarfsstellenungebundene Lager zur Versorgung mehrerer Bedarfsstellen) oder aus mehreren größeren dezentralen Lagern (im engeren Sinne) und Handlagern auf den Stationen und in den Funktionsbereichen. Allerdings ist die Einrichtung einer zusätzlichen Lagerstufe immer mit einer Unterbrechung des Materialflusses und der Einplanung zusätzlicher Sicherheiten in Form von Beständen verbunden.

Die Organisation der Lagerhaltung ist in hohem Maße von den strukturellen Rahmenbedingungen eines Krankenhauses abhängig, insbesondere von der Größe (Bettenzahl) und der Bauform (Anzahl und räumliche Anordnung der Gebäude) der Klinik. So verfügen kleine und mittlere Krankenhäuser, die in der Regel in einem einzigen Gebäude untergebracht sind, im Allgemeinen über ein Zentrallager und je ein Bedarfsstellenlager auf den Stationen und in den Funktionsbereichen, während größere, häufig in Pavillonbauweise gebaute oder sogar über verschiedene Standorte verstreute Krankenhäuser statt eines Zentrallagers oft mehrere dezentrale Lager unterhalten, z. B. ein Lager pro Standort. In Großkliniken schließlich existieren zum Teil alle drei Lagerformen (Zentrallager, dezentrale Lager im engeren Sinne und Bedarfsstellenlager).

Die Anzahl der Lagerstufen, die ein Artikel durchläuft, kann von Artikel(gruppe) zu Artikel(gruppe) unterschiedlich sein. Dabei hängt der Grad der Zentralisierung der Lagerhaltung eines Artikels primär von der Anzahl der Bedarfsstellen ab, in denen der entsprechende Artikel benötigt wird. Wird ein Artikel von mehreren Stellen benötigt, so bietet sich eine zentrale Lagerhaltung an.

Von der Organisation der Lagerhaltung hängt die Organisation der Warenannahme ab. So ist eine zentrale Lagerhaltung normalerweise mit einem zentralen Wareneingang verbunden, während die Warenannahme bei dezentraler Lagerhaltung sowohl zentral (an einem zentralen Wareneingang) als auch dezentral an den einzelnen Lagerorten erfolgen kann. Eine dezentrale Warenannahme erfordert allerdings eine sehr gute Ortskenntnis der Lieferanten und einen funktionierenden Informationsaustausch zwischen den verschiedenen Annahmestellen.

9.3.2 Lagerbestandsmanagement

Grundlagen

Die Aufgabe des Lagerbestandsmanagements (Inventory Management) ist die Festlegung von Bestellmengen und -zeitpunkten für definierte Bedarfspunkte logistischer Systeme, um deren mengen- und termingerechte Versorgung mit Materialien und Erzeugnissen sicherzustellen. Da die Lagerung zumindest Opportunitätskosten in Form von Zinskosten der Kapitalbindung impliziert, ist ein möglichst geringer Lagerbestand anzustreben, wobei noch weitere Ziele (insbesondere die Verfügbarkeit) zu beachten sind.

Die Problemstellung spiegelt sich in folgendem Beispiel wider: Ein Krankenhaus verbraucht jedes Jahr 100.000 Mullbinden eines bestimmten Typs. Der Lieferant verlangt 250 € pro Anlieferungsvorgang. Gleichzeitig kostet die Lagerung jeder Binde 1 € pro Jahr an Zinsen und Verwaltungskosten. Das Krankenhaus könnte – unter Vernachlässigung einer Lagerkapazitätsrestriktion – einmal jährlich alle Binden bestellen. Im Jahresdurchschnitt würden 50.000 Mullbinden eingelagert sein, d. h., die Lagerkosten würden 50.000 € betragen. Gleichzeitig würden 250 € Beschaffungskosten anfallen, sodass die gesamten Lagerhaltungskosten 50.250 € betragen würden. Alternativ könnte das Krankenhaus täglich den Tagesbedarf von 274 Mullbinden bestellen. Damit würden keine Lagerkosten anfallen, wohl aber 365-mal die Beschaffungskosten (365 · 250 € = 91.250 €). Ein kluger Krankenhauslogistiker würde hingegen 14-mal jeweils 7071 Binden beschaffen, sodass die Beschaffungskosten 3536 € und die Lagerkosten ebenfalls 3536 € betragen. Im Vergleich zu 50.000 € bzw. 91.250 € sind die Lagerhaltungskosten von 7071 € sehr gering, d. h., durch eine intelligente Beschaffungspolitik lassen sich bei konstanter Qualität erhebliche Kosten einsparen.

Die optimale Beschaffungs- und Lagerhaltungspolitik muss zusätzlich zur optimalen Bestellmenge auch weitere Parameter berücksichtigen. Erstens ergibt sich aus der Bestellmenge der Bestellzyklus, d. h. die Zeit zwischen zwei aufeinander folgenden Bestellungen. Zweitens muss die Wiederbeschaffungs- bzw. Vorlaufzeit einbezogen werden. Sie ist definiert als die Zeit zwischen der Aufgabe einer Bestellung und der Anlieferung der Ware. Drittens muss ein Sicherheitsbestand berechnet werden. Er dient als Schwankungsreserve zur Sicherung der Lieferfähigkeit während der Wiederbeschaffungszeit sowie in Zeiten hoher, unerwarteter Bedarfsschwankungen, die im Falle von Epidemien und Katastrophen auftreten können. Viertens gehört zu einer optimalen Bestellpolitik auch die Ermittlung des Meldebestandes, d. h. des Lagerbestandes, bei dem eine neue Bestellung aufgegeben wird. Der entsprechende Zeitpunkt wird Bestellpunkt genannt. In Fällen, in denen eine Nachlieferung zugelassen wird (d. h. nicht bei besonders wichtigen Materialien), müssen – fünftens – die Fehlmengen bestimmt werden. Sie sind definiert als Warenmengen, die bei Eingang einer Bestellung nicht unmittelbar aus dem Lagerbestand gedeckt werden können, jedoch nachgeliefert werden können.

Die genannten Größen müssen so bestimmt werden, dass eine Zielfunktion optimiert wird. In der Regel wird die Minimierung der gesamten Lagerhaltungskosten als Ziel gewählt. Sie umfassen die Beschaffungskosten, die Lagerkosten sowie die Fehlbestandskosten. Die Beschaffungskosten (Bestellkosten, Nachschubkosten) fallen bei der Beschaffung (oder Produktion) von Waren an. Sie bestehen in der Regel aus einem fixen Kostenanteil, der unabhängig von der Warenmenge ist, und einem variablen, mengenabhängigen Teil. Sie enthalten insbesondere die Auftragskosten für die Bearbeitung der Bestellung, den Beschaffungspreis für Kauf oder Herstellung der Produkte, die Transportkosten sowie die Kosten für das Aus- und Einlagern der Waren. Die Lagerkosten (Lagerbestandskosten) fallen bei der Lagerung von Produkten über einen gewissen Zeitraum hinweg an. Berücksichtigt werden Opportunitäts- oder Kapitalkosten für das durch die Bestände gebundene Kapital, das ansonsten anderweitig investiert werden könnte, sowie die Kosten des Lagers. Da kurzfristig der Beschaffungspreis sowie die Lagerverwaltung nicht entscheidungsrelevant sind, werden in der Praxis häufig die Lagerkosten auf Basis des Kapitalzinssatzes und die Beschaffungskosten auf Basis der Auftragskosten sowie der Transportkosten festgesetzt.

Weitere Kosten, die jedoch in dem hier zu diskutierenden einfachem Modell kaum von Bedeutung sind, sind die Kosten des laufenden Lagerbetriebs (Abschreibungen, Löhne), die Fehlmengenkosten (Vertrauensverlust der Kunden, Reduktion des Servicegrades, Konventionalstrafen für die verspätete Lieferung) sowie der Wertverlust von Waren (z. B. durch Verfall). Es gibt Optimierungsmodelle, die derartige zusätzliche Kosten berücksichtigen. Sie können jedoch im Rahmen dieser Einführung nicht diskutiert werden.

Abhängig von unterschiedlichen Parametern können verschiedene Modelle des Bestandsmanagements klassifiziert werden. Bei deterministischen Modellen werden Nachfragen, Kosten und Vorlaufzeiten für den gesamten Planungshorizont als bekannt vorausgesetzt. Das Hauptaugenmerk liegt auf einer Balancierung der verschiedenen Kosten. Bei stochastischen Modellen unterliegen Nachfragen, Kosten und Vorlaufzeiten Ungewissheiten. Oftmals können nicht immer alle Kundennachfragen erfüllt werden. Dies führt zur Auferlegung von Minimalanforderungen an den Servicegrad. Weiterhin können die Lagerhaltungsmodelle nach der Anzahl betrachteter Lager differenziert werden. Für einzelne Lager können in der Regel optimale Bestandsmanagement-Strategien entwickelt werden. Die simultane Betrachtung mehrerer Lager führt jedoch schnell zu sehr komplexen Problemen, die nur noch simulativ auf Basis von Heuristiken gelöst werden können.

Eine weitere Unterscheidung der Lagerhaltungsmodelle teilt diese in diskrete und kontinuierliche Modelle ein. Bei diskreten Modellen ist der Planungshorizont in einzelne diskrete Perioden unterteilt, d. h., Kundennachfragen, Kosten etc. liegen für jede Periode einzeln vor. Bei kontinuierlichen Modellen hingegen betrachtet man einen kontinuierlichen, in der Regel unendlichen Zeithorizont. Kundennachfragen, Kosten etc. sind als Funktionen über die Zeit gegeben. Diskrete Modelle entsprechen tendenziell eher der Realität, sind jedoch in der Praxis sehr schwer rechenbar. Weitere Unterscheidungen betreffen die Bestandsprüfung (periodisch versus kontinuierlich), die Anzahl der Produkte (Einprodukt- und Mehrproduktmodelle, Verbundbestellungen) sowie die Kostenverläufe (variable versus fixe Bestellkosten) und die Bestandsauffüllung (sofortige versus allmähliche).

Aus der großen Zahl möglicher Lagerhaltungsmodelle wollen wir im Folgenden ein einfaches Modell diskutieren, das als Harris-Andler-Modell (Economic Order Quantity, EOQ) bekannt ist. Es handelt sich um ein deterministisches, kontinuierliches Modell mit durchgehender Bestandsüberprüfung, einem Produkt und Lager sowie fixen Bestellmengen. Fehlmengen sind nicht erlaubt, die Wiederbeschaffungszeit ist Null und Bestände werden sofort aufgefüllt.

Modell von Harris und Andler

Das Modell definiert die folgenden Variablen:

D konstante Nachfrage [Stück pro Zeiteinheit]

K Beschaffungskosten [Geldeinheiten pro Bestellung]

h Lagerbestandskosten [Geldeinheiten pro Mengen- und Zeiteinheit]

Q Bestellmenge [Stück pro Bestellung]

$C(Q)$ Lagerhaltungskosten [Geldeinheiten]

T Bestellzyklus: Zeit zwischen zwei aufeinander folgenden Bestellungen [Zeiteinheiten]

$I(t)$ Lagerbestand zum Zeitpunkt t [Stück]

I_{max} Maximaler Lagerbestand [Stück]

I_{avg} Durchschnittlicher Lagerbestand [Stück pro Zeiteinheit]

Abb. 193 zeigt den Lagerbestand $I(t)$ als Funktion über die Zeit t. Zu bestimmen sind die Parameter Q und T, d. h., wie viel soll bestellt werden und in welchen Zeitabständen soll bestellt werden? Es gilt $Q = D\,T$ und $I_{max} = Q$.

Der durchschnittliche Lagerbestand errechnet sich damit als $I_{avg} = Q/2$ (vgl. Abb. 194)

Die Gesamtkosten errechnen sich als Summe der Bestell- und der Lagerbestandskosten, d. h.

$$C(Q) = \frac{1}{T}\{\text{Kosten pro Bestellzyklus}\} = \frac{1}{T}\left(K + \frac{h}{2}QT\right) = \frac{K}{T} + h\frac{Q}{2} = \frac{KD}{Q} + h\frac{Q}{2}$$

Als nächstes bestimmen wir das Q^*, das die Kostenfunktion $C(Q)$ minimiert. Es gilt: $C(Q)$ ist stetig differenzierbar und konvex. Hierzu setzen wir die erste Ableitung gleich Null und lösen nach Q auf:

$$0 = \frac{\partial C(Q)}{\partial Q} = -\frac{KD}{Q^2} + \frac{h}{2} \Rightarrow Q^* = \sqrt{\frac{2KD}{h}}$$

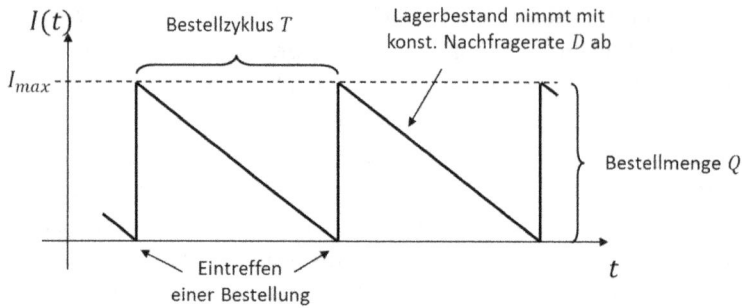

Abb. 193: Lagerbestand als Funktion der Zeit.[19]

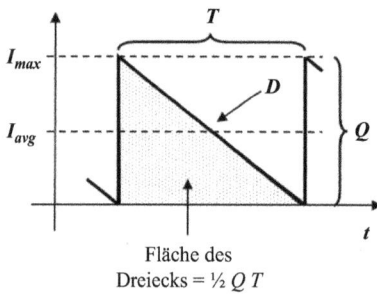

Fläche des
Dreiecks = ½ Q T

Abb. 194: Grafische Bestimmung des durchschnittlichen Lagerbestands.[20]

Ein kostenminimales Q^* wird als Economic Order Quantity (EOQ) bezeichnet. Wie Abb. 195 zeigt, balanciert eine kostenminimale Bestellmenge Q^* die Lagerbestandskosten pro Zeiteinheit mit den Auftragskosten pro Zeiteinheit.

Q^* ist gleich dem Schnittpunkt der beiden Kostenfunktionen. Mit Q^* ergeben sich der optimale Bestellzyklus $T^* = \frac{Q^*}{D} = \sqrt{\frac{2K}{hD}}$ sowie die Kosten pro Zeiteinheit

$$C(Q^*) = \frac{KD}{Q^*} + h\frac{Q^*}{2} = \sqrt{\frac{KDh}{2}} + \sqrt{\frac{KDh}{2}} = \sqrt{2KDh}$$

Die optimale Bestellmenge Q^* und der optimale Bestellzyklus T^* folgen einem intuitiven Verhalten. Vergrößern sich die Lagerbestandskosten pro Mengen- und Zeiteinheit h, so werden Q^* und T^* kleiner, d. h., man bestellt häufiger und in kleineren Mengen. Für ein kleineres h verhält es sich genau umgekehrt. Vergrößern sich jedoch im umgekehrten Fall die Auftragskosten pro Bestellung K, so werden auch Q^* und T^*

---

19 Quelle: Arnold, Isermann, Kuhn, et al. 2008, S. 375.
20 Quelle: Arnold, Isermann, Kuhn, et al. 2008, S. 375.

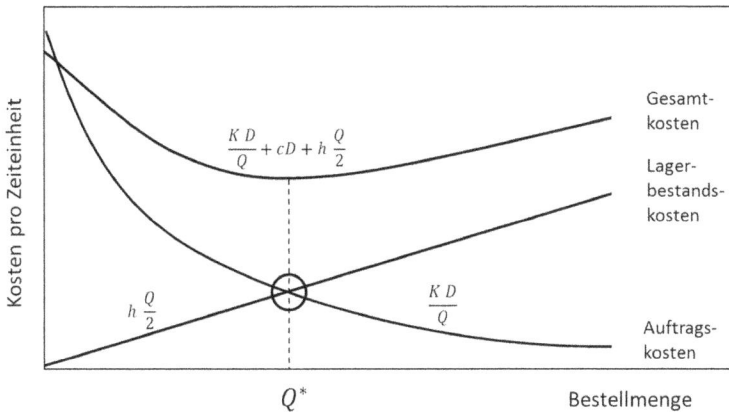

Abb. 195: Balance zwischen Lagerkosten und Bestellkosten.[21]

größer, d. h., man bestellt seltener und in größeren Mengen. Für ein kleineres K verhält es sich wiederum genau umgekehrt.

Zur Verdeutlichung soll das Economic Order Quantity-Modell an dem obigen Beispiel dargestellt werden. Die Aufgabenstellung definiert die folgenden Konstanten:

D 100.000 [Mullbinden pro Jahr]

K 250 [€ pro Bestellung]

h 1 [€ pro Stück und Jahr]

Gesucht sind die optimale Bestellmenge Q^* sowie der optimale Bestellzyklus T^*, d. h., $Q^* = \sqrt{\frac{2KD}{h}} = \sqrt{\frac{2 \cdot 250 \cdot 100.000}{1}} \approx 7071$ Stück bzw. $T^* = \frac{Q^*}{D} = \frac{7071}{100.000} \approx 0{,}071$ Jahre. Das Krankenhaus sollte alle 26 Tage ungefähr 7071 Mullbinden bestellen. Damit ergeben sich die gesamten Lagerhaltungskosten als $C(Q^*) = \sqrt{2KDh} = \sqrt{2 \cdot 250 \cdot 100.000 \cdot 1} = 7071{,}07$ €.

Das Modell von Harris und Andler findet in der Praxis der Lagerhaltung breite Anwendung. Dies liegt zum einen daran, dass es sehr einfach zu verstehen und zu berechnen ist. Insbesondere kann man sich die Eigenschaft dieses Modells zu Nutze machen, dass im Optimum die Lager- und die Beschaffungskosten gleich hoch sind (z. B. Verfahren der gleitenden Losgröße; Kostenabgleichsverfahren). Wichtiger erscheint jedoch, dass das Ergebnis relativ robust ist. Mit Hilfe von Sensitivitätsanalysen kann man zeigen, dass das Optimum auch auf größere Veränderungen von D, K und h nur gering reagiert. Das Modell stellt folglich auch dann eine gute Entscheidungsgrundlage dar, wenn die Parameter nicht exakt zu bestimmen sind Beschaffungskosten.

---

21 Quelle: Schmalen und Pechtl 2019, S. 215.

Modell von Wagner und Whitin

Das Modell von Harris und Andler geht von einer stetigen, deterministischen Nachfrage aus. Diese Annahme ist annähernd korrekt, wenn die Nachfrage nicht allzu sehr von Periode zu Periode schwankt. In der Realität gibt es jedoch Güter, bei denen die Nachfrage jeder Periode so stark streut, dass sie nicht mehr als Durchschnitt berücksichtigt werden kann. Hier bietet sich das Modell von Wagner und Whitin zur Lösung an.[22]

Es handelt sich um ein diskretes Lagerhaltungsmodell mit diskreter und deterministischer Nachfrage zu diskreten Bestellzeitpunkten. Im Grundmodell sind keine Fehlmengen und keine Lieferzeiten berücksichtigt, das Modell kann jedoch entsprechend erweitert werden. Der Zugang erfolgt mit unendlicher Geschwindigkeit. Abb. 196 zeigt den entsprechenden Lagerbestandsverlauf. Anders als bei Harris und Andler sind die Bezugsmengen $(q_1 \dots q_3)$ unterschiedlich. Es wird auch nicht in jeder Periode bestellt, und die Nachfrage $(N_1 \dots N_7)$ schwankt von Periode zu Periode.

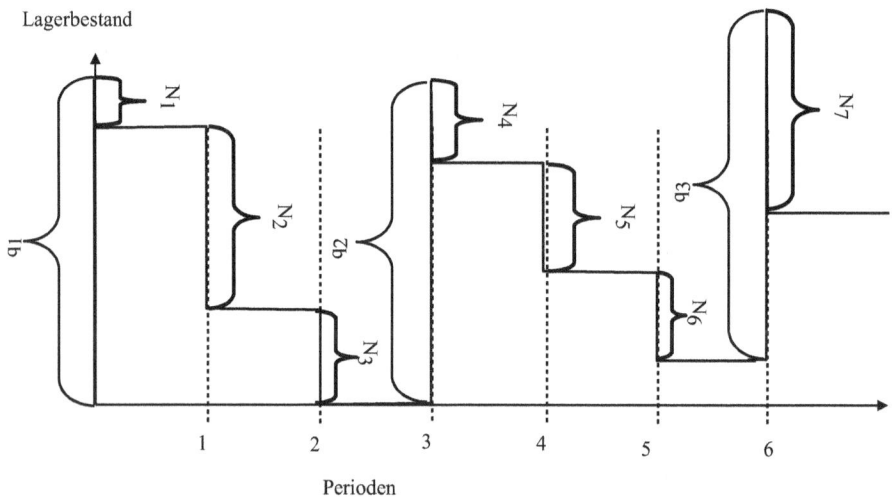

Abb. 196: Lagerbestandverlauf des Wagner-Whitin-Modells.[23]

Der Lösungsalgorithmus des Wagner-Whitin-Modells entspricht einer dynamischen Programmierung. Es handelt sich hierbei um einen Entscheidungsbaum, bei dem aus einer zulässigen, aber unvollständigen Lösung schrittweise eine immer vollständigere Lösung entwickelt wird, wobei suboptimale Lösungen auf dem Entwicklungspfad ausgeschlossen werden (Teilenumeration). Tab. 174 zeigt ein derartiges Lagerhaltungs-

22 Vgl. Meyer und Hansen 1996.
23 Quelle: Meyer und Hansen 1996.

modell für fünf Perioden. Tab. 175 demonstriert die Hinrechnung mit einem Bestellkostensatz von 100 GE und einem Lagerkostensatz von 1 GE. Letzterer definiert sich hier als die Kosten, um eine Einheit für eine Periode einzulagern.

Tab. 174: Wagner-Whitin Ausgangslage.

Periode	1	2	3	4	5
Nachfrage	50	80	30	40	20

Die Felder ermitteln sich wie folgt:
- 1/1: Wenn man in Periode 1 für Periode 1 einkauft, fallen Bestellkosten von 100 GE an, aber keine Lagerkosten.
- 1/2: Wenn man in Periode 1 für Periode 1 und 2 einkauft, fallen Bestellkosten von 100 GE an und Lagerkosten für 80 Einheiten für eine Periode (von 1 nach 2), d. h. 180 GE.
- 1/3: Wenn man in Periode 1 für Periode 1, 2 und 3 einkauft, fallen Bestellkosten von 100 GE an, Lagerkosten für 80 Einheiten für eine Periode (von 1 nach 2) sowie Lagerkosten für 30 Einheiten für zwei Perioden (von 1 nach 3), d. h. 100 + 80 + 60 GE.
- 2/2: Wenn man in Periode 1 für Periode 1 sowie in Periode 2 für Periode 2 einkauft, fallen Bestellkosten von 200 GE an, aber keine Lagerkosten.
- 2/3: Wenn man in Periode 1 für Periode 1 sowie in Periode 2 für Periode 2 und 3 einkauft, fallen Bestellkosten von 200 GE an und Lagerkosten für 30 Einheiten für eine Periode (von 2 nach 3), d. h. 230 GE.
- ...

An dieser Stelle setzt nun das Verfahren der Dynamischen Programmierung an: Es macht keinen Sinn, den Baum 1/4 fortzusetzen, denn 2/3 hat bereits geringe Kosten als 1/3, d. h., alles was nach 1/3 kommt, kann nur höhere Kosten haben. Setzt man die Entwicklung des Baums (hier dargestellt als Tabelle) fort, so zeigt es sich, dass die Gesamtkosten am geringsten sind, wenn man zum Schluss auf dem Feld 3/5 mit 350 GE rauskommt. Dann erfolgt als zweiter Rechengang die Rückrechnung, d. h., man geht im Baum zurück, um zu ermitteln, welche Mengen in welchen Perioden gekauft werden sollten. In diesem Fall ist es optimal, wenn in Periode 1 50 Stück für Periode 1, in Periode 2 110 Stück für Periode 2 und 3 sowie in Periode 4 60 Stück für Periode 4 und 5 gekauft werden.

Ein deterministisches Losgrößenmodell mit diskreter Nachfrage kann auch mit einem Programm der Linearen Programmierung gelöst werden:[24]

---

24 Vgl. Domschke und Scholl 2008.

Tab. 175: Wagner-Whitin Beispiel.

in/für	1	2	3	4	5
1	100	180	240		
2		200	230	310	370
3			280	320	360
4				330	350
5					410
N	50	80	30	40	20

Strukturvariable:

L_i Lagerbestand in Periode i, i = 1 ... n

q_i Bestellmenge in Periode i, i = 1 ... n

v_i $v_i = \begin{cases} 1 & \text{falls in Periode i bestellt wird} \\ 0 & \text{sonst} \end{cases}$ $i = 1..n$

Konstanten:

N_i Nachfrage in Periode i, i = 1 ... n

CL Lagerkostensatz

CB Bestellkostensatz

Damit ergibt sich für *n* Perioden:

$$L_{i-1} + q_i - N_i = L_i \; f\ddot{u}r \; i = 1..n$$

$$M \cdot v_i \geq q_i \; f\ddot{u}r \; i = 1..n$$

$$Z = \sum_{i=1}^{n} CL \cdot L_i + \sum_{i=1}^{n} CB \cdot v_i \rightarrow Min!$$

Die erste Gleichung entspricht der Bestandgleichung des Lagers, d. h., Lageranfangsbestand plus Zugang minus Abgang = Lagerendbestand. Die zweite Gleichung stellt sicher, dass die binäre Variable v_i immer eins ist, wenn in der Periode bestellt wird. Im Zusammenwirken mit der Zielfunktion ist sie immer null, wenn nicht bestellt wird. Die Zielfunktion minimiert die Lagerhaltungskosten.

9.4 Standortplanung

Als Standort eines Krankenhauses sei der Ort bezeichnet, an dem das Krankenhaus seine Gesundheitsdienstleistungen erbringt.[25] Der Geschäfts- bzw. Verwaltungssitz kann hiervon abweichen, ist jedoch hier genauso irrelevant wie die rechtliche Zusammengehörigkeit von Krankenhäusern. Entscheidend für den Dienstleister ist allein der Ort, an dem der Kunden die Leistung nachfragen kann. Da das Krankenhaus regelmäßig seine Leistungen in Einheit von Ort, Zeit und Handlung an persönlich anwesende Kunden abgibt, spielt der Standort eine sehr große Rolle für den wirtschaftlichen und gesellschaftlichen Erfolg der Einrichtung.

In der Literatur findet sich eine große Fülle an Faktoren, die die Wahl des Standortes bestimmen. Hierzu zählen die Nähe zum Kunden, die Kaufkraft, (Verkehrs-) Infrastruktur, Konkurrenz, Standortimage, Personalverfügbarkeit, Arbeitskosten, Bodenpreise, natürlich Ressourcen sowie steuerliche Vorteile. Für das Akutkrankenhaus dürfte vor allem die Erreichbarkeit für die Patienten und deren Angehörige bedeutend sein, da Kranke und ältere Menschen eine hohe Distanzreibung haben. Krankenhäuser stehen deshalb gerne an Verkehrsknotenpunkten, die sowohl für die Rettungsdienste schnell erreichbar als auch in die öffentliche Verkehrsinfrastruktur gut eingebunden sind. Eine gewisse Bedeutung haben Verbundvorteile, sodass sich Krankenhäuser, Altenheime, Pflegedienste etc. häufig in räumlicher Nähe ansiedeln, sodass ein „Gesundheitscluster" entsteht. Kaufkraft und natürliche Ressourcen spielen zumindest in Deutschland hingegen kaum eine Rolle.

Die Standortwahl ist häufig bei weitem nicht so rational wie dies gemeinhin angenommen wird. In früheren Zeiten determinierte häufig die Verfügbarkeit von öffentlichen Grundstücken die Standortwahl. Da es kaum Krankenhausneugründungen gibt, bleibt nur die Möglichkeit, bestehende, suboptimale Standorte zu verlagern. Angesichts des großen Flächenbedarfs von Krankenhäusern ist dies häufig schwierig. Bestehende Modelle der Standortplanung (z. B. Varignon'scher Apparat, Thünen'sche Kreise, Steiner-Weber-Modell) sind zwar für das Verständnis der Grundprobleme sehr illustrativ, können jedoch für praktische Probleme nur selten eine Hilfestellung sein, da die Zahl der Standortalternativen extrem begrenzt ist.

In Ländern, die gerade ihre Infrastruktur an Gesundheitsdienstleistern ausbauen, können hingegen Netzmodelle mit großem Gewinn eingesetzt werden. Je nach Fragestellung können zwei grundlegende Varianten unterschieden werden. P-Median Modelle legen die Standorte einer gegebenen Zahl von Gesundheitseinrichtungen so fest, dass die durchschnittliche Anreisedistanz minimiert wird. Covering Modelle hingegen wählen die Standorte der Einrichtungen derart, dass die Anzahl der Einrichtungen möglichst klein bleibt, jedoch eine maximale Anreisedistanz nicht

---

25 Vgl. Domschke und Scholl 2008, S. 173–178.

überschritten wird. In beiden Fällen können mögliche Standorte als Knoten in einem Netz aus Dörfern (mit unterschiedlich großer Bevölkerung) und Verkehrswegen gewählt werden. Abb. 197 zeigt ein entsprechendes Netz mit den bestehenden Gesundheitseinrichtungen am Beispiel des Gesundheitsdistriktes Nouna in Burkina Faso.

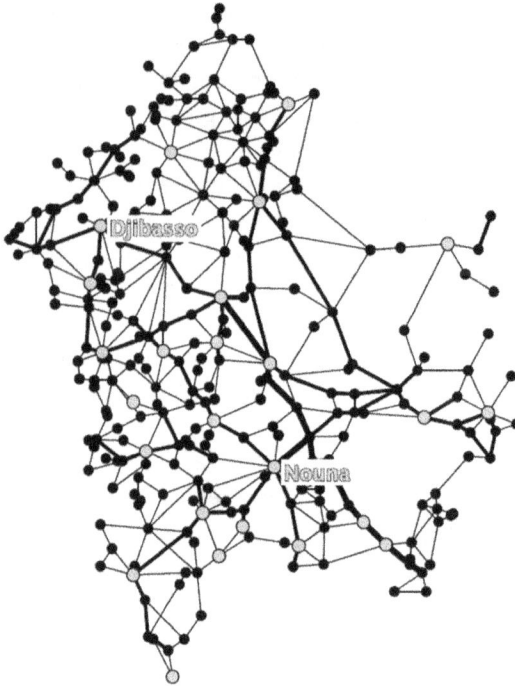

Abb. 197: Dörfer und Gesundheitseinrichtungen in Nouna Health District.[26]

Das folgende Lineare Programm stellt beispielhaft ein P-Median Modell dar.[27] Die Zielfunktion minimiert die Anreisedistanzen für die Bevölkerung, wobei in p Knoten eine Gesundheitseinrichtung existieren soll. Ähnliche Modelle werden beispielsweise zur Standortplanung von Rettungswachen in Deutschland eingesetzt, wobei Geografische Informationssysteme regelmäßig die entsprechenden Verkehrsnetze vorrätig haben und entsprechende Tools beinhalten.[28]

---

26 Quelle: Cocking, Flessa und Reinelt 2012, S. 166.
27 Vgl. Domschke und Drexl 1996.
28 Vgl. Behrendt und Schmiedel 2004; Brotcorne, Laporte und Semet 2003.

$$\sum_{j=1}^{m} y_j = p$$

$$\sum_{j=1}^{m} x_{ij} = 1 \; \text{für } i = 1..m$$

$$\sum_{i=1}^{m} x_{ij} \le M \cdot y_j \; \text{für } j = 1..m$$

$$Z = \sum_{i=1}^{m} \sum_{j=1}^{m} B_i \cdot d_{ij} \cdot x_{ij} \rightarrow Min!$$

mit

y_j Anbieter im Standort j,

$$y_i = \begin{cases} 1 & \text{falls Anbieter im Standort j} \\ 0 & \text{sonst} \end{cases}$$

x_{ij} Zuordnung Dorf i auf Anbieter j

$$x_{ij} = \begin{cases} 1 & \text{falls Knten i von Anbieter j versorgt wird} \\ 0 & \text{sonst} \end{cases}$$

m Zahl der Knoten

d_{ij} Distanz zwischen Knoten i und j

p Zahl der Anbieter

B_i Bevölkerung in Knoten i

M Große Zahl, mit $M \ge m\text{-}p + 1$

9.5 Ergebnisse

Die Logistik stellt ein wichtiges Instrument des Krankenhausmanagements dar. Materialien, Geräte, Mitarbeiter und Patienten müssen zur richtigen Zeit am richtigen Ort sein, damit der Produktionsprozess zielsystemkonform erfolgen kann. In der Regel bedient sich die Logistik hierzu mathematischer Modelle, die hier nur erwähnt werden können. Die Bestellpolitik und Lagerhaltung, der innerbetriebliche Transport, die Reihenfolge in Funktionsabteilungen und auch die Terminvergabe werden heute mit Optimierungsmethoden geplant, die häufig in Softwarepaketen eingebunden sind.

Das Modell von Harris und Andler basiert auf der Infinitesimalrechnung. Die Erweiterung auf eine diskrete Nachfrage ist mit Hilfe des Modells von Wagner-Whitin möglich, einem Ansatz der Dynamischen Programmierung. Dieselbe Problemstellung kann mit Modellen der Linearen Programmierung gelöst werden, wobei das LP eine höhere Komplexität mit Fehlmengen, Mehrproduktlägern und Verbundbestellungen erlaubt. Stochastische Lagerhaltungsmodelle werden meist mit Hilfe der Simulation und entsprechenden Heuristiken gelöst. Der Trend geht hierbei zu sogenannten Meta-Heuristiken (z. B. Simulated Annealing, Evolutorische Algorithmen), die globale Optima in vieldimensionalen Lösungsräumen suchen. Sie werden auch für Reihenfolge- und Tourenplanungsprobleme angewandt.

9.6 Aufgaben und Fallstudien

Die folgenden Aufgaben und Fallstudien dienen der Vertiefung und Übung des Wissens.

9.6.1 Lagerhaltung

Diskretes Modell

Aufgabenstellung
Ein Krankenhaus hat fixe Kosten von 1000 € pro Bestellung, Lagerkosten fallen in Höhe von 20 € pro Monat und Stück an. Der Bedarf für die nächsten 8 Monate beträgt 50, 100, 50, 100, 200, 50, 20 und 100 Stück.

Ermitteln Sie die optimale Bestellpolitik und berechnen Sie die Bestellmenge für diejenigen Perioden, in denen eine Produktbestellung unter Berücksichtigung einer optimalen Bestellpolitik stattfindet.

Lösung
Zur Lösung der Aufgabe ist der Wagner-Whitin-Algorithmus einzusetzen. Mit Hilfe dieses Verfahrens lassen sich die optimale Bestellpolitik sowie die optimalen Bestellmengen in den einzelnen Perioden errechnen. Tab. 176 zeigt die Hinrechnung.

Tab. 176 zeigt in den Zeilen an, in welcher Periode bestellt werden kann, in den Spalten für welche Periode Bestellungen möglich sind, hier jeweils für die Perioden eins bis acht. Die Zellen unterhalb der Hauptdiagonale sind Leerfelder, da diese Bestellzeitpunkte nicht möglich sind. Beispielsweise ist es nicht möglich, in Periode 5 für die Perioden 1, 2, 3 und 4 zu bestellen, da der Bestellzeitpunkt nach dem Zeitpunkt des Bedarfes liegt.

Hinrechnung: Wird in Periode 1 (im Folgenden jeweils nur mit „in 1" bzw. „für 1" bezeichnet) für 1 bestellt, fallen 1000 € bestellfixe Kosten an. Lagerkosten ergeben sich nicht. Bis hier betragen die Gesamtkosten der Bestellpolitik somit 1000 €. Für 2 ergeben sich zwei Möglichkeiten: In 1 für 2 mitbestellen oder in 2 eine neue Bestellung auslösen. Wird in 1 auch für 2 mitbestellt resultieren hieraus Gesamtkosten von 3000 €, da zusätzlich zu den 1000 € bestellfixen Kosten 100 Mengeneinheiten für je 20 € Lagerkosten über eine Periode gelagert werden müssen. Wird hingegen erst in 2 für 2 bestellt, kommen auf die 1000 € von in 1 für 1 zusätzlich 1000 € bestellfixe Kos-

Tab. 176: Wagner-Whitin Hinrechnung.

in \ für	1	2	3	4	5	6	7	8
1	1.000	3.000	–	–	–	–	–	–
2	–	2.000	3.000	7.000	–	–	–	–
3	–	–	3.000	5.000	–	–	–	–
4	–	–	–	4.000	8.000	–	–	–
5	–	–	–	–	5.000	6.000	6.800	–
6	–	–	–	–	–	6.000	6.400	10.400
7	–	–	–	–	–	–	7.000	9.000
8	–	–	–	–	–	–	–	7.400
d_j	50	100	50	100	200	50	20	100

d_j: Nachfrage in Periode d

ten für 2 in 2 hinzu. Die Gesamtkosten bis hier liegen bei 2000 €. Im Anschluss wird das Spaltenminimum gewählt und dient als Ausgangspunkt für die Fortsetzung der Rechnung in der nächsten Spalte. Ferner können Zeilen, sollte es über dem Spaltenminimum einen (oder mehrere) höheren Wert geben, hinter diesem höheren Wert gestrichen werden, da aufgrund der höheren Anzahl von Lagerperioden im Vergleich zur Minimumzeile keine geringen Gesamtkosten möglich sind. Im Sonderfall zweier identischer Spaltenminima wird von beiden weitergerechnet. Eine entsprechende Berücksichtigung ist bei der Rückrechnung erforderlich. Wird in einer Zelle für mehrere Perioden mitbestellt, ist die Anzahl der Lagerperioden zu berücksichtigen. So resultiert der Wert von 7000 € aus 1000 € bestellfixen Kosten in 1 für 1, aus 1000 € bestellfixen Kosten in 2 für 2, aus 1000 € Lagerkosten für 50 Mengeneinheiten mit einem Lagerkostensatz von je 20 € über eine Periode (von 2 zu 3) sowie über 4000 € Lagerkosten für 100 Mengeneinheiten zu je 20 € Lagerkosten über zwei Perioden (von 2 bis 4). Wird das dargestellte Verfahren fortgesetzt, ergibt sich als geringster Wert in der letzten Periode ein Betrag von 7400 €, welcher die Kosten der optimalen Bestellpolitik angibt. Die optimalen Bestellzeitpunkte ergeben sich im Anschluss aus der Rückrechnung.

Rückrechnung: Der Wert von 7400 € befindet sich in Zelle (8,8). Somit beschreibt er die Bestellung „in Periode 8 für Periode 8", d. h. in Periode 8 sind 100 Mengeneinheiten zu bestellen. Der Wert in Zelle (8,8) basiert auf dem Wert in Zelle (6,7). Folglich wird in Periode 6 für Periode 6 und 7 bestellt, insgesamt 70 Mengeneinheiten. Vorgängerwert von Zelle (6,6) ist (5,5), was bedeutet, dass in Periode 5 nur für Periode 5 200 Mengeneinheiten zu bestellen sind. Ebenso verhält es sich für die Vorgängerzelle (4,4), d. h., in Periode 4 sind für Periode 4 100 Mengeneinheiten zu bestellen. Da der Wert in (4,4) auf den Werten aus den Zellen (3,3) oder (2,3) basiert, ergeben sich zwei Optionen:

Option 1: Es werden in Periode 3 für Periode 3 50 Mengeneinheiten und in Periode 2
für Periode 2 100 Mengeneinheiten bestellt.
Option 2: Es werden in Periode 2 für die Periode 2 und 3 150 Mengeneinheiten bestellt.

Der letzte Schritt der Rückrechnung beinhaltet die Bestellung von 50 Mengeneinheiten in 1 für 1. Tab. 177 zeigt die Lösung.

Tab. 177: Wagner Whitin Lösung.

Option 1		Option 2	
In 1 für 1	50 Mengeneinheiten	In 1 für 1	50 Mengeneinheiten
In 2 für 2	100 Mengeneinheiten	In 2 für 2 und 3	150 Mengeneinheiten
In 3 für 3	50 Mengeneinheiten		
In 4 für 4	100 Mengeneinheiten	In 4 für 4	100 Mengeneinheiten
In 5 für 5	200 Mengeneinheiten	In 5 für 5	200 Mengeneinheiten
In 6 für 6 und 7	70 Mengeneinheiten	In 6 für 6 und 7	70 Mengeneinheiten
In 8 für 8	100 Mengeneinheiten	In 8 für 8	100 Mengeneinheiten

Stetiges Modell

Aufgabenstellung

Ein Krankenhaus hat einen hohen Bedarf an einer bestimmten Art von Kompressen (50.000 Packungen pro Jahr). Untersuchungen zeigen, dass die Nachfrage völlig gleichmäßig über das Jahr verteilt ist. Ein Bestellvorgang ist komplex und erfordert 500 € Personal- und Transportkosten. Jede Packung, die ein ganzes Jahr eingelagert wird, kostet 2 € Lagerkosten.
1. Stellen Sie mit diesen Angaben das klassische Losgrößenmodell graphisch dar.
2. Ermitteln sie die optimale Häufigkeit der Materialbestellungen pro Jahr sowie die korrespondierende Menge.

Lösung

Abb. 198 zeigt den Lagerbestandsverlauf. Das sogenannte Harris-Andler Modell der optimalen Bestellgröße setzt voraus, dass der Lagerabgang deterministisch und stetig ist, keine Fehlmengen oder Sicherheitsbestände auftreten und der Zugang bei Lieferung sehr schnell passiert („unendlich schnell"). In diesem Fall entspricht der Lagerbestandsverlauf der klassischen Sägezahnkurve.

Folgende Variablen werden definiert:

L Lagerbestand [Stück]

r Abgangsrate [Stück pro Jahr]

T   Zeit, hier: 1 Jahr
CB Bestellkostensatz, hier: 500 € pro Bestellung
CL Lagerkostensatz, hier: 2 € pro Stück pro Jahr
q   Bestellmenge
q^* optimale Bestellmenge

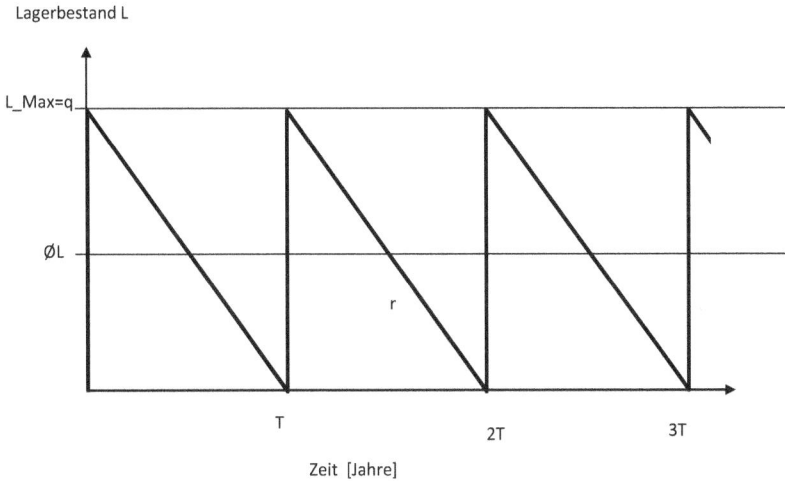

Abb. 198: Harris-Andler Modell.

Damit ergeben sich die Lagerhaltungskosten als Summe der Lager- und Bestellkosten, bzw.

$$K(q) = CB \cdot \frac{r}{q} + CL \cdot \frac{q}{2} \to Min!$$

Das Kostenminimum ist gegeben, wo die erste Ableitung gleich null ist:

$$K'(q) = CB \cdot \frac{r}{q^2} \cdot (-1) + CL \cdot \frac{1}{2} = 0 \Rightarrow$$

$$CB \cdot \frac{r}{q^2} = CL \cdot \frac{1}{2}$$

$$q^2 = \frac{2 \cdot CB \cdot r}{CL}$$

$q^* = \sqrt{\frac{2 \cdot CB \cdot r}{CL}}$ stellt folglich die optimale Bestellmenge in Abhängigkeit von Bestellkosten- und Lagerkostensatz sowie der Abgangsrate dar. Setzt man q^* in die Formel der Lagerhaltungskosten ein, ergibt sich das Kostenminimum:

$$K^* = CB \cdot \frac{r}{\sqrt{\frac{2 \cdot CB \cdot r}{CL}}} + CL \cdot \frac{\sqrt{\frac{2 \cdot CB \cdot r}{CL}}}{2} = \sqrt{2 \cdot CB \cdot CL \cdot r}$$

Für das Beispiel ergibt sich entsprechend die optimale Bestellmenge als,

$$q^* = \sqrt{\frac{2 \cdot 500 \cdot 50.000}{2}} = 5000,$$

10-mal pro Jahr werden jeweils 5000 Stück geschafft. Damit ergeben sich Lagerhaltungskosten von

$$K^* = \sqrt{2 \cdot CB \cdot CL \cdot r} = \sqrt{2 \cdot 500 \cdot 2 \cdot 50.000} = 10.000$$

Abb. 199 zeigt die entsprechenden Verläufe.

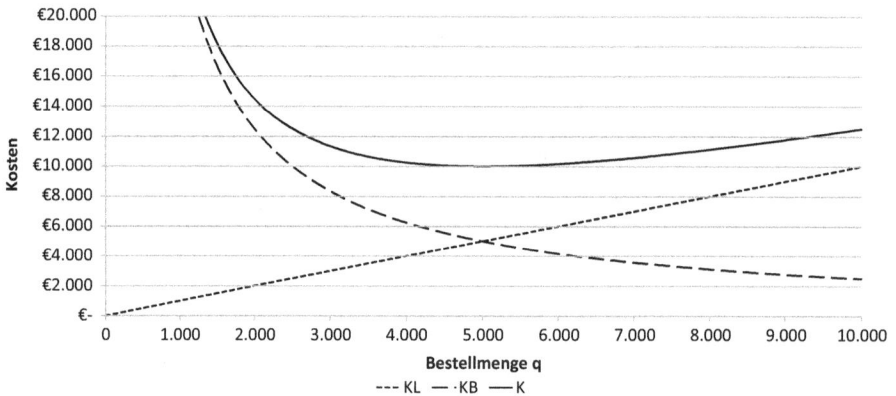

Abb. 199: Kostenverläufe des Harris-Andler Modells.

ABC-Analyse

Aufgabenstellung

1. Zeigen Sie das Prinzip der ABC- und der XYZ-Analyse im Kontext der Materialbedarfsplanung auf.
2. Als Trainee der Beschaffungsabteilung eines Krankenhauses besteht Ihre erste Aufgabe darin, mögliche Einsparpotentiale in der Materialwirtschaft zu identifizieren. Hierzu wird die Materialliste gemäß Tab. 178 bereit gestellt. Auf welche Güter würden Sie zuerst ihr Augenmerk richten?

Tab. 178: Materialliste.

Material	Verbrauchsmenge pro Jahr	Preis pro Stück
A	34.584	15,00 €
B	1.254	100,00 €
C	120	17.500,00 €
D	24.589	30,00 €
E	7.421	380,00 €
F	4.587	300,00 €
G	8.201	45,00 €
H	500	500,00 €
I	7.005	1.200,00 €
J	25	30.000,00 €
K	45.874	0,30 €
L	25.148	54,00 €
M	45.787	2,00 €
N	45.800	2,21 €
O	3.578	13,50 €
P	251	278,00 €
Q	25	4.578,00 €
R	57.825	0,51 €
S	25.874	28,27 €
T	25	784,00 €

Lösung

Ad 1: Mit Hilfe der ABC-Analyse der Materialwirtschaft werden diejenigen Güter ermittelt, bei denen sich eine tiefgreifendere Analyse (z. B. eine Beschaffungsoptimie-
rung) rentiert. Als Kriterium hierfür wird der Gesamtverbrauchswert bzw. Umsatz
eines Gutes herangezogen. A-Güter sind besonders umsatzstark, da sie sowohl teuer
sind als auch häufig beschafft werden müssen. A-Güter machen regelmäßig nur 15 %
der Artikel aus, tragen jedoch bis zu 80 % des Gesamtverbrauchswertes bei. Die
nächsten 35 % der Artikel haben einen Gesamtverbrauchswert von 15 % (B-Güter),
während die C-Güter zwar 50 % der Gesamtmenge, aber nur 5 % des Gesamtver-

brauchswertes ausmachen. Abb. 200 zeigt den Verlauf schematisch auf. Die Lageroptimierungsmodelle werden regelmäßig nur für A-Produkte gerechnet.

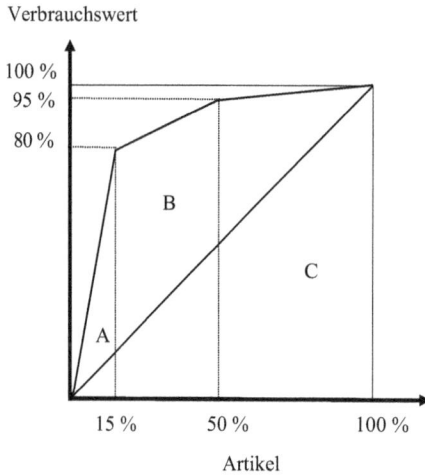

Abb. 200: ABC-Analyse.

Die XYZ-Analyse analysiert die Artikel bzgl. ihres Bedarfsverlaufs. X-Güter weisen einen regelmäßigen, nahezu konstanten Bedarfsverlauf auf (z. B. Schmerzmittel). Sie eignen sich besonders für Harris-Andler-Modelle. Y-Güter unterliegen einem trendmäßig steigendem oder fallendem bzw. einem saisonal schwankenden Bedarf (z. B. z. B. Grippemittel). Sie sind z. B. durch ein Wagner-Whitin-Modell abbildbar. Z-Güter hingegen weisen äußerst unregelmäßigen Bedarf auf (z. B. Medikamente für Bluter), sodass eine geplante Lagerhaltung nicht möglich ist.

Ad 2: ABC-Analyse. Tab. 179 ergänzt die Materialliste um den Umsatz (Produkt aus Menge und Preis) und sortiert nach dem Umsatz. Produkt K macht nur 0,7 % des Gesamtumsatzes aus, während Produkt I immerhin 42 % des Gesamtwertes beisteuert. Es wäre deshalb sinnvoll, bei der Analyse mit Produkt I zu beginnen. Die Produkte I, E, C, F und L machen 80 % des Umsatzes aus.

Tab. 179: ABC-Analyse.

Material	Verbrauchsmenge pro Jahr	Preis pro Stück	Umsatz
K	45.874	0,30 €	13.762,20 €
T	25	784,00 €	19.600,00 €
R	57.825	0,51 €	29.490,75 €
O	3.578	13,50 €	48.303,00 €

Tab. 179 (fortgesetzt)

Material	Verbrauchsmenge pro Jahr	Preis pro Stück	Umsatz
P	251	278,00 €	69.778,00 €
M	45.787	2,00 €	91.574,00 €
N	45.800	2,21 €	101.218,00 €
Q	25	4.578,00 €	114.450,00 €
B	1.254	100,00 €	125.400,00 €
H	500	500,00 €	250.000,00 €
G	8.201	45,00 €	369.045,00 €
A	34.584	15,00 €	518.760,00 €
S	25.874	28,27 €	731.457,98 €
D	24.589	30,00 €	737.670,00 €
J	25	30.000,00 €	750.000,00 €
L	25.148	54,00 €	1.357.992,00 €
F	4.587	300,00 €	1.376.100,00 €
C	120	17.500,00 €	2.100.000,00 €
E	7.421	380,00 €	2.819.980,00 €
I	7.005	1.200,00 €	8.406.000,00 €

9.6.2 Transport

Einfaches Transportmodell

Aufgabenstellung

In einem Krankenhaus sollen Infusionsflaschenkartons aus drei verschiedenen Lagern auf vier verschiedene Stationen transportiert werden. Dabei fallen folgende Transportkosten c_{ij} [GE pro Karton] gemäß Tab. 180 an:

Tab. 180: Einfaches Transportmodell – Kostenmatrix.

von \ nach	1	2	3	4
1	5	7	1	5
2	3	5	2	5
3	2	2	3	5

Die Infusionsflaschenkartons liegen wie folgt in den Lagern verteilt: $a_1 = 30$, $a_2 = 40$, $a_3 = 20$. Die Stationen fragen folgende Mengen nach: $b_1 = 10$, $b_2 = 40$, $b_3 = 20$, $b_4 = 20$.

Aufgaben:
1. Stellen Sie für diesen Datensatz ein Transporttableau mit einer zulässigen Basislösung auf. Verwenden Sie hierfür die Nord-West-Eckenregel.
2. Welche Transportkosten ergeben sich für diese Basislösung?

Lösung

Ad 1: Die Nord-West-Eckenregel stellt ein heuristisches Verfahren dar, das eine zulässige Basislösung (vgl. Tab. 181) für ein klassisches Transportproblem liefert, dem sich ein Optimierungsalgorithmus anschließt. Es wird immer die linke obere Ecke vollständig gesetzt (Nord-West-Ecke). In diesem Fall werden 10 Einheiten von a1 nach b1 transportiert, sodass b1 seinen Bedarf deckt. Es bleiben 20 Einheiten in a1 übrig. Diese werden an b2 geliefert, sodass a1 leer ist. b2 benötigt weitere 20 Einheiten. Diese können von a2 geliefert werden. a2 hat jedoch weitere 20 Einheiten zur Verfügung. Sie können an b3 geliefert werden. Auch b3 ist damit befriedigt, sodass nur noch 20 Einheiten von a3 nach b4 bleiben.

Tab. 181: Basislösung des einfachen Transportmodells.

von \ nach	1	2	3	4	Σ
1	10	20	–	–	30
2	–	20	20	–	40
3	–	–	–	20	20
Σ	10	40	20	20	90

Ad 2: Die Transportkosten der Basislösung ergeben sich aus der additiven Verknüpfung der Transportmengen aus der Aufgabe a) mit den Transportkosten zwischen den Lagern und Stationen aus der Aufgabenstellung. Es ergibt sich folglich:

$$10 \cdot 5€ + 20 \cdot 7€ + 20 \cdot 5€ + 20 \cdot 2€ + 20 \cdot 5€ = 430 €$$

Fallstudie zur Transportplanung

Aufgabenstellung

Die Krankenhaus-Catering GmbH hat zwei Küchen in der Region, in denen jeweils 1000 Essen pro Tag hergestellt werden können, die an fünf verschiedene Krankenhäuser zu liefern sind, wobei die Krankenhäuser folgende Bedarfe haben:

KH 1: 300 Essen pro Tag

KH 2: 200 Essen pro Tag

KH 3: 500 Essen pro Tag

KH 4: 800 Essen pro Tag

KH 5: 200 Essen pro Tag

Die Annahme ist, dass die Transportkosten proportional zur transportierten Menge sind. Stellen Sie einen Ansatz der Linearen Programmierung auf und lösen Sie das Problem. Tab. 182 gibt die Transportkosten proportional zur Menge wieder.

Tab. 182: Transportkosten Krankenhauscatering: Proportional zur Menge [€].

Von/nach	KH 1	KH2	KH3	KH4	KH5
Küche 1	0,5	0,3	0,7	0,3	0,1
Küche 2	0,8	0,2	1,0	0,2	0,2

Lösung

Es handelt sich um ein Transportmodell, das mit einem Programm der Linearen Programmierung gelöst werden kann.

Strukturvariable:

x_{ij} Transportmenge von Küche i zu KH j, $i = 1..3; j = 1..5$

Konstanten:

c_{ij} Transportkosten einer Einheit von Küche i zu KH j, $i = 1..3; j = 1..5$

b_i Bereitstellungsmenge von Küche i, $i = 1..2$

d_j Bedarf von KH j, $j = 1..5$

Nebenbedingungen:

$$\sum_{j=1}^{5} x_{ij} = b_i \ f\ddot{u}r \ i = 1..2$$

$$\sum_{i=1}^{2} x_{ij} = d_j \ f\ddot{u}r \ j = 1..5$$

Zielfunktion:

$$Z = \sum_{i=1}^{2} \sum_{j=1}^{5} c_{ij} \cdot x_{ij} \rightarrow Min!$$

Beispielsweise in Lingo ergibt sich:

MIN = 0.5*X11 + 0.3*x12 + 0.7 * x13 + 0.3 * x14 + 0.1 * x15 + 0.8 *x21 +
0.2*x22 + 1 * x23 + 0.2*x24 + 0.2 * x25;

x11 + X12 + X13 + X14 + X15 = 1000;
x21 + x22 + x23 + x24 + x25 = 1000;

x11 + x21 = 300;
x12 + x22 = 200;
x13 + x23 = 500;
x14 + x24 = 800;
x15 + x25 = 200;

und schließlich als Lösung minimale Transportkosten von 720, wenn 300 Einheiten von Küche 1 nach Krankenhaus 1, 500 Einheiten nach Krankenhaus 3 und 200 Einheiten nach Krankenhaus 5 transportiert werden. Küche 2 liefert 200 Einheiten an Krankenhaus 2 und 800 Einheiten an Krankenhaus 4.

Das Modell ist erweiterbar. Beispielsweise können transportfixe Kosten und Fehlmengen bzw. Überschussmengen berücksichtigt werden.

9.6.3 Standortplanung

Aufgabenstellung

Ein mittelständischer Krankenhausverbund plant die Errichtung eines gemeinsamen Medizinischen Versorgungszentrums (MVZ). Hierfür bieten sich insgesamt vier Standorte an, die die Standortfaktoren in unterschiedlicher Weise mitbringen. Als wichtige Standortfaktoren haben sich Personalverfügbarkeit (Bedeutung: 0,3), Grundstückspreise (Bedeutung: 0,2), Verkehrslage (Bedeutung: 0,15), Morbidität (Bedeutung: 0,3) und Fördermöglichkeiten (Bedeutung: 0,05) herauskristallisiert. Die Gewichtung der einzelnen Faktoren wurde nach dem Konsensprinzip festgelegt und ist jeweils in Klammern dargestellt.

Tab. 183 stellt die Bewertungsergebnisse der Standortanalyse dar, wobei 1 die schlechteste und 10 die beste Bewertung beschreibt:

Tab. 183: Standortplanung: Ausgangsdaten.

Standort	Personalverfügbarkeit	Grundstückspreise	Verkehrslage	Morbidität	Fördermöglichkeiten
1	10	6	10	2	1
2	3	5	9	4	3
3	7	4	6	5	4
4	2	9	1	8	10

Aufgabe:
Welcher Standort erweist sich als optimal?

Lösung

Zur Lösung der Aufgabe sind die Ausprägungen der Standortfaktoren zu gewichten und für jeden Standort aufzuaddieren. Es ergibt sich die Planung gemäß Tab. 184.

Tab. 184: Standortplanung: Ergebnisse.

Standort	Personalver- fügbarkeit	Grundstücks- preise	Verkehrslage	Morbidität	Förder- möglichkeiten	Ergebnis
Gewichtung	0,3	0,2	0,15	0,3	0,05	
1	10	6	10	2	1	6,35
2	3	5	9	4	3	4,6
3	7	4	6	5	4	5,5
4	2	9	1	8	10	5,45

Da gilt, dass eine höhere Ausprägung (max. 10) als besser zu bewerten ist, ist folglich der Standort Nr. 1 als optimal zu betrachten. In der weiteren Reihenfolge folgen die Standorte 3, 4 und 2.

10 Informationswirtschaft

Die Steuerung eines Krankenhauses basiert auf Informationen. Ihre Bereitstellung in der richtigen Quantität und Qualität, am richtigen Ort, zur richtigen Zeit und in der richtigen Mischung ist die Aufgabe der Informationswirtschaft.[1] Sie unterliegt – wie alle anderen Bereiche des Betriebes – dem ökonomischen Prinzip, d. h., die Informationswirtschaft muss ausreichende Informationen bereitstellen, um eine möglichst gute Entscheidungsqualität zu gewährleisten. Auf der anderen Seite darf sie nicht zu viele Informationen generieren, da dieser Prozess selbst mit Kosten verbunden ist und eine Verbesserung der Informationsgrundlage meist zu überproportionalen Kostenzuwächsen führt. Eine Informationsquantität und -qualität, die über das für eine Entscheidung notwendige hinausreicht, entspricht einer Ressourcenverschwendung. Darüber hinaus kann sie zu einer Informationsüberflutung der Entscheidungsträger und damit zu Entscheidungsfehlern führen.

In einer arbeitsteiligen Organisation wie dem Krankenhaus erfordert die Informationswirtschaft nicht nur die Generierung und Speicherung von Information, sondern auch die Transferierung dieser von einer Organisationseinheit zu einer anderen, d. h., die Kommunikation ist ein essenzieller Bestandteil der Informationswirtschaft. Hierbei ist entscheidend, dass der Austausch von Information prinzipiell unabhängig vom Medium ist. Ein Krankenhaus in Afrika ohne elektronische Datenverarbeitung hat deshalb ebenso Kommunikationsbedarfe wie ein Klinikum in Deutschland mit einer elektronischen Datenverarbeitung. Auch in modernen Krankenhäusern basiert ein großer Teil der Kommunikation auf verbalem oder schriftlichem Austausch unabhängig von den elektronischen Medien, und selbst das modernste EDV-gestützte Krankenhausinformationssystem ist stets nur Teil des gesamten Informations- und Kommunikationsnetzes. Der Leser sollte diesen Grundzusammenhang im Gedächtnis behalten und nicht den Fehler begehen, Informationswirtschaft mit elektronischer Datenverarbeitung gleichzusetzen.

Das folgende Kapitel ist bewusst schlank gehalten, da für das systemische Management grundlegende Kenntnisse der Informationswirtschaft genügen. Die technische Umsetzung kann den Fachkräften überlassen bleiben, und ihre Diskussion würde den Rahmen dieses Lehrbuches sprengen. Ziel dieses Kapitels ist die wertschätzende Wahrnehmung der Bedeutung der Informationswirtschaft für das moderne Krankenhaus sowie die Indienstnahme derselben für das Krankenhausmanagement. Noch immer werden viele medizinische, pflegerische und kaufmännische Entscheidungen im Krankenhaus von Einzelpersonen auf Grundlage von Intuition und Tradition getroffen, und zwar ohne eine entsprechende Informationsbasis. Eine effiziente und zielsystemgerichtete Krankenhaussteuerung muss evidenzbasiert sein, d. h., sie muss auf

---

1 Vgl. Spitta und Bick 2009.

https://doi.org/10.1515/9783110753103-010

Fakten beruhen. Aus Sicht des Managements ist die Informationswirtschaft deshalb primär keine technische Aufgabe, sondern ein Element des Entscheidungssystems.

Im ersten Abschnitt werden einige Grundlagen der Kommunikation diskutiert. Anschließend gehen wir auf die Anforderungen eines Krankenhausinformationssystems ein. Das Kapitel schließt mit der Diskussion einiger Innovationen für die Informationswirtschaft.

10.1 Grundlagen

Informationen sind für die Krankenhausführung nur relevant, wenn sie eine konkrete Frage des verantwortlichen Entscheidungsträgers beantworten. Die richtige Information an der falschen Stelle ist genauso wenig hilfreich wie die falsche Information an der richtigen Stelle. Stark vereinfacht können deshalb der Informationswirtschaft zwei Hauptaufgaben zugeordnet werden. Sie muss erstens die korrekte Antwort auf eine konkrete Frage aus dem Datenpool des Krankenhauses generieren (Datenverarbeitung). Zweitens muss sie diese Information an den Entscheidungsträger kommunizieren. Simplifizierend kann deshalb die Informationswirtschaft in die Bereiche Informationsgenerierung und Kommunikation aufgeteilt werden. Weitere Aufgaben, wie z. B. die Mitarbeiter- und Patienteninformation, basieren auf denselben Prinzipien, sollen jedoch hier nicht weiter vertieft werden.

Die Datenverarbeitung generiert Informationen aus Daten.[2] Häufig werden die Begriffe Daten und Information als identisch angesehen. Für die Unternehmenssteuerung ist es jedoch hilfreich, Daten als die formalisierte Darstellung von Sachverhalten (Fakten, Konzepte, Vorstellungen, Anweisungen) zu definieren, während die Information als Antwort auf eine konkrete Frage und damit als die Basis für Entscheidungen verstanden wird. Die Aufgabe der Datenverarbeitung – im Gehirn des Individuums, im Arbeitsprozess eines Teams oder auch durch eine EDV – ist folglich die Transformation von Daten in Informationen bzw. die Generierung von Antworten aus bestehenden Sachverhalten (vgl. Abb. 201). Für den Entscheidungsprozess ist diese Unterscheidung wichtig, da eine Entscheidung nicht auf großen Datenmengen, sondern auf ganz konkreten Antworten auf eine spezifische Fragestellung beruhen muss. Der Ausschluss von bestimmten Daten, die Analyse und die Präsentation in verständlicher Form sind Aufgaben des Informationssystems als Instrument zur Entscheidungsvorbereitung. Datenpools bzw. -banken können diese Aufgabe nicht erfüllen. Es bedarf stets der Verarbeitung durch Menschen oder Maschinen.

Kommunikation kann als das (wechselseitige) Übermitteln von Daten oder Informationen definiert werden.[3] Wichtig ist, dass diese Daten oder Informationen für

---

2 Vgl. Boese und Karasch 1994.
3 Vgl. Stubenvoll 2012.

den Sender und Empfänger einen festgelegten Bedeutungsinhalt haben. Kommunikation ist die Basis effektiven Managements und grundsätzlich unabhängig von der technischen Kommunikation zu betrachten. Das Krankenhaus als präsenzbedingender Dienstleistungsbetrieb konstituiert ein intensives Kommunikationsnetzwerk, da insbesondere die interpersonelle Kommunikation zwischen Mitarbeitern und Patienten von großer Bedeutung für das Leistungsergebnis ist. Die Aufnahme, die Pflege, die meisten Arzt-Patienten-Kontakte, die Entlassungsgespräche und die Patientenübergabe dominieren als Kommunikationsprozesse den Berufsalltag. Aber auch die Führung ist überwiegend ein Kommunikationsprozess, da sowohl die Delegation als auch die Verantwortlichkeit als konstituierende Elemente eines arbeitsteiligen Prozesses Informationsaustausch erfordern. Dienstanweisungen, Reports, Mitarbeitergespräche und sogar Entlassungen sind Kommunikationsprozesse.

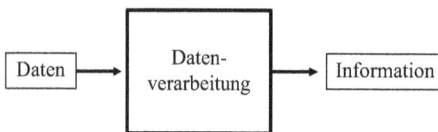

Abb. 201: Information und Daten.[4]

Abb. 202 zeigt ein einfaches Sender-Empfänger-Modell der Kommunikation. Die erfolgreiche Übertragung einer Information von einem Sender zu einem Empfänger erfordert eine regelgerechte Kodierung der Information, die Übermittlung durch den Übertragungskanal sowie die korrekte Dekodierung. Das einfache Modell zeigt, dass zahlreiche Störquellen auftreten können und insbesondere unterschiedliche Interpretationsmuster bei Sender und Empfänger die Kommunikation erschweren. In der elektronischen Datenverarbeitung werden hierfür Standards (Protokolle) definiert. Bei der interpersonellen Kommunikation verhindern bewusste oder unbewusste Assoziationen häufig die erfolgreiche Kommunikation und damit die zielsystemkonforme Steuerung des Unternehmens.

Eine Möglichkeit, die Fehler bei der Kodierung/Dekodierung zu analysieren, bietet das Modell von Schulz von Thun. Nach Schulz von Thun hat jede Nachricht vier Aspekte. Der Sach-Aspekt umschreibt den formalen bzw. sachlichen Inhalt der Nachricht. Zudem hat jedoch jede Nachricht einen zusätzlichen Inhalt durch die Beziehung, in der Sender und Empfänger zueinanderstehen (Beziehungs-Aspekt). Weiterhin sagt die Nachricht etwas über die Ziele und Motive des Senders aus (Ausdrucks/Selbstoffenbarungsaspekt) und stellt häufig auch jenseits der Sachebene einen Appell dar (Appell-Aspekt). So kann der einfache Sachaspekt „Der Patient ist schwer krank" von der Schwesternschülerin auch als herbe Kritik verstanden werden („Ich habe Ihnen schon tausendmal gesagt, Sie sollen sich mit schwer kranken

---

4 Quelle: Thome und Winkelmann 2015; Schüle 2015.

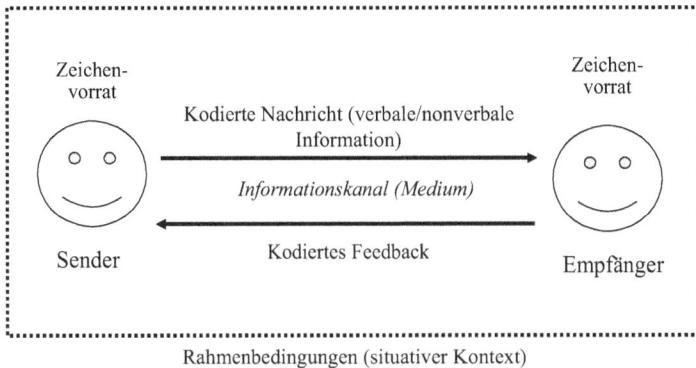

Abb. 202: Sender-Empfänger-Modell.[5]

Patienten mehr Mühe geben! Sie sind einfach unfähig!"), wenn die Vertrauensbe-ziehung zur Ausbilderin gestört ist. Derselbe Satz kann Ausdruck tiefer Resignation („Warum bekommen wir immer die schlimmsten Patienten?") oder ein Appell sein („Kümmern Sie sich besonders gut um ihn!"). In der technischen Kommunikation sind die Kodierregeln vorher genau festgelegt. In der menschlichen Kommunikation bedarf es großer Erfahrung und Sensibilität, die vier Aspekte zu trennen und zu bewerten.[6]

Unterschiedliche Persönlichkeitstypen (vgl. Kapitel 7.6.1) tendieren zu abwei-chenden Kommunikationsstilen und zu divergierenden Kodierungen/Dekodierungen. Tab. 185 zeigt in Ergänzung zu Tab. 88 Kommunikationsbarrieren zwischen unter-schiedlichen Persönlichkeitskonstellationen. Der Einsiedler als Kombination der schi-zoiden und zwanghaften Persönlichkeit kommuniziert tendenziell wenig. Bei ihm überwiegt der Sach-Aspekt, d. h., er tendiert zu sehr formaler, möglichst schriftlicher, präziser Kommunikation und zieht sich bei eloquenten Partnern zurück.

Der Einzelkämpfer ist eine Kombination aus hysterischem und schizoidem Per-sönlichkeitstyp. Seine Nachrichten sind für den Empfänger schwer zu verstehen, da er einen sehr eigenwilligen Kommunikationsstil pflegt und sich kaum an Normen und Standards halten will. Seine Kommunikation ist ebenfalls relativ eingeschränkt, er tritt jedoch tendenziell aggressiv und durchsetzungsstark auf. Sein überwiegender Kommunikationsstil sind die Anweisung und der Befehl mit hohem Appell-Aspekt. Schriftliche Kommunikation widerspricht ihm, da er sich nicht gerne auf Inhalte fest-legen lässt.

Die Über-Mutter ist tendenziell dem zwanghaften und depressiven Persönlich-keitstyp zuzuordnen. Kommunikation entspricht ihrem Wesen, denn sie baut Nähe und Zuneigung über Austausch auf. Sie spricht leise und ist bemüht, den anderen

---

5 Quelle: Haas 2006, S. 38.
6 Vgl. Sisignano 2001.

zu verstehen bzw. verstanden zu werden (hoher Beziehungs-Aspekt). Das Ziel der Kommunikation ist allerdings weniger die Erfüllung der Arbeitsaufgabe als der Aufbau einer guten Beziehung. Trifft sie auf dominante, zielorientierte Kommunikationspartner, fühlt sie sich leicht unverstanden.

Der Superstar hingegen – als Kombination der hysterischen und depressiven Persönlichkeit – kommuniziert zur Selbstdarstellung. Er ist zwar auch an einer guten Beziehung interessiert, möchte den Partner aber auch von seinen Ideen und Inspirationen überzeugen, notfalls in Grund und Boden reden. Häufig offenbaren Superstars in ihrer Kommunikation viel über sich selbst.

Für jede Kommunikation gilt der Grundsatz, dass Sender und Empfänger für die korrekte Übertragung der Nachricht verantwortlich sind. Kommunikationsfehler sind nie nur das Versagen eines Partners. Vielmehr muss der Sender dem Empfänger auch die Kodierregeln mitliefern, d. h. Hintergründe und Assoziationen vermitteln. Gleichzeitig muss der Empfänger dem Sender die Interpretation der empfangenen Signale als Feedback geben, damit eine Konsistenzüberprüfung stattfinden kann. Kommunikationstrainer üben diese positive Kommunikation. Angesichts der Tatsache, dass ein großer Teil der Führungsprobleme in Krankenhäusern kommunikationsbedingt ist, müsste Kommunikationstraining eigentlich auf dem Ausbildungsplan jeder Führungskraft stehen.

Tab. 185: Kommunikationsbarrieren unterschiedlicher Persönlichkeitskonstellationen.[7]

	Einsiedler	Einzelkämpfer	Über-Mutter	Super-Star
Einsiedler	sehr geringe Kommunikation; sehr formal, überwiegend schriftlich	relativ eingeschränkte Kommunikation; Einsiedler schottet ab; Einzelkämpfer dominiert	Einsiedler zieht sich vor zu viel Nähe zurück und reduziert Kommunikation; Über-Mutter reagiert mit noch mehr Kommunikation	Stark asymmetrische Kommunikation; Einsiedler wird völlig überfordert; Super-Star entbehrt Plattform
Einzelkämpfer		Konkurrenz und Aggression in der Kommunikation; geringes gegenseitiges Verstehen	Über-Mutter versteht Einzelkämpfer nicht; reagiert nicht auf seine Appelle; Einzelkämpfer wird aggressiver	Unstete, ergebnislose Diskussionen; Einzelkämpfer wird aggressiver; Super-Star steigert Redefluss

---

7 Quelle: Eigene Darstellung.

Tab. 185 (fortgesetzt)

	Einsiedler	Einzelkämpfer	Über-Mutter	Super-Star
Über-Mutter			Ausgiebige, freundschaftliche Kommunikation über alle Themen, häufig nicht zielorientiert	Ausgiebige Kommunikation; Super-Star drängt auf Zukunftsorientierung; Über-Mutter fühlt sich überfordert und kommuniziert noch empathischer
Super-Star				Unstete, aber inspirierende Kommunikation; häufig Zukunftsthemen; evtl. Konkurrenz um Plattform

10.2 Krankenhausinformationssystem

Die Steuerung der Informations- und Kommunikationsprozesse im Krankenhaus erfordert eine systematische und planvolle Vorgehensweise, d. h. den Aufbau eines umfassenden Informationssystems. Das Krankenhausinformationssystem (KIS) – manuell oder EDV-gestützt – umfasst alle Elemente, Relationen und Prozesse, die der Speicherung, Verarbeitung und Bereitstellung von Informationen im Krankenhaus dienen. Seine Bedeutung ist in den letzten Jahren stetig gestiegen.[8] Erstens ist das KIS ein wichtiger Qualitätsfaktor. Der hohe Informationsbedarf bei Entscheidungen im Krankenhaus (z. B. Therapieentscheidung, Budgetverhandlungen, Personalauswahl) sowie die hohe Arbeitsteilung der Prozesse (Abteilungen, Berufsgruppen, externe Partner) erfordern einen dichten Informationsaustausch, um eine möglichst gute Patientenversorgung und die wirtschaftliche Stabilität zu gewährleisten. Sowohl der reine Dokumentationsbedarf (Arztbriefe, Laborbefunde, Radiologiebefunde, Patientenakten etc.) als auch der Entscheidungsbedarf (klinische Pfade, evidenzbasierte Medizin, Standards) sind in den letzten Jahren stetig angewachsen. Dadurch wird das KIS immer mehr zu einem Kostenfaktor. Obwohl in Deutschland im internationalen Vergleich relativ wenig in die Krankenhausinformationswirtschaft investiert wird, gehen die Ausgaben allein für die EDV bei den meisten Krankenhäusern in die Millionenbeträge, die meist nicht durch verbesserte Information eingespart werden. Häufig

---

8 Vgl. Velde 2013. Heege 2008.

führt der Einsatz eines modernen KIS zu einer deutlichen Verbesserung der Informationslage, aber nicht zu einer unmittelbaren Kostenreduktion. Hingegen kann die Qualitätssteigerung durch eine bessere Information einen wichtigen Wettbewerbsfaktor darstellen, da die Patienten den leitliniengerechten, störungsfreien Fluss der Behandlung erleben und schätzen und somit leichter zu Werbern und Wiederkäufern werden.

Die Ziele eines Krankenhausinformationssystems werden sehr hoch gesteckt.[9] Sie sollen eine adäquate Unterstützung von Funktionen zur Verarbeitung von Daten, Informationen und Wissen für die Patientenversorgung, die Verwaltung, das Qualitätsmanagement, die Forschung sowie die Aus-, Weiter- und Fortbildung leisten, um jederzeit aktuelle Informationen über Patienten, Krankheiten, Medikamente, Diagnose- und Therapieverfahren, Qualität und Kosten verfügbar zu machen. Weiterhin sollen sie die Erfüllung gesetzlicher Regelungen (z. B. Dokumentationspflichten) gewährleisten und die Führung dabei unterstützen, auf allen Ebenen die Wirtschaftlichkeit der Prozesse zu verbessern. Es ist offensichtlich, dass nur ein systematisches Informationsmanagement in Form einer integrierten elektronischen Datenverarbeitung diesen Ansprüchen gerecht werden kann. Die heute noch anzutreffenden Insellösungen mit inkompatiblen Systemen (z. B. Buchhaltung, Patientenabrechnung, Laborsysteme, Patientenakte etc.) können die Unternehmenssteuerung nur unzureichend und zu hohen Kosten unterstützen. Vielmehr muss das KIS möglichst vollständig und systematisch alle Subsysteme der betrieblichen Informationswirtschaft umfassen:

- Teilinformationssysteme, z. B. Laborinformationssystem, Patienteninformationssystem
- Unternehmensfunktionen, z. B. OP, Abrechnung
- Aktivitäten, z. B. Entlassung, Warenannahme
- Geschäftsprozesse, z. B. Behandlung einer bestimmten Diagnose
- Applikationssysteme, z. B. Textverarbeitung, Kalkulation, Bildverarbeitung
- Physische Datenverarbeitungssysteme (Hardware)

Die Entwicklung eines KIS erfordert in der Regel externe Unterstützung. Insbesondere ist von einer – immer noch anzutreffenden – Eigenentwicklung der Software abzuraten. Die umfassenden Ansprüche an die Funktionalität, Verlässlichkeit, Kompatibilität, Integration, Datenqualität, Datenschutz, Softwarequalität (ISO 9126: Funktionalität, Zuverlässigkeit, Bedienbarkeit, Effizienz, Wartungsfreundlichkeit, Übertragbarkeit), Softwareergonomie (ISO 9241) und Effizienz des Gesamtsystems können nur mit einer standardisierten und umfangreich validierten Branchensoftware erreicht werden. Eine Adaption an die eigenen Vorstellungen und Besonderheiten ist selbstverständlich notwendig, wobei die Flexibilität der Software ein Entscheidungskriterium darstellt. Häufig besteht die Aufgabe des Krankenhausmanagements darin, den gewünschten Inhalt und die geforderte Funktionalität des Subsystems des KIS zu

---

9 Vgl. Bärwolff, Victor und Hüsken 2006.

definieren, während die technische Umsetzung anschließend überwiegend in den Händen einer externen Firma liegt. Der Krankenhausmanager muss deshalb kein Ingenieur, wohl aber kommunikationsfähig mit EDV-Experten sein.

Tab. 186 und Tab. 187 zeigen einige Beispiele für Funktionen im Krankenhaus, die im Rahmen eines KIS zu integrieren sind. Die Integration erstreckt sich hierbei sowohl auf die Daten (keine redundante Datenhaltung), auf den Zugriff, die Präsentation und den Kontext der Anwendungen. Im Prinzip sollte jeder Mitarbeiter von jedem Arbeitsplatz mit derselben Maske auf denselben Datensatz zugreifen können, ohne jeweils eine neue Software erlernen zu müssen. Dies ist effizient nur durch eine EDV-Lösung aus einer Hand mit einer einheitlichen zentralen Datenbank zu gewährleisten (vgl. Abb. 203) und beim Aufbau neuer Krankenhäuser umzusetzen. In der Regel dürften jedoch mehrere bestehende Kommunikationssysteme parallel existieren, die zu integrieren sind. Hierzu stellen die EDV-Berater entsprechende Tools zur Verfügung, sodass die Kommunikation über Schnittstellen bzw. Kommunikationsserver gewährleistet ist.[10]

Wir können an dieser Stelle nicht auf die Entwicklung von Krankenhausinformationssystemen und die heute üblichen Meta-Modelle (z. B. funktionale, technische, organisatorische, Daten- und Geschäftsprozess-Metamodelle) eingehen.[11] In der Regel stellt das KIS für den Krankenhausmanager ein Instrument dar, dessen er sich vertrauensvoll bedient, ohne die technischen und organisatorischen Hintergründe zu kennen. Wird ein Krankenhausbetriebswirt mit der Entwicklung oder Verbesserung eines KIS beauftragt, muss er selbstverständlich weit tiefere Kenntnisse erwerben, als dies für die in diesem Buch verfolgte Befähigung zur Krankenhaussteuerung notwendig ist.

Tab. 186: Funktionen im Krankenhaus.[12]

Funktion	Ziel	Subfunktionen
Patientenaufnahme	Dokumentation und Verteilung der administrativen Patientendaten sowie eindeutige Identifikation und Zuordnung der Patientendaten	– Terminplanung – Korrekte und eindeutige Identifikation und Zuordnung der Patientendaten – Administrative Aufnahme (Name, Adresse, Geburtsdatum, Versichertenstatus, Konfession etc.) – Klinische Aufnahme (medizinische und pflegerische Anamnese) – Informationen für die Verwaltung (Welche Betten sind frei/belegt? Wo liegt welcher Patient?)

10 Vgl. Trill 2001; Trill 2002.
11 Vgl. Ammenwerth, Haux, Bess, et al. 2005.
12 Quelle: Eigene Darstellung.

Tab. 186 (fortgesetzt)

Funktion	Ziel	Subfunktionen
Planung und Organisation der Patientenbehandlung	Effiziente Planung und Organisation zur reibungslosen Durchführung der Patientenbehandlung	– Präsentation von Information und Wissen über Patienten, Leitlinien etc. – Entscheidungsfindung und Patienteninformation (diagnostische und therapeutische Maßnahmen; wissensbasierte Systeme; Konsile, Telemedizin; Dokumentation der Maßnahmen; Dokumentation der Einwilligung des Patienten) – Planung der Patientenversorgung (Planung und Festlegung der Prozesse)
Leistungsanforderung und Befundkommunikation	Annahme und Durchführung einer Leistungsanforderung und die Befundübermittlung	– Vorbereitung der Leistungsanforderung – Termin- und Prozedurplanung (z. B. Blutabnahme, OP-Belegung, Röntgenbelegung) – Übermittlung der Leistungsanforderung – Übermittlung der Befunde (Eindeutige Zuordnung zum Patienten; Markierung kritischer Werte)
Durchführung diagn. und therap. Maßnahmen	Bereitstellung der Ressourcen zur Durchführung der diagnostischen und therapeutischen Maßnahmen	– Personalzuweisung – Raumplanung – Planung mobiler Geräte – etc.
Klinische Dokumentation	Dokumentation aller klinisch relevanten Patientendaten so komplett, korrekt und schnell wie möglich	– Pflegedokumentation, Pflegeprozesse (Pflegeplanung, Dokumentation der Prozeduren, Evaluation, Berichtschreibung, aber auch Pflegekurven) – Medizinische Dokumentation (Dokumentation medizinisch relevanter Einzelbeobachtungen und -feststellungen; üblicherweise auf den Patienten oder den Behandlungsfall bezogen und in einer Patientenakte gehalten; umfasst u. a. Patientendaten, anamnestische Beobachtungen und Feststellungen, Befunde, diagnostische und therapeutische Maßnahmen, Angaben zu Diagnosen und Therapie sowie den Behandlungsverlauf)

Tab. 186 (fortgesetzt)

Funktion	Ziel	Subfunktionen
Administrative Dokumentation und Abrechnung	Dokumentation der Prozeduren als Basis für die Abrechnung	– Abrechnung (GKV, Privatpatienten) – Basis für Controlling (finanzielle Analysen, interne Budget-Festlegung etc.) – Einhaltung gesetzlicher Dokumentationspflichten (z. B. für Budgetverhandlungen; häufig standardisierte Dokumentation anhand von Diagnoseschlüsseln; abgeleitet aus klinischer Dokumentation)

Tab. 187: Funktionen im Krankenhaus (Forts.).[13]

Funktion	Ziel	Subfunktionen
Patientenentlassung und Überweisung	Durchführung der stationären und administrativen Entlassung und evtl. Überweisung	– Erfüllung gesetzlicher Dokumentationspflichten – Entlassungsarztbrief – Übermittlung der Befunde an die weiterbehandelnden Personen und Einrichtungen
Verwaltung der Patientenakten	Erstellung und Aufbewahrung der Dokumente und der Patientenakten, sodass die in ihnen enthaltenen Informationen und Daten schnell wieder gefunden werden können	– Erstellung und Speicherung von klinischen Dokumenten – Verwaltung spezieller Dokumentationen und klinischer Register (Dokumentation fürs Qualitätsmanagement, Tumorregister) – Diagnose und Prozedurkodierung – Analyse der Patientenakten (Verfügbarkeit; einheitliche Inhaltsstruktur; Datenschutz, Datensicherheit) – Archivierung der Patientenakten (Bereitstellung von Archivräumen, Gewährleistung einer 10- bis 30-jährigen Aufbewahrungsfrist) – Verwaltung der Patientenakten (Organisation der Ausleihe und Rückgabe der Patientenakten)

---

13 Quelle: Eigene Darstellung.

Tab. 187 (fortgesetzt)

Funktion	Ziel	Subfunktionen
Arbeitsorganisation und Ressourcenplanung	Organisation und Einteilung der verschiedenen Ressourcen	– Planung und Zuweisung der Ressourcen (Koordination und Kommunikation von Personal, Material, Medikamenten, Betten, Werkzeugen) – Verwaltung von Material und Medikamenten – Verwaltung der medizinischen Werkzeuge: OP-Saal, CT, MRT etc. – Allgemeine Arbeitsorganisation (Arbeitslisten, Terminplaner, Pinnwand, Erinnerungszettel etc.) – Unterstützung Bürokommunikation (Telefon, E-Mail) – Unterstützung der allgemeine Informationsverarbeitung (Berichtschreibung, statistische Auswertungen)
Krankenhausverwaltung	Organisation der Patientenversorgung und Kontrolle der finanzielle Lage des Krankenhauses	– Qualitätsmanagement – EDV-Unterstützung zur Gewährleistung einer optimalen Patientenversorgung – Steuerung und Finanzmanagement – Managementinformationssystem – EDV-gestützte Finanzplanung – Buchhaltung/Controlling – EDV-gestützte Investitionsplanung – Personalmanagement – Allgemeine statistische Analyse

10.3 Digital Health

Die steigenden Informationsbedarfe der und pflegerischen Leistungserbringer im Krankenhaus, aber auch die Forderungen der Politik, der Krankenkassen und der Patienten haben zu einer rasanten Entwicklung der Informationswirtschaft im Gesundheitswesen geführt. Immer mehr Daten werden gespeichert sowie ausgetauscht und stehen für Entscheidungen zur Verfügung. Trotzdem hängt Deutschland in der „Digital Health" gegenüber vergleichbaren Ländern zurück, und es besteht ein Nachholbedarf. Im Folgenden werde einige Dimensionen der Digital Health aufgezeigt, die in den nächsten Jahren von besonderer Bedeutung sein dürften. Zuerst soll jedoch eine Begriffsklärung erfolgen.

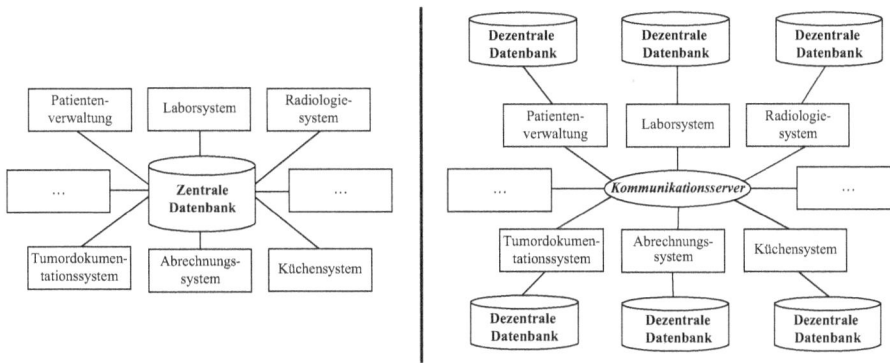

Abb. 203: Zentrale und dezentrale Datenbankensysteme.[14]

10.3.1 Überblick

Es gibt eine Reihe von ähnlich klingenden Begriffen, deren Abgrenzung durchaus umstritten ist.[15] E-Health (electronic health) „umfasst alle digitalen Anwendungen und Technologien, die die Patientenversorgung verbessern oder ergänzen sollen".[16] E-Health ist damit ein Sammelbegriff für Informatikanwendungen im Gesundheitswesen, wobei praktisch immer ein Transfer im Internet zu einer schnellen Kommunikation vergleichsweise großer Datenmengen impliziert ist.

Während E-Health meist das Gesundheitswesen im engeren Sinne umfasst, geht Digital Health darüber hinaus und umschreibt den Einsatz von Informations- und Kommunikationstechnologien im Gesundheitsbereich im weiteren Sinne, d. h. auch Sport-, Fitness- und Wellness-Anwendungen. Ein Teilgebiet von Digital Health und E-Health ist mHealth (mobile health), d. h. die Unterstützung von gesundheitsrelevanten Prozessen durch mobile, meist Smartphone basierte Anwendungen. Das Smartwatch basierte EKG, das beispielsweise bei Herzrhythmusstörungen direkt zum Kardiologen überträgt, ist damit eine typische Anwendung von mHealth und E-Health, während die Smartphone basierte Fitness-App durchaus der Digital Health zugeordnet werden kann, auch wenn sie keinen unmittelbaren Bezug zu einem Leistungsanbieter des Gesundheitswesens hat.

Die Bertelsmann Stiftung hat einen Index entwickelt, mit dem die einzelnen Dimensionen der Digital Health (vgl. Tab. 188) abgefragt und bewertet werden können.

Tab. 189 zeigt den Bertelsmann Digital Health Index für 17 OECD-Länder. Deutschland ist mit einem Index von 30,02 weit abgeschlagen. Dies erstaunt umso mehr, da viele Innovationen der Digital Health erstmals in Deutschland ausprobiert wurden.

---

14 Quelle: Eigene Darstellung.
15 Zu E-Health und Digital Health vergleiche insbesondere Müller-Mielitz 2017; Lux 2020.
16 Coliquio 2021.

Tab. 188: Dimensionen der Digital Health im Bertelsmann Digital Health Index.[17]

Dimension	Kategorie	Subkategorie
Infrastruktur	National eindeutige Patientenkennnummer	
	National eindeutige Zugriffregelungen	
	Versorger- und Dienstleistungsregister	
	Technische Dateninfrastruktur	
	Automatisches Auslesen von Patientendaten	
Rechtlicher Rahmen	Datenschutzregulation	
	Technische Datensicherheit	
	Technische Standards	
	Med. Terminologie, semantische Standards	
Institutionelle Verankerung	Nationale Digital Health Behörde	
	Finanzielle Ausstattung und Anreize	
	Durchsetzung von Standards	
	Stakeholder-Engagement	
Digital Health Anwendungen	Elektronische Patientenakte	Medikationsliste
		Patientenkurzakte
		...
	Gesundheitsdienste	E-Rezept
		Videokonsultationen
		Terminbuchungen
		Telehealth
	Gesundheitsinformationen	Persönliches Patientenportal
		Gesundheitsinformationsportal
		Gesundheitsversorgung
	Versorgungsforschung	

---

17 Quelle: Bertelsmann 2021.

Tatsächlich zeigt ein Vergleich der Publikationen beispielsweise zur Telemedizin, dass deutsche Autoren hier federführend sind. Der Schritt von der Idee zur Umsetzung in der Regelversorgung scheint jedoch in Deutschland besonders weit. Dies liegt zum Teil an einem besonders ausgeprägten Datenschutz, der beispielsweise die Umsetzung der elektronischen Patientenakte (GMG 2004) fast unmöglich machte. Andererseits fehlte lange die finanzielle Unterstützung. Diese Unterfinanzierung soll durch das Krankenhauszukunftsgesetz (2020) überwunden werden, wonach der Bund den Krankenhäusern ab 2021 3 Mrd. Euro für Investitionen in Notfallkapazitäten, Digitalisierung und IT-Sicherheit bereitstellen wird. Weiter 1,3 Mrd. Euro kommen von den Ländern. Es bleibt abzuwarten, ob das grundlegende Problem einer geringen Innovationsneigung im Bereich der Digital Health damit überwunden werden kann.

Tab. 189: Bertelsmann Digital Health Index.[18]

Rang	Land	DHI
1	Estland	81,92
2	Kanada	74,73
3	Dänemark	72,47
4	Israel	72,45
5	Spanien	71,36
6	England	69,98
7	Schweden	68,26
8	Portugal	67,19
9	Niederlande	66,05
10	Österreich	59,81
11	Australien	57,31
12	Italien	55,81
13	Belgien	54,67
14	Schweiz	40,62
15	Frankreich	31,61
16	Deutschland	30,02
17	Polen	28,52

18 Quelle: Bertelsmann 2021.

10.3.2 Ausgewählte Anwendungen

Im Folgenden sollen einige ausgewählte Anwendungen der Digital Health exemplarisch dargestellt werden, soweit sie für das Krankenhaus heute relevant sind. Selbstredend werden in Zukunft neue Anwendungen hinzutreten (z. B. Gesundheits-Apps), die heute nur geringe Relevanz für Krankenhäuser haben, aber vielleicht in einem Jahrzehnt die Prozesse erheblich beeinflussen werden.

Patientenakte

Eine Patientenakte ist eine Sammlung aller Informationen, die im Zusammenhang mit der medizinischen Versorgung eines individuellen Patienten erstellt werden.[19] Überwiegend synonym werden die Begriffe Krankenakte, Patienten- bzw. Krankenblatt, Patienten- bzw. Krankengeschichte sowie Patienten- bzw. Krankenunterlagen verwendet. Entscheidend ist, dass sich die in der Patientenakte enthaltenen Informationen auf die Behandlung eines individuellen Patienten beziehen. Da der Leistungserbringer mit der Patientenakte seine Dokumentationspflicht erfüllt und Erfahrungen gezeigt haben, dass Patienten ihre Akte häufig verlieren oder vergessen, war in der Vergangenheit die Mehrfachvorhaltung der Patientenakte bei jedem Leistungsersteller (niedergelassener Arzt, Physiotherapeut, Pflegedienst, Akutkrankenhaus, Rehakrankenhaus etc.) notwendig. Es ist offensichtlich, dass dies zu Redundanzen, aber auch zu Fehl- und Unterinformation bei einer institutionenübergreifenden Behandlung führt.

Die Patientenakte erstreckt sich über alle Behandlungszusammenhänge und umfasst den Stammdatensatz (Name, Geburtstag, Anschrift), administrative Daten (Versicherung, Versicherungsnummer, Fallnummer), Informationen zu Diagnose und Therapie (Anamnese, Maßnahmen, Krankheitsverlauf, pflegerische Dokumentation) und die Entlassungsunterlagen. Sie unterstützt die Patientenversorgung, gewährleistet eine regelgerechte Dokumentation der patientennahen Tätigkeiten, erleichtert die Kommunikation (z. B. während der Übergabe) und gibt dem administrativen Bereich wichtige Informationen (z. B. für die DRG-Gruppierung). Darüber hinaus ist sie eine notwendige Datensammlung für die Forschung sowie die Aus- und Weiterbildung.

Nach dem Medium unterscheidet man konventionelle und elektronische Patientenakten. Letztere werden nach dem Umfang ihrer Digitalisierung sowie nach ihrer Institutionenbindung in automatisierte Krankenakten (automated medical record), digitalisierte Krankenakten (computerized medical record), elektronische Krankenakten mit Datenmanagement (electronic medical record), einrichtungsübergreifende elektronische Patientenakten (electronic patient record) und elektronische Gesundheitsakten (e-health record) unterschieden.[20]

---

19 Vgl. Kolpatzik 2005; Jähn und Nagel 2004.
20 Vgl. Jähn und Nagel 2004.

Eine konventionelle Patientenakte ist eine Sammlung medizinischer und medizinisch relevanter Informationen zu einem Patienten, die auf konventionellen Datenträgern (in der Regel Papier) gespeichert sind. Die Papierakte hat erhebliche Nachteile. Erstens werden die Akten meist handschriftlich geführt und sind deshalb häufig unleserlich. Zweitens führt die Papierakte dazu, dass medizinische Informationen über einen Patienten über mehrere Versorgungseinrichtungen und Abteilungen verteilt sind und deshalb zu Mehrfacherfassungen führen sowie den behandelnden Personen nicht immer rechtzeitig zur Verfügung stehen. Drittens können konventionelle Akten sehr umfangreich und unübersichtlich werden. Dadurch können Informationen verloren gehen oder zumindest kurzfristig nicht auffindbar sein. Viertens sind die Sortierung und Analysen der Akten sehr aufwendig. Damit wird deutlich, dass die konventionelle Patientenakte nur bedingt als Entscheidungsunterstützungsinstrument verwendet werden kann.

Auf der anderen Seite hat die konventionelle Patientenakte klare Vorteile, die sie bis vor wenigen Jahren als überlegen gegenüber elektronischen Varianten erscheinen ließen. Die Papierakte kann ohne Aufwand überall mitgenommen werden. Mit einer gewissen Systematik kann sie leicht durchgeblättert werden. Weiterhin können verschiedenartige Daten unabhängig von ihrem Format (z. B. Text, Zahlen, Abbildungen, Bilder, Tonband, Video) abgelegt werden, was im Krankenhausbetrieb mit unterschiedlichsten Berufsgruppen und Funktionen ein großer Vorteil ist.

Die konventionelle Akte wird in einem konventionellen Archiv aufbewahrt. Auch Papieroriginale, Röntgenfilmoriginale und sonstige Originale (z. B. histologische Schnitte, Herzkatheterfilme) werden hier abgelegt und für einen Wiederzugriff gespeichert. Der Vorteil konventioneller Archive besteht darin, dass die Originaldokumente beweisfähig sind (z. B. die Unterschrift auf der Patienteneinwilligung). Dieser Vorteil wird mit schwerwiegenden Nachteilen erkauft. Erstens sind falsch einsortierte Akten in einem konventionellen Archiv kaum mehr auffindbar. Zweitens haben diese Archive einen enormen Platzbedarf. Zum Teil wurden deshalb Originale auf Mikrofilme übertragen, die weniger Platz benötigen. Drittens benötigen sie hohe personelle Ressourcen für die Verwaltung und insbesondere für die hohen Such- und Wegezeiten. Sie haben viertens meist nur begrenzte Öffnungszeiten und sind deshalb kaum für die Entscheidungsunterstützung im Notfall geeignet. Schließlich sind alle Formen von konventionellen Akten und Archiven für die Anwendung in der Telemedizin ungeeignet.

Die elektronische Patientenakte (ePA) hingegen ist eine Sammlung medizinischer und medizinisch relevanter Informationen zu einem Patienten, die auf digitalen Datenträgern gespeichert sind.[21] Die Nachteile der konventionellen Akten entsprechen den Vorteilen der ePA, d. h., elektronische Akten sind leserlicher, besser verfügbar (sogar von mehreren Benutzern an verschiedenen Orten zeitgleich), reduzieren die

---

21 Vgl. Haas 2006; Haas 2005.

unkontrollierte Mehrfachhaltung medizinischer Informationen, können leichter gegliedert, sortiert, aufbereitet und adäquat präsentiert werden, enthalten weniger Fehler (aktueller und vollständiger) und brauchen weniger Speicherplatz. Die Nachteile, die in den letzten Jahren systematisch reduziert wurden, waren die geringe Bedienungsintuition, der hohe Schulungsaufwand, die hohen Investitionskosten für ausfallsichere Lösungen, die Problematik der Sicherstellung des Urkundencharakters sowie die hohen Anforderungen an den Datenschutz.[22] Im Grunde sind heute alle Anfangsprobleme der ePA gelöst – mit einer Ausnahme: die Papierakte kann immer und überall verwendet werden. Man kann sie an allen Orten spontan und ohne weitere Geräte studieren, während die ePA eine gewisse Planung des Arbeitsablaufes erfordert. Die Einführung der ePA muss deshalb stets mit einer Reorganisation der Geschäftsprozesse einhergehen.

Eine elektronische Patientenakte erfordert in der Regel eine elektronische Archivierung, d. h. eine langfristige Speicherung von Dokumenten und Daten auf digitalen Dokumenten- und Datenträgern. Damit wird eine rechnerbasierte Ablage, Suche, Verwaltung und Wiederbeschaffung von Dokumenten und Daten ermöglicht. Im Gegensatz zu der früher häufig anzutreffenden Mikroverfilmung bleibt der schnelle Zugriff bei einer digitalen Speicherung gewährleistet. Elektronische Archive haben damit deutlich kürzere Such- und Zugriffszeiten als Papier- oder Filmarchive. Weitere Vorteile sind der geringere Raumbedarf, der zeitgleiche Zugriff auf die Patientenakte durch mehrere Personen auch von entfernten Orten, die multiple Verwendung der Patientenakte (z. B. für die Patientenversorgung und klinisch-wissenschaftliche Forschung), eine höhere Konsistenz durch eine zentrale Datenhaltung sowie eine relativ einfache Sicherung durch eine fast unbegrenzte Kopierfähigkeit. Neben den hohen Investitionskosten dürften die häufigen Technologiewechsel ein schwerwiegendes Problem für digitale Archive darstellen. Patientendaten müssen bis zu 30 Jahre aufbewahrt werden. Schreibt man die Entwicklung der Speichermedien der letzten 30 Jahre fort (Lochkarte, Magnetband, Diskette, CD, DVD), so ist damit zu rechnen, dass innerhalb der Aufbewahrungsfrist mehrfach alle Datensätze vollständig auf ein neues Medium übertragen werden müssen.

Der Speicher- und Archivierungsbedarf der elektronischen Patientenakten steigt parallel zu der jeweiligen Stufe.[23] Die Stufen eins bis drei (automatisierte Krankenakte; digitalisierte Krankenakte; elektronische Krankenakte mit Datenmanagement) entsprechen institutionenbezogenen elektronischen Patientenakten, d. h., es müssen nur Krankenhausdaten gespeichert werden. Für Stufe eins genügt eine konventionelle Archivierung, während die Stufen zwei und drei eine elektronische Archivierung der Krankenhausdaten erfordern. Die Stufen vier und fünf (einrichtungsübergreifende elektronische Patientenakte; elektronische Gesundheitsakte) sind institutionenüber-

---

22 Vgl. Jäschke 2016.
23 Vgl. Haak 2004.

greifend definiert, d. h., es müssen auch Daten aus anderen Einrichtungen elektronisch gespeichert werden.

Die automatisierte Krankenakte (niedrigste Stufe der ePA) stellt das Bindeglied zwischen der konventionellen und der vollständig elektronischen Akte dar. Da ein Teil der Daten bereits digital vorliegt, werden sie automatisch auf Papier ausgedruckt und in der papierbasierten Patientenakte abgeheftet. Typische Daten, die digital anfallen, jedoch für die automatisierte Patientenakte ausgedruckt werden müssen, sind die Patientenstammdaten der Chipkarte, die Laborergebnisse und die Datensätze des Computer-Tomografen. Sie werden elektronisch kommuniziert, jedoch letztlich ausgedruckt und in die Papierakte eingeordnet. Die Archivierung erfolgt konventionell.

Die digitalisierte Krankenakte (Stufe 2) kennt keine Papierakte mehr. Elektronisch vorliegende Informationen werden automatisch in die elektronische Krankenakte übernommen, während konventionell erstellte Dokumente vor ihrer Ablage in der digitalisierten Krankenakte zunächst eingescannt werden. Die digitalisierte Krankenakte erfordert eine elektronische Archivierung. Der Nachteil der digitalisierten Krankenakte besteht primär darin, dass die eingescannten Dokumente nur bedingt die Such- und Indexfunktionen der Informationssysteme unterstützen.

Im Laufe der Zeit wird der Anteil der konventionellen Dokumente immer weiter zurückgehen, bis ausschließlich rechnerbasierte Daten vorliegen. Dann ist das Ziel einer elektronischen Krankenakte mit Datenmanagement (Stufe 3) erreicht. Sie ermöglicht eine vollständige Verknüpfung aller Datensätze der Patientenakte sowie eine Zusammenführung mit Datensätzen anderer Informationssysteme (z. B. Managementinformationssystem, Leitlinieninformationssystem), sodass eine aktive Entscheidungsunterstützung möglich wird. Die Anforderungen sind allerdings hoch. Die elektronische Krankenakte mit Datenmanagement benötigt ein einrichtungsweites System zur eindeutigen Identifikation von Informationen zu einem Patienten, eine technische Infrastruktur, die einheitliche Formate, Strukturen, Klassifikationen und Schnittstellen umfasst sowie eine Sicherheitsinfrastruktur zu Erfüllung der Anforderungen des Datenschutzes.

Ein zentrales Element der Stufe 3 ist das Bildarchivierungs- und -kommunikationssystem (Picture Archiving and Communication Systems, PACS), mit dessen Hilfe Röntgenaufnahmen, Filme (z. B. OP-Aufnahmen), Tonaufzeichnungen (z. B. Sprechproben der Logopädie) und andere Dokumente gespeichert und präsentiert werden.[24] Das PACS hält eine große Instrumentenvielfalt von Zugriffsmöglichkeiten bereit, die von der reinen Bildbetrachtungssoftware bis zur Image Enhancement (Bildbearbeitung, 3-D-Effekt, Glättung) reichen. Ohne PACS ist die elektronische Patientenakte letztlich wirkungslos, und die uneingeschränkte Verfügbarkeit des PACS ist für viele Ärzte und Pflegekräfte das Entscheidungskriterium zur Beurteilung der ePA.

---

24 Vgl. Dreyer 2013.

Die Stufen 4 und 5 erweitern das Leistungsspektrum der elektronischen Gesundheitsakte auf weitere Leistungserbringer. Die einrichtungsübergreifende elektronische Patientenakte (Stufe 4) stellt eine Sammlung medizinischer und medizinisch relevanter Informationen zu einem Patienten dar, die aus mehreren eigenständigen medizinischen Versorgungseinrichtungen an verschiedenen Orten stammen und auf einem digitalen Datenträger gespeichert sind. Die Daten sind für alle Berechtigten unabhängig von ihrer Einrichtung verfügbar, sodass ein möglichst vollständiges Bild vom Gesundheitszustand des Patienten und dem institutionenübergreifenden Behandlungsprozess entsteht. Der niedergelassene Arzt kann damit auf die Krankenhausdaten zugreifen, und das Krankenhaus hat die vollständige Einsicht in alle Voruntersuchungen beim Hausarzt. Dadurch werden die Entscheidungsqualität erhöht, Mehrfachuntersuchungen vermieden, Datenredundanz reduziert und Kosten gesenkt.

Die Speicherung der Daten kann grundsätzlich in verschiedener Form erfolgen. Erstens wäre es möglich, alle Daten auf einer persönlichen Gesundheitskarte zu speichern, die der Patient bei sich führt. In der Realität dürfte allerdings die Datenmenge (insb. von PACS-Dokumenten) so groß sein, dass die Gesundheitskarte lediglich die Stammdaten sowie den Zugriffscode für andere Datenserver beinhalten kann. Zweitens wäre eine dezentrale Datenhaltung denkbar, d. h., die virtuelle Patientenakte besteht aus mehreren verteilten, lokalen elektronischen Patientenakten, die durch einen Kommunikationsserver logisch zu einer gemeinsamen elektronischen Patientenakte integriert werden. In diesem Fall blieben die lokalen Patientenakten weiterhin unter Kontrolle der jeweiligen Einrichtung. Allerdings setzt dieses Verfahren eine hohe Standardisierung der Patientenakten bei den Leistungsanbietern voraus.

Drittens wäre es möglich, die Daten vollständig auf einem externen Server abzulegen, auf den alle Leistungsanbieter zugreifen können, wenn sie vom Patienten hierfür berechtigt werden. Die Vorteile für die Datenintegration, Reduktion der Redundanz, Auswertbarkeit für Entscheidungen und Forschungen etc. liegen auf der Hand. Allerdings stellt diese Variante auch erhebliche technische, organisatorische und rechtliche Anforderungen. Zuerst muss eine einheitliche, unverwechselbare Patienten- und Leistungserbringeridentifikation vereinbart werden. Das Vokabular muss standardisiert sein. Es muss sichergestellt sein, dass alle Anbieter stets dieselbe Version mit demselben Format haben. Weiterhin stellt eine derart umfassende Datensammlung eine große Gefahr der Verletzung des Datenschutzes bzw. der Datensicherheit dar.

Obwohl die Einführung der einrichtungsübergreifenden elektronischen Patientenakte (Stufe 4) bereits mit dem GMG (2004) vorgesehen war, erfolgte ihre Einführung sehr schleppend. Der Gesetzgeber unternahm deshalb mit dem „Gesetz zum Schutz elektronischer Patientendaten in der Telematikinfrastruktur" (Patientendaten-Schutz-Gesetz, PDSG 2020)[25] einen weiteren Versuch, die elektronische Pati-

---

25 BGBL 2020, S. 21115–2164, inkraftgetreten am 15.10.2020.

entenakte einzuführen. Sie ist für die Leistungsanbieter verpflichtend, jedoch für die Versicherten freiwillig. Ein großer Vorteil ist ihre Umsetzung auf dem Smartphone oder Tablet (oder Gesundheitskarte mit Pin), während ihr Umfang (z. B. Diagnosen, Röntgenbilder, Medikamente, Rezepte, Mutterpass, Impfausweis, Bonusheft) nicht weit über das hinausgeht, was bereits 2004 angedacht war. Es wird sich zeigen, ob die Versicherten die ePA umfassend annehmen und nutzen.

Die letzte Stufe (elektronische Gesundheitsakte) schließlich erweitert das Konzept der einrichtungsübergreifenden elektronischen Patientenakte um weitere gesundheitsrelevante Informationen. Sie enthält den vollständigen medizinischen Datensatz sowie zusätzlich Wellness-, Ernährungs- und andere gesundheitsbezogene Informationen. Sie könnte beispielsweise auch – mit einer entsprechenden Zugriffsbegrenzung – in einem Hotel abgegeben werden, um den individuellen Speiseplan, das Fitnessprogramm und die Saunatemperatur auszuwählen. Dieser Personal Health Record ist allerdings derzeit nicht in Aussicht. Ob dies wünschenswert wäre, bleibt zu diskutieren.

Aus Sicht der Krankenhaussteuerung stellt die Digitalisierung der Patientenakte einen wichtigen Schritt zu einer Evidenzbasierung des Managements dar. Aus papierbasierten Akten können viele Informationen nur unter großen Mühen extrahiert werden. Die relativ einfache Anfrage, welcher Anteil der Patienten nach einer bestimmten Operation einen Katheder benötigt und dadurch eine Blaseninfektion erleidet, ist auf Grundlage der Papierakte nur mit umständlichem und relativ unpräzisem Suchen zu beantworten. Eine vollständig digitalisierte Patientenakte kann das Ergebnis in wenigen Sekunden liefern, falls die Software entsprechende Fragen zulässt. Für eine Krankenhaussteuerung unter den Bedingungen der DRGs ist die Analyse der Häufigkeit und Ursachen von Verweildauerverlängerungen (z. B. durch eine Blaseninfektion) von großer Wichtigkeit. Diese Innovation stellt damit dem Management Informationen zur Verfügung, die es in zielsystemkonforme Steuerung übersetzen muss.

Robotik

Ein Roboter ist ein mit Greifarmen ausgerüsteter Automat, der durch Fernsteuerung oder Sensorsignale bzw. einprogrammierte Befehlsfolgen bestimmte mechanische Tätigkeiten anstelle eines Menschen ausführen kann.[26] Hat der Roboter ein menschenähnliches Erscheinungsbild, spricht man von humanoiden Robotern.[27] Ein Beispiel hierfür ist „Pepper", der auf Kreuzfahrtschiffen, in Bibliotheken und vereinzelt auch bereits im Gesundheitswesen Anwendung findet. Dieser humanoide Roboter ist etwa 1,20 m groß, kann durch Lautsprecher und Mikrophone mit seinem Gegenüber kommunizieren und sich autonom bewegen. Im Bereich der Pflege

---

26 Vgl. Knoll und Christaller 2016.
27 Vgl. Handke 2020.

wurde Pepper für die Verbesserung der Kommunikation und für geistiges Training von Patients eingesetzt.

Der Begriff Roboter ist nicht exakt definiert, d. h., zum Teil werden Maschinen als Roboter bezeichnet, auf die tatsächlich obige Definitionen nicht zutreffen (z. B. Reinigungsroboter, „Demenzrobbe" Paro). Einen Roboter zeichnet eine gewisse Eigenständigkeit und Lernfähigkeit aus. Deshalb sind Roboter häufig mit Künstlicher Intelligenz (KI) ausgestattet, die es ihnen ermöglichen, sprachliche oder visuelle Muster zu erkennen bzw. logische Schlüsse auf Grundlage ihrer Wissensbasis zu ziehen. Wenn Pepper also nur die Verbindung zu einer Pflegekraft für die Kommunikation herstellt, handelt es sich eher um eine Puppe als um einen Roboter. Kann Pepper jedoch eigenständig Fragen beantworten, ist er ein mit KI-ausgestatteter Roboter.

Aus dieser Perspektive ist der sogenannte OP-Roboter meist kein wirklicher Roboter, sondern ein maschinen-assistiertes Chirurgiesystem, das weder über eine eigene Wissensbasis verfügt noch lernen kann.[28] Es überträgt vollständig die Befehle des Operateurs und wird derzeit insbesondere bei minimalinvasiven Operationen der Urologie und Gynäkologie (e.g. roboterassistierte laparaskopische Prostatektomie) angewandt, wobei vielfältige Anwendungen hinzukommen dürften. Der bekannteste OP-Roboter ist das Da-Vinci-Operationssystem der Firma Intuitive Surgical.

Die Vorteile maschinen-unterstützter Chirurgie sind beträchtlich. So leistet der OP-Roboter eine Präzision, die auch geübte Operateure nicht immer erreichen können. Gerade bei Operationen mit besonderem Präzisionsanspruch, um beispielsweise Nerven zu schützen, ist dies von großer Bedeutung. Weiterhin ist die Fähigkeit des Menschen, seine Hand zu drehen, eingeschränkt, während der OP-Roboter Drehungen bis zu 720o ermöglicht. Auch ist eine synchrone Bildgebung während der OP leichter möglich. Die Folge dieser Vorteile sind in weiten Bereichen bessere Patienten-Outcomes.

Die Nachteile bestehen zum einen darin, dass den Chirurgen das haptische Feedback fehlt. Vor allem dürften es jedoch die Kosten sein, die viele Kliniken davon abhalten, ein entsprechendes Gerät anzuschaffen. Hierbei fallen nicht nur die Anschaffungskosten (derzeit 1,0–2,5 Mio. € pro Gerät) und die jährliche Wartungspauschale (derzeit 100.000 €) an, sondern vor allem sind die Kosten für den Instrumentensatz mit bis zu 1000 € pro OP erheblich. Die OP-Roboter sind so gebaut, dass man Instrumentensets nicht einfach beliebig oft verwenden kann. Hinzu kommt noch, dass die OP-Zeiten durch den Einsatz der OP-Roboter tendenziell verlängert wird, was wiederum die Fallkosten erhöht. Da es keine explizite Abbildung roboter-gestützter Operationen im DRG-System gibt, muss diese Innovation derzeit entweder von den Patienten privat gezahlt oder im Rahmen von Forschungsprogrammen durchgeführt werden. Häufig ist ein „Da-Vinci" auch ein Prestige- und Werbeobjekt. Eine Abbildung z. B. als Zusatzentgelt wird diskutiert.

---

28 Vgl. Hackert und Croner 2021.

Telematik

Eine weitere Innovation mit großer Bedeutung für die Krankenhaussteuerung ist die Telematik. Dieses Kunstwort aus *Tele*kommunikation (= nicht-physischer Transport von Nachrichten über Distanzen) und Infor*matik* beschreibt die Informationsverknüpfung von mindestens zwei EDV-Systemen mit Hilfe eines Telekommunikationssystems sowie einer speziellen Datenverarbeitung. Die wichtigsten Anwendungsgebiete sind E-Commerce, E-Learning und Telemedizin . Alle drei Gebiete finden im Gesundheitswesen immer mehr Verbreitung.

Unter E-Learning versteht man den Einsatz elektronischer Medien für Lehre und Lernen, meist in Form des sogenannten Computer-Based-Learning (CBL). Die Anwendungen reichen von CD-ROMs als Datensammlung und Lernprogrammen bis zum Teleteaching, bei dem der Dozent an einem anderen Ort sitzt und über Videokonferenz, Telefon, Funk, E-Mail und Chat-Room unterrichtet. E-Learning ist heute als Komponente der Fort- und Weiterbildung weit verbreitet.

E-Commerce bietet Möglichkeiten, Beschaffungskosten zu reduzieren. Die Spanne reicht von der elektronischen Anfrage, dem Produktvergleich, der papierlosen Bestellung bis hin zur automatischen Zahlung. Anfang des neuen Jahrtausends setzte man große Hoffnungen in die elektronische Beschaffung. Langsam erkennt man jedoch, dass die persönliche Vertrauensbeziehung von Lieferant und Abnehmer durchaus ein Sozialkapital darstellt, das nicht vollständig durch elektronische Lösungen ersetzt werden kann.

Der Schwerpunkt der Telematik im Gesundheitswesen liegt allerdings auf der Telemedizin, d. h. auf der Erbringung von Gesundheitsdienstleistungen durch Berufstätige im Gesundheitswesen unter Verwendung von Informations- und Kommunikationstechnologien, insbesondere für die Diagnose und Therapie von Krankheiten.[29] Telematik setzt regelmäßig voraus, dass die Dienstleistungseigenschaft der Einheit von Ort, Zeit und Handlung derart aufgehoben wird, dass ein Teil des Produktionsprozesses an einem anderen Ort stattfindet. Die telemedizinischen Instrumente müssen dafür sorgen, dass trotz dieser Einschränkung die Ergebnisqualität mindestens gleichbleibt.

Beispiele für Telemedizin sind die Telebefundung eines Röntgenbildes und das Einholen einer Zweitmeinung zu einer während einer OP aufgetretenen Komplikation. Schon in den 1960er-Jahren wurden hierfür analoge Videoübertragungen organisiert, deren Bildauflösung jedoch noch keine vergleichbare Ergebnisqualität des Produktionsprozesses gewährleisten konnte. Die technologische Entwicklung ermöglicht heute jedoch eine digitale Übertragung ohne Auflösungsverlust, sodass der arbeitsteilige Dienstleistungsprozess ohne Einheit von Ort und Handlung möglich wird.

Es gibt mehrere Gründe, die Krankenhäuser zu einer telemedizinischen Zusammenarbeit veranlassen.[30] Erstens ermöglicht die Telemedizin eine ortsunabhängige

---

29 Vgl. Budych 2013.
30 Vgl. Klusen und Meusch 2002.

Versorgungsqualität, da Experten auch für Regionen zugänglich werden, deren Bevölkerungsdichte keine Vorhaltung dieser Kapazität erlauben würde. In dünn besiedelten Regionen kann die Versorgungssicherheit nur durch relativ kleine Krankenhäuser gewährleistet werden, deren Fallzahl beispielsweise keinen eigenen Radiologen rechtfertigt. In diesem Fall kann die Teleradiologie einen qualitativ gleichwertigen Ersatz darstellen.

Darüber hinaus kann die Telemedizin die Ergebnisqualität auch in Regionen erhöhen, die nicht unterversorgt sind. Die Möglichkeit, ohne hohen Aufwand eine Zweitmeinung einzuholen, kann die Dienstleistungsqualität verbessern. Weiterhin kann das Krankenhaus durch Telemedizin auf Patientendaten von anderen Leistungsanbietern zugreifen und damit Mehrfachuntersuchungen und Fehleinschätzungen vermeiden. Dies ist insbesondere dann ein Vorteil, wenn noch keine elektronischen Patientenakten der Stufen 4 oder 5 eingeführt sind. Schließlich kann die verteilte Leistungserbringung im Rahmen der Telemedizin erhebliche Kosteneinsparungen bei gleicher Qualität bringen, insbesondere wenn damit Nacht- und Wochenendbereitschaften reduziert werden können.

Eine vertiefte Darstellung, insbesondere der technologischen Voraussetzungen, kann an dieser Stelle nicht erfolgen. Technisch ist heute sehr viel möglich, es bedarf lediglich der Fantasie, neue Anwendungsmöglichkeiten zu finden. Beispiele wie das Telemonitoring (Fernüberwachung und Fernbetreuung von Patienten in der Häuslichkeit), Telekonsultation (Beratung mit Fachkollegen), Telepathologie (Fernbefundung pathologischen Materials), Telechirurgie (Operationsdurchführung durch ferngesteuerte Roboter) und die Telemedizin in der Luftfahrt (Fernbefundung diagnostischer Daten während eines Fluges) zeigen, dass viele Varianten bestehen. Sie stellen eine zweifache Chance dar. Einerseits sind sie für größere oder spezialisierte Krankenhäuser eine Einnahmequelle, da ihre Leistungen dem Leistungsanforderer in Rechnung gestellt werden können. Andererseits sind sie für kleinere Krankenhäuser in dünn besiedelten Regionen eine Möglichkeit, ihren Versorgungsauftrag und ihre Existenzsicherung in Einklang zu bringen.

Die Entscheidung, welches Segment des Leistungsspektrums bzw. welcher Teilprozess mit welchem Partner in welcher Form der Telemedizin abgewickelt werden soll, kann mit anderen Formen des Outsourcings verglichen werden. Dies lässt sich am Beispiel eines Computer-Tomografen aufzeigen. Grundsätzlich gilt, dass ein CT nur betrieben werden darf, wenn ein Facharzt (Radiologe) die Befundung garantiert. Damit muss das Krankenhaus zuerst entscheiden, ob es einen eigenen Facharzt vorhält (Eigenfertigung) oder die Befundung durch einen Radiologen außerhalb des Krankenhauses (Fremdbezug) durchführen lässt. Im Falle des Fremdbezugs gibt es wieder verschiedene Möglichkeiten. Erstens besteht die Möglichkeit, das Gerät selbst anzuschaffen und zu betreiben. In diesem Fall genügt es, wenn eine medizinisch-technische Radiologieassistentin (MRTA) und ein Arzt mit Strahlenschutzausbildung vor Ort sind. Die Befundung erfolgt beim Vertragspartner, wobei sowohl andere Krankenhäuser als auch niedergelassene Radiologen in Frage kommen.

Zweitens könnte das Krankenhaus eine Komplettlösung vom Partner annehmen, d. h., das CT und die MRTA werden vom Betreiber gestellt, der auch die Befundung durchführt. Das Krankenhaus muss lediglich einen Arzt mit Strahlenschutzausbildung vorhalten, der jedoch überwiegend in anderen Bereichen tätig ist. Drittens besteht noch die Möglichkeit, die Leistung vollständig outzusourcen und den Patienten zum niedergelassenen Radiologen oder in ein anderes Krankenhaus für das CT zu bringen.

In allen Fällen müssen die Investitions- und laufenden Kosten, die Erlöse und die Dienstleistungsqualität betrachtet werden. Patienten dürften Transporte insbesondere in weiter entfernt liegende Einrichtungen negativ bewerten. Entscheidend für die Qualität ist auch die Existenz eines Ausfallkonzeptes, d. h. die Vorsorge für den Fall des Ausfalls der Kommunikationswege oder des Befundungspartners.

Dieses Beispiel soll genügen, um aufzuzeigen, dass die ökonomische Bewertung der Telemedizin eine anspruchsvolle Aufgabe ist. Die Krankenhaussteuerung benötigt hierfür dringend Informationen, die nur teilweise vom Controlling bereitgestellt werden können. Als strategische Entscheidung fließen auch weitere, weiche Faktoren in die Entscheidungsfindung ein, mit denen wir uns im letzten Kapitel auseinandersetzen werden.

Datenträgeraustausch

Es gibt noch eine Reihe von Anwendungen der Digital Health, die insbesondere für die Krankenhausverwaltung von Bedeutung sind. Hierzu gehört insbesondre der elektronische Datenträgeraustausch (DTA), d. h. der Austausch von Daten zwischen Krankenhaus und Krankenkasse auf digitalen Datenträgern, der seit 1. Januar 2004 verpflichtend ist (§ 301 SGB V). Vorher waren die zentralen Daten häufig noch postalisch von Krankenhaus zur Krankenkasse bzw. umgedreht versandt worden, seitdem ist ein elektronisches und maschinenlesbares Format vorgeschrieben. Die Vorteile liegen in der schnelleren Übermittlung, der Fehlerreduktion durch den Verzicht auf Neueingabe, den Möglichkeiten der Automatisierung (Auslösung einer Nachricht ohne menschliche Auslösung, z. B. Aufnahmeanzeige) und die automatische Kontrolle, sodass der elektronische DTA auch ohne die gesetzliche Notwendigkeit betriebswirtschaftlich sinnvoll erscheint.

Die Inhalte des elektronischen DTA folgen dem Patientenpfad und umfassen:

- Aufnahmeanzeige: Das Krankenhaus zeigt die Aufnahme des Patienten der zuständigen Krankenkasse elektronisch an.
- Kostenübernahmeerklärung: Die zuständige Krankenkasse übersendet eine Kostenübernahmeerklärung elektronisch.
- Anforderung einer medizinischen Begründung: Die Krankenkasse fordert u. U. elektronisch eine Begründung der Aufnahme an. Dies ist beispielsweise dann der Fall, wenn eine bestimmte Prozedur (z. B. Operation) im Regelfall ambulant erfolgt, jedoch im Einzelfall zu einer stationären Aufnahme geführt hat.

- Entlassungsanzeige: Das Krankenhaus zeigt die Entlassung des Patienten der zuständigen Krankenkasse elektronisch an.
- Fakturierung: Das Krankenhaus schickt der zuständigen Krankenkasse eine digitale Rechnung.
- Zahlungsmitteilung: Die zuständige Krankenkasse versendet elektronisch die Mitteilung, dass die Zahlung erfolgt ist.

Darüber hinaus wird jährlich der sogenannte „21er Datensatz" vom Krankenhaus an das InEK übermittelt. Der Term leitet sich von § 21 KHEntgG ab, der die „Übermittlung und Nutzung von Daten" regelt. Dementsprechend übermittelt das Krankenhaus „auf einem maschinenlesbaren Datenträger jeweils zum 31. März für das jeweils vorangegangene Kalenderjahr die Daten nach Absatz 2 an die vom Institut für das Entgeltsystem im Krankenhaus geführte Datenstelle auf Bundesebene." Tab. 190 zeigt, dass der Datensatz aus zwei Teilen besteht. Zuerst werden die Strukturdaten des Krankenhauses übermittelt, die für alle Fälle gelten. Anschließend werden für jeden Fall die entsprechenden Leistungsdaten bereitgestellt.

Tab. 190: 21er Datensatz nach § 21 Abs. 2 KHEntgG.

Datentyp	Vorkommen	Daten
Strukturdaten	je Übermittlung ein Datensatz	a) Institutionskennzeichen des Krankenhauses, Art des Krankenhauses und der Trägerschaft sowie Anzahl der aufgestellten Betten und Intensivbetten, b) Merkmale für die Vereinbarung von Zu- und Abschlägen nach § 17b Abs. 1a KHG, c) Anzahl der Ausbildungsplätze, Kosten des theoretischen und praktischen Unterrichts, Kosten der praktischen Ausbildung, Kosten der Ausbildungsstätte, gegliedert nach Sachaufwand, Gemeinkosten und vereinbarten Gesamtkosten sowie Anzahl der Ausbildenden und Auszubildenden, jeweils gegliedert nach Berufsbezeichnung nach § 2 Nr. 1a KHG; die Anzahl der Auszubildenden nach Berufsbezeichnungen zusätzlich gegliedert nach jeweiligem Ausbildungsjahr, d) Summe der vereinbarten und abgerechneten DRG-Fälle, der vereinbarten und abgerechneten Summe der Bewertungsrelationen des Fallpauschalen-Katalogs und des Pflegeerlöskatalogs sowie der Ausgleichsbeträge nach § 5 Abs. 4 sowie der Zahlungen zum Ausgleich der Abweichungen zwischen den tatsächlichen und den vereinbarten Pflegepersonalkosten nach § 6a Abs. 2, jeweils für das vorangegangene Kalenderjahr,

Tab. 190 (fortgesetzt)

Datentyp	Vorkommen	Daten
		e) die Anzahl des insgesamt beschäftigten Pflegepersonals und die Anzahl des insgesamt in der unmittelbaren Patientenversorgung auf bettenführenden Stationen beschäftigten Pflegepersonals, jeweils aufgeteilt nach Berufsbezeichnungen, umgerechnet auf Vollkräfte, gegliedert nach dem Kennzeichen des Standorts nach § 293 Abs. 6 SGB V und nach den Fachabteilungen des Standorts; für die in einer Vereinbarung nach § 137i Abs. 1 SGB V oder in einer Rechtsverordnung nach § 137i Abs. 3 SGB V festgelegten pflegesensitiven Bereiche sind die Anzahl des insgesamt beschäftigten Pflegepersonals und die Anzahl des insgesamt in der unmittelbaren Patientenversorgung auf bettenführenden Stationen beschäftigten Pflegepersonals zusätzlich gegliedert nach den jeweiligen pflegesensitiven Bereichen zu übermitteln;
Leistungsdaten	je Krankenhausfall	a) unveränderbarer Teil der Krankenversichertennummer nach § 290 Abs. 1 Satz 2 SGB V oder, sofern eine Krankenversichertennummer nicht besteht, das krankenhausinterne Kennzeichen des Behandlungsfalles, b) Institutionskennzeichen des Krankenhauses, ab dem 1. Januar 2020 dessen Kennzeichen nach § 293 Abs. 6 SGB V für den aufnehmenden, den weiterbehandelnden und den entlassenden Standort sowie bei einer nach Standorten differenzierten Festlegung des Versorgungsauftrags bis zum 30. Juni 2020 zusätzlich Kennzeichen für den entlassenden Standort, c) Institutionskennzeichen der Krankenkasse, d) Geburtsjahr und Geschlecht des Patienten sowie die Postleitzahl und der Wohnort des Patienten, in den Stadtstaaten der Stadtteil, bei Kindern bis zur Vollendung des ersten Lebensjahres außerdem der Geburtsmonat, e) Aufnahmedatum, Aufnahmegrund und -anlass, aufnehmende Fachabteilung, bei Verlegung die der weiter behandelnden Fachabteilungen, und der dazugehörigen Zeiträume, Zeiträume der Intensivbehandlung, Entlassungs- oder Verlegungsdatum, Entlassungs- oder Verlegungsgrund, bei Kindern bis zur Vollendung des ersten Lebensjahres außerdem das Aufnahmegewicht in Gramm, f) Haupt- und Nebendiagnosen sowie Datum und Art der durchgeführten Operationen und Prozeduren nach den jeweils gültigen Fassungen der Schlüssel nach § 301 Abs. 2 Satz 1 und 2 SGB V, einschließlich der Angabe der jeweiligen Versionen, bei Beatmungsfällen die Beatmungszeit in Stunden entsprechend der Kodierregeln nach § 17b Abs. 5 Nr. 1 KHG und Angabe, ob durch Belegoperateur, -anästhesist oder Beleghebamme erbracht, g) Art aller im einzelnen Behandlungsfall abgerechneten Entgelte, h) Höhe aller im einzelnen Behandlungsfall abgerechneten Entgelte.

Der 21er Datensatz stellt die umfassendste Datengrundlage für Analysen des DRG-Systems dar, ist jedoch in der Praxis nur schwer zugänglich, was sowohl die Forschung als auch den Betriebsvergleich erschwert.

Wissensbasierte Diagnose- und Therapieunterstützung

Eine weitere Dimension der Digital Health stellen die wissensbasierten Diagnose- und Therapieunterstützungssysteme dar. Ausgangspunkt ist die Feststellung, dass unsere Informationssysteme in der Regel eine Fülle an Daten bereithalten, jedoch nur unzureichend konkrete Antworten auf konkrete Fragen geben können. Hat der Entscheider die Antworten, impliziert dies noch lange nicht, dass er auch in der Lage ist, Handlungsanweisungen abzuleiten. Schließlich fehlt häufig auch die Umsetzung.

Abb. 204 zeigt dies schematisch auf. Während auf den Datenträgern eines Krankenhauses sehr viele Daten gespeichert sind, ist doch unter Umständen die notwendige Information für eine Therapieentscheidung nicht zugänglich oder nur in Kombination bestimmter Daten möglich (Informationslücke). Ob beispielsweise der Arzt diese Information in eine konkrete und korrekte Entscheidung umsetzen kann, hängt vor allem von seinem Wissen ab (Wissenslücke), d. h., unter Umständen ist auch eine umfassende Informationsbasis nicht handlungsleitend, wenn die Wissenskompetenz fehlt, diese Informationen zu interpretieren. Schließlich mag der Mediziner zwar über das notwendige Wissen und die relevanten Informationen verfügen, aber er trifft trotzdem keine oder keine richtige Entscheidung (Implementierungslücke), beispielsweise da er eine andere Risikoabwägung vornimmt bzw. andere Prioritäten hat.

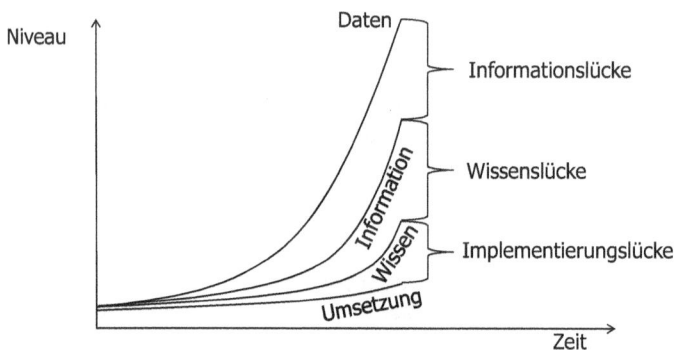

Abb. 204: Informations-, Wissens- und Implementierungslücke.[31]

---

31 Quelle: Eigene Dartstellung.

Das Ziel wissensbasierter Diagnose- und Therapieentscheidungsmodelle ist die Überwindung der Informations- und Wissenslücke. Es handelt sich um Anwendungssysteme, die eben nicht nur nach vorgegebenen Algorithmen (z. B. Formel zur Berechnung eines Mittelwertes) Daten zu Informationen verdichten, sondern dieses mit Wissen (z. B. Bedeutung eines Mittelwertes bei einer ganz konkreten Erkrankung) kombinieren und somit den Arzt bei der Diagnose und Therapie von Krankheiten unterstützten. Vorgänger wissensbasierter Systeme sind Wahrscheinlichkeitstabellen, die bestimmten Symptomen bestimmte Diagnosen mit bestimmten Wahrscheinlichkeiten zuordnen. Wissensbasierte Diagnose- und Therapieentscheidungsmodelle gehen darüber hinaus, werten große Datenmengen aus und enthalten Algorithmen der Diagnose- und Therapiefindung, die häufig auch selbstlernende Module enthalten. Typische Beispiele sind die Diagnoseunterstützung bei seltenen Erkrankungen (z. B. mit Hilfe von Watson) und die automatisierte Befundung digitaler Bildgebung.

Digitale Diagnose- und Therapieunterstützung sowie der schnelle, digitale Zugriff auf umfassende Daten, Inforationen und Wissen sind auch die Voraussetzungen für Personalisierte und Systemmedizin, wobei bislang noch nicht vollständig geklärt ist, welchen Inhalt beide Begriffe genau haben. Personalisierte Medizin (PM)[32] stellt ein neues Versorgungsparadigma dar und erstreckt sich von den therapeutischen Unikaten (Gentherapie, Tissue Engineering, Regenerative Medizin) bis zur stratifizierten Medizin (inkl. Pharmakogenomik). Der Grundgedanke ist ein Abschied von der „one-size-fits-all" Medizin,[33] bei der praktisch jeder Patient mit einer bestimmten Erkrankung gleich behandelt wird, zu einer möglichst individuellen (oder auf kleine Gruppen bezogenen, d. h. stratifizierten) Prävention, Diagnostik und Therapie. So werden beispielsweise bestimmte pharmazeutische Interventionen bei Brustkrebs nur noch durchgeführt, wenn hierfür eine passende genetische Disposition vorliegt, weil sie nur dann wirksam sind. Statt allen Patientinnen mit Brustkrebs eine bestimmte Chemotherapie zu verordnen, wird vorher auf Grundlage umfassender genetischer Tests ermittelt, ob die Therapie anschlagen wird, d. h., die Therapie wird individualisiert. Während herkömmliche Biomarker (z. B. Größe, Gewicht, Geschlecht, Alter) schon immer in die ärztliche Entscheidung einbezogen wurden, werden im Rahmen vom PM vor allem molekularbiologische Methoden, wie z. B. Genomik, Proteomik und Metabolomik, angewandt, um eine möglichst individuelle Entscheidung treffen zu können. Auf jeden Fall benötigt PM deutlich mehr Daten als bisherige Konzepte.

Noch breiter ist der Begriff der Systemmedizin (SM), der von reinen biologischen Forschungskonzeptionen (Systembiologie) bis hin zur Bioinformatik alles umfassen kann.[34] Die Abgrenzung zur PM ist unklar, aber SM legt noch größeren Wert

---

32 An dieser Stelle soll nicht zwischen personaliseirter und individualiseirter Medizin unterschieden werden. Für eine genauere Abgrenzung siehe Langanke, Lieb, Erdmann, et al. 2012.
33 Vgl. Richter-Kuhlmann 2012.
34 Vgl. Erdmann, Fischer, Raths, et al. 2015.

auf die Analyse großer Datenpools, die über das Individuum hinausgehen und ganze Netzwerke von Standorten umfassen können. Dadurch werden hypothesenfreie Big-Data Analysen möglich, d. h. die Suche nach Assoziationen zwischen Biomarkern und Krankheiten, die beim einzelnen Patienten und sogar an einem Standort unmöglich ist. Zentral ist dabei die Verfügbarkeit von „Big Data", d. h. von Daten in einer Quantität und Qualität von Patienten und weiteren Individuen, die bislang weder technisch möglich noch analytisch sinnvoll war. Ideal wäre es (allerdings nur aus medizinscher bzw. epidemiologischer, aber nicht aus Perspektive des Datenschutzes), wenn die Daten aller Patienten weltweit vernetzt und damit gemeinsam analysiert werden könnten, um auch für seltene Erkrankungen Assoziationen z. B. mit bestimmten Gendispositionen oder Befunden der Bildgebung feststellen zu können und damit die Präventions-, Diagnostik- und Therapieentscheidungen evidenzbasiert fällen zu können.

Der Begriff „Big Data" impliziert die Generierung, Speicherung und Verarbeitung von Daten in einer Quantität und Qualität, die traditionelle Informationssysteme nicht leisten konnten und für die auch keine Methoden der Auswertung vorlagen. Hierzu ist die Spiegelung der operativen Daten (hier: KIS-Daten) in einem Data Warehouse notwendig, sodass hoch komplexe Analysen durchgeführt werden können, ohne direkt die operativen Prozesse zu tangieren. Im Prinzip ist ein Data Warehouse eine mächtige Datenbank, in die Daten unterschiedlicher Quellen in einem einheitlichen Format einfließen.[35] Hierzu werden die Daten aus den bestehenden Quellen extrahiert, in ein einheitliches Format gebracht und im Warehouse abgelegt (ETL-Prozess, extract-transform-load). Anschließend können im Warehouse verschiedenste Verarbeitungen erfolgen, inkl. Validierung, Qualitätskontrolle und Wissensgenerierung. Letzteres enthält auch das Data Mining, d. h. statistische Analysen mit Big Data, bei denen explizit nach Assoziationen, Muster, Cluster etc. gesucht wird. Abb. 205 zeigt beispielhaft ein entsprechendes System, das Daten aus verschiedenen internen (hier: PACS, LIS, DPA) und externen (z. B. Krankenkassen und Kassenärztliche Vereinigung) Subsystemen integriert sowie die Generierung von Anfragen und Berichten (Online Analytical Processing, OLAP) erlaubt.

Die Innovationen im Bereich Informationswirtschaft und insbesondere Digital Health dürften in den nächsten Jahren Veränderungen für Krankenhäuser implizieren, die weit über die Automatisierung bislang manuell durchgeführter Datenerfassung und -auswertung hinausgehen. Die Bedeutung der Bio- und Wirtschaftsinformatik im Krankenhaus dürfte steigen, insbesondere, wenn immer öfter Big Data Analysen zur konkreten Unterstützung bei Präventions-, Diagnose- und Therapieentscheidungen getroffen werden. Bislang sind beispielsweise die Bioinformatiker mehr oder weniger „Zahlenknechte", die die Informationsbasis für die Mediziner liefern, die auf Grundlage ihres Wissens Entscheidungen treffen und diese auch verantworten. Denkt man

---

35 Vgl. Jarke, Lenzerini, Vassiliou, et al. 2013; Krishnan 2013.

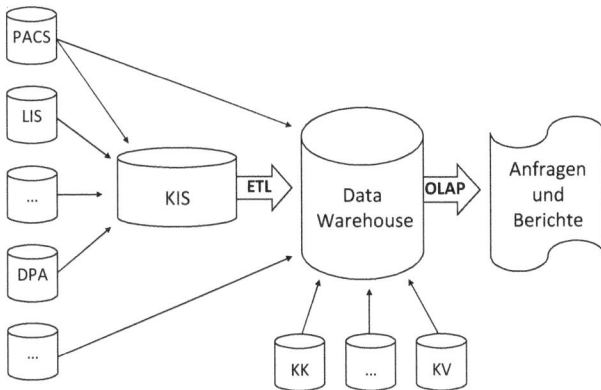

Abb. 205: Konzept des Data Warehousing.[36]

Systemmedizin jedoch weiter, kann eine Situation eintreten, in der Algorithmen zu Entscheidungen führen, die nur noch von Informatikern, Mathematikern oder Statistikern verstanden werden. Dies könnte zu einem völlig neuen Arbeiten im interdisziplinären Team im Krankenhaus führen.

Aus Sicht der Krankenhausverwaltung stellen die hier diskutierten Innovationen der Digital Health große Chancen dar. Insbesondere können sich Krankenhäuser dadurch von der Konkurrenz absetzen, dass sie mit Telemedizin Leistungen anbieten, die weit über ihr Versorgungsniveau hinausgehen und eine Versorgungsqualität sowie insbesondere Entscheidungspräzession erreichen, die ohne Big Data nicht möglich wäre. Allerdings dürften die Kosten dieser Innovationen auch so erheblich sein, dass diese nicht im Rahmen der „normalen" Zuschüsse der öffentlichen Hand oder aus eigenerwirtschafteten Mitteln getragen werden können. Eine auskömmliche Finanzierung der Top-Innovationen der Digital Health stets bislang aus.

10.4 Ergebnisse

Lehrbücher zur Informationswirtschaft im Krankenhaus fokussieren häufig EDV-technische Aspekte. Dies hat seine Rechtfertigung, da moderne Krankenhausinformationssysteme computergestützt sein müssen, um ihre vielfältigen Aufgaben zu erfüllen. Eine verlässliche EDV ist ebenso eine Voraussetzung für ein funktionsfähiges Krankenhaus wie ein funktionsfähiger Fahrstuhl oder eine Warmwasserversorgung.

---

36 Quelle: Eigene Darstellung in Anlehnung an Suzuki, Omori, Akiyama, et al. 2003. Legende: PACS: Picture Archiving and Communication System; LIS: Laborinformationssystem; DPA: Digitale Patientenakte; KIS: Krankenhausinformationssystem; ETL: extract, transform, load; KK: Krankenkasse(n); KV: Kassenärztliche Vereinigung; OLAP: Online Analytical Processing.

Auf der anderen Seite erstreckt sich die Kommunikation im Krankenhaus nicht auf die Schnittstelle von Mensch und Computer. Vielmehr verlaufen noch heute die meisten Kommunikationsprozesse interpersonell, zwischen Menschen mit Gefühlen, Assoziationen, Ambitionen und Ängsten. Die systematische und planvolle Gestaltung dieser Prozesse ist ebenso Aufgabe der Informationswirtschaft wie die Bereitstellung eines PACS. Darüber hinaus hat die Informationswirtschaft eine Zulieferfunktion für Entscheidungsprozesse. Die primäre und langfristige Aufgabe des Managements ist deshalb nicht die Durchführung von EDV-Projekten, sondern die Nutzung der Informationsbasis für die Unternehmenssteuerung. Da die Entscheidungsfindung jedoch immer mehr faktenbasiert sein muss, um unter Wettbewerbsbedingungen die Zukunftsfähigkeit des Krankenhauses zu garantieren, erlangt die Informationswirtschaft eine hohe Bedeutung, aber eben nicht als Ziel des Managements, sondern als Instrument.

Diese Positionierung der Informationswirtschaft innerhalb des Gesamtsystems der Betriebswirtschaftslehre muss jedoch noch einmal relativiert werden. Wie das Beispiel der Patientenakte gezeigt hat, entwickelt sich die Informationswirtschaft von einem internen Instrument der Entscheidungsunterstützung des Managements hin zu einem Aspekt der Produktpolitik. Die Verfügbarkeit von Information wird zu einer Qualitätsdimension, und die Anwendung moderner Informationstechniken (z. B. Telemedizin, wissensbasierte Systeme) stellt Leistungen mit einem eigenen Wert dar. In diesem Fall tritt die Informationswirtschaft aus ihrer Zuliefererrolle heraus und wird ein Instrument der Sicherung des Existenzgrundes des Unternehmens.

11 Strategische Steuerung

Mit dem bisherigen Wissen dieses Buches müsste es möglich sein, die täglichen Aufgaben der Krankenhaussteuerung zu meistern. Das System ist bekannt, die Instrumente sind verinnerlicht und die Adaption an den eigenen Krankenhausbetrieb kann beginnen. Trotz dieses vorübergehenden Erfolgsgefühls bleibt allerdings das Risiko, dass die Krankenhausleitung zwar alles richtig, aber nicht das Richtige machen könnte. Tab. 191 zeigt, dass es drei Möglichkeiten gibt, in der Krankenhausführung zu versagen. Bislang haben wir uns überwiegend mit der operativen Perspektive, d. h. mit der richtigen Steuerungsmethode beschäftigt. Lediglich in Kapitel 7.2 wurde das Zielsystem eines Krankenhauses als Komponente der strategischen Perspektive aufgegriffen. Vernachlässigt man jedoch die strategische Ausrichtung eines Unternehmens, so besteht die Gefahr, zwar methodisch kompetent mit großen Schritten voranzuschreiten, aber in die falsche Richtung. Ein systematisches Management ist nicht nur ein Arbeiten im System, sondern auch ein Arbeiten am System unter Berücksichtigung aller zeitlichen und funktionalen Interdependenzen. Die strategische Steuerung muss deshalb zwingend zu der operativen Perspektive hinzutreten, damit das richtige Problem mit den richtigen Instrumenten gelöst wird und sich der Unternehmenserfolg langfristig einstellt.

Tab. 191: Operatives und strategisches Management.[1]

		Strategische Perspektive	
		das richtige Problem lösen	**das falsche Problem lösen**
Operative Perspektive	**richtige Methodik**	das richtige Problem mit der richtigen Methodik lösen	das falsche Problem mit de richtigen Methodik lösen
	falsche Methodik	das richtige Problem mit einer falschen Methodik angehen	das falsche Problem mit eir falschen Methodik angeher

Die Gefahr, höchst kompetent und engagiert auf dem falschen Weg zu sein, hat in den letzten Jahren zugenommen. Selten war das Gesundheitswesen so starken Veränderungen ausgesetzt, die fundamentale Entscheidungen fordern. Bei jeder Entscheidung kann man entweder das machen, was man besonders gut kann, oder eben das, was in der Situation richtig ist. Beide Alternativen können sich unterscheiden, sodass bereits manches Unternehmen höchst kompetent und motiviert in die Insolvenz ging. Eine ständige Überwachung der Umweltveränderungen, die Bewertung dieser Veränderungen auf Grundlage des eigenen Wertesystems, die Generierung von langfristigen Alternativen und die Entscheidung über den besten Weg

---

1 Quelle: Rieckmann 2007, S. 31.

https://doi.org/10.1515/9783110753103-011

werden deshalb zentrale Aufgaben der Krankenhausführung. Ein Krankenhausmanager, der voll und ganz mit der täglichen Unternehmenssteuerung absorbiert ist, wird dieses Unternehmen langfristig schädigen. Jeder Manager benötigt von Zeit zu Zeit Freiräume, um seine wichtigste Aufgabe zu erfüllen: Die Vision und Mission des Hauses zu definieren und Strategien zu entwickeln, wie man sie erreichen kann. Hierzu muss er das betriebliche Werte- und Zielsystem internalisiert haben, da beispielsweise die Unterscheidung zwischen erwerbswirtschaftlichen und Nonprofit-Krankenhäusern für die Strategie eine große Rolle spielt.

Das letzte Kapitel dieses Lehrbuches ergänzt folglich die operative Krankenhaussteuerung um die strategische Perspektive. Es spannt – wie die Matrix andeutet – eine weitere Dimension betrieblichen Handelns auf, ohne das operative Management zu diskreditieren. Die Strategie bedarf der operativen Umsetzung, so wie die operative Steuerung ziellos ohne Strategie ist. Gleich einem Menschen, der nur gut sehen kann, wenn er weder kurz- noch weitsichtig ist, benötigt das Krankenhaus den Fokus auf den reibungslosen Ablauf der heutigen Prozesse ebenso wie Analyse der langfristigen Umweltveränderungen und der Chancen und Risiken, die sich daraus ergeben.

Strategisches Management erweitert auch das Denken des Managers. Deshalb ergänzt das vorliegende Kapitel auch den systemtheoretischen Ansatz, den wir bislang verfolgt haben, um die dynamische Systemtheorie. Aus ihr leiten sich die wichtigsten Komponenten der strategischen Krankenhaussteuerung (Geschäftsfeld- und Zielgruppenpolitik; Personalpolitik; Autonomiepolitik) ab.[2]

11.1 Grundlagen

Die bisherigen Ausführungen basierten auf der statischen Systemtheorie, d. h., Elemente, Funktionen und Relationen des Krankenhauses sind ebenso als gegeben anzunehmen wie die grundlegenden Führungsgrößen und Regler des Regelkreismodells. Für eine Strategielehre ist eine Erweiterung des Systemmodells um die Veränderungen des Umsystems sowie die möglichen Reaktionen des Systems notwendig. Da die Dynamik des Umsystems in den letzten Jahren kontinuierlich zugenommen hat und große Anforderungen an die Krankenhausleitung stellt, werden wir diesen Theorieaspekt im folgenden Abschnitt ausführlich diskutieren, bevor wir uns wieder den stärker praktischen Fragen der Unternehmenssteuerung zuwenden können. Die Lektüre dieses Unterkapitels erfordert etwas Geduld, denn wir bewegen uns auf der Metaebene der Wissenschaften. Aber der Erkenntnisgewinn lohnt die Investition in die neue Denkstruktur.

---

2 Aus der umfänglichen Literatur zum strategischen Management siehe z. B. Hungenberg 2014; Bea und Haas 2019. Müller-Stewens und Lechner 2016.

11.1.1 Theorie dissipativer Systeme

Ein Krankenhaus ist ein offenes, äußerst komplexes und stochastisches System, dessen Systembezüge nicht mehr vollständig erfasst und beschrieben werden können. Jedes offene System hat eine Beharrungstendenz, d. h., es erstrebt selbständig die Aufrechterhaltung der Systemstruktur in einem Gleichgewicht. Dieser Steady State soll ausschließlich durch die Veränderung der Stellgrößen bewahrt werden. Systeme mit dieser Tendenz zur Gleichgewichtsaufrechterhaltung werden als homöostatische Systeme bezeichnet. Sie können in einem stabilen Umsystem ausgesprochen langlebig sein. Hierzu wählen die Akteure des Systems die Stellgrößen so, dass das Ergebnis des Prozesses (Regelgröße) dem Systemziel (Führungsgröße) entspricht. Im Systemprozess kann es jedoch auf Grund von endogenen und exogenen Störgrößen zu Abweichungen zwischen der Führungsgröße und der Regelgröße kommen. Die Systemsteuerung wird folglich versuchen, die Stellgröße so zu verändern, dass die Identität von Regelgröße und Führungsgröße in Zukunft gewährleistet wird, so wie dies im Regelkreismodell (vgl. Abb. 126) symbolisiert ist.[3]

Oberste Maxime eines homöostatischen Systems ist die Strukturerhaltung, d. h., endogene und exogene Störgrößen sollen lediglich zu einer Veränderung der Stellgrößen führen, während die grundsätzliche Struktur des Transformationsprozesses unverändert bleiben soll. Falls die Störungen zu groß werden, als dass sie durch eine Veränderung der Stellgrößen aufgefangen werden könnten, tendieren diese Systeme dazu, die Führungsgröße an die Regelgröße anzupassen. Ist beispielsweise der Systemzweck die Produktion einer sozialen Dienstleistung, so kann die Quantität und Qualität dieser Leistungserstellung eingeschränkt werden, wenn die Nachfrage zurückgeht (exogene Störvariable). Solange das Umsystem jedoch relativ stabil ist, besteht für ein funktionsfähiges System kaum die Notwendigkeit einer Adaption von Führungs- oder Stellgrößen. Soziale Systeme können beispielsweise über Generationen in einem stabilen homöostatischen System verharren, ohne ihr Wertesystem (Führungsgrößen) oder ihre Rituale (Stellgrößen) zu verändern.

Wenn die exogenen Störgrößen so stark werden, dass sie weder durch eine interne Veränderung des Transformationsprozesses (Stellgrößen) noch durch akzeptable Variationen der Führungsgrößen aufgefangen werden können, führt Homöostasie in den sicheren Tod, da sie es nicht erlaubt, die akkumulierten Folgen des notwendigen Wandels auf einmal zu bewältigen. Das System muss sich entweder weiterentwickeln, oder es hört auf zu existieren.

Wirtschaftliche Systeme sind in der Regel ständig solchen Veränderungen ausgesetzt. Ihre komplette Struktur, Funktion und Existenz werden fortwährend in Frage gestellt. Statische Systeme, die primär auf den Erhalt ihrer Systemstruktur be-

---

3 Zur Systemtheorie siehe insb. Dopfer 1990; Jantsch 1992; Prigogine 1985; Witt 1994; Witt und Dopfer 1990.

dacht sind, werden in einem dynamischen Umsystem nicht existieren können. Dissipative Systeme können sogar unter massiven Veränderungen ihrer Struktur und Funktion überleben, weil sie es schaffen, externe Energieströme für ihre Zwecke zu nutzen, sodass sie ständig einem Wandlungsprozess unterworfen sein können. Sie tendieren nicht dazu, die veralteten Strukturen und Funktionen zu erhalten, sondern reagieren auf Veränderungen des Umsystems mit einer Expansion über ihre ursprüngliche Kapazität hinaus. Der jeweilige Systemzustand wird auch als Systemregime bezeichnet. Abb. 206 zeigt die Entwicklung.

Am Anfang der Betrachtung befindet sich das System im alten, eingeschwungenen Gleichgewicht. Es erfüllt seine Funktion in seiner Umwelt und kann kleinere interne und externe Veränderungen problemlos durch sein Regelungssystem absorbieren. Diese Phase wird als synchrones Systemregime bezeichnet. In der diachronischen Phase werden neue Anforderungen an das System gestellt, die es mit seiner derzeitigen Struktur und Kapazität nicht mehr erfüllen kann. Die auslösende Störung (Perturbation) ist in der Regel eine Veränderung des ökonomischen, sozialen, rechtlichen, demografischen oder epidemiologischen Umsystems, die sich selbst wiederum oftmals auf eine Innovation zurückführen lässt. Das System gerät in Schwierigkeiten (Fluktuationen), die bis zu einem Punkt anwachsen, ab dem die Rückkehr in den ursprünglichen Status nicht mehr möglich ist. An diesem Bifurkationspunkt sind verschiedene Entwicklungen gleich wahrscheinlich. Falls die Entwicklung nicht künstlich unterbrochen wird, setzt sie sich fort, und das Systemregime erreicht einen neuen stabilen Zustand, ein neues synchrones Systemregime.

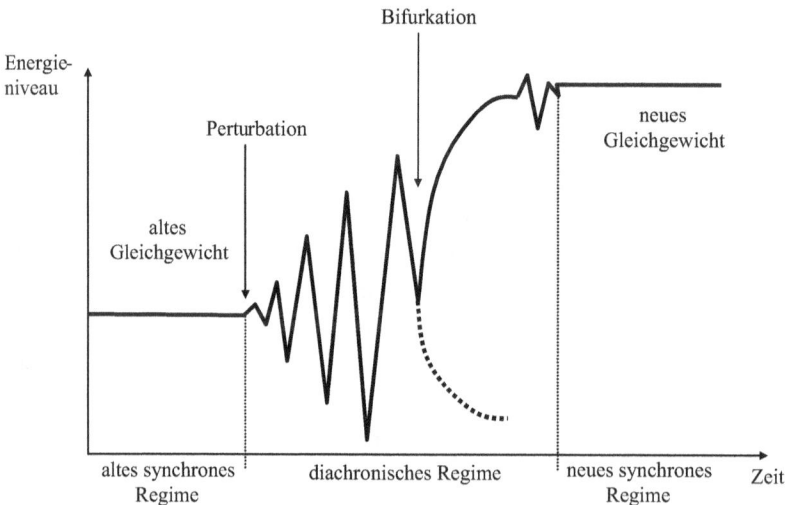

Abb. 206: Transformation in ein neues Systemregime.[4]

---

4 Quelle: Ritter 2001.

Die Entwicklung zu einem höheren Systemregime impliziert eine Struktur- und Funktionsveränderung. Damit ist es jedoch unausweichlich, dass formale Elemente der existierenden Struktur aus dem alten Systemregime stammen und die Stabilisierung des neuen Systems erschweren. Gleichzeitig bewahrt diese veraltete Formalstruktur die Konzepte des alten Systemregimes, sodass eine Rückkehr zum alten System möglich wird, wenn das neue Regime blockiert wird. Die Rückkehr zu einem alten Steady State erfolgt selten auf demselben Weg wie die Hinentwicklung. Dieser Unterschied wird als Hysterese bezeichnet (vgl. Abb. 207).

Veränderungen des Umsystems werden zuerst von der Mikrostruktur (z. B. Pflegepersonal, Stationsarzt, Kunde) wahrgenommen. Nur wenn diese Perturbationen stark genug sind, dass die Mikrostruktur sie nicht absorbieren kann, werden sie an die Makrostruktur weitergeben (z. B. Gesamtkrankenhaus). Die Makrostruktur umfasst das ganze System einschließlich der Regelungen, Finanzierungsmechanismen etc. Auch die Makrostruktur versucht, Veränderungen möglichst lange zu vermeiden und reagiert erst, wenn der Druck zu stark wird. Zwischen beiden Ebenen ist die Mesostruktur angesiedelt. Eine stabile Mesostruktur fängt zahlreiche Störungen auf, sodass die Makrostruktur nicht sofort auf Störungen der Mikrostruktur reagieren muss. Bei Systemen mit einer schwach ausgeprägten Mesostruktur führen auch schwächere Perturbationen zu Veränderungen der Makrostruktur.

Der Aufbau der Strukturen sowie die ständige Veränderung benötigen einen ständigen Energieinput. Folglich sind dissipative Systeme auf Dauer nur überlebensfähig, wenn sie einen ständigen Energiezufluss aufweisen. Ökologische Systeme beispielsweise basieren auf der Lichtenergie der Sonne. Soziale Systeme hingegen können als

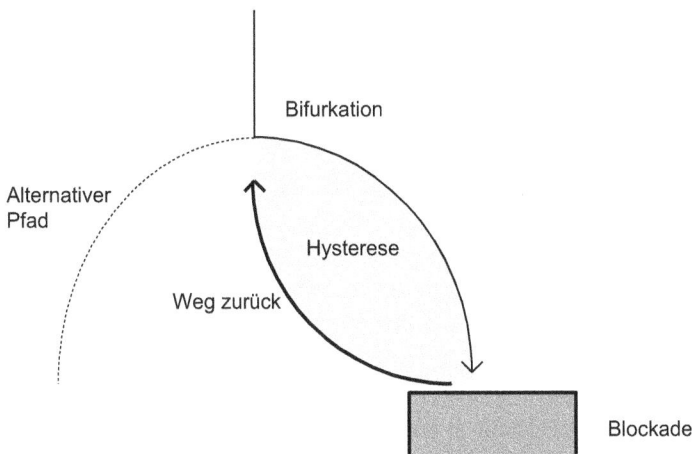

Abb. 207: Hysterese.[5]

5 Quelle: Ritter 2001.

Energiequelle die Kreativität des Menschen nutzen, durch die sie auf veränderte Umsysteme mit neuen Ideen und Lösungen reagieren. Innovationen werden damit zur Grundlage des Überlebens von offenen Systemen, ihre Evolution im Sinne einer Selbsttransformation im Zeitverlauf als Existenzvoraussetzung. Entscheidend ist hierbei, dass es evolutorische Sprünge gibt, d. h. diskontinuierliche Veränderungen der Systemstruktur, die durch homöostatische Anpassungen nicht erklärt werden können.

Eine hinreichende Bedingung für eine evolutorische Wirtschaft ist die Erzeugung und Ausbreitung von Neuerungen. Die Neuigkeit (Invention) kann sich sowohl auf neue Produkte als auch auf Verfahren beziehen. Sie entsteht durch die Kreativität des Menschen, motiviert durch Neugierde und Unzufriedenheit mit den derzeitigen Systemzuständen. Sobald sie von einer größeren Zahl von Menschen angewandt wird, bezeichnet man sie als Innovation.[6]

Die Bedeutung der Innovation für wirtschaftliche Prozesse wurde früh erkannt. Schumpeter (1912) führte den endogen, in der Wirtschaft erzeugten Wandel auf die Innovationstätigkeit dynamischer Unternehmer zurück, die gegebene und bekannte Inventionen real machen und durchsetzen.[7] Im Wettbewerb werden nur Inventionen übernommen, die entweder in keiner Konkurrenz zu dem bestehenden System stehen oder ein besseres Ergebnis liefern. Die erste Variante führt zu einer Erweiterungsinnovation, d. h. zu einer Bereicherung des Repertoires der Menschen um bisher noch nie da gewesene Dinge. Ist die Innovation eine bessere Lösung für alte Aufgaben, spricht man von einer verdrängenden Innovation.

Innovationen erlauben das Überleben dissipativer Systeme in einem dynamischen Umsystem, da sie die Anpassung an veränderte Lebenssituationen ermöglichen. Gleichzeitig sind sie selbst die Quelle der größten Perturbationen. Jede Innovation erschüttert bestehende Systeme, führt zu Selektionsdruck und fordert letztlich Opfer. Physikalische oder biologische Systeme tendieren zur Selbstorganisation. Soziale Systeme hingegen versuchen in der Regel, die negativen Folgen der Neuerung durch Systemeingriffe zu reduzieren. Sie schirmen sich künstlich von Perturbationen ab und verhindern dadurch Innovationen. Damit schneidet sich das System jedoch gleichzeitig von der Energiequelle ab, von der es lebt. Der Energiedurchlauf wird auf ein Minimum reduziert, die Dissipation erlischt fast völlig. Dadurch wird das dissipative System künstlich in ein homöostatisches System überführt, es wird meta-stabil.

Ein meta-stabiles System kann zwar ohne größere Energiezufuhren lange überleben, es wird jedoch zusammenbrechen, sobald die stabilisierende Kraft nicht mehr ausreicht, um die Perturbationen abzuschirmen. Da eine langsame Anpassung durch die Metastabilität nicht möglich war, sind solche Metamorphosen

---

6 Vgl. Leder 1989; Rogers 20003.
7 Vgl. Schumpeter und Preiswerk 1946.

von meta-stabilen Systemen in neue, angepasste Systemregime in der Regel sehr schmerzhaft oder gar unmöglich.[8]

Die Durchsetzung einer Innovation muss folglich gegen den Widerstand des bisherigen Systemregimes erfolgen. In den meisten Fällen wird eine Innovation von der flexiblen Mikrostruktur aufgefangen werden, ohne dass die Makrostruktur sich verändern muss (Mikroinnovation). Makroinnovationen hingegen sind so grundlegend, dass weder die Mikro- noch die Mesostruktur sie absorbieren können. Da sie die komplette Existenz des Gesamtsystems in Frage stellen, versucht das Makrosystem ihre Diffusion zu verhindern. Abb. 208 zeigt den Verlauf einer Diffusion mit und ohne Widerstand.

Die schwierigste Situation für die Mikrostruktur tritt dann ein, wenn sie die Perturbationen nicht mehr abfangen kann, gleichzeitig jedoch die notwendigen Anpassungen von der Makrostruktur verhindert werden. Dieser meta-stabile Zustand, der durch eine künstlich aufrecht erhaltene Makrostruktur bei gleichzeitig fehlender Mesostruktur gekennzeichnet wird, führt letztlich zur Auflösung der Mikrostruktur.

Die Perturbation wird in der Regel nicht durch die Invention, sondern durch den Durchbruch eines Innovationskeimlings ausgelöst. Ein Innovationskeimling ist eine Innovation, die in kleinen Nischen entwickelt und adoptiert wurde, jedoch noch auf die breite Anwendung wartet. Wird beispielsweise eine Innovation zu früh eingeführt, d. h. in einem stabilen alten Systemregime, so kann sie sich kaum ausbreiten. Der Selektionsmechanismus führt dazu, dass die alte, bekannte und damit auch mit geringeren Transaktionskosten und weniger Risiko verbundene Problemlösung beibehalten wird. Die Innovation kann jedoch in wenigen Nischen persistieren, bis zur völligen Reifung weiterentwickelt werden und unter Umständen für lange Zeit als Innovationskeimling verharren. Wird das alte Systemregime instabil, steht dieser Innovationskeimling für die Diffusion bereit. So konnten viele Innovationen, die ursprünglich vom bestehenden Systemregime unterdrückt wurden, großen Einfluss auf die diachronische Phase und das neue Systemregime gewinnen.

Zusammenfassend können vier Phasen der Anpassung an Veränderungen des Umsystems unterschieden werden:[9]

- Perzeption der Krise: Die Kapazität des Systems ist den gestiegenen Anforderungen nicht mehr gewachsen. Engpässe werden insbesondere in der Mikrostruktur wahrgenommen.
- Lösungssuche: Neuartige Lösungen werden gesucht und getestet. Sie stehen als Innovationskeimlinge für die breite Anwendung bereit.
- Meta-stabile Phase: Die potenziellen Adoptoren beseitigen Engpässe durch geringfügige Veränderungen der alten Systemstruktur. Fluktuationen und Innovationen werden unterdrückt.

---

8 Vgl. Fleßa 2002; Fleßa 2006; Fleßa 2012.
9 Vgl. Ritter 2001.

– Evolutorischer Sprung: Der Druck des Umsystems auf das alte Systemregime wird so groß, dass das bestehende System nicht mehr stabilisiert werden kann. Es entwickelt sich ein neues Systemregime. Die Innovationskeimlinge bestimmen die Richtung, in die sich das System am Bifurkationspunkt entwickelt.

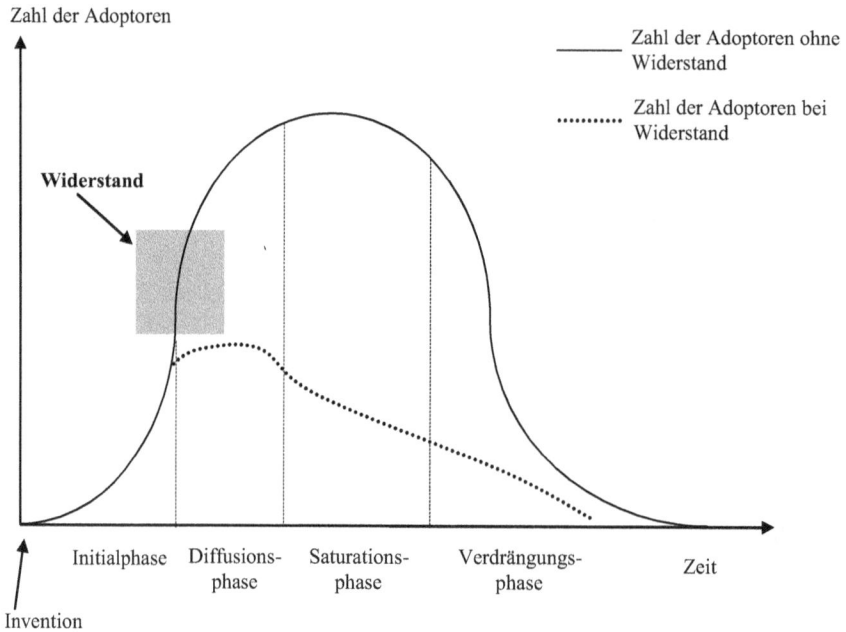

Abb. 208: Innovationsphasen mit und ohne Widerstand.[10]

Abb. 209 veranschaulicht die Phasenabfolge anhand der Entwicklung des Krankenhausfinanzierungssystems in Deutschland. Stark vereinfachend können vier Phasen unterschieden werden. Bis 1936 existierte eine freie Krankenhausfinanzierung auf monistischer Basis mit Pflegesätzen. Die Krankenkassen schlossen ohne staatlichen Einfluss Verträge mit den Krankenhäusern ab. Die Entgelte sollten alle Kosten decken. Das System funktionierte über Jahrzehnte hinweg sehr gut. Allerdings entwickelte sich die Medizin rasch, sodass immer schwierigere und teurere Diagnostik und Therapie in Krankenhäusern möglich wurde. Während das Krankenhaus im 19. Jahrhundert primär für die ärmere Bevölkerung arbeitete und die Reichen sich zu Hause von ihrem Arzt versorgen ließen, führte die Entwicklung der medizinischen Wissenschaft zum Krankenhaus als Inbegriff für Medizin. Die Krankenkassen konnten die ständig steigenden Kosten der Krankenhäuser nur noch schwerlich finanzieren.

10 Quelle: Fleßa 2006, S. 148.

Die Nationalsozialisten griffen schließlich 1936 in den Krankenhausmarkt ein und verfügten einen Preisstopp. Dieser war zweifelsohne auch ein Element der Kriegsvorbereitung, da stabile Preise – ohne Rücksicht auf die wirtschaftlichen Folgen – auch auf anderen Märkten diktiert wurden. Die unmittelbare Konsequenz war eine Unterfinanzierung der Krankenhäuser, der sich in einem Investitionsstau äußerte.

1948 versuchte man die Rückkehr zum alten Systemregime. Die Preisfreigabeverordnung (26.06.1948) sollte die staatliche Regulierung aufheben und die Unterfinanzierung beseitigen. Allerdings war diese Rückbewegung auf ein früheres Systemregime nicht möglich. Vielmehr musste bereits am 18.12.1948 eine Pflegesatzordnung eingeführt werden, d. h. die Phase der staatlichen Regulierung stabilisiert werden. In den ersten Nachkriegsjahren entwickelte sich das Krankenhauswesen positiv. Allerdings zeichnete sich in den 1960er-Jahren eine erneute Finanzkrise ab. Die Pflegesätze waren nicht ausreichend, um die steigenden Anforderungen, die aus medizinischem Fortschritt und steigenden Ansprüchen der Bevölkerung resultierten, zu finanzieren. Dadurch ergab sich ein erheblicher Investitionsstau, der zu Unzufriedenheit in der Bevölkerung und bei den Krankenhausbetreibern führte. Als Lösung bot sich die Einführung der dualen Finanzierung (1972) an. Diese Innovation führte zu einem neuen Steady State und zu einer starken Verbesserung der Krankenhausqualität in Deutschland. Zu diesem Zeitpunkt wäre durchaus eine Rückkehr zur freien Krankenhausfinanzierung denkbar gewesen. Allerdings wäre dies zu dieser Zeit sozialpolitisch kaum durchsetzbar gewesen.

Die Verknappung öffentlicher Finanzen und die Erkenntnis der Ineffizienz des Pflegesatzsystems führten schließlich zu einer schrittweisen Umstellung auf Fallpauschalen ab 1993. Es gab allerdings damals auch Befürworter einer Rückkehr zur monistischen Finanzierung vor 1972. Sie konnten sich jedoch noch nicht durchsetzen. Derzeit dürfte das Krankenhaussystem in Deutschland den Bifurkationspunkt überwunden haben, von einem neuen Gleichgewicht kann jedoch noch nicht gesprochen werden. Vielmehr sind zahlreiche Adaptionen notwendig, um das neue System beherrschbar zu machen.

Staatliche Eingriffe, duale Finanzierung und Fallpauschalen sind Innovationen, die in ihrer Zeit jeweils die gesamte Systemstruktur in Frage gestellt haben. Hinzu kommt noch eine Reihe von Innovationen und Krisen, die diese Veränderungen begleitet haben, z. B. die Veränderung der Trägerstruktur. Auffällig ist, dass der zeitliche Abstand zwischen diesen Makroinnovationen abgenommen hat. Die Dynamik des Gesundheitswesens steigt, und dies stellt erhebliche Anforderungen an das Krankenhausmanagement.

Kaum haben die Krankenhäuser die diachrone Phase der Konvergenzphase „überlebt", zeichnen sich schon wieder erhebliche Veränderungen am Horizont ab. Erstens ist die Rückkehr zur monistischen Finanzierung wieder stärker im Gespräch. Die Einführung des Gesundheitsfonds ermöglicht es dem Staat, ohne Bruch mit der Bismarck'schen Tradition die Gelder, die bislang als Investitionsmittel an die Krankenhäuser flossen, in Zukunft an die Krankenversicherungen zu geben.

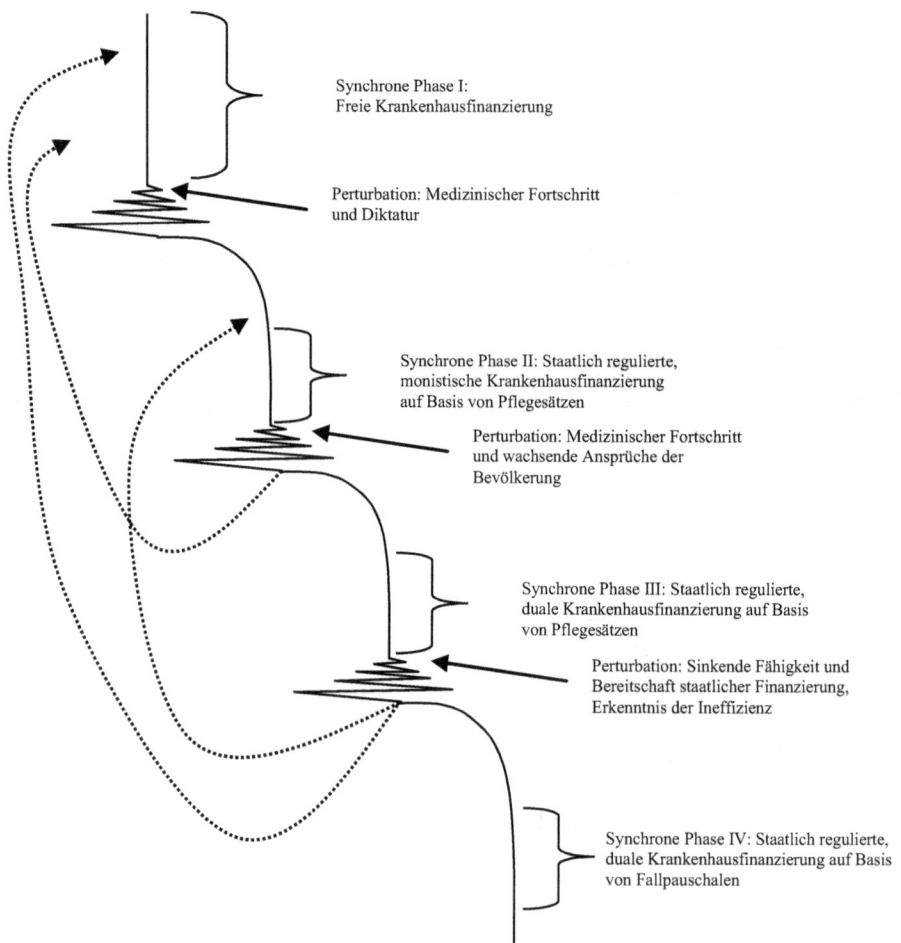

Synchrone Phase I:
Freie Krankenhausfinanzierung

Perturbation: Medizinischer Fortschritt
und Diktatur

Synchrone Phase II: Staatlich regulierte,
monistische Krankenhausfinanzierung
auf Basis von Pflegesätzen

Perturbation: Medizinischer Fortschritt
und wachsende Ansprüche der
Bevölkerung

Synchrone Phase III: Staatlich regulierte,
duale Krankenhausfinanzierung auf Basis
von Pflegesätzen

Perturbation: Sinkende Fähigkeit und
Bereitschaft staatlicher Finanzierung,
Erkenntnis der Ineffizienz

Synchrone Phase IV: Staatlich regulierte,
duale Krankenhausfinanzierung auf Basis
von Fallpauschalen

Abb. 209: Phasensystem der Krankenhausfinanzierung.[11]

Damit werden eine Monistik und ein echtes Preissystem im Krankenhauswesen denkbar. Zweitens ziehen sich immer mehr Bundesländer aus der Krankenhausfinanzierung zurück und erhoffen sich durch Privatisierung oder Private-Public-Partnership (PPP) eine innovative Krankenhausfinanzierung. Drittens werden die Sektorengrenzen immer mehr aufgelöst, sodass das Krankenhaus in Feldern aktiv werden muss, die nicht zu seiner klassischen Kernkompetenz gehören. Viertens wird die demografische Alterung der Bevölkerung erhebliche Auswirkungen auf die Krankenhauslandschaft haben. Und schließlich ist mittelfristig eine tief greifende Änderung des Gemeinnützigkeitsrechts zu erwarten.

---

[11] Quelle: Fleßa 2006, S. 156.

Wir können folglich festhalten, dass die Dynamik und Komplexität des Krankenhauswesens in den letzten Jahren massiv gestiegen sind und voraussichtlich noch zunehmen werden. Die Komplexität resultiert aus der Zahl der strukturverschiedenen Elemente in einem System, aus der Zahl der relevanten Umsysteme und der Zahl der tatsächlich existierenden Relationen zwischen den Elementen bzw. zwischen System und Umsystem. Die Dynamik ist Ausdruck für die Schnelligkeit des Entstehens neuer bzw. andersartiger Elemente, für die Schnelligkeit des Auftretens neuer Relationen sowie für die Vorhersagbarkeit der Veränderungen in der Zeit. Rieckmann sieht in diesen beiden Begriffen den Schlüssel zum Verständnis des strategischen Managements. Als Maß von Dynamik und Komplexität bildet er das Kunstwort Dynaxity.[12]

Abb. 210 zeigt vier Zonen der Dynaxity. In der ersten Zone sind Komplexität und Dynamik gering. Die überwiegende Organisationsform ist das Eigentümerunternehmen mit klaren Hierarchien. Der Eigentümer trifft alle Entscheidungen, kontrolliert alle Prozesse bzw. Ergebnisse persönlich und motiviert seine Mitarbeiter extrinsisch. Die Mitarbeiter sind als Untergebene lediglich Ausführende. In der Terminologie von Mintzberg handelt es sich um eine Simple Structure.[13]

Nimmt die Komplexität zu (was über kürzere Zeiträume stets mit einer erhöhten Dynamik verbunden ist), so kann diese Organisationsform nicht mehr genügen, um die großen, multifunktionalen Unternehmen zu steuern. In der Zone II sind deshalb mehrgliedrige Organisationen anzutreffen, bei denen meist eine Trennung von Eigentum und Management erfolgt. Die Motivation erfolgt noch immer überwiegend vertikal und wird von starker Kontrolle begleitet. Delegation wird in großen Unternehmen notwendig, jedoch bleibt eine strenge Hierarchie bestehen. Nach Mintzberg überwiegen Technokratie, Funktionärsorganisation oder Bürokratie.

Steigen Komplexität und Dynamik weiter, so sind die klassischen Organisationen mit ihren langen Befehlswegen, strengen Hierarchien und zentralisierten Entscheidungen nicht mehr in der Lage, Umweltveränderungen frühzeitig aufzunehmen und sich schnell genug anzupassen. Für derartige Umweltsituationen in Zone III werden Netzwerke benötigt, die ein institutionelles Gedächtnis entwickeln, um auf vorhandene Erfahrungen zurückgreifen zu können. Gleichzeitig müssen sie jedoch auf intrinsisch motivierte Mitarbeiter bauen, die als Sensoren für Dynamik und Komplexität tätig werden und selbständig Systemanpassungen vornehmen. In diesen Netzwerken konstituieren sich selbstorganisierende Teams, in denen keine hierarchische Führung mehr möglich ist. Führung wird zum Coaching, Leitung zum unterstützenden Dienst. Steigt die Dynaxity noch weiter an, sind auch derartige Netzwerke überfordert. Das System wird chaotisch (Zone IV).

---

12 Vgl. Rieckmann 2007; Rieckmann 2000.
13 Vgl. Mintzberg 1989.

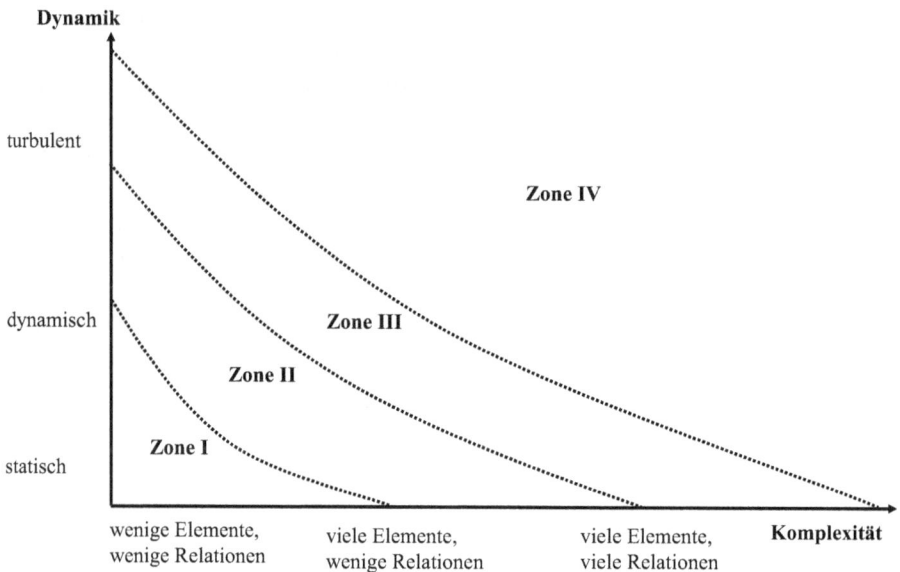

Abb. 210: Dynaxity-Zonen.[14]

Definiert man die Dynamik als Ableitung der Komplexität nach der Zeit, so lassen sich gemäß Abb. 211 die Zonen auch als Entwicklungspfade von Systemregimen verstehen. In einem System der Zone I verändert sich das Systemregime nur sehr selten, d. h., die synchrone Phase dauert mindestens eine Generation. In der Zone II sind die synchronen Phasen kürzer als in Zone I, aber sie sind lange genug, um eine vollständige Stabilisierung (Freezing) zu erlauben. Stabile Metastrukturen können aufgebaut werden, feste Organisationsformen, Regeln und Hierarchien sind sinnvoll, da die Anforderungen des Umsystems über Jahre oder Jahrzehnte konstant sind. In der Zone III sind die synchronen Phasen so kurz, dass kein Einschwingen in einen Steady State möglich ist. Statt einem Freezing der Organisationsstruktur erfolgt am Ende eines diachronischen Systems eine neue Perturbation. Somit sind keine festen Regeln möglich, vielmehr werden Ad-hoc-Entscheidungen und -Strukturen nötig. Entscheidungen müssen auf der Mikrostruktur basisnah getroffen werden, benötigen allerdings auch eine extrem hohe Informationsdichte, sodass Netzwerke der Mikrostrukturen ohne Hierarchien an Bedeutung gewinnen. Steigen Dynamik und Komplexität weiter, entwickelt sich ein chaotisches System, bei dem weder die Phasen noch die Entwicklungsrichtung mehr erkenntlich sind. Neue Perturbationen erschüttern das System, bevor eine Metastruktur aufgebaut werden kann.

Betrachtet man die Entwicklung des Krankenhauswesens in Deutschland, so kann man eine Entwicklung von Zone I zu Zone III feststellen. Vom Ende des zwei-

---

14 Quelle: Eigene Darstellung, in Anlehnung an Rieckmann 2000, S. 74.

ten Weltkriegs bis zur Einführung des Krankenhausfinanzierungsgesetzes 1972 war das System in einer Zone geringer Veränderungen und relativ überschaubarer Strukturen. Die zunehmende Größe der Häuser und die Veränderungen der Krankenhausfinanzierung brachten ab 1972 Organisationsformen hervor, die den klassischen Bürokratien entsprechen. Die hohe Dynaxity, die die Einführung der DRGs in Deutschland hervorruft, überfordert diese Organisationstypen jedoch. Immer häufiger werden Krankenhäuser umorganisiert, um kleinere und dynamischere Einheiten bilden zu können. Beispielsweise kann die Einrichtung von interdisziplinären Zentren (z. B. Spine Center, Gefäßzentrum etc.) mit der Auflösung klassischer Hierarchien als Versuch interpretiert werden, der zunehmenden Interdependenz und damit Komplexität zu begegnen.

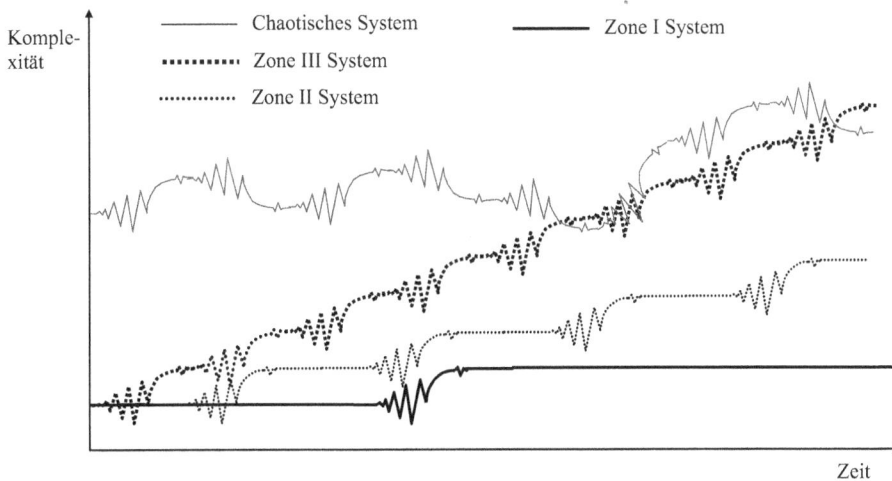

Abb. 211: Dynaxity und Systemregime.[15]

Zusammenfassend können wir festhalten, dass die Zeit langjähriger Stabilität im Krankenhauswesen vorüber ist. Änderungen des Finanzierungssystems, Unternehmenskooperationen, demografische Veränderungen und andere Herausforderungen erfordern Antworten der Krankenhausleitung, die sie nicht geben kann, wenn sie bereits vollkommen im täglichen, operativen Geschäft gebunden ist. Gefragt sind vielmehr Innovationen, d. h. tiefgreifende Neuerungen, mit denen die langfristigen Ziele des Krankenhauses auch in stark veränderten Umsystemen erreicht werden können. Der Innovationstheorie, d. h. der Generierung von Neuerungen, der Übernahme von Inventionen von außerhalb des Unternehmens sowie der Adaption

---

15 Quelle: Eigene Darstellung.

an die eigenen Anforderungen kommt deshalb innerhalb des strategischen Managements eine zentrale Rolle zu. Sie wird im folgenden Abschnitt vertieft.

11.1.2 Innovationstheorie

Ausgangspunkt jedes Innovationsprozesses ist eine Invention, d. h. eine irgendwie geartete Neuerung.[16] Ihre Generierung ist ein kreativer Akt, der aber auch Strukturen erfordert. Man kann davon ausgehen, dass jeder Mensch kreativ ist. Allerdings ist die Kreativität sowohl genetisch als auch durch Erziehung und Alter unterschiedlich ausgeprägt. Der hysterische Persönlichkeitstyp (vgl. Kapitel 7.6.1) ist tendenziell eher ein Ideengenerator als der zwanghafte Typ. Der junge Mensch hat eine stärkere Tendenz, bekannte Bahnen zu verlassen als der ältere. Derjenige, der viele Jahre erlebt hat, dass seine Ideen verworfen oder sogar sanktioniert wurden, verliert die Kraft zu neuen Ideen stärker als derjenige, dessen Ideen aufgenommen und erfolgreich umgesetzt wurden.

Dabei ist der Kuss der Muse nicht das Ergebnis von Faulheit, sondern von intensiver Beschäftigung mit einem Problem und bestehenden Systemlösungen. Die menschliche Neugierde sowie die Unzufriedenheit mit bestehenden Lösungen führen zu einem Prozess der Ideengenerierung, der systematisch unterstützt werden muss. Der große Wurf erfolgt tatsächlich oftmals in einem Augenblick, in dem man sich gerade nicht intensiv mit dem Problem beschäftigt, verlangt jedoch zwingend die vorausgehende Bearbeitung des Themas. Die Invention hat folglich stets zwei Voraussetzungen: Intensive Problemlösungsarbeit und kreative Pausen. Damit ist die Unternehmensführung gefordert, Unzufriedenheit aufzunehmen, Probleme zu artikulieren, Probleme zu bearbeiten und auch Freiräume für Muse und Kreativität zu schaffen. Ein Manager, der immerzu beschäftigt ist und niemals die Füße hochlegt und nachdenkt, ist in der Regel kein Stratege und wird nur einen geringen Beitrag zum Überleben seines Unternehmens leisten.

Schließlich entwickeln sich viele Innovationen in den ersten Jahren in Nischen, bis sie als Innovationskeimlinge zur Verfügung stehen.[17] Die Early Knowers, wie sie in der Literatur genannt werden, haben ein Problem erkannt und eine Lösung gefunden, allerdings ist das alte Systemregime noch zu stabil, als dass die Mehrheit der Anwender bereit wäre, die Kosten einer Systemumstellung einzugehen. Deshalb überleben viele gute Ideen zuerst in Nischen, wo sie reifen und durch kreative Modifikationen soweit gebracht werden, dass sie ihre Kinderkrankheiten überwinden. Wenn dann das bestehende Systemregime fragil wird, stehen sie als eine realisti-

---

16 Vgl. insb. Rogers 20003; Ritter 2001; Fleßa 2002; Fleßa 2006; Fleßa 2012.
17 Vgl. Ritter 2001.

sche Alternative zur bestehenden Technologie zur Verfügung, d. h., sie sind ein Innovationskeimling.

Als Beispiel sei hier wiederum die Krankenhausfinanzierung nach Diagnosis Related Groups zu nennen. Das System der Patientenklassifikation wurde von Fetter an der Yale Universität Ende der 60er-Jahre entwickelt. Es diente primär nicht der Finanzierung oder Entgeltabrechnung, sondern war ein für wissenschaftliche Zwecke ausgerichtetes Klassifikationssystem. Es wäre in doppelter Hinsicht zu früh gewesen, es für die Entgeltung der Krankenhäuser einzusetzen. Erstens war es noch nicht ausgereift, und zweitens waren die meisten Krankenhäuser, Krankenversicherungen und staatlichen Organisationen mit der Entgeltung auf Basis von Einzelleistungen relativ zufrieden. Erst 1983 wurde das DRG-System von der Health Care Financing Administration in den USA verpflichtend für diejenigen Krankenhäuser vorgeschrieben, die Leistungen gegenüber staatlichen Medicare und Medicaid Programmen abrechnen wollten. Bis zu diesem Zeitpunkt war das DRG-System ausgereift und stand als Innovationskeimling zur Verfügung. Von diesem Moment an begann der Adoptionsprozess, der bis heute weltweit andauert.

Zentral für die Entstehung einer kreativen Invention sind die Unzufriedenheit mit der bisherigen Lösung sowie eine gewisse Neugierde. Sie ist angeboren und wird (im Spiel) entfaltet, braucht aber auch einen stabilen Rahmen, damit die Neugierde nicht von Furcht überdeckt wird. Abb. 212 zeigt, dass sowohl Neugierde als auch Furcht mit steigender Fremdheit zunehmen. Im Normalfall überwiegt zuerst die Neugierde, sodass neue Lösungen gesucht, gefunden, ausprobiert und umgesetzt werden. Steigt die Intensität des Neuen jedoch weiter an, so wird die Furcht überwiegen. Das Individuum wird auf diese Überforderung mit Aggression, Flucht oder innerer Kündigung reagieren. Auf keinen Fall wird sich Kreativität Bahn brechen.

Wichtig für die Entstehung einer Invention sind folglich die Kreativität des Menschen sowie stabile Rahmenbedingungen, innerhalb derer sich Novität nicht in Furcht, sondern in Inspiration äußert. Ein entspanntes Umfeld, Sicherheit des Arbeitsplatzes, stabile Beziehungen und verlässliche Führung sind deshalb Voraussetzungen für Inventionen sowie für die Reifung als Innovationskeimling.

Die Umsetzung der Invention bzw. des Innovationskeimlings als Standardlösung ist ein komplexer, mehrstufiger Prozess, der zahlreiche Barrieren überwinden muss. Neben der Ungewissheit ist dies insbesondere die ständige Behinderung durch Widerstände der Betroffenen und Beteiligten. Entscheidend für die Innovationsadoption ist die Existenz bestimmter Schlüsselpersonen, die mit ihren Kenntnissen und/oder ihrer institutionellen Macht die Übernahme der Neuerung im Betrieb propagieren. Hierzu sind verschiedene Modelle diskutiert worden, das bekannteste dürfte das Promotorenmodell sein. Es geht davon aus, dass mindestens zwei verschiedene Schlüsselpersonen existieren. Der Fachpromotor überwindet die

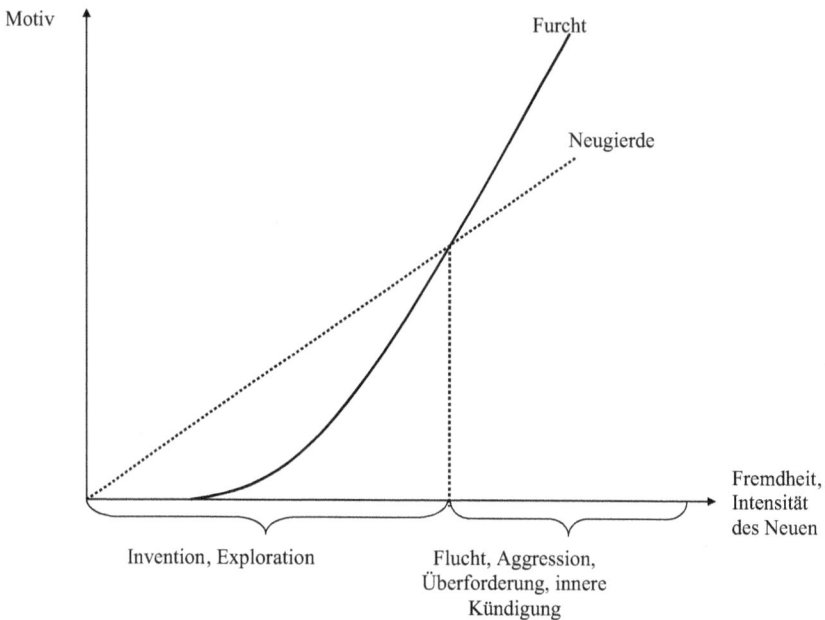

Abb. 212: Furcht und Neugierde.[18]

Barriere des Nicht-Wissens durch sein Fachwissen, während der Machtpromotor durch seine Position in der Unternehmenshierarchie dazu beiträgt, die Barriere des Nicht-Wollens zu überwinden. Dieses Konzept wird von verschiedenen Autoren um einen Prozesspromotor erweitert, der administrative Barrieren bei der Einführung der Innovation in der Organisation überwindet. Darüber hinaus erfordert die Übernahme von Ideen und Konzeptionen von anderen Betrieben oder Programmen eine zwischenbetriebliche Kooperation. Diese Aufgabe kann nicht immer von den Macht-, Fach- oder Prozesspromotoren übernommen werden, weshalb zusätzlich die Existenz von Beziehungspromotoren als Grundlage erfolgreicher Innovationsadoption gefordert wird.

Die Adoption eines Innovationskeimlings hängt folglich primär von der Existenz und Funktionsfähigkeit der Schlüsselpersonen ab. Sie rekrutieren sich aus den Stakeholdern einer Organisation. Ihre wichtige Rolle bei der Innovationsadoption macht es notwendig, zunächst einmal zu klären, welche Stakeholder bei diesem Prozess beteiligt sind und welches Eigeninteresse sie verfolgen. Anschließend ist zu analysieren, ob überhaupt die Notwendigkeit einer Veränderung besteht. Jede Neuerung bedeutet Kosten, Risiko und Unannehmlichkeit. Folglich muss die Funktionalität des Systemregimes untersucht werden. In einem synchronen System im

---

18 Quelle: Eigene Darstellung.

Steady-State-Gleichgewicht ist die Wahrscheinlichkeit, Machtpromotoren für die Implementierung einer neuen Idee zu finden, relativ gering. Aber auch in einer diachronischen Phase wird die Systemsteuerung zuerst versuchen, das alte Regime zu erhalten. Zuerst werden Ausgleichsmechanismen innerhalb der gegebenen Struktur gesucht, bevor insbesondere Makroinnovationen angenommen werden. Dies kann zur Metastabilität führen. Wie oben dargestellt, ist der Adoptionsdruck umso stärker, je tief greifender die Krise ist, d. h., bei geringem Leidensdruck werden Neuerungen eher abgelehnt.

Hier kann die systemtheoretische Begründung für das Modell der idealtypischen Entwicklung einer Führungskraft aus Kapitel 7.6.1 folgen. Auch das Individuum ist nicht bereit, bestehende Strukturen, die sich in der Vergangenheit als nützlich erwiesen haben, zur Disposition zu stellen, es sei denn, die Krise der Persönlichkeit wird schmerzlich wahrgenommen. Menschen in Krisen sind bereit, eigene Prägungen und Verhaltensmuster zu hinterfragen, wenn sie in Lebenskrisen stehen und zutiefst erschüttert sind. Deshalb enthält das idealtypische Modell der Persönlichkeitsentwicklung diachronische Systemregime als Grundlage der Reifung.

Allerdings führt nicht jede Krise des Individuums wie jedes anderen Systems zu einer Evolution. Auch wenn die Systemmängel schmerzlich wahrgenommen werden, muss dies nicht unmittelbar zur Adoption der Neuerung führen. Komplexe Makroinnovationen haben nur dann eine Chance sich durchzusetzen, wenn der Krisendruck extrem groß ist, da die Bereitschaft, eine Neuerung anzunehmen, mit ihrer Komplexität fällt. Innovationskeimlinge von Makroinnovationen werden deshalb oftmals erst am Bifurkationspunkt wahrgenommen und stellen dann ein neues – für viele überraschendes – Paradigma dar. Die Komplexität der Entscheidungssituation muss vor allem durch den Fachpromotor überwunden werden.

Von großer Bedeutung sind auch die Kosten der Innovationsadoption. Neben den direkten Kosten, die durch den Aufbau neuer Strukturen (z. B. Kauf von Betriebsmitteln) entstehen, sind die indirekten Kosten der Transitionsphase zu berücksichtigen. Während der Umstellungsphase kann die Leistung der Organisation geringer sein als unter Beibehaltung des alten Systemregimes. Diese Kosten sind insbesondere dann hoch, wenn die Einführung suboptimal erfolgt. Hier kommt dem Prozesspromotor eine entscheidende Rolle zu, der durch seine Organisationskenntnisse eine schnelle Rückkehr in eine synchrone Phase ermöglichen kann. Ohne ihn scheitert die Implementierung einer hervorragenden Neuerung an administrativen Problemen.

Entscheidend für das Verständnis der Innovationsadoption ist auch die individuelle Innovationsneigung der Promotoren und Entscheidungsträger. Die Bereitschaft, das Wagnis einer Neuerung einzugehen, hängt dabei von kulturellen Werten wie z. B. der Zeitpräferenz oder der Risikobereitschaft ab. In Unternehmenskulturen mit hoher Gegenwartsorientierung und hoher Risikoaversion wird die suboptimale derzeitige Problemlösung einer besseren, aber ungewissen zukünftigen Variante vorgezogen. Innovationen mit Präventionsfunktion sind deshalb grundsätzlich schwer durchzusetzen.

Die Innovationsneigung der Fach-, Prozess- und Beziehungspromotoren wird aber auch stark vom Führungsstil einer Unternehmung beeinflusst. Bei einem autoritären Führungsstil mag es zwar einen Machtpromotor geben, agile und enthusiastische Fach-, Prozess- und Beziehungspromotoren können sich jedoch nicht entwickeln, da ihnen jegliche Entscheidungsbefugnis fehlt. Vertrauen als Grundlage jeder Innovation fehlt in diesen Organisationen. Abb. 213 fasst diese Ausführungen zu einem Modell der Innovationsadoption zusammen.

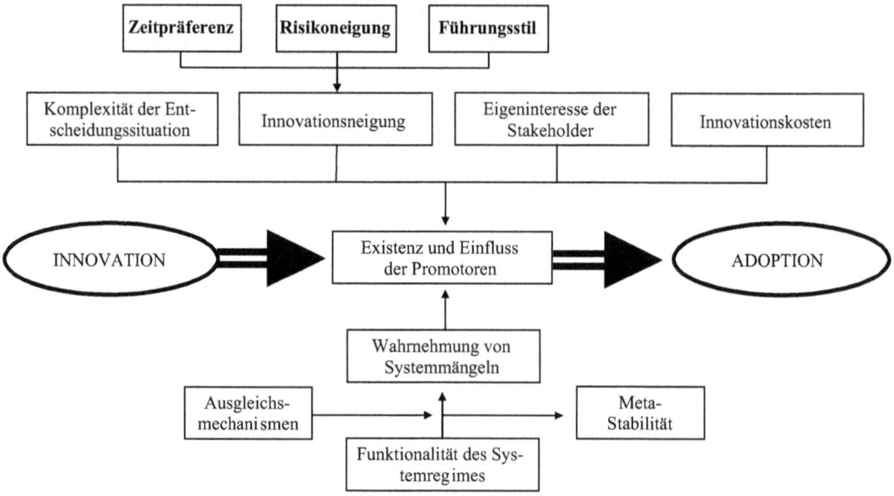

Abb. 213: Modell der Innovationsadoption.[19]

Betrachtet man einige Innovationen, die in den letzten Jahren in Krankenhäusern eingeführt wurden, so kann man in Übereinstimmung mit der Innovationstheorie feststellen, dass manche Innovationen besonders leicht aufgenommen wurden, während andere Neuerungen auf starken Widerstand stoßen. Beispielsweise ist die Einführung einer Kostenträgerrechnung, eines Prozessmanagements oder einer EDV-gestützten Dienstplanung relativ unproblematisch verlaufen. Die wichtigsten Stakeholder waren von der Notwendigkeit zu überzeugen, weil die Mängel der bisherigen Problemlösungen nach der Einführung eines DRG-Systems offensichtlich waren. Die Änderungen waren wenig komplex und überschaubar, weil sie keine grundsätzliche Anfrage an das Selbstverständnis des Krankenhauses stellten. Die Risiken und Kosten waren kalkulierbar und die Erfolge relativ schnell zu erreichen.

---

19 Quelle: Fleßa 2006, S. 162.

Die seit 20 Jahren intendierte und im GKV-Modernisierungsgesetz (2004)[20] auch finanziell geförderte Öffnung des Krankenhauses für die ambulante Versorgung wurde hingegen bislang nur zögerlich aufgenommen. Hier liegt eine echte Makroinnovation vor, die das Selbstverständnis und die Jahrzehnte alten Strukturen innerhalb und außerhalb der Krankenhäuser erschüttert. Viele Krankenhausärzte sehen diese Entwicklung genauso negativ wie die Kassenärztlichen Vereinigungen. Zum Teil werden die Nachteile der strengen Sektorengrenzen sogar verharmlost, sodass man lieber das bestehende System stabilisiert als ein neues Systemregime anstrebt. Zweifelsohne sind die Folgen eines sektorübergreifenden Umbaus des Gesundheitswesens noch überhaupt nicht zu überblicken. Sie sind komplex und werden erst in vielen Jahren sichtbar sein. Es ist noch nicht zu berechnen, welche monetären und politischen Kosten während der Transition anfallen werden und wer letztlich gestärkt oder geschwächt aus diesem Prozess hervorgehen wird. Entscheidungsträger mit hoher Zeitpräferenz und Risikoaversion werden deshalb die Integration ablehnen.

Auf der anderen Seite bieten diese Entwicklungen auch große Chancen für die Early Knowers. Die Entwicklung von Krankenhausketten, von Markennamen, von Franchisingsystemen, von Telemedizin, von Medizinischen Versorgungszentren, Health Maintenance Organisations usw. bietet Räume, innerhalb derer sich Krankenhäuser ganz neu gegenüber ihrer Konkurrenz positionieren können. Die Generierung von Neuerungen, die Annahme im Unternehmen sowie die Anpassung an die eigenen Strukturen und Ziele dürfen deshalb nicht dem Zufall überlassen werden, sondern erfordern eine von der ganzen Krankenhausführung getragene Innovationspolitik.

11.1.3 Innovationspolitik

Das obige Modell der Innovationsadoption (Abb. 213) enthält eine Reihe von Faktoren, die die Entwicklung und Annahme von Neuerungen im Unternehmen beeinflussen. Im Folgenden werden diese Komponenten noch einmal aufgegriffen und ausführlicher dargestellt. Es sollen Ansatzpunkte aufgezeigt werden, wie die Krankenhausführung die Innovationsfähigkeit ihres Unternehmens beeinflussen kann.

Stakeholder
Ausgangspunkt für die Entwicklung einer Strategie sind die Stakeholder des Unternehmens, die Inventionen generieren sowie Innovationen fördern oder blockieren. Allgemein versteht man unter einem Stakeholder jede Gruppe oder jedes Individuum, das entweder die Organisationsziele beeinflussen kann oder von ihnen beeinflusst wird. Interne Stakeholder sind insbesondere die Eigentümer, das Management sowie die Mitarbeiter. Externe Stakeholder sind die Fremdkapitalgeber, die Lieferanten, die

---

20 BGBl 2003, S. 2190, inkraftgetreten am 01.01.2004.

Kunden und die gesamte Öffentlichkeit. Primäre Stakeholder haben einen eindeutigen und offensichtlichen Einfluss auf die Unternehmenstätigkeit, während sekundäre Stakeholder nur einen indirekten Anspruch und Einfluss haben.

Die Mitarbeiter eines Krankenhauses sind die wichtigste Gruppe der internen Stakeholder. Ihre Innovationsneigung ist individuell sehr unterschiedlich. Nach der in Kapitel 7.6.1 diskutierten Persönlichkeitstypologie von Riemann kann man schließen, dass Menschen mit einer eher depressiven bzw. zwanghaften Persönlichkeit tendenziell innovationsfeindlich sind, während insbesondere hysterische Persönlichkeiten jede Neuerung begeistert aufnehmen und Stabilität als bedrohlich wahrnehmen. Schon Riemann zeigte auf, dass die Berufswahl stark von der Persönlichkeit beeinflusst wird. Eine zwanghafte Persönlichkeit ist bei Buchhaltern und Labormitarbeitern tendenziell häufiger vertreten, während Menschen mit depressiven Zügen eher zu helfenden Berufen neigen, z. B. als Pädagogen, Sozialpädagogen, Psychologen, Pfarrer und Pflegekräfte. Manager hingegen sind häufig hysterische Persönlichkeiten. Wie bereits oben diskutiert, ist diese Beschreibung keine Wertung und stellt auch keinen unmittelbaren Nachteil für ein Unternehmen dar, da alle Persönlichkeitstypen – so lange sie nicht krankhaft auftreten – ihren Beitrag zur Entwicklung des Unternehmens leisten können.

Arbeiten jedoch in einem Krankenhaus überwiegend zwanghafte und depressive Persönlichkeiten, so kann dies zu einer geringen Fähigkeit führen, neue Ideen zu generieren und diese in neue Leistungen umzusetzen. In der Vergangenheit führte die Erstarrung, die aus dieser Konstellation entstehen kann, häufig dazu, dass der Träger einen dynamischen (hysterischen) Manager als Geschäftsführer einsetzte, um durch neue Ideen das Überleben des Krankenhauses zu sichern. Dies führte einerseits zu einer Akzeleration der Innovationsadoption, löste andererseits jedoch erhebliche Spannungen im Unternehmen aus.

Entscheidend dürfte hier die Kommunikationspolitik sein. Die Mitarbeiter sind häufig mehr als die Eigentümer (z. B. Vereinsmitglieder) und meist auch mehr als das Management (Arbeitsplatzmobilität gehört für Topmanager zum Beruf!) an der Zukunftssicherung des Unternehmens interessiert. Muss das Krankenhaus Insolvenz anmelden, weil seine veralteten Dienstleistungen nicht mehr nachgefragt werden oder weil sie einfach nicht kostendeckend produziert werden, sind die Mitarbeiter im Gegensatz zu den Eigentümern und Managern meist existenziell betroffen. Die Kommunikationspolitik muss dazu beitragen, dass Mitarbeiter intrinsisch motiviert werden, als Innovationspromotoren tätig zu werden.

Als externe Stakeholder sind primär die Kunden zu nennen. Sowohl aus leistungswirtschaftlicher als auch aus ethischer Sicht sollte die Erfüllung ihrer Bedürfnisse im Mittelpunkt allen Handelns des Krankenhauses stehen. Entscheidend ist hierbei, ob und wie es gelingt, dass die Kunden ihre Wünsche artikulieren und diese auch vom Unternehmen wahrgenommen werden. Kundenbefragungen und Beschwerdemanagement sind deshalb von größter Bedeutung für das Innovationsmanagement. Erst wenn die Unternehmensleitung weiß, was Kunden als verbesserungswürdig erachten und welche Leistungen sie sich wirklich wünschen, kann sie Innovationen zur Beseitigung der Mängel anstreben. Beschwerden, Patientenvertretungen und öffentlicher Diskurs über die Qualität der Leistungen sind folglich wichtige Elemente der Innovationspolitik. Da die Kunden selbst betroffen sind, sind sie wahrscheinlich mehr als die Eigentümer oder die Öffentlichkeit an Innovationen interessiert.

Die Eigentümer von Krankenhäusern können Privatpersonen mit Erwerbsabsicht, Privatpersonen und Personengruppen ohne Erwerbsabsicht (z. B. Verein) sowie juristische Personen (z. B. Religionsgemeinschaft, Kommune) sein. Die Innovationsbereitschaft der Eigentümer von erwerbswirtschaftlichen Unternehmen ist relativ groß, da in einer dynamischen Wirtschaft nur dasjenige Unternehmen Gewinne abwerfen bzw. seinen Shareholder Value erhöhen kann, das entweder bessere Leistungen anbietet oder bessere Produktionstechnologien einsetzt. Produkt- und Verfahrensinnovation sind damit der Schlüssel zu wirtschaftlichem Erfolg.

Die Innovationsbereitschaft der Eigentümer von Nonprofit-Organisationen ist hingegen tendenziell geringer, da das Gewinnmotiv fehlt.[21] Vereinsmitglieder haben oftmals den Wunsch, Gutes zu tun, Einfluss zu nehmen oder Lebenssinn zu finden. Dies ist mittelfristig auch dann möglich, wenn das Unternehmen nicht innovativ ist. Auch die öffentlichen und pseudoöffentlichen Träger sind nicht immer innovationsfreundlich. Der Umbau der Trägerstruktur kann damit eine Verbesserung der Innovationsbereitschaft implizieren, ohne dass dadurch automatisch eine Privatisierung eingeleitet werden muss. Auch ein Rechtsformwechsel kann bereits die Innovationsneigung der Eigentümer erhöhen. Beispielsweise führt die Wandlung eines Vereinskrankenhauses zu einer gemeinnützigen Gesellschaft mit beschränkter Haftung (gGmbH) bzw. zu einer gemeinnützigen Aktiengesellschaft (gAG) dazu, dass die bisherigen Vereinsmitglieder Gesellschafter bzw. Aktionäre mit Kapitalbeteiligung werden. Damit würde zu den oben genannten Motiven zumindest das Streben der Kapitalerhaltung kommen, die mittel- und langfristig nur über innovative Leistungen und Produktionstechnologien möglich ist.

Diese Analyse der wichtigsten Stakeholder zeigt, dass Nächstenliebe und soziales Engagement allein keine Garantie für Innovationen sind. Wenn Nonprofit-Krankenhäuser in einer diachronischen Phase überleben wollen, müssen sie von den erwerbswirtschaftlichen Unternehmen lernen, wie man Inventionen erzeugt und Innovationen adoptiert. Und wenn die erwerbswirtschaftlichen Unternehmen strategische Vorteile erzielen möchten, müssen sie Kunden und Mitarbeiter als Stakeholder mit einem Wert per se respektieren. Es ist nicht bewiesen, dass eine hohe Mitarbeiterzufriedenheit eine notwendige und hinreichende Voraussetzung für gute operative Arbeit ist. Auf der strategischen Ebene steht jedoch außer Frage, dass nur zufriedene Mitarbeiter und Kunden gute Innovationspro-

---

21 Vgl. Simsa, Meyer und Badelt 2013.

motoren sind. Fühlen sie sich ausgenutzt oder degradiert, können sie nicht als Fühler für Neuerungen tätig werden.

Oftmals gehen Fach- und Machtpromotoren davon aus, dass ihr Wissen bzw. ihre hierarchische Stellung ausreicht, um Innovationen zu adoptieren und zur Reife zu bringen. Es zeigt sich jedoch, dass die organisatorische Umsetzung in einer konkreten Situation ohne administrative Kompetenz unmöglich ist. Hierfür werden Prozesspromotoren benötigt, die als Projektmanager die Umstrukturierungsprozesse steuern. Hier besteht dringender Beratungsbedarf. Der von außen kommende Prozesspromotor kann wichtige Anregungen geben, sodass teure Fehler bei der Einführung einer Neuerung vermieden werden.

Wahrnehmung von Systemmängeln

Die Initiative zur Adoption einer Innovation geht in der Regel von einem oder mehreren Fachpromotoren aus. Die Suche nach Machtpromotoren bleibt erfolglos, solange sich das Systemregime in einer synchronen Phase befindet, d. h. keine Engpässe auftreten. Die Wahrnehmung von Systemmängeln durch die Führung ist folglich eine Grundvoraussetzung für die Adoption einer Innovation.

Die empirische Innovationsforschung hat in zahlreichen Studien nachgewiesen, dass Unternehmen in einer Krisensituation innovationsbereiter sind.[22] Einige Autoren schließen daraus, dass Unternehmen überhaupt nur in Krisenzeiten bereit sind, Vertrautes zu verlassen und Neues zu wagen. Sie argumentieren, dass ein System das Risiko einer Innovation in einer Krisenzeit leichter akzeptiert, weil die gegenwärtige Situation auch schlechte Zukunftsaussichten hat. Folglich sind Zeiten ohne Krisen relativ innovationsfeindlich. Manche gute Idee hat keine Chance, adoptiert zu werden, wenn sie in einer synchronen Phase entwickelt wird. Vielleicht schlummern sie jedoch in den Köpfen von Mitarbeitern, in den Akten oder in kleinen Nischen des Unternehmens weiter und warten darauf, als Innovationskeimling verpflanzt zu werden.

Eine Krise kann systemtheoretisch als letzte Phase des diachronischen Systems verstanden werden, deren Höhepunkt die Bifurkation darstellt. Objektiv stellt jede Perturbation, die die bestehende Struktur existenziell bedroht, eine Krise dar. Subjektiv muss sie jedoch nicht unmittelbar als Krise empfunden werden, da andere Ausgleichsmechanismen gefunden werden, um den Leidensdruck zu reduzieren, d. h., eine Krise existiert erst dann, wenn die Entscheidungsträger wahrnehmen, dass eine Krise existiert, die das Unternehmen beschädigen könnte, wenn nicht agiert wird.

In einer Marktwirtschaft kann die Krise eines gewinnorientierten Unternehmens stets an den Gewinnen bzw. Verlusten abgelesen werden. Der Wettbewerb sorgt dafür, dass Innovationen schnell adoptiert werden, da die Unternehmen sonst ihre

---

22 Vgl. Perlitz und Löbler 1985.

Fixkosten nicht mehr decken können (submarginale Anbieter) und langfristig aus dem Markt ausscheiden. Wird hingegen ein künstlicher Schutzraum geschaffen, so muss dieser Maßstab versagen. Nonprofit-Organisationen und staatliche Krankenhäuser sind gefährdet, Krisen erst spät wahrzunehmen, weil der Leidensdruck bei den wichtigsten Stakeholdern erst entsteht, wenn das Unternehmen kurz vor der Auflösung steht und es eigentlich schon zu spät ist.

Besonders gefährdet sind hierbei Unternehmen, die sich überwiegend aus Spenden oder Stiftungserlösen finanzieren. Sie haben ein Fixeinkommen, das nicht unmittelbar von der Befriedigung der Kundenbedürfnisse abhängt. Einerseits hat dies erhebliche Vorteile und darf auf keinen Fall grundsätzlich abgelehnt werden. Überall dort, wo die Finanzierung über den Absatzmarkt keine ausreichende Leistungsmenge und -qualität gewährleistet, sind derartige Fixeinkommen notwendig, um eine ausreichende Versorgung der Zielgruppen zu gewährleisten. Auf der anderen Seite kann ein hohes Fixeinkommen dazu führen, dass Unzufriedenheitssymbole der Nachfrager ignoriert werden. Im Extremfall nehmen Unternehmensführung und Eigentümer die Kundenbedürfnisse gar nicht mehr wahr und blicken allein auf die Befriedigung der Bedürfnisse der Spender und Stifter.

Das Ergebnis wäre eine künstliche Stabilität, eine Metastabilität, die jegliche Anpassung an veränderte Kundenbedürfnisse verhindert. Abb. 214 zeigt ein derartiges meta-stabiles System als Regelkreis.

In Deutschland dürfte dies bei Krankenhäusern relativ selten sein. In Entwicklungsländern gibt es jedoch durchaus Krankenhäuser, deren originäre Zielgruppe als Kunden kaum mehr eine Rolle spielt, sondern der überwiegende Teil der Finanzierung aus Auslandsspenden gedeckt ist. Diese Hospitäler stehen in der Gefahr, Entscheidungen primär an den Bedürfnissen der Spender, aber nicht an den Wünschen der eigenen Zielgruppe auszurichten. Da sich die Krise eines Sektors primär an der Basis, aber nicht im Spendenfluss äußert, wird die zunehmende Fluktuation nicht wahrgenommen. Das Systemregime hat längst eine diachronische Phase erreicht, die Systemlenkung fühlt aber noch immer das positive Feedback der Spender, denn die Spenden fließen noch immer.

Innovationsneigung
Die grundsätzliche Bereitschaft, alte Systemstrukturen aufzugeben und durch Neuerungen zu ersetzen, wird als Innovationsneigung bezeichnet. Die wichtigsten Determinanten der Innovationsneigung eines Individuums sind die individuelle Zeitpräferenz und die Risikoaversion. Handelt es sich um eine Organisation, so muss zusätzlich der Führungsstil betrachtet werden, den wir jedoch wegen seiner Wichtigkeit in einem eigenen Kapital behandeln werden.

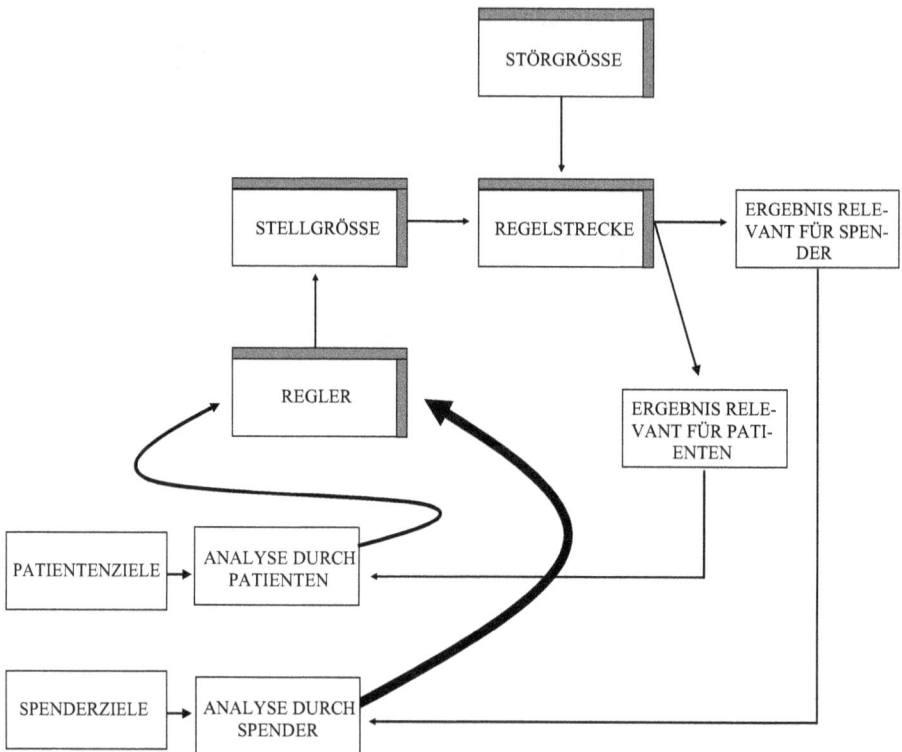

Abb. 214: Regelkreis bei Metastabilität.[23]

Die Zeitpräferenzrate ist ein Maß der systematischen Bevorzugung des Gegenwartskonsums gegenüber dem zukünftigen Konsum.[24] Eine hohe Zeitpräferenz ist gleichbedeutend mit einer hohen Gegenwartsorientierung. Sie nimmt in zweifacher Weise Einfluss auf die Innovationsadoption. Zum einen selektiert sie, welche Innovationen angenommen werden. Es zeigt sich, dass bei einer hohen positiven Zeitpräferenzrate überwiegend Innovationen mit einem schnellen Eintritt des zusätzlichen Nutzens gewählt werden. Innovationen, die die Prävention fördern, können sich bei einer hohen Zeitpräferenz nicht durchsetzen. Darüber hinaus determiniert die Zeitpräferenzrate die Diffusionszeit, also den Zeitraum zwischen der Invention und der Marktdurchdringung. Die Diffusionsgeschwindigkeit steigt mit zunehmender Zeitpräferenz. Eine unendliche Zeitpräferenz verhindert jegliche Innovationsadoption.

Die Bereitschaft der Stakeholder, Produkt- und Verfahrensinnovationen als Fach-, Macht-, Prozess- oder Beziehungspromotor anzunehmen und zu unterstüt-

---

23 Quelle: Fleßa 2006, S. 212.
24 Vgl. Neumann 1990.

zen, wird folglich umso größer sein, je geringer die individuelle Zeitpräferenzrate ist. Gleichzeitig werden Krankenhäuser, in denen primär kurzfristig gedacht wird, sehr lange Zeiträume benötigen, bis sie die bestehende Systemlösung aufgeben. Abb. 215 zeigt die Marktdurchdringung in Abhängigkeit von der Zeit für unterschiedliche Zeitpräferenzraten (ρ_1, ρ_2).

Erwerbswirtschaftliche Unternehmen stehen in der Gefahr, das Gewinnmotiv zu stark zu betonen und damit einer kurzfristigen Gewinnsteigerung zu Lasten der langfristigen Potenziale anzuhängen.[25] Neue Manager wollen schnelle Erfolge sehen. Innovationen brauchen Zeit, sie sind Investitionen in die Zukunft, und sie stehen in einem Widerspruch zu kurzfristigen Gewinnen. Das Konzept des Shareholder-Value überwindet deshalb die kurzfristige Gewinnorientierung und maximiert den langfristigen Unternehmenswert. Allerdings spielt auch hier wiederum die Zeitpräferenz in Form des Diskontierungssatzes eine gewichtige Rolle. Eine hohe Zeitpräferenz impliziert, dass bei der Berechnung des Shareholder Value zukünftige Erträge relativ gering bewertet werden. Dementsprechend führt eine hohe Zeitpräferenzrate auch im System des Shareholder Value zu einer geringen Investitionsneigung. Erwerbswirtschaftliche Unternehmen müssen folglich bewusst an einer langfristigen Betrachtung ihres Unternehmens arbeiten. Die Eigentümer müssen den Berufsmanagern langfristige Perspektiven geben und die Schaffung von Zukunftspotenzialen mindestens so stark bewerten wie die Ausschüttung von Gewinnen.

Die Nonprofit-Organisationen des Krankenhauswesens stehen ebenfalls in der Gefahr, übermäßig gegenwartsorientiert zu sein. Innovationen erfordern einen Investitionsvorgang. Und Investition bedeutet grundsätzlich einen Konsumverzicht in

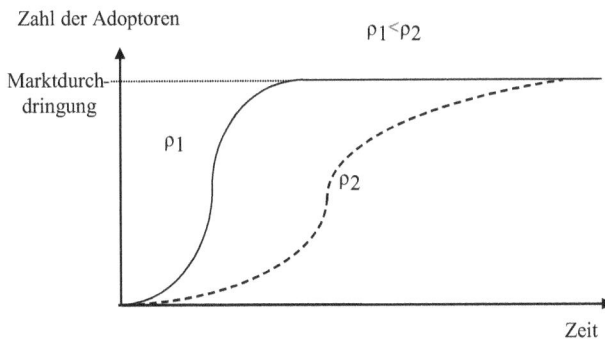

Abb. 215: Diffusionszeit.[26]

---

25 Vgl. Fleßa 2006.
26 Quelle:Fleßa 2006, S. 214.

der Gegenwart. Damit muss ein Ausgleich zwischen den berechtigten Interessen der Stakeholder heute und der Stakeholder der nächsten Generation gefunden werden. In einem offenen Diskurs müssen die Werte und Ziele des Unternehmens diskutiert werden. Dies erfordert nicht nur eine Allokation von Ressourcen auf verschiedene Zielgruppen, sondern auch auf unterschiedliche Zeiträume. Mitarbeiter müssen sich darüber im Klaren sein, dass sie nur dann ihre zukünftigen Kunden befriedigen können, wenn sie hierfür nicht nur innovativ sind, sondern heute bewusst Verzicht üben. Hierzu ist Schulung erforderlich – für Eigentümer und Mitarbeiter.

Als weitere Determinante der Innovationsneigung wurde die Risikoneigung herausgearbeitet. Die Adoption einer Innovation impliziert stets, dass zwischen einer etablierten und einer unbekannten und damit ungewissen Problemlösung entschieden werden muss. Die bisherige Lösung ist in der Regel ausreichend erprobt, sodass ihr Nutzen mit Gewissheit angegeben werden kann. Der Nutzen der Neuerung ist jedoch eine Zufallsgröße und hat folglich eine Streuung. Je größer die Risikoscheu der Entscheider ist, desto stärker werden sie die Streuung gewichten und desto geringer wird demnach ihre Innovationsbereitschaft sein. Hierbei ist zu beachten, dass die Entscheidung über die Einführung einer Innovation in der Regel einmalig ist und die Wahrscheinlichkeiten, mit der unterschiedlichen Umweltzustände als Konsequenz der verschiedenen Alternativen eintreten, nur subjektiv geschätzt werden können.

Die Entscheidung über die Annahme der Innovation wird sowohl von der Schätzung der Eintrittswahrscheinlichkeiten der Umweltzustände als auch von der persönlichen Risikobereitschaft beeinflusst. Je höher die Erfolgswahrscheinlichkeit und je höher die Risikoneigung ist, desto eher wird eine Innovation adoptiert. Damit kommt der Informationsgewinnung zur Überwindung der Unsicherheit eine große Rolle zu. Unternehmen müssen die Entscheidung über die Einführung einer Neuerung sehr gut vorbereiten, sodass das Risiko überschaubar bleibt. Weiterhin müssen Unternehmen an der Risikofreude ihrer Entscheider arbeiten. Risikoneigung ist zumindest teilweise erlernt. Je mehr positive Erfahrungen ein Mensch im Laufe seines Lebens mit den Ergebnissen einer Unsicherheitssituation macht, desto eher wird er sich in Zukunft risikofreudig verhalten.

Hier liegt eine wichtige Aufgabe der Personalführung. Mitarbeiter müssen den Raum erhalten, innovativ zu sein. Wichtiger jedoch ist, dass sie bei Fehlschlägen keine schweren Sanktionen erleiden dürfen. Das Scheitern einer Innovation ist ein normaler Vorgang. Wer als Mitarbeiter erfahren hat, dass dieser Fehlschlag jedoch zu einer persönlichen Tragödie wird, wird kaum mehr bereit sein, größere Risiken einzugehen. Eine Führungsphilosophie, die Fehler als Quelle des Lernens erkennt, ist deshalb eine gute Voraussetzung für eine hohe Innovationsneigung der Mitarbeiter.

Innovationskosten

Die Transition von einem synchronen Systemregime in ein neues synchrones Regime auf höherem Niveau verursacht unterschiedliche Kosten. Zum einen muss eine neue Struktur aufgebaut werden, da die alte Formale vermutlich nicht zur neuen Funktionalen passt. Diese direkten Kosten der Transition können reduziert werden, wenn während der diachronischen Phase eine Reduktion des Systemoutputs akzeptiert wird. Im Krankenhauswesen würde dies zu einer Verschlechterung der Versorgung der Patienten führen. Diese Kosten seien als Disruptionskosten bezeichnet. Darüber hinaus kann während einer Übergangsperiode die Kapazität des Managements eines Systems in so hohem Maße durch die Transition beansprucht sein, dass Entscheidungsfehler auftreten bzw. sonstige Chancen nicht wahrgenommen werden. Diese Kosten seien als Opportunitätskosten bezeichnet. Schließlich entstehen noch politische Kosten, da die Innovationsadoption negative Auswirkung auf die Erreichung weiterer Ziele der Systemsteuerung haben kann. Abb. 216 zeigt die Entwicklung der Transitionskosten.

Im alten Systemregime sind die Kosten relativ hoch. Zum Zeitpunkt T1 wird eine neue Technologie adoptiert. Allerdings fallen hierfür erhebliche Kosten an. Gleichzeitig muss die alte Systemlösung beibehalten werden, bis die Innovation voll einsatzfähig ist. Dies kann z. B. bei einem Krankenhausneubau bedeuten, dass das alte Haus weiter betrieben wird, während das neue gebaut wird. Selbst wenn die Innovation schon relativ schnell einsatzbereit ist, so sind doch die Kosten während der Einschwingphase relativ hoch. Erst zum Zeitpunkt T2 – bei Makroinnovationen kann dies nach Jahren sein – hat man wieder das alte Kostenniveau erreicht. Die Darstellung unterstellt, dass die alte Systemlösung für bestimmte Nischen noch aufrechterhalten wird, jedoch auf sehr niedrigem Niveau. Zum Zeitpunkt T3 entfaltet die Innovation ihre volle Wirkung. Innovation bedeutet folglich immer einen Investitionsprozess und damit immer einen Verzicht.

Diese erheblichen Umstellungskosten dürften für Entscheidungsträger mit einer starken Gegenwartsorientierung zur unüberwindlichen Barriere werden, sodass sie eine Umstrukturierung ablehnen werden. Wiederum ist die klare Prognose der monetären und nicht-monetären Kosten von großer Bedeutung für die Bereitschaft, dieses Risiko überhaupt einzugehen. Die schwerwiegenden Perturbationen, die derzeit das Krankenhauswesen Deutschlands erschüttern, verlangen zwingend die Einführung von Innovationen. Man sollte sich aber nicht darüber täuschen, dass dies einen Investitionsprozess darstellt, der auch Opfer kostet.

Komplexität

Schon früh wurde erkannt, dass Innovationen, die leicht zu verstehen und anzuwenden sind, bereitwilliger angenommen werden als komplexe Neuerungen. Die Komplexität der Innovation resultiert aus der Zahl der betroffenen Subsysteme sowie aus den Interdependenzen mit anderen Systemen. Eine ergänzende Innova-

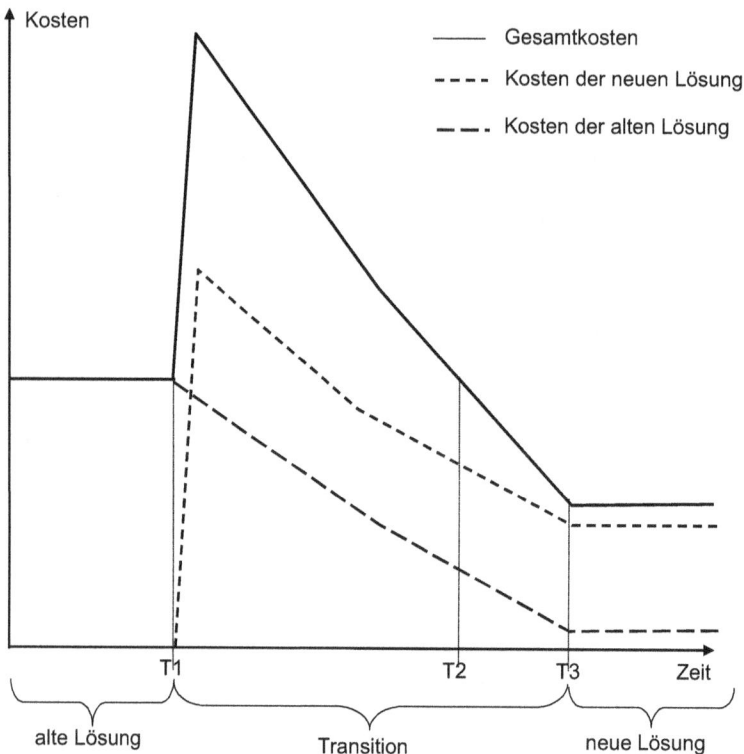

Abb. 216: Transitionskosten (schematische Darstellung).[27]

tion, die die bestehenden Systemlösungen kaum berührt, kann deshalb leichter aufgenommen werden als eine verdrängende Innovation, die unmittelbar auf verschiedene andere Systemstrukturen einwirkt. Eine Mikroinnovation wird eher adoptiert als eine Makroinnovation, da sie nicht alle Teile eines Systems betrifft.

Die Aufnahme neuer bzw. die Aufgabe alter Geschäftsfelder sind Makroinnovationen. Ihre Umsetzung ist deshalb schwierig und komplex, und die Unternehmensführung muss Maßnahmen ergreifen, um die Komplexität zu reduzieren. Zuerst erfordert die Reduktion der Komplexität eine klare Definition der Prioritäten und der sich daraus ergebenden Posterioritäten. Unternehmensethik ist damit kein Luxus, sondern eine Bedingung für professionelles Innovationsmanagement.

Eine klare Prioritätensetzung führt dazu, dass bestimmte Teilsysteme und Interdependenzen einer komplexen Makroinnovation vernachlässigt werden können, weil sie entweder irrelevant sind oder aber durch andere Teilsysteme ausreichend abgedeckt sind. Trotzdem bleibt eine relativ komplexe Entscheidungssituation. Die

---

27 Quelle:Fleßa 2006, S. 218.

Komplexität wird dadurch verstärkt, dass die Ursache-Wirkungszusammenhänge im Gesundheitswesen nicht monoton oder gar linear sind. Der Versuch, goldene Regeln zu definieren, muss in der Dynaxity Zone III scheitern. Managemententscheidungen sind stets von zahlreichen, interdependenten Faktoren beeinflusst. Monokausale und lineare Denkmodelle sind deshalb nicht in der Lage, ihre Komplexität zu fassen.

Viele Menschen tendieren zu einem linearen Denken, obwohl die meisten realen Prozesse nicht-linear, häufig sogar nicht-monoton sind. Denken in komplexen Systemen muss deshalb trainiert werden. Weder Wirtschaftswissenschaftler noch Pflegemanager oder Mediziner haben den Umgang mit dynamischen Systemen in ihren Grundausbildungen ausreichend erlernt. Hier ist die Unternehmensführung gefordert, entsprechende Schulungen anzubieten.

Zusammenfassend können wir festhalten, dass Krankenhäuser zahlreiche Ansatzpunkte zur Beeinflussung ihrer Innovationsfähigkeit haben. Abb. 217 fasst diese Parameter noch einmal zusammen. Die Geschäftsfeld-, Leistungs-, Personal- und Autonomiepolitik muss diese Parameter kennen und so festlegen, dass eine hohe Innovationskraft entsteht. Darüber hinaus muss jedoch der Übergang von einem Systemregime in ein anderes aktiv gestaltet werden. Dies erfordert ein Change Management, d. h. ein Management des Wandels.

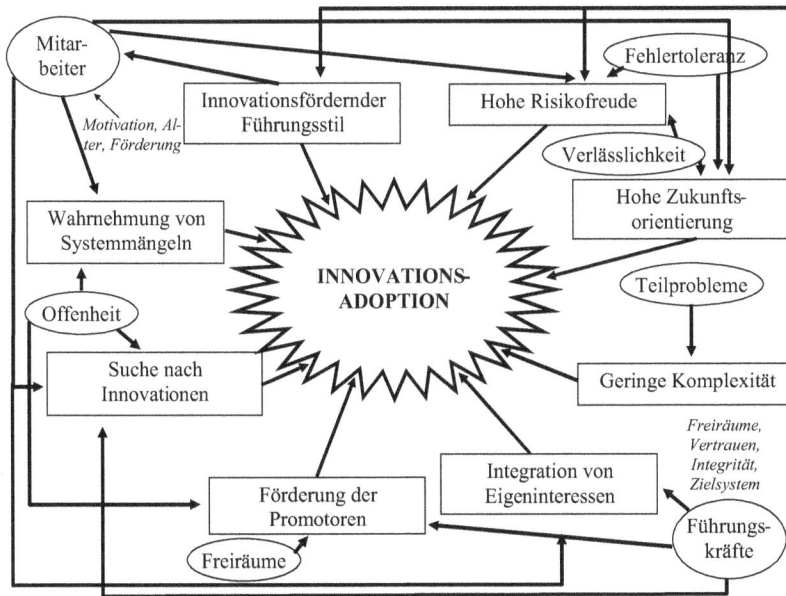

Abb. 217: Determinanten der Innovationsadoption.[28]

---

28 Quelle:Fleßa 2006, S. 206.

11.1.4 Management von Veränderungsprozessen

Geschäftsfelder, Leistungsportfolios, Organisationsformen, Strukturen, Rechtsformen, Personalkonzepte und Controllingsysteme, die in der Vergangenheit angemessen waren, können in einer veränderten Situation nicht mehr geeignet sein, die Unternehmenszukunft zu garantieren. Eine innovative Unternehmenspolitik erfordert deshalb nicht nur die Schaffung eines Innovationsklimas, sondern auch die Anpassung bestehender Strukturen an die neue Systemlösung, d. h. die aktive Gestaltung des Übergangs. Häufig werden derartige Anpassungen beim Übergang von einer Lebensphase eines Krankenhauses in eine andere notwendig.

Tab. 192 gibt einen Überblick über die Lebensphasen eines Unternehmens. Der reguläre Zyklus beginnt mit der Gründung eines Unternehmens und endet mit seiner freiwilligen Liquidation. Regelmäßig ist dies mit Unternehmenswachstum und einer Kapitalerhöhung verbunden. Andere Lebensphasen werden hingegen nicht von allen Unternehmen durchlaufen. Beispiele hierfür sind die Veränderung der Rechtsform (Umwandlung), der Zusammenschluss mit anderen Unternehmen, eine Unternehmenskrise sowie die mögliche Wiederherstellung des betrieblichen Gleichgewichts (Sanierung). Schließlich können Unternehmen insolvent werden, d. h., sie können ihre Zahlungsverpflichtungen nicht mehr erfüllen. Dies kann zur zwangsmäßigen Auflösung des Unternehmens führen.

Tab. 192: Lebensphasen.[29]

Reguläre Lebensphasen	Irreguläre Lebensphasen
Gründung	Umwandlung
Wachstum	Unternehmenszusammenschlüsse
Kapitalerhöhung	Krise
Liquidation	Sanierung Insolvenz

Die Entwicklung eines Unternehmens ist folglich ein Lebensprozess, der durch Ereignisse (Gründung, Liquidation, Umwandlung, Zusammenschluss, Insolvenz) oder Zustände (Wachstumsphase, Krisenphase, Erholungsphase, Sanierungsphase etc.) beschrieben werden kann. Der Übergang von einem Zustand in einen anderen stellt in der Regel eine diachronische Phase dar und erfordert betriebliche Entscheidungen, z. B. zur Eigentümerstruktur, Rechtsform und Finanzierung. Die Veränderung

---

29 Quelle: Eigene Darstellung, in Anlehnung an Hahn 1997, S. 519–528.

darf nicht zufällig erfolgen, sondern muss geplant und strukturiert werden. Hierzu dient das Change Management.[30]

Change Management ist ein facettenreicher Begriff. Im weiteren Sinne umfasst es das gesamte Management von Transitionsprozessen bzw. Phasenübergängen. Hierzu gehören die Planung, Implementierung und Kontrolle aller Veränderungen, die zur Umsetzung von neuen Strategien, Strukturen, Systemen, Prozessen oder Verhaltensweisen in einer Organisation notwendig sind. Change Management kann so umfassend mit dem Management diachronischer Phasen gleichgesetzt werden und umfasst die Finanzierung der Lebensabschnitte, eine innovationsförderliche Personalpolitik in Transitionsphasen, die Förderung der lernenden Organisation sowie die Geschäftsfeld- und Leistungspolitik in Transitionsprozessen. Im engeren Sinne wird das Change Management allerdings häufig auf ein Coaching leitender Mitarbeiter während eines Veränderungsprozesses reduziert.

Change Management im weiteren Sinne besteht aus den Phasen Unfreezing, Moving und Freezing. In der ersten Phase des Veränderungsprozesses werden bestehende Strukturen aufgebrochen. Die Voraussetzung hierfür sind – wie oben diskutiert – die Perzeption einer Veränderungsnotwendigkeit sowie die Bereitschaft Strukturen zu ändern. Ziel des Change Managements in dieser Phase ist eine Stärkung der nach Veränderung strebenden Kräfte sowie die Schaffung eines Veränderungsbewusstseins in der Unternehmensführung und bei den Mitarbeitern.

In der zweiten Phase erfolgt die eigentliche Veränderung (Moving). Mit Hilfe von Kreativitätstechniken werden neue Lösungen generiert. Sowohl strukturelle Neuerungen als auch Verhaltensänderungen werden ausprobiert. In der Regel handelt es sich um eine Problemlösung in Regelkreisen, d. h., der große Wurf gelingt selten auf einmal. Vielmehr werden Teilprobleme gelöst, Teillösungen aneinander angepasst und erneut zur Disposition gestellt.

In der letzten Phase erfolgt die erneute Stabilisierung der Organisation (Freezing). Die gefundenen Problemlösungen werden implementiert und der Veränderungsprozess zu einem vorläufigen Abschluss gebracht.

Betrachten wir als Beispiel ein katholisches Krankenhaus, das bislang von Ordensschwestern geführt wurde. Auf Grund von Nachwuchsmangel müssen sich die Schwestern zurückziehen und übergeben das Haus in weltliche Hände. Dies hat tief greifende Folgen für die Organisation und Struktur des Hauses. Zuerst einmal ist zu prüfen, ob die Rechtsform beibehalten werden kann. Orden sind häufig in der Rechtsform einer Körperschaft des öffentlichen Rechts, sodass auch das Krankenhaus als Teil des Ordens in diesem besonderen Schutzraum steht.

Weiterhin ist die Aufbauorganisation zu verändern. Bislang waren Ordensschwestern auf allen wichtigen Managementpositionen aktiv. Ihre Koordination erfolgte ordensintern und wenig transparent. Die Oberin war gleichzeitig die

---

30 Vgl. Sisignano 2008; Doppler und Lauterburg 2019; Wieland 2021.

Krankenhausmanagerin. Der neue Träger wird beispielsweise einen Geschäftsführer einsetzen. Entscheidungen können nun demokratischer und transparenter getroffen werden, Dezentralisierung ist unter Umständen leichter möglich. Auf der anderen Seite ist die Koordination der Führungskräfte deutlich schwieriger, da sie nicht mehr zum gleichen Orden gehören. Ein Controller wird hier dringend benötigt.

Schließlich besteht die Gefahr, dass sich die Corporate Identity, d. h. die gewünschte geistliche Ausrichtung des Krankenhauses, mit dem Weggang der Schwestern verändert. Wenn die Beibehaltung des christlichen Propriums weiterhin gewünscht ist, so kann dies nicht mehr der schlichten Präsenz der Ordensleute überlassen werden, sondern muss planvoll gesteuert und gefördert werden.[31]

Das Beispiel zeigt, dass beim Management von Veränderungsprozessen strategisches und operatives Management ergänzende Dimensionen sind. Tab. 193 stellt das operative und das strategische Management gegenüber. Beide Teilsysteme müssen synchronisiert ablaufen, da weder ein operatives Management ohne die Strategie noch ein strategisches Management ohne Umsetzung einen hohen Zielerreichungsgrad gewährleisten. Mission, Vision, Strategie, Taktik und Operation bilden eine Einheit, bei der sich ein Element konsistent aus dem anderen ergibt. Um das Bild des Vorwortes aufzugreifen: Der Kapitän muss wissen, ob er ein Passagier-, Fracht- oder Postschiff fährt (Mission). Er muss den Hafen kennen, den er auf dieser Fahrt ansteuert (Vision). Er muss die Route vom Ausgangs- in den Zielhafen berechnen (Strategie) und die richtige Durchfahrt durch eine Meerenge (Taktik) wählen. Und er muss auch die Untiefen der nächsten Meter erkennen und vermeiden (operatives Management). Deshalb sind operatives und strategisches Management keine Gegensätze, sondern Komponenten eines umfassenden, systemischen Managements.

Tab. 193: Operatives und strategisches Management.[32]

	Operatives Management	**Strategisches Management**
Managementebene	Untere Managementebene, bereichsbezogenes Denken, Ressortegoismus	Oberste Managementebene, unternehmensbezogenes Denken, bereichsübergreifend
Zeithorizont	Kurzfristig	Langfristig
Orientierung	Wirtschaftlichkeit betrieblicher Prozesse	Erfolgspotenziale

---

31 Eine systematische Analyse der Veränderungsphasen sowie der sich daraus ergebenden Organisationsanforderungen wachsender Organisationen gibt Greiner 1998. Eine Übertragung auf Nonprofit-Organisationen gibt Fleßa 2015.
32 Quelle: Bea und Haas 2019.

Tab. 193 (fortgesetzt)

	Operatives Management	Strategisches Management
Dimension	Leistungen/Kosten, Ertrag/Aufwand, Ein/Auszahlung	Chancen/Risiken, Stärken/Schwächen
Inhaltliche Differenzierung	Komplexität und Ungewissheit reduziert, viele Details, Administrations- und Dispositionsentscheide, durchführungsorientiert, intern orientiert, viele Teilpläne, hohe Verbindlichkeit, starre Systeme, geringer Handlungsspielraum	Hohe Komplexität und Ungewissheit, schlecht strukturierte Problemstellungen, strategische Planungs- und Kontrollsysteme, Analyse- und entscheidungsorientierte Unternehmensgesamtmodelle, geringe Verbindlichkeit, Flexibilität, breiter Alternativenraum
Ziele, Aufgaben	Erfolg und Liquidität dominierend, Bestands- und Systemwahrung, Erfüllung von Aufgaben	Aufbau und Sicherung von Erfolgspotenzialen durch Investition; geplanter Wandel, Systemveränderung; neue Aufgaben suchen
Organisation	Sparten, Profit- und Cost-Center	Strategische Geschäftseinheiten
Instrumente	Rechnungswesen	Portfolio-Analyse; Szenario-Technik

Das Beispiel zeigt weiterhin, dass Innovationen sowie Change Management einen Lernprozess erfordern. Die Generierung, Adoption und Adaption von Innovationen setzen voraus, dass individuelle, kollektive und organisationale Lernprozess stattfinden. In der Dynaxity Zone I genügt in der Regel das einmalige individuelle Lernen in der Form der Aneignung technisch-funktionaler Fähigkeiten zu Beginn des Arbeitslebens. Anschließend genügt meist die Übung und Verfeinerung der grundlegend gleichen Techniken.

In der Dynaxity Zone II muss dieses individuelle Lernen bereits mehrfach im Leben erfolgen. Am Ende jeder diachronischen Phase erfolgt eine Reflexion der Erfahrungen durch das Individuum. Es ermittelt, welche Fähigkeiten für das neue Systemregime notwendig sind und vergleicht sie mit seinem Fähigkeitsbestand. Daraus ergibt sich der Lernbedarf grundsätzlich neuer, d. h. nicht nur weiterentwickelter Fähigkeiten. Neben diesem individuellen Lernen wird in der Zone II jedoch auch ein kollektives Lernen notwendig, d. h., die Gruppe analysiert gemeinschaftlich, ob der Umgang mit Neuerungen zielführend war und welche Lehren sie als Kollektiv aus den Erfahrungen der diachronischen Phase ziehen können.

Die Dynaxity Zone III erfordert eine ständige Anpassung des Individuums an Neuerungen und damit ein ständiges Lernen. Das Individuum muss den Lernstoff auf Grundlage des eigenen Zielsystems selektieren, da es nicht mehr in der Lage ist, sich alle Neuerungen vollständig anzueignen. Damit wird eine ständige Reflexion der eigenen

Werte sowie der Zielerreichung notwendig. Auch die Gruppe muss ständig gemeinschaftlich Lernen. Hierzu gehört die Analyse, wie sie mit den stetigen Veränderungen umgehen, welche Gruppenwerte sie haben und wie sich die Gruppenkohäsion entwickelt.

Individual- und Gruppenlernen werden jedoch in einer Phase hoher Dynamik nicht genügen, um das Unternehmen durch Veränderungsprozesse zu steuern. Da die Dynamik auch mit hoher Fluktuation der Mitarbeiter und einer ständig veränderten Gruppenzusammensetzung einhergeht, muss das Unternehmen dafür sorgen, dass die Organisation selbst lernt (Organisational Learning, OL). Hierzu gehört die Festlegung der verbindlichen Regeln des Lernprozesses, die Institutionalisierung und Dokumentation des Lernens, die Messung des Lernerfolgs und insbesondere die Etablierung eines institutionellen Gedächtnisses.

Abb. 218 zeigt, dass das Lernen auf unterschiedlichen Ebenen stattfinden kann. Die traditionelle Ausbildung (Schule, Studium) stellt lediglich eine Grundlage für das lebenslange Lernen dar. Sie adressiert in der Regel ausschließlich das Individuum und vermittelt Fachwissen und Lerntechniken. Eine Reflexion auf Grundlage der eigenen Werte, Ziele und Überzeugungen findet meist nicht statt, obwohl dies in einer dynamischen Wirtschaft äußerst notwendig wäre. Andere Lernprozesse, z. B. die Persönlichkeitsentwicklung und die Organisationsentwicklung, sprechen stärker das Kollektiv und die höheren Reflexionsebenen an. Ein Lernen auf der Metaebene, das die ganze Organisation umfasst, ist jedoch selten. Hier besteht erheblicher Forschungsbedarf, gerade für das Management von Krankenhäusern in turbulenten Zei-

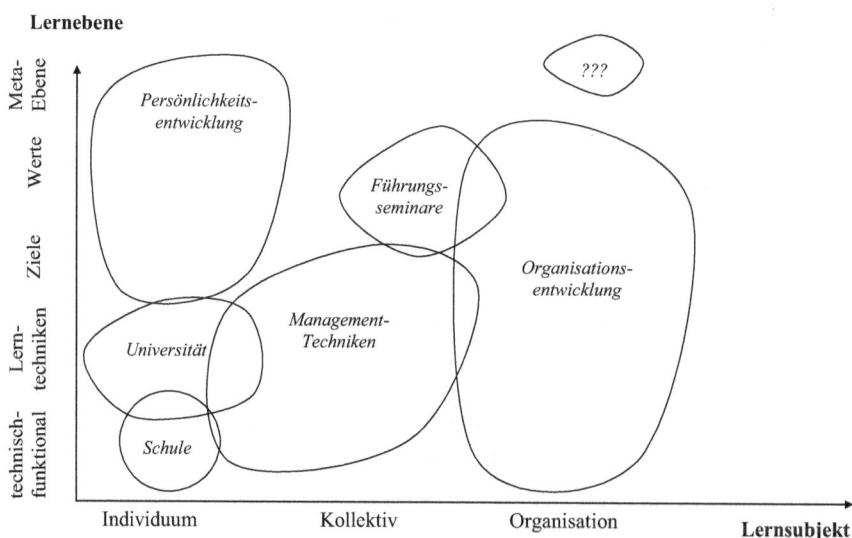

Abb. 218: Lernsubjekte und -ebenen.[33]

---

33 Quelle: Eigene Darstellung.

ten, in denen die Rahmenbedingungen sich ständig wandeln, neue Technologien und Versorgungsformen stetig entstehen und die Mitarbeiterbindung abnimmt.

Die Steuerung und Gestaltung der Lernprozesse ist eine Querschnittsaufgabe des Topmanagements, die alle in Tab. 193 aufgelisteten Elemente des strategischen Managements umfasst. Grundlage ist die Geschäftsfeld- und Leistungspolitik, d. h. die Festlegung, welchen Zielgruppen langfristig welche Leistungen auf welchen Märkten angeboten werden sollen. Aufgabe der Strategie ist es darüber hinaus, die betrieblichen Potenziale bereitzustellen, die für die Positionierung im Wettbewerb auf diesen Märkten notwendig sind. Im Krankenhaus kommt hier insbesondere der Personalpolitik die größte Bedeutung zu. Schließlich muss festgelegt werden, ob diese Märkte alleine oder in Kooperation mit anderen Anbietern (Strategische Autonomie, Kooperationspolitik) bearbeitet werden bzw. welche Wettbewerbspolitik (Qualitätsführerschaft, Preisführerschaft, Nischenanbieter) das Unternehmen verfolgt.

Im Folgenden werden einige Aspekte praxisorientiert aufgegriffen, die von besonderer Bedeutung für das strategische Management von Krankenhäusern sind. Zuerst wird die Geschäftsfeld- und Leistungspolitik diskutiert, da die Bedürfnisse der Kunden und ihre Nachfrage der Ausgangspunkt allen betrieblichen Handelns und damit auch der Strategie sind. Anschließend wird die Personalpolitik dargestellt, weil die Mitarbeiter der wichtigste Potenzialfaktor sind. Es folgt ein Exkurs zu einem Veränderungsprozess, der derzeit häufig bei Krankenhäusern anzutreffen ist: die Umwandlung. Abschließend wird die betriebliche Autonomiepolitik diskutiert. Gerade die Integration von Krankenhäusern und anderen Leistungsanbietern des Gesundheitswesens stellt derzeit eine Makroinnovation dar.

11.2 Geschäftsfeld- und Leistungspolitik

Die Geschäftsfeldpolitik legt langfristig die Märkte fest, auf denen ein Unternehmen tätig sein möchte, während die Leistungspolitik die Produkte definiert, die auf den Märkten angeboten werden.[34]

11.2.1 Grundlagen

Das traditionelle Geschäftsfeld des Krankenhauses ist die Behandlung von Patienten mit akuten Krankheiten, die einer stationären Aufnahme bedürfen.[35] Angrenzende Geschäftsfelder sind die Behandlung von Langzeitkranken, die stationäre Rehabilitation und das ambulante Operieren. Weniger nah sind Geschäftsfelder wie

---

34 Vgl. Backhaus und Schneider 2020.
35 Vgl. Braun von Reinersdorff 2007.

die ambulante Rehabilitation und die ambulante Altenpflege. Sehr weit vom traditionellen Geschäftsfeld entfernen sich Krankenhäuser, die ihre Einrichtungen der Sporttherapie als Fitnessstudio, ihre Krankenhausküche als Cateringservice und ihre Hörsäle als Versammlungsräume vermarkten.

Hinter jedem Geschäftsfeld steht eine Zielgruppe mit spezifischen Bedürfnissen, wobei jeder Bedarf ein ganzes Bündel von Bedürfnissen repräsentieren kann. Abb. 219 illustriert diesen Zusammenhang für m Bedürfnisse und n Bedarfe. Auf den Teilmärkten werden Leistungen für Kundengruppen angeboten, deren Bedürfnisse sich in Nachfrage artikulieren und durch die Leistungen befriedigt werden. Die Entscheidung, welche Bedürfnisse mit welchen Gütern auf welchen Märkten befriedigt werden, ist die Hauptaufgabe des strategischen Marketings.

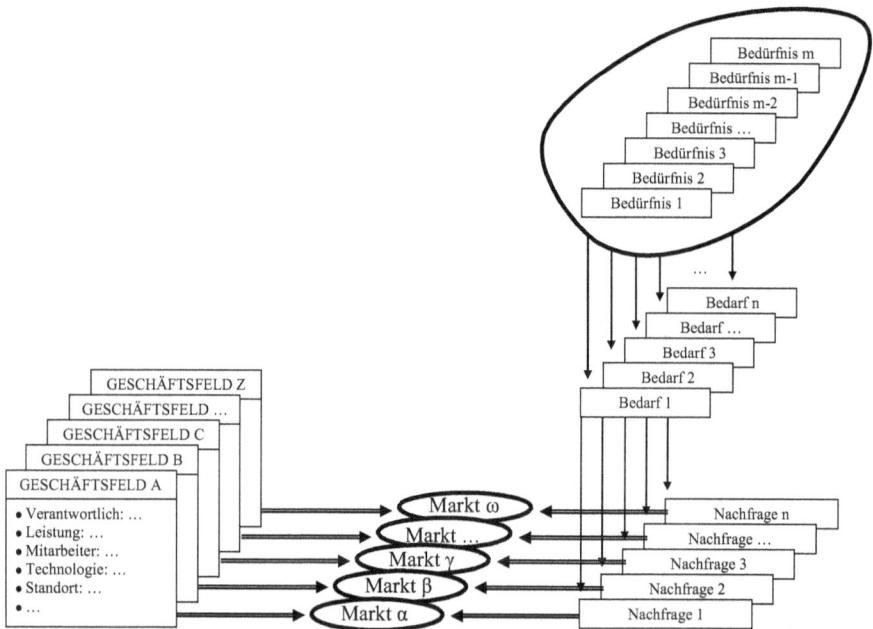

Abb. 219: Geschäftsfeldpolitik.[36]

Tab. 194 zeigt vier mögliche Markt-Produkt-Konstellationen. Verbleibt ein Krankenhaus mit den bereits bestehenden Leistungen auf den bereits bearbeiteten Märkten, so wird dieses Unternehmen alle Anstrengungen darauf wenden müssen, um den bestehenden Markt mit den bestehenden Produkten noch intensiver zu bearbeiten (Marktdurchdringung). Die Leistung wird optimiert, die Prozesse werden verbessert und die Kunden noch mehr umworben, d. h., Verfahrensinnovationen werden umgesetzt.

---

36 Quelle: Eigene Darstellung.

Tab. 194: Markt-Produkt-Konstellationen.[37]

		Produkt	
		Altes Produkt	Neues Produkt
Markt	Alter Markt	Marktdurchdringung	Produktentwicklung
	Neuer Markt	Marktentwicklung	Diversifikation

Alternativ könnte ein Krankenhaus sich auf die Suche nach neuen Nachfragern bzw. Märkten machen, die die bereits existierende Leistung nachfragen (Marktentwicklung). Die Nutzung bestehender Krankenhausleistungen für den ambulanten Sektor ist eine derartige Marktentwicklung. Andere Beispiele geben Krankenhäuser, die Präventionsleistungen für selbst zahlende Urlauber anbieten (z. B. Herzcheck). Weiterhin können andere Zielgruppen erschlossen werden. So gibt es in Deutschland ein kirchliches Krankenhaus, das ursprünglich für die Versorgung rückkehrender Missionare mit entsprechenden Tropenkrankheiten gegründet wurde. Heute stellen Mitarbeiter von internationalen Unternehmen der freien Wirtschaft sowie Touristen den größten Teil der Patienten der Tropenmedizin, da Geschäftsreisende und Urlauber weit häufiger in die Tropen reisen als Missionare. Dieselbe Leistung wird einer völlig neuen Zielpopulation angeboten.

In der Dynaxity Zone III dürften allerdings Marktdurchdringung und -entwicklung nicht genügen, um die ständigen Störungen aufzufangen. Stattdessen müssen neue Produktinnovationen entwickelt werden. Wenn ein Krankenhaus eine neue Leistung für denselben Markt bzw. dieselbe Zielgruppe anbietet, spricht man von Produktentwicklung. Die Produktinnovation muss einen Zusatznutzen für die Käufer haben, sodass sie dieses neue Produkt nicht nur dem alten, sondern vor allem auch den Konkurrenzprodukten vorziehen. Die Entwicklung der minimalinvasiven Chirurgie ist zweifelsohne solch eine Produktentwicklung. Die Zielgruppen mit ihren Krankheiten und Bedürfnissen bleiben erhalten, während die Art, wie ihre Bedürfnisse befriedigt werden, sich verändert.

Als Diversifikation bezeichnet man schließlich den Sprung in eine völlig neue Welt: neue Produkte werden für neue Märkte angeboten. Übernimmt beispielsweise ein Krankenhaus eine Einrichtung des Betreuten Wohnens, so handelt es sich um eine völlig neue Leistung, die die Bedürfnisse nach langfristiger Sicherheit deckt, die das Krankenhaus bislang nicht befriedigt hat.

Die Wahl der Geschäftsfelder sowie die Zusammenstellung des Leistungsportfolios ergibt nur auf Wettbewerbsmärkten Sinn. So lange das Prinzip der Selbstkostendeckung die Krankenhausfinanzierung dominierte und die Leistungen der Krankenhäuser vollständig durch den Versorgungsauftrag festgelegt wurden, war eine Geschäftsfeld- und Leistungspolitik sinnlos. Heute hingegen stehen die meis-

---

37 Quelle: Schmalen und Pechtl 2019, S. 274.

ten Krankenhäuser im Wettbewerb, und müssen dementsprechend auch ihre Geschäftsfelder und Leistungen strategisch planen, um auf den sich wandelnden Gesundheitsmärkten bestehen zu können.

Auf anderen Märkten (z. B. Konsumgütermärkte, Investitionsgütermärkte) gibt es drei Strategien der Wettbewerbspolitik. Unternehmen können dieselben Produkte auf den bestehenden Märkten anbieten. Dies ist langfristig jedoch nur möglich, wenn man billiger produziert als alle anderen Konkurrenten. Diese Unternehmen streben folglich eine Preisführerschaft an, was meist nur durch Verfahrensinnovationen langfristig möglich ist. Im Gesundheitswesen mit seinen überwiegend regulierten Preisen ist eine Preisführerschaft weder möglich noch erstrebenswert. Der „Krankenhaus-Aldi" kann nicht das Ziel einer modernen Krankenhausführung sein.

Als weitere Wettbewerbsstrategie bietet sich die Suche nach einer Nische an, in der man eine ganz spezielle Kundengruppe mit Leistungen befriedigt, die sonst niemand anbietet. Auch im Krankenhauswesen kann es derartige Nischen geben. Beispielsweise dürften die Krankenhäuser für traditionelle chinesische Medizin ihre Nische gefunden haben, innerhalb derer sie relativ gut arbeiten können. Für die meisten Häuser, die die Akutversorgung der Bevölkerung sicherstellen sollen, ist jedoch der generelle Rückzug in die Nische ausgeschlossen. Sie können ihr Leistungsprogramm mit einigen Nischen komplettieren, jedoch sich nicht vollständig darauf zurückziehen.

Damit bleibt als wichtigste Strategie der Wettbewerbspolitik des Krankenhauses die Qualitätsführerschaft. Krankenhäuser müssen neue, innovative Dienstleistungen entwickeln, die dem Kunden einen Vorteil gegenüber der Konkurrenz bieten. Dieser Vorteil kann nur in einer höheren Qualität im weiteren Sinne bestehen, d. h., die Qualität impliziert nicht nur eine höhere Behandlungsqualität, sondern auch einen allgemein verbesserten Service, höhere Erreichbarkeit, Bequemlichkeit etc. Dies ist allerdings nur zu erreichen, wenn das Krankenhaus ständig auf der Suche nach neuen, noch besseren Leistungen ist. Qualitätsmanagement wird damit zum Instrument der Innovationspolitik.

Im Zentrum der Geschäftsfeld- und Leistungspolitik in einer dynamischen und komplexen Umwelt steht folglich die neue, qualitativ hochwerte Dienstleistung mit einem eindeutigen Vorteil für den Patienten. Über die Zukunftsfähigkeit eines Krankenhauses entscheidet seine Fähigkeit, neue Leistungen zu generieren, zu adoptieren und zu adaptieren. Deshalb sollen im Folgenden einige Instrumente der Geschäftsfeld- und Leistungspolitik analysiert werden.

11.2.2 Instrumente

Überblick

Das strategische Controlling ist ein Kernbaustein des Führungskonzeptes Control-ling.[38] Es stellt der Betriebsführung Instrumente zur Verfügung, um die Unterneh-mensexistenz zu sichern. Im Kern stehen dabei die systematische Erschließung bestehender und die Schaffung neuer Erfolgspotenziale in einer dynamischen und komplexen Umwelt. Im Vergleich zum operativen Controlling treten die Funktionen des Zahlenknechts und der Koordination etwas in den Hintergrund, da strategische Entscheidungen häufig auf weicheren Faktoren beruhen als operative.

Typische Instrumente des strategischen Controllings sind die strategische GAP-Analyse, die Portfolio-Analyse, die Lebenszyklus-Analyse, die SWOT-Analyse und die Balanced Scorecard. Die GAP-Analyse identifiziert die Lücke zwischen Sollvorgabe und der voraussichtlichen Entwicklung des Basisgeschäfts und stellt diese grafisch dar. Abb. 220 zeigt als Beispiel den Verlauf des Case Mix eines Krankenhauses. Der Soll-Verlauf stellt die Entwicklung dar, die notwendig ist, um am Ende der Konver-

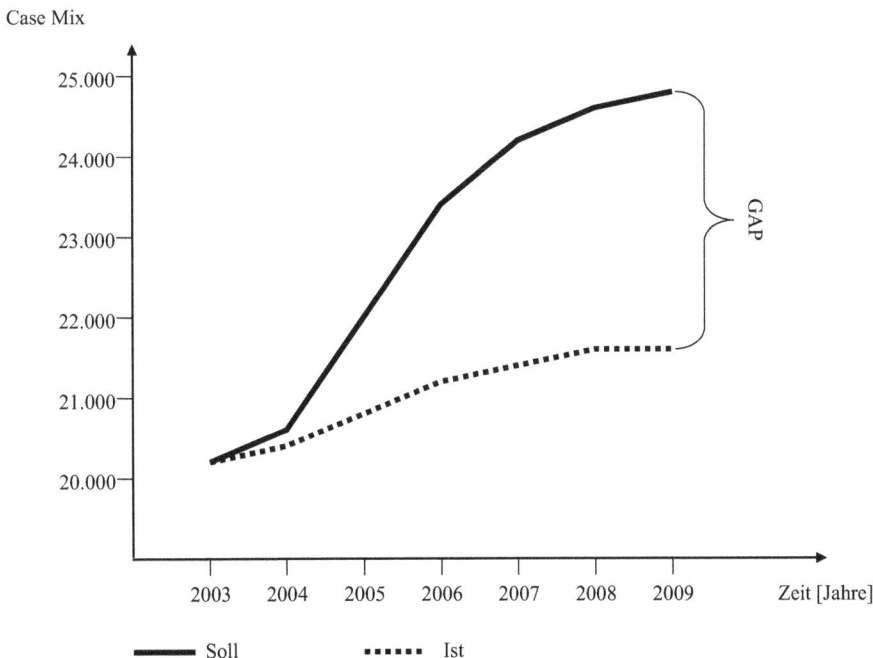

Abb. 220: GAP-Analyse.[39]

---

38 Vgl. Baum, Coenenberg, Günther, et al. 2013; Alter 2019; Tiebel 1998.
39 Quelle: Eigene Darstellung, in Anlehnung an Corsten und Corsten 2012, S. 128.

genzphase kostendeckend zu arbeiten. Der Ist-Verlauf hingegen beschreibt die voraussichtliche Entwicklung, wenn keine grundlegende Änderung des Leistungsspektrums eintritt. Auf dieser Grundlage können Strategien zur Schließung der Lücke entworfen werden.

Die SWOT-Analyse stellt die Stärken (Strength) und Schwächen (Weakness) des Unternehmens den Chancen (Opportunities) und Gefahren (Threats) der Umwelt gegenüber. Sie hilft bei der Systematisierung der Handlungsfelder des Unternehmens. Tab. 195 zeigt eine Matrix für die SWOT-Analyse des Leistungsprogramms eines Krankenhauses.

Tab. 195: SWOT-Analyse.[40]

		Interne Analyse	
		Stärken	**Schwächen**
Externe Analyse	**Chancen**	Auswahl neuer Leistungen, die sich aus den Stärken des Unternehmens ergeben	Eliminierung der Schwächen, um neue Märkte zu erschließen
	Gefahren	Nutzung der Stärken des Unternehmens, um drohende Marktveränderungen abzuwenden bzw. Märkte zu gestalten	Verteidigungen entwickeln, um vorhandene Leistungsschwächen nicht zu grundlegenden Bedrohungen werden zu lassen

Sowohl die GAP- als auch die SWOT-Analyse eignen sich zur Untersuchung der Geschäftsfeld- und Leistungspolitik. In der Regel werden diese Analysen in eine Lebenszyklus- und Portfoliopolitik münden, so wie sie grundlegend in Kapitel 6.1 diskutiert wurden. Im Folgenden werden diese Instrumente vertieft und erweitert. Darüber hinaus kann die Geschäftsfeld- und Leistungspolitik als wichtige Dimension einer Balanced Scorecard angesehen werden. Dies ist der Grund, dieses moderne Instrument in diesem Kapitel vorzustellen.

Portfolio- und Lebenszyklusanalyse

Abb. 221 zeigt (als Wiederholung von Abb. 120) den idealtypischen Lebenszyklus eines Produktes. Nach der Markteinführung und der Überwindung erster Schwierigkeiten kommt das Produkt zur Marktreife und setzt sich schrittweise durch. In diesem Prozess verdrängt es die bisherige Standardlösung bis der Markt gesättigt ist. Der Verfall setzt ein, wenn eine neue Innovation auftritt, denn „das Bessere ist des Guten Tod". Wenn es dem Unternehmen gelingt, rechtzeitig selbst Innovationen nachzuschieben, kann es einen hohen Marktanteil erhalten.

---

40 Quelle: Müller-Stewens und Lechner 2016, S. 210.

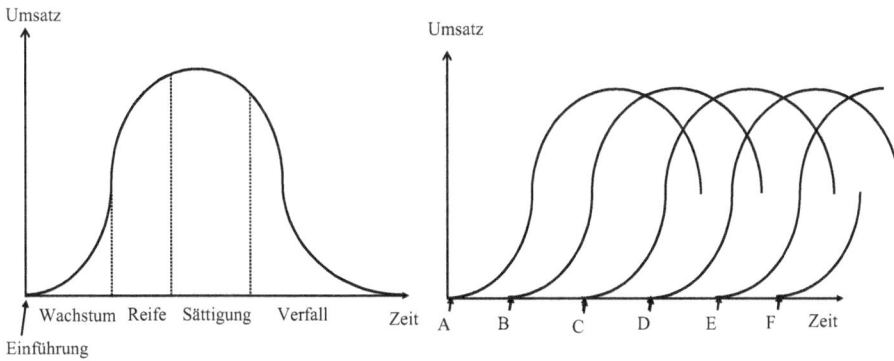

Abb. 221: Produktlebenszyklus.[41]

Im Gesundheitswesen sind die Lebenszyklen relativ lang und die Nachfrager sind teilweise auf die Akutversorgung im Einzugsgebiet angewiesen, selbst wenn diese eine veraltete Technologie verwenden. Allerdings haben sich der Krankenhausmarkt und das Nachfrageverhalten in den letzten Jahren stark gewandelt. Patienten sind bereit, für geplante Krankenhausaufenthalte längere Strecken zu akzeptieren, wenn das Krankenhaus ihrer Wahl ihren Anforderungen entspricht. Die angebotenen Leistungen entscheiden darüber, welches Haus der Patient wählt. In einigen Bereichen gibt es sogar Modewellen, die durchaus dem Lebenszyklus im Konsumgüterbereich gleichen. Beispielsweise ist die Geburtshilfe derartigen Wellen ausgesetzt. So war vor einigen Jahren die Wassergeburt stark nachgefragt, während diese Mode jetzt bereits wieder rückläufig ist.

Aus der Lebenszyklusanalyse leitet sich die Portfolio-Matrix ab, wie sie von der Boston Consulting Group als BCG-Matrix (vgl. Abb. 222) eingeführt wurde. Nach der BCG-Matrix ergeben sich vier Felder. Ist ein Unternehmen auf einem schrumpfenden oder stagnierenden Markt tätig, selbst jedoch völlig unbedeutend in diesem Leistungsfeld, so ist das entsprechende Güterbündel ein „armer Hund". Handelt es sich um einen Wachstumsmarkt und ist die eigene Position im Verhältnis zur Konkurrenz bescheiden, so müssen „Fragezeichen" gesetzt werden. Hat das Unternehmen auf einem Wachstumsmarkt hohe Marktanteile, so handelt es sich um „Stars". Schließlich gibt es „Cash Cows". Die Märkte stagnieren, aber das Unternehmen kann auf Grund seiner starken Position die Kunden „melken", bis die Cash Cow geschlachtet ist.

Die BCG-Matrix ist dynamisch. Am Anfang steht meist ein Fragezeichen, d. h. ein neues Produkt mit geringem Marktanteil und hoher Unsicherheit. Die Einführung eines neuen Produktes rentiert sich nur auf einem wachsenden Markt. Eine Chance für das neue Produkt existiert nur, wenn es einen komparativen Vorteil ge-

---

41 Quelle: Schmalen und Pechtl 2019, S. 362.

Marktwachstum p.a. in %

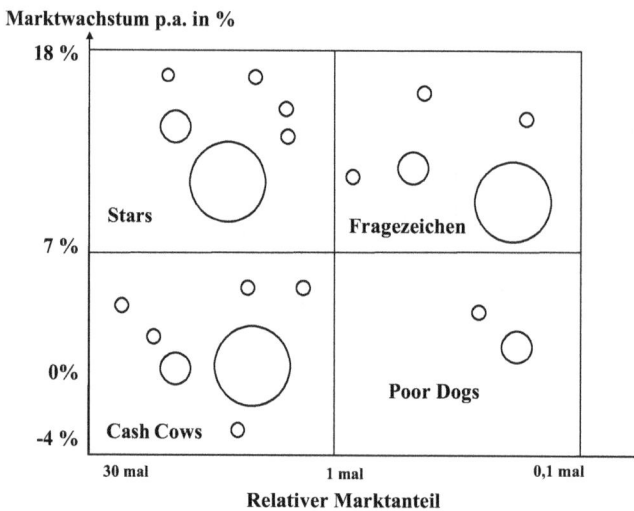

Abb. 222: BCG-Matrix.[42]

genüber der bisherigen Standardlösung der Konkurrenz bietet. In der Regel bedeutet dies im Gesundheitswesen, dass ein Qualitätsvorteil vorliegen muss, d. h., dass das Krankenhaus durch die neue Leistung die Qualitätsführerschaft übernimmt.

Das neue Produkt benötigt erhebliche Investitionen, um sich auf dem Markt durchzusetzen. Wenn dies gelingt, so mutiert das Fragezeichen zu einem Star. Hier hat das Produkt die Marktsättigung erreicht und ist selbst zur Standardlösung geworden. Allerdings ist die Konkurrenz auf diesen Märkten hart, sodass die Cash Flows dieser Produkte auch in sie selbst reinvestiert werden müssen.

Kommt es zur Marktsättigung oder zur -schrumpfung, impliziert dies nicht, dass das Produkt sofort vom Markt genommen werden muss. Vielmehr kann es gemolken werden, bis es nicht mehr vermarktbar ist. Da das Unternehmen eine ausgereifte Technologie besitzt und sich die Investitions- und Entwicklungskosten längst amortisiert haben, kann es nun sehr günstig produzieren und die Preisführerschaft übernehmen. Hier werden Cash Flows erzeugt, um die Fragezeichen zu finanzieren.

Arme Hunde sollten in der Logik der BCG-Matrix sofort aufgegeben werden. Eine Produktgenerierung bzw. -erhaltung für einen schrumpfenden Markt wäre – zumindest für einen kommerziellen Anbieter – irrational.

Die klassische Portfoliodarstellung wird im Folgenden in zweifacher Hinsicht erweitert. Erstens wird dargestellt, in wie weit diese Matrix auf Nonprofit- Organisationen übertragbar ist. Zweitens werden einige Beispiele für eine Anwendung im Krankenhauswesen diskutiert.

---

42 Quelle: Wöhe, Döring und Brösel 2020, S. 95.

Das grundlegende Problem der Nonprofit-Krankenhäuser mit der BCG-Matrix ist der Umgang mit Geschäftssparten, die zwar aus betriebswirtschaftlicher Sicht sofort aufgegeben werden sollten, jedoch auf Grundlage ihres Auftrages unbedingt beibehalten werden müssen. Abb. 223 zeigt ein Beispiel für eine mögliche Portfolio-Analyse eines karitativen Anbieters.

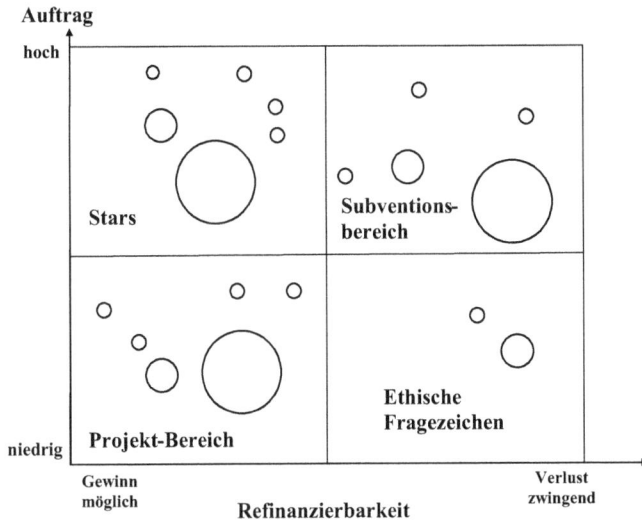

Abb. 223: Portfolio-Matrix eines karitativen Krankenhauses.[43]

Ideal sind Leistungen, die sich direkt aus dem ethischen Auftrag des Anbieters ergeben und die gleichzeitig Gewinne abwerfen können. Die meisten karitativen Anbieter haben jedoch auch Leistungen in ihrem Portfolio, bei denen auch bei optimaler Produktionstechnologie Verluste zwingend sind. Ist der ethische Auftrag für diese Leistungen hoch, so sollten sie subventioniert werden. Die entsprechenden Cash Flows können bei den Stars und im Projekt-Bereich erwirtschaftet werden. Die Projekte sind Leistungen, die nicht wegen ihrer besonderen Bedeutung für die ethische Ausrichtung des Unternehmens ins Portfolio aufgenommen wurden, sondern mit dem Ziel, Gewinne zur Subventionierung anderer Bereiche zu erwirtschaften.

Ein Problem vieler Nonprofit-Organisationen besteht darin, dass sie immer häufiger in Geschäftsfeldern tätig werden, für die sie keinen originären Auftrag haben. Wenn beispielsweise ein kirchliches Krankenhaus einen großen Teil seiner Umsätze im Bereich der Schönheitschirurgie erwirtschaftet, so kann dies nur dann als zielsystemkonform angesehen werden, wenn man entweder die Schönheitsoperationen als diakonischen Auftrag wahrnimmt (was praktisch nie geschieht) oder in diesem

43 Quelle: Fleßa und Westphal 2008, S. 352.

Segment ausreichend Überschüsse zur Subventionierung verlustträchtiger Bereiche erwirtschaftet werden, die dem originären diakonischen Zielsystem stärker entsprechen. Hier gilt zu prüfen, ob diese Subventionierung tatsächlich stattfindet. Es gibt auch Beispiele dafür, dass Segmente in das Leistungsportfolio aufgenommen wurden, um den Subventionsbereich zu unterstützen. Allerdings mutierten sie relativ schnell selbst zu ethischen Fragezeichen, d. h., die Leistungen wurden weder refinanziert noch waren sie zielsystemkonform. In diesem Fall muss die Normstrategie klar lauten: Aufgeben.

Abb. 224 zeigt ein Beispiel für eine andere Anwendung der Portfolio-Analyse, wobei sich die Darstellung nicht zwischen kommerziellem oder Nonprofit-Krankenhaus unterscheidet. Auf den Achsen sind die Zahl der Konkurrenten im Einzugsgebiet sowie der Falldeckungsbeitrag ausgewiesen. Die Kreise symbolisieren Gruppen ähnlicher DRGs, wobei die Fläche proportional zum relativen Umsatz ist.

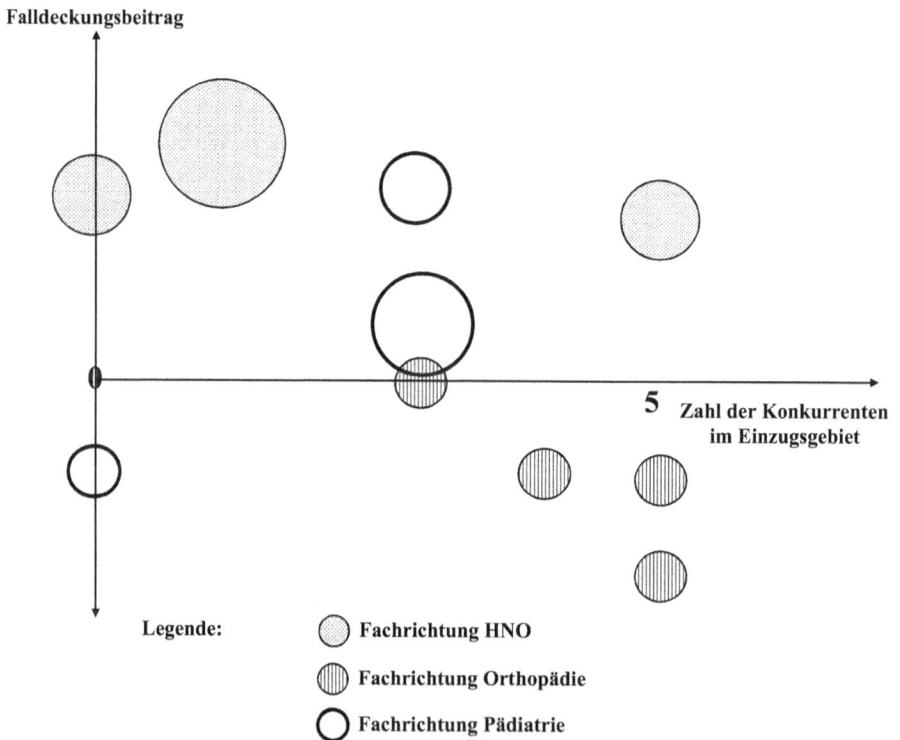

Abb. 224: Portfolio-Matrix eines Krankenhauses: Konkurrenz und Falldeckungsbeitrag.[44]

---

44 Quelle: Eigene Darstellung.

In diesem Beispiel erwirtschaften alle drei DRG-Gruppen der HNO positive Fall-deckungsbeiträge, wobei nur in einem Fall nennenswerte Konkurrenz herrscht. Die Stärkung dieses Bereichs ist auf jeden Fall sinnvoll. In der Pädiatrie hingegen gibt es zwei Gruppen mit positiven Falldeckungsbeiträgen. Hier ist eine weitere Stär-kung sinnvoll. Allerdings gibt es auch eine Gruppe mit negativen Deckungsbeiträ-gen und ohne Konkurrenz. Hier würde die Aufgabe der schwierigen Gruppe zu einer Unterversorgung des Einzugsgebietes führen. Dies muss gegenüber den Kran-kenkassen vertreten werden, wobei kommerzielle Anbieter es in der Regel leichter haben zu vermitteln, dass sie notfalls die Behandlung dieser DRGs einstellen wer-den. Darüber hinaus muss auch das Krankenhaus darauf achten, ob es sich hier um Kuppel- oder Verbundprodukte handelt. Beispielsweise könnte die Neonatalinten-sivstation eine Abteilung mit negativen Deckungsbeiträgen sein, die jedoch für die Belegung der Geburtshilfe ausgesprochen wichtig ist. Die Orthopädie ist in diesem Beispiel sämtlich im Bereich negativer Deckungsbeiträge. Die Aufgabe dieser Abtei-lung würde zu keiner Unterversorgung führen, da ausreichend Konkurrenten den Markt abdecken könnten.

Abschließend zeigt Abb. 225 eine weitere Portfolio-Matrix mit den Dimensionen Kostenniveau und -entwicklung. DRGs, deren Fallkosten über dem Durchschnitt lie-

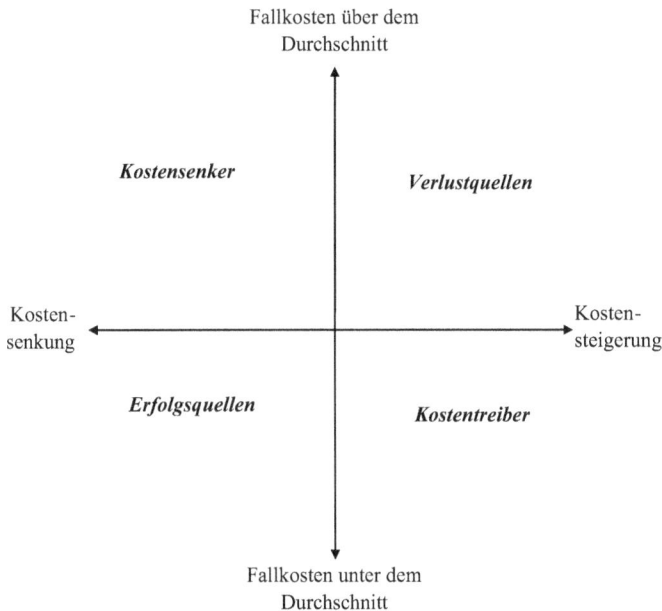

Abb. 225: Fallkosten-Portfolio.[45]

---

45 Quelle: Eichhorn, Seelos und Schulenburg 2000, S. 603.

gen und bei denen eine Kostensteigerung zu erwarten sind, werden als Verlustquellen charakterisiert. Sie sollten – nach einer ausführlichen Analyse – aufgegeben werden. DRGs mit überdurchschnittlichen Fallkosten, bei denen jedoch eine Kostensenkung prognostiziert wird, sind Kostensenker. Eine Leistungsausweitung erscheint sinnvoll, insbesondere wenn eine weitere Analyse zeigt, dass hohe Fixkostenanteile vorliegen. DRGs, deren Fallkosten derzeit noch unter den Durchschnittskosten liegen, jedoch in Zukunft ansteigen werden, sind Kostentreiber. Hier sind erhebliche Anstrengungen zu unternehmen, die Kosten in den Griff zu bekommen. Schließlich können DRGs als Erfolgsquellen bezeichnet werden, bei denen sowohl die derzeitigen Kosten unter dem Durchschnitt liegen als auch in Zukunft weitere Kostensenkungen zu erwarten sind. Zur Ermittlung der Durchschnittskosten können entweder die eigenen Fälle oder auch Ergebnisse eines Krankenhausbetriebsvergleichs herangezogen werden.

Diese Beispiele sollen genügen, um aufzuzeigen, dass die Portfolio-Matrix ein wichtiges Instrument der Geschäftsfeld- und Leistungspolitik ist. Dynamisiert enthält sie Aspekte der Lebenszyklus-, der GAP- und der SWOT-Analyse bzw. kann mit diesen Instrumenten kombiniert werden. Der Fantasie der strategischen Planer ist hierbei keine Grenze gesetzt. Vielmehr sollten sie den eigenen strategischen Informationsbedarf bewerten und entsprechende Portfolio-Analysen selbständig entwickeln.

Balanced Scorecard
Die Geschäftsfeld- und Leistungspolitik darf sich nicht in einer Analyse der Märkte und Produkte erschöpfen. Vielmehr muss sie sich in ein Gesamtunternehmenskonzept einbinden, das Geschäftsfelder und Leistungen aus den Bedürfnissen der Kunden ableitet, die notwendigen Potenziale strategisch sichert, die Produktion prozessorientiert steuert und die notwendigen Finanzmittel zeitgerecht zur Verfügung stellt. Eine Geschäftsfeld- und Leistungspolitik ist deshalb nur sinnvoll, wenn die Dimensionen Kunde, Potenzial, Prozesse und Finanzen harmonisch auseinander hervorgehen und miteinander abgestimmt sind. Die Balanced Scorecard (BSC) ist ein Instrument, das diese abgewogene Gesamtunternehmenssteuerung erlaubt.[46] Da sich in einer Marktwirtschaft letztlich alle betrieblichen Aktivitäten aus den Kundenbedürfnissen und den darauf zugeschnittenen Leistungen ableiten lassen, behandeln wir die BSC an dieser Stelle. Dies soll aber nicht darüber hinwegtäuschen, dass die BSC weit mehr als ein Instrument der Geschäftsfeld- und Leistungspolitik ist.

Balanced Scorecard bedeutet wörtlich eine ausgewogene Wertungsliste. Scorecards werden beispielsweise im Golfsport verwendet. Der Spieler trägt auf seiner Liste ein, wie viele Schläge er für ein Loch benötigt hat. Betriebswirtschaftlich gesprochen ist eine Scorecard folglich ein Kennzahlensystem. Die Ausgewogenheit

46 Vgl. Kaplan und Norton 1996; Körnert und Wolf 2007.

(balanced) impliziert, dass mehrere Dimensionen berücksichtigt und aufeinander bezogen werden. Folglich ist die BSC ein Ansatz zur Visualisierung verschiedener Oberziele, die unterschiedliche Dimensionen aufspannen und deshalb nicht in einen eindeutigen, hierarchischen Zielbaum überführt werden können. Der strategische Unternehmenserfolg hat mehrere Dimensionen, die nicht als Komponenten miteinander verrechenbar sind. Eine häufig gebrauchte Analogie ist das Cockpit des Piloten beim Instrumentenflug, d. h., die Unternehmensführung soll mit Hilfe eindeutiger Kennzahlen unterschiedlicher Dimensionen in die Lage versetzt werden, das Unternehmen punktgenau zu steuern.

Die klassischen Kennzahlensysteme des operativen Managements sind insbesondere die Finanzkennzahlen. Sie sind eindimensional, d. h. monetär, und können damit problemlos miteinander verrechnet werden. Die BSC hingegen ist ein Instrument des strategischen Controllings, das Erkenntnisse über weiche Faktoren für die langfristige Unternehmenssteuerung bereitstellen soll. Eine Rückführung der Kunden-, Potenzial-, Prozess- und Finanzperspektive auf eine einzige Dimension ist nicht möglich.

Die BSC wurde von Robert S. Kaplan und David P. Norton Anfang der 1990er-Jahre entwickelt.[47] Sie erkannten, dass der langfristige Erfolg nicht allein von der kurz- oder mittelfristigen Erreichung finanzieller Ziele abhängt, sodass eine primäre Ausrichtung an Finanzzielen auch für kommerzielle Unternehmen keine gute Zukunftsstrategie ist. Stattdessen fordern sie die Bestimmung von kritischen Erfolgsfaktoren und die Überführung in ein Kennzahlensystem. Anschließend soll die Unternehmenssteuerung sich an diesen Faktoren ausrichten. Abb. 226 zeigt die BSC in ihrer ursprünglichen Form.

Abb. 226: Dimensionen der Balanced Scorecard.[48]

---

47 Vgl. Kaplan und Norton 1996.
48 Quelle: Busse, Schreyögg und Stargardt 2013, S. 414.

Die Entwicklung einer BSC erfolgt in der Regel in vier Schritten. Zuerst werden für die vier grundlegenden Perspektiven mehrere Ziele bestimmt und gewichtet. Es gibt keine feste Vorgabe, sondern jedes Unternehmen entscheidet selbst über seine Ziele. Die Zielerreichung muss messbar sein, d. h., für jedes Ziel wird eine eindeutige, quantifizierbare Kennzahl definiert, wobei abweichend von den klassischen Finanzkennziffern unterschiedliche Skalen verwendet werden können (z. B. Zufriedenheit, Umsatz, kg). Im zweiten Schritt werden für jedes Ziel Maßnahmen der Zielerreichung bestimmt. Wiederum müssen die Kennzahlen mit Zielwerten definiert werden, mit denen die Maßnahmen bewertet werden. Im dritten Schritt werden diese strategischen Gesamtunternehmensziele operationalisiert, d. h. auf die einzelnen Abteilungen herunter gebrochen. Schließlich müssen im vierten Schritt die einzelnen Balanced Scorecards unterschiedlicher Abteilungen koordiniert bzw. synchronisiert werden.

Auch bei der BSC gilt, dass der Fantasie der strategischen Planer keine Grenze gesetzt ist. Die Dimensionen müssen ebenso adaptiert werden wie die Ziele und die Gewichte. Entscheidend ist, dass mit Hilfe der BSC der Zielbildungsprozess, so wie er in Kapitel 7.2 diskutiert wurde, systematisiert und in messbare Kenngrößen überführt wird. Abb. 227 zeigt abschließend eine Balance Scorecard für eine Fachabteilung an einem Universitätsklinikum, Tab. 196 ein Beispiel für die Kennzahlen der vier klassischen Perspektiven der BSC im Krankenhaus.[49]

Die Zahl der Instrumente des strategischen Controllings nimmt ständig zu. Meist handelt es sich um Abwandlungen bestehender Verfahren, selten um wirkliche Innovationen. Der Krankenhausmanager muss die angebotenen Varianten auf Grundlage seiner Methodenkompetenz prüfen. Nur so kann man vermeiden, dass Unternehmensberatungen „alten Wein in neuen Schläuchen" teuer anpreisen, ohne dass das Krankenhaus hiervon einen wirklichen Vorteil gegenüber bestehenden Verfahren hat. Häufig könnten diese Analysen auch mit dem bestehenden Personal durchgeführt werden, wenn die Führungskräfte nur ausreichend Zeit hätten, um neben dem Alltagsgeschäft ihrer eigentlichen Aufgabe, nämlich der strategischen Steuerung, nachzugehen.

Im Fokus eines Krankenhauses auf dem modernen Gesundheitsmarkt stehen die Kunden mit ihren Bedürfnissen. Aus ihnen leiten sich Geschäftsfelder und Leistungen ab. Erst im nächsten Schritt sollte man fragen, mit welchen Ressourcen diese Bedürfnisse gestillt werden sollen. Deshalb sind die Personal-, die Struktur- und die Autonomiepolitik letztlich Ergebnisse der Geschäftsfeld- und Leistungspolitik.

---

49 Vgl. Greulich, Onetti, Schade, et al. 2005.

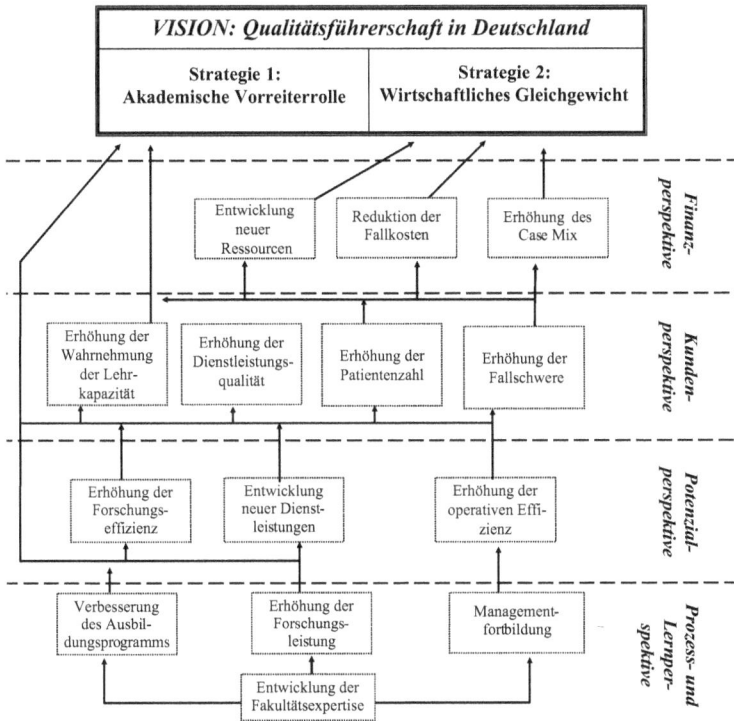

Abb. 227: Balanced Scorecard einer Fachabteilung.[50]

Tab. 196: Kennzahlen einer BSC im Krankenhaus (Beispiele).[51]

Dimension	Kennzahl
Finanzperspektive	Umsatz, Umsatzrendite, Cash Flow, Fallzahl, Case Mix, Case Mix Index, Fallkosten, Deckungsbeitrag, Liquiditätsgrade, Kostendeckung
Kundenperspektive	Marktanteil, Patientenzufriedenheit, Beschwerdehäufigkeit, Einweisungen pro Arzt, Einweiserzufriedenheit, Krankenhausimage
Prozessperspektive	Anzahl der Pflegestandards, Anzahl der klinischen Pfade, Abweichung von klinischen Pfaden, Wartezeiten, Stillstandszeiten, Auslastung der Kapazitäten, Komplikationsrate, Verweildauern
Lern- und Entwicklungsperspektive	Mitarbeiterzufriedenheit, Fluktuationsrate, Krankheitstage, Fortbildungseinheiten, Anteil der Mitarbeiter mit Fachweiterbildung, Publikationen, Verbesserungsvorschläge

---

50 Quelle: Eigene Darstellung.
51 Quelle: Kirstein 2021, S. 299.

11.3 Personalpolitik

Die wichtigste Ressource zur Erreichung der Mission und Vision, zur erfolgreichen Besetzung von Geschäftsfeldern und zur Generierung zukunftsträchtiger Leistungen sind die Mitarbeiter. Wie bereits in Kapitel 7.6.1 beschrieben, entscheidet der Führungsstil über die Fähigkeit und Bereitschaft des Mitarbeiters, Wagnisse einzugehen und Neuerungen auszuprobieren. Produkt- und Verfahrensinnovationen gelingen durch oder scheitern an Mitarbeitern. Obwohl wir die Personalführung bereits ausführlich dargestellt haben, sollten hier noch einmal einige zentrale Aussagen zusammengefasst und in den strategischen Zusammenhang gestellt werden.

Das obige Modell der Innovationsadoption (vgl. Abb. 213) zeigt, dass die Existenz und Wahrnehmung von Systemmängeln der Ausgangspunkt jeder Neuerung und damit der Zukunftsfähigkeit ist. Wenn alle Prozesse störungsfrei laufen und alle Unternehmensziele vollständig erreicht werden, ist keine verantwortliche Führungskraft bereit, eine risikoreiche Neuerung einzuführen. Aber selbst wenn es erhebliche Probleme im Unternehmen gibt, werden diese Perturbationen von den Führungskräften oftmals gar nicht wahrgenommen. Sie sind zu weit von der Basis entfernt und können die Fluktuationen der Mikrostruktur nicht aufnehmen. Deshalb ist es notwendig, dass sie zahlreiche Sensoren haben, die die Disfunktionalität der bisherigen Systemlösung selbst fühlen und die Führungskräfte darauf aufmerksam machen.[52] Die Fähigkeit und Bereitschaft der Mitarbeiter des operativen Kerns, als Sensoren für schwache Signale drohender Umweltveränderungen oder Disfunktionalitäten zu agieren, fordern eine offene, dialogorientierte Unternehmensführung, die Mitarbeitern das Recht und die Chance gibt, sich zu Problemen zu äußern, Vorschläge zu machen und nicht als Prellbock missbraucht zu werden. Jeder Prellbock verhindert, dass die Oszillationen des Mikrosystems auf der Makroebene ankommen. Oder anders gesagt: Wenn die Unternehmensführung die Mitarbeiter der Basis dazu anhält, trotz aller widrigen Umstände die Arbeit zu verrichten und ansonsten ruhig zu sein, werden Manager erst viel zu spät auf schwerwiegende Störungen reagieren können. Das System ist dann bereits meta-stabil und droht bei noch stärkeren Schlägen auseinander zu brechen. Deshalb sollten Unternehmen kleine Verbesserungen zulassen und Schritt für Schritt (Kaizen) Veränderungen umsetzen. Hierzu brauchen wir eine Unternehmenskultur des Diskurses.

In Kapitel 7.6.1 wurde deshalb ein offener, auf Vertrauen basierender Führungsstil als Grundlage einer modernen, innovativen Unternehmensführung beschrieben. Eine intensive Fremdkontrolle mag kurzfristig Reibungskosten senken, sie verhindert jedoch langfristig die Nutzung des Innovationspotenzials der Mitarbeiter. Vertrauen sowie die Bereitstellung von Instrumenten zur Selbstkontrolle schaffen hingegen den Raum, Bedrohungen und Systemfehler zu erkennen, selbständig Ge-

---

52 Vgl. Greulich und Brixler 2005.

genmaßnahmen zu ergreifen und – soweit nötig – die Unternehmensführung über die Notwendigkeit einer Systemänderung zu informieren. Der Satz „Vertrauen ist gut, Kontrolle ist besser" war die Maxime von Lenin. Letztlich ist sein Regime an der Metastabilität und Innovationsunfähigkeit gescheitert. Auch Krankenhausmanager sollten darüber nachdenken, ob sie sich wirklich in der dynamischen Umwelt Mitarbeiter leisten können, die ihre Fähigkeit, Probleme und Schwierigkeiten wahrzunehmen und zu kommunizieren, nicht vollständig nutzen.

Sobald eine Disfunktionalität wahrgenommen und erkannt ist, beginnt die Suche nach Innovationen. Auch hier sind die Führungskräfte allein überfordert. Sie kennen weder die tatsächliche Problemgestalt noch haben sie Zugang zu allen Lösungsstrategien. Sie sollten stattdessen ihre Mitarbeiter motivieren, als Problemlösungssucher tätig zu werden. Gleichzeitig müssen sie jedoch auch Beziehungspromotoren etablieren, die sich im Sinne einer strukturierten Marktforschung auf die Suche nach Neuerungen machen.

Neben den Beziehungspromotoren sollten auch Fachpromotoren gewonnen und gefördert werden. Dies stellt allerdings einen Investitionsprozess dar, denn Fachpromotoren dürften nicht mit den operativen Tätigkeiten des Alltags überfordert werden. Sie brauchen Zeit zum Denken, Zeit zum Lernen, Zeit zum Probieren. Kein Mitarbeiter kann innovativ sein, wenn er ständig überfordert ist. Selbstverständlich gibt es Stoßzeiten, in denen eine Leistung jenseits der Kapazitätsgrenze gefordert ist. Aber eine ständige Überforderung mit ausführender Tätigkeit beraubt ein Krankenhaus seines Innovationspotenzials und damit seiner Zukunft. Das Argument „Wir können es uns nicht leisten, dass Mitarbeiter Zeit zum Denken haben" ist extrem kurzsichtig.

Auch die Machtpromotoren sind gezielt zu wählen und zu fördern. Innovationsfähigkeit muss ein maßgebliches Kriterium bei der Auswahl von Führungskräften sein: Verspricht der Kandidat eine schnelle und effiziente Umsetzung von Neuerungen im Unternehmen? Kann er Innovationen erkennen? Ist er in der Lage, Mitarbeiter bei der Umsetzung zu motivieren? Allein die bewusste Auswahl von innovationsfreundlichen Führungskräften garantiert eine hohe Innovationsadoptionskapazität.

Abb. 228 erweitert Abb. 213 und führt die Innovationsfähigkeit auf die Tugenden Demut und Mut zurück. Demut (als Gegenteil von Stolz) impliziert das Wissen um die eigene Begrenztheit und Fehlerhaftigkeit. Sie impliziert eine Offenheit für die Äußerungen anderer Menschen und eine gewisse Vergebungsbereitschaft. Beide Eigenschaften wurden in Kapitel 7.6.1 als Voraussetzung für effiziente Führung abgeleitet. Weiterhin verhindert Demut, dass die Umstellung von einem Systemregime auf ein anderes als Gesichtsverlust definiert wird. Damit ist gewährleistet, dass die demütige Führungskraft Systemmängel schnell wahrnimmt.

Eine weitere Tugend, die sich positiv auf die Innovationsfähigkeit auswirkt, ist der Mut. Der Mutige sieht hoffnungsvoll in die Zukunft, hat eine geringe Zeitpräferenzrate und eine hohe Risikoneigung. Er kann Vertrauen wagen, weil er keine Angst vor dem Scheitern hat. Angst leitet sich letztlich aus der Furcht vor der Endlichkeit der eigenen Existenz ab.

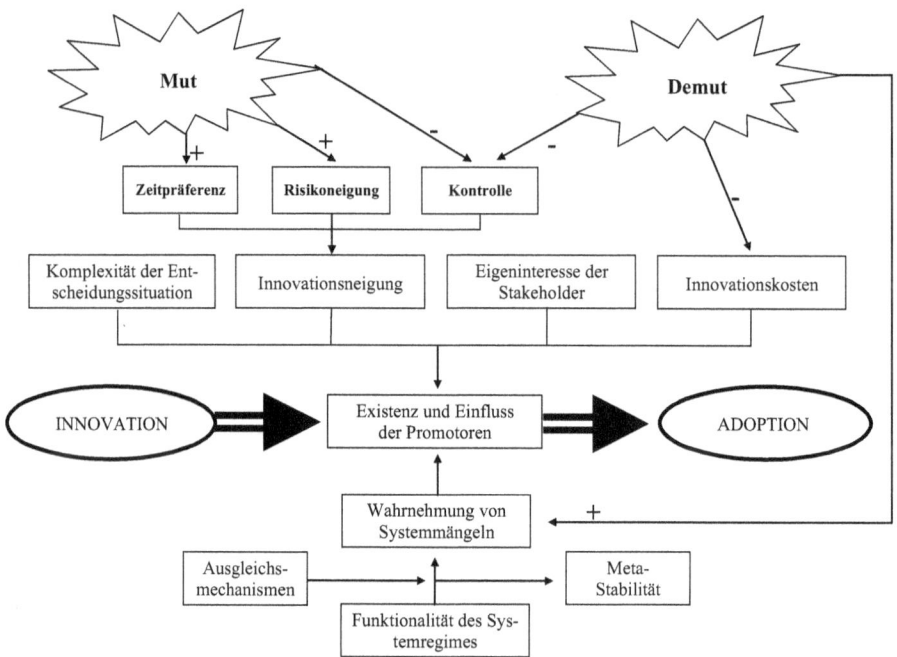

Abb. 228: Demut und Mut als Innovationsvoraussetzungen.[53]

Die Auswahl von Mitarbeitern sollte deshalb nicht nur deren fachliche Kompetenz, ihre Ehrlichkeit und Loyalität berücksichtigen, sondern auch ihre Demut und ihren Mut. Beides ist kaum formal abzuprüfen. Zum Teil lässt es sich aus dem Lebenslauf ersehen (z. B. soziale Aktivitäten, Auslandsaufenthalte etc.), zum Teil lässt sich ein Eindruck nur in einem persönlichen Gespräch gewinnen. Für die ausführende Arbeit spielen Demut und Mut nur eine geringe Rolle, für die strategische Ausrichtung eines Unternehmens sind sie essenziell.

Da Entscheidungen im Krankenhaus häufig in Teams getroffen werden, ist die innovationsförderliche Zusammensetzung von Teams ebenfalls von Bedeutung. Sowohl bei der Personalauswahl als auch bei der Zusammensetzung von Teams sollte eine Ausgewogenheit zwischen initiativen und gewissenhaften, zwischen Vordenkern und Umsetzern beachtet werden. Besteht beispielsweise die bisherige Krankenhausführung aus Persönlichkeiten, die eher zu einem depressiven oder zwanghaften Persönlichkeitstyp neigen, so sollte unbedingt eine Persönlichkeit ergänzt werden, die hysterische Züge aufweist. Dies birgt zwar das Risiko von Konflikten, erhöht jedoch die Zukunftsfähigkeit in einer dynamischen Umwelt erheblich. Besteht hingegen ein Team ausschließlich aus hysterischen Persönlichkeiten, braucht es dringend

---

53 Quelle: Fleßa 2006, S. 229.

die bremsenden und gewissenhaften Persönlichkeiten, die auf die Umsetzbarkeit der Innovationen achten.

Neben der Gewinnung von innovationsfähigen und -willigen Mitarbeitern ist die Fähigkeit des Unternehmens entscheidend, diese Innovationsneigung zu erhalten und zu fördern. Hier wird es stark auf die Erfahrungen ankommen, die ein Mitarbeiter im Laufe seiner Mitarbeit macht. Haben die Vorgesetzten keinerlei Fehlertoleranz, d. h., führt jeder Fehler des Mitarbeiters zu einer für ihn bedrohlichen Situation, wird der Mitarbeiter auch alle Situationen zu vermeiden suchen, in denen er Fehler machen kann. Da die Entwicklung und Adoption von Neuerungen stets mit dem Risiko eines Fehlschlages behaftet sind, wird der Mitarbeiter alle Neuerungen vermeiden, wenn er Angst vor den Konsequenzen haben muss. Hierzu gehört insbesondere die Arbeitsplatzsicherheit: Menschen, die ständig von Arbeitslosigkeit bedroht sind, können nicht innovativ sein.

Damit wird zusammenfassend deutlich, dass Innovationen Freiräume benötigen: Freiräume für Experimente, für Scheitern und für Entwicklung. Dieser Handlungsfreiraum ist essenziell, da Innovationen stets einen individuellen, kreativen Akt der Mitarbeiter erfordern. Diese Kreativität lässt sich nur auf der Basis einer intrinsischen Motivation ohne Zwang und Kontrolle entfalten, extrinsische Motivation hingegen fördert Konformität (vgl. Kapitel 7.6). Eine informelle Organisationsstruktur mit hohem Delegationsgrad und geringer Kontrolle wirkt deshalb innovationsfördernd, insbesondere wenn die gesamte Krankenhausleitung sich der Aufgabe der Innovationsförderung verschreibt.

11.4 Exkurs: Rechtsformen im Wandel

Ein Lehrbuch zur Krankenhaussteuerung kann weder eine umfassende Darstellung noch eine vollständige ökonomische Bewertung der Rechtsformen leisten, die dem Krankenhaus und den entsprechenden Integrationspartnern zur Auswahl stehen. Die grundlegenden Aussagen der Allgemeinen Betriebswirtschaftslehre treffen selbstverständlich auch auf Krankenhäuser zu, sodass eine vertiefte Darstellung der Rechtsformen (vgl. Abb. 229) hier nicht nötig ist.[54] Es sollen lediglich – quasi zur Wiederholung – einige wenige Eigenschaften der Rechtsformen benannt und ihre Bedeutung im Krankenhauswesen aufgezeigt werden.

Für eine konkrete Rechtsformentscheidung ist eine Vertiefung nötig, wobei in der Regel sowohl eine juristische als auch eine steuerliche Beratung gesucht werden sollte. Dies gilt insbesondere für den Rechtsformwechsel. Wird beispielsweise ein Krankenhaus von einem Regiebetrieb in eine gGmbH überführt, so kann unter

---

54 Vgl. Wöhe, Döring und Brösel 2020; Schmalen und Pechtl 2019; Pott und Pott 2015; Rose, Glorius-Rose und Rose Glorius 2001.

RECHTSFORMEN

Privatrechtliche Unternehmen — Öffentlichrechtliche Unternehmen

Erwerbswirtschaftliche Unternehmen — Gemeinwirtschaftliche Unternehmen

Einzelunternehmen | Personengesellschaften | Kapitalgesellschaften

Genossenschaften | gGmbH | Verein

OHG — KG — AG

GbR — StG — GmbH

GmbH & Co KG

Regiebetriebe | Eigenbetriebe | Sondervermögen

Körperschaften d. öff. R. | Anstalten d. öff. R. | Stiftungen d. öff. R.

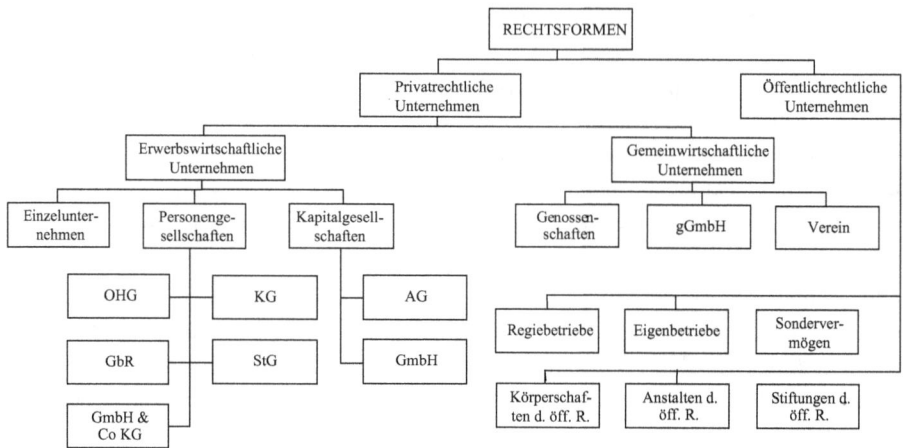

Abb. 229: Rechtsformen der Unternehmen.[55]

Umständen Grunderwerbssteuer anfallen. Juristen und Steuerberater empfehlen Konstrukte, wie diese Steuer vermieden werden kann (z. B. durch Trennung von Krankenhausbetrieb und Immobilien). Die konkrete Umsetzung erfordert jedoch vertiefte Kenntnisse des Steuer- und Gesellschaftsrechts.

11.4.1 Rechtsformen des Krankenhauses

Ordnungskriterien

Abb. 229 zeigt die Vielfalt von Rechtsformen in Deutschland. Die Untergliederung erfolgt nach unterschiedlichen Gesichtspunkten. Erstens können privatrechtliche und öffentlich-rechtliche Unternehmen unterschieden werden. Privatrechtliche Unternehmen entstehen durch eigene Entscheidungen im Rahmen der Privatautonomie (Art. 2 Abs. 1 GG). Demgegenüber entstehen öffentlich-rechtliche Unternehmen durch staatlichen Hoheitsakt und dienen in der Regel der Wahrnehmung öffentlicher Aufgaben.

Zweitens werden Unternehmen nach dem Zielsystem unterteilt. Erwerbswirtschaftliche Unternehmen sind durch das Streben nach Gewinnerzielung gekennzeichnet, während gemeinwirtschaftliche Unternehmen der Förderung der Allgemeinheit auf materiellem, geistlichem oder sittlichem Gebiet ohne Gewinnerzielungsabsicht (§ 52 Abs. 1 S. 1 AO) dienen (sollen).

Drittens können die in Abb. 229 enthaltenen Personenzusammenschlüsse (d. h. ohne die Einzelunternehmen) unter dem Gesichtspunkt der Gesellschaftsorganisa-

---

55 Quelle: Wöhe, Döring und Brösel 2020, S. 224–225.

tion in zwei Gruppen unterteilt werden, die Gesellschaften (im engeren Sinne) und Körperschaften (nichtkapitalistische Körperschaften, Kapitalgesellschaften).

Die Personengesellschaften sind auf eine kleine Mitgliederzahl angelegt und der Zusammenschluss beruht auf dem persönlichen Vertrauen der Gesellschafter und dem fehlenden Trennungsprinzip (Beschränkung der Haftung für Gesellschaftsverbindlichkeiten auf das Gesellschaftsvermögen). Daraus resultiert die Selbstorganschaft, d. h., die Gesellschaft hat in ihren Mitgliedern geborene Organe, eine Bestellung Dritter als Organe ist unzulässig. Alle in der Abbildung angeführten Personengesellschaften gehören zu den Gesellschaften im engeren Sinn.

Bei den Körperschaften gilt der Grundsatz der Fremdorganschaft, d. h., die zu bestellenden Gesellschaftsorgane (Geschäftsführung oder Vorstand) müssen keine Gesellschafter bzw. Mitglieder der Körperschaft sein. Bei den Körperschaften bestimmt das Gesetz, z. B. § 1 AktG, § 13 Abs. 2 GmbHG, dass für Verbindlichkeiten der Körperschaft nur das Gesellschaftsvermögen haftet, nicht aber die Gesellschafter bzw. Mitglieder mit ihrem Privatvermögen (Trennungsprinzip).

Einzelunternehmen, Offene Handelsgesellschaft und Kommanditgesellschaft

Bei einem Einzelunternehmen ist der Eigentümer eine natürliche Person. Sie haftet unbeschränkt, d. h., im Insolvenzfall muss sie auch mit ihrem Privatvermögen für die Verbindlichkeiten des Unternehmens einstehen. Das Einzelunternehmen hat keine eigene Rechtspersönlichkeit, d. h., das Unternehmen ist vollständig an die Person des Unternehmers gebunden. Er ist der alleinige Geschäftsführer und kann im Prinzip Entscheidungen alleine treffen. Das Kapital ist variabel, d. h., Gewinne oder Verluste erhöhen oder reduzieren das Eigenkapital direkt.

Einzelunternehmen haben zwei grundlegende Nachteile. Erstens muss der Eigentümer unbeschränkt mit seinem Privatvermögen haften. Eine Beschränkung der Haftung kann in diesen Fällen nur durch eine einzelvertragliche Vereinbarung mit jedem Geschäftspartner erreicht werden. Zweitens sind die Möglichkeiten der Eigenkapitalbeschaffung relativ beschränkt, sodass ein Unternehmenswachstum nur über Fremdkapital oder Umwandlung möglich ist. Deshalb werden auch nur wenige Krankenhäuser als Einzelunternehmen geführt. Öffentliche Krankenhäuser können eine Rechtsform, bei der der Eigentümer eine natürliche Person sein muss, nicht wählen. Das Einzelunternehmen ist jedoch die gängige Rechtsform der Arztpraxis.

Personengesellschaften sind überwiegend im Handelsgesetzbuch (HGB) geregelt und haben mehrere Eigentümer, wobei mindestens einer unbeschränkt mit seinem Privatvermögen haftet. Sie haben ebenfalls ein variables Eigenkapital und keine eigene Rechtspersönlichkeit. Das Gesetz (§ 124 HGB; § 161 Abs. 2 HGB; § 7 Abs. 2 PartGG) bzw. die Rechtsprechung (BGH-Urteil v. 29.01.2001, Az. II ZR 331/00) billigen den Personengesellschaften eine sogenannte Teilrechtsfähigkeit zu, d. h., sie können unter ihrer Firma klagen, verklagt werden, Rechte erwerben und Ver-

bindlichkeiten eingehen. Die Reichweite der Teilrechtsfähigkeit der Personengesellschaften ist jedoch noch nicht abschließend durch die Rechtsprechung geklärt.

Die wichtigsten Formen sind die Offene Handelsgesellschaft (OHG) und die
Kommanditgesellschaft (KG). Varianten sind die Stille Gesellschaft (StG), die GmbH
& Co KG und die Gesellschaft des bürgerlichen Rechts (GbR). Letztere wird auf
Grund ihrer Bedeutung für das Gesundheitswesen im Folgenden explizit behandelt.

Bei einer OHG (§§ 105–160 HGB) sind die Eigentümer mehrere Personen, die alle
unbeschränkt und solidarisch haften. Die solidarische Haftung impliziert, dass jeder
Gesellschafter vollständig zur Übernahme der Verbindlichkeiten gegenüber Dritten
verpflichtet ist. Ein Verweis darauf, dass die Verbindlichkeit durch einen anderen Gesellschafter im Rahmen der Geschäftstätigkeit der OHG eingegangen wurde, ist unzulässig. Dieser Grundsatz gilt, wie auch bei den anderen Personengesellschaften, nicht
für Ansprüche gegen die Gesellschaft, die auf eine unerlaubte Handlung nur eines
einzelnen Gesellschafters beruhen (Deliktsrecht §§ 823 ff. BGB). Jeder Gesellschafter
ist zur Geschäftsführung berechtigt, wobei dies explizit im Gesellschaftsvertrag ausgeschlossen werden kann.

Im Vergleich zum Einzelunternehmen hat die OHG eine breitere Kapitalbasis, da
mehrere Eigentümer Eigenkapital beisteuern können. Gleichzeitig wird das Risiko auf
mehrere Schultern verteilt. Als weiterer Vorteil wird die Kompetenzbündelung mehrerer Gesellschafter gesehen, da jeder von ihnen seine Stärken in das Unternehmen
einbringen kann. Allerdings dürften diese Vorteile den Nachteil der unbeschränkten
und solidarischen Haftung nicht aufwiegen. Gleichfalls dürfte die Kapitaldecke im
Vergleich zu Kapitalgesellschaften geringer sein, sodass nur wenige Kleinst- bzw. Privatkrankenhäuser überhaupt auf dieser Basis finanzierbar wären.

Die Bedeutung der OHG im Krankenhauswesen ist gering. Erstens dürfen Krankenhäuser nicht die Rechtsform einer OHG nach § 105 HGB annehmen, da der Zweck
eines Krankenhauses nicht auf den Betrieb eines Handelsgewerbes gerichtet ist.
Zweitens dürfen sich Kommunen nach dem Haushaltsrecht überhaupt nicht an Gesellschaften beteiligen, bei denen keine Haftungsbeschränkung besteht. Drittens ist
die Gemeinnützigkeit an eine Kapitalgesellschaft gebunden. Viertens ist die Einwer-
bung von Eigenkapital auf Grund der Haftung im Vergleich zu Kapitalgesellschaften
schwieriger, sodass nur wenige Kleinst- bzw. Privatkrankenhäuser überhaupt auf
dieser Basis finanzierbar wären. Die OHG spielt jedoch trotzdem eine gewisse Rolle
bei Tochterunternehmen. Krankenhäuser können an einer OHG als Eigentümer beteiligt sein, z. B. an einer Einkaufsgesellschaft mit anderen Krankenhäusern. Sie
kann als OHG geführt werden.

Die Kommanditgesellschaft (KG, §§ 161–177a HGB) hat wie die OHG mehrere natürliche Personen als Eigentümer. Allerdings unterscheidet man bei der KG zwischen
Vollhaftern (Komplementäre) und Teilhaftern (Kommanditisten). Komplementäre
haften wie bei der OHG uneingeschränkt und solidarisch, während Kommanditisten
eine auf ihre Eigenkapitaleinlage beschränkte Haftung haben. Die KG hat wie die
OHG keine eigene Rechtspersönlichkeit. Sie wird allein durch das Handeln der Gesell-

schafter existent, wobei jeder Komplementär zur Geschäftsführung berechtigt ist, es sei denn, der Gesellschaftsvertrag bestimmt etwas anderes. Kommanditisten sind von der Geschäftsführung ausgeschlossen. Das Eigenkapital ist wie bei der OHG variabel.

Der Vorteil der KG gegenüber der OHG und der Einzelunternehmung ist die Möglichkeit der Haftungsbeschränkung. Es genügt, wenn eine Person ein Vollhafter ist, während alle anderen Eigentümer nur mit ihrer Einlage einstehen. Dadurch ist es einfacher, Miteigentümer zu finden und somit die Eigenkapitalbasis zu erhöhen. Gleichzeitig kann man durch die Unterscheidung in Voll- und Teilhafter einen Teil der Eigentümer von der Geschäftsführung ausschließen. Als Nachteil ist die Notwendigkeit zu nennen, dass mindestens eine Person vollständig haftet.

Dieser Nachteil wird durch die GmbH & Co KG überwunden. Es handelt sich um eine Kommanditgesellschaft, bei der der Komplementär eine Gesellschaft mit beschränkter Haftung ist. Dadurch wird die Haftung insgesamt beschränkt, und doch bleibt die GmbH & Co KG eine Personengesellschaft. Da in der Praxis jedoch insbesondere Bankkredite bei Unternehmen mit einem geringen Eigenkapital eine persönliche Bürgschaft mindestens eines Eigentümers erfordern, ist der Vorteil der GmbH & Co KG nicht so groß wie es theoretisch scheint.

Als weitere Sonderform der Personengesellschaft, die ebenfalls eine geringe Bedeutung im Krankenhauswesen hat, ist die Stille Gesellschaft (StG, §§ 230–236 HGB) zu nennen. Bei dieser Rechtsform beteiligt sich eine Person an dem Unternehmen eines anderen als stiller Gesellschafter. Er tritt nach außen nicht in Erscheinung und hat eine auf seinen Eigenkapitalanteil beschränkte Haftung. Der stille Gesellschafter ist grundsätzlich von der Geschäftsführung ausgeschlossen. Obwohl die stille Gesellschaft prinzipiell eine bessere Eigenkapitalbasis ermöglicht, dürfte der Nachteil einer unbeschränkten Haftung für mindestens eine Person so schwer wiegen, dass Krankenhäuser diese Rechtsform kaum wählen.

Gesellschaft des bürgerlichen Rechts
OHG, KG und StG sind aus der Gesellschaft des bürgerlichen Rechts (GbR, BGB-Gesellschaft) hervorgegangen, die im Bürgerlichen Gesetzbuch (§§ 705–749 BGB) geregelt ist. Ihre Bedeutung für Krankenhäuser ist ebenfalls gering. Allerdings gibt es zahlreiche Integrationspartner, z. B. Gemeinschaftspraxen, die diese Rechtsform wählen, sodass die GbR hier kurz dargestellt werden soll.

Die GbR ist eine Vereinigung von natürlichen oder juristischen Personen, die sich durch einen Gesellschaftsvertrag gegenseitig verpflichten, die Erreichung eines gemeinsamen Zwecks in der durch den Vertrag bestimmten Weise zu fördern, insbesondere die vereinbarten Beiträge zu leisten. Als gemeinsamer Zweck kommen hier alle nur denkbaren Zwecke in Betracht. Der Betrieb eines Handelsgewerbes scheidet als Zweck allerdings aus, da hierfür die Sonderformen der OHG und KG vorgesehen sind. Die Gesellschafter haften persönlich mit ihrem gesamten Vermögen für Schulden der Gesellschaft gegenüber den Gläubigern der Gesellschaft. Sie hat eine große Ähnlichkeit zur OHG, allerdings können Freiberufler keine OHG gründen.

Als freie Berufe oder Freiberuf werden Berufe bezeichnet, die nicht der Gewerbeordnung unterliegen. Sie haben im Allgemeinen auf der Grundlage besonderer beruflicher Qualifikation oder schöpferischer Begabung die persönliche, eigenverantwortliche und fachlich unabhängige Erbringung von Dienstleistungen höherer Art im Interesse der Auftraggeber und der Allgemeinheit zum Inhalt. Heilberufe sind grundsätzlich Freiberufe. Dies ist von Bedeutung, da Freiberufler keine Kaufleute i. S. des Handelsgesetzbuches sind und damit auch keine OHG oder KG bilden können. Eine Ausnahme sind die Apotheken, da sie überwiegend Kaufhandlungen durchführen und Kaufleute i. S. des HGB sind.

Als Spezialform der GbR für Freiberufler wurde 1994 die Partnerschaft als Rechtsform konstituiert. Ärzte, die z. B. in einer Gemeinschaftspraxis arbeiten, können eine auf Dauer ausgelegte Gesellschaft gründen, wobei eine reine Kapitalbeteiligung und die Beteiligung juristischer Personen nicht zulässig sind. Ein Krankenhaus kann deshalb nicht Partner einer Ärzte-Partnerschaft werden. Dies ist hingegen bei einer Praxis-GmbH bzw. Praxis-AG möglich, die als sogenannte Ärztegesellschaften 2005 in der neuen Musterberufsordnung der Ärzte zugelassen wurden. Allerdings gilt die Ärztegesellschaft nicht mehr als Freiberufler, d. h., sie ist gewerbesteuerpflichtig und wie andere Gewerbetreibende bei der Wahl ihres Geschäftssitzes an die Vorgaben und Zulässigkeiten eines Bebauungsplanes gebunden.

Die Partnerschaftsgesellschaft berücksichtigt die Haftung der Partner bei fehlerhafter Berufsausübung im Außenverhältnis entsprechend der Eigenart des freien Berufes besser. Die Partner haften wie bei der OHG für Verbindlichkeiten der Partnerschaftsgesellschaft neben dieser unbeschränkt und gesamtschuldnerisch (§ 8 Abs. 1 PartGG). Bei fehlerhafter Berufsausübung haften jedoch nur diejenigen Partner neben der Partnerschaftsgesellschaft auf Schadensersatz, die mit der Berufsausübung des Auftrags befasst waren (§ 8 Abs. 2 PartGG). Die Eintragung der Partnerschaftsgesellschaft erfolgt im Gegensatz zur OHG nicht im Handelsregister, sondern im Partnerschaftsregister (§ 4 Abs. 1 PartGG).

Aktiengesellschaft

Die Aktiengesellschaft (AG), die Gesellschaft mit beschränkter Haftung (GmbH) sowie die hier nicht behandelte Kommanditgesellschaft auf Aktien (KGaA) sind Kapitalgesellschaften, die als juristische Personen eine eigene Rechtspersönlichkeit unabhängig von der natürlichen Person der Eigentümer haben. Sie haben selbständig Rechte und Pflichten, können Eigentum erwerben, klagen und verklagt werden. Sie handeln zwar durch natürliche Personen, sind jedoch unabhängig von diesen Organen existent.

Kapitalgesellschaften haben einen fixen und einen variablen Anteil des Eigenkapitals. Der fixe Anteil wird von den Eigentümern eingezahlt, der variable Anteil bildet sich durch eine Selbstfinanzierung, d. h. durch die Thesaurierung von Gewinnen. Das variable Eigenkapital verändert sich durch Gewinne oder Verluste, während das fixe Eigenkapital nur durch eine Kapitalerhöhung steigen kann (Außenfinanzierung).

Bei der Aktiengesellschaft gemäß dem Aktiengesetz (AktG) wird das fixe Eigenkapital in Aktien aufgeteilt, wobei es zahlreiche Varianten (z. B. Nennwertaktie, Quotenaktie, Vorzugsaktie) gibt. Jede Aktie stellt ein Wertpapier dar, das in der Regel unabhängig vom Unternehmen gehandelt werden kann. Der Aktiengesellschaft steht damit prinzipiell eine beliebige Anzahl natürlicher und juristischer Personen als Eigentümer zur Verfügung, sodass eine breite Eigenkapitalbasis geschaffen werden kann. Die Aktionäre haften nur in Höhe ihres Grundkapitalanteils, d. h., eine persönliche Haftung der Gesellschafter ist ausgeschlossen.

Die Aktiengesellschaft handelt durch ihre Organe. Der Vorstand führt die täglichen Geschäfte und wird dabei durch den Aufsichtsrat unterstützt und kontrolliert. Die Hauptversammlung ist die (meist jährlich stattfindende) Versammlung der Aktionäre. Sie nimmt den Bericht des Vorstandes entgegen, entlastet den Vorstand und wählt den Teil des Aufsichtsrates, der die Eigentümerinteressen vertritt. Je nach Größe und Branche des Unternehmens wird ein weiterer Teil des Aufsichtsrats von der Arbeitnehmervertretung bestimmt.

Die Aktiengesellschaft ist die häufigste Rechtsform großer Unternehmen. Dementsprechend haben auch die meisten Klinikketten die Form der AG. Ein Vorteil ist die kleine Stückelung der Aktien. Sie ermöglicht, dass auch Kleinanleger als Eigentümer aktiv werden können. Damit steht als Kapitalbasis praktisch die ganze Bevölkerung zur Verfügung. Auch die eigenen Mitarbeiter können als Miteigentümer gewonnen werden (z. B. Investivlohn) und erhalten damit Sitz und Stimme in der Hauptversammlung. Der einfache Handel von Aktien erleichtert weiterhin die Entscheidung, Aktionär zu werden, und erhöht damit die Kapitalbasis für das Unternehmen. Das wichtigste Argument für den Aktionär ist aber die beschränkte Haftung. Er riskiert nicht mehr als seine ursprüngliche Investition.

Aus Sicht der Unternehmensführung ist die Trennung von Geschäftsführung und Eigentum ein großer Vorteil. Nicht mehr derjenige, der die größte Eigenkapitalbasis hat, bestimmt die Führung des Unternehmens, sondern der Kompetenteste. Meist sind dies Berufsmanager. Die Trennung von Kapital und Führung ermöglicht auch den Wechsel der Manager von einem Unternehmen zum anderen und somit den Erwerb von betriebsübergreifenden Kenntnissen.

Die Nachteile wiegen bei großen Unternehmen diese Vorteile nicht auf. Kleinere Unternehmen hingegen werden das relativ hohe Gründungskapital (mind. 50.000 €) und die hohen Gründungskosten scheuen. Allerdings dürfte es kaum ein Krankenhaus geben, für das Gründungskapital und -kosten ein Argument gegen die AG sind. Problematischer ist, dass die Aktiengesellschaft sowohl eine strengere Mitbestimmung als auch eine höhere Publizitätspflicht haben als andere Rechtsformen.

Bislang blieb die Rechtsform der AG auf kommerzielle Klinikketten beschränkt. Es gibt allerdings keinen Grund, warum nicht auch eine Kommune oder ein kirchlicher Träger eine AG gründen sollten, um ihr Krankenhaus zu betreiben. Die gemeinnützige Aktiengesellschaft (gAG) ist zwar bei weitem nicht so bekannt wie die gemeinnützige Gesellschaft mit beschränkter Haftung (gGmbH), jedoch möglich und sinnvoll. Beispielsweise könnten Förderer eines karitativen Krankenhauses Aktionäre werden anstatt zu spenden. Damit würde auch ihre Bindung an das Haus erhöht. Ein Ausschluss der Mitsprache wäre z. B. über stimmrechtslose Aktien möglich, wobei die Gemeinnützigkeit eine Gewinnausschüttung verbietet. Hier bleibt noch viel Raum für weitergehende Forschung und Experimente.

Gesellschaft mit beschränkter Haftung

Die Gesellschaft mit beschränkter Haftung (GmbH) hat im Verhältnis zur AG eine begrenzte Anzahl natürlicher oder juristischer Personen als Eigentümer. Das fixe Eigenkapital wird als Stammkapital bezeichnet. Im Gegensatz zur AG wird es nicht in handelbare Wertpapiere (Aktien) aufgeteilt, sondern auf einen durch fünfzig teilbaren Betrag ausgestellt. Die Übertragung der Geschäftsanteile bedarf der notariellen Beurkundung, sodass der Eigentümerwechsel sehr viel schwieriger ist als bei der AG. Auf der anderen Seite ist damit gewährleistet, dass das Unternehmen stets seine Eigentümer kennt.

Wie bei der AG haften die Gesellschafter nur in Höhe ihres Eigenkapitalanteils. Eine Trennung von Geschäftsführung und Kapitaleigentum ist ebenfalls möglich, wobei in der Praxis die GmbH häufig eine Rechtsform für kleinere und mittlere Betriebe ist und somit weit häufiger eine Identität von Eigentümer und Geschäftsführung vorliegt.

Der Vorteil der Gesellschaft mit beschränkter Haftung gegenüber den Personengesellschaften liegt primär in der beschränkten Haftung für alle Eigentümer. Theoretisch genügt ein Stammkapital von 25.000 €. Daraus ergibt sich auch eine bessere Eigenkapitalausstattung, da mehr Personen bereit sind, ihr Kapital in die GmbH zu investieren. Der Vorteil der beschränkten Haftung relativiert sich in der Praxis allerdings, denn ein Unternehmen mit derart geringem Eigenkapital und beschränkter Haftung ist kaum kreditwürdig. Dementsprechend muss für höhere Kredite eine persönliche oder dingliche Sicherheit gestellt werden, sodass häufig mindestens ein Eigentümer auch mit seinem Vermögen bürgt.

Im Vergleich zu den Personengesellschaften fallen insbesondere die höhere Publikationspflicht und die Körperschaftssteuerpflicht ins Gewicht. Letztere ist die Steuer, die auf Gewinne der Kapitalgesellschaften anfällt. Da Gewinne aber auch bei den Eigentümern der Personengesellschaften steuerpflichtig sind, dürfte dies kein schwerwiegender Einwand gegen die GmbH sein. Vielmehr können bei der GmbH die Gehälter der geschäftsführenden Eigentümer als steuermindernde Kosten geltend gemacht werden.

Gegenüber der AG hat die GmbH den Vorteil geringerer Gründungskosten und eines geringeren Gründungskapitals. Für die Rechtsformwahl eines Krankenhauses dürfte dies irrelevant sein. Für Tochterunternehmen hingegen sind beide Vorteile erheblich. Die GmbH ist deshalb die klassische Rechtsform für Ausgründungen, z. B. für die eigene Servicegesellschaft oder den angegliederten Pflegedienst. In diesen Fällen ist auch der Nachteil einer schwereren Übertragbarkeit der Geschäftsanteile gegenüber Aktien von geringer Bedeutung, da ohnehin eine vollständige Eigentümerschaft durch das Krankenhaus intendiert ist.

Verein

Der Verein ist die klassische Organisationsform des bürgerlichen Engagements im 19. und beginnenden 20. Jahrhundert. Der größte Teil der kirchlichen Einrichtungen des Gesundheitswesens wurde damals von Vereinen getragen, und bis heute sind viele Träger kirchlicher Krankenhäuser Vereine.

Ein Verein ist ein auf Dauer angelegter Zusammenschluss von natürlichen oder juristischen Personen, der einen gemeinsamen Namen trägt, sich von hierzu bestimmten Mitgliedern vertreten lassen kann und in dem jeder im Rahmen der Satzung nach freien Stücken ein- und austreten kann. Für die Gründung eines Vereines müssen mindestens sieben Personen mit Hilfe des Vereins ein gemeinsames Anliegen (Vereinszweck) verfolgen. Dieser wird in der Satzung festgelegt, die unter anderem auch die Befugnisse des Vereinsvorstandes regelt. Ansonsten gelten die Regelungen des Bürgerlichen Gesetzbuches (BGB).

Im Gesundheitswesen kommt praktisch nur der eingetragene Verein (e. V.) vor. Der nicht-rechtsfähige Verein scheidet als Rechtsform von Krankenhäusern aus, da er keine eigene juristische Person darstellt und die Handelnden persönlich haften. Es gibt noch einige wenige altrechtliche Vereine, die bereits vor Inkrafttreten des BGB existierten. Sie sind auch dann juristische Personen, wenn sie nicht im Vereinsregister des jeweils zuständigen Amtsgerichts eingetragen sind. Der Regelfall ist jedoch der e. V. nach §§ 21 ff. BGB, der ins Vereinsregister eingetragen ist und gemeinwirtschaftlich ausgerichtet ist.

Aus rechtlicher Sicht müssen beim Verein drei Teilbereiche differenziert werden: der ideelle Bereich, der Zweckbetrieb und der wirtschaftliche Geschäftsbetrieb. Der ideelle Bereich und der Zweckbetrieb sind gemeinwirtschaftlich ausgerichtet und besitzen keine Gewinnerzielungsabsicht. Der Zweckbetrieb dient der unmittelbaren Förderung des ideellen Vereinszwecks. Er erbringt in der Regel umsatzsteuerbare Lieferungen und Leistungen. Vom ideellen Bereich und vom Zweckbetrieb eines Vereins ist der wirtschaftliche Geschäftsbetrieb abzugrenzen. Dieser ist erwerbswirtschaftlich ausgerichtet und besitzt eine Gewinnerzielungsabsicht. Der Betrieb eines Kiosks oder einer Kantine im Krankenhaus stellt im Regelfall einen wirtschaftlichen Geschäftsbetrieb dar, wofür der Verein körperschaftssteuerpflichtig ist.

Der e. V. ist als juristische Person rechtsfähig. Nach außen vertritt ihn der Vorstand. Für Verbindlichkeiten, die der Verein durch seinen Vorstand begründet, haften nicht die einzelnen Vereinsmitglieder mit ihrem jeweiligen Privatvermögen, sondern nur der Verein mit dem Vereinsvermögen. Allerdings gibt es eine sogenannte Durchgriffshaftung der Vorstandsmitglieder, d. h., bei einem groben Verstoß gegen die kaufmännische Vorsicht und Sorgfalt haftet der Vorstand persönlich. Das oberste Organ ist jedoch die Mitgliederversammlung, die in der Regel jährlich vom Vorstand einberufen wird. Sie entscheidet letztlich über alle Vereinsangelegenheiten, wobei Satzungsänderungen nur mit einer Mehrheit von 75 % der erschienenen Mitglieder beschlossen werden können. Die Änderung des Vereinszwecks ist sogar nur mit Zustimmung aller Mitglieder möglich. Mitglied eines e. V. wird man entweder durch die Mitwirkung als Gründer oder durch Beitritt. In diesem Fall ist ein Antrag auf Mitgliedschaft zu stellen, der auch abgelehnt werden kann. Die Vereinsrechte sind nicht übertragbar, insbesondere nicht vererbbar.

Der Verein ist ein Ausdruck der Zivilgesellschaft und hat damit bei vielen Bürgern Sympathien. Da in der Mitgliederversammlung Bürger unterschiedlicher Berufe zusammenwirken, kann der Verein eine breite Expertise nutzen. Weiterhin ermöglicht der Verein mehr als alle anderen Rechtsformen die Partizipation der Betroffenen. So ist es nicht unüblich, dass Mitarbeiter eines Krankenhauses im Trägerverein Mitglieder sind und damit eine unmittelbare Mitbestimmung in ihrem Unternehmen ausüben, die weit über die gesetzliche Mitbestimmung hinausgeht.

Die Vereinsmitgliedschaft ist in der Regel an einen geringen Vereinsbeitrag geknüpft, Aufnahmegebühren sind möglich, jedoch insbesondere im karitativen Bereich eher unüblich. Damit entsteht eine klare Trennung von Kapital und Eigentümer. Vereine sind deshalb grundlegend auf Spenden zur Kapitalbeschaffung angewiesen, ihre Kapitaldecke ist sehr dünn. Ein weiterer Nachteil ist die schwerfällige Führung. Die jährlichen Mitgliederversammlungen mit ihren inhomogenen Gruppen verhindern eine schnelle und innovative Entscheidungsfindung. Nicht wenige Vereine wurden deshalb in den letzten Jahren in gGmbHs umgewandelt.

Gemeinnützige Gesellschaften
Die Zahl der Krankenhäuser, die in der Rechtsform der gemeinnützigen Gesellschaft mit beschränkter Haftung (gGmbH) oder der gemeinnützigen Aktiengesellschaft (gAG) betrieben wird, nimmt zu. Grundsätzlich sind die gGmbH sowie die gAG keine eigenen Rechtsformen. Vielmehr handelt es sich um eine GmbH bzw. AG, die zur gGmbH bzw. gAG durch Zuerkenntnis der Gemeinnützigkeit wird. Allgemein spricht die Abgabenordnung von Gemeinnützigkeit, wenn eine Körperschaft ihre Tätigkeit darauf richtet, die Allgemeinheit auf materiellem, geistigem oder sittlichem Gebiet selbstlos zu fördern (§ 52 Abs. 1 S. 1 AO). Als freigemeinnützig bezeichnet man Einrichtungen, die von Trägern der kirchlichen und freien Wohlfahrtspflege, Kirchengemeinden, Stiftungen oder Vereinen unterhalten werden.

Der Vorteil der Gemeinnützigkeit liegt primär in der Befreiung von der Körperschaftssteuer. Weiterhin können gemeinnützige Betriebe Zuwendungsbestätigungen für Spenden ausstellen, die beim Spender als Sonderausgaben (von Privatpersonen) oder Betriebsausgaben (von Betrieben) absetzungsfähig sind.

Stiftung

Eine Stiftung (§§ 80–88 BGB) ist eine durch Zuwendung von Vermögenswerten (Stiftungsakt) errichtete Institution, die mit Hilfe ihres Vermögens einen vom Stifter bestimmten Zweck verfolgen soll. Man unterscheidet rechtsfähige und nicht-rechtsfähige Stiftungen. Im Gegensatz zum Verein, GmbH und AG kennt die Stiftung keine Mitgliedschaft, sondern lediglich Begünstigte.

Es gibt eine Reihe von Krankenhäusern, die rechtsfähigen Stiftungen gehören. Die Stiftung entsteht durch eine Willenserklärung des Stifters und die staatliche Anerkennung durch die Stiftungsbehörde. Der Stiftungszweck muss klar in der Satzung definiert sein und bleibt bis zur Auflösung der Stiftung unveränderlich. Das Stiftungsvermögen muss ausreichend hoch sein, um den Zweck der Stiftung dauerhaft und nachhaltig aus den Erträgen des Vermögens verwirklichen zu können. Folglich dürfen in der Regel lediglich die Zinserträge (abzüglich einer Inflationsrücklage) zur Finanzierung des Stiftungszwecks benutzt werden. Es gibt aber die Möglichkeit, das Stiftungskapital durch Zustiftung zu erhöhen.

Nicht jede Stiftung ist automatisch gemeinnützig. Die Gemeinnützigkeit ergibt sich aus dem Stiftungszweck und muss vom Finanzamt bescheinigt werden. Bei der Stiftung ist die Geschäftsführung vollständig unabhängig von den Kapitalgebern und allein dem Stiftungszweck verpflichtet. Eine Beeinflussung durch die Stifter ist darüber hinaus nicht möglich. Auf der anderen Seite stehen der Stiftung die normalen Kapitalmärkte für Eigenkapital nicht offen.

Sonderformen der Stiftung sind die Stiftungen des öffentlichen Rechts und die kirchlichen Stiftungen, die im Krankenhauswesen eine seltene Ausnahme darstellen.

Genossenschaft

Derzeit gibt es in Deutschland kein Krankenhaus, das direkt als Genossenschaft betrieben wird. Allerdings haben zahlreiche Krankenhäuser Einkaufsgenossenschaften gebildet, sodass diese Rechtsform durchaus eine gewisse Relevanz hat.

Genossenschaften dienen der Förderung ihrer Mitglieder durch gemeinschaftlichen Geschäftsbetrieb. Die Förderung der Mitglieder hat Vorrang vor eigenwirtschaftlichen Zielen, d. h., eine Einkaufsgenossenschaft mehrerer Krankenhäuser soll keinen Gewinn abwerfen, sondern für die Genossen (die Krankenhäuser) gute Einkaufsbedingungen garantieren. Genossenschaften sind juristische Personen, jedoch keine Kapitalgesellschaften. Sie haben kein Mindestkapital und ein variables Eigenkapital. Die Abstimmung der Genossen erfolgt nach Köpfen, nicht nach Anteilen.

In der Regel wählen Einkaufsgenossenschaften die Rechtsform der eingetragenen Genossenschaft (eG) nach dem Genossenschaftsgesetz (GenG). Im Gegensatz zum e. V. ist der Zweck der Genossenschaft immer die wirtschaftliche Förderung ihrer Mitglieder. Die Genossenschaft ist deshalb auch ein Kaufmann i. S. des HGB. Der Idealverein hingegen dient der Förderung Dritter.

Regiebetrieb

Der Regiebetrieb ist eine nichtrechtsfähige, nachgeordnete Einrichtung eines Verwaltungsbetriebes, die aus Zweckmäßigkeitsgründen organisatorisch ausgegliedert wurde. Er wird auch als unselbständige Anstalt bezeichnet. Das klassische Stadtkrankenhaus ist Teil der städtischen Verwaltung, d. h., seine Einnahmen und Ausgaben gehen unsaldiert in den Haushalt der Gebietskörperschaft ein (= Bruttobetrieb). Im Grunde ist dieses Krankenhaus nichts anderes als ein Amt der Stadt. Der Stadtrat trifft alle wichtigen Entscheidungen, das Krankenhausbudget ist Teil des städtischen Haushalts, die haushaltsrechtlichen Regularien der Stadt sind einzuhalten und der Verwaltungsleiter ist in der Regel ein städtischer Beamter, der primär auf die Einhaltung der gesetzlichen Regelungen bedacht ist.

Etwas mehr Unabhängigkeit hat der verselbständigte Regiebetrieb. Auch er hat keine eigene Rechtspersönlichkeit, ist jedoch organisatorisch und finanzwirtschaftlich selbständig. Einnahmen und Ausgaben fließen saldiert in den Haushalt der Gebietskörperschaft ein (= Nettobetrieb), und das Haushaltsrecht trifft nur bedingt zu. Dadurch entsteht auch eine höhere Unabhängigkeit bei Entscheidungen. Bei Gemeinden nennt man den verselbständigten Regiebetrieb auch Eigenbetrieb, der ein ausgegliedertes Sondervermögen darstellt. Nichtrechtsfähige Einrichtungen des Bundes, die für besondere Aufgaben geschaffen wurden, werden als Sondervermögen des Bundes bezeichnet. Da städtische Krankenhäuser in der Regel große Betriebe sind, werden sie häufig als Eigenbetriebe geführt.

Körperschaften und Anstalten des öffentlichen Rechts

Körperschaften und Anstalten des öffentlichen Rechts sind juristische Person, d. h., sie haben eine eigene Rechtspersönlichkeit, einen eigenen Haushalt, relative Unabhängigkeit gegenüber der Verwaltung und eine eigenständige Vertretung nach Außen durch ihre Organe. Öffentliche Krankenhäuser sind regelmäßig Anstalten des öffentlichen Rechts. Im Gegensatz zu den Körperschaften des öffentlichen Rechts (z. B. Krankenkassen) haben sie keine Mitglieder, sondern nur Nutzer. In einigen Bundesländern gibt es Sonderformen, wie z. B. das selbständige Kommunalunternehmen in Bayern.

11.4.2 Dynamik

In den letzten Jahren kam es zu zahlreichen Umwandlungen und Mischformen.[56] Noch vor wenigen Jahren war der überwiegende Anteil der staatlichen Krankenhäuser als Eigenbetrieb, die meisten Nonprofit-Organisationen als Verein oder Stiftung und viele Privatkrankenhäuser als Personengesellschaft ausgewiesen. Heute hingegen sind immer mehr staatliche, karitative oder kommerzielle Krankenhäuser eine GmbH oder AG. Gleichzeitig nimmt der Anteil der Häuser mit gemischter Trägerschaft zu. Allgemein spricht man von einer privaten Trägerschaft, wenn mehr als 75 % des Eigenkapitals in den Händen von Personen des Privatrechts liegt, ansonsten handelt es sich um eine öffentliche Trägerschaft. Allerdings gibt es Beispiele von Krankenhäusern, in denen 15 % des Eigenkapitals von einer Kommune, 50 % von einem kirchlichen Träger und 35 % von einem privatwirtschaftlichen Klinikkonzern eingelegt sind. Hier ist eine eindeutige Zurechnung zu einem Sektor schwierig.

Die Entwicklung hin zu Privatunternehmen und zu den Rechtsformen der GmbH und AG stellt eine Reaktion auf die Umweltveränderungen dar, die oben diskutiert wurden. Die Zunahme der Dynamik und Komplexität des Krankenhauswesens verlangt Rechtsformen, die eine hohe Flexibilität, schnelle Entscheidungsfindung, Unabhängigkeit von politischen Prozessen, Zugang zum Kapitalmarkt und ein hohes Interesse der Eigentümer an dem wirtschaftlichen Erfolg des Krankenhauses bei gleichzeitiger Haftungsbeschränkung ermöglichen.

Regie- und Eigenbetriebe haben sich weitestgehend überlebt, da sie zu stark in die Kommunalverwaltungen eingebunden sind. Der politische Einfluss bei der Besetzung von Positionen, bei Investitionsentscheidungen und bei Standortverlagerungen verhindert eine schnelle und effiziente Entscheidungsfindung. Zahlreiche Regie- und Eigenbetriebe wurden deshalb in den letzten Jahren entweder in selbständige Anstalten oder in gGmbHs umgewandelt.

Einzelunternehmung, Gesellschaft des bürgerlichen Rechts, offene Handelsgesellschaft, Kommanditgesellschaft und stille Gesellschaft spielen eine untergeordnete Rolle im Krankenhauswesen. Problematisch ist vor allem ihre Kapitalbasis. Da sie nicht kapitalmarktfähig sind, sind sie in der Finanzierung vollständig auf staatliche Zuschüsse bzw. die dünne Eigenkapitalbasis angewiesen, die sich nur sehr bedingt erweitern lässt. Gemeinnützige Unternehmen können diese Rechtsformen grundsätzlich nicht annehmen. Weitere Nachteile sind die fehlende Haftungsbeschränkung mindestens eines Eigentümers sowie häufig die geringe Professionalität der Eigentümer im Management.

Der Verein und die Stiftung als Prototypen der gemeinnützigen Organisationen können ebenfalls nur sehr bedingt die Herausforderungen einer Dynaxity Zone III meistern. Beide haben eine geringe Eigenkapitalbasis bzw. eine geringe Möglichkeit der Eigenkapitalerhöhung. Der Verein leidet unter einem langsamen und unprofes-

---

56 Vgl. Debatin, Ekkernkamp, Schulte, et al. 2021.

sionellen Management, wobei die Spannungen zwischen Vorstand und Mitgliedern erheblich sein können, wenn der Vorstand eine Professionalisierung sucht, während die Vereinsmitglieder nur marginales Interesse an der Substanzerhaltung des Vereins zeigen, da sie finanziell davon nicht betroffen sind. Sie verlieren im Falle der Insolvenz kein Kapital.

Somit ist verständlich, dass der Anteil der Krankenhäuser in der Rechtsform der Gesellschaft mit beschränkter Haftung (bzw. gGmbH) und der Aktiengesellschaft (bzw. gAG) in den letzten Jahren stark angestiegen ist. Die Geschäftsführung liegt in der Hand professioneller Manager, die schnell und flexibel auf Umweltänderungen reagieren können. Das Mitspracherecht der Eigentümer ist deutlich geringer als beim Verein bzw. beim Regie- und Eigenbetrieb, sodass auch die politische Einflussnahme sehr viel schwächer ist. Krankenhäuser mit dieser Rechtsform haben Zugang zum Kapitalmarkt, was in Zukunft immer wichtiger werden dürfte. Die Eigentümer haben ein Interesse an der Substanzerhaltung oder sogar -erhöhung, gleichzeitig haften sie nicht persönlich.

GmbH und AG sind folglich zukunftsweisende Rechtsformen. Stiftungen und Anstalten des öffentlichen Rechts dürften ebenfalls auch in einigen Jahren noch als Krankenhausträger auftreten. Die anderen Rechtsformen werden tendenziell in ihrer Bedeutung abnehmen. Die Umwandlung kann eine Makroinnovation darstellen, die erhebliche Auswirkungen auf alle Elemente des Krankenhaussystems hat. Beispielsweise kann die Wandlung von einem Verein in eine gGmbH eine ganz neue Machtverteilung implizieren. Der Geschäftsführer wird das Unternehmen straffer führen können, und bisherige machtvolle Stakeholder werden darauf mit Ablehnung reagieren. Auch hier gilt, dass Wandlungsprozesse gemanagt werden müssen. Im Vergleich zu der Aufnahme eines neuen Geschäftsfeldes oder zu einer Kooperation bzw. Integration, die im nächsten Abschnitt diskutiert werden, ist eine Rechtsformänderung jedoch in der Regel ein relativ harmloses Ereignis.

11.5 Autonomiepolitik

Krankenhäuser sind Gesundheitsdienstleister, d. h., sie haben die Funktion, geeignete Problemlösungen zur Befriedigung des Bedürfnisses ihrer Kunden nach Gesundheit anzubieten. Dieses subjektive Mangelerlebnis kann allerdings nur in Ausnahmefällen durch einen Leistungsanbieter allein befriedigt werden. Prävention, Kuration, Rehabilitation und Pflege wirken beim potenziellen oder tatsächlichen Patienten zusammen, um seine Bedürfnisse zu stillen. Das Krankenhaus ist deshalb dringend auf eine Zusammenarbeit mit anderen Leistungsanbietern angewiesen. Die Autonomiepolitik determiniert Umfang und Ausgestaltung dieser Zusammenarbeit.[57]

---

[57] Die betriebliche Autonomiepolitik wird ausführlich in der Literatur zum Strategischen Management diskutiert, z. B. Hungenberg 2014.

Im Folgenden werden Möglichkeiten der Zusammenarbeit des Krankenhauses mit anderen Betrieben des Gesundheitswesens diskutiert. Hierzu werden zuerst die betriebswirtschaftlichen Grundlagen gelegt. Anschließend werden einige ausgewählte Instrumente dargestellt. Es folgt eine Methodik zur Steuerung der Zusammenarbeit von Krankenhäusern mit anderen Anbietern auf dem Gesundheitsmarkt.

11.5.1 Grundlagen

Abb. 230 zeigt das Krankenhaus im Netzwerk der Leistungsanbieter, Patienten und Finanzierer. Jede Kante des Graphen stellt eine potenzielle Beziehung dar, wobei aus Gründen der Übersichtlichkeit nicht alle möglichen Kanten eingezeichnet wurden. Jede Kante impliziert eine Schnittstelle, die einer bewussten Gestaltung bedarf. Die Art der Zusammenarbeit, der Leistungsaustausch und die Kommunikation müssen zielgerichtet gemanagt werden, d. h., die Krankenhausleitung muss festlegen, wie sie mit anderen Krankenhäusern, niedergelassenen Ärzten, Physiotherapeuten etc. zusammenarbeitet. Weiterhin muss die Zusammenarbeit mit den Krankenkassen, den Kassenärztlichen Vereinigungen, den staatlichen Stellen etc. geplant, implementiert und kontrolliert werden.

Die Zusammenarbeit mit anderen Unternehmen erfordert Koordination. Die beiden grundlegenden Koordinationsmechanismen sind die Abstimmung durch Preise auf Märkten (heterarchische oder marktliche Koordination) und die Regelung durch Hierarchien (hierarchische Koordination). Eine hierarchische Koordination impliziert stets den teilweisen Verlust an wirtschaftlicher Autonomie, sodass ein Unternehmen nur bereit ist, von der marktlichen Lösung abzugehen, wenn die Vorteile des Unternehmenszusammenschlusses, d. h. der Verbindung von Unternehmen unter teilweiser Aufgabe der Entscheidungsfreiheit, diesen Nachteil mindestens kompensieren. Vorteile des Unternehmenszusammenschlusses sind insbesondere eine Risikoreduktion in der Zusammenarbeit, die Erhöhung der Produktivität sowie die Verbesserung der Kundenbefriedigung, insbesondere durch Qualitätsvorteile.

Tab. 197 klassifiziert Unternehmenszusammenschlüsse nach verschiedenen Kriterien.[58] Die Terminologie der Allgemeinen Betriebswirtschaftslehre ist nicht ganz eindeutig. Einige Autoren sprechen nur dann von einem Unternehmenszusammenschluss, wenn dieser freiwillig erfolgt. Eine staatlich erzwungene Fusion würde beispielsweise von ihnen nicht als Unternehmenszusammenschluss bezeichnet werden. Weiterhin ist der Begriff Integration nicht klar definiert. Soziologisch bezeichnet Integration die Herstellung einer Einheit aus bislang unterscheidbarem bzw. die Eingliederung der Einzelzeile in ein größeres Ganzes. Auf dieser Grundlage ist ein Unternehmenszusammenschluss, der ein homogenes Ganzes erzeugt, eine Integration. Allerdings

---

58 Quelle: Eigene Darstellung.

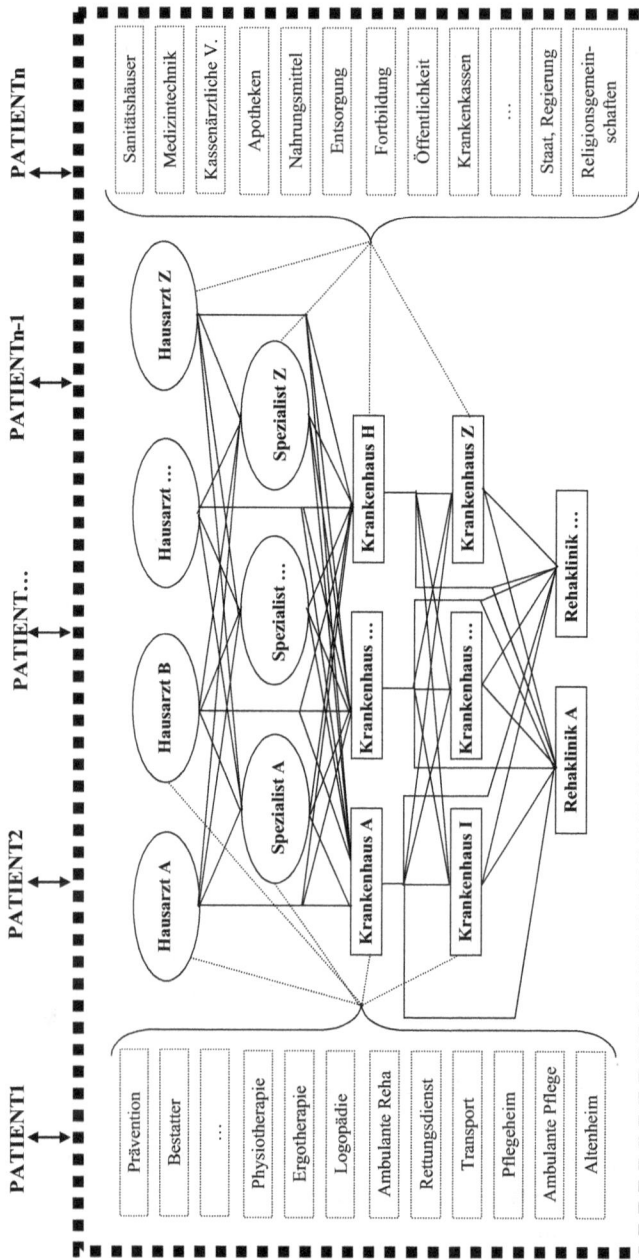

Abb. 230: Netzwerk des Gesundheitswesens.[59]

---

59 Vgl. Wöhe, Döring und Brösel 2020.

Tab. 197: Klassifikation von Unternehmenszusammenschlüssen.[60]

Merkmal	Ausprägung		
Freiheitsgrad der Entscheidung	freiwillig		erzwungen
Bindungsdauer	befristet		unbefristet
Ausrichtung	horizontal	vertikal	heterogen
Reichweite	teilfunktionsbezogen	funktionsbezogen	unternehmensweit
Bindungsinstrument	persönliches Vertrauen	Vertrag	Personal- oder Kapitalverflechtung
Bindungsintensität	eingeschränkte Selbständigkeit		Verlust der Selbständigkeit
Institutionalisierung	ohne eigenen Geschäftsbetrieb		mit eigenem Geschäftsbetrieb
Verhältnis der Partner	wirtschaftlich und rechtlich gleichgeordnet	rechtlich gleichgeordnet, wirtschaftlich untergeordnet	rechtlich und wirtschaftlich untergeordnet
Wettbewerbswirkung	förderlich	neutral	beschränkend

sprechen einige Autoren nur von einer Integration, wenn die Zusammenfassung von Betrieben unter einer einheitlichen Unternehmensführung erfolgt. Wie wir später noch sehen werden, ist die integrierte Gesundheitsversorgung folglich eine Integration im soziologischen, aber nicht immer im betriebswirtschaftlichen Sinn.

Von einem horizontalen Zusammenschluss spricht man, wenn Unternehmen derselben Branche und gleicher Produktionsstufe sich zusammenschließen. Unter vertikaler Integration versteht man hingegen die Zusammenfassung von Betrieben vor- und nachgelagerter Produktionsstufen. Ein heterogener (lateraler) Zusammenschluss entsteht, wenn Unternehmen unterschiedlicher Produktionsstufen und Branchen zusammenarbeiten.

Die Intensität der marktlichen bzw. der hierarchischen Koordination induziert auch die Bindungsintensität. Abb. 231 zeigt einige Formen der Zusammenschlüsse. Eine marktliche Koordination geht von einer vollständigen Autonomie des Unternehmens aus. Bereits eine längerfristige Vertragsbindung stellt eine Form der Kooperation dar, die allerdings sehr nah an der marktlichen Koordination liegt.

Eine Kooperation schränkt einen Teil der Entscheidungsfreiheit der Unternehmen ein, wobei die wirtschaftliche und rechtliche Selbständigkeit prinzipiell erhalten bleibt. Lediglich auf Teilgebieten verpflichten sich die kooperierenden Unternehmen

---

60 Quelle: Pausenberg 1993, Sp. 4437.

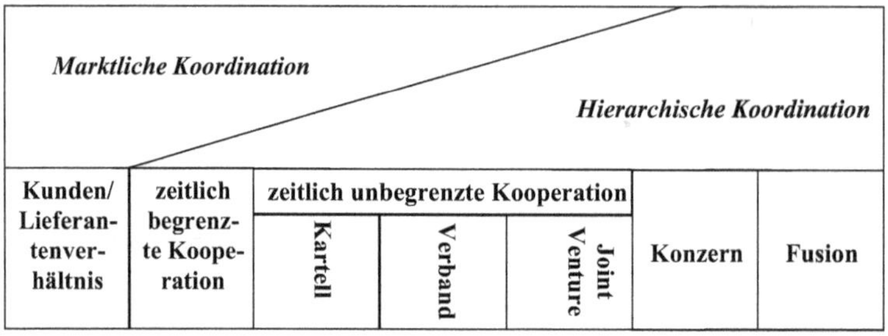

Marktliche Koordination							
				Hierarchische Koordination			
Kunden/ Lieferan- tenver- hältnis	zeitlich begrenz- te Koope- ration	zeitlich unbegrenzte Kooperation				Konzern	Fusion
		Kartell	Verband	Joint Venture			

Abb. 231: Marktliche und hierarchische Koordination.[61]

zu einem koordinierten Handeln. Der Kooperation liegt ein expliziter oder impliziter Vertrag zu Grunde, der die Zusammenarbeit regeln soll. In Netzwerken als lockerste Kooperation von Unternehmen beruht die Bindung meist mehr auf Vertrauen als auf vertraglicher Basis, häufig setzt dies persönliches Kennen voraus.

Kooperationen können zeitlich befristet oder unbefristet sein. Je längerfristig und je intensiver die Absprache der Zusammenarbeit ist, desto stärker geht auch die Entscheidungsfreiheit des Unternehmens verloren. Beispiele für Kooperationen sind Kartelle, Konsortien, Genossenschaften, Verbände, Joint Ventures und Interessengemeinschaften (strategische Allianzen).

Bei einer Unternehmensvereinigung geht die wirtschaftliche Selbständigkeit mindestens eines Unternehmens verloren. Da eine Vereinigung in der Regel eine einheitliche Leitung impliziert, kann die Unternehmensvereinigung auch als Integration bezeichnet werden. Zwei Formen sind häufig anzutreffen: Die Konzernbildung und die Fusion.

Ein Konzern ist ein Zusammenschluss zweier oder mehrerer Unternehmen unter einheitlicher Leitung, wobei die rechtliche Selbständigkeit gewahrt bleibt. In der Regel entsteht ein Unterordnungsverhältnis, d. h., die wirtschaftliche Selbständigkeit der beherrschten Unternehmung geht verloren. Eine Sonderform des Konzerns ist die Holding. Sie ist eine Dachgesellschaft, deren einziger wirtschaftlicher Zweck die Verwaltung bzw. Steuerung der untergeordneten Unternehmen ist. Im Krankenhauswesen sind auch sogenannte Management-Holdings anzutreffen. In diesem Fall liegt das strategische Management in den Händen der Dachgesellschaft, während das operative Management bei den Töchtern liegt.

Die stärkste Form der hierarchischen Koordination ist die Fusion, d. h. die Verschmelzung von rechtlich selbständigen Unternehmen zu einem neuen Unternehmen. Die rechtliche und finanzielle Selbständigkeit geht bei der Fusion verloren. Der Aufkauf eines Krankenhauses durch eine Klinikkette entspricht meist der Fusion.

---

61 Quelle: Pausenberg 1993, Sp. 4441.

Konzernbildung und Fusion unterliegen der Kontrolle durch das Bundeskartellamt. Nach §§ 35 ff. GWB (Gesetz gegen Wettbewerbsbeschränkungen) kann es Unternehmensvereinigungen untersagen, wenn das fusionierte Unternehmen eine marktbeherrschende Stellung ausüben würde. Ein Beispiel hierfür wird in den „Fragen zum Weiterdenken" vorgestellt.

Krankenhäusern stehen im Rahmen des gesetzlich zulässigen alle Formen der Zusammenarbeit offen.[62] Der Unternehmenszusammenschluss kann horizontal, vertikal oder lateral erfolgen. Man spricht von einer horizontalen Zusammenarbeit, wenn Krankenhäuser derselben Versorgungsstufe kooperieren. Eine vertikale Zusammenarbeit liegt vor, wenn ein Krankenhaus mit vor- oder nachgelagerten Bereichen zusammenarbeitet. Liegt der Partner außerhalb des Gesundheitswesens, spricht man von einer lateralen Zusammenarbeit.

Eine Zusammenarbeit von Krankenhäusern der gleichen Versorgungsstufe findet häufig in räumlicher Nähe statt (z. B. innerhalb eines Landkreises), wobei in diesem Fall häufig unterschiedliche Träger involviert sind. Die Möglichkeiten horizontaler Zusammenarbeit reichen von der Kooperation (z. B. gemeinsame Buchhaltung, EDV, Controlling, Codierung, Personalverwaltung, Beschaffung, Materialwirtschaft, Apotheke, Hol- und Bringdienste, Hausmeister, Technik, Informations- und Sicherheitsdienste, Speisenversorgung, Mensa, Wäscherei, Krankenpflegeschule, Telemedizin) über die Konzernbildung bis hin zur Fusion. Beispielsweise haben sich in den letzten Jahren einige Landkreise zu Zweckverbänden zusammengeschlossen und ihre Krankenhäuser jeweils zu einem Rechtskörper mit mehreren Standorten überführt.

Der Zusammenschluss mit vor- oder nachgelagerten Bereichen kann die Zusammenarbeit in der Patientenbehandlung sowie die Zusammenarbeit in der Ver- und Entsorgung umfassen. Vorgelagerte Leistungsträger sind beispielsweise niedergelassene Ärzte, Krankenhäuser niedriger Versorgungsstufe, Pflegedienste, Altenheime und Behinderteneinrichtungen. Nachgelagerte Leistungsträger sind beispielsweise niedergelassene Ärzte, Krankenhäuser höherer oder niedriger Versorgungsstufen, Pflegedienste, Altenheime, Rehaeinrichtungen, Sanatorien, Physiotherapeuten, Behindertenheime, Hospize, Selbsthilfegruppen, Bestattungsunternehmen, Sportstätten, Fitnessstudios etc. Beispiele für Ver- und Entsorger sind Apotheken, Pharmaunternehmen, Wäschedienste, Speisenversorgung, Sterilisationsanbieter, lokale Entsorgungsunternehmen, Transportunternehmen, Rotes Kreuz, Rettungsdienst etc. Auch hier kann die Zusammenarbeit von reinen Marktbeziehungen bis hin zum Aufkauf des Partners und zur Eingliederung in das eigene Unternehmen reichen.

Schließlich ist auch eine Zusammenarbeit mit Unternehmen außerhalb des Gesundheitswesens sinnvoll, z. B. um Patienten im Krankenhaus einen Zusatznutzen durch Dienstleistungen der Banken, Versicherungen, Floristikbetriebe, Friseure, Fernseh- und Telefonverleihgesellschaften, Galerien, Lebensmittelläden, Kioske

---

62 Vgl. Bruckenberger, Klaue und Schwintowski 2006.

etc. zu bieten. Hier ist ebenfalls festzulegen, ob die Zusammenarbeit zwischen völlig selbständigen Unternehmen (z. B. Friseur als Mieter der Räume im Krankenhaus) oder zwischen abhängigen Unternehmen erfolgt (z. B. Friseur als Tochterunternehmen des Krankenhauses).

Aus der großen Fülle der Intensitätsgrade der Zusammenarbeit und möglicher Partner ergibt sich die Notwendigkeit eines Managements der Zusammenarbeit. Sie muss strategisch geplant und überwacht werden, um den Zielen des Gesamtunternehmens zu dienen. Die primären Gründe, weshalb ein Krankenhaus einen Zusammenschluss anstrebt, liegen in dem Potenzial der Zusammenschlüsse, Kosten zu senken und Qualität zu erhöhen. Die Kostenreduktion ergibt sich aus Größen- und Verbundvorteilen. Die Größenvorteile (Economies of Scale) bestehen darin, dass insbesondere bei horizontalen Zusammenschlüssen im einzelnen Haus größere Quantitäten erreicht werden, wodurch die Einkaufspreise von Materialien, die Fixkostenanteile (Fixkostendegression) und die variablen Kosten (Übungsgewinne) reduziert werden können. Die Verbundvorteile (Economies of Scope) können darin gesehen werden, dass Krankenhäuser im Verbund sich gemeinsam Einrichtungen leisten können, die sie jeder für sich allein nicht finanzieren könnten, z. B. ein Speziallabor, gemeinsame Ausbildungsinstitute etc. Durch eine vertikale Integration werden insbesondere Schnittstellenkosten gesenkt, beispielsweise durch die Festlegung von Informations- und Leistungsstandards.

Eine Qualitätsverbesserung resultiert unter Umständen aus Übungseffekten, durch die Anschaffung von Spezialgeräten sowie den Aufbau eines standardisierten Qualitätsmanagements. Weitere Vorteile, die in der Allgemeinen Betriebswirtschaftslehre für die Zusammenarbeit genannt werden, sind die Standortsicherung, die Erhöhung der Verhandlungsmacht (z. B. gegenüber den Kassen und der Regierung), die gemeinsame Personalgewinnung und Ausbildung sowie die Verbesserung von Forschung und Entwicklung.

In den letzten Jahren haben sich einige Kooperationen im Gesundheitswesen entwickelt, die einer besonderen Diskussion bedürfen. Im Folgenden werden diese innovativen Formen der Zusammenarbeit dargestellt.

11.5.2 Innovationen der Zusammenarbeit

Zusammenarbeit mit Krankenkassen
Seit 1933 besteht in Deutschland eine strikte Trennung von Leistungsanbietern und -finanzierern. Mit Ausnahme der Knappschaften und der Berufsgenossenschaften ist es keiner Krankenversicherung erlaubt, eigenständig ein Krankenhaus zu betreiben oder Ärzte für die Patientenversorgung anzustellen. Ebenso wenig dürfen Krankenhäuser eine eigene Krankenversicherung gründen.

In anderen Ländern ist die Trennung von Leistungserbringer und -finanzierer nicht so strikt. Beispielsweise arbeiten private Krankenkassen und Krankenhäuser in den USA häufig enger zusammen als in Deutschland. Eine Kontraktionspflicht besteht in diesem Land nicht, d. h., Krankenkassen wählen sehr bewusst die Krankenhäuser aus, deren Behandlungskosten sie für ihre Mitglieder übernehmen. Damit wird die freie Wahl des Leistungserbringers eingeschränkt. Diese als selektive Kontrahierung (selective contracting) bezeichnete Zusammenarbeit von Krankenkassen und Leistungserbringern wurde unter dem Begriff Managed Care in den letzten Jahren erfolgreich in der Schweiz eingeführt und wird auch für Deutschland diskutiert.[63]

Managed Care stellt eine Form des Unternehmenszusammenschlusses zwischen Leistungsfinanzierern und Leistungserbringern dar, bei der Krankenkassen spezielle Verträge mit ausgewählten Leistungserbringern abschließen. Managed Care ist darüber hinaus gekennzeichnet als Managementansatz, d. h., die Aktivitäten des Managed Care werden strategisch und operativ geplant, implementiert und kontrolliert. Die Zusammenarbeit der Kassen mit den Vertragsärzten bzw. Krankenhäusern erstrecken sich folglich in der Regel nicht nur auf die Bezahlung von Rechnungen. Vielmehr wird die komplette Arbeit des Leistungserbringers durch den Finanzierer unterstützt.[64]

Abb. 232 zeigt verschiedene Ausprägungen des Managed Care, wobei nicht alle für das Krankenhaus gleichermaßen relevant sind. Von einer Preferred Provider Organisation spricht man, wenn die Versicherung Verträge mit unabhängigen Ärzten und/oder Krankenhäusern schließt und der Versicherte sich von Anfang an für einen Leistungserbringer entscheiden muss. In der Regel schließt dies nicht aus, dass der Versicherte auch von anderen Anbietern behandelt wird, jedoch fällt dann in der Regel eine höhere Zuzahlung an. Üblich ist beispielsweise eine feste Wahl des Hausarztes, der bei Bedarf als Pförtner des Gesundheitssystems bzw. als Gatekeeper weiter überweist. Der Hausarzt ist der Preferred Provider. Geht der Patient zu einem anderen Allgemeinarzt oder zu einem Facharzt, ohne vorher den Preferred Provider zu kontaktieren, so muss er mit einer Zuzahlung rechnen.

Der Point-of-Service-Plan (POS) verlangt keine vorherige Festlegung des Versicherten, von welchem Leistungserbringer er sich behandeln lassen möchte. Der Versicherte kann theoretisch zu jedem Arzt und in jedes Krankenhaus. Er hat jedoch eine Liste, aus der er entnehmen kann, mit welchem Leistungserbringer seine Krankenkasse eine spezielle Vertragsbeziehung hat. Geht er zu einem Anbieter, der nicht auf dieser Liste steht, so muss er mit hohen Zuzahlungen rechnen. Innerhalb der Liste kann er jedoch frei wählen.

Sowohl bei der Preferred Provider Organisation als auch beim Point-of-Service-Plan bleibt die wirtschaftliche und rechtliche Selbständigkeit des Finanzierers wie des Leistungserbringers vollständig erhalten. Bei einer Health Maintenance Organisation (HMO) hingegen kommt es zu einer über den Vertrag hinausgehenden Integration von Versicherung und Leistungserbringer. Die HMO kann verschieden gestaltet

---

63 Vgl. Wiechmann 2013.
64 Vgl. Amelung 2012.

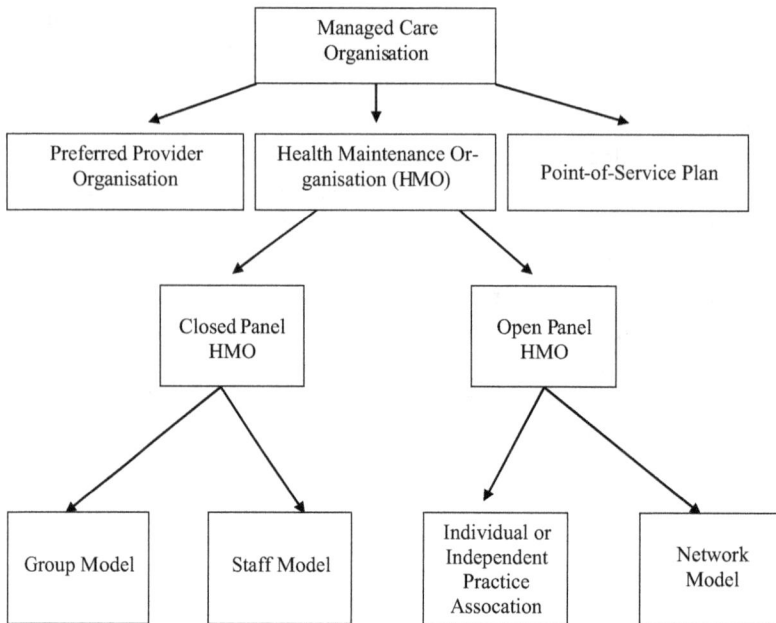

Abb. 232: Varianten des Managed Care.[65]

sein. In einer Closed Panel HMO bestehen feste Verträge zwischen der Versicherung und den Leistungserbringern. Im Group Model sind die Leistungserbringer zwar rechtlich selbständig, sie dürfen jedoch nur Patienten der HMO behandeln. Der Vorteil für den Anbieter besteht darin, dass er einerseits rechtlich selbständig ist, andererseits oftmals die komplette Infrastruktur (z. B. Arztpraxis) von der HMO gestellt bekommt und feste Kunden hat. Beim Staff Model verlieren die Leistungsanbieter ihre rechtliche Selbständigkeit, sie sind Angestellte der HMO.

Die Open Panel HMO unterscheidet sich von der Closed Panel HMO dadurch, dass die Leistungserbringer auch Patienten behandeln dürfen, die nicht in der HMO versichert sind. Die Versicherten hingegen haben kein Wahlrecht. Im Gegensatz zur Preferred Provider Organisation führt die Mitgliedschaft in einer Closed Panel HMO zu einem Verlust jeglichen Erstattungsanspruches, falls ohne Überweisung des Gatekeepers ein anderer Leistungserbringer aufgesucht wurde. Bei der Individual bzw. Independent Practice Association schließt die Versicherung einen Vertrag mit einzelnen Anbietern, bei dem Network Model wird ein Vertrag mit einer Gruppenpraxis oder anderen integrierten Organisationen (z. B. Netzwerk aus Hausarzt, Facharzt, Krankenhaus, Physiotherapeuten) geschlossen.

---

65 Quelle: Amelung 2012, S. 69, 75, 76, 78, 82.

Managed Care stellt einen Eingriff in die Wahlfreiheit des Patienten dar. Derzeit ist in Deutschland nur vorstellbar, dass Versicherte, die ein Managed Care Produkt wählen, einen Bonus erhalten, während alle anderen Patienten die freie Leistungs-anbieterwahl behalten. In Zukunft ist aber denkbar, dass sich Patienten bei einer HMO versichern, die ein Medizinisches Versorgungszentrum und ein Krankenhaus betreibt. Der Patient hätte dann keine Wahl mehr. In diesem Fall wäre durchaus zu überlegen, ob die Initiative hierzu nicht vom Krankenhaus ausgehen sollte. Es könnte ein Versorgungsnetzwerk bilden, an das sich eine Krankenversicherung an-schließt. Derzeit dürfte dieses Szenario politisch noch nicht durchsetzbar sein. Ins-besondere in Ostdeutschland dürfte diese Variante auch unliebe Erinnerungen an die sozialistische Versorgung ohne Wahlfreiheit wecken.

Vertikale Zusammenarbeit mit anderen Leistungsanbietern
Der Zusammenschluss eines Krankenhauses mit einer Krankenkasse ist derzeit noch eine seltene, auf wenige Einzelfälle und Funktionen beschränkte Innovation. Die intensive Zusammenarbeit und der Zusammenschluss mit anderen Leistungsan-bietern hingegen ist auch über Sektorgrenzen hinweg bereits Realität. Die wich-tigste Grenze besteht zwischen ambulanter und stationärer Versorgung, aber auch zwischen Akutmedizin, Pflege und Rehabilitation bestehen Barrieren, die mit Hilfe dieser Innovationen überwunden werden sollen.

Die Erwartungen an eine vertikale Kooperation oder Integration sind primär die Reduktion der Kosten und die Erhöhung der Qualität der Leistung. Da durch die Sektorierung des Gesundheitswesens die Behandlungspfade künstlich unterbrochen werden, treten längere Behandlungs- und Wartezeiten, Mehrfachuntersuchungen, Überversorgung und Informationsdefizite auf. Gleichzeitig verhindert die Sektorie-rung, dass Patienten auf der jeweils kostengünstigsten Versorgungsstufe behandelt werden. Durch eine interdisziplinäre, sektorübergreifende Zusammenarbeit kann der frakturierte Behandlungspfad wieder integriert werden, sodass die beschriebenen Nachteile aufgelöst werden.

Im Folgenden werden die Innovationen der Zusammenarbeit im Gesundheitswesen in ihrer zeitlichen Abfolge kurz dargestellt. Anschließend werden einige dieser Innova-tionen, die für das Krankenhaus von besonderer Bedeutung sind, vertieft diskutiert.

Innovationen der Zusammenarbeit in ihrer zeitlichen Entwicklung
Die Überwindung der sektoralen Trennung wurde seit dem Gesundheitsreformgesetz (GRG 1989)[66] verfolgt. Es erstrebte eine kontinuierliche ambulante und stationäre Versorgung durch eine enge Kooperation der Vertragsärzte mit den Krankenhäusern (§ 115, § 121 SGB V). Hierzu sollten dreiseitige Verträge zwischen den Landesverbän-

---

66 BGBl 1999, S. 2626, inkraftgetreten am 01.01.2000.

den der Krankenkassen, der Landeskrankenhausgesellschaft und der Kassenärztlichen Vereinigung geschlossen werden. Für Krankenhäuser sind die Stärkung des Belegarztwesens, die Einführung von Praxiskliniken und die Organisation des Notdienstes auf Grundlage dreiseitiger Verträge relevant.

1997 folgten im zweiten GKV-Neuordnungsgesetz (2. GKV-NOG)[67] die Modellvorhaben (§ 63, § 64 SGB V) und Strukturmodelle (§ 73a SGB V). Die Krankenkassen und ihre Verbände können Modellvorhaben mit individuellen Leistungsanbietern, Gruppen von Leistungsanbietern oder den Kassenärztlichen Vereinigungen durchführen oder vereinbaren, wobei sich der Modellcharakter entweder auf Strukturen (Strukturmodelle) oder Leistungen (Leistungsmodelle) beziehen kann. Der Begriff Modell deutet an, dass es sich um keine Routinestruktur oder Regelleistung handeln darf, sondern um Innovationen der Verfahrens-, Organisations-, Finanzierungs- und Vergütungsformen der Leistungserbringung bzw. um Leistungen, die bislang nicht als Regelleistung gelten. Modellvorhaben müssen wissenschaftlich begleitet werden und sind in der Regel auf maximal 8 Jahre begrenzt. Beispiele für durchgeführte Modellvorhaben sind eine Vereinbarung über die ärztliche Versorgung mit Akupunktur, eine Vereinbarung zum institutionenübergreifenden Diabetes-Gesundheitsmanagement, sowie eine Vereinbarung über die strukturelle und finanzielle Förderung ambulanter Operationen im Bereich der Kinderchirurgie.

Die Strukturverträge nach § 73a SGB V betreffen ausschließlich die horizontale Integration der Vertragsärzte. Die Kassenärztlichen Vereinigungen schließen hierzu mit den Landesverbänden der Krankenkassen Verträge über innovative Versorgungs- und Vergütungsstrukturen ab, wobei für diesen Fall eigene Budgets vereinbart werden können, die intern abweichend vom EBM aufgeteilt werden können.

Das Gesetz zur Reform der gesetzlichen Krankenversicherung ab dem Jahr 2000 (GKV-Gesundheitsreform 2000)[68] legte mit den Paragrafen 140a–h SGB V die Grundlage für eine integrierte Versorgung (IV), die im GKV-Modernisierungsgesetz (GMG 2004)[69] gestrafft und zu einem erfolgreichen Instrument ausgebaut wurde. Ziel der integrierten Versorgung ist die Fokussierung auf den Patienten, d. h. die kontinuierliche Versorgung des Patienten während des gesamten Behandlungsverlaufes quer durch alle Sektoren, wobei eine gemeinsame Vergütung des gesamten Behandlungspfades möglich ist. Krankenkassen schließen hierzu Verträge mit Vertragsärzten, Krankenhäusern oder anderen Leistungsanbietern, wobei die Kassenärztlichen Vereinigungen im GMG 2004 explizit ausgeschlossen wurden. Die Vergütung erfolgt abweichend von den bisherigen sektoralen Entgelten.

Das Gesetz zur Reform des Risikostrukturausgleichs (RSA-RG)[70] hat im Jahr 2002 § 116b sowie die §§ 137 f–g in das SGB V eingefügt, die die strukturierten Be-

---

67 BGBl 1997, S. 1520, inkraftgetreten am 01.07.1997.
68 BGBl 1999, S. 2626, inkraftgetreten am 01.01.2000.
69 BGBl 2003, S. 2190, inkraftgetreten am 01.01.2004.
70 BGBl 2001, S. 3465, inkraftgetreten am 01.01.2002.

handlungsprogramme bei chronischen Erkrankungen (Disease Management Programme) regeln. Sie dienen der koordinierten Behandlung über Sektorengrenzen hinweg und beinhalten auch die Möglichkeit der ambulanten Versorgung im Krankenhaus. Die entsprechenden Verträge werden zwischen Krankenkassen und den Leistungserbringern geschlossen.

Das GKV-Modernisierungsgesetz (GMG 2004) brachte grundlegende Änderungen, deren Bedeutung von einigen Krankenhausmanagern mit der DRG-Einführung gleichgesetzt wird. Erstens wurden die Möglichkeiten der integrierten Versorgung (§§ 140a–d SGB V) verbessert. Die zweite Änderung des GMG ist die Stärkung der ambulanten Behandlung im Krankenhaus (§ 116b SGB V). Die Krankenkassen bzw. ihre Landesverbände schließen hierzu mit Krankenhäusern individuelle Verträge über die ambulante Erbringung hoch spezialisierter Leistungen (z. B. Brachytherapie) sowie zur Behandlung seltener Erkrankungen und Erkrankungen mit besonderen Krankheitsverläufen (z. B. Tropenkrankheiten). Damit erweitert sich die Angebotsmöglichkeit ambulanter Leistungen des Krankenhauses erheblich.

Drittens führte das GMG Medizinische Versorgungszentren (MVZ, § 95 SGB V) als gleichwertige Partner der vertragsärztlichen Versorgung ein. Medizinische Versorgungszentren sind fachübergreifende ärztlich geleitete Einrichtungen, in denen Ärzte als Angestellte oder Vertragsärzte tätig sind. Da Krankenhäuser unter bestimmten Umständen MVZ gründen können, haben sie auf diesem Weg einen Zugang zur ambulanten Versorgung, der vorher nur bedingt und in Ausnahmefällen (siehe unten) möglich war.

Das GKV-Wettbewerbsstärkungsgesetz (GKV-WSG 2007)[71] verbessert die ambulante Behandlung im Krankenhaus durch einen einfacheren Zugang. Krankenhäuser können im Rahmen der integrierten Versorgung hoch spezialisierte Leistungen ambulant erbringen, auch wenn kein Vertragsarzt an der ambulanten Versorgung teilnimmt. Damit haben Krankenhäuser auch einen Zugang zur Anschubfinanzierung. Darüber hinaus können Krankenhäuser eine erweiterte ambulante Leistungserbringung beantragen. Die Umsetzbarkeit und Tragweite dieser Bestimmungen ist derzeit noch nicht absehbar.

Obwohl Krankenhäuser die Preise für Medikamente und Medizinprodukte überwiegend direkt mit den Herstellern aushandeln können, hatte auch das Gesetz zur Neuordnung des Arzneimittelmarktes in der gesetzlichen Krankenversicherung (Arzneimittelmarktneuordnungsgesetz – AMNOG 2011)[72] eine Auswirkung auf diesen Betriebstyp. In § 140a-b wurde geregelt, dass die Hersteller von Medizinprodukten sowie die pharmazeutischen Unternehmen potenzielle Vertragspartner bei IV–Verträgen werden können. Damit ist es für Krankenhäuser und diese Unternehmen möglich, innovative Versorgung mit Medikamenten und Medizinprodukten sektorübergreifend zu regeln.

---

71 BGBL 2007, S. 378, inkraftgetreten am 01.04.2007.
72 BGBl 2010, S. 2262, inkraftgetreten am 01.01.2011.

Umfassendere Änderungen für die sektorenübergreifende Arbeit des Krankenhauses implizierte das Gesetz zur Verbesserung der Versorgungsstrukturen in der gesetzlichen Krankenversicherung (GKV-Versorgungsstrukturgesetz – GKV-VStG 2012).[73] Erstens wurde festgelegt, dass prä- und poststationäre Versorgung von den Krankenhäusern durch Vertragsärzte erbracht werden können. Weiterhin können im Rahmen der ambulanten Operation Krankenhäuser und Vertragsärzte stärker zusammenarbeiten. Zweitens sieht das Gesetz eine schrittweise Einführung eines sektorenverbindenden Versorgungsbereiches zwischen ambulanter und stationärer Versorgung vor (Ambulante spezialfachärztliche Versorgung (§ 116b SGB V), insbesondere im Bereich der Diagnostik und Behandlung komplexer, schwer therapierbarer Krankheiten, wenn hierfür eine spezielle Qualifikation, eine interdisziplinäre Zusammenarbeit und besondere Ausstattungen erforderlich sind.

Drittens fordert das GKV-VStG ein explizites Entlassungsmanagement nach einem Krankenhausaufenthalt, d. h., Krankenhäuser werden verpflichtet, für einen zeitnahen Behandlungstermin beim Facharzt nach einer stationären Behandlung zu sorgen. Dies ist de facto nur noch durch eine vorausschauende Kooperation mit den Fachärzten möglich. Falls ein Patient unzureichend abgesichert in die Häuslichkeit entlassen wird, haftet das Krankenhaus.

Schließlich sieht das Gesetz einige Änderungen bei den Medizinischen Versorgungszentren vor, wobei diese für Krankenhäuser (z. B. Ausschluss einiger potentieller Gründer) relativ wenig relevant sind. Auch die Einschränkung der Rechtsform (Personengesellschaft, GmbH oder eG) dürfte kaum relevant sein, da MVZ unter Beteiligung von Krankenhäusern überwiegend in der Rechtsform der GmbH gegründet werden und ansonsten ein Bestandsschutz besteht.

Auch das „Gesetz zur Stärkung der Versorgung in der gesetzlichen Krankenversicherung" (GKV-Versorgungsstärkungsgesetz, GKV-VSG)[74] hatte relevante Auswirkungen auf die Möglichkeiten der sektorübergreifenden Zusammenarbeit im Gesundheitswesen. Das Gesetz sah eine bessere Vergütung der Hochschulambulanzen vor – ein stetiger Streitpunkt zwischen Kassen und Universitäten. Weiterhin stärkt das Gesetz die Bedeutung des Krankenhaus-Entlassmanagements, was ebenfalls eine integrative Wirkung zwischen Krankenhaus und ambulantem Sektor impliziert. Vor allem aber führte das GKV-VSG die vorher getrennten Instrumente integrierte Versorgung, Strukturverträge und besondere ambulante ärztliche Versorgung in der sogenannten „besonderen Versorgung" zusammen. Hierfür wurde der § 140a SGB V (vormals integrierte Versorgung) neu gefasst, die Paragraphen 140b-d sowie § 73a (Strukturverträge) und § 73c (besondere ambulante ärztliche Versorgung) entfielen. Altverträge genießen bis zum 31.12.2024 Bestandsschutz.

---

[73] BGBl 2011, S. 2983, inkraftgetreten am 01.01.2012.
[74] BGBl I 2015, S. 1211, inkraftgetreten am 17.07.2015.

Das „Gesetz zur Reform der Strukturen der Krankenhausversorgung" (Krankenhausstrukturgesetz, KHSG)[75] sieht eine bessere Finanzierung der Notfallversorgung durch Krankenhäuser vor. Langfristig wird eine Neuordnung der Notfallversorgung unabdingbar sein. Derzeit basiert die Notfallversorgung auf drei überwiegend getrennten Säulen. Der ärztliche Bereitschaftsdienst wird von der Kassenärztlichen Vereinigung (KV) organisiert und durch Vertragsärzte durchgeführt. Seine Aufgabe ist die Versorgung von Kranken zu Zeiten, in denen kein Hausarzt verfügbar ist (d. h. insbesondere in der Nacht und am Wochenende). Die zweite Säule ist der Rettungsdienst, der in der Regel von den Kommunen verantwortet und häufig von freien Trägern (z. B. DRK) durchgeführt wird. Seine primäre Aufgabe ist die Notfallversorgung von Schwerverletzten am Unfall- oder Erkrankungsort sowie der Transport zum Krankenhaus. In den Krankenhäusern stehen Notaufnahmen zur Verfügung, in denen vordringlich schwerkranke Patienten behandelt werden und insbesondere über die Aufnahme ins Krankenhaus entschieden wird.

In der Praxis funktioniert die Trennung nicht. Viele Patienten rufen den Rettungsdienst oder gehen selbst in die Notaufnahme der Krankenhäuser, obwohl eigentlich eine Versorgung durch den kassenärztlichen Notdienst geeignet wäre. Die Krankenhäuser erhalten jedoch für diese Patienten keine (ausreichende) Finanzierung. Deshalb schaffen Krankenhäuser interdisziplinäre Notaufnahmen mit Allgemeinmedizinern bzw. Vertragsärzten, sodass einfachere Fälle in der Notaufnahme nicht vom Krankenhaus, sondern von einem Vertragsarzt behandelt werden (Bereitschaftsdienstpraxis). Zum anderen müssen ärztlicher Bereitschaftsdienst und Rettungsdienst besser koordiniert werden, damit wirklich nur die schweren Fälle vom Rettungsdienst ins Krankenhaus gebracht werden.[76]

Neben der besseren Finanzierung pro Fall sieht das Gesetz auch die Möglichkeit von Sicherstellungszuschlägen, z. B. für die Notfallversorgung im Krankenhaus vor. Schließlich fördert das Gesetz mit dem Strukturfonds eine Umstrukturierung bis hin zur Umwandlung von Krankenhäusern in nicht-akutstationäre lokale Versorgungseinrichtungen, beispielsweise durch Schließung der eigenen Fachabteilung bei gleichzeitiger Ansiedelung von Facharztpraxen und Belegbetten im Haus.

Tab. 198 fasst die wichtigsten Entwicklungen zusammen. Obwohl die Zahl der Instrumente seit 1989 erheblich angewachsen ist, blieb der Erfolg bis zur Einführung eines finanziellen Anreizes im Jahr 2004 relativ bescheiden. Seither haben jedoch fast alle Krankenhäuser sektorenübergreifende Aktivitäten entwickelt, d. h., praktisch jedes Krankenhaus ist in mindestens einer Form der intersektoralen Leistungserbringung tätig, wobei „Klassiker" (Ermächtigung, Belegärzte bzw. Hochschulambulanz) sowie das ambulante Operieren am häufigsten anzutreffen sind. Andere Neuerungen der Gesetzesinitiativen (z. B. ambulante spezialärztliche Ver-

---

75 BGBl I 2015, S. 2229, inkraftgetreten am 01.01.2016.
76 Vgl. Amelung 2012.

Tab. 198: Gesetzliche Regelungen zur intersektoralen Zusammenarbeit.[77]

Zeit	Gesetzliche Grundlage	SGB V, §§	Inhalt	Ziel	Beteiligte	Bedeutung für Krankenhäuser
1989	GRG	115, 121	Dreiseitige Verträge	Überwindung der sektoralen Trennung, insb. Belegarztwesen	Landesverband der Krankenkassen, Landeskrankenhausgesellschaft, Kassenärztliche Vereinigung	gering
1997	2. GKV-NOG	63–64	Modellvorhaben	Modellhafte Erprobung neuer Strukturen oder Leistungen	Individuelle Krankenkassen oder ihre Verbände, individuelle Leistungserbringer, Gruppen von Leistungserbringern oder Kassenärztliche Vereinigung	gering, zeitlich begrenzte Vorhaben, z. B. Akupunktur
1997	2. GKV-NOG	73a	Strukturverträge	Versorgung von Patienten durch einen Verbund von Ärzten	Landesverbände der Krankenkassen Kassenärztliche Vereinigungen	ausgeschlossen
2000	GKV-Gesundheitsreform 2000	140a-h	Integrierte Versorgung	Sektorübergreifende Versorgung	Krankenkassen, Leistungserbringer	Krankenhaus als Integrationspartner, z. B. integrierte Schlaganfallbehandlung mit Reha-Klinik

77 Vgl. Amelung 2012.

Jahr	Gesetz	§	Name	Beschreibung	Partner	Wirkung
2002	RSA-RG	116b, 137f-g	Disease Management Programme	Koordinierte Behandlung Chronisch-Kranker über Sektorengrenzen hinweg	Krankenkassen, Leistungserbringer	Ambulante Behandlung Chronisch-Kranker im Krankenhaus, z. B. Brustkrebs
2004	GMG	116b	Ambulante Behandlung im Krankenhaus	Nutzung der Spezialkenntnisse und -geräte im Krankenhaus für seltene oder besonders schwierige Krankheiten	Krankenkassen oder ihre Verbände, Krankenhaus	Ausbau der ambulanten Behandlung, z. B. HIV-Ambulanz
2004	GMG	95	Medizinisches Versorgungszentrum	Fachübergreifende, ambulante Versorgung	Zulassung beim zuständigen Zulassungsausschuss	Krankenhäuser können MVZ gründen
2007	GKV-WSG	116b	Ambulante Behandlung im Krankenhaus	Vereinfachter Zugang zur ambulanten Behandlung im Krankenhaus	Krankenkassen oder ihre Verbände, Krankenhaus	Ausbau der ambulanten Behandlung, insb. im Rahmen der IV
2011	AMNOG	140a + b	Pharma- und Medizinproduktehersteller als Partner der IV	Innovation im Medizin- und Pharmamarkt	Hersteller von Medizinprodukten, Pharmazeutische Unternehmen, Sonstige IV-Partner	Bei innovativen Therapieformen direkte Beteiligung der Hersteller möglich
2011	GKV-VStG	116b	Ambulante spezialfachärztliche Versorgung	Schrittweise Einführung eines sektorenverbindenden Versorgungsbereiches zwischen ambulanter und stationärer Versorgung	niedergelassene und am Krankenhaus angesiedelte Fachärzte	Ausbau der ambulanten Behandlung

(fortgesetzt)

Tab. 198 (fortgesetzt)

Zeit	Gesetzliche Grundlage	SGB V, §§	Inhalt	Ziel	Beteiligte	Bedeutung für Krankenhäuser
2012	GKV-VStG	95	Entlassungsmanagement	Zeitnahes Behandlungstermin beim Facharzt nach einer stationären Behandlung	Krankenhäuser, Fachärzte	Verantwortung beim Krankenhaus
2015	GKV-VSG	117, 95, 140a	Hochschulambulanzen Entlassungsmanagement Besondere Versorgung	Angemessene Vergütung Nachbehandlung inkl. Entlassplan und Medikamentenversorgung verbessern; Zusammenführung von integrierter Versorgung, Strukturverträgen und besonderer ambulanter ärztlicher Versorgung	Krankenhäuser Ambulanter Sektor	Verantwortung beim Krankenhaus
2016	KHSG		Finanzierung der Notfallversorgung im Krankenhaus	Koordinierte und ausreichende Notfallversorgung Bereitschaftsdienstpraxen, Übernahme von Aufgaben der Koordination	Krankenhäuser, Rettungsdienst, KV	

sorgung, MVZ, teilstationäre Leistungen) werden hingegen weit weniger häufig aufgegriffen. Modellvorhaben spielen praktisch keine Rolle. Im Folgenden werden die wichtigsten Innovationen vertieft, soweit sie für das Krankenhaus relevant sind.

Disease Management

Bei vielen Krankheiten besteht der Behandlungsprozess aus zahlreichen Teilprozessen, die von unterschiedlichen Leistungsträgern verantwortet werden. Prävention, Diagnostik, Therapie, Rehabilitation und Pflege bilden ein System, das auf Vertragsärzte, Krankenhäuser, Rehabilitationseinrichtungen etc. aufgeteilt ist. Insbesondere bei chronisch Kranken sind die Prozessketten lang und dicht, wobei zahlreiche materielle und informationelle Relationen zwischen den Elementen bestehen. Die Systemkomplexität bei diesen Krankheiten kann dazu führen, dass die Elemente unabhängig voneinander agieren, wichtige medizinische Wechselwirkungen nicht beachtet werden und der Behandlungserfolg als Endpunkt der Systemkette suboptimal erreicht wird. Gerade chronische Erkrankungen benötigen deshalb ein strukturiertes und professionelles Management. Es sollte eine intensive Patientenschulung, Datenmanagement, Reminding für Untersuchungen und eine Lotsenfunktion umfassen.

Mit Disease Management bezeichnet man ein derartiges integriertes Versorgungsmanagement über den gesamten Verlauf einer Erkrankung.[78] Prinzipiell wäre ein Disease Management für alle Krankheiten denkbar, es lohnt sich jedoch meist nur für chronische, leistungsintensive Erkrankungen, bei denen eine hohe Komplexität der Behandlung gegeben ist. Der Disease Manager sollte den kompletten Behandlungsprozess managen. Hierzu eignet sich insbesondere der Hausarzt. Disease Management umfasst jedoch regelmäßig eine Vernetzung der ambulanten und stationären Versorgung, d. h., auch Krankenhäuser sind ins Disease Management involviert.

Die hohe Komplexität der Behandlung impliziert, dass Disease Management ein strukturiertes und standardisiertes Vorgehen erfordert. Die Behandlungs- und Betreuungsprozesse müssen evidenzbasiert und auf der Grundlage der neuesten wissenschaftlichen Erkenntnisse und Leitlinien stehen. Dies erfordert auch die Schulung aller Beteiligten.

Disease Management Programme (DMP) stammen ursprünglich aus den USA und wurden im Jahr 2002 in das Sozialgesetzbuch (§§ 137 f–g SGB V) eingeführt. Sie werden dort als strukturierte Behandlungsprogramme bei chronischen Krankheiten bezeichnet, wobei sich der volkstümliche Ausdruck Chronikerprogramme etabliert hat. Obwohl das SGB V nur für die GKV relevant ist und darüber hinaus auch „freie DMPs" mit dem Ziel einer Verbesserung des Behandlungsablaufs und der Qualität der medizinischen Versorgung Kranker gestaltet werden könnten, werden DMP und

---

78 Quelle: Eigene Darstellung.

strukturierte Behandlungsprogramme nach § 137 f SGB V in Deutschland normalerweise gleichgesetzt.

In Deutschland sind zum Zeitpunkt der Drucklegung dieses Buches DMPs für Asthma bronchiale, Brustkrebs, Chronische Herzinsuffizienz, Chronischer Rückenschmerz, COPD, Depressionen, Diabetes mellitus Typ 1 und Typ 2, Koronare Herzkrankheit, Osteoporose und Rheumatoide Arthritis etabliert und die entsprechenden Anforderungen wurden vom G-BA definiert. Diese Krankheiten wurden ausgewählt, da eine hohe Zahl von Versicherten betroffen ist, der finanzielle Aufwand für ihre Behandlung hoch ist, evidenzbasierte Leitlinien existieren und die Versorgungsqualität u. a. durch sektorenübergreifende Zusammenarbeit erhöht werden kann. Das Verfahren zur Zulassung eines DMP ist im Gesetz geregelt. Unter anderem ist eine Evaluierung der Wirtschaftlichkeit des DMP vorgeschrieben.

Die Teilnahme an einem DMP ist freiwillig. Die Krankenkassen können lediglich versuchen, mit Hilfe eines Bonus ihre Mitglieder zur Teilnahme zu bewegen. Die erste Zulassung eines DMP erfolgte im Februar 2003 (Brustkrebs). Seither bieten immer mehr Krankenkassen entsprechende Programme an, wobei sie regelmäßig überarbeitet werden müssen. Eine flächendeckende Versorgung ist noch nicht erreicht. Die Leistungen der Krankenkassen unterscheiden sich durchaus, und nicht jede Kasse bietet alle DMPs an.

Vom Disease Management abzugrenzen ist das Fallmanagement (Case Management). Hier handelt es sich nicht um die generelle Steuerung eines standardisierten Behandlungsprozesses, sondern um eine Verfahrensweise, mit der dem Einzelfall eine bestmögliche Versorgung zukommt. Primär konzentriert sich das Case Management auf die Synchronisation der Akutversorgung im Krankenhaus mit den weiteren Gliedern der Versorgungskette, z. B. der Pflege und der Rehabilitation. Case Management zielt folglich auf die Förderung spezieller Einzelfälle durch einen Case Manager, während Disease Management einen leitliniengestützten Standard für alle Patienten einer bestimmten Krankheit beschreibt, von dem nur im begründeten Ausnahmefall abgewichen wird. Case Management ist folglich auch kein Ansatzpunkt der strategischen Autonomiepolitik, sondern ein Problem des operativen Work Flow.

Integrierte und Besondere Versorgung

Der Begriff der integrierten Versorgung (IV) kann unterschiedlich definiert werden. Eine integrierte Versorgung im weiteren Sinne liegt vor, wenn Leistungserbringer kooperieren, wobei das Maß der Kooperation unterschiedlich sein kann. Einige Autoren sehen die sektorenübergreifende Versorgung als konstitutiv für die Existenz einer IV i. w. S. Demnach könnte ein Krankenhaus eine Einrichtung des ambulanten Sektors (z. B. eine Arztpraxis, ein Praxisnetz[79] oder ein Medizinisches Versorgungs-

---

79 Vgl. Lindenthal, Sohn und Schöffski 2004.

zentrum) oder des Rehabilitationsbereiches als Integrationspartner wählen. Eine horizontale Kooperation wäre hingegen ausgeschlossen. Andere Autoren fordern zusätzlich eine hohe Interdisziplinarität der Leistungserstellung. Sowohl die Intersektoralität als auch die Interdisziplinarität implizieren eine intensive Kommunikation als weiteres, teilweise genanntes Charakteristikum der IV.

Umstritten ist, ob die integrierte Versorgung einer eigenen Steuerung und einer Änderung der Organisation des Behandlungsablaufes bedarf. Einige Autoren sehen die Steuerung der Patienten- und Informationsflüsse nach Managementprinzipien als konstitutiv, während andere dies als Konsequenz einer IV, jedoch nicht als ihre Voraussetzung auffassen. Häufig wird gefordert, dass die bisherigen Behandlungspfade verändert werden, d. h. eine Organisationsänderung erfolgt. Andere sehen jedoch auch eine reine Finanzierungsänderung als ausreichend für eine IV.

Als integrierte Versorgung im engeren Sinne werden Systeme definiert, die den Anforderungen des Sozialgesetzbuches an eine IV entsprechen, wobei man meist die Anforderungen der §§ 140a-d SGB V in der Fassung vor Inkrafttreten des GKV-VSG 2015 heranzieht. Eine integrierte Versorgung i. e. S. lag demnach vor, wenn entweder eine sektorenübergreifende oder eine ausschließlich interdisziplinäre Versorgung erfolgte, d. h., keines der oben genannten Kriterien war für sich alleine konstitutiv für eine IV i. e. S. Die integrierte Versorgung wurde in § 140a SGB V als eine „verschiedene Leistungssektoren übergreifende Versorgung der Versicherten oder eine interdisziplinär-fachübergreifende Versorgung" definiert, wobei der letzte Teilsatz erst durch das GKV-Modernisierungsgesetz (2004) hinzugefügt wurde. Er war von großer Bedeutung, da es nicht mehr notwendig war, dass Leistungserbringer unterschiedlicher Sektoren Vertragspartner eines IV–Vertrages waren. Eine enge Verzahnung von Fachabteilungen eines Krankenhauses konnte theoretisch ebenfalls als IV im Sinne des SGB V verstanden werden. Weiterhin sah das Gesetz weder eine spezielle Steuerung noch eine Organisationsänderung als konstitutiv.

Die Krankenkassen konnten die IV–Verträge mit Ärzten, Medizinischen Versorgungszentren, Ärztenetzen, Krankenhäusern, Vorsorge- und Rehabilitationseinrichtungen, Trägern von ambulanten Rehabilitationseinrichtungen oder ähnlichen Einrichtungen sowie mit Managementgesellschaften abschließen. Mit der Einführung des GKV-WSG wurde auch die Pflege (bzw. die Pflegeversicherung) in die integrierte Versorgung einbezogen, während die Kassenärztlichen Vereinigungen explizit ausgeschlossen waren. Sie spielten für die integrierte Versorgung praktisch keine Rolle. Es wurde argumentiert, dass die KVen ihre Berechtigung durch die ungleiche Machtverteilung zwischen dem einzelnen Vertragsarzt und den Krankenkassen hätten. Bei einer IV würden hingegen die Leistungsanbieter gemeinsam als Partner auftreten und über einen Zusatzvertrag verhandeln. Deshalb bestünde auch kein Grund, hier eine zusätzliche Vereinigung einzuschalten.

Mit der Neufassung des § 140a SGB V im GKV-VSG im Jahr 2015 wurde die „besondere Versorgung" (BV) als Überbegriff geschaffen, wobei die IV der BV explizit zugerechnet wird: „Die Verträge ermöglichen eine verschiedene Leistungssektoren übergreifende oder eine interdisziplinär fachübergreifende Versorgung (integrierte Versorgung) sowie besondere Versorgungsaufträge unter Beteiligung der Leistungserbringer oder deren Gemeinschaften" (§ 140a Abs. 1 SGB V), d. h., der Begriff integrierte Versorgung wird nach wie vor verwendet, jedoch mit den Instrumenten zur besonderen Versorgung verbunden. Der Begriff integrierte Versorgung (i. e. S.) kann folglich durchaus dem Inhalt nach noch verwendet werden, auch wenn die entsprechenden Verträge spätestens ab dem 1. Januar 2025 an die neue Terminologie angepasst werden müssen. In der Praxis hält sich der Begriff IV beharrlich, d. h. IV ist immer noch gebräuchlicher als BV.

Die Neufassung des § 140a SGB V führte nicht nur zu formalen Änderungen (insbesondere Wegfall der §§ 73a, 73 b, 140b-d) im Gesetz, sondern auch zu inhaltlichen. Unter anderem sieht Absatz 3 eine veränderte Liste von Partnern vor, mit denen die Krankenkassen entsprechende Verträge über eine BV abschließen können:
- Leistungserbringer oder deren Gemeinschaften (z. B. Krankenhäuser, Verbünde von Krankenhäusern, Vertragsärzte, Ärztenetze)
- Pflegekassen und zugelassene Pflegeeinrichtungen
- Private Kranken- und Pflegeversicherungen
- Praxiskliniken
- Pharmazeutische Unternehmern
- Hersteller von Medizinprodukten
- Kassenärztliche Vereinigungen
- Berufs- und Interessenverbände der Leistungserbringer
- Anbieter von digitalen Diensten und Anwendungen

Die Kassenärztlichen Vereinigungen sind folglich als Vertragspartner zugelassen, ebenso pharmazeutische Unternehmen und Hersteller von Medizinprodukten, die vorher keinen Zugang zur IV hatten. Ansonsten unterscheiden sich die Ziele der BV kaum von den Zielen der IV. Durch eine bessere Vernetzung zwischen den Versorgungssektoren, eine einfachere fachübergreifende Zusammenarbeit zwischen verschiedenen Fachrichtungen und eine bessere Organisation der Versorgung sollen Qualität, Wirksamkeit und Wirtschaftlichkeit der Versorgung gesteigert werden. Auch die Prozesse sind sehr ähnlich, denn nach wie vor sind der Abschluss entsprechender Selektivverträge und auch die Teilnahme durch die Versicherten freiwillig.

Betrachtet man die Erfahrungen der IV (i. e. S.), so ergibt sich ein gemischtes Bild:
- Qualität: In den IV–Verträgen verpflichteten sich die Vertragspartner zu einer qualitätsgesicherten, wirksamen, ausreichenden, zweckmäßigen und wirtschaftlichen Versorgung der Versicherten. Sie kann indikationsübergreifend (z. B. für eine ganze Region) oder indikationsbezogen (z. B. Schlaganfall) sein. Die Ergebnisqualität einer Behandlung unter IV ist regelmäßig höher als bei der Standardbehandlung.

- Gebührenvorteile: Die meisten Kassen gewähren Vorteile, wenn ein Mitglied an der IV teilnimmt, z. B. durch den Verzicht auf die Praxisgebühr. Die Mitglieder haben damit sowohl einen monetären als auch einen qualitativen Vorteil durch die IV. Beispielsweise wurden IV–Verträge für Hüftendoprothesen abgeschlossen. Das beteiligte Krankenhaus garantiert eine deutlich geringere Wartezeit auf den OP-Termin, was von den meisten Patienten als sehr positiv bewertet wird. Der Nachteil ist unter Umständen eine gewisse Ungleichbehandlung von Patienten abhängig von ihrer Kassenwahl.
- Mehrerlösausgleich: Der Vorteil für die Leistungsanbieter besteht darin, dass bei der IV eine Vergütung außerhalb der bestehenden Budgets vereinbart werden kann. Beispielsweise können somit Krankenhausleistungen, die vorher einem Mehrmengenausgleich unterlagen, herausgelöst und separat finanziert werden. Wie in Kapitel 3.3.4 diskutiert, darf ein Krankenhaus bei einer Überschreitung des vereinbarten Case Mix nur 35 % des Entgeltes behalten. Durch eine Verlagerung der Leistungen aus dem Fallpauschalen-Budget in die IV kann das Krankenhaus hingegen das volle Entgelt verbuchen. Allerdings besteht die Gefahr, dass bei den Budgetverhandlungen der Case Mix entsprechend reduziert wird.
- Kosten: Für die Krankenkassen impliziert die IV meist zusätzliche Ausgaben, sodass eine über das Niveau des Kollektivvertrages hinausgehende Entgeltung vereinbart werden kann und die Entgelte extrabudgetär sind. Für die Leistungserbringer ist die Entwicklung der entsprechenden Verträge sehr aufwendig und rentiert sich nur für wenige Verträge.

Die Zahl der abgeschlossenen IV–Verträge unterlag starken Schwankungen je nach finanzieller Förderung bzw. Anschubfinanzierung. Für die Jahre 2004–2006 sah § 140d SGB V eine generelle Kürzung der Rechnungen der Krankenhäuser sowie der Budgets der Kassenärztlichen Vereinigungen um 1 % in den Jahren 2004 bis 2006 vor (maximal 680 Mio. € jährlich). Aus diesem Volumen konnten IV–Verträge finanziert werden. Falls die Gelder nicht vollständig ausgeschöpft wurden, waren sie anteilig an die Krankenhäuser und KVs zurückzuerstatten. Dies implizierte, dass Krankenhäuser, die keine IV–Verträge abschließen, mit einer Erlöseinbuße rechnen müssen. Die Anschubfinanzierung wurde mit dem Vertragsarztrechtsänderungsgesetz sowie dem GKV-WSG (2007) verlängert, der gesetzliche Anspruch auf Rückerstattung der unverbrauchten Mittel aus der Anschubfinanzierung zur IV fiel weg.

Erst dieser finanzielle Anreiz verbunden mit der bürokratischen Erleichterung der IV durch das GMG brachte eine erhebliche Ausweitung der Zahl der Verträge. Die gemeinsame Registrierungsstelle zur Unterstützung der Umsetzung des § 140 d SGB V (IV-Registrierungsstelle) gibt an, dass vom Dezember 2004 bis zum März 2007 die Zahl der Vertragsabschlüsse von 342 auf 3498 stieg. Damit hatten 4.066.522 Versicherte Anspruch auf IV, das Volumen der Verträge belief sich auf 611 Mio. €. Bei 57,2 % der IV–Verträge war ein Akutkrankenhaus der direkte bzw. einer der direkten Vertragspartner, wobei Kooperationen zwischen niedergelassenem Arzt und Krankenhaus bzw. zwischen Krankenhaus und Reha-Klinik die häufigsten Formen sind. Im ersten Fall sind Krankenhäuser Teil eines Netzwerkes, für das ein Budget (z. B. für Darmkrebspatienten) ausgehandelt wird. Im letzten Fall sind Krankenhäuser meist nur mit einem oder wenigen nachgelagerten Leistungserbringern verbunden. Die Finanzierung erfolgt in diesem Fall meist auf Basis einer Komplexpauschale.

Mit dem Auslaufen der Anschubfinanzierung fiel der monetäre Anreiz für IV–Verträge (teilweise) weg, was sich grundlegend auch mit der Einführung der BV nicht geändert hat. Mit dem GKV-Versorgungsstärkungsgesetz wurde 2015 allerdings der Innovationsfonds etabliert, der mit 300 Mio. € jährlich „innovative, sektorenübergreifende Versorgungsformen" fördern soll, von denen 25 % für die Versorgungsforschung aufgewendet werden sollen. Schnell hat sich der Innovationsfonds als ein Instrument zur Förderung der integrierten bzw. besonderen Versorgung etabliert, so dass er im Rahmen des „Gesetz[es] für eine bessere Versorgung durch Digitalisierung und Innovation" (Digitale-Versorgung-Gesetz, DVG)[80] bis 2024 verlängert wurde. Zusätzlich dürfen sich seit 2020 Krankenkassen an der Entwicklung digitaler Innovationen und damit auch möglicher IV/BV-Verträge beteiligen.

Generisch könnte man festhalten, dass die Intention der IV bzw. BV zweifelsohne richtig ist. Von einer grundlegenden Änderung der Mentalität kann bislang aber nicht gesprochen werden. IV ist eine Makroinnovation, da sie das Selbstverständnis des Krankenhauses bzw. des Krankenhausmanagers herausfordert. Das Krankenhaus wird durch die IV ein Leistungserbringer unter anderen, verliert seine Primärrolle und soll insbesondere in Netzwerken eine stärker unterstützende Funktion haben. Dies wird zwar seit langem von der Weltgesundheitsorganisation und auch von der deutschen Politik gefordert, jedoch in der Praxis wenig umgesetzt. Deshalb scheint trotz der IV–Verträge die Sektorbrille unverändert den Blick auf das Gesundheitswesen zu färben. Eine Organisationsänderung steht gegenüber einer reinen Finanzalternative häufig im Hintergrund. Da Integration jedoch politisch hoch auf der Agenda steht, ist zu erwarten, dass in Zukunft weitere Schritte erfolgen werden, um diese Kooperation weiter voranzubringen. Dies kann mittelfristig auch zu einer Veränderung der Haltung der Krankenhausmanager führen.

Es sei hier abschließend erwähnt, dass auch die Desintegration bestehender Systeme eine betriebswirtschaftliche Herausforderung darstellt. Die Auflösung eines Vertrages der integrierten Versorgung, die Privatisierung von Universitätskliniken mit der anschließenden Trennung von Krankenbehandlung und Lehre bzw. Forschung sowie die Übernahme von Teilen eines Unternehmens durch ein anderes stellen erhebliche Anforderungen an die Betriebsführung, die hier nicht weiter vertieft werden können, jedoch als Gegenteil der Integration im Rahmen der betrieblichen Autonomiepolitik zu beachten sind.

---

80 BGBl I 2019, S. 2562–2584, inkraftgetreten am 19.12.2019.

Ambulante Versorgung im Krankenhaus

Das Krankenhaus wurde als ein Gesundheitsbetrieb definiert, in dem Patienten mindestens eine Nacht verbringen. Die stationäre Aufnahme war folglich konstitutiv für das Krankenhaus. Wie in Kapitel 1.2.3 beschrieben, wäre es jedoch sinnvoller, das Krankenhaus über seine Funktion als Dienstleistungsbetrieb zu definieren, der in Einheit von Ort, Zeit und Handlung Krankheiten auf hohem fachlichem Niveau erkennt, vorbeugt und heilt. Dazu gehört explizit auch die ambulante Behandlung. Tatsächlich sind die Ambulanzen in vielen Ländern essenzielle Bestandteile des Krankenhauses, deren Fallzahl die Bett-Tage häufig übersteigt. Auch in Deutschland hat sich das Krankenhaus (langsam) zu einem Anbieter ambulanter Gesundheitsdienstleistungen entwickelt, d. h., praktisch alle Krankenhäuser sind heute wenigstens in einem Bereich ambulanter Versorgung engagiert.

Die Gründe hierfür sind vielschichtig. Erstens entspricht die stationäre Versorgung dem Selbstverständnis des Krankenhauses. Ambulante Dienste werden von Krankenhausärzten häufig noch als geringwertiger angesehen, obwohl dies faktisch sicherlich nicht so ist. Zweitens wird argumentiert, die ambulante Versorgung im Krankenhaus sei teurer als in der Arztpraxis. Vollkostenrechnungssysteme, die einen großen Teil der Gemeinkosten auf den ambulanten Krankenhausbereich zuschlüsseln, unterstützen dieses Vorurteil. Moderne Konzepte der ambulanten Versorgung im Krankenhaus können jedoch unter Umständen deutlich effizienter sein als die vertragsärztliche Versorgung, wie das Beispiel Holland zeigt. Drittens führt die Spaltung in jeweils einen Sektortopf für die ambulante und die stationäre Versorgung dazu, dass ambulant tätige Krankenhäuser in Konkurrenz mit den niedergelassenen Ärzten um dieselben Ressourcen kommen. Da sie gleichzeitig die Einweiser sind, können es sich Krankenhäuser nicht erlauben, in Konflikt mit ihnen zu geraten. Schließlich stellte das SGB V eine klare Grenze zwischen ambulanter und stationärer Versorgung auf, die erst in den letzten Jahren schrittweise aufgeweicht, aber noch lange nicht aufgelöst wurde.

Es gibt zahlreiche Varianten der Sektorenüberschreitung. Beispielsweise sind Belegärzte (§ 121 SGB V) im Krankenhaus für stationäre Patienten tätig. Allerdings handelt es sich hier nicht um eine ambulante Tätigkeit des stationären Sektors, sondern um eine stationäre Tätigkeit des niedergelassenen Vertragsarztes. Weiterhin besteht nach § 115a SGB V die Möglichkeit der vor- und nachstationären Behandlung im Krankenhaus, wobei ebenfalls die Übernachtung entfällt. Hier liegt jedoch eine unmittelbar mit der stationären Leistung verknüpfte Behandlung vor, sodass sie nicht vollständig als ambulante Versorgung angesehen werden kann.

Eine ambulante Versorgung ohne direkten Bezug zu einer stationären Behandlung ist im Krankenhaus derzeit in folgenden Fällen möglich:

-   Ambulantes Operieren im Krankenhaus: Das GSG (1993) führte mit dem § 115b SGB V für Krankenhäuser die Möglichkeit ein, ambulante Operationen und stationsersetzende Eingriffe durchzuführen. Das Krankenhaus steht in einer direkten Konkurrenz zu den niedergelassenen Ärzten, die ebenfalls ambulant operieren.

- Ermächtigter Krankenhausarzt: Nach § 116 SGB V ist der ermächtigte Krankenhausarzt neben seiner stationären Tätigkeit zur ambulanten vertragsärztlichen Versorgung ermächtigt. Er erbringt Leistungen an GKV-Patienten und kann einen Honoraranspruch gegenüber der zuständigen Kassenärztlichen Vereinigung geltend machen. Darüber hinaus kann er privatärztliche Leistungen oder individuelle Gesundheitsleistungen (IGeL-Leistungen) für Kassenpatienten erbringen, die nicht Teil des Leistungskatalogs der gesetzlichen Krankenversicherung sind (z. B. Vorsorgeuntersuchungen). Eine Ermächtigung erfolgt insbesondere dann, wenn keine ausreichende Versorgung durch niedergelassene Vertragsärzte gegeben ist.
- Hochschulambulanz: Universitätskliniken müssen zur Aufrechterhaltung von Forschung und Lehre ambulante Leistungen erbringen, da nur eine ausreichende Zahl ambulanter Patienten eine Populationsbasis für Studien und praktischen Unterricht liefert. Dementsprechend sieht § 117 SGB V die Ermächtigung einer Hochschulambulanz zur Erstellung ambulanter Leistungen vor. Äußerlich unterscheiden sich Hochschulambulanzen und ermächtigte Krankenhausärzte kaum. Formal gesehen erfolgt jedoch bei ersteren eine Institutionenermächtigung, bei letzteren eine Personenermächtigung.
- Ambulante Behandlung im Krankenhaus nach § 116a SGB V: Krankenhäuser können eine institutionelle Zulassung zur ambulanten Versorgung in einem Fachgebiet erhalten, wenn eine Unterversorgung in diesem Fachgebiet festgestellt wird. Die Unterversorgung wird vom Landesausschuss der Ärzte und Krankenkassen festgestellt. Die Zulassung zur ambulanten Versorgung erlischt, wenn keine Unterversorgung mehr besteht.
- Ambulante Behandlung im Krankenhaus bei spezialisierten Leistungen nach § 116b SGB V: Krankenhäuser können ambulante Leistungen erbringen, wenn diese entweder Teil eines strukturierten Behandlungsprogramms sind oder in der vertragsärztlichen Versorgung nicht effizient erbracht werden können. Letzteres ist der Fall für hoch spezialisierte Leistungen (z. B. CT/MRT-gestützte interventionelle schmerztherapeutische Leistungen) sowie bei seltenen Erkrankungen (z. B. HIV/AIDS).
- Psychiatrische Institutsambulanz: § 118 SGB V ermöglicht eine ambulante Leistungserbringung durch psychiatrische Einrichtungen und Fachabteilungen. Eine Zulassung ist hierfür nicht erforderlich.
- Medizinisches Versorgungszentrum: Das GKV-Modernisierungsgesetz ermöglichte es Krankenhäusern, selbständig MVZ zu gründen und damit ambulant tätig zu werden. Wegen ihrer steigenden Bedeutung wird dieser Bereich im nächsten Unterkapitel ausführlicher behandelt.

Die Vergütung der ambulanten Leistungen ist sehr unterschiedlich geregelt. Dies eröffnet Möglichkeiten der Erlösoptimierung, stellt aber auch Konfliktpotenzial mit den Vertragsärzten dar. § 120 SGB V bestimmt, dass die im Krankenhaus erbrachten ambulanten ärztlichen Leistungen der ermächtigten Krankenhausärzte und der ermächtigten ärztlich geleiteten Einrichtungen nach den für Vertragsärzte geltenden Grundsätzen aus der vertragsärztlichen Gesamtvergütung vergütet werden. Die Abrechnung erfolgt folglich in der Regel nach dem Einheitlichen Bewertungsmaßstab (EBM) gegenüber den Kassenärztlichen Vereinigungen. Dieselbe Regelung trifft auf das ambulante Operieren zu. Die Leistungen der Hochschulambulanzen, der psychiatrischen Institutsambulanzen und der sozialpädiatrischen Zentren hingegen werden unmittelbar von der Krankenkasse vergütet.

Der Einstieg in die ambulante Versorgung erfordert eine genaue betriebswirtschaftliche Analyse. Investitionskosten müssen mit zu erwartenden Erlösen und laufenden Kosten abgeglichen werden. Vor allem aber müssen die strategischen Konsequenzen bedacht werden. Das Angebot einer ambulanten Versorgung kann eine Verbesserung der Kundenbindung implizieren. Die Patienten gehen in ihr Krankenhaus, treffen auch in der Ambulanz ihre Ärzte, können auf dieselben Daten zurückgreifen und werden vollständig an das Haus gebunden. Auf der anderen Seite ist das Einweisungsverhalten der niedergelassenen Vertragsärzte von großer Wichtigkeit für Krankenhäuser. Ein Konflikt zwischen dem Krankenhaus und den Vertragsärzten, die insbesondere beim ambulanten Operieren ihr Budget teilen müssen, kann zu einer negativen Beeinflussung der Patienten führen und somit langfristig nachfrageschmälernd wirken. Die Öffnung zum ambulanten Bereich setzt deshalb auch eine intensive Kooperation mit den ambulant tätigen Ärzten voraus.

Medizinisches Versorgungszentrum

Das GKV-Modernisierungsgesetz (2004) erweiterte die vertragsärztliche Versorgung nach § 95 SGB V (zugelassene Ärzte, ermächtigte Ärzte, ermächtigte ärztlich geleitete Einrichtungen) auf Medizinische Versorgungszentren (MVZ).[81] Ein MVZ ist eine fachübergreifende ärztlich geleitete Einrichtung, in der Ärzte als Angestellte oder Vertragsärzte tätig sind. Es kann sich aller zulässigen Organisationsformen bedienen und von allen Leistungserbringern, d. h. auch von Krankenhäusern, gegründet werden. Der Behandlungsvertrag erfolgt nicht mit dem Arzt, sondern mit dem MVZ, das auch abrechnungstechnisch der Leistungserbringer ist.

Es gibt zwei Typen von Medizinischen Versorgungszentren. Ein Grundversorgungs-MVZ umfasst Arztgruppen, die die breite Versorgung der Bevölkerung abdecken. In der Regel arbeiten mehrere Allgemeinmediziner in einem Grundversorgungs-MVZ, die durch weitere Mediziner ergänzt werden (z. B. hausärztlicher Internist, Kinderarzt, Orthopäde, Gynäkologe). Ein Spezialisierungs-MVZ hingegen ist in der Regel indika-

---

81 Vgl. Goepfert, Bühn und Conrad 2016.

tionsbezogen, z. B. als Diabetes-MVZ. Hier würden beispielsweise Allgemeinmediziner, Diabetologen, Nephrologen, Gefäßchirurgen, Augenärzte, Diätassistenten, Fußpfleger und orthopädische Schuhmacher in einem MVZ zusammenarbeiten und die umfassende Betreuung der Diabetes-Patienten übernehmen. Das Grundversorgungs-MVZ benötigt einen geringeren Einzugsbereich als das Spezialisierungs-MVZ, sodass es auch in Kleinstädten betrieben werden kann. Die Spezialisierungs-MVZ dürften tendenziell eher in Ballungszentren etabliert werden. Für die Versorgung dünn besiedelter, ländlicher Regionen ist das MVZ keine Alternative.

Die Orientierung an den Städten kommt auch im Begriff Poliklinik (polis = Stadt) zum Ausdruck. Die Polikliniken waren bis zur Wiedervereinigung der Standard der ambulanten Versorgung in der Deutschen Demokratischen Republik. Am 31.12.1989 gab es in der DDR 1650 Polikliniken, während in der damaligen BRD keine einzige Poliklinik in diesem Sinne existierte. Der Vereinigungsvertrag sah zwar einen bedingten Schutz der Polikliniken vor, im Prinzip wurde jedoch auf die vertragsärztliche Versorgung nach westlichem Vorbild umgestellt. Dementsprechend sank die Zahl der Polikliniken in Deutschland bis zum 31.12.2003 auf 50, wobei alle Kliniken in Ostdeutschland waren. Das GMG brachte einen Boom an Medizinischen Versorgungszentren. Am 31.12.2014 gab es 2073 MVZ, bei 38,4 % waren Krankenhäuser beteiligt.[82] Der überwiegende Anteil der MVZ, bei denen Krankenhäuser direkt beteiligt waren, wurde in der Rechtsform der GmbH geführt, während die MVZ ohne Krankenhausbeteiligung vor allem die Rechtsform der GbR hatten. Interessanterweise lag der Gründungsboom vor allem in Westdeutschland. Über die Gründe der geringen Verbreitung in den Ursprungsländern der Polikliniken liegen keine gesicherten Ergebnisse vor.

Die Genehmigung zur Gründung eines MVZ wird erteilt, wenn die ärztliche Bedarfsplanung durch die Kassenärztliche Vereinigung dies zulässt, d. h., es muss eine unbesetzte Niederlassung geben. Die KV hat damit die Macht, die Gründung von MVZ zu verhindern. Krankenhäuser können sich unter Umständen um den Erwerb einer freiwerdenden Niederlassung bewerben, um den entsprechenden Marktanteil in ihr MVZ einzubringen.

Weiterhin muss ein MVZ mindestens zwei Facharztgruppen umfassen, d. h., die Zulassung setzt voraus, dass in einem Gebiet mindestens zwei Zulassungen unbesetzt sind. Das MVZ als Ausgründung des Krankenhauses ist deshalb regelmäßig nur in solchen Bereichen anzutreffen, die einen hohen Kapitalaufwand haben, sodass es insbesondere in dünn besiedelten Regionen keine ausreichende Nachfrage für selbständige Ärzte gibt. Das MVZ kann hingegen auf die bereits bestehende Infrastruktur des Krankenhauses zugreifen und vermeidet die Doppelanschaffung von teuren Geräten. Deshalb sind beispielsweise mehrere MVZ mit dem Schwerpunkt Strahlentherapie als Ausgliederung eines Krankenhauses gegründet worden. Ein Grundversorgungs-MVZ im Anhang eines Krankenhauses ist hingegen die Ausnahme.

---

82 Quelle: Kassenärztliche Bundesvereinigung 2015.

Abb. 233 zeigt ein Beispiel für eine Integration der ambulanten, stationären und rehabilitativen Versorgung für Diabetiker. MVZ und Krankenhaus sind organisatorisch, personell und räumlich stark verzahnt. Im MVZ wird die vollständige ambulante Versorgung der Diabetiker sichergestellt, d. h., nicht nur Ärzte (Hausarzt, Diabetologe, Nephrologe, Augenarzt etc.) arbeiten im MVZ, sondern auch weiteres Fachpersonal, das die komplexe und umfassende Betreuung der Diabetiker sicherstellt. Hierzu zählen unter anderem ein Diätiker, ein Sporttherapeut und ein Fußpfleger. Benötigt der Patient einen stationären Aufenthalt, so stehen dem Krankenhaus bereits alle Daten zur Verfügung. Die behandelnden Ärzte sind weitgehend identisch, da entweder MVZ-Ärzte als Belegärzte im Krankenhaus oder Krankenhausärzte Teilzeit im MVZ arbeiten. An den stationären Aufenthalt schließt sich die ambulante Behandlung im MVZ bzw. eine Rehabilitation an, wobei ebenfalls auf gemeinsame Daten zugegriffen werden kann. Weiterhin haben alle drei Bereiche gemeinsame Zentraldienste, z. B. die Cafeteria oder die Kinderbetreuung während der Wartezeit bzw. während des Krankenhausaufenthaltes. Diese Dienste sind nur für alle Einrichtungen gemeinsam finanzierbar.

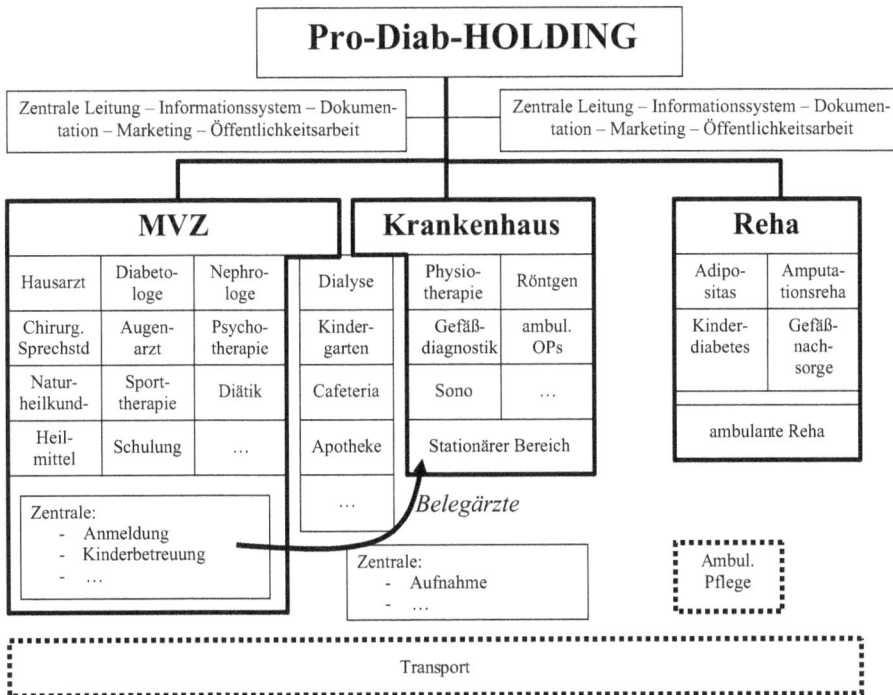

Abb. 233: MVZ und Krankenhaus.[83]

---

83 Quelle: Eigene Darstellung.

Die enge Zusammenarbeit von MVZ und Krankenhaus (und Reha) ist prinzipiell auf verschiedene Weisen möglich. Das Krankenhaus könnte einen Kooperationsvertrag mit einem bestehenden MVZ schließen. Allerdings ist bei derartigen Verträgen sehr detailliert zu regeln, welche Anteile der Kosten gemeinsamer Einrichtungen und Prozesse welchem Partner verrechnet werden müssen. Hier sind Auseinandersetzungen zu erwarten. Häufiger ist jedoch eine Konzernbildung oder Fusion. Abb. 233 gibt als Beispiel eine Holding für alle drei Einrichtungen vor. Ob ursprünglich das MVZ sich mit dem Krankenhaus zusammenschloss oder ob das Krankenhaus ein MVZ gründete, spielt hier keine Rolle mehr. Entscheidend ist, dass alle Partner gleichberechtigte Töchter derselben Holding sind. In diesem Fall ist auch eine innovative Finanzierung in Form eines gemeinsamen Budgets pro Patient, der sich in das Diabetesprogramm einschreibt, möglich. Modellvorhaben, Disease Management Programme oder insbesondere BV-Verträge stehen zur Wahl.

Zusammenarbeit mit der Touristikbranche

Disease Management, besondere Versorgung, Ambulante Versorgung im Krankenhaus und Medizinisches Versorgungszentrum sind Innovationen der Zusammenarbeit innerhalb der Gesundheitsbranche. Darüber hinaus können Krankenhäuser jedoch sinnvoll mit anderen Branchen kooperieren, insbesondere mit der Touristikbranche. Einerseits können Hotels und andere Touristikbetriebe Teilleistungen der Krankenhäuser übernehmen, andererseits können Krankenhäuer das touristische Programm um die Dimension der Prävention und Rehabilitation ergänzen.

Ein Beispiel für die erste Kooperationsform sind Krankenhäuser, die ihrem Kernbereich ein Hotel angegliedert haben, in dem Angehörige und teilweise auch Patienten während ihres Krankenhausaufenthalts wohnen. Das traditionelle Stationskonzept ging davon aus, dass der Patient immobil und vor allem betreuungsbedürftig ist, sodass er während seines gesamten Krankenhausaufenthaltes einer Betreuung durch die Pflege auf der Station bedarf. Tatsächlich sind die meisten Patienten jedoch mobil, entweder, weil sie laufen können, oder weil sie sich mit modernen, selbst steuernden Transportfahrzeugen selbständig von ihrem Zimmer in die Behandlungsräume bewegen können. Eine Unterbringung in der traditionellen Station ist deshalb meist nur für kurze Zeit nötig. Anschließend kann der Patient im angeschlossenen Hotel wohnen. Hier sind sowohl die Kosten niedriger als auch die gefühlte Annehmlichkeit höher. Letzteres kann zum Teil auch daher rühren, dass die Patienten überwiegend nicht mehr von Pflegekräften, sondern von Hotelfachkräften versorgt werden. Ob ein Krankenhaus hierfür ein eigenes Hotel gründet oder mit Touristikunternehmen kooperiert, muss im Einzelfall betrachtet werden.

Krankenhäuser haben darüber hinaus das Potenzial, Dienstleistungen für die Touristikbranche anzubieten und somit deren Angebotsspektrum werbewirksam zu erweitern. Angesichts der demografischen Entwicklung wird der Produktionsfaktor menschliche Arbeit immer knapper, und die Gesellschaft sowie das

Individuum müssen in den Erhalt der Arbeitskraft rechtzeitig investieren. Ein geringer Teil dieser Präventionsmaßnahmen wird von der gesetzlichen Krankenversicherung erfasst und den bisherigen Anbietern des Gesundheitswesens zugewiesen, z. B. Vorsorgeuntersuchungen zur sekundären Krebsprävention. Ein anderer Teil wird derzeit vollständig von der Touristikbranche abgedeckt. Meist handelt es sich um medizinisch fragwürdige Wellnessangebote unterschiedlichster Art. Es gibt jedoch eine Reihe von Dienstleistungen außerhalb der Regelleistungen, die von Touristikbetrieben nicht angeboten werden können. Hierzu zählen beispielsweise freiwillige Präventionsmaßnahmen wie z. B. ein vollständiger Herz-Kreislauf-Test mit Belastungs-EKG.

Der Kunde, der hier nicht mehr als Patient, sondern als Gast bezeichnet werden sollte, hat den Vorteil, dass er diese Krankenhausleistungen im Rahmen seines Urlaubs in entspannter Atmosphäre nachfragen kann. Er wohnt in einem angenehmen Hotel, genießt seinen Urlaub und verbringt nur wenige Stunden davon im Krankenhaus. Für das Krankenhaus stellen diese Leistungen zusätzliche Deckungsbeiträge dar, die gerade in Bereichen mit hohen Fix- und geringen variablen Kosten fast Gewinnen gleichkommen. Darüber hinaus sind Touristen keine Notfälle und gut planbar. Voraussetzung für eine derartige Dienstleistung ist allerdings, dass die Krankenhäuser die Touristen als Gäste, und nicht als leidende Patienten ansehen und ihr Verhalten im Umgang mit ihnen entsprechend anpassen.

Es bleibt abzuwarten, ob Krankenhäuser in Deutschland die Möglichkeiten der Zusammenarbeit mit der Touristikbranche nützen. In den Urlaubsgebieten, z. B. auf Usedom, gibt es bereits erste Ansätze hierfür.

Innovationskeimlinge
Als Innovationskeimling wurde ein Potenzial bezeichnet, das sich als neue Systemlösung in einer Nische entwickelt, jedoch während der synchronen Phase des alten Systemregimes nicht zur Standardlösung werden kann. Derzeit gibt es einige derartige Keimlinge im Gesundheitswesen, deren Existenz kaum auffällt, die jedoch im Falle einer weitergehenden Krise der bestehenden Problemlösungen richtungweisend sein können.

Eine derartige Innovation ist das Franchising im Gesundheitswesen. Unter Franchising versteht man ein Vertriebssystem, bei dem der Franchising-Geber dem Franchising-Nehmer die Nutzung des Markennamen sowie der Corporate Identity gegen Gebühr gestattet. Der Franchising-Vertrag kann die Nutzung des Namens und Logos, ein standardisiertes Betriebskonzept, einen gemeinsamen Datenpool, zentrale Werbung, zentrale Fortbildung sowie die Übernahme administrativer Aufgaben (Patientenverwaltung, Abrechnung, ...) umfassen. Ist die Franchisingbeziehung sehr intensiv, so entsteht eine Quasi-Filialisierung, d. h., für den Kunden ist kaum zu erkennen, ob er seinen Bedarf in einer Filiale oder in einer rechtlich unabhängigen Unternehmung deckt.

Der Patient hätte von einem Franchising-System bei niedergelassenen Ärzten viele Vorteile. Die Franchisingmarke impliziert ein klares Qualitätsversprechen unabhängig vom Heimatstandort. Im Urlaub, auf Geschäftsreisen oder nach einem Wohnortswechsel kann er im Krankheitsfall stets darauf vertrauen, auf demselben Niveau behandelt zu werden wie zu Hause. Er müsste sich dann nicht mühsam einen Arzt suchen, sondern könnte in vertrauter Atmosphäre, mit der gleichen Einrichtung, demselben Datenbestand und denselben Abläufen weiterbehandelt werden. Gerade die Verfügbarkeit von Daten in anderen Orten ist unabhängig von der Konzeption der Gesundheitskarte ein großer Vorteil für den Patienten.

Der Arzt, der sich niederlassen möchte, kann durch den Franchising-Vertrag an einem eingeführten guten Namen, an einem Logo und anderen zentralen Dienstleistungen (z. B. Werbung) partizipieren. Er erhält Unterstützung beim Aufbau des Qualitätsmanagementsystems und der Administration. Unter Umständen impliziert das Franchising auch eine höhere Kreditwürdigkeit. Er erkauft dies allerdings mit dem Verlust an Autonomie. Bislang widerspricht in den Augen vieler Ärzte ein Franchising dem Standesbewusstsein als Freiberufler.

Franchising blieb bislang im Gesundheitswesen auf wenige Ausnahmen beschränkt. Innovationskeimlinge sind die Zahnarztpraxis McZahn (Insolvenz 2008), das Zentrum für Impf- und Reisemedizin ZIRM sowie die Discount-Apotheke von C. Richter. Sollte sich Franchising als Möglichkeit der Qualitätssicherung sowie des erleichterten Einstiegs für junge Mediziner, Apotheker etc. durchsetzen, so wären die Franchising-Geber auch wichtige Integrationspartner für Krankenhäuser. Es gibt auch keinen Grund, warum Krankenhäuser nicht selbst Marken entwickeln und über Franchising filialisieren sollten. Die Patienten würden es sicherlich begrüßen, wenn sie beispielsweise in einem Franchising-Netz der Charitè bestehend aus Hausärzten, Fachärzten, Pflegediensten, Krankenhäusern und Altenheimen vollständig betreut wären. Die Leistungsanbieter wären selbständig, aber das Qualitätsversprechen der Charitè stünde im Hintergrund.

Ein weiterer Innovationskeimling sind die mobilen Gesundheitsdienstleistungen, die sich insbesondere in dünn besiedelten Flächenstaaten entwickeln. Zum einen gibt es das Konzept der arztentlastenden Krankenpflege. Sie führt im Auftrag des Hausarztes Krankenbesuche durch, erfasst Daten und steht in ständiger Verbindung zum Arzt. Das Konzept zielt darauf, die absehbare hausärztliche Unterversorgung mancher Gebiete insbesondere in Ostdeutschland zu überwinden.

Die Pflegekraft ist dabei mit modernsten elektronischen Geräten ausgestattet. Hier bietet sich eine Zusammenarbeit mit dem Krankenhaus an. Die schwierige Interpretation der Daten könnte den Hausarzt überfordern und zumindest für die statistische Auswertung größere Bezugseinheiten verlangen. Eine Möglichkeit wäre es, wenn Krankenhäuser als Kompetenzzentren die Koordination dieser Tätigkeiten übernehmen würden.

Darüber hinaus wäre auch denkbar, dass Krankenhäuser dem absehbaren Fachärztemangel in den dünn besiedelten Regionen durch mobile Teams entgegenwirken. Beispielsweise könnten Fachärzte an größeren Krankenhäusern in regelmäßigen Abständen Krankenhäuser und niedergelassene Ärzte besuchen, deren Einzugsbevölkerung keine Vorhaltung des entsprechenden Facharztes erlaubt.

Derzeit besteht für die meisten dieser Innovationen keine Finanzierungsgrundlage. Der absehbare Ärztemangel in einigen Regionen sowie die demografische Entwicklung mit dem immer größer werdenden Anteil immobiler Menschen in der ländlichen Häuslichkeit erfordern jedoch innovative Lösungen. Krankenhäuser könnten hier als Innovationsgeneratoren und -promotoren eine wichtige Rolle übernehmen. Hierzu wäre es allerdings notwendig, das überkommene Denken in Branchen- und Sektorengrenzen zu überwinden und sich auf die Suche nach neuen Zielgruppen, unbefriedigten Bedürfnissen, Märkten und Problemlösungen zu machen.

11.5.3 Betriebswirtschaftliche Bewertung

Die Entscheidung über einen Unternehmenszusammenschluss muss mehrere Ziele und Nebenbedingungen berücksichtigen. Für viele Unternehmen ist die Aufrechterhaltung der Autonomie eine eigene Zieldimension, die nicht auf die langfristige Rentabilitätsmaximierung zurückgeführt werden kann. Sie sind bereit, auf Gewinnpotenziale zu verzichten, um sich eine größere Unabhängigkeit zu erhalten. Meist überwiegt jedoch das Ziel der Substanzerhaltung, d. h., Unternehmenszusammenschlüsse werden nur angestrebt, wenn die eigene Existenz gefährdet ist.

Eine weitere, nicht auf das Rentabilitätsziel zurückzuführende Dimension des betrieblichen Entscheidungsprozesses ist die Sicherheit. Jeder Zusammenschluss impliziert eine diachronische Phase, deren Endpunkt nicht mit Sicherheit anzugeben ist. Der Zusammenschluss erfordert eine strukturelle, personelle und kulturelle Integration, die die Gefahr des Scheiterns in sich trägt. Risikoscheue Unternehmer werden deshalb versuchen, längerfristige Bindungen an andere Unternehmen zu vermeiden und somit das Risiko zu reduzieren. Erst wenn das Gefährdungspotenzial der bestehenden Lösung als selbständiges Unternehmen höher ist als das Risiko eines Unternehmenszusammenschlusses, werden sie letzteren bevorzugen.

Eine dritte Dimension ist die soziale Verantwortung gegenüber den Patienten und Mitarbeitern. Gerade in dünn besiedelten Regionen erwirtschaften Krankenhäuser häufig nicht einmal eine Mindestrendite, die der marktüblichen Verzinsung entspricht. In diesem Fall können jedoch karitative Nonprofit Organisationen oder verantwortungsvolle Unternehmer trotzdem bereit sein, die Versorgung sicherzustellen.

Als wichtige Nebenbedingung ist das Kartellrecht zu nennen. Wird eine marktbeherrschende Stellung durch einen Zusammenschluss erreicht, so wird das Kartellamt den Zusammenschluss untersagen. Hierbei ist allerdings die Situation in Ballungsräumen und in dünn besiedelten Räumen zu unterscheiden. In größeren Städten stehen meist mehrere Krankenhäuser derselben Versorgungsstufe in Konkurrenz. Ein Unternehmenszusammenschluss reduziert damit möglicherweise zu Lasten der Patienten die Wahlmöglichkeit. In ländlichen Regionen hingegen haben

Krankenhäuser häufig ein natürliches räumliches Monopol. Hier kann eine Fusion benachbarter Krankenhäuser kaum zu Nachteilen der Kunden führen. Trotzdem hat das Kartellamt derartige Fusionen bereits untersagt.

Im Folgenden werden Modelle zur betriebswirtschaftlichen Bewertung einer horizontalen und einer vertikalen Integration diskutiert. Das mehrdimensionale Zielsystem wird hierbei auf die Zielsetzung der Deckungsbeitragsmaximierung reduziert. Die anderen Ziele werden in verschiedenen Szenarien als Nebenbedingungen hinzugefügt (Zieldominanz). Die Grundlage hierfür ist das Modell der optimalen Leistungsprogrammplanung, das in Kapitel 5.3 diskutiert wurde.

Horizontale Integration

Das Modell zur Ermittlung des optimalen Leistungsprogramms wird in der Regel zu dem Ergebnis führen, dass ein Akutkrankenhaus sich auf wenige Abteilungen und Fälle spezialisieren sollte. Unter der Voraussetzung, dass benachbarte Krankenhäuser zeitlich und räumlich erreichbar sind, entspricht dieses Vorgehen dem Rosinenpicken: Das optimierte Krankenhaus sucht sich die deckungsbeitragsstarken Fälle raus und überlässt den anderen Krankenhäusern diejenigen Fälle, die für es selbst nicht lukrativ sind. Falls sich jedoch alle Krankenhäuser nach diesem Muster verhalten, ist die Versorgung in einer Region gefährdet, da mit hoher Wahrscheinlichkeit nicht mehr alle DRGs abgedeckt werden.

Das folgende Modell setzt voraus, dass eine Region von s Krankenhäusern versorgt wird.[84] Auch in Zukunft sollen sämtliche Fälle behandelt werden, d. h., der Versorgungsauftrag wird durch den Kooperationsverbund wahrgenommen. Weiterhin wird vereinfachend vorausgesetzt, dass die DRGs in allen Krankenhäusern denselben Abteilungen zugeordnet sind.

$$\sum_{j=1}^{n} c_{ijk} \cdot x_{jk} \leq k_{ik} \cdot K_{ik} \ f\ddot{u}r \ i = 1..m; k = 1..s$$

$$x_{jk} \leq M \cdot \beta_{jk} \ f\ddot{u}r \ j = 1..n; k = 1..s$$

$$x_{jk} \geq mm_j \cdot \beta_{jk} \ f\ddot{u}r \ j = 1..n; k = 1..s$$

$$\sum_{j \in R_p} x_{jk} \leq M \cdot D_{pk} \ f\ddot{u}r \ p = 1..b; k = 1..s$$

$$\sum_{j=1}^{n} x_{jk} \leq M \cdot DTotal_k \ f\ddot{u}r \ k = 1..s$$

$$\sum_{k=1}^{s} x_{jk} = B_j \ f\ddot{u}r \ j = 1..n$$

---

84 Vgl. Meyer und Harfner 1999; Fleßa, Ehmke und Herrmann 2006.

$$Z = \sum_{k=1}^{s} \sum_{j=1}^{n} (d_j - a_{jk}) \cdot x_{jk} - \sum_{k=1}^{s} \sum_{j=1}^{n} FD_{jk} \cdot \beta_{jk} - \sum_{k=1}^{s} \sum_{p=1}^{b} FA_{pk} \cdot D_{pk}$$

$$- \sum_{k=1}^{s} FK_k \cdot DTotal_k - \sum_{k=1}^{s} \sum_{i=1}^{m} w_{ik} \cdot K_{ik} \rightarrow Max!$$

mit den Strukturvariablen

x_{jk} Anzahl der behandelten Patienten in DRG j in Krankenhaus k, $j = 1..n; k = 1..s$; ganzzahlig

K_{ik} Einheiten von Ressource i in Krankenhaus k, $i = 1..m; k = 1..s$

β_{jk} $= \begin{cases} 1 & \text{falls DRG j im Leistungsprogramm} \\ & \text{von Krankenhaus k} \\ 0 & \text{sonst} \end{cases}$, $j = 1..n; k = 1..s$

D_{pk} $= \begin{cases} 1 & \text{falls Abteilung p in Krankenhaus k eröffnet} \\ 0 & \text{sonst} \end{cases}$, $p = 1..b; k = 1..s$

$DTotal_k$ $= \begin{cases} 1 & \text{falls Krankenhaus k eröffnet} \\ 0 & \text{sonst} \end{cases}$, $k = 1..s$

und den Konstanten

k_{ik} Kapazität pro Einheit der Ressource i in Krankenhaus k, $i = 1..m; k = 1..s$

c_{ijk} Verbrauch der Ressource i einer Einheit der DRG j in Krankenhaus k, $j = 1..n; i = 1..m; k = 1..s$

d_j Entgelt für DRG j; $j = 1..n$

a_{jk} Direkte Kosten für einen Fall in DRG j in Krankenhaus k; $j = 1..n; k = 1..s$

N Zahl der DRGs

mm_j Mindestmengenanforderung an DRG j; $j = 1..n$

M $M \in N$, mit $M > \sum_{j=1}^{n} \sum_{k=1}^{s} x_{jk}$

B Zahl der Abteilungen

R_p Menge aller DRGs, die in Abteilung p behandelt werden; $p = 1..b$

FD_{jk} DRG-spezifische Fixkosten in Krankenhaus k, $j = 1..n; k = 1..s$

FA_{pk} Abteilungsfixkosten von Abteilung p in Krankenhaus k, $p = 1..b; k = 1..s$

FK_k Krankenhausfixkosten in Krankenhaus k; $k = 1..s$

B_j Zahl der Patienten mit DRG j, $j = 1..n$

w_{ik} Kosten einer Einheit von Ressource i in Krankenhaus k, $i = 1..m; k = 1..s$

Die letzte Nebenbedingung garantiert die Erfüllung des Versorgungsauftrages im Verbund.

Für ein Modell der horizontalen Kooperation mit s Krankenhäusern, n DRGs und m Kapazitäten ergeben sich $s \cdot (n + b + 1)$ binäre und $s \cdot (n + m)$ ganzzahlige Variablen. Damit ist verständlich, dass realistische Anwendungen erst seit wenigen Jahren überhaupt rechenbar sind. Noch immer handelt es sich um Modelle, die mehrere Tage bis Wochen rechnen werden. Da es sich jedoch bei Kooperationen um strategische Entscheidungen handelt, ist dies kein Hindernis.

Vertikale Integration

Ein großer Anteil der IV–Verträge wurde zwischen Akutkrankenhäusern und Rehabilitationskliniken geschlossen. Das folgende Modell optimiert die Schnittstelle zwischen beiden Einrichtungen.[85] Es geht davon aus, dass der einrichtungsübergreifende Behandlungspfad keine medizinisch eindeutig definierte Schnittstelle besitzt. Vielmehr können Behandlungsteilprozesse der Frührehabilitation sowohl im Akutkrankenhaus als auch in der Rehabilitationsklinik durchgeführt werden. Abb. 234 zeigt, dass der erste Teilprozess ausschließlich im Akutkrankenhaus abgearbeitet werden kann. Der letzte Teilprozess *(h)* ist nur in der Reha-Klinik möglich. Die Teilprozesse zwei bis *(h – 1)* können hingegen sowohl im Akutkrankenhaus als auch in der Reha-Klinik durchgeführt werden. Für jeden Teilprozess fallen bestimmte Kosten und Erlöse an. Als Kosten werden lediglich die direkt zurechenbaren, variablen Kosten verrechnet, die Vorhaltekosten (inklusive Personal) werden nicht den einzelnen Fällen zugerechnet. In der Reha werden noch immer tagesgleiche Pflegesätze entgolten, sodass die Erlöse pro Teilprozess proportional zur Verweildauer in einem Teilprozess der Reha sind. Die Erlöse im Krankenhaus hängen hingegen davon ab, ob die durchschnittliche Verweildauer erreicht wird. Ein Teilprozess wird so definiert, dass er genau an der durchschnittlichen Verweildauer endet. Für alle vorgelagerten Teilprozesse erfolgt ein Abschlag, für alle nachgelagerten ist das Entgelt konstant.

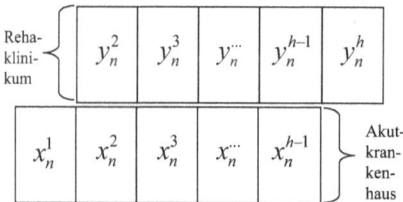

Abb. 234: Parallele Teilprozesse im Akutkrankenhaus und Reha-Klinikum.[86]

Der optimale Verlegungszeitpunkt aus Sicht des Akutkrankenhauses und der Reha-Klinik wäre einfach durch eine Alternativenrechnung zu ermitteln (Verlegung nach Teilprozess I, II, III, IV oder V), wenn die Patienten der DRG n nicht gleichzeitig dieselben Ressourcen verwenden würden wie die anderen Patienten des Krankenhauses bzw. der Reha. Ein Teilprozess führt folglich zu Opportunitätskosten in Höhe verlorener Erlöse für eine alternative Kapazitätsverwendung. Die Höhe dieser Opportunitätskosten hängt hierbei von der Auslastung der Einrichtungen ab. Das fol-

85 Vgl. Fleßa, Ehmke und Herrmann 2006.
86 Quelle: Eigene Darstellung.

gende Modell abstrahiert von den stufenfixen Kosten der Abteilungsbildung sowie von den Mindestmengenbeschränkungen, wie sie im Modell der horizontalen Integration dargestellt wurden.

$$\sum_{j=1}^{n-1} k\_c_{ij} \cdot x_j + \sum_{g=1}^{h-1} k\_c_i^g \cdot x_n^g \leq K_{i1} \ f\ddot{u}r \ i = 1..m$$

$$\sum_{j=1}^{r-1} r\_c_{ij} \cdot y_j + \sum_{g=2}^{h} r\_c_i^g \cdot y_r^g \leq K_{i2} \ f\ddot{u}r \ i = 1..m$$

$$x_n^{g+1} \leq x_n^g \ f\ddot{u}r \ g = 1..h-2$$

$$y_r^{g-1} \leq x_n^g \ f\ddot{u}r \ g = 3..h$$

$$x_n^g + y_r^g = x_n^1 \ f\ddot{u}r \ g = 2..h-1$$

$$Z = \sum_{j=1}^{n-1} (d_j - k\_a_j) \cdot x_j + \sum_{g=1}^{h-1} (d_n^g - k\_a_n^g) \cdot x_n^g + \sum_{j=1}^{r-1} (ps - r\_a_j) \cdot pf_j \cdot y_j$$

$$+ \sum_{g=1+1}^{h} (ps - r\_a_r^g) \cdot pf_r^g \cdot y_r^g \rightarrow Max!$$

mit den Strukturvariablen

x_j Anzahl der behandelten Patienten im Akutkrankenhaus in DRG j, $j = 1..n-1$; ganzzahlig

y_j Anzahl der behandelten Patienten in der Reha in Fallklasse j, $j = 1..r-1$; ganzzahlig

x_n^g Anzahl der behandelten Patienten im Akutkrankenhaus der reha-pflichtigen DRG n im Teilprozess g, $g = 1..h-1$

y_r^g Anzahl der behandelten, übergeleiteten Patienten in der Reha im Teilprozess g, $g = 2..h$

und den Konstanten

k_c_{ij} Verbrauch der Ressource i einer Einheit der DRG j im Akutkrankenhaus, $j = 1..n-1$; $i = 1..m$

r_c_{ij} Verbrauch der Ressource i einer Einheit der Fallklasse j in der Reha, $j = 1..r-1$; $i = 1..m$

$k\_c_i^g$ Verbrauch der Ressource i einer Einheit der reha-pflichtigen DRG n im Teilprozess g im Akutkrankenhaus, $i = 1..m$; $g = 1..h-1$

$r\_c_i^g$ Verbrauch der Ressource i einer Einheit der übergeleiteten Fallklasse r im Teilprozess g in der Reha, $i = 1..m$; $g = 2..h$

d_j Entgelt für DRG j; $j = 1..n-1$

d_n^g Entgelt im Akutkrankenhaus für DRG n, wenn Teilprozess g abgeschlossen ist. $g = 1..h-1$

pf_j Zahl der Pflegetage, die das Reha-Klinikum für einen Patient mit Fallklasse j abrechnen kann; $j = 1..r$

pf_n^g Zahl der Pflegetage, die das Reha-Klinikum für Reha-Teilprozess g abrechnen kann; $g = 2..h$

ps Pflegesatz

$k\_a_n^g$ Direkte Kosten für Teilprozess g der DRG n im Akutkrankenhaus, $g = 1..h-1$

$r\_a_r^g$ Direkte Kosten für einen Pflegetag der Fallklasse r in Teilprozess g in Reha-Klinik, $g = 2..h$

k_a_j Direkte Kosten für einen Fall in DRG j im Akutkrankenhaus; $j = 1..n-1$

r_a_j Direkte Kosten für einen Pflegetag in Fallklasse j in der Reha, $j = 1..r-1$;

N Zahl der DRGs im Krankenhaus

R Zahl der Fallklassen in der Reha

     Zuordnungsvorschrift: $n \rightarrow r$

H Zahl der Phasen der integrierten Versorgung von DRG n (im Krankenhaus) bzw. Fallklasse r (in der Reha)

K_{ik} Gesamtkapazität der Ressource i in Einrichtung k, $i = 1..m$; $k \in$ (Akutkrankenhaus, Reha)

Die Nebenbedingungen

$$x_n^{g+1} \le x_n^g \ \textit{für } g = 1..h - 2$$

$$y_r^{g-1} \le x_r^g \ \textit{für } g = 3..h$$

stellen sicher, dass Patienten in einer Einrichtung immer den vollständigen Pfad bis zur Überleitung aus dem Krankenhaus bzw. Entlassung aus der Reha durchlaufen. Verlegungen aus anderen Krankenhäusern bzw. Reha-Kliniken sind nicht berücksichtigt. Die Nebenbedingung

$$x_n^g + y_r^g = x_n^1 \ \textit{für } g = 2..h - 1$$

garantiert, dass jeder Patient alle Teilprozesse durchläuft.

Zusammenfassend können wir festhalten, dass die Zusammenarbeit mit anderen Krankenhäusern, mit anderen Leistungsanbietern des Gesundheitswesens und mit Branchenfremden in Zukunft stark zunehmen wird. Die hohe Dynamik und Komplexität des Gesundheitswesens erfordern eine planvolle und zielsystemkonforme Autonomiepolitik. Sie umfasst den kompletten Managementkreislauf. Zuerst müssten Informationen beschafft werden, wobei das Controlling diese Aufgabe zum Teil übernehmen kann. Zum Teil handelt es sich jedoch um softe Faktoren, die nur geschätzt werden können. Das strategische Controlling muss deshalb um Kreativitätstechniken, Expertenbefragungen und dynamische Prognosetechniken (z. B. System Dynamics) bereichert werden.

Als nächster Schritt müssen Entscheidungen über Unternehmenszusammenschlüsse getroffen werden. Die Implementierung erfordert eine strukturelle (z. B. rechtliche), personelle und kulturelle Integration. Hier ist wiederum das Change Management gefragt, entsprechende Konzepte zur Zusammenführung unterschiedlicher Unternehmen mit eigener Geschichte und eigenen Wertehaltungen zur Verfügung zu stellen. Anschließend muss der Prozess des Zusammenschlusses kontrolliert und bewertet werden.

11.6 Ergebnisse

Krankenhäuser sind mit einer zunehmenden Dynamik und Komplexität konfrontiert. Verlässliche Patientengruppen brechen weg, da entweder die Bedürfnisse sich verändert haben (z. B. Abnahme der Geburtenzahl) oder die Bedarfe bei konstanten Bedürfnissen sich wandeln (z. B. ambulante Geburt im Hebammenhaus). Leistungen, die seit Jahrzehnten nahezu unverändert angeboten wurden, müssen durch neue Angebote ersetzt werden (z. B. minimalinvasive Chirurgie). Die Finanzierungsmechanismen verändern sich (z. B. DRGs, Monistik), und die Sonderstellung (z. B. karitativer Einrichtungen) wird hinterfragt. Ohne das Heine-Zitat „Nichts ist beständiger als der Wandel" übermäßig zu belasten, kann man sicherlich feststellen, dass die Krankenhauslandschaft heute vor epochalen Veränderungen steht. Die Privatisierung wird voranschreiten, die Geschäftsprozesse werden fundamental verändert und die Sektoren- und sogar Branchengrenzen überwunden. Das Krankenhaus 2030 wird mit dem heutigen Betrieb nur noch die Funktion gemein haben – die Formalstruktur wird sich vollständig gewandelt haben.

Diese Veränderungsprozesse müssen antizipiert und gestaltet sein, ansonsten wird das Krankenhaus davon überrollt. Um es in einem Bild zu beschreiben: Der Wellenreiter muss auf der Welle surfen. Dies ist ein mutiger und kraftvoller Akt. Gerät er unter die Welle, ist er verloren. Das Ziel des strategischen Managements ist es, die Wellen zu erkennen und zielsystemkonforme Maßnahmen zu ergreifen, um nicht in den Strudel der Ereignisse gezogen zu werden. Hierzu gehört die planvolle Gestaltung von Märkten, von Zielgruppen und Leistungen. Ein Krankenhaus muss heute planen, welche Leistungen es in 15 Jahren für welche Kundengruppen anbieten möchte, sonst werden die Konkurrenten die Märkte übernehmen. Weiterhin müssen die Potenziale entwickelt werden, um die Leistungen erstellen zu können. Der Aus-, Fort- und Weiterbildung kommt deshalb eine wichtige Rolle zu, wobei die medizinische Brillanz in Zukunft immer mehr als Standard angesehen werden wird. Die Kauf- und Wiederkaufentscheidung wird vor allem durch die Added Values getroffen werden, d. h. durch Annehmlichkeiten des Krankenhausalltags. Hierzu gehören hotelartige Unterkunft, volle Medienpräsenz, wartefreie Prozesse etc. Diese Potenziale müssen heute geplant werden, damit sie rechtzeitig zur Verfügung stehen.

Ein grundsätzliches Problem ist hierbei, dass die meisten staatlichen und karitativen Krankenhäuser ihre Zukunftsplanung alleine durchführen. Während die Klinikketten zentral Standardlösungen entwickeln und dann in vielen Kliniken umsetzen, erfinden die nicht-erwerbswirtschaftlichen Einrichtungen die Lösung jedes Mal neu. Dieser Prozess ist auf Dauer sehr zeit- und kostenintensiv, sodass die kommerziellen Anbieter auf den Konkurrenzmärkten größere Chancen haben. Dies ist jedoch nicht zwangsläufig so, denn auch staatliche bzw. karitative Anbieter können sich zusammenschließen, und warum sollte es nicht ein System kirchlicher Franchise-Krankenhäuser geben? Die betriebliche Autonomiepolitik ist deshalb ein wichtiger Teilbereich der strategischen Unternehmenssteuerung, wobei insbesondere die nicht-erwerbswirtschaftlichen Einrichtungen Nachholbedarf haben.

Der Gesetzgeber versucht seit einigen Jahren, Anreize zu schaffen, die Grenzen zwischen den Leistungsanbietern bzw. zwischen den Leistungsanbietern und den Krankenkassen zu überwinden. Auch hier sind starke Perturbationen zu verzeichnen. Besondere Versorgung, Health Maintenance Organisations, Disease Management, Medizinisches Versorgungszentrum etc. sind Innovationen, die das Selbstverständnis des Krankenhauses als Krönung der Versorgungskette ebenso erschüttern wie die klassischen Sektorengrenzen. Die Zukunft gehört dem Krankenhaus als kompetentem Gesundheitszentrum, in dem der Patient mit seinen Bedürfnissen fokussiert wird, und zwar unabhängig von Sektorbudgets und Standesgrenzen. Hier muss die Politik allerdings noch Freiräume schaffen.

Das strategische Management beschäftigt sich ex definitione mit der Zukunft eines Unternehmens. Dementsprechend sind auch die Aussagen sehr viel vager und unverbindlicher als beim operativen Management. Manche Manager bevorzugen deshalb das operative Management, denn es entspricht dem kurzfristigen, stetigen, linearen und risikoscheuen Denken der meisten Menschen sehr viel eher als die Wechsellagen synchroner und diachronischer Systemregime in der langfristigen Perspektive. Das operative Management bedarf jedoch der strategischen Perspektive, sonst besteht die Gefahr, trotz perfekter Prozesse mit ausgefeilten Führungs- und Controllingtechniken in die Insolvenz zu laufen. In dynamischen Systemen kann es passieren, dass man alles richtig, aber nicht das Richtige macht.

Auf der anderen Seite gibt es auch Manager, die nur noch in der Zukunft schweben. Sie haben jeden Tag neue Ideen und belasten ihre Mitarbeiter mit ständig neuen Strategien. Ihre Persönlichkeitsstruktur liebt Risiko und Unvorhersagbarkeit. Für sie besteht die Gefahr, zwar das Richtige zu wollen, aber dieses nicht umsetzen zu können. Entscheidend ist folglich die richtige Kombination aus operativem und strategischem Management. Die Strategie muss die Richtung vorgeben, die Operation muss die betrieblichen Regelungssysteme so einstellen, dass sie erreicht werden kann. Eine ständige Richtungsänderung kann von der operativen Basis nicht verkraftet werden.

11.7 Fallstudien

Die folgenden Fallstudien dienen zur Vertiefung des Wissens.

11.7.1 Horizontale Integration

Aufgabenstellung

Die Krankenhäuser X und Y liegen nur wenige km entfernt und teilen sich den Markt. Es sollen fünf DRGs betrachtet werden, wobei DRG 1 und 2 Fallklassen der Inneren Medizin und DRG 3, 4 und 5 Fallklassen der Chirurgie sind. Tab. 199, Tab. 200 und Tab. 201 geben die Parameter der Ausgangslage ohne Kooperation oder Optimierung vor. Tab. 202 sowie Tab. 203 zeigen für jedes Krankenhaus die Deckungsbeitragsrechnung in der Ausgangslage.

Tab. 199: Kapazitäten und Kapazitätsbedarf der Krankenhäuser X und Y.

Krankenhaus	Ressource	Kapazität	Kapazitätsbedarf pro Fall in DRG				
			1	2	3	4	5
X	Pflegeminuten	70.000	120	20	70	40	200
	Arztminuten	3.000	3	6	8	7	8
Y	Pflegeminuten	36.000	100	30	90	70	190
	Arztminuten	2.000	2	12	12	4	8

Tab. 200: DRG-Daten Krankenhaus X und Y.

	DRG	Patientenzahl (Basis)	Erlöse pro Patient [€]	Direkte Kosten pro Patient [€]
Krankenhaus X	1	100	3.000	500
	2	150	4.000	200
	3	100	5.000	100
	4	50	2.500	1.500
	5	81	3.000	1.000
Krankenhaus Y	1	50	3.000	1.000
	2	80	4.000	1.000
	3	50	5.000	600
	4	25	2.500	1.000
	5	16	3.000	900

Tab. 201: Fixkosten Krankenhaus X und Y [€].

	Abteilungsfixkosten		Krankenhausfixkosten
	Innere Medizin	Chirurgie	
Krankenhaus X	500.000	800.000	300.000
Krankenhaus Y	150.000	400.000	200.000

Tab. 202: Deckungsbeitragsrechnung der Ausgangslage von Krankenhaus X [€].

	DRG 1	DRG 2	DRG 3	DRG 4	DRG 5
Erlöse	300.000	600.000	500.000	125.000	243.000
– Direkte Kosten	50.000	30.000	10.000	75.000	81.000
= Deckungsbeitrag I	250.000	570.000	490.000	50.000	162.000
– Stationskosten		500.000		800.000	
= Deckungsbeitrag II		320.000		–98.000	
– Krankenhausfixkosten			300.000		
= Gewinn/Verlust			–78.000		

Tab. 203: Deckungsbeitragsrechnung der Ausgangslage von Krankenhaus Y [€].

	DRG 1	DRG 2	DRG 3	DRG 4	DRG 5
Erlöse	150.000	320.000	250.000	62.500	48.000
– Direkte Kosten	50.000	80.000	30.000	25.000	14.400
= Deckungsbeitrag I	100.000	240.000	220.000	37.500	33.600
– Stationskosten		150.000		400.000	
= Deckungsbeitrag II		190.000		–108.900	
– Krankenhausfixkosten			200.000		
= Gewinn/Verlust			–118.900		

In der gesamten Region werden 150 Patienten mit DRG 1, 230 Patienten mit DRG 2, 150 Patienten mit DRG 3, 75 Patienten mit DRG 4 und 97 Patienten mit DRG 5 versorgt. Der Verlust beträgt 196.900 € für beide Krankenhäuser.

Aufgaben:

1. Entwickeln Sie das optimale Fallklassenprogramm für die Krankenhäuser X und Y unter der Annahme, dass sich jedes Krankenhaus spezialisieren und unabhängig von dem anderen Krankenhaus ausreichend Patienten akquirieren kann.[87]

2. Optimieren Sie die Fallklassenprogramme unter der Annahme eines räumlichen Verbundes bei gemeinsamer Sicherstellung des Versorgungsauftrages. Diskutieren Sie, unter welchen Bedingungen es zu dieser Kooperation kommen kann.

Lösung

Ad 1: Das verwendete LP entspricht dem Programm, wie es in Kapitel 5.3 entwickelt wurde. Für Aufgabe 1 wird lediglich die letzte Nebenbedingung vernachlässigt. Tab. 204 und Tab. 205 zeigen die Ergebnisse.

Tab. 204: Deckungsbeitragsrechnung der Spezialisierung von Krankenhaus X [€].

	DRG 1	DRG 2	DRG 3	DRG 4	DRG 5
Zahl der Patienten	544	228			
Erlöse	1.632.000	912.000	0	0	0
– Direkte Kosten	272.000	45.600	0	0	0
= Deckungsbeitrag I	1.360.000	866.400	0	0	0
– Stationskosten	500.000		0		
= Deckungsbeitrag II	1.726.400		0		
– Krankenhausfixkosten	300.000				
= Gewinn/Verlust	1.426.400				

Tab. 205: Deckungsbeitragsrechnung der Spezialisierung von Krankenhaus Y [€].

	DRG 1	DRG 2	DRG 3	DRG 4	DRG 5
Zahl der Patienten	326	111			
Erlöse	978.000	444.000	0	0	0
– Direkte Kosten	326.000	111.000	0	0	0

---

[87] Eine Berechnung des Optimums unter Berücksichtigung der Ganzzahligkeitsanforderung ist nur mit Hilfe geeigneter Software realistisch. Eine Möglichkeit ist ein Download von LINGO (https://www.lindo.com/index.php/ls-downloads/try-lingo), dessen Umfang in der kostenlosen Variante zwar beschränkt ist, jedoch für dieses Beispiel genügt.

Tab. 205 (fortgesetzt)

	DRG 1	DRG 2	DRG 3	DRG 4	DRG 5
= Deckungsbeitrag I	652.000	333.000	0	0	0
– Stationskosten		150.000	0		
= Deckungsbeitrag II		835.000	0		
– Krankenhausfixkosten			200.000		
= Gewinn/Verlust			635.000		

Die reine „Rosinenpickerei" führt zu einer Versorgung von 870 Patienten von DRG 1 und 339 Patienten von DRG 2, während keine chirurgische Fachabteilung (DRGs 3, 4, 5) eröffnet wird. Das Betriebsergebnis für beide Häuser steigt von einem Verlust von 196.900 € auf einen Gewinn von 2.061.400 €. Die Versorgungssicherheit ist allerdings nicht mehr gewährleistet.

Ad 2: Berechnet man das obige Modell unter Berücksichtigung der letzten Nebenbedingung

$$\sum_{k=1}^{s} x_{jk} = B_j \; f\ddot{u}r \; j = 1..n$$

so bleibt die Versorgungssicherheit gewährleistet. Krankenhaus X behandelt 150 Patienten von DRG 1, 230 Patienten von DRG 2 und 146 Patienten von DRG 3. Es eröffnet beide Fachabteilungen. Krankenhaus Y nimmt nur chirurgische Fälle auf (4 Fälle von DRG 3, 75 Fälle von DRG 4 und 97 Fälle von DRG 5). Das Krankenhaus X macht mit diesem Modell einen Gewinn von 364.000 €, während Krankenhaus Y einen Verlust von 266.200 € erwirtschaftet. Damit liegt das Gesamtergebnis für beide Häuser bei 97.800 €.

Tab. 206 kontrastiert die Kooperation und die ursprüngliche Situation. Es stellt sich die Frage, unter welchen Umständen Krankenhaus Y bereit ist, sich auf diese Kooperation einzulassen. Zweifelsohne darf der Verlust bei Kooperation nicht höher sein als ohne Kooperation, d. h., Krankenhaus X muss mindestens 147.300 € (266.200 € – 118.900 €) an Krankenhaus Y als Kompensation bezahlen, damit Krankenhaus Y der Kooperation beitritt. Die Marke von 147.300 € ist ein Entscheidungswert für Krankenhaus Y.

Tab. 206: Gewinn bzw. Verlust beim Basisszenario und Kooperation [€].

	Krankenhaus X	Krankenhaus Y	Summe
Basisszenario	–78.000	–118.900	–196.900
Kooperation	364.000	–266.200	97.800

Eine Kompensation in dieser Höhe impliziert, dass Krankenhaus X gegenüber der Ausgangssituation einen Vorteil von 294.700 € hat. Es wäre deshalb fair, wenn Krankenhaus Y an diesem, allein auf der Kooperation beruhenden Vorteil des Krankenhauses X partizipieren könnte. Eine Möglichkeit eines Arbitriumwertes wäre die Vorteilsteilung, d. h., Krankenhaus Y würde zusätzlich zu dem Betrag von 147.300 € noch die Hälfte von 294.700 €, d. h. insgesamt 294.650 € von Krankenhaus X erhalten. Krankenhaus Y könnte mit dieser Vorteilsteilung einen Gewinn von 28.450 € erzielen, während Krankenhaus X immer noch einen Gewinn von 69.350 € hätte.

Eine weitere Möglichkeit wäre, den Vorteil von Krankenhaus X anteilig nach dem Case-Mix aufzuteilen. Da die Erlöse proportional zum Case-Mix sind, kann auch der Erlösquotient (2.100.000 € zu 498.500 € bzw. 80,82 % zu 19,18 %) als Aufteilungsmaß herangezogen werden. Danach würde Krankenhaus Y neben den 147.300 € noch eine Zahlung von 19,18 % des Vorteils von Krankenhaus Y nach der Kompensation zustehen, d. h. 19,18 % von 294.700 € (=56.536 €). Krankenhaus X würde damit einen Gewinn von 160.164 € erzielen, während Krankenhaus Y einen Verlust von 62.364 € erleiden müsste. Es ist allerdings fraglich, ob das Krankenhaus auf Dauer einen Verlust kompensieren kann. Deshalb liegt ein realistischer Arbitriumwert der Zahlung von Krankenhaus X zu Krankenhaus Y zwischen 266.200 € und 294.650 €.

An diesem Beispiel lässt sich zeigen, dass die Optimierung des Gesamtsystems mit anschließender Verhandlung zwischen den Krankenhäusern eine gesamtwirtschaftlich wünschenswerte Lösung erzeugt. Rechnet man das obige LP mit der Nebenbedingung, dass der Verlust von Krankenhaus Y auf 118.900 € beschränkt wird, ergibt sich für Krankenhaus X ein Gewinn von 197.800 € und für Krankenhaus Y ein Verlust von 116.600 €, d. h. zusammen ein Gewinn von 81.200 €. Der angestrebte Wert von 118.900 € kann wegen der Forderung der Ganzzahligkeit nicht erreicht werden. Der gesellschaftliche Nutzen sinkt von 97.800 € auf 81.200 € ab. Krankenhäuser sollten folglich im räumlichen Verbund ihre Leistungsprogramme optimieren und anschließend Zahlungen zum Ausgleich von Nachteilen vereinbaren.

11.7.2 Vertikale Kooperation

Aufgabenstellung

Wir betrachten ein Akutkrankenhaus und eine Reha-Klinik. Das Akutkrankenhaus behandelt zwei DRGs, wobei lediglich Fälle der DRG 2 sowohl einer Akutbehandlung als auch einer Rehabilitation bedürfen. Die Patienten der DRG 2 müssen den Teilprozess 1 im Akutkrankenhaus durchlaufen, die Teilprozesse 2 bis 5 können jedoch sowohl im Krankenhaus als auch in der Reha-Klinik erfolgen. Eine Rückverlegung sei ausgeschlossen. Der sechste Teilprozess des Behandlungspfades sei allein in der Reha-Klinik möglich. In der Reha-Klinik sei eine weitere Fallklasse definiert. Tab. 207, Tab. 208 und Tab. 209 geben die Basisdaten wieder.

Tab. 207: Kapazitäten (Beispiel vertikale Integration).

Einrichtung	Ressource	Kapazität	Kapazitätsbedarf pro Fall						
			andere Fälle	Rehabilitationsfall – Teilprozess					
				1	2	3	4	5	6
Akutkrankenhaus	Pflegeminuten	70.000	100	100	20	30	40	20	–
	Arztminuten	3.000	10	8	6	8	7	8	–
Reha-Klinik	Pflegeminuten	36.000	120	–	100	30	90	70	190
	Arztminuten	2.000	15	–	2	12	12	4	8

Tab. 208: Erlöse und Kosten des Akutkrankenhauses (Beispiel vertikale Integration) [€].

	Leistung	Erlöse pro Patient pro Phase	Direkte Kosten pro Patient
Akutkrankenhaus	andere DRGs	3.000	500
	Teilprozess 1	2.000	500
	Teilprozess 2	250	50
	Teilprozess 3	350	50
	Teilprozess 4	0	50
	Teilprozess 5	0	60

Tab. 209: Erlöse und Kosten in der Reha-Klinik (Beispiel vertikale Integration) [€].

	Leistung	Pflegesatzerlöse	Direkte Kosten pro Patient
Reha-Klinik	andere Fälle	12.000	2.000
	Teilprozess 2	1.600	100
	Teilprozess 3	1.300	300
	Teilprozess 4	2.200	200
	Teilprozess 5	1.700	200
	Teilprozess 6	7.500	1.500

Die mittlere Verweildauer ist im Akutkrankenhaus nach Teilprozess 3 erreicht. Für die Teilprozesse 1 und 2 muss ein Erlösabschlag hingenommen werden, für die Teilprozesse 4 und 5 gibt es keine zusätzlichen Erlöse. Es sei angenommen, dass das Akutkrankenhaus 10 Patienten in der Periode der reha-pflichtigen DRG aufnehmen muss.

Aufgaben:

1. Optimieren Sie die Leistungsprogrammplanung für beide Häuser unabhängig voneinander.
2. Entwickeln Sie das integrierte Leistungsprogramm.

Lösung

Ad 1: Das LP zur Optimierung der Leistungsprogrammplanungen entspricht dem in Kapitel 5.3 dargestellten Verfahren, wobei die der Gleichung

$$x_n^g + y_r^g = x_n^1 \text{ für } g = 2..h - 1$$

vernachlässigt wird.

Optimiert das Akutkrankenhaus ohne Rücksicht auf die Rehabilitationsklinik ihr Leistungsprogramm, so nimmt es diese 10 Patienten für die minimale Zeit auf, d. h., die reha-pflichtigen Patienten werden nach dem ersten Teilprozess entlassen. Diese Belegungspolitik ist allerdings davon abhängig, wie hoch die Nachfrage von Patienten anderer DRGs ist. Tab. 210 zeigt die Auswirkungen der Beschränkung der Patientenzahl der DRG 1.

Tab. 210: Sensitivität des Akutkrankenhauses auf Nachfrageschwankung.

Maximale Zahl von Patienten in DRG 1	Leistungsprogramm bzgl. reha-pflichtiger DRG
≤ 278	Die 10 Patienten der reha-pflichtigen DRG werden vollständig für die Teilprozesse 1, 2 und 3 im Krankenhaus behalten.
280	Von den 10 aufgenommenen Patienten wird einer nach Teilprozess 1, ein Patient nach Teilprozess 2 und acht Patienten nach Teilprozess 3 an die Reha abgegeben
290	Von den 10 aufgenommenen Patienten werden acht nach Teilprozess 1, ein Patient nach Teilprozess 2 und ein Patient nach Teilprozess 3 an die Reha abgegeben
≥ 292	Alle Patienten werden nach Teilprozess 1 an die Reha abgegeben

Tab. 211 zeigt die das Ergebnis einer Optimierung des Leistungsprogramms der Reha-Klinik unabhängig vom Akutkrankenhaus. Es wurde angenommen, dass spätestens für den letzten Teilprozess 10 Patienten aufgenommen werden müssen. Es zeigt sich, dass die Reha-Klinik die Patienten bei obigen Daten möglichst spät bekommen möchte, d. h. nach der fünften Phase. Diese Aussage ist jedoch von der Nachfrage der anderen Fallklassen abhängig. Wenn die Nachfrage sinkt, reduzieren sich die Opportunitätskosten und damit steigt die Bereitschaft, die Fälle aus dem Akutkrankenhaus frühzeitig zu übernehmen.

Tab. 211: Sensitivität der Reha-Klinik auf Nachfrageschwankung.

Maximale Zahl von Patienten in Fallklasse 1	Leistungsprogramm
108	Alle Patienten werden in Teilprozess 2 aufgenommen
110	Neun Patienten werden in Teilprozess 2 aufgenommen, ein Patient zusätzlich in Teilprozess 6
115	Fünf Patienten werden in Teilprozess 2 aufgenommen, zwei Patienten zusätzlich in Teilprozess 4, drei zusätzlich in Teilprozess 6
120	Drei Patienten werden in Teilprozess 2 aufgenommen, sieben zusätzlich in Teilprozess 6
125	Zehn Patienten werden in Teilprozess 5 aufgenommen
128	Alle Patienten werden in Teilprozess 6 aufgenommen

Ohne feste Kooperation werden Akutkrankenhaus und die Reha-Klinik tendenziell versuchen, die Patienten möglichst kurz in ihren Einrichtungen zu halten, es sei denn, dass die Kapazitäten nicht ausgelastet sind. Eine Optimierung ohne Berücksichtigung der anderen Fallklassen bzw. DRGs ist damit unmöglich. Eine Einzelbetrachtung schließt nicht aus, dass bestimmte Teilprozesse weder von dem Akutkrankenhaus noch von der Reha-Klinik angeboten werden. Damit ist eine Gesamtbetrachtung notwendig.

Ad 2: Führt man im obigen Modell die Gleichung

$$x_n^g + y_r^g = x_n^1 \text{ für } g = 2..h - 1$$

wieder hinzu, so wird garantiert, dass der Patient den kompletten Behandlungspfad durchläuft. Der Gesamtdeckungsbeitrag für die Kooperation soll maximiert werden.

Die optimale Lösung führt zu einem Deckungsbeitrag von 1.325.000 € für die Reha-Klinik und einem Deckungsbeitrag von 697.500 € für das Akutkrankenhaus (2.022.500 €). Die Patienten durchlaufen die Phasen 1 bis 4 im Krankenhaus und werden anschließend für die Phase 5 und 6 auf die Reha verlegt. Das Krankenhaus muss einen Abschlag hinnehmen, wenn die durchschnittliche Verweildauer unterschritten wird. Für den Teilprozess 4 erhält damit das Krankenhaus gegenüber Teilprozess 3 kein zusätzliches Entgelt. Da die Kosten für diesen Teilprozess im Krankenhaus jedoch deutlich niedriger sind als in der Reha-Klinik, empfiehlt das Modell, dass die Patienten in dieser Phase noch im Akutkrankenhaus verbleiben. Tab. 212 zeigt die Veränderung der Deckungsbeiträge im Akutkrankenhaus und in der Reha in Abhängigkeit vom Verlegungszeitpunkt.

Tab. 212: Deckungsbeiträge in Abhängigkeit vom Verlegezeitpunkt [€].

Verlegezeitpunkt	Akutkrankenhaus	Reha	Summe
nach Teiltätigkeit 1	745.000	1.200.000	1.945.000
nach Teiltätigkeit 2	732.000	1.200.000	1.932.000
nach Teiltätigkeit 3	715.000	1.265.000	1.980.000
nach Teiltätigkeit 4 = Koordinationslösung	697.500	1.325.000	2.022.500
nach Teiltätigkeit 5	677.500	1.340.000	2.017.500
Individuelles Optimum	745.000	1.340.000	2.085.000

Die letzte Zeile gibt den Deckungsbeitrag für den Fall wieder, dass keine Kooperationslösung erfolgt. Es zeigt sich, dass beide Institutionen einen höheren Deckungsbeitrag erzielen, wenn sie nicht kooperieren, sondern die Patienten möglichst früh entlassen bzw. möglichst spät aufnehmen. In der Realität ist das Akutkrankenhaus für den kompletten Behandlungsablauf bis zum Ende des Teilprozesses 5 sowie die disruptionsfreie Verlegung verantwortlich, sodass sich eine Kooperation ergeben muss.

11.7.3 Portfolioanalyse eines Sozialleistungsunternehmens

Aufgabenstellung

Der gemeinnützige Sozialleistungskonzern „Solidarität-Eberwald" vereint eine Fülle von unterschiedlichen Unternehmen unter seinem Dach. Eine Analyse der Geschäftsgelder ergab, dass die einzelnen Aktivitäten sehr unterschiedlich in Bezug auf Umsatz, Deckungsbeitrag und Einschätzung einzustufen sind. Die Einschätzung erfolgte nach langer Diskussion in der Unternehmensleitung auf Grundlage des eigenen Leitbildes. Leistungen, die das Unternehmen seit Jahrzehnten anbietet, werden hierbei als „traditionell" bezeichnet, wenn die Dienste auch von anderen Anbietern in gleicher Weise bereitgestellt werden könnten. „Neue Dienste" hingegen bezeichnen Innovationen der letzten fünf Jahre. Mit dem Werturteil „hohe soziale Bedeutung" werden Dienste beschrieben, bei denen die Führungskräfte davon ausgehen, dass kein Konkurrent den Markt so abdecken kann, dass insbesondere soziale Randgruppen gleichermaßen gut versorgt werden. Tab. 213 zeigt die Ergebnisse dieses Prozesses.

Aufgaben:
1. Ermitteln Sie eine geeignete Portfoliomatrix für die „Solidarität-Eberwald".
2. Diskutieren Sie die strategische Ausrichtung des Konzerns. Gehen sie hierbei insbesondere auf die Situation der Krankenhäuser ein.

Tab. 213: Portfolio eines Sozialleistungsunternehmens.

Geschäftsfeld	Umsatz [Mio. €]	Gewinn ['000 €]	Konkurrenz	Selbsteinschätzung
ambulante Kinder- und Jugendhilfe	1,5	0	stark, kommerziell	traditionell
ambulante Krankenpflege	2,5	100	stark, kommerziell	traditionell
ambulante und teilstationäre Suchthilfe	1,0	0	gering	hohe soziale Bedeutung
ambulanten Altenpflege	2,5	50	stark, kommerziell	traditionell
Arbeitsbereich Sucht	0,5	−50	gering	hohe soziale Bedeutung
Konfliktberatungsstellen	0,5	−100	keine	hohe soziale Bedeutung
Frühförderung	0,5	−25	keine	hohe soziale Bedeutung
Heimverhinderungspflege	0,5	50	gering	neuer Dienst, uneinheitlich
Hospizdienst	0,25	−100	keine	neuer Dienst, hohe soziale Bedeutung
Kindertagesstätten	5,5	250	stark, kommerziell	traditionell
Akutkrankenhaus	15,8	3.000	stark, kommerziell	traditionell
Freie Grundschule	2,1	0	verschiedene private und staatliche Schulen	neuer Dienst
stationäre Altenpflege	4,1	400	stark, kommerziell	traditionell
Werkstatt für Behinderte	3,2	−50	gering	traditionell
Fachklinik Gerontopsychiatrie	7,4	10	gering	hohe soziale Bedeutung
Reha-Klinik Psychosomatik	3,5	−5	gering	hohe soziale Bedeutung

Lösung

Ad 1: Die BCG-Matrix, wie sie in Kapitel 6.1.2 gezeigt wird, ist für die Nonprofit-Organisation „Solidarität-Eberwald" ungeeignet, weil weder der Marktanteil noch das Marktwachstum das Zielsystem dieser Organisation reflektieren. Als Dimensionen eignen sich der Refinanzierungsgrad („Gewinn"), die Konkurrenz und die Selbsteinschätzung. Die Entwicklung der Portfolio-Matrix setzt hierbei etwas Mut voraus, sich von den Vorbildern zu lösen und selbständig eine eigene Matrix zu entwickeln, die dem eigenen Zielsystem entspricht und die jeweiligen Entscheidungen vorbereitet.

Im Folgenden werden die Output-Dimensionen „Konkurrenz" und „Selbsteinschätzung" zu einer Dimension „Auftragserfüllung" fusioniert. Wir gehen davon aus, dass die Nonprofit-Organisation ihren Auftrag umso stärker erfüllt, je höher die soziale Bedeutung ist, je innovativer die Unternehmung ist und je weniger Konkurrenz besteht. Damit ergibt sich die Ausprägung, wie sie in Tab. 213 dargestellt

Tab. 214: Auftragserfüllung eines Sozialleistungsunternehmens.

Nr.	Geschäftsfeld	Konkurrenz	Selbsteinschätzung	Auftragserfüllung
A	ambulante Kinder- und Jugendhilfe	stark, kommerziell	traditionell	1
B	ambulante Krankenpflege	stark, kommerziell	traditionell	1
C	ambulante und teilstationäre Suchthilfe	gering	hohe soziale Bedeutung	4
D	ambulanten Altenpflege	stark, kommerziell	traditionell	1
E	Arbeitsbereich Sucht	gering	hohe soziale Bedeutung	4
F	Konfliktberatungsstellen	keine	hohe soziale Bedeutung	5
G	Frühförderung	keine	hohe soziale Bedeutung	5
H	Heimverhinderungspflege	gering	neuer Dienst, uneinheitlich	4
I	Hospizdienst	keine	neuer Dienst, hohe soziale Bedeutung	5
J	Kindertagesstätten	stark, kommerziell	traditionell	1
K	Akutkrankenhaus	stark, kommerziell	traditionell	1
L	Freie Grundschule	verschiedene private und staatliche Schulen	neuer Dienst	3
M	stationäre Altenpflege	stark, kommerziell	traditionell	1
N	Werkstatt für Behinderte	gering	traditionell	2
O	Fachklinik Gerontopsychiatrie	gering	hohe soziale Bedeutung	4
P	Reha-Klinik Psychosomatik	gering	hohe soziale Bedeutung	4

ist. Die entsprechende Quantifizierung (5: sehr hoch) entbehrt nicht einer gewissen Willkürlichkeit, jedoch können Sensitivitäten dieses Problem etwas auffangen.

Abb. 235 zeigt das Ergebnis. Leistungen mit hohem Refinanzierungsgrad aber geringer Bedeutung für die Auftragserfüllung können – in Anlehnung an die Terminologie der BCG-Matrix – als Cash Cow bezeichnet werden. Leistungen, die keinen Beitrag zur Zielsystemerfüllung leisten, jedoch Verlust einfahren, sind in Anlehnung an Fleßa und Westphal als „Kropf" zu bezeichnen.[88] Angebote, die zwar verlustträchtig sind, jedoch von hoher Bedeutung, sind „Prüfsteine", während Leistungen, die sowohl von hoher Bedeutung für das Zielsystem als auch refinanzierbar sind in Anlehnung an die BCG-Matrix als „Stars" bezeichnet werden können.

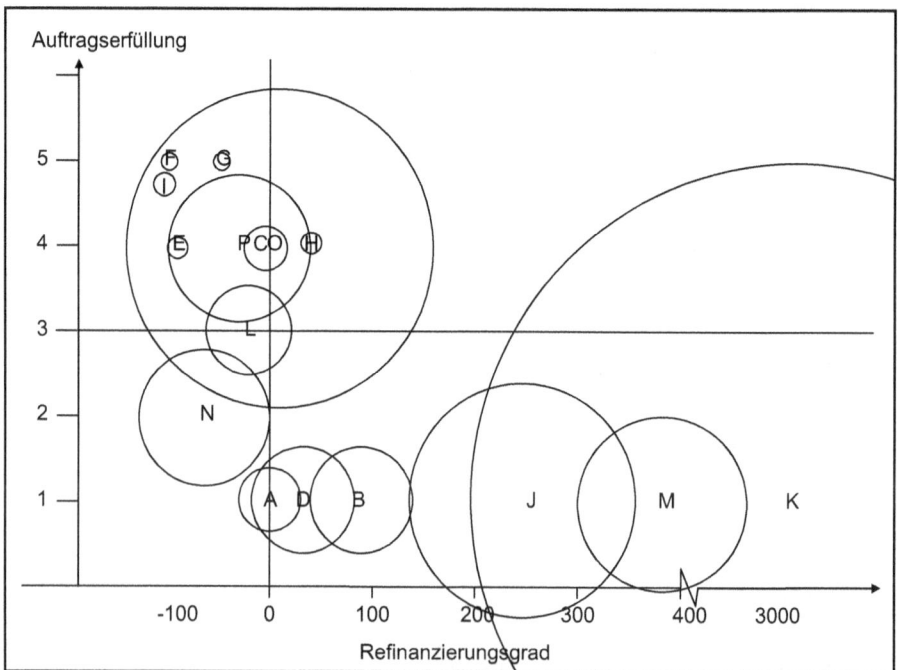

Abb. 235: Portfolio-Matrix eines Sozialleistungsunternehmens.

Ad 2: Auf Grundlage der erstellten Portfolio-Matrix lassen sich für die verschiedenen Geschäftsfelder Empfehlungen über deren zukünftige Entwicklung innerhalb des Konzerns ableiten. Auch für Nonprofit-Organisationen gibt es Normstrategien, die den vier Feldern der Matrix zugewiesen werden können.

Die sogenannten *Stars* entsprechen Geschäftsfeldern, die sich vollständig refinanzieren und gleichzeitig zu einem hohen Grad dem Zielsystem des Trägers ent-

---

88 Vgl. Fleßa und Westphal 2008.

sprechen. Im Beispiel fallen die Leistungen Heimverhinderungspflege (H) und die Fachklinik für Gerontopsychiatrie (O) in diese Kategorie, wenn auch knapp. Für den Konzern sind diese Geschäftsfelder von besonderer Bedeutung, da sie zum einen genügend Cash Flow für die eigene Refinanzierung, die Querfinanzierung anderer Leistungen sowie zukünftiger Entwicklungen generieren. Zum anderen tragen sie im Wesentlichen zum eigenen Zielsystem sowie zu der gewünschten Außenwirkung als gemeinnützige Organisation bei. Diese Geschäftsfelder gilt es im Leistungsportfolio zu halten und nach Möglichkeit auszubauen.

Geschäftsfelder, die den sogenannten *Cash Cows* entsprechen, weisen einen hohen Refinanzierungsgrad auf und können sogar erhebliche Gewinne erwirtschaften. Allerdings haben sie geringere Bedeutung für die Auftragserfüllung der Organisation. Dies kann zwei Gründe haben. Zum einen können derartige Geschäftsfelder in das Leistungsportfolio aufgenommen worden sein, um Leistungsfelder mit geringem Refinanzierungsgrad aber hoher sozialer Bedeutung finanziell zu kompensieren. Zum anderen kann der Grad der Auftragserfüllung im Laufe der Zeit aus Gründen einer zunehmenden Konkurrenzsituation oder abnehmender Bedeutung spezifischer sozialer Bedürfnisse der Gesellschaft gesunken sein. Daraus wird offensichtlich, dass diese Leistungen trotz der relativ geringen Auftragserfüllung essentiell für den Konzern sind. Vor allem das Akutkrankenhaus (K) im vorliegenden Beispielfall generiert einen sehr hohen Gewinn, mit welchem sich andere Geschäftsfelder des Sozialleistungskonzerns „Solidarität Eberswalde" querfinanzieren lassen, welche selbst keinen Gewinn erwirtschaften, aber ideell von hoher Relevanz sind. Weitere Beispiele für Cash Cows in der Beispielorganisation sind die stationäre Altenpflege (M) und die Kindertagesstätte (J). Diese Geschäftsfelder sind vor allem wirtschaftlich attraktiv. Daher ist es für die Organisation unabdingbar diese Leistungen im Portfolio zu halten, um ausreichend Cash Flow für die Finanzierung der unter Prüfsteine eingruppierten Felder zu generieren. Sie tragen nicht unwesentlich zur nachhaltigen Finanzierung und somit Erhaltung des gesamten Konzerns bei.

Leistungsfelder von Nonprofit-Organisationen, die sich nicht (in ausreichender Form) selbst refinanzieren, können je nach Grad der Auftragserfüllung entweder der Kategorie der *Prüfsteine* oder des *Kropfes* zugeordnet werden. Diese Leistungen sind in Bezug auf die Sozialversicherung nicht oder nur zu einem gewissen Anteil erstattungsfähig, was bedeutet, dass Zuschüsse und Entgelte allein die Ausgaben nicht ausreichend decken. Als Beispiel der ersteren Kategorie ist hierfür die Reha-Klinik für Psychosomatik (P) des Sozialleistungskonzerns „Solidarität-Eberwald" zu nennen. Diese Klinik hat Verluste zu verzeichnen und weist somit einen negativen Refinanzierungsgrad auf. Gleichzeit ist die soziale Bedeutung bei geringer Konkurrenz hoch. Dementsprechend entspricht dieses Geschäftsfeld dem Zielsystem der Organisation zu einem bedeutenden Grad. Da solche Leistungen zur Erreichung der eigentlichen Ziele eines gemeinnützigen Unternehmens beitragen und diese dadurch von kommerziellen Unternehmen unterscheiden, sind sie im Portfolio zu halten.

Dafür ist es notwendig, Gewinne aus anderen Geschäftsfeldern zur Refinanzierung der Reha-Klinik für Psychosomatik einzusetzen.

Geschäftsfelder, die sich weder refinanzieren lassen, noch dem Zielsystem zu einem hohen Grad entsprechen, sollten langfristig aufgegeben werden. Im vorliegenden Fall des Sozialleistungskonzerns sollte die Werkstatt für Behinderte (N) auf Grundlage der Portfolio-Analyse nicht weiter betrieben werden. Allerdings ist es in der Realität oft der Fall, dass es sich bei Leistungen, die in die Kategorie des *Kropfes* fallen, um ehemalige Prüfsteine handelt. Hierbei ist es besonders wichtig, den aktuellen Beitrag zur Erfüllung des Zielsystems zu analysieren und gegenüber anderen Geschäftsfeldern abzuwägen.

11.7.4 Strategische Planung

Aufgabenstellung

Das katholische St. Anna Krankenhaus in Walpurgisruh steht kurz vor der Insolvenz. Der Vorstand des St. Anna Trägervereins bittet Sie als Berater um Hilfe, damit das Traditionshaus (gegründet 1875) auch in Zukunft noch weiter existieren kann. Sie schaffen sich zuerst einen Überblick mit Hilfe der wichtigsten Statistiken (vgl. Tab. 215), vermuten jedoch auch, dass es historische Brüche in der Entwicklung geben könnten. Hierzu setzen Sie sich mit der Mutter Oberin des St. Anna-Ordens, Sr. Anneliese (72), die gleichzeitig Vorsitzende des Trägervereins ist, zusammen, die Ihnen einen Überblick über die Entwicklungen gibt (vgl. Tab. 216).

Abschließend besorgen Sie sich den Landeskrankenhausplan 2019–2023 und verschaffen sich ein Bild über das Einzugsgebiet von St. Anna (vgl. Abb. 236). Insgesamt leben in dem Gebiet zwischen den Städten Würgstadt, Maushausen, Adelshoben, Kreutlingen und Kussstadt 320.000 Einwohner. Der neue Krankenhausplan sieht nach wie vor 150 Betten Innere und 100 Betten Chirurgie für Walpurgisruh vor, aber keine Psychiatrie. Stattdessen wird ein Bedarf an stationärer und ambulanter geriatrischer sowie palliativer Versorgung konstatiert, der bislang ungedeckt ist.

Als Berater führen Sie mit allen Führungskräften Interviews, um deren Einschätzung zu erhalten. Hierbei fällt auf, dass niemand die Verantwortung für diese Entwicklung übernehmen möchte. Sr. Anneliese betont häufig, dass der aktuelle Landeskrankenhausplan das St. Anna Krankenhaus systematisch benachteilige, da er den umliegenden Krankenhäusern erlaube als Konkurrenten aufzutreten. Eine Kooperation mit anliegenden Krankenhäusern schließt sie aus. Die Pflegedienstleitung fügt häufig hinzu, dass es halt ein Ordenskrankenhaus sei, das seine eigene Prägung habe. Der ärztliche Direktor beklagt, dass die Ausstattung veraltet und die Prozesse überholt seien, er jedoch gegen die – wie er sagt – rückständige Leitung nichts machen könne.

Darüber hinaus machen Sie eine ausführliche Begehung des Krankenhauses. Zuerst mit einem Vertreter der Leitung, anschließend alleine. Sie fragen die Mitarbeiter nach ihren Erfahrungen, Einstellungen und ihrer Zufriedenheit. Dabei stellt

Tab. 215: Statistiken des St. Anna Krankenhauses.

Statistik	Erklärung	2008	2009	2010	2011	2012	2013	2014
Bettenzahl	Gesamt, davon	250	250	300	300	280	280	280
	– Innere Medizin	150	150	150	150	100	100	100
	– Chirurgie	100	100	100	100	100	100	100
	– Psychiatrie	0	0	50	50	80	80	80
Mitarbeiter		780	780	950	950	780	720	700
	davon Ärzte	28	28	28	26	22	19	18
Case Mix		11.811	12.982	14.221	11.508	10.535	9.999	10.152
Case Mix Index		1,11	1,10	0,89	0,91	0,87	0,86	0,87
Belegung		85 %	84 %	75 %	76 %	72 %	70 %	68 %
Gewinn/Verlust		+250.000	+280.000	−530.000	−220.000	−180.000	−250.000	−230.000

Tab. 216: Historische Entwicklung des St. Anna Krankenhauses.

Jahr	
2008–2009	keine maßgeblichen Änderungen
2010	Die kommunale Klinik für Psychiatrie in Walpurgisruh soll geschlossen werden. Der Vereinsvorstand erkennt dies als große Chance und kauft die Klinik für einen Euro auf. Die 50 psychiatrischen Betten werden in St. Anna integriert.
2011	Die letzte Nonne des Anna-Ordens verlässt das Krankenhaus mit 70 Jahren in den Ruhestand. Die Mac-Money Klinikkette eröffnet eine moderne Psychiatrie in Würgstadt.
	Der langjährige Chefarzt der Inneren folgt einem Ruf an eine Universität und verlässt das Haus.
2012	Der Vereinsvorstand entscheidet, die Bettenzahl der Inneren um 50 zu reduzieren und gleichzeitig die Zahl der Psychiatriebetten um 30 zu erhöhen Eine Reihe von Ärzten verlässt das Krankenhaus und folgt dem ehemaligen Chefarzt der Inneren.
2013	Der Vereinsvorstand entlässt den kaufmännischen Direktor wegen des anhaltendenden Defizits. Ein Nachfolger kann nicht gefunden werden, sodass Sr. Anneliese die Geschäfte führt.
2014	Erstmals fällt die starke Unterbesetzung wichtiger ärztlicher und pflegerischer Positionen auf. Der MDK beanstandet erhebliche Qualitätsmängel.

sich eine große Kluft zwischen neuen und älteren Mitarbeiter heraus (vor bzw. nach 2010). Insbesondere die übernommenen Mitarbeiter der kommunalen Psychiatrie beklagen, dass sie Mitarbeiter zweiter Klasse seien, während die erfahrenen Mitarbeiter von St. Anna das fehlende Engagement der jüngeren beklagen. Sie können weder in der Pflege noch in der Medizin ein systematisches Personalmanagement erkennen.

Aufgaben:
Suchen Sie eine Lösung für das Problem des St. Anna-Krankenhauses. Gehen Sie hierbei möglichst systematisch vor und schließen Sie keine Lösungsmöglichkeiten von Anfang an aus.

Hinweis: In einem Beratungsprozess ist es regelmäßig möglich, während der Analyse noch weitere Informationen hinzuzuziehen. Wagen Sie im Rahmen dieser Fallstudie auch Fantasie, um mögliche Probleme zu identifizieren.

Lösung
Für die Lösung dieses vorerst unscharfen Problems eignet sich das Systemmodell des Krankenhauses (vgl. Abb. 237). Die Unternehmensanalyse wird hierbei folgende Schritte aus dem Systemmodell ableiten:

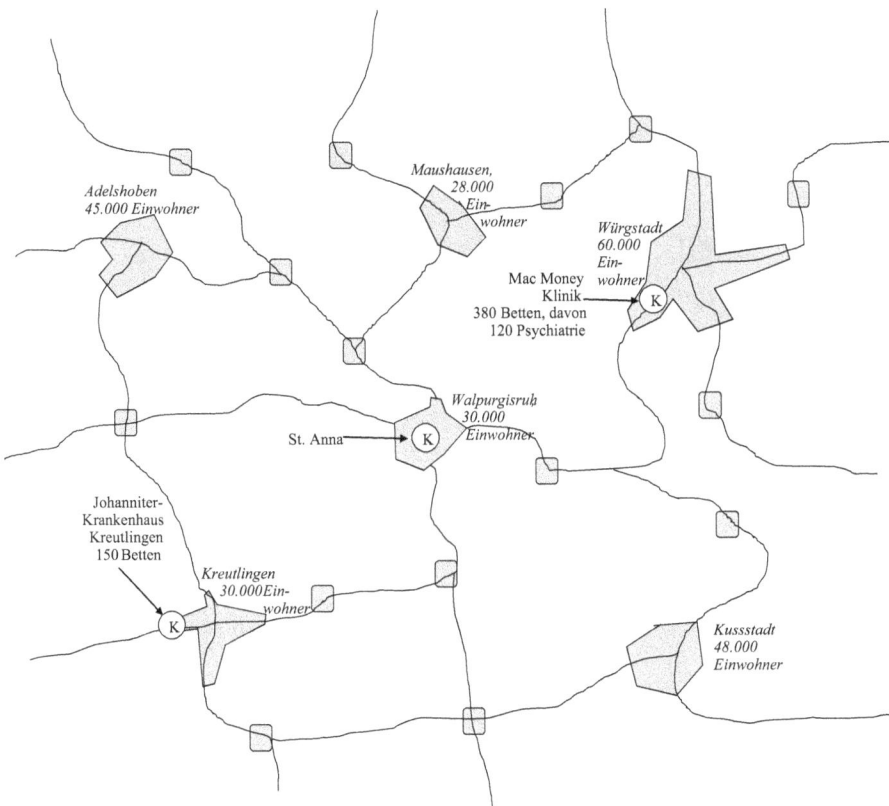

Abb. 236: Einzugsbereich von St. Anna.

Schritt 1: Wo liegt eigentlich das Problem? Aktuelles Ergebnis? Zukunft? Existenzgrund? Verantwortung? Sinngrund?

Schritt 2: Stimmen Output und Existenzgrund (Bedürfnisse der direkten und indirekten Kunden) noch überein?

Schritt 3: Welches Verhalten hat zu der Abweichung geführt? Kommunikation? Konflikt? Führung? Regeln? Untugenden?

Schritt 4: Welche Strukturen und Elemente sind geeignet, dieses Fehlverhalten zu begünstigen? Technischer Prozess (Forschung, Entwicklung, EDV, Maschinen, ...)? Sozialer Prozess (Kommunikation, Entscheidungssystem, Kontrolle und Belohnung)? Aufgabenkernprozess (Funktion im Unternehmen, Prozesse, Ressourcen)? Individueller Prozess (Qualifikation, Motivation, Persönlichkeitsdefizite)?

Schritt 5: Welche Strategien, Pläne, Ziele, Regeln, Vision, Mission etc. haben die Strukturen so festgelegt, dass sie diese Outputs erzeugen.

Schritt 6: Welche informellen Machtkämpfe finden statt? Welche „wahren" Gründe liegen dem Verhalten zu Grunde? Welche Persönlichkeiten sind im Unternehmen?

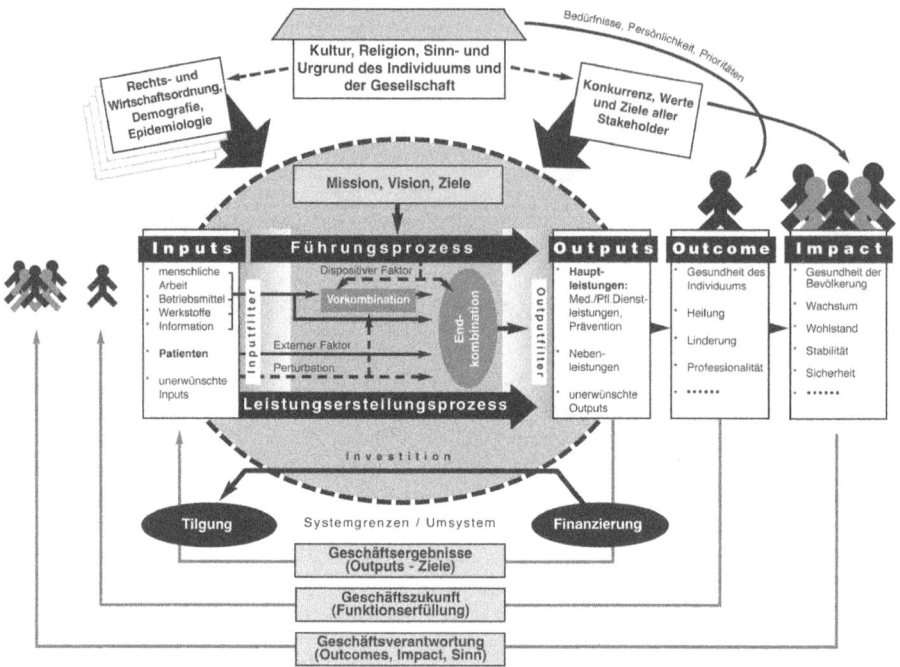

Abb. 237: Vollständiges Systemmodell.

Im Folgenden sollen diese Schritte abgearbeitet werden:

Schritt 1

Das offensichtlichste Problem besteht in einem akkumulierten Defizit von 1.410.000 €
seit 2010. Die negative Entwicklung trat erst mit der Übernahme der kommunalen Psychiatrie in Walpurgisruh auf. Aller Erfahrung nach sind solche Übergangsperioden
schwierig und führen häufig zu Gewinneinbrüchen. Allerdings hat sich das Krankenhaus seither nicht mehr erholt. Darüber hinaus können als Probleme eine sich
verschärfende Unterbesetzung, ein fallender Case Mix sowie Case Mix Index ausgemacht werden. Schließlich wurden gravierende Qualitätsmängel ausgemacht. Es ist
anzunehmen, dass die genannten Faktoren miteinander in Beziehung stehen.

Diese Entwicklung spiegelt sich auch in der durchschnittlichen Verweildauer
wider (vgl. Tab. 217), die sich berechnen lässt als

$$d_t = \frac{b_t \cdot 365 \cdot a_t}{f_t} = \frac{b_t \cdot 365 \cdot a_t}{CM_t / CMI_t} \text{ mit}$$

d_t durchschnittliche Verweildauer in Jahr t
b_t Bettenzahl in Jahr t

a_t Auslastung in Jahr t

f_t Fallzahl in Jahr t

CM_t Case Mix in Jahr t

CMI_t Case Mix Index in Jahr t

Die Aufnahme der Psychiatrie hätte eigentlich zu einer Verweildauerverlängerung führen müssen, da psychiatrische Patienten in der Regel länger liegen. Allerdings scheint hier ein schweres Problem im Fallspektrum vorzuliegen, was sich auch in den folgenden Jahren nicht bereinigen lässt. Auslastung, Fallzahl, Bett-Tage und Verweildauer sinken unaufhaltsam. Das eigentliche Problem scheint darin zu liegen, dass die Patienten die Dienstleistungen des Hauses nicht als konkurrenzfähig ansehen. Da das Einzugsgebiet eigentlich groß genug sein müsste und kaum anzunehmen ist, dass die Nachfrage aus epidemiologischen Gründen rückgängig ist, muss ein internes Problem konstatiert werden.

Tab. 217: Analyse des St. Anna Krankenhauses.

Statistik	2008	2009	2010	2011	2012	2013	2014
Bett-Tage potentiell	91.250	91.250	109.500	109.500	102.200	102.200	102.200
Fallzahl	10.641	11.802	15.979	12.646	12.109	11.627	11.669
Bett-Tage real	77.562	76.650	82.125	83.220	73.584	71.540	69.496
Verweildauer	7,3	6,5	5,1	6,6	6,1	6,2	6,0
Case Mix pro Mitarbeiter	15,1	16,6	15,0	12,1	13,5	13,9	14,5
Case Mix pro Arzt	421,8	463,6	507,9	442,6	478,9	526,3	564,0
Pflegetage pro Mitarbeiter	99,4	98,3	86,4	87,6	94,3	99,4	99,3
Pflegetage pro Arzt	2.770,1	2.737,5	2.933,0	3.200,8	3.344,7	3.765,3	3.860,9

Die Krankenhausleitung hat – mit Ausnahme des kaufmännischen Direktors – nicht gewechselt. Für die interne Krise trägt folglich die jetzige Leitung Verantwortung. Ein Abwälzen auf äußere Entwicklungen ist nicht möglich.

Schritt 2

Der Existenzgrund des Krankenhauses (Patientenversorgung) ist in der Grundversorgung der Inneren Medizin und der Chirurgie gegeben. In der Psychiatrie ist dies fraglich, da die Auslastung dieser Abteilung gering ist und sich auch keine Besserung abzeichnet. Ein Dienstleister, dem keine Nachfrage entspricht, verliert seine Existenzberechtigung. Darüber hinaus muss gefragt werden, ob jemals ein dem Zielsystem des Trägers entsprechender Übernahmegrund vorhanden war. Die „große Chance" wurde zwar nicht weiter definiert, könnte jedoch überwiegend auf Zielen basieren,

die nicht dem Leitbild des St. Anna entsprechen. Marktbeherrschung und eine Erhöhung des Gewinnes (immerhin machte St. Anna vorher bereits Gewinne!) sind für die
Nonprofit-Organisation fragwürdige Ziele. Das Leitbild von St. Anna unterstützt diese
Strategie kaum. Es muss weiter untersucht werden, wie es dazu kommen konnte,
dass diese kommunale Einrichtung übernommen wurde.

Der Landeskrankenhausplan konstatiert einen hohen Bedarf an geriatrischer und
palliativer Versorgung in der Region. Der originäre Sinngrund des Krankenhauses besteht darin, die Bevölkerung im Einzugsbereich mit Gesundheitsdienstleistungen zu
versorgen, die diese Bevölkerung dringlich benötigt. Bislang hat St. Anna darauf nicht
reagiert. Stattdessen wurde die Innere – d. h. die Abteilung, auf der geriatrische und
palliative Patienten überwiegend aufgenommen werden – sogar abgebaut. Die offizielle
Begründung liegt in der schwierigen Wiederbesetzung der Chefarztposition. Allerdings
spielt dies bei der Frage des Sinngrundes des Krankenhauses keine Rolle. Er ergibt sich
allein aus einer externen Funktion, d. h., seiner Leistung für die Gesellschaft.

Der Urgrund eines katholischen Krankenhauses besteht in dem christlichen Hei-
lungsauftrag. Hierbei muss sich ein konfessionelles von einem staatlichen oder kommerziellen Krankenhaus unterscheiden. Bei völliger Identität bleibt die Frage, warum
der konfessionelle Träger bestimmte Privilegien (z. B. Steuerbefreiung) beansprucht.
Bei St. Anna war die Unterscheidung über Jahrzehnte durch den Einsatz der fleißigen,
zugewandten und spirituellen Nonnen in der Pflege und Leitung gegeben. Dieses Potential ging jedoch verloren, da es keine jungen Nonnen mehr im Orden gibt. Das Krankenhaus hat damit nicht nur eine Finanz-, Qualitäts- und Führungs-, sondern auch
eine Begründungskrise, die sich zweifelsohne auf die Mitarbeiter auswirken muss.

Schritt 3

Aus den obigen Darstellungen (vgl. Tab. 216) lässt sich die hohe Dominanz des Vorstandes des Trägervereins ablesen. Das Krankenhaus hat keine eigenständige Geschäftsführung, sondern wird vollständig von der Oberin geleitet. Hier wären auch Gespräche mit
den anderen Mitgliedern des Vereinsvorstandes notwendig. Es scheint so zu sein, dass
das Krankenhaus letztlich von einer Person beherrscht und nach ihrer Erfahrung geführt wird. Es ist zu hinterfragen, ob der Verlust des Chefarztes der Inneren auch mit
dem Führungsstil zu tun hat. Häufig ist der Push-Effekt („Ich will hier weg!") stärker als
der Pull-Effekt („Ich will dorthin!"), d. h., es könnte gut sein, dass der Chefarzt nur deshalb gegangen ist, weil er seine eigenen Prioritäten nicht gegen die mächtige Oberin
durchsetzen konnte.

An dieser Stelle wäre auch eine Persönlichkeitsanalyse der Oberin notwendig, die
hier jedoch nur rudimentär und fiktiv erfolgen kann. Ist sie eine dominante Person, die
neben sich niemanden hochkommen lässt und Entscheidungen prinzipiell alleine trifft?
Oder handelt es sich um eine eher konservative und risikoscheue Person, die keine Veränderungen mehr im Krankenhaus zulassen möchte? Warum ist es ihr nicht gelungen,
die Mitarbeiter der übernommenen kommunalen Psychiatrie einzubeziehen? Könnten
hier auch ideologische bzw. religiöse Barrieren eine Rolle spielen? Wie kommuniziert

sie? Gibt es regelmäßige Treffen, in denen die Mitarbeiter ihre Probleme artikulieren und Zukunftschancen ausmalen können? Ist sie eher mütterlich oder matriarchalisch?

Wir gehen im Folgenden davon aus, dass Sr. Anneliese eine Pflegekraft ist, die sich über fast 50 Jahre in diesem Krankenhaus große Verdienste erworben hat. Sie musste mit ansehen, wie ihr Orden immer weiter schrumpfte und zum Schluss keine einzige Nonne mehr in dem Krankenhaus tätig war. Das hat sie sehr getroffen. Weiterhin misstraut sie den „Jungen" (alle unter 60), ob sie auch das Wesen des katholischen Krankenhauses ausreichend verinnerlicht haben. Sie arbeitet nicht mehr als Krankenschwester, ist aber neben ihrer Tätigkeit als Vereinsvorstand und Geschäftsführerin unermüdlich in der Seelsorge an Patients tätig. Hier gilt sie als warmherzig und zugewandt. Gerade die neueren Mitarbeiter erleben sie hingegen als hart und dominant.

Ihre Analyse als Berater ist klar: Hier liegt ein zentrales Führungsproblem vor. Sr. Anneliese hat eine Doppelfunktion. Als Vorsitzende des Vorstandes muss sie die Geschäftsführung überwachen, doch sie ist selbst die Geschäftsführung. Ihr fehlt die kaufmännische Qualifikation für beide Tätigkeiten. Bei Verhandlungen mit den Kassen ist sie regelmäßig überfordert.

Schritt 4

Bei der Begehung zeigt sich, dass die Technostruktur des Krankenhauses sowohl in den Primär- als auch in den Sekundärprozessen nicht auf dem neuesten Stand ist. Es fehlt ein leistungsfähiges Klinikinformationssystem. Stattdessen gibt es Insellösungen. Auch die Ausstattung der Stationen, Funktionsstellen und insbesondere des OPs sollte verbessert werden. Trotzdem können diese Strukturprobleme nicht die Qualitätsmängel erklären.

Die Klinikleitung erklärt die Qualitätsmängel mit der schlechten Personalausstattung. Tab. 217 zeigt jedoch, dass die Personalausstattung gar nicht so katastrophal ist. Die zunehmende Belastung der Jahre 2013 und 2014 kompensiert lediglich die Anpassungsjahre ab 2010. Die generierten Case Mix Punkte pro Mitarbeiter waren im Jahr 2014 zwar höher als beispielsweise im Jahr 2011, aber immer noch geringer als im Jahr 2008. Auch die Pflegetage pro Mitarbeiter sind im Jahr 2014 praktisch identisch mit der Statistik aus dem Jahr 2008. Lediglich die Arztbelastung ist in den letzten Jahren gestiegen. Sowohl der Case Mix, als auch die Pflegetage pro Arzt sind deutlich nach oben gegangen. Der Personalabbau führte hier fraglos zu einer Mehrbelastung. Dies impliziert eine Negativspirale: hohe Belastung führt zu Überforderung, die wiederum zu Kündigungen führt. Dadurch steigt die Belastung für das verbliebene Personal.

Trotzdem kann anhand dieser Statistiken weder das Qualitätsproblem noch das Fluktuationsproblem erklärt werden. Die Motivation der Mitarbeiter (sowohl zur Qualitätsleistung als auch zum Verbleib) basiert vielmehr auf dem Betriebsklima. Es scheint so zu sein, dass der soziale Kernprozess deutlich verbesserungswürdig ist. Das „Wir-Gefühl" hat abgenommen, weil unsichtbare Barrieren zwischen „älteren" und „jüngeren", zwischen „katholischen" und „kommunalen" Mitarbeitern eingezogen sind. Die Entscheidung ist konzentriert auf eine Person, Delegation und Partizipation finden nicht statt.

Schritt 5

An dieser Stelle muss der Berater sich fragen, welche offiziellen oder inoffiziellen Regeln das Verhalten begünstigt haben. Da das vorliegende Problem von St. Anna eindeutig ein Führungsproblem ist, muss auch bei der Governance angesetzt werden. Die Vereinsstruktur begünstigt den Einfluss von Personen auf die Unternehmensführung, die starke Eigeninteressen haben, nicht vom Fach sind oder wichtige Entscheidungen „nebenbei" treffen. Krankenhäuser als Großunternehmen können nur dann einen Verein als Träger haben und effektiv geführt werden, wenn eine strikte Trennung zwischen Geschäftsführung und Kontrollorgan (Verein) erfolgt. Der Verein ist dann nur noch für die Überwachung und die sehr langfristigen Strategien zuständig, alles andere liegt in den Händen der Geschäftsführung.

Dem Berater bleibt folglich nichts anderes übrig, als den Verein auf die Konsequenzen der fehlenden Governance hinzuweisen. Wenn das Krankenhaus so weitergeführt wird, droht die Insolvenz einzutreten. Da die Gebäude kaum so veräußert werden könnten, dass zumindest die Sonderposten abgedeckt werden, wäre St. Anna sofort überschuldet. Ein Insolvenzverwalter würde augenblicklich die Geschäftsführerin absetzen. Dem Verein muss verdeutlicht werden, dass es keine Alternative zu einer vollständigen Umstrukturierung gibt. Er empfiehlt folglich die Umwandlung in eine gGmbH mit einer schnellstmöglichen Bestellung eines Geschäftsführers, der große Unabhängigkeit bekommen muss. Die bisherigen Vereinsmitglieder können nur dann in den Aufsichtsrat wechseln, wenn sie entsprechende Kompetenzen mitbringen. Die strikte Trennung von Orden und Krankenhaus – die bislang nur noch in der Person von Sr. Anneliese verhindert wird – muss durchgesetzt werden.

Weiterhin wird deutlich, dass das Leitbild des Krankenhauses so formuliert ist, dass die wenigsten Mitarbeiter sich damit identifizieren können. Hier steht ein partizipativer Prozess an. Den Mitarbeitern muss die Krisensituation verdeutlicht, jedoch auch die Zukunftsszenarien aufgezeigt werden.

Schritt 6

Der sechste Schritt kann an dieser Stelle entfallen, da das hier vorliegende Problem mit dem Ausscheiden der Oberin aus der Geschäftsführung behoben ist. Allerdings sollten die oben angesprochenen Probleme schrittweise mit den Mitarbeitern gelöst werden. Hierbei sind wiederum die Persönlichkeiten und Prägungen (z. B. „ältere" vs. „neuere" Mitarbeiter) zu berücksichtigen. Von besonderer Bedeutung wird die Neuaufstellung des Leistungsportfolios sein. Der Berater empfiehlt eine ausführliche Marktanalyse der Psychiatrie, Geriatrie und Palliativmedizin als Portfolioalternativen. Die Neuausrichtung sollte in enger Absprache mit den benachbarten Kliniken erfolgen. Erste Gespräche mit dem Johanniter-Krankenhaus in Kreutlingen zeigen, dass hier ein großer Bedarf an einer verlässlichen Abnahme von Palliativpatienten wäre. Eine Kooperation wäre möglich.

Literatur

Adam, D. (2013). Planung und Entscheidung: Modelle-Ziele-Methoden. Heidelberg u. a.O., Springer.

AFMC (2010). Primer on population health. A virtual textbook on public health concepts for clinicians. Ottawa, Association of Faculties of Medicine of Canada.

Albach, H. (1990). Business Administration in German-Speaking Countries. Handbook of German Business Management. E. Grochla und E. Gaugler. Berlin, Poeschel: 247–270

Albach, H. (1990). Business Administration: History in German-Speaking Countries. Stuttgart, Schäffer-Poeschel.

Albach, H. (2009). Allgemeine Betriebswirtschaftslehre. Wiesbaden, Gabler.

Alter, R. (2019). Strategisches Controlling Unterstützung des strategischen Managements. München, Oldenbourg.

Amelung, m. V., S. Eble, H. Hildebrandt, F. Knieps, R. Lägel, S. Ozegowski, R.-U. Schlenker und R. Sjuts (2015). Patientenorientierung. Berlin, MWV.

Amelung, V. E. (2012). Managed Care: Neue Wege im Gesundheitsmanagement. Wiesbaden, Gabler.

Ammenwerth, E., R. Haux, A. Bess, O. J. Bott und H. Ammenwerth (2005). IT-Projektmanagement in Krankenhaus und Gesundheitswesen: einführendes Lehrbuch und Projektleitfaden für das taktische Management von Informationssystemen; mit 65 Tabellen. Stuttgart et. al., Schattauer.

Andel, C., S. L. Davidow, M. Hollander und D. A. Moreno (2012). The economics of health care quality and medical errors. Journal of health care finance 39(1): 39.

Arnold, D., H. Isermann, A. Kuhn, H. Tempelmeier und K. Furmans (2008). Handbuch Logistik. Berlin et al., Springer.

Arnold, L., M. Litsch, Schnellschmidt und Ackermann (2001). Krankenhausreport 2000.

Ärzteblatt (2019). Zahl der MDK-Prüfungen zu Krankenhaus-abrechnungen steigt weiter an. https://www.aerzteblatt.de/nachrichten/102367/Zahl-der-MDK-Pruefungen-zu-Krankenhausabrechnungen-steigt-weiter-an.

Backhaus, K. und H. Schneider (2020). Strategisches Marketing. Stuttgart, Schäffer-Poeschel.

Banks, J., I. Carson, S. John, B. L. Nelson und D. M. Nicol (2013). Discrete-event system simulation. Upper Saddle River, Pearson Prentice Hall.

Barbuto Jr., J. E. und R. W. Scholl (1998). Motivation sources inventory: Development and validation of new scales to measure an integrative taxonomy of motivation. Psychological Reports 82(3): 1011–1022.

Barnett, M. J., P. J. Kaboli, C. A. Sirio und G. E. Rosenthal (2002). Day of the week of intensive care admission and patient outcomes: a multisite regional evaluation. Medical care: 530–539.

Bärwolff, H., F. Victor und V. Hüsken (2006). IT-Systeme in der Medizin. Wiesbaden, Vieweg.

Bauer, H. (2007). Nichtärztliche Assistenz durch chirurgisch technische Assistenten (CTA). DGU-Mitteilungen 36: 50–60.

Baum, D. (2013). Grundlagen der Warteschlangentheorie. Heidelberg u. a.O., Springer.

Baum, H.-G., A. G. Coenenberg, T. Günther und P. M. Hamann (2013). Strategisches Controlling. Stuttgart, Schäffer-Poeschel.

Baur, N. und J. Blasius (2019). Methoden der empirischen Sozialforschung. Heidelberg u. a.O., Springer: 41–62.

Bea, F. X. und J. Haas (2019). Strategisches Management. Stuttgart, Lucius & Lucius.

Becker, F. (2016). Teamarbeit, Teampsychologie, Teamentwicklung So führen Sie Teams! [s.l.], Springer-Verlag.

https://doi.org/10.1515/9783110753103-012

Behrendt, H. und R. Schmiedel (2004). Raumplanerische Ansätze zur Ermittlung einer bedarfsgerechten rettungsdienstlichen Infrastruktur. Standort-Zeitschrift für angewandte Geographie 28(2): 79–86.

Bellinger, B. (1993). Allgemeine und Spezielle Betriebswirtschaftslehre(n). Handwörterbuch der Betriebswirtschaftslehre. W. Wittmann. Stuttgart, Schäffer-Poeschel. 5: Sp. 68–84.

Bertelsmann (2021). SmartHealthSystems. 01.07.2021, 2021, https://www.bertelsmann-stiftung. de/de/unsere-projekte/der-digitale-patient/projektthemen/smarthealthsystems#c1203567.

Berthel, J. und F. G. Becker (2021). Personal-Management. Grundzüge für Konzeptionen betrieblicher Personalarbeit. Stuttgart, Schäffer-Poeschel.

Bichler, K. (2017). Gabler Kompaktlexikon Logistik 1.900 Begriffe nachschlagen, verstehen, anwenden. Wiesbaden, Gabler Verlag / Springer Fachmedien Wiesbaden GmbH.

Bitz, M. (1981). Entscheidungstheorie. München, Vahlen.

Bitz, M., D. Schneeloch und W. Wittstock (2014). Der Jahresabschluss nationale und internationale Rechtsvorschriften, Analyse und Politik. München, Vahlen.

Boese, J. und W. Karasch (1994). Krankenhausinformatik Theorie und Praxis; mit 93 Tabellen. Berlin [u. a.], Blackwell Wiss.-Verl.

Bogetoft, P. und L. Otto (2010). Benchmarking with Dea, Sfa, and R, Springer Science & Business Media.

Bonita, R., R. Beaglehole, T. Kjellström und K. Beifuss (2013). Einführung in die Epidemiologie. Göttingen u. a.O., Hogrefe.

Bösenberg, D. und H. Metzen (1995). Lean-Management Vorsprung durch schlanke Konzepte. Landsberg/Lech,Verl. Moderne Industrie.

Bouncken, R. B., M. A. Pfannstiel und A. J. Reuschl (2014). Dienstleistungsmanagement im Krankenhaus II Prozesse, Produktivität, Diversität. Wiesbaden, Springer Gabler.

Brändle, G., B. Liese, N. Köhler, T. Hähnel und N. Schlottmann (2011). Das G-DRG-System Version 2012. Das Krankenhaus: 1245–1259.

Brater, M., A. Maurus, M. Brater und A. Maurus (1999). Das schlanke Heim Lean-Management in der stationären Altenpflege. Hannover, Vincentz.

Braun von Reinersdorff, A. (2007). Strategische Krankenhausführung: vom Lean Management zum Balanced Hospital Management. Bern, Huber.

Brecher, C. und S. Spiezio (1995). Privatization and public hospitals: Choosing wisely for New York City, Brookings Inst Press.

Breyer, F., P. Zweifel und M. Kifmann (2012). Gesundheitsökonomik. Berlin et al., Springer.

Brink, A. und V. A. Tiberius (2005). Ethisches Management Grundlagen eines wert(e)orientierten Führungskräfte-Kodex. Bern [u. a.], Haupt.

Brotcorne, L., G. Laporte und F. Semet (2003). Ambulance location and relocation models. European journal of operational research 147(3): 451–463.

Bruckenberger, E., S. Klaue und H.-P. Schwintowski (2006). Krankenhausmärkte zwischen Regulierung und Wettbewerb. Berlin et al., Springer.

Bruhn, M. (2000). Qualitätssicherung im Dienstleistungsmarketing – eine Einführung in die theoretischen und praktischen Probleme. Dienstleistungsqualität. Heidelberg u. a.O., Springer: 21–48.

Bruhn, M. und H. Meffert (2013). Handbuch Dienstleistungsmanagement: von der strategischen Konzeption zur praktischen Umsetzung. Heidelberg u. a.O., Springer-Verlag.

Budde, B. (2009). Christliches Management profilieren: Führungsstrukturen und Rahmenbedingungen konfessioneller Krankenhäuser in Deutschland, LIT Verlag Münster.

Budych, K. (2013). Telemedizin Wege zum Erfolg; [… basiert auf den Ergebnissen des BMBF-Projekts "S.I.T.E. – Schaffung eines Innovationsmilieus für Telemedizin"]. Stuttgart, Kohlhammer.

Bühner, R. (2004). Betriebswirtschaftliche Organisationslehre. Berlin, de Gruyter.

Bundesärztekammer (2021). Ergebnisse der Ärztestatistik zum 31.12.2020. Ergebnisse der Ärztestatistik zum 31.12. 18.08.2021, 2021, https://www.bundesaerztekammer.de/ueber-uns/aerztestatistik/aerztestatistik-2020/.

Bundesministerium für Gesundheit (2021). Aufgaben und Organisation der GKV. 04.08.2021, 2021, https://www.bundesgesundheitsministerium.de/themen/krankenversicherung/grundprinzipien/aufgaben-und-organisation-der-gkv.html.

Bundesvereinigung deutscher Apothekerverbände (2021). Zahl der Apotheken sinkt auf 18.753. 18.08.2021, 2021, https://www.abda.de/aktuelles-und-presse/pressemitteilungen/detail/zahl-der-apotheken-sinkt-auf-18753/.

Bunzemeier, H. und H. Helmut Ostermann (2019). Finanzierung stationärer Krankenhausleistungen in Deutschland im Jahr 2019. Berlin, Arbeitsgemeinschaft Gesundheitspolitik und Market Access der Sektion C der Deutschen Krebsgesellschaft (AG GePoMAx).

Busse, R., J. Schreyögg und T. Stargardt (2013). Management im Gesundheitswesen: das Lehrbuch für Studium und Praxis. Berlin et al., Springer.

Busse, R., J. Schreyögg und T. Stargardt (2017). Management im Gesundheitswesen Das Lehrbuch für Studium und Praxis. Springer Medizin. Berlin Heidelberg, Springer.

Cardoso, J., H. Fromm, S. Nickel, G. Satzger, R. Studer und C. Weinhardt (2015). Fundamentals of Service Systems. Heidelberg u. a.O., Springer.

Caritas (2021). Millionenfache Hilfe – Die Caritas in Zahlen. 08.08.2021, 2021, https://www.caritas.de/diecaritas/wir-ueber-uns/die-caritas-in-zahlen/statistik.

Chalmers, A. F. (2007). Wege der Wissenschaft. Einführung in die Wissenschaftstheorie. Berlinm, Heidelberg, Springer.

Christiansen, M. (2003). Logistik-Controlling im Krankenhaus Analyse und Entwicklung eines Planungs-, Kontroll- und Informationssystems für die Krankenhauslogistik. Frankfurt am Main [u. a.], Lang.

Cocking, C., S. Flessa und G. Reinelt (2012). Improving access to health facilities in Nouna district, Burkina Faso. Socio-Economic Planning Sciences.

Coliquio (2021). Das bedeuten eHealth, mHealth & Co. 01.07.2021, 2021, https://www.coliquio-insights.de/begriffsklaerung-ehealth-und-co/.

Cooper, W. W., L. M. Seiford und J. Zhu (2013). Data envelopment analysis, Springer.

Cording-de-Vries, F. (2021). Marketing und Öffentlichkeitsarbeit im Krankenhaus. Stuttgart, Kohlhammer.

Corsten, H. (1998). Grundlagen der Wettbewerbsstrategie. Stuttgart, Teubner.

Corsten, H. und M. Corsten (2012). Einführung in das Strategische Management, UVK Universitätsverlag.

Corsten, H. und R. Gössinger (2015). Dienstleistungsmanagement. München, Wien, Oldenbourg.

Corsten, H. und R. Gössinger (2016). Produktionswirtschaft: Einführung in das industrielle Produktionsmanagement. München, Oldenbourg.

Dahm, M. H. und C. Haindl (2015). Lean-Management und Six Sigma Qualität und Wirtschaftlichkeit in der Wettbewerbsstrategie. Berlin, Schmidt.

Debatin, J. F., A. Ekkernkamp, B. Schulte und A. Tecklenburg (2021). Krankenhausmanagement: Strategien, Konzepte, Methoden2. Berlin, MWV.

Destatis (2021). Lebenserwartung und Sterblichkeit. 04.08.2021,2021, https://www.destatis.de/DE/Themen/Querschnitt/Demografischer-Wandel/Aspekte/demografie-lebenserwartung.html.

Destatis (2021). Zusammengefasste Geburtenziffer nach Kalenderjahren. 04.08.2021, 2021, https://www.destatis.de/DE/Themen/Gesellschaft-Umwelt/Bevoelkerung/Geburten/Tabellen/geburtenziffer.html#Fussnote5.

Deutsche Krankenhausgesellschaft (2011). Zahlen, Daten, Fakten 2011. Düsseldorf, Deutsche Krankenhausverlagsgesellschaft.

Deutscher Spendenrat (2021). Bilanz des Helfens 2021. 14.08.2021, 2021, https://www.spenden rat.de/bilanz-des-helfens-2021/.

Deutscher Spendenrat und G. f. Konsumforschung (2016). Bilanz des Helfens 2016. Nürnberg, GfK.

Diakonie (2021). Die Diakonie in Zahlen. 08.08.2021, https://www.diakonie.de/die-diakonie-in-zahlen.

Diemer, M., C. Taube, J. Ansorg, J. Heberer und W. v. Eiff (2021). Handbuch OP-Management: Strategien. Konzepte. Methoden. Berlin, MWV Medizinisch Wissenschaftliche Verlagsgesellschaft.

DKG (2015). Bestandsaufnahme zur Krankenhausplanung und Investitionsfinanzierung in den Bundesländern. Berlin, Deusche Krankenhausgesellschaft.

DKG (2021). Ambulantes Operieren und stationsersetzende Eingriffe im Krankenhaus nach § 115b SGB V. Stuttgart, Kohlhammer.

DKG (2021). Werbung durch das Krankenhaus. Stuttgart, Kohlhammer.

DKI und BDO (2015). Investitionsfähigkeit der deutschen Krankenhäuser. Köln, Deutsches Krankenhausinstitut.

Domschke, W. (1995). Transport Grundlagen, lineare Transport- und Umladeprobleme. München [u. a.], Oldenbourg.

Domschke, W. (1997). Rundreisen und Touren. München [u. a.], Oldenbourg.

Domschke, W. (2007). Logistik: Transport. München u. a., Oldenbourg.

Domschke, W. (2010). Logistik. Rundreisen und Touren. München, Oldenbourg.

Domschke, W. und A. Drexl (1996). Standorte. München u. a., Oldenbourg.

Domschke, W. und A. Drexl (2011). Einführung in Operations Research. Berlin [u. a.], Springer.

Domschke, W., A. Drexl, R. Klein und A. Scholl (2015). Einführung in Operations Research. Berlin Heidelberg, Springer Gabler.

Domschke, W. und A. Scholl (2008). Grundlagen der Betriebswirtschaftslehre: eine Einführung aus entscheidungsorientierter Sicht. Berlin [u. a.], Springer.

Donabedian, A. (1980). Explorations in Quality Assessment and Monitoring. Vol. I: The definition of quality and approaches to its assessment. Ann Arbor, Health Administration Press.

Donabedian, A. (1982). Explorations in quality assessment and monitoring: the definition of quality and approaches to its assessment. Vol. II. The criteria and standards of quality. Ann Arbor, Health Administration Press.

Dopfer, K. (1990). Elemente einer Evolutionsökonomik: Prozess, Struktur und Phasenübergänge. Berlin.

Doppler, K. und C. Lauterburg (2019). Change management: den Unternehmenswandel gestalten, Campus Verlag.

Dörner, D. (2008). Die Logik des Misslingens: strategisches Denken in komplexen Situationen. Hamburg, Rowohlt.

Dreyer, K. J. (2013). Pacs: A Guide to the Digital Revolution. New York et al., Springer.

Drucker, P. F. (2015). Management challenges for the 21st century. London, Routledge.

Dykes, P. C. und K. Wheeler (2002). Critical Pathways – interdisziplinäre Versorgungspfade DRG-Management-Instrumente. Bern, Huber.

Eichhorn, P. (2015). Das Prinzip Wirtschaftlichkeit: Basis der Betriebswirtschaftslehre, Springer-Verlag.

Eichhorn, P., H.-J. Seelos und J.-M. G. v. d. Schulenburg (2000). Krankenhausmanagement. München, Jena, Urban & Fischer.

Eichhorn, S. (1975). Krankenhausbetriebslehre I. Stuttgart et al., Kohlhammer.

Eichhorn, S. (1977). Krankenhausbetriebslehre II. Stuttgart et al., Kohlhammer.

Eichhorn, S. (1987). Krankenhausbetriebslehre III. Stuttgart et al., Kohlhammer.

Eichhorn, S. und B. Schmidt-Rettig (2001). Krankenhausmanagement: zukünftige Struktur und Organisation der Krankenhausleitung. Stuttgart et al., Schattauer.

Eiff, W. v. (2000). Krankenhausbetriebsvergleich [Controlling-Instrumente für das Krankenhaus-Management]. Neuwied [u. a.], Luchterhand.

Eiff, W. v. und K. Stachel (2006). Professionelles Personalmanagement. Erkenntnisse und Best-Practice-Empfehlungen für Führungskräfte im Gesundheitswesen. Schriftenreihe Gesundheitswirtschaft 4.

Eiff, W. v. und R. Ziegenbein (2001). Geschäftsprozessmanagement, Methoden und Techniken für das Management von Leistungsprozessen im Krankenhaus. Gütersloh, Bertelsmann.

Eisele, W. und A. P. Knobloch (2018). Technik des betrieblichen Rechnungswesens Buchführung und Bilanzierung, Kosten- und Leistungsrechnung, Sonderbilanzen. München, Vahlen.

Eisenführ, F. (2001). Fallstudie zu rationalem Entscheiden. Heidelberg et al., Springer.

Eisenführ, F., M. Weber und T. Langer (2022). Rationales Entscheiden. Berlin u. a., Springer.

Eisenmenger, N. (2021). Das aG-DRG System. Komplex, logisch und fair? Hürth, Reimbursement Institut.

Ellermann, N. und U. Gietz (2007). Steuerrecht der Krankenhäuser. Stuttgart, Kohlhammer.

Erdmann, P., T. Fischer, S. Raths, S. Fleßa und M. Langanke (2015). Systemmedizin: Herausforderungen eines aktuellen Ansatzes. Deutsches Ärzteblatt 112 (31–32): 1330–1334.

Euteneier, A. (2015). Handbuch Klinisches Risikomanagement: Grundlagen, Konzepte, Lösungen-medizinisch, ökonomisch, juristisch. Berlin, Heidelberg, Springer.

Fahrmeir, L., R. Künstler, I. Pigeot und G. Tutz (2016). Statistik: Der Weg zur Datenanalyse. Heidelberg u. a.O., Springer.

Falk, K. und P. Da-Cruz (2006). Balanced Scorecard in der Krankenhausbeschaffung. Kulmbach, Baumann.

Fayol, H. (1921). L'incapacité industrielle de l'Etat: les PTT, Dunod.

Fehrle, M., S. Michl, D. Alte, O. Götz und S. Fleßa (2013). Zeitmessstudien im Krankenhaus. Gesundheitsökonomie & Qualitätsmanagement 18(1): 23–30.

Fischer-Epe, M. (2011). Coaching: Miteinander Ziele erreichen. Reinbek, rororo.

Fischer, A., B. Bendsen, S. Blehle, R. A. Bostelaar, C. B. Conrad, W. Deiters, F. Drevs, A. Emisch, A. Fischer, D. Fischer, M. Fuder, C. Gebele, V. Großkopf, A. Hirschfeld, C. A. Jacobi, K. König, R. Krewer, S. Lampert, S. Meinecke, B. Napp, M. Ossenbrink, S. Pflaumbaum, M. Prehm, J. Prölß, U. P. Rhein, R. Riefenstahl, M. Säcker, G. Schüpfer, K. Stahl, F. Stehle, C. Stoffers und M. Wünning (2015). Servicequalität und Patientenzufriedenheit im Krankenhaus Konzepte, Methoden, Implementierung. Berlin, Medizinisch Wissenschaftliche Verlagsgesellschaft.

Fischer, D. (2006). Best Practice im Beschaffungsmanagement im Krankenhaus. [s.l.], GRIN Verlag.

Fischer, M. (2019). Das konfessionelle Krankenhaus: Begründung und Gestaltung aus theologischer und unternehmerischer Perspektive, LIT Verlag Münster.

Fischer, W. (2008). Die DRG-Familie. http://www.fischer-zim.ch/textk-pcs-pdf/DRG-Familie-0801.pdf.

Fischer, W. (2021). The DRG Family. 13.12.21, 2021, https://fischer-zim.ch/textk-pcs-en/index.htm.

Fleßa, S. (1998). Many worlds of health: a simulation of the determinants of the epidemio-logical transition in developing countries. Zeitschrift für Bevölkerungswissenschaft 23(4): 459–494.

Fleßa, S. (2002). Gesundheitsreformen in Entwicklungsländern. Frankfurt a. M., Lembeck: 407 S.

Fleßa, S. (2003). Geistlich Denken – Rational Handeln. Frankfurt a. M., Lembeck.

Fleßa, S. (2004). Betriebswirtschaftliche Aspekte der Bezuschussung karitativer Monopolisten. Zeitschrift für öffentliche und gemeinwirtschaftliche Unternehmen 27(2): 178–186.

Fleßa, S. (2005). Die Zukunft der Kleinst-und Kleinkrankenhäuser in Deutschland. Gesundheitsökonomie & Qualitätsmanagement 10(05): 295–302.

Fleßa, S. (2006). Gesundheitsförderung und Prävention als diakonischer Auftrag.

Fleßa, S. (2006). Helfen hat Zukunft. Herausforderungen und Strategien für karitative und erwerbsorientierte Sozialleistungsunternehmen. Göttingen, Vandenhoeck & Ruprecht.

Fleßa, S. (2007). Ineffizienz ohne Verschulden. Die variationsbedingten Nachteile kleiner Abteilungen. Das Krankenhaus 99: 544–549.

Fleßa, S. (2010). Planen und Entscheiden in Beruf und Alltag. Berlin, Walter de Gruyter.

Fleßa, S. (2012). Internationales Gesundheitsmanagement: Effizienz im Dienst für das Leben. München, Oldenbourg.

Fleßa, S. (2015). Nonprofit-Organisationen zwischen Enthusiasmus und Professionalisierung: Eine Übertragung der Greiner-Kurve auf den Nonprofit-Sektor. Leidfaden 4(4): 4–9.

Fleßa, S. (2020). Kleinere Krankenhäuser im ländlichen Raum. Berlin, Heidelberg, Springer.

Fleßa, S., B. Ehmke und R. Herrmann (2006). Optimierung des Leistungsprogramms eines Akutkrankenhauses: neue Herausforderungen durch ein fallpauschaliertes Vergütungssystem.

Fleßa, S. und W. Greiner (2020). Grundlagen der Gesundheitsökonomie: eine Einführung in das wirtschaftliche Denken im Gesundheitswesen. Berlin, Heidelberg, Springer Gabler.

Fleßa, S., S. Haugk, J. Müller, M. Karbe und S. Beeskow (2007). De Führn Dokter – Ärzte auf Achse in medizinisch unterversorgten Gebieten? Krankenhaus Umschau 76: 406–408.

Flessa, S. und P. Marschall (2015). Individualized medicine: From potential to macro-innovation. Individualized medicine: ethical, economical and historical perspectives.
T. Fischer, M. Langanke, P. Marschall und S. Michl. Heidelberg u. a.O., Springer: 253–271.

Fleßa, S. und J. Westphal (2008). Leistungsprogrammplanung karitativer Nonprofit-Organisationen als Instrument des Ethik-Controlling: Eine exemplarische Analyse des Portfolios diakonischer Sozialleistungsunternehmen in Vorpommern. Zeitschrift für Wirtschafts-und Unternehmensethik 9(3): 345.

Fließ, S. und M. Kleinaltenkamp (2004). Blueprinting the service company: Managing service processes efficiently. Journal of Business Research 57(4): 392–404.

Fourastié, J. (1954). Die große Hoffnung des 20. Jahrhunderts. Köln, Bund.

Frankl, V. E. (2015). Der Wille zum Sinn. Bern, Huber.

Fullerton, K. und V. Crawford (1999). The winter bed crisis – quantifying seasonal effects on hospital bed usage. Qjm 92(4): 199–206.

Fundraising Akademie (2016). Fundraising: Handbuch für Grundlagen, Strategien und Methoden. Heidelberg u. a.O., Springer-Verlag.

G-BA (2021). Regelungen des Gemeinsamen Bundesausschusses gemäß § 136b Absatz 1 Satz 1 Nummer 2 SGB V für nach § 108 SGB V zugelassene Krankenhäuser (Mindestmengenregelung, Mm-R). G. Bundesausschuss. Berlin, Gemeinsamer Bundesausschuss. zuletzt geändert am 17. Juni 2021 veröffentlicht im Bundesanzeiger (BAnz AT 28.07.2021 B5) in Kraft getreten am 29. Juli 2021.

Gabriel, K. und K. Ritter (2005). Solidarität und Markt: Die Rolle der kirchlichen Diakonie im modernen Sozialstaat. Freiburg i.Br., Lambertus.

Gassner, U. M. (2021). Mediznprodukterecht. Baden-Baden, Nomos.

Gaydoul, T. (2009). Qualitätsberichte von Krankenhäusern eine empirische Analyse aus informationsökonomischer Sicht. Gabler Research. Wiesbaden, Gabler.

GBE (2021). Gesundheitsausgaben in Deutschland als Anteil am BIP und in Mio. € (absolut und je Einwohner). Gliederungsmerkmale: Jahre. 06.08.2021, 2021, https://www.gbe-bund.de/gbe/pkg_olap_tables.prc_set_hierlevel?p_uid=gast&p_aid=76646697&p_sprache=D&p_help=2&p_indnr=522&p_ansnr=45938621&p_version=3&p_dim=D.000&p_dw=3732&p_direction=drill.

Geissler, A., W. Quentin, D. Scheller-Kreinsen und R. Busse (2011). Introduction to DRGs in Europe: common objectives across different hospital systems. Diagnosis related groups in Europe:

moving towards transparency, efficiency and quality in hospitals. R. Busse, A. Geissler, W. Quentin und M. Wiley. Maidenhead: 9–21.

Giebeler, N. und N. Eisenmenger (2021). Das aG-DRG Kompendium. Hürth, Reimbursement Institute.

GKV-Sitzenverband (2021). 13.12.21. 13.12.21, 2021, https://www.gkv-spitzenverband.de/kranken versicherung/krankenhaeuser/drg_system/besondere_einrichtungen/besondere_einrichtun gen.jsp.

GKV-Spitzenverband (2021). GKV-Kennzahlen. 18.08.2021, 2021, https://www.gkv-spitzenverband. de/service/zahlen_und_grafiken/gkv_kennzahlen/gkv_kennzahlen.jsp.

GKV Spitzenverband (2021). Zu- und Abschläge. 13.08.2021, 2021, https://www.gkv-spitzenverband.de/krankenversicherung/krankenhaeuser/krankenhaeuser_abrechnung/zu_abschlaege/zu_abschlaege.jsp.

Göbel, E. (2020). Unternehmensethik Grundlagen und praktische Umsetzung. Utb 8515. Konstanz [u. a.], UVK-Verl.-Ges. [u. a.].

Goepfert, A., R. Bühn und C. B. Conrad (2016). Das Krankenhaus-MVZ: Planung, Aufbau, Betrieb. Berlin, MWV

Gould, P. (2017). The geographer at work. Oxford, Routledge.

Graumann, M. und A. Schmidt-Graumann (2021). Rechnungslegung und Finanzierung der Krankenhäuser. Herne, NWB.

Greenleaf, R. K. (1977). Servant Leadership. Mahwah, New Jersey, Paulist Pres.

Greiner, L. E. (1998). Evolution and revolution as organizations grow. Harvard business review 76(3): 55–64.

Greulich, A. und S. Brixler (2005). Wissensmanagement im Gesundheitswesen. Heidelberg, Economica-Verl.

Greulich, A., A. Onetti, V. Schade, B. Zaugg und G. Greiner (2005). Balanced Scorecard im Krankenhaus: von der Planung bis zur Umsetzung. Heidelberg, Economica.

Grob, H. L. und M. Benkenstein (2004). Controlling: Lerneinheiten zum Wissensnetzwerk Controlling. München, Vahlen.

Gruber, T. und R. Ott (2015). Rechnungswesen im Krankenhaus. Berlin, MWV.

Grün, O. (1993). Lerntheorien und Betriebswirtschaftslehre. Handwörterbuch der Betriebswirtschaftslehre. W. Wittmann, W. Kern, R. Köhler, H. Küpper und K. Wysocki. Stuttgart, Schäffer-Poeschel: Teilband 2, Sp. 2594–2608.

Gudehus, T. (2010). Logistik: Grundlagen – Strategien – Anwendungen. Berlin et al., Springer.

Günther, H.-O. und H. Tempelmeier (2014). Supply Chain und Operations Management. Norderstedt, Books on Demand.

Gurfield, R. M. und S. C. Clayton (1969). Analytical hospital planning: a pilot study of resource allocation using mathematical programming in a cardiac unit. RAND Memorandum FM-5893-RC (Santa Monica).

Gutenberg, E. (1958). Einführung in die Betriebswirtschaftslehre. Heidelberg et al., Springer-Verlag.

Haak, M. v. d. (2004). Informationssysteme im Gesundheitswesen 2. Heidelberg, Institut für Medizinische Biometrie.

Haas, P. (2005). Medizinische Informationssysteme und elektronische Krankenakten: mit 22 Tabellen und 53 Merktafeln. Berlin et al., Springer.

Haas, P. (2006). Gesundheitstelematik: Grundlagen, Anwendungen, Potenziale; mit 13 Tabellen und 21 Merktafeln. Berlin et al., Springer.

Hackert, T. und R. S. Croner (2021). Roboterassistierte Viszeral-und Thoraxchirurgie, Springer.

Haeske-Seeberg, H. (2021). Handbuch Qualitätsmanagement im Krankenhaus: Strategien-Analysen-Konzepte. Stuttgart, W. Kohlhammer.

Hahn, O. (1997). Allgemeine Betriebswirtschaftslehre. München, Wien, Oldenbourg.

Haibach, M. (2019). Handbuch Fundraising. Frankfurt a.M., Campus.

Hakes, C. (2007). The EFQM Excellence model for Assessing Organizational Performance: A management Guide. Zaltbommel, Van Haren.

Handke, J. (2020). Humanoide Roboter: Showcase, Partner und Werkzeug Karlsruhe, Tectum.

Harneit, J. (1999). Modellierung der Krankenhauslogistik für die Versorgung mit Medicalprodukten. Aachen, Shaker.

Haubrock, M., W. Schär und F. Dietze (2017). Betriebswirtschaft und Management in der Gesundheitswirtschaft. Bern, Huber.

Hebeisen, W. (1999). FW Taylor und der Taylorismus. Über das Wirken und die Lehre Taylors und die Kritik am Taylorismus. Zürich, vdf Hochschulverlag.

Heeg, P. und D. Maier (2016). Entworgung fester und flüssiger Abfälle. Krankenhaus- und Praxishygiene. A. Kramer, O. Assadian, M. Exner, N.-O. Hübner und A. Simon. München, Urban & Fischer. 3: 595–609.

Heege, R. (2008). Krankenhausinformationssysteme: Kosten/Nutzen-Analyse nach Einführung eines KIS. Saarbrücken, VDM Verlag Dr. Müller.

Heib, K. und J. Möller (2008). Das EFQM-Modell in Gesundheitseinrichtungen. Hamburg, Diplomica.

Heinemann, A. und F. Diekmann (2019). Abfallentsorgung – Informationen zur sicheren Entsorgung von Abfällen im Gesundheitsdienst. Hamburg, Berufsgenossenschaft für Gesundheitsdienst und Wohlfahrtspflege (BGW).

Heinen, E. (1976). Grundlagen betriebswirtschaftlicher Entscheidungen: Das Zielsystem der Unternehmung. Wiesbaden, Gabler.

Heinrich, H. W. (1941). Industrial Accident Prevention. A Scientific Approach. New York, London, McGrawHill.

Heitmann, C. (2021). Die größten Krankenhauskonzerne. führen und wirtschaften im Krankenhaus (f&w) 2021(4): 338–340.

Hellmann, W. und K. Ehrenbaum (2015). Umfassendes Risikomanagement im Krankenhaus: Risiken beherrschen und Chancen erkennen. Berlin, Medizinisch Wissenschaftliche Verlagsgesellschaft.

Helmig, B. (2005). Ökonomischer Erfolg in öffentlichen Krankenhäusern. Berlin, BWV, Berliner Wiss.-Verlag.

Helmig, B. und S. Boenigk (2019). Nonprofit Management. München, Vahlen.

Helmig, B. und A. Graf (2017). Kundenmanagement in Krankenhäusern. Management im Gesundheitswesen. R. Busse, J. Schreyögg und C. Gericke. Heidelberg u. a.O., Springer: 163–176.

Henderson, V. (1964). The nature of nursing. The American journal of nursing: 62–68.

Hentze, J. und E. Kehres (2010). Krankenhaus-Controlling Konzepte, Methoden und Erfahrungen aus der Krankenhauspraxis. Stuttgart, Kohlhammer.

Henze, M. (2009). Public Private Partnership: Moderne Kooperationsformen und Strategiekonzepte für Kliniken. Baumann.

Herrmann, V. und H. Schmidt (2010). Diakonisch führen im Wettbewerb: Herausforderungen und Aufgaben, Winter.

Hinterhuber, H. H. (2011). Strategisches Denken Vision, Ziele, Strategie. Berlin, E. Schmidt.

Hochhold, S. und B. Rudolph (2009). Principal-Agent-Theorie. München, Vahlen.

Hofmann, B. (2010). Diakonische Unternehmenskultur: Handbuch für Führungskräfte. Mit Beiträgen von Beate Baberske-Krohs, Cornelia Coenen-Marx, Otto Haußecker, Barbara Nothnagel und Dörte Rasch, W. Kohlhammer Verlag.

Homann, K. und F. Blome-Drees (1992). Wirtschaft- und Unternehmensethik. Göttingen, Vandenhoeck & Ruprecht Verlag.

Horváth, P., R. Gleich und M. Seiter (2019). Controlling. München, Verlag Franz Vahlen.

Hungenberg, H. (2014). Strategisches Management in Unternehmen Ziele – Prozesse – Verfahren. Wiesbaden, Springer Gabler.

InEK (2009). Anlage 11 zum DRG-Kalkulationshandbuch: Minutenwerte für Pflegestufen und Patientengruppen gem. PPR. Siegburg, Institut für das Entgeltsystem im Krankenhaus.

InEK (2016). Abschlussbericht Weiterentwicklung des G-DRG-Systems für das Jahr 2016. Klassifikation, Katalog und Bewertungsrelationen. Teil I: Projektbericht. Siegburg, Institut für das Entgeltsystem im Krankenhaus.

InEK (2016). Kalkulation von Behandlungskosten. Handbuch zur Anwendung in Krankenhäusern. V. 4.0. Sieburg, Institut für das Entgeltsystem im Krankenhaus.

InEK (2019). Informationen nach § 6 Abs. 2 KHEntgG für 2019: Neue Untersuchungs- und Behandlungsmethoden. Siegburg, Institut für das Entgeltsystem im Krankenhaus.

InEK (2021). Abschlussbericht zur Weiterentwicklung des aG-DRG-Systems für 2021. Siegburg, Institut für das Entgeltsystem im Krankenhaus.

Jackson, S. (2005). Using EQFM Excellence Model within Healthcare: A Practical Guide to Success. Chichester, Kingsham Press.

Jäger, A. (1993). Diakonie als christliches Unternehmen: theologische Wirtschaftsethik im Kontext diakonischer Unternehmenspolitik, Gütersloher Verlag G. Mohn.

Jähn, K. und E. Nagel (2004). e-Health. Berlin et al., Springer.

Janda, C. (2019). Medizinrecht. Konstanz, UVK.

Jansen, S. A., B. P. Priddat und N. Stehr (2005). Demographie. Wiesbaden, VS.

Jantsch, E. (1992). Die Selbstorganisation des Universums: vom Urknall zum menschlichen Geist. München, Dt. Taschenbuch.

Jarke, M., M. Lenzerini, Y. Vassiliou und P. Vassiliadis (2013). Fundamentals of data warehouses, Springer Science & Business Media.

Jäschke, T. (2016). Datenschutz im Gesundheitswesen: Grundlagen, Konzepte, Umsetzung. Berlin, MWV.

Jung, H. (2009). Persönlichkeitstypologie: Instrument der Mitarbeiterführung. München, Oldenbourg.

Kahl, S. und L. Mittelstaedt (2007). Strategisches Klinikmarketing. Grundlagen – Konzepte – Instrumente. Hamburg, Dr. Kovac.

Kaplan, R. S. und D. P. Norton (1996). The balanced scorecard: translating strategy into action, Harvard Business Press.

Karalis, E., M. Gissler, A.-M. Tapper und V.-M. Ulander (2016). Effect of hospital size and on-call arrangements on intrapartum and early neonatal mortality among low-risk newborns in Finland. European Journal of Obstetrics & Gynecology and Reproductive Biology 198: 116–119.

Karst, K. und T. Segler (1996). Postmoderne – eine Standortbestimmung. Management jenseits der Postmoderne. K. Karst und T. Segler. Heidelberg et al., Springer: 11–25.

Kassenärztliche Bundesvereinigung (2015). Medizinische Versorgungszentren aktuell zum Stichtag 31.12.2014. 16.06.2016, http://www.kbv.de/media/sp/mvz_aktuell.pdf.

Keun, F. und R. Prott (2009). Einführung in die Krankenhaus-Kostenrechnung: Anpassung an neue Rahmenbedingungen. Wiesbaden, Gabler.

Kinsman, L., T. Rotter, E. James, P. Snow und J. Willis (2010). What is a clinical pathway? Development of a definition to inform the debate. BMC medicine 8(1): 1.

Kirstein, A. (2021). Key Performance Indicators (KPI) im Krankenhaus. Krankenhausmanagement. J. F. Debatin, A. Ekkernkamp und B. Schulte. Berlin, Medizinisch Wissenschaftliche Verlagsgesellschaft: 293–303.

Klaßmann, R. und O. Stein (2021). Aktuelle Besteuerungsfragen für Krankenhäuser und Krankenhausträger. Stuttgart, Kohlhammer.

Klauber, J., J. Wasem, J. Friedrich und M. Geraedts (2015). Krankenhaus-Report 2015: Schwerpunkt: Strukturwandel. Stuttgart, Schattauer Verlag.

Klinkhammer, G. (2012). Leben mit dem Tod. Dtsch Arztebl 109(48): A2405.

Klockhaus, H.-E. (1996). Wie schreibt man eine Krankenhaus-Bilanz Jahresabschluß leicht gemacht; mit vielen praktischen Tips, einschließlich Bilanz-Analyse, Umwandlung u.v. a.m. Essen [u. a.], Bettendorf.

Klusen, N. und A. Meusch (2002). Gesundheitstelematik: medizinischer Fortschritt durch Informationstechnologien. Baden-Baden, Nomos-Verl.-Ges.

Knoll, A. und T. Christaller (2016). Robotik. Frankfurt a.M., S. Fischer Verlag.

Koch, B., M. Wendt, C. Lackner und F.-W. Ahnefeld (2008). Herausforderungen an die Notfallversorgung der Zukunft:„Regional Health Care "(RHC). Notfall+ Rettungsmedizin 11(7): 491–499.

Koch, J. (2004). Betriebswirtschaftliches Kosten- und Leistungscontrolling in Krankenhaus und Pflege. München et al., Oldenbourg.

Koch, J. (2014). Gesundheitsökonomie: betriebswirtschaftliche Kosten- und Leistungsrechnung. München [u. a.], Oldenbourg.

Kohlberg, L. und W. Althof (1997). Die Psychologie der Moralentwicklung. Frankfurt am Main, Suhrkamp.

Kolpatzik, M. (2005). Elektronische Patientenakte mehr Effizienz und Qualität im Gesundheitswesen? Bayreuth, Verl. P.C.O.

Kooperation für Transparenz und Qualität im Gesundheitswesen (2016). KTQ-Manual / KTQ-Katalog Krankenhaus Stuttgart.

Körnert, J. und K. Lohmann (2015). Kosten- und Leistungsrechnung Arbeits- und Studienbuch. Berlin, De Gruyter Oldenbourg.

Körnert, J. und C. Wolf (2007). Systemtheorie, Shareholder Value-Konzept und Stakeholder-Konzept als theoretisch-konzeptionelle Bezugsrahmen der Balanced Scorecard. Controlling & Management 51(2): 130–140.

Kosiol, E. (1967). Zur Problematik der Planung in der Unternehmung. Nürnberg, University of Erlangen-Nürnberg: 39.

Kothe-Zimmermann, H. (2006). Prozesskostenrechnung und Prozessoptimierung im Krankenhaus eine Praxisanleitung in sieben Schritten. Stuttgart, Kohlhammer.

Kreikebaum, H. (1996). Grundlagen der Unternehmensethik. Stuttgart, Schäffer-Poeschel.

Kreyher, V. J. (2001). Handbuch Gesundheits-und Medizinmarketing: Chancen, Strategien und Erfolgsfaktoren, Hüthig Jehle Rehm.

Krishnan, K. (2013). Data Warehousing in the Age of Big Data. Burlington, Morgan Kaufmann.

Krohn, M. (2014). Personaleinsatz bei stationären intermittierenden Dialysen eine Studie an der Universitätsmedizin Greifswald. Wiesbaden, Springer Gabler.

Küfer, K.-H., A. Scherrer, M. Monz, F. Alonso, H. Trinkaus, T. Bortfeld und C. Thieke (2003). Intensity-modulated radiotherapy – A large scale multi-criteria programming problem. OR Spectrum 25(2): 223–249.

Kuntz, L. (2002). Krankenhauscontrolling in der Praxis quantitative Methoden. Stuttgart, Kohlhammer.

Küntzel, W. (2012). Steuerrecht der Ärzte und Krankenhäuser. Heidelberg, C.F. Müller.

Lakshmi, C. und S. A. Iyer (2013). Application of queueing theory in health care: A literature review. Operations Research for Health Care 2(1): 25–39.

Landesregierung Mecklenburg-Vorpommern (2020). Landeskrankenhausplan des Landes Mecklenburg-Vorpommern. Schwerin, Landesregierung Mecklenburg-Vorpommern.

Langanke, M., W. Lieb, P. Erdmann, M. Dörr, T. Fischer, H. Kroemer, S. Fleßa und H. Assel (2012). Was ist Individualisierte Medizin? Zur terminologischen Justierung eines schillernden Begriffs. Zeitschrift für medizinische Ethik 58: im Druck.

Langenbeck, J. (2017). Kosten- und Leistungsrechnung. Herne, Verl. Neue Wirtschafts-Briefe.

Lauterbach, K. W., S. Stock und H. Brunner (2021). Gesundheitsökonomie. Berlin, Huber.

Laux, H., R. Gillenkirch und H. Schenk-Mathes (2019). Entscheidungstheorie. Berlin u.a., Springer.

Law, A. M. (2014). Simulation modeling and analysis. Boston.

Law, A. M. (2015). Statistical analysis of simulation output data: the practical state of the art. Simulation Conference, 2007 Winter, IEEE.

Leder, M. (1989). Innovationsmanagement: Ein Überblick. Zeitschrift für Betriebswirtschaft Ergänzungsheft 1: 1–54.

Leuschner, C. F. (2008). Moderne Finazierungsinstrumente für NPO. Fachzeitschrift für Verbands- und Nonprofit-Management 3/08: 18–25.

Leuzinger, A. und T. Luterbacher (2000). Mitarbeiterführung im Krankenhaus: Spital, Klinik und Heim. Bern u. a.O., Huber.

Lindenthal, J., S. Sohn und O. Schöffski (2004). Praxisnetze der nächsten Generation: Ziele, Mittelverteilung und Steuerungsmechanismen. Burgdorf, Health Economics Research Zentrum.

Lorke, B., U. Borchmann und S. Fleßa (2021). Ausgleichsposten für Eigenmittelförderung – Eine langweilige Bilanzposition? KU Gesundheitsmanagement KU Gesundheitsmanagement(9/21): 58–60.

Löschner, U. und S. Fleßa (2021). Erstattungsmöglichkeiten im deutschen Gesundheitsmarkt. Strategien der Implantatentwicklung. U. Löschner, F. Siegosch und S. Fleßa. Berlin, Heidelberg, Springer: 38–49.

Lübbe, M. (2010). Optimierungsansätze für die Qualitätsverbesserung der perioperativen Patientenversorgung, Universitäts-und Landesbibliothek Bonn.

Lüthy, A. und U. Buchmann (2009). Marketing als Strategie im Krankenhaus. Stuttgart, Kohlhammer

Lux, T. (2020). E-Health. Handbuch Digitale Wirtschaft. Berlin, Heidelberg, Springer: 1151–1168.

Mach, E. (2019). Einführung in die Medizintechnik für Gesundheitsberufe. Maudrich, facultas.

Macha, R. (2021). Grundlagen der Kosten- und Leistungsrechnung. München, Vahlen.

Macharzina, K. und J. Wolf (2021). Unternehmensführung das internationale Managementwissen; Konzepte, Methoden, Praxis. Wiesbaden, Gabler.

Maier, B., C. Heitmann, S. Rutz und C. Wolff-Menzler (2015). Psych-Entgeltsystem: Entwicklungen, Erfahrungen und Best Practice. Heidelberg, Neckar, Medhochzwei-Verl.

Maslow, A., R. Frager und J. Fadiman (1987). Motivation and Personality Boston, Addison Wesley Pub.

Maslow, A. H. (1943). A theory of human motivation. Psychological review 50(4): 370.

Mausner, B., B. B. Snyderman und F. Herzberg (2011). Motivation to Work. Piscataway, Transaction Publ.

Mayntz, R. (1965). Max Webers Idealtypus der Bürokratie und die Organisationssoziologie. Politologie und Soziologie. Heidelberg u. a.O., Springer: 91–100.

Mayo, E. (1930). The Hawthorne Experiment. The Human Factor 6.

McClelland, D. C. und D. H. Burnham (2008). Power is the great motivator. Boston, Mass., Harvard Business Press.

McGregor, D. (1960). The human side of enterprise. New York, McGraw-Hill.

Meade, M. und M. Emch (2010). Medical Geography. New York, London, The Guilford Press.

Meffert, H. (2013). Marketing-Management: Analyse – Strategie – Implementierung, Springer-Verlag.

Meffert, H. (2018). Marketing. Grundlagen marktorientierter Unternehmensführung. Konzepte –
Instrumente – Praxisbeispiele. Wiesbaden, Gabler.

Meffert, H. und M. Bruhn (2018). Dienstleistungsmarketing: Grundlagen – Konzepte – Methoden.
Wiesbaden, Gabler.

Meyer, M. (1996). Operations Research – Systemforschung: eine Einführung in die praktische
Bedeutung. Stuttgart et al., Gustav Fischer.

Meyer, M. und K. Hansen (1996). Planungsverfahren des Operations Research. München, Vahlen.

Meyer, M. und A. Harfner (1999). Spezialisierung und Kooperation als Strukturoptionen für
deutsche Krankenhäuser im Lichte computergestützter Modellrechnungen, Springer.

Mindermann, T. (2015). Investitionsrechnung Grundlagen – Rechenverfahren – Entscheidungen.
Berlin, Schmidt.

Mintzberg, H. (1989). Mintzberg on management: Inside our strange world of organizations.
New York, Free Press.

Moll, A. und S. Khayati (2019). EFQM Modell 2020: Excellence-Handbuch – Grundlagen und
Anwendungen des neuen EFQM Modells 2020: Grundlagen und Anwendungen des EFQM
Modells 2020. Kissingen, Weka.

Müller-Mielitz, S. (2017). E-Health-Ökonomie–Begriff und Abgrenzung. E-Health-Ökonomie. Berlin,
Heidelberg, Springer: 35–49.

Müller-Stewens, G. und C. Lechner (2016). Strategisches Management: wie strategische Initiativen
zum Wandel führen; der St. Galler General Management Navigator. Stuttgart, Schäffer-
Poeschel.

Müller, J. (2016). Der Jahresabschluss im Krankenhaus Leitfaden zur Aufstellung des
Jahresabschlusses nach der KHBV und dem Krankenhausfinanzierungsrecht. Düsseldorf,
Dt. Krankenhaus-Verl.ges.

Neubauer, G. und A. Beivers (2010). Die Leistungen müssen die Vergütung bestimmen. f&w führen
und wirtschaften im Krankenhaus 27(1): 38–42.

Neumann, M. (1990). Zukunftsperspektiven im Wandel. Lange Wellen in Wirtschaft und Politik.
Tübingen, Mohr Siebeck.

Nickel, S. (2014). Operations Research. Heidelberg u. a.O., Springer.

Nickel, S., O. Stein und K.-H. Waldmann (2014). Operations research. Heidelberg [u. a.], Springer.

Nickl-Weller, C. (2007). Health Care der Zukunft: eine Herausforderung für Architektur, Medizin und
Ökonomie. Berlin, Medizinisch Wissenschaftliche Verlagsgesellschaft.

Nickl-Weller, C. und H. Nickl (2007). Krankenhausarchitektur für die Zukunft. Berlin, Verlagshaus
Braun.

Notestein, F. W. (1945). Population – the long view. Food for the world. T. W. Schultz. Chicago,
University of Chicago Press: 36–57.

Oberender, P. O. (2005). Clinical Pathways: Facetten eines neuen Versorgungsmodells,
Kohlhammer Verlag.

Oechsler, W. A. (2010). Personal und Arbeit, Grundlagen des Human Resource Management und
der Arbeitgeber-Arbeitnehmer-Beziehungen. München, Wien, Oldenbourg.

Olfert, K. und H.-J. Rahn (2020). Lexikon der Betriebswirtschaftslehre. Ludwigshafen, Kiehl Vlg.

Olfert, K. und H.-J. Rahn (2021). Einführung in die Betriebswirtschaftslehre. Ludwigshafen (Rhein),
Kiehl.

Omran, A. R. (1971). The epidemiological transition: A theory of the epidemiology of population
change. Milbank Memorial Fund Quarterly 49: 509–538

Omran, A. R. (1977). A century of epidemiologic transition in the United States. Preventive medicine
6(1): 30–51.

Omran, A. R. (2005). The epidemiologic transition: a theory of the epidemiology of population
change. Milbank Quarterly 83(4): 731–757.

Pandey, J. (1976). Effects of leadership style, personality characteristics and method of leader selection on members' and leader's behavior. European Journal of Social Psychology 6(4): 475–489.

Papenhoff, M. und C. Platzköster (2010). Marketing für Krankenhäuser und Reha-Kliniken: Marktorientierung & Strategie, Analyse & Umsetzung, Trends & Chancen. Heidelberg u. a.O., Springer.

Pausenberg, E. (1993). Unternehmenszusammenschlüsse. Handwörterbuch der Betriebswirtschaft, Teilband 3. W. Wittmann, W. Kern, R. Köhler, H. Küpper und K. Wysocki. Stuttgart, Schäffer-Poeschel. 5. Aufl.

Pekrun, R. (1988). Emotion, Motivation und Persönlichkeit. München [u. a.], Psychologie-Verl.-Union.

Pelikan, J. M. (1999). Das gesundheitsfördernde Krankenhaus: Konzepte und Beispiele zur Entwicklung einer lernenden Organisation. Weinheim, Beltz Juventa.

Pelikan, J. M. (2007). Gesundheitsförderung durch Organisationsentwicklung. Prävention und Gesundheitsförderung 2(2): 74–81.

Perlitz, M. und H. Löbler (1985). Brauchen Unternehmen zum Innovieren Krisen. Zeitschrift für Betriebswirtschaft 55(5): 424–450.

Pfeiffer, W., U. Dörrie und E. Stoll (1988). Menschliche Arbeit in der industriellen Produktion. Göttingen, Vandenhoeck & Ruprecht.

Pfitzinger, E. (2016). Projekt DIN EN ISO 9001: 2015: Vorgehensmodell zur Implementierung eines Qualitätsmanagementsystems. Berlin, Beuth.

Pidd, M. (2006). Computer Simulation in Management Science. Chichester, Wiley.

Pircher-Friedrich, A. M. (2019). Mit Sinn zum nachhaltigen Erfolg: Anleitung zur werte- und wertorientierten Führung. Berlin, Erich Schmidt.

Pott, O. und A. Pott (2015). Entrepreneurship Unternehmensgründung, Businessplan und Finanzierung, Rechtsformen und gewerblicher Rechtsschutz. Berlin [u. a.], Springer Gabler.

Prigogine, I. (1985). Time and human knowledge. Planning and Design 12: 5–20.

Puch, H.-J. und K. Westermeyer (1999). Managementkonzepte: eine Einführung für soziale Berufe. Freiburg im Breisgau, Lambertus.

Pyykönen, A., M. Gissler, M. Jakobsson, J. Petäjä und A. M. Tapper (2014). Determining obstetric patient safety indicators: the differences in neonatal outcome measures between different-sized delivery units. BJOG: An International Journal of Obstetrics & Gynaecology 121(4): 430–437.

Raab, A., S. Fischer und T. Mauler (2020). Objektive oder subjektive Qualität? Gesundheitsökonomie & Qualitätsmanagement 25(04): 201–210.

Rapoport, A. (1983). Mathematical models in the social and behavioral sciences. New York, Wiley.

Rapoport, A. (1999). Two-person game theory. Mineola, N.Y., Dover Publications.

Rau, F. (2012). Das neue Fundament. f&w 2/2012: 248–251.

REFA (2016). Industrial Engineering – Standardmethoden zur Produktivitätssteigerung und Prozessoptimierung. München, Carl Hanser Verlag.

Reichart, T. (2008). Bausteine der Wirtschaftsgeographie: eine Einführung. Bern, Stuttgart, Wien, Verlag Paul Haupt.

Reimbursement Institute (2021). Glossar. 12.08.2021, 2021, https://reimbursement.institute/glossar/.

Reinecke, S. (2011). Health Care Marketing. Marketing Review St. Gallen 6/2011: Themenheft.

Rennen-Allhoff, B. und D. Schaeffer (2003). Handbuch Pflegewissenschaft. Weinheim, München, Juventa.

Rentsch, M., A. Khandoga, M. Angele und J. Werner (2015). Komplikationsmanagement in der Chirurgie: Allgemeinchirurgie-Viszeralchirurgie-Thoraxchirurgie. Berlin, Heidelberg, Springer.

Rich, A. (1992). Wirtschaftsethik, Band II. Marktwirtschaft, Planwirtschaft, Weltwirtschaft aus sozialethischer Sicht. Gütersloh, Gütersloher Verlagshaus.

Richards, M. D. V. und P. S. Greenlaw (1972). Management: decisions and behavior, Richard D. Irwin.

Richter-Kuhlmann, E. (2012). Personalisierte Medizin. Erst am Anfang des Weges. Dtsch Arztebl 109 (25):A-1305 / B-1128 / C-1110.

Rieckmann, H. (2000). Führungs-Kraft und Management Development. München, Zürich, Gerling.

Rieckmann, H. (2007). Management und Führen am Rande des 3. Jahrtausends. Frankfurt a.M., Lang.

Rieger, W. (1928). Einführung in die Privatwirtschaftslehre. Nürnberg, Palm und Enke.

Riemann, F. (1919). Grundformen der Angst. Eine tiefenpsychologische Studie. München, E. Reingardt.

Ritter, W. (2001). Allgemeine Wirtschaftsgeographie. Eine systemtheoretisch orientierte Einführung. München, Oldenbourg.

Roeder, N. und D. Franz (2014). Qualitätsmanagement im Krankenhaus–Aktueller Entwicklungsstand und Ausblick. Gesundheitsökonomie & Qualitätsmanagement 19(01): 16–21.

Rogers, E. M. (2003). Diffusion of innovations. New York et al., Free Press.

Ropohl, G. (2012). Allgemeine Systemtheorie: Einführung in transdisziplinäres Denken. Baden-Baden, Nomos.

Rose, G., C. Glorius-Rose und R. Rose Glorius (2001). Unternehmen: Rechtsformen und Verbindungen ein Überblick aus betriebswirtschaftlicher, rechtlicher und steuerlicher Sicht. Köln, O. Schmidt.

Rosenberg, M. B., A. Gandhi, V. F. Birkenbihl und I. Holler (2016). Gewaltfreie Kommunikation eine Sprache des Lebens; gestalten Sie Ihr Leben, Ihre Beziehungen und Ihre Welt in Übereinstimmung mit Ihren Werten. Paderborn, Junfermann.

Rosenkranz, F. und M. Missler-Behr (2005). Unternehmensrisiken erkennen und managen: Einführung in die quantitative Planung. Berlin, Heidelberg, Springer-Verlag.

Sabel, H. (1999). Geschichte des Marketing in Deutschland. 100 Jahre Betriebswirtschaftslehre in Deutschland. M. Lingenelder. München, Vahlen 169–180.

Scheer, P. und H. Kasper (2011). Leadership und soziale Kompetenz. Wien, Linde.

Schirmer, H. (2016). Krankenhaus-Controlling Handlungsempfehlungen für Krankenhausmanager, Krankenhauscontroller und alle mit Controlling befassten Führungs- und Fachkräfte in der Gesundheitswirtschaft. Renningen, expert-Verl.

Schirmer, H. (2017). Krankenhaus Controlling: Handlungsempfehlungen für Krankenhausmanager, Krankenhauscontroller und alle mit Controlling befassten Führungs- und Fachkräfte in der Gesundheitswirtschaft. Renningen, Expert-Verl.

Schirmer, U., V. Walter und S. Woydt (2012). Mitarbeiterführung. Berlin, Heidelberg, Springer.

Schirrmacher, T. (2021). Führen in ethischer Verantwortung: die drei Seiten jeder Entscheidung. Giessen et al., Brunnen-Verl.

Schlüchtermann, J. (2020). Betriebswirtschaft und Management im Krankenhaus. Berlin, MWV.

Schmalen, H. und H. Pechtl (2019). Grundlagen und Probleme der Betriebswirtschaft. Stuttgart, Schäfer Poeschel.

Schmid, P., T. Steinert und R. Borbé (2013). Systematische Literaturübersicht zur Implementierung der sektorübergreifenden Versorgung (Regionalbudget, integrierte Versorgung) in Deutschland. Psychiatrische Praxis 40(08): 414–424.

Schmidt, G. (2013). Prozessmanagement: Modelle und Methoden. Heidelberg u. a.O., Springer-Verlag.

Schmidt, O. (2010). Das Krankenhaus in der Beratung: Recht, Steuern, Unternehmensbewertung, Rechnungslegung. Wiesbaden, Gabler.

Schmitz, S. (2012). Bilanztheorie in der US-amerikanischen und internationalen Standardsetzung eine historische und wissenschaftstheoretische Analyse. Rechnungswesen und Unternehmensüberwachung. Wiesbaden, Imprint Gabler Verlag.

Schneeweiß, C. (2013). Einführung in die Produktionswirtschaft. Heidelberg u. a.O., Springer-Verlag.

Schockenhoff, E. (2015). Die religiöse Deutung der Krankheit. Heidelberg et al., Springer: 29–44.

Schoenauer, H. H. (2012). Spiritualität und innovative Unternehmensführung. Stuttgart, Kohlhammer.

Schönborn, G. (2014). Unternehmenskultur als Erfolgsfaktor der Corporate Identity die Bedeutung der Unternehmenskultur für den ökonomischen Erfolg von Unternehmen. Wiesbaden, Springer VS.

Schrappe, M. (2018). APS-Weißbuch Patientensicherheit. Berlin, Medizinisch Wissenschaftliche Verlagsgesellschaft.

Schreyögg, G. und D. Geiger (2015). Organisation: Grundlagen moderner Organisationsgestaltung. Mit Fallstudien Taschenbuch – 21. September 2015 Berlin, Heidelberg, Springer.

Schreyögg, G. und J. Koch (2014). Grundlagen des Managements: Basiswissen für Studium und Praxis. Wiesbaden, Gabler.

Schreyögg, J. und R. Milstein (2020). Bedarfsgerechte Gestaltung der Krankenhausvergütung–Reformvorschläge unter der Berücksichtigung von Ansätzen anderer Staaten. Hamburg Center for Health Economics. Hambug. Hamburg.

Schüle, H. (2015). Wirtschaftsinformatik. Berlin, BWV.

Schülein, J. A. und S. Reitze (2021). Wissenschaftstheorie für Einsteiger. Stuttgart, UTB.

Schulz, R. und A. C. Johnson (1983). Management of Hospitals. New York et al., McGraw-Hill.

Schulze, A. (2009). Sozioökonomische Konsequenzen der Fertilität: Folgen der Geburt von Kindern für den Wohlstand von Paarhaushalten. Wiesbaden, VS.

Schumpeter, J. A. und S. Preiswerk (1946). Kapitalismus, Sozialismus und Demokratie. Bern, A. Francke.

Schwartz, F. W., B. Badura, R. Busse, R. Leidl, H. Raspe und J. Siegrist (2012). Das Public Health Buch Gesundheit und Gesundheitswesen. München, Jena, Urban & Fischer.

Schwartz, F. W., U. Walter, J. Siegrist, P. Kolip, R. Leidl, M.-L. Dierks, N. Schneider und R. Busse (2012). Public Health: Gesundheit und Gesundheitswesen. München, Elsevier, Urban & Fischer.

Schweitzer, M. (2011). Planung und Steuerung. Allgemeine Betriebswirtschaftslehre: Band 2: Führung. F. X. Bea, B. Friedl und M. Schweitzer. Stuttgart, Lucius & Lucius: 16–139.

Schweitzer, M. und A. Baumeister (2015). Allgemeine Betriebswirtschaftslehre. Stuttgart, Erich Schmidt.

Schweitzer, M. und H.-U. Küpper (2015). Systeme der Kosten-und Erlösrechnung. München, Vahlen.

Seelos, H.-J. (2007). Personalführung in Medizinbetrieben: Medizinmanagement in Theorie und Praxis. Wiesbaden, Gabler.

Siepermann, C. (2004). Stand und Entwicklungstendenzen der Krankenhauslogistik in Deutschland. Berlin, VWF.

Simchi-Levi, D., P. Kaminsky und E. Simchi-Levi (2003). Designing and managing the supply chain: concepts, strategies and case studies. Boston, Mass. et al., McGraw-Hill/Irwin.

Simon, W. (2006). Persönlichkeitsmodelle und Persönlichkeitstests 15 Persönlichkeitsmodelle für Personalauswahl, Persönlichkeitsentwicklung, Training und Coaching. Offenbach, GABAL-Verl.

Simsa, R., M. Meyer und C. Badelt (2013). Handbuch der Nonprofit-Organisation. Stuttgart, Schäffer-Poeschel Verlag.

Sisignano, A. (2001). Kommunikationsmanagement im Krankenhaus: so informieren Sie professionell und effizient. Neuwied et al., Luchterhand.

Sisignano, A. (2008). Management und Kommunikation Erfolgsstrategien für die Klinik der Zukunft; Marketing, Krisen-PR, Presse- und Öffentlichkeitsarbeits, Change Management, Corporate Identity, Human Relations, Führung und Kommunikationskultur. Unterschleißheim/ München, CW Haarfeld.

Sloan, F. A. und C.-R. Hsieh (2017). Health economics. Cambridge, Mass. [u. a.], MIT Press.

Smith, P. B. und M. A. Max-Neef (2011). Economics unmasked from power and greed to compassion and the common good. Totnes, Green Books.

Sozialistische Volksrepublik Vietnam (2002). Health Statistics Year Book 2001. M. o. Health. Hanoi, Sozialistische Volksrepublik Vietnam.

Spitta, T. und M. Bick (2009). Informationswirtschaft eine Einführung. BWL im Bachelor-Studiengang. Berlin [u. a.], Springer.

Städtler-Mach, B. (1993). Das evangelische Krankenhaus: Entwicklungen-Erwartungen-Entwürfe, Verlag an der Lottbek Jensen.

Statista (2021). Gesamtzahl der Ärzte in Deutschland im Zeitraum von 1990 bis 2020 18.08.2021, 2021, https://de.statista.com/statistik/daten/studie/158869/umfrage/anzahl-der-aerzte-in-deutschland-seit-1990/.

Statistisches Bundesamt (2012). Bevölkerung und Erwerbstätigkeit – Fachserie 1 Reihe 1.3 2010. Wiesbaden, Statistisches Bundesamt.

Statistisches Bundesamt (2012). Geburten in Deutschland, Ausgabe 2012. Wiesbaden, Statistisches Bundesamt.

Statistisches Bundesamt (2015). Pflegestatistik. Pflege im Rahmen der Pflegeversicherung. Wiesbaden, Statistisches Bundesamt.

Statistisches Bundesamt (2021). Gesundheitsausgaben in Deutschland 06.08.2021, 2021, https://www.destatis.de/DE/PresseService/Presse/Pressemitteilungen/2016/03/PD16_080_23611.html;jsessionid=75130EB3205234C58EF2496B55EC2D77.cae4.

Statistisches Bundesamt (2021). Gesundheitsausgaben nach Leistungsarten. 18.08.2021, 2021, https://www.destatis.de/DE/Themen/Gesellschaft-Umwelt/Gesundheit/Gesundheitsausgaben/Tabellen/leistungsarten.html.

Statistisches Bundesamt (2021). Grunddaten der Krankenhäuser. 08.06.2021, 2021, https://www.destatis.de/DE/Themen/Gesellschaft-Umwelt/Gesundheit/Krankenhaeuser/Publikationen/Downloads-Krankenhaeuser/grunddaten-krankenhaeuser-2120611197004.html.

Statistisches Bundesamt (2021). Krankenhaus-Operationen 2019. 23.09.2021, 2021, https://www.destatis.de/DE/Presse/Pressemitteilungen/2020/11/PD20_437_231.html.

Statistisches Bundesamt (2021). Vorsorge- oder Rehabilitationseinrichtungen 2019 nach Trägern und Bundesländern. 06.08.2021, 2021, https://www.destatis.de/DE/Themen/Gesellschaft-Umwelt/Gesundheit/Vorsorgeeinrichtungen-Rehabilitationseinrichtungen/Tabellen/gd-vorsorge-reha-bl.html.

Steinmann, H., G. Schreyögg und J. Koch (2020). Management: Grundlagen der Unternehmensführung. Konzepte, Funktionen, Fallstudien. Wiesbaden, Gabler.

Stiftung für Hochschulzulassung (2008). Staatsvertrag über die Errichtung einer gemeinsamen Einrichtung für Hochschulzulassung. T. G 02-04.2019 – Medizin, Zahnmedizin und Pharmazie. Berlin.

Storcks, H. (2003). Markenführung im Krankenhaus. Eine empirische Analyse am Beispiel eines regionalen Konkurrenzumfeldes. Hamburg, Verlag Dr. Kovac.

Strohm, T. und M. Klein (2004). Entstehung einer sozialen Ordnung Europas, Band 1: Historische Studien und exemplarische Beiträge zur Sozialreform im 16. Jahrhundert. Heidelberg, Universitätsverlag Winter.

Stubenvoll, M. (2012). Kommunikation im Krankenhaus: aus der Sicht der Mitarbeitenden. Saarbrücken, VDM-Verl. Müller.

Suzuki, H., S. Omori, K. Akiyama und Y. Fukuhara (2003). Hospital information system. U. S. Patent. USA, Google Patents. Application No. 10/650,615.

Taylor, F. W. (1914). The principles of scientific management. New York, Harper.

Thieke, C., K.-H. Küfer, M. Monz, A. Scherrer, F. Alonso, U. Oelfke, P. E. Huber, J. Debus und T. Bortfeld (2007). A new concept for interactive radiotherapy planning with multicriteria optimization: First clinical evaluation. Radiotherapy and Oncology 85(2): 292–298.

Thome, R. und A. Winkelmann (2015). Grundzüge der Wirtschaftsinformatik Organisation und Informationsverarbeitung. Berlin, Heidelberg s.l., Springer Berlin Heidelberg.

Thompson, W. S. (1929). Population. Journal of the American Statistical Association 34: 959–975.

Tiebel, C. (1998). Strategisches Controlling in Non Profit Organisationen theoretische Konzeption und praktische Umsetzung am Beispiel Deutsches Rotes Kreuz. München, Vahlen.

Trambacz, J. (2016). Grundlagen und Lehrbegriffe der Gesundheitsökonomie. Lehrbegriffe und Grundlagen der Gesundheitsökonomie. Heidelberg u. a.O., Springer: 28–134.

Trill, R. (2000). Krankenhausmanagement. Berlin, Luchterhand Fachverlag.

Trill, R. (2001). Krankenhaus-Software im Überblick: Anbieter, Produkte, Anwendungen. Neuwied et al., Luchterhand.

Trill, R. (2002). Informationstechnologie im Krankenhaus: Strategien, Auswahl, Einsatz. Neuwied et al., Luchterhand.

Tscheulin, D. K., B. Helmig und E. Davoine (2000). Krankenhausmarketing. Freiburg, Gabler.

Tuckman, B. W. und M. A. C. Jensen (1977). Stages of small-group development revisited. Group & Organization Management 2(4): 419–427.

Tuschen, K. H. und M. Quaas (2001). Bundespflegesatzverordnung. Stuttgart, Berlin, Köln, Kohlhammer.

U.S. Census Bureau (2012). International Data Base. 05.04.2012, 2012, http://www.census.gov/population/international/data/idb/country.php.

Ulrich, H. (1970). Die Unternehmung als produktives soziales System: Grundlagen der allgemeinen Unternehmungslehre. Bern, Haupt.

Velde, R. v. d. (2013). Hospital Information Systems – The Next Generation. Heidelberg et al., Springer.

Verband für Arbeitsstudien und Betriebsorganisation (1992). Methodenlehre der Arbeitsstudiums, Teil 2: Datenermittlung. München, Carl Hanser.

Vogelsang, R. (2003). Dienstleisterkonzepte für die Versorgungslogistik von Krankenhäusern. Aachen, Shaker.

Vogg, I. und S. Fleßa (2010). Qualitätsmanagement in der ambulanten Versorgung. Wiesbaden, Gabler.

Walshe, K. und J. Smith (2006). Healthcare Management. New York, Open University Press.

Walshe, K. und J. Smith (2016). Healthcare management, McGraw-Hill Education (UK).

Walther, F., D. Kuester, A. Bieber, J. Malzahn, M. Rüdiger und J. Schmitt (2021). Are birth outcomes in low risk birth cohorts related to hospital birth volumes? A systematic review. BMC pregnancy and childbirth 21(1): 1–16.

Walther, M. (2005). Auf der Suche nach operativer Exzellenz im Krankenhaus. Nürnberg, Friedrich-Alexander-Universität Erlangen-Nürnberg.

Wannenwetsch, H. (2021). Integrierte Materialwirtschaft, Logistik und Beschaffung. Springer-Lehrbuch. Berlin [u. a.], Springer Vieweg.

Weber, J. und U. Schäffer (2020). Einführung in das Controlling. Stuttgart, Schäffer-Poeschel.

Weber, M. (1922). Die drei reinen Typen der legitimen Herrschaft. Preussische Jahrbücher 187(1): 1–2.

WHO (1948). Constitution. Geneva, World Health Organisation.

Wibbeling, S. (2006). Zielorientierte und wirtschaftliche Gestaltung der krankenhausinternen Materialversorgung. Dortmund, Praxiswissen.

Wiechmann, M. (2013). Managed care: Grundlagen, internationale Erfahrungen und Umsetzung im deutschen Gesundheitswesen. Heidelberg u. a.O., Springer-Verlag.

Wieland, U. (2021). Gesaltung von Veränderungsprozessen im Krankenhaus. Stuttgart, Kohlhammer.

Williams, B. (1979). Admission to hospital and the day of the week. Public health 93(3): 173–176.

Willke, H. (2006). Systemtheorie I: Grundlagen. Stuttgart, UTB.

Winkelmann, P. (2012). Marketing und Vertrieb, Fundamente für die Marktorientierte Unternehmensführung. München, Wien, Oldenbourg.

Winkler, H. (2015). Medizincontrolling – ein spannendes Berufsfeld. Heidelberg, medhochzwei Verlag.

Witt, U. (1994). Wirtschaft und Evolution: Einige neuere theoretische Entwicklungen. WiSt 10: 503–512.

Witt, U. und K. Dopfer (1990). Studien zur evolutorischen Ökonomik I. Berlin, Duncker & Humblot.

Wöhe, G., U. Döring und G. Brösel (2020). Einführung in die allgemeine Betriebswirtschaftslehre. München, Verlag Franz Vahlen.

Wolf, J. (2020). Organisation, Management, Unternehmensführung. Wiesbaden, Gabler.

Zaiß, A. (2016). Allgemeine Kodierrichtlinien. DRG: Verschlüsseln leicht gemacht. A. Zaiß. Köln, Deutscher Ärzteverlag. 16: S. 1–56.

Zapp, W. (2002). Prozessgestaltung im Krankenhaus. Heidelberg, Economica.

Zapp, W. (2010). Prozessgestaltungen in Gesundheitseinrichtungen. Von der Analyse zum Controlling. Heidelberg, Economica.

Zapp, W. und U. Bettig (2009). Leistungsmanagement, Logistik, Marketing betriebswirtschaftliche Grundlagen im Krankenhaus. Berlin, Med. Wiss. Verl.-Ges.

Zeithaml, V. A. (1981). How Consumer Evaluation Processes Differ Between Goods and Services. Marketing of services. J. H. Donnelly und W. R. George. Chicago, American Marketing. 9: 186–191.

Zelinsky, W. (1971). The hypothesis of the mobility transition. Geographical Review 61(2): 219–249.

Zerbe, P. und U. Heisterkamp (1995). Pflege-Personalregelung: Ein Leitfaden zur praktischen Anwendung der Stellenplanberechnung im Pflegedienst. Hannover, Schlütersche Verlagsgesellschaft.

Zulley, J. und B. Knab (2017). Unsere Innere Uhr. Freiburg, Herder.

Stichwortverzeichnis

https://doi.org/10.1515/9783110753103-013

www.ingramcontent.com/pod-product-compliance
Lightning Source LLC
Chambersburg PA
CBHW081207220326
41598CB00037B/6694